宋會要輯稿

第三册

瑞異　原書第五十二册
運歷　原書第五十三册
崇儒　原書第五十四至第五十七册
職官　原書第五十八至第七十六册

宋會要 壽星
乾德三年八月辛酉四年八月乙卯六年正月戊申
開寶二年七月乙亥壽星出見于丙 薦人君之壽既
稽元命之圖表天下之安又載西京之志 太平興國
四年八月乙亥壽星見一云老人星五年八月己卯六
年八月乙卯八年八月辛卯 雍熙八年八月己酉四
年八月辛亥二十日夜端拱元年八月己卯朔二年八月癸
亥 淳化元年八月丁卯二年八月辛未一作癸酉三年八
月戊寅四年八月辛巳九月己亥五年八月己丑 至
道元年八月己亥二年閏七月己亥一云八月己亥朔見丙地
至道三年八月辛丑 咸平元年八月癸丑二年八
卷七千八百六十二
月癸亥三年八月丁卯四年八月甲子五年八月乙丑
六年八月丙子 景德元年八月癸酉二年八月庚辰
三年八月庚寅四年二月己卯八月甲午 祥符元年
正月丁亥八月丙申二年二月壬辰八月乙巳三年二
月辛巳八月己酉四年正月戊寅八月癸丑五年正月
辛巳八月己未六年正月庚子八月丙寅七年正月癸
丑八月己巳八年七月癸酉九年正月甲寅八月壬午
天禧元年八月癸巳二年正月丁巳八月辛卯三年
二月辛卯八月己亥四年八月己亥五年二月丙申八
月己巳壽星皆出見于丙 天聖元年二月己亥二年
八月丙子四年七月壬申 景祐二年正月己丑 至

和三年二月辛卯八月己未 嘉祐二年八月丙申三
年八月丙辰四年正月庚戌八月癸未五年八月庚午
六年正月癸丑八月壬辰七年正月辛亥八年正月辛
酉 治平元年二月己丑七月癸巳二年二月癸巳八
月己亥三年正月庚辰八月庚戌皆壽星見明道元年壽星內云
騰光丙位薦壽中宸
宋會要 含譽星
大中祥符七年正月二十二日夜有星出東方光芒二
尺餘司天言含譽星也喜則光射帝作歌近臣屬和九
月丙戌又見似彗有尾而不長 明道二年二月戊戌
含譽星見東北方其色黃白光芒長二尺許
卷七千八百六十二
宋會要 客星
至和元年七月二十二日守將作監致仕楊維德言伏
覩客星出見其星上微有光彩黃色謹案皇帝掌握占
云客星不犯畢明盛者主國有大賢乞付史館容百官
稱賀詔送史館 嘉祐元年三月司天監言客星沒客
去之兆也初至和元年五月晨出東方守天關晝見如
太白芒角四出色赤白凡見二十三日

全唐文　宋會要　慶雲

淳熙二年十一月十二日臣僚言陛下躬率百僚加上
上太上皇帝尊號册涓吉日不蔵盛儀冬至朔旦天地
休明雲綵絢爛日景晏温和氣薰洽特顯陛下業業事
親之誠抑可見太上皇帝永永萬年之慶竊惟春秋傳
載魯僖公五年朔日南至公既視朔遂登觀臺以望而
書左氏深美僖公之合禮夫至朔同日凡十九年而一
遇由古以來不知其幾登臺書雲惟此見之矧惟今日
行曠古無前之典禮而人心驩忭天意昭答雲物輝華
此又生民以來所未有也乞宣示史館從之

卷三千二百九

宋會要　瑞雪

太宗太平興國二年十二月丙辰大雨雪前二日太史
言月有蒼白暈西有黑氣文餘占云雨雪之象也至是
果驗詔近臣於中書宴飲令各賦詩上製瑞雪歌以賜
之　真宗景德四年十一月辛巳真宗謂王旦等曰昨
暮降雪遽止朕憂其未足夜分使人於宮庭視之乃云
復降其勢甚密今果盈尺來歲麥苗應有望也遂賜近
臣飲于中書又宴館閣于崇文院上作瑞雪詩令三館
即席和進兩制次日來上大中祥符三年十一月壬午
己丑上作瑞雪詩賜近臣和壬辰召陳從易劉均對崇
和殿上謂向敏中等曰從易輩文可觀令即席賦瑞雪
歌一本云將祀汾睢屢得嘉雪召劉均陳從易賦歌詩

卷三萬二千五百四十七

上命題陳彭年筆授上覽之賜緋魚四年劉綜作大雪
歌以獻八年十一月十九日御製瑞雪歌曰應有五車
來表瑞定殊黃竹著為謠　晏殊賀承天節瑞雪表方
祝萬春之壽俄飄六出之祥又瑞雪詩云衣上六花非
所好畝間盈尺是吾心　仁宗慶曆四年十二月六日
翰林天文院言瑞雪之應詔送史館嘉祐三年十二月
十六日詔從臣觀河南所進芝草諭曰今日嘉雪大滋
宿麥自勝芝草瑞也是日賜喜雪燕于中書　高宗紹
興十三年十二月庚寅瑞雪應時百官詣文德殿拜表
稱賀自是歲如之近令不改癸巳賜喜雪御筵于尚書

消清按此四年係太宗淳化四年此文今見玉海卷一百九十五

省初復故事也　孝宗乾道六年十二月一日瑞雪應時賜喜雪宴于尚書省九年十一月四日詔郊祀免奏祥瑞九月親郊十一月宰臣曾懷等奏郊祀禮成燕以瑞雪應時未明而霽以至青城宿齋圜丘蒇事天氣澄爽此皆聖德昭著高穹降格上曰君臣之間正當修飭以荅天貺淳熙癸卯前立春一夕大雪祕書郎熊克賦詩館學之士和焉　四年正月辛卯合祭圜丘乙未大雪作立春日瑞雪詩三首賜近臣李至上言曰原隰同縞隴畝載滋適因祈穀之祥遂契有秋之望

孝宗淳熙八年正月四日雪上謂輔臣曰得雪二麥滋茂農事可喜此和氣所致也趙雄等奏曰歲前未有今

卷二萬千五百四十七

去春尚十日得此殊為可喜元日陛下朝德壽宮天色晴明次日太史奏日有戴氣都人懽呼皆謂兩宮慈孝所致又次日大雪和氣致祥如此有以見聖德格天上曰亦卿等贊襄之力

瑞異一之五

物瑞　芝

宋會要　芝草

光宗紹熙元年四月二日宰執進呈畢上宣示慈福宮芝草圖壽皇聖帝芝草贊并御製芝草詩上曰芝草之生實慈福壽祉之祥壽皇誠孝之應宣付史館

卷六百八十五

瑞異一之六

至道僅三年此七年誤

撫瑞龜

全唐文　宋會要　瑞龜

雍熙中蘇州貢白龜作白龜曲卷五十五至道三年真宗即位

五月癸酉蘇州貢白龜　仝上

宋會要

至道三年九月壽州貢綠毛龜真宗謂宰臣呂端曰介蟲而毛天意或有所警戒卿等詳考以聞端等言曰按瑞諜神龜千歲巢於蓮葉之上今所得之處郡名壽春陛下頃升皇儲實自壽邸天其或者將使陛下後天而老既壽且昌乎又龜爲水族其類在陰介剛物也毛柔物也夫戎狄之類稟乎陰氣天意若曰將有獯鬻不賓之俗柔伏來庭乎帝曰卿等所尚章甚爲詳備然朕之屬意又或異焉夫龜有毛者文治之兆八卦乃文治之寶也豈四靈昭感有所屬耶卿等其悉心修輔慰朕意焉

卷二千七百五十

宋會要

大中祥符九年九月戊午荊門軍獻綠毛龜因詔自今諸道凡有祥異復爲貢

宋會要

至道七年丙辰明州獻青毛金文龜一

祥瑞雜錄

全唐文　太祖　宋會要　祥瑞

建隆二年黃州防禦使楊熙獻黃鸚鵡知鄆州姚光輔獻白兔及州學牧以爲三瑞　國朝符瑞之目皆如禮部式編載其事類于國史令錄緣瑞命崇尚事迹　次六年三月馴象至京師宰相率文武百僚稱賀自後凡符瑞內外奏至必宣示宰相即時奏賀大瑞率羣臣詣閤門拜表是年太祖親郊有司請以國初以來祥異爲之旗章遂作金鸚鵡馴象玉兔三旗

太宗　宋會要　祥瑞

太平興國四年九月嘉州言夷江縣錦鄉鎮民王詣得黑石二皆有文其一云君王萬歲其二云趙二十一帝繼其石來獻　十二月太宗禁中讌書自巳至申始罷有蒼鶴自殆闕巷飛止殿吻殆掩巷而去帝作之以語近臣對曰此上好學之感也昔楊震方講閣有鸛雀銜三鱣魚墮於庭亦同其應　雍熙二年閏九月坊州刺史馮鐸進一角獸帝御崇政殿召近臣觀之帝曰時和歲稔天下人安樂此爲上瑞鳥獸草木之異何足尚焉今此獸遠郡貢來思與卿等親視令養於後園遂其飲齕之性豈示於外有涉近名按瑞應圖牡曰麒牝曰麟昔嵐州所貢者麟也今坊州所貢者麟也　十月辛丑五星如連珠　十二月壬寅澤州獻白雀　三月八月己酉壽星見　九月簡州奏禾一根二莖其穗或八或九　四年九月辛酉湖州進嘉禾御製嘉禾合穗五七言詩二首賜宰相李昉等　十月辛丑益州貢禾一莖九穗十二月乙未朔大雪上大悅御玉華殿召近臣宴出御製雪詩一首令侍臣屬和　邢州進白馬　淳化四年十一月癸亥隴州獻白鷹詔還之　七月辛巳銀州獻白兔　八月辛亥二十日夜壽星見　十二月丁巳大雨雪近臣稱賀　是年中藩州貢白龜　端拱元年二月詔曰王者恭守丕圖旋敷百化凡充庭而作貢必稀寶以去華惟是豐年最爲上瑞珍禽異獸何足尚焉榮採補於上林復幽閉於籠檻違物類飛鳴之性豈國君仁恕之心既無益於邦家宜並停於貢獻愿而京諸州今後並不得以珍禽異獸充貢奉時祥瑞薦至帝以爲無益於理徒事虛名故止之　八月廣州言清遠縣公宇中有合歡木一株高百餘尺三月十日有鳳高六尺下有眾禽隨從木下生芝草三莖盡圖來獻

卷一萬二千三百九十六

淳化元年四月戊申史館編修宋炎言皇帝御極以來瑞諜昭著羽族之祥三十有七蹄角之瑞二十有六草木之異雲露之應不可具載請宣付史館從之　五年正月崇州所獻芝草四本時以符瑞之事帝多抑而

不欲宰相請觀故出以示　五月壬子亳州獻瑞麥圖有分四岐三岐兩岐者　七月二十四日虔州進白鵲　九月庚戌翔磁州言嘉禾合穗畫圖來獻以示近臣　至道元年四月二十九日知通利軍錢昭序獻赤烏白兔各一表云烏稟陽精兔昭陰瑞報火德蕃昌之兆示金方馴服之祥念惡稀世之珍罕有同時而見望宣付史館從之帝謂侍臣曰烏赤正如渥丹信火德之應也　五月開封府壽王上言太原招慶鄉華陽村民獲黑兔一以獻帝謂宰臣曰黑兔之來國家之慶也呂端等對曰黑者北方之色兔即陰類戎狄之象也將有戎狄解辮稽顙於北闕之下乎　是年七月丁巳永州慶陵得六眸龜一以獻詔示近臣　是月癸酉眉州言嘉禾一莖二十四穗

真宗宋會要　祥瑞

咸平二年十月癸酉商州貢連理木圖　十一月十六日開封府言民張永清得田中神人遺書啓封乃金牌有趙爲君萬年字詔付史館　景德元年八月十七日白州言五月七日午時鳳凰三自南來入城中衆鳥遶至羨歲寺前棲百尺木上身長九尺高五尺其文五色冠如金盞至申時北向而去畫圖來上宰相奉表稱賀　三年五月一日司天監言先四月二日夜初更見大星色黃出庫樓騎官西漸漸光明測在氐三度鄭分野壽星之次後益潤澤謹按星經瑞星有四其一曰周伯色黃煌煌然所見之國大昌又按太一占云王者制禮作樂内外咸得其宜四方之事無蓄滯君上壽考國運大昌則周伯星出天示殊休允符聖運乞付史館從之文武百官上表稱賀初是星之見知星者屢言嘉瑞雖耆舊有識而帝未之信至是司天監翰林天文連狀稱述始聽羣臣之賀　[illegible]州獻白烏帝以前詔罷貢珍禽奇獸命還之給其道路之費　四年十二月尚書禮部言先準敕命珍禽奇獸諸祥瑞等不得進獻甚衆當司準儀制令祥瑞應見若麟鳳龜龍之類依圖書大瑞者隨即表奏自外諸瑞申

職有司元日聞奏又準禮部式祥瑞每季具錄送史館又檢會到唐太和二年中書門下奏伏請自今已後祥瑞但申有司更不進獻伏以聖化流通瑞命紛委苟不書於史策曷以表於靈心欲望自今諸道珍禽奇獸祥瑞等不進獻只報當司逐季謀送史館起居院從之　大中祥符元年四月詔太祖太宗朝諸路所獻祥禽異獸皆在苑囿可上其數俟禪禮畢從之　九月二十六日癸未直史館張知白上言臣嘗於咸平中上疏論祥瑞當時隴蜀初定河湟未寧乞明詔有司止之以普謙沖之意數年以來兵息穀稔羣臣告成功詔命然行和氣充塞上動靈貺下契人心休應薦臻祥瑞畢委超於前代萬世一時若書與策告宗廟因示常例未足盡其殊尤望以泰山諸瑞按品目以第之命良工以繢之一本藏秘閣傳於不朽一本以備玉清昭應宮圖壁所貴崇天地所錫之寶從之復知白條上咸平中河湟未寧臣請罷郡國所上祥瑞令天下無事靈貺並至望以泰山諸瑞圖玉清昭應宮其副藏之秘閣　十一月知梓州崔端獻白鵲一帝以地遠勞人賜牙吏緡錢遣之仍令諸州依前詔不得以珍禽異獸為獻　是月召近臣于龍圖閣觀丁未所獻冊　十二月詔近臣三司使副刺史以上對於龍圖閣觀編聯祥瑞所進呈祀汾陰往迴祥瑞及睢上太寧廟華嶽廟圖凡百四十明年二月又從羣臣之請出於文德殿觀之　十一月天書扶侍使丁謂言自天書降後凡有祥瑞欲望編排各撰贊頌兼序仍於昭應宮圖寫詔宜差丁謂龍圖閣待制戚綸陳彭年同共編聯條奏仍令中書門下知樞密院王欽若陳堯叟并兩制與丁謂等及尚書丞郎給諫分撰贊序謂與李宗諤戚綸陳彭年編次成凡圖寫五十一軸召近臣宗室內職同觀之　二年三月右司諫張知白言先詔郡國有祥瑞不得以聞止報禮部封禪以來珍符騈集令州郡悉以聞望中明前制從之　三年閏二月翰林天文司天監丞邢中和言按唐乙巳占云太陽者人君之象揚輝騰耀照臨萬物凡有吉凶憂喜之氣皆變化見於日邊自今年正月後至二月終瞻候太陽有左右珥氣凡二十六赤黃九青赤冠氣八承氣六戴氣五日有黃色二五色雲一背氣三占云珥氣青赤主兵先憂後喜赤黃色潤上下和悅冠氣主國家行冠帶禮封建之事戴氣戴德也國有喜臣下推戴之象承氣者承順納忠也日有黃色潤澤君福壽昌五色雲太平之應也臣見兩月之內日上氣象如此倍多蓋國家將有大慶之兆然頗望人詳酌天道進用賢臣恤明刑法洽兵經武其間又觀其氣三見應四方有不順之處按晉書天文志云五星在東

卷一萬五千三百九十六

三

壽星以後

方中國利切緣邊泰之道倘伏猶環令雖北朝通順河西息兵更望於邊防要害之地常委腹心乃思安慮危之道也帝覽而嘉之　十月以河中府民巨滔為河中府助教賜襲衣銀帶器幣等滔祖誠靈寶真文恭驗有據故有是命　是月己酉嵐州言嘉禾合穗　四年二月三日內侍譚元吉等言準詔以泰山芝草裝成寶山二百每山十一本欲以漆匣詔分送諸路名山勝境宮觀祠宇　五月詔近臣至龍圖閣觀芝草圖又至崇和殿觀瑞物有餘糧凡木十有三有文成大速宋字皆成大吉字者成天下太平字者成有字者柱上芝草形如仙人手者瑞石六有文成真君王萬歲字者成趙二十一帝字者成池星者成觀音羅漢者成北斗七星者成雙蛇形者五色成龍卵一鳳卵二鳳喙一龍牙二龍頸骨一蛤中有金龍隱形一珊瑚樹二十寶石山一硃砂山二空青山一王旦等進曰國朝以來凡有祥瑞雖四方無不傳聞而未嘗見之臣等今獲親觀實為厚幸帝曰國家符命昭灼蓋由祖宗積德至於四方寧謐以成禪封之禮有以也朕念前代雖有德之君能行封禪之事者蓋寡如唐太宗兩議其禮皆不能行朕乃克成封禪蓋先朝之臣累有陳請經營禮物制度已備朕何力之有旦曰太宗嘗議大禮非陛下勵精善繼力致太平則不能奉成先志矣陛下歸美祖宗實社稷無疆之休也　五年五月蘇州鍾津縣野蠶成繭是歲不產蠶止食山桃而成繰織練以奏　八月己未壽星出於丙　是月帝謂近臣曰累聞羣議語及朝廷崇尚祥瑞朕覩細務昨著成祥瑞勤政二論諭之因出示宰臣大指謂國朝雖有丕祥當固祇畏中人一覩善應即自修汰望賢思以防邪故春秋不書其事然神祇降鑒亦以揚祖宗之烈當欽承而宣布之若穢休祺以自肆固宜戒也拒而為賀即所不執又付中書許羣臣傳寫三司使丁謂言又請以御製於國學刻石從之　閏十月車駕詣啓聖院召徒司宣太平興國中舒州民楊萃所進瑞石石有文曰志公記吾觀四五朝後次丙子出趙號太平二十一帝敬志𩶝潛山九天命天尊社稷永安內供奉官馬仁俊嘗勾瑞物誦得此文及觀聖祖臨降表其事且言太祖後唐天成二年二月十六日降誕太宗丙子歲即位皇宋啓運在五代後並皆符合詔許於龍圖閣閣之興仁後所誦無異又得一瑞石上亦有文曰趙二十一帝字又詔以石於明堂宣示文武百官及付史館帝作七言詩近臣畢和　六年十一月詔近臣于龍圖閣觀丁謂所獻再生甘天禧萬歲卿五雲露蠶蟹金華琍鳳靈壽等芝及連石帶本散生芝草共三萬七千一百八本帝因覽久之　十

卷一萬五千三百九十六

四

二月又出芝草列於文德殿度宣示文武百官從寇準所請也　是月辛
酉嵐州獻赤烏　李繼隆在北邊獲白鵲作詩以獻太宗和賜之　七年
二月車駕發京師幸亳州廻詔以真源所進靈芝二百本及白鹿列天書
前　八年六月賜近臣靈芝山谷二窨丁謂所進天下名山洞府靈跡奇
觀窨賜之　九年九月遼州獻白兔
玉海九年十二月癸未羣司言大名監產赤馬同尾無
鬃是龍駒逶汗漫所不將驪章亥所未迹是日乙亥日有赤黄氣蝸狀
業雲如蓋庚子奉天書赴集禧殿有黄紫雲擁日如花葩狀

卷二萬五千三百九十六

仁宗

天聖四年四月內出雙頭牡丹芍藥花並圖示宰臣令三館各進詩賦　文
獻通考天聖元年二月河陽柳二本連理　是月己亥壽星見　八月甲
寅芝生天安殿柱召輔臣觀還表賀乙卯命百官觀之　二年八月丙子
壽星見　四年季春丙午景靈宮牡丹雙頭共幹詔詞臣為賦夏竦賦序
根萼承華召公派詠芝莖連葉漢帝登歌　玉海七月壬申壽星見　十
二月壬午幸玉清昭應宮開寶寺景靈宮祈雪故事車駕還必作樂前導
上精意以禱命毋作樂既雪一云壬辰雪輔臣皆賀上喜曰力田之民自
今有望矣長編韓琦家傳五年仁宗初臨軒試進士琦名在第二時唱
名第一甲方終太史奏日下五色雲見左右從官皆賀於殿上　三月辛酉
崇政殿親試賜王堯臣以下及第　玉海六年六月陳州獻瑞麥圖兩歧
共秀命兩制館閣賦詩五月陳州言瑞麥一莖二十穗　十一月癸卯並
州獻異花似桃四出上異之目為太平瑞應花崇文目有瑞花詩賦一卷
八年八月丁亥六日詔輔臣兩制元直殿觀瑞穀賜　蘂珠殿　九年
五月宿州獲白兔　景祐元年十月安州稻再熟成德軍言禾一本九穗

卷一萬五千三百九十七

二年正月己丑壽星見　六月十九日辛未幸後苑觀稻賞瑞竹宴太
清樓　十一月滎州言竹一本十一月上分兩歧天聖九年七月永康軍清
城生雙竹一本　十一月滎州言生瑞竹　四年五月壬戌芝生于太宗神
御殿　丙寅二十五日芝生于化成殿楹召輔臣宗室兩制觀之帝作五
言詩賜王隨等翌日各獻賦頌　是月庚申滑州言靈河縣民家禾自成
穗長二丈五尺廣四尺上以為祥賜其家茶綵　五行志寶元二年二月乙
酉鄆州長舉縣有鵲羽毛潔白觜腳紅不類常鵲　是年八月十六日同測
驗渾儀張異言今月十四日夜曉見太陰行黄道及有黄暈周匝暈着室
壁宿謹按握掌占曰主天子喜慶可生帝子若有月暈者三日內有風雨
詔送史館　康定元年六月三日同測驗渾儀張異等言今月一日夜五
鼓後東方水星見主民静國安詔送史館　二年正月七日翰林天文院
言正月一日有黄氣按天書國有喜事及皇帝受賀廻大內風從艮上來
主豐稔事詔史館　玉海三年十一月壬辰五星皆在東方占曰中國安寧
慶曆三年十二月澧州獻瑞木有文曰太平之道詔送史館　玉海四年五
月乙亥撫州金谿得生金山重三百二十四兩　十二月六日天文院言
瑞雪之應詔送史館六年十二月滎州言野蠶成繭生　皇祐二年四月一日

司天監言自卯時二刻來與幸金明池將出宮城日生赤黃暈四刻日左右生赤黃珥五刻日上暈外生青赤戴氣一道兩端曲抱於日又徧天雲色淺黃其形輪囷此王者將崇大祀聖孝感天之應　九月二十六日司天監言皇帝行大禮平旦中天霽徹四方有雲日未出前東方有黃雲經刻乃散辰時一刻日有赤黃輝氣二刻上黃芒光盛至三刻乃散按占書曰日上有黃芒人君福昌　玉海三年三月二十二日甲戌召輔臣兩制館閣官觀後苑瑞竹其竹一本兩莖退多為賦頌以獻是年後苑產雙竹召從臣與觀皆賦詩頌美之　是年五月眉州彭山縣上瑞麥圖凡一莖五穗者數本仁宗曰朕嘗禁四方獻瑞物今得西川麥秀圖可謂真瑞矣其賜田夫束帛以賞勸之　六月無為軍獻芝草三百五十本帝曰朕以豐年為瑞賢臣為寶至於草木蟲魚之異焉足尚哉知軍茹孝標特免罪仍戒州郡自今毋得以聞　玉海四年十二月己丑雪初上以愆亢責躬減膳見輔臣則憂形於色龐籍等因言臣等不能燮理陰陽上煩聖慮願守散秩避賢路上曰是朕誠不能感天而患不能及民非卿等之過也是夕得雪庚寅賜喜雪宴于中書　五年六月資州言麥秀兩岐　七月二十二日己未召近臣觀後苑瑞蓮　五年十月二十八日測驗渾儀所言學生張承

卷一萬五千三百九十七

方等言百官於景靈宮習儀日瞻見有淡黃雲占曰聖君有喜事太廟習儀日瞻見天道祥異有赤黃暈不匝已時一刻後左右有赤黃珥占曰人主有喜事又今月二十六日瞻見祥異遍天蒼白雲間有日黃耀氣光明占曰聖君明德則太陽顯耀請送史館從之　至和二年正月二十一日司天監言今月十二日瞻見日傍有五色雲嘉瑞詔送史館　文獻通考三年二月辛卯壽星見　五月八日司天保章正馬堯卿言今月五日一更後西南方有雲黃白狀於太微宮四方無雲按乙巳占人主大喜延年益壽詔送史館　文獻通考八月己未壽星見　嘉祐二年八月庚申壽星見　三年六月綿州言麥一穗兩岐　七月泰州進瑞麥圖一本百穗細閣之野有麥穟合穗上寫飛白瑞麥字賜守臣　八月丙辰壽星見　十一月仁宗御崇政殿召近臣觀河南府所進芝草上曰今日嘉雪大浹宿麥其瑞大勝芝草也即賜喜雪宴于中書　四年正月庚戌壽星見　八月癸未壽星見十月十七日司天監言今月十一日時雪應候泊行禮之際雪止及十二日早廟中行禮月色皎然有黃雲捧月詔付史館　玉海五年八月庚午壽星見十月深州言野蠶成繭被于原野石州嘉禾合穗　六年正月癸丑八月壬辰七年正月辛亥壽星皆見　十二月庚子召從臣觀天

章閣三聖瑞物凡三十種觀畢宴玉宸殿實錄燕群玉殿召宰臣侍賜一大卮又出名花令持歸　邵氏聞見錄仁宗皇帝以是年十二月丙申幸天章閣召兩府兩制臺諫等觀三朝御書置酒賦詩于群玉殿庚子再幸天章閣召兩府以下觀瑞物十三種一瑞石文曰趙二十一帝二瑞石文曰真君王萬歲三瑞木曰大定家隱起成文四七星珠五金山重二十餘斤六丹砂山重十餘斤七馬蹄金八軟石九白石乳花十瑞木左右異色十一瑞竹一節有二莖並生其中十二龍卵有紫斑而小十三鳳卵色白而大觀太宗真宗御集而書飛白命翰林學士王珪題姓名編賜之　玉海八年正月辛酉壽星見有為州芝草叢生下得異龜

英宗

治平元年二月己丑壽星見　是年閏五月二日耀州進所獲受命寶玉檢令送龍圖閣　文獻通考治平元年七月癸巳二年二月癸巳八月己亥三年正月庚辰壽星皆見　治平三年五月二十二日司天臺言瞻見少微星體明潤異於常式謹按景祐乾象新書少微四星在太微西士大夫之位也一名處士亦曰天子副主或曰博士官一曰主衛掖門南第一星處士第二星議士第三星博士第四星大夫明大而黃則賢士舉也又陶隱

卷一萬五千三百九十七

居曰少微主士大夫之位亦為太子東宮之宮也星明大而黃潤則賢士舉忠臣用王命興輔佐出乞付史館從之　玉海治平三年五月二十二日司天言少微星體明潤占曰賢士舉忠臣用輔佐出天市星繁歲豐稔也貫索火星獄無囚也熒惑滯休色刑措不用也八月庚戌壽星見　四年二月癸巳老人星見　是年六月和汀州聞約進桐板二斤其木成文有天下太平四字詔與諭付史館　治平四年六月神宗已即位未改元汀州有桐木天下太平字上即位兩有此瑞　玉海治平四年八月戊申老人星見　治平四年九月二日司天監言南方老人星見其色明大潤澤為人主壽昌天下多賢之應詔付史館

神宗

熙寧元年正月乙未老人星見　熙寧元年六月二十七日詔提舉司天監司馬光劾翰林天文院等官測驗異同以聞先是天文院言二十五日熒惑犯氐按乾象占曰君憂有災又曰將相有憂而官句測驗渾儀元置等以為熒惑去氐一度未犯次日光芒始接本行黃道之外其芒色仍應夏主不當為災惟主將相有憂故命光劾之　文獻通考熙寧元年八月己卯二年二月乙卯八月壬戌三年正月甲寅八月癸酉四年二月己未壽

星皆見　四年二月五日詔中書門下罷上表賀老人星見此星常以春秋見於南方所占羣同而宰臣例賀至是罷之　八月丁丑老人星見　九月一日廬州言合肥縣南平村民覆初志一使謹按符瑞圖白兆者仁獸也月之精主陰氣其壽千載滿五百歲其色皆白孫氏云王者思加耆老則至　五年二月己未閏七月乙亥六年正月庚午八月丁酉七年二月甲申八月庚寅老人星皆見　八年二月己丑老人星見　玉海熙寧五年五月召輔臣觀化成殿芝草熙寧八年七月二十九日禮部言定州安喜縣民趙錫田穀二本聯五莖合一穗成德軍平山縣民康一田嘉禾相去二尺半董興田嘉禾相去五尺半並合穗保塞縣民閻詮穀七本隔一隴或兩壟合穗潞城縣民賈琛田穀二本合穗明年七月人言渠州流江縣粟一苗九穗忠武軍陽翟縣麥秀兩岐鳳翔府天興寶雞二縣仍一岐有三四穗及六穗者火山軍嘉禾隔五壟深州束鹿縣圻州秀容縣隔四壟濱州渤海縣隔四壟並合穗穀為瑞此最數也　八月二十二日禺州言產芝草三本一本類珊瑚枝葉繆結文獻通考熙寧八年八月庚戌九年二月丁酉八月庚子十年正月己卯九月戊申老人星皆見　熙寧十年八月忠州言民有劈開柚木其心有文曰皇帝萬天下太平七字　文獻

卷一萬五千三百九十七

通考元豐元年二月己酉八月丙午二年二月壬戌八月乙卯三年二月甲寅八月己未老人星俱見　玉海是年唐縣甘棠木連理　文獻通考元豐四年八月丁卯五年二月甲戌八月己巳六年二月己未八月丁丑老人星皆見元豐六年十月八日太常博士何洵直言冬至祀圜丘陳異寶嘉瑞於樂架之北東西行詔可　文獻通考元豐七年二月辛巳老人星見　玉海元豐七年四月壬辰朝獻景靈宮至天元殿觀芝草宰臣王珪等稱賀　文獻通考元豐七年八月己卯八年二月庚辰八月辛巳老人星皆見

哲宗

元祐元年二月戊寅八月庚子二月庚寅九月辛亥三年二月癸巳八月己亥四年二月壬子八月丁未五年正月甲午八月辛亥六年二月己亥皆老人星見　元祐六年四月二十七日知福州何述言率在州官吏赴新修社稷壇習儀都日光重輪其一暈日而五色其二承日而純黃文獻通考元祐六年八月壬戌七年四月壬子八月壬戌八年二月丙寅八月己巳九年二月乙巳紹聖元年八月庚子二年二月壬午八月丁丑三年二月庚午八月癸未四年二月甲申八月甲申五年二月庚辰皆老人星

見元符元年二月三十日亳州太清宮太上老君眉間發紅光須臾滿殿上騰漢霄南京虞城縣壽聖院有紅氣上達於紅氣中有白毫光四道衝起東西闊十餘丈上下三四十丈　玉海元符元年五月戊申朔定玉璽　文獻通考元符元年八月辛卯二年二月乙未老人星見　元符二年八月三日兵部侍郎黃裳言南郊大駕諸旗名物除用典故制號外餘因時事取名伏見近頒授元符茅山之上日有重輪太上老君眉間發紅光武夷君廟有仙鶴請制為旂號曰寶符曰重輪曰祥光曰祥鶴詔可　文獻通考元符二年九月壬辰老人星見

徽宗

元符三年已即位未改元十一月詔在法諸州軍應祥瑞不得輒以進獻令圖其狀申尚書禮部可偏下州軍照會遵依條令先是知永靜軍曹量覆本軍管下將陵阜城兩縣申境內生到合穗嘉禾六本兩岐瑞麥五本輒奉表稱賀故也　文獻通考崇寧元年二月壬寅八月癸丑二年二月甲寅老人星皆見　崇寧二年四月十九日太史奏五星並行黃道考古驗今實為太平瑞應謹按漢書志天下太平則五星循度宰臣蔡京等上表稱賀　文獻通考崇寧二年八月庚戌老人星見　三年二月戊午八月辛酉

卷一萬五千三百九十七

四年二月庚申八月丙寅五年二月戊辰八月甲戌大觀元年二月乙亥八月丁丑老人星皆見　大觀元年八月十八日河北沿邊安撫司奏乾寧軍申大河久係黃水於七月十三夜水漲三寸黃河水清至十九日漸次減落依舊澄清直至二十一日水方復舊色三省樞密院奏欲詣閣稱賀從之仍送秘書省　文獻通考大觀二年二月甲午八月壬午老人星皆見　大觀三年正月三十日永興軍狀據陝州申今月十八日申時以來黃河自常家寨正北清徹向上直至潼關西上下澄清　二月二十一日定國軍狀去年十二月韓城縣界神門以來忽然河道中間水凍消釋徹底清流下郃陽縣界周蹄社約一百里至今未凍又黃河東岸自汾河以南係河中府滎河界相對西岸係韓城縣界約河道三分之中西岸下二分澄清東岸下一分渾濁三省樞密院奏今來河水澄清欲詣東上閤門稱賀詔依令送秘書省仍差祠部郎中張勵前去致祭　文獻通考大觀三年二月戊子八月癸巳老人星皆見　大觀三年十一月十三日詔尚書省奏都省門柳窠計二十九株上降甘露并左右僕射左右丞廳前并制敕院及兩過道柳竹窠子內共二十四株上各有甘露尚書省洎六曹仲冬一日有甘露降于叢柳計百三十本冀旦未晞映日晶瑩甘若飴蜜上駢七

言詩一首賜執政以下曰中臺布政之所天意昭格致此嘉祥因成四韻以紀其實政成天地不相違瑞應中臺賁萬機夜浥垂珠濡緑葉朝凝玉英清輝仙盤雲表秋難比望草霄零日未晞本自君臣俱會合更嘉報上奏能歸文獻通考大觀四年二月己未老人星見　大觀四年五月二十九日京西路轉運使張杲奏本路蔡州汝陽上蔡西平遂平等諸縣今年五月有瑞麥結秀一莖兩岐或三五岐至八九岐近約十畝或連村繪到逐色瑞麥一十二本并圖奏聞文獻通考大觀四年閏八月丁酉老人星見　大觀四年九月二十七日通奉大夫尚書右僕射張商英言據袞州仰山太平興國禪院申三月後國産禾一本至七月禾高七尺中分兩莖叁出七穗結實此乃世所希有差人馳獻上枇奬諭既而商英又奏臣不揆荒淺輒進瑞禾圖宋大雅十有三章以形容陛下太平之高躅盡瑞禾於右僕射廳何以臣所上表并大雅附依御筆日月之光庶傳之無窮詔依奏其辭曰彼修者禾相臣報上也相臣得異禾於集雲峰下高踰九尺分布七穗是歲天下大豐粒米狼戾揭厲聖功而作是詩也彼脩者禾其穗七兮夏古所無今感格兮歲在庚辰利見大人十有二紀庚寅乾坤六子遇庚則新大人法天有草有因皇帝仁孝羹牆神考遹追先猷

卷一萬五千三百九十七

三代之道炳然規摹百世之寶執敢弗祇率意改造嚴自淵衷恪遵熙豐法非精究熙寧是同迺戢干戈不勤遠畧煩斂是蠲冗官是削併斥浮虛歘崇儉朴舳艫尾御泝汴通洛泉幣既平商旅雲行四民化居迭為重輕迺疏禁網條肯昭往流離四遠鹿鮮禽放藏恩扣頭涵泳曠蕩父子怡怡朋友交偷百度孔脩德澤滂流官知奉法吏畏納賕農夫熙熙服我先疇桴鼓不鳴奠枕靡憂聽是善化有赫下臨陰陽泰通薰蒸闓治惠雨乖風太和塞野滲漉百嘉芃芃多稼帝定中天昌知其然四方郡國咸奏豐年豐年之象何以昭宣爰有異粟八節如瓣如瓣之上雙莖相向穗葉數榮挺拔奇尤高而不危神力扶持同而能異濟物是宜彼脩者禾其實駢羅天子萬年本支蕃多　十一月十五日宰臣何執中言臣等伏見涉冬以來率多陰晦風霾雪霰繼作遠冬祀前期十日而成天乃晴霽車駕殿宿之旦陰雲四合至晚微雨中夜風師盡驅纖翳黎明鑾輿順動杲日東升至則謁原廟裸獻太室祇見圜丘熙事備成天氣晏溫日星明潤中外士庶歡呼鼓舞蓋由皇帝陛下有大舜慕親之孝盡文王事帝之心齊明誠一克舉元祀又比年以來脩舉政事求合于天建皇極之道下寬大之書善繼善述無偏無黨民情和於下天意得於上歲以有年雨暘時若熙熙

畫

庶俗若登春臺斯足以昭聖人之能事驗天神之饗德矣臣等備位近司親都盛事竊自欣幸不敢但已伏望特降睿旨宣付史館傳示無窮從之文獻通考政和元年二月癸卯八月己亥老人星見　政和元年十一月三日江西提刑司奏虔州申大中祥符宮聖祖殿先天節起建道場忽覩西石楠木下生芝草一本其色光明竊以靈芝神草於世罔多然未聞有生聖祖殿陛前者此蓋皇帝陛下孝通神明崇奉道德故先天之節降聖之宮秀發靈華昭示嘉應謹案神農氏論芝云山川雲雨五行四時陰陽晝夜之精以生靈芝皆為聖主休祥焉伏望宣付史館從之　二年二月一日河南府奏新安縣萬歲峰餘背生芝草詔許拜表稱賀文獻通考政和二年二月乙巳八月乙酉老人星見　政和二年九月二日知定州梁子野奏七月二十六日管下有嘉禾合穗一枝相隔五壟計六尺三寸生為一穗并中間隴內一莖上生粟三穗詔送秘書省其嘉禾令定州進納　十月十八日三省樞密院太師魯國公蔡京等上議曰臣等伏蒙宣示古玄圭其制兩傍列十二山長一尺二寸上銳下方上有雷雨文下無琢飾外黑內赤中有小好溫潤光澤制作奇古大異常玉臣等謹按圭之制尚矣自舜輯五瑞修五玉以班岳牧說者謂圭任焉然無見於

卷一萬五千三百九十七

經惟禹平水土告厥成功帝錫以玄圭而圭之名於是始著玉為純陽之精有元實之美土居中央運四時生萬物故古之聖人以玉為珪以重土為主之文有土有國者所當御蓋取諸地聖人統天地御陰陽妙萬物非特地道而已天玄而地黃天道致用於南截用於北坎為赤天之正色也此圭之所以用玄蓋取諸天舜極緣命禹以平水土則地功成矣惟天為大惟堯則之則禹之歸功於堯非天不足以稱之今圭銳上天也方下地也上有雲行雨施之文天成也下靜而無所琢飾地平也天地之道於是又備焉舜之所以命禹禹之所以歸堯舉見於此矣堯舜無二道二典之文互相備舜典之所載亦堯事也舜封十有二山作十有二章肇十有二牧而是圭十有二寸其兩旁山亦如之其制其數悉同為圭明矣自堯舜而降莫若三代雖其損益不同然體堯蹈舜其道一揆可得而稽周王執鎮圭琢飾以四鎮之山其中必有好為受組之地其長一尺二寸周人就古自為一代之制惟王所執以鎮四海由是而觀則周之制蓋本於此前乎堯有所未備後乎堯無以復加蓋天下之大器也恭惟皇帝陛下纘禹之緒與堯同功天所復命授以至寶而臣等親逢堯舜復考堯禹之制於千古之下與萬邦黎獻舞手蹈足不勝大慶既而京等又上表乞擇日恭

受奉宸旨有詔不允，三上表乃從之。十二月一日文武百僚太師魯國公臣蔡京等言伏覩四方館張子諒狀十一月二十三日延福宮宴輔臣至午時有群鶴二十四隻自西來繚繞殿上盤旋分作三隊東西而去詔許拜表玉海政和二年晉州曜山得石文曰元天正文左遶見一編字製天正元瑞符五年建明堂采石衆陽石有明字製文石瑞 政和三年正月二十二日御殿受玄圭都天管句所狀契勘去年十一月二十二日内中降出玄圭同瑞石赴文德殿宣示二十四日玄圭赴寶堂安奉守宿及御殿受玄圭畢推恩詔應討論考驗并冬至日行事職事官轉官及應付人支賜有差文獻通考政和三年二月甲午老人星見 二月十七日詔太陽自午時後上有戴氣下有承氣承戴武規乃爲祥應送秘書省仍許拜表賀 二十二日文武百僚太師魯國公蔡京等言伏覩知蘇州盛章據百姓陳世隆所開木一段心有天書大吉二字尋同衆官看驗字色正紫徐乃所所適相合無間向背森埏委是生成其木理字畫即非僞造奉表稱賀以聞玉海政和三年六月二十三日嘉瑞殿池内生雙蓮四年六月十四日製雙蓮詩紹興二十五年十月以南安雙蓮華繪于旗 政和三年七月二日嘉瑞殿前池内生雙蓮一朶詔許文武百僚拜表稱賀文獻通考政和三年八月己未老人星見

卷一萬五千三百九十七

政和三年八月二十四日婺州奏通判朝請郎何執禮到武義縣民有收得木根劈開内有萬宋年歲四字尋下本縣取木根二片委司録事同曹掾官李参等躬親看驗其木劈開處兩邊各有萬宋年歲四字萬宋係篆書年歲字係楷書用蠟紙摸寫今驗得字體大小不差縱横各有文理委是生成即非僞造今將收到瑞木二片謹用匣盛貯封鎖具狀差人赴闕投進 十月四日大司成劉嗣明等奏契勘今月初四日宰執赴學揀試大學國子生所習大晟雅樂至第二章曲未終有仙鶴四隻自南來盤旋飛舞宮架之上徘徊欲下衆人欣呼逐由東而去伏乞宣付史館以彰太平盛事文獻通考政和四年二月己酉八月辛未老人星見 政和四年八月十一日宣和殿檜上生玉芝詔許拜表稱賀 十二月二十九日詔製芝木並秀旗先是大觀三年九月丙京穎陽縣天慶觀聖祖殿東有嘉禾芝草並生其嘉禾一本四穗芝草葉圓而重起至是年有旨加此旂同日詔製日有戴承旗先是政和四年二月日上生青赤黄戴氣後日下生青赤黄承氣故詔加此旗文獻通考政和五年二月庚申老人星見 政和五年二月六日康昌劄子奏臣謹參詳今日氣候稍暖地氣滋潤是天道欲作發夾之候即今風在木上緣風勢遣

順來日不合加臨之法至初七日合得加臨雨法決矣作成陰雨之象臣謹令晚瞻候雲色有如龍鳳之形亦是爲祥雲謂地氣潤所作成也奉御筆有如龍鳳騎跨仙人幢幡寶蓋五色瑞雲天色翠碧上有神物詔送秘書省 三月三日太師蔡京等奏伏蒙宣示南安軍所生朱草正類珊瑚分枝共幹體柔色朱實火德政平之應臣等不勝大慶欲率百僚拜表稱賀從之 四月二十二日甘露降于宣和殿後玉華殿種玉軒緑雲軒并乾康殿西擢秀軒松竹萬年枝桃李等枝上遍滿枝葉及竹木欄楯磚石之上至夜尚降未已如細雨露顯本苑顯屬殊祥宰臣蔡京等上表稱賀 七月八日朝請大夫新差權發遣陝州路璀奏臣前待罪汝海伏覩陛下自即位以來符瑞之應靡有虚日以凡計之上于御府者芝草五千餘本碼碯山子一百二十座紅色綵文并堪造器物碼碯一百二匣計三千四百餘斤瑞萱一株野蠶瑞繭并覊成綿絮各一匣雙蓮瑞穀甘露其目不一臣竊以謂一郡之中諸福之物駢臻洊應若此實繇聖治感通神明降格汝係防禦上州昨因本州龍興縣青嶺鎮商余山碼碯生發已蒙改賜鎮以興寶爾以珍符爲名今茲瑞應重疊欲望特加本州美號軍額庸示褒顯詔汝州陞爲陸海軍節度文獻通考政和五年八月甲子老人星見

卷一萬五千三百九十七

政和五年八月十三日太史局令充翰林天文王中孚奏近瞻測火星頻歷房心之宿昨自七月二十五日躔氐宿十二度餘正與房心相照至八月一日犯房南第三星自後行度稍增乃在南北右避離心宿之行自八月八日果在心星之上高其宿二百餘分至今月十二日瞻視行度愈高行過火星遠不犯心星今來伏覩火星行心星度其行速不守不犯行度爲祥詔送秘書省仍許拜表稱賀 二十七日蘄州奏據蘄水縣界内遍地有芝草生自五月十一日以來據鄉民父老等狀名山最多處皆有芝草收採到大小不等共一萬二千六十枝檢得芝草衆色内一枝紫色生九枝並星瑞芝詔送秘書省仍許拜表稱賀候賀日宣示百官 九月十八日太史局等奏九月十七日癸未其日午時七刻後日四向生五色雲其色潤澤太平之瑞未時二刻後五色漸散漫詔許拜表稱賀 十月十三日太師魯國公蔡京等言臣等伏覩台州寧海縣佃戶何保所種禾内有一桴三米係是祥瑞詔許拜表稱賀 二十一日武勝軍奏穰縣生瑞穀安化等縣生芝草都計五萬本並係天寧節前九月内節次所得之數蕃茁之盛來有其比數内金芝一本莖梗芝葉并附石紫芝大小二本其瑞尤異詔並送秘書省許拜表稱賀仍宣示百官 十一月十一日文

握 疑 掘

武百僚太師魯國公臣蔡京等言伏覩開封尹盛章奏本府徽空道場有
甘露降於右獄㭍柳菓上尊目擢日燦如珠璣京等奉表稱賀乞宣付史
館 十二月二十九日知桂州王覺奏據邕州申萬州永僊寨告發桄門
等處出產金寶揀到生大金花不經烹鍊一塊重一十一斤五兩一塊重
七斤八兩父老咸謂似此者前後有未又京西路坑冶王景文奏近覩詔
汝州龍興縣青嶺採到碼𥓽二萬五千斤見起綱進納竊緣碼𥓽史傳載
出在遠夷今乃出汝州委是亘古未聞並乞宣付史館從之文獻通考政
和六年閏正月壬申老人星見 政和六年正月十五日太師魯國公蔡京
等言伏覩湖南常平劉欽奏去年六月十二日地名蘆荻衝平地握得金
一塊類靈芝祥雲重九斤八兩同日淘得顆塊金甚多及自七月二十日
掘得碎金後來至十二月十八日又續掘得金四百七兩二錢已差潭州
司刑曹事王弼管押詣闕進乞與臣僚拜表稱賀從之文獻通考政和六
年八月丁卯老人星見 政和六年十月十七日提舉三山天成橋河事司
奏自十月一日河水澄清詔差水部郎言韓景前去致祭十一月二日太
師魯國公蔡京等言冀州棗強縣黃河澄清詔差虞部員外郎俞燾致祭
祭之時黃河復清委是瑞應乞許拜表稱賀從之 三十日詔製瑞鵲旗

卷一萬五千三百九十七

先是元符二年武夷君廟有仙鶴迎詔又政和二年延福宮燕輔臣有群
鶴自西北來盤旋於睿謨殿上又奏大晟樂而翔鶴屢至因加此旗文獻
通考政和七年正月戊午老人星見 政和七年正月十九日提舉三山天
成橋河事司奏河水復清詔差工部郎中畢元前去致祭二月十八日太
師蔡京等上表賀大河澄清文獻通考政和七年八月丙子老人星見八
年二月壬申八月乙亥老人星見 政和八年九月十二日以上清寶籙
宮有鶴數千飛繞萬歲山太師蔡京率百僚拜表稱賀 閏九月二十四
日以明堂大饗夜有鶴十六飛旋應門之上蔡京以下拜表稱賀 十月
十八日以黃鍾大聲一瀉而成即與居聲相合鑄造時有雲若華蓋狀蔡
京以下拜表稱賀 二十五日以下元節寶籙宮建醮是夜長生青華二
帝君降神霄殿宰臣文武百官拜表稱賀 二十六日上清儲祥宮天寧
節投戒有五鶴東來翔集殿壇宰臣以下稱賀 同日以廣武埽水勢湍
急投御書鐵符即時水勢順流文武百僚稱賀 同日蔡京等上表賀宣
示千葉仙芝 二十九日蔡京等上表賀仙鶴翔集神霄殿文獻通考宣
和元年癸未老人星見 宣和元年三月四日蔡京等上表稱賀安州淺商
嵩六 二年四月四日永州奏東門百姓劉思揀到紫薪劈開內兩逆合

有天下太平四字文獻通考宣和二年八月癸未老人星見 宣和二年十
月十二日少保少宰兼門下侍郎王黼等奏伏覩十月十二日集英殿大
宴有群鶴數千翔集空際伏乞宣付史館仍乞拜表稱賀從之 十一月
二十九日雅州奏據天慶觀申勘會去年九月內遇皇帝陛下元命之辰
率道衆於聖祖殿朝拜忽見殿內東畔柱上生芝草三本今年十月二十
四日伏覩前件柱上再生玉芝一本色澤白瑩狀若凝雲伏乞並宣付史
館詔依文獻通考宣和二年二月辛巳八月己丑三年二月丙戌八月癸
巳老人星皆見 宣和三年九月十日宗祀明堂以神宗皇帝配十一日太
宰王黼等言陛下肇建合宮歲嚴宗饗蓋以五講上儀今歲鳳御路朝天
宇清霽璧于藏事協氣橫流祇肅黃恭弗御小次樂節和暢熙事備成上
帝顧歆烈考來格神永享荅以燕以寧奠玉之初有群鶴翔集空際從以
羽物任延款第畨不矯首嘆嗟垂貺錫符其應如響乞拜表稱賀宣付祕
書省以彰孝治從之 二十一日朝奉郎權發遣袁州李炳奏據神霄宮
知宮傳教明一大師賜紫鍾與存言今月十九日與道衆朝直之次觀神
霄宮殿長生大帝君香案前銀朱殿柱上生靈芝二本一本九層一本五
層其色粉黃香潤殊異又據鍾與存申今月二十日續於元生靈芝殿柱

卷一萬五千三百九十七

後相對枋上再生靈芝一本六層及先中第二本內再生添一層前後共
三本其色一同覩此祥異不敢隱匿文獻通考宣和四年二月己亥八月
辛丑老人星見 宣和四年十一月十一日以日至將大報圜丘有司先申
惟寅威容具舉丁卯宿齋大慶冬如夏溫戊辰朝獻天興殿陰雲解剝陽
景來臨薄午至廟止輦却蓋步入齋宮己巳享於太室祼鬯神考湲落雲
褰黳祭舜冊告涕泗交墮侍祠之臣皆測芝感動庚午躬祀霽吉選休百
禮具洽亞獻既升不御小次皇天宴娛昭荅不違璧月垂耀信星彪列非
霧非煙旁礴晻靄已事而退密雪四委平旦圓鑾繽紛縈積四表一色御
樓肆宥已告盈尺越兩晝夜同雲忽霽白日朝鮮臣誤叨宰席夙惟聖德
動天昭格如響賁萬世無疆之休乞付祕書省許拜表稱賀從之文獻通
考宣和五年二月庚子八月丙午六年二月戊申八月辛亥老人星見 宣
和七年二月三日太史局翰林天文局測驗渾儀刻漏所奏據天文局司
辰王琡等狀正月二十八日庚子其日辰時三刻後日有赤黃暈不匝四
刻後日左右生青赤黃珥六刻後日上連暈生青赤黃戴氣八刻後珥散
巳時一刻後戴散申時七刻後暈散奉詔並送祕書省文獻通考宣和七
年二月癸丑老人星見 宣和七年五月十七日文武百官太宰白時中等

紹興十三年瑞雪已見前

以在京神霄宮瑤壇木槃上甘露降上表稱賀文獻通考宣和七年八月庚申老人星見於丙主人君壽昌天下安寧賢士進用自太平興國以來星見必賀至熙寧四年詔罷賀禮

高宗

建炎二年密州獻赤芝九月癸卯輔臣進呈上曰朕以豐年為瑞其還之

建炎二年九月二十二日統領密州軍馬權管州事杜彥獻瑞芝五葉純赤光堅如漆以為實符建炎美瑞上因諭輔臣曰朕每語卿等國家以豐年為瑞若五穀皆熟百姓食足朝野嬉暇萬物遂性可以為瑞今密為盜區何足為瑞卿可退回以示朕從表不受瑞物之意丁寧喻之 紹興元年七月劉光世言枯桔生穗委是祥瑞上謂輔臣曰朕今若得歲豐人不乏食朝廷有賢輔佐軍中有十萬鐵騎乃為祥瑞此外皆不足信朕在潛邸時梁間有芝草府官皆欲上聞蓋幸賜予朕手自碎之不欲主此奇怪事范宗尹已下歎服退而讚誦者久之玉海紹興十三年十二月庚寅瑞雪應時百官詣文德殿拜表稱賀自是歲如之迄今不改癸巳賜喜雪御筵于尚書省初復故事也 紹興十四年四月六日知虔州薛弼言東江鎮上寨保居人將壞屋木柱一根欲供薪爨折開內有天下太平年五字

卷一萬五千三百九十七

壽委衆驗即非工巧撰造文理粲然適符甲子上元之歲此殆天發其祥謹用進呈詔令侍從觀看訖送史館 六月淮南東路轉運判官湯鵬舉言楚州鹽城縣於五月二十五日海水一槩澄清宰執奏欲依典故拜表稱賀上宣諭曰自太祖平定天下太宗時干戈偃息真宗時祥瑞甚多祖宗聖語止以豐年為瑞今可宣付史館仍不必賀 八月知撫州晁謙之獻臨川縣進士梅執古家所產瑞粟一本一十九穗一本九穗一本八穗實為瑞應詔付史館 十二月一日潼川府路轉運判官宋蒼舒獻嘉禾一莖九穗者二上宣諭輔臣曰凡赤烏白雉之類止可一觀而已不足為瑞唯五穀豐稔乃為上瑞也 十五年正月二日輔臣內殿進呈瀘南沿邊安撫使馮檝得嘉禾九穗來獻上曰近日州郡所奏嘉禾甚多大有年之慶庶幾可望也 五月太史言是月日有承氣一有戴氣一並青赤黃色有赤暈周匝二日左右生珥一以為瑞應詔付史館 十六年十一月太師尚書左僕射秦檜言伏覩郊祀之舉年陛下稽古制作禮樂大備討論訂正悉出聖學有司効伎唯謹曾不能措一辭及將祀冬候多陰陛下至誠感通天地響答雪呈瑞於齋宮之先日穿雲於朝獻之旦暨升紫壇星宿明爛旋御端闕雲霄廓清光耀先天弗違諭神受祀此有司所宜盡

載者也上謂檜曰此國家大典禮及期而晴誠可慶也朕自即位以來無知今次非卿等協贊何緣至此檜等跛踖退避詔付史館 十七年二月十七日知臨安府沈該言高禖禮去年二月於築壇去處嘗有紅黃瑞氣光徹上下每至日出方收前後非一又脩壇興工日有六鶴自東而來盤旋壇上移時而去實應今日親祠之祥以兆萬世無窮之慶 是年十月臨安府言龍山頭教講院前松上并院後五株有甘露降並詔付史館 十八年閏八月福州言侯官縣鄉村有竹實如米老稚採取所得幾及萬斛此蓋明天子聖德所感與漢之旅穀野蠶無以異也實為中興上瑞詔付史館本州是年夏秋之際亢旱米價騰踊民飢乏食感此瑞應飢者賴以全活玉海紹興十九年四月江西京西建康並言甘露降是月台州寧海生瑞麥一本兩穗 紹興十九年四月太史言是月十七日日左右生青赤黃珥詔付史館 三十日湖廣江西京西路總領司建康府溧陽縣並言甘露降 五月台州奏寧海縣生瑞麥一本兩穗 十二月臨安府於潛縣西善寺生瑞芝並詔付史館 二十年正月特進觀文殿大學士充萬壽觀使兼侍讀提舉祕書省秦熺言是月十四日安奉中興聖統先兩連夕是日聖統纔出玉牒所門雲霞絢彩暨至天興殿安奉果日暈天滋

卷一萬五千三百九十七

誠上穹垂祐昭示億萬年無疆之符 八月洋州言真符縣百姓宋仲昌妻一產三男緣本人姓同國號其妻產子之日適值天申節實足昭皇帝紹隆景命子孫衆多之祥並詔付史館玉海紹興二十二年五月容州奏野蠶成繭 紹興二十五年五月太廟仁宗室柱生芝草九莖連葉上諭輔臣曰朕每以歲豐為上瑞雖靈芝朱草固未嘗為意今宗廟產芝則非它比有司舉典禮許宰臣率百僚詣廟觀芝次日拜表稱賀仍宣付史館 十月有司請繪于郊祀華旗之上人以贛州太平瑞木黎州甘露遂州連理木遂寧府嘉禾鎮江府瑞瓜南安軍雙蓮花嚴州瑞麥信州玉山寺芝草皆太平盛事並詔圖繪行旗內未載者一就製造並從其請玉海紹興二十五年八月十七日刑部侍郎許興古言靈芝生於廟楹瑞麥秀於留都宜如漢齋房之歌製為樂章登歌郊廟詔學士院於圜壇景靈宮太廟所奏樂章增製 紹興二十六年四月二十二日上諭輔臣曰比年以來四方奏祥瑞皆飾空文取悅一時如信州林機奏秦檜父祠堂生芝草其佞尤甚亦有雙頭蓮為瑞者蓮之雙頭處處有之設所生皆雙亦何足為瑞麟鳳瑞之大者然若非上有明君下有賢臣麟鳳之生亦何足取朕以謂唯年穀豐登可以為瑞得真賢實能可以為寶若漢武作芝房寶鼎

之歌奏之郊廟非不爲美談然何益於事可降指揮今後不得奏祥瑞蓋
日乃詔諸路州郡勿以祥瑞聞奏　二十七年二月二十四日宰執沈該
万俟卨湯思退張綱湯鵬舉陳誠之言太廟仁宗皇帝英宗皇帝兩室
前柱上生芝草四葉欲依故事稱賀上曰前者芝草亦生於此殿蓋祖宗
積德流慶其來有自於是詔從其請仍宣付史館

孝宗

紹興三十二年巳即位未改元十二月二十五日權發遣閬州呂游問
上表言今年二月十七日到任後本州新井縣參秀三岐閬中縣牛產
二犢已遵近降指揮畫圖繳申尚書禮部繼於六月初十日有五色雲
見於州城之南錦屏山之西若煙非煙若霧非霧浮空映日自未及申
傾城士庶觀之莫不嘆仰皆謂與前二瑞不同兼西南地望正屬普安
郡雲見其上又在皇帝即位一日允合陛下受命之符竊謂合宣付史
館以彰陛下聖德有旨付聖政所　隆興二年三月二十四日宰臣湯
思退等詣德壽宮賀芝草是日奏太上宣諭云芝如金色十有二莖雖
畫圖所不及皆陛下孝德所致上曰甚奇見川志隆興改元州雨雪至
二年十二月雪大降地丈餘深洞深山谿谷閒厚至數尺古所未有進賀

卷一萬五千三百九十七

二十七月州治後池生雙頭蓮乾道七年復生慶元四年六月五花洲亦
生雙頭蓮至于八九枝郡屬賦詩以爲瑞　乾道元年正月二日尚書左
僕射陳康伯言恭覩郊祀大禮皇帝宿齋之目通夕大雪聖心憂勤昭格
上下翼日親饗原廟天宇開霽雲物清明正月朔旦有事圜丘星緯燦
然和氣充塞上帝博臨允彰德應尋准學士院咨報欲於赦文內具載其
實即具奏聞蒙宸翰批出不許宣告臣等叨吾進列覆觀盛事鋪張揚
厲乃其職分乞宣付史館以垂示萬世從之　六月十五日詔淮南運判
姚岳以蝗死爲嘉祥奏乞錄付史館特降一官以右正言程叔達奏岳
言蝗虫自淮北飛前來皆抱草木自死首唱佞諛務爲容悅之諂乞罷黜
之以警其餘故有是命　七月三日有旨知池州魯詧圖上瑞竹放罷臣
僚言詧申朝廷稱本州管下竹生穗實如米飢民採食之且曰野穀結實
乎竹穗之上仍畫竹實之狀緘囊其物以獻有以知詧之姦諛也蓋物異
常則爲妖竹非穗實之物今失其常性而穗實焉謂之妖可也又聞竹生
實則竹林必枯不凋之姿今失其常性將枯焉謂之妖可也以妖爲瑞誣
出於飢餓迫切而已詧任牧民不以以民食草木爲病顧以爲美事方且
文其說圖其狀以獻佞于朝將以資其狂妄不謂之姦諛可乎故有是命

玉海乾道六年七月乙巳太史奏是夜四更後東北方火星順行在木星
西南入宿各不及一度占云木火合宿主册太子當有赦　乾道六年十一
月十日臣僚言伏見郊祀前陰雨連日自皇帝致齋酌獻景靈宮天宇澄
霽霜煙瑞霧環繞殿楹四審太廟又雨至夜漏四刻陰雲頓開星斗燦
然行朝饗之禮明日駕如青城亦晴道旁觀瞻甚盛已而雲煙霏微凍雨
還作將祭之夜駕幸大次更衣數星燁然現於雲表及登壇樂作四郊雲
陰尚蔽獨歲星中天靈光下燭終禮成不雨行禮之次夏官迎仗至城門
雨大霪獨泰壇無有祥異卓然實聖上寅恭祇畏格于上下天意昭答詔
宣付史館　九年十一月四日詔今來郊祀大禮圜壇禮畢瑞誠殿稱賀
令太史局免奏祥瑞淳熙九年明堂禮畢免奏祥瑞今後準此　乾道
九年十一月四日詔郊祀免奏祥瑞九日親郊十一日宰臣曾懷等奏祀
郊禮成憲以瑞雪應時來明而霽以至青城宿齋圜丘戴事天氣澄爽
此皆聖德昭著高穹降格上曰君臣之閒當修飾以荅天貺　淳熙六
年九月三日閤門言明堂行禮畢趙雄等奏前日已降指揮免奏瑞瑞上
曰朕自有其祥瑞豐年是也百姓家給人足瑞莫大焉雄等奏景星慶雲
可爲觀美豈若豐年之實惠也玉海淳熙七年五月壬子上言近頗走

卷一萬五千三百九十七

西旿晚方欲祈禱半夜遂得雨趙雄等奏陛下修德修政格于皇天故欲
雨即雨上曰需霈如此皆是黍稷稻粱過於雨珠玉矣上觀雨說田此前
幾何後來雄等奏從陛下方寸中來一念克誠天實臨之　淳熙七年正
月甲寅輔臣奏前月二十八日日有戴氣太史奏君德至於天爲萬民慶
戴則有是瑞是日乃便殿議蠲租之時　八年元日朝德壽宮次日太史
奏日有戴氣又次日雪

全唐文

宋會要 附天書

真宗大中祥符元年正月三日對輔臣於崇政殿之西
序帝曰朕寢殿中帟幕皆用青絁旦暮非張燭莫能辨
色去年十一月二十七日夜將半方就寢忽光明滿室
敬視之次見神人星冠絳衣告朕曰來月三日宜於正
殿建黃籙道場一月將降天書大中祥符三篇勿泄天
機朕竦然起對忽已不見命筆識之自十二月朔即蔬
食齋戒於正殿依道門科儀結綵壇九級建道場以佇
神貺雖越月未敢罷去適皇城司奏左承天門屋南角
有黃帛曳於鴟尾之上即遣中使視之迴奏云帛長二
尺許緘一物如書卷纏以青縷三道封處隱隱有字朕
思之蓋神人所謂天降之書也王旦等曰此蓋陛下至
誠事天地大孝奉祖宗恭己愛人夙夜求治以至殊鄰
修睦獷俗請吏干戈偃戢年穀屢豐皆陛下兢兢業業
日慎一日之所致也臣等常謂天不遠必有昭報今者
神告先期靈文果降實昭上穹佑德之應皆再拜稱賀
又曰然未知天書所諭之事啓封之際宜屏左右帝曰
既有天命固當祗受適恐皇城司遽便收進已便止之
朕當躬詣焚香拜受朕自得神人所諭之言尋雕木為
輿殿飾之金寶將以奉安天書所云屏人以啓封雖神
人云勿泄天機朕以上天所貺當與衆共之旦復曰蓋

卷一千七百五十八　一

瑞異一之二九

未測書意不欲顯示於衆帝曰天若譴示闕政當與卿
等祗畏改悔若告戒朕躬朕亦當側身自修豈宜隱之
而使衆不知也當即啓讀但慮文莫能辨須訪明習篆
籀者以從旦曰陛下肅奉天命非臣等所能測也帝即步
至承天門瞻望再拜內臣周懷政皇甫繼明對捧而下
王旦跪捧而進帝再拜受之親奉安於輿殿初輔臣請
以道衆前導帝曰朕齋戒既久止欲與卿等嚴尊以表
精虔遂奉引而行帝却繖蓋徹警蹕至朝元殿之丹墀
旦自輿殿捧天書帝跪受訖付陳堯叟啓封帛上有文
曰趙受命興於宋付於恒居其器守於正世七百九九
定既去帛緘書甚密紙堅潤不與常類杖以利刀久而
方啓啓訖跪進帝亦跪捧復授堯叟命讀之其書黃字
三幅詞類尚書洪範老子道德經始言帝能以至孝至
道治世次諭清淨簡儉終述世祚延永之意讀訖帝復
跪捧以所緘之帛韞之盛以金匱置于輿殿再拜訖奉
引升自東階安於道場中復燃香再拜禮畢帝御殿之
北廡召對等謂曰朕德薄何乃天降明命昭晰若此旦
等曰昔龍圖授羲龜書錫禹非常之應惟聖主得之陛
下應天立極振古稱首上帝所以申錫祕檢示治國大
中之道萬世一時也咸再拜稱賀是夕命王旦宿齋中
書晚詣道場上香旦趍往而帝已先至四曰文武百官
諸軍將校諸方蕃客入賀是夕帝齋於長春殿輔臣宿

卷一千七百五十八　二

瑞異一之三〇

於本司道衆聲讚於朝元殿教坊奏法曲於庭翌日所司設大次於朝元殿之西廊列黄麾仗自殿至閤門群臣序立帝服鞾袍太常卿贊導升殿焚香酌獻於三清天書之前登歌作樂既畢執事者奉天書與殿降自西階出朝元門由右昇龍門歷文德殿威儀樂部奉引帝步導入東上閤門避黄道而行既入門從官皆退唯中官執事還宮帝前導如初四月一日天書再降内中功德閣天禧元年正月二十七日始下詔以四月一日天書再降内中功德閣日為天祺節六月八日封祀制置使王欽若言六日泰山西南垂刀山上有紅紫雲氣如橋梁之狀漸成花蓋至地而散其日木工董祚於靈液亭北見黄素曳於林木之上有字而不能識遂言於皇城吏王居正居正見其上有御名馳告李神福曹利用等達于欽若欽若遂率官屬以道門威儀迎置公舍七日早自公舍奉導至社首山欽若跪授中使馳捧赴闕奏至帝御崇政殿促召輔臣謂之曰朕五月十七日夜忽夢前所覩神人言來月上旬當賜天書於泰山宜齋戒祇受朕雖荷降告亦未敢宣露惟密諭王欽若等凡有祥異即上聞今得其奏果與夢協上天眷佑丕應彰灼祇畏惕厲惟懼不稱王旦等曰陛下至德動天感應昭著臣等不勝大慶再拜稱賀帝曰靈文非久到闕奉迎之禮宜加詳定旦等曰正月奉迎天書已定儀注今

望約而行之帝曰向者降於内庭故不別設儀仗今自外而至禮當嚴奉可且置於含芳園正殿擇日具儀衛奉迎旦等復曰至日欲具黄麾仗道門威儀百官並放朝衆出城班迎入内日亦準是從之即命旦為奉迎天書導衛使丁謂為扶持使藍繼宗為都監十日天書至自泰山扶持使而下具儀衛奉迎安於含芳園之西門命王旦詣園齋宿晨夕焚香道衆作法事十一日群臣詣含芳園門迎導天書升園之正殿帝齋於長春殿翌日備鑾駕赴含芳園改服通天冠絳紗袍百官朝服序班帝出大次於殿下北面再拜訖導衛扶持使自殿上奉天書而下置帝前再拜祇受付陳堯叟啓封跪讀其文曰汝崇孝奉吾育民廣福錫爾嘉瑞黎庶咸知祕守斯言善解吾意國祚延永壽歷遐歲讀訖召百官示之復奉以升殿焚香酌奠車駕先還俟於朝元殿之幄次導衛使等奉至帝迎拜前導避黄道而行由東上閤門入内四年正月二十一日奉聖製天書誓文赴玉清昭應宮先是帝謂王旦等曰朕以上穹敷祐靈文三錫夙夜兢勵盡志欽奉且慮歲月寖久子孫輕怠故作此文刻石寘於天書閣下七年五月十一日詔模刻天書奉安於玉清昭應宮命宰臣王旦為天書刻玉使樞密使同書中門下平章事王欽若為刻玉副使兵部侍郎趙安仁翰林學士陳彭年為同刻玉副使入内押班周懷

政為都監八月七日有司備仗衛道門威儀教坊樂刻
玉都監自内中奉天書升輦刻玉使已下班迎赴朝元
殿帝服韡袍行酌獻之禮百官陪位奉安於刻玉殿令
刻玉使日赴焚香副使已下日一員莅事　天禧元年
正月六日詔曰顧以眇躬獲紹隆構仰慶靈之積累荷
穹昊之監觀祕籙垂文瑜圖錫祚告卜世卜年之業諭
時萬時億之祥戴惟凉薄之姿寅奉殊尤之貺每增夕
惕祇荅天祺登岱畎以垂鴻巡魏脽而育穀而又飈輪
臨暨濬發於仙源曲里朝修崇嚴於道蔭曠典以之交
舉厚福緜是感懷遂同海域之心恭上紫清之號務首
春之穀旦陳徽貺之盛儀爰造殊庭薦稱神祖尊珍符

而展采標瑞歷以建元乃至禋祀太宮升禋吉土式罄
奉先之孝允伸大報之誠福貺來同感悅交集夙宵内
省夤畏靡遑思與官師共遵天誨體清凈之妙本惕悠
永之真風是用順考靈辰宣揚祕誨共守大中之道愈
欽皇極之規謹以今年正月十五日行宣讀天書之禮
繄爾宰府體朕意焉十二日帝齋於長春殿親王近臣
御史中丞知雜尚書省四品諸司三品宗室團練使已
上藩侯觀察使已上管軍防禦使以上並齋于朝堂及
本司以王欽若為宣讀天書禮儀使　十三日有司於
天安殿設次奉玉皇聖像于中位置寫本天書于東聖
祖版位於西命儀衛使王旦等建金籙道場三晝夜

酌

十四日詔皇姪守節已上駙馬都尉王貽清李遵勗並
升殿陪位預聽　十五日三鼓四籌帝服通天冠絳紗
袍詣天安殿道場焚香再拜西向而立群官朝服升殿
攝中書令任中正詣玉皇前跪奏嗣天子臣恒謹與宰
臣等宣讀天書講求聖意度思睿訓撫育生民儀衛使
王旦跪取左承天祥符門天書置案上攝殿中監張景
宗張繼能捧案攝司徒王曾攝司空張知白跪展天書
攝太尉向敏中宣讀每句畢即詳思其指言上天訓諭
之意攝中書令王欽若執筆抄録宣讀畢攝侍中張旻
跪奏嗣天子臣恒敢不虔遵天命儀衛使跪納天書于
匣中又跪取功德閣天書泰山天書宣讀如上儀王欽

若又跪進所録天書意帝跪受訖登歌作獻禮畢奉寫
本天書還内

宋會要　日食

太祖建隆元年司天少監王處訥言五月一日太陽當虧請其日權藏刀
稽甲胄事下有司請其日皇帝避正殿素服文武百官各守本司從之
二年四月一日司天監言太陽其日當食詔避正殿守司如元年之制
淳化五淳年十二月一日司天監言日當日食雲陰不見占與不食同宰
臣上表稱賀詔付史館 玉海日當蝕陰雲蔽之群臣賀日不蝕蓋始于
此災不勝德雲為蔽陰
真宗三年五月一日司天監言日當食真宗避正殿不視事其日雲陰不
見帝語近臣此非朕德所致且喜分野之內不被災矣
大中祥符七年十二月朔司天監言日當食驗之不食宰臣王旦等上表稱賀詔付史館
天禧五年七月一日司天監言按儀天曆日當食之既帝避正殿命中使詣宮
觀寺院及坊市道場祈禱其日測驗及四分止按唐正元八年十一月朔
歷算官徐承嗣言食八分測之及三分宣示朝堂編在史冊此蓋聖德廣
大陽盛陰潛之慶翌日宰臣率百官詣閤門拜表稱賀詔付史館帝曰虧
食之變不甚蓋上天眷祐下民也

〈卷二萬九十七〉

仁宗天聖二年五月二日權判司天監宋行古等言按占日當食一分半今全
不虧詔付史館
寶元元年六月二十三日權知司天少監楊惟德等言來歲閏十二月則
庚辰歲正月朔日當食請移閏于庚辰則日食在前正月之晦帝曰閏所
以正天時而授民事其可曲避乎不許
慶曆五年四月朔司天監言太陽當食即陰晦不見宰臣率從臣皆賀　六年
二月二日司天監言日當食三月朔仁宗謂輔臣曰日食之咎蓋天所以
譴告人君願罪歸朕躬而無及臣庶也凡民之疾苦益思詢究而利安之
宰臣賈昌朝對曰陛下發德音以應天猶愛臣等敢不夙夜悉心而奉行
之于是再拜而退
皇祐六年四月朔日有食之遣官祀社以救日是日當雨至申刻見所食九分
之餘三日宰臣率百官詣東上閤門以日食不及算分表賀
嘉祐二年四月復言己亥歲日當食欲今年十二月為閏亦不許

宋會要　日食

仁宗嘉祐三年閏十二月詔明年正旦日食其日百官毋得拜表稱賀
六年六月朔日有食之司天監言當食六分之半自未初從西食四分而
雲霧有雷電頃之既而渾儀所言雲掩日食不見不為災權御史中丞王
疇言當祇懼天戒不當更稱乃詔百官毋得稱賀
四年 神宗已即位未改元 十二月十七日詔來歲正旦太陽當蝕避正殿
減常膳自此月二十一日為始罷元日百官稱賀又出手詔曰古者太陽
蝕日百官守職蓋所以祇天戒而備非常也今獨闕焉甚非王者小心寅
畏之道其將來正旦日蝕可令中書議舉行之宰臣衆上表請御正殿復常
膳乃從之　熙寧元年正月一日日有食之司天監言其日巳時八刻虧
見太陽於正西偏南起虧至午時五刻後蝕及六分弱至未時三刻復圓
二日群臣詣閤門拜表曰天人之交雖災祥之宜戒日月之會亦盈縮之
有常適緣薄食之期屬在元正之旦仰祇變象深軫睿衷虛梶楓之大庭
徹爲俎之常舉敢干聰聽冒進忱辭伏惟皇帝陛下求福不回遇災而懼
翔燕旁之已至何咎音之不除伏願恢睿至仁俯從衆欲御九宸之正寧
復四食之常珍上以隆戶牖之尊下以慰華夷之望批答曰朕德不明上
累三光正月之朔日有食之考之古義咎莫大焉故朕避朝徹膳思有以
恐懼修省謝上天之譴告而二三輔臣暨百辟庶尹方當同心協德以輔
不逮若夫進御虎門之朝退加牢爲之膳請雖誠至豈朕所望哉自是三
上表乃從之
六年三月十三日司天監言四月一日當食九分詔自十四日易服避正
殿減常膳仍降德音曰朕獲奉宗廟于七歲載憂勤願治弗敢荒寧而太
史豫言天將降告正陽之朔日有食之推原典經斯謂大異夙宵戰栗永
燭厥理豈惟庶政之失加於四方德誼未孚刑罰未中善氣繆盭以累三
光令天動威申儆不逮是用損膳徹樂變服避殿推恩元元庶有多辟以圖消
復以召和平二十四日群臣詣閤門上表曰太史占符將侵陽而虧景中
宸軫慮爰變服以致虔復虛路寢之朝重徹內饔之舉中外咸惕夙宵靡
寧竊以天體陰高日躔交會不無薄食未損清明恭惟皇帝陛下憲古聰
文體乾剛粹而稽帝則恭授人時而乃孟月正陽大明告眚博鑒典經之
訓永惟侵沴之原旁究政宜循祇天戒亟形深詔載洽湛恩固將格回復
之靈蹔道和平之善氣伏願特紆淵聽俯狥輿情法坐垂衣還正黼屏之
位大庖陳俎進加玉食之珍協四海之歡康副九賓之願望　批答曰朕

祇若天戒，憂心靡寧，循惟昔災，咎在菲德，延損常御，避乾明殿，公卿庶士率勵百職圖救厥異以昭棐忱奏對所陳豈亮朕意自是再上表求許

元豐元年六月癸卯朔日當食不食　十一月翰林天文院言日食陰雲不見又司天監言巳時六刻雲開見日不及所食分數　四年十一月己有食之　五年三月十七日司天監言四月朔日當食詔自月己亥素服避正殿減常膳其日百司守職十八日降德音於四京諸道州府軍監四月一日司天監言日當食而陰晦不見三日始御正殿　六年九月癸卯朔日有食之

元祐三年六月十五日有食之　六年五月朔日食詔罷文德殿視朝祭太社百司守職太史言食二分

紹聖元年二月二十八日詔三月朔日當食罷其日視朝仍差翰林學士領臨祭太社一位百司守局

四年六月朔日當食陰雲不見先是太史局奏六月朔食有食之詔其日罷視事仍令有司具素膳公卿等更宜勉思所戒以輔不逮續通鑑長編群臣具表賀三省樞密院同班致詞賀不見虧蝕上顧三省曰卿等更當修政事進賢退不肖爲意　元符二年十月十六日有食之既　三年徽宗已即位未改元二月二十三日降德音於四京畿內曰朕以眇身初嗣服歷惟德不類上類三光太史豫言天文之變乃四月朔日有蝕之譴告之來必緣類至側身而懼勅命惟幾損膳避朝以圖消弭百姓有罪時予之辜其推[illegible]恩數錫近甸嗚呼天道雖遠其聽自民洛王所先惟正厥事誕告有衆予至懷二十五日詔曰朕以眇身始承天序任大責重罔知攸濟永惟四海之遠萬幾之煩豈予一人所能偏察必賴百辟卿士下及庶民敷奏以言輔予不逮矧太史前誥天將動威日有蝕之期在正月變異甚鉅殆不虛生夙夜以思未燭厥理將以彌綸初政消弭天災自非藥石之規孰聞朕德況今周行之內人有所懷芻蕘之中言亦可採況朕躬之闕失若左右之忠邪政令之否臧風俗之媺惡朝廷之德澤有不下究閭閻之疾苦有不上聞咸聽直言毋有忌諱朕方開讜正之路消壅塞之風其於鯁論嘉謀惟恐不聞而行之惟恐不及其言可用朕則有賞言而失中朕不加罪朕言惟信非事空文尚慮乃心毋憚後害應中外臣僚以至民庶各許實封言事布告遐邇咸知朕意　先是中書舍人曾肇言陛下踐祚之初臣願修轉對之制下不諱之令明詔宜令百司民庶得極言時政無有所隱庶以振起其不敢言之氣紓發其鬱堙壅塞之情故有是詔

月一日以日當蝕遣官奏太社百官守局是日太史局奏辰初日蝕西北四分至巳三刻而復時有陰雲往來然不能掩三日宰相張章惇等上表請御正殿復常膳自是三上表乃從之

徽宗建中靖國元年三月二十一日制曰朕獲奉宗廟逾年於茲任大責重不敢康寧今者太史豫言日有蝕之將在正陽之朔斯乃大異朕甚懼焉夙夜恭念深惟其故豈非教化未修刑罰不中吏之非良者衆民之失業者蕃上累三光之明示以譴戒是用損膳避朝蕩宥多辟以圖消復以召和平於戲百姓有過罔不罪在予萬邦作孚孰非自朕率求諸己庶獲休證咨爾有衆咸體朕懷降德音于四京諸道　四月一日以日當食遣官祭告太社百官守局是日太史奏陰雲不見所食之分二日宰臣韓□彥等奏伏奉詔以正月朔太陽虧避正殿減常膳者占辰弗集馳走遠於嗇夫非有惟時犧朴空於司寇未即路朝之正猶撤玉食之供凡在臣工莫遑寧處竊以日符天統當循黃道之常君體乾剛故謹正陽之畏惟聖人觀象以立戒欲王者因事而自修亦緣久動而必差乃有頻交而屢食恭惟皇帝陛下中正履位在躬齊戒七廟之安仁暨萬邦之衆官惟賢而士勸善罰當罪而民禁非承以無私要容光而必照建其有極用勿憂以宜中固念兹而在兹寧弗畏而入畏緊寅恭肅可謂至矣則變異何從召之應以至誠居然純曜祥桑不拱方知大戊之興升雉何爲益見高宗之盛宜光臨於黼扆且時御於鑾輿茂迎至和允答群望詔答曰正陽之月日有食之譎見於天爲變甚大予末小子不遑寧居損膳避朝以圖消弭雖陰雲蔽布變象弗昭而群公卿士遽上封章乃欲御前殿復常珍豈體朕慄慄危懼祇畏戒天之心哉所請宜不允自是三上表乃從之

二年四月十四日祕書省狀據太史局申據同提點歷書推筭到今年五月朔日蝕十分中大分三十九初虧西南在午時一刻後復滿東南在未時二刻詔其日前後殿不視事命禮部侍郎發李圖南祭太社一位百司守職其合行事令太常寺勘會施行五月一日日有食之四年九月一日日有食之　政和三年三月一日太史局奏太陽當局至未時七刻從日體圓明全不虧食五日太師魯國公蔡京率文武百官拜表稱賀先是太史局前期定到三月一日壬子朔午時八刻從太陽當食從西北起蝕及三分是日不虧食故也編年備要五年七月戊辰朔日有食之八年五月一日日有食之編年備要重和元年五月壬午朔日有食之宣和元年三月二十三日詔曰日行黃道及其相掩人下而望有南北仰側之異故謂

之蝕月假日光行於日所不燭亦以為蝕日月之光蓋未始虧人望而然
古之人以歷推步先期而定日數之常然日為陽人君象也為陰所掩不
可不戒故代鼓於社責夫馳庶人走以財成其道輔相其宜今太史有言
正陽之月日有蝕之朕欽明天道若古之訓罔敢怠廢可令尚書省具前
後故實取旨施行布告中外咸使知之　四月一日日有食之紹興年備要
二月年十月戊辰朔日有食之　五年八月一日翰林天文局言今月朔
辛巳朔日當蝕其日密黑雲起不辨虧蝕按天文占云日蝕陰陽相掩有
雲蔽之即日不蝕乞付史館從之
高宗建炎三年九月一日日有蝕之初日食僅四分未幾復退有頃上遣
中使齎太史元進日食分數晷刻圖示宰執晚朝奏事次上曰太史初奏
日食早而分深朕適以油盆觀之食淺而退速呂頤浩曰陛下嚴恭寅畏
天鑒精誠宜感格之如此崇寧政和間災異頻仍而消弭之速者鮮恐
於應天有所未至上曰朕常以謂奉天不如畏天　舊例日食不御殿作
休假是日晚朝以迎幸機務至繁故視事也
紹興五年正月一日日有食之先是四年十二月二十三日侍御史張致奏太
史言來年正月朔旦日當食乞下有司講求故事上曰日食雖是躔度之
文術家能逆知之春秋日食必書謹天戒曰致之言良愜朕意是天之戒
罔敢怠忽吏宜下有司講求故事凡可以消變者悉舉行之沈與求曰日
食雖躔度可推然日為陽類至於薄食則人君所當恐懼脩省以應天變
於是詔公卿百執事講求闕政察理冤獄收斂流亡詢問疾苦舉遺
逸來直言凡可消變弭災者毋隱厥指共圖應天之實稱朕意焉
十三年十二月一日太陽交食皇帝不視事臧常勝百司守職過時乃罷
是日陰雲不見　初宰執進呈大禮畢於十一月二十三日恭謝上曰十
二月朔日食自來有避膳殿減等事今當舉行至是當虧不見宰臣率百
僚拜表稱賀

孝宗隆興元年三月五日日有背氣十八日二年五月三日六月五日十
日七月一日四日二十日十二月二十九日乾道元年五月二十二日二
年二月六日並同　六月二十六日日暈周匝在星宿二月二十八日躔
在奎宿三月二十五日躔在胃宿六月十日躔在井宿二十九日在柳宿
七月六日周在柳宿乾道元年三月二十六日周在昴宿二十九日日暈有
珥五月十日同二年二月二十六日周在奎宿三月十七日周在胃宿三
年四月二十四日周躔畢宿五月一日同六月十日周在井宿四年三月
十五日周在胃宿六月二十七日周躔星宿六年四月二十一日在昴宿
二十六日在畢宿閏五月六日在井宿七年三月二十八日赤黃暈周匝
八年六月五日躔在井宿九年二月十三日赤黃暈周匝　七月十六日
日左有珥八月十一日左右珥二年二月二十七日同乾道元年三月二
十九日左有珥四月二十日左右珥五月十日十二月十四日同六年閏
五月十八日左有珥八年六月四日左右珥　隆興二年六月十一日日
左生戟氣　二十九日日有格氣乾道元年六月十八日二十六日三十
日同　七月一日日有重暈是日仍有背氣左右有珥四日有重暈背氣

卷二萬九十四

乾道二年二月六日重暈背氣六年閏五月十三日重暈并戴氣　十六
日日有真氣乾道二年二月六日同　乾道三年三月十九日日有承氣
五月七日五年正月十二日六年三月二十六日閏五月十三日七年六
月二十九日八年六月十日並如之

全唐文

宋會要　彗

太宗端拱元年六月二日彗星見於井鬼時下詔行謁廟之禮即詔停罷止御樓肆赦不數日彗滅　二年七月司天監言六月十八日彗見積水西光芒長五尺行拂右攝提星至今月十九日隱大西方計見四十日太宗命撤樂避正殿進素食分遣使臣往諸道平決刑獄廣布恩宥以荅天譴至八月九日司天監言肆赦之後天氣澄廓彗星不見郡臣稱賀七月戊子又出東井積水西青白色光芒漸長辰見東北旬日夕見西北歷右攝提凡三十日至亢沒

卷七千八百六十四

宋會要

至道二年四月帝以梁雍之分兵難未寧民多歛食令中書門下詔判司天監事苗守信問以天道咎證安在守信奏曰臣仰瞻玄象及考驗太一經歷宮分其荆楚吳越交廣分野並無災咎自來天文凌犯彗星出見及四神太一臨照並在井鬼秦分所以雍及梁之地有災其四神太一來年自益州却入幽州京都之分見是木星照臨自此多吉祥之事餘無所占　真宗咸平元年正月十三日彗出營室北光芒尺餘二月對中書樞密院于洪福殿真宗曰朕臨御以來未嘗逸豫日謹一日期於和平而星見表異何也宰臣呂端曰陛下纘承

瑞異二之七

朞年勤政求治雖上穹譴見非陛下政治有闕實臣等不才致傷和氣然前代亦嘗有之堯湯水旱非有失德若垂象示人則修人事可以禳之今星出分野當齊魯間恐其地有災帝曰朕所憂天下生靈非獨一二十三日以星變詔有司直言自今月五日不御正殿尚食所供常膳一宜減省自是止於崇政殿視事親慮京城繫囚並減一等情理輕可並遣之召近臣對崇政殿西北廊至午後六刻罷呂端等再上表求罷又詔諸路繫囚並與申理杖已下釋之二十六日彗星滅輔臣請御正殿復常膳從之　真宗咸平元年正月甲申彗出營室北光芒尺餘至丁酉凡十四日滅甲寅有彗孛于井鬼大如杯色青白光芒至四尺餘歷五諸侯及五車入參凡三十日沒占有燕兵明年冬契丹入寇

卷七千八百六十四

宋會要

天禧二年六月二十日有彗出北斗魁北行經天二十七日詣玉清昭應宮開寶寺舍利塔焚香先一日風雨霽翳及旦晴霽是夕彗始滅凡三十七日宰臣奉表稱賀三年六月辛亥彗出北斗魁第二星東北長三尺許與北斗第一星齊北行經天牢拂文昌長三丈餘歷紫微三台軒轅速行而西至七星凡三十七日沒　仁宗景祐元年八月壬戌夜有星孛于張翼長七尺闊五寸十二日而沒十二月己未夜有星出外屏有芒氣皇祐

瑞異二之八

元年二月丁卯彗出虚晨見東方西南指歷紫微至婁
凡一百一日〔十〕四日丙午〔戌〕占曰有兵喪　嘉祐元年七月
彗出紫微歷七星其色白長丈餘至八月癸亥滅

宋會要

英宗治平三年三月三日司天監言彗星晨見于東方在營
室自是日見然天多陰雨〔雲〕不辨至十六日又見詔避正
殿減常膳二十七日夕見于西方疾行至張遂止不行
四月六日後頻然行緩避于列曜將漸隱伏宰臣文武
百官請御正殿復常膳凡三表詔曰朕惟前載三辰之
眚太上修德其次修政聞者星氣之變曉昏遞見畏天
明威深省厥咎飭身正事以自抑損公卿列辟過為不
遑奏讀再三請御常禮顧惟誠恪復所重違尚期日新
共兹勵勉庶格太和之應用敷福于下民所請宜允
神宗熙寧八年十月乙未星出軫度中如填青白丙申
西北生光芒長三尺斜指軫若彗

卷七千八百六十四

宋會要

徽宗大觀四年五月丁未彗出奎婁光芒長六尺北行入紫
垣至西北入濁不見占主水旱穀傷兵飢人主惡之十
八日詔朕以寡昧獲奉宗廟顧德弗類不足以仰當天
心今彗出東方茲為大異永思厥咎朕甚懼焉自五月
十八日避正殿損常膳許在京任職侍從官直言朝政
闕失朕虛心以改庶獲休嘉之應二十日大赦天下是

日又詔太史言彗出奎婁間行度頗速朕甚懼焉雖夙
夜震恐側身祇畏慮未足仰荅天戒賴近弼輔臣精意
思索應可以惠澤養民忠厚利物嘉謨寬政及合行事
件並條析以聞庶翕輯善祥消伏災沴遵蹈格王正厥
事之意二十四日群臣上表曰天垂警戒扶持實愛於
人君帝極寅恭感格遂昭於乾象宜內寬於抑畏用俯
則於彝儀輒布輿情冒塵淵聽竊以妖不勝德天惟棐
忱穀祥昭太戊之興升雉著高宗之美仰惟近證遠邁
前聞恭惟皇帝陛下剛健日新聰明時憲纂睿謨而善
繼躬旰食以克勤畏天之畏順帝之則雖星躔之暫躔
在皇度以何虧然且溫詔丁寧慮政刑之或失渙恩霈
霈條罪眚以惟新生靈共戴於寬仁垂象遽銷於妖祲
尚抑內饔之饌未親正宁之朝凡屬照臨靡遑啓處伏
願上承眷佑下徇懇祈鳴清蹕以事法宮供大庖而昭
盛禮千官拱極俾瞻萬壽之清光多品在庭復奉九州
之備味豈特副華夷之望蓋將安宗社之靈詔荅不允
自是至六月三日四上表乃從之　政和元年七月六
日司天監言有彗星出紫微垣歷七星其色白長丈餘
自是至八月十四日夜滅　宣和五年正月五日彗出西
方由奎貫婁胃昴畢十二日詔曰朕以寡昧奉承大
夙夜祇惕靡敢康寧冀以仰當天心感格和氣乃孟春
之夕星文變見推原載籍茲謂大異豈朕德弗類政刑

卷七千八百六十四

罔中星天動威以示譴告永惟厥咎朕甚懼焉已避正殿損常膳中外臣僚等並許直言朝政闕失朕將親覽虛心以改庶先格王正厥事以銷乾象之變十四日大赦天下至二十五日彗沒羣臣上表請御正殿復常膳批答不允自是三上表乃從之

宋會要

高宗紹興二年八月二十九日上謂輔臣曰二十六日太史言是夜四更彗出位宿度內如火木星卿等見否夜來初更奏又犯土司空星朕側身省懼欲避正朝又只一殿已減膳食素用謹天戒卿等深思政事闕失更切修舉呂頤浩權邦彥再三請罪皆臣等失職致虧于理陛下克自抑畏宜便消伏然所次分野甚遠上曰今不論所次齊魯燕趙之分天象示譴朕敢不畏天之威耶至九月十七日彗星消十五年四月三日夜有星見東北方如彗翌日上宣諭轉(輔)臣曰彗星見朕甚懼焉卿等可圖所以消弭之道秦檜因奏太宗真宗朝嘗緣彗星疎決獄囚等事上曰可且降詔以四事為主避殿減膳寬民力卹滯獄庶幾應天以實不以文也至是月十日消伏十六年十二月三日是夜彗見西南方於是上避正殿減常膳至是月九日夜消伏翠(翌)日宰執率百僚上表請御正殿詔不允自是三上表從之二十六年七月八日彗出井宿內翌日上謂輔臣曰夜來太史奏彗

卷七千八百六十四

出井宿間朕當避殿損膳以荅天戒深慮朝政尚多闕失或民情疾苦無由上達可降詔述此意許士庶實封陳言務盡應天之實十一日沈該等言星象變異臣等便合引咎待罪以兩日星象不見所以未敢遽動聖聽若更未銷伏不免上章引去以避賢路上曰天象亦有數卿等不須如此朕與卿等思所以應天實德以銷天變可也又曰若據所臨分野當在秦晉間然朕以天下為憂豈當問遠近耶至是月十七日消伏於是宰臣率百僚上表請御殿不允自後凡三上表乃從之

卷七千八百六十四

宋會要　字

孝宗淳熙二年七月二十三日夜，孛星見於西方，二十七日夜消伏。理宗紹定三年十一月丁酉，有星孛于天市垣屠（肆）〔肆〕星之下，明年二月壬午乃消。

卷七千八百六十五

全唐文

宋會要　星變

太祖建隆二年五月己丑，天狗墮西南。高宗紹興十七年正月乙亥，妖星出東北方女宿內，小如歲星，光芒長五丈，二月丙寅始消。孝宗淳熙十三年九月辛亥，星出大如太白，色先赤後黃白，尾跡約二尺，委曲如蛇行，類枉矢。十四年五月有星出，際天如日，與日相摩盪而入。

卷七千八百六十三

厤参瑞異
類

銷

入瑞異

銷

宣政雜録 虹異

靖康丙午金人犯闕駐兵牧養監時未講好一夕二更後有兩虹氣長五尺許並出東北在南者直侵北相戛久之遂合爲一移刻方銷天文參曰此氣金人合自逃及應移寨不爾虜無歸路至明日探至虜移寨謨馳尚矣

春秋感精符

九女並誂則九虹並見

宋會要

淳熙元年十月二十四日有曲虹見非時 二年十月三日有蝀虹見非時 五年十月二十七日亦如之

帝王世紀 卷一百五十二

瑶光之星貫月如虹感女樞於幽房之宮生顓帝 有大星如虹下流華渚女節意感而生少昊

瑞異二之一五

雪異

宋會要

仁宗慶曆四年正月七日天雄軍德博州言去歲十二月二十六日天降紅雪蓋咸血雨三十年十二月二十六日天雄軍德博州天降赤雪

雪絲

欽宗靖康元年閏十一月二十一日天地晦暝雪未下時於陰雪中有雪絲長數寸墜地

宋會要 祈雪

神宗熙寧元年二月八日詔近來諸州府軍監逐時降雨雪多以為常事不即上聞雖有先降指揮官吏上下以其年歲深遠從生怠慢其令諸路檢會舊條今後並即時具的實尺寸聞奏仍令轉運司逐季舉行

宋會要 春雪

真宗咸平四年三月六日風雪帝曰霍疫頗甚蓋陰陽不和必人事所致觀之寔異實不遲也宰臣李沆以暮春風變再上表求罷詔不許 哲宗元祐三年正月八日詔以春雪寒甚給賣薪炭十五日時自去冬大雪寒至于是月二十八日御史中丞胡宗愈侍御史王覿進對太皇太后曰久陰不解雪寒民不易對曰陛下所賣薪炭所以惠都民甚備闕 豐稷傳 卷三百二十一

哲宗時稷爲刑部侍郎兼侍講元祐中春多雪稷言今嘉祥未臻沴氣交作豈應天之實未充事天之禮未備畏天之誠未孚歟宮掖之臣有關預政事如天聖之羅崇勳江德明治平之任守忠者歟願陛下昭聖德祗天戒總正萬事以消天災 元符二年正月甲辰朔上御大慶殿受朝賀以雪罷 高宗紹興元年二月寒食日雪五年二月乙巳雨雪六年二月癸卯雪十三年三月雪十七年二月丙申雪十八年二月癸卯雪二十八年三月雨雪 孝宗隆興元年正月二十七日雪降非時乾道五年二月戊子雪七年二月丙辰雨雪淳熙十六年二月十三日雪 光宗紹熙元年二月十二日二年二月十三日四年二月八日亦如之 寧宗慶元五年二月庚子雪六年二月乙酉雪開禧三年二月二日戊申具日雪降非時嘉定元年二月甲寅雪四年二月二十三日丙子具日雪降非時六年二月丁亥雪九年二月十三日丙申具日雪降非時十年二月十五日壬戌具日雪降非時十六年春三月癸丑雪十七年三月癸丑雪 理宗紹定四年二月己巳雨雪六年三月壬子雨雪端平元年二月癸丑雨雪二年三月乙未雨雪嘉熙二年二月乙未雨雪淳祐六年二月壬申雨雪寶祐元年二月壬子雨雪二年三月戊子雨雪六年二月雨雪開慶元年二月庚

瑞異二之一六

民雨雪景定五年二月辛亥雨雪

宋會要

哲宗元祐二年十一月二十七日詔雪寒異常歲民多死宜厚加存恤以殘贍給之死者無親屬則官為收瘞十二月七日以大雪寒賜諸軍薪炭錢以錢百萬令開封府賜貧民三年正月八日詔以春雪寒民給賣薪炭十五日時自去冬大雪寒至于是月二十八日御史中丞胡宗愈侍御史王覿進對太皇太后曰久陰不解雪寒民不易對曰陛下斥賣內炭所以惠都民甚備闕二聖焦勞上元禁中不曾用樂既不御樓亦未嘗燕會既而尚書右僕射呂公著等亦乞罷燕詔不允二月八日降德音　八年十一月二十一日詔昨秋嫁不登衆庶闕食中外流民當此雪寒慮罹凍餒宜賑卹之十二月七日大雪詔收養內外乞丐老幼　徽宗政和三年十一月大雨雪連十餘日不止平地八尺餘冰滑人馬不能行詔許百官乘轎入朝飛鳥多死　欽宗靖康元年閏十一月二十一日雪大作盈三尺不止天地晦暝或雪未下時於陰雲中有雪絲長數寸墮地二年正月丁酉大雪天寒甚地冰如鏡行者不能定立是月乙卯車駕在青城大雪數尺人多死　高宗紹興十三年癸亥三月十五日大雪盈尺二十年十一月建昌軍新城縣永安村大風雪夜半若數百千人行聲語笑歌哭雜擾忽遠而凝寒陰黑咫尺莫辨明旦雪中有人畜鳥獸蹄跡流血污染十餘里入山乃絕三十一年正月戊子大雨雪至己亥迄旬不止禁旅壘舍有壓者時久雪寒甚　孝宗乾道元年二月大雪丙申又雪四年二月癸丑大雪淳熙十二年十二月大雪至明年正月或雪或霰或雹或雨冰或冰湮尺餘連日不解台州雪深丈餘民凍死十六年四月戊子成州天水縣大雨雪麥苗凍死　光宗紹熙元年十二月建寧府大雪深數尺二年正月行都大雪積冱河冰厚尺餘寒甚是春雷雪相繼凍雨彌月

全唐文

宋會要　雷震

真宗咸平六年十二月二十九日京城方午暴雷震司天言占主國家發號布德未及黎庶時議改元肆赦真宗即召宰相謂之曰此天以警朕也且念河北關西戍兵未息三司率擾勞民大者即宜減省小者悉與蠲除令於赦書盡采民弊著為條目務使澤及黎庶　仁宗慶曆六年五月雷雹地震時監察御史唐詢言近者京師雨雹地震此陰盛陽微夷狄侵侮中國之象今朝廷以西北講和寖弛二邊之備臣嘗默以為憂陛下詔中飭守邊之臣其於兵防敢有慢隳者以軍法論從之

哲宗紹聖三年十月十五日西南方有雷聲次雨雹

高宗建炎四年正月十六日雷翌日上謂輔臣曰昨日雷聲頗厲晉志以雷發聲非時為女主顓權君弱臣強四夷兵不制如去年正月三日猶未交正月節雷忽發聲後有苗劉之變朕與卿等宜共修德以實應天　紹興三十年十二月三日臣僚言十月癸亥日方過中天無雲而有雷聲人情駭異竊謂變不虛生當有任其咎者及觀本朝慶曆八年京師一日無雲而雷　仁宗皇帝謂張方平曰夏竦姦邪天變如此亟命草詔黜之今日之應其陛下之大臣乎於是有制湯思退罷相　孝宗隆興元年正月二十五日雷發初聲　二年二月八

日雷　乾道三年二月十七日、四年二月一日、五年二月二十九日、八年二月十六日夜同。乾道元年正月九日雷發非時。二年正月二十三日、三年八月二十二日、十一月四日，六年正月十六日、七年正月十一日、八年九月十九日、九年正月十一日並同。淳熙十六年正月十三日雷，既而八月二十八日、紹熙元年九月十日、二年正月二十九日、三年正月六日、四年正月二日、十一月十八日、五年十月六日亦如之。紹熙元年二月十九日雷發初聲，五年三月十二日亦如之。開禧三年三月二十四日己亥，其日雷聲初發；十月二十九日辛未，其夜雷聲非時。嘉定三年十月十七日壬申，其日雷發非時。四年二月十七日庚午，其夜雷聲初發。五年十月二十六日戊戌，其日雷發非時。六年三月五日丙午，其夜雷聲初發；閏九月二十五日壬辰，其夜雷發非時。八年九月十日丙寅，其日雷發非時。九年二月十五日戊戌，其夜雷聲初發。十二年九月十二日辛巳，其夜雷發非時。

卷二千七百二十

宋會要　旱

天聖五年自夏不雨，至七月暑氣尤甚。宰臣王曾等言：「按洪範云：僭常暘若。臣等備位台衡，深慮朝政之闕或有差失。」帝曰：「朕亦夙夜循省，上天鑒誠，豈徒然哉！當與卿等共修政事，以荅天戒也。」慶歷五年二月，詔天久不雨，其令州縣毋得淹繫刑獄。七年三月，以久不雨，下詔責躬，避正殿，減常膳，求直言，戒勵百官，罷免輔臣，以荅天戒。

卷一萬六千十九

全唐文　旱

建隆二年京城旱帝幸大溪觀相國寺禱雨下詔撤樂太官進蔬食

宋會要

咸平二年閏三月京城不雨宰臣張齊賢等奏曰春候已殘雨澤未降此乃臣等燮理無狀欲求譴黜以塞天下之責帝曰朕德薄甚賴卿等輔翼但慮政務闕失卿等相規以道無惜直言即詔天下繫囚非十惡枉法已殺人者死以下減一等瘞暴骸淮被災罷有司力役之無名營繕之不急者中外臣庶各上直言景德元年京師夏旱人多暍死帝遣中使於京觀施藥令太醫擇方救療揭於衢路頒示天下又以河北歲旱久亂還知制誥晁迥詣北嶽祈雨罷北面役兵

宋會要

熙寧元年正月十四日詔以經冬無雪令各述朕躬過失時政未得有無處者宰臣曾公亮等同對引咎拜謝上曰日與卿等相見議政之外未嘗忘憂朕非欲文飾誠冀卿等極言闕失以答天變也　十七日曾公亮言臣二上表及再進劄子以陰陽不調雨雪愆亢乞從免黜而蒙敦諭未賜允

大典卷一萬六千十九

從伏望體臣至誠許從罷黜手詔答曰亢冷踰時物數其害此上帝之警予冥頑輔臣累牘請避書經百上朕亦不聽也　二十二日以尚書職方郎中知登州許遵權判大理寺知諫院吳申言陛下憂精請雨未獲近應古有望祭山川之禮令編祈羣神祀理獨闕宜令禮官講復其故及諸路州縣仙聖之祠雖不在祀典而水旱應祈者並委州縣遣官潔齋致禱從之　二十五日方雨　二月七日雨雪帝上曰好雨春苗有望樞密使文彥博等奏曰雨雪久愆若非陛下精神動天何以致此上曰天道不遠茍懷康濟之心必蒙昭答若釋經曰若上下協心專務康濟生靈必獲天祐

四月十一日上批河北京東尚未得雨可指揮兩路闕雨州軍長吏親禱所在名山祠　三年八月十三日上批聞衛州極旱其令轉運司賑恤仍蠲租賦　七年二月十八日京東陜西等路久旱詔轉運司各遣長吏祈雨　三月六日詔以旱祈雨未應自六日易服避正殿減常膳　同日羣臣詣閤門表表以虜使之來誕辰之慶宜復常禮凡三上表猶不許　十三日以旱遣官分祈禱京城并畿內諸祠其五嶽四瀆並委長吏致禱祭仍令諸路監司檢察巡按所部淹延枝蔓刑獄審刑大理未斷公案疾速結絕以聞　十九日詔河北河東陜東京京西淮南路轉運司具轄下已得

雨州軍以聞　二十一日權河北西路轉運使劉航言自冬以來頗愆雨雪乞遣使於曲陽大茂山真人祠投龍以禱從之　二十八日以久旱詔中外許直言闕失詳見群臣言事門　四月十五日詔河北路旱災已及四月中旬若使民投訴差官檢覆然後蠲除恐艱食之民有所不及欲乞河北路其二麥不收者不候差官檢覆並免夏稅　八月十一日詔久旱禱雨未應其令長吏躬禱嶽瀆閣涇原環慶鄜延路自七月後得雨具闕奏種者官貸之官無麥種即借錢糴　十六日詔諸路監司訪聞山靈祠委長吏祈雨又遣輔臣告于中太一宮　八年正月二十一日洮西沿邊安撫司言去歲夏秋旱羌戶碎死者甚眾自收復洮河羌人止知畏威而未識朝廷之惠今比飢歉若官爲廩粥賑其饑急計米一升可給三人則百碩當濟三千人矣自二月盡五月給米千五百碩費不多而惠極博上批一奏速令經略安撫司指揮相度於蕃市聚集之地給散如數少即量增之

宋會要

元祐元年閏二月四日右司諫蘇轍言陛下以久旱憂勤至自冬歷春天意未答災害廣遠又近歲民苦重斂儲積空匱應官債負有資產耗竭實不能出者令州縣監司保明除放使民心悅附甘澤可致詔戶部勘會

大典卷一萬六千十九

諸欠官本息罰錢并免役坊場淨利錢數目及民戶見有無抵當物力明具以聞　二年四月十日詔時雨久愆旱災甚廣可自今月十一日後避正殿減常膳公卿大夫其勉修厥職共圖消復又詔尚書六曹有四方牒訴奏請文字或賞罰難明或民情有冤繫累未決郎官急于省覽使人苟逃日限非理沮難使枉冤之人無所赴愬宜差御史中丞傅堯俞右司郎中杜紘殿中侍御史孫升赴吏曹侍御史王巖叟右司員外郎孫覽監察御史韓川赴戶曹給事中張問監察御史上官均赴禮曹左司郎中姚宗道監察御史張舜民赴兵曹右諫議大夫梁燾左司郎中范純禮殿中侍御史呂陶赴刑曹右司諫王覿監察御史張舜民赴工曹點檢自去年正月至年終文字抽索看詳其間有疑文字事不近人情者并元條例改斷當往滯者從令結絕其指揮不當及非理問難留滯判狀者亦許本部再與施行其元行吏人情輕者且與原罪重者特行懲責宜令三省樞密院畫處行下　先是右司諫王覿言陛下必欲有以感天意即乞下詔責躬以其未能肅欽以致不肅之罰也然後詔三省以振朝綱去民賊詔樞密院以嚴邊防治軍政詔六曹寺監以修職事戢胥吏臺以舉不職詔監司以察縱弛詔羣守以戒偷惰凡政事之不肅者皆修飭之如此而

雨猶未降，臣甘伏嚴誅以為妄言之戒詔以觀言降詔　二十二日雨澤，臣詣閤門拜表請御正殿復常膳，自是五上表從之　五年四月二十二日詔：冬雪不救，春雨常若，速此孟夏，旱災如焚，雖禱詞備至，而神貺之答可自今月二十三日避殿減常膳，不御前殿，及將來五月一日罷文德殿視朔。至五月十一日始雨，羣臣詣閤門拜表請御正殿復常膳，自是凡四上表乃允。自去年冬不雨，至是始雨也。

宋會要

紹興三年七月二十七日，宰臣呂頤浩等言雨足，上曰：日者亢陽殊甚，憂之以為憫事無望，天今霑足如此，殆此有秋。春秋二百四十年書大有年者纔一，書有年者再而已，以知豐登之難得也。頤浩等退相謂曰：上至誠閔雨如此，且豐年之來假也。先是自六月二十三日雨後，雖雨微閼輒止，上極憂勞，省躬修政，祈獄致刑，弛力役，罷苛撓，以圖嘉應，至祈禳皆蔬食潔誠而為之。自十六日已後屢雨，至是雨足，二十八日詔復常膳　五年六月十四日，右僕射張浚、樞密使秦檜、參知政事張守、陳與義言：臣等以旱暵為災，將害秋成，不受牲幣，偏走羣靈，已彌旬浹，未獲休應。上詔陛下閔雨之慮，下使望歲之民凜凜然有溝壑之憂，戴循厥咎之由，皆緣臣等輔相失職，積有罪戾，以奸陰陽之和，望將臣等速賜罷黜，並致嚴科，以彰失職之咎，用以厭塞天心，召致和氣。詔：亢陽未雨，憂心如焚，咎在一人，非卿等罪，各安乃位，無復陳辭，夙夜勉旃，以輔台德　九年七月七日，詔令監司郡守各以一路一郡自五月以來得雨以實聞奏。

卷一萬六千九

宋會要

孝宗乾道四年六月十七日，詔：近日雨澤稍愆，臨安府已迎請上天竺靈感觀音就明慶寺祈禱，令日輪侍從官一員前去燒香。七年七月十七日同。

七年六月十三日，詔：比來近路州軍微愆雨澤，江西、湖南尤甚，見為民祈禱，令御廚七月二日早晚御膳並進素。七月六日，詔：江西路今歲間有旱傷州縣，令本路帥臣、監司將旱傷州縣守令精加審量，如內有老謬不能究心職事之人，先次選擇清強能吏前去對易，措置賑濟存恤施行，仍開具已對易官職位姓名及見作如何賑恤事件申尚書省。十七日，詔迎請天竺觀音就明慶寺祈雨。十八日，有旨：為見祈求雨澤，令月十九日早晚御膳令御廚並進素。十一月二十四日，詔：近日闕少雨澤，令臨安府精加祈禱，仍令兩浙安撫、轉運司行下所部州軍，委守令嚴潔祈禱，務在感應，每五日一次具雨澤丈尺申尚書省。九年十一月二十一日，詔令臨安府并諸路州縣闕少雨澤去處委長吏精誠祈禱名山大川聖跡祠廟降香委監司郡縣遣官嚴潔致禱 淳熙五年五月八日詔浙西常州鎮江府及淮南江東西州郡有稍愆雨澤去處繫囚刑獄淹延各委提刑躬親前去檢察決遣既而七年七月十七日詔大理寺臨安府并屬縣及浙東西江東州縣決遣 七年八月十七日詔江西湖北路之間有旱傷去處可令户部行下逐路監司各將所部州縣見監追未納私茶鹽酒曾錢依兩浙江東已得指揮放免施行從臣僚言也 知峽州唐孝頤推官朱時法知復州湯才卿放罷淳熙七年十一月十七日 知興國軍徐行簡放罷十二月二日 丹陽縣令韋潜心降兩資放罷八年八月九日 知德安府張燁通判趙泰仲江陵府石首縣令周居厚復州玉沙縣令劉大綱放罷十五日江西提舉趙龐放罷二十六日並坐不恤旱荒故也 八年七月十七日詔去歲諸路州軍有旱傷去處其監司守臣修舉荒政民無流移各與除職轉官既而江西運判尤袤淮南運判趙彥逾江西提舉朱熹知廣德軍耿秉並除直祕閣知寧國府丁時發除直寶文閣江西運副錢佃浙東提舉趙彊滿知台州沈揆知興元府張堅知隆興府辛棄疾池州袁說友知台州唐仲友知常州章沖知和州張詔知舒州李巽知興國軍王之旬廣南路提點坑冶李大正各轉一官 九年三月一日知臨安府王佐言訪聞本府管下縣去歲荒歉小民急於救飢多將農器之具質當米穀乞於元典之家計算截日本息各保立約先次給還其利候農事畢日却還如典主不遵今來約束許人户陳訴如小民違約不償亦許典主陳理詔依其去年旱傷州軍准此仍官爲置曆將來遇有陳理之人即仰照曆施行 八月十九日詔知建康府范成大知臨安府王佐轉一官減二年磨勘知紹興府王希呂除敷文閣直學士江東提刑梁總除直敷文閣江西提刑朱熹進職二等浙西提舉張杓除直祕閣知揚州鄭良嗣知嚴州楊布各特轉官以去歲旱傷賑濟有勞故也 十年七月十二日詔以旱暵爲慮令侍從臺諫兩省卿監郎官館職各條具朝政闕失詳見詔書臣言事 十三日左丞相王淮等言伏見自夏決秋愆陽不雨蓋臣等備位宰輔無補聖時上干陰陽之和致旱暵之變理之效望亟正曠瘝之責俾從黜免 凡三上表不允同日上以季夏淺秋旱暵爲慮避殿減膳是月二十三日左丞相王淮等率文武百僚詣文德殿拜表請御正殿不允淮等再上表乃從之 十一年九月四日利州路提刑提舉司言金洋西和州亢旱乞降度牒五百道於豐熟處趁時收糴以備賑濟從之 十四年七月七日詔政事

卷一萬六千十九

不修旱暵爲虐可令侍從臺諫兩省卿監郎官館職疏時闕失急當今急務毋有所隱自來日避殿減膳撤樂 十六日詔令兩浙路帥臣監司戒飭旱傷州縣存恤貧民毋致流徙因爲盜從仍措置合行事件開具聞奏於是浙東提舉田渭奏欲將台處州紹興府第五等今年未納身丁稅及婺州萬無丁稅將第五等戶今年夏稅綢不及丈疋不滿貫者並行住催畢見恤究 二十八日詔諸路州縣分有被旱處全藉知縣奉行賑恤仰監司守臣依條審度才力繁易具奏對易不得遺闕其癃謬衰病之人即與祠祿理作自陳 八月十四日詔臨安府諸縣令歲間有旱傷鄉分理宜措置令張瀲游九言前去相視措合行視件聞具申尚書省 既而十五年九月二日十四日宗正寺主簿張瀲奏去秋被旨措置臨安府九縣縣荒見得鹽官縣東鄉官塘六十里興南路布瀝相通落有三閘廢壞遇潮即鹹水衝蕩民田遇旱即易到至死涸又新城縣諸鄉村舊有陂塘今皆淤塞若於農隙之時興此水利即田雖遇旱亦幾矣欲望行下提舉司臨安府相度措置諸路州縣恐有似此合興修水利處亦乞體訪措置從之詳見水利 以上孝宗會要

卷一萬六千十九

旱

慶元元年正月二十七日，臣僚言：臣竊聞二浙之災，惟常州爲甚，流移既多，餓死者相踵。往來士夫親所見聞，皆謂賑恤惟此州當先，亦所當獨厚。伏乞特出睿斷，速降米三數萬石，以全活一方人命。今日之事莫此爲急。臣敢冒昧言之，蒙賜矜從，不勝幸願。詔除已於臨江軍起發米內撥一萬石外，更令鎮江府於椿管米內支一萬石充糶濟。去年閏十月二十一日已降指揮施行。

二月五日，詔可令學士院降詔戒飭諸道監司守令，應水旱去處，多方賑恤，務在實惠及民，毋得徒事虛文，庸副矜念元元之意。朕將考其殿最，以示勸懲。

嘉泰二年七月十六日，都省劄子勘會兩浙稍愆，竊慮江浙兩淮州軍間有闕雨去處，合行祈禱。詔令兩浙、江東西、兩淮轉運司各行下所部闕雨州縣，委自守令親詣管下靈應神祠精加祈禱，務獲感應。

開禧三年七月二十九日，中書門下省訪聞建寧府管內旱禾旱傷，饑民闕食，因致結集群黨，以借米爲名劫奪財物，合行措置。詔令福建轉運提舉司將實被旱傷之人優切措置[illegible]盜賊，各先具知稟申尚書省。

嘉定元年四月二十五日，臣僚言：臣竊聞民自天民，天固恤之。匹夫匹婦不得其死，則三年之旱，六月之霜，不旋踵而應，況兵革之後，死於非命者不可勝計，積骸枕野，饑民相食，怨氣充塞，豈不上干陰陽之和？故自去歲以來，蝗蝻爲災，隆冬無雪，入春不雨，以迄于今。致之農時已過芒種，今隴畝龜兆，首種不入，更遲數日，已涉夏至，則歲事無及矣。聞之道路，旱勢甚廣，江湖閩浙所至皆然，遺蝗復生，撲滅難盡，漕渠不通，米價翔踴，人情嗷嗷，幾不聊生，此豈細故而可不求以應之哉！近者奏告祈請，靡神不宗，然欲雨而即止，暫陰而復晴，殊未有以慰四方雲霓之望。恭覩明詔，聖心焦勞，特戒常膳，又以此月二十七日躬禱于太一宮、明慶寺，閔雨之志，上下具孚，甚盛德也。然成湯桑林之禱，嘗引咎而責躬；宣王雲漢之災，必側身而脩行。其爲應天之道，蓋未嘗專事之虛文也。欲望陛下惕厲齋居，憂勤啟政，深念生民塗炭無辜，籲天皆由向者任用非人，以致貽禍百姓。亟下哀痛之詔，廣求切宜之言，仍詔大臣數求民瘼，如淮甸之賑濟，諸郡之科繇，著月之鍛甲，近畿之和糴，若此之類，名色甚多，皆合亟議罷行。仍劄下六部長貳及臨安府、兩浙轉運司，各據所隸，凡可以慰安人心、銷弭天變者，申尚書省施行。詔從之。

二年八月三十日，江東提舉司奏：證對本路州縣頻歲災傷，去歲舉行荒政，所用濟糶米斛僅能接濟。元管常平義倉米斛至今年三月支用之外，所餘無已。自六月以來闕少雨

澤，州縣祈禱，雖節次得雨，皆不害足，加以飛蝗爲害，間有得熟之田，亦復被其剪傷。臣謂今歲之災甚於去歲，自合預行措置。竊見去歲嘗蒙朝廷撥降轉運司獻助米一萬石、錢三萬五千貫文，蒙給降度牒五十道，奏提舉王柟任內申請到度牒一百道，變賣價錢收糴米斛，添助濟糶。臣昨闕本路轉運司亦有趲積助救荒錢米，具申尚書省，乞證去年例盡數撥付本司那融支遣。未準回降之前，已撥付江淮制置司賑恤流民外，此別無可指準。兼證開禧三年除檢放義倉米猶及六萬餘石，嘉定元年義倉米除放外止合催理四萬餘石，緣民力彫弊，艱於輸納，尚及太半。及南康軍添濟北來之人，歲用常平米二千石，雖有度牒等錢糴到米斛，分撥諸處補還支過賑濟之數，所存不多。目今鄉村細民間有收捕蝗蟲，去其頭翅，雜以麩炒煮爲粮者。近徽州管下有以借粮爲民白日强開人倉廩者，臣已行下諸縣嚴行禁戢，及撥義倉常平米二千五百石應副本州減價出糶，預行斟酌賑濟。及廣德軍亦以饑荒爲請，六月間先於太平州寄納倉撥米四百九十石，自顧舡隻前去信州貴溪縣取撥米三千石，分與管下兩縣椿積，預備濟糶。今秋成之時，諸郡已是窘急，臣不忍坐視，若候臨時控告，恐緩不及事。欲望聖慈憫念江左諸郡軍旅之後，仍歲饑荒，特與給降度牒二百道付本司，變賣差官吏前去得熟軍收糴，糴米斛運載分撥濟糶使用。緣會子在處兌換折閱，米價日漸騰踴，若給降度牒不多，收糴數少，必是不敷分撥。欲望朝廷察臣所請，誠出不獲已，即證數給降施行。

貼黃：臣竊見入秋以來全不得雨，旱暵已成，分撥米斛，勢不容緩。竊慮度牒艱於轉賣，及往隣路收糴，往返使是半年，兼目今會子折閱，既有指揮收賣度牒許用第十一界會子，恐特至隣路轉行使用有失指準。伏見朝廷見將湖南和糴到米三十餘萬石發赴淮浙旱傷州郡椿管，今江東旱黃事體一同，如蒙於內量撥五萬石應副本司，令自備人舡般運到，使一路饑民張頤待哺者不至闕望。檢正都司擬到，欲令禮部支降度牒一百道付本司，每道作價值八百貫，變賣就行收糴米斛，以備濟糶使用。付本司差人前來請領，仍契勘所部州縣的實旱傷合行濟糶去處，疾速措置，以所糴米斛酌均撥施行，仍先具已契勘措置并糴到米數申尚書省。詔依擬到事理施行。

八年四月十一日，門下：朕少眇之躬，託於兆民之上，夤奉大業，祇畏天戒，遵道約己，罔敢怠遑。乃者暮春歷時不雨，來耜告病，新種未秩，朕心懼焉。亟走群望，潔齋精禱，允致其嚴，肸蠁之間，已荷孚答。雖有霑濡之潤，而尚靳滂沱之澤，邇日以來，旱氣彌甚，斯民狼顧

後憂方深永惟厥愆必有其故意者政令不當刑罰不中物議失平人心胥怨士習垢黷滋邪諂之風吏治煩苛乏寬大之意遂隅闕備預之實州縣多失業之民膏澤屯於下流忠言壅於上達一或有此皆足致災是用誕告臣民博求忠讜若朕躬之過失凡時政之闕遺悉意條陳毋有所隱務求實是靡事虛文故茲詔示想宜知悉　七月二日臣僚奏有天旱有人旱此唐人之論也臣請推廣其意而爲今日捄旱之說在天之旱不推誠以致禱則其澤未易以霑洽人過亢旱不致力於備具則其災必至於滋甚是人旱反甚於天旱也天雖亢旱旬月之間豈無時雨之霑灑地雖乾涸田隴之間豈無泉脉之流通成周之時一夫之田必有二尺之遂九夫之井必有四尺之溝等而上之爲洫爲澮以達於川皆以瀦雨潦於泛溢之日亦以通泉脉於乾涸之餘攷之周典稻人以瀦蓄水以防止水又有遂以均水其蓄水潦以備旱乾甚周也攷之月令在仲夏則命有司祈祀山川百源在季春則命有司通達溝瀆以防壅塞疏水脉以助灌溉甚悉也天未嘗無愛物澤物之心屢禱而不即應已應而澤不流通或者蓋歸之數也天數固茫昧而不可必人爲旱備獨可頃刻而不致其力乎未旱不爲之備既旱則坐視而弗捄是非天旱蓋人實旱之也今東南之地沃壤彌望固亦絕少誠不可以井田溝遂之制施之然一方數十里之內豈無陂塘可開之以灌注田畝一望之地豈無畎澮可浚之以瀦水依山之田豈無泉源之不涸者可導之以滋溉瀕湖之田或有湖高而田下之處隄岸欲密獨不可度其勢而少洩之乎瀕江瀕溪之田大率水低而田高取水雖勞獨不可併力而收車戽之利乎臣閩人也閩地瘠狹層山之巔苟可寘人力未有尋丈之地不坵而爲田泉溜接續自上而下耕墾灌溉雖不得雨歲亦倍收其有平地而非膏腴之田無陂塘可以灌注無溪澗可以汲引各於田塍之側開掘坎井深及丈餘停蓄雨潦以爲旱乾一溉之助炎雲如灼桔槔俯仰不以爲勞所濟雖微不猶勝於立視其槁而搏手無策乎江浙號爲澤國田悉腴潤遠非瘠地之比然旱乾爲害視他處特甚每以惰農苟安爲備不素固應爾耳蓋耕田之民田非己有方春播種滿意秋成猝罹旱暵已觖始望饑號相遍自救不贍皇恤苗槁不過倚鋤仰天歎息而已否則秧槁群趨閧訴于官府之庭而已貧民困矣爲富民之有田者獨不能出力貸資以爲農民捄旱之助乎旱未瘁矣獨不當亟爲瀦水導泉之計以爲晚禾之備乎任此責者獨非字民之官乎令以勸農爲職與修水利又令丞之責所宜愛民如愛子捄旱如捄焚出入

阡陌咨訪黎老號召農民而慇勉之若所有泉脉可以疏瀹畎澮堙塞使之相率而開導溪河側近俾之協力而車注圍田之占水者宜掘則掘勿以勢要而遂招礙碓之截水者宜拆則拆勿以經久而姑存耕夫無力以營救則勸諭富室之有田者隨其所佃而資助之縣官視爲頃刻不可少緩之事親加相視勸於誘率庶幾上下畢力以捄天災旱傷或至七八分詎無一二分之滋濟早田似已無及猶冀晚禾之登稔今夏雖曰亢旱然未嘗逾月而不雨時不甚接續故無所瀦蓄耳地必沮洳而後雨水可瀦官必加意而後小民竭力瀦水捄旱實目前之急務毋曰今已後時而置之悠悠不恤也近觀江西漕臣所奏一路獨興國軍闕雨爲甚陂塘已竭近泉去處亦可蓄水以護晚秋此亦臣區區過計之意今欲推行此意莫若行下諸路監司提督令丞躬親相視開廣陂塘疏導溝瀆掘井泉通地脉凡可爲捄旱之計將無一之不舉要以日而課效若令與丞有能興修水利決濟若干頃畝不拘多寡守以其實申之監司監司保奏即行推賞庶使官吏激勸民被實惠況興修水利自有賞格前此州縣官以此獲賞者或許循資或減磨勘類多文具皆未有興利之實績今若以實績來上而重推賞焉則誰不加勸是不特捄目前之旱而止臣所陳不勝懇切惟陛下垂聽而亟推行之天下幸甚詔從之

度宗咸淳六年江南大旱十年廬州旱長樂福清二縣大旱

火災

太祖建隆二年三月內酒坊火焚屋百八十餘間酒工
死者三十餘人誅內酒坊使左承規副使田處巖子厚
載門外工匠五十餘人悉命斬于諸門宰相等極言諫
止乃追釋之獲免者十有二人　太宗太平興國九年
五月二十八日乾元文明二正殿災是日既夕陰雲四
合風雷暴作夜漏初上甘雨如傾霆電震激火發自月
華門抵闕者不知覺延燒漸北烟焰上出帝遣小黃門
開關視之勢已盛亟命宿衛數百人毀迴廊連屋比明
役士皆至併力救之至辰巳乃息詔曰朕托於人上臨
茲域中夙夜憂兢動靜畏慎每躬親於政理常恤念於

卷一萬一千六百四十三

黎元外絕畋遊之娛內無聲伎之惑歲既屢稔時亦小
康九年於茲萬務粗理蓋乾坤之降祐顧寡昧以何能
而數日前迅雷之中烈火暴作既延災於正殿蓋示譴
於眇躬諒匪徒然必有由也豈非賞罰有所未當獄理
有所不明物理尚欠於和平言路猶多於壅塞獄訟未
除於枉橈生靈未息於瘡痍鄉閭之賦調未均草野之
賢良未進有一于此實政缺然載深引咎之誠彌增馭
朽之懼卿等列朝廷爵位同君父之憂勞所宜各竭忠
規共申讜議指朝政之缺失陳時務之否臧勿惜上言
必期無隱朕當親覽用自儆焉廣詢多士之謀少答上
天之戒凡爾在位宜悉朕懷明日百僚上表稱賀　真

宗大中祥符二年四月昇州火遣入內高班郝昭信馳
驛究問被傷者賑恤之死者官為埋瘞帝謂輔臣曰聞
昨火災甚異民居貧富相接有倉庾閭閻延燔所及惟
富室蕩盡公廩貧居一無所損．三年四月昇州火燔
軍營民舍殆盡遣侍御史趙湘往彼設齋醮訪民疾苦
被火家悉蠲屋稅仍令本州正其地界無使豪族輒有
侵冒　八月詔以昇洪潤州頻有火災積僁時雨遣內
侍鄭志誠江德明分路往彼撫問軍民禱設將校耆老
及祭醮管內名山大川祠廟為民祈福　八年四月二
十三日夜榮王元儼宮火自三鼓北風甚翊日亭午乃
止延燒內藏左藏庫乾元殿乾元門崇文院秘閣詔曰

卷一萬一千六百四十三

朕欽承大寶祇勵小心膺眷祐之無疆荷靈禧之狎至
少虧周慎俄有震驚雖曰因人敢忘克己今月二十三
日夜榮王元儼宮不謹遺燼遽致延燒昏夕之間撲滅
靡及遲明之際士伍駢臻尚賴群心率同盡瘁殿庭連
屬不免致焚宮禁回環幸皆安堵眷茲藩邸自失於防
微仰謝宗祊彌深於省咎亦虞庶務未洽大和或政令
匪中或物情有壅期聞讜論以輔眇躬應文武官並許
直言當從親覽渴聞規益勿憚傾輸命參知政事丁謂
為大內修葺使以殿前都指揮使曹璨侍衛馬軍副都
指揮使張旻入內內侍省都知秦翰管勾賜在內救火
諸軍親事官等緡錢判館閣官左藏內藏香藥天書法

物庫監官各贖銅四十斤職掌專典各贖銅二十斤假侍婢韓氏盜金銀器四副賣懼有彰露遂謀縱火命知雜御史王隨按問得實詔韓氏斷手足令衆三日凌遲處死知情人處斬除干連人親事官並等第決杖降配及送養病院本宮都監內知客失於覺察提舉等第責罰

天禧二年二月四日北宅蔡州團練使德雍院火延燔數百間詔遣御史張廓置院鞫劾火起德雍子供奉官承亮院因婢陳氏所遺燼詔免死杖脊配窯務卒為妻承亮停官德雍奉表待罪釋之

仁宗天聖七年六月二十日玉清昭應宮災宮自大中祥符元年建至七年始成凡二千六百一十楹至是火發夜中大雷雨至曉而盡惟長生崇壽殿存焉其領使者罷之以恭天戒也

十年八月二十三日夜禁中火延燔崇德長春滋福會慶崇徽延慶天和承明八殿帝與皇太后皇后避火于苑中遂移御

卷一萬一千四百四十三

延福宮明日群臣詣宮問起居以宰臣呂夷簡為修葺大內使樞密副使楊崇勳副之殿前副都指揮使夏守贇入內押班江德明內侍右班副都知閻文應管勾修葺二十五日詔曰朕猥以眇躬纂于鴻緒既絕畋遊之好又無臺榭之營十載于茲未嘗暇逸不意掖庭之內火禁非嚴一夕延燔徧於八殿而端門正寢禁苑羣司猶免俱焚實繄衆力緬思降儆敢怠省循其令內外臣僚直言朝廷闕失毋有所隱副朕意焉九月三日錄內侍省衛乘輿之勞者自都知而下至內侍凡十九人遷秩增俸有差二十八日又詔曰皇太后頃在先朝位隆內輔而共奉之物積在禁中近在掖庭不虞延燎所及

今茲修葺大庀事工而朕親奉誨言惕思儆戒盡屏浮華之玩少裨調用之資皇太后與朕閤中金銀器物量留供須外盡付左藏庫易緡錢二十萬以助修大內至十月畢功改崇德殿曰紫宸長春殿曰垂拱滋福殿曰皇儀會慶殿曰集英承明殿曰端明延慶殿曰福寧崇徽殿曰寶慈天和殿曰觀文大寧門曰宣祐宣和門曰迎陽左右勤政門曰左右嘉福至是工畢兩賜從卒緡錢

英宗治平三年正月二十四日兩浙轉運司言溫州火延燔官私舍屋一萬四千餘間死者五十人以上國朝會要

神宗熙寧七年九月十七日三司火起於鹽鐵之廢廳延燔三部諸司舍屋帳籍殆盡使副判官第奪官降黜之

十年正月十七日禁中仙韶院火尋撲滅

元豐元年九月十六日詔邕州昨自交賊破殺人戶

卷一萬一千六百四十三

至今疠氣未息水火疫癘相繼宜下轉運司差官詣本州長吏集鄰郡修潔僧建水陸會為死者薦福令曾布陳倩同相度遷城利害以聞先是州寺有塑佛嘗一動明年交人入寇陷邕欽廉三州至是又動而火焚官私廬舍幾盡其後蠻儂智春叛又一動於是權知州錢師孟沈之於江中

八年二月十七日是夜四鼓開寶寺寓禮部貢院火殺議郎韓王巽王宮大小學教授兼睦親廣親宅講書翟曼奉議郎陳之方宣德郎太學博士馬希孟皆焚死吏卒死者十四人二十三日詔日者火災可於集禧觀為民祈福道場一月罷日設大醮

哲宗紹聖三年三月七日內尚書省火尋即撲滅是日執政問聖體并罷宴之由上曰禁中屢火今方醮禳故罷宴不御垂拱殿三日

（以上續國朝會要）高宗紹興二年六月四日臣僚言五月二十一日臨安城中火災頃刻之間瀰亘六七里延燒一萬餘家議者皆謂上與星文相應其爲天災無可疑者臣以爲害之大者於力不能勝則亦火政有所未修臣嘗觀舊日京城遇火小則撲滅大則觀烟焰所向必迎前拆屋以止之近救火者既不盡力復無其具遂至延蔓望戒勅有司體京城之法明修火政多置合用器物臨時觀火大小旋爲拆屋之計嚴禁攫金之人其間官吏如或依前滅裂怠慢必罰無赦詔三衙管軍并臨安府守臣兵官各降一官其團結防火軍兵及救火器具令殿前馬步軍司并臨安府各措置申尚書省　十二月

卷萬一千六百四十五

八日是夜行在臨安府火災延燒居民達旦撲滅翌日輔臣呂頤浩朱勝非權邦彥鞠躬請罪皆言不才備位遂致回禄示譴上勤聖念乞賜罷免以答天戒上曰卿等宜深思缺失以補不逮朕一夜宮中恐懼不寒而慄應合行寬卹賑濟等事卿等可速條具施行頤浩等再上表家居待罪迺降親札曰惟天降災彰朕失德當與卿等共思所以謝嚴譴不復有請　三年十一月二十二日上謂輔臣曰日來居民屢火盖火禁不嚴且有犯者未必一一行法故盖不戒其諭臨安府守臣議所以督察之當行法者勿貸於是詔令後放火人不以燒毀舍屋多少並依軍法其失火正犯人如焚燒官私屋宇

瑞異二之三五

數多並取旨亦依軍法斷遣令臨安府出牓曉示仍多差使臣緝捕放火之人其被火人戶令戶部日下支米五百碩付梁汝嘉差官分頭給散所有官私白地房錢不以貫百並放半月被火處每自方五十間不被火處每自方一百間各開火巷一道約闊三丈委知通躬親相視畫圖取旨即不得夤緣騷擾內朝天門裏遺火人戶令並蓋瓦屋行宮內宮人所居屋宇昨緣移蹕草創大段低小通窄於防謹火燭不便令修內司日下措置擬移修蓋務要寬闊（又詔臨安府令鈐轄將官分定地分遇緩急火發各認救撲又令殿前司將差去京畿第二將八百人內撥三百人歸本府專充救火使喚以上中興會要）

孝宗隆興二年六月五日詔德壽宮火修內司皇城司三衙忠銳將臨安府軍兵依則例等第犒設一次以撲滅有勞也　乾道三年正月四日真州六合縣武鋒軍寨遺火詔令王之奇將被火居民并流移之人逐賑濟仍開具實支過米數申尚書省尋詔本軍統制官錢卓並不用心救撲顯是弛慢不職可降三官　二月十三日詔婺州兵卒因遺火作過知州趙不猷畏懦可放罷仍取勘作過兵卒　七年十一月二十九日詔入內內侍省使臣楊震在皇城下居止遺火盛大特降一官　九年九月十九日台州遺火詔可於平江府常平米撥二萬石秀州一萬石下台州令津遣海船般取若以台州見在常平義倉米充賑濟即以此米充賑糶委本州守臣

卷萬一千六百四十三

瑞異二之三六

拘錢發還兩郡仍就委見差在本州措置會子官監登
聞鼓院耿延年與本州守臣同共措置二十日守臣陶
之真降兩官放罷以拯救無方也以上乾道會要淳熙元年十
九月十六日衡州火既而詔本路安撫司優加存恤具已措置賑恤事件以聞十
一月二十七日瀘州火既而十二月二十六日泉州二年八月七日嚴州四年十二月
二十二日鄂州城南市九年九月八日合州十二年九月二日溫州十四年六月二十二日臨安府逐州守臣
自劾並放罷令多方存恤毋致失所二年閏九月十四日潭州南嶽廟
火既而詔於經總制錢內撥賜錢一萬五千貫上供米內支三千石賑紹興二十六年體例蓋造十
一月四日詔令月三日皇城內火三衙皇城司修內司
等處救火官兵並令左藏南庫等支散犒設既而統制官每員支
錢三百貫統領官一百五十貫內諸處重傷將官每員本身犒賞外更支醫藥錢二百貫輕傷將官一百五十
貫重傷人兵本身外各更支醫藥錢七十貫輕傷人兵四十貫應有殘患不能治療者各與轉一官資令本處
不落名籍依舊支破本身請給在軍營養老免赴諸般差役因傷至亡者令本處開具奏聞七日
詔百司申嚴火禁仍令檢正左右司檢詳編修并六曹
等處輪當直宿官覺察如遇假故當宿官亦早入局
四年三月七日詔臨安府居民或遇遺火差撥馬軍司
潛火官兵緣地步遙遠去處人力奔趁遲悞自今如衆
安橋以北就便令殿前司兼選鋒軍後軍各差二百五
十人逐急先次前去救撲仍委統制官部押五年三
月二十日詔知興州楊絳追三官勒停監押王洧主簿
孟養直各降一官既而以提刑折知常奏興州沙市火延燒三百餘間絳等以宴飲不親救
撲故也閏六月十七日詔訪聞金州贍軍庫乾道八年

卷一萬五千六百四十三

內緣火延燒係官錢引等物後來總領所已追陪到錢
~~引等物後來總領所已追陪到錢~~四萬九千餘道其
餘應在錢物數目尚多可特與除放十一月十五日
詔自令臨安府城裏居民遺火令馬步軍司各差三百
人救撲殿前司非奉御前指揮不得差人前去如三衙
諸軍營寨內遺火止令本軍自行救撲其馬步軍司修
內司臨安府所差人並不得干預所有逐軍元認臨安
府城裏外救火地分并差有司等處防火官兵除三省
潛火人太廟一百一人玉牒所一百二人祕書省一百
人外餘並不得差發前去令三衙主帥取統制領將官
知稟二十六日詔自令臨安府城裏居民遺火令步
軍司依舊差統領官一員將官一員仍添副將一員部
押官兵三百人許令服着本司色號前去專一救撲
十二月二十五日宰臣趙雄等奏昨夕居民遺火頗近
德壽宮臣等監督官兵即時撲滅上曰近緣熒惑入氐
宮中火禁加嚴來年三月間再入六月又入庚元和十
一年二月熒惑入氐六月復入是謂句己十二年十月
破蔡州擒吳元濟自令太史局官須選熟於諸史天文
志知古今者爲之七年八月二十七日溫州貢院火詔
令籍元赴試人別試九年正月六日萬松嶺火詔
三衙并修內司官兵救火有勞可特支犒設既而殿司三千貫馬
步軍司共二千貫修內司一千貫令逐司等第支散其錢於左藏西庫支二月二十三

卷一萬五千六百四十三

日詔步軍司自今有不測遺漏去處可斟量火勢合用人數一面追喚續差下救火官兵前去併力救撲 九月十日詔自今遇有城外居民不測遺漏可就城外近便軍寨各認地分差人前去救撲仍先具地分圖本來上以上孝宗會要

淳熙十六年八月九日南劍州火既而以知州王輝言八月九日夜二更居民遺漏延燒市心一帶至次日辰時撲滅撥劄到被火之家賑濟存恤外臣以治郡無狀指此天譴罪無所逃乞重賜黜責詔王輝特降一官宮觀其被火之家令本州優加賑濟

紹熙二年四月二十四日嚴州火 五月二十日金州火既而以四川總領所言據通判金州陳京等申本州居民遺漏延燒州治通判廳并城內外官司廨舍庫部及居民屋舍戶數頗衆先次支撥通救火屯駐官兵錢一萬道及措置從本所賑給被火人戶每十口上下之家一支錢引五道五口上下之家三道緣金州既係重地適遭大焚州郡庫帑俱為煨燼勢頗窘迫本所見同諸司措置

卷一萬二千六百四十三

續具申奏詔將被水之家更加存恤毋致失所

三年六月十九日臨安府火既而以樞密院言主管侍衛步軍司公事閻仲申今月十九日夜二更清波門外遺火數內後軍統領戚拱中軍副將董慶祖訓練官王師顏三人首先上屋向前救撲於是士卒爭奮遂致熄滅合行推賞照得右軍統領王之類舊有將上或入熟擬降指揮詔除進熟文字外餘參決有合照應條法指揮及未可程行事件舊有批送所屬勘當看詳指定候到見得可行方可請降落有將上或入熟擬降指揮詔除進熟文字外餘參決有條格指揮體例合入熟常程文字詔不參決以上孝宗會要

□□ 闕

此條上缺其年月列開禧二年之前而臣僚言及紹興三年詔必在紹興之後按宋史寧宗嘉泰元年三月臨安大火下詔自責此條前有詔文其年疑即是嘉泰元年三月謹此俟考

舍禍甚酷烈百萬生聚奔駭離居顛踣號呼無所歸命夫天生烝民付予司牧顧朕德薄言動差失致刑繆盭赫然威怒宜譴朕躬元元何辜害至此極悼心流涕痛切體膺朕方戰栗齋精哀籲于上帝深自創艾悉加修省靳以祇荅明戒勉為後圖仍詔二三大臣視吾百姓罹厄有可以全活而賑贍之者凡公上之須糜廢之積捐以與民一無所愛庶幾安集以慰惻怛之意布告有衆明聽朕言故茲詔示想宜知悉同日臣僚言伏見臨安城內失火延燒所林官私舍宇雖未見開具數目老幼男女相攜避火多有因蹂踐而死者輦轂之下日戴陛下湮濡之澤何為被禍如此其極也臣聞火之發也為有因而其救之也必有道遺漏之始不過一炬之微其於救滅為力至易火勢既發亦不過一處若盡力救應亦未為難至其衝突四出延蔓不已救於東則發於西撲於右則興於左於是而始艱乎其為力矣故後之無所用其力皆起於始之不盡力撲滅不救至於燎原此古今不易之論也今日之火為變甚酷議者乃徒言天數之難逃而不知咎在於人力之不盡夫都城之有火始則臨安守臣與夫步司均任其責至於殿司須俟得旨乃出蓋其始也誠慮臨安救火之兵人數單弱所以與步司均遣臣聞諸道路救火之初步帥夏侯恪酣酒未醒全不稽呼是以軍人亦拱手相視莫肯向前雖曰

卷一萬二千九百四十二

各執火具所執殆成虛器其持桶以取水者姑以空桶往來其拆屋以斷火路者則邀索錢物以待火至至於燒及酒庫則又搶酒恣飲更無紀律故凡恪所歷曾無微勞以奉陛下之命令以全陛下之生齒徒閉口不言而已或曰恪曾有疾筋力不逮曩時是以奔走指呼無能為役夫既無勇以率先士卒又無知謀以臨制事幾比屋蕩焚父子夫婦至不相保萬一事有大於救火者則其為患當不止是將焉用斯人為哉今火既息矣若曰減膳避殿下責躬之詔抑畏震懼以荅天譴此乃陛下應天以寔之事若曰避火之家與夫救火將士之損傷者死亡者合行優與賑恤此又有司當所舉行宣布

卷一萬一千九百四十二

德意之事而臣今日所言以為當議救火不力之罪謝此延燒被苦之民則如夏侯恪者無所逃其罪矣若乃延燒罪犯著在令甲昭然甚明臣據臨安府甲係左一南廂住人楊浩家遺漏恭聞高宗皇帝紹興三年詔嚴火禁放火人不以燒毀屋舍多少並依軍法其失火正犯人致如熱毀官私屋宇數多並取旨依軍法斷遣蓋一家不謹而萬家受禍倘不重寘典憲其又將何以謝無辜受禍之家乎臣前所謂火之發也必有因推原遺漏之因則臨安府所申楊浩是也其救火也必有道救之而無其道如臣前所陳則夏侯恪之罪是也欲望英斷將夏侯恪亟賜罷黜仍乞行下臨安府將失火正犯人

研窮根勘如是正身有犯不得移罪幹僕明具情犯取旨重作施行詔夏侯恪放罷餘依　開禧二年二月四日御筆二月二日夜壽慈宮遺火由朕涼德以至回祿為灾上驚慈闈可自初四日撤樂避正殿　嘉定元年正月十九日福州安撫提刑司言知連江縣蕭仲徽申今月十一日夜民家遺漏躬親同縣官帶領弓兵等立賞錢併力救撲其時風勢甚（極盛）急延燒縣南左右居民屋宇四更後方得撲滅即無損壞官物人口除已曉示被火之家從便就寺觀庵宇權暫居止逐司帖委連江縣丞薛師雍前去地頭體究計三百七十六家權議撥義倉米四十四石五斗并截撥合發本州省錢二百四十

卷一萬一千九百四十二

一貫文支散賑濟被火之家訖詔令福州將被火之家更切多方措置賑卹毋致失所　三年二月八日建寧府言去年十一月三十日政和縣申本縣市心十一月二十七日夜民家遺漏縣官即時躬親部領弓級等人前去救應其時火勢急熖續後分頭撲滅本府帖委政和主簿陳師點抄劄計一百三十八巷已支撥錢米斛酌等第賑濟訖詔令建寧府將被火之家更切多方措置存恤無令失所　八月二十二日福州言本州七月二十二日夜居民遺漏尋即躬親同通判兵職官將帶軍兵前去多方極力營救至四更撲滅委官括責到計一百五十家即無燒過官司廨舍損失官物亦不曾死損人

口本州已將被火之家各於鄰近寺院及官司廨舍權暫安泊所有架造木植之類照例免行收税及將被火之家從簽廨斛量等第支常平錢米賑恤訖詔令福州將被火之家多方賑恤毋致失所九月二十六日知處州趙伯麟言本州八月二十六日夜地名小路居民遺漏緣值風色稍緊即時同見任官往遺漏處差人併力奔救至五更方得撲滅延燒一百五十六家即無官舍竊見本州依山為郡民貧產薄頻年遺漏近方得全今再有焚爇皆由伯麟罰領郡符德薄福淺有以招致除已一面括責被火之家賑給錢米及行下屬縣出產木植去處招誘客販並與權免抽解税錢多方存恤乞將

卷一萬一千九百四十一

伯麟重作處分勘會伯麟已降指揮放罷詔令處州將被火之家更切多方賑恤毋致失所十一月十七日福建路提舉常平倉事司言汀州申寧化縣九月二十二日居民遺漏延燒屋宇當即同縣官帶手力與尉縣弓手等前去救撲緣為火勢漸逼縣衙遂般移官錢官鹽架閣文書及獄內罪人等出外多方營救遂得撲滅縣衙幸免延及火勢方定揭榜曉諭被火之家從便往寺觀等處暫泊牒委司法林廸功縣丞劉從事究寔被火之家即行支給錢米賑濟又泉州申九月四日夜有衙門前廂行春門內居民遺漏州司躬親領帶潛火衙兵關報左翼軍差撥官兵併力救助即時撲滅本州於有

管錢內支錢一千貫文給與左翼軍官兵犒設所有被火沿燒之家委晉江縣趙廸功權都監宋從義親詣地體究見得二十七家被燒一十三家屋宇被拆除二十一家係有力之家外其餘並係經紀小民州司於常平義倉錢米內被燒一十三家每家支白米五斗錢兩貫文被拆六家每家白米三斗錢一貫文委官前去地頭俵散賑卹及曉示被火之家許於寺舍從便安泊申本司除已行下泉州更切優加賑卹毋令失所詔令汀州泉州各將被火之家更切多方措置賑卹毋致失所十二月十二日吉州言本州城外草市九月十二日夜居民遺漏延燒即時同當職官兵部領軍兵前去救撲緣邊江

卷一萬一千九百四十二

風勢猛急遂沿燒居民屋宇三百六家及拆除一百六十七家除已抄劄被火之家支給錢米賑濟及放免[illegible]本稅勸諭日下蓋造優加存卹無令失所詔令吉州將被火之家更切多方措置賑卹毋致失所四年正月七日溫州言本州並海每遇深冬颿風時作忽於十一月初十日夜在城監前界居民遺漏知郡即同當職官躬率官兵并廂界義社前往救撲是時風急火熾遂親督合干救火軍民於火將至處拔屋斷截火路併力運水救撲即得熄滅已委官括責被火沿燒居民七十六家并拔倒贍軍酒庫門臺外不曾壞官舍本州已抄劄貧乏之家支給錢米賑卹并執狀被付火人户收買竹木

此上宜入火災

起蓋屋宇居住免收税錢詔令温州將被火之家更切多方賑卹毋致失所二月二十一日浙東提刑司狀慶元府奉化縣申本縣市郭嘉定三年十一月二十六日夜民家遺火沿燒屋宇九十三家内有六十二家貧乏無可存居當時兩次給散米粮接濟仍告示眦近寺觀時暫存留居止及告示屋主日下起屋仍舊税賃如有無力屋主即令有財力賃户

宋會要　水災　三

太宗太平興國二年七月河決鄭州滎澤縣孟州温縣詔民田被水災者悉蠲其租　淳化四年九月梓州言涪江水漲二丈五尺壅不流陷州城壞居人廬舍官寺倉庫萬餘區溺死者甚衆詔賜溺死者人鐵錢三千孤窮乏食者官與賑貸　仁宗天聖四年六月十二日福建路提點刑獄司言建州邵武軍大水壞官舍四十餘間民舍三千八百餘間溺死者五千餘人詔被溺者見存家屬每三口以上給米二碩不及三口給米一碩内溺死之人無主者及貧乏者官為埋瘞仍致祭奠　十六日京師自申時至夜大雨雷電達明方止平地水數尺壞官私舍宇被壓溺而死者數百人自京而西及鞏洛以來悉罹水患帝避殿徹膳以荅天誡時京師民居舍宇墻垣率多摧壞於街巷權蓋舍宇居住詔新城裏

一萬一千一百二十一

都同巡檢鈐轄巡檢兵士夜往來警巡無致疎虞　二十二日福建路提點刑獄司言福州候官縣界洪水壞沿溪居民舍宇溺死者甚衆詔速令存卹　二十三日行慶關言汜河水泛漲衝注關城溺死軍馬不少乞差兵士防護詔遣使臣領宣武兵士一百人往彼權駐泊時孟州汜水縣尉劉文蔚溺死父母妻男共七口又汜水漂失鹽酒税務官物監官借職馮益兒女皆溺死詔文蔚除合録免持服仍賜錢百千及益賜錢五十千仍

轉一資與家便差遣所失官物令三司勘會除破　慶曆八年七月十八日衛州言頻降大雨并懷州一帶山河水入城諸軍出城走避數月絶食已借支七月糧而軍食未繼望特蠲除從之　十一月詔河北水災民流離道路男女不能自存者聽人收養之後毋得復取其庭傭者自從私券　十二月詔河北水災尤甚民多乏食特出内藏庫錢帛令三司轉漕斛斗往本路仍令安撫轉運使分行賑贍之　至和三年六月二十九日詔令大名府澶博州賑濟經水人户以知制誥韓絳西上閤門副使王道恭為河北路體量安撫使副是歲夏雨霖京師大水壞城及水窓以入諸軍營房社稷諸祠壇

卷一萬一千一百二十一

壝並被浸損都人壓溺繫栰以居而諸路皆奏江河決溢而河北尤甚既命所在賑救而絳等有是命　嘉祐元年五月京師大雨不止踰月水冒安上門門關折壞官私廬舍數萬區城中繫栰渡人詔輔臣分行諸門而諸路亦奏江河決溢河北尤甚民多流亡乃下責躬詔令所在賑救之　七月詔京西荊湖北路轉運使提點刑獄分行賑貸水災州軍若漂蕩廬舍聽於寺院或官屋寓止仍遣官體量放今年稅其已倚閣者勿復檢覆是月賜河北諸州軍因水災而徙他處者米人五斗至六斗其壓溺者父母妻賜錢三千餘二千又出内藏庫絹二十萬匹銀十萬兩賑貸之　英宗治平元年六月

竊

八日慶州言淮安鎮河水泛漲摧東山三百餘步居民壓溺而死者四十餘家　十六日命諸路轉運使副提點刑獄分詣水災州軍存卹人民以是夏多言水災故也　七月二日詔水災逐路安撫轉運提點刑獄督責知州通判存卹被災人户諸科率不急妨農者令一切罷之前此慶許蔡隸唐泗濠楚廬壽杭宣鄂洪施渝州光化軍皆大水既屢勅存卹及命陳治乃有是詔至八月又遣使按視存撫　二年八月京師大雨壞官私廬舍漂殺人民畜産不可勝數乃開西華門以洩宮中積水詔曰蓋聞古之聖賢在位陰陽和風雨時日月光星辰靜黎民阜蕃以底休平朕甚慕之朕猥以眇身託於王

卷一萬一千一百二十一

公之上夙夜以思懼不能以承先帝鴻業而比年以來水潦為沴迺八月庚寅大雨京師室廬墊傷被溺者衆大田之稼害于有秋窃迹災變之来曾不虚發豈朕之不敏於德而不明於政歟將天下刑獄滯冤賦徭煩苦民有愁歎亡聊之聲以干其順氣歟不然何天戒之甚著也今飭躬焦思欲消復灾異而未聞在位者之忠言進祈自新厥路何繇以應中外臣僚並許上實封言時政闕失及當世之利病可以佐元元者悉心以陳毋所忌諱執政大臣皆朕之股肱其協德交脩以輔朕之不逮　初學士草詔云其惕思天變帝批曰雨水為災專以戒朕不德命改為協德交脩云乃詔罷開樂宴仍賜

被水諸軍借事人錢　神宗熙寧元年七月詔恩冀州河決水災可選官分詣若有溺死人口量其大小賜錢有差其居處未安令於官地搭蓋或寺觀廟宇存泊內有被浸貧下人户令省倉賜粟　二十四日上批河北地震水災宜擇能吏以易庸暗年老之人以尚書都官員外郎馬淵知□州虞部員外郎陸齊權知德州是日降德音　八月詔三司支錢五十萬貫賜河北轉運司應副昨經水災諸州支給以免科擾民間　二年七月詔水災州軍令本路轉運使判官提點刑獄分往被災處所恤貧民闕食者支廣惠倉粟賑濟如不足量支省倉仍於人户住近處減常平米價就糶若貧人無錢相

卷一萬一千一百二十一

度賒糶令至秋送納其非税户即與遠立日限納價錢并委就近從長施行訖奏應遭水災之家収買竹木凢箔權與免税鄉村鎮市買撲酒坊實遭浸損酒麵者亦與據所浸日數等第放課利　七年五月二十八日大雨水漂溺陜平陸二縣詔被水災民給口食三月　十年七月十七日黄河大決于曹村下埽澶淵絶流河道南徙又東滙于梁山濼澤濼凡壊郡縣四十五官亭民舍數萬田三十萬頃詔發倉廩開府庫徙民移粟以賑濟之　元豐四年七月二十四日泰州言九日大雨浸州城公私屋舍數千間　哲宗元祐八年八月三日宰臣吕大防等劄子言雨水過常近京諸郡尤被其患乞

竊

降黜以警厥位詔皆不允　高宗紹興三年二月十一日臣僚言伏見自正月元日至今近四十日陰雲晦昧陽光不舒加以連雨旦暮不已細民告病如此是為陰盛于陽非天地和平之氣也臣恐四方偏州下邑有困於苛吏不安田里者囹圄之中有無辜干連淹久未釋者兵興以來忠義之士没身兵刃齎恨九泉未見省録者嫠婦弱子流離異鄉州縣弗恤不能自存者凡此之類倘有之則雲氣之慘聚苦雨之霖滛殆非適然乞詔大臣詳思其由修厥事以應之詔劄示諸路宣諭官　四年六月十七日左諫議大夫唐煇言伏見近以霪雨為沴陛下惕然祇懼思可以應變弭災者無所不至竊

卷一萬一千一百二十一

謂政事失於下則天變動於上惟聖人仰畏天變則俯修政事望詔大臣講求脩政事之實無見於空言斯為盡善詔劄示三省樞密院　九年三月十九日詔連日陰雨細民不易其臨安府内外官私房錢并白地錢不以貫百並放三日其後凡遇連雨或蠲公私房錢或免客販柴薪油麵門税　三十一年四月十五日宰執以殿中侍御史陳俊卿論久雨章疏進呈上曰應天以實不以文可令侍從臺諫並具時政缺失利害消弭災變之術各以已見實封以聞事有不便者便與改正施行　紹興三十二年（孝宗已即位未改元）七月五日詔以霖雨不止浙西州郡山水發洪令侍從臺諫條上害民之事與可

瑞異三之六

以為民之利者從正言表予請也　孝宗隆興元年三月二十八日詔霖雨為沴雖側身修行尚恐誠意未孚可令諸路監司守令應遇災傷去處常切賑恤困窮糾察刑禁仍各條具聞奏　九月十二日詔浙東西州軍有螟螣風水傷稼去處可令守臣疾速條具應合賑䘏蠲放事件聞奏即不得隱漏泛濫　二年八月二十六日詔久雨未晴慮恐刑獄淹延有干和氣特令侍御史尹穡日下躬親前去大理寺臨安府檢察決遣　二十七日詔浙西江東霖雨害稼令逐路提刑司疾速躬親前去州縣檢察決遣刑獄　二十八日詔訪聞淮東有被水去處及還徙到人竊慮缺食可令錢端禮於本路

卷一萬一千一百二十一

見管米斛內支撥一萬石措置賑濟如不足於淮東總領所大軍米內取撥　九月十二日詔江東浙西監司郡守朕嗣服以來求民之瘼比緣江東浙右俱被水災思拯民於愁歎瘝𤺌不忘卿等既分外臺之寄皆為共理之良宜究乃心各揚爾職能於所部講明田事預為陂塘渠堰防患未然使顯効著於將來者朕當不次親擢其或但為文具尚畏權勢無益於備患徒擾於庶民國有典刑朕必不赦　乾道元年二月二十四日詔朕以淫雨不止有傷蠶麥可自二十五日避正殿減常膳其浙東西路災傷去處人戶各納乾道元年身丁錢絹臨安府紹興府湖常州並與全免一年溫台處州鎮江

瑞異三之七

府並各減放一半將減下之數於內庫細支錢絹撥還戶部以充軍用　二年四月六日詔淫雨為沴有傷農事朕自今月七日避正殿減常膳　九月十一日詔溫州諸邑近遭水災宜遣使存撫可差度支郎中唐瑑限三日起發同提舉常平宋藻守臣劉孝韙遍詣被水去處按驗覆寔具合行賑䘏事件疾速措置聞奏內劉孝韙權將州事交割與以次官　十二日詔溫州諸邑近被水災已差唐瑑前去存撫賑恤可就令點檢本州并諸縣刑禁須管日近結絕將杖罪以下先次疎放如有冤抑從實改正仍具已斷放過名件申尚書省　十一月六日度支郎中唐瑑劄子奏被旨前去溫州存撫賑

卷一萬一千一百二十一

恤被水去處並皆邊海今來人戶田畝盡被海水衝蕩鹹鹵浸入土脉未可耕種兼今次水災之後損失人口不少又慮人力不足及闕少牛具不能遍耕難令虛認苗税望委本州守臣候來年春耕即委清强官遍行體訪如委有未堪耕種之田及人力耕種未遍去處保明申奏取朝廷指揮更與減放當年苗税詔從之　三年三月十九日詔知溫州劉孝韙為不葬被水之人骸骨以至暴露可放罷以提舉常平宋藻按劾也　閏七月二十六日詔臨安府臨安縣被水隨本府具到人戶等第蠲放知臨安府事周淙奏契勘本府管下臨安縣七月十四日因天目山洪水暴漲衝損高六等五鄉民戶

瑞異三之八

屋宇渰死人口已具奏聞差官同令佐遍詣被水去處
支給錢米賑濟訖計二百八十五戶本縣見上件人戶被
水之後理宜寬恤今具所差官錢塘縣丞余禹成具到
除五戶無稅可放二百八十家各有合納稅賦乞將被
水之家合納稅賦隨輕重減數內周問等二十四家衝
損屋宇家計溺死人口欲放今年夏秋兩料并來年夏
料錢于興等一百四十一家衝損屋宇什物不存欲放
今年夏秋稅兩料盛慶全等七十家衝損一半屋宇什
物欲放今年夏料以上三項並係第五等以下人戶及
鍾友端等四十五家各係上戶內鍾友端等四戶被水
至重欲放今年夏料施理等四十一戶被水次重欲放

卷一萬一千一百二十一

半料以上通計合放和買夏稅紬絹綾本色折帛一千
三百四疋三丈有畸零綿百九十二兩一錢役錢四百
二十四貫七百七十三文丁錢六十九貫二百文苗米
三十七碩有畸零茶錢一十九貫有畸乞降付有司特
與蠲放並從之　八月二十日詔以近日連雨不止令
諸路監司守令將見禁公事速行結絕無辜干連之人
並與日下疎放少欠私債寬限理還從知臨安府周淙
請也二十三日尚書左僕射葉顒右僕射魏杞參知政
事蔣芾同知樞密院事兼權參知政事陳俊卿等上表
以霖雨待罪詔以秋霖為沴寔朕不德方賴二三大臣
克修廢政以致消弭亟覽謙辭殊非所望卿等即安厥

為取撥常平義倉未支給之未字疑米或大典亦誤

瑞異三之九

位其思叶濟之道所請不允　二十四日詔以霖雨差
官分決滯獄大理寺臨安府并三衙及浙東西州縣見
禁罪人在內委御史臺官在外令提刑司州委守官縣
委通判躬親日下前去檢察決遣了絕仍具已斷放過
名件申尚書省應申奏案狀督責疾速依條施行　二
十六日詔久雨未晴令御廚今月二十六日兩日御膳
並進素自二十七日以後早晚常膳減半進葷九月十
一日並如之同日詔近來連日陰雨切慮民田有被水
去處出限陳訴不及可行下兩浙漕臣展限半月許令
人戶陳訴　四年十二月二十六日詔令禮部給降度
牒十道付廣西提刑司變賣措置賑濟雷州實被水人

卷一萬一千一百二十一

戶先是廣西提點刑獄兼提舉常平司狀據雷州申八
月一日早因颶風發作海潮暴漲渰浸東南鄉居民其
水直至東南城門本州即時差官分頭前去収救失水
人各於寺院及空舍安箔及委官抄劄被水浸溺人戶
及收瘞死屍候見數目別具狀供申所有被水遷徙居
民本州一面支給錢米賑濟外故有是命　五年十月
三日權發遣兩浙路計度轉運副使劉敏士狀近巡歷
至台州詢得本州黃岩縣今歲連遭風水渰損屋宇田
稻農畜本州已委官巡門抄劄被水人戶及取撥常平
義倉未支給將最重去處支二十日次重處支半月大
口日支一升小口日支五合緣黃岩縣被水比之常年

不同今来本州雖已措置賑濟最重處支二十日次重處支半月若以報到抄劄支散日分相次住支目今被水之人多是未有存居及田地亦無工力脩整耕種委實缺食近根刷得本州及管下逐縣有常平義倉米九萬八千餘石今來被水大小口計二萬七千四十一口共合支米四千三百四十餘石外尚有見管米数不多合行措置乞下本州速行措置接續賑濟施行從之

六日權發遣兩浙路計度轉運副使公事劉敏士奏温台二州近因風水雖將義倉米賑濟緣秋成尚遠將何以繼今來温州已募上户借與錢本見行措置唯是台州財賦窘乏無以為計欲望支降錢五十萬貫給與台

州令勸募上户般販米斛接續出糶有旨令兩浙轉運司差撥人船於近便州軍户部樁管米及常平義倉米內取撥三萬石前去台州委官檢視被水去處減價出糶到錢令本司拘收撥還元取米去處　十一日詔右朝散大夫直秘閣權發遣兩浙路計度轉運副使劉敏士特降授右朝請郎右朝奉大夫直秘閣權兩浙路轉運判官姚憲特降授右朝散郎右朝請大夫直敷文閣新除江南東路提點刑獄公事王彥洪别與差遣並以温台二州災傷失于按劾守臣也　十四日詔已降指揮温台州近被水災逐州守臣王之望陳岩肖各不即聞奏岩肖仍賑恤遲緩之望特降一官岩肖落職放罷

近台州申獲海賊首領毛大等五十七人温州申獲次首領許大等九十六人之望岩肖各有捕賊之勞以功贖過特與放罷岩肖差提舉台州崇道觀先是權尚書兵部侍郎陳良翰進對奏切聞今歲自夏涉秋浙東一路瀕海之郡三遭風水之虞在法水傷去處差官檢視蠲減田租似聞州縣之吏恐為已累憯不加恤唯懼朝廷之得聞也望委浙東監司及諸郡守臣詢問着實被水去處分遣清疆官檢視定其高下減免租税務在實利及民不為文具使一路之民無不被其澤者并乞下諸路委監司郡守覺察或有災傷仰先期從實奏上庶幾州縣之吏不敢欺隱陛下寬大惠養之政徧及元元

矣上曰都不曾奏來朕所不聞良翰奏曰凡四方風雨水旱之事州縣當達之監司監司當達之朝廷可以奏知陛下矣朝廷既不得而聞則陛下何由而得知上曰此非小事卿所論甚好故有是命　九年閏正月十四日詔以雨未止恐妨農事應有寬恤事可令宰執條具來上　淳熙元年七月十九日詔沿江被水之家令守臣胡與可躬親巡門相視如委是貧乏之家悉具姓名以聞既而相視到沿江被水貧乏之家六百三十有八詔令左藏南庫每家支錢五貫文令冀澤躬親支散仍許於沿江白地二百畝内依元來丈尺指射蓋屋居止量立白地租錢　二年七月十四日詔建因連雨淮浸

橐屋一千一百餘家雖都統司已行支給錢米更宜優恤令淮西總領車蔓於見管錢米內每家支錢三貫米一石（二十八日鎮江水支給錢米同）八月十日詔成（秋）在即即陰雨過多慮刑獄淹延見禁罪人在內委臺官在外委提刑前去檢察決遣　三年八月二十三日台州水既而詔令臣尤衰多方措置賑恤務在實德（惠）及民無致減裂仍委本路提舉常平官覈實保明聞奏　九月十七日婺州水既而詔令浙東提舉常平官疾速多方措置賑恤務在實惠及民無致失所　十月九日台州水既而詔令何偁於本州常平義倉米內更取三千石接濟賑給如不足通路取撥應副其合收瘞人亦仰依條施行仍令南

（卷一萬一千一百二十一）

庫支降會子四千貫付本州專充修城并捍水臺使用務要堅固如法其未起錢絹自來年為始分限三年帶發　四年六月三日福州建寧府南劍州水詔令守臣多方措置存恤　九月二十七日詔浙東提舉司將被水人戶多方存恤依條賑濟毋令失所其衝損塘岸去處仰紹興府專委官監視如法修築從浙東提舉姚宗之請也　五年七月二十一日福州福清縣及海口鎮興化水軍既而詔令本州軍守臣更加存恤仍仰本路提舉依條賑濟　六年七月二十日溫州樂清縣台州黃巖縣水既而詔令逐州守臣更切存恤二十四日知溫州胡與可以支常平錢五百貫并係省錢五百貫賑

給被水人戶自劾上曰國家積常平米政為此也可放罪　七年七月十二日袁州分宜縣水江西帥臣張子顏乞將本縣被水人戶未納今年夏稅自第四等以下並權行住催候至來年夏稅帶納從之　八年五月十六日都省言陰雨未已竊慮刑獄淹延大理寺委卿少三衙委主帥在外州軍委知通縣委令佐決囚尚慮未盡詔如大情已正內鬭殺情理輕并雜犯死罪至徒罪以上並降一等斷放杖罪以下及干繫人並日下釋放其州郡所委官如到刑獄官司限當日決遣了畢仍具斷放過名件人數聞奏應申奏案狀督責疾速依條施行內命官先次召保責出一面申奏毋致違戾是月十

（卷一萬一千一百二十一）

九日又劄子勘會已降指揮疎決刑獄刑部見擬斷兩浙州軍并大理寺臨安府待報獄案其降有鬭殺情輕并雜犯死罪之人尊稟上件指揮並降一等斷放緣鬭殺情理輕死罪降至流依法斷訖本處居作一年滿日放及強盜死罪降至流依法尚有刺配之類兼命官犯贓罪合照應減降指揮施行詔令諸作并刺配人斷遣訖依條施行命官除犯入已贓外並依已降指揮　六月九日紹興府嚴州水既而詔人戶納今年夏稅內漂乞屋宇第四等以下戶並與蠲免第三等以上戶蠲免一半渰浸屋宇第四等以下戶並與倚閣三等以上戶倚閣一半從浙西提舉趙伯渙請也　十一年六月十一

日詔浙西江東路州軍被水去處令兩浙提舉司多方
勸諭有田之家將本户佃客優加借貸候秋成歸還
八月階州水詔更加存恤毋致失所　十六日處州龍
泉縣水詔令提舉司同守臣優加存恤　十一月十八
日鎮江府水詔浙西提舉司於近便州府常平義倉米
内通融斟量應副　十二年九月六日湖州安吉縣台
州臨海縣水詔令逐州守臣優與存恤　十三年五月
三日建寧府松溪政和縣水既而二十五日進呈右諫
議大夫蔣繼周言據轉運司奏松溪政和兩縣渰没人
家淤塞田畝瑞應場渰死者不下千人被傷者不下二
千家知建寧府陳良祐所奏全不言及數目豈所以奉

卷一萬一千一百二十一

承陛下勤恤民隱之意哉良祐北乞宮祠欲望從其所
請仍乞委本路監司依已降指揮存恤外其損壞廬舍
田苗據所傾分數等第開奏量與蠲減租稅庶使一方
漂蕩窮民咸受實惠上曰依奏又進呈提刑應孟明言
建寧府大水朱孝倫周世楠有防遏未萌之功乞旌賞
上曰可各轉兩資又曰有功者賞無功者罷庶幾人人
知所勸懲矣　十五年六月十八日袁州萍鄉分宜兩
縣水詔優加存恤毋致失所　七月五日鄂州言五月
以來連雨江水泛濫居民及軍寨被浸近三千家詔令
沈樞等將被水軍民優加賑恤毋致失所　八月詔令
隆興府撫州臨江軍各將被水之家優與存恤從本路運判劉

頻請也十一日徽州祈門縣水既而臣僚言漂蕩屋廬衝
壞田畝溺死人畜乞特詔降監司差官體量詣實仍將守
令量行責罰以為不恤百姓者之戒詔謝深甫究實以
聞其被水之家優與賑恤　十月十五日詔湖北路諸
州沿江湖水泛漲居民田畝多被渰浸令提舉司將被
水去處優與賑恤既而司農少卿湖廣總領王尚之祕
書郎兼權倉部郎官王厚之湖北提舉薛伯宣等奏窃
見湖北路復州漢陽軍江陵府岳州鄂州安德府澧州
常德府管下縣分間有被水人户渰浸田畝已恭奉行
下逐州措置多方存恤　十六年正月二十二日權發
遣襄陽府錢之望權發遣楚州吳曦言準省劄錢之望

卷一萬一千一百二十一

奏本州今歲大水抄劄到貧乏闕食民户一萬四百餘
家合議賑濟賑糶詔楚州糶濟事令吳曦候到任議定
申尚書省既而令開具如右一賑濟楚州元冊内欲自
十二月為始支至來年二月計支三箇月米共二萬四
百餘石乞撥義倉米五千五百七十三石九斗及賑濟
歸正歸附使効等米二千八百餘石合就本路轉運司
三分課子内取撥及有勸諭到上户陳宏等米一萬石
尚少米二千石乞於前任守臣糴到樁管米内支撥共
湊成二萬四百餘石賑濟本州未承回降指揮間為見
民户闕食一面將勸諭到陳宏等二户已納到州倉米
四千五百石并於轉運司三分課子米内先借三千六

百六十四石九斗先次賑濟十二月分米委官支散了
當乞劄下本路提舉常平司於義倉內撥米四千五百
石給還陳宏等其乞借賑濟過轉運司三分課子米三
千六百六十四石九斗亦乞劄下轉運司於撥下本州
賑濟米一萬五千石數內理豁施行一賑糶楚州元冊
內乞撥常平司米一萬六千餘石并樁管米三萬石共
湊成四萬六千石應副賑糶之望等照得本州樁管米
近蒙朝廷指揮支撥二萬石應副脩城及曦陳請支撥
米一萬二千石賑給外所餘不多兼已蒙本路轉運常
平兩司科撥高郵軍樁管米三萬石令本州般取賑糶
立定每斗價錢一百二十文省之望等竊聞所撥高郵

卷一萬一千一百二十一

軍米儲積年深雖價錢低平兼恐貧民艱得見錢收糴
已行下諸縣截發官錢雇般高郵軍令來議定先次般
取米五千石於諸縣置場去處依價賑糶候見得有人
收糴即接續前去般取賑糶一本州雖有提舉司撥到
常平等米二萬一千六百餘石并錢二萬貫並係賑貸
止可賑給有田產稅戶收糴耕牛農具等候將來豐熟
拘還其無田產人戶及貧乏客戶皆不均及惟是賑濟
一項方得普霑朝廷德澤詔依仍覈實無產人戶并貧
乏客戶如合賑濟依條施行具數申尚書省　淳熙十
六年四月十四日紹興府新昌縣水既而詔令紹興府
將被水之家優與存恤毋令失所以淅東提舉司言故

也　六月五日鎮江府水既而以御前諸軍都統制劉
超言本府自六月二日至五日大雨運河水滿灌注入
城致諸軍營寨內有地形低下去處浸渰三千餘家即
時將官兵老小移往高阜屋內安泊給散官錢付水渰
之家已般移每家一貫文不般移每家五百文詔令總
領所照都統司已支錢數倍與支給一次　紹熙二年
四月三十日汀州寧化縣水既而以福建轉運提刑司
言汀州寧化縣洪水泛漲浸死百姓一十八人推去屋
宇等即委官措置瀦漉屍首如法埋瘞救到生存之數
支錢米賑恤詔令福建路諸司將應被水軍民更切賑
恤毋令失所　五月一日建寧府福州水既而詔令福

卷一萬一千一百二十一

州路諸司將被水居民更切賑恤毋致失所以福建提
舉司言故也　二十三日漢州雒縣石泉軍龍安縣水
既而詔令制置司行下諸司并逐州府將被水之家優
加存恤毋令失所以四川制置司言故也　七月十八
日興州水既而以知興州吳挺言嘉陵大江暴漲漂浸
居民委官抄劄到被水人戶三千四百九十二家一萬
九千二百九口又長舉縣被水人戶一百七十九家一
千六十三口並從本縣賑濟施行及有沿江道店被水
人戶數目續行賑濟　三年五月二十九日常德府水
既而以湖北提舉張孝曾言本府山水與江水暴漲渰
浸城外居民及田疇等至六月四日又雨未得晴霽見

行祈禱詔本司言下常德府將被水之家優與存恤

四年五月三日紹興府諸暨縣水既而以本府申自四月末至五月三日連雨大作江溪泛漲渰沒居民屋舍禾稼衝倒百有餘里詔令轉運提舉司并紹興府將被水之家更切優與存恤毋致失所　五年五月十一日池州石埭貴溪兩縣寧國府涇縣水既而以江東提舉司言池州石埭縣梅雨大作山間發洪居民屋宇悉被渰浸已行下本縣以見管度牒米量行賑濟又池州貴溪縣寧國府涇縣山水暴漲衝損屋宇及有死損人數已委官抄劄支撥常平錢米賑恤詔令江東提舉司將被水之家更切優加存恤毋令失所　紹興五年八月

卷一萬一千一百二十一

二十九日臨安府言本府餘杭臨安新城富陽錢塘於潛等六縣大水為災衝損民居目今闕食本府已支撥常平官錢分差委官前去各縣同縣官巡門賑給外有四等五等被水人戶合行給散口食米已措置先各給十日大人一斗小兒五升及委通判黃潮前去諸縣賑給據報到餘杭一縣渰浸之家計二萬戶每約三人五人計八萬口共約米七千餘石別無有管米糧可以賑給若計諸縣其所用米數至多雖即具報提舉司乞行下有管州縣支撥米承發到今未事勢迫切緣本府因去歲旱歉減放即無有管米斛可以那容若候提舉司行下外州等處撥到窃慮般運遠涉恐人戶闕食未便

欲望特賜指揮權行借撥三萬石應副即日賑給幾候提舉司發到却行撥還庶得不致闕悞詔令豐儲倉借撥一萬石應副賑給仰提舉司疾速科撥米斛餘依

嘉泰四年十月十二日洋州言本州七月九日管下灙水河暴漲其水發源在北山谷中屬真符縣化洽鄉第十都十六都一帶沿流人家被水漂蕩屋宇水磑什物之類流入漢江即時行下興道真符兩縣火急差官體訪抄劄如有損人口先募人打撈屍首興道縣體訪漢中係接連真符縣界漂損一十七戶已支給銅會一十道粟米一石充賑卹真符縣體訪化洽鄉沿流七十七家被水州司逐急那省司錢引五百道充賑濟錢米外

卷一萬一千一百二十一

有漂損田苗田土專委兩縣究實從條倚閣税租并申監司制置司證會訖詔令洋州更切多方措置賑恤毋致失所仍劄下本路常平轉運司及四川安撫制置司證會施行　開禧三年六月十五日臨安府言錢塘縣五月二十六日安吉定山南管係邊江去處被上江洪水入浦潮水相衝湧入本鄉浸沒田畝并大路民間住屋驛路去處水沒約八尺有餘今來已退一尺有餘未知水退去後民間住屋田畝苗稼成秀如何已委錢塘縣知佐火急差官遍往鄉村抄劄實係被水人戶將本府撥去錢米多方措置賑給務要實惠及民毋令失所詔令臨安府將錢塘縣被水之家更切優加賑卹務要

各令安業毋致失所　同日兩浙運司言嚴州申本州并管下六縣自五月以来曉夜驟雨不止溪水泛漲衝突直入城市渰浸居民及給散米斛賑卹本州倉庫素來匱乏既無見管錢斛可以指擬賑濟欲給降官會五七萬緡或度牒五七十道從本州變轉糴米賑濟及給散被水居民助造屋宇令知淳安縣石宗萬申本縣大溪正係嚴港緣連日陰雨發洪溪流暴漲水勢汹湧頃刻之間居民屋宇悉皆渰浸止留縣前二十餘家已具因依供申其水漸次歸港宗萬即時徒走沿古城脚自廟後穴墻而入至門樓上唯埰官錢多募舟船差得力弓兵同稍人救濟民旅並無一人損失緣其水經停三晝夜家業生計並無所存即行之食逐急將在庫板帳等錢和糴米斛躬親沿門量行賑給每家給米一斗錢一百文縣郭共一千三百三十五户皆獲少濟仍給牓沿汭州縣招誘客人興販米斛前來接濟准是淳安地瘠民貧平居尚且困匱遭此巨浸狼狽異常凡五百四十二家舉而屋宇僅存者其墻壁頹毀生理已蕩然一空啼號之聲所不忍聞所有管下一十四鄉三十五都皆被渰浸沿溪屋宇盡皆漂流所種早晚禾悉被推去田多為沙石衝淤或打入溪港其被害尤甚如近郭開化縣楓潭八十四家被水推去八十一家見今流離本司雖撥去錢米係是有限之數如淳安所申向後日月

卷一萬一千一百二十一

内長田間既遭渰損秋收自難指擬深慮米價增長小民艱食利害匪輕欲望敷奏給降度牒或官會發下本州令守臣知縣火急措置又糴米斛分置場分減價賑糶庶幾被水飢民接續得食其有貧落無所依倚之人即行賑濟若不早為之圖必致流離狼狽已備申朝廷施行檢會開禧三年六月十三日敕節文嚴州淳安等縣被水令提領豐儲倉於所樁管米内支撥一萬石付嚴州充賑濟被水居民食用務要實惠毋致流移失所詔令禮部給降空名度牒二十道付嚴州每道價錢八百貫從便出賣同撥去米專充措置賑濟被水人户使用餘依已降指揮　十九日知紹興府章燮浙東提刑李珏提舉魯玕言竊見紹興府蕭山縣諸暨嵊縣山陰會稽上虞等諸邑自五月二十四日以後至今月九日節次申到及百姓等狀並以水傷乞行賑卹惟蕭山縣被害最酷已分委州縣官相視水勢將常平錢米多方賑卹已具申尚書省外蓋緣諸暨縣多是高原積雨暴漲至有衝突渰浸之患而水亦易退不至重傷惟是蕭山正居下流地形窄狹又無大湖泊以殺水勢而諸暨嵊縣之水湍激如建瓴嚴徽衢婺之水旁衝其肘腋雖一時開掘堰埧以速内水之去築捺塘埂以拒外水之來然事出倉猝終不能制横流之患所恃去海近而易於通流夫何適遭大汛壅逆愈見增加以此十五鄉之

卷一萬一千一百二十一

地湫若江湖今已半月室廬蕩析生計一空田苗腐敗
歲事無望老稚號泣口食不充似此災傷誠爲罕見雖
目今便獲晴霽亦是數日之後水勢方平設使屋宇尚
何以爲修葺之費晚田可種何以爲秧本之資若非官
司力加振救必致流移死亡證對紹興一府所管常平
義倉米止一萬九千石錢六千餘緡尤爲鮮薄去後日
長委是用度不敷伏覩淳熙八年本府災傷孝宗皇帝
特降御筆加惠一方撥賜錢米蠲閣官賦比之他郡尤
爲優厚蓋以本府密拱行都山陵所在以是倍加撫存
況今來方此修奉大行太皇太后陵寢蕭山爲邑首當
應辦而百姓乃有飢溺之憂若不爲之控瀝血誠祈告

卷一萬一千一百三十二

君父罪不容誅矣除已具狀申朝廷伏望敷奏檢證淳
熙體例早賜矜卹施行詔令封樁庫給降會子五萬貫
豐儲倉證年辰資次支撥三萬石付紹興府專充賑濟
被水居民使用務要實惠毋致流移失所　二十三日
徽州言本州自五月中旬以來連日雨勢轉急溪水漲
溢城裏外居民多被渰浸即時分委歙縣東尉西尉巡
檢部轄舟船及委縣丞監督預先紥裝簰筏般救居民
入城於州治後園城樓等處權泊及支米煮粥分頭差
官吏條散率州郡官僚遍詣寺觀神廟等處祈禱當晚
雨漸止水勢退落開霽幷祈門縣亦有被水之家差官
抄劄被水居民內有衝損渰浸之家支給常平錢米賑

濟外自餘犒賞支費本州自行支給所有祈門縣委知
縣做此施行詔令徽州將被水之家更切優加賑恤務
要各令安業毋致失所　開禧三年七月五日福建提
舉司言崇安縣申本縣自五月初旬以來連雨暴作忽
東西兩溪洪水泛漲浸上縣衙即率同官分往諸祠祈
禱急回登鼓樓觀望水勢猛甚人心惶惶顧戀財物不
肯走避隨即分頭差人拆下縣宇四圍門扇樓板木植
縛排救援其間多有婦女小兒上屋被水者卻用樓板
接續引過縣樓未移時間水衝入縣門浸上廳堂數尺
其縣獄鹽倉庫宇吏舍俱爲渰浸其本縣前街及兩岸
沿溪一帶居民屋宇多被推蕩獄中重囚隨即領出緣

卷一萬一千一百三十二

一時急於救活人命上下慞惶應干官物簿書並皆般
移不徹其間並遭浸蕩一縣狼狽不可具述除已躬親
及委縣官隨門撫諭抄劄被水浸蕩之家所有流離無
歸之民並令於縣學米倉寺觀廟宇等處從便居住及
委縣丞權將常平倉米減價出糶及永隆光化院齋堂
三處煮粥監施被水之家支撥米斛賑濟多方存卹本
司即牒建寧府速行委官前去崇安縣取見被水之家
支撥常平錢米分等第多方賑濟務要實惠及民又五
月二十日政和縣申本縣梅雨連綿勢不少緩遂至溪
流泛溢即率佐官躬詣靈跡公祠親許水陸佛事等雨
勢轉加損壞橋梁狂濤入市官吏士民悉皆恐懼又詣

城隍、敬許清醮，將本縣監納贓賞等錢盡行蠲免官私房廊白地錢亦放五日至晡時雨方少霽即與同官遍視被水之家漂損頗多次日遂晴即以白米煮粥分頭散施存撫賑糶米斛窮應間有溺死人數及流蕩屋宇去處括責賑濟躬親覈實本司移牒建寧府取撥常平倉米四百石差官賑濟被水人戶併行體究有無渰浸損傷人口并帖政和縣將撥到賑糶米斛照等第支給務要實惠及民具已支過錢米總数供申證會詔令建寧府將逐縣被水之家更切優加賑恤務要各令安業毋致失所仍劄下福建提舉司證會十一日御筆朕德弗類致天之災比者郡邑間被大水加以飛蝗為孽永

卷萬一千一百二十一

惟咎證用震悼于予東顧惇然在疚方重貶抑咨爾二三大臣其助朕祇畏思正厥事以迪百工俾內無誕謾私詖之風以害吾治外無貪墨暴刻之政以殘吾民其有災傷當行賑恤去處具以狀聞無得蒙蔽庶幾實惠寔究天心降格矧今兵戍久勞瘡痍未息一念及此痛如在躬疆埸之吏尤當極力安輯以稱朕憫仁元元之意

嘉定二年八月二十九日兩浙轉運司言台州申本州七月一日夜風雨大作潮水泛漲除近州地無損外續詢訪得臨海縣管下沿海地名章安確頭一帶枕近海門邊江居民屋宇多有被水漂流及倒損淹死人命去處窮應有貧乏無力津送之人州司即時支給常平錢一百五十貫文就委臨海縣尉及北近杜瀆知監前去地頭躬親詢訪有被渰死無力埋瘞之人即將所支官錢收買棺木埋瘞仍驗視喪失人命及被水飄流倒塌屋宇之家抄劄戶口保明供申據逐官申除邊江居民渰死人命有主識認自行埋瘞外有海洋客商船隻被水打壞溺死屍首隨潮流入港內無人識認已將支下官錢收買棺木埋瘞及委知臨海縣核實到飄流屋宇及溺死共三百一十七戶倒塌渰浸共一千九百六十六戶州司已支撥義倉米一千一百四十一石七斗次第給濟及牒提舉常平司行下賑卹施行詔令台州將被水人戶更優支常平錢米多方措置賑卹毋致失所

卷萬一千一百二十一

四年九月六日浙東提舉常平司言慶元府申七月二十三日慈溪縣申金州鄉洪水發作衝損民屋陸種渰死人民計二百六十六家共支米二百十石五斗官會二千七百貫文賑濟府司緣闕米證時價行下軍資庫支官會八百六十貫文發下慈溪知縣躬親點名俵散外申本司證會詔令慶元府將被水之家更切多方措置賑卹毋令失所并劄下轉運提舉司證應施行

六年六月十八日兩浙轉運司言紹興府諸暨縣申本縣近因闕雨妨於插種縣官每日躬詣觀音殿靈祀去處精加祈禱五月二十六日方獲通濟二十八日止六月初一日暴雨連作小洪水泛緣本縣地勢低下

溪流窄狹遂至渰沒民田衝倒屋宇道路不通民居被
浸雨勢未止民情皇皇深慮别有不測縣司已預備船
隻船載人民赴本縣兩廊并高仰寺觀從便歇泊多方
存恤及從父老所乞集衆官照例時暫下放縣牌厭禳
水災并嚴潔修設祈求晴霽外申乞照會本司已牒紹
興府及諸暨縣將被水之家支給錢米優加存恤毋令
失所及牒浙東提舉常平司照會施行詔令紹興府吏
切多方優加賑恤具已賑恤過人數申尚書省　十年
八月十一日臣僚奏臣聞守令之職於民最親境内若
有水旱縣申州州即申所部詞狀以時接受禾稻以時
檢踏委有損傷即合從實蠲減蠲減既畢即議賑濟豈
復有流離餓殍之患今也不然縣有水旱令則觀望州
郡不即受狀守則顧惜郡計惡聞言損既不申奏又不
檢視或因諸司覺察不得已而差官檢踏動在深冬彼
時旱禾多為牛馬蹂踐民間無以續食先自耕犁旱田
播種菜麥官吏所至稱是無藁秸可驗多不減放遂使
有田者不被蠲租之恩無業者不霑賑濟之惠民生茲
郡何不幸耶此字民之官不損猶應言損唐代宗所以
深咎於守令也是豈非守令無愛民之誠有欺心而然
乎且監司之職爰咨爰諏部内必有水旱當令州縣及
時具申既見得果有災傷即合嚴督州縣差官驗踏照
分數蠲減稅色或有傷重去處合蠲閣舊欠者速與申

卷一萬一千一百二十一

奏朝廷俟得回降方與行下蠲閣庶免日後舉催之患
今也不然部内若有災傷監司更不嚴督州郡及時檢
放漕憲倉司各掠美名爭出文榜不候申聞朝省輒將
人户新舊稅盡行倚閣以示寬卹鄉民無知一時聽信
至有持錢帛入城而復携以歸者自後朝省初無行下
州縣再行舉催小民輸納既已後時逮至來年縣道起
催新稅又督舊逋追逮監繫倍有所費名曰利之適以
害之此口惠而實不至怨菑及其身吾夫子所以無取
於諸責也是豈非監司沽愛之譽無實惠而然乎側聞
孝忠皇帝嘗詔諸路轉運司令所部州軍自今水旱並
以實聞或州縣隱而不言監司體訪聞奏不實並當重
寘典憲又因進呈檢放兩浙江東西路災傷倚閣錢物
上曰既是災傷若與倚閣稅賦亦無從出可並與蠲放
大哉王言真可為萬世賑荒卹民之龜鑑也竊聞浙東
及江東西今歲多有被旱救荒之政正當講究欲望陛
下仰稽烈祖孝宗之訓俯鑒唐宗孔子之言下臣此章
戒飭諸路監司守令應是旱傷去處並仰從實開具被
傷輕重聞奏及時差官檢踏蠲減稅租其舊欠若合蠲
閣者亦仰先次申奏朝省俟得回降方與施行不得前
期擅自倚閣熒惑民聽有誤及時輸納庶幾守令各知
愛民而不萌欺心監司不敢沽譽而務行實惠如更循
襲舊弊故作違戾容臣察訪按劾以聞重寘典憲詔從

卷一萬一千一百二十一

瑞異三之二八

之十六年八月二十八日江南東路轉運判官陳宗仁言本路今歲自五六月間霪雨不止江河山溪之水一時暴漲居民多遭巨浸低田率皆淹没其間可以施人力者謂可車揍尚堪補蒔水未及退一夕之雨又復湫浸今建康瀕江之圩田茫然與江混而為一不復可見畦町而太平州圩田埂埋雖存坍損實多蕩然幾與江湖無異至於寧國之宣城廣德之建平池之銅陵凡曰圩田大率相似而建德青陽雖非江又以發洪山水衝決至有漂失人口者其田遂為沙漲之地諸邑水災雖各不同歲事失望其實則一宗仁已將城市被水居民從本司那融錢米賑給行下州縣將見催官賦權寬

卷萬一千百二十五

一月催納并令諸縣置櫃從條限令被水人戶申訴外將來檢放苗米其被水浸荒不曾再種之田勢須全與蠲放但夏秋二稅本出於田田既荒廢稅何從出州縣迫於期限催督不容不嚴其第四等以上人戶猶可勉强至於下五等人戶所仰數畝之田以為卒歲之計今既一空猶恐不能糊其口更胥登門甚於星火質貸供輸艱難萬狀宗仁深知此等民戶困不聊生念欲具申朝廷乞將夏稅畫與倚閣重以家國供億所繫人戶雖小數目實繁每三以思不敢遽然有請所催夏稅什已六七往往皆是質當所有指揮將來官司賑濟之人若征督不已未免追擾其勢必至流移誠為可念宗仁濫

瑞異三之二九

將漕輓一路休戚實司其責再聞目擊用敢冒昧申告朝廷欲望行下本司將建康太平諸邑并建平宣城銅陵建德青陽共一十三縣被水不曾再種見今拋荒第五等以下人戶合納今年殘零夏稅權與倚閣候來年秋收却與催理庶幾貧民下戶藉此得以少蘇免致流徙詔令戶部將建康府太平州及建平宣城銅陵建德青陽縣嘉定十六年見催第五等以下人戶殘零夏稅權與倚閣候來年秋成日却與催理仍令本路安撫轉運提刑提舉司疾速依條差官檢視體量合放分數除程限半月聞奏　十二月二日臣僚言恭聞孝宗皇帝於乾道間因閩中飢歉嘗降御筆付漕臣等曰民頗艱

卷萬一千百二十一

食甚念之之不知作如何措置不致有流移之人否大哉聖言此在今日所當取法而講明之也今歲自五月不雨以至於秋繼而烈風拔水洛水襄陵漂蕩屋廬淪損禾稼加以怒潮騰溢河海通流民無蓋藏食充藜藿轉徙流移略無生意為民父母之官自當汲汲軫由己之念蠲減租賦以寬民力或發倉廩以濟民飢此皆職所當為者今乃恬然坐視以困閩知臣嘗按閱月申諸郡皆未嘗以水潦而上聞或徑指作無旱傷而申者頗粒不入而催科之額如故者限未及而追呼之令已嚴間有縣官惻然受理告損之詞督賦稍寬而郡守乃詰之以為好名反遭譴責若是則何以仰體陛下寬恤之

瑞異三之三〇

意乎況閩之為郡山多田少地狹人稠豐年樂歲尚有一飽不足之憂加以凶荒若何為計往歲猶仰客舟船販浙米以相接濟今浙右諸郡多被水災已有皇皇不自給之患儻不明詔監司郡守急舉荒政必多為溝中之瘠矣欲望聖慈仰體孝宗皇帝勤恤小民之心專委漕臣措畫行下諸郡須管詣實照災分數減放仍多方招諭販米客船免收稅錢務行平糴之政其有貧乏不能自存者開發常平廣行賑濟要施實惠詔令福建轉運司行下所部州軍將被水去處日下證應的實災傷分數從條減放仍多方招誘客人興販米斛出糶與免收稅仍令提舉司將合賑䘏去處疾速措置施行

卷一萬千百二十一

十七年三月二十八日臣僚言去歲被水去處不為不廣農人失望俱不聊生所恃者二麥耳若於積潦種者無幾插種既少飢民嗸嗸所望者成熟耳青黃不交尚賒歛刈下之所以仰給公家上之所以接續民食者獨有賑濟賑糶可以全民命耳朝廷支撥米斛為濟糶用給降度牒為糴米用朝奏暮下德意至美也痛革吏姦行其所無事足矣而奉行者何未之思歟且勸分之數誰肯樂從當空既已承認千斛在市其價自平此昔人之至論也所積或多聽其自行出糶可也忽嚴禁糶之令而所在上市之米即少其價安得而不踊貴乎近者本臺引放詞狀徵囿郡邑既以物力抑勸敎糶又以勸

瑞異三之三一

諭為名逼令添認引惹詞訴利未及民已不勝其擾矣監糶之官率皆弛慢不職勸分之米多是計嘱作弊糶不如數糶場之吏不惟偷減升合已覓量錢且夾雜糠穀粞碎歸馨舂白折閱之甚反不如貴糴於市坐此多無人往糴實惠安得而徧及乎至於賑濟事尤當曲盡其心要在所委之官上體九重愛民之意推擇鄉曲忠厚誠慤之士相與朝夕講論康濟小民之策庶幾民無餓殍之憂欲望聖慈申敕攸司疾速契勘去歲被水州縣下臣此章戒諭常平使者及諸守臣選差官吏留意濟糶革絕弊倖其有不以濟糶為意者臣當廉訪聞奏詔從之

四月十三日臣僚言去歲水澇異常臣嘗乞

卷一萬千百二十一

修舉救荒之政陛下惻然亟俞臣請軫䘏黎元之心先後無二民之戴上恩德者遐邇無間也臣竊謂荒政之徒講而殿最之尚行則為州郡者趨賞避罰之意憧憧往來于中黃紙蠲放而白紙催追竭民之膏血而不顧視民之愁歎而不䘏比較根括及則剗刷殘零重疊科抑朝于充數甚者又獻羨餘為己計則善矣其如民病何若是則九重有寬恤之仁心而州縣無奉行之實政其為無益於救荒一也試以救荒一事言之賑濟賑糶其初本以利民也今州縣之間常平義倉務用殆盡動是科取於有田之家名曰勸糶其實强之況田有去存而物力未嘗消谿中下之戶無米出糶反罹其擾甚者至

得已而應命則以濕惡米穀雜以糠粃賂吏而塞責較之市糴反有不逮民亦厭糴徒爲吏姦令人情咨咨二麥尚未可望豈可更急科歛以爲郡守貳媒榮取寵之地哉朝廷既以經費取辦大農大農以賞罰而比較諸郡郡迫之縣縣迫之民上下煎熬惟財賦之爲急而求爲陞陟之計故善足國者當自裕民始善裕民者當自寬州縣始欲寬州縣其可例行比較之法耶今戶部比較正其時也欲望聖慈檢證嘉定八年臣僚因旱蝗有請欲免比較特降指揮應諸路諸路州軍實係水傷去處權免比較一次仍乞行下戶部司農寺符合與權免比較州軍仰體寬卹之意毋致虐取於民庶幾被水州縣期限可寬而民力可裕矣詔令部司農寺看詳申尚書省

卷萬一千一百二十一

十七年七月二日臣僚言近聞閩中諸郡因五月二十一日積雨之後溪流暴漲爲灾特甚自建寧南劍以至福州水口沿溪居民蕩然一空福之城中西南兩門水高七尺以上候官縣甘蔗寨漂流數百家多有溺死者南劍衝突尤甚水勢直至郡治城樓郵亭司理院獄悉皆渰浸類毁城中人家初見水來盡挈籠仗上樓未幾與樓俱去誠可憫念市西地名鐵冶嶺一帶皆爲瀰漫之所建寧平政橋最爲高處水没其上洶湧入城即此而觀則其他城外低下去處及諸外縣被水害可知今來雖據逐處申到並不言其詳但云支撥錢米倒

行賑濟然臣竊謂監司不過委之郡守郡守不過委之州縣官而被差之官或不留意實惠未必及民至今有未復業者欲望聖慈下臣此章疾速委令監司守臣以體國愛民爲念斟酌措置更與多方賑卹無令失所貽黄臣近得建昌守臣陳韋公劄亦稱是月四邑之水會于盱江城不没者三版早禾方包既已失望晚禾甫種多就渰没其禍至慘聞之父老數十年間未嘗有此嘗申朝廷乞檢庚牒以充糴本事勢可知并乞聖慈即賜一體行下以救千里生靈之命詔從之

地震

宋會要

嘉祐二年三月三日雄霸等州並言二月十七日夜地震至四月二十一日雄州又言幽州地大震大壞城郭覆死者數萬人詔河北備禦之　是歲河北數地震朝廷遣使安撫

宋會要

治平四年神宗即位未改元八月二十四日通考云己巳京師地震上謂輔臣曰地震何祥也曾公亮等對曰天裂陽不足地動陰有餘恐由小人為邪所致上然之　九月二十七日廣南經略安撫司言潮州地大震拆裂泉涌壓覆兩縣寺觀居民舍屋并本州樓閣營房等士民軍兵償適死者甚衆詔以等給錢死而無主者官為瘞之　是歲南方地震如漳泉等州皆準此賑恤　十月六日上謂曾公亮曰日者南方地震君臣當共省懼擇人以鎮撫之遂以工部侍郎集賢院學士河北都轉運使元絳為龍圖閣直學士工部侍郎知廣州呂居簡知鄭州　神宗熙寧元年七月河北州軍地大震是歲自秋距冬河北地震而緣邊尤甚至有聲如雷而動移時累刻不止者詔經地震壓死貧民令都轉運司勘會給錢有差無骨肉者官為殯埋又詔差廂軍五十人赴河北都轉運司葺治本路地震摧損城壁樓櫓等工役清夜錄熙寧元年河北霖雨地震城壁皆壓發卒數

一

十萬治之運去舊土按故基築之其工無算惟霸州達其舊基五步因取舊山築之計工省殆過其半。宋史孫長卿傳云城郭倉庾皆隤長卿盡力繕補熙寧元年七月十四日通考甲申京師地震十五日通考乙酉又震二十一日通考辛卯又震　二十四日上批河北地震水災宜擇能吏以易庸惰年老之人以尚書都官員外郎馬淵知　州虞部員外郎陸濟權知德州是日降德音　二十七日上批御史錢顗言河北地震令尚未悉息居民殆無生意其欠税當權倚閣方民乏食之際宜早施行翌日河北都轉運司又言自秋淫雨繼以地震諸河決溢民皆走徙恐無以輸夏税願賜蠲免於是下畫一蠲減租賦指揮即日又詔應河北州軍輸納未及七分被災甚者並除之餘聽倚閣　二十八日同提點廣東刑路刑獄公事王咸服奏潮州地震未止令又再震欲委本州知州為軍民祈福建置道場以慰安民心上批可指揮廣東福建路轉運司應有地震未已州軍並令所在長吏精嚴祈禱

宋會要

熙寧二年二月二十七日富弼言竊知果有入奏陳請凡百災變皆繫時數不由人事者陛下明睿英哲必不信納又憲姦人能以甘詞致陛下或時而信信則即災救患答謝天譴之意有時而怠怠則虧損聖德不為宗

二

社生民之福若數路地震之異河北特甚人民流散去如鳥獸死於道路者爲不少甚可痛也堯湯大聖人其佐皆聖賢上下同德協心戮力無一夫不獲無一物失所致其水旱可以歸之時數然亦不聞有重役橫賦勞民驚衆之事亦不聞有流移餓死於道路之人惟聞常有九年之蓄民無菜色而天下之奉堯湯亦如無水旱之事也是雖遭水旱而民不被其害國不憂其危也自秦漢以降則不然凡有災變雖異皆由時君世主不能內贊退不尚災異既作又不能恐懼修省坐視赤子不能相保乃妄破比堯湯水旱以災異歸於時數是欺天欺民之甚也夫地者至大至厚至靜不可動搖之物也

三

古今固亦有震動之時隨其所震大小遠近必有災慝應之然未常聞數路皆震且未有一日或十數震者也震又不一日而止有如至今踰半年尚震而未止者也是豈不爲大災變耶此陛下正當究窮致震之由推至誠行至德思所以厭塞其變以謝天地之譴告也爲姦人謀身害國者陛下萬一感其所說以災變歸於時數而聖懷坦然不以災變爲懼舉有所司之不職者、加擇政事之不平者不加治萬民窮困失所者不加恤則陰陽之氣何由而和天地之變何由而息也惟陛下深賜裁察三月二十一日富弼又言令天地變動人情不安時運艱厄如此譬如常人身有小變動尚以占其禍福

災況於三才皆不順理此豈小變陛下當以至誠惻怛應之地道宜靜而於動則非其常應之亦宜以靜而已文彥博亦曰惟靜可以應此上曰惟先格王正厥事天地之變唯正厥事乃所以應天地

宋會要

紹聖元年十一月二十八日通考丙寅太原府地震不及剗正　二年十月二十九日河南府地震十一月三十日又震是歲蘇州自夏迄秋地震七　三年三月八日通考戊戌夜劍南東川地震　九月二十三日通考乙酉滁州沂州地震　四年六月二十七日通考乙酉太原府地震有聲　大觀元年冬十月蘇州地震

四

宋會要

崇寧元年正月二十一日河東路轉運司言太原府潞晉等州岢嵐等軍地震詔官給錢瘞葬優恤死傷之家及遣本路走馬承受公事就進祠臺駘廟致祭設醮

政和七年七月六日詔熙河環慶涇原近因地震旬日管下城寨關堡城壁樓櫓官私廬舍並皆摧塌居民覆壓死傷甚衆恐有夷人犯順竊發之兆兼慮城壁不備乘間入寇理須急脩葺可因地震遣使前去撫恤軍民因往檢察

宋會要中興

高宗紹興六年六月九日夜地震十一日詔內外卿士

極言朝廷闕失凡州郡守長近民之官宜為朕惠養凋瘵安輯流亡察究盜禁奮擾毋倚法以削毋縱吏為姦氣祇乃事以副朕寅畏天地側身消變之意上諭宰臣趙鼎曰上天譴告朕極憂恐鼎曰皆臣等輔佐無狀緣地震呂頤浩嘗罷政上曰頤浩之罪為非卿等但與朕協力修政事用答天譴上又曰當前世故事當避殿減膳今只避御則一般而常服坐齋更減損亦無害鼎曰此皆文具也應天以實消變之道尊修人事庶幾可召和氣但即今費用浩大科斂亦蓋煩此傷和氣之大者也臣等日夜不勝憂懼而才力綿薄終恐上負委使於是降詔繼進士求助上書論宰執失信上嘉之與免解賜帛 五

宋會要

高宗紹興三十二年（孝宗即位未改元）七月十三日夜臨安府地震自東北而來

宋會要

淳熙十三年七月二十四日上曰近日漳汀二州地震特甚不可不慮不知二州守臣如何宰臣王淮等奏漳州黃啓宗人多稱之而汀州趙師憾亦自得上曰可令監司師臣更精加減否保明聞奏已差下人候闕到赴都堂審察 中興會要

宋會要 地震

熙寧五年十月三日知華州呂大防言九月丙寅少華山前阜頭谷崩摧陷其下平地東西五里南北十里潰散圻裂湧起堆阜各高數丈長若堤岸至陷居民六社凡數百戶林木廬舍亦無存者聞之鄰近家巷山之民言比年以來谷上常有雲氣每遇風雨即隱隱有聲是夜初昏略無風雨忽於山上雲霧起有聲漸大地遂震動不及食頃即有此變已檢錄存卹死傷人戶詔遣尚書兵部郎中判太常寺王瓘乘驛致祭仍建道場并賜陷沒之家錢有差其不能葬埋者官為葬祭之 六

宋會要 地震

元豐八年（哲宗已即位未改元）正月二十九日二月十日（通考云甲戌）賓州嶺方縣地陷

宋會要 地生毛

紹熙四年十一月十日地生毛 中興會要

全唐文

宋史五行志

天禧元年二月開封府京東西河北河東陝西兩浙荊湖百三十州軍蝗蝻復生多去歲蟄者和州蝗生卵如稻粒而細會要天禧元年五月二十日開封府等路並言二月後蝗蝻食苗詔遣使臣與本縣官吏焚捕每五州命內侍一人提舉之天禧元年六月江淮大風多吹蝗入江海或抱草木僵死會要天禧元年八月七日詔曰朕奉若天心精求治令冀召和平之氣以臻富壽之期而去歲以來迨茲秋序災沴繼作螟蝗荐生眷惟郡國之間頗為稼穡之害言念黎庶惕然疚懷寢食靡遑旰宵若厲分遣使傳按巡方州復思南畝之間適屆西成之候恐損恤力有害農功焦勞于茲軫恤無已豈非朝廷之政有所未周司牧之方有所乖盡載念在予之訓式申誥告之文其先遣使臣並令赴闕所在百姓要長吏倍加安撫無令輒有侵擾天禧二年四月江陰軍蝻蟲生

卷一千六百六十六

仁宗天聖五年七月丙午邢洺州蝗會要天聖五年七月十六日趙州言蝗自邢州南纔二頃餘不食苗帝謂輔臣曰但慮州郡所奏不實宜遣官按視之速捕瘞以聞天聖五年十一月丁酉朔京兆府旱蝗六年五月乙卯河北京東蝗景祐元年六月開封府淄州蝗諸路募民掘蝗種萬餘石

全唐文

宋史五行志

寶元二年六月癸酉曹濮單三州蝗四年淮南旱蝗是歲京師飛蝗蔽天會要康定元年十二月十二日詔天下諸縣凡捕飛蝗遺子一升者官為給米豆三升慶曆四年六月二十四日帝謂輔臣曰方歲旱而飛蝗滋甚百姓何罪而罹此朕默禱上帝願歸咎于朕躬章得象對曰臣不能輔理宣化以致災孽於民而貽陛下憂今聖言及此必有以上通天意之應皇祐五年建康府蝗續宋會要皇祐五年十一月四日敕應諸路昨經蝗蝻水旱為災並等第體量減放稅數治平四年四月十四日京東西陝府西河北等路安撫轉運司奏乞賑濟災傷州軍詔從其請因諭其有蝻蟲生長打撲未盡去處亦仰躬親提舉早令去除盡靜如人戶披訴夏稅災傷便仰差官體量減放更不檢覆神宗熙寧元年秀州蝗五年河北大蝗六年四月河北諸路蝗是歲江寧府飛蝗自江北來續宋會要熙寧六年四月二十四日上批聞河北諸郡有蝗蝻可令監司督官吏撲滅七年四月三日詔開封府界提點司督責諸縣捕蝗得雨即時以聞六日雨熙寧七年夏開封府界及河北路蝗七月咸平縣鸛鵒食蝗續宋會要熙寧七年七月二十七日上批聞河北兩路有蝗害稼而所在多以未至滋盛不即加剪撲可指揮轉運提點刑獄安撫司嚴責當職官併力剪撲具次第以聞熙寧八年八月淮西蝗陳潁州蔽野續宋會要熙寧八年八月三日詔蝗蝻處委縣令佐躬親夫打撲如地里廣闊分差通判職官監司提舉仍募人得蝻五升或蝗一斗給細色穀一升蝗種一升給麤色穀二升給償錢者依中等實直仍委官視燒瘞監司差官覆按以聞即因穿掘打撲損苗種者除其稅仍計價官給地主錢穀毋過一頃六日上批聞陳潁州蝗蝻所在蔽野初無官司督捕致重復至生自飛蝗已降大小凡十餘等雖自此漸得雨澤參種亦未敢下蓋懼苗出即為所食根亦隨壞若至秋深播種失時則來歲夏田又無望矣公私之間實非細故其令京西北路監司提舉司嚴督官吏速去除之仍具析不督捕依以聞因熙寧九年夏開封府畿京東河北陝西蝗續宋

卷七千六百六十六

會要熙寧九年五月四日詔司農寺訪聞諸路州軍蝻蝝率皆生長除開封府界嚴緊打捕盡靜外令逐路轉運提刑提舉倉司緊行督促當職官監轄打撲盡靜仍仰轉運司依條覆視訖以聞二十一日荊湖南路提點刑獄司言本路州軍有地生黑蟲各化蛾飛去七月六日詔訪聞自關以西今秋苗稼頗有收成之望但日近忽有蝗蝻虸蚄蟲生為害極甚可令永興軍等路轉運提刑等司分往州軍督促當職官吏打撲盡靜以聞元豐二年二月二十一日詔諸路方春闕雨慮生蝗蝻害田其令河北陝西京東西等路監司常戒州縣撲滅毋致孳生三年四月十七日詔西北諸路久旱慮蝻蝝漸生其令轉運司督州縣撲滅毋致孳長

元豐四年六月河北蝗秋開封府界蝗續宋會要元豐四年六月三日詔河北諸郡蝗蝻滋熾可專委東路提舉官李宜之督捕二十七日詔提舉開封府界諸縣鎮公事楊景畧提舉開封府界常平等事王得臣分詣諸縣提舉捕蝗

元豐五年夏又蝗會要元豐五年四月三日詔開封府界提點司速捕絕蝗蝝毋令害苗稼

元豐六年夏又蝗五月沂州蝗續宋會要元豐六年七月十日詔聞開封府界諸縣蝻蟲猥多今田稼既成恐害豐稔宜令提點刑獄范峋親督人夫速剪除之

卷七千六百六十六

哲宗元符元年八月高郵軍蝗抱草死續宋會要元符元年十一月四日戶部言有蝗處地主報本耆若在官荒田或山野瀕岸之類者地鄰報本耆畫時申縣令佐當日親詣地頭差人打撲鄰縣界至不明者兩縣官同如田段廣闊者募職官通判分行提舉亦許募人捕取當官交納每蟲子一升官細色穀斗二升蝻蟲五升或飛蝗一斗各給一升其蝗子多易得處各減半給如給麤色並依倉例細析或給中等實直價錢仍預先量數支錢解付隨近寺廳或與有力戶就便博易給散令佐往來點檢燒埋使盡靜轉運於別州差官覆檢訖奏聞封府界止委別縣官其蝗蝻滋生稍多去處即監司分定地分巡檢往來督責官吏寅夜併手打撲盡靜仍躬親視閲奏訖方得歸司更不差別州官覆檢即蝗初生而本耆及地主鄰人谷告而同隱蔽不言者各杖一百許人告每斂賞錢一貫至五十貫止從之徽宗崇寧元年閏六月二十六日尚書省言府界京東河北淮南等路蝗詔點宗督捕官吏弛慢者劾治以聞

崇寧二年諸路蝗令有司酺祭續宋會要崇寧二年七月二十三日臣僚言乞行酺祭以弭蝗災詔太常寺檢舉

崇寧三年四年連歲大蝗其飛蔽日來自山

東及府界河北尤甚

宣和三年諸路蝗續宋會要宣和三年九月二日淄州奏本州界四縣五鎮自五月中有四向飛到蝗蝻及鄆境間有蝗蝻遷逐入界皆抱枝自乾死不傷害田苗本州界內禾稼成實

宣和五年蝗

高宗建炎二年六月京師淮甸大蝗八月庚午令長吏修酺祭會要建炎二年六月二十四日詔聞京師淮甸等處飛蝗甚多恐害田稼可行下逐路轉運司差官疾速撲限日近須管盡靜仍具申尚書省是月十九日又詔迺者飛蝗為冷應政事施設未便於民未宜於時令監司郡守條具以聞為害最重之處仰百姓自陳州縣監司驗實聞奏量輕重與免租稅其應禁因州委知州縣委通判躬親點檢結絕尚敢違慢劾治以聞又詔應有飛蝗州軍令長吏備牢醴躬親祀祭命輔臣詣觀寺祈禱

紹興二十九年七月盱眙軍楚州金界三十里蝗為風所墮風止復飛還淮南三十二年六月江東淮南北郡縣蝗飛入湖州境聲如風雨自癸巳至于七月丙申徧于畿縣餘杭仁和

卷七千六百六十六

錢塘皆蝗丙午蝗入京城會要紹興三十二年七月三日詔飛蝗自湖州安吉入臨安府界令本路監司守令詢究其實檢照前後條令疾速施行從侍御史張震請也

紹興三十二年八山東大蝗癸丑頒祭酺禮式會要紹興三十二年八月九日詔以飛蝗為害令太常寺條具祭酺神禮施行先是白劉子奏紹興祀令蝗蝻為害則祭酺神故有是命孝宗隆興元年四月十七日詔令有蝗路分轉運司督責州縣措置除蝗殿中侍御史胡沂奏按爾雅螟食苗心螣食苗葉賊食苗節蟊食苗根四者皆蝗類也詩大田之其詩曰無害我田穉田祖有神秉畀炎火蓋當穉來成之時而為惠方始驅除之道因宜無所不用其至也唐開元中姚崇建言田各有主使之自救必不悼勤請夜設火坎其旁且焚且瘞於是汴州刺史倪若水繼捕得蝗十四萬石蝗害訖息朝見著令蝗蝻生發飛落凡有遺子地主報耆申縣先次追集人戶併力撲除又令官私荒田收拋蝗飛蝗住落處錦以撲掘仍於十月初委令佐差募人取掘蟲子納官給錢穀又令撲搖蟲蝗條法於村疃粉壁曉示縣於李百舉行凡數十條立法之意可謂盡矣去秋飛蝗逮于江浙至冬無雪宜有遺育散在卵野而有司失於檢舉撲除之令種息實繁其勢必將復

出為害。如聞近郡村野間稍有之，須及此時舉行舊法，令諸路轉運司疾速戒諭郡縣督責守令，庶幾捕盡。於是做數有是命。

隆興元年七月大蝗。會要：隆興元年七月十六日，詔以秋亢旱，飛蝗在野，星變數見，朕心懼焉。意者政令多有所闕，賞罰或不當，朕雖側身求應以實，卿等各思革正積弊，勿徇從私，務塞災異之原，稱朕寅畏之意。又令侍從、臺諫、兩省官照會，仍依今月十二日已降指揮，條具時政闕失聞奏。十九日，宰執陳康伯以旱蝗星變抗章自列，詔不允。

隆興元年八月壬申、癸酉，飛蝗過都，蔽天日。徽、宣、湖三州及浙東郡縣害稼，京東大蝗，襄、隨尤甚，民為之食。會要：隆興元年八月十七日，詔：比日飛蝗甚多，又聞諸路州縣風雨為災，螟蝗害稼，咎證罔測，朕甚……月十八日，避正殿，減常膳，側身修行，以祈消弭。……二三大臣其盡忠以輔朕不逮。監司郡守各務身率，戢吏禁暴，早察冤獄，以安民庶。所在災傷，悉行具奏，依條賑卹檢放，如有隱匿不以聞者，重寘典憲。師徒未息，科調益繁，江、淮、襄、蜀尤甚，勞擾疆場之民，宜加安輯，蠲省苛斂，以副德意。二十二日，車駕詣德壽宮，上壽聖太上皇帝，意以蝗蟲避殿減膳不當。

……從諫官陳良祐請也。九月十八日，詔淮南、江西、兩浙轉運司……

隆興二年……

夏，餘杭縣蝗。……

乾道元年六月，淮西蝗，憲臣姚岳貢死蝗為瑞，以佞坐黜。會要：乾道元年六月十五日，有旨：淮南運判姚岳以蝗死為嘉瑞，乞錄付史館，特降一

官。以右正言程叔達奏：岳申奏蝗蟲自淮北飛渡前來，皆抱草木自死，首唱佞諛，稱為容悅之階，乞賜罷黜，以警其餘，故有是命。

淳熙三年八月，淮北飛蝗入楚州盱眙軍界，如風雷者，逾時遇大雨皆死，稼用不害。會要：淳熙三年八月二日，楚州……武鋒軍副都統制張宣言：有蝗自淮北飛過淮南，遇大雨……

淳熙九年六月，全椒、歷陽、烏江縣蝗。乙卯，飛蝗過都，遇大雨，墮仁和縣界。七月，淮甸大蝗，真、揚、泰州官撲蝗五千斛，餘郡或日捕數十車，羣飛絕江，墮鎮江府，皆害稼。會要：淳熙九年六月……

淳熙十年六月，蝗遺種于淮、浙，害稼。……

……淳熙十四年七月，仁和縣蝗。會要：淳熙十四年……臨安府言：仁和縣管下蝗蝻生發，已有羽翼，及今……

能高飛尚可掩捕詔臨安府速措置施行毋致滋長光宗紹熙二年高郵縣蝗至于泰州五年八月楚和州蝗　寧宗嘉泰二年浙西諸縣大蝗自丹陽入武進若烟霧蔽天其墮亘十餘里常之三縣捕八千餘石湖之長興捕數百石時浙東近郡亦蝗會要嘉泰八年八月十八日詔飛未息差官詣霍山廣惠廟行祠祈禱務獲感應九年六月三十日都省言日來積有飛蝗令行祈禱詔令范之柔詣上天竺靈感觀音前榮中行詣霍山廣惠廟行祠祈禱務獲消弭又詔分遣卿監郎官詣在京祠廟祈禱開禧三年夏秋久旱大蝗羣飛蔽天浙西豆粟皆旣于蝗會要開禧三年七月十一日都省劄子奉御筆朕德弗類致天之災比者郡邑間被大水加以飛蝗為孽永惟咎證用震悼於予裒顧惸然在疚方重朕抑咎爾二三大臣其助朕祇農思正厥事以迴百工俾內無誕設私誠風以害吾治外無貪黑暴刻之政以殘吾民其有災陽當行賑恤去處具以狀聞無得蒙蔽庶幾實惠宣究天心降格矧令兵戍久勞瘡痍未息一念及此痛如在

卷七二六百六十六

躬軆之吏尤當極力安輯以稱朕憫仁元元之意嘉定元年四月二十五日臣僚言臣等聞民自天民天固恤之匹夫匹婦不得其死則三年之旱六月之霜不旋踵而應況兵嘆之後死於非命者不可勝計積骸枕野饑民相食怨氣亢塞豈不上于陰陽之和故自去歲以來蝗蝻為災隆冬無雪入春不雨以迄于今致之農時以過芒種今隴啟通兆首種不入更遷數日已涉夏至則歲事無及矣聞之道路旱勢甚廣江湖閩浙所望皆然遺蝗復生撲滅難盡漕渠不通米價翔踴入情教撫饑不卿生此豈細故而可不求以應之哉近者奏音祈請靡神不宗然欲雨而即止暫陰而復晴殊未有以慰四方雲霓之望然恭觀明詔聖心焦勞特減常膳又以此月二十七日躬禱於太一宮明慶寺閔雨之志上下其孚甚盛德也然成湯桑林之禱當引咎而責躬宣王雲漢之災災側身而脩行其為應天之道蓋未嘗舉事於塵文也欲望陛下惕厲齋居憂勤庶政深念生民塗炭無辜籲狀皆由向者任用非人以致貽禍百姓並下哀痛之詔廣求切直待郎趙粹中同大理寺官振究無實亢宗崇保降官罷七月懷復相至是乞解機政故有是命嘉定元年五月江浙大蝗六月乙酉有事于圜丘方澤且祭酺七月又酺頒酺式

于郡縣二年四月又蝗五月丁酉令諸脩脩酺祭六月辛未飛蝗入畿縣三年臨安府蝗七年六月浙郡蝗八年四月飛蝗越淮而南江淮郡蝗食禾苗山林草木皆盡乙卯飛蝗入畿縣已亥祭酺令郡有蝗者如式以祭自夏徂秋諸道捕蝗者以千百石計飢民競捕官出粟易之九年五月浙東蝗丁巳令郡國酺祭是歲薦饑官以粟易蝗者千百斛十年四月楚州蝗　理宗紹定三年福建蝗端平元年五月當塗縣蝗嘉熙四年建康府蝗淳祐二年五月兩淮蝗景定三年八月兩浙蝗

卷一二六百六十六

宋會要　五運

太祖建隆元年三月有司上言國家受禪於周周木德木生火合以火德王其色尚赤仍請以戍日為臘從之　太宗太平興國九年四月布衣趙垂慶言皇家當越五代上承唐統為金德若以梁上繼唐傳後唐至國朝亦合為金德矧自禪代以來符瑞押至羽毛之類多色白者皆金德之應望改正朔易服色以承天統下尚書省集百官定議右散騎常侍徐鉉等奏議曰五運相承國家大事著於前載具有明文頃以唐季喪亂朱梁篡代莊宗早編屬籍繼立親雪國讎天下稱慶即以梁比羿浞王莽之徒不可以為正統也莊宗中興唐祚重新土運自後數姓相傳晉以金漢以水周以木天造皇宋運膺火德况國初便祀火帝為感生於今二十五年圜丘展禮已經六祭年數豈登干戈偃戢必若聖統未合天心焉有太平得如今日豈可輒因獻議便從改易又云梁至周不合迭居五運欲上繼唐統為金德且後唐以下奄宅中區合該正統今便廢絕禮實無謂且五代運遷皆親承受質文相次閒不容髮豈可越數姓之上繼百年之運按唐書天寶九載崔昌獻議曰魏晉至周隋皆不得為正統欲唐遠繼漢統立周漢子孫為王者後備三恪之禮是時朝議是非相半集賢學士衛包扶同李林甫遂行其事林甫卒後復以魏周隋後為三恪崔昌衛包並皆遠貶此

又前載甚明况今封禪有日宜從定制上答殊休從之　真宗大中祥符三年九月開封府功曹參軍張君房言國家當繼唐土德統用金德朱梁篡代不可以承正統其晉氏稱金德而江南李昇實稱唐其後漢承晉為水止四年而滅周承漢為木止九年而四方分據太祖以庚申年受周禪開寶乙亥歲平江南及太宗定并汾自是一統是國家承金德以受命其驗明矣并獻所著論四卷真宗曰若此言者多矣且國初徇群議為火德今豈敢輕改耶　天禧四年五月光祿寺丞謝絳上書曰夫帝王之興必推五行盛德所以配天地而符陰陽也推五行者必采諸國瑞稽諸象曆視所興之甚所承之後於是服色制度郊祀正朔因而準之是故神農氏以火德有星火之瑞聖祖以土德黃龍地螾見夏以木德青龍止於郊商以金德山澤自溢周以火德有赤烏之符自漢之興王火德者以謂承堯之後者蓋取赤帝子之驗文帝世賈誼以漢宜色尚黃數用五班固敘其語闕張蒼好律曆謂漢延水德之時河決金堤其符也又公孫臣曰始秦德水而漢受之推終始傳則漢當土德之應孝文亦命有司申明其廿進至孝武乃謂承堯之後非可改易逮世祖中興有赤伏之讖於是火德之論確然得正然則數子之議皆失之矣且漢堯之裔五帝之火莫大於堯而漢能因之是不墜其緒而善繼盛德者也切以國家應開先之慶執敦厚之德宜

以土瑞王天下夫三王莫大於聖祖承其後者猶漢之繼堯也然則推終始傳乘周之木德而火德其次且朱梁不預正統者謂莊宗復興於後自石晉漢氏以及於周則李昇建國左右而唐祚未絕是三代者亦不得正其統矣晉者秦祚促而德暴不入正統考諸五代之際亦是類矣今國家誠能下黜五代紹唐土德以繼聖祖亦猶漢之黜秦興周火德以繼堯者也夫土於五行位居其中國家兆運於宋作京于汴誠萬國之中區矣傳曰土為群主故曰后土洪範曰土爰稼穡稼穡作甘今四海治足嘉生蕃衍頃之泰山醴泉湧迺年京師露降作甘之兆斯亦見矣矧靈木異卉資生於土者不可勝道非土德之驗乎又聞在昔靈命肇發太祖生於洛邑而包絡惟黃鴻圖既建五緯聚於奎躔而鎮星是主及陛下昇中之日日抱黃珥朝祀太清含譽黃潤斯皆天意人事響效之大者也其餘神龜珍獸自遠至者或麟或介僉有厥應然非耳目之所具也苟驗其一則土德之符在此矣陛下勿以變改為疑循舊自守且漢興自武帝越十九年始寢尋於火德至光武蓋二百載方習定乎正運國家受祚猶在五紀乃能興是正統泛於漢德甚矣是故天心在於陛下拒而罔受民意若是陛下謙而弗荅氣壅未宣河決逆潰豈不神哉然則天淵之涔流水德之浸患考驗五行相勝之說亦宜興土運禦時災乞順考符驗詳習法度不可以撝謙生德

因循舊典廢天之休也其度量律歷之則車服衣冠之法圜丘方澤之事明堂辟雍之制宗廟薦饗之序方國朝會之典政教禮樂之贊譜敍願下搢紳講之時大理寺丞董行父又言曰在昔黃帝兼三林而統天下天統得而天下治故伏羲為人統神農為地統黃帝為天統三統常合而迭為首黃帝合之而不死此之謂也少昊黃帝子也守其德而守其統嵩陽德統俱變為人統高辛易之為地統唐堯高辛子也德統俱變為天統虞舜受禪更其德遵其統故易曰黃帝堯舜氏作通其變使民不倦神而化之使民宜之又曰黃帝堯舜垂衣裳而天下治蓋取諸乾坤言黃帝堯舜神變化而法乾坤統天而治者也其後夏為人統商為地統周為天統是故文武應天順人周公制禮作樂故黃帝堯舜柢周三統皆有天降之瑞神錫之符蓋能以明德繼天而用天以統治天下也漢繼周為人統唐續漢為地統斷三統相傳之道也又秦昊以萬物生於東至仁體乎木故德始乎木木以生火神農受之為火德故曰炎帝火以生土黃帝受之為土德黃者中之色土之象中五疑正天命以定數曰黃帝土以生金少昊受之為金德金以生水高陽受之為水德水以生木高辛受之為木德木以生火堯受之為火德火以生土舜傳之為土德土以生金夏為金德金以生水商為水德水以生木周為木德木以生火漢為火德火以生土唐為土德是以五

行因三徵成著五運與三統兼行陛下建天統受天命心與天通道與天廣圖
當應天明統紹唐正德顯黃帝之嫡緒彰聖益之丕烈改正朔易服色建大中
殊徽號制禮樂定律曆謹權量審法度敦庠序考文章正風俗振黃道作此大
略以答天休與民更始爲萬代法又按聖祖降於癸酉天書降於戊申太祖受
禪於庚申陛下即位於丁酉申酉皆金也陛下紹唐漢之運繼黃帝之後三世
變通應天之統正金之德斯又順也臣請用天爲統以金爲德然後尊黃帝於
淸廟冊聖益以帝稱郊祀黃帝以配天太祖作主以侑神宗祀聖益於明堂以
配上帝太宗作主侑神配享有位冠於祧廟之祖然後封建父以王爵建原廟
於趙城祀白帝於西畤表稱地於雍京比陛下統運之大獻祖宗之休事惟詳
擇而行之詔兩制詳議議曰自庖犧繼天而王爲百王先首德始於木共工氏
伯九域雖有水德而非其序炎帝神農氏以火承之黃帝軒轅氏繼王天下火
生土故爲土德少昊金天氏承之土生金故爲金德高陽氏承之金生水故爲
水德帝嚳高辛氏承之水生木故爲木德木生火故帝堯陶唐氏爲火德火生
土故帝舜有虞氏爲土德土生金故夏禹爲金德金生水故商湯爲水德水生
木故周爲木德秦以水德在周漢水火之閒亦猶共工不當五德之序遂以不
載漢祖代秦上繼周統以木生火而爲火德文帝時公孫臣賈誼稱漢當土德
丞相張蒼又以當水德其後劉向父子以庖犧木德爲始而漢得火焉雖建此
議至後漢光武遂明火德魏受漢禪以火生土而爲土德土生金晉爲金德南
朝自宋至陳咸當閏位金生水後魏承晉爲水德水生木後周承魏爲木德木
生火隋承後周爲火德火生土唐承隋爲土德至開元中書者以今爲金德百
條詳議裴光庭請依舊爲定從之朱梁篡代同夫羿浞王莽非可當於運序莊
宗早編屬籍觀雪國讎中興唐祚遂承其運土生金晉承唐爲金德金生水漢
承晉爲水德水生木周承漢爲木德木生火皇朝承周遂爲火德雍熙初趙垂
慶上言宜越五代上承唐統爲金德事下尚書省議徐鉉等議以爲皇家運膺
火德祀赤帝爲感生于今積年不可輕議改易詔從鉉議今謝絳所述以聖祖
得土瑞宜承土德且引漢承堯緒爲火德之比雖班彪敘漢祖之興有五其一
曰堯之苗裔及就正統乃越秦繼周非用堯之德今國家或用土德即當越唐
承隋悉失五德傳襲之序又董行父請越五代紹唐爲金德其度越累世上承
百代之統則晉漢洎周咸帝中夏太祖實受終於周而陟元后豈可弗遵傳繼
之序續於遐邈之統二聖臨御六十餘載登封告成昭姓紀號率循火德之運
燁美靈之曜茲事體大非容輕議二臣所請難以施行詔可　徽宗政和七年
十月一日詔以來年歲運曆數頒告天下曰昔聖人先天而天弗違後天而

奉天時其歲月日時無易民用平康今朕臨觀八極考建五常以天地日月星
辰氣運之數數錫庶民以待來歲之宜惟爾萬邦率循當與奉若天道欽厥時
憲保于有極外薄四海罔或不祇政和八年戊戌歲運氣陽火太過運行先天
太徵少宮太商少羽少角五氣運行各終其日月赫曦之紀北政司天相天之
氣經于戊分太陽司天左閒厥陰右閒陽明太陰在泉左閒陽明右閒少陰歲
半之前天氣太陽主之歲半之後地氣太陰主之水土合德上應辰星鎮星寒
化六熱化七濕化五木位爲初氣大火爲二氣相火位爲三氣土位爲四氣金
位爲五氣水位爲終氣是爲主氣初之氣少陽相火主木位二之氣陽明燥金
居火位三之氣太陽寒水居火位四之氣厥陰風木居土位五之氣少陰大火
居金位終之氣太陰濕土居水位是爲客氣戊火太過赫曦之紀戊爲太陽司
天之政太陽寒水有以勝火火既受制其氣受平故曰上羽與正徵同畫火之
太過爲大徵不及爲少徵平爲正徵以運推之陰氣內化陽氣外榮炎暑施行
物得以昌其氣高其性速其收齊其病痓其穀麥豆其畜羊彘其果杏栗其色
赤白玄其味苦辛鹹其藏心肺其蟲羽鱗以氣推之天氣肅地氣靜寒政大舉
澤無陽餤小陽中治時雨迺涯溫運於太陰濕化迺布寒濕之氣特於氣交歲半
以前民感寒氣病本於心平以辛熱佐以甘苦以鹹瀉之歲半之後民感濕氣
病本於腎治以苦熱佐以酸淡以苦燥之以淡泄之一歲之閒宜食元黅之穀
以全其真以資化源以助天氣無使暴過而生疾是謂至治自
是月朔布政孟冬頒曆率推改氣運具之文辭以爲常

宋會要　曆法

太祖建隆二年五月，以欽天曆時刻差謬，命有司重加研覈。至四年四月，司天少監王處訥上新宋建隆應天曆凡六卷，太祖御製序頒行。曆經一卷，算草一卷，五更中星立成一卷，晨昏分立成一卷，晝夜日出入立成一卷，昼影立成一卷。歷象之制，前史備矣。自唐高祖受命，武德元年歲在戊寅，命太史令唐倹、東都道士傅仁均造戊寅元曆。至麟德元年，秘閣郎中李淳風造麟德歷，人改用神龍歷。開元十六年，特進張說上大衍歷。乾元元年頒行山人韓穎新歷。代宗用郭獻之五紀歷。元和二年造觀象歷。長慶中用宣明歷。自寶應之後止用崇元歷。廣中原多事，日官廢職，朱梁、後唐無所改作。晉天福中，司天少監趙仁錡等造調元歷。周顯德中，端明殿學士、左散騎常侍王朴造欽天歷。至是帝以舊歷差舛，命考正焉。太宗太平興國七年十一月，司天冬官正吳昭素新造歷成，凡九卷以獻。律經二卷，晨昏分一卷，日躔陰陽差一卷，日出入刻一卷，晝夜則分一卷，五更中星一卷。詔衛尉少卿元象宗與本監明律歷者同校定，賜號乾元歷，太宗御製序。先是以應天歷少差，昭素與徐瑩、董昭吉各進新歷，而昭素所造頗為精密，因命頒行，賜昭素等金帛。至道九年九月，司天監丞王睿獻

至道無九年疑九年之誤

卷萬八百二十九

新歷，言準開元大衍歷議，定大衍之數，乃何承天氣朔母法，參詳監司所奏，于二萬已下修撰日法，演紀不過億數。臣今于二萬已下參詳到日法有二，演元不及億數。其一日法一萬五百九十，演得積年一千六百五十一萬五千九百餘歲；其一日法一千七百，演得積年三百九十八萬一千一百餘歲。臣今各依所立法數撰到氣朔用率積年等，合具算到氣朔以進。又稱司天見行歷算定端拱二年五月十七日望，不合規矩，見今水火二星細行頗有差處。乃詔夏官正鄭昭晏參校以聞。昭晏言：今將十餘家歷法比對考定，續據王睿稱端拱二年己丑歲准乾元歷算定，其年五月十七日望，且不合向來規矩，其時司天監遂移作十六日望。臣今詳其年四月小盡，若是五月准朔，四月為大盡，則自然五月十六日望，不煩改移。又詳王睿淳化四年歷，其年三月內水星晨伏東方一月已來，乾元歷水星晨見東方二十餘日；入王睿歷九月內水星夕伏西方二十餘日，乾元歷水星夕見西方一月已來。伏緣水星見伏與諸星有異，全自司歷者臨時消息以定見伏，此二事未敢考校。臣據前代經史氣朔交蝕日辰，將王睿比校，得十八事，內六事合，十二事失。又今古歷書互有所說。帝嘉之，賜昭晏金紫，令專知歷算。至道二年四月，屯田員外郎呂奉天言：經史年歷自

漢魏已降，雖有編聯；周秦已前，多無甲子。司馬遷雖言歲次，詳求朔閏，則與經傳都不符合。乃言周武王元年歲在乙酉。唐王起撰五位圖，言周桓王十年歲在甲午，四月八日佛生，常星不見。又言孔子生於周靈王庚戌年，卒于周悼王四十一年壬戌，皆謬也。馬遷古之良史，王起近世名儒，[illegible]後人因循，莫敢改易。竊以史氏編年，則有十二月，月有晦朔，氣閏演與歲次合同，苟不合同，何名歲次？臣久探隱百家，用心十載，乃知唐堯即位之年歲在丙子，迄太平興國元年歲在丙子，凡三千三百一年矣。虞夏之間未有甲子可證，成湯既沒，太甲元年始有十二月乙丑朔旦冬至，伊尹祀于先王。至武王伐商之年，正月辛卯朔，二十八日戊午，二月五日甲子昧爽。又康王十二年六月戊辰朔，三日庚午朏，王命作冊畢。自堯即位年距春秋魯隱公元年，凡千六百七年。從隱公元年距今至道二年，凡千七百十五年。從太甲元年距今至道二年，凡二千七百三十二年。從魯莊公七年四月辛卯夜常星不見，距今至道二年，凡千六百八十一年。從周靈王二十年孔子生，其年九月庚戌、十月庚辰兩朔頻食，距今至道二年，凡千五百四十五年。從魯哀公十六年四月己丑孔子卒，距今至道二年，凡[illegible]千四百七十二年。已上並據經傳正文，用古歷推校，無不符合。及考史記

卷萬八百二十九

及五位圖所編之年，殊為謬誤。臣脫原空　引證尤明，起商王小甲七年二月甲申朔旦冬至，此乃古歷一蔀，每一蔀積月九百四十，積日二萬七千七百五十九，率以為常。至春秋魯僖公五年正月辛亥朔旦冬至，予無差爽。用此為法，以推經傳，縱少增減，抑然得之。誤可以發明古歷，到齊梁已來或差一日，更用近歷校課，亦得符合。乞許臣撰集，不出百日書成。詔許之，書終不就。十一月，司天冬官正楊文鑑請于新歷六十甲子外更增二十年。事下有司，判司天監苗守信等議，以為無所稽據，不可行用。帝曰：支干相承，雖止六十，倘兩周甲子，共成上壽之數，使期頤之人得見所生之歲，不亦善乎。因詔新歷以百二十甲子為限。真宗咸平四年三月，司天監上新歷，賜名儀天，命翰林學士朱昂作序。以修歷官翰林天文院、太子洗馬史序、王熙元並為殿中丞，秋官正王睿、趙昭逸、石昌裔並為春官正，各賜絹五十疋。太中祥符七年七月十一日，真宗覽司天監知算歷官表求改秩，因謂宰相曰：歷象，陰陽家流之大者也。以推步天道，平秩人時為初，究災祥吉凶者，雖有妙術，必待之而或。近年唯趙昭逸能專其業。始王熙元等上儀天歷，昭逸請覆，熙元等不從。後二歲，歷果差。昭逸言熒惑度數精謬，推驗果如其說。平居算策未嘗離手，熙元亦伏其精一。宮後人鮮及

矣仁宗天聖七年二月秋官正楊可言景福崇天曆所算火星合見不見應曆法有差詔本監集不干礙官詳定既而上言令將景福宣明乾元儀天崇天五曆推驗火星合見不相差遠罷之十月開封府言欲乞禁止諸色人自今不得私雕造小曆印版貨賣如違並科違制先斷罪九年六月四日司天監言測驗星辰與曆算多誤詔入內押班江德明集司天官共上驗天合曆何法最密之狀獻之景祐三年五月九日司天監主簿王敕上言每歲司天所上御覽細行不載交蝕請于其中分明標載仍用丹書從之皇祐四年十一月三日詔司天監翰林天文院以唐戊寅麟德大衍五紀正元觀象宣明崇真八曆及皇朝應天乾元儀天崇天四曆算此月太陰蝕分及時辰分野各具兩本以聞仍命知制誥王洙及編修唐書官劉羲叟參定以司天監言此月十五日太陰當蝕也五年三月知制誥王洙言據司天監李用晦等稱十一月望月蝕十分七曆並同復圓在晝不辨辰刻推驗起虧時刻內宣明算在丑正二刻儀天丑三刻應天乾元崇寅初一刻後大衍景福寅初二刻而其夜蝕寅初四刻惟大衍景福稍近然景福景祐三年四月朔日蝕二分彊而崇天乾元宣明不蝕後果不蝕大衍曆算唐開元十二年七月戊午朔日蝕八分半十三年十二月庚戌

卷二萬八百二十九

朔日蝕十五分之十三至時皆不食蝕所以一行大衍曆議云假令理曆者因開元二食曲變交限以就之則所協甚少所失甚多今亦不敢指定大衍景福為密緣曆算日月交蝕諸曆互有親疎不可常為準的蓋日月動物豈不小有盈縮亦變常不定曆家必無全密所謂天道遠而人道邇古來撰曆名賢如太史公洛下閎劉歆張衡杜預劉焯李淳風僧一行等尚不能窮究況淺學止依古法推步難為指定日月所蝕疎密又據編修唐書官劉羲叟言曆官等稱參較諸曆互有疏密及稱止依古法推步不敢指定一曆準的參定者古聖人[illegible]曆象之意止於敬授人時雖考交會不必脗合辰刻故有修德救蝕之禮天道神變理非可盡設謂必可盡邪則先儒不容自為疏濶又大衍等七曆所差不多法數大同而小異亦是遞相因藉乘除積累漸失毫釐且辰刻更籌惟據刻漏或微有遲疾未必獨是曆差按隋曆志日月蝕既有起訖早晚亦或變常進退於正見前後十二刻半內候之今止差三刻或是天道變常未為本謬又一行于開元中治曆以大衍及李淳風麟德劉焯皇極三曆校日食三十七事大衍課第一所中纔二十二麟德得五皇極得十如一行尚未能盡如淳風輩益以疎遠況聖朝崇天曆法頒用逾三十年兼差無幾不可偶緣天變輕議

改移詰其本原亦出于大衍與景福曆行于唐季非治世之法不可循用詔仍用崇天曆法嘉祐二年四月二十九日司天監言詳定來年戊戌歲曆日據司天監丞殷同提點曆書宋吉等言戊戌年合是閏十二月今為己亥年正月朔日太陽當虧未審迴避與不迴避詔不迴避八年英宗即位未改元七月命翰林學士范鎮皇子位說書孫思恭國子監直講劉攽監司天監官屬修曆神宗熙寧二年七月十九日提舉司天監錢象先言乞今後每歲造大衍宣明景福崇天明天等曆之時其歲若有日月交蝕令逐具注所蝕分數及虧初蝕甚復末時刻或于歲首別立一項聲說遇交蝕集算造曆言於渾儀下對所差御藥與兩制監測驗渾儀官測驗分數從之十月十三日提舉司天監司馬光言衆曆官稱久來注曆須朔並不曾注在十七日望欲進朔在己未以就十六日望朔在月二日也所有來年注曆八月戊午朔甲戌望欲乞更不進退仍自今後所行之曆依本經法遇有望在十三日或十七日者並令依實注曆其于交蝕氣節之類有所妨礙須至進退朔望者自合依本法從之三年八月五日詔直舍人院呂大防監司天監官詳定今年八月進行朔望有無差謬先是天曆以八月戊午為朔而望在十七日司天中官正周琮撰明天曆則以己未為

卷二萬八百二十九

朔而望在十六日琮言古今注曆望未有在十七日者崇天曆官舒易簡等言乾興元年七月注十三日望則今注十七日望不為非朝廷從易簡等說而琮爭不已故命大防詳定既而大防言易簡等所言指乾興曆注十三日望乃私曆舛誤已自伏然據諸家曆議雖有十七日為[illegible]望之法但須曆即無注十七日為望者自天聖三年後三望在十七日皆注十六日為望蓋十七日辰度已前定望猶屬十六夜故也今年八月朔於崇天曆本經不當進但于十六日注望可矣詔如大防議八年閏四月十二日右正言知制誥沈括上熙寧奉元曆詔進括一官司天監官吏遷官賜銀絹有差初仁宗朝用崇天曆至治平初司天監周琮改撰明天曆行之驗生石道言未經測驗不可用不聽至熙寧元年七月望夜將旦月食東方與曆不協迺詔曆官雜候星晷更造新曆終五年冬日行餘分畧具會沈括提舉司天監言淮南人衛朴通曆法名朴至言崇天曆氣後天明天曆朔後天又明天曆朔望小餘常多二刻半以上蓋劉歆時惟求朔積年數小減過閏分使然故求日月交蝕為疎崇天曆以熙寧元年交蝕視明天為密然但見朔法而已以皇祐三年九月癸酉晷與十二月甲辰參較差一寸一分半之以日法除得氣後天五十三刻其失皆在置元不當也

第二頁上疑脫九字三字四字攷注八年哲即位可定也

詔朴改造朴自以己學爲之視明天歷朔減二刻歷成行之至今賜朴錢百千五月十四日詔司天監生石道爲靈臺郎道嘗言明天歷未經測驗不可用坐是奪官既而月食與歷不協歷官皆坐罷乃還道保章正仍爲監生至是與修奉元歷成九年正月二十七日權發遣三司使沈括言前提舉司天監日嘗奏司天測驗天象已及五年蒙差衞朴算造新歷幾考校司天所候星辰晷漏各差謬不可用其新歷別無天象文籍參驗止據前後歷書詳酌增損立成新法雖已頒行尚慮未能究極精微乞令本院學生等用渾儀浮漏圭表測驗每日記錄候及三五年令元撰歷人以新歷參校如有未盡即令改正已蒙施行今若已測驗得此月望夜不見虧蝕及逐日已測驗日月五星行度晷漏之類乞下司天監付衞朴參校新歷改正從之先是括典領修成奉元歷載今月望夜月蝕不驗詔詰問修歷推恩人姓名至是括有此奏二年五月二十二日右正言知制誥李清臣言宜詔諸路有能大歷算數者以名聞名而試之或該通精密則秩之一命必有異聞博見者出于其間而士有勸慕樂習于此者矣實錄不著施行三年三月十一日詔自今歲降大小歷本付川廣福建江浙荆湖路轉運司印賣不得抑配其錢歲終市輕齎物附綱送歷日所餘路聽人指定路分賣八年哲宗即位未改元十月十六日詔夏國遣使進奉其以新歷賜之

卷二萬八百二十九

宋會要歷法

徽宗崇寧二年十一月二十二日秘書少監提舉撰定新歷鄧柔等狀奏尚書省劄子別撰新歷蒙朝旨留元撰二歷官同定新歷今若只委三歷官重撰題是難得精密今欲乞更四人同共撰定仍從提舉官於太史局踏逐并識色人或草澤內採訪精通歷法術藝優長者差仍下諸路委當職官詢訪如有通曉歷法術數精明衆所共稱者亦許所在官司保明觧發與破遞馬軍將驛券依程赴所候到相度差留其抽差人如拘礙一切條禁並權行衝改特令應副仍不許辭免所有食錢並依當遣比較歷法所已得指揮從之五年五月十六日詔洪造等所定新歷名曰紀元頒之天下大觀元年十二月二十三日詔聖人之于天道格其心合其德憲其時稽其數而著于歷象昨命有司更定歷元以起其數比閱其書頗有差舛未足以遺後其歷局所上歷經歷議可令改定政和七年九月十五日禮制局奏請以每歲十月朔御明堂設仗受來歲新歷退而頒之月朔布政依此從之十一月一日詔御明堂平朔左介頒行八年戊戌歲運歷數內有

改更去處即與太史局所賜萬年歷印本自不相妨各遵守其所賜歷日自合將印本頒行宣和六年十月三日戶部尚書盧益等奏契勘太史局官屬等日給食錢依元豐法合于出賣歷日息錢內支給若不將川廣等一十三路所用歷日並令在京印賣委是無由應副積得足令取到歷日所狀四川并東南九路歷日見行本處自行印賣契勘逐路印賣歷日往往雕造差錯給賣後時有妨公私使用兼所收息錢自來別無拘轄唯據起到之數受納欲乞住罷逐路印賣並令在京與其餘路分所用歷日一体印賣收息應副支用從之十一月二十四日詔元豐法四川并東南九路印賣歷日其法甚備行之已久公私俱便近緣歷日所直申戶部衝改舊法住罷外路只在京一處印賣意在規求萬本賣給若只在京印賣商賈難于般運難以遍及遠方私歷爲弊虛費工料愈見虧損利源可遵依元豐法所有宣和六年十月三日住罷逐路印賣指揮更不施行七年二月十一日太史局奏開封府草澤業博文進狀伏覩今年正月朔旦須朔日在癸酉臣以歷法衍之日在辛未蓋緣司歷循襲舊歷增減每歲積日用六年轉歷不務推原歷本是致差訛有旨除元撰記元歷人外葉歷算科將古今歷法同共推究據歷算科楊璦等推究與紀元歷一同博文所言妄謬詔贖金遣之乾道五年四月三日詔令太史局保章正同知算造兼翰林天文劉孝榮太史局靈臺郎同判太史局同提點歷書荆大聲武節郎新監三省樞密院激賞寄造酒庫裴伯壽各具乾道五年五月以後至年終太陰五星排日正對赤道躔度申御史臺令見測驗官占考右諫議大夫單時秘書少監汪大猷國子司業兼權禮部侍郎程大昌秘書丞唐孚秘書郎李木狀准批下武節郎新監三省樞密院激賞寄造酒庫裴伯壽上書狀見紀元歷自大觀元年頒用推紹興五年正旦日食九分半虧在辰正時常州布衣陳得一獨建言定食八分半虧在巳初是日果如得所定光堯壽聖太上皇帝時降睿旨命陳得一造歷秘書少監朱震監視是時得一粤職演撰臣亦與布算歷成賜名統元自紹興六年頒用凡十五年而後有司守之不專瞻用紀元之法推步而用統元之名頒歷有司以紀元推乾道丁亥十一月朔爲甲子欲刊刻閒臣於丙戌之夏詣禮部及都省具陳統元歷法推是朔當進作乙丑而後有司依統元歷法改而正之會劉孝榮等言見行歷交食先天六刻火星差天二度乞造新歷孝榮自謂已有歷不半年而可修進臣獨以謂凡造歷必先立表測景驗氣然後作歷庶可精密而不在于速成臣乃具劄目申稟朝廷而歷官吳

卷二萬八百二十九

漢不違造歷立表之法妄言銅表難成木表易壞蓋欲竄附孝榮而沮抑之又太史局靈臺郎同判太史局同提點歷書荊大聲状劉孝榮申到御覽七曜細行歷令大聲保明書押進呈大聲遂點檢其中恐有差錯深為不便合要元草照對上件文字其劉孝榮自知差錯不肯將出却稱其草卷行毀壞至去年十月八日不免具實奏聞得旨令算造官用乾道歷依經滿足申秘書省根究指實昨來秘書省根究到劉孝榮所算漏五篇之數又漏正交二字後來臺部又根究到孝榮歷數内四篇錯却兩篇其後官司緣為追索劉孝榮依經備草文字不出遂再降指揮令大聲別演一法與劉孝榮比較差錯去處令比較得正月内劉孝榮所定五日並差全瓢一中且大聲所定五日内三日的中兩日稍疎令劉孝榮又定乞定二月月食且大聲契勘前項事理並不是元降指揮本意且元降指揮止是問筭造官取索依經備草文字照對諸實經今四月餘日其劉降指揮不遵從前項指揮今若依蓋堯臣等所乞躬測依舊事不相干後批送測驗官詳状施行紹熙四年十二月一日禮部言布衣王孝禮状照得今年十一月冬至日影表當在十九日壬午會元歷法冬至在二十日癸未係差一日崇天歷癸未日冬至加時在酉初二刻七十六分紀元歷在丑初一

卷二萬八百二十九

刻六十七分統元歷在丑初二刻二分會元歷在丑初一刻三百四十分經今八十七年只在丑初一刻更不減而反增其崇天歷係天聖二年甲子歲造紀元歷係崇寧五年丙戌歲造計八十二年其時測影驗氣見得冬至後天乃減六十七刻半方與天道相協自後陳得一造統元歷劉孝榮造乾道淳熙會元三歷並不曾測影驗經今八十七年更不過減止是寫分擬數所以冬至後天若不立表測影其差無由可知今來太史局見有銅表圭面安頓在修内司畏慎測驗不肯閑請安設欲乞備申朝廷將前項旦表降副太史局差不干礙官同孝禮測驗令年立冬以後來年立春以前每日午中晷影前後比折便見冬至加時差忒并太史局權同參算造楊忠輔趙渙状太史局見有測驗法物如後一渾儀三座並在本局内一座見安設在臺上係主管官崔儀劉景仁掌管一浮漏一座見在本局不曾安設係主管官楊源掌管一影表一座蒙御前造到係主管官劉嵥掌管見在修内司未曾安設忠輔等契勘前項法物除渾儀浮漏見在本局外有影表一座見在修内司如蒙指揮測驗乞備申朝廷降副本局安設施行及算造官劉居仁等状契勘本局見掌測驗天道法物有渾儀三座并刻漏一臺今來本局即無影表所掌若行測驗取自省部指揮本部

令看詳太史推步之法只憑渾儀刻漏影表今來逐人推算既不同若不立表下漏何以取正本局既有刻漏自合安設其影表楊忠輔等言見在修内司状乞朝廷劄下太史局委官測驗從之開禧三年七月四日秘書省言準省劄為評事鮑澣之申見行統天歷來年閏差欲將諸人見封在官并所進歷參考推行須用等事本省證得來年閏差令來八月便當頒降外國已具申朝廷乞委官同鮑澣之將諸歷從公參攷擇其與天道最近且密者權行頒用乞遵用先朝故事特降詔旨搜求天下精通歷書之人令諸路具以名聞用沈括所議令本局學生等用渾儀浮漏圭表測驗每日記録積三五年前後參校的知天道庶幾一代鉅典分副得人討論盡善可以傳之永久所有閑局一節本省未敢擅便乞候朝廷官提領參證舊例施行令準省劄鮑評事申見行歷曉然差失不可不改證得慶元三年以後測驗氣影比舊歷有差至四年改造新歷未成時當頒降五年歷日遂差官測到晷影先次推算氣朔加時辰刻附會元歷頒賜施行令若須來年氣朔既有去年十月以後及今年正月以前所差官測到晷影已見天道冬至加時分數來年置閏比之統天歷亦已不同并諸人見封在官及所進歷並可參考推算若今八月頒歷合從朝廷參酌事理施行

卷二萬八百七十九

本省準劄下參考諸歷緣頒降歷日係在八月中旬委是迫近状乞朝廷速賜劄下本省集判局官就本省星夜參考令鮑評事覆考將所測驗到天道最近之歷推算氣朔申取朝廷指揮依昨來附紹興會元歷体例權行頒用所有置局一節候將來測驗權用之歷不致別行具申詔從之嘉定三年八月八日朝散大夫試太子詹事兼同修國史兼實録院同修撰兼秘書監戴溪等言準都省批送下禮部申鄒淮状歷書差忒乞置局改造事劄副秘書省契勘向來置局及廢罷因依并令來置局斟量合差官吏并請給多寡數目及合行事件具申尚書省準此本省今開具下項一檢準開禧三年七月十八日省劄節文為大理評事鮑澣之理會統天歷差失乞置局改造事詔提領官差曾漸本省申明見行統天歷來歲閏差既已用開禧新歷推算改閏頒行令來提領置局難以又行係具乞檢照遵用先朝故事一則特降詔旨搜求天下精通歷書之人令諸路具以名聞二則用沈括所議令本局學生等用渾儀浮漏影表測驗每日記録晷影及遇日月交食差官定其分數特刻積三五年前後參校的知天道庶幾一代鉅典得人討論盡善可以傳之永久詔依太史局見行遵依指揮每日局學生等瞻測午中晷影及遇日月交食差官測驗分數并用開禧

新歷推步戊辰己巳庚午辛未歲氣朔等權附統天歷頒賜施行一慶元四年造統天歷差提領官參定官各一員今置局欲從朝廷免支食錢一造開禧新歷鮑評事照得本官見任大理寺職事恐有相妨欲乞朝廷指揮許令三日一次赴局取指揮一今來乞置局造歷人鄒淮合行取索本人所造新歷候置局吾示本人專一在局宿食演造照向來同演撰人王考禮等每日支食錢八百三十文令鄒淮食錢取指揮一合要太史局歷官劉孝榮不妨本職赴局提督推筭今取指揮一照造統天歷例於太史局差能運筭局學生赴局同共推筭今置局欲差二人須是保明實能推筭之人照向來劉世顯等例每人日支食錢四百文今取指揮一欲於本局出榜曉示應草澤精于筭造之人前來本局投狀以憑延請入局所有向來曾獻歷并預造統天歷之人亦行延請其人多少難以預定若本無學術難以延入所有食錢照向來算造歷每人日支食錢六百文今取指揮一今來置局處照舊例用祕書省提舉廳令臨安府計料夾截并照例排辦合用隙設椅卓什物床桶等仍乞差客司帳設茶酒司厨子及守把軍員各一名并看管巢犢兵士二人專一在所排辦祗應一提領官參定官下行遣文字昨來共差五人今來置局既差提領官一員所有入吏止

卷二萬八百二十九

乞差三人內差向上人吏一名專一行遣文字楷書二人謄寫歷書照向來孫世榮等例每人日支食錢四百文今取指揮一今來改造歷書欲限三箇月了畢所有應干與造歷之人並就本局宿直不許擅出如限滿未畢並不支食錢一所有推筭及本局應干紙札等并行移合用紙札筆墨硯瓦油燭薪炭之屬雖向造統天歷臨安府應副使用竊恐其時文破太多今欲乞行下本府置歷納提領官廳請提領官親自批歷合用實數就本府支食錢候見得人數的實牒報臨安府作料次納提領官廳請置歷遂日支副庶無欺弊一向置局所費悉出臨安府供辦朝廷每月更于左藏庫支撥一百貫添助犒設等費今來既已撙節浮費所有左藏庫錢乞免行支撥庶撙節之後所費不多所有犒設欲下臨安府候結局請提領官斟酌勞逸量撥錢酒以憑支犒一乞以提領造歷所為名所有印記就用提領官本職印記行用檢正都司擬到欲差戴溪充提領官鮑澣之充參定官詔從擬到事理施行餘並依

會元歷序　序文曰紹熙改元之初載天子祇承慈謨丕繹眷命求端謹始敘正百為方當堪輿清寧年穀豐稔順氣福物雜襲並臻而宸心寅畏夙宵不忘深惟歷經錯綜閱日寖久天象推測與時或違迺者歲在丙午月食于㚔視夜漏稍愆暨戊申八月朔辰弗集合參之晝刻所舛益多屢議既殊罔克考正至是覽太史之奏飭清臺之課申加筭愆修定密度以革疏遠之弊越明年正月書成上聞顧錫嘉名仍製序弁下攸司頒行有詔俾其請因名之曰會元俾辭臣述所以更作之意臣竊謂帝王之正歷繫乎天地之大紀若昔盛時紹休繼明允履尊位基宏業鉅傳之無窮而歷數在躬實開厥符堯以咨舜舜以命禹聖聖受守莫重匪斯顧其欽若于天敬授于民察璿璣以平七政建人正以首四時時沿循致用百世不易其本統然也國朝自應天歷而下著名不一時時綜校咸得其正皇緒中興統元是修行之惟久乾道淳熙稍復更定要其大權實相參考壽皇聖帝視以神器授之上聖前啟後承同乎一揆肆于命元之始亟申治歷之詔推原厥旨胞合乎虞夏相傳之妙識古今之盛美也先是局長吳澤判大聲等舉其貳劉孝榮辭以藝業膚淺願與澤大聲等僉入而蒐乃協衆智占步天路參以星緯太陰方行之軌驗以日月交食函已往之度創法衍術有抑有仰氣朔小餘稍增其刻躔離分數損益頗多至于表景漏品之屬法亦該存以帙而分為歷書者三為立成者二為率亦七曜細行者一用是而察發斂定盈縮稽元倚筭槩可見矣昔黃

卷二萬八百二十九

帝受命得天之紀迎日推筴調歷因之以成在漢太初遂追上元珠連璧合適與時會故其歷為最密繇斯以觀天以自然之符畀于人人以自然之數承于天精微契協間不容髮千歲之日固有可坐而致者今也履亨嘉之序導休顯之貺家邦丕慶登于億載歷元之推實惟厥時是宜用力省而成書易也若乃範圍彌綸得諸神心占之以人應之以實無往而不與天合則又非疇人歷官之智所能及焉茲敢仰觀累聖之傳稽協所元之蹟即其本于自然之運者拜手稽首而為之言臣謹序

日曆

乾興元年十一月八日仁宗即位未改元詔差太常丞
集賢校理王舉正大理評事館閣校勘李淑編修日曆
時以日曆住滯一十三年限秋季修畢修撰官以為言
也　慶曆八年九月日日編修院言本所見有積年未
修日曆只是宋祁一員修纂李淑近除史館修撰合依
舊例分脩本官稱昨貫昌朝奏高若訥宋祁修撰之時
别降朝旨令雖已管勾編脩院其日曆伏候指揮詔令
李淑與宋祁同修　嘉祐八年七月二十三日監修國
史韓琦奏史院日曆未脩者積十餘年令將脩先朝實
錄而日曆未備檢討闕官請以祠部員外郎直祕閣呂
卷二萬八百四十五
夏卿太子中允祕閣校理韓維兼職詔以夏卿維並兼
史館檢討　日曆所舊會要附監修國史院元豐官制
行歸祕書省國史案　神宗熙寧十年五月監修國史吳
充言史院舊用中書樞密院時政記及起居注諸司文
字纂類日曆時政記纔送至熙寧六年起居注至熙寧
二年恐由此事實遺廢乞責近限修進從之　元豐元
年二月詔宣徽院等處供報修注事旬終月終自今更
不供起居院直供編修院日曆所　五年五月三十日
詔諸司供報修注事自今不供起居　直供編修日曆
所其關報日限依二年王存所請王存所請已見起居
院　八月三日祕書省言宗正寺修上玉牒借登位以來

至熙寧十年起居注時居注日曆照用檢會無許借指
揮詔宗正寺官就祕書省修定　七年五月十七日詔
著作暫闕官校書郎或正字兼權　十一月三日中書
省言祕書省著作佐郎刑恕官制史館之屬有日曆所
比廢編修院歸史館又罷崇文院及史館主判官國史
實錄修纂日曆諸司關報時政記並歸祕書省國史案
長貳丞與著作同領簽書即難别有日曆所乞諸司關
報但稱祕書省勘會日曆長貳丞不與修纂時政記起
居注並於著作所開拆入庫封鏁詔自今後關報文字
並稱祕書省國史案時政記日曆事非編修官不與
八年八月六日詔朝奉郎吏部郎中曾肇朝請郎禮部
卷二萬八百四十五
郎中林希兼著作職事官有兼職自此始　哲宗元祐
五月十一月十三日尚書省言舊置編修院專掌國史
實錄最為機密兼神宗皇帝實錄將畢文字並合嚴行
收掌若送本省即恐别致散失詔移國史案就見今置
局處專掌國史實錄編修日曆以國史為名隸門下省
更不隸祕書省其國史院未有正官且令見領官權領
候有正官日罷所有見權著作官除改林樂詞等及供
檢非機密故事迎候車駕并輪宿依舊外只於本院供
職於門下後省左諫議左正言位衙截為局東壁開門
出入却將左散騎常侍廳為諫議正言廳所有關防漏
泄並依舊編修院條　紹聖元年九月十四日翰林學

士修國史蔡卞中書舍人同修國史林希言先帝日曆
自熙寧二年正月已後至三年終係元祐中秘書省官
孔武仲黄庭堅司馬康修纂自熙寧四年已後至七年
終係范祖禹修纂而黄庭堅司馬康范祖禹又皆係脩
先帝實録官其間所書正與昨修先帝實録相為表裏
用意增損多失事實緣修國史院已得旨重修先帝實
録所有昨來范祖禹等所進日曆臣等乞一就看改正
務盡事實從之　二年三月二十四日三省言國史院
修撰蔡卞林希奏被旨重修先帝日曆合於國史院置
檢討官一員詔日曆還秘書省校書郎王佐為著作佐
郎在本省編修　四月五日翰林學士兼國史院修撰

卷二萬八百四十五

蔡卞等言日曆既還秘書省既國史院名目合行釐正
詔令秘書省所脩日曆斷自元豐八年三月五日以後
先行修纂其已前合行文字及元差人吏等並依舊隸
國史院元符元年四月十日詔重脩熙寧日曆官周穜
所進夏季日曆差錯重複罰銅八斤　二年十一月二
十六日著作佐郎吳伯舉言奉詔重修日曆伏見國史
院御集御批與日曆所書大畧符合乞以次第添入從
之　徽宗建中靖國元年九月十一日承議郎行秘書
書著作佐郎白時中劄子奏臣伏覩近降朝者移著作
局就實録院先次修纂哲宗朝日曆限一年了畢臣謹
按自熙寧之末逮今二十餘年文字根積未加條次此

正令日所宜先者也願詔執事參取國朝舊規酌以元
豐新制或更加選擢以補闕員或兼以他官權領著撰
庶幾早見就緒詔依奏宣德郎秘書省正字劉燾權兼
著撰　政和六年七月十三日詔著作局修進神宗皇
帝日曆今已成書了當可取索合干官吏比附推恩内
經進書人吏特許陳乞令勾當三館秘閣官承受進入
取到著作局狀除人吏已具姓名牒當三館秘閣官外
令具見進并前修日曆官下項一成書見進書官奉議
郎守秘書省著作佐郎李敦義奉議郎秘書省著作佐
郎韓敦信承議郎行秘書省著作佐郎徐適詔各特轉
一官餘各減三年磨勘譚禛陳良回授有官有服親内

卷二萬八百四十五

身已人吏不推恩　八年閏九月一日御筆秘書省日
曆業首進崇寧日曆可依下項推恩提舉官宣和殿大
學士中奉大夫上清寶籙宫使兼神霄玉清萬壽宫副
使兼侍讀蔡攸第一等修書官承議官著作佐郎李敦
義宣教郎守著作郎盛并朝奉郎行著作佐郎韓敦信
胡國瑞倪燾吳次賓汪藻樊察張志承受官拱衛大夫
康州防禦使直睿思殿馮浩各轉一官　宣和二年八
月二十二日中書省言檢會内降劄子在京修書去處
數編修秘書省日曆所見在官吏並罷令逐處官兼管
契勘秘書省日曆所係日曆案秘書省供本省日曆業
係是元豐國史案官制奉行條除著作郎著作佐郎專

皆修纂日曆之事亦無定　其元豐分案編修日曆書庫官一員手分二人抄寫楷書七人詔並依元豐法

建炎日曆　晁氏曰宰相汪伯彥撰記太上皇帝登極時事陳氏曰敘元帥開封至南都踐極　高宗紹興元年四月以修日曆所爲名三年十一月以脩國史日曆所爲名四年五月以史館爲名洎十年二月史館依舊制併歸秘書省國史案是年四月復令名以宰相提領史職凡日曆事長貳通與修纂史顧點檢文字一人書庫官九人楷書一人通以秘書省人兼之　高宗紹興元年四月八日詔修今上皇帝日曆以修日曆所爲名　同日詔省曹臺院寺監庫務倉場諸司被受指揮及改更

卷二萬八百四十五

詔條並限當日錄申修日曆所月內無即於月終具申其取索急速者限一日餘皆二日如追呼人吏限當日赴所已出者次日展限不得過三日違限及供報草略者從本所將當行人吏直送大理寺從杖一百科罪　七月九日詔長貳通行修纂日曆以秘書少監程俱言見今獨員緣長貳於條不與修纂欲乞元豐故事著作官闕從本省時暫除校書郎或正字兼權所貴不廢職會編修故有是命　三年二月十六日詔著作郎佐郎權各以一員爲額復臣僚請復置也　六月二十七日詔尚書左僕射呂頤浩兼提舉修國史時修纂日曆中書舍人張綱言秘書省權輕闕會難集及秘書少監孫

近言會要景德二年王旦爲相領史職乞以宰府提舉故有是命　七月六日詔日曆所取會太史局事跡特許供報仍依舊每月供申　八月二十三日詔修日曆令侍從官帶史館修撰餘官帶直史館史館檢討若著作郎佐郎官依元豐例差郎官兼領　是年十月六日以祠部員外郎虞澐兼秘書省著作郎禮部員外郎舒清國兼秘書省著作佐郎　十一月十六日詔日曆所以修國史日曆所爲名以秘書省言日曆國史自祖宗以來係本省史館掌修以宰相監修元豐官制後別置國史院或實錄院而日曆歸秘書省國史案其所修日曆係史館舊制故有是命　十二月六日詔右僕射朱

卷二萬八百四十五

勝非差監修國史　本省條具應申奏字文監修國史官繫銜書押行移取會著作郎佐以上至修撰官並繫銜書押取會帖子依舊押著作佐郎都進奏院差進奏官一名步軍司差看管兵士十名本省招募衣糧親事官二名院子四人儀鸞司二人翰林司除本省一名貼差一名御廚工匠除本省二名貼差二名監修國史供檢文字二人楷書六人史館修撰官下各楷書二人直史館本省長貳史館檢討著作郎佐郎各楷書一名點檢文字一名書庫官六人雜務書庫官二人供檢書庫官二人楷書十人其專知官庫子並就差本省人吏相兼祗應並從之　四年二月十八日詔修書官吏依例

各破御廚食一分有差監修史第一等史館修撰直史館本省長貳第二等史館檢討著作郎佐第三等供檢文字點檢文字書庫官第八等楷書第十一第候闕局修書日支破從監修朱勝非之請也　二十七日詔修史館不差破供檢文字楷書許就差本司人相兼從著作佐郎孔端朝之請也　三月二十六日詔國史日曆所將見取會到文字先次修纂候有逐旋修入從史館修撰纂宦禮之請也　四月十五日詔監修國史官每月定日過所　同日詔供檢文字於三省提點點檢禮房都錄事至書令史每省共差二人　五月十一日資政殿大學士左中奉大夫提舉亳州明道宮顏岐龍圖

卷二萬八百四十五

閣直學士朝請大夫致仕路允迪各以省記建炎時政記史藁上之詔送修國史日曆所　先降詔自建炎元年五月十一日以前時政記令見在宰執省記編類聞奏岐允迪各以省記已進史藁上焉　十四日詔日曆所關內東門司取會禁中應山納吏改事務並許供報　十九日詔監修國史官合差引接二人許於本廳直省官內就差依本所楷書例各支破第十一等食一分　二十四日詔詔國史日曆所以史館為名　六月二十四日詔史館依舊制置編修校勘官　五年閏二月二十七日詔史館編修校勘官各差破楷書一人　四月三日詔史館編修校勘官依例支破第三等御廚食

二分　八月十三日詔史館修纂日曆已差三省供檢文字四人令重修兩朝正史實錄取會文字三省各添差二人從修撰范冲等之請也　十一月二十三日詔三省都錄事充史館供檢文字每省各減二人　六年九月十七日詔史館修撰范冲扈從巡幸其文字令見供職官校勘差人送至行在看詳就呈監修發回　七年閏十月十四日詔史館見修纂聖文仁德顯孝皇帝日曆依實錄體格攢類仍以實錄為名　先是本館言修纂日曆以事繫日以日繫月比之實錄格目尤詳今本末不全編次無日故有是命　八年四月九日詔秘書少監尹焞特免史館并日曆事以焞兼崇政殿說書

卷二萬八百四十五

也　十年二月二十二日詔史館依舊制併歸秘書省國史案以著作郎佐郎修纂日曆　先是宰臣秦檜請下有司討論史館建併之制至是禮部看詳依元豐舊制歸國史案過修正史即置國史院過修實錄即置實錄院所有見今史館官各罷歸元來去處其見修淵聖皇帝並今上皇帝日曆仍命宰相提舉以監修國史繫銜實錄院以提舉實錄院繫銜從之　四月二十八日詔日曆所依紹興三年十一月十七日指揮以國史日曆所為名　秘書省著作佐郎楊英言國史案掌修日曆有合取會文字只以國史案移文諸處視為不急不即報應故有是命　十三年二月二十四日詔國史日

曆所見修成日曆共一十五年零五箇月計五伯九十
卷并書皇太后回鑾本末官吏各轉一官資監修國史
秦檜依昨編修大觀六曹寺監通用條法成書體例推
恩 二十一年九月三日詔國史日曆所編脩宰輔拜
罷錄 二十六年六月二十二日詔日曆所將去歲以
前日曆重加是正先是正字張孝祥言恭惟陛下政事
號令蔽自宸斷或相或能將順贊襄而已懼其作時政
記亦如王安石日錄專用己意掠美自歸故有是命
二十八年九月九日詔國史日曆所修纂神宗皇帝寶
訓了畢接續修纂哲宗皇帝寶訓 二十九年八月二
十四日詔史館修撰檢討官吏不差置其日曆屬秘書
省國史案宰相監修國史其都大提舉及承受官並罷

卷二萬八百四十五

吏人許存留二名充國史案其餘元係秘書省吏人兼
管合還本省吏不支添給食錢以給舍裁定也 三十
年五月十六日詔國史日曆所於元額人吏數內從上
留一半其月給折食錢並依諸局例以上中興會要 孝
宗紹興三十二年已即位未改元六月二十一日詔尚
書左僕射陳康伯監修國史自後不書 七月七日國
史日曆所言本所見修太上皇帝日曆依已降指揮自
建炎元年五月一日以後重行修纂乞以太上皇帝日
曆爲名令上皇帝登極修纂日曆合自紹興三十二年
六月十一日起修合要令上皇帝始生符瑞及初封進

封出閤以至登寶位及藩邸盛德事迹并應干合照修
文字欲乞朝廷劄下隨龍祗應官屬及藩邸舊僚編類
申所並從之 同日國史日曆所言本所修進太上皇
帝日曆并修纂今上皇帝日曆合行事件 一修纂太
上皇帝日曆其三省中書門下省時政記并樞密院時
政記聖語及後省起居注內未降下月分乞下逐處催
促施行 一修纂太上皇帝日曆見闕紹興二十八年
七月至三十二年六月御殿排日乞下閤門疾速編排
送所照修 一文臣自宰執至卿監武臣自使相至刺
史未曾立傳共七伯七人雖已蒙朝廷行下禮部開具
姓名徧往所在取索墓誌行狀至今並未見搜訪到所

卷二萬八百四十五

乞再下禮部催促 一修纂日曆全藉內外官司每日
被受指揮照修往往將緊要名件漏落不報乞下六部
及令逐部行下合屬去處將被受聖旨指揮及改更詔
條事件書寫全文關報仍每季從本所取索聖旨簿照
對內有漏落名件將本處當行人申取朝廷指揮施行
一竊見諫院見有諸百官司報狀受指揮業咨乞許
依玉牒所體例移文逐旋關借參修並從之孝宗隆興元
年四月三日秘書少監胡銓等言國史日曆所修纂上
上皇帝日曆合要應干照修文方鄭次申明朝廷劄下
至今未見發到竊慮積壓月日今欲自登寶位先次起
修仍乞劄下催促候發到上件所要文字同時政記續

靖康日曆

行修入從之　五月十九日詔編類聖政所併歸日曆
依舊宰臣提領其檢討官二員以館職兼仍令日曆所
人吏充行遣從右諫議大夫王大寶等議也（孝宗隆興元年）七月七
日禮部員外郎兼權秘書少監劉儀鳳等言國史日曆
所見修靖康日曆將及成書緣當來文字遺逸内有臣
寮薨卒及死于兵者凡四十一人雖粗有事迹即未曾
立傳欲乞下禮部開具所要立傳姓名下諸路轉運司
令所屬州路多方求訪逐人子孫親屬所在抄錄墓誌
行狀及應干照修事迹繳申本所以備照用或其間係
罪籍之人見無子孫可以搜訪及薨卒死事在靖康年
分而名字湮沒不存恐士大夫曾有收得上件事迹但
可參照者欲乞就令搜訪施行從之（靖康日曆合立傳

卷二萬八百四十五

姓名河東路安撫使史杭内侍李彥歸朝官滑州邢曾
石太傅致仕王黼責授彰化軍節度副使梁師成責授
左衛上將軍童貫知陽武縣蔣興祖知長垣縣上官悊
功尉氏縣主簿曹嗣宗巡轄李克美歸朝官趙良嗣制
置副使种師中汾州守臣張克戩統制官辛康宗知河
陽燕瑛統制官高師旦贈開府儀同三司張孝純贈徵
猷閣待制張洪贈待制田灝内侍梁方平中書舍人高
伯振檢校太傅劉延慶子光國内侍梁揆戶部尚書梅
執禮戶部侍郎陳知質刑部侍郎程振給事中安扶閣
門宣贊舍人吳革徽猷閣直學士通議大夫任熙明建

賚進聖政記
儀詳禮類

武軍節度使王稟統制官何慶言陳克禮姚友仲蔡京
蔡攸朱勔陳過庭孫傅張叔夜何㮚）　八月十七日國
史日曆所狀依指揮條具併省吏額見管一十二人欲
從下減楷書一名詔依見在人且令依舊將來遇闕更
不還補　乾道元年五月二日國史日曆所言編類聖
政文字昨併歸日曆所係〔與〕監修國史各日過局聚議文
字所有開局并以後過所及應排辦事務乞就用本所
都大提舉諸司承受主管諸司依日曆所已得指揮體
例施行從之　七月十四日秘書少監陳巖肖著作佐
郎莫濟張恪正字編類聖政檢討官王衛施師點言國
史日曆所得旨編修光堯壽聖太上皇帝聖政今已成

卷二萬八百四十五

書合行進呈伏覩玉牒所降旨許進祖宗僊原積慶圖
等文字緣本所昨於紹興二十八年内修進神宗皇帝
寶訓日具玉牒所編修僊源積慶圖與本所同日進呈
今來本所乞候書寫進本了同日玉牒所一就進呈合
行事件乞並依昨進寶訓前後已得旨體例施行並從
之　二年九月四日秘書少監汪大猷著作佐郎黃石
黃鈞校書郎編類聖政檢討官王衛施師點言勘會本
所恭依已降指揮光堯壽聖太上皇帝聖政並依紹興
二十八年進呈神宗皇帝寶訓前後已得旨體例施行
詔進讀官差秘書少監汪大猷餘並依

十月五五日，簽書樞密院事兼權參知政事兼權提舉編類聖政蔣芾言：光堯壽聖太上皇帝聖政，今已進呈，安奉了畢。本所官吏欲限三日結局。從之。卷二萬八百四十五

乾道元年十二月五日，秘書少監汪大猷等言：日曆所修纂欽宗皇帝一朝日曆，緣渡江之後簡編散逸，前來官吏冥搜博採，今已成書，凡七十五卷。今承國史院晝降指揮，令本所將已修成欽宗日曆發赴本院。緣本所紹興三十二年閏二月十七日已降指揮，從本所纂錄，繳進降付國史院，以備將來修纂實錄。從之。

十三日，詔欽宗皇帝日曆可免進呈，發赴國史院，依例纂修實錄。四年五月，進實錄。推恩，經修欽宗日曆在朝供職官將減二年磨勘。見實錄院。

六年五月四日，國史日曆所狀：依指揮，條具并省吏額。本所通管一十五人，今欲減罷修書、書庫官等二人，通以一十二人為額。從之。

七年正月二十九日，詔自今將逐旬所記聖語以三省宣諭聖語為名，與時政記同修進，候降出更不再進發赴國史日曆所。

修實録

太

宋會要　重修太祖實録

太平興國三年正月己酉，命李昉、扈蒙、李穆、董淳、趙隣幾同修太祖實録。五年九月甲辰，史館修爲五十卷以獻，賜監修沈倫、史官李昉、扈蒙等襲衣、金帶、錦綵、銀器。淳化五年四月癸未，命張洎、李至等同修國史。先是，上語宰相曰：「先朝事耳目相接，今實録中多有漏畧，可集史官重修。」蘇易簡對曰：「近代委學士扈蒙修史，蒙性懦，逼于權勢，多所諱避，甚非直筆。」上因言及太祖受命之際，非謀慮所及，陳橋之事史冊所缺，宜令至等重加綴緝。是年十月丙午，張洎等獻重修太祖紀一卷，以朱墨雜書。洎所上紀不列于史館。凡躬承聖問及史官採摭之事，即朱書以別之。其書未成。真宗咸平元年九月己巳，下詔以沈倫所修事多漏畧，先朝命張洎重修太祖實録，未成，會洎淪沒，命右僕射呂端、集賢學士錢若水重修。丁丑，又以王禹偁、李宗諤、梁顥、趙安仁等同修。二年六月丁巳書成，凡五十卷，并事目二卷，平章事李沆監修上之。表云：「前集録敘天造之始，稽國姓之源，發揮無取，銓次失當。今之所正，率由舊章。文武羣臣舊載者九十二人，或作九十一。今增其遺漏一百四人。其于制礼作樂、經文緯武、申明大政、釐改廢務者，于甲令無爲法式，靡不具載。」帝覽之稱善。癸亥，詔褒諭，賜襲衣、金犀帶、銀帛。若水而下加散官食邑。先是，詔並加恩，而沆獨辭。李沆所修視前録爲稍詳，而真宗猶謂未備。太中祥符九年，復詔趙安仁、晁迥、陳彭年、夏竦、崔遵度同修，王旦監修。明年書成。自興國至詳符，前後凡三修。　景德四年閏五月庚寅，馬知節曰：「太祖數事恐實録中未載。」上令知節具録奏聞，以備史闕。

卷萬九千七百二

太宗實録

祥符九年二月己丑，監修王旦言：「兩朝實録事有未備者，望付修史官增修。」從之。遂委趙安仁、晁迥等增續。明年書成，其卷帙如舊。

哲宗實録

紹聖二年九月五日，詔覩差見今國史院官等兼修哲宗實録，蔡京兼修撰，鄧洵武、工官均、王渙之並兼檢討官。　七月三日，詔曰：「朕惟序言紀事，莫嚴一代之書；遵揚功是，爲天子之孝。恭以神宗皇帝厲精爲治十有九年，圖任忠賢，修起法度，内之立政以安百姓，外之經武以威四夷，更新條綱，剗革弊蠹，盛德大業，三代比隆。而日者史官咸懷私見，議論去取春有所偏，參錯異同，未歸至當，不惟無以傳信于萬世，亦屢有以招致于人言。朕夙夜以思，不遑啟處，爰命加于論譔，慮尚膠于見聞。夫熙寧、元豐事實具備，元祐、紹聖編録並存，訂正討論，其在今日。筆則筆，削則削，宜公乃心。是謂是，非謂非，無忝厥職，厥稱朕丕揚先烈、昭示無窮之意。其令修史官取索元祐、紹聖實録應干文字，討論事迹，依公參詳去取，務要所書不至失實。」　大觀三年十一月二十九日，命太師、中太一宮使蔡京守太師致仕，仍舊提舉編修哲宗實録。四年四月十五日書成。四年四月十九日，實録院狀：「修撰鄭久中等奏：契勘哲宗皇帝實録書成，已進呈訖，所有正史合行置局編修。」詔依奏，仍差何執中提舉。有合行事件畫一數内一項：「文臣太中大夫以上、武臣正任刺史以上并駙馬都尉，或雖官品未至而有政績在民、遺愛可紀、忠義之節顯聞于時，或有不求聞達終于下位及隱逸邱園并孝悌之士曾經朝廷奬遇，凡在先朝薨卒者，并宗室大將軍及贈公侯例合立傳者，要見逐人行狀、墓誌、神道碑、生平事迹，或有著述文字達于時務者，照證修纂。或烈女節婦及藝術著聞者，事迹灼然，亦合書載。及中外臣僚并宗室或因哲宗賜對親聞聖語，或有司奏事特出宸斷，或有論議章疏事關政体可書簡冊者，並許編録，實封于所在官司投納，申繳赴院。或已殁臣僚有本家子孫追録所聞，或收藏得舊藁者，亦並許編録，依上項投納，仍不得增飾事節。下進奏院遍牒天下州軍監，明行曉示，及多方求訪。如無子孫，亦許親屬及門生故吏編録，于所屬投納。仍乞下尚書吏部左右選、入内内侍省、閤門、大宗正司出榜曉示，令依上件修寫，直納赴院。令來修國史有合取會事，並從本院押帖子會問。其諸處供報隱漏，當行人吏並從嚴斷勒停，事理重者刺配五百里外本城，不在赦原降減。急限一日，慢限三日，差錯違限，從本院直牒大理寺，主行人吏並科杖八十罪，情理重者自從重。」詔依。　以上續國朝會要。國朝中興、乾道會要無此門。

卷一萬九千七百二

全唐文

宋會要

諸儒論三家異同　漢末楊子雲難蓋天八事以通渾天其一論周天之度差其二論春秋分之日晝夜之刻不同其三論星之見伏隨日之出入不同其四論天河之曲直不同其五論二十八宿顯見之多少其六論日托天而旋日出地下而影上行何也其七論日與北斗遠近小大之異其八論北極為天轂二十八宿為天輻其疎密不同何也其後桓譚鄭元蔡邕陸績各陳周髀考驗天狀多有所違逮梁武帝於長春殿講義別擬天體全同周髀之文蓋立新意以排渾天而已漢王仲任據蓋天之說以駁渾儀之舊說天從地下過天何得從水中行乎甚不然也日隨天而轉非入地今視日入非入也遠使然耳日月本不圓也望之所以圓者去人遠也葛洪釋之曰渾天儀注云天如雞子地如雞子黃孤居於天內天大而地小表裏有水天地各隨氣而立載水而行周天三百六十五度四分度之一又中分之則半覆地上半繞地下故二十八宿半見半隱天轉如車轂之運也論諸天者雖多然精於陰陽者莫密於渾象也若天果如渾天者則天之出入行於水中為的然矣故皇帝書曰天在地外水在天外水浮天而載地者也天出入水中當有何損而王生謂不可乎又曰今視諸

卷一千二百九十八

星出於東乎初但去地少許爾漸而西行先經人上後遠西轉而下焉不旁旋也其先在西之星亦稍下而沒無北轉者日之出入亦然若謂天如磨石轉者衆星日月宜隨天而迴初在於東次經於南次到於西次及於北而復還於東不應橫過去也今日出於東冉冉轉上及其入西亦復漸漸稍下都不繞邊北去如此王生必謂為不然者疏矣若日以轉遠之故但光光耀不能復來照及人耳宜猶望見其所在不應都失見其所在也日光大於星多矣今見北極之小星而不見日之在北者明其不北行也若曰以轉遠之故不復可見其北入之間應當稍小而日方入時乃大非轉遠之驗也王生以火炬喻日繆矣人日之入西方視之稍稍去初尚有半如橫破鏡之狀須臾淪沒矣若如王生之言日轉北去有半者其北都沒之頃宜先如直破鏡之狀不應如橫破鏡也如此言之日入西方不亦孤乎又云水火者陰陽之餘氣也若水火是日月所生則亦何得盡如日月之圓乎王生又云遠故視之圓若審然者日月初生之時及既虧之後何以視之不圓乎而日食或上或下從側而起或如鉤至盡若遠視見圓不宜見之殘缺左右所起也此則渾天之體信不誣矣以上同晉隋唐天文志所修楊子或問渾天曰洛下閎營之鮮于妄人度之耿中丞象之幾乎幾乎莫之能違也問蓋天曰蓋哉蓋哉應難

卷一千二百九十八

未幾也說者以蓋天為周髀注云蓋天即周髀之其本包羲氏立周天之度其所傳則周公受之於商而周人志之故曰周髀言天似蓋立地法覆槃則雄於二者特取渾天而已古之論周髀者謂天地中高外下北極所臨為天地中日月周行於天旁日近為晝日遠為夜論渾天者謂周地中而天周焉日在地上為晝日在地下為夜是以後漢張衡鄭康成陸績吳之王蕃晉之姜岌葛洪江南皮延宗錢樂之司徒皆祖渾天而傳之蓋其眂精視察災祥有足驗也　隋禮書

國朝太平興國中張思訓造新銅儀言古之制作運動以水疎器既多寒暑無準今以水銀代水運動不差詔置文明殿至道中呈道中韓顯符新鑄渾儀其制用樊規詔司天監築臺置

卷一千二百九十八

之大中祥符三年造成詔龍圖閣移之其制為天輪二各分三百六十二度又為黃赤道亦嘗於側輪中測日月星辰行度皆無差皇祐三年李晦言重定渾儀已成欲乞依唐制從之熙寧七年沈括以新定渾儀進呈上頒之

全唐文

宋會要　　銅儀

真宗大中祥符三年閏二四日司天監言冬官正韓顯符造銅渾儀成詔移入龍圖閣令顯符選學生中可教者傳授其業十一月三日召輔臣至閣觀銅儀其制為天輪二一平一側各分三百六十二度又為黃赤道立管於側輪中以測日月星辰行度皆無差　仁宗慶曆八年十二月命翰林學士錢明逸檢閱渾儀制度以聞

皇祐初仁宗有命日官舒易簡于淵周宗等參用淳風令瓚之制改鑄黃渾儀三月御延和殿召輔臣觀新造渾儀木樣八月又召輔臣於崇政殿觀渾儀圖三年

卷一千三百二

十二八日司天夏官正李用晦言重定渾儀鑄造已成欲乞依唐朝李淳風一行舊制紀以年月以永將來從之英宗治平四年十一月二十四日神宗即位未改元天章閣待制孫思恭言奉詔看詳翰林天文院渾儀如已合得漢唐古法即依法製造渾儀雖依唐梁令瓚法其環固重大黃道運轉澁滯經久未便其司天監渾儀遊規運轉却且依常其黃道鑄定不動思恭素有曆學故特命之尋使大遼乃改差官　神宗熙寧六年六月十一日提舉司天監公事陳繹等言親詣本監渾儀臺檢視舊儀損澁昨據同提舉沈括言乞修造渾儀浮漏裝下本所詳定權判司天監丁洵等定以為當造到渾儀

浮漏小樣臣等看詳除司天監浮漏踈謬不可行用須當改造外司天監天文院渾儀各有舛戾必欲考正星曆亦須改製新儀若只因舊器粗為增損雖可假借施用大體不免踈謬今具節畧事目　一司天監見用渾儀尺度與法要不合二極赤道四分不均規環左右距度不對游儀重澁難運黄道映蔽横簫游規璺裂黄道不合天體天樞内極星不見今若因舊脩整游規稍輕二極赤道四分均停規環左右距度相對游規無璺裂其餘仍舊　一天文院見用渾儀尺度及二極赤道四分各不均規環左右距度不對三辰游儀重澁難運黄道天常環月道映蔽横簫及月道不與天合天常環相

卷一千三百二

攻難轉天樞内極星不見今若因舊脩整三辰游儀稍輕二極赤道四分均停規環左右距度相對天常環月道不蔽横簫其餘仍舊　一新定渾儀改用古尺均賦辰度規環輕利黄赤道天常環並側置以北際當天度省去月道令不蔽横簫增天樞為二度半以納極星規環二極各設環樞以便游運詔令依新様造於司天監置（安置）測驗比較踈密　七年六月二十一日同提舉司天監沈括以新定渾儀進呈上召輔臣觀之數問括括具對所以改更之理二十五日同提舉司天監沈括言先准詔依新様造浮漏渾儀於司天監測驗比較踈密及候木様成集本監官及諸人看詳今集判監丁洵以

渾儀議

下稱别無可比較詔於翰林天文院安置　八年閏四月壬寅右正言知制誥沈括上熙寧奉元曆詔進括一官司天監吏進官賜銀絹有差先是朝廷用其說改造法物曆書至是渾儀浮漏奏成故賞之　天文志熙寧七年七月沈括上渾儀浮漏景表三議渾儀議曰五星之行有疾舒日月之交有見匿求其次舍經劘之會其法一寓於日冬至之日日之端南者也日行周天而復集於表銳凡三百六十有五日四分日之幾一而謂之歲周天之體日别之謂之度度之離其數有二日行則舒則疾會而均别之曰赤道之度日行自南而北升降四十有八度而迤别之曰黄道之度度不可見其可

卷一千三百二

見者星也日月五星之所由有星焉當度之畫者凡二十有八而謂之舍舍所以絜度度所以生數也在天者也為之璣衡則度在器度在器則日月五星可摶乎器中而天無所豫也天無所豫則在天者不為難知也自漢以前為曆者必有璣衡以自驗跡其後雖有璣衡而不為曆作為曆者亦不復以器自考器朔星緯皆莫能知其必當之數至唐僧一行改大衍曆法始復用渾儀參貫故其術所得比諸家為多臣嘗曆考古今儀象之法虞書所謂璿璣玉衡唯鄭康成粗記其法至洛下閎製圓儀賈逵又加黄道其詳皆不存於書其後張衡為銅儀於密室中以水轉之盖所渾象非古之璣衡也吳孫氏時王蕃陸

續皆嘗為儀及象其說以謂舊以二分為一度而患星辰稠概張衡改用四分而復椎重難運故蓄以三分為度周丈有九寸五分寸之三而具黃赤道焉續之說以天形如鳥卵小隋而黃赤道短長相害不能應法至劉曜時南陽孔定製銅儀有雙規規正距子午以象天有橫規判儀之中以象地有時規斜絡天腹以候赤道南北植幹以法二極其中乃為游規窺管劉曜太史令晁崇斛蘭皆嘗為鐵儀其規有六常定一象地一象赤道其二象二極乃是定所謂雙規者也其制與定法大同唯南北柱曲抱雙規下有縱橫水平以銀錯星度小變舊法而皆不言有黃道疑其失傳也唐李淳風別為

圓儀三重其外曰六合有天經雙規金渾緯規金常規次曰三辰轉於六合之內圓徑八尺有璿璣規月游規所謂璿璣者黃赤道屬焉又次曰四游南北為天樞中為游筩可以升降游轉別為月道傍列二百四十九交以攜月游一行以為難用而其法亦亡其後率府兵曹梁令瓚更以木為游儀因淳風之法而稍附新意詔與一行雜校得失改鑄銅儀古今稱其詳確至道中初鑄渾天儀于司天監多因斛蘭晁崇之法皇祐中改鑄銅儀于天文院姑用令瓚一行之論而去取交有得失臣今輯古今之說以求數象有不合者十有三事其一舊說以謂今中國於地為東南當令西北望極星置天極

不當中北又曰天常傾西北極星不得居中臣謂以中國規觀之天常北倚可也謂極星偏西則不然所謂東西南北者何從而得之宜不以日之所出者為東日之所入者為西乎臣觀古之候天者自安南都護府至浚儀大岳臺纔六千里而北極之差凡十五度稍北不已庸詎知極星之不直人上也臣嘗讀黃帝素書立於午而面子立於子而面午至於自卯而望酉自酉而望卯皆曰北面立於卯而負酉立於酉而負卯至於自午而望南自子而望北則皆曰南面臣始不諭其理逮今思之乃常以天中為北也常以天中為北則蓋以極星常居天中也素問尤為善言天者今南北纔五百里則北

極輒差一度以上而東西南北數千里間日分之時候之日未嘗不出於卯半而入於酉半則又知天極既中則日之所出者定為東日之所入者定為西天極則常為北無疑矣以衡規之日分之時以渾儀抵極星以候日之出沒則常在卯酉之半少北此殆放乎四海而同者何從而知中國之為東南也彼徒見中國東南皆際海而為是說也臣以謂極星之果中果非中皆無足論者彼北極之出地六千里之間所差者已如是又安知茫昧幾千萬里之外耶今直當據建邦之地人目之所及者裁以為法不足為法者宜置而勿議可也其二曰紘平設以象地體今渾儀置于崇臺之上下瞰日月

之所出則絃不與地際相當者臣詳此說雖粗有理然天地之廣大不為一臺之高下有所推遷蓋渾儀考天地之體有實數有準數所謂實者此數即彼數也此移赤彼亦移亦之謂也所謂準者以此準彼此之一也則準彼之幾千里之謂也今臺之高下乃所謂實數一臺之高不過數丈彼之所差者亦不過此天地之大豈數丈足累其高下若衡之低昂則所謂準數者也衡移一分則彼不知幾千里則衡之低昂當審而臺之高下非所謂當卹也其三曰月行之道過交則入黃道六度而稍卻復交則出於黃道之南亦如之月行周于黃道如繩之繞木故月交而行日之陰則日為之虧入蝕法而

不虧者行日之陽也每月退交二百四十九周有奇然後復會今月道既不能環繞黃道又退交之漸當每日差池今必月終日頓移亦終不能符會天度當省去月環其候月之出入專以曆法步之其四衡上下二端皆徑一度有半用日之徑也若衡端不能全容日月之體則無由審日月定次欲日月正滿上衡之端不可動移此其所以用一度有半為法也下端亦一度有半則不然若人目迫下端之東以窺上端之西則差幾三度凡求星之法必令所求之星正當穿之中心令兩端既等則人目游動因知其正中今以鉤股法求之下徑三分上徑一度有半則兩竅相覆大小略等人目不搖則所

察自正其五前世皆以極星為天中自祖恒以璣衡窺考天極不動處乃在極星之末猶一度有餘今銅儀天樞內徑一度有半乃謬以衡端之度為率若璣衡端平則極星常游天樞之外璣衡小偏則極乍出乍入令瓚舊法天樞乃徑二度有半蓋欲使極星游於天中也臣考驗極星更三月而後知天中不動處遠極星乃三度有餘則祖恒窺考猶為未審今當為天樞徑七度使人目切南樞望之星正循北極樞裏周常見不隱天體方正其六令瓚以辰刻十干八卦皆刻於絃然絃正平而黃道斜運當子午之間則日徑度而道促卯酉之際則日迤行而道舒如此辰刻不能無謬新銅儀則移刻於

緯四游均平辰刻不失然令瓚天中單環直中國人頂之上而新銅儀緯斜絡南北極之中與赤道相直舊法設之無用新儀移之為是然當側窺如車輪之牙而不當衡規如鼓陶其旁迫狹難賦辰刻而又蔽映星度其七司天銅儀黃赤與絃合鑄不可轉移雖與天運不符至於窺測之時先以距度星考定三辰所舍復運游儀抵本宿度乃求出入黃道與去極度所得無以異於令瓚之術其法本於晁崇斛蘭之舊制雖不甚精縟而頗為簡易李淳風嘗謂斛蘭所作鐵儀赤道不動乃如膠柱以考月行差或至十七度少不減十度此正謂直以赤道候月行其差如此今黃赤道度再運游儀抵所舍

宿度求之而月行則以月歷每日去極度算率之不可謂之謬也新法定宿而變黃道此定黃道而變宿但可賦三百六十五度而不能具餘分此其為畧也其八令璣舊法黃設於月道之上赤道又次月道而璣最處其下每月移交則黃赤道輒變令當省去月道徙璣於赤道之上而黃道居赤道之下則二道與衡端相迫而星度易審其九舊法規環一面刻周天度一面加銀丁所以施銀丁者夜候天晦不可目察則以手切之也古之人以璿為之璿者珠之屬也今司天監三辰儀設齒于環背不與橫簫會當移列兩旁以便參察其十舊法重璣皆廣四寸厚四分其他規軸椎重樸不可旋運令損其制使之輕利其十一古之人知黃道歲易不知赤道之因變也黃道之度與赤道之度相偶者也黃道徙而西則赤道不得獨膠今當變赤道與黃道同法其十二舊法黃赤道平設正當天度掩蔽人目不可占察其後乃別加鑽孔尤為拙謬今當側置少偏使天度出北際之外自不凌蔽其十三舊法地紘正絡天經之半凡候三辰出入則地際正為地紘所伏今當徙紘稍下使地際與紘之上際相直候三辰伏見專以紘際為率自當默與天合　又言渾儀製器曰渾儀之為器其屬有二相因為用其在外者曰體以立四方上下之定位其次曰象以法天之運行常與天隨其在內者璣衡璣以察

卷一千三百二

緯衡以察經求天地端極三明匿見者體為之用察黃道降陟辰刻運徙者象為之用四方上下無所不屬者璣衡為之用體之為器為圓規者四其規之別一曰徑徑之規二並峙正抵子午若車輪之植二規相距四寸夾規為齒以別去極之度北極出紘之上三十有四度十分度之八強南極下紘亦如之對銜二釭賸二規以為一釭中容樞二曰緯緯之規一與徑交於二極之中若車輪之中南北距極皆九十一度強夾規為齒以別周天之度三曰紘紘之規一上際當徑之半若車輪之仆以考地際周賦十二辰以定八方紘之下有趺從一衡一刻溝受水以為平中溝為地以受注水四末建趺為升龍四以負紘凡渾儀之屬皆屬焉龍吭為綱維之四楗以為固象之為器為圓規者四其規之別一曰璣璣之規二並峙相距如徑之度夾規為齒對銜二釭釭中容樞皆如徑之率設之亦如徑其異者徑膠而璣可旋二曰赤道赤道之規一刻璣十分寸之三以銜赤道赤道設之如緯其異者緯膠於徑而赤道銜於璣有時而移度穿一竅以移歲差三曰黃道黃道之規一刻赤道十分寸之二以銜黃道其南出赤道之北際二十有四度其北入赤道亦如之交於奎角度穿一竅以銅編屬於赤道歲差盈度則并赤道徙而西黃赤道夾規為齒以別均迤之度璣衡之為器為圓規二曰璣對齒相

卷一千三百二

浮漏議

距如象璣之度夾規為齒皆如象璣其異者象璣對衡二釭而璣對衡二樞貫於象璣天徑之釭中三物相重不相膠為間十分寸之三無使相切所以利旋也為橫簫二端夾樞屬于璣其中挾衡為橫一樓於橫簫之間中衡為轄以貫橫簫兩末入于璣之鋒而可旋璣可以左右以察四方之祥衡可以低昂以察上下之祥　浮漏議曰播水之壺三而受水之壺一曰求壺廢壺方中皆圜尺有八寸尺有四寸五分以深其食二斛為積分四百六十六萬六千四百六十曰複壺如求壺之度中離以為二元一斛介八斗而中有達曰建壺方尺植三尺有五寸其食斛有半求壺之水複壺之所求也壺盈

卷一千三百二

則水駛壺虛則水凝複壺脇為枝渠以為水節求壺進水暴則流怒以搖複壺又折以為介複為枝渠達其溢溢枝渠之委所謂廢壺也以受廢水三壺皆所以播水為水制也自複壺之介以玉權釃于建壺建壺所以受水為刻者也建壺一易箭則發土室以瀉之求複建壺之泄皆欲迫下水所趣也玉權下水之槩寸矯而上之然後發則水撓而不躁也複壺之達半求壺之注玉權半複壺之達枝渠博皆分高如其博平方如砥以為水槩壺皆為之羃無使纖遊纖遊則水道不慧求壺之羃龍紐以其出水不窮也複壺士紐士以所生法者複壺制法之器也廢壺鯢紐止水之濫鯢所伏也銅史令刻

執漏政也冬設爐燎以澤凝也注水以龍噣直頸附于壺體直則易浚附于壺體則難敗複壺玉為之喙銜于龍噣謂之權所以權其盈虛也建壺之室旅塗而彌之以重帛窒則不吐也管之善利者水所洩也非玉則不堅良以久權之所出高則源輕源輕則其委不悍而洩物不利箭不效於璣衡則易權洗箭而改畫覆以璣衡謂之常不弊之術今之下漏者始嘗甚密久復先天者管泐也管泐而器皆弊者無權也弊而不可復壽者術固也察日之晷以璣衡而制箭以日之晷跡一刻之度以賦餘刻刻有不均者有眚也贅者磨之創者補之百刻一度其壺乃善晝夜已復而箭有餘才者權鄙也晝

卷一千三百二

夜未復而壺吐者權汰也如是則調其權此制器之法也下漏必用甘泉惡其迿之為壺眚也必用一源泉之冽者權之而重重則敏於行而為箭之情慓泉之鹵者權之而輕輕則權於行而為箭之情駑一井不可他汲數汲則泉濁陳水不可再注再注則行利此下漏之法也箭一如建壺之長廣寸有五分三分去二以為之厚其陽為百刻為十二辰博牘二十有一如箭之長廣五分去半以為之厚陽為五更為二十有五籌陰刻消長之衰三分箭之廣其中刻契以容牘夜算差一刻則因箭而易牘鎔匏箭舟也其虛五升重一鎰有半鍛而赤柔者金之美者也然後漬而不墨者其久必蝕銀之有

景表議

銅則墨銅之有錫則屑特銅久瀞則膩敗而飲皆工之所不材也　景表議曰：步景之法惟定南北為難，古法置槷為規識日出之景，晝參諸日中之景，夜考之極星。極星不當天中，而候景之法取晨夕景之最長者規之，兩表相去中折，以參驗最短之景為日中。然測景之地百里之間，地之高下東西不能無偏，其間又有邑屋山林之蔽，黨在人目之外，則與濁氛相雜，莫能知其所蔽；而濁氛又槃其日之明，臨風雨人間煙氣塵坌，變作不常。臣在本局候景入濁出濁之節，日日不同，此又不足以考見出没之實，則晨夕景之短長未能得其極數。參考舊聞，別立新術。候景之表三，其崇八尺，博三寸三分，殺一以為厚，圭首剡其南，使偏銳。其趺方厚各二尺，環趺刻渠受水以為準。以銅為之，表四方之墨以為中，刻之綴四繩垂以銅丸，各當一方之墨。先約定四方，以三表南北相重，令趺相切，表別相去二尺，各使端直，四繩皆附墨。三表相去左右上下以度量之，令相重如一。自日初出則景西，景三表相去之度，又量三表之端景之所至，各別記之。至日欲入，候東候相如之長短同，相去之疎密又同，則以東西景端隨表景規之，半折以求最短之景。五者皆合，未足以為正。既得四方，則為設一表，方首，表下為石席，以水平之，植表于席之南端，席廣三尺，長如九服冬至之景，自表趺刻以為分，分積為寸，寸

景表議見天文志

據玉海所引會要校補

元祐渾天儀

積為尺。為密室以棲表，當極為霤，以下午景，使當表端。副表並趺崇四寸，趺博二寸，厚五分，方首剡其南，以銅為之。凡景表景薄不可辨，即以小表副之，則景墨而易度。元豐五年正月二十三日，翰林學士王安禮言：「詳定渾儀官歐陽發言至道、皇祐之器皆差而無據，今造渾儀浮漏木樣準詔進呈，及歐陽發具新器之變舊器之失。臣等看詳，除司天監浮漏踈謬不可用，乞依新樣改造外，至道、皇祐之器及影表各有差謬，欲依歐陽發條奏施行。」從之。

宋會要

定制造水運渾天儀所奏局直長齊良狀：伏覩宋以火德王天下，所造渾儀其名水運，甚非吉兆，乞更水名以避刑尅火德之忌。案張衡謂之刻漏儀，一行謂之水運俯視圖，張思訓所造太宗皇帝賜名太平渾儀，名稱並各不一。今新制備二器而三用，乞特賜名以稱朝廷制作之意。詔以元祐渾天儀象為名。元祐三年四月八日，翰林學士許將等言：「詳定元祐渾天儀象所先被旨製造水運渾儀木樣，如試驗候天不差，即別造銅器。今臣等晝夜校驗，與天道已參合不差。」詔以銅造，仍以元祐渾天儀象為名。其後將等又言：「前所謂渾天儀者，其外形圓，其內則有璣有衡。其外形圓，即可遍布星度；其內有璣有衡，即可仰窺天象。若渾天儀，則第二器有之，同為一器。然

既言渾天則其為象可知而於渾象中設璣衡使人內窺天象以占測為主故可總謂之渾天儀今所建運儀象別為二器而渾儀占測天度之真數又以渾象置之密室自為天運與儀參合若并為一器即象為儀以同正天度則渾天儀象兩得之矣此亦本朝備具典禮之一法也乞更作渾天儀從之六年新作渾儀其興築臺其上設渾儀以銅于黃赤道窺管測日度三百六十四度四分度之一其次渾天其製如大鍋以木為之面設星象隨天輪運轉置人於中候之對竅視星其次刻漏其次刻漏其次以三銅池以水轉輪每刻木人擊鉦以為準左相三十年經營其一左丞蘇公總其一王沇之監領於太師府置

卷二千三百二

局司天監亦遷就焉其臺四存其舊者比較日久乃取拾渾儀造已多年此吏一年可成自今用木架樣引水定漏測日七年四月二日詔尚書左丞蘇頌撰渾天儀象銘六月十四日元祐渾天儀象成詔三省樞密院官閱之　紹聖元年十月十六日詔禮部秘書省就詳定制造渾天儀象所以新舊渾儀令判局以下同測驗擇取其候望精密可久施用者具應用官吏數申尚書省　三年六月十三日元祐渾儀所言今欲脩寫儀象製度法略各一部申納尚書省并秘閣從之　元符元年六月二十七日知亳州林希上撰到渾天儀象碑文詔送渾天儀象所立石希先為吏部尚書被旨撰文至是來上徽徽宗宣和六年七月二十一

九日詔置討論製造璣衡所以宰相王黼總領內符師成副之先是黼奏得方士璣衡之書造小樣驗之與天運合如唐一行之制乞命有司置局如樣製造手詔賜黼曰朕惟帝堯命羲和以授四時然後釐百工熙庶績逮大舜在璣衡以齊七政然後類上帝禋六宗肆朕纂承常患觀天之器未詳垂象之原延得元儒有明往制卿順考古道博極羣書詳洪範之陳得妙極之數受至言於方士出盛物盛時開乾坤捭闔之機斡日月運行之次具存製樣若合契符成百代不易之儀正諸家相駁之說究觀審覈嘉歎不忘　元祐間蘇頌更作者上寘渾儀中設渾象旁設昏曉更籌激水以運之三器一

卷一千三百二

紹興渾天儀

機胎合躔度最為奇巧宣和間又常更作之而此五儀者悉歸于金中興更謀製作　高宗紹興年十一月上二日工部員外郎袁正功言制度渾儀法要安立非子午之正即有差錯今渾儀器象將欲安立定測樞極合要定子午正局官二員乞下太史局差取詔測驗官差李繼宗定正官差趙旗侯造畢進呈日同參詳指說製度乃召蘇頌之携取頌遺書考質舊法而携亦不能通也至十四年乃命宰臣秦檜提舉鑄渾儀而以內侍邵諤專令其事久而儀成三十二年始出其二寘太史局而高宗先自為一儀寘諸宮中以則天象其制差小而諤所鑄蓋祖是焉後在鐘鼓院者是也清臺之儀後其

一在祕書省擬儀制度表裏三重其第一重曰六合儀
陽經徑四尺九寸六分闊三寸二分厚五分南北正立
兩面各列周天度數南北極出入地皆三十一度少度
闊三分陰爲單環大小如陽經闊三寸二分厚一寸八
分上置水平池闊九分深四分沿環通流亦如舊制內
外八幹十二枝畫艮巽坤乾卦於四維第二重曰三辰
儀徑四尺三分闊二寸二分厚五分釭釧刻畫如陽經
赤道單環徑四尺一寸四分闊一寸二分上列二十八
宿均天度數闊二分七釐黃道單經四尺一寸四分闊
一寸二分厚五分上列七十二候均分卦策與赤道相
交出入各二十四度弱百刻單環徑四尺五寸六分闊
一寸一分厚五分上列晝夜刻數第三重曰四游儀徑
三尺九寸闊一寸九分厚五分釭釧刻畫如漩璣度闊
二分半望筩長三尺六寸五分內圓外方中通孔竅四
面闊一寸四分七釐竅眼闊三分夾竅徑五尺三分鼇
雲以圓龍柱各高五尺二寸十字平水臺高一尺一寸
七分長五尺七寸闊五寸二分水槽闊七分深一寸二
分深一寸二分若水運之法與夫渾象則不復設其後
朱熹家有渾儀頗考水運制度卒不可得蘇頌之書雖
在大祇於渾象爲詳而其尺寸多不載是以難遽復云
舊制有白道儀以考月行在望筩之旁自熙寧沈括以
爲無益而去之南度更造亦不復設焉　極度極星之

在紫垣爲七曜三垣二十八宿衆星所拱是謂北極爲
天之正中而自唐以來歷家以儀象考測則中國南北
極之正實去極星之北一度有半此蓋中原地勢之度
數也中興更造渾儀而太史令丁師仁乃言臨安府地
勢向南於北極高下當量行移易局官呂璨言渾天無
量行更移之制若用於臨安與天參合移之他往必有
差忒遂罷議後十餘年邵諤鑄儀則果用臨安北極高
下爲之以清臺儀校之實去極星四度有奇也　正月
十六日太史局參詳揩說製度渾儀丁師仁等言省記
昨東京渾儀四座至道儀一座測驗渾儀刻漏所安
設皇祐儀一座翰林天文局安設熙寧儀一座太史局
天文院安設元祐儀一座合臺安設每約重二萬餘斤
今若製造折半渾儀一座約度合用赤銅一萬餘斤右左
司獲實用赤銅八十四百八斤二兩昨元祐間製造渾儀真器當時
係兩府提舉詔合用物料令戶部收買應副其工匠下
臨安府和雇仍令工部長貳專一提舉七年夏當中士
人張大櫬以木爲蓋天言可備軍幕中候驗獻諸朝十
三年十月庚寅詔製渾天儀高宗紀十四年四月五日
太史局言製作渾儀乞依舊例差官提舉宰臣秦檜奏
曰在廷之臣罕能通曉上曰此實闕典朕已令就宮中
製造範製雖小可用窺測日以晷度夜以樞星爲則蓋
樞星中也非久降出用以爲式但當廣其尺寸耳於是

命檢從舉脩製渾儀　先是工部員外郎謝汲言臣職贊共工之事嘗詢渾儀之法太史官生論議法製不同幾成聚訟鑄作之工今尚闕焉臣愚以為所貴既多事體亦大宜先詢考制度數求通曉天文歷數之學如漢之賈逵張衡本朝之蘇頌者參訂是非決摩疑而合古制傳之永久望博訪而審擇之蘇頌之子攜近得旨赴闕乞就攜訪求頌之遺書考質制度必有所補至是命參檢提舉修製其後委內侍邵諤專主之後渾儀雖成至紹興三十二年諤亦罷職遂以渾儀付太史局安設焉

孝宗乾道三年正月詔令太史局將太上皇帝昨降下渾儀一副就本局置臺安設測驗七政行度演造新歷慶元四年七月祕省築渾儀臺成玉海元祐渾天儀象　史部尚書臣蘇頌先准元祐元年冬十一月詔旨定奪新舊渾儀對得新儀係至道皇祐年製造並堪行用舊渾儀係熙寧中所造環器法薄水跌低墊難以行使臣切以儀象之法度數備存而日官所以互有論訴者蓋以器未合古名亦不正至於測候須人運動人手有高下故躔度亦從而移轉是故兩競各指得失終無定論蓋古人測候天數其法有二一曰渾天儀規地機隱於內工布經躔以考日星行度寒暑進退如張衡渾天開元水運銅渾是也二曰銅候儀今新舊渾儀翰林天文院與太史局所有是也又案吳中常侍王蕃云渾

運曆二之一八

天儀者羲和之舊器積代相傳謂之機衡其為用也以察三光以分躔度宿者也又有渾天象者以著天體以布星辰二者以著於天蓋密矣詳此渾天儀銅候儀之外又有渾天象凡三器也渾天象歷代罕傳其制惟書志稱梁武密府有之云是宋元嘉中所造者由是而言古人候天具此三器乃能盡妙今唯一法誠恐未得親密然則張衡之制史失其傳開元舊器唐世已亡國朝太平興國初巴蜀人張思訓首創其式以獻太宗皇帝召工造於禁中踰年而成詔置文明殿（今文德殿是也）東鼓樓下題曰太平渾儀自思訓死機繩斷壞無復知其法制者臣昨訪得史部守當官韓公廉通九章筭術常以鉤股法推考天度臣思古人言天有周髀之術其說曰髀股也股表也日行周徑里數各依筭術用勾股二里差推晷影極遊以為遠近之數皆得表股周人受之故曰周髀若通此術則天數從可知也因說與張衡一行梁令瓚張思訓法式大綱問其可以尋究依倣製造否其人稱若據筭術案器象亦可成就既而撰到九章鉤股測驗渾天書一卷并造到木樣機輪一座臣觀其器範雖不盡如古人之說然以水運輪亦有巧思若令造作必有可取遂具奏陳乞先創木樣進呈差官試驗如候果有準即別造銅器奉二年八月十六日詔如臣所請置局差官及專作材料等遂奏差壽州州學教授王沇之

運曆二之一九

有清案八行殿前至九行置武之廿九字衍

充專監造作太史局夏官正周日嚴秋官正于太古冬官正張仲宣等與韓公廉同充製官度局生袁惟幾苗景張端節劉仲景學生侯允和于湯臣驗晷景刻漏等至三年先造成小樣有旨赴都堂呈驗造大木樣至十二月工畢閏十二月二日甲辰得旨置于集英殿臣謹案歷代天子之器制範頗多法亦小異至於激水運機其用則一蓋天者運行不息水者注之不竭以不竭之流逐不息之運苟注挹均調則參校旋轉之勢無有差舛也故張衡渾天則云室中以漏水轉之令司之者閉戶唱之以告靈臺之觀天者璇璣所加某星始見某星始中某今沒皆如符合唐開元中詔浮圖一行與率府兵曹梁令瓚及諸術士更造鑄銅渾為之員天之象上具列宿及周天度數注水激輪令其自轉一日一夜天轉一周又別置二輪絡在天外綴以日月令得運行每天西轉一匝日正東行一度月行十三度有畸凡二十九轉而日月會三百六十五轉而日行匝仍置木櫃以為地平令儀半在地下又立二木偶人於地平之前置鐘鼓使木人自然撞擊以候辰刻命之曰水運渾天俯視圖既成置武殿前置鐘鼓使人自然撞擊以候辰刻命之曰水運渾天俯視圖既成置武成殿前以示百官梁朝渾象以木為之其員如丸徧體布二十八宿三家星黃赤道及天河等別為橫規環以繞其外上下半之

以象地張思訓渾儀為樓數層高丈餘中有輪軸關柱激水以輪又有神直搖鈴扣鐘擊鼓每一夜周而復始又有十二神各直一時以定晝夜之長短至冬至水凝則以水銀代之故無差舛按舊法日月行度皆人所運新制成於自然尤為精妙然則擴工所造張衡所謂靈臺之璇璣者兼渾儀候儀之法也置密室中者渾象也故洪云張平子陸公紀之徒咸以為推步七曜之運以度歷象昏明之證候校以三八之氣攷以刻漏之分占晷景之往來求形驗於事情莫密於渾象也開元水運俯視圖亦渾象也思訓準開元之法而工以蓋為紫宮旁周天度而正東西轉出其新意也今則兼採諸家之說備儀象之器共置一臺有二隔渾儀置於上渾象置於下樞機輪軸隱於中鐘鼓時刻司辰運於輪上木閣五層藏於前司辰擊鼓搖鈴執牌出沒於閣內以水激輪輪轉而儀象咸動此兼用諸家法渾儀則上候三辰之行度增黃道為單環環中日見半體使望筒常指日月體常在筒竅中天西行一周日東移一度此出新意也渾象則列紫宮於頂布中外官星二十八舍周天度赤黃道天河偏於天體此用王蕃及隋志所說也二器皆出一機以水激之不由人校之前古法之疏密未易知而器度筭數亦彷彿其遺象也虞書稱舜在璿璣以齊七政蓋觀四七之中星以知節候之早晚考靈曜

曰觀玉儀之游，昏明主時，乃命中星者，璿璣中而星未中，而星中為舒，舒則日不及其度，月遇其宿；璿璣中而星中為調，調則風雨時，庶草蕃蕪而五穀登，萬事康。由是言之，觀璿璣中不獨視天時而布政令，抑欲察災祥省得失也。易曰先天而天不違，後天而奉天時，此之謂也。令依月令創為四時中星圖，以曉昏之度附于後卷，將以上備聖主南面之省觀，此儀象之大用也。又工論渾天儀、銅候儀、渾天象三器不同，古人之說亦有所未盡，陳苗與張衡所造蓋亦止在渾象七曜，而何承天莫辨儀象之異，若但以一名命之，則不能盡其妙用也。今新製備二器而通三用，當總謂之渾天。恭俟聖鑒，以正其名。臣切詳周官馮相氏掌十有二辰、十月、二十有八星之位，辨其叙事，以會天位；保章氏掌天星，以志星辰日月之運動，辨其吉凶，以詔救正。蓋歲月辰日星皆有方位，知其位之所在，則知其時數之常，然可致而著之於曆，此馮相氏之所掌也。若有變動非常，有繫於吉凶之應者，以時觀其象而詔其占，則保章氏掌之。蓋馮相氏考其常所以正時，而循庶事；保章氏司其變，則決之於象而詔救正。先正分其職以為之之意也。今太史局治曆、瞻候合為一司，緣曆術有疏密，天文有常變，治曆或疏則不足以之其常，瞻候或惰則不足以之得其變。瞻候之家苟欲合其曆奏報，候簿遂容不實。近者局生訟

奏報之妄，革澤序曆筭之疏，究其所因，弊或在是。近令禮部、秘書省官定新舊儀，親密者一座，行使臣已行定驗，令相度且欲存留舊儀，令曆生筭步治曆，得以參驗。其新造兩儀臺象制制度精巧，兼得張衡、李淳風、張思訓之制，以之瞻候，尤為準的。今欲別為渾天儀象所以隸太史，仍差官專一提舉。提舉因命頌每日別行奏報，以此關互無容苟簡，則朝廷可以坐知象緯之實，因以參酌中失而圖其舊政，庶幾不失先王馮相、保章分職之意。本所之史畫作渾儀儀從之。哲宗元祐時，太史局敲水運乘儀整與舊儀為三，欲廢其一，局生交訟不決，中書舍入林希言新儀精密，乃司天之法；既然舊儀用久，宜兩存之，蓋宰相臨視，皆以為然，由是新舊兩存不廢。木樣成，又命翰林學士許將詳定。元祐四年己巳歲三月八日己卯，將言：與周日嚴、苗景晝夜交驗，與天道合。詔以銅造。始製以木，覩于集英之不差，乃以銅造。驗以元祐渾天儀象為名。將乞正名渾天儀，從之。時太史局直長趙齊良奏，宋以火德王，名水運非吉兆，乞更名，詔以元祐渾天儀象為名，置于國之西南。七年壬申歲四月二日，詔左丞蘇頌撰渾天儀象銘，頌又圖其形製，著為成書上之，詔藏秘閣。六月十四日，儀象成，召輔臣閱之。今其法不傳。

通畧：初，吏部尚書蘇頌請別製渾儀，因命頌提舉。頌遂於律曆又以吏部令史韓公廉善筭術，有巧思，乃奏用之。且授以古法為臺三層，上設渾一作候儀，中設一作置渾象，下設一作布司辰，貫以一機，激水轉輪，不假人力，時至刻臨，則司辰出告，星度所次，占候測驗，不差晷刻，晝夜晦

明皆可推見元祐四年三月木樣成前此未有也詔翰
林學士許將等詳定己卯將等言晝夜校驗與天道已
參合乃詔以銅造仍以元祐渾天儀象為名其後將等
又言前所謂渾天儀者其外形員即可備布星度其內
有璣衡即可仰窺天象若儀象則兼二器有之同為一
器今所建渾象別為二器而渾儀占測天度之真數又
以渾象制之密室自為天運與儀參合若併為一器
即象為儀以同正度天則兩得之請更作渾天儀從之
頌因其家所藏小樣而悟于心令公廉布筭數年而器
成大如人體人居其中有如籠象因星鑿竅如星以備
激輪旋轉之勢中星昏曉應時皆見於竅中星官歷翁
聚觀駭歎蓋古未嘗有也紹聖中欲毀之林希為言
得不廢紹聖三年六月十三日寫象制度法畧各一部
納尚書省祕閣規天矩地機輪隱中以察三光驗寒暑
是之謂儀其圓如丸其大數圍以布列宿著天體是之
謂象三器司天之要法也縱以天經橫以地渾金蚪夾
繞龍雲上承三辰四游運轉不息激水印流驗之密室
横簫所望曰星其中司辰告刻應以鼓鐘曰象仰觀曰
儀俯觀人位乎間天外地內宣和六年七月甲辰二十九日
詔置璣衡所以宰臣領之得方氏璣衡之書造小樣驗
之與天運合如唐一行之制請置局製造唐一行作歷
梁令瓚作黃道游儀測如畢觜參鬼四宿赤道宿度與

紹興渾天儀

舊不同皇祐初詔造黃道渾儀鑄銅為之自後測驗赤
道宿度又十四宿與一行所測不同兩志輯自建隆迄治
平五正歷象作為銅儀經法具乎所司　紹興渾天儀
蓋天二年壬子歲九月甲子詔太史局令丁師仁等造渾
天儀後不果成三年正月辛未六日工部郎袁正功獻
渾儀木式是月壬戌進呈十六日太史令丁師仁等請折半製
造許之儀用銅一萬斤先是二年十一月二日正功言渾儀以土非子午之正則有差詔李繼宗等測驗定正
初東京渾儀凡四至道儀在刻漏所皇祐儀在翰林
天文院熙寧儀在太史局元祐儀在合臺每座約用二
萬斤城破皆為虜所索揚州之陷也呂頤浩得渾儀去
物二事獻諸朝至是折半但用銅八千四百八斤有奇
卒不就五月丙辰命工部侍郎李擢提舉製渾儀十一
月甲戌工部郎謝伋言宜先詢考制度數求通曉天文
歷數之學如漢賈逵張衡本朝之蘇頌者參訪是非然
後可作望下溫州訪求蘇頌遺書考質制度初師仁等
言若往他州則臨時定北極高下量行移易有呂璨者
言師仁等所募工不如鑄法況渾天無量行更易之制
若用於臨安與天參合移往他州必有差忒詔別聽旨
指揮十四年四月丙戌五日命太師秦檜提舉製造渾儀
祕書省勝製詔有司求蘇頌遺法工來上曰宮中制成小範
可窺測日以晷度夜以樞星為則樞星中星也非久降出用
以為式但廣其尺寸耳遂命內侍邵諤主其事久之乃

戌三十二年校太史局乾道三年正月詔太史局置臺設渾儀測驗七政行度演造新曆慶元四年七月秘省築渾儀臺高二丈一尺資中士人張大猷以木爲蓋天言可備軍幕中候驗紹興七年夏製使席易獻諸朝

節候

紹興三十二年孝宗已即位未改元六月十八日立秋風從坤位上來　乾道元年八月八日秋分二年十一月二十一日冬至四年六月二十五日立秋十一月十四日冬至五年七月六日立秋七年六月二十七日立秋九年八月六日秋分並如之　八月五日秋分風從艮位上來　十一月八日冬至隆興元年二月十日春分三月二十六日立夏五月十三日夏至二年正月一日二月二十二日春分四月八日立夏五月二十四日夏至乾道元年正月一日二月三日春分一年正月一日三年正月一日八日立春七月十四日立秋十二月十九日立

卷二百九十

春四年正月一日五月八日夏至十二月三十日立春五年正月一日五月十九日夏至六年正月一日十一日立春二月二十七日春分七年二月八日春分八年正月一日五月二十二日夏至九年正月一日十四日立春三月十七日立夏並如之　九月二十一日立冬風從乾位上來　十二月二十四日立春隆興元年正月一日八月十六日秋分十一月十八日冬至二年正月五日立春七月十一日立秋八月二十六日秋分十月十三日立冬十二月十六日立春乾道元年三月十八日立夏九月二十四日立冬十一月十一日冬至二年二月十三日春分五月十六日夏至八月二十日秋

分十月五日立冬三年九月十七日立冬十一月二日冬至四年八月十一日秋分九月二十八日立冬五年二月十六日春分四月二日立夏八月二十二日秋分十月九日立冬十一月二十五日冬至六年八月四日秋分九月十九日立冬十一月六日冬至十二月二十三日立春七年三月二十五日立夏八月十四日秋分十月一日立冬十一月十七日冬至八年二月二十日春分八月二十五日秋分十月十二日立冬十一月二十七日冬至九年九月二十六日立冬並如之　孝宗隆興元年六月二十九日立秋風從巽位上來　十月三日立冬二年十一月二十九日冬至乾道元年五月

卷二百九十

五日夏至六月二十二日立秋十二月二十六日立春二年三月三十日立夏七月三日立秋三年二月二十三日春分四月十一日立夏五月二十七日夏至八月一日秋分四年二月五日春分三月二十一日立夏六年四月十四日立夏五月二十九日夏至六月十六日立秋乾道七年正月一日五月十一日夏至八年正月四日立春四月六日立夏七月八日立秋九年二月一日春分五月四日夏至六月二十日立秋並如之　二年十月二十四日戊風緊大　乾道二年正月六日四月十四日十二月二十三日三年閏七月十五日十六日十月二十五日十一月十二日乾道四年正月二十

三日二月二十一日十一月十二日十二月十九日乾道五年二月十六日五月二十七日六月十一日九月十九日十二月十日乾道七年三月八日十月十四日十一月四日乾道九年正月二十八日亦如之　乾道二年六月二十九日丑風緊大　八月十八日同　三年七月十三日艮風緊大　五年七月十六日巳風緊大十月十六日午風緊大　十一月十二日申風緊大十二月四日同淳熙元年五月十五日夏至風從离位上來　既而九年五月十三日夏至十年七月十一日立秋亦如之　十月三日乾風緊大十一月六日同三年十一月十二日冬至風從坎位上來　既而四

卷二百九十

年十一月二十四日冬至八年閏三月十五日立夏十年十一月二十九日冬至亦如之　八年二月二十九日春分風從震位上來　九年八月十六日秋分風從兌位上來　淳熙十六年正月一日正朔風從東北方艮位上來　既而十一日立春十一月六日冬至紹熙元年正月一日正朔三月二十五日立夏二年正月一日正朔三年正月一日正朔十二月二十五日立春四年正月一日正朔二月十二日春分四年八月十七日秋分五年正月一日正朔六日立春亦如之　五月三十日夏至風從西北方乾位上來　既而八月三日秋分九月十九日立冬十二月二十二日立春紹熙元年

八月十四日秋分九月三十日立冬十一月十七日冬
至二年正月三日立春二月十九日春分八月二十五
日秋分十月十一日立冬十一月二十七日冬至三年
正月十四日立春八月六日秋分九月二十三日立冬
四年五月十五日夏至十月四日立冬十一月二十日
冬至五年二月二十日春分八月二十八日秋分十月
五日立冬十一月一日冬至十二月十七日立春亦如
之　六月十七日立秋風從西南方坤位上來　既而
紹熙元年五月十一日夏至二年七月九日立秋三年
三月十七日立夏十一月八日冬至四年七月二日立
秋五年四月九日立夏七月十二日立秋亦如之　紹
卷二百九十
熙元年二月九日春分風從東南方巽位上來　既而
六月二十七日立秋二年四月七日立夏五月二十三
日夏至三年正月三十日春分五月四日夏至六月二
十日立秋四年三月二十七日立夏五年五月二十五
日夏至亦如之　紹熙五年八月二十三日甲寅其日
秋分風從東南方巽位上來　十月十五日壬寅其日立
冬風從西北方乾位上來　十一月一日戊午其日冬
至風從東南方巽位上來　慶元元年正月一日丁亥
其日正朔風從東北方艮位上來　二月三日己未其
日春分風從東南方巽位上來　三月二十日乙巳其
日立夏風從東北方艮位上來　五月六日庚寅其日

夏至風從東北方艮位上來　二年正月一日辛巳其
日正朔風從東北方艮位上來　四月一日庚戌其日
立夏風從東北方艮位上來　六月二十七日己丑其
日立秋風從西南方坤位上來　十月八日癸丑其日
立冬風從西北方乾位上來　三年正月一日乙亥其
日正朔風從東南方巽位上來　四月十二日乙卯其
日立夏風從東北方艮位上來　四月二十七日庚午
其日夏至風從東北方艮位上來　九月十八日戊午
其日立冬風從正北方乾位上來　十一月五日甲辰
其日冬至風從正北方坎位上來　四年正月二日己
亥其日正朔風從東南方巽位上來　三月二十四日
卷二百九十
辛酉其日立夏風從東北方艮位上來　六月二十六
日壬辰其日立秋風從西北方乾位上來　七月二十八
日癸亥其日立冬風從西北方乾位上來　五年正月
一日癸巳其日正朔風從東南方巽位上來　二日甲
午其日立春風從西南方坤位上來　十月九日戊辰
其日立冬風從西北方乾位上來　十一月二十六日
甲辰其日冬至風從東北方艮位上來　六年正月一
日戊子其日正朔風從西南方坤位上來　十三日庚
子其日立春風從東南方巽位上來　三月十六日辛
未其日立夏風從西北方乾位上來九月二十一日甲
戌其日立冬風從西南方坤位上來　嘉泰元年正月

一日壬午其日正朔風從東南方巽位上來　八月十六日癸巳其日秋分風從東南方巽位上來　十月二日己卯其日立冬風從東南方巽位上來二年正月一日丁未其日正朔風從東南方巽位上來　七月十一日癸丑其日立秋風從西南方坤位上來　八月十四日己亥其日秋分風從東南方巽位上來　十月十三日甲申其日立冬風從東北方艮位上來三年正月一日辛未其日正朔風從西南方坤位上來　三月十八日丁亥其日立夏風從東南方巽位上來　六月二十一日戊午其日立秋風從西南方坤位上來　四年正月一日乙丑其日正朔風從東南方巽位上來　十月

卷二百九十

六日乙未其日立冬風從西南方坤位上來　十二月二十二日丙辰其日冬至風從西南方坤位上來　開禧元年正月一日己未其日正朔風從東南方巽位上來　八日丙寅其日立春風從東南方巽位上來四月十日丁酉其日立夏風從正南方离位上來　七月十五日戊辰其日立秋風從西北方乾位上來　二年正月一日癸未其日正朔風從東南方巽位上來　三月二十一日壬寅其日立夏風從東南方巽位上來　六月十四日甲戌其日立秋風從東南方巽位上來　九月二十七日乙巳其日立冬風從西南方坤位上來　三年正月一日丁丑其日正朔風從東北方艮位上來

七月五日己卯其日立秋風從西北方乾位上來　八月二十二日乙丑其日秋分風從西北方乾位上來　十月八日庚戌其日立冬風從東南方巽位上來　十一月二十五日丙申其日冬至風從東南方巽位上來　嘉定元年正月一日辛未其日正朔風從東南方巽位上來　四月十四日癸丑其日夏至風從東北方艮位上來　六月十六日甲申其日立秋風從東南方巽位上來　八月三日庚午其日秋分風從東北方艮位上來　九月十九日丙辰其日立冬風從東北方艮位上來　十一月五日辛丑其日冬至風從東南方巽位上來　二年正月一日乙未其日正朔風從東南方巽

卷二百九十

位上來五月十二日甲辰其日夏至風從東南方巽位上來　六月二十八日庚寅其日立秋風從西南方坤位上來　十二月三十日丙子其日立春風從東北方艮位上來　三年正月一日庚寅其日正朔風從正南方离位上來　八月二十五日庚辰其日秋分風從東北方艮位上來　十月十一日丙寅其日立冬風從西北方乾位上來　十一月二十八日壬子其日冬至風從正北方坎位上來　四年正月一日乙酉其日正朔風從東北方艮位上來　十三日丁酉其日立春風從東北方艮位上來　二月三十日癸未其日春分風從東南方巽位上來　閏二月二十四日丁未其日風勢

緊大　五月三日甲寅其日夏至風從正南方离位上
來　五年正月一日己酉其日正朔風從東南方巽位
上來　三月二十七日甲戌其日立夏風從東北方艮
位上來　七月一日乙巳其日立秋風從西南方坤位
上來　十月四日丙子其日立冬風從西北方乾位上
來　六月正月一日癸卯其日正朔風從東南方巽位
上來　七月十一日庚戌其日立秋風從西南方坤位
上來　八月二十八日丙申其日秋分風從東南方巽
位上來　九月十五日壬午其日立冬風從西北方乾
位上來　十一月一日丁卯其日冬至風從正北方坎
位上來　七年正月一日丁卯其日正朔風從東南方
卷二百九十
巽位上來　二月四日己亥其日春分風從東南方巽
位上來　三月十九日甲申其日立夏風從東南方巽
位上來　八月九日辛丑其日秋分風從西北方乾位
上來　十二月二十八日戊午其日立春風從東北方
艮位上來　嘉定八年正月一日辛酉其日正朔風從
東北方艮位上來　四月一日庚寅其日立夏風從東
南方巽位上來　五月十七日乙亥其日夏至風從東
南方巽位上來　七月四日辛酉其日立秋風從西北方
乾位上來　九年正月一日乙卯其日正朔風從西北
方乾位上來　十四日戊辰其日立春風從西南方坤
位上來　二月二十六日己酉其日春分風從西北方

乾位上來　九月十七日丁酉其日立冬風從西北方
乾位上來　十一月四日癸未其日冬至風從東南方
巽位上來十二月二十一日己巳其日立春風從西北
方乾位上來　十年正月一日己卯其日正朔風從西
北方乾位上來　二月七日甲寅其日春分風從東南
方巽位上來　三月二十三日庚子其日立夏風從東
北方艮位上來　五月十日丙戌其日夏至風從東南
方巽位上來　七月二十五日辛未其日立秋風從東
南方巽位上來　十一年正月一日癸酉其日正朔風從
西南方坤位上來　七月八日丁丑其日立秋風從東
南方巽位上來　八月二十三日壬戌其日秋分風從
闕　卷二百九十
東北方艮位上來　十月十日戊申其日立冬風從西
北方乾位上來　二十三日戊午其夜風勢暴大　十
一月二十六日甲午其日冬至風從西北方乾位上來
十二年正月一日戊辰其日正朔風從東南方巽位
上來閏三月十六日辛亥其日立夏風從西南方坤位
上來　六月十九日壬午其日立秋風從西南方坤位
上來　九月二十一日癸丑其日立冬風從東南方巽
位上來　十三年正月一日壬辰其日正朔風從東南
方巽位上來　三月二十六日丙辰其日立夏風從正
南方离位上來六月二十九日丁亥其日立秋風從西
北方乾位上來　十四年正月一日丙戌其日正朔風

從西南方坤位上來　五日辛卯其日立春風從東北方艮位上來　七月十日壬辰其日立秋風從西南方坤位上來　十月十四日甲子其日立冬風從西北方乾位上來　十五年正月一日庚戌其日正朔風從東南方巽位上來　三月二十七日丙寅其日立夏風從西南方坤位上來　六月二十一日戊戌其日立秋風從西南方坤位上來　九月二十四日己巳其日立冬風從西北方乾位上來　十六年正月一日甲辰其日正朔風從東南方巽位上來　三月二十九日壬申其日立夏風從西北方乾位上來　七月二日癸卯其日立秋風從西北方乾位上來　十七年正月一日戊戌其日正朔風從東南方巽位上來　四月十一日丁丑其日立夏風從西南方坤位上來　五月二十六日壬戌其日夏至風從東南方巽位上來三十日丙寅其夜風勢蘇大　七月二日癸卯其日立秋風從西北方乾位上來

卷二百九十

入運歷節候

全唐文　宋會要　禁火

禁火乃周之舊制唐及宋朝清明日賜新火亦周人出火之事

宗學

徽宗建中靖國元年以世雄仲爰之言四月九日詔復
置宗學初元祐六年宗室令鑠嘗乞建宗學及畢工以
賜蔡確家至是令鑠之父知大宗正事世雄及同知大
宗正事仲爰言願詔有司復以初旨故有是詔　崇寧
元年十一月十二日宰臣蔡京劄子奏乞所在諸宫置
學添教授逐宫各置大小二學宗子世符二學頒添置
教授二員量立考選法月書季攷取其文藝可稱不戾
規矩者注于籍在外住而願入宫學者聽依熙寧詔書元
符試法量試椎恩其學制從本司參定願入太學集學
者亦聽應宗子年十歲以上入小學二十以上入大學

卷二萬一千九百五十二

年不及而願入者聽從便若無故應入學而不入或應
聽讀而不聽讀者罰俸一月再犯勒住朝參三犯移自
下齋即兩人不入學本宫本位尊長罰俸半月三人以
上併犯者罰俸一月十人以上罰兩月重者申宗正司
奏取敕裁二十九日臣僚上言竊觀宗子既以三舍考
校德行藝文高下優平之法即與内外庠序事體一同
緣本司長貳並係宗室臣僚欲乞諸宫學別以儒臣專
提舉學事或選宗正寺長貳專以學事隸之庶使上下
相維幾察異論官師無苟簡之弊以稱陛下敦叙教養
甚盛之舉詔諸宫學差宗正寺長貳提舉玉海置院別
都增學宫耶　崇寧以知宗同知宗兼領學事　三年五

月置睦親宅北宅廣親宅大學小學各一員廣親北宅
睦親西宅閤王宫大學兼領小學各二員五年改稱某
王宫　子博士位　子博士之上靖康之亂宗學遂廢
諸宫博士共十三員立三舍法事類合璧宋朝胄監之
外復立宗學始創於神宗至崇觀而大備中更禍亂宗
學遂廢南渡草創爲屋數楹暫寓臨安之睦親宅更化
之後以羅仲舒范楷奏請有旨還睦親宅於他所而盡
拓故基以爲學焉　大觀元年十一月承議郎充睦親宅
宗子博士勾祖武劄子伏見宗學昨已蒙朝廷增復博
士員缺然一學規矩責在正録舉行令止以宗學爲之
其學生類皆同宫見屬糾正申舉之際未免或有牽制

卷二萬一千九百五十二

欲乞凡當宫學生及一百以上處並依大學辟廱法差
命官正録各一員仍以宗子正録副之從之十一月八
日南京外宗正司狀承崇寧四年十月十四日敕内外
宫學正録闕並從朝廷差命官續承崇寧五年二月四
日敕内外宫學正録可依舊條差補所有差命官指揮
更不施行二年三月戊午兩官仲璨唐突言宫學無官
宗子三經公試不中乞特與升補内舍有詔放罪而大
宗正司執政當行故也　八月三十日詔曰先王賓興
萬民與教國子之制比嘗考之其義不同大司徒以六
德教萬民而師氏之教國子則三德以三行教萬民而於
國子則三行而已詳於訓士而畧於治親所教之道殊

親親之恩異故也崇寧教養宗子法雖未究盡然異於天下之士者親親之恩有在乎是今雖嘗倣辟廱大學修立制度可參酌輕重降於內外學法使易以跂及樂於勸向以示惇宗親厚之意宋史長編九月己未御筆宗室升貢試或不中自今許入國子學初學制局議遣歸本學止以爲庶士既得辟廱不可薄於宗親故有是詔

三年三月十六日朝散郎禮部尚書鄭允中奏乞同宗子中上舍第而文行有稱者爲宗子學官庶幾各從其類易以表率從之　九月二十九日御寶批知大宗正同知大宗正事官既爲屬籍之長兼見領管勾宗子學事可並依宗正寺少卿例詣學提按及簽書本學職事

四年八月乙酉詔宗子升補上舍係比舊日宗室應舉之人解其赴貢士舉試係比省試今不經殿試便分三等命官緣熙寧參有此法可依貢士已降指揮並留候殿試其上中等人遇唱名取旨　閏八月甲寅工部尚書李圖南上宗子大小學敕令格式二十二冊詔付禮部頒降

政和二年四月庚戌禮部言大觀三年貢士并宗子上舍與進士同釋褐就瓊林苑賜宴今合取旨詔宴就辟廱仍用雅樂差知舉蔡嶷押宴　四年合小學生近一千人分十齋　十二月頒小學條制立三舍法

五年五月試小學生優等四人賜上舍童子出身　政和學制宗正卿總治宗子大小學之政令少卿貳之

重和元年十一月九日臣僚言諸宮學官承前弊不暇升堂則例皆傳送口義令諸齋抄錄以爲文具而已職事廢弛不言可知欲乞嚴賜誡勑詔令大宗正司檢察措置令看詳宗子學官不升堂講書合從違令笞科罪令承朝旨稱有廢慢重寘以法欲宗子學博士應講書不集衆升堂者增從杖八十科罪從之　宣和二年八月五日中書奏元豐法在京小學止有就傅初筮兩齋無直學至於是罷二舍教諭選太學生爲之　三年六月二十七日增置西南外宗院教授　高宗紹興三年六月二十三日知大宗正丞謝伋言臣嘗讀真宗皇帝實錄咸平間使輔臣選醇儒授南北宅將軍以經典其後常遴擇名德之士以充其官比年以來選用寖輕至或久闕正員簿書期會之吏得以攝事使宗室何視以爲模範哉其大小學教官欲望明詔三省遴擇儒臣以專訓導詔各選一員　四年始置諸王宮大小學教授二員隆興省其一　五年四月七日同知大宗正事士儇言檢舉尚書省劄子知大宗正事仲琮申請數內一項諸宮自來差教授官一十三員記室一員即今全闕今先乞差大學教授二人小學教授二人伏望差注其人從請給並依在京法有旨依仍令吏部討論條具申尚書省本部將紹興重修格檢揭即無宗子大小學教授注格按牘取到大宗正司狀宮學教授後來改爲

宗子博士序位立班在國子博士之上請給人從視大學博士契勘在京係諸王宮大小學教授令欲依大宗正司供到事理施行從之　二十九日秉義郎趙公智言趙不見先係從義郎宗學內舍生有中等校定作免解人數有旨特與換授宣義郎公智先係宗學外舍陞補內舍若比大學罷三舍恩例合得免解至依趙不凡例換授文資詔趙公知特換授左承奉郎　六月七日禮部言諸王宮大小學教授錢觀復奏乞復置宮學送禮部與所屬曹部同共勘當申尚書省今據國子監狀祖宗朝凡宗室事大宗正司治之玉牒之類宗正寺掌之政和學制書宗正卿總治宗子大小學之政令而掌

卷二萬一千九百五十二

之少卿貳卿之職事崇寧以來知大宗正司同知大宗正事兼領主管提按簽書學事今來宮學所隸宗正司與宗正寺即本監難以指定欲乞取會逐處指定施行勘會諸宮教授自嘉祐以來設置仍立講書課試規罰之法累經兵火元立一司條法已是散失見今國子監有政和學制內該載宗學法令有簡便可行於今者欲就國子監闕借抄錄奉行所有宗學一司條法欲乞搜訪以備採擇合行事目條畫遵守從之　七月六日太常寺言大宗正司關稱已修蓋大小學了當本寺欲乞令後每遇太廟別廟大祀所差宗室充獻言行事前三日致齋欲依本司條法於學舍致齋內前一日於本廟

致齋欲乞申明行下從之　八月十九日諸王宮大小學教授錢觀復等言今具本學條畫事件　一宗子昔分為六宅凡宅又各有學學皆有官令行在惟有睦親宅一處專以居南班官其子弟之係外官者無幾所餘外官無宅散在民居邸店者不可勝數欲盡令入學則睦親宅見在散居五間除教官二員各得直舍屋一間外餘講堂三間更無齋舍可以容處欲各就宗子所在講說訓導非特與民間混雜所居褊隘又散漫不一難以遍詣欲乞就睦親宅附近踏逐空閑地基增廣學舍令應千到行在宗子皆得入學庶使內外宗子均被教養　一契勘國朝自嘉祐三年詔諸宮置教授治平元

卷二萬一千九百五十二

年添置講書及課試規罰之法其制未備至崇寧大觀間諸宮各置博士十三員立為三舍陞補與貢士一體其法甚詳令創復宮學止是行在及紹興府南班宮邸各置教授二員嘉祐治平講書課試規罰之法已經兵火無有生者今乞刪修見令合行條制付本學以憑遵守施行　一宗學法合輪講書令來宮學大學生人數至少年格雖及而經書全未通誦尚須點授若遂以大經義講說則義難開曉恐成躐等欲乞且講論孟可使易曉俟至稍通經旨仍舊大小經輪講庶以漸進不為文具其小學生日逐點授或作詩對所有大學生年雖應格學未成就亦乞且依小學例點授功課其有學業

稍通自依大學法並從之　十二年七月時因有宗子犯法己卯上謂宰執曰見宗學教官令日率宗子講書作功課庶使用心不爲惡事十月己亥上謂宰執曰令後宗子許令所在入學令與寒士同處仍別作齋庶盡變積習異時文行有可取也　十三年六月十九日西外宗正司言據宗學教授李若虎申教宗院宗學教授與諸州教授事體一同所有就任磨勘及薦舉等事乞依諸州教授條例施行從之　七月二十六日詔西外教宗院宗學教授許禮部國子監長貳依諸州教授體例通行薦舉　九月二日同知大宗正事士太言臣仰惟朝廷崇建大學教養多士陞黜之法備具甚盛典也

卷二萬一千九百五十二

而宗子亦蒙遴選師儒置學教導其間秀俊雖可取之人若未能旌別或不能自達欲望許令宗學教官如宗子有文藝可稱行己修潔者保明以聞乞量材升擢或賜名試其文理優長者特與補授文資庶幾人人知勸將見異材間出以副聖主樂育之意上曰若令保舉恐其間有人情可令保明申尚書省取旨引試庶得實才也　十二月五日禮部言知南外宗正事士謜保明到宗子學諭李軫在學實及二年委是文藝卓然衆所推譽乞與免解詔免文解一次　二十七日禮部言昨在京日有宮學教養在京睦親等宅宗室在外就西南兩外宗學教養每遇科場不以已未有官並聽赴國子監

轉運司請解及無官非袒免親許赴國子監取應本部契勘除內外宗室須應舉取應自合遵依見行條法指揮外昨在京日宗子學法係行三舍後於紹興五年六月內復置諸王宮大小學所有見在學教養宗子許依進士科舉法取應未出官者亦許入學聽讀實及一年方許參選出官願就舉者聽從之　十四年二月二十五日戶禮部言準同知大宗正事士㒟奏乞應行朝在外居住有官無官宗子願入學者並許令赴宮學仍依州學例每日量給飲食契勘今來應有官無官宗子並許入學切慮本學難以辨驗指實欲乞遇有入學宗子須先經由大宗正司陳乞令本司審實保明聞具年甲

卷二萬一千九百五十三

三代宮院報宗正寺行下　官學照會收管兼契勘在京宗子分隸六學教養大小生員各有立定人額今欲置大小學職事人各五人大學生五十人小學生四十人通一百人爲額仍將入學宗子並依州學例日給飲食內在京六學宗子學制有學規齋規并小學規并係增損大學之制今來合行申嚴遵守施行並從之　十一月一日禮部言諸王宮大小學祖宗朝睦親等宅宗子學舊制教授崇寧四年改爲博士紹興五年復置諸王宮大小學教授教導諸宮院宗子宮學教授與宗子博士所掌事體一同見今遵守今來乞復正錄按政和學制書所載宗子學正錄以尊卑序差即行尊而不任事

者聽以次選本學欲乞俟修學舍就緒日依舊制差置正録本部欲依所乞從之 先是趙不溢乞復置宗學博士正録於是禮部看詳從其請也文獻通考十四年建於臨安學生以百員爲額大學生五十人小學生四十人職事各五人置諸王宮大小學教授一員在學者皆南宮北宅子孫若親賢宅近屬則別選館職以教授焉 十五年八月六日諸王宮大小學教授陳孝恭言臣切觀陛下肇新大學教養之法莫不備舉每歲春秋上丁釋奠自大學以至郡邑籩豆簠簋之陳登降揖遜之節威儀孔昭神明顧享儒者榮觀莫此爲甚然臣切謂陛下親睦九族建宗子學置教授官而每歲宗子不獲

與上丁釋奠之列以觀禮文之盛誠闕典也欲望睿旨應行在宗子每遇春秋釋奠並令散齋致齋就太學倍位所有諸路宗子隨其寄遇郡邑亦令與此盛禮庶幾養成天枝益見秀傑豈小補哉從之 十六年六月八日詔宗子不憒與免文解一次以西外宗正司言在學二年文藝卓然衆所推譽故也 十七年八月十日詔宗子子渙特與免文解一次以西外宗正司言其在學日久文藝爲衆所推故也 二十年五月七日詔宗子學諭公迥特與免文解一次以知南外宗正事士浯言公迥在學實及二年文藝卓然衆所推譽故也 二十六年六月十六日通判泉州黃祖舜言仰惟國家祖功宗

德子孫熾昌懷負才能固不乏人然不加之訓導則雖有忠如朱虛賢如河間德行如東平將無以自見矣臣竊見仁宗皇帝朝以吳充爲吳王宮教授方正清謹名重一時嘗於宗司闢除聽事施設講席教導有方秩滿作宗室六箴以獻當時命録賜南北宮縉紳榮之今西外南外敦宗院雖有教授未嘗講說宗子無課程之規徒事虛文無益治道臣愚欲乞自今以往謹擇教官以經明行修之士充選間日講說課習程試如大學之制歲終以諸生程文真卷繳申禮部下太學司業博士看詳詞理優長者與免文解文學超異者特與推恩教授訓導有功亦乞量加褒擢以此激勸庶有成效仰副陛

下惇忠睦族之意從之 二十七年六月二十五日諸王宮大小學教授陳棠言睦親宅南班官及其子弟講解傳授舊制具存向緣創復之初有司建請以未能通經乞且講論孟至今逾二十年惟講此二書周而復始學官失於申明無有以六經講授者況今經學校科舉正以經術爲先而宗學講經自有成法特未舉而行之耳欲望令有司檢會宗學法將大小經仍舊講從之 八月四日宗正丞吳景偲言伏覩陛下偃武修文崇儒重道學校之設徧于幅員惟是宮學興復既已歷年止有敝屋數間蕭然環堵釋菜無殿講說無堂逼近通衢又無廊廡師儒齋几卑隘淺陋生徒誦讀游息之地抑又

可知豈有仙源派衍英材衆多傳經肄業之所乃苟簡
如此邪適者學官嘗有陳請事下有司行移會問猶未
營造意者官司財用有限力未能及歟望捐内府之錢
建立黌舍以聚宗室乞於今宮學之側令臨安府計置
度量修蓋從之　三十年孝宗為建王時光宗與莊文
魏王就傳以王十朋兼小學教授　孝宗乾道二年十
二月十五日知西外宗正事趙子英言西外敦宗院宗
學生公説等狀乞依南外宗學已得指揮於宗子月給
將仕郎綾紙内取撥一道變轉價錢專充宗學錢糧乞
下福州依例施行從之　淳熙元年六月十五日西外
宗正司言訓武郎主管台州崇道觀趙不壓因子姓撥

〔卷二萬一千九百五十二〕

擾市户強取民財奉旨不壓善誘送西外善許汝資送
南外宗學教導今據宗學教授陶敏功申不壓年六十
六見患風疾窃慮醫藥飲食之類不便别致不測欲乞
許令自便從之　三年九月二日知南外宗正司趙不
敵言乞依西外宗司公使庫歲給錢数每次給降不理
選限將仕郎綾紙二道下泉州轉變見錢三千貫文省
付本司充三歲公使行自今年為始從之　四年五月
二十一日詔西南兩外司宗子元犯兇暴殺人至死永
鎖閉拘管之人遇恩赦别行取旨外其不帶永字已經
展年人量元犯經重如已經赦合行放免者與放免從
判太宗正事嗣濮王士輵請也　十二月十九日南外

宗正司言本司昨緣住罷賣酒公使匱乏無可支遣乞
依西外宗正司例歲給度牒詔户禮部於泉州合起發
錢内支撥三千貫其度牒更不給降　五年閏六月五
日詔大宗正司諸宮院醫官特令更添置小方脉一員
共三員宿直祗應乾道五年八月十三日同知大宗正
事士錢言元差宿直醫官三員近降指揮減罷止差小
方脉一員乞依紹興府大宗正行司例更存留大方脉
一員至是本司復請添置故有是命　六年三月二十
八日新除右監門衛大將軍忠州防禦使權知大宗正
事不息言蒙恩特換南班有司創置合陳請事件　一
不息係外官換授南班格法不同所有請給支賜乞依

〔卷二萬一千九百五十二〕

累政宗官已得指揮依舊法全給　一西南外宗司皆
有公使錢物唯大宗正司日前多是三公使相知判各
人自有歲賜公使等物不曾陳乞今不息係庶官換授
若不陳請窃慮陪費不貲　一在法遥郡防禦使不該
差破書表客司抱笏殿侍蓋為南班依官序差破今來
不息係管宗司職事併趨赴朝參難以無人使令乞逐
色各特差一名　一不息已係轉至朝奉大夫今年初
遇大禮合該奏薦子孫一名乞依前宗官令詪已得指
揮於文資内安排詔並從之内公使錢緣不是官依逐
郡支給令户部每歲特支錢五百貫候轉官至恩給日
住支　七年英國公未就傳大理正王尚之乞選儒臣

為東宮小學教授上令討論典故正月二十六日以正
字楊暢兼皇太子宮小學教授四月十五日右領軍衛
將軍陳龜年以伴讀皇孫孝經論語終篇遷秩　八年
七月十七日知宗正事不息言宗室犯罪未至拘管之
於諸王宮學置自訟齋使之循省趙雄等奏若附太學
自訟齋規矩見成不勞措置上曰不若只令宗司自蓋
造　十年五月三日詔增置小學教授一員以何澹鄭
鍔同兼　十二年四月二十四日澹及羅黙兼皇孫平
賜郡王府教授　十四年十二月十四日權知大宗正
事不黯言乞將西南兩外敦宗院及諸郡縣主宗室宗
女宗婦合得孤遺錢米委本路提刑常切覺察遇有積

卷一萬一千九百五十二

壓不支去處嚴催督庥假監司之勢宗室獲免饑寒如
有提刑黨庇違奉不虔亦乞施行詔令戶部檢坐見行
條法指揮申嚴約束毋致違戾　十五日詔大宗正司
試後行二人巡視親事一人衣糧親事官一人步軍司
差到看管兵士二人以司農少卿吳燠議裁冗食下敕
令所裁定故有是命　十六年二月一日詔敦宗院改
為睦宗院　八月二十九日知大宗正事不黯言西南
兩外司官屬只有宗教一員係選人無舉〔許〕舉改官之制
乞特降指揮許每歲發改官狀一紙舉宗教從之　紹
熙二年二月十四日大宗正司言太保安德軍節度使
充萬壽觀使嗣秀王伯圭奏本位南班宗室合與不合

崇寧二字去

主管事詔特依所乞令就行主管　六月二十二日詔
皇伯太保嗣秀王伯圭除判大宗正事　二年七月二
十七日宰執進呈禮部國子監看詳到王䩄之選擇宗
屬附大學教養等事上曰祖宗別設宗學之意所以優
待宗子自是難令冢同在太學先是諸王宮大小學教
授王䩄言宗庠之設凡事具文有名無實欲量立數十
員之額於宗屬中擇其年少而未仕與夫有官而年未
及參選若貧而願自奮於學者依國子生附太學例於
大學闢一齋以處之就於公廚日添錢糧養贍月書季
考之類皆可責辦學官令盡用太學規程禮部國子監
看詳今若移宮院之學於上庠又以學官業宗子規矩

卷一萬一千九百五十三

即與祖宗舊法不同且如崇寧元年指揮罰俸勤住朝
參等事皆非用太學規程兼宮學教授既有專職難以
更責學官兼顧進呈之次故聖諭如此　崇寧慶元六
年十月七日詔西南外宗司官歲舉教授改官許逐司
每任內互舉一次以知南外宗正不戒知西外宗正公
迥言淳熙十六年八月二十九日敕節文外宗官許歲
發改官狀一紙與本司教授照得二司宗官教授皆以
三年為任初一年可發一紙逕第二第三年見在教授
不可再發又別無可舉之官乞各將任內合發宗學教
授舉狀兩司只就歲發未盡之數通融互舉故有是命
　嘉泰元年四月十九日詔將潛邸府改充開元宮并

案開禧止三年此七年誤

大宗正司都將大宗正司改作百官廨宇　開禧七年八月癸卯復建宗學置博士諭各一入弟子員百人

嘉定七年五月二十四日都省言本朝典故在京舊有宗學西南兩外宗司亦各建學渡江以來西南兩外宗司置學如舊而行在宗學尚未修復詔三省條具以聞

八月二十六日詔臨安府踏逐空閑地建宗學其學置六齋生員以一百人為額遇補試年分申請補入隸祭酒司業置宗學博士宗學諭各一員前廊職事四員每齋長諭各一員其合行事令國子監長貳條具申尚書省

八年四月五日諸王宮大小學教授危稹言竊惟宮庠乃國家親睦教養之地伏自紹興復置以來因

卷二萬一千九百五十二

陋就弊闕典甚多嘗閱按牘檢會嘉定七年二月二十五日都省劄子范擇能申請乞將本學殿堂後睦親宅空閑位子壹所量加修葺展入宮學以充講堂齋舍已劄下臨安府差官相視地段打量畫成圖本檢計工費外欲乞檢照臨安府已申事理早賜施行詔令封樁庫支撥官會三千貫付臨安府委官同官學計置如法修蓋

九年十二月五日尚書省劄子勘會昨已降指揮興復宗學令隸祭酒司業今來已將諸王宮學重行建造合與改作宗學仍參照國朝典故宗學舊隸宗正寺合議施行詔將諸王宮學改作宗學仍隸宗正寺施行

同日詔將諸王宮學改作宗學仍照國朝典故改隸宗

正寺文獻通考改教授為博士又置宗學諭一員兼隸宗正寺在太常博士之下諭在國子正之上依給賞典依國子博士及正體例於是宗室踈遠者皆得執學而彬彬可觀矣旋有旨復存諸王宮大小學教授一員十年正月十四日詔宗學博士班序在太常博士之下宗學諭班序在國子正之上其請給人從賞典等並依國子博士及國子正體例施行

三月十九日宗正寺言宗學合行事件

一本學生員照得期日已迫恐妨補試今欲且照已降指揮將應曾得解宗子附國學補試後場引試所有合取員額候引試訖具終場人數申乞取放施行其合格人依太學例薦試訖权供外有闕額

卷二萬一千九百五十二

未補之數合候後次補試申取指揮

一放待補今欲於逐舉解發人數之外亦與量放待補每百人取一十五人為率逐處給帖前來权試若人數不及照數取放

一外舍生太學每歲二十人校定一人今欲以一十五人校定一人零分亦校定一人

一私試太學每一十人取一人為合格零分亦取一人今欲以八人取一人零分同

一公試太學通榜二十人取三人內第二等約三十五人取一人今欲以五人取一人內第二等以二十五人取一人如有外舍校定方許隨榜擬關陞補以來有校定依太學追補法如追補不及格理作校定閑

一內舍生太學每一十人校定一人零亦校一人

令欲以七人校定一人餘分同上舍試年分十分為優非上舍試年八分為優餘平等次年奏名若未有校定不該陞補者以所得分數歲終理為校定　一上舍試太學間歲一試每一十人取三人分優平二等約一十二三人取一人入優等武學三歲一試每三人取一令宗學人數不多欲以三年一赴舍試亦與三人取一人內舍須及一十人方放優等一人　一解試滿年外舍生太學約一十三人取三人照得宗子赴監試條七人取三人今欲以宗學滿年生依監試例七人取三人一兩優今欲以兩入優等人許赴殿試除宗室舍得陞甲外視科甲高下補官仍特與堂除教官差遣外有中

卷二萬一千九百五十二

等下等上舍亦與依守年法赴廷試並隨科甲高下補授宗室自有陞甲陞名體例更不用舉用太學上舍恩數將來生員增多內舍及二十人以上所有兩優恩例却申取指揮　一每月私試差官令照監學訓合差宗博宗諭充考校官宗寺長貳輪充監試外有封彌謄錄官合委本寺丞簿輪充緣本寺簿時暫兼宗學諭若令封彌謄錄委有相妨今欲將封彌對讀以丞充攝外其謄錄權差本學監門使臣兼監所有逐官從例合破添給食錢本學卷子數少欲照監學官例權從半支給其使臣本學量行支破候成次序別差宗諭其丞簿却照監學例施行　一補試差官令照得太武學補試本學

除留正錄一員在外主行規矩外餘官盡行入院考校今來本學只有博士及宗諭共二員並合入院照得初放補試卷子必多竊慮考校不辦欲就院內共考校及封彌對讀謄錄官亦乞就差監試簾外官　一每月私試及公試補試納到試卷照得卷子兼合用印所有本監印條印乞照國子監例徑行雕造外所有試卷并封彌謄錄印記行下所屬鑄造　一齋舍講堂合行命名今欲權作四齋為額從本學官撰擬作立愛貴仁大雅信厚堂名作明倫　一職事今欲通置學正學錄各一人仍兼直學學諭各月給三千每廊齋長齋諭各一人月給各一千照得宗學建立之始方行収補生員所有

卷二萬一千九百五十二

大小職事本學即未有校定分數可差候補試開榜後權於三名前選差屬行稍高若充長諭權兼前廊仍候歲終校定及將來私試第一人公試三名前從本學正行差補一吏額今欲差置職級手分楷書正錄司各一名共以五名為額除本學見管二名充頭與理年遞趲餘三名欲於他處官司且權行踏逐抽差能書寫諳知行遣人補充仍照寺監體例訖遞遷所有各人請給欲照宗正寺見幫勘胥史資次等第內職級依本寺正胥史例手分依正胥佐例貼書楷書並依權貼書例正錄司依國子監正錄司例諸給支破外其職級平勞解發恩例取自朝廷指揮送敕令所修定施行　一諸色等

人照得本學已立學舍所有官錢物書籍柴米等合差置尃知官一人於刑部差副尉充立界更替庫子一名同共掌管攢司一名並要能書寫攢筭內攢庫仍各名保職委有行止無過犯庫子須要有家産抵當人公廚并供學官廚子共二名飯局擡盤子一名茶酒司一名兩廊四齋共且置正齋僕二人貼齋四人甲頭一人逐人合支月給錢等並乞照監學請月給則例支破　一監門監廚巡防軍兵等合欲臨安府差指揮一員充監門兼監廚及於本府差撥將兵一十人充巡防看管半年更替差二人充把門子　一逐月私試并以後公試補試等今欲照監學例且招置書鋪二名遇試投納試

卷二萬一千九百五十三

卷及充謄錄　一每月私試合差謄錄人今照兩學例就差本學書鋪外仍於吏部差書鋪五名試日卷子多寡卻令本學募人　一在學生員合日破羊菜柴米等今欲照兩學三舍生體例支破　一養士錢米今宗學興復之初支費未有定数生員未有校定上舍內舍欲且五十人為額陞供依外舍生例支破及學官每月私試考校并顧僕雜支審糧等錢內有從半支給外一年約度共費四千五百餘貫文米二百五十餘石乞下戶部相度於校補試日行所屬作料次逐旋支撥椿管本學置歷收附斟酌多寡具數申宗正寺關支委本寺丞點對送學官差庫照數支撥仍每月開具日支錢米申

崇儒一之一九

寺候歲終齋亦歷帳狀干照赴寺驗数照對消豁訖具申朝廷別行支降施行　一照得已降指揮宗學仍隸宗正寺施行所有本學應干合行事件並乞照禮部國子監太武學體例施行並從之　二十七日國子監言承左右司牒到提轄行在権貨務都茶場趙汝伋有親子崇肇親姪崇揆崇總并臨安府保明申到通判臨安軍府事趙汝适有親子崇縝崇徇監行在榷貨務都茶場趙師固親子希允並乞赴本監補試照得前舉識事釐務官牒到宗子趙國子生補試緣未立宗學本監已行収試了當今有宗學見行開補所有宗子月書季考等並照大武學體例施行亦合有在朝職事釐務官牒

卷二萬一千九百五十三

試宗子國子補試項目緣昨來宗學失於申明上件項目是致逐官牒到宗子赴國子補試本監難以収試申取指揮施行宗正寺看詳補試宗子照得在朝職事釐務官如係宗室自合牒宗學収補詔送宗正寺照應収試施行　二十八日宗學博士危稹言本學元係諸王宮大小學已降指揮改為宗學其生員見行補入所有昨來諸王宮學承大宗正司訓導到聽讀生員內未曾請解人委曾在學聽讀係轉入大小功課簿生員通約不過一二十人亦當存其向學之心欲與許赴今來補試從之　四月二十日宗學補試所言宗學生補試檢照已降指揮應舉取應曾得解并在朝職事釐務官牒

崇儒一之二〇

試宗子附國子試後場引試所有合取員額候引試訖具約場人數申取指揮施行今来已引試經義詩賦一場據封彌所申終場人數共五百二卷乞指揮取放人数諮通放三十名　二十四日宗學博士危積言昨備申終場人數去後恭被省劄通放三十人以終場五百二人論之其數誠為稀少難為取放稍多特宗子解試例是七人取三人省試則六人取一人其選取之路本寛今國家加恩皇族又置宗庠使由舍選以入可謂隆厚而制必稍優以示勸厲不敢比類解省試陳乞止乞十人取一人増放五十人庶幾上副朝廷建立宗學之初意諮更增一十名以四十名取放　二十八日宗正

卷二萬一千九百五十二

寺言宗學博士危積主簿薰宗學諭錢撫劄子本學自備試放牓二日後即行薰引於四月三十日　陛供可預霑季者止有一十三人五日後雖間有参學人即不在霑季之数今来合引私試方議逼處告假求去者日有其人扣所以然皆云人数既少又多孤經月試限以八人取一人則一日終可取二人外舍限以十五人校定一人則一歳纔可校一人其選既艱無以為銖積寸累之地窃觀朝廷所以興復宗學之意本以加恩皇族宜有優異以示激勸緣宗子進取之塗素寛難以太學舍法律之況太學雖約一千四百人為額而住學者多止三百餘人其外舍校定約七十人則是名四二十

人校一人實則四人以校一人故本學向來條具之用武學舍法每月私試與每歳外舍校定皆欲以一十人取三人比之太學雖若稍優然宗子皆是實在學者太學以實住學者四人以上校一人本學以實在學者三人以上校一人其所增初不為多若依今來所乞以見霑季人計之歳終外舍校定亦不過四人而已乞照武學舍法取放私試及校定人数俯念立學之初宗子在學数少特與照武學例放行候將来補滿一百人元額却行別議規制　一本學補試節次承降指揮取放四十人今来已有生員共一十三名薰試参學了當内一名為患出假外見供一十二名私試承已降指揮八人

卷二萬一千九百五十二

取一人零分同今生員止有一十二名若照上項分數只合取二名無以示立學勸勉之意照得武學私試十人取三人今来若照武學例取放亦止該取四名本學校定承已降指揮一十五人校一人見今住學生員共一十三人若照上項校定人數尚未該校定一人照得武學外舍生例十人校定三人零分亦校一人今來若照武學例併算零分亦止該校四人更合取自指揮本寺照得宗學建立之初参學生員尚少若不權從所申則無以示勸誘之意諮權依宗正寺所申候將来取放生員及額日却依元降指揮施行　十一年二月二十日宗正寺言宗學申本學公試已降指揮照武學例附

太學公試場引試所有試院合支公使支供等錢并雜
物油酒等今比擬下項　一公使㓂食等錢今欲比附
武學公試合支則例　一宗正寺長貳入院陛補并將
帶人吏今欲比附國子監長貳入院陛補并將帶人吏
則例　一院內主行文字人吏二名食錢犒設等并就
差諸色祇應人合得引試犒設今欲比附國子案手分
貼司并武學引試祇應等人合得則例　一應干合用
紙札朱紫柴炭油酒雜物之類並乞從諸司官比擬條
具數目支撥施行從之　十二年五月十九日宗正寺
言宗學職級年勞解發恩例照得國子監人例年滿格
法係補職級及五年通入仕及三年解發赴吏部補官

卷二萬一千九百五十三

今來宗學與國子監事體一同所有人吏年勞試補比
換等事乞依國子監見行格法體例施行從之　京官
司欲照六曹寺監一體施行從之　十二年八月三日
臣僚言大宗正司專糾合宗盟之職所宜望實素著乃
能觀聽具孚今以嗣秀王兼總深為允當乞今後除授
知宗須擇老成更練之人庶幾肅示表儀同歸信厚允
稱陛下彊宗之意從之詳見宗室雜録　十四年三月
八日類試宗學公試所言宗學興復之初補中生員四
十人公試取放每十人取放四人嘉定十一年公試終
場三十二人申明朝廷令第二等取一人第三等取放
二人餘九人並作四等嘉定十二年公試終場二十六

人再行申明於第二等第三等內各增放一名十三年
公試十六人亦依十二年例取放今來公試五十二人
所乞第二等第三等各行增添取放兼照諸經多寡不
齊通融混取詮宗學公試與於第二第三等內更添放
一名餘並作第四等取放仍將諸經通融混取　四月
一日從事郎行宗學諭范楷劄子奏臣備數宗庠職在
訓諭茲遇陛下加惠同姓增廣黌宇經始不日幸已落
成橋門顯敞堂廡深邃規模鼎新群目增煥甚盛舉也
然學館雖盛而教養之事猶未盡備臣不容不冒昧言
之臣聞五學之建上親為首同姓之蕃近屬尤親國家
始立宮學所以訓諸王之近屬繼創宗庠所以徠四方

卷二萬一千九百五十三

之宗親因其初意而增崇之非固欲使新間舊疏踰戚也
今睦親之宅廣為學宮教授之官轉為博諭曩之宮學
一變而為宗庠矣由試而入者則預教養而前日近屬之
親舊列為弟子員者反不獲周旋於其中一遇講說僅
得旅進退於館下寄一食於公庖而已雖勤敏嗜學者
思欲登名於籍有不可得甚非國家親親之始意也
又況學校之廣十倍於前而養士尚仍其舊區宇宏大
弦誦寂寥亦非所以崇教化肅觀瞻也曩者中興初建
太學每歲二補其後歲一補又其後始三歲一補著為
定式蓋創建方新招徠貴廣理所當然今必拘三歲而
一試復限以已請舉之人員額不寬來者宜少夫親者

既不獲與疏者又未盡來雖儒館之新恐直爲觀美耳欲望聖慈俾前隸宮學諸生並特許附公私試其公私試皆中選者即與正補宗學生凡隸宗盟者仍於今歲特與放補一次不以請舉爲限因復諸王宮大小學教授一員以廣訓迪俾諸王近屬之子孫年十五以下者亦許試小學生如是則遠近宗屬皆相免以興於學以厚人倫以睦同姓顧不韙歟臣不勝拳拳後批送部勘當申尚書省本部連送國子監勘當今據本監申送衆官聚議今據宣教郎國子博士許應龍等狀申今聚議開具申禮部備申都省取自朝廷指揮施行 一范宗諭奏劄乞將前隸宮學諸生並特與附公私試及諸王

卷二萬一千九百五十三

宮子孫年十五歲以下者亦許試小學生仍復諸王宮大小學教授一員今衆議照得宮學舊有教授所以訓諸王之近屬今宮學改爲宗祥教授轉爲博諭四方之宗親由試而入者皆預教養而近屬反不獲預申請委實尤當今欲乞復置教授一員以廣訓迪仍令舊籍宮學諸生並特附公私試如兩試皆中與補宗學生員十五歲以下亦許試小學生庶幾親疎宗屬長幼子孫皆被作成之賜 一奏劄内又乞特放宗學補試事今聚議證得宗學昨來只與已發舉人就補所以來試者寡雖兩次取放僅得九十名自今在學不滿三十人今來學舍增創十倍於前合廣招徠之路欲從所陳證太學

初建體例特與放補一次不以已請舉爲限於今秋附試場排日引試仍乞先期行下諸路州軍曉示施行本監所據衆官聚議申到事理備録在前今勘當欲從衆官聚議申到事備申都省取自朝廷指揮施行詔從禮部勘當到事理施行劄付宗學 七月十四日宗學言大學體例有醫官二名以爲生齋諸生緩急療治之備今來宗學規模增廣生員衆多雖权太醫免解生邵良臣一名未曾申明請給是致本人未專奉職今照得太學有醫官二名分番宿直每名除本監月支畨糧錢五貫文外有合藥等錢係屬左藏庫幇支昨权太醫解免生邵良臣每月亦於本學支給畨糧錢五貫文所有合

卷二萬一千九百五十三

藥錢乞下所屬幇支從之 八月十三日都省言仍復諸王宮大小學教授一員照得樞密院編修官正除特與命詞給告今來諸王宮大小學教授亦合一體施行詔今後正除諸王宮大小學教授特與命詞給告 十六年十一月十九日都省勘會行在大宗正司近朝廷科降錢物鼎新修蓋已一切圓備合議指揮詔令知宗宗丞自今後照百司例每日入局不許在内居止亦不許轉借與人充解 十七年正月二十七日詔將宗學上舍與注教官差遣仍在太學曾陞補内舍人之次注書先是臣僚言國家中興文風尤盛故雖麟趾之公子亦皆豐豐學問博古通今英材輩出陛下首建宗學置

儒師之官嚴書考之法甚感舉也故近者宗子縣宗學而出官者授舍選之例得爲教官誠是也而宗子之在殿試科甲而爲教官者亦絶無而僅有臣謂天族貴胄非寒素之士師資之間誠意不接則責善之道或致相夷故宗子之在舍選者冝證殿試前名優與差遣其州郡教官並不得差宗室既而都省送國子監看詳國子博士胡剛中等聚議宗室殿試第一甲人許注教授係自乾道年著令分明宗學生由舍選而注教官則始自近年復建宗學之後比因臣僚奏請令宗子在舍選者冝證殿試前名優與差遣不許注授教官都省批謂殿試第二至第五人及太學兩優釋褐人並補文林郎從事郎注職官自第六名以下除教官外止注判司簿尉

（卷一萬一千九百五十三）

若别議優與差遣窃慮階官資序有礙銓法窃詳都省所批見得事理分明臣僚優異之說若與注職官委礙銓法若不許授教官止令退而注判司簿尉則非惟無以稱優異之說而殿試甲科宗學舍選却恐遂成虚文故有是命

六月三日臣僚言臣聞上之開設學校責乎教養之兩盡下之講明學問貴乎師生之相資師生日親則教養無愧矣臣讀學記曰凡學之道嚴師爲難師嚴然後道尊道尊然後士知敬其學三代之學所以淑人心粹化原者亦惟範模之功是賴仰惟國家設成均以風四方創建宗學爲我宋億萬斯年之計犄歟休

哉士生斯時魚躍鳶飛抑何幸耶謂冝涵養作成光明儁偉追棫樸官人之盛衍豐水數世之仁超邁前古可也而臣拳拳愚忠有願爲陛下告者臣起自諸生粗識學校事體有司成以總其綱列官師以任其職月有私試必公心去取使營求者不得以行其私旬有堂課必詳與批抹而傳齋者亦足以示其勸黜請生員以扣擊其所得反復問難以攷驗其所蘊朝夕接遂而師生舉無隱情聞見既廣則器識自充異日致君澤民之業實基於此今乃不然臣不欲悉數其故長貳有兼識間不入局則學官足綫及直舍而旋即命駕矣不聞延見[illegible]士尚何考德問業之可望還舍既不許接見生員自[illegible]

（卷一萬一千九百五十三）

質疑辯惑之無因規矩貽揭固非所以繩善類也不肅則踰者無所忌憚出假者節盖欲其一意肄業也不檢者乃肆行而自貽伊感試有得失各安其分可也彼黜者乃誣謗喧傳至於下有司究問此何等士風而見於有道之世耶負陛下教養之恩多矣今之宗室非不備餼廩非不豐識治者謂有養而無教是誠可咎耳昔韓愈晨入太學招諸生而誨之視此寧無愧乎臣受恩思報有見輒言事有關於風化之大者尤當不避仇怨欲望聖慈下臣此章以示三學使知以天子學校爲念以諸生講明學問爲急勿狥私情一洗舊習丕變士風不勝斯文之幸詔從之

建隆三年六月以右諫議大夫崔頌判監事始聚生徒講學帝詔中使以酒菓賜之
開寶八年國子監上言生徒舊數七十人元奉詔令分習五經內有繫籍而不至者又有任京進士諸科常赴講席緣監生元有定數欲以在監習業之人補充生徒詔令元繫籍而聽習不闕得千秋賦繫籍而不至者聽於本貫請其未入於籍而聽習者或有冠裳之族不居鄉里令補監生之闕宋初增修國子監學舍周顯德二年以天福普利禪院建國子監修飾先聖十哲像畫七十二賢及先儒二十一人像於東西廊之板壁

大中祥符二年四月國子祭酒邢昺言欲望自令補蔭出身人將來差遣並預先於國學聽書二年候滿日本學牒送審官院依條試驗方與差遣詔國子監如內有年及二十五以上願就差遣者試習經書或有講學探其所業考試聞奏

慶曆二年閏九月天章閣侍講史館檢討王洙言庠序之設教化所先自頃學徒來憇師業國子監每科場詔下許品官子弟投保官家狀量試藝業給牒充廣文太學律學三館學生多或至千餘人即隨秋試召保取解及科場罷日則生徒散歸講官倚席若此但為游士寄應之所殊無國子

卷二萬一千九百四十五

肄習之法居常講筵無一二十人聽讀者以聖朝經籍道崇儒雅日盛豈茲學校弗著彝規必若稽於唐漢率之令典則應改作為重尚難卒革誠能少加程約亦將有所招來況之前日漸可馴致欲望自今應國子監每遇科場敕下授納取解家狀日已前須實曾附本監聽學滿五百日者許投狀令本授業學官取文簿勘會詣實依例召京朝官委保方得取應每十人之中與解三人其本係監生欲求試補者亦不限時月每有一二十人投狀即逐旋量試藝業收補只令在監聽學簿管姓名仍每日講筵應係聽讀生徒並於本監授業學官處親書到歷如遇私故出入或疾告歸寧並於判監官處具狀乞假候迴日於名簿開記請假日數若滿一周年已上不來參假者除落名籍大率數年一遇科場若聽學五百日者許取文解在其間游息之日多矣然於學校之版齒位之叙必衆於今日也願下學官參議施行詔國子監詳定以聞本監請自今去經試補學生並依起請聽讀滿五百日方許取解已得國學文解省試下者止聽讀一百日許再請解並十人與解三人所有逐日聽讀親書到歷如有請假託人代書其不到及代書人實殿三舉仍落名籍學官故縱者科違制之罪律學即日一仍舊制釋奠先聖學官師生員陪位近歲多不遵行自今每遇釋

一

三年十二月一日詔國子監太學天下州縣學生徒更不立聽讀日限逐判興學校送儒士充教授咸有課試之法而諫官余靖極言其非便故有是命　加五年正月條上

皇祐三年六月四日詔太學生發衣食以教導為職比歲增以房宇賜之士四許置內舍生二百名如闕未補充數令宜以百人為限　加熙寧元年條上

奠見在監聽讀生員並須陪位學徒羣居宜較文藝以激進修自今後每月兩次輪差學官兩員出題目量加考試第其優劣唐置六學皆品官子弟充員其庶人子弟亦有四門學今國學除七品已上子孫許召保官試補外八品以下至庶人子孫例不收補自來雖有此條貫每遇科場多有冒稱品官子孫難以詳别致容假妄或興訟訴自今欲依倣唐制立四門學以八品以下至庶人子孫補充學生不唯漸革偷薄亦以示國家育材之廣也附監生徒聽讀已久須正係生員名籍自今每歲一補試差學官鎖宿對彌精加考校取文理相通者具名聞奏給牒收補內不合格者且令理日依舊聽讀後次與試若三試不中者便不在試補之限從之

五年正月十二日有司上言錫慶院不可廢詔三司别擇地乃以馬軍都虞候公字為太學

熙寧元年正月諫官滕中劉庠並言慶曆中太學內舍生二百員並官給日食近年每人只月支錢三百文添廚其餘自備比舊所費浸寡即今補試諸生一百五十人方撥四五十人入學足二百員數餘試中未入學者尚百餘人遠方孤寒待次多日却歸鄉里奔馳道路今太學齋舍空闊甚多欲乞增置生員一百人作三百數況本監歲收租課足以供贍又諫官

卷二萬一千九百四十五

吳申言今太學生徒以二百人為限其數當狹遠方之士逾年待次伏乞學生不限員數庶使嚮儒日盛流化天下詔中庠再參定申等言欲於內舍生二百人外增一百員名外舍生逐旋補試且令入齋聽讀仍不給官中貼廚錢候內舍生有闕即將外舍生撥填如此則有廣朝廷育材之意亦不違先降學制從之

山堂考索五月羣臣準詔議學校貢舉多欲變改舊法獨殿中丞直史館判官誥院蘇軾奏曰得人之道在於知人知人之法在於責實使君相有知人之才朝廷無責實之政則公卿侍從常患無人況學校貢舉乎雖復古之制臣以為不足矣臣願陛下明敕有司試之以法言取之以實學通經術者雖樸下廢鞘涉浮誕者雖工必黜則風俗稍厚學術近正庶幾忠實之士不至蹈衰季之風則天下幸甚上得軾議喜曰吾固疑此得軾議釋然矣知制誥宋敏求因轉對上言州縣有學舍而無學官四方之士輕去鄉里者以求師也請州置學官三歲一下務得士三百人令請□百人試詩賦論策鄉名通考之如舊其百人請如故文令郡解薦轉運使審覈之太學生則委判國子監官御試隨其所學而試之學有師故士不輕去鄉里隨其所學而試之則文辭經藝行實之人皆無遺也其後官不數變易太學建三舍命舉人以官州置學官三[illegible]

二

取百人多敘求發之也 玉海舊制試補監生六百人五月增為九百人

四年十月十七日中書門下言近制增廣大學益置生員除主判官外直講以十員為額每二員共講一經委中書選差或主判官奏舉以三年為任選人到監五年與轉京官或教導有方職事不修者並委主判官聞奏當議陞黜其生員分三等以初入學生員為外舍不限員自外舍升內舍內舍升上舍以百員內舍以二百員為限其生員各治一經從所講之官講授主判官直講逐月考試到優等舉業並申納中書學正學錄學諭仍於上舍內逐經選二員充如學行卓然尤異者委主判及直講保明聞奏中書考察取旨除官其有職事者授官訖仍舊管勾候直講教授有闕次第選充其主判直講職事生員並等第增添支食錢從之 二十八日詔殿中丞宋靖國贊善大夫呂嘉問相度錫慶院建太學從御史知雜鄧綰所請也綰言國子監祖容春秋釋奠齋庖之室不足以容諸生至於太學即未嘗營建止是假錫慶院西北隅廊屋數十間逼窄湫隘又官司未嘗葺治今大新學制學者聞風坌然畢集恐不足以容乞特賜錫慶院為太學故命相其地建之 文獻通考生員纔三百人請以錫慶院為太學仍修武成王廟為右學上以擬三皇四代膠庠序學東西左右之制下則可

卷一萬一千九百四十五

三

復於漢唐生員學舍之盛乃詔盡以錫慶院及朝集院西廡建講書堂四諸生齋舍官掌事者真廬器具而太學棟宇始謹足用議學校貢舉 初蘇頌子嘉在太學頗復害策問王莽後周變法事嘉極論為非在優等蘇液密寫以示曾布曰此輩唱和非毀時政布大怒責張琥曰君為諫官判監豈容學官與生徒非毀時政而不彈劾遂以告安石安石大怒遂逐諸學官以李定常秩同判監選用學官非執政所喜者不與陸佃黎宗孟葉濤曾肇沈季長與選季長安石妹婿濤其姪婿佃門人肇布弟也佃等夜在安石齋授口義旦至學講之無一語出已其沒三舍皆欲引用其黨耳

全唐文

宋會要 太學

紹興十二年十一月十二日詔太學養士權於臨安府措置增展其務法令禮部討論先是屢有臣僚言宜復太學以養育人材上以戎事未暇至是乃有是命十二月十二日詔太學養士權以三百人為額禮部討論國子監養士國初取補國子三百人為額慶曆三年仍立四門學以士庶子弟為生員嘉祐三年以四百五十人為額七年增一百五十人慶曆五年為太學皇祐三年許置內舍二百人熙寧元年以四方士人盛集京師遂以九百人為額四年以一百員為上舍至元豐以來養士以二千六百人為額上舍一百人內舍三百人外舍二千人國子二百人昨來行在監學止以元隨從車駕三十六人為學生故有是命同日又詔行在監學置祭酒司業各一員太學博士三員正録各一員十三年正月癸卯以岳飛第為國子監太學 前洋街 堂一曰崇化 淳熙十六年二月改今名 齋十有二 禔身至時中 高閱擬齋名在二月乙酉 僖太學七十七齋

卷一萬一千九百四十六

二月己卯國子司業高閌言陛下復興太學凡養士取士之法當取聖裁上曰自有祖宗成法閌曰有慶歷元豐紹聖崇寧法有司未知適從若出於聖裁則行之乃从閌又奏舊太學辟廱皆有御書會亦乞建閣以藏御書仍願

特灑宸翰加惠多士時詔太學額外補中之人許令待
闕候見闕日與參長假人對撥至科場年許赴監依不
滿年人例取應二月二十二日詔補太學生以諸路住
本貫學滿一年三試中選不曾犯第三等以上罰游學
者同或雖不住學而曾經發解委有士行之人教授委
保申州給公據赴國子監補試其令秋四方士人衆就
補試恐有已到行朝或見在路其間有不曾住本貫學
之人難以阻回權將執到本貫公據人許補一次從國
子司業高閌請也同日國子司業高閌言今參合條具
太學課試及科場事件如後第一場元豐法紹興元祐
天觀同本經義三道論語孟子義各一道今太學之法

卷二萬一千九百四十六

正以經義爲主欲依舊第二場元豐法賦一首今欲以
詩賦第三場總聖法論一首策一道今欲以子史論一
首并時務策一道爲三場如公試法詔從之同日國子
司業高閌言契勘太學補試依元豐法合試經義一場
宣和諸同今爲士人多習詩賦解通經義難以純用經
義故補其舊習經義士人或不習詩賦又難以純試詩
賦竊見仁宗皇帝朝判國子監胡瑗所補監生只試論
一首令秋補欲權依此例且試論一道係是經義士人
素所安習庶幾均一自紹興十四年秦補並依元豐法
伏望睿斷以幸學者自今日始永爲定式詔從之二十
七日國子司業高閌言在京太學講堂及諸齋名並係

神宗皇帝所賜今來崇復國學已興修一堂欲以敦化
并在京太學齋名七十有七今來已興修一十二齋欲
擬褆身服膺守約習是允蹈存心持志養正誠意率履
循理時中從之三月三日國子司業高閌言臣聞先王
謹庠序之教必先申以孝悌之義國學舊法或犯不孝
不悌固不在入學之限而在學九年不歸省侍者則亦
而出之　徽宗皇帝慨念九年之遠非所以敦其養親
之心特降御筆立爲三年之限匿而不陳仍重其令其
法藏於有司令尚存也自罷舍法之後專用舊制而此
法遂不復行今國學落成有日駿惠前烈以章孝治此
其時也願詔有司復立三年之限從之　四月五日詔

卷二萬一千九百四十六

太學補試及私試並用謄錄從左廸功郎張俅大請也
六月十二日知臨安府王㬇言根括到本府城外居
民冒占白地錢月得二千八百餘貫欲充太學養士之
費若以三百人爲額除假故外可以足用從之　十九
日宰執進呈差太學官文字上曰初復太學師儒之任
尤當遴選須得心術正者爲之講明經旨開諭後進一
有邪說學者從而化之爲害非細鄉等切宜重擇　二
十一日詔差禮部侍郎兼權直學士院王當撰興建太
學記知臨安府王㬇有請撰記下國子監勘會國朝太
祖皇帝重建國學係翰林學士陶穀撰記徽宗皇帝御
製辟雍記係翰林學士韓昂撰序及重修監學翰林爲

熙、戴撰記，故有是命。　太學課試法：國子司業高閌言：
最先經術。上曰：「經不易通，士習學賦詩賦已久，遽能使之
通經乎？」閌曰：「先王設太學之意，惟講經術而已。」上曰：「近
侍讀官程瑀亦論經術。」閌曰：「國初猶循唐制，用詩賦。神
宗始以經術造士，遂罷詩賦，又慮不足以盡人材，乃設
詞學一科，試以雜文。」上曰：「詩賦亦雜文也。」閌曰：「取士以
經義為主，不過三場，後加詩賦為四場，不能無礙。蓋太
學之法，旬有課，月一周之，日有試，季一周之，若加一場，
則課試之法遂紊。自元祐以來，雖增為四場，終不可行
者，蓋以此也。今欲經義第一，詩賦第二，論策各一，第三
上可之。」庚辰，閌具分三場乞永為定式。時閌又請在學

人定三年歸省之限，詔可。上曰：「舊有九年之法，徽廟方
改作三年。豈有士人九年而不省其親者乎？」　七月壬
申，時國學新成，補試生員，四方來者甚衆，幾六千人。丙
子，揭榜，取徐驤等三百人。　九月戊辰，知建昌軍李長
民言：「軍興以來，學政中輟。今和議既成，儒風復振，郡邑
長貳宜兼學事，以示偃武修文之意。」詔從之。　十月乙
丑，侍御史李文會論新除國子監丞石安慶輕儇無行，
丁酉，上曰：「太學風化之本，使此人充監官，何以取重於
士人？」詔即罷之。　十一月戊午，時上所寫六經與論語、
孟子之書皆畢，檜請刊石于國子監，仍頒墨本賜路州
學。詔可。　十二月辛卯，新知永州熊彥詩上言：「欲依嘉

祐、治平故事，補中監學生，命補給綾紙。」命詞，詔從之。
十二月十七日，詔太學養士添二百人，令國子監措置
增展齋舍。先是，權以三百人為額，至是刪定官制及有
請，從之。　癸巳，上謂宰執曰：「學校者，人材所自出，人才
須素養。太宗置三館，養天下之士，至仁廟人才輩出，為
用。」秦檜曰：「國朝崇儒重道，變故以來，士人雖陷虜者，往
往能守節，乃教育之效也。」上曰：「然。五代之季，學校不脩，
故無名節。今日若不興學校，將來安得人才可用耶？」

三十一年五月二日詔太學國子正錄兼講以臣僚請置六經博士故有是命　六月詔太學博士正錄各減一員　三十二年孝宗即位未改元十一月二日詔館職學官祖宗設此儲養人材亦欲待方來之秀不可定員以殿中侍御史張震言臣前日嘗奏陳復置正錄以待宰執所薦之人是將復闕冗官之源且立法不信無以示天下蒙陛下開納以謂其源不可不塞聖意固已定矣今已數日而未施行所除高適亦不復改命則是必有以為不然者冗官之減不減不過一正錄而已未為大費而臣之所惜者朝廷命令朝行夕改無以取信於天下且當時國子監所減者正錄二員太學博士一員書庫官一員武學諭一員今日正錄復置則持是說以求進者源源而來上之人既無以制之則將盡為之復此員闕而後已出令如此其何以示天下乎臣願陛下無輕為一士而變已行之法使人皆知上有所必守則亦不敢徼求於法之外矣故有是命餘依奏

卷二萬一千九百四十六

隆興元年二月二十三日禮部言伏見已降指揮應省試年分於二三日間許行開補令歲未合補試緣赴省試下第之人已皆留此待試有旨令禮部取見有無闕額申尚書省特與開補一次本部續下國子監勘會太學外舍生一千人為額自令額足即無見缺欲乞將在學免解在假一百餘人開補一次候逐人參假日有闕依次撥填施行從之　六月二十九日詔罷太學補試每遇有試年分本學剗具見闕人數以諸州解發舉人赴省試下者隨缺額多少撥人如闕多則以逐州解額十分為率撥二分闕少則以逐州解額十分為率撥一分之額臨時斟酌並從逐州解榜上名撥入上名已過者更不撥下名其合撥人不願入學者聽不許以次人充填其合陞撥之人並赴簾前試訖注籍為太學生先是禮部侍郎黃中等言看詳到百官應詔封事言太學就補試者每次不下數千人多不回本貫保明給據故其間或有隱憂匿服不孝不悌得罪於鄉黨閭里之人有司無由知之使其中選為太學生豈不有玷士類欲望行下州縣補試之法其補中本貫州學從上撥入正額給食者住學一年堂試三次合格不犯第三等已上罰教官保明申州給據方許赴太學補試又士庶封事言宜罷太學春試而以州郡應舉終場人數裁為定額令州學每歲月書季考取其秀者若干人而貢之於太學都省送部下國子監看詳本監契勘太學補試雖有紹興三十一年指揮令今來臣僚條具弊事令赴試之人須管住本貫州學一年私試三入等不犯第三等以上罰委教授保明申州本州保明給據前來赴試其州郡往往因莽多不照應原降指揮次第保明止是隨此給據泛稱於貢舉條例並無違碍如此之類十有四五本監臨時難以却回再行保明不免申取朝廷指揮先次收試然後勘會其間或有隱憂匿服曾犯刑責得罪於鄉黨閭里者無從稽考又就試萬餘人恃衆喧呼至有不請據不納卷不引保平白入場稱云失試卷一面就簾前請准備試卷或就前後兩場赴試之人不遵士檢亦無忌憚理宜更革故有是命皆本監請也文獻通考始三歲一補太學遇車駕幸學免解法帝始創行之自是為例省額增數十人　乾道元年三月七日詔太學依舊補試更不撥入省試下人禮部言契勘太學收補外舍舊法並係補試取文理通者為合格緣隆興元年六月內一時指揮依士庶封事罷太學補試以諸州解發舉人赴省試下者隨缺額多少撥入是致陳興宗等陳乞依舊法補試國子監指定若永罷補試止撥省試下進士即四方未

卷二萬一千九百四十七

曾得解士人更無可以入學之望，難以杜絕士人詞訟。欲乞遵隆興元年三月七日指揮，候省試了畢日開補，仍乞以本學在籍過省人數為額取放，立為定制。故有是命。

二月，時詔下省併曾請舉赴補人以太學過省闕額收補，額外勿增。在朝清要官吞親許牒子弟作侍補國子，別號考校如太學生。遇有期親任清要官，更有國子生不預校定外補及差職事，惟得赴公試、私試、科舉，則混試焉。　舊公私試皆學官主之，自淳熙後公試仍鎖院，降敕差官，學官不預。　太學補弟子員，故例每三歲科舉後，朝廷差官鎖院，凡四方舉人皆得就試，取合格者補入之，謂之混補。淳熙後，朝議以就試者多，欲為之限制，乃立待補之法。諸路漕司及州軍皆以解試終場人數為準，每百人而取六人，許赴補試。率以開院後十日揭榜，然遠方士人多不就試，則為他人取其公據代之，冒濫甚。慶元中遂罷之。嘉泰二年復行混補，就試者至三萬七千餘人，分六場，十八日引試云。　三年，黃倫以兩優釋褐。自紹興建學，至是始有兩優，用崇寧恩例授承務郎、國子錄。　朝野雜記集：制，太學上舍生積校已優，而舍試又入優等者，就化原堂釋褐，號釋褐狀元，例補承事郎、太學正錄。淳熙初，鄭鑑自明由此選，不四年而為著作郎。

補郎。自明數言事，上甚喜，久而損厭之。六年，劉純叟堯夫復以解褐除國子正。時王仲行為兵部尚書，奏言：令兩優釋褐，初授京秩，即授學官，視狀元、制科恩數過之，事理不當，乞先與外任。時知滁州張商卿亦言：令中上舍為學官，不數年便可作監司、郡守，獄訟、財賦非所素習，豈能保其不謬？乞先注職官。上然之。十月丙申，詔與殿試第二人恩例。

四年正月十一日，詔太學生黃倫升補上等上舍，特與補左承務郎、除太學錄。國子監言：興復太學已來，未有行過上等上舍事例，至是特有是命。九年十一月二十四日，鄭鑑亦如之。　十二月二十一日，詔復置太學錄一員，以教賜同進士出身魏掞之為左迪功郎填闕，仍令有司給賜袍笏。　五年五月十四日，詔太學補試七人取放一名，零數更取一名。以國子監公補試所言：太學補試已行引試，終場內除國子生已有取放人數明文，所有太學生終場共五百五十八人，據太學具到今年已授官出學人闕額一百三十三人，照得在法太學補試以省試年分許行補試，仍將太學過省闕額補填取放，即不得額外別立增添名數。今來本所即未敢擅便據闕取放，合取自朝廷指揮。故有是命。　六年六月二十三日，詔太學生員見有闕額，時與放行，令來秋補一次，仍不得以得解人為限，並依乾道二年以前指

揮體例施行。其武學增作一百人為額。令後太學闕二百人、武學闕三十人，取旨試補。　七年正月九日，禮部、國子監言：勘會紹興十三年十二月十一日已降指揮，補試中選學生，下所屬給降素白綾紙付監，依徽祖宗制度贊詞書填給付。照得自復興太學，補中學生出給綾紙，其贊詞有「復興太學」四字。今來已是興復日久，所有詞語，欲乞朝廷數奏，許令本監重別撰贊詞書填給付施行。從之。　九年三月二日，起居郎留正言：太學時文，四方視以為法，而士風厚薄、人材盛衰皆可概見於此。國家取士，三場各有體制，故中選者謂之合格。數年以來，有司去取以意，士人志於得而已，程文多不中度，故議論膚淺，而以怪語相高；對策全無記問，而以浮辭求勝。大抵策尤卑弱，每刊行公私等試文字，不足以傳示四方。臣恐天下士子以謂朝廷好尚如此，隨風而從，不讀史書，見聞淺陋，人材風俗所繫實重。令次太學見引公試，望詔主司精加考校：詩賦取合律，經義求得體，論策以記問該博、議論淵源者寘之上游，庶幾傳布四方，士子知所適從，於時政亦有所補。從之。　九月二十一日，國子監上舍試所狀：勘會太學上舍試取人，依條通取不得過三分，人材不足則闕之。今來乾道九年太學上舍試，就試終場六十六人，依條每十人取三人，共取一十九人外，有

二人六分有零，係少六分有零，取不及二十人。本所未敢便行將零分取放一名。詔零分許取一名。　淳熙元年七月二十六日，詔太學置射圃。先是，知道州樓源言：乞依舊法，許太學諸生遇旬假日過武學習射。禮部、國子監看詳：太學生員數多，欲早晚習射，以武學射圃狹隘，太學生過武學與告假人混雜，乞就太學自置射圃。從之。　八月十二日，國子司業戴幾先言：乞將太學私試習經義文理優長數外取放。詔令禮部勘當以聞。既而禮部言：太學格，每月私試取八，以十分為率，所取不得過一分；至歲終外合校定，依條每十人取一人，係將每月私試合格積累分數，從上依分數名次校定。今來幾先乞將二禮、春秋文理優長之人優加取放，即與歲終校定人數並無增加，止緣三經逐月就試人數每經不過數人，若不稍加優異，竊恐習者愈少，漸致廢絕。今指定欲將二禮、春秋於考校日，如有文理優長，於合取分數量行取放；如無優長，止依元法。從之。　二年二月八日，詔太學養士錢令臨安府於係省錢內每月貼支三百貫應副支遣。以司業薛元鼎言緣節次補試增展員額，復興武學，目今遺乏，故有是命。又四年十一月二十九日，司業王速言：目今有趁赴省試、公試住學生員行食人數衆多，支用不足。詔每遇省試年分，令臨安府於係省錢內每月

貼支六百四十貫應副一季。 六月四日，詔太學補試，令次士人借多將考銓試官於所降枚後並帶兼考太學補試經義、詩賦，仍添差二員。九月七月八日，詔國子監試官等各有親戚鄉人赴補，將卷別作一行排定坐次，應簾內試官並不得干預簾外職事，如違，令本院長官覺察以聞。其令次太學補試應考試官本宗親戚試中之人，並未得參學，候將來有國子試日重行收試。（於是祭酒葛之敏白勒拈放罪。） 九月十九日，禮部侍郎趙雄言：近日太學補試進士多至萬六千人，場屋殆不能容，理宜裁節。今欲依紹興三十一年舊令，諸州教官歲取本州士人住學最久、試中最多者從上保明，仍別立定額，本州解額一名處聽保明五人赴補試，解額十名處聽保明五十人，至一百人止。州學保明申州，州申監，監申禮部，過數者教官守貳坐之，人數不足者聽闕。其有馳騖他州妄求保明者，依貢舉冒鄉貫條法科罪。從之。 十二月十七日，太上皇帝慶壽赦：應紹熙三十二年以前補中太學國子生，見年七十以上人，可令禮部保明以聞，特與補迪功郎；內舍、上舍生父母年七十以上，外舍生父母年八十以上，並與初品官封；婦人與封號，已經官封者父與轉一官，資母與冠帔，令經所屬自陳保奏。 三年四月三日，禮部、國子監言：大小職事該遇慶壽赦參酌推恩

卷二萬二千九百四十七　四

入內舍生永免文解，紹熙三十二年以前陞補已有陞甲、陞等、占射差遣恩例人二名，候將來到部日，與循一資；賀表首名內舍生有平等校定人一名，與永免文解；內舍生永免文解有平等校定人一名，候將來過省殿試唱名日，與陞甲；上舍生免省合該陞甲人七名，候將來殿試到部日，與占射差遣一次；內舍生永免文解并上舍試中平等人一名，候將來過省殿試唱名日，與陞甲；外舍生永免文解人一名，候將來過省殿試唱名日與陞甲；上舍生免解將來合該陞甲人三名，候將來過省殿試唱名到部日，與占射差遣一次；內舍生永免文解有平等校定人二名，候將來過省殿試唱名日，與陞甲；內舍生永免文解人三名，候將來過省殿試唱名日與陞甲；內舍生有平等校定人二名，與永免文解人四名，候將來過省殿試唱名日，與陞甲；不係免解人二十四名，與免文解一次，學生並賜束帛。詔並依擬定，內魯東禮、江南金並特與免省，更不循資，潘賀已補官，更不與免解恩例。（魯東禮、江南金係舉人，學錄潘貫係外舍生，年七十八。） 十一月十二日，南郊赦：國學進士先請後免，或免後請，可並與免將來文解一次。（六年赦同。） 四年二月七日，詔兩學敝甚，可與修葺，令南庫支二萬緡，委臨安府趙磻老修葺，其規模狹陋去處，令隨宜展拓，務要如法，毋

致滅裂。 二月十一日，詔太學文宣王像并從祀一十二位，令重行塑繪，所有舊像權遷於首善閣下。 五月十五日，詔太學選差職事依條長貳學官以三舍生次第選補，即才行為眾所知，聽不次選。既而國子監言：淳熙二年四月三日已降指揮，將三舍生合差職事人銓次科別，立定差格。前廊職事先差中等上舍，（上等釋褐出官。）次差下等上舍，次差內舍優等校定人，次差內舍平等校定人，諸齋長諭先差上舍，內舍次差公試解試補本監解第一人，次差外舍校定第一人，次差補試私試第一人，次差公試解試外舍校定、補試私試上三名人，各須有行藝，均以陞補及中榜先後高下為序。應格多者為上，內有曾經犯罰人，各在本等之下。本監竊詳近降指揮選差大小職事，既稱各須有行藝，即不專用資格，於見行學令所載才行為眾所知，聽不次選，正係初無衡改。其前廊職事，尤當以行藝服眾為先，今參照資格，於上舍、內舍通選行藝為眾所推人充，庶幾人法兩得。從之。 二十四日，詔就太學建造光堯太上皇帝御書石經閣，其見在石經周易、毛詩、尚書、春秋左氏傳、論語、孟子外，尚有太上皇帝御書禮記中庸、大學、學記、儒行、經解五篇，不係太學石經之數，搜訪舊章，重行模勒，以補禮經之闕。（從知臨安府趙磻老請也。） 八月十三日，禮部考試官施

卷二萬二千九百四十七　五

師點等申：男括等各赴太學上舍試，委有妨礙，本部欲候別試院開院了畢，別行差官鎖院引試。從之。 十一月二十七日，禮部、國子監言：每遇科舉年分，諸州依解額取定合格人赴省試外，乞將其餘解發不到試卷，紐計終場人數，每一百人取三人，零分不及三十亦取一人，名曰待補太學生，考試院具姓名申本州置籍，候太學開補，本州給據申國子監赴補試一次。其以前曾實得解到省試下人，願就補者，召保官一員，當年得解赴省人只照元發解公據赴補。從之。先是，監察御史潘緯言：太學比年補試繁冗，太甚中選者類多假手，欲自今秋科舉為始，諸州依解額取定合格試卷外，仍取備卷作待補太學生，即於經義、詩賦、論策內有兩場或一場文理優長者並行存留，許赴補一次。其實曾得解人，每補聽試。禮部、國子監看詳來上，故從其請。至淳熙十年八月九日，詔自今諸州解試終場人以百人取六人，充待補。淳熙五年五月二十七日，詔諸路州軍曾實請解之人，令禮部參詣貢籍，仍各照元省試下公據許赴補試一次。 六月十三日，詔太學補試大院有合避親之人，並送別院收試，看別試所有避親孤經發回大院收試之人，止避所避之官，互送別院，仍依公精加考校。 八月三日，詔內舍校定優等不以有無上舍試年分，並以十分為率，先是閏六

月二十三日臣僚言國家以科舉取士內舍上舍生兩優則月書季考積累之久行藝特異衆所推許有人則取無人則闕蓋十有餘年而不得一二者令也不然兩優則以歲額為定纔五六分便為優選令乞兩優校定十分以上方得與選無人聽闕詔令禮部監學看詳禮部國子監言太學見行校定條令本無立定分數令乞將內舍校定若遇上舍試年優等以十分為率如非上舍試年優等以八分為率已上不及分數則闕之仍乞將每歲所校人數依條例以住學年月及上舍公私試並仲季八等高下相壓若遇上舍試年優等及十分如非上舍試年優等及八分從上取兩名作優等餘並入第等庶幾得中　十月一日詔太學生年七十已上該慶壽赦已補官人虞擬潘賀季嘉言何工民並特差嶽廟一次　六年九月二十七日詔國子監上舍試宴分取一名　十月九日詔太學兩優釋褐之人與依狀元體例先與外任一次然後授以職事官以給事中王希吕言天子臨軒策天下之士取其尤異者一人曰狀元舍法選舉有司考校取其兩優者一人曰釋褐狀元雖一命得京官必出而為簽判而釋褐之人一命亦得京官即入為學官又賢良判入三等方任京官簽判入四等者止得選入幕官而宏辭中選者亦不過止得選人教授今兩優之人即

卷二萬一千九百四十　六

以京官而為學官釋褐之人方其未中也固嘗以學官為師矣一旦中選則與先生並列方其未中也固嘗以學録學諭為師矣一旦中選則向之為師者反在此而弟子之列事之不當莫甚於此故有是命　十一日詔自令上舍試中兩優之人與依殿試第二名恩例既而知滁州張商卿言進士之第一人也必取之以簽判蓋欲其先歷州縣今上舍試中兩優者則便釋褐令之京秩處以學官不數年便可為監司郡守獄訟財賦非所素習豈能保其不謬乞自令上舍兩優之人依殿試三名前體例且與資次注授幕職官一次候任滿日方與學官差遣庶使入仕之初稍更民事故有是命　七年七月九日詔自令國學程文依舊法從國子監長貳看詳可傳示學者方許雕印從臣僚請也　九年八月四日詔國子生令舉法解依前降指揮並送别院收試先是二年七月十一日詔自令國子生解試並别院收試其令避親嫌官不得差充別院考試官　九月十三日明堂赦國子監乾道八年省試下進士實理十二年可並與免文解　十年十二月十六日太上皇后慶壽赦太學內舍上舍生祖父母父母年七十已上外舍生年八十已上並與封初品官婦人與封號已經官封者祖父父轉一官資祖母母與冠帔令經所屬自陳保奏淳熙十三年慶壽赦

同三十日禮部國子監言太學大小職事該遇慶壽赦參酌推恩人上舍免省四名赴唱名日已有陞甲恩例候將來到部日與占射差遣一次內舍生永免解三人即無恩例候將來過省殿試唱名日與陞甲上舍生永免解一名已有陞甲恩例候將來過省赴殿試唱名日更與依格陞名內舍生令舉得解一名即無恩例候將來過省赴殿試唱名日與陞甲內舍生前舉免解令舉還試二名並無恩例候將來過省赴殿試唱名日與陞甲上舍生未該免解一名係陞補未及一年候將來過省殿試唱名日已有陞甲恩例與免文解內舍生永免文解八名外舍生永免文解二名並無恩例候將來過省赴殿試唱名日與陞甲內舍生令舉得解見陳乞陞補上舍填闕一名已有陞甲恩例候將來過省赴殿試唱名日更與依格陞名內舍生令舉得解九名內舍生令舉還試一名並無恩例候將來過省赴殿試唱名日與陞甲上舍生係陞補未及一年未免省令舉不該免解一名已有陞甲恩例欲與免文解內舍生未該免解一十四名外舍生未該免解四名並無恩例並與免文解一次內三名陳乞該遇尊恩日陞補內舍及在外學四年已上各承放行令次省試候將來過省赴殿試唱名日與依格陞名學生五百八十四人各倍賜束帛詔並依擬定　十

卷二萬一千九百四十　七

一年五月一日國子監言太學國子生二百六十八人闕額詔許依淳熙八年體例補試　十二年七月二十八日國子祭酒顏師魯言太學內舍生舊例歲校十入於十人之中以三人為優其後臣僚有請以優校之士間有六七分而得者似為稍易遂乞以十分為率從上止校二名分數既高士之銖積寸累偶應其格者比之往年固難又從而損元額之一不亦甚乎且太學歲校三優率亦間歲再試視其中否尚有守年者今欲依舊與校優等三人仍以十分為率如不及則闕之庶知士知所勸上曰既限十分為率不必更減一名可依奏　十二月十一日詔太學上等上舍生易祓賴械名特補文林郎與職官差遣　十三年五月一日詔太學外舍生應詵等十一人年七十以上並依慶壽赦特與補迪功郎　八月四日臣僚言向來太學解試不差學官豈不曰月書季考習熟其文雖去取之間未必容私而衆多之口易以興謗自今科場差官在假乞復依舊例免差學官從之　十一月二十三日臣僚言近歲時創待補之法州郡俊秀羅網無遺惟是引試之期常以六月暑氣隆熾奔走道塗多有暍死道間報罷之士又以試期尚遠力不能待且舊來太學補試用春秋二季衆皆便之固乾道八年再放補試始用六月循習為例今備仍舊止舊三月引

試則省闈報罷者無留滯遺之之憂天氣和平無觸冒炎暑之患貢院見
成夾截可以就用雖與殿試同月緣補試係學官自行考校與殿試不相
妨礙所有銓試却候殿試唱名畢從之　十四年正月二十二日禮部言
國學免解進士季元有國學進士盧獻臣等所陳欲依每舉放行省試所
該慶恩乞理作陞甲緣昨來節次放行免解赴省並係承朝廷特降指揮
放行詔禮部將乾道八年至淳熙十一年已令赴省試人並時令再赴今
來省試一次其慶典免解候過試特許作陞甲收使既而四月五日禮部
國子監言元有暨錢震臣李顧孫狀先慶典免解公據赴部投納試卷了
當欲將正月二十二日指揮放行免解公據換給陞甲奉旨候過省日許
作陞甲收使　十五年五月十四日臣僚言竊見太學禮義之所教化所
自出諸生漸磨其間正宜勉勵術業重惜名檢以為保國榮親之舉近聞
有自同宗之服制肆非所之燕遊者內舍生何寅者元於非命豈不負明
時之教養欲望戒敕太學師儒之官謹生員之教振舉學規勿容非禮之
動傳播四方有玷京師首善之化從之　七月二十三日國子祭酒何澹
言竊惟太學興建之初月書季考未甚嚴密逮至紹興二十七年因本監
長貳申請始建指揮每月私試並依貢舉條制鎖院考校仍不得過十數

卷二萬一千九百四十七

八

日內監試官引試終場畢先次出院候考校畢入院放榜自後每月率以
為常竊謂既依貢舉條例鎖院考校不應監試之官却乃先次出院只緣
在法監試取摘試卷詳定不預考校所以相承如此再詳法意蓋謂承平
學校養士額多就試人衆為長貳者難以遍閱試卷今來每月私試多不
過三百人以上長貳依貢舉條例鎖院考校亦自不難兼又臨期入院放
榜一時所見或未詳盡今乞向去私試如遇就試人多即長貳同共在內
更不先出如遇就試人少即長貳先放榜一日入院明日拆號庶幾可以
子細看閱從之　十六年二月一日禮部言太學堂名上一字犯皇太子
名合行迴避乞改作崇化堂從之是年十一月二十八日右諫議大夫何
澹言竊見朝廷以舍法取士太學公試乃外舍士子陞進之階利害不細
常年則與銓試同在太院鎖院每遇省試年分則銓試多在中夏日子太
遲於是附試於省試之後而就大院別委官以考之所委官往往以省
試為重以公試為輕又其披閱省試文卷之餘精力各以疲憊日子又復
迫挨未免鹵莽以求畢事緣此前後士子多不悅服欲望今後省試年分
所有太學公試令赴別院收試庶幾考官專精陞黜惟允契勘省試別院
卷子不多例是先期開院今若就考公試實不相妨又來春大院免解赴

省之人異於常年重以考校公試力愈不給必致兩有所害移附別院尤
為允當從之

宋會要　光宗　太學

紹熙元年正月十七日宰執進呈何澹乞放行太學參長假人免解留正
等奏太學連兩舉該恩免解遂無科舉其僥倖不可言今參長假人多係
赦後又欲盡行免解攀援冒濫何時而已上曰誠多僥倖卿等更參酌其
間有可以放行者與放行不可者即已豈容一例放行也　三年六月二
十四日禮部侍郎倪思言國家開設太學所以網羅天下之材三歲一補
所以收拾科舉之遺自淳熙四年議者厭就試者之多乃創為待補之說
蓋欲以限節其來來者既少而取人之額如舊中選之人得以僥倖而浙
福建解額既窄仕學亦便士子願一試而不可得則必巧為經營遠方之
州解額自寬於補試無甚利害縱或得之仕學亦非所便雖中待補第為
虛名於是有貨賣文帖改移鄉貫變易父祖之弊近時臣僚屢有以為言
者可見此弊人皆知之不可以不革也臣以為不若自今舉罷去待補只
循舊制每三歲放混試一次以廣其來所取之額初不增加庶幾不絕士
子進取之望而擇之既精得人必多如臣言可采更乞命侍從臺諫學官

卷二萬一千九百四十七

九

集議施行又臣契勘向者就補試者至以萬計緣貢院狹窄若作一場則
不能容若分作前後場則必有兩次就試之弊臣竊見近者臨安府轉運
司各建立貢院若以經義詩賦分作兩處同日引試則無向者之患詔令
集議既而侍御史林大中右正言胡琢監察御史何異曾三復言國家開
設太學本以混試招延士類混試既弊遂行待補然關防之不密考校之
不精抑又不能無弊此議臣所以有放行混試之請若以待補之弊尚多
遺才所宜放行混試但來者既衆恐有喧鬨蹂踐之患今若令有司措置
保其無他即與權住今年諸州所取待補然亦未宜徑罷也如明年場屋
果無喧鬨蹂踐則自放省試年分即與放行倘有未便則待補既未嘗罷
只就其間更加措置使關防之嚴考校之精未為不善也今若徑罷待補
萬一明年混試致有疏虞而後舉又復待補恐非朝廷更制主事之體又
吏部尚書趙汝愚翰林學士李巘權兵部尚書羅點戶部侍郎馬大同給
事中尤袤中書舍人黃裳權工部侍郎謝申甫起居郎樓鑰起居舍人張
叔椿言竊惟待補之法其弊已多因仍歲時弊將益甚今欲易之混試固
足取快一時然多士畢來以數萬計非惟有司重有勞費日力有限較閱
難精亦恐道路奔衝不無寒暑之患場屋湫隘更多蹂踐之虞彼此相形

得失居半蓋有根本之論稍始古始而言夫三代鄉舉里選之法雖世遠
事異不可遽復然有教育作成之意本諸天地而合乎人情者則雖百世
不能改也惟我國家內自京師外及郡縣皆置學校慶曆以後文物彬彬
幾與三代同風矣逮至崇觀創行舍法所在養士誠得黨庠遂序之遺意
故一時學者粗知防檢非幹帶不敢行於道路遇鄉曲之長上及學校之
職事則斂容而避之其風俗亦誠美矣然其失也在於專習新義崇尚老
莊廢黜春秋絕滅史學又罷去科舉使寒畯之士捨此無以為進身之路
事理俱礙旋行廢革此亦非舍法之罪其時勢則然也中興以來投戈講
藝行都重建太學諸郡復行貢舉士生斯時可謂幸矣然浮僞之風勝忠
信之俗徼有司顯以為病者亦由州縣之間士之崇辱進退皆不由乎學
校至論德行道藝則惟取決於糊名荀為彫篆之文無復進修之志其視
庠序有同傳舍視師儒幾若路人月書季考盡為文具殊失朝廷教養之
意汝愚等擬欲遠稽古制近酌時宜不煩朝廷建官不勞有司增費惟重
教官之選假守貳之權做舍法以育才因大比而貢士考終場之數定所
貢之員期以次年試於太學庶幾士修實行不事虛文漸復淳風仰裨大
化有三舍之利而無三舍之害其法頗為近古如蒙朝廷采錄所有諸州

卷二萬一千九百四十七　十

教養課試升貢之法乞下有司詳議施行然科舉事嚴試期甫邇其令歲
待補試欲乞且與依舊放行一次從之文獻通考時朱熹門人或問三舍
法如何熹曰欠去根頭理會若太學無非望之恩又於鄉舉額窄處增之
則人自安鄉里矣　朱子語類錄先生曰太學舍法壞人多龜山當主論
高鄉宗書見龜山太學初興名為司業甚顯頗屬望到後一切放倒三舍
法卻在渠手中或與見了龜山否王子合曰聞那時只是取法於一舊者
史治曰奉會之是譏太學中人想是說他兩日所見行了先生曰高公不
恰與承當高公大卑不主五舍書有害責他　文獻通考朱子學校貢舉
私議曰學校必選實有道德之人使為學官以來實學之士裁減解額舍
選謬濫之恩以塞利誘之塗蓋古之太學主於教人而因以取士故士之
來者為義而不為利且以本朝之事言之如李廌所記元祐侍講呂希哲
之言曰仁宗之時太學之法寬簡國子先生必求天下賢士真可謂人師
者就其中又擇其尤賢者如胡翼之之徒使專教導規矩之事故當是時
天下之士不遠萬里來就師之其遊太學者端為道藝稱弟子者中心悅
而誠服之蓋猶有古法之遺意也熙寧以來此法浸壞所謂太學者但為
聲利之場而掌其教事者不過取其善為科舉之文而嘗得雋於場屋者

耳士之有志於義理者既無求於學其奔趨輻湊而來者不過為解額之
濫舍選之私而已師生相視漠然如行路之人間相與言亦未嘗聞之以
德行道藝之實而月書季考者又祇以促其嗜利苟得冒昧無恥之心殊
非國家之所以立學教人之本意也欲革其弊莫若一遵仁皇之制擇師
之有道德可為人師者以為學官而久其任使之講明道藝以教訓其學
者而又痛減解額之濫以還諸州罷去舍選之法而使為之師者考察諸
州所解德行之士與諸州之賢者而特命以官則太學之教不為虛設而
規懷利干進之流自無所為而至矣如此則待補之法固可罷去而混補
者又必使與諸州科舉同日引試則彼有鄉舉之可望者自不復來而不
患其紛冗矣至於取人之數則又嚴為之額而許其補中之人從上幾分
時赴省試則其舍鄉舉而來赴補者亦不為甚失職矣其計會監試漕試
附試之類亦當痛減分數嚴立告賞以絕其冒濫其諸州教官亦以德行
人充而責以教導之實則州縣之學亦稍知義理之教而不但為科舉之
學矣　紹熙四年四月二日禮部言國子監中玉松年等一十七人並係
試中上等小學生欲將逐人照紹興元年鄭樁等比類諸州待補試中名
額放行令來補試一次從之　四日詔令臨安府學生依紹熙元年已放

卷二萬一千九百四十七　十一

行人數許赴太學補試一次從府學生應輔等請也　五年五月一日慶壽
赦太學武學曾預拜表大小職事臨安府學正錄並依淳熙十年十二月
三十日已得指揮推恩人姓名開具應得恩數聞奏學生并有官學生各
倍賜束帛小學生府學生各賜束帛

宋會要寧宗

慶元元年四月九日權吏部尚書兼侍讀兼直學士院兼實錄院修撰樓
鑰等奏准慶元元年正月二十五日赦節文臣僚上言議復太學混補以
示初政之優恩又謂待補之法行之稍久冒濫之弊不可不革令歲適當
大比乞令兩省侍從臺諫集議施行詔赴鑰等詳審臣僚乞用禮部貢院
之外以臨安府轉運司兩貢院添處之請因具說更加措置禮部貢院通
刷試所約容一萬五六千人臨安府轉運司兩貢院約可分撥萬人今欲
以詩賦人盡於禮部貢院引試經義人臨時約度人數徑分兩處收試仍
各差監察御史一員監試職事二員出題才候試畢封彌官即將真卷每
一百軸作一封仍取御史押押其出題官及簾外封彌監門等官徑自出
院御史親押上件已封卷子並赴禮部貢院封彌所就今日下各卷彌封
打號發過謄錄所一處謄錄混考御史候封彌所交收卷子盡絕訖即自

出院如此則題目俱出於一而同日三處引試亦免重疊之弊俟來年省試畢日施行無照得自來補試止係監學官考校今試卷倍多合從朝廷添差職事官以下同共考試其今年發解科場更不取待補人即合預先行下諸路轉運司遍牒州軍照應施行貼子稱舊法赴太學補試士人並令經本貫出給公據今來放行補試亦合行下照舊法給據施行詔從集議到事理施行　三年以國子生員多偽濫制自今職事官期親釐務官子孫乃得補試凡監學生皆給綾牒若告謁在外遇科舉則試於漕司

嘉定五年八月二十五日承議郎國子博士徐自明劄子奏學校舍法事歎內至肄業膠庠者自外舍有月校而公試入等者曰內舍自內舍有月校而舍試入等者曰上舍有定序也然曩年省試係在孟春之中故大廷唱第多在孟夏之月近省試既在仲春故廷唱展在仲夏所以孟夏之月雖已中春官而未經廷對者猶未出學住膳而當年公試新中內舍者或未有闕可填則不得以占三季之考行內舍之食其妨進取而礙月書學者常患苦之不惟是也一歲之中校優者三而校平者已常積平校者或再中平校止用其前者之一足矣而間有積忌不予者或未肯與銷除必待授以邀狀是二者至有相邀以利相訐以訟啟紛爭而使廉隅者風俗

卷二萬一千九百四十八

至不美也今欲於省試之年其已中春官者遇入孟夏下旬即乞預行住膳使以次陞補者不妨占季行食而內舍已滿百三十人之數即不得於四月分先期借食又於每歲之中有再中平校者亦乞先與銷除使下名得以序進庶幾厲遜之風行乖爭之俗熄不至壞學者之心術而啓學校之紛紜臣所謂嚴陞舍之選者此也如臣言可採乞行下國子監看詳施行後批送國子監看詳限十日申尚書省本監尋送博士正錄看詳今據宣教郎太學博士陳貴誼等申數內至於舍法二弊諸生已中春官而未經廷對者當於四月下旬預先住膳所有特奏名候省試開院日行下諸齋根刷如願就特奏名試亦乞依此施行其前已中平校而復有平校者當於當年校定人數即與銷除其詳已備見於劄子所陳參之物論皆謂允協人情亦乞行下本監施行貴誼等今聚議申監乞備申朝廷施行本部今看詳欲從博士正錄看詳到事理施行伏乞朝廷指揮施行詔從國子監看詳到事理施行

宋續會要

據宣和二年八月五日指揮在京小學並依元豐法其起創月日檢未獲

徽宗大觀三年四月八日知樞密院鄭居中等言修立到小學敕令格式申明一時指揮乞冠以大觀重修為名付禮部頒降詔第一卷內小學能通經為文者為上等既不犯罰又五次合格令更不赴本貫縣學試補在學半年陞本學外舍生　政和四年二月三日中書省言小學生見近一千八人入學者尚未已今來只有貢士教諭十人今欲分為十齋小學教諭增與月俸給錢兩貫不許受束修從之據實錄宣和元年七月有范致厚自國子小學錄為校書郎未見初置小學錄旨揮十二月四日大司成劉嗣明等言近降小學條制小學生八歲能誦一大經日書字二百補小學內舍下等誦二經一大一小書字三百補小學內舍上等十歲加一大經字一百補小學上舍下等十二歲以上又加一大經字二百補上舍上等即年未及而能書誦及等者隨所及等補今欲季一試申監定日欲每一大經挑三十通小經挑二十通及七分已上者為合格近降三舍法諸學生能文而書誦不及等博士引試考其文理稍通與補內舍上等優者補上舍下等今欲試本經義各一道承封彌博士考校通否申監陞補大觀

卷二萬一千九百五十三

重修國子監小學格職事人小長每教諭齋集正齋計同一八三十人以上增一人集正同從之　五年五月二十日大司成馮熙載言試小學生合格優等四人詔曹芬駱庭芝賜同上舍出身金時澤李徽賜童子出身並赴將來廷試　宣和二年七月二十九日詔小學上舍上等特許赴來年公試如合格與補大學外舍　八月五日中書省言七月十九日聖旨在京小學近歲增立三舍其有害鄉舉里選奉旨可並依元豐法契勘元豐末在京小學止有就傳初筮兩齋差教諭一員即無立定官吏并直學等今承指揮小學既罷三舍即無講解考選直學醫官等依元豐法自合更不差置乞置小學生兩齋於大學生內選差二人充教諭其俸給依元豐舊制詔依今後小學生數多令本監相度增撥齋舍

政和學規

宋會要
端拱二年五月三十日康州言願給九經書以教部民
之肄業者從之　至道二年七月六日賜嵩山書院額
及印本九經書疏從本道轉運使之請也　真宗咸
平四年六月詔諸路郡縣有學校聚徒講誦之所賜九
經書一部　景德三年十一月以真定府三傳平歸一
為本府助教仍令常切講授　大中祥符二年二月二
十四日詔應天府新建書院以府民曹誠為本府助教
國初有戚同文者通五經業高尚不仕聚徒教授常百
餘人故工部侍郎許驤侍御史宗度度支員外郎郭承
範董循右諫議大夫陳象輿屯田郎中王礪太常博士
卷二萬一千九百五十五
滕涉皆其門人同文卒後無能繼其業者同文有子二
人維為職方員外郎綸為龍圖閣待制至是誠出家財
即國文舊居建學舍百五十間聚書千五百餘卷願以
學舍入官令同文孫奉禮郎爵賓主之召明經藝者講
習本府以聞故有是命并賜院額仍令本府職事官提
舉　三年二月賜英州文宣王廟板本九經宋大事記
講義云祥符二年二月許曲阜先聖廟文學賜應天府
書院額州郡置學始此天禧四年二月以密州莒縣馬
耆山講九經書楊光輔為國子四門助教賜絹二十疋
委州長吏常切存問光輔居山聚徒講學三十餘年時
母七十餘知州王博文上言而有是命　七月十四日

以富順監神龜山人李見為國子太學助教依舊講誦
委本監常加安撫　乾興元年十一月翰林侍講學士
孫奭言昨知兖州以鄒魯之舊封有周孔之遺化輒於
本州文宣王廟內修建學舍四十餘區召納生徒俾隸
所業自後聽讀不下數百人臣以已俸養贍今臣罷任
必恐學徒離散伏見密州馬耆山講書楊光輔學業精
通堪為師範先授太學助教昨經畢恩未曾遷秩乞特
轉一官差充兖州講書仍望給賜職田十頃冀學校不廢
從之紀纂淵海云本朝國初未建州學乾興元年兖州守臣孫奭私建學舍聚生徒餘鎮未置學也　仁宗
天聖六年九月御史中丞晏殊言應天府舊有敕賜書
卷二萬一千九百五十五
院諸生闕於師資伏見部授賀州富川縣主簿王洙素
有文行其明經術欲就舉留令帶所授官充應天府書
院說書從之　十二月詔免應天府書院地基稅錢
八月江陰軍言重修至聖文宣王廟頗有舉人習業舊
無九經書欲乞支賜從之　寶元元年詔許潁州立學
特從知州戶部侍郎蔡齊之請也自明道景祐間累詔
州郡立學賜田給書學校相繼而興近制惟藩鎮立學
潁為支郡齊以為　而特許之故有是命　又蔡齊請
立學時大郡始有學而小郡猶未置也慶曆詔諸路州
府軍監各令立學學者二百人以上許更置縣學於是
州郡不置學者鮮矣　慶曆三年五月詔近制舊舉人

聽讀一百日新人三百日方許取解令天下建學而未盡有講說教授之人其舊舉人且與免聽讀新人於聽讀限内以故給假而過秋試補日不足者與除之其州軍學未成聽至後試赴塲為始　十月十九日臣僚上言自古取士之術皆本學校太平以來學校興矣未嘗設官典教以重其任令使士角科舉一日之長豈如素養士於天下也詔諸路轉運司令轄下州府軍監應有學處並須揀選有文行學官講說不得因循廢罷玉海云慶曆州縣學　國朝自嵩陽廬阜嶽麓睢陽各有師徒錫之經傳　四年三月詔諸路州府軍監除舊有學外餘並各令立學如學者二百人以上許更置縣若州縣未能頓備即且就文宣王廟或係官屋宇仍委轉運司及長吏於幕職州縣官内薦教授以三年為一任若文學官可差即令本處舉人衆舉有德行藝業者充候及三年無私過本處具教授人數并本人履業事狀以聞當議特與推恩内有因本學應舉及第人多處亦與等第酬賞如任滿本處舉留者亦聽其學規宜令國子監詳定其制須行如僻遠小郡舉人不多難為立學處仰轉運司相度聞奏其州軍監初入學人須有到省舉人二人委保是本鄉人或寄居已久無不孝不悌踰濫之行及不曾犯刑責或曾經罰贖而情理不重者方得入學　五年三月詔天下見有官學州縣自今只許本土

人聽習若遊學在外者皆勒歸本貫其所在官吏仍不得以州學公用為名科率錢物令轉運司常察舉之熙寧四年三月五日詔諸路轉運司應朝廷選差學官州軍發田十頃充學粮元有田不及者益之多者聽如故凡在學有職事於學粮内優定請給　六月詔中書門下五路舉人最多州軍除河南府青州見有舉辟學官餘並增選為逐州教授　六年三月詔諸路學並委中書門下選差京朝官選人或舉充　元豐元年正月十七日詔自今學官非公宴不得豫妓樂會從之永興軍呂公孺請也　十一月十五日詔未差教授州軍令本學主管官共選有學行舉人充教授學粮依舊以贍生徒時河北轉運司請以無教授處學粮增助有處給用下國子監相度而有是命　二年七月十七日詔諸路轉運司相度當置學官州軍以聞　六年七月十三日國子司業朱服言諸州學或不置教授乞委長吏選現任官兼充先以名上禮部從本監體驗可為教授即依所乞其逐州舊補差教授悉乞放罷既而禮部言乞令本監具如何體驗外官學行堪充教授及杜絕狥私請託舊弊然後立法見為教授人候有新官令罷從之九月二十四日詔歲於蜀州撥州學錢二百千導江縣百千與成都府贍生員其見管田增給為十頃從知成都府呂大防請也　七年三月九日詔諸知州選在任

官為州學教授者送國子監審察令兼管　十一月十
九日尚書禮部乞諸州不置學官處委轉運司選官及
生員多可置教授申本部下國子監審察從之
元祐元年十月十二日詔齊盧宿常虔潁同懷州各置
教授一員　三年五月十八日詔澶州置教授一員從
本州請也　六月十四日知河陽李清臣言河陽乞置
教授一員從之　七月八日詔內外學官選年三十以
上歷任人充四年以舉薦頗衆詔須命舉乃得奏上
七年四月十二日吏部言欲應奏舉職官知縣縣令依
常調本資序係判司簿尉人差充諸州教授願滿四考
者聽從之　八年六月二十二日詔諸州元無縣學處

〈卷二萬一千九百五十五〉

輒創修及舊學舍損壞許令人戶出備錢物修整者各
杖一百以尚書省言外路多違法科率造學故也　紹
聖元年三月四日詔令後內外學官選進士出身及經
明行修人充　九月二十六日監察御史黃慶基言立
學限以一年考察無玷方許應舉其間行藝為鄉閭推
考察最優者自可保明遣置太學方今州郡未有學官
處可量士人多寡而增置之或委長吏選擇郡官之有
學問者兼領庶幾庠序之教遍於天下以增光盛世之
治功非小補也詔送國子監　十月二日左司諫翟思
言乞修立諸州學舍詔送國子監　二年正月九日詔
諸州學不置教授處合選官兼充者並選本州見任官

經義進士出身及經義兼詩賦出身者　元符元年七
月十日詔學官歲一試詳見國子監紹聖元年二年十
一月二十七日詔諸州學生依太學三舍法限當年十
二月到京隨太學補試諸州貢上舍生到京並權充外
舍生食諸路各選監司一員提舉學校仍知通專一管
勾諸州試內舍上舍並監司選差有出身官一員與教
官同考試仍封彌謄錄合用條貫令於國子監取索行
下其外州不可行者此類條具申尚書省　元符
三年徽宗即位未改元十月十八日唐州言乞專置教
官一員從之　建中靖國元年十月七日臣僚言無出
身人充內外學官者別與合入差遣從之詳見國子監

〈卷二萬一千九百五十六〉

十二月二十三日詔以睦州進士王昇為壽州司戶參
軍充湖州州學教授以尚書左丞陸佃薦其孝行文學
故有是命　崇寧元年八月二十二日宰臣蔡京等言
乞罷開封府解額除量留五十人充開封府土著人取
應外餘並改充天下貢士之數諸州軍額各取三分之
一添充貢士額乞天下並置學養士郡小或應舉人少
則令三二州學者聚學於一州置學州並差教授先選
一員在學生員及百人已上申乞添置不拘資序通許
選差應元祐以來教授條制更不施應行本路常平戶
絕田土物業契勘養士合用數撥充如不足以諸色係
官田宅物業補足請以太學三舍校試法删立頒降陛

補爲上舍生者聽每二年貢入太學隨太學上舍試仍
別爲號若試中上等補充太學上舍中等試中中等者
補充下等試中下等者補内舍餘爲外舍生雖不入等
及科舉遺逸而學行爲鄉里所服委知州通判監司依
貢士法貢入委祭酒司業博士詢考得實當議量材録
用每路自朝廷選監司二人提舉知通令佐仍每十日
一詣學監司一歲巡遍所部州學凡貢士自教授考選
推擇申州知州通判審察監司覆按監司知州通判違
書闕奏隨奏遣赴太學若所貢非其人或應舉而不貢
一等依律科罪若貢士到太學試中上等及考選陞舍
人多即等第立法推賞請天下諸縣皆置學令佐掌之

學置長諭各一人並支俸禄并職事人相度隨宜量置
除倚郭縣不置外有不置教授處其州學聽置仍只依
縣學法以知州通判主之及於本縣委令佐擘畫地利
及不係省雜收錢内樁充費用諸學生在縣學一年學
長學諭考選行藝報令佐審實申州知通驗實教授試
其文藝以入州學不置教授州依此應州縣學生若外
舍在學實及二年五犯規矩兩犯第三等已上罰并五
試不中第三等而文藝無可取之實行能無可教之資
立出學之法則在學者不敢不勉在外者有闕可試既
屛之出學却許入縣學又三犯規矩犯第三等已上罰
并五試不中第三等則屛之出學若犯杖已上罪終身

不齒永不得入州縣學歷在外官子弟親戚法不合在
本處取應者許隨處入學即不得陞補與貢在學通及
一年不犯第二等已上罰給公據許赴太學取應國子
監解名知州通判教授選補職事不當並依貢士法降
二等坐之請除見行書吏外應邪說異書悉不許教授
從之　八月二十二日宰臣蔡京等言乞州縣學並置
小學十歲已上皆聽入學小學教諭仍量給俸料從之
二年正月四日臣僚言諸路教授自外任移者除依條
通理考任月日外許就任陞改其教導有方貢試如法
者仍聽保明再任内廣南教授應陞改者減舉主一人諸
州教授合破接送人承務郎已上依轉運司管勾文字

選人依管勾帳司令住家州軍限三日差撥逐州交替
其當直人承務郎已上十二人選人十人仍各差節級
二名從之　二十七日權發遣鄭州王愈等言本州縣
學已經畫措置授之成法今彩畫到圖子齋呈詔王愈
轉官直秘閣通判簽判官轉一官　二月二十九日臣
僚言乞乞詔有司每遇有制書手詔告詞並同賞功罰
罪事跡録付進奏院印本送太學并諸州軍揭示諸生
從之　四月十日朝請郎劉涇言教授合用薦舉關陞
與夫改官宜立法各少損其數仍許自鄉監祭酒司業
尚書侍郎而上歲舉三五人提舉京西北路常平等事
張元弼劄子諸路教授如合關陞改官乞於吏部常格

裁減舉薦員數之半如訓導有方績効可見即特與不
用舉主侍郎左選勘會諸州教授在外已有監司知郡
在京已有國子監長貳歲舉改官昨又準朝旨國子監
添舉改官八員外詔提舉學事司每路教授及十人已
上者添舉改官三人十人已下者二人不及五人一名
不許舉他官若能訓導學生試中太學上舍等人數及
八分者依太學博士正錄法改官　十四日漣水軍使
兼知楚州漣水縣錢景允乞依例買撲醋坊撥充軍學
應干支費詔令本路提舉常平司勘會如不公公使庫
買撲即依所申餘路依此　五月六日宰臣蔡京等言
修立成諸路州縣學敕令格式并一時指揮詔鏤板頒

卷二萬一千九百五十六

行　三年正月十七日詔諸路增養縣學弟子員大縣
五十人中縣四十人小縣三十人　十一月十七日詔
曰神考賞議以三舍取士而罷州郡科舉之令其法始
於畿甸而未及行於郡國其詔天下除將來科場如故
事外並罷州郡發解及省試法其取士並繇學校升貢
　十二月二日詔訪聞州有武臣知州縣有無出身人
知縣考選校試不能深原法意應縣學許本州教授抽
摘點檢施行其知州通判凡學之事悉已干預唯不得
參考去取文藝教授之官主行教事當在學事官之上
提舉學事官宜在常平官之上與提刑叙官教授承務
郎以上本州在簽判上選人在本州職官之上　四年

八月二十八日詔陝西新造之郡猶用蕃字可置蕃學
選通蕃語識文字人為之教授訓以經典譯以文字或
因其所尚令誦佛書漸變其俗　五年三月五日詔諸
州教授雙員處減一員餘遠小及養士不多去處並罷
令有出身官一員兼領勘會諸州教授員闕並依堂除
人元豐年以前差置州軍並依舊其後來差置去處如
在學生員自來滿百人以上學糧可以贍足各差一員
餘依已降指揮所有雙員處即將先到任人減罷一員
令諸路兼領學事監司限半月各具本路合存減去處
并職位姓名申尚書省　十二月二十三日學制局言
小學雖有置曆誦經隨其長少設為程課之制仍依太

卷二萬一千九百五十六

學生例量破飲食尚慮推行不一未能仰副德意之厚
令取會太學小學見行規矩約束參酌修立到州縣小
學課試等法詔小學皆隸太學州合令教授縣合令學
總其事不可別為一學兼學長與縣學長名同可改為
小長　大觀元年十一月九日鄭宗奏乞以地里遠近
生徒衆寡量其難易勞佚旌別教官上批水土惡弱州
軍承務郎以上與轉一官三千里外承務郎以上可減
一年磨勘選人占射一次其廣南東西不及四千里猶
依四千里法　二年三月二十四日開封府學博士郁
師醇言檢會御筆自今應於鄉村城市教導童稚令經
州縣自陳赴所在學試義一道文理不背義理者聽之

慮有假名代筆詐冒之人欲乞依大觀學令初入學生
結保之法仍乞試日依補試法差官封彌試卷送考校
官從之諸路依此　三十日前攝賀州州學教授曾鼎
旦言切見廣州蕃學漸已就緒欲乞朝廷擇南州之純
秀練習土俗者付以訓導之職磨以歲月之久將見諸
蕃之遺子弟仰承樂育者相望於五服之南矣詔曾鼎
旦充廣州蕃學教授其應合行事件並依也伏望揭臣
此疏以示朝堂出臣此疏以諭下詔榜朝堂　七月二
十一日詔閱前日賓興之數較其試中多寡惟常州為
衆其知州教授特與轉一官　八月十五日辟廱言諸
州歲陞試若於仲月內撥榜出即妨四季入學自合於

正月上旬內鎖院仍於當月內先次放歲陞試牓令看
詳若知通先次入院折歲陞試牓與試官相見即於公
試及試上舍未申號間不無妨嫌昨來開封府歲陞試
附貢士舉院係從本院一面先次放榜詔依開封府例
　九月十八日詔比閱諸路州學有閣藏書皆以經史
為名方今崇八行以廸多士尊六經以黜百家史何足
言應已置閣處可賜名曰稽古　十一月二日詔郡守
監司各按所部有違法害民曠職失守者悉以名聞苟
附下庇姦畏避不言者當遣使按察罪不汝貸　同日
詔在京百司近在首善之地比數廢職分命督按各置
以法而郡守監司耳目所寄遠在四方萬里之外守公奉

法其能無盭乎設官分職法全令其吏墮不虔荒失詔
命使元元之民或被其害夙夜以念時予之辜其令天
下郡守監司各按治所部違法害民曠職失守營私廢
公徇流俗而無享上之心者悉以名聞苟附下庇姦畏
避不言當間遣使者分路按察罪不汝貸夫政自內治
化自近格惟爾萬邦各祇乃事罰及爾身不可悔也
十一月八日魏憲言諸路學費房廊止是科差剩員一
名收掠其間侵欺盜用失陷官錢欲乞學房廊多處許
依州縣法召募庫子一名專行收納其或少處亦乞權
令本州庫子兼管詔不限錢多寡並置一名多者仍置
專副主管　十一日臣僚上言竊惟陛下制禮善俗立

教興行道化之所鼓舞誠意之所薰浹所宜四方風動
而比屋可封也然而忠厚之俗未底於曠然大同者臣
竊究其由矣蓋為守宰者唯訟獄是親至于教化則逡
巡不任其事監司所至未有廸教法風俗者是豈周官
掌父道王德意志慮與四壯使臣咨諏咨詢之意乎以
夫監司郡守縣令數多苟且不知職業之可為此所以
民俗治効未能仰稱陛下政教之美也臣愚欲望聖慈
時降睿旨命有司類次詔書律令可以訓民者為一書
與昏冠之禮先後須焉州縣委試者或先期請假或臨
時託疾欲乞明立條法應赴歲陞試而三不赴者除籍
從之　三年二月三日宣德郎邢之廸言乞今後教授

差出因病在假其本州時暫權官不得預差職事從之
十六日提舉黔南路學事戴安仁言所管多是新開
創州郡內縣城寨新民教授係經畧司舉辟令來既有
提舉學事其新民教授欲乞一就提舉學事司奏辟命
官或貢士攝官有學行人充新民學生就學其間亦有
秀異令欲乞立勸沮之法分為上中下三等上等為能
誦孝經論語孟子及一經畧通義理者特與推恩中等
為能誦孝經論語孟子者與賜帛及給冠帶下等為能
誦孝經論語或孟子者給與紙筆硯墨之費從之　二
十一日奉議郎李庠言沿邊州縣衆少士人補試或不
及三人者許與在學生為保從之其人少處依此　三
年四月八日知樞密院鄭居中等言修立到小學敕令
格式申明一時指揮乞冠以大觀重修為名付禮部頒
降詔第一卷內小學能通經為文者為上等既不犯罰
又五次合格令更不赴本貫縣學試補在學半年陞本
學外舍生　四月二十二日奉議郎李庠言形勢官戶
有以四宅入官中賣請託州縣因緣為姦欲乞將形勢
官戶等不許中賣在官贍學田宅從之　八月二十三
日詔泉州州學全然不成次第本路提舉學事知州轉
運判官各特降一官其學舍令本州疾速修蓋　四年
四月廿四日新權提舉淮西路學事葉杞奏教授乃朝
廷選其教導有方責試如法知通提舉職當審實保奏

卷二萬一千九百五十六

再任學生但合退聽豈可陳狀舉留殊無朋比之嫌欲
乞令後州學教授如委可再任並本州準學法施行諸
生不得輒率衆陳狀舉留教授詔依　八月十二日詔
縣學并州縣小學更不給食願陪厨者聽　同日詔三
舍之法初頒四方深恐有司奉行違戾故學生三百人
已上命置教官二員令行之既久已見就緒所在學生
及五百已上許置教授二員其不及五十八者不置以
本州在任有出身官兼領闕即知通於本州在任官內
選曾在太學辟廱及得解與貢經行可稱之人申學事
司審察權差所有合減罷官依崇寧五年三月五日所
降指揮施行　同日詔貢士被貢日許長吏集合州官
燕犒破贍學錢乃無限定之數往往廣有支用實於養
士有妨可令今後許於公使錢內量支十七日詔比降
教授指揮內不及五十人者不置一節可改五十字作
十字　九月二十日吏部尚書劉拯言近降朝旨三舍
在學生及五百人已上許置教授二員其不及八十人
者不置竊詳學生實在者常少係學籍者常多其在學
字謂實在學者謂但係學籍者皆是未有明文欲乞明
降指揮仍立限下諸路提舉學事司契勘實數開具申
奏付部差注施行詔可委諸路提舉學事司以元降教
授省員指揮到學日見係學籍人數限半月中尚書吏
部依已降指揮差注立為定額　十月二十一日閣封

卷二萬一千九百五十六

府尹盛章言朝廷創建開封府學教養多士未及三年數多增培令歲貢之初人材應選陞考精審亦由師儒得人訓導有方竊緣王畿首善天理宜優異其學官欲乞特加獎勸詔開封府學博士惠柔民孫璘並除太學博士 政和元年正月二十九日詔縣學并州縣小學生更不給食縣學長諭教諭直學係州學選差內合外舍生充自合依條給食縣學錢糧官罷月給食錢 二月二十七日大司成張邦昌辟雍司業魏憲耿南仲言諸州教授闕許學事司選本州或本路見任有出身官權理為在任月日依正官法薦舉竊見其間有時暫差權便行薦舉却致有妨薦舉正官教導終任之人欲望

令後諸路差權教授在任實及半年已上委是教導有方即許依正官法施行從之 五月七日詔諸州教授依元豐舊制選試朝廷除授 元豐七年立法試學官上等注博士下等注正錄願就教授者聽 九月二十八日詔訪聞比來學事司取撥過戶絶田產頃畝不少遂致常平錢本寖以闕少有害斂散可令諸路學事司取大觀四年初詔諸州以前三年贍學支費過實數內取支費錢數最多一年為準仍增加五分以備養士外餘剩田舍盡數撥還元管係官司 十一月六日臣僚言竊覩大觀四年初詔諸州教授學生不及五十人者不置繼又詔以八十人為率雖熙豐舊置教授州郡不

拘此令他官兼攝者已百有餘州矣願知初詔學生五十人許置教授一員請給之費以學事司錢充不過添官數十而師專其職人得其師考察陞貢得其人又臣僚言議者以省費為言不及八十人處不置教授以見任官兼權恐非熙寧專置之意以為州添一教授所費不多況料錢自合出運司而供給自出州郡惟京官有添支選人有驛券不過十數千耳近降政和元年七月教以贍學餘錢撥還常平田業之直則學事錢根不侵運司之費又不占常平之業自為一司可以充足欲乞將不滿八十人處復置教授詔依大觀四年八月十二日指揮以在學生人數及五十人已上復置一員其八

月十七日指揮更不施行 二年正月二十七日臣僚言乞自今學官每十人取一從之詳見國子監 三月二十九日詔不該置教授州軍選差兼權官在職及一年已上無遺闕者許依正教授法考課 五月十六日戶部侍郎胡師文等言諸州教授於學法唯許差佗州考試而不置教授有出身官兼領處近日有差推鞫公事之類欲乞教授見係兼領依正教授法從之大詔令

政和二年五月丁卯新提舉秦鳳等路學士許多言大觀新修諸路州縣學敕令頒行六年于茲諸路申明上煩訓諭放告者不可悉數乞詔有司特加看詳擇其可否使人易曉又乞以屏斥林彥建貢降蔡嶷等事鏤板

布之天下並從之 八月十一日臣僚言師儒之官陞下
參以選格皆自朝廷除授獨試學官之法尚未聞罷去
伏望特賜罷去試選之法悉取於學校從之詳見國子
監 九月七日給事中俞㮚言竊慮學校方興之際監司
州縣不知朝廷本意專為育大材有務為豊膴飲食其
弊至於以實直時估移為市價務為假借學生其弊至
於犯法害教多至訟庭或戾知從或侵良民而不敢問
務為從事外飾則有枉用錢糧之費務為申請遺利則
有興民爭利之過惟申明條令略賜戒告乃可杜絕其
源詔劄與提舉學事司 二十五日給事中俞㮚言學
生祖父母父母老病或無兼侍許歸宿者若實在齋者

二十人即乞不得過五人十人即乞不得過三人三人
以上不得過一名詔諸學生滿五人聽一名出宿五人
以上二人每十人加二人 又言教授謁禁等法可謂
詳備蓋欲諸生執經問難請見無時循循誘人責得成
材以為時用而諸州教授有或多務出入罕在學校至
如過客到發亦與郡官同講將迎之禮願申明條令違
者必罰從之 十月二日詔諸聽學田業免納二稅 二
十二日尚書省檢會給事中俞㮚奏令縣令佐銜帶管
句專切檢察學事欲乞注擬有出身人令專管學事常
留在縣不得州郡及諸司差出不充師長人吏不管學
事銜內仍不帶 十一月六日懷德軍言軍學補試到

合格學生一十五人委士士人漸多難以并附鎮戎軍
教養所有教授亦乞差注詔除差教授別作施行外餘
依 十七日國子司業蘇其言乞下諸路提舉學事司
索州縣養士之餘除量存留外各據所餘之數旋還常
平舊撥產業之價又其餘促州縣置買物業擇其尤者
優與推賞從之 三年正月十八日敕令所刪定官李
嘉言教授入學陞而弗虔有未嘗升堂者往往止託遂
經學諭撰成口義傳之諸齋抄錄上簿而已未嘗親措
一辭於其間至於本齋輪流覆講則亦未嘗過而問焉
欲乞委知通覺察點檢有似此者覺察申提舉司按實
以聞從之 二月十三日臣僚言學生雖已經公試其

卷二萬一千九百五十六

仲月私試亦合并引三場從之 二十五日辟廱看詳
諸路州軍有校定內舍止有一人處既難以分為三等
校定令相度欲考察及十五分為下等校定從之 三
月十八日臣僚言諸州教授任滿賞格有輕於本州曹
掾官處理當依曹掾官法推賞從之 閏四月三日禮
部言翰林醫學充駐泊之人係理為任即是有官品之
人欲比附外任官條制令隨侍子弟等入鄰州學為隨
行親從之 四日詔八行添置諸州教授 七日太學
博士陸德先言伏覩御製學法諸士以八行中選為諸
生之首選充職事長諭其已命官之人竊慮亦合先差
伏望以八行應格人為教官選首從之 五月二十日

詔諸路已撥良田贍學提舉學事司更不撥還常平價錢　六月十一日尚書省言諸縣令佐差有出身一人緣見任令佐以三年為任伺候差注乃在三年之外學校不可緩欲令轉運提舉司契勘諸縣官對移上内舍登科人隨資序到任二年以下充令佐於學事司錢内支食錢三貫如不足吏部注人替滿兩考人具被替人理一任減一考改官從之　六月十三日詔諸路教授尚多闕員曠職廢事非便令尚書省置籍每季左右司刻刷半年以上闕從本省榜示許合格人投狀指射左右司勘會合格人具名呈稟訖送中書省限二日差充以曾試中或曾經兩任教授人次充教授一年以上次

曾充兩學正録次曾充兩學大職事半年以上次曾充兩學長諭曾次為貢首次曾在公試十人名内於格内中二事以上者為合格即無中格人願就者但一中格聽選無一事中格人者以曾補内舍人選充即非上舍登科不在選限以中格多者為上同者以格内一事先後為上俱同者具名稟宰丞選一名尚書省吏房那撥手分二名專一注行左右司增置手分二名貼書二名專一行遣　政和學規　政和三年六月庚申尚書省言學校養士以待天下賢能可以作人材數士行興教化自縣學升之州自州升之辟雍自辟雍升之太學然後命官則縣學為升貢之本令天下佐吏部注授多非

其人俗吏則以學為不急不加察治縱其犯法庸吏則廢法容姦漫不加省有罪不治以故學生近來在學毆鬬爭訟至或殺人蓋令佐不加治訓州縣不切舉察提舉官失於提按以致如此不惟士失其行亦官廢其職令具下項　一州縣學生有犯在學狀以下從學規徒以上若在外有犯並依法斷罪　一州縣學生有犯教授令佐職事人不糾舉與同罪知通失按減一等提舉官又減一等若故縱並加二等欲令轉運提舉司契勘諸縣官對移上内舍登科人隨資序到任二年以下充令佐於學事司錢内支食錢三貫如不足吏部注人替滿兩考人具被替人理一任減一考改官詔依　七月

五日濠州州學教授陳湯求言監宮觀嶽廟之人其閒有在本貫居住其隨侍子弟自合入本貫學不當却入鄰州學從之　十一月新差提舉河東路常平等事畢仲愈言學田戶兼佃職田於是水旱減放每在學校蠲穰厚利常歸令佐乞應學田佃戶不得令兼佃職田從之　十五日假將仕郎李雨狀自興三舍預籍升補昨被本路勸糴軍儲補前件名目緣此使雨引去學校伏望許令進納人元係上舍升補者聽依舊補人入學詔從之玉海政和三年九月詔諸州每歲歲貢士于學内講射禮十一月中書省言檢會政和二年十月二十三日廣西路提舉學事司申五月十六日聖旨鄉舉里選

三代所以賓興賢能以善養人者也今學校之興教養
之令具矣後來寖失本旨至參以科舉罷廢縣學給糧
之法害令惑衆者非一可並依大觀三年四月以前指
揮其後降指揮更不施行本司已牒諸州依舊取撥以
前應有拘收到戶絕田宅並隸本司於行諸路學已足
者若不罷取撥戶絕田舍有害常平法詔罷取撥戶絕
等田充學費諸路依此　四年正月二十六日禮部言將
仕郎前隋州將利縣尉丁興宗乞比附曾觀差遣人入
學讀書等事尋取到辟廱狀欲令入學從之更有似此
之人並依此　二月十二日詔令後逐縣令佐有貢士
出身人內從上差一員兼縣學教諭仍月給食錢九貫

（卷二萬一千九百五十六）

其管勾在學職事依教授法　二月三日中書省言小
學生見近一千人入學者尚未已今衆只有貢士教諭
十人今欲分為十齋小學教諭增與月俸給錢兩貫不
許受束脩從之　擴實錄宣和元年七月有范致厚自
國子小學錄為校書郎未見初置小學錄指揮　三月
二日詔應小學生及百人處並添差教諭一員　因開
封府雍丘縣申請故有是命　四月十五日新知潁昌
軍事崔直躬言縣學文士不滿一季武士不滿半年皆
不與試縣學並以孟月試補而引試常在下旬考校須
選入學又須累日歲升乃以正月上旬鎖院緣此秋試
武士冬試文士到來春試補入州學多有日數不足遂

又次年方與試升補乞詔有司使縣學試補須於孟月
上旬了畢到來歲歲升之日生員在縣學月日得足庶
使天下寒俊一槩不至滯留從之　五月三日新提舉
廣東路常平等事柳恣言乞今後州縣文移係干學校
者並因公牒不得依前止行帖剳從之　政和四年五
月罷支食錢貫　十四日臣僚言乞應元符末上書邪等
人雖在未入仕以前不差教授官及充考試官從之
五月二十二日尚書省言小學生為無考選升補之法
故外任官隨行親應入小學者許入任所州縣小學大
觀續降指揮稱依隨行親條違法意詔删去　六月二
十五日禮部言新差揚州司戶高公粹乞外州軍小學

（卷二萬一千九百五十六）

生並置功課簿籍國子監狀檢承小學令諸學並分上
中下三等能通經為文者為上日誦本經二百字論語
或孟子一百字以上為中若本經一百字論語或孟子
五十字者為下仍置曆書之欲依本官所請從之　六
月尚書省言自合依令作有官國子生詔三年七月十
五日旨揮更不施行　七月二日新差提舉京西北路
學事梁炳言伏覩政和三年十二月二十三日辟廱申
明乞將當年牓上名次通比從一高者相壓已可其請
仍以在學月日先之所以優其久被教養者欲乞頒降
諸路州學並依此施行從之　十三日新差提舉荆湖
北路學事徐行可奏乞立法令諸州錢糧官須逐日入

學支收官物庶不致虧失從之　八月九日詔學校以善養人設師儒建黌宇備饍羞教天下士十有二年道日益明士日益衆庶幾於古而養士之額尚循前數有司拘以定額士游學校不被教養於學者尚多有之則野有遺材矣諸路學校及百人以上者三分增一分百人以下者增一分之半即陝西河北河東京東路學生數少者仰提舉學事司具可與不可增及所增數聞奏

二十七日新差提舉廣南西路學事洪擬言編户之閒有預學籍者其父兄盡以辭訴之事付之校争錐刀之末而不知以為恥欲望特降睿旨應州縣學非為户首而輒訴本户事者官司不得受理仍坐以謗詈争訟之罰從之　二十三日臣僚言邇者大學小學教諭受賕並以贓論州縣學職事違法受賕乞依大學小學教諭已得指揮施行從之　八月二十五日江南西路提舉學事司言吉州州學依額養士七百九十二人即日見在學生計六百三十四人委是在學人數至多除見任教授二員外依大觀元年七月十七日敕條指揮更合添置教授一員從之　九月十五日左司員外郎蔡靖言建州額養士一千三百二十八人依條合差教授二員為額乞差三員詔依又言檢會近降指揮八行出身官許添差諸州教授及續承教八行應格人為教官選首緣見選教授格内並無該載八行之人未審逐次

指揮合如何施行詔令後從中書省差　十七日新河北路轉運判官張孝純言古者諸侯貢士天子必試之於射宮凡燕饗之際未嘗不用射也國家恢崇學校又學置射圃俾士人旬休講射特未聞用射於燕饗之際欲望詔諸路州郡每歲燕貢士於學因講射禮從之

十八日詔養士五百人已上處守令並堂除　十月七日永興軍等路提舉學事司言乞差定邊軍教授又慶西提舉學事司奏舉額外攝官周元亮平州文材堡教授填復置闕取到吏部狀准敕節文新創置州軍管下縣寨新民教授合從本司奏舉詔定邊軍許差教授一員餘依　二十九日吏部言齊州狀州學先差到小使臣一員管勾錢糧什物并部轄諸色人應干在學煙火等後來隨教授指揮減罷令來本學生員數多官物浩瀚雖依大觀學制於倚郭縣令佐内差委錢糧官係是兼管難以日逐躬親赴學應副乞下吏部依舊差注從之仍詔諸路依此　九月十一日權發遣泉州鄭南言竊觀州縣小學額大州止五十人其下三萬户縣四十人其下止於五人恐從學者衆額有定員欲乞委學事司或人材多户口衆處增廣舊額量添教諭員數詔令諸路學事司相度聞奏　後梓州增十五人共六十五人温州增三十人共七十人　十一月二十一日國子博士李邁言伏覩邇者立小學三舍之法固宜推而廣

卷二萬一千九百五十六

之使州郡小學遵倣新令分為三舍庶幾内外均一從
之　十一月二十日利州降提舉學事司言州縣學所
管祭器及節鎮州府祭服自合供應本學釋奠使用竊
慮諸州府所管器服將來損壞闕借本學祭器等使用
乞申明行下諸路令後州縣學器服乞依私借陳設什
物出學條斷罪從之　二十六日詔蔭補入官人隨處
入所在州學仍別為齋公私試附州學生別作號考校
歲終校定不通作在學人數餘並依國子生法若請特
給假通計及三日已上不理為在學月日候及年本州
給公據參部日照使年未及十五人願入學者聽曾犯
第三等已上罰之人自犯罰後別理一年如入學後故
卷二萬一千九百五十六
犯第一等規矩情重者教授申州取勘施行　十一月
十二日詔隨行親合入鄭州學所隨親非替移已移者
不許再移　十二月十九日詔内舍生降充外舍之人
額外給食候有外舍闕日即先次撥填　十二月四日
尚書省言大觀新格諸州縣小學職事人小長一人三
十人以上增一人　諸小學八歲以上聽入若在家在公有
違犯違謂違父毋尊長之訓犯謂犯盗竊僞濫之類皆
迹狀者若不孝不悌不在入學之限即年十五者與上
等課試年未及而願與者聽食料各減縣學之半願與
額外入學者聽不給食州教授縣學長總之訓導較試
教諭掌之看詳校試諸州當委教授亦兼校試其國子

小學生上舍等能文試太學内舍諸路亦合比附與州
縣外舍生同試内舍其國子小學生試程文即附孟月
引試緣諸州學生私試係仲月今小學生除季試書誦
者定日引試其試程文當隨州學私試月附試其諸路
封彌官自可一就管勾仍別為號八歲以上誦經書等
第及挑經通數升補等級並同在京小學法令諸路小
學生應升補上内舍及季試合格當申知通引試能文
學生每季附本學私試別設一所不得與太學交互上
舍等為文優異者具名及所試程文申提舉學事司審
察訖保明奏貢入太學仍每歲州不得過一人如無聽
闕從之　十二月四日大司成劉嗣明等言近降小學
卷二萬一千九百五十六
條制小學八歲能誦一大經日書字二百補小學内舍
下等誦二經一大一小書字三百補小學生内舍上等
十歲加一大經字一百補小學上舍下等十二以上文
加一大經字二百補上舍上等即年未及而能書誦及
等者隨所及等補令欲季一試申監定日欲每一大經
挑三十通小經挑二十通及七分已上者為合格近降
三舍法諸學生能文而書誦不及等博士引試考其文
理稍通與補内舍上等優者補上舍下等今欲試本經
義各一道丞封彌博士考校通否申監升補大觀重修
國子監小學格職事人小長每教諭齋集正齋計同一
人三十人以上增一人集正同從之　五年三月十五

詔外任官觀嶽廟官隨行親入所居州學者並依隨行親法　五月二十二日大司成馮熙載言試小學生合格優等四人詔曹芬駱庭芝賜同上舍出身金時澤李徽賜童子出身並赴將來廷試　七月九日臣僚言乞應見任教授不得為人撰書啓簡牘樂語之類庶幾日力有餘辦舉職事以副陛下責任師儒之意從之　九月五日大司成劉嗣明言宗室見任不釐務官願入學者聽其考選校定升補之類依國子生條例施行從之　六日開封府尹盛章言大觀元年三月五日元降聖旨開封府博士序位立班請給等依太學博士法所有到任後關陞改官亦合依太學博士法詔府學博士改官

卷二萬一千九百五十六

依辟廱正錄法　十月八日假將仕郎程崧進狀昨入建昌軍學升補內舍後因進納補充將仕郎後來依蔭補人例入學公私試藝入等乞依蔭補人推賞吏部勘會進納人即無許依蔭補人入學試中等第推恩朝旨詔棄毀補授文字依永不得入學　十一月十五日辟廱言乞今後應縣學生三經赴歲升而不預升入州學者依三不赴條例除籍從之　六年二月二十二日詔州郡學舍隨所添人數增修以學事司錢充支用　六月五日詔應州縣係籍學生不許身自佃賃係官田產及開坊場如違依搬請佃學田業法　八月十五日詔令提舉學事司自今有人材拔俗者不待攷選校定之

數具實狀以聞朕將不次而用之　九月十四日提舉江南西路學事鄭滋乞今後諸州已參定上舍貢士後却見得係貢人不該陞貢不得用下名人填額亦以其闕次年補貢庶使學生無所僥求杜絶詞訟紛争之弊從之　七年七月四日成都府路提舉常平司言本路州縣居養院有孤貧小兒內有可教導之人欲令小學聽讀逐人衣服襴鞹欲乞於本司常平頭子錢內支給置造仍乞與免入齋公用從之餘路依此　八月十五日臣僚言近以國子有官人於法責在學一年方許參選近來往往身不在學但將告假月日通理成數有失法意詔自今特給假仍補填在京委太學在外委本州當

卷二萬一千九百五十六

職官保明關申吏部　九月十七日給事中毛友言乞應補試入學之人並如州學黨試縣學生應預歲升試止免身丁從之　十一月十四日提舉京畿學蔡佃言諸州每年秋季依學法燕犒貢士逐州支使錢數不多別作名目費用過當乞量立錢數誨每分不得過三貫餘費不得過三十貫　八年五月二十四日詔諸州教授兼用元豐法仍止試一經詳見國子監　七月十二日前提舉利州路學事李處遜奏乞應係籍學生不許為本州縣及本路見任官門客庶幾書考升選之公無所僥倖詔申明行下如違以違制論　八月七日詔諸州添差八行教授今後止許添差大藩不預職事　閏九

月十一日詔昨立八行以取老成行能之士已經考察又令赴殿試雖登科卻不得與諸生講學干預職事其政和八年五月二十四日并八月七日指揮更不施行　十月二日中書省言初登科人去學校未久理合除內外學官詔今後初登科人許除内外學次歷州縣一任其見任未歷州縣人依此　重和元年十二月二十五日泰鳳等路提舉學事司言改震武城爲軍已蓋修學舍乞依積石軍例差置教授一員從之　宣和元年四月新泉州教授羅復上書乞舍選登第人必先歷州縣詔依俟一任還方與教授　二年六月二十九日詔縣學給食及州縣小學或武學醫學八行貢士給券並

卷二萬一千九百五十六

罷見免身丁措借依官戶法者依元豐進士法施行　七月一日詔諸路教授除見係左右司依格選擬八行人自今後不許添差應依元豐法許堂除者自依舊例　七月二十九日詔小學生上舍上等特許赴來年公試如合格與補大學外舍　八月二十五日大司成黃齊言隨行親移籍入學從之詳見國子監　五日中書省言七月十九日聖旨在京小學近歲增立三舍法有害鄉舉里選本乞可並依元豐法契勘元豐時在京小學止有就傳初筮兩齋差教諭一員即無立定官吏并直學等今承指揮小學既罷三舍即無講解考選直學醫官等依元豐法自合更不差置乞置小學生兩齋於太

學生内選差二人充教諭其俸給依元豐舊制詔依今後如學生數多令本監相度增撥齋舍　三年二月二十日詔罷天下三舍太學以三舍考選開封府及諸路以科舉取士州縣未行三舍以前應置學官及養士去處並依元豐舊制　三月十五日左右司言奉聖旨諸路州縣學並依元豐舊法所有未行三舍以前應置學官去處未審合與不合從本司選擬詔教授應法并差注並依元豐條例其和三年六月十三日令左右司剗闕許人指射指揮更不施行　四月十日詔諸路教授見帶管勾學事並罷　二月十四日都省言諸路教授見任官若係未行三舍以前舊制窠闕合依舊外餘並合

卷二萬一千九百五十六

減罷從之　六月十日中書省言勘會未行三舍以前舊贍學田産房廊等自舍依舊贍學外其行三舍後來應平添置到數自合拘收從之　二十六日中書省言饒州申有三舍舊在學學生其間願在學聽讀之人未審合與不合比附辟廱人願入太學事理施行契勘今年二月二十日指揮諸路内舍上等校定人願入太學者免補令來本州學係籍學生欲令免補入學未曾係籍學生合依元豐舊制以春秋補試從之　四年十二月二十四日知撫州葉著言本州已於崇寧四年修建到州學一區差教授二員養士五百餘人宣和三年二月二十日聖旨諸路以科舉取士並依元豐法竊惟本

州崇寧四年創置建蓋元豐所無令雖罷四輔而近在畿甸又學舍具存獨無一士子肄業其間伏望取鄰近州府養士之處〔數〕立為定額置教授一員標撥係官產業以為粮食之用從之仍依應天府立額仍支降告敕三道付業着修葺學舍　五年九月二十九日鄜延路經畧使薛嗣昌言延安府自罷三舍之後不置學官伏望許置教授一員從之　十月二十九日臣僚言竊見邇來外路守臣申陳乞添置教授若元豐所未嘗有而輒乞添置臣恐他州援引陳請不已望特詔諸路各務依稟近降詔令不得妄有建置　白詔延安府置教授指揮更不施行

卷二萬一千九百五十六

靖康元年正月十八日詔諸路贍學戶皆絕田產令歸常平司　五月十日左諫議大夫馮澥言願詔有司訓飭學校布告中外凡考校去取不得專主元祐之學亦不得專主王氏之學或傳注或己說惟其說之當理而已從之詳見國子監　高宗　建炎三年十月二十四日詔令後贍學錢粮並從戶部置籍拘催諸路提刑司收樁敢有隱漏不實並依供報無額錢物隱漏法斷罪　紹興三年四月三日尚書省言明州教授係新置闕依建炎三年六月二十日指揮合行減罷緣本州士人稍衆詔特許存留　十日詔建炎二年六月內復置教授處共四十三州至建炎三年六月內並罷任滿更

不差人令將建炎二年復置教授窠闕並行存留從給事中黃叔敖之請也　七月九日詔特奏名第一等賜進士及同進士出身四人除教官指揮更不施行以臣僚言僥倖也　三年十一月十二日詔康彥文係於宣和七年秋試中學官第一人吏部供合在殿試第一甲之上可免銓試今後曾試中學官注授教授窠闕之人依此施行　十二月十五日詔將淮西州縣教授並行減罷令逐州有出身官兼　五年正月二十五日詔罷試學官科令後應干教授員闕並從朝廷選差　臣僚言國家有試學官之科又近年以來將教授闕盡歸吏部差注欲為人師而先納所業求有司以牽中程度又

卷二萬一千九百五十七

校計格法以爭得之甚非建學校立師儒之本意故有是命馬端臨通考建炎初復教官試紹興中議請欲為人師而自納所業于有司以幸中度乃詔罷其試而教授自朝廷選差已而復之凡有出身許應先具經義詩試各三首赴禮部乃下省闈分兩場試之而取其文理優長者不限其數初任為諸州教官繇是為兩學之選

八月十四日詔江陰軍置教官一員量撥官田數頃以贍生徒從之事王棠之請也　六年三月三日詔南劍州沙縣贈諫議大夫陳瓘祠堂許依福州州學陳襄等例遇春秋釋奠就祭從給事中張致遠之請也　十月三日詔遂寧府增置教官一員從本府士民之請也

七年三月十九日，知臨安府呂頤浩奏：「前任潭州將安撫司收到各項官錢五千貫文，支與州學充修蓋屋舍之費，用詔行下委知潭州劉洪道於今年秋冬閒漸次修蓋，以處生徒。」從之。　八年正月二十二日，詔諸州教授除代不得過二員，以御史中丞常同之請也。　九年十二月二十五日，詔普州許置教官一員，從本州士民之請。　十二年二月二十二日，詔諸路州學委守臣修葺，具次第申尚書省。王應麟《玉海》：紹興十二年，詔諸州守臣修學。十三年閏四月二十七日，詔並置教授。十八年七月九日，賈直清請立縣學。　教授于鄉，嘉祐中福之國希孟、楊之孫倅、穎之常秩，元祐中杭之吳師仁、號

之尹材、襄之田述古、邠之蘇昞、徐之陳師道，紹聖則眉之家素，元符則楚之徐積，紹興則建之明憲，乾道則遂寧之雍山、興化之林豪，皆以文行命為本州學官。　胡瑗主湖州學，慶曆中有司請下湖州取其法以為太學法。　五月十二日，詔無教官州軍令吏部闕具申尚書省選差。　九月十三日，詔江州城南甘棠湖一所每年蓬魚之利，及郡庠前地上岳飛造到房廊三十八間，每日收賃屋錢一貫四百三十文，撥充本州養士久遠支用，仍委通判拘收，從本州請也。　十三年三月十五日，類試所狀：「契勘今來本所引試教官共一十六員，考校到第一場經義五號文理優長，其第二場詩賦並無合入

等者。欲望朝廷詳酌，據今春所試程文，許依祖宗舊制，只以經義優長者收取一次。」詔依。　閏四月七日，詔諸路監司幷州縣官隨侍本宗有服幷親女及姊妹之夫子，免補試，許入所在學聽讀，若所隨官替移，即許移籍通理。　九日，國子司業高閌奏：「諸路郡學有養士額窄，艱於供贍，欲委守倅教授隨宜措置，量增員額。若已補中在額外，並許先係學籍，其有營私養親難久住學之人，只令赴赴真謁課試，有疾故聽免，與理為在學月日。」從之。　十四日，詔置歸州教授一員。　二十七日，詔諸州軍並各差置教授，其禮部長貳正所係所隸，理合依崇寧大觀格法，許按劾倅量及歲舉改官，從國子司業

高閌之請也。　五月十三日，詔置楚州州學教授一員。　六月三日，國子司業高閌等言：「在京例應諸州教授到罷，並報本監置籍揭貼。欲乞指揮都進奏院，諸州教授待闕員數監置籍揭貼，仍每月具有無替移到罷供報。」從之，仍令敕令所立為著令。　四日，宰執進呈臨安府府學宗子學生師閔、師頴進狀論教授鮑同不法事，上曰：「朕不善此事，乃是論師長，恐長告訐之風。可將宗子押送宗正司，令拘管。為教授者須先正己，然後可以率人，若自為不法，豈能服人。鮑同令臨安府體究，如果有上件事，亦當黜責。」　八月十九日，宰執進呈左朝散大夫宋宙奏乞盡復教官，上曰：「教授須逐州置，昨紹興十

二年已有指揮恐是川路遠未到更令契勘仍須是擇通經心術正者為之若教官非其人士人心術一壞再整理費力切宜遴選　十月十六日宰執進呈西外宗正司保明到拘管宗子趙善時年滿放逐便事上曰令後宗子可許入所在學令與寒士同處只別作齋舍仍差士人作長諭庶幾盡變積習將來文行俱有可取宜令措置　十一月十七日詔諸州軍將舊贍學錢糧撥還養士令監司常切覺察不得輒將他用仍令逐州軍各開具養士并見標撥錢糧數目申尚書省以知信州劉子翼言學糧至微無以資給故也　十四年二月六日詔靖州置新民學學生三十人為額令附州學教養

卷二萬一千九百五十七

仍令教授兼行訓導其籍没見出賣楊秀章田土令本路轉運司量度標撥應副贍學從本州請也　三月二日國子監言昨行大觀法諸路監司親戚許入鄰路近便州軍學州軍并倚郭縣官親戚許入鄰州學外縣官親戚許入本州學聽讀緣上件大觀法昨因兵火散失不存雖申降到紹興十三年閏四月七日指揮監司并州縣官隨侍本宗有服親并親女及姊妹之夫免補試入見任路分州軍學聽讀竊慮妨嫌望將諸路監司州縣官親戚若應得前項服屬者依大觀法免補入學聽讀施行從之　十月三日詔昨降指揮令諸州軍將舊贍學錢糧撥還養士委監司常切覺察不得輒將它用

可令諸州守臣限一月標撥定委提舉官檢察開具奏行加意并弛慢去處職位姓名申尚書省取旨賞罰　十五年九月二十六日詔試諸州教授自來春為始除第二場仍舊詩賦其第一場於六經中臨時取二經各出兩題試以講解不拘義式以貫穿該贍為合格從國子監丞文浩之請也　十一月六日詔二廣諸郡於見任有出身官差兼教授如無差特奏名補官人又無即申提舉學事官於鄰州對換兼差　知潯州杜天舉言自來止差士官充教諭而士官止係本路兩舉之人未足為後進模範上曰天舉所陳事頗有條理却曾留心士大夫所言有益於事不可不行故有是命　十六年三

卷二萬一千九百五十七

月二十七日詔萬安昌化吉陽軍許依瓊州例各置教諭一員從瓊管安撫徐念道之請也　五月四日詔諸路提舉學事委轉運司有出身官一員兼領如本司官俱無出身即委從上一員以禮部有請故也　八月六日詔廣内諸郡見闕教官去處令於本州并倚郭縣内差見任有出身官兼充如無即於特奏名補官人内選差未昏耄有術業之人又無即選差攝官術業行義衆所推服者充教諭如已供職後來見任官内却有出身之人其攝官教諭即令罷去從日脩之請也　十八年七月九日江南西路轉運判官賈直清奏請立縣學於縣官内選有出身人兼領教導上因宣諭曰州縣選官教

導適治化本原將來三年科舉亦有人材以備采擇可
令禮部檢坐舊法參酌措置申尚書省　八月八日禮
部尋下國子監參酌措置欲比附舊去縣學委知通於
令佐內選有出身官一員兼領教導職事及諸州軍如
未差教授去處即令本路提舉學事司於本州有出身
官選差一員兼領若州縣官俱無出身止令本學長諭
專主教導都令知州縣令覺察點檢從之　閏八月二
十一日詔珍州教授任滿許依本州幕職官例推賞從
本州備申教授蔡霆之請也　十九年十月十六日詔
添置光化軍教授一員從守臣范絜之請也　二十年
六月二十日詔置梅州教授一員從本路轉運判官李

卷二萬一千九百五十七

利用之請也　二十一年九月一日大理寺主簿丁仲景
奏遠方贍學公田多為形勢侵占請佃望詔有司申嚴
行下諸路提舉官常切覺察如有似此去處並令根究
上曰緣佳賣度牒常住多有絕産其令戶部一就措置
撥充贍學支用　本部言欲令諸路州軍取見確實報
提舉學事司置籍拘管并僧道違法擅置庵院若無敕
額其所置田産屋宇亦有絕産合依前項已措置到事
理施行詔依此　馬端臨通考朱子崇安縣學田記曰予
惟三代盛時自家以達天子諸侯之國莫不有學而自
天子之元子以至於士庶人之子莫不入焉則其士之
廩於學官者宜數十倍於今日而考之禮典未有言其

費出之所自者豈當時為士者之家各已受田而其入
學也有時故得以自食其食而不仰給於縣官也歟至
漢元成間乃謂孔子布衣養徒三千而增學官弟子至
不復限以員數其後遂以用度不足無以給之而至於
罷去謂三千人者聚食於孔子之家則已妄矣然養士
之需至於以天下之力奉之而不足則亦豈可不謂難
哉蓋自周衰田不井授人無常産而為士者尤厄於貧
反不得與為農工商者齒上之人乃欲聚而教之則彼
又安能終歲裹飯而學於我是以其費雖多而或取之
經常之外勢固有不得已也　二十二年三月十二日詔
潼川府郪縣界閃生田地一百四十二畝撥賜府學永

卷二萬一千九百五十七

充養士　後守臣沈詵之請也　二十四年七月三日詔
贍學錢根於學中自置帑廩委教官檢察從大理評事
俞長吉之請也　二十五年九月二十一日詔太平州
蕪湖縣合拘收何汝賢違法祖佃圩田一十六頃八十
五畝撥充本州養士　二十六年五月七日詔諸路州
軍教授並不許差兼它職令提舉學事司常切遵守從
知郢州路采之請也　八月九日建康府上元縣丞汪
貴奏臣聞有學校必有法度有法度然後教官士子咸
知所以遵守今州縣學校徒有其名而主管學事之官
徒帶虛銜良田學法未曾須降以憑遵守故也掌儀置
于釋奠之時也而職事之中間有掌儀一員者司正置

謂請按推賞連文中間並未闕字

于鄉飲酒之時也而職事之中間有司正一員者或職事多于生員或月俸倍于常制或生徒係籍而齋無几案或早晚破食而學無厨竈或貧士託為聚徒之所開官指為寄居之地而州縣漫不加省望詔有司將元豐崇寧以來并見行舉法纂集頒降俾州教授縣教諭及主管學事官常切遵守以勵諸生仍委監司出巡兼行按察從之　二十七年十二月二十六日詔諸州軍教授選人任滿許依本處幕職官推□□□□□□賞與京朝官依選人已得指揮

卷二萬一千九百五十七

宋會要　鄉黨

太宗太平興國五年六月以江州白鹿洞主明起為蔡州褒信縣主簿賜陳裕三傳出身起裕並以講學為業太宗聞之故有是命所以勸儒業勞鄉校　真宗咸平四年三月二十日知潭州供備庫副使李允則奏嶽麓山書院修廣舍宇有書生六十餘人聽誦乞下國子監降釋音文疏史記篇韻庶興學校以厚民風從之　祥符四年十一月益州申永康軍進士李畋明經術聚徒教授士行可稱詔發遣赴闕授試秘書省校書郎仍賜裝錢三十千還歸鄉校講說文獻通考祥符八年賜潭州嶽麓書院額始開寶中郡守朱洞首度基創宇以待四方學者李允則來為州請於朝乞以書藏方是時山長周式以行義著八年召見便殿拜國子主簿使歸教授詔賜書院名增賜中秘書　右宋興之初天下四書院建置之本末如此此外則又有西京嵩陽書院賜額於至道二年江寧府茅山書院賜田於天聖二年嵩陽茅山後來無聞獨四書院之名著是時未有州縣之學先有鄉黨之學蓋州縣之學有司奉詔旨所建也故或作或輟不免具文鄉黨之學賢士大夫留意斯文者所建也故前規後隨皆務興起後來所至書院尤多而其田土之錫教養之規往往過於州縣學蓋皆欲倣四書院云　仁宗天聖二年五月知江寧府光祿卿王隨言處士侯遺於茅山營葺書院教授生徒積十餘年自營粮食望於茅山齋粮剩數就莊田內量給三頃充書院贍用從之　三年十一月樞密直學士知應天府李及言本府書院甚有學徒自建都以來文物尤盛欲望量於發解進士元額之外乞添解三人從之　景祐二年九月十五日西京留守言重修太室嵩陽書院乞降勅額勅以嵩陽書院為額

卷二萬一千九百五十四

二

全唐文

宋會要　書學

徽宗崇寧三年六月十一日都省言竊以書用於世先王爲之立學以教之設官以達之置使以諭之蓋一道德謹守法以同天下之習世衰道微官失學廢人自爲學習尚非一體畫各異殆非所謂書同文之意今未有校試勸尚之法欲倣先王置學設官之制考選簡牧使人自奮所身於圖畫工技朝廷圖繪神像與書一體令附書學爲之校試約束謹修成書畫學敕令格式一部冠以崇寧國子監爲名從之五年四月十二日詔書畫筭醫四學並罷更不修蓋其官私宅舍屋宇並依舊修蓋給還已到官據資任與先次差遣人吏歸元來去處係召募到者放停其書畫學於國監擗截屋宇充每學置博士各員生員各以三十爲額其合行事件令國子監條畫申尚書省

卷二萬二千　一

宋會要　書學

宣和六年八月十四日詔書藝置提舉措置書藝所生徒五百人爲額篆正法鍾鼎小篆法李斯隸法鍾繇蔡邕真法歐虞褚薛草法王羲之顏柳徐李有兼經義舉人及貴游子弟又分士流雜流爲二以尚書主客員外郎杜從古大宗正丞徐兢編修汴都志米友仁並爲措置管勾官先是王黼進唐告三道虞世南書狄仁傑告顏真卿書顏允南母蘭陵郡太夫人張氏告及徐浩封贈告進呈上曰朕欲倣習前代書法告命使能者書之不愧前代時書學已罷故特置是局

渭清按六月十一日即前之書學門徽宗崇寧三年六月十一日

宋會要　筭學

哲宗元祐元年六月二十八日看詳編修國子監太學條制所狀准朝旨同共看詳修立國子監太學條例及續准指揮國律武學條貫令一就修立外檢准官制格子國子太學武學律學筭學五學之政令今取到國子監合干人狀稱本監自官制奉行後來檢坐上件格子申乞修置筭學准朝旨踏逐到武學東大街北其地堪修筭學乞令工部下所屬檢計修造奉聖旨依今看詳上件筭學已准朝旨蓋造即未曾興工其試選學官未有人應格切慮將來建學之後養士設科徒有煩費實於國事無補今欲乞賜詳酌寢罷詔罷脩建

卷二萬二千　二

宋會要　筭學　大典附崇寧三年上

六月十一日都省劄子切以筭數之學其傳久矣周官大司徒以鄉三物教萬民而賓興之三曰六藝禮樂射御書數則周之盛時所不廢也歷代以來因革不同其法具官在神宗皇帝追復三代修立法令將建學焉屬元祐異議遂不及行方今紹述聖緒小大之政靡不修舉則筭學之設實始先志推而行之宜在今日今將元豐筭學條制重加刪潤修成敕令并對修看詳一部以

疑是大觀□□

謂清按是大觀三年宋史禮志吉禮八文宣王廟下有載

崇寧國子監算學敕令格式為名乞賜施行從之都省上崇寧國子監算學書畫學勑令格式詔頒行之只如此書可也

宋會要　算學　此附崇寧算學後

三年三月十八日禮部狀據太常寺申算學以文宣王為先師其配享從祀合依太學辟雍例於殿上設兖鄒荊三國公為配享及十哲為從祀外有自來著名算數之人即繪畫於兩廊本寺據修立算學駁詢等申契勘合塑畫神象除大殿上先師三公十哲可以依太學等處體例施行有兩廊繪畫從祀人等即未審有官人合裝着是何服色冠帶無官人如何畫造本寺今契勘到繪畫從祀人內有係孔子廟庭從祀已追封官爵漢中壘校尉劉向追封彭城伯等及舊有公侯爵人漢留侯張良等并有官無封爵人風后等不見官爵無官封人大橈等契勘算學文宣王并三公十哲所服合依大學體例外其餘乞從朝廷加賜五等之爵然後隨所封以定其所服之服從之　十一月七日太常寺奉詔天文算學合奉安先師并配饗從祀繪像未合典禮可否禮官考古稽禮講究以聞者臣等竊詳黃帝獲寶鼎迎日推策舉風后力牧常先大鴻以治民順天地之紀幽明之占死生之說又使大橈造甲子隸首作算數容成綜之所以考定氣象建五行察發斂起消息正閏餘其精

粗顯微無不該極今算學所習天文曆算三式法算四科其術皆本於皇帝臣等稽之載籍合之典禮謂尊黃帝為先師而以其當時之臣風后力牧大鴻大橈隸首容成史區常儀為配饗又以後世精於數術者定其世次分繪兩序以為從祀今具下項風后力牧大鴻大橈隸首容成史區常儀已上八人今欲擬配饗商巫咸周箕子周商高周榮方晉史蘇秦卜徒父晉卜偃魯梓慎晉史趙魯卜楚丘鄭裨竈趙史墨齊甘德魏石申漢留侯張良漢丞相張蒼漢司馬季主漢太史丞鄧平漢方士唐都漢洛下閎漢鮮于妄人漢大司農耿壽昌漢太子太傅夏侯勝漢魏郡太守京房漢諫議大夫翼奉漢騎都尉李尋漢嚴君平漢中壘校尉劉向漢侍中賈逵後漢尚書張衡後漢尚書郎周興嗣後漢北海人郎顗後漢平原人襄楷後漢尚書單颺後漢光祿大夫樊英後漢穀城門侯劉洪後漢左中郎將蔡邕後漢大司農鄭康成魏劉徽魏少府丞管輅吳太史趙達晉征南大將軍當陽侯杜預晉尚書郎郭璞晉天水人姜岌張丘建夏侯陽宋御史中丞何承天宋長水校尉祖沖之後魏侍中崔浩後魏太常卿高允後魏算學博士商紹北齊丞相倉曹參軍信都芳北齊散騎侍郎宋景業北齊開府田曹記室許遵後周甄鸞隋盧太翼隋太府少卿蕭吉隋上儀同臨孝恭隋散騎侍郎張胄元隋太史丞

耿詢隋太學博士劉焯隋太學博士劉炫唐太史令傅仁均唐筭曆博士王孝通唐太史令李淳風唐太史令瞿曇羅唐內供奉王希明唐左拾遺李鼎祚唐太子少詹事邊岡周樞密使王朴已上七十人今欲擬從祀容齋洪氏隨筆大觀中置筭學如庠序之制中書舍人張邦昌定其名風后大橈隸首容成箕子商高常儀鬼臾區巫咸九人封公史蘇卜徒父卜偃梓慎卜楚丘史趙史墨裨竈榮芳甘德石申鮮于妄人耿壽昌夏侯勝京房翼奉李尋張衡周興單颺樊英郭璞何承天宋景業蕭吉臨孝恭張恭張胄元王朴二十八人封伯鄧平劉洪管輅趙達祖沖之殷紹信都芳許遵耿詢劉炫傅仁均王孝通瞿曇羅李淳風王希明李鼎祚邊岡郎顗襄楷二十人封子司馬季主洛下閎嚴君平劉徽姜岌張丘建夏侯陽甄鸞盧大翼九人封男考其所條具固有於傳記無聞者而高下等差殊爲乖謬如司馬季主嚴君平止於男爵鮮于妄人洛下閎同定大初曆而妄人封伯下閎封男尤可笑也十一月又改以黃帝爲先師

卷二萬二千　五

宋會要　筭學　與上條接

四年三月二日詔筭學生併入太史局學官及人吏等並罷有合條畫事併具奏聽事政和三年三月二十三日大司成劉嗣明奏承前筭學內舍筭學生武仲宣進狀昨於去年三上封章乞留筭學等奉聖旨令國子監依元豐六年九月十六日指揮施行本監中伏覩舊筭學見今空閑舍屋具存別無官司拘占相度欲乞依舊爲筭學從之元豐□檢未獲六月二十八日筭學奏承朝旨復置筭學令檢會崇寧國子監筭學條令乞下諸路提舉學事司行下諸州縣等諸命官入學投納家狀去使以下許服襴鞹仍呈驗歷任或出身文學繳納在官司者聽先入仍勘會諸命官未入在入限諸命官及未出官人若殿侍謂非諸軍補授者欲入律學或筭學者聽入諸試以通粗併計兩粗當一通筭義問以所對優長通及三分爲合格諸學生本科所習外占一小經遇太學私試間月一赴欲占大經者聽補試命官公試同九章義三道筭問二道筭學命官公試一入上等轉一官殿侍差使借差同已下減年試准此募職州縣官循兩資未入官選人知令錄仍占射差遣一次內文學免召外朝及運司保明注合入官三入中等循一資使臣即減二年磨勘願占射差遣者聽殿侍指射合入本等差遣願候借差已上改使者聽未入官選人占射差遣一次文學免召升朝官及運司保明注合入官五入下等占射差遣使臣即減一年磨勘未入官選人不依名次注官殿侍候補借差已上聽收使內文學免召升朝官及運司保明注合入官筭學升補上舍上等通仕郎

卷二萬二千　六

上舍中等從仕郎上舍下等將仕郎學生習九章周髀義及筭問謂假令疑數兼通海嶋孫子五曹張丘建夏侯陽筭法私試孟月季月同九章儀二道周髀義一道筭問二道仲月周髀義二道九章義一道筭問一道從補上內舍第一場九章義三道第二場周髀義三道第三場筭問五道從之 六年四月十九日詔通仕郎武仲宣自大觀初興復筭學後來注釋攷正見行筭經一百八十九卷特與循一資 宣和二年七月二十一日詔筭學元豐中雖存有司之請未嘗興建又所議置官不過傳授二員今張官置吏考選而任使之大略與兩學同既失先帝本旨賜第之後不復責以所學何取於教養可並罷官吏依省罷法應文籍錢物令國子監拘收

卷二萬二千 七

宋會要 律學

熙寧三年九月己亥始用斷案律義試法官判大理寺臣合符等考試

宋會要 律學 附通考六年四月置教授四員五事 [illegible]熙寧六年

掌教刑名之學隸於國子監四字原缺據通考補 三月二十七日熙寧七年詔於國子監置律學差教授四員通考熙寧七年四月設律學教授四員 四月二日詔律學士授諸般請給當直人等並就國子監直講應本官舉人並許入學內舉人仍召命官二人委保行止其試中學生依國子監等第給食所要屋宇令將作監相度修撰其課試條約及應合節次施行事件並委本監詳定 二十四日

渭清按通考學校三玉海卷一百十二熙寧律學宋史選舉志進

舉三本紀神宗二置律學並在熙寧六年

國子監進定條約事件初入律學命官舉人並於本監投納家狀內舉人更納保狀名命官二人委保行止勘會詣實方許入學聽讀委本監主判官同教授補試取通數多者充生員仍令各於家狀內指定乞習律令或斷案或習大義兼斷案補試人試前於監丞主簿廳投納試卷連家狀共用紙一十張草紙五張連粘卷頭用印至試日於監丞主簿處收納封彌卷首補試日依條齋所習刑名文字赴試內習斷案人試案一道每道刑名五件至七件習律令大義人試大義五道委主判官同教授依考試刑法官格式考校生員初入學且令赴學聽讀補中者給食其餘聽讀人就本學食者依太學例令隨廚錢願自備飲食者亦聽仍立學正學錄各一員於試中選充依太學例給俸其官舉人各為一齋每齋立齋長諭各一員雖未試中亦給食每月公試一次習斷案者試斷案一道刑名如補試例習律令大義者試律令義三道私試一次每次試案一道刑名三件至五件律令義二道每日講律一授遇試日其主掌敕書及檢用條例乞於諸路及百司將來試中吏人內指差兩人充其本學諸雜文字乞於審刑院刑部大理寺指名差手分二人行遣本學合要刑統編敕律令格式及應係刑法文字並乞於合屬去處取索今後應係續降條貫並乞降一本付律學一 令來教授生員學食錢及

卷二萬二千 八

供給並在學儲支費浩大竊慮太學所管錢糧不足欲
乞更賜錢萬貫依例於開封府檢校庫出自以助支用
詔審刑院大理寺手分約係不得抽差特且權差今本
監策射諸路州軍有行止諳會刑名吏人依試刑名人
吏條試充用續降條貫仰刑部凡遇承受於當日內關
部餘並依所定施行

宋會要

六月三日國子監言律學除以假在外過直講並須廻
避及上元寒食冬至元日給假在客一日分為三番並
以暮鼓還舍不得宿外公試懷挾於律學不行外其係
犯降舍殿試者並罰錢五百餘依太學規矩施行內命
官充生員願出宿者聽每日講鼓前日晚食還舍鼓後
歸七月二十三日國子監言奉詔立律學正竊覩律學
生同進士出身王曰嵩通經藝已有淵源初習刑名復
明指意本監雖以補充律學正緣白見於守選未有俸
給難以居學欲乞令流內銓特與免試注合入官支與
實俸仍理為資考充學正其當直剩貟并給食欲將本
監剩貟內破四人及依監主簿例給食並從之仍令後
命官充在學職掌者並准例　七年七月二日律學教
授李昭遜等言本學生貟習試斷案並合用熙寧新編
勑其間勑意或有疑難須至往審刑院大理寺商議竊
見開封府法曹三司檢法官並許大理寺商議公事今

條　房

來本學如有疑難刑名欲乞往審刑院大理寺商議從
之　八月二十二日國子監言太學見有管勾規矩官
一貟今來律學生漸多見令闕官管勾本學規矩乞從本監
就律學教授內選一員兼管勾本學規矩仍依大學例
給食從之　九月二十五日中書門下言刑書看詳律
學教授國子監直講孟逵同直講以三年為一任選人
到監一年通計歷任及五年考即與轉官更不用舉主其
律學教授資序欲並依直講條例施行所有通理前任
日月自依條制從之

宋會要

元豐二年四月十三日以新科明法及第王壬為律學
教授　八年四月十七日國子監司業朱服言相度入
律學命官公試律義斷案考中第一人許依吏部試法
與注官其太學生或精於律義斷案就律學公試中第
一與比私試第二等注籍從之　哲宗元祐三年九月
二十二日詔省律學博士一員命官學生不給食紹聖
二年四月二十二日詔律學博士依元豐條置二員
元符二年閏九月四日國子司業劉逵言朝廷立三學
置博士教導事體均一欲乞今後律學博士闕從朝廷
選通知法律人充從之　徽宗建中靖國元年三月十
七日詳定所奏續修到律學敕令格式看詳並淨條冠
以紹聖為名政和二年四月二十三日臣僚言訪聞律

學官員郡居終日惟務博奕不供課試相習袒裼嬉遊市肆晝則不告而多出夜則留門而俟歸假曆門簿徒爲虛設願戒飭所隸官司舉行學規詔令後律學博士學正可依大理寺官格除授外仍不許用恩例陳乞及無出身之人學門啟閉視太學法學生所犯依規罰再犯者罰訖取所曆試補授文字批書出官到部理遺闕

長編紀事 六年六月丁卯户部尚書兼詳定一司敕令孟昌齡等奏今參照熙寧舊法修成國子監律學敕令格式一百卷乞以政和重修爲名頒降從之

宋會要

欽宗靖康元年五月十八日詔律學官替成資闕

卷二萬二千 十二

宋會要

徽宗崇寧二年九月十五日講議司奏昨奉聖旨令議醫學臣等竊考熙寧追遹三代遂詔興建太醫局教養生員分治三學諸軍疾病爲惠甚博然未及推行天下繼述其事正在今日所有醫工未有奬進之法蓋其流品不高士人所恥故無高識清流習尚其事今欲別置醫學教養上醫切考熙寧元豐置局以隸太常寺今既別興醫學教養上醫難以更隸太常寺欲比三學隸於國子監做三學之制欲制博士四員分科教導糾行規矩欲立上舍四十人内舍六十人外舍二百人逐齋長諭各一人令參酌修定設三科通十三事 教諸生一

十人通習大小方脈一風科一鍼科通習鍼灸口齒咽喉眼耳一瘍科通習瘡腫傷折金瘡書禁 其試補考察做太學立法一三科各習七書黄帝素問難經巢氏病源補本草大小方内方脈科兼習王氏脈經張仲景傷寒論鍼科兼習黄帝三部鍼灸經龍本論瘍科兼習黄帝三部鍼灸經千金翼方 一考試三場第一場三經大義五道方脈科素問難經傷寒論瘍科素問難經三部針灸經第二場諸科脈證大義三道運氣大義二道鍼瘍科小經大義三道謂病源龍本論千金翼方運氣大義二道第三場假令病法三道一補試一場大義三道内運氣一道假令病法一道一曾犯刑責經決人不

卷二萬二千 十三

得補試私試三場季一周之公試二場第一場三經大義三道方脈科脈證大義二道鍼瘍科小經大義二道第二場假令病法二道運氣大義一道公私試分上中下三等以外舍生私試三入上等或公私試三入等或試各一入上等不犯第二等已上罰而試在中等已上及無考察而試在上等者補内舍若闕多就試人少即以就試人爲率所取不得過三分之一仍先取有考察或皆無考察即以考試名次爲先後一試上舍分優平二等以内舍生私試三入上等或公私試各一入上等不犯學規而試在優等者補上舍即試在平等而醫治入上等者依試入優等法若闕多就試人少即以就試

人為率所取不得過三分之一仍先取醫治次程文若均即以考試名次為先後一上舍生私試五入上等不犯學規而醫治比校入中等以上者本學保明推恩一五學生謂太學武學律學算學藝學疾病本處闕到置籍輪差上舍內舍生醫治用本監醫人醫治者聽各給印曆書其所診疾狀經本學官押即時書簿給付候愈或失逐處限當日關報本學銷簿仍批書于曆歲中比校分上中下三等十全為上十失一為中十失二為下若入上等內舍生試上舍雖平等聽升補及上舍但一入上等聽保明推恩若入中下等如該考察方得升補或保明推恩全愈不及七分降舍失及五分屏出學冝視諸學賜出身以待清流庶有激勵今欲試補考察充上舍生賜醫學出身除七等選人隨官依格注授差遣上舍生高出倫輩之人選充尚藥局醫師以次醫職上等從事郎除醫學博士正録中等登仕郎除醫學正録或外州大藩醫學教授下等將仕郎除諸州軍醫學教授醫之治病必在於藥今之所用皆取於市廛據憑鋪户真偽難分今來太醫局欲依唐典近城置藥園種蒔其醫學生員亦當諸園辨識諸藥人吏專庫廚子剩員之類並量事差置欲倣三學例立額名募詔覽所修格目條析周盡意義顯明冝令遵守施行

政和元年八月二十六日臣僚言伏見諸路郡守許補醫學博士助教明著格令京府上中州各一人下州一人選本州醫生以次選補仍許依禄令供本州醫職豈容額外補授濫紆命服以敝居他郡臣體訪諸路州軍不遵條格名以守闕為名或酬私家醫藥之勞或徇親知非法之請違法補授不可勝數況貢舉條制有官鎖試而醫學博士助教與焉若與貢附試辟雍如入中上等乃有陞二等差遣及免省之優命豈容醫學博士助教旋求補牒妄希仕進以敗壞學制檢會下項元符格置醫學博士助教京府及上中等州醫學博士助教各一人下州醫學博士一人醫生人數京府節鎮一十人餘州七人試所習方書試義十道元符令諸州醫學博士助教闕於本州縣醫生內選術優効者人充無其人選能者比試雖非醫生聽補詔令諸州軍遵依條格施行仍令提舉學事司常切覺察點檢得鈐轄司自大觀元年已來前後知州補過醫助教丘仁傑李德贍陳居能安劉明萬處仁等六人充鈐轄司助教名目皆依條隨曹官參集受公使庫供給檢會從初並無專一條格許令補授又無條格不許補授有此疑慮乞令有司契勘立法施行從之其江西鈐轄司補過醫助教丘仁傑等並改正

三年閏四月九日敕建學之初務欲廣得儒醫竊見諸州有在學內外舍生素通醫術令諸州教

轄

設知通保明申提舉學司具姓名聞奏下本處盡依貢士法律遣赴本學就私試三場如中選元外舍生即補内舍内舍理爲中等校定其學生就公據入學日即關公厨破本等食認並依貢法其前降指揮更不施行

宋會要

九月二十七日尚書省依元格注官上等從事郎中等將仕郎初任注在京合破醫官去處一任理爲諸州軍曹掾資任除有許舉薦數外令醫學司業各舉改官二員兼元得指揮俾通籍仕版治官政掌醫事况學生多是兩學移籍并得解與貢之人其三舍之法並依兩學體例今來除初任差遣外未有明降指揮竊恐吏部將來尚依崇寧格只注醫官三等差遣令欲乞醫學上舍出身人初任自依近降朝旨注格格在京醫職外其後並依兩學上舍出身人赴吏部注合入差遣用消其選而革伎術之弊庶使學者益知磨勵而得異能之士從之十月十七日禮部奏檢會政和三年七月四日勅知洪州充江南西路兵馬鈐轄吳居厚奏檢會

宋會要

四年八月四日尚書省言勘會諸州内外舍通醫術學生已降指揮許津遣貢赴太醫學與在京學生同試即未曾立定試補舍額及試不中却還本貫之文今乞立條諸州貢到通醫術内外舍生附太醫學補試如試中

各依元舍額注籍若或試下還本貫舊舍額從之五年正月十八日提舉入内醫官編類政和聖濟經曹孝忠等奏尚書劄子勘會太醫學依倣兩學措置貢士法并錢糧具狀申尚書省本學除具下項一諸路貢士與本學内舍同試上舍三歲共取下項合格人數陞補上舍以下中等一百人爲額上等闕於中等補中等闕以下等陞補並附文士引見釋褐下等不該陞補人貢士補内舍元内舍與理考察貢士不中選聽還本學外舍第一年上等一十人中等二十人下等三十人第二年上等一十人中等二十人下等三十人第三年謂大比上等一十五人中等二十五人下等四十人一諸路貢士同本學内舍就試上舍若不滿二百人即每十人取二人合格零數及三人聽取一人以合格人十分爲率一分六釐爲上等二分四釐爲中等五分爲下等餘分從多數謂三等各有餘分就三餘分中等從數多之等取一人若兩等餘分各從其等而共理取一人者聽從優一契勘醫學上舍推恩依格上等從事郎中等登仕郎下等將仕郎依舊在學滿三季日不犯學規第二等以上罰者發遣赴吏部依兩學上舍法注受差遣一乞兩學於朝廷封樁錢内支撥本錢十萬貫付開封府檢校庫依兩學法抵當據每年收息數以十分爲率將五分充本學支用一乞於抽買石炭場歲給石炭三萬秤一

乞將兩浙路州縣學費目今見在及自今後逐年餘剩
錢物糧斛計數樁留七分祇備本路支用外三分限春
季內差因便綱船一起附帶赴學送納仍委本路學事
司管勾文字官計置催督津遣見今本學支費錢糧並
乞依元降指揮日於國子監支撥候將來兩浙路支撥
到今來所乞錢糧日本學足用即報國子監支撥候將
來兩浙路支撥到今來所乞錢糧日於本學足用即報
國子監住支從之曹孝忠等奏承尚書省劄子云云本
學今參詳條具下項一乞諸州縣並置醫學各於學內
別爲齋教養隸於州縣學開封隸府學一乞縣學補試以
文理稍通並取及一季謂上三月不犯學規第二等罰

《卷二萬二千　十七》

者令左保明申州學赴歲升試合格人補外舍一應公
私試合格分數併月引試分月聞書考選校定陞降舍
除籍規矩講解假告給依差補職事及應干事件並依
諸州縣學法公私試並附州學公私試院一出題考校
縣委令佐州軍委教授仍逐路提舉學事司選差本州
見任官通醫術能文者一員開封府選開祥兩縣官兼
權醫學教授並依正教授條法一應曾係州學生及曾
得解人依條格合赴補試者與免縣學試法行之初恐
士人兼習醫術者未廣難以逐州立額欲乞每路量立逐
歲貢額令比倣諸州縣學格內文士路醫三年所貢人數十
分中以一分五釐人數創立諸路縣學貢分爲三年內

歲供不及五人處添作五人並不近州軍類試不得過
三　附州學公試院其所取合格並陞補分數仍通
取一醫學教授講一經謂素問難經其講義逐月付縣
學生分三科兼治五經內一經方脉科通習大小方脉
風產針科通習針灸口齒咽喉眼目瘍科通習瘡腫傷
折金鏃書禁一三科學生各習七書方脉科黃帝素問
難經巢氏病源補注本草千金方王氏脉經張仲景傷
寒論針科黃帝素問難經巢氏病源補注本草千金方
黃帝三部針灸經龍本論瘍科黃帝素問難經巢氏病
源補注本草千金方黃帝三部針灸經千金翼方一諸
州縣學及提舉學事司試法縣學補試素問義一道難

《卷二萬二千　十八》

經義一道運氣義一道假令病法一道儒經義一道謂
五經內治一經州學歲陞試依縣學補試道數私試孟
月素問難經義三道儒經義二道仲月運氣義一道處
方義一道季月假令病法三道公試二場第一場素問
難經義二道運氣義一道儒經義二道第二場處方義
一道假令病法二道學事司所在州試上舍三場第一
場素問難經義三道儒經義二道第二場運氣義一道
處方義二道第三場假令病法三道一出題儒經素問
難經並於本經內出運氣義於素問內出臨時指問五
運六氣司天在泉太過不及平氣之紀上加臨時問勝
復所掌病疾隨歲所宜如何調治或設問病設於今運

歲如何理療處方義於所習經方內出假令病法方脉科於千金翼外臺聖惠方治雜病門中出針科於三都針經千金翼外臺聖惠方龍本論治雜病及口齒咽喉眼目門中出瘍科於三部針灸經千金翼外臺聖惠方治瘡瘍門中出一醫學應合干行事本路提舉學事司州知通博士教授縣令左學長並通管一本學貢士法初行竊恐天下州縣未能一一諳曉事行兼所出題目或有異同欲乞逐路並置醫學教諭一員以今來本學上舍出身人差充仍從提舉學事司差往點對一路州縣醫學事其請給人從敘位並依本路州教授除醫學勾從之

卷二萬二千　十九

宋會要　醫學

太醫學奏據河北西等路提舉學事司申契勘州學教授月給食錢五貫文今來逐州兼權醫學教授事體一同別無月給食錢今相度欲乞比正教授例量行裁定月給食錢三貫文從之　六月二十四日岳州奏承朝旨州縣並置醫學遂專切委用教授措置據教授申縣學補試除已有教諭處自合教諭出題考校如未有上舍出身人處即合有出身人管勾學事令佐試補州司已即時分門定奪行下諸縣遵守去訖詔醫學選試如無通醫術文臣許於本處醫長醫職醫工內選差一員同州縣有出身官出題考校如闕醫長等即選大處有出身管勾學事官管勾　八月二十日禮部奏大醫學申一已承朝旨許諸路州縣次弟陞貢學生本學契勘自政和五年方有入學之人政和六年歲陞赴學充外舍積累校定政和七年公試陞補內舍

宋會要　醫學

七年三月二十五日禮部奏修立到諸太醫學上舍推恩人於所任州兼醫學教授仍令醫職于醫員外置若任縣官者準此至通直郎罷醫職從之　七月二十八日禮部尚書許光凝奏臣等契勘崇寧三年立法本部歲許諸州軍置醫學處見任官通醫術能文者一員兼權醫學教授其薦舉改官並依正教授條法臣等竊詳醫學教授每州一員其薦舉改官既依正教授法慮合抵正教授薦舉員數從之　七月戊子太醫學奏乞本學三舍生依太學辟雍國子監法隸屬禮部從之　八月十日臣僚言伏覩朝廷興建醫學教養士類使習儒術者通黃素明診療而施於疾病謂之儒醫甚大惠也暨錫命後人才既成宜試其能又元降指揮便合赴評注授諸州曹掾簿尉而於診療略無所預雖有成才莫獲試用而朝廷亦無以核診療之實昨降指揮有初任注在京醫官住程去處差遣一次則似之矣又旋即衝罷臣實未諭若謂欲清其選則既錫之名第又加之品秩且得為州縣親民之官視兩學無異其選固已矣至

卷二萬二千一　二十

於診療疾病乃設學求才之本指而命官之後終不良之豈朝廷循名責實之意哉伏望特詔有司今後太醫學生已行推恩即於診療之際量行試用校其全失以為參部注官久近之期則學生未入仕者知其必用不待考察而自知勉勵於診療使醫學平昔所養皆有所用詔令尚書省立法七月三十日太醫學奏契勘先承朝旨本學生既依三舍法其應緣事務並依太學辟廱國子監條法施行內事有不同者從本學逐旋條具申尚書省今切見太學辟廱國子監所行三舍生等事盡隸禮部即今太醫三舍生事務只依伎術隸屬祠部所有選試注授工濟等職事隸祠部外其兩學諸路學法若有增損條文禮部既係所隸自可謄報在學遵守參照行遣責免所行三舍學法不致抵捂從之　十二月二十九日提舉太醫學奏據太醫學録鄭績劄子契勘太醫學舊法內一項學生所習有方脉有針科每遇試日即於素問難經及方書內三科出題為問令習大經外又兼素問難經方書諸般科目並在其間其分科之文顯屬虛設乞於學生家狀內删去方脉針瘍等科字却添入某經素問難經方書字從之　八年十月七日尚書省言勘會太醫學上舍出身人自來改官不依貢士上舍只作餘人緣本學陞補校定釋褐殿試等並已依兩學法所有改官理合比附有出身人施行詔申

明行下八年赴學事司類試陞補上舍秋季貢發政和九年春赴太醫學即候五年纔有該貢之人竊恐遲緩今相度欲乞權降一時指揮候至政和九年試補陞貢並依本法施行所貴早得應選之人該預陞貢並政和九年只乞就本縣投狀縣保明申州依縣學補試條法試補入州學充外舍等勘合太醫學所乞係是將五年中次第公私試陞補校定於一歲中併行陞貢竊慮考選無素兼恐未應前降依倣兩學貢士指揮本部今勘當難議施行詔令太學比倣崇寧年辟廱貢士權行指揮將可以施行事條具申尚書省　九月八日詔諸州醫學博士並改作醫博士　十六日禮部奏契勘諸路醫學每年合貢及該推恩人數今紐計下項諸路醫學三年合貢人數共七百三十三人第一年二百三十九人第二年二百三十九人第三年二百五十五人合該推恩人數第一年三十人第二年三十人第三年四十人又契勘下項一舊進士并諸科解額并五路剩額及國子監開封府解額共四千八百九十二人內一百三十人充武士貢額二十四人充貢孝悌特起之士四千七百三十八人立為見今諸路貢額一舊額進士五百六十八人諸科四十人一見今貢士三年推恩額六百人太醫學供到狀契勘諸路陞貢醫士係每年春以一路醫學內舍赴學事司所在州類試上舍以合格三等對校

定三等參定等第奏貢赴太醫學與本學內舍同舍依試依額陞貢赴大醫學與本學內舍同試依額取推恩之人其試入等不該推恩人補內舍不入等人並補外舍一未貢到人年分即且依政和五年正月二十七日指揮施行餘並依見行條法一候將來諸路通醫士人漸多即令本路學事司申取朝廷指揮一如有未盡事件仰太醫學條具申尚書省詳依擬定推恩以十五人為額仍先次施行　十二月二十九日福建路提舉學事司奏承勅契勘諸路醫學每年合貢及該推恩人數詔令尚書省別行措置切緣本路八州軍昨蒙撥到開封府及五路二項解額共一百九十七人充文貢士額係逐州分三歲入貢每州所撥人數不等今來椿留一分充醫士貢額即合隨州將所撥到開封府及五路二項解額內椿留一分其間至有零數不及十人未審有無亦椿留一名兼文士貢額分三年入貢政和年年係第一年已貢過一年人數政和六年係第二年未曾入貢其椿留一分醫士貢額合從文士三歲貢額內豁除又緣醫學生政和六年方赴州學歲陞充外舍政和七年上舍其貢額係比倣諸州學格內文士三年所貢人數十分中以一分五釐人數創立諸路醫學貢額分為三年貢額並不侵占文士貢額有本學上舍推恩人額第一年第二年各三十人第三年四十人並不在文武

士推恩額內七月七日詔令尚書省別行措置尚書省勘會諸路文貢士係三年共取舊省額推恩人數及諸路貢額係以舊解額人數立定今來太醫學於創立百人推恩其數太優兼法行之初竊慮諸路少得通醫士人陞貢其所立貢亦多理合裁定今措置下項一諸路貢額依下項人數以昨來撥充貢額內椿留一分人數充府畿十五人京東東路五人京東西路五人京西北路五人河北東路三人河北西路四人河東路三人永興軍路二人秦鳳路二人江南東路四人江南西路四人淮南東路四人淮南西路四人荊湖北路三人兩浙路六人福建路六人廣南東路三人廣南西路三人成都府路三人利州路三人梓州路三人夔州路三人一推恩額十人一殿試前一年依武士法以諸州內舍生有校定人赴本路提舉學事司所在州公試七年赴公試陞補內舍其政和七年係殿試前一年本年係合類試上舍年分當年醫學生方就公試陞補都未有合赴試上舍之人亦未審有無便從今年椿留一分醫士貢額乞降指揮遵守尚書省勘會醫士貢額係以昨撥充文士貢額內椿留一分武士貢額人數充即不合於文士貢額除豁今來福建提舉學司所申除豁文士貢額顯未允當其上件貢額候將來有合貢醫士年分方合用額陞貢今既未有合貢之人即合依舊存留竊慮諸

路更有疑惑去處詔令禮部疾速申明遍牒行下仍關太醫學照會　六年閏正月四日太醫學奏契勘本學博士乃專解傳授諸生任為師儒皆朝廷所選然天下州軍以醫隸職而為郡將所差補者亦曰醫學博士欲乞依倣諸州醫士之稱以易之庶有辨別詔部檢會勅諸州醫學博士並改醫博士又取到太醫學狀今來雖有改為醫博士指揮緣尚與本學博士稱呼相犯即未有許改博士字指揮詔諸州醫博士改為職醫　重和元年十一月十五日臣僚言伏覩太醫學教養多士歷貢合選任學官恩數悉視兩學略無少異乃若訓導之官獨未推掌而無出身之人十居其上伏望依諸學教導官於有出身人內選除其見任博士正録學諭無出身官並乞別與一等差遣從之　宣和二年七月二十一日詔罷在京醫筭學　二十九日詔太醫學俟殿試人特許赴來年特奏名試　二年七月乙未詔曰先帝董正治官太醫局置丞教授立學生員額成憲具存今醫局之外復建醫學既違元豐舊制舍選之法本示教養今又醫學生賜第之後盡官州縣不復責以醫術平昔考選遂成虛文任京醫學可並罷應醫學三舍生舊係內外學籍願入學者上內舍並特令於見醫學舍額上降一舍外舍許通理醫學校定入學令禮部國子監限五日條具聞奏　二十七日禮部國子監奏准勅節文在京醫學可

並罷應醫學三舍生舊係內外學籍願入學者上內舍特令於見醫學舍額上降一舍外舍許通理醫學校定入學內舍　降充外舍之人比之元係外舍人却無較定者許通理　宋會要

大觀元年二月四日國子監修立到畫學補試外舍於本貫出給保明公據照驗或名命官一員委保諳曉技納家狀試卷聽收試等條並係創業今改舊條從之先是崇寧五年九月三日大司成薛昂言書畫學止係置籍注人年甲鄉貫三代入學條三年經大比定奪等第方分三舍脈來兩學各以二項為額今來止各以三十人為額近本監條畫以五千人為上舍十人為內舍其外舍止各十五人而舊法元無補試乞願入學者逐季附太學補試院以所習書畫文義量行校試取合格者補充外舍生仍依武學法破食所有量行校試乞令國子監詳酌立法至是始上一畫學令諸補試外舍於本貫出給保明公據照驗或名命官一員委保諳曉技納家狀試卷稱說士流雜流聽收試（限試前五日生曉）諸補試外舍士流各試本經義二道（或論語孟子義）雜流各誦小經三道各及三十字已上或讀律三板附太學孟月私試院引試次日本學量試畫間略設色諸補試外舍士流試到經義卷仍附太學私試封彌謄錄送本學考校限五

日畢其試到士流畫卷封印長貳同定高下諸補試外
舍取文理通者為舍格俱通者以所習畫定高下每二
人取一人餘分亦取一人本學官不隸顏赴監試廳參
定注籍出榜諸補試中外舍候入學訖本學具姓名關
太學公廚給食依武學法諸補試放榜議題引試及畫
官吏祗應人食錢等並依武學條例給諸試畫日曆用
作物等監庫排辦　十七日詔書畫學論學正學錄學直
各置一名算學已隸秘書省醫學可令復置其合行事
件並依崇寧四年十二月已前指揮施行崇寧四年指揮檢未獲

卷二萬二千一

二十七

宋會要　武學

因唐之制置武舉應三班院使人文武子弟嘗有軍謀
武藝許詣兵部投牒取應先投軍机策論三卷每卷三
道名人保委主判官先詳所業視人才驗行止先試步
射一石弓力問策一道合格即引見召試

宋會要

掌教授兵法書學以朝官已上判學□□三年五月詔置武
學於武成王廟以太常丞阮逸為教授八月罷武學改
教授太常丞阮逸兼國子監丞其有願習兵書者許於
本監聽讀

宋會要

卷二萬一千九百九十五

皇祐中嘗罷是科言事者以文武並用廢一不可宜復
此科分為三等上等取其學識深遠策對優絕次等取
其策對優長騎射兼有下等取有擊刺挽射翹傑魁俊
量能而官因材而任委以巡警之司縣尉之職觀其提
一旅之衆佐一司之重能激厲士卒剪滅盜賊然後取
而取之豈不利于國家乎豈有不勝於卒伍而為之乎
惟陛下復之無疑嘉祐八年樞密院奏以為文武二選
不可闕一與其任用不學之人臨時不知應變不若素
習韜畧之士緩急驅策可以折衝況今朝廷所用人稍
用稱聲者多由武舉而得則此舉不可廢罷明矣

宋會要

七月二十七日樞密院言古者出師受成於學文武弛張其道一也將帥之任民命是司長養其材安得無素洪惟仁祖嘗建武學横議中輟有識悼之國家承平及此閑暇臣等欲乞復制武學以廣教育以追成先朝之志詔於武成王廟置學選文武官知兵者充教授凡使臣未參班并門蔭草澤人并許召京朝官兩員保任仍先試驗人材弓馬應武舉格者方許入學給常膳習諸家兵法教授官纂次歷代用兵成敗次第及前世士大夫忠義之節足以訓者講釋之願試陣隊者量給兵伍肄習在學及三年則具藝業保明考試以等第班行安排未及格者逾年再試凡試中三班使臣與三路巡檢監押寨主白身試中與經略司教押軍隊準備差使三年無遺闕與親民或巡檢如至大使臣歷任中無贓罪杖以上及私罪情理重大者兩省或本路鈐轄以上三人同罪保舉堪將領者並與兼諸衛將軍外任迴歸環衛班學徒試中並家狀内開坐於某人下受學來任用有勞効教授官並優與推奬如不勤其職致學徒廢墮亦等第行罰仍差韓縝判武學郭國同判賜錢萬緡充食本

（卷二萬一千九百九十五）　二

崇儒三之二九

熙寧五年　宋會要

十月二十一日武學言試兖州司法參軍蔡碩邊策一道詞理稍優詔除初等職官武學教授

熙寧　宋會要

八年十月十三日武學言上舍生員曹安國昨不預薦名契勘本人未建學已應武舉兩試祕閣中選兼久充職掌委實材畧可用欲乞將來依得解人例赴祕閣再試從之

元豐元年　宋會要

四月二十五日詔經任大小使臣無贓私罪聽召保官二人量試驗充武學外舍生在學一年不犯第二等過委主判同學官保明免解從上毋過二人内于貢舉法自應免解及該免解後又在學二年以上無殿罰免閣試三年六月十八日武學上新勅令格式詔行之六年

（卷二萬一千九百九十五）　三

四月二十七日詔武學博士蔡碩罷博士專編修軍器什物法度的支舊任鐵錢先是監察御史王相奏迫武學補上内舍生其博士蔡碩以修軍器法制權罷職事乞權差官考試按碩自元豐四年以兼編修除本學直日外餘悉不復總領已一年有餘且博士職專教導而碩一月之間詣學者不過七八碩知力不能兼當辭其一而乃利其俸入不自祈免者蓋恃兄確為宰相而人莫不敢議故也如此何以示天下啟有是命

宋會要

哲宗元祐元年四月十四日國子監言武學上舍生劉貫公試弓馬策義累入優等比科場策藝俱優之人自

崇儒三之三〇

崇儒三之三一

爲異等乞詳酌施行詔劉貫時與三班差使俟武學諭
有闕與差
宋會要
七月二十九日詔武學上舍生補及一年令看詳國子
監太學條制所立法紹聖四年十一月五日詔武學博
士自今中書省選差復三省請也
宋會要
徽宗建中靖國元年三月十七日詳定所續修到武學
敕令格式看詳冊以紹聖爲名從之
宋會要
十一月十七日學制局言奉御筆武學三人取一名爲
上舍生雖多以百人爲額分三十人爲上等七十人爲
中等其餘爲下等看詳諸路武士入貢到闕類聚試上
舍合格者對本路元貢等應補上等者釋褐中等者赴
殿試下等者補武學內舍不合格者爲外舍係是四等
今上中二等依前御筆分數其餘若並爲下等又緣有
不合格人舍降充外舍今欲乞除上中等依前御筆外
將其餘人以十分爲率內取合格者三分爲等補入武
學內舍餘不合格者爲外舍者從之
宋會要
四年八月十二日詔武學監廚舊係國子監公廚官兼
管司計係生員崇寧四年專差使臣所管職事不多其

二萬一千九百九十五　四

崇儒三之三二

監廚可依舊令國子監公廚官兼管司計依舊差生員
政和四年
宋會要
八月二十八日大司成張邦昌等言準大觀重修武學
令諸貢士以年終集于武學次年春試應補上等者取
旨釋褐中等俟殿試契勘文士上等留太學俟殿試其
武士上等欲依文士上等已降指揮施行從之二年三
月五日詔武學博士依太學博士法朝廷差人大觀四
年歸吏部至是復堂除六月八日詔武學外舍生稱武
選士內舍生稱武俊士十七日武學博士孫宗鑑言武
士馬射射親之格上垛中貼皆有第等分數一中貼已
比兩上垛以一中的比兩中貼從之十月七日尚書省
言檢會大觀三年六月二十九日學制局武士充貢入
上等次年春試又入上等係兩上人合作上舍上等推
恩若兩上人不足三十人之數即依文士法據闕增作
中等從之
宋會要
宣和二年十月二日尚書省言武學依做元豐法令複
部同國子監武學集議條畫契勘州縣武學已罷即別
無武士升貢之法內外願入在京武學人依元豐法試
補入學舉試人舊制係與武學外舍人類試取一百人
同上內舍生發解緣科舉已罷不當循舊發解令比做
新舊法令尚書省於大比試前一年春季檢舉降敕下

二萬一千九百九十五　五

案元豐恐誤按玉海爲紹興十六年

兵部依元豐法奏舉其被舉人限當年冬季到闕與免補試入學充外舍生依與校定人赴次年公試舉試人將來到闕并入在京武學人並由學校升選其考選升補推恩並依大觀武學法已上並候過將來大比試行武士該貢人已降指揮特許貢發特赴來年大比試從之

欽宗靖康元年正月十八日詔武學暫成資闕

宋會要

三月一日詔令臨安府修建武學先是上宣諭宰執曰近有士人陳獻利害多以修建武學爲言文武之道不可偏廢祖宗自有典故令有司討論以聞故有是命四月二日宰執進呈臨府踏逐到造武學去處上曰舊日武士捘試弓馬全不如法可令有司討論若弓馬習熟仍稍知書則不負教養十九日宰執進呈兵部討論到武士弓馬及試選去留格尋下國子監具到舊法并厥前司省記子弟所格法權行參照擬定初補入學步射弓九斟令欲依子弟所第四等格步射弓一石公私試若步騎射不中不許試程文第一等國子監法一碩三斟子弟所格一碩五斟暗壓二斟令欲作一碩五斟第二等國子監法一碩二斟子弟所格一碩三斟暗壓一斟令欲作一碩三斟第三等國子監法一碩一斟子弟所格一碩二斟暗壓二斟令欲作一碩二斟第四等國子監法一碩子弟所格一碩暗壓二斟令欲作一碩第

（二萬一千九百九十五）　六

五等國子監法九斟子弟所格無令欲作九斟並不暗壓上可其奏因宣諭曰國家設武選所係非輕今諸將子弟皆恥習弓馬求換文資數年之後將無人習武矣豈可不勸誘之十二月二十九日詔已降指揮復興武學理宜一新所有舊在武學之人已經昨來罷學等第推恩了當難以復還舊籍依復興太學文士入學体例並令試補入學從國子司業陳誠之之請也二十六年四月八日執政進呈於上曰昨因詣景靈宮朝獻見武學屋舍頽弊亦全無士人向宣諭宰臣雖舍宇畧曾修葺至于養士元未嘗措置文武一道今太學養士已見就緒而武學幾廢恐有遺材祖宗以來武學養士自有成法可令礼兵部疾速措置條具以聞沈該等曰陛下崇尚學校兼隆文武其留神如此臣等敢不奉行二十二日詔武學生上舍十五人內舍二十五人外舍四十人爲額其外舍使臣至下班祗應不得過十人礼兵部討論舊教養額共二百人上舍生不得過三十人內舍生七十人外舍生一百人使臣下班祗應不得過三十人故有是命同日詔武學博士學諭各置一員內博士於文臣有出身或武舉出身曾預高選人充其學諭差武舉人同日詔武學置學正員兼學錄掌儀一員兼司書直學一員兼司計同日詔武學置六齋每齋差置長諭各一人同日詔武學補外舍生類聚五人以上附私

（卷二萬一千九百九十五）　七

試仍別爲號先試步射一碩弓如不合格不許試程文既無私試可附候及十人以上者聽試以步射程文合格者約五人取一人同日詔將來武士補入擬齋參入之後依文士例令長諭具名次等申堂博士兼試七書義一道七月二十四日詔武學生元降指揮以八十人爲額緣所主外舍生額太窄其外舍生元係四十人可添作七十人內舍生二十五人可減作二十人上舍生十五人可減作一十人通以一百人爲額從兵部國子監請也二十七年二月八日詔武學補中生員依太學生例給綾紙賛詞

宋會要

二萬一千九百九十五

劉才邵曰臣聞文所以致治武所以定功二者相須闕一不可故上之人選材以爲用下之人因時以有爲雖不一致然會其大要不過文與武而已自昔盛時莫不並用而不偏廢至唐設爲武舉其校試選舉之法可謂詳矣然不聞興學是養之無其素安得爲盡善哉必也養之有其素則武勇之士蘊奇謀負絶藝者莫不有以成其才爭扶所張以趨功名用才之際豈患其乏乎國朝規摹遠出前古設科置學既兩得之逮我聖時恢隆至治祇率祖宗之成憲興崇學校之教法文化之美郁郁乎比隆於周乃者復建廟學教養武士用三舍之法以升遷之待之可謂至矣多士家被教養作成之賜莫

不思自策勵以仰稱德澤而可用之才將輩出矣於是兼收而無遺豈不盛哉

宋會要 乾道

二年二月八日詔復置太學正武學諭各一員四年二月十四日詔武學教行公試一次如有應格內說升補內舍人即候有闕日依名次填撥先是兵部言國子監申據武學外舍生鄭翊等狀本學每年開公試一次目今內舍二十名額已滿內舍林鏞等已係優等校定今年八月上舍試合該升補敕令格式兼行不同者從本學法國子監太學令諸請長候已填闕而叅假者候有闕撥入又承乾道二年五月十四日已降指揮節文當

二萬一千九百九十五

年補試額外取放如有撥填下盡人數候有闕依名次對撥施行照得上項並係無缺先次取放假有闕填撥今來武學內舍既有定額其鄭翊等所乞先試公試候內舍有闕日撥填既非額外增取依放太學外舍補試待闕委無妨礙兼本學每年十二月月各有試內公試係當一月月試之數其月書季考等排月叅考合若不行申請乞與先試教行公試即一年之內常闕一試又每年三月一日書簿無可抄轉委係闕礙兼學校教養士人除科舉外惟每月私試用以激勵今若無公試可爲升補內舍之階即外舍私試校定並爲無用無以誘勸兼今年係上舍試年分及來年係省試年分必有升

補上舍及過省人數若先次取放不過待闕半年以上
必有闕額可撥欲乞依今來鄒翊等所乞放行公試一
次如有應格合該升補內舍人即候有闕日依名次撥
填施行故有是命五年四月二十六日詔武學補試依
太學條法仍將在外奏舉得解到省試下人補試臨期
比較合格人數取放施行兵部言臣僚曰劄子乞放行
武備仍乞將去年武學發解人數與四方待試士子同
試如太學補例據国子監申契勘乾道二年武學補試
依已降旨揮將過省闕額十七人許行補試了當今據
武學中有過省外舍生許八人合行作闕收使故有是
命二十七日詔武學補試令兵部將曾比試中人與曾

二萬一千九百九十五　十

得解人衮同補試先是進士王材等狀伏覩乾道元年
重修貢舉令武舉補試並不曾該載昨來司業申請紹
興初建立武學方有士人就試所以權將下省人填闕
今來就補試人甚衆在學生徒有待闕者乞令武舉下
省人與待補生同試比聞武舉下省人徑就赴乾廷陳
請撥入學且文武二學事体一同豈武學無補而太學
有補太學既以下省人及舊舉人方許就試而武學特
以下省人徑撥入學理實未當又況祖宗法武學補試
本待外舍人至揭榜曰先將外舍生盡撥入學方許舊
舉人參而舊舉人亦不許就私試争校定未有只撥舊
舉不許外人補試之理且太學補試士人泛濫動以萬

數朝廷欲革其弊遂許下省與舊舉人應試若武舉士
人僅有數百非文舉之比自合與舊舉人一例收試若
恐太濫則已前曾比試中人自弓馬程文凡二中選可
與舊舉人同試故有是命一十八日詔武學升補內舍
每年公試一次其外舍有校定人中參考榜上等者只
以弓馬程文相稱榜為正據闕升補即住學曾滿三季
以上不與校定而參考入上等者候滿一年私試四入
等及不犯三等以上罰或有校定而參考在中下等候
再試參考入中等聽以国子司業程大昌有請下本學
勘會而博士劉敦義參酌來上也又詔武學公試並依
比太學上舍法不以馬步射親並許通計五等国子司

二萬一千九百九十五　十一

業程大昌有請下本學看詳而博士劉敦義等言武學
外舍生赴公試元降指揮除射親許試五等弓外步射
馬射止許試第三等以下弓其已上兩等弓力即無法
試設使試人於三項設法俱中極等方得十一分其或
稍有差跌便咸不及十分切恐分數太窄程文雖入優
等及至參考弓馬之時分數難以對入優等即升補內
舍絶難無以誘進在學之人故有是命同日詔兵部請解
移籍人自今後不以曾未上待闕簿並不許撥入武學
亦以国子司業程大昌有請下本學看詳而博士劉敦
義等言勘會昨來初興武學生員尚少遂許兵部曹請
解人充補移籍入學今來興學日久遂次補中生員尚

自無闕撥填欲乞武學只许曾经補試中人與前曾參入學籍破食後請長假人兩項對撥外所有兵部請解籍人不許撥入故有是命五月二日兵部言国子監申武學公試已降指揮依乾道四年并前後已得指揮許附太學補試同吏部銓試一處鎖院引場試所有合差考試官一員就用吏部銓試已差官外於武學官及武學有出身官内止合差一員充武學公試考校官官合於鎖院日降敕宣押入院從之十日詔武學許行補試所有差办人物及應干合用公使錢雜費之類並依乾道二年補試及前後已得指揮施行六月二十七日詔武學補試中蔡鎬等已人下所屬給降素白綾紙八道

付監依例書填給付先是武學正高震等状伏覩武学敕令格式與太學兼行切見太學每遇補中學生盡給綾紙震等未蒙申請給付乞依太學生例申给国子监勘會依已降指揮合給綾紙故有是命六年六月二十三日詔太學生員見有闕額特與放行今來秋補一次仍不以得解人為限並依乾道二年以前指揮体例施行其武學增作一百人為額今後太學闕二百人武學闕三十人取旨試補九年二月二十四日詔武學上舍試取放優等一名今後若及十人以上方合取放以武學博士言内舍校定太學則六名放優等二人名則通放三名惟武學則八名止放一名又上舍亦合放優等

乃以内舍校定人少之故上舍未嘗取及十人因亦不放優等皆非所以為激勵多士之道欲乞增置武學員額及添放優等得旨送国子監看詳本監申本官所請上舍試與放優等一名照得在法試上舍以就試人每三人取合格者一人（不及三人亦取一名人才不及明闕之）所取人十分為率上等一分中等二分下等七分緣武學上舍試依上條係十人以上合取放優等一名其内舍生元額止二十人赴上舍試取到六人合格即係不及十人以上分數舍生元額止二十人赴上舍試取到六人合格即係不及十人以上分數不合取放優等今來内舍生雖以二十六人為額取八人亦係不及

十人之數故有是命

宋會要

淳熙元年正月二十八日詔武學外舍生有校定公試合格用程大昌所請五等弓馬法與程文五等相參入上中等者即與據闕陞補入下等者俟將來再試入等依名次據闕陞補其參入上中等當年無闕陞補不到之人俟將來再試入等亦与依名次據闕陞補先是武學博士樊仁遠言武學生以一百三十人為額自紹興二十七年国子祭酒楊椿申請以外舍生歲終預校定次年公試合格不分等第盡行據闕陞補遂至每榜陞補少至七八人多至十四五人至乾道五年国子司業

程大昌病其濫進者多申請以外舍生赴公試有校定
人入上等者聽補入中下等者候將來再試入中者聽
補又立格大嚴兩年公試僅陞補一名至乾道七年国
子祭酒芮煇乞依舊行楊椿所立之法當年補至十五
人復有濫進之弊乞將前後申請斟酌中制別立陞補
校定法故有是命二月二十日詔武學內舍生如曾犯
第二等第三等規罰止礙當年選考行藝及當年陞補
若係上舍試年分不曾犯第三等以上罰即與陞補以
兵部勘當從武學學生之請以付本學法　二十四日兵
部国子監言武學生鄭夭等乞依乾道四年內舍無闕
先將上名名闕放行公試陞補候上舍放榜日撥塡照

〖卷二萬一千九百九十五〗　十四

得乾道四年武學即無內舍闕額承指揮借闕放行公
試共陞補過一十人今來內舍亦無闕額乞依例借已
成優等校定人三人及將來有校定人試中陞補上舍
退下內舍闕額二名通借五名放行今年公試遇闕陞
補從之

宋會要

二年十二月十七日太上皇帝慶壽赦應紹興三十二年以前補
中武學生見年七十以上人可令禮兵部保明以聞特
與補承信郎內舍上舍生父母年七十以上外舍生父
母年八十以上並與初品官婦人與封孺人已經官封者
入與轉一官資母與冠帔令經所屬自陳保奏　先是

三年四月三日禮部国子監言武學大小職事該遇慶
壽赦參酌推恩入大職事三名並與承免解試上舍免
省人一名候將來殿試唱名到部日與占射差遣一次
小職事十一人並與將來解試一次學生各賜束帛詔
並依擬定四年二月十一日詔武學武成王神像并兩
廊從祀令重行塑繪其舊像權遷後殿西廊詳見褒崇
先聖　七月十八日詔自今武學博士武學諭並與武舉
出身人內選差　五年五月七日詔禮部国子監量立
武學国子員額依太學国子例收補武臣親屬教育如
文臣親屬願就武學国子補試者聽先是臣僚奏來歲
省試後太學武學例有補試欲量立武學国子員數收
補武臣親屬詔令兵部看詳既而條具來上故有是命

〖二萬一千九百九十五〗　十五

二十三日詔武學博士改官依太學博士條施行　先
是武學博士樊擴言在法国子博士及京官太學博士
在職一年以上減磨勘二年至乾道元年六月初十日
所降指揮於太學字下添入武學二字則是武學博士
事体一同今來選入太學博士通歷任四考在職一年
改合入官而武學博士通歷任却用五考在職又須及
二年且武學博士立班序位官品請給並與太學博士
一同初無京官選人之別而高左侍左立法自相牴牾
今來武學諭既已依太學正錄在職一年通歷任五考
改合入官修入淳熙侍左司勳格今只乞依武學諭已降

指揮在職一年通歷任五考用礼部国子監長貳舉主貳員改合入官故有是命七月三日詔太學內舍既以十分方預優較武學內舍亦以十分方入上等無人則闕從礼部侍郎齊慶胄請也 七年七月二十八日詔武學博士學諭並於武舉出身人內選差比類文臣條格推賞仍下敕令所司刪修繼而武學博士孔異武學諭蔡鎬言已降旨武學博士武學諭並于武舉出身人內選差其賞格未嘗刪修異等見任博士學諭各及一年以上亦合照京官武學博士推賞兼武諭雜壓在人国子太學正之下国子太學錄之上亦合照京官任正錄條格一体施行故有是命八年六月二十一日詔武學

国子生補試有闕額七人就試終場九人依指揮每十人取三人合取二人外零分更取一名共取三名 十年十二月三十日礼部国子監言武學大小事該遇慶壽赦恭酌推恩人上舍生免省人二名已有減磨勘恩例候將來殿試唱名到部日與占射差遣一次上舍生免解人一名已有減二年磨勘恩例候將來遇省殿試唱名日更與減一年磨勘內舍生永免解人一名內舍生今舉得解人二名外舍生永免解人一名即無恩例候將來遇省赴殿試唱名日各與減一年磨勘內舍生未該免解人五名即無恩例欲並與免解一次學生五十九人各倍賜束帛詔並依擬定 十三年四月八日詔

武學生年七十以上柯箕特與補承信郎免省上舍生潘子震周應迪蔡紘依太學免省上舍生釋褐恩數並特與補承節郎內願赴淳熙十四年殿試者聽守年免省上舍鄭覺興任淳熙十四年殿試永免解內舍生陳昌齡中等校定方公輔黃士卿並候將來遇省赴殿試唱名日各與減二年磨勘永免解外舍生沈仲剛等並候將來遇省赴殿試唱名日各與減一年磨勘以該慶壽恩依兵部擬故也 祖父母父母封叙見太學 十六年二月一日礼部言武學堂名上一字犯皇太子名合行迴避乞改作立武堂從之 二月一日詔武學教閱堂改為立武堂

紹熙元年七月二十八日右諫議大夫何澹言竊見武學教導之職有博士有諭復置之初兩員皆差文臣近年以來兩員皆差武臣議者以謂莫若一文一武之為當蓋見今諸生較藝一場弓馬一場文字習于文者察其弓馬之優劣習于文者審其文字之精粗固有武舉全才之人文字弓馬皆能服眾人無異議者然不常而得也中間固有不值其人而徒以充數亦以弓馬絕倫而得之者出題乖謬所出論題至云趙国允可為忠言豈不貽笑士類況武臣而為博士者多得州麾而去則其選亦焉可不重哉欲望今後武學官闕如是武舉之

中有全材者不妨並置焉一闕出而未有其人則莫若一文一武以相濟庶幾可以為擇人而無冗濫員數之患從之 四年正月二十六日詔武學放行公試一次候將來舍選省有闕日依名次撥填施行後因私齋學生杜習之請也

卷一萬一千九百九十五 十八

全唐文

宋會要 勘書

宋朝三館書直館官校對太祖太宗朝收諸為國圖籍實館閣亦或以京朝官校對皆題名卷末 太宗淳化五年七月詔選官分校史記前後漢書崇文院檢討兼祕閣校理杜鎬祕閣校理舒雅吳淑直祕閣潘慎修校史記朱昂再校直昭文館陳充史館檢討阮思道直昭文館尹少連直史館趙況直集賢院趙安仁直史館孫校前後漢書既畢遣內侍裴愈齎本就杭州鏤板咸平真宗謂宰臣曰太宗崇尚文史而三史版本如聞當時校勘未精當再刊正乃命直史館陳堯佐周起直集賢

卷一千七百四十六

院孫僅丁遜覆校史記尋而堯佐出知壽州起任三司判官又以直集賢院任隨領之 景德元年正月校畢篇末并錄差務文字五卷同進詔賜帛有差又命直祕閣刁衎直史館晁迥與丁遜覆校前後漢書版本迥知制誥又以直史館陳彭年同其事景德二年七月衎等上言漢書歷代名賢競為注釋其得失相參至有章句不同名氏交錯除無可考據外博訪群書徧觀諸本校定凡三百四十九簽正三千餘字錄為六卷以進即賜器幣有差今之行者止是淳化中定本後雖再校既已刻版刊改殊少 真宗咸平二年閏三月詔三館寫四部書一本來上當置禁中太清樓以便觀覽崇文院言

先準詔寫四部書一本以備藏於太清樓令未校者僅二萬卷真宗曰如龍圖閣所藏書朕嘗閱覽其間尚多訛舛大凡讎校尤須精至可特詔委流内銓於常選人中擇歷任無過知書者以名聞又命吏部侍郎陳恕知制誥楊億同試詩論各一首於銀臺司第其優劣得前大名府館陶尉劉筠前陳州宛丘尉慎鏞前均州鄖鄉尉沈京前壽州安豐令張正符前蔡州上蔡尉張遵前光州固始尉聶震等六人又詔有司推擇再得四人亦命恕等考試得前舒州桐城簿王昱凡七人並令於崇文院校勘給本官俸料太官供膳張正符者未卒業而死　三年十月詔選官校勘三國志晉書唐書以直秘

卷一千七百四十一

閣黄夷簡錢惟演直史館劉蒙叟崇文院檢討直秘閣杜鎬直集賢院宋皋秘閣校理戚綸校三國志又命鎬綸與史館檢討董元亨直史館劉鍇詳校直昭文館許衮陳充校晉書黄夷簡續預焉而鎬綸鍇詳校如前直昭文館安德裕句中正直集賢院范貽孫直史館而希逸五年校畢送國子監鏤板校勘官賜銀帛有差鍇時賜緋魚初詔校晉書或謂兩晉事多鄙惡不可流行者帝以語宰臣畢士安對曰惡以戒世善以勸後善惡之事春秋備載帝然之故命刊刻惟唐書以淺謬疏畧且將命官别修故不令刊板　六年四月詔選官校勘道德經命崇文院檢討直秘閣杜鎬秘閣校理戚綸直史

館劉鍇同校勘其年六月畢并釋文一卷送國子監刊板　景德元年三月直秘閣黄夷簡上校勘新寫御書凡二萬四千一百六十二卷賜采帛緡錢有差以校勘官劉均等六人並爲大理評事秘閣校理先是繕寫御書及讎校並高班内品劉崇超專掌其事至是特遷内侍高品　二年二月國子監直講孫奭言諸子之書老莊稱首其道清虚以自守卑弱以自持逍遥無爲養生濟物皆聖人南面之術也故先儒論撰以次諸經唐陸德明撰經典釋文三十卷内老子釋文一卷莊子釋文三卷今諸經及老子釋文共二十七卷並已雕印頒行唯闕莊子釋文三卷欲望雕印冀備一家之學又莊子

卷一千七百四十一

注本前後甚多率皆一曲之才妄竄奇説唯郭象所注特會莊生之旨亦請依道德經例差官校定雕印詔可仍命奭與龍圖閣待制杜鎬等同校定刻板鎬等以莊子序非郭象之文因刪去之真宗嘗出序文謂宰臣曰觀其文理可尚但傳寫訛舛耳乃命翰林學士李宗諤楊億龍圖閣直學士陳彭年等别加讎校冠於首篇　四年八月詔三館秘閣直館校理分校文苑英華李善文選摹印頒行文苑英華以前所編次未精遂令文臣擇古賢文章重加編録芟繁補闕换易之卷數如舊又令工部侍郎張秉給事中薛映龍圖閣待制戚綸陳彭年校之李善文選校勘畢先令刻板又命官覆勘未幾

宮城火二書皆燼至天聖中監三館書籍劉崇超上言李善文選援引該贍典故分明欲集國子監官校定淨本送三館雕印從之天聖七年十一月板成又命直講黃鑑公孫覺校對焉　十一月詔以新定韻畧送國子監鏤板頒行先以舉人所用印多有舛異乃詔殿中丞丘雍重定切韻時龍圖閣待制陳彭年上言南省考試舉人未有定格又命翰林學士晁迥龍圖待制戚綸直史館崔遵度姜嶼與彭年同詳定條格刻於韻畧之末大中祥符四年六月又令詳定諸州發解條例附之

大中祥符四年三月詔崇文院校勘列子沖虛真經仍如至德之號時真宗祀汾陰朝陵回至中牟縣幸列

卷一千七百四十四

子觀因訪所著書命直史館路振崔遵度直集賢院石中立校勘至五年校畢鏤板頒行　五年十月詔國子監校勘孟子直講馬龜符馮元說　吳易直同校勘判國子監龍圖閣待制吳奭都虞員外郎王勉覆校內侍劉崇超領其事奭等言孟子舊有張鎰丁公著二家撰錄文理舛互今采衆家之善削去異端仍依經典釋文刊音義二卷是年四月以進詔兩制與丁謂看詳乞送本監鏤板　六年九月翰林學士陳彭年集賢校理吳銳直集賢院丘雍上準詔新校定玉篇三十卷請雕印頒行詔令兩制官詳定改更之事至天禧四年七月刻板成賜雍金紫　八年十二月詔樞密使王欽若都大

提舉抄寫校勘三館祕閣書籍翰林學士陳彭年副之又令吏部銓選幕職州縣官有文學者赴三館祕閣校勘書籍初館閣書籍以其夏延大多復闕畧故命購本抄寫因命戶部取常選人狀先試判三節每節百五十字以上仍擇可者又送學士院試詩賦論命入館校勘凡三年改京朝官亦有特命校勘者京官校勘若三年皆奏授校理大理評事晁宗慤改官及校勘皆三年遂令先轉官俟轉官後又一年與校理校勘官遂皆四年授校理自宗慤始也時彭年又起請以直館校理及吏部試中選人分為校勘官又令翰林學士晁迥李維王曾錢惟演知制誥盛度陳知微於館閣京朝官中各舉

卷一千七百四十五

服勤文學者一人為覆校勘官迥等遂以集賢校理宋綬直集賢院孫奭直集賢院麻溫直集賢校理晏殊崇文院檢討馮元充選凡校勘官校畢送覆校勘官覆校勘畢送主判館閣官點檢詳校復於兩制擇官一二人充覆點檢官俟主判館閣官點檢詳校訖復加點檢皆有程課以考其勤惰焉　天禧四年四月利州轉運使李昉請雕印四時纂要及齊民要術付諸道勸農司提舉勸課詔令館閣校勘鏤板頒行　乾興元年十一月仁宗即位未改元　判國子監孫奭言劉昭注補後漢志三十卷蓋范曄作之於前劉昭述之於後始因亡逸終遂補全其於輿服職官足以備前史之闕乞令校勘雕印頒行

從之命本監直講馬龜符王式賈昌朝黄鑑張維翰公孫覺崇文院檢討王宗道爲校勘奭洎龍圖閣直學士馮元詳校天聖二年遂本監鏤板　仁宗天聖二年六月詔直史館張觀集賢校理王質晁宗慤李淑祕閣校理陳詁館閣校勘彭乘國子監直講公孫覺校勘南北史隋書及令知制誥宋綬龍圖閣待制劉燁提舉之綬等請就崇文內院校勘成復從外館又奏國子監直講黄鑑預其事隋書有詔刻板內出板樣示之三年十月版成四年十二月南北史校畢以獻各賜器幣有差南北史大中祥符中祕閣校理劉筠常請刻板未成又有天和殿御覽四十卷乾興初令侍讀學士李維晏殊取

卷一千七百四十二

册府元龜撮善美之事爲之至是成亦令刻板命祕閣校理陳詁校勘　三年六月詔館閣校勘官直昭文館陳從義降直史館集賢校理聶冠卿李昭遘並落職坐校勘太清樓書舛互故也　初寫館閣書詔借太清樓本既成復還多有汚損遂令留爲三館本本別寫送太清樓是歲功畢上之及覽十代興亡論差謬尤甚遂有是命自餘校勘官第賜金帛　四年十月十二日翰林醫官副使趙拱等上准詔校定黄帝內經素問巢氏病源難經詔差集賢校理晁宗慤王舉正石居簡李淑李昭遘依校勘在館書籍例均分看詳校勘　十一月翰林侍讀學士判國子監孫奭言諸科舉人惟明法一科律

文及疏未有印本是致舉人難得眞本習讀乞令校定鏤板須行從之命本監直講楊安國趙希言王圭公孫覺宋祁楊中和校勘判監孫奭馮元詳校至七年十二月畢　七年四月孫奭言准詔校定律文及疏緣律疏與刑統不同蓋本疏依律生文刑統參用後敕雖盡引疏義頗有增損今既校爲定本須依元疏爲正其刑統內衍文者減省闕文者添益要以遵用舊書與刑統兼行又舊本多用俗字寖爲訛謬亦已詳改至於前代國諱並復舊字聖朝廟諱則空缺如式又慮字從正體讀者未詳乃作律文音義一卷其文義不同即加訓解乞下崇文院雕印與律文並行之　景祐四年十月十七

卷一千七百四十二

日翰林學士李淑言切見近日發解進士多取別書小說古人文集或移合經注以爲題目競務新奧朝廷從學取士本欲興崇風教返使後進習尚異端非所謂化成之義也況考較進士但觀詞藝優劣不必嫌避正書其經與子書之內有國語荀子文中子儒學所崇與六經通貫先朝以來嘗於此出題只是國庠未有印本欲望取上件三書差官校勘刻板撰定音義付國子監施行詔可　嘉祐四年二月置館閣編定書籍官以祕閣校理蔡抗陳襄集賢校理蘇頌館閣校理陳繹分史館昭文館集賢院祕閣書而編定之初右正言吳及言祖宗更五代之亂設文館以待四方之士而卿相率繇此

進故號令風采不減唐漢近古用内臣監館閣書庫借出書籍亡失已多又簡編脫落書史補寫不精非國家崇儒儒生之意請選館職三兩人分館閣人吏編寫書籍其私借出與借之者並以法坐之仍請重訪所遺之書因命杭等令不兼他局二年一出之六月又益置編校官每館二員給太官食公使十千及二年者選人京官除館閣校勘朝官除校理　六年四月以大理寺丞郭固編校秘閣所藏兵書先是四館置官編校書籍而兵書與天文為秘書獨不預大有有言固曉知兵法乃命就秘閣編校抄成黃本一百七十二冊固初以選校六宅副使治平四年六月以編書畢還内藏庫副使路

卷一千七百四十二

分都監十二月三館秘閣上寫黃本書六千四百九十六卷補白本書一千九百五十四卷二十二日遣中使詔中書樞密院合三館秘閣官屬四十一人賜宴以嘉其勤先是白本書歲久多蠹又多散失既置官校正補寫易以黃紙以絕蠹敗至是上之其編校官昭文館職方員外郎孟恂大理評事趙彥若史館集賢校理寶卞太平州司法參軍曾鞏集賢院國子監直講錢藻祕閣館閣校勘孫洙國子監直講孫思恭校定小學太常博士張次立自置局以來歷差太常博士陳洙太子中允王陶國子博士傅卞都官員外郎龔鼎臣國子監說書鄭穆屯田員外郎王徵宣州太平縣令孫覺屯田員外郎丁寶臣揚州司理參軍沈括宣州涇縣主簿林希國子監直講顧臨祕閣校理李常史館校勘王存著作佐郎呂惠卿知睦州壽昌縣事梁燾崇文院校書王安國亦遣補四館之職至熙寧中罷局　七年三月詔參知政事提舉三館祕閣寫校書籍　六月祕閣上補寫御覽書籍　先是判閣歐陽修言祕閣初為太宗藏書之府並以黃綾裝之謂之太清本後因宣取入内多留禁中而書頗不完請降舊本令補寫之遂詔龍圖天章寶文閣太清樓管勾内臣檢所闕書錄本於門下省謄寫至是上之賜判閣范鎮及管勾補寫官銀絹有差　十二月詔以所寫黃本書一萬六百五十九卷黃本印書

卷一千七百四十三

四千七百三十四卷悉送昭文館七史板本四百六十四卷送國子監以校勘功畢明年遂罷局　以上國朝會要

全唐文

乾道會要

神宗熙寧二年八月六日參知政事趙抃進新校漢書
印本五十冊及陳繹所著是正文字七卷賜繹銀絹有
差　元豐三年四月一日詔校定孫子吳子六韜司馬
法三畧尉繚子李靖問對等書鏤板行之　六年十一
月十五日國子司業朱服言承詔校定孫子吳子司馬
兵法衛公問對三畧六韜諸家所注孫子互有得失未
能去取他書雖有注解淺陋無足采者臣諸宜去注行
本書以待學者之自得詔孫子止用魏武帝注餘不用
注衛公問對者出阮逸家蓋逸依倣杜氏所載靖兵法

卷一千七百四十五

爲之非靖成書也　哲宗元祐元年三月十九日宰臣
司馬光言秘書省校書郎黃庭堅好學有文欲令與范
祖禹及男康同校定資治通鑑並從之　徽宗大觀二年
八月二十七日詔大司成非委國子監太學辟雍等官
校本監書籍俟畢令禮部覆校　政和七年八月一日
宣和殿大學士蔡攸言莊列亢桑文子皆著書以傳後
世有唐號爲經並列藏室宋朝始加莊列南華沖虛之
號以真書入國子學而亢桑子文子未聞頒行乞取其
書於秘書省精加讎定列於國子學之籍與莊列並行
從之　八年四月二十四日宣和殿大學士寶籙宮使
蔡攸言竊考內經所載皆道德性命之理五行造化之

妙唐有王冰者嘗以意輒有增損故所傳失真本朝命
儒臣校正然與異同之說俱無所去取錯亂失次學者
疑惑莫知折中今建學俾專肄業親灑宸翰作爲一經
伏望特命儒臣精加刊正斷自聖學擇其中而行之詔
依奏送禮制局五月十三日太師魯國公蔡京言奉詔
禮制局選建官吏校正內經其詳定詳議承授官自合
兼領外合置檢討檢閱參議官其理任請給並依禮制
局校討官仍許兼領詔太醫學司業劉植李庶通元沖
妙先生張虛白充參詳官大素處士趙壬明堂頒朔皇
甫自牧黃次公迪功郎龔璧從事郎王尚充檢討官上
舍及第宋喬年助教宋炳充檢閱官後又詔刑部尚書

卷一千七百四十二

薛嗣昌充同詳定官　重和元年十一月十五日詔曰
朕閱內經考建天地把握陰陽其理至矣然相生相剋
相刑相制周流六虛變動不居非常理非常理所能究
者唯天元玉冊盡之可令頒政府與校正所以內經考
其常以玉冊極其變庶幾財成其化輔相其宜以詔天
下後世　二十八日提舉成都府路學事翟栖筠言竊
惟字形書畫纖悉　曲盡有不易之體世之學者知究
其義而至於形畫則或畧而不講從俗就簡轉易偏傍
傳習既殊漸失本真如期朔之類從肉勝服之類從舟
丹青之類從井靡不有辨而今書者乃一之若此者不
可勝舉故幼學之士終年誦書徒識字之近似而不知

字之正形甚可歎也臣竊見國子監有唐人張參唐元度所撰五經文字及九經字樣所以辨證書名頗有依據然其法本取蔡邕石經許氏說文而邕等之學頗有未盡如是女日而從曰旨從氏而從氏謬戾者甚衆願詔儒臣重加修定去其訛謬存其至當分次部類號為新定五經字樣頒之庠序從之　宣和初提舉秘書省官建言置補完御前書籍所於秘書省稍訪天下之書以資校對以侍從官十人為參詳官餘官為校勘官又進士以白衣充檢閱者數人及年皆命以官　四年四月十八日詔三館圖書之富而歷歲滋久簡編脫落字畫訛舛較其卷秩尚多逸遺甚非所以示崇儒右文之

卷一千七百四十一

意迺命建局以補完校正文籍名設官綜理募工繕寫一置宣和殿一置太清樓一置秘閣仍俾提舉秘書省官兼領其事凡所資用悉出内帑毋費有司庶成一代之典　六年四月七日詔殿中監蔡行戶部侍郎王襄叔並兼校正御前文集　九月十九日詔減罷校正御前文籍官吏校勘官校正官對讀官各減一年磨勘內呂畫進書已減三年磨勘并令來減年恩例與轉一官任況進書已減一年磨勘并令來減罷恩例許赴將來殿試使臣專副依省員法施行中書省請併補完校正御前文籍併歸秘書省只用館職校勘少監充校勘官校書郎正字充初校正官丞郎著作佐郎充覆校正官

宣和止七年十年疑有誤

詳定官十員管勾一員並依舊對讀官於校正對讀官內通留十員其餘合留人數取押綾紙等使臣四人點檢文字一人手分五人楷書六人專副二人對筭二人通引官二人庫子庫司八人兵士五十人和雇人據合用數逐旋和雇從之　十二月二十六日手詔唐開元中以洪範無偏無頗遵王之義聲不協韻遂改頗為陂誣偽汩真可下國子監秘書省復從舊文以陂為頗使學者誦習不失箕子之言　十年九月十八日秘書省校書省校書郎衛膚敏轉一官以校正所進書故也　以上續國朝會要　高宗紹興二年四月十四日秘書少監王昂言本省承節次降下御府書籍四百九十二種

卷一千七百四十二

今又有曾敗家藏書二千六百七十八卷未經校正欲依故例將降到書籍分定經史子集四庫撥充秘閣專人各行主管置進帳副帳門牌庫經一分仍分官日校二十一板於卷尾親書臣某校訖字置課程每月結押旬申本省照會遇入伏傳宣主校內有損壞脫落大段錯謬不堪批鑿者許將別本參考重行補寫所有造帳薄紙并裝背物料等及校書朱紅雌黃紙劄筆欲從本省過合用報戶部下左藏庫支供詔可其後逐旋以館職讎校到書籍本省繳進焉　七月七月十三日詔昨曾統所進神宗皇帝實錄脫落不同又九卷不載舊史付史館再加研考仍專令胡珵李彌正等校勘　二十

七年八月十五日昭慶軍承宣致仕王繼先上重加校定大觀證類本草書，詔令祕書省官修潤訖，付國子監刊行。初以本草之書經注異同，治說訛舛，令繼先辟御醫張孝直、柴源、高紹功檢閲校勘。繼先言：今之為書，自嘉祐補注一千八十二種，唐慎微續添八種，唐本餘七種，食療餘八種，海藥餘十一六種，新分條三十五種，陳藏器四百八十八種，本經外草本類九十八種，紹興新添六種，通前合一千七百四十八種，以為定數。乃至旁攈方書，鈎探經典，續歷世之或闕，釋古今之重疑，目曰紹興校定經史證類備急本草。其卷目品類并校定序說，依前三十二卷，及新添釋音一卷。於是祕書省官修潤，共成五冊，并元本三十二卷，通三十八冊上焉。以上中興會要

卷一千七百四十二

孝宗乾道三年八月二十九日，祕書省狀：勘會左朝散郎李燾所著續資治通鑑長編，其太祖一朝已蒙降付國史日歷所外，所有太宗以後文字，伏乞朝廷給劄付本官抄錄，送本省校勘，藏之祕閣。有旨依。　七年十一月二十八日，詔祕書省修寫太祖、太宗、仁宗、英宗、神宗、哲宗皇帝實錄，精加讎校，逐旋進呈。以上乾道會要

宋會要　求書　藏書

太祖乾德元年平荆南，詔有司盡收高氏圖籍，以實三館。國初三館書裁數櫃，計萬三千餘卷。　三年九月，命右拾遺孫逢吉往西川，取偽蜀法物、圖書、經籍、印篆赴闕。至四年五月，逢吉以偽蜀圖書、法物來上，其法物不中度，悉命毀之，圖書付史館。　四年閏八月，詔購亡書。凡進書者，先令史館點檢，須是館中所闕，即與收納，仍送翰林學士院引試，驗問吏理堪任職官者，具名以聞。是歲三禮涉𢮦、三傳彭幹、學究朱載皆應詔獻書，總千二百二十八卷，命分置館閣，賜𢮦等科名。　開寶

卷一千七百四十三

九年江南平，命太子洗馬呂龜祥令金陵籍其圖書，得二萬餘卷，送史館。偽國皆聚典籍，惟吳、蜀為多，而江左頗精，亦多修述。　太宗太平興國二年十月，詔諸州搜訪先賢筆跡圖書以獻。荆湖獻晉張芝草書及唐韓幹畫馬三本，潭州石熙載獻唐明皇所書道林寺王喬觀碑，袁州王瀚獻宋之問所書龍鳴寺碑，昇州獻晉王羲之、王獻之、桓溫二十八家石版書跡，韶州獻唐相張九齡畫像及文集九卷。　四年五月，太原平，命左贊善大夫雷德源入城點檢書籍圖畫。　六年十二月，詔開封府及諸道轉運編下管內州縣，搜訪鍾繇墨跡，聽於所在進納，優給緡錢償之。并下御史臺告諭文武臣僚，如

有收者亦令進納。是歲鎮國軍節度使錢惟演以鍾繇、王羲之、唐明皇墨跡凡七軸獻。八年，秘書監錢昱又獻鍾繇、羲之墨跡八軸，並優詔答之。八年十月，越州以王羲之畫像並其石硯來獻。　九年正月，詔曰：「國家勤求古道，啟迪化源，國典朝章，咸從振舉，遺編墜簡，宜在詢求。致治之先，無以加此。宜令三館所有書籍，以開元四部書目比校，據見闕者特行搜訪，仍具錄所少書於待漏院榜示中外。若臣僚之家有三館闕書，許上之。及三百卷以上者，其進書人送學士院引驗人才，書判試問公理，如堪任職官者，與一子出身；或不親儒墨者，即與安排。如不及三百卷者，據卷帙多少，優給金帛。如不願

卷二千七百四十二

納官者，借本繕寫畢，却以付之。」先是，太宗謂侍臣曰：「夫教化之本，治亂之原，苟非書籍，何以取法？今三館貯書數雖不少，比之開元，則遺逸尚多，宜廣求訪。」乃下詔焉。

雍熙二年三月，殿直潘昭慶以褚遂良、毆陽詢、虞世南墨跡三十本來獻。　淳化四年四月，詔以所購募先賢墨跡為歷代帝王名臣法帖十卷，賜近臣。　五年四月，參知政事蘇易簡言：「故知制誥趙鄰幾留心史學，以新唐書紀傳及近朝史書多有漏略，遂尋訪自唐以及近代將相名賢事跡及家狀、行狀甚多，雖美志不就，而遺藁尚在。望遣直館錢熙暫往宋州，詢問鄰家家人，尋檢奏御。」從之。熙還，得鄰幾所撰補會昌已後日歷二十六

卷、文集三十四卷、所著鯫子一卷、六帝年略一卷、史氏懲官志五卷，及它書又五十餘卷來上，皆鄰幾塗竄筆削之跡也。詔本郡以錢十萬賜其家。　至道元年六月十日，命內品監秘閣三館書籍裴愈往江南、兩浙諸州購募圖籍，願送官者優給其直，不願者就所在差能書吏繕寫，以舊本還之，仍齎御書石本所在分賜之。愈還，凡購得古書六十餘卷，名畫四十五軸，古琴九，王羲之、貝靈該、懷素等墨跡共八本，藏於秘閣。　真宗咸平四年十月二十七日，詔曰：「國家設廣內石渠之宇，訪羽陵汲冢之書，法漢氏之前規，購求雖至；驗開元之舊目，亡逸尚多。庶墜簡以畢臻，更出金而示賞。式廣獻書

卷二千七百四十二

之路，且開與進之門。應中外士庶有收得三館所少書籍，每納到一卷，給千錢。仰判館看詳，委是所少之書，及卷帙別無違礙，收納。其所進書如及三百卷已上，量材試問，與出身酬獎；或不親儒墨，即與安排。宜令史館抄出所少書籍名目，於待漏院張掛，及遣牒諸路轉運司嚴行告示。」時直集賢院李建中上表，以所寫太清樓群書恐有謬濫，乞更選擇。真宗因閱書目，見亡書尚多，特有是命。　大中祥符八年四月，榮王宮火，延燔崇文院、秘閣，於皇城外別建外院，重寫書籍，命翰林學士陳彭年提舉管勾。彭年請募人以書籍鬻于官者，驗真本酬真直，與顧筆工傭等。五百卷以上優其賜，或藝能可采

者別奏候旨於是獻書者十九人悉賜出身及補三班
得萬七百五十四卷　九月七日以故國子祭酒知容
州毋守素男克勤爲奉職克勤表進文選六帖初學記
印板樞密使王欽若聞其事故也　天禧元年八月提
舉勘書籍所言學究劉溥候惟晳獻太清樓無本書各
五百卷請依前詔甄錄從之　十二月王欽若言進納
書籍元數以五百卷爲數許與安排後來進納併多書
籍繁雜續更以太清樓所少者五百卷爲數往往僞立
名目妄分卷帙多是近代人文字難以分別令欲別具
條貫精訪書籍從之　二年五月長樂郡主獻家藏書
八百卷賜錢三十萬以書藏祕閣　五年六月景德寺

僧溥清獻其祖庫部員外郎陳鄂所撰四庫韻對九十
八卷印板詔賜錢十萬度行者一人　仁宗景祐元年
七月二十九日翰林學士張觀等言看詳館閣書籍內
古書或缺少三五卷便成不全部帙欲據見少卷數曉
示許人詣館投納從之　嘉祐五年八月詔曰國家承
五代之後簡編散落建隆之初三館聚書僅纔萬卷祖
宗平定列國先收圖籍亦嘗分遣使人屢下詔令訪募
異本補緝漸至景祐中嘗詔儒臣校定篇目譌謬重複
並從删去朕聽政之暇無廢覽觀然以令秘府所藏比
唐開元舊錄遺逸尚多宜開購賞之科以廣獻書之路
應中外士庶之家並許上館閣所闕書每卷支絹一疋

及五百卷特與文武資內安排先是諫官吳及乞降三
館祕閣書目付諸郡長吏於所部求訪遺書故降是詔
　六年八月詔三館祕閣校宋齊梁陳後魏後周北齊
七史書有不完者訪求之　十二月詔兩制看詳天下
所上應募之書擇其可取者付編校官覆校寫充定本
編校官常以一員專管勾定本　以上國朝會要　徽
宗崇寧二年五月四日詔兩淛成都府路有民間鏤板
奇書令漕司取索送祕書省　大觀四年五月七日祕
書監何志同言漢著七畧凡爲書三萬三十九百卷隋
所藏至三十七萬卷唐開元間八萬九千六百卷慶歷
間嘗命儒臣集四庫爲籍名之曰崇文總目凡三萬六

百六十九卷慶歷距今未遠也按籍而求之十纔六七
號爲全本者不過二萬餘卷而脫簡斷編亡散門逸之
數浸多謂宜及今有所搜採視慶歷舊錄有未備者頒
其名數於天下選文學博雅之士求訪總目之外別有
異書並借傳寫或官給筆劄即其家傳之就加校定上
之策府從之　政和二年七月十七日祕書少監趙存
誠言諸州取訪遺書乞委監官總領庶天下之書悉歸
祕府從之　宣和四年四月十八日詔朕惟太宗皇帝
底定區宇作新斯文屢下詔書訪求亡逸冊府四部之
藏庶幾乎古歷歲寖久有司翫習多致散缺私室所閟
世或不傳可令郡縣諭旨訪求許士民以家藏書所在

自陳不以卷秩多寡先具篇目申提舉秘書省以聞聽旨遞進可備收錄當優與支賜或有所祕未見之書有足觀采即命以官議以崇奬其書錄畢給還若率先奉行訪求最多州縣亦具名聞庶稱朕表章闡繹之意令禮部疾速遍牒施行　五年二月二日提舉秘書省言奉旨搜訪士民家藏書籍悉上送官參校有無募工繕寫藏之御府近滎州助教張顒進五百四卷開封府進士李東進六百卷與三館秘閣參校內張顒二百二十一卷李東一百六十二卷委係闕遺乞加褒賞詔張顒賜進士出身李東補迪功郎　七年四月九日提舉秘書省言取索到王闡等家藏書與三館秘閣見管帳目比

卷一千七百四十二

對到所無書六百五十八部一千五十一册軸計二千四百一十七卷及集秘書省官校勘得並係善本看詳逐人家藏書籍比前後所進書數稍多詔王闡補承務郎張宿補迪功郎　以上續國朝會要　高宗建炎四年六月十日上諭輔臣及吳說寫大字張守曰臣昨聞聖訓欲就蘇遲宣取蘇軾書遲近將到數軸未敢投進上曰可令進來試書無非正論言皆有益朕不獨取其字畫之工而已　紹興元年三月十八日進士何克忠上太祖皇帝實錄四册國朝寶訓一十二册名臣列傳二册國朝會要三册詔何克忠所獻書內會要雖係節本當文籍殘缺之際首先投進可特與補下州文學其

書付秘書省仍令錄本進入　六月十六日故右金吾衛上將軍張棣妻鎮國夫人王氏以亡夫家藏六朝實錄會要國史志等書計二百二十二册來上詔令禮部降度牒十道付張棣家其書付秘書省　七月二十四日處州縉雲縣若澳巡檢唐閱上王珪重修國朝會要三百卷詔再與轉一官其書降付秘書省仍令本省錄本進入　九月十三日將仕郎黃濛上太祖皇帝五錄五十卷太宗皇帝實錄八十卷真宗皇帝實錄一百五十卷仁宗皇帝實錄二百卷英宗皇帝實錄三十卷天聖南郊鹵簿册記一十册詔送秘書省既而賜濛空名度牒五道不受乞白身補官恩例詔與循一資　十一

卷一千七百四十二

月八日太常少卿趙子畫等言本寺見闕陳祥道理書開元禮義鏡禮義羅禮粹通典開寶通禮三禮圖郊廟奉祀禮文國朝會要王珪章得象編六典禮閣新編續編附政和宣和續編太常因革禮大觀禮書并看詳六家謚法政和續編會要開元禮百問太常新禮江都集禮曲臺禮宗藩慶系錄開元禮義纂五禮精義切慮臣僚之家有謄寫本許令投進乞依昨進會要體例推恩從之　二年二月二日詔御前圖籍以累經遷徙散亡殆盡訪聞平江府賀鑄家所藏見行貨之於道塗可委守臣盡數收買秘書省送納已而將仕郎賀廩以所藏書籍五千卷上之詔與本家將仕郎恩澤一名廩仍令吏部先次注

合入逬便差遣　三月四日故太常少卿曾旼男温夫
以家藏累朝典籍二千餘卷來上詔並送秘書監收管
温夫與補將仕郎　七月一日太平州蕪湖縣進士韋
許上家藏太宗皇帝御書并書籍詔特補迪功郎　十
月九日右司監劉渠言臣少嘗遊蜀見眉州進杜諤萃
八十餘家春秋之說而又自立說以斷之願詔宣撫處
置使司上其書各十部留之禁中頒之經筵賜秘書省
國子監等處詔劉與張浚如有本令津發前來　十一
月二十三日秘書少監洪芺言福州故相余深泉州故
相趙挺之家藏國史實錄善本嚴州前執政薛昻收畜
亦廣太平州蕪湖縣僧寺寄收蔡京書籍望下逐州諭

卷一千七百四十二

令來上優加恩賚内有蔡京寄書乞令本路轉運司差
官前去根取從之　三年正月十二日詔曰湖州管下
故執政林攄家有道君皇帝御書太祖以來國史實錄
國朝會要等書及歷代經史子集書全備開元寺有
仁宗皇帝御書一大匣道場山天聖報本二寺各有祖
宗御書令本州守臣勸誘獻納　二月六日臣僚言切
知韓琦家書有二府忠義百卷所謂嘉謀嘉猷皆在於
是而世不傳獨琦之孫梠有之乞詔梠取索真本付秘
書省謄錄投進候錄畢却行給還本家㬚之　四月二
十一日右司員外郎劉岑言切惟祖宗創業之初開三
館以儲未見之書艱難以來兵火百變文書之厄莫甚

今日雖三館之制具在而向來之書盡亡乞詔四方求
遺書以實三館果得異書且應時用則酬以厚賞從之
五月一日承奉郎林儼上家藏道君皇帝御書御畫御
筆劄答共七軸并祖宗實錄國朝會要國史等及古文
文籍二千一百二十二卷詔與本家將仕郎恩澤一名
儼仍令吏部先次與合入逬便差遣　七月六日秘書
少監曾統等言伏聞前任本省官洪楫有神宗皇帝朱
墨本實錄神宗哲宗兩朝國史哲宗實錄國朝典章故
事文字望取索名件官給紙劄借本繕寫各一部仍選
差官校對赴本省收藏從之　十月二十三日知静江
府許中上政和重修國朝會要一部政和修定謚法一

卷一千七百四十三

部宣和重修鹵簿記一部詔國朝會要送中書門下省
准備檢照謚法并鹵部國記並送秘書省　四年六月
二十三日起居郎常同言渡江以來始命搜訪典記祖
宗正史實錄寶訓會要得於搢紳士庶之家殘缺之餘
補緝僅足良亦艱矣然今三館秘閣尚書佛廬藏軸茍
簡藏貯不精且宅都未定有遷徙之慮閭閻相比有延
燒之虞一旦守護不謹則累朝盛典又復散落矣臣愚
謂宜少給筆劄之費別錄副貳之書藏之名山道觀僧
寺依收掌御書例量賜撥放以酬守護之勞庶使國朝
之書永久常存不至散缺詔比搜訪到祖宗正史實錄
寶訓會要令史館各抄錄二本一本進入一本付秘書

省　五年閏二月十二日詔史館秘書省四庫書籍未
備令下諸路州縣學及民間見收藏官書并開到書板
不以經史子集小說異時仍具目錄一本申納秘書省
三月十九日承節郎毛用中上仁宗皇帝康定中於
邇文殿所纂鑑古圖記一十卷詔特轉一官　五月三
日詔令婺州取索故直龍圖閣趙明誠家藏哲宗皇帝
實錄繳進　七月二十八日僧寶月上李衛公必勝集
兵鈐水鏡武畧要義管子青田記墨子鬼谷子風雲論
曹武祖新書諸葛亮玉函通關秘訣郭元振安邊策六
韜集平胡策論天地龍虎風雲鳥水六花八陣等營圖
陣圖凡三十九種詔寶月特補下州文學初樞密院言

卷一千七百四十二

其僧寶月乃國初功臣史珪之後自來傳習家藏古今
兵書當國家艱難之時不吝所有盡出投獻其志可嘉
仍能通曉意義故有是命　九月四日大理評事諸葛
行仁獻冊府元龜等書凡萬一千五百一十五卷詔與
本家將仕郎恩澤一名　六年五月二十八日詔史館
見闕元祐七年十一月至二十月元祐八年一全年實
錄文字應臣僚士庶有收藏者許赴史館送納其先到
者與轉一官如不願轉官或白身人與恩澤一資仍並
與陞擢差遣從史館修撰范沖請也　七年十一月十
八日李彌遜繳王問政正畜量追官不當狀先是宣和
間於王問取書萬卷補問承務郎吏部以近有諸葛行

仁進書止補迪功郎為不倫追問兩官問訴之得旨改
正上因謂宰臣曰搜訪書籍自亦美事朕遭多難方右
武之時故行仁之賞不得不薄太上皇朝承平無事留
意墳典因人獻書而授一京官亦不為過也然既有論
駁可止鐫一官　九年四月二十五日平江府吳江縣
進士李德光上真宗皇帝語錄及五帝功臣繪像圖共
二冊詔送史館　五月四日史館言見闕神宗正史地
理而下十三志及哲宗一朝紀志列傳全書竊見中原
初復東京及諸州舊史必有存者望委留司於國史院
秘書省等處檢尋上件正史如無正本但有副本淨草
或部秩不全並差人津發前來仍乞下臣僚之家搜訪

卷一千七百四十二

校進降付本館優與推恩從之　八月二十三日起居
舍人王銖言竊見國朝會要備載祖宗以來良法美意
凡故事之損益職官之因革與夫禮樂之文賞罰之章
憲物容典纖細畢具粲然一王之法永貽萬世之傳今
朝廷討論故事未嘗不遵用此書比經兵火之餘公私
所藏類皆散逸深慮歲月既久寖成湮墜望詔秘書省
令訪求善本精加讎校從之　十二年十二月十二日詔
福州故相余深家有收藏監書可委萬庭實於諭投進
據所進取旨推恩　十三年閏四月一日詔沈嘉獻進
監本春秋三傳可令戶部倍賜束帛　三日上宣諭輔
臣曰昨日吳說上殿劄子理會搜求書籍云湖台之間

寄居士大夫家多有之緣無立定恩賞人家不肯將出，卿等可令檢會太宗朝搜訪遺書推賞之制依倣立定。 十二月詔紹興府陸寘家藏書甚多令本府取睦錄繳申秘書省據現闕數許本家投進仍委帥臣關借謄寫繳奏陸寘子孫散居它州令守臣依此施行 二十五日權發遣盱眙軍向子固言乞降旨令秘書省以唐藝文志及崇文總目據所闕者榜之檢鼓院許外路臣庶以所藏上項之書投獻尚恐遠方不知所闕名籍難於搜訪抄錄望下本省以唐藝文志及崇文總目應所闕之書注闕字於其下鏤板降付諸州軍照應搜訪從之 七月九日內降詔曰國家用武開基右文致治自

〔卷一千七百四十三〕

削平於僭偽悉收籍其圖書列聖相承明詔屢下廣行訪募法漢氏之前規精校遺亡按開元之舊目大闢獻書之路明張立賞科簡編用出於四方卷秩遂充於三館藏書之盛視古爲多艱難以來散失無在朕雖處干戈之際不忘典籍之求每令下於再三十不得其四五今幸臻于休息宜益廣于搜尋夫監司總一路之權郡守寄千里之重各諭所部悉上送官苟多獻於遺編當優加於褒賞故茲詔示想宜知悉先是上謂輔臣曰向累降指揮搜訪遺書至今未有到者朕觀國朝初承五代之後文籍散缺太宗皇帝留意於此及得李煜孟昶兩處圖籍一時號稱足備又詔天下訪求先賢墨跡當

時昇州等處以羲獻而下十八人書跡及鍾繇書急就章爲獻南渡以來祖宗御府舊藏舉皆散失計士庶之家應有存者可委諸路轉運司遍下逐州縣尋訪如有投獻並令具名實封附遞以聞其所納過當議分等給賞或命以官或酬以帛至是降詔行下 十四年七月二十九日上諭輔臣曰秘府書籍尚少宜廣求訪秦檜曰陛下崇儒尚文是宜四方翕然向化上曰崇儒尚文治世急務李文會曰若非干戈偃息此事亦未是舉也 十五年三月十七日詔左朝奉郎知建州李德昭以家藏南齊褚淵墨跡一軸來上賜銀絹一百疋兩 九月二十一日秘書省言明州進士陳暘投獻書籍七百

〔卷一千七百四十五〕

五十六卷並是本省合用之數詔與永免文解 十月二日普州安岳縣進士秦真卿上家藏書明皇賜近臣古史三節墨跡一軸詔真卿與免文解一次仍令本州支賜錢一千貫 十一月三日秘書省言忠訓郎張掄投獻書籍五十一種並係本省見闕數目奉詔與轉一官 閏十一月七日提舉秘書省秦熺言奉詔下諸路搜訪遺書乃先賢墨跡圖畫如願經赴秘閣投獻者并許從本所保明依故事推賞不願投獻者令所在州軍借本專委見任官一員依本下所定下冊樣字體傳寫候歲終據已傳錄申發到取卷秩最多繕寫如法及最滅裂處取旨賞罰及臣僚藏書之家仍乞從本所說諭置

歷逐旋関借令所在州軍差人如法送秘書省候抄録畢給還如遇投獻到書籍先下秘書省看詳如實係闕書并卷秩全備者方許計數推賞令錯置欲行下逐路專委轉運司逐州軍專委知通廣行搜訪仍每季具見行抄録名件申所並從之　先是秘書省正字王賜言恭覩陛下比歲以來屢下求書之令然州縣施行未稱上旨蓋州縣以謂文籍之事固非刑政所急秘書之繳初無賞罰之權是以得而慢之臣以謂宜以求書之政令命以專行施於四方皆知有重臣一意總覈則一卷之書必有受其功者搜裒以獻當不敢後上諭輔臣曰可令秦熺專領其事私家所收書亦甚愛惜宜立賞以勸之至是熺條具行下〔卷二千七百四十二〕

十六年七月十八日詔明州奉化縣陳泰初投進神宗皇帝哲宗皇帝御集共一百一十八册與轉一官上因輔臣曰書籍尚未備宜有以勸誘之可令秦熺措置定賞格鏤板行下既而提舉秘書省比擬賞格如投獻到晉唐墨跡真本者取旨優異推恩秘閣闕書善本及二千卷者有官人與轉官士人與永免文解或免解不及二千石以上者比類增減推賞如願給者總計工墨紙劄優與支給諸路監司守臣求訪到晉唐到真跡及善本書籍應得上件賞格者比類推賞其投獻到書籍先下秘書省校對如委是善本方許收留

八月四日詔閩四　藏書甚多宜委逐

路帥臣恪意搜訪仍令提舉秘書省每月檢舉催促

二十九年詔昨降指揮求訪書籍至今投獻尚少監司郡守視為不急奉行滅裂可檢舉申嚴行下

十月十二日上因諭輔臣曰秘府求訪書籍近日來者稍多前日所立賞格宜更加勸誘庶幾繼有來者

十九日詔右文林郎賀廪獻碑刻二百七十三本與堂除差遣

二十五年詔右迪功郎陳友迪投進書藏書籍特差監潭州南嶽廟

十一月二十五日提舉秘書省秦熺言眉州進士蘇藻獻蘇元老文集二十五册柳公權等書畫三軸又彭州進士王僅獻蔡襄米芾書黃筌孫知微等畫共一十五軸望賜推恩詔與永免文解

十七年十月二十九日宗室秉義郎不惟以家藏米芾臨王羲之破羌帖來上詔與優便遣〔卷二千七百四十三〕

十一月八日提舉秘書省秦熺言右迪功郎前嚴州建德縣主簿錢雲騤家首必関借到闕書二千九百九十餘卷望量與推恩以勸來者詔與循一資

十八年二月二日提舉秘書省秦熺言進士武傑獻李邕披雲帖已繳進詔與免文解一次

三月一日提舉秘書省秦熺言左迪功郎新城都府司理參軍鄧師心獻唐褚遂良臨黃經一軸已繳進乞推恩詔與循一資　以上中興會要

孝宗乾道七年正月十日國史院言本院見編修四朝正史合要神宗皇帝昨在京所修正史帝紀志傳等并四朝聖旨

御筆及應干詔旨等文字本院獲降到指揮許令投進
昨據資州助教楊志發繳進元祐年臣呂大防家所藏
神宗皇帝哲宗皇帝兩朝御筆元祐皇太后遺詔已蒙
朝廷將楊志發特補榮州文學出官了當委是優異本
院竊慮諸路州縣臣僚士庶之家有收得上件四朝文
字不知楊志發推恩因依未肯投獻乞朝廷等降指揮
下禮部將楊發推恩事禮鏤板遍下諸路州軍專委知
通多出文榜曉諭搜訪許令投獻優與推恩如文字詳
備者亦乞將知通推恩施行從之　十一月二十二日
中書舍人兼同修國史兼實錄院同修撰趙雄等言本
院見修四朝國史緣歲月深遠文字散逸首尾考證甚

卷一千七百四十二

難今聞右修職郎監臨安府都鹽倉李丙樂於收書勤
於考古嘗纂丁未錄卷帙浩瀚起治平之末迄靖康之
元其間議論更革往往編年該載殆備乞給劄傳寫如
見得此書果可以稽考四朝未盡事迹即乞從本院保
明量加旌擢不唯有助大典亦足為學者之勸詔依其
合用紙劄令臨安府應付　以上乾道會要　淳熙三
年五月九日禮部侍郎兼同修國史李燾言見編修四
朝正史合要名臣墓誌行狀奏議著述等文字照使令
詢問得吏部侍郎徐度有自著國紀一百餘卷其子行
簡見在湖州寄居乞下所屬給札抄錄赴院以備參照
從之　十一月二十四日參知政事龔茂良言嚴州近

刊資治通鑑紀事一書乃袁樞所編具書有補治道或
取以賜東宮增益見聞詔本州印十部仍以鄉本先次
來上　六年六月二十七日吏部侍郎閻蒼舒言伏見
四川州郡蔵書最多皆是邊防利害修城制度軍器法
式專司法令不可悉數皆三館所當有臣在蜀時見瀘
州軍器架模一書最為詳備乞下祕書省錄見有書目
送四川制置司參對四路州軍官書目錄如有所闕即
令本司抄寫赴祕書省收藏從之　十三年九月二十
五日祕書郎莫叔光言國家崇建館閣文治最盛太上
皇帝再造區夏紹興之初已下借書分校之令至十三
年詔求遺書十六年又定獻書推賞之格圖籍於是備

卷一千七百四十二

矣然至今又四十年承平滋久四方之人益以典籍為
重凡搢紳家世所蔵善本監司郡守搜訪得之往往鋟
板以為官書乞詔諸路監司守臣各以本路本郡書目
解發至祕書省聽本省以中興館閣書目點對如有未
收之書即移文本處取索庶廣祕府之儲詔祕書省將
未發書籍徑自關取　十五年七月十一日實錄院言
奉旨編集高宗皇帝御製今來要合臣僚士庶之家并
僧道等處被受或收蔵高宗皇帝御筆手詔及詩頌雜
文注解經義等文字照使內行在從本院取索抄錄其
臨安府并諸州軍欲乞令逐路轉運司嚴切遍下所管
州軍縣鎮等處搜訪借本抄錄仍出賞募人投獻如稍

多者從本縣保明優與推恩從之　以上孝宗會要

淳熙十六年七月十五日吏部尚書兼侍讀顔師魯言臣頃者伏覩撫州刊行祖宗官制舊典一書品式製度粲然明備誠當今之龜鑑萬世之法程臣試摭一二爲陛下言之太師之官曠世不拜使相節度非勳賢不除禁從例必先考其履歷始以選授省府之任寔爲繁劇之地尤加推擇館閣之職皆須薦進未有不由召試而入藩府監司先理資序未有超躐數等而除正郎員外則有三行之異官雖未分左右而出身清濁於此可辨京官選人則有勳階之轉人材欲其諳練故仕進新舊於此別焉至於衛帶閤職拘以員數管軍立格尤爲至

〔大典卷一千七百四十二〕

嚴橫行諸司使帶遥郡者邊功優異始得落爲正任内臣任都知久次者方帶留後觀察未嘗輒以正任承宣使予之若此之類未易槩舉皆所以别其留品而限其名秩也故當時人知要官顯職不可以妄求高爵厚禄不容於倖得各安義命以修職業而奔競之門塞躁進之俗銷矣今朝廷官制行之既久固未易遽改然祖宗立法之意周思熟慮至嚴且密備見此書深爲有關時政望下撫州宣取一帙置之禁庭萬機之暇時賜親覽庶幾仰體成規熟知舊典除授之際抑揚高下皆有據依而無僥濫之失從之　以上光宗會要

文苑英華

自此下皆非會要宜銷

全唐文

宋朝會要　編纂書籍

太平興國七年九月命翰林學士承旨李昉學士扈蒙直學士院徐鉉中書舍人宋白知制誥賈黄中呂蒙正李至司封員外郎李穆庫部員外郎楊徽之監察御史李範秘書丞楊礪著作佐郎吳淑呂文仲胡汀著作佐郎直史館戰貽慶國子監丞杜鎬將作監丞舒雅閱前代文集撮其精要以類分之為千卷雍熙三年十二月書成號曰文苑英華昉蒙蒙正至穆範礪淑文仲汀貽慶鎬雅繼領他任續命翰林學士蘇易簡中書舍人王祐知制誥范杲宋湜與宋白等共成之帝覽之稱善降詔褒諭

卷五千八百十八

以書付史館賜器幣各有差　崇文總目　文苑英華一千卷宋白等奉詔撰采前世諸儒雜著之文　李燾續通鑑長編　太宗以諸家文集其數實繁雖各擅所長亦榛蕪相間乃命翰林學士宋白等精加銓擇以類偏次為文苑英華一千卷雍熙三年十二月壬寅上之詔書褒答熊克九朝通畧并川本小類書所載並取諸此名世姓氏辨證元有戰姓後漢初戰就為諫大夫令修書官戰貽慶殆其失國史并會要並作戰惟恨熙館閣官以稀姓為致偶失稽考既修中興館閣書目乃改為戰貽慶誤矣令有忠訓郎戰迪兩任汀州差遣見居于汀臣伏觀太宗皇帝丁時太平以文化成天下既得諸國圖籍聚名士于朝詔修三大書曰太平御覽曰冊府元龜曰文苑英華各一千卷今二書閩蜀已刊惟文苑英華士大夫家絕無而僅

有蓋所集止唐文章如南北朝間存一二是時印本絕少雖韓柳元白之文尚未甚傳其他如陳子昂張說九齡李翺等諸名士文集世尤罕見故修書官於宗元居易權德輿李商隱顧雲羅隱輩或全卷收入當真宗朝姚鉉銓擇十一號唐文粹由簡故精所以盛行近歲唐文摹印浸多不假英華而傳況卷帙浩繁人力難及其不行於世則宜臣事孝宗皇帝間聞聖諭欲刻江鈿文海臣奏其去取差謬不足觀帝乃詔館職裒集宋朝文鑑臣因及英華雖秘閣有本然舛誤不可讀俄聞傳旨取入遂經乙覽時御前置校正書籍一二十員皆書生稍習文墨者月給餐錢滿數歲補進武校尉既得此為

卷五千八百十八

課程往往妄加塗注繕寫裝飾付之秘閣後世將遂為定本臣過計有三不可國初文籍雖寫本然讎校頗精後來淺學改易浸失本指今乃盡以印本易舊書是非相亂一也凡廟諱未祧止當闕筆而校正者於賦中以商易殷以洪易弘或值押韻全韻隨之至於唐諱及本朝諱存改不定二也元闕一句或數句或顧用古語乃以不知為知擅自增損使前代遺文幸存者轉增疵纇三也頃嘗屬荊帥范仲藝均倅丁介稍加校正晚幸退休偏求別本與士友詳議疑則闕之凡經史子集傳注通典通鑑及藝文類聚初學記下至樂府釋老小說之類無不參用惟是元修書時歷年頗多非出一手叢脞

重複首尾衡決一詩或析為二二詩或合為一姓氏差互先後顛倒不可勝計其間賦多用員來非讀秦誓正義安知今之云字乃員之省文以堯韭對舜榮服本草注安知其為菖蒲又如切瑳之瑳馳驅之驅掛帆之帆傻裝之裝廣韻各有側音而流浴改切瑳為效課以駐易驅以席易帆以仗易裝今皆正之詳注逐篇之下不復徧舉始雕於嘉泰改元春至四年秋訖工蓋欲流傳斯世廣熙陵右文之盛彰阜陵好善之優成老臣發端之志深懼來者莫知其由故列興國至雍熙成書歲月而述謬誤本末如此闕疑尚多謹俟來哲七月七日少傅觀文殿大學士致仕益公食邑一萬伍千六百戶食實封伍千八百戶臣周必大謹記

目錄

賦

卷五千八百十八

天象一天十首天象二日九首天象三日十首天象四日十一首天象五日十首天象六月十首天象七月十首天象八星十首天象九星斗天河共十二首十星斗天河共十二首天象十一雲十首天象十二雲十首天象十三風十首天象十四雨十首天象十五露九首天象十六露霜雪共九首天象十七雷雹霞霧虹共十首天象十八天儀大衍共五首天象十九律管九首天象二十氣象空光明陰陽共十首歲時一春元日共五首歲時二春全中和節春儺参秋七夕共八首歲時三七夕秋冬大儺歲共九首歲時四寒四時閏漏共九首地類一地土地圖土牛共九首地類二土風塵泥共六首地類三山四首地類四山九首地類五山十首地類六山九首地類七石十二首水一水十首水二水水鏡水輪曲水共十首水三海河渭共十一首水四渾池

墨池盆池共十首水五泉湍水瀉滿共九首水六漚潢汙尺波瀲共六首水七氷九首水八氷十一首水九井十首帝德一二首來附帝德二九首京都西都東都共二首邑居一城闕共九首邑居二橋隄市共十首宮室一明堂宮共十一首宮室二殿二首宮室三象魏樓共八首宮室四臺八首宮室五臺九首宮室六臺閣厦柱礎階堂共九首苑囿朝會共九首禋祀一郊大禮共四首表附禋祀二郊十首禋祀三九首禋祀四十首行幸一七首行幸二九首諷諭四首儒學一十首儒學二十首儒學三十首軍旅一十一首軍旅二十一首軍旅三十首治道一九首治道二十首治道三十首耕藉田農九首附樂一箏鎛琵琶笙簫塤共一六首樂二笙篌笛磬匏樂器共十首樂三觀樂聽樂樂共十首樂四十首樂五十一首樂六十首樂七琴九首樂八絲竹聲共八首歌樂九舞十首鍾鼓十首

卷五千八百十八

雜伎一九首雜伎二八首飲食九首符瑞一十一首符瑞二十四首符瑞三十一首符瑞四十首符瑞五十一首符瑞六十一首人事一九首人事二六首人事三六首人事四十首人事五十首人事六嬰九首人事七婦人九首志一四首志二七首志三二首射博奕十二首工藝九首器用一鼎斂共十首器用二斂九首器用三衡量度金共十首器用四鏡十首器用五書架書軸書袋筆硯共十首器用六枕器樸滿欹共十首器用七扇如意塵尾翦刀翮共十三首器用八九首器用九十首服章一王九首服章二玉象環印笏冠共十一首服章三衣裘履絹共十一首圖畫十首寶一王十首寶二王十一首寶三珠十首寶四金十首寶五五首絲帛一五首絲帛二十首舟車一車十一首舟車二舟八首

新火十一首吹漁十一首道釋十首紀行二首遊覽一
五首遊覽二八首哀傷一三首哀傷二八首鳥獸
一獸十首鳥獸二獸十首鳥獸三獸十首鳥獸四獸十首鳥獸五
鳥十二首鳥獸六鳥九首表附鳥獸七鳥十二首鳥獸八鳥十一首蟲魚
一十一首蟲魚二十二首蟲魚三九首蟲魚四十四首草木
一木七首草木二木十一首草木三木十二首草木四竹九首草木五
十首草木六五首草木七九首草木八十首詩天
部一日月共六十四首天部二月星共七十一首天部三雨七十七首天部
四雪五十六首天部五雪晴霽共五十八首天部六風雲霜露霧烟霞天河虹蜺共六十
八首天部七元日春人日上元寒食上巳夏端午伏日共八十八首天部八秋七夕九
日冬除夜共八十八首地部一山五十六首地部二山四十九首地部三

卷五千八百七

山洞峽石共五十九首地部四海江湖共六十一首地部五河湖潭水泉共五十七首地
部六泉瀑布雜題曲江昆明溫湯共六十七首地部七池遊泛共六十三首地部八池雜
題溪遊泛溪雜題共六十五首帝德六十首應制一錫宴輔宴共五十二首應制
二侍宴七十二首應制三巡幸五十七首應制四巡幸扈從共五十七首應制五
歲時六十七首應制六七夕九日雨霽晦雪共六十三首應制七宮臺宅共四十三首應
制八殿樓閣亭園宅共七十首幸應制九昆明池興慶池降慶池公主林亭送公主
共七十四首應制十送餞四十三首應制十一寺院宮觀共六十五首應令
應教共六十一首省試一州府試附四十六首省試二州府試附四十九首
省試三州府試附四十七首省試四州府試附四十四首省試五州府試附四十四首
省試六州府試附四十七首省試七州府試附四十四首省試八州府試附四十五首
省試九州府試附四十六首省試十州府試附四十七首朝省一趨朝寓直六十

四首朝省二寓直五十八首樂府一五十四首樂府二六十九首樂府
三五十四首樂府四四十八首樂府五四十四首樂府六六十六首樂府七
六十首樂府八四十六首樂府九三十六首樂府十六十三首樂府十一
五十七首樂府十二四十二首樂府十三八十九首樂府十四四十七首樂
府十五五十六首樂府十六四十首樂府十七七十一首樂府十八
五十二首樂府十九四十七首樂府二十四十四首音樂一樂琴箏笙琵琶箜篌
簫笛雜樂共七十六首音樂二歌舞歌妓共七十二首人事一宴集六十七首人
事二宴集六十八首人事三宴集五十六首人事四宿會七十五首人事五遊遇
六十八首釋門一五十首釋門二六十五首釋門三五十九首釋門四
七十首釋門五六十五首釋門六六十九首道門一仙五十八首道門
二宮觀六十四首道門三宮觀送贈道人共五十九首道門四送贈道人送宮人入道共

卷五千八百十八

六十四首隱逸一徵君居士處士共六十二首隱逸二處士山人共六十六首隱
逸三山人隱士共七十五首寺院一塔附四十四首寺院二塔附四十九首寺
院三塔附六十一首寺院四塔附六十五首寺院五塔附五十六首寺院六塔附
六十七首寺院七塔附六十九首訓和一三十七首訓和二四十一首訓和
三四十四首訓和四五十九首訓和五四十八首訓和六六十七首訓和七
五十五首寄贈一三十首寄贈二三十首寄贈三二十九首寄贈四
四十五首寄贈五三十一首寄贈六四十一首寄贈七四十九首寄贈八四十
九首寄贈九五十一首寄贈十四十九首寄贈十一四十五首寄贈十
二四十一首寄贈十三五十一首寄贈十四五十二首寄贈十五八十二首
寄贈十六五十七首寄贈十七六十二首寄贈十八八十三首寄贈十
九六十六首送行一六十三首送行二六十三首送行三五十九首送行

崇儒五之七

四五十首送行五四十九首送行六六十九首送行七六十二首送行八
六十首送行九六十二首送行十七十首送行十一六十四首送行十
二五十六首送行十三六十八首送行十四七十八首送行十五七十一首
送行十六五十七首送行十七六十首送行十八六十二首送行十
九送人省覲七十六首送行二十歌附賦物送人五十六首留別一六十首留
別二五十七首留別三七十七首行邁一六十一首行邁二四十六首行
邁三五十三首行邁四六十二首行邁五六十二首行邁六七十四首行邁
七十二首行邁八奉使五十首行邁九奉使館驛共六十四首行邁十驛館
八十首軍旅一講閱征代邊寒共七十六首軍旅二邊將六十四首悲悼
一追述三十七首悲悼二哭人三十八首悲悼三哭人六十一首悲悼四哭人六十
二首悲悼五哭人哭僧道哭伎送葬共七十一首悲悼六墳墓五十五首悲悼七

卷五千八百十八

第宅五十九首悲悼八懷古四十八首悲悼九遺迹四十八首悲悼十挽歌八十六首
居處一宮苑殿樓共五十一首居處二樓七十一首居處三樓臺共六十九
首居處四閣臺共六十三首居處五亭七十三首居處六亭六十九首居
處七園齋八十五首居處八別業村墅共六十四首居處九村墅山莊田家共六十四
首郊祀宿齋祠廟共六十四首花木一牡丹桃杏棠徽共五十三首花木
二花七十五首花木三花柳共七十七首花木四松柏桂檜桐槐共五十七首花
木五竹筍共五十四首花木六果實木藤共六十八首花木七藥茶蘭萱草苕葦辞
枸杞雜詠木葉共五十七首禽獸一禽七十七首禽獸二禽蟲共八十三首禽
獸三蟲獸魚龜共六十七首歌行天四時共二十七首儺道二十
二首紀功征戍共十四首音樂上十九首音樂下二十三首酒十八首
草木二十首書十三首圖畫十六首雜贈十四首送別十七首山石

崇儒五之八

隱逸佛寺共二十二首樓臺宮閣園亭經竹共二十九首獸十五首
禽十五首愁怨十八首服用十八首愽戲十二首雜歌上三首雜
歌中十二首雜歌下十七首雜文問答一七契七勵共十六首問
答二七召答蜀父老問共九首問答三五首騷一五悲文弔屈辭共八首騷二
釋疾文祝鷄文共四首騷三十三首騷四七首騷五十首帝道四首
明道三首雜說一八首雜說二釋辯共十三首雜說三十一首
辯論一八首辯論二十七首辯論三五首辯論四十四首
辯論五五首贈送三首箴誡十三首諫刺雜說三首紀述
一四首紀述二七首紀述三辯論共十一首諷諭一九首
諷諭二九首論事五首雜製作三十八首征伐雜製作共十六首
識行雜製作共九首紀事雜製作共九首中書制語北

卷五千八百十八

省一侍中中書令門下侍郎左右常侍共二十七首北省二給事中諫議共三十三首北省
三中書舍人知制誥共三十一首北省四起居郎起居舍人左右補闕左右拾遺通事舍人共三十
三十首翰苑二十一首南省一左右僕射左右丞共二十三首南省二吏部尚書
兵部尚書戶部尚書共二十首南省三禮部尚書工部尚書吏部侍郎共十七首南省四兵部
侍郎戶部侍郎刑部侍郎禮部侍郎工部侍郎共二十首南省五郎中共二十三首南省六
郎中共二十三首南省七員外郎三十二首南省八員外郎共三十三首憲臺一
御史大夫御史中丞共二十七首憲臺二御史知雜御史共二十六首憲臺三殿中侍御
史監察御史共三十三首卿寺一太常卿宗正卿光祿卿衛尉卿共二十三首卿寺二太僕
卿大理卿鴻臚卿太府卿共二十五首卿寺三少卿三十首諸監少監一九首館
殿監官附史館修撰校理太常博士祕書郎著作郎祭酒司業共三十一首環衛一上將軍大
將軍共二十四首環衛二將軍三十八首東宮官一三太三少賓客詹事共二十六

首東宮官二庶子中允司議諭德贊善洗馬舍人共三十七首王府二十七首京
府一京兆尹河南尹京府少尹次府少尹共二十八首京府二縣令三十五首諸使
一觀察十六首諸使二防禦十四首團練八首郡牧一刺史二十九首郡牧
二刺史二十一首幕府一副使判官記室支使推官共二十七首幕府二幕職共制
二十三首上佐長史別駕司馬共三十八首邑宰簿尉附共三十五首封爵
封公子男爵封侯封伯共二十二首封加階開府特進共二十七首
內官內侍省內謁者監局丞令內官加恩共二十九首命婦國夫人太夫人
郡夫人郡君大君縣君共二十四首翰林制詔敕書一登極四首敕
書二改元五首敕書三尊號四首敕書四尊號二首敕書五禋祀六首敕書
六禋祀六首敕書七禋祀二首敕書八禋祀一首敕書九禋祀一首敕書十
禋祀一首敕書十一禋祀一首敕書十二平亂五首敕書十三立太子六首

卷五千八百七十八

敕書十四雜敕八首德音一宣慰四首減十首放德音二賑恤七首
德音三賑恤六首德音四招撫五首德音五征伐五首德音六誅罪五首德
音七雜德音十一首德音八雜德音七首冊文一皇帝即位六首尊號四首冊
文二皇太子二十一首冊文三諸王二十首冊文四諸王十八首冊文五
皇后四首公主九首公主制七首冊文六九錫六首制書一命相二十五首制
書二命相十七首制書三命相十七首制書四都元帥副元帥部統招討
異姓王共七首制書五節鎮十四首制書六節鎮十三首制書七節鎮二十
首首制書八節鎮十四首制書九節鎮二十三首制書十節鎮十六首制
書十一節鎮十六首詔勑一命將賜將士書共九首詔勑二朝集使十
三首詔勑三巡撫宣撫宣慰巡察共十四首詔勑四巡幸搜賢籍田勸農共十六
首詔勑五改革興復共五首詔勑六廢置條理共十一首詔勑七戒勵職官戒

勵風俗禁制共十九首批答一答上尊號答賀敕答賀德音共二十二首批答二
答賀破賊答賀表答謝表共二十首蕃書一迴鶻突厥党項共十三首蕃書二
吐蕃十一首蕃書三吐蕃黠戛斯統花斯南詔共十三首蕃書四驃國新羅渤海
溪寨契丹突騎施護諸國共二十六首鐵券青詞歎文共十八首
策門賢良秀才共十五道進士十九道進士明經共二十二
道進士明經共二十八道文苑元經共四道將相八道寧
邦經國長才共九道方正沈謀共五道方正文苑共七
道方正七道方正四道雅麗二道雅麗四道直言一道
體用二道體用二道體用直言共二道直言二道直言茂
才共二道直言一道直言一道帝王十道任官十二道政化
十一道禮樂五道刑法上五道刑法下十道平農商八道

卷五千八百七十八

歷運災祥共七道泉貨邊塞共十二道求賢文學射御共十
道判乾象律歷二十三道歲時十九道歲時雨雪儺十九道水
旱災荒二十一道禮樂二十六道樂十九道師學十六道勸學墮敎
師旅直講共十六道敎授文書二十一道書數師學射
投壺圍棊共二十七道射御三十一道選舉三十道禮賢二十七道
祭祀一天地嶽瀆共十九道祭祀二山川百神宗廟共十七道祭祀三封君諸侯大夫
共十九道祭祀四雜祭祀二十八道喪禮上二十七道喪禮下二十六道刑獄
二十八道田農二十二道田農二十四道田農二十二道田農二十道田稅
溝渠共二十八道堤堰溝渠陂防共二十三道戶貫帳籍
共二十三道商賈十八道商賈傭賃共十七道封建拜命
請命職官共二十一道為政十五道縣令十六道縣命曹官

小吏共十九道繼嗣封襲共二十三道襲封孝感共十八道孝感十七道畋獵十七道鹵簿剩漏印鑑枕鈞共十三道軍合上十九道軍合下十九道衣冠扇食酒器炭藁庵共十八道國城官宅墻井共三十二道鳥獸二十四道易卜關門道路共三十一道疾病錢帛占相玉璧妖言果木共二十三道巫夢共二十三道雜判三十七道雙闕上十二道雙闕中十二道雙闕下十二道

表　賀登極　賀郊禮共十六首上尊號一十二首上尊號二十五首封禪明堂共十首后妃太子共十八首賀赦一十六首賀赦二十七首賀赦三十一首賀祥瑞一二十七首賀祥瑞二二十三首賀祥瑞三二十二首賀祥瑞四十四首賀祥瑞五十六首賀提一十六首賀提二十八首賀提三十四首雜賀一十五首雜賀二十四

卷五千八百十八

首遷補　慰賀二十一首宰相讓官一十五首宰相讓官二十六首宰相讓官三十一首宰相讓官四十六首節察刺史讓官十七首文官讓官二十首藩王讓官雜讓附二十一首讓起復二十四首辭官一十二首辭官二二十一首宰相雜謝一十八首宰相雜謝二十七首藩鎮謝官一十六首藩鎮謝官二十九首藩鎮謝官三十七首藩鎮謝官四十二首公卿雜謝一十七首公卿雜謝二十六首公卿雜謝三二十一首謝親屬加官二十三首謝文章十二首謝春冬衣祿廩附二十六首謝茶藥果子綵帛附二十三首節朔謝物宴賜附二十二首節朔謝物二十四首謝追贈官喪葬二十六首謝詔勅慰問二十一首請聽政十八首請勸進及村岳行幸十一首陳情一十四首陳情二自敘附九首請致仕一十首

請致仕二謝附十三首太子公主上請僧請附十四首請朝覲十八首雜上請一十三首雜上請二十七首雜上請三十九首進文章一十七首進文章二十一首舉薦七首進祥瑞十八首雜進奉工禮食共二十首邊防一八首邊防二十首邊防三屯田倉牧附十一首刑法一九首刑法二十首刑法三十三首諫畋獵遊宴十三首雜諫論一十一首諫營造寺觀佛像都邑共六首上封事六首雜諫論二十三首雜諫論三十三首遺表七首

牋九首

狀　謝恩一十二首謝恩二二十二首謝恩三二十二首謝恩四十八首謝恩五二十三首謝恩六二十七首謝恩七二十首賀上十一首賀中十三首賀下十七首薦舉上十四首薦舉下十三首進貢上二十五首進貢中二十五首進貢下十五首雜奏狀二十一首陳情十五首

卷五千八百十八

檄　檄一七首檄二六首露布一四首露布二四首彈文六首移文八首

啓　諫諍十一首勸學　薦士　賀官雜賀附十四首謝官十九首謝辟署十九首謝賜賚雜謝共二十六首謝文序和詩八首上文章上八首上文章下十七首投知一九首投知二七首投知三九首投知四十首投知五十七首投知六十四首投知七十五首雜啓上十七首雜啓下十六首

書　太子諸王十三首宰相上二首宰相中七首宰相下北省共七首省上十二首省下七首節度上刺史附四首節度下刺史附八首幕職上二首幕職下二首州縣二首刑法上三首刑法下四首諫諍上五首諫諍下六首贈答上十三首贈答中五首贈答下

十二首文章上四首文章中十二首文章下七首邊防上七首
邊防中五首邊防下七首勸諭上四首勸諭下四首宗
親上七首宗親下四首交友上五首交友下三首道釋
隱逸附九首薦舉上銓選附十首薦舉下一首經史十首遷謫
上六首遷謫中八首遷謫下二首雜書六首疏封
建行幸邊防書籍共十三首直諫九首選舉五首刑法
八首貨殖上三首貨殖下一首水旱雜疏共八首序
文集一三首文集二四首文集三八首文集四六首文
集五八首文集六七首文集七七首文集八二首文集
九九首遊宴一二十首遊宴二十九首遊宴三二十一首遊宴四
十六首詩集一九首詩集二八首詩集三九首詩序一

卷五千八百十八

二十一首詩序二十六首詩序三十八首餞送一十六首餞送二
二十二首餞送三二十六首餞送四十九首餞送五二十四首餞送六二十
六首餞送七二十四首餞送八二十三首餞送九十九首餞送十十三
首餞送十一二十二首餞送十二二十四首餞送十三十七首餞送
十四二十一首餞送十五十五首餞送十六十四首贈別共十八首
雜序一九首雜序二八首雜序三十三首雜序八首論
天道共十首陰陽七首封建七首文九首武八首賢臣
十一首臣道十一首政理七首釋食貨共七首兄弟
賓友四首刑賞六首醫卜相時令共十首興亡上三首興
亡中六首興亡下八首史論一六首史論二十四首史論
三八首史論四十首雜論上十首雜論中八首雜論下

十三首議封禪郊祀廟樂共九首明堂十首宗廟
十一首祭祀十首選舉十首冠冕經籍共六首喪服七首
刑法八首貨食邊防共八首雜議十一首連珠喻對共五十八
首頌帝德上四首帝德中四首帝德下十五首頌德
上六首頌德下二十五首宮闕上九成宮一首宮闕下三首雜頌
上二首雜頌下七首讚帝德聖賢共四十九首佛像
上二十首佛像中道像附二十二首佛像下七首寫真二十五首圖畫
雜讚共三十一首銘紀德三首塔廟上畫像附七首塔廟下
八首山川十七首樓觀關防橋梁共十四首器用十七首雜銘十三
首讖雜讖共二十三首傳傳一三首傳二六首傳
三六首傳四七首傳五十三首記宮殿一首廳壁一

卷五千八百十八

中書翰林共六首廳壁二尚書省御史臺共九首廳壁三寺監府署共七首廳壁
四藩鎮州郡上共八首廳壁五州郡中七首廳壁六州郡下監軍使院幕職上共八首
廳壁七幕職下州上佐州官上共八首廳壁八州官下縣令上共十一首廳壁九縣令
下丞簿尉上共十首廳壁十簿尉下宴饗共八首公署上七首公署四首館
驛樓上共九首樓下閣上共九首城四首城門水
門斗門橋井共九首河渠五首祠廟上八首祠廟下七首
祈禱二首學校校講論文章共十首釋氏一寺院上共七首釋氏
二院下佛像上共九首釋氏三佛像下經上共十首釋氏四經下塔石柱石階共八首釋
氏五幢方丈兩軒僧共八首觀尊像童子共七首宴遊一宴遊溪谷丘園圃共十四
首宴遊二亭上九首宴遊三亭中十首宴遊四亭下一首宴遊五居處
堂上共八首宴遊六堂下泉溪池上共八首宴遊七池下竹山石共八首紀事上

六首紀事下六首刻候歌樂圖畫共十首災祥質疑
寓言共八首雜記七首謚哀冊謚冊四首哀冊上四首
哀冊下七首后妃上七首后妃下七首太子八首謚
議謚議上十八首謚議下十二首誄誄一四首誄二
五首碑封禪一首儒一二首儒二六首儒三三首
道一二首道二三首釋一三首釋二三首釋三二首釋
四二首釋五二首釋六三首釋七四首釋八二首釋九
四首釋十四首釋十一四首釋十二三首釋十三三首
釋十四四首釋十五四首釋十六三首釋十七五首釋
十八五首釋十九四首德政一四首德政二二首紀功
一三首紀二平淮西二首隱居孝善共四首遺愛三首臺一首

卷五千八百十八

陵廟四首祠堂二首祠廟一五首祠廟二三首家廟一
三首家廟二三首家廟三三首將相一二首將相二三首
將相三二首將相四三首將相五二首將相六二首將
相七三首王爵一二首王爵二三首王爵三三首職
官一北省三首職官二北省翰林共五首職官三南省一四首職官四南省
二三首職官五南省三三首職官六南省四四首職官七寺監五首職官
八東宮官一三首職官九東宮官二三首職官十東宮官三三首職官十一王府
三首職官十二諸將軍一二首職官十三諸將軍二三首職官十四諸將
軍三三首職官十五諸將軍四三首職官十六諸將軍五四首職官十七諸將
軍六三首職官十八諸將軍將校五首職官十九都督一二首職官二十
都督二二首職官二十一都督三五首職官二十二節度一二首職官

二十三節度二三首職官二十四節度三二首職官二十五節察防團
使副四首職官二十六留守少尹共三首職官二十七刺史一三首職官
二十八刺史二四首職官二十九刺史三四首職官三十刺史四四首
職官三十一刺史五三首職官三十二刺史六四首職官三十三
長史一二首職官三十四長史二司馬共六首職官三十五別駕判官共三首
職官三十六州官三首職官三十七縣令一二首職官三十八縣令
二丞尉附共四首宦官上五首宦官下一首婦人上六首婦人
下四首誌皇親八首宰相一四首宰相二二首宰
相三二首職官一六首職官二五首職官三七首職官
四六首職官五四首職官六七首職官七四首職官八
京官附七首職官九六首職官十四首職官十一六首職官

卷五千八百十八

十二五首職官十三六首職官十四五首職官十五六首
職官十六四首職官十七五首職官十八七首職官十
九八首職官二十五首職官二十一五首職官二十二
十二首雜一七首雜二十二首婦人一十首婦人二八首婦
人三八首婦人四八首婦人五八首婦人六八首婦人
七六首墓表七首行狀行狀一三首行狀二三首
行狀三三首行狀四二首行狀五三首行狀六五首行
狀七四首祭文交舊一十三首交舊二十一首交舊三
十二首交舊四十首交舊五十五首交舊六十二首交舊七七首
交舊八八首交舊九十三首交舊十十三首交舊十一十一首
交舊十二八首交舊十三四首親族一十一首親族二九首

親族三七首親族四十五首神祠一祭禜禱禱十七首神祠二祈禱十三首神祠三報賽十九首古聖賢十三首哀弔上十三首哀弔下九首

卷五千八百十八

宋會要　校勘經籍

淳熙四年十月五日詔臨安府校正開雕聖宋文海專委祕書郎呂祖謙既而祖謙言文海元是書坊一時刋行去取未精名賢高文大冊尚多遺落今乞一就增損仍斷自中興以前銓次庶幾可以行遠從之六年二月八日詔祕書郎呂祖謙編次文海採取精詳觀其用意有益治道可除直祕閣添差浙東安撫司叅議官祖謙以病丐祠故寵之

卷二萬三百五十八

咸平二年條可歸召試除職

全唐文

宋會要　獻書升秩

太宗太平興國五年八月以鄉貢進士孟琯為光州固始縣主簿琯長沙人嘗著野史三十卷石熙載在湖南時琯嘗出入門下頗見厚至是來獻其所著書熙載以言而有是命　雍熙三年正月著作佐郎樂史獻所著書貢舉事二十卷登科記三十二卷題解二十卷唐登科文選五十卷唐孝悌錄十五卷續五卷續卓異三卷太宗嘉定以史為著作郎直史館　淳化三年七月翰林承旨蘇易簡獻故著作郎直史館羅處約平生所著文十卷號東觀集易簡與處約俱蜀人少相友善哀其死也收拾遺草上之詔藏史館

卷二千七百五十

至道元年五月十九日同州馮翊縣民李元真詣闕獻養蠶經一卷有司以非前代名賢所撰不敢以聞帝遽索觀之憐其不忘本業留書禁中賜元真錢一萬　二年四月知長州樂史獻總仙集三十七卷并目錄四卷帝宣示宰臣等稱其從政之餘能有撰述詔付史館　真宗咸平二年五月比部員外郎句術獻本說十卷召試學士院授秘閣校理　三年四月直昭文館句中正上石本大小篆八分三體書孝經真宗召至便殿坐問其直館凡幾歲中正言太平興國二年自潞州錄事召入太宗擢直館殿帝又問所書孝經幾許時方畢曰凡十年遂賜金紫藏其

渭清按二十是二年之誤

書於秘閣仍命別進三本送三館　八月二十四日又賜中正詔書曰汝志在儒書精通字學得史籀之舊法見蔡邕之古文深窮旨歸老益逾健省閱之外嘉歎尤多　八月十八日翰林學士承旨宋白言看詳爛柯山人蔡望所進新注陰符經難於施行乞付史館從之望特授中嶽廟主簿　四年正月武勝軍節度使知河南府李至表上故史館編修楊文舉所注尹玉羽春秋宰源賦詔以賦送秘閣賜文舉子寧同學究出身　十二月工部侍郎致仕朱昂上資理論三卷詔付史館仍令寫本留中　六年五月知廣州陵策獻海外諸蕃地里圖　八月太僕少卿直秘閣錢惟演上咸平聖政錄二卷

卷二千七百四十一

景德元年五月直昭文館宋惟翰獻新注楊雄太元經十卷詔付史館　二十十一月南郊鹵簿使王欽若上鹵簿記三卷詔奬之記付史館　大中祥符五年正月以懷安軍鹿鳴山人黃敏為本軍助教敏通經術嘗注九經餘義四百九十篇轉運使滕涉以其書上進帝令學士晁迥等看詳迥等言所著撰甚有可採故特有是命　九年九月六日大理寺丞郭昭度上其父翰林侍讀學士贄集三十卷詔賜名文懿集仍付史館贄謚文懿因以名集　天禧二年七月十八日富順監言本監神龜山人李見撰易樞十卷詔附遞以聞　五年五月太常博士鄭向表進所撰五代開皇紀三十卷及天

禧聖德頌一首求試詔令與優便任使　仁宗天聖元
年七月十七日龍圖閣直學士馮元御史中丞劉筠知
制誥錢易龍圖閣待制滕涉劉燁知雜蔡齊表上徐州
文學劉顏集輔弼名對并目錄四十一卷詔顏與家便
簿尉仍諭宰臣等以所進書甚有可採見令錄本以備
觀覽　九月十六日中書門下言將作監致仕胡但先
撰漢春秋一百卷久未進納詔令本州附遞進納候致
取旨二年二月州以旦書上進詔授秘書監致仕仍命
一子為京寺主簿　二年六月故司空致仕贈中書令
張齊賢妻臨淮郡夫人柴氏上齊賢文集仍言孫男子
輿進士登第歷官兩任乞為末品京官詔與奉禮郎

卷一千七百四十一

五年二月知寧州楊及上重修五代史仁宗曰五代亂
離事多淺近宰臣王曾等曰五代安危之迹本末昭然
其餘可為鑑誡而不足師法帝深以為然　十二月二
十二日秘書監致仕胡旦上演聖通論七十二卷五代
史畧四十三卷將帥要畧五十三卷乞給賜錢米充紙
劄之費仍乞男彤賜一名目詔襄州舊俸外月特給米
麥各三石彤與文資官　景祐元年正月十三日刑部
員外郎河北轉運使王沿上春秋集傳五十卷帝嘉其
好學降詔獎諭仍加直昭文館　十月十三日知制誥
丁度上春牛經序詔編修院令司天監再看詳寫錄以
聞編修院言與司天監王立等看詳修定乞改名土牛

經送崇文院鏤板頒行從之　十二月二十一日都官
員外郎充崇政殿說書兼國子監直講賈昌朝上言撰
到春秋要論五冊如堪聖覽乞付臣點句及音切字乞
進納詔昌朝令舍人院試　寶元二年二月一日太常
丞詹庠上君臣龜鑑六十卷詔書獎諭仍令審官院與
先次差遣　康定元年三月十八日太子中允阮逸上
鍾律制議并圖三卷詔送秘閣　七月五日集賢校理
李昭遘上太宗晉邸聖製三卷永熙政範二卷降詔褒
諭　九月四日翰林學士晁宗慤等上大理評事蘇舜
賓集獻納大典一百卷翰林學士王堯臣等上前渭州
軍事推官魏庭堅撰四夷龜鑑三十卷殿中丞充武勝

卷一千七百四十一

軍院伴讀王琥獻平戎萬畧大理寺丞王績上少陽佳
範十卷詔舜賓庭堅候得替與試琥績降詔獎諭書並
送史館　十二月十七日翰林學士王堯臣上通判滑
州秘書丞蔡亶撰通志論十三篇備言攻守之策如其
可采乞於陝西緣邊任使詔知乾州　二年二月十日
右班殿直閤門祗候濮州都監趙珣上所撰聚米圖詔
詢赴闕　八月詔臣僚子孫進納家集須得盡以編錄
如或分次重疊投進苟求恩澤者仰中書勘會以聞必
行朝典　慶曆五年閏五月龍圖閣直學士歐陽修上
澤州進士劉羲叟注釋司馬遷天官書及著洪範災異
名試舍人院命以為試大理評事　六年七月九日恭

知政事宋庠上所撰紀年通譜庠取十七代正史并百家雜說凡正僞年號成一書詔送史館八年三月中書言臣僚子孫將父祖文集編進陳乞恩澤多是亡殁多年狂妄僥求詔今後丞郎并龍圖閣直學以上薨卒五年內如有家集並許親的子孫投進當議送兩制看詳如文章典雅爲衆所推即具聞奏特與依例施行其文集仍乞館閣　皇祐三年九月二十二日大理評事孫坦進周易析蘊十卷帝賞其勤博命任同與試館職　十二月觀文殿學士丁度等上前後漢書節義賜名曰前史精要　四年二月宗室右屯衛大將軍克繼上廣夏竦所集古文韻六卷帝謂輔臣曰宗室中嚮學者鮮

卷二千七百四十一

獨克繼孜孜於字學宜降詔獎諭仍以其書送秘閣　五月二日以太常丞致仕代淵爲祠部員外郎致仕以臣僚上其所著周易旨要二十卷而帝嘉其高尚故特寵之　五年六月皇姪右神武大將軍宗諤上治原十五卷降詔獎諭　七月蘄州判官李虛一上泝漕新書四十卷詔送河渠司以備檢閱其書蓋記古今河渠事虛一特循一資　閏七月二十五日以益州布衣章詧爲本州助教以田況上其所撰楊雄太元經發隱三篇特錄之　十一月管勾司天監公事周琮上軍中占三卷詔送秘閣　至和元年九月翰林學士王洙上周禮器圖先是洙講周禮帝因命畫車服冠冕籩豆簠簋之

制及圖成而上之　十二月十八日廣南西路轉運判官宋咸上所著周易十卷下兩制看詳翰林學士楊察等乞送館閣仍加褒諭從之　二十七日睦州團練使宗諤上纂歷代宗屬事蹟六卷名曰太平盤維錄降詔獎諭　三年正月定州鄉貢進士趙肅上兵民總論十卷詔免將來文解省試雖不合格令貢院特以名聞　九月詔臣僚進家集自今量與支賜更不推恩　嘉祐二年四月二十六日通判黄州趙至忠言臨蕃年深異類之種皆耳目所覩今偶錄其事纂成三冊并北庭建國而來僭位之人子孫圖一本詔許進入仍轉官移通判陳州　五月十六日國子博士寇諲進祖準文集一

卷二千七百四十一

十卷詔以準曾任宰相文集特送館閣諲賜銀絹各五十疋兩　十一月二十七日屯田郎中宋咸上所注論語司封員外郎吳秘上所注太元經及音義集賢校理河涉上所著治道中術三十篇並降敕獎諭書送秘閣　三年閏十二月皇姪右千牛衛將軍克顧上周禮樂圖降敕獎諭　四年二月二十二日權廣南西路轉運使宋咸上所注楊子及孔叢子賜三品服　七月十七日賜故度支員外郎集賢校理何涉子前永興軍臨潼縣主簿揆錢百千以果州上涉所撰春秋本旨五卷及判河州府文彥博奏乞賜涉贈官仍優錄其子孫故也　八月殿中丞致仕龍昌期上所註周易論語孝經道一

德陰符經，詔賜五品服、絹百疋。既而翰林學士歐陽修等以爲異端害道，不可以推奬，乃奪所賜服而罷遣之。

五年五月，國子博士趙至忠獻契丹蕃漢兵馬機密事十冊，并契丹出獵圖，詔賜銀絹一百疋兩。　英宗治平元年六月二十七日，尚書駕部員外郎、通判保州路綸獻其父振所纂九國志五十卷，詔付史館。振在真宗時知制誥。所謂九國者，吳楊行密、南唐李昪、前蜀王建、後蜀孟知祥、閩王潮、東漢劉崇、南漢劉隱、楚馬商、西楚季興、吳越錢鏐、行密等，當五代時分據州縣以自立，其實十人，而振以爲九國者，以前後蜀同一國名也。　以上國朝會要

卷一千七百四十一

全唐文

續會要

神宗熙寧三年十二月十六日，明州鄞縣草茅王瑜上纂書正宗要畧三卷，命爲御書院祗候。　五年八月十一日，詔穎州令歐陽修家上修所撰五代史。　六年九月三日，虞部郎中趙至忠上虜廷僞主宗族、蕃漢儀制、文物憲章、命將出師、攻城野戰次第、兵衆戶口、州城錢粟都數、四至隣國遠近、地里山河古跡等共十一冊，并戎主閱習武藝、於四季出獵射虎等圖各二副，外有戎主登位儀制圖、拜木葉山圖并入國人使宴圖，詔賜絹三百疋。

八年七月四日，右諫議大夫沈立進都水記二百卷。

卷一千七百四十一

名山記一百卷，降詔奬諭。　九年正月十三日，宣宗北院使王拱辰上平蠻雜議十篇，詔送安南招討使。　八月八日，詔宰臣王安石令具故男雱所注孟子入進。

元豐元年閏正月十二日，大名府元城縣主簿吳璋上所註司馬穰苴兵法三卷，詔送武學看詳。其後武學言義有可采，詔璋候武學教授有闕，試兵機時務策一道取裁。　五月二十三日，前寧化州文學趙世卿進安南邊說五篇，及自陳安南戰棹司差使有功，詔世卿與正官，注荆湖南路主簿。　三年五月十五日，太子少師致仕趙槩上所集諫林，上批可降詔奬諭，庶以勸爲學老而無斁者。　六年五月四日，舒州防禦使克敦進父保

靜軍節度使蕭國公承幹文集十卷詔承幹父子世以藝文儒學名于宗藩在朝廷旌善興能之義宜有寵褒可加贈安定郡王克敦降詔獎諭　哲宗元祐四年十月十八日吏部侍郎范百祿進所撰詩傳補二十卷詔以其書送祕書省　五年十一月一日給事中范祖禹言太祖時以聶崇義所撰三禮圖畫於國子監講堂依見太常博士陳祥道專意禮學所進禮書一百五十卷比之聶從義圖尤爲精密乞送學士院及兩制或經筵看詳如何施行詔付太常寺與聶從義圖參用詔送兩制看詳以聞　八年正月二十二日工部侍郎兼權祕書監王欽臣言高麗獻到書內有黄帝鍼經篇秩俱存

卷二千七百四十一

不可不宣布海內使學者誦習依所請同日翰林侍講學士國史院修撰范祖禹言太常博士陳祥道注解儀三十二卷精詳博洽非諸儒所及乞下兩制看詳并所進禮圖付太常以備禮官討論從之　紹聖二年正月十七日國子司業龔原等言故相王安石在先朝嘗進尚書洪範傳解釋九疇之義本末詳備乞雕印頒行以便學者從之　三月九日龔原言贈太傅王安石在先朝嘗進其子雱所撰論語孟子義取所進本雕印頒行詔令國子監錄本進納　五月二十八日國子監看詳尚書左僕射章惇奏興化軍處士張弼所著易義可備採錄詔張弼與葆光處士其易義送祕書省　十一月

八日龔原請下王安石家取所進字說雕印以便學者傳習從之　徽宗崇寧元年四月二十九日禮部言知懷安軍雍黄中言乞將本軍金堂縣前任雅州嚴道縣令謝湜所撰周易義十二卷春秋義二十四卷總義三卷投進本部勘會今來所乞事緣元符令文係於元祐敕內删去詩賦雜文字劄六字看詳意義已明近來尚有申乞投進之人欲乞申明行下如有進獻詩賦雜文書劄之人在外即令所在州軍自陳委本處知通在即經禮部委國子監長貳取索看詳如實可採即行保明進納從之　大觀四年正月九日登仕郎新授守潭州長沙縣丞宋克明言伏見許氏說文其間字畫形聲多與

卷二千七百四十二

王文公字說相戾輒於許氏說文部中撮其尤乖義理者凡四百餘字名字括詔克明除書學諭　政和元年四月十七日詳定九域圖志何志同等奏送到新漢州教授陳坤臣所進郡國人物志一部合一百五十卷送編修九域志所看詳據編修官陸修等狀看詳所進郡國人物志包括諸史上下千載間文婉而事詳因成一書可藏諸館閣緣漢晉郡國之境與今不同人物往往不合稱處不須編入九域志詔依奏其書送祕書省陳坤臣與改合入官　七年二月十一日詔唐耜進字說集解三十冊極有功力有助學者與知州差遣其字說集解令國子監傳示學生　宣和三年十月二十一日

詔朝請郎直祕閣管勾江州太平觀林虙直龍圖閣以所進文集可采故有是命　七年八月二十九日詔新知虢州安泳進周易解義特賜進士出身　欽宗靖康元年六月六日詔朝請郎知楊州葉煥於政和八年曾進繼明集論言嫡長建儲之意衆聞其人明爽有詞學可召赴闕量才擢用煥先於宣和四年四日上繼明集論總六十五卷時煥權發遣興元府以狂妄犯分送吏部與監當至是召用　以上續國朝會要

卷一千七百四十一

全唐文

中興會要

高宗建炎四年六月二日詔令婺州於進士李季處取索所獻編次陣習異書選見任官一員官給紙劄謄寫即令所委官同李季點對申送前來內李季日給食錢一貫　七月二十九日禮部尚書謝克家等言伏見故翰林學士范祖禹所著唐鑑既已進及仁皇訓典帝書二書有益治道可備睿覽令祖禹之子前宗正少卿沖寓居衢州望下本州給以筆劄令沖勘讀校進從之

紹興元年六月三日詔明州慈溪縣丞諸葛行言上家藏國朝典訓等書特補行言兄行仁將仕郎初行言先

卷一千七百四十一

以其書投獻與轉兩官而行言自陳此書皆係父兄自年裒集乞將轉官恩改授兄行仁一官庶幾得以自安特從其請　七月七日監行左都進奏院章傚上歐陽修纂太常因革禮一百詔降付太常寺仍令秘書省逐旋借本校勘抄錄藏于本省　九月十九日秘書少監程俱上所編麟臺故事五卷詔送秘書省　二十一日進呈次富直柔曰近張沖等進太乙光照辯誤歸正論十首送趙公竑看詳上曰其書可用否秦檜曰臣素不習其書上曰朕從來不好問占卜術數此皆無益於治要當修人事以承天命耳直柔曰人主造命固不當問命上曰極是三年六月九日大理卿李與權言嘗歷考

典籍凡聖賢所以立言垂訓與夫往昔君臣刻意庶獄
之事斷章取義類聚條分凡三(百)事列十門總為一書
名曰士師龜鑑總寫成五册望賜宣取詔令與權別錄副
本繳申尚書省　四年九月六日詔史館校勘鄧名世
以所著春秋譜六卷辨論譜說十篇古今姓氏書辨證
十四卷來上賜進士出身。　五年四月一日詔徽猷閣
待制提舉江州太平觀胡安國經筵舊臣令以所著春
秋傳纂述成書進入以稱朕崇儒重道之意　十年三月
書成來上降詔奬諭既而推恩除寶文閣直學士仍賜
銀絹三百匹兩　六月三日起居郎兼侍講朱震言故
龍圖閣直學士左朝請大夫到仕楊時學有淵源行無

瑕玷嘗著三經義辨有益於學者許令本家進入詔
旨方頒時已淪謝恐此書遂致散落誠為可惜望下南
劍州取索抄錄投進從之　至紹興十年時子適止以父
解中庸篇及論語義來上與適陞等差遣　七月八日
衢州進士毛邦彥獻春秋正□　詔賜絹三十匹　六年
二月六日詔迪功郎林僚以纂述易書來上特循兩資
與堂除差遣　三月六日江南西路安撫制置大使兼
知洪州李綱上靖康聞編修到奉迎錄詔送史館　五
月十二日左朝請大夫充秘閣修撰提舉臨安府洞霄
宮林虞以先臣希元豐中所修寶訓副本善寫來上詔
送史館　二十四日成忠郎李沇以高祖文易所編皇

宋大典三卷來上詔其書送秘書省李沇與轉一官
八月三日中書門下省言右中奉大夫直寶文閣曾紆
男右通直郎惇親賫祖布所著三朝正論直蹟投進己
送史館緣曾紆身故詔惇與轉一官仍令户部支賜銀
絹一百匹兩　六日翰林學士知制誥兼侍讀兼資善
堂翊善朱震言奉詔看詳文旦春秋要義及校正崔岩
上祖先子方著送春秋經解乞與推恩詔文旦轉一官岩
補上州文學　十九日詔前國學生馮邦傑所進注孫
子文詳意備實見用心可賜絹二十疋　九月二十七
日中書舍人兼直學士院兼侍請陳與義言看詳進士
何疇進孫子解全備見其用心粗可觀覽又成忠郎徐

衡進諸葛武侯書觀其文理恐是後人附託非亮之書
或可存之以備廣覽詔何疇徐衡並令户部賜束帛
七年二月二十一日詔林保所獻中興龜鑑頗有可採
可特賜紫章服其書令進入　七月十二日左朝請大
夫充徽猷閣待制部溥上先臣伯温所著辨誣詔送史
館　閏十月三日詔江淩明獻陣圖策頗有可採賜絹
十疋　十一月二十三日詔右迪功郎李時甫上五壘
忠書文采議論俱有可采可循一資　八月二十三日
蘄州州學教授李昌言請獻所撰要覽見在本任詔令
本州取索實封以進　四月十五日翰林學士知制誥
兼侍讀兼資善堂翊善朱震言奉詔看詳布衣王佛孝

經解義推廣孝弟言有可采詔賜絹三十疋　五月六
日詔布衣柴宗愈上忠興聖統博采傳記次序詳明其
言有補與免文解一次　六月五日知蘭州李授之上
所著易解詔送秘書省授之與除直秘閣　九年正月
一日詔左朝奉郎新差通判閬州句龍庭實編類春秋
三傳至十七史共二十部令臨安府給紙劄繕寫以進
十五日右承事郎主管台州崇道觀王銍以編集哲
宗皇帝元祐八年補錄及七朝國史來上詔特轉一官
十年正月二十九日詔歐陽安永上祖宗龜鑑令户
部賜束帛仍令秘書省錄本進入　七月一日左奉議
郎試中書舍人王鈇言左朝請大夫鄧郜獻稽古武備
（卷一千七百四十一）
集看詳所獻文字援引該貫備見用心詔劄與陞等差
遣　十月十六日樞秘都承旨周聿言泉州進士王文
獻注解司馬遷二萬餘言用心精專頗有文理其間時
有舛誤詔文獻特與免解一次　十二月十日國子監
言國學永免解進士程全一進孝經解發明經意有足
觀采詔與差充太學職事　十一年六月十五日詔撫
州布衣吳曾進春秋左氏傳發揮等書據立議證多有
可觀特與補右迪功郎　十一月二十七日詔布衣林
獨秀所進孝經指解釋義雖不盡明而大理稍通令户
部倍賜束帛　十二年十二月二日詔進士董自任所
上春秋總鑑委有可采與永免文解差充太學職事其

書送秘書省錄本進入　十三年正月二十四日秘書
省言看詳左朝散大夫主管台州崇道觀王普所進先
臣肴講論語口義議論純正有補治道詔送史館　閏
四月二十一日進士蔡直方撰到椒通覽二冊與永免
文解　五月十一日中書後省言看詳左迪功郎何補
上中興龜鑑學術通明議論純粹觀其所陳有補治道
詔與轉一官　八月二十三日詔湖南路安撫司參議
官王銍上太元經解義等令户部賜銀三百兩其後又
進祖宗八朝聖孝通紀論語轉一官　九月十八日衢
州布衣柴翼上春秋尊王聚斷上謂輔臣曰柴翼所進
春秋止是編成門類後立說甚無意思朕以爲大率說
（卷一千七百四十一）
經不可遠三綱五常之道若好立異便須穿鑿不足道
也　十四年十二月十三日左朝奉郎知榮州楊朴進
禮部韻括遺詔轉一官　十五年十月二十七日詔賁
州文學劉翔所進易解通達經旨與教授差遣　十六
年三月八日上謂輔臣曰進日鄭邦哲換進左氏韻類
卻曾留心宜薄有以旌賞之詔邦哲與轉一官　二十
二日處州學生耿世南以編類徽宗朝詔誥宰執以下
詞章來上賜絹二十疋　四月十七日左奉議郎郭仲
上所著易解上因宣諭輔臣曰易象深微極難窮究近
時學者皆蹈襲前人之說大率須有自得之學仍不穿
鑿始可謂之通經郭仲議論亦粗通可畧加旌勸於是

詔俾與轉一官　七月四日饒州進士董凌上編集徽宗皇帝御筆手詔兩冊賜絹二十匹　八月二十四日左奉議郎守監察御史王鐵以編述成里元龜來上詔與轉一官　九月六日秘書省國子監言撫州布衣吳澥進字内辨歷代疆域志各十卷寡見論責實論各二卷謹始論五卷又撫州布衣吳沆進易璇璣三墳訓義各三卷群經正論四卷文里皆有可采内易璇璣犯仁宗皇帝舊名詔吳沆爲犯廟諱吳澥與永免文解　十七年四月十七日上謂秦檜曰近覽迪功郎吳適所進大衍圖辨證易中差誤可令秘書省看詳如委有可採御史詢審其人當處以庠序之職　十八年二月十七

【卷一千七百四十一】

日權給事中章壽成言看詳福州進士陳夢協進十七史蒙求文理可采上宣諭曰所進蒙求昨日降出可令有司加賜束帛以爲奬勸　二十五年十月二日右朝請郎張永年以故父閣文集來上詔永年除直秘閣二十七年五月二日故左朝散大夫洪興祖男箴以父興祖先嘗編纂徽宗皇帝御集七十二卷上之已降付史館未蒙推恩詔興祖特贈直敷文閣　九月秘書省同學官看詳興化軍免解進士彭與上所撰周易義解一十冊神授易圖四冊太極歌一冊易證詩一冊義文圖貳軸潜心象數多所發明訓釋卦爻辭義淹貫詔與補上州文學仍特許免解令赴省試　二十九年七月

十七日國史院言知成都府雙流縣李燾中有皇朝公卿百官表一百一十二卷内九十卷係私自編纂乞下所屬給筆劄雇工抄錄欲從朝廷下本路漕司借本抄錄赴院以備參照從之　三十年三月七日免解進士宋大明上周易解給事中王晞亮看詳文理簡當極有可采詔大明該今次特奏名殿試候唱名日與陞等　以上中興會要

【卷一千七百四十一】

乾道會要

孝宗隆興二年十月三日，右朝請郎、直龍圖閣、權發遣兩浙路計度轉運副使朱夏卿狀：先父觀文殿大學士、左光祿大夫致仕勝非手錄渡江、復辟事事迹各一帙，乞令本家善寫投進。詔從之。　乾道二年六月四日，詔尚書兵部員外郎張行成以疾丐外，兼進易可采，除直徽猷閣、知潼川府。　三年八月二十九日，詔給劄付左朝散郎李燾抄錄所著續資治通鑑太宗已後文字。四川制置汪應辰劄子：切見左朝散郎李燾所著續資治通監，自建隆乞元符悉已成書，於實錄、正史之外，凡傳記、小說采摭殆盡，考其異同，定其疑謬，精密切當，皆有依據。其太祖一朝編年已經投進，蒙付國史日曆所外，所有太宗已後文字，伏乞朝廷給劄付本官抄錄，發送秘書省校勘，藏之秘閣。故詔從之。

卷一千七百四十一

四年五月一日，詔尚書禮部員外郎李燾進續資治通鑑長編一百八卷，纂述有勞，特轉兩官。先是，燾奏：得旨，依敷文閣直學士汪應辰奏，取所著續通鑑長編自建炎迄元符，令有司繕寫校勘，藏於秘閣。燾面奉聖旨，令投進，令先寫成五朝事迹，起建隆元年至治平四年閏三月，計一百八十年，共一百八卷。宰執進呈，故有是命。　六年三月二日，詔降下續資治通鑑長編一百七十六冊，并資治通鑑一冊，付秘書省，令依通鑑紙樣及字樣大小繕寫續通鑑長編一部，仍將李燾銜位於卷首，依司馬光銜位書寫，限日近進納。　七年九月二十一日，詔故廣南東路轉運判官王梁材孫衛卿進崇寧以來手詔一十六冊，并編錄詔旨寬恤文字七冊，與免解一次。　十二月三日，詔右修職郎、處州龍泉縣丞方滋錄進徽宗皇帝御筆手詔等六十三項，與減二年磨勘，比類施行，從國史院請也。　八年六月二日，詔右修職郎、監臨安府都鹽倉李丙所錄到丁未錄一百冊，計二百卷，淹貫該博，用功甚多，特轉右承事郎。　九年閏正月二十三日，敷文閣直學士、左通直郎、提舉江州太平興國宮胡銓言：昨奉

卷一千七百四十一

聖訓，令臣所解諸經可繕寫進來，令先次繕寫到周易、周禮、禮記、春秋四經解，未敢擅便投進。詔令投進。　二月二日，故尚書刑部侍郎程振孫饒州鄉貢進士郎進故祖存日聞見抄寫崇寧以來詔旨等文字，謄錄成二十冊，并御製御書通計一百一十三件，詔與補下州文學。　以上乾道會要

孝宗會要

淳熙元年五月二十九日，明州進士沈忞上海東三國史記五十卷。詔與免文解一次，仍賜銀絹一百匹兩，其書付秘閣。三年正月二十日，監臨安府糧料院錢閎上父周材所著毛詩解一部。候詔任滿日與堂除差遣一次。五月十六日，知資州馮震上其父輔建炎初被夢太上皇帝御筆一軸，詔付國史日歴所。十月八日，通判潭州潘燾進褒集到祖宗以來因革法令并修法樞要。詔與轉一官。四年七月九日，權刑部侍郎程太昌上所著禹貢論五十二篇、後論八篇，詔付秘閣。五年六月九日，軍器少監張珖上所著論語拾遺二十

卷一千七百四十一

篇，詔付秘閣。六年八月八日，新知池州王日休上所撰九兵總要三百四十卷，詔與轉一官，添差沿海制置司參議官。先是，日休投進九兵總要二十卷，降付中書後省、國史院看詳可采，令寧國府給札錄寫以書來上，故有是命。八年六月七日，知劍州王章上聖朝赦令德音一部，詔送秘閣。自建隆開國止崇寧五年。八月五日，知閬州呂凝之上易書四十卷。上謂輔臣曰：「卿等更細看其書如何？」周必大奏曰：「此雍之學，蜀人張行成嘗推衍之。乾道中陛下曾召行成為兵部郎官，凝之必講學於行成。」上曰：「行成所著頗畧。」必大奏曰：「凝之能逐年配以卦文，所以加密。」上曰：「可與寺監丞差遣。」十年六月二十二日

知潭州林栗奏所著春秋經傳集解，乞下所屬給筆劄繕寫投進，從之。十一年十二月四日進春秋經傳集解三十二卷，詔特轉一官，其書付秘書省。十二年四月二十六日，知潭州林栗進周易經傳集解三十二卷、繫辭上下二卷、文言說卦序雜本文共為一卷、河圖洛書八卦九疇太衍總會圖六十四卦立成圖大衍揲蓍解共為一卷，總三十六冊。詔付秘書省，令學士院降敕書獎諭。十一年十二月四日，知台州熊克進九朝通畧六十冊。詔特轉一官，其書付秘書省。十二年二月一日，迪功郎任清叟進曾祖伯雨所撰春秋繹聖傳，詔付秘書省。十月二十一日，權發遣江陰軍胡介進父世將措畫川峽邊防戰守錢糧奏議三十卷，詔付史館。十三年正月一日

卷一千七百四十一

知福州趙汝愚言：「臣嘗備數三館，獲觀秘府四庫所藏及累朝史氏所載忠臣良士便宜奏章，論議明切，私竊忻慕，收拾編綴，殆千餘卷。因事為目，以類分次，去其複重與不合者，猶餘數百卷，釐為百餘門，始自建隆，迄於靖康，推尋歲月，粗見本末。欲更於其間擇其至精至要尤切於治道者，每繕寫成十卷，即作一次投進。伏望時於閒燕深賜攷詳，庶因藥石之規，能致涓塵之益。」從之。其書一百五十卷，目錄五卷。三月五日，宰執進呈鄭大中進父建德所著漢規。上曰：「建德雖甚能文，議論可采，可付秘書省，大中與免文解。」八月二十六日，詔新知龍州王稱所進東都事畧一百三十卷，計四十冊，目錄一冊，付國

史院既而十四年三月十八日翰林學士兼侍講兼修國史洪邁奏國家史冊雖本於金櫃石室之藏然天下遺文軼事散落人間實賴山林博洽之氏廣記備言上送有司以為汗青之助臣比承乏四朝史院觀蔵引日僅能奏篇既蒙聖恩褒進崇秩於此有人焉嘗施功緒卑然成勞敢以姓名冒聞宸扆襲敦頤者和州布衣也其曾祖原昔為秦陵實錄院官故其家藏書念元祐黨籍諸臣及建中上書雅等人表表名節經崇寧禁錮靖康流離子孫不能盡存平生施為漫不可考故慨然屬意訪求闕遺遂成列傳譜述一百卷凡名在兩籍者三百九人而書於編者三百五人其不可得而詳者四人而已王稱之父賞在紹興中亦為實錄修撰稱承其緒餘刻意史學斷自太祖至於欽宗上下九朝為東都事畧一百三十卷其非國史所載而得之於旁搜者居十之一皆信而有證可以據依臣之成書實於二者有賴敦頤舉進士不第今為不理選限登仕郎稱今以承議郎差知龍州欲望鑒二人鉛槧之勤特加甄錄以為學士大夫之勸詔王稱除直秘閣襲敦頤特補與上州文學　十四年九月十七日荆湖北路提點刑獄公事朱倅進伯父長文所著春秋通志十一冊詔付秘書省　十五年三月八日右諫議大夫謝諤進編集孝史五十卷并序及目錄共一十一冊詔付秘書省　七月二十

卷一千七百四十一

五日中書後省言看詳鄭鈞所進欽天要畧編次有倫其間評論切於事理委有可采詔鄭鈞循文林郎與近闕教授差遣鈞任從政郎前明州州學教授采摭祖宗欽天事實裒類為書名曰欽天要畧總十有六門析為二十五卷上之　十六年正月二十三日太傅史浩進尚書講議二十二卷詔付秘書省　以上孝宗會要

卷一千七百四十一

崇儒五之四三

全唐文　光宗會要

紹熙三年十一月二十四日顯謨閣學士通議大夫韓彥直上水心鏡一百六十七卷詔彥直與轉兩官具書宣付史館　以上光宗會要

卷一千七百四十一

崇儒五之四四

全唐文　宋會要　說書除職　講書賜予

景祐元年五月六日殿中丞楊中和言忝迮九經第一名及第今差知温州平陽縣風專講誦政事非長欲乞依舊任監說書詔充國子監說書　嘉祐六年九月十三日賜大名府國子監講書進士馬章絹十匹米麥各十碩

按方域内亦有天章閣南宋建置也

宋會要

御製 真宗

天禧四年十一月壬戌詔從丁謂等請作天章閣奉安御集十一月中書言聖製已約分部帙望命内臣規度禁中嚴淨之所别創殿閣緘藏從之又出御製七百二十二卷付之宰相十二月輔臣以御書御製共二卷進呈皆帝親筆及親作草本詔藏御集閣以天章為名十二月己巳興工五年三月戊戌閣成五年二月修天章閣功畢庚子有司具兩街僧道威儀教坊作樂奉御書自玉清昭應宫安于天章閣四月名近臣館閣三司京府官觀御書御集于閣下遂宴于羣玉殿時輔臣集御製三百卷又取至道元年四月訖大中祥符歲中書樞

卷一萬三千五百八十五

密院時政記史館日曆起居注善美之事錄為聖政紀凡百五十卷並命工鏤板又以御書石本為九十編命中使岑守素等主其事至是畢功焉五年四月詔以御書石本為九十編藏天章閣閣在真宗時未嘗建官至仁宗天聖八年十月初置待命范諷鞠詠充職景祐四年增置待講以賈昌朝趙希言王宗道等為之慶歷七年又置學士直學士仁宗于乾興元年八月辛亥賜輔臣先帝御集三百卷釋奠文集一部清景殿詩二卷三惑論並敍名論天童經各一冊聖政紀畧一百五十卷

宋會要

真宗宴後苑作釣魚詩賜呂蒙正

重複

宋會要

真宗宴後苑作釣魚詩賜呂蒙正

宋會要 孝宗御製

淳熙元年六月名上天竺寺僧若訥講法華經有御批問答類成一書詔以大乘妙法蓮華經釋義為名 九月十八日幸玉津園宴射賦七言詩賜宰臣曾懷以下預宴臣僚賡和以進 二年五月十日御製詩一首賜新進士詹騤以下詳見進士 三年六月一日御製詩書扇賜集英殿修撰主管祐神觀張子仁 四年二月一日御製改幸學詔賜吏部侍郎兼直學士院周必大 三月一日御製妙堂詩賜淮東提舉吳琚 十月一日御製詩一篇賜少保史浩以浩潛藩舊學賜宴内苑乃命宿于玉堂翌日有詩來上因俯同其韻復以賜之

卷一萬三千五百八十五

五年十月二十一日御製秋日幸秘閣觀圖書宴羣臣近體詩一首賜右丞相史浩以下羣臣咸皆賡和也 六年六月四日御製詩賜明州觀察使提舉萬壽觀張子仁 十一月一日宰臣趙雄等奏欲就堂中請侍從宣示御製文字上曰甚好雄等奏前日恭觀宸翰不勝戰慄上曰此論欲戒飭臣下趨事赴功而已豈為卿等耶邇來年穀屢豐雨暘時若中外晏然皆卿等贊襄之力雄等奏孔子有言迅雷風烈必變夫迅雷不為孔子設明矣而孔子所以必變者敬天之威故也陛下訓

教如此何霆迅雷臣等及中外小大之臣無不震懼先是上著論數百言欲革取士用人之弊論及銓貢宣示從臣故有此奏

七年五月一日御製根石銘跋賜右丞相趙雄等　八年八月十一日御製詩賜丞相史浩以浩屢上丐歸之請留之不可於其行也錫燕以餞之

十年二月十一日御注圓覺經一部賜徑山能仁禪寺僧寶印　淳熙十一年二月二十九日一部二卷賜上竺僧若訥慧持

十一年四月二十五日御製送行詩賜太保史浩　十一月一日宰執奏事謝賜太上指山詩石刻上曰太上詩規模宏大所以賜卿者正欲卿體太上之意如屬意種蠡臣之句　十五年六月二十九日詔實錄院依典故編高宗皇帝御製詳此國史院

卷萬三千五百八十五

宋會要　光宗御製

淳熙十六年九月二十三日御贊須相一軸賜左右街僧若訥　紹熙元年四月二日詔高宗芝草贊隆興御製芝草詩壽皇芝草贊紹熙御製芝草詩共四本宣付史館　五月十五日賜聞喜宴于禮部貢院是日賜新及第進士余復以下御製詩一首　三年十二月二日御製御書至尊壽皇聖帝聖政序　四年五月二十三日賜聞喜宴于禮部貢院是日賜新及第進士陳亮以下御製詩一首

宋會要　御書

淳化四年內出分分書千字文賜宰臣樞密使已下各一軸　五年十月賜近臣飛白書各一軸別賜參知政事寇準飛白草書十八軸先是宰臣呂蒙正等皆以賜得時準出使在外至是始及焉　至道元年太宗草書經史故事三十紙詔翰林侍讀呂文仲一一讀之因遣刻石以數百本并列秘閣官吏姓名付內侍裴愈令於江東名山福地道宮廟各藏一本或高逸不仕敦樸有行為州里所稱者亦分賜之　二年六月出飛白書二十軸賜宰相呂端等人五軸又以四十軸藏於秘閣字皆方圓數尺端等相率詣便殿稱謝帝謂之曰飛白依小草書體與隸不同朕君臨天下復何事於筆硯但中心好之不能輕弃歲月既久遂盡其法然小草書字學難究飛白筆勢罕工朕習此書使不廢絕耳　三年六月真宗謂宰臣曰先帝多能尤於筆法精妙盡得諸家之體所有御筆墨跡遍賜天下名山勝境用垂不朽

卷一千七百五十三

真宗大中祥符二年十一月真宗以太宗鏤文紅管供御筆十有二管分賜宰臣王旦以下因謂旦等曰先帝聽政之暇常以觀書及攻筆法為意每見諸家字體精妙無不學者學之必成旦等言先帝筆法神氣英異非人臣所及如侍書王著有名於時然望先帝甚遠帝曰王著於侍書詔中亦無其比焉知節言先帝奕碁甚

妙但聖人況涉游藝必至精絶然終非所好帝曰先帝亦着碁格勢朕頃在宮中侍先帝嘗見學鍾繇書或自夙興常手不釋卷　五年十一月內出太宗御集及御書法帖總三百三十六卷示輔臣曰太宗嗜實由天縱屬思授翰心極精妙朕孜孜尋訪殆無遺者四方以朕購求所納者甚衆然或因先朝賜其家寶藏即復付之王旦曰以文章化人成俗青自太宗始也五代以來筆札無体鍾王之法幾乎絶矣太宗在南宮留意翰墨斷行片簡傳之於外則爭求之實為楷法自是學者書體丕變實聖教所致帝曰太宗所用筆亦與人間不同顧向敏中丁謂曰卿等未嘗見或再拜陳乞翌日命賜之

卷一千七百五十三　二

人一雙太宗御草孝經一卷刻石在秘閣賛後法帖十二卷小字法帖一卷古詩一卷倣鍾繇書一卷草書筆法一卷草書故事簇子七軸草書雜時簇子十七軸草書勑字簇子一軸草書急就草一卷草書千字文一卷顛草書一卷八分書故事一卷八分千字文一卷飛白書簇子二軸着飛白書雜詩二軸飛白書大字簇子二軸帝字一軸佛字四體書一卷五體書一卷三般大字簇子一軸已上刻石在御書院墨跡雜書四千八百九十四卷冊八百七十八卷御製四千一十六卷冊古詩故事藥方墨跡雜書簇子一千六百七十一卷墨跡雜書扇百三十六柄刻石雜書八百一十八卷御製七百

九十三卷古詩故事刻石雜書簇子四百五十二軸已上分藏於龍圖閣太清樓秘閣御書院及內中御製御書逍遥詠十一卷緣識五卷秘閣銓三十卷秘藏詮禪樞要三卷蓮花心經迴文偈頌三十卷心輪圖一軸注金剛經宣演一部已上並印本隨大藏經頒行副本百三十三部總千九百四十四卷並印本文集中録出歌詩文賦別行三百七十六卷並印本刻石雜書三百四十七軸刻石雜書簇子七百五十三軸已上賜天下名山寺觀并中外臣僚及兗州至聖文宣王廟　天禧五年二月召輔臣觀御書于龍圖閣四月詔以御書石本為九十編藏天章閣　乾興元年三月仁宗遣內侍至

卷一千七百五十三　三

中書賜御書飛白字一軸仁宗因至真宗靈位之側閱視有飛白書筆其筆以木皮為之遂取試書數字帝素亦未嘗攻此書偶茲閱試而筆力遒健有知夙習尋命置其書於真宗靈御前以申哀慕及分賜執政近臣是後書法益精屢賜近臣　仁宗天聖三年四月遣內侍以御書飛白書各一十軸賜宰宸翰猶逸筆勢有法飛白書尤為精妙至是命工模刻以賜之　四年五月端午遣內侍賜中書樞密院御書飛白扇子各一合　五年九月慈孝寺真宗御容殿成帝親飛白書額曰崇真殿宣示宰臣等　寶元二年十一月二日遣內侍就轉臣第賜御飛白書各一軸次日面謝再拜訖宰臣等奏

曰陛下萬機之煩翰墨不倦神筆奇奧曠古來常有帝曰聽政之暇無所用心特以此為樂爾　康定元年六月八日内侍省押班趙永德上真宗御製御書碑銘歌詩三十三軸詔領恩州刺史永德在先朝嘗管勾御藥院也　二年六月二十八日飛白書文詞字賜端明殿學士翰林侍讀學士李淑淑出許州為飛白狀寶章記摹石州廨　慶曆二年正月大相國寺新修寶奎殿摹大宗御書寺額于石帝飛白題之命宰臣呂夷簡撰記章得象篆額樞密使晏殊撰御飛白書記初帝謂輔臣曰非構一小殿禁中而有司不諭朕意過為華麗然不欲毀其成功令大相國寺方構殿藏太宗親書寺額可遷致之因言朕内寢多以黃布為茵褥宰相呂夷簡等對曰陛下孝以奉先儉以率下雖聖人之盛德孰加乎此帝曰此過與卿等言及之非欲聞于外恐其近名耳而四年三月帝御邇英閣出親書十有三軸凡三十五事遵祖宗之訓奉真考之業念祖宗艱難思真宗愛民守信義不巧詐親碩學精六藝慎言語待耆老崇靜退求忠直懼貴驕保勇將尚儒術議釋老重良臣廣視聽功無遊戒喜怒明巧媚杜希旨從民欲慎滿盈傷暴露哀鰥寡訪屠釣構遠圖絶朋比斥諂佞察小忠鑒近合罪己為民損躬撫軍求善使過　五年十二月以寶相佛閣為慈尊閣飛白書榜賜之鳳翔府上清太平宮五

臺山真容院寶章閣并州舍利閣奉先資福院觀音殿妙法院正覺殿洎景靈宮等處神御殿榜皆帝飛白每賜即先召侍臣觀焉　六年八月賜宰臣賈昌朝洎從臣御飛白書人一幅　七年八月御崇政召近臣觀御書真宗皇帝加謚位版初帝跪設位版訖再拜泣涕久之又觀新作郊廟祭器　八年九月御延和殿召輔臣觀御書　皇祐元年二月二日廣濟軍都監李惟賢進二聖御書一軸詔移曹州兵馬都監　三月十五日飛白書天性字賜端明殿學士李淑時帝以御書賜近臣淑方侍養遣使就第賜之　九月迎近臣宗室及臺諫官三司開封府推判官武臣刺史以上赴迎陽門觀先朝御書是月親篆明堂二字飛白明堂之門四字詔詞以藏〔宗〕正寺　三年五月召輔臣館閣臺諫官觀書于御書院　至和元年九月二十一日故知明州慈溪縣王利用妻張氏進先帝御書飛白一軸乞男度一名目詔王度與下班殿侍三班差使奏納先帝御書者多矣不過賜以金帛今以優命非常制也　二年五月詔開封府自今有模刻御書字鬻賣者重坐之　嘉祐二年十一月十五日駙馬都尉李瑋進飛白四字帝書二十五字賜以寵之　三年七月二十四日帝御迎陽門宣宰臣以下觀御書妙法正殿〔覺〕殿牌額次赴天章閣觀御書復出三聖御容以示群臣　五年十月詔自今臣僚之

家毋得陳乞御篆神道碑額。六年三月，御崇正殿，召輔臣觀御書兗州至聖文宣王廟榜。七年十二月，幸龍圖、天章閣，召輔臣至待制、三司副使已上及臺諫官、皇子、宗室、駙馬都尉、管軍，觀三聖御書，又幸寶文閣，親為飛白書。英宗嘉祐八年（未改元）十二月，詔以仁宗御書藏寶文閣，命翰林學士王珪撰記立石。治平元年十二月，英宗召輔臣觀御篆孝嚴殿額于迎陽門。御篆神道碑額：太宗御製趙普碑文并書，又篆其額。皇祐中，王子融自河中府還，以唐明皇所題裴耀卿碑額上進，仁宗遂賜其先曾碑曰旌賢，自後勳戚之家多賜之。仁宗：旌賢（故相王曾），旌忠（故相萊國公寇準），舊學（故相晏殊），旌功（故樞密使曹利

卷一千七百五十三　六

用），懷忠（故相呂夷簡），旌忠勳德（故樞密使張耆），顯功（贈太師尚書令兼中書令李繼隆），純孝（觀文殿學士張觀），褒賢（贈禮部尚書范仲淹），褒親（獻穆大長公主），儒賢（觀文殿學士高若訥），崇儒（觀文殿學士丁度），清忠（故樞密使王德用），思賢（故相劉沆），旌忠元勳（故樞密使狄青），褒忠（故相陳執中），全德元老（故相王旦），親賢（隴西郡王李用和），欽忠積慶（宰相文彥博父洎），顯功（魯國忠武公李繼隆），遺直（故相李迪），旌勞（故相程琳）。英宗：大儒元老（故相賈昌朝），忠規德範（故相宋庠）。

神宗元豐五年九月二十七日，上御崇正殿，宣宰臣已下至中書舍人、觀察使以上觀景靈宮御書十一殿榜。六年

十二月二十九日，文彥博言：「仁宗皇帝賜臣御書，以卷軸甚大，私家難以寶藏，遂送功德院寶勝禪院安置，因建閣奉安，愈為精嚴。每年乞特賜撥放童行一人。」從之。

哲宗元祐二年九月十五日，賜宰臣、執政、經筵官宴于東宮，上親書唐人詩分賜之（詳見經筵門）。五年九月二十一日，御邇英閣，宰臣、執政、講讀、記注官各賜御書詩一首，上親書姓名於其後（詳見經筵門）。六年三月一日，御邇英閣，宰臣呂大防奏曰：「仁宗所書三十六事，禁中有否？」上曰：「有。」大防請令圖寫置坐隅，以備觀覽，從之。徽宗崇寧三年十一月十六日，宰臣蔡京等言：「伏覩車駕臨幸辟廱，親書手詔，面賜國子司業吳絪等，乞下有司模勒

卷一千七百五十三　七

刊石，頒賜諸路州學。」從之。四年十月二十三日，中書省檢會應頒降天下御筆手詔摹本已刊石訖，詔並用金填，不得摹打，違者以違制論。大觀元年八月十七日，資政殿學士、中太一宮使兼侍讀鄭居中言：「近蒙賜臣御筆八行八刑書，欲望許以所賜模寫于石，立之宮學，次及太學、辟廱、天下郡邑，與石經比。」從之。三年四月二十五日，尚書戶部侍郎蔡居厚等言：「比從近臣之請，凡御筆手詔刊印成策，半歲一頒。然內外之事總於六曹，六曹之司二十有四，逐司頒降各有先後，而日月不次，檢照寔難。欲乞命後六曹及諸處被受御筆手詔，即時關刑部，別策編次，專責官吏分上下半年雕印頒

行即從之　政和元年三月一日議禮局乞以御書政
和新脩五禮序摹勒立石於太常寺從之　三年三月
十六日大司成劉嗣明言檢會去年五月九日勑節文
所賜莫儔等御筆勑書許令辟廱摹寫刊石頒之四方
申命詞臣撰次本末刊於勑書之下近准降下鄭居中
撰到記文乞差官書寫并題蓋詔差中書侍郎劉正夫
是年鄭居中再知樞密院賜第建閣藏宸翰上書其
榜曰欽賢承訓　五年十月二十九日御摛文堂榜賜
學士院以學士強淵明還承旨上爲增廣直廬書榜寵
之　七年七月十七日秘書少監畢仲愈言奉御筆近
閣金耀門文字庫有祖宗潛藩親書廟諱奏牘洎元豐

內批詔旨皆得於壓壞之間恭閱數四殘楮斷幅隨手
紛紛愴然于懷可委官編次集類來上劄付臣編次乞
下書藝局應副工匠物料委近侍總領置局討會編類
指畫表背進呈詔令秘書省應副更不置局　九月一
日宣和殿大學士蔡攸言伏聞國子監辟廱已掛御書
大成殿牌乞許尚書學士侍郎給舍侍制兩省同請兩
學瞻仰仍分作兩日從之　宣和二年四月四日姚古
言自叨竊帥閫并先兄雄累帥熙河皆蒙降到宸翰不
少已於私家創造高閣寶藏乞降賜閣名奉御筆賜名
褒勳之閣　十六日兵部侍郎蔡莊言先臣墓道先蒙賜
題碑首近日大臣及從官被受御書例皆建閣伏望錫

之美名依故相何執中劉正夫家已得旨揮詔許建閣
仍以褒忠顯功爲名　八月二十日御筆門下侍郎白
時中於壽春府私第脩建御書閣畢工可賜御書醇儒
之閣　十二一日新知福州少傅鎮西軍節度使余深
言奉御筆以臣私第建御書閣蒙降賜御書賢弼亮功
之閣牌一面緣臣私第建閣係在福州今欲乞依白時
中私第御書閣例差破使臣其潛火兵士止乞差一十
五人從之　三年正月十七日詔差開州防禦使徐位
押賜唐州方城縣范致虛所建神霄玉清鍊真宮殿閣
門室御書牌額共一十五軸　八月二十四日賜梁子
美私第御書牌閣額爲耆英之閣　四年三月五日駕

幸秘書省太宰王黼攝其事乞宣付秘書具畧曰鑾輅
幸秘書省詔宰輔從臣暨館閣之士觀書于秘閣俾恭
閱祖宗謨訓崇寧以來御書復召輔臣侍從及秘書少
監至提舉官聽事宣示御書千文十體書洛神賦行草
近詩并御畫既恩許分賚臣蒙恩獨賜臣紙金花千文
一軸御書二十二軸上親出建隆真跡詩帖數幅於是
群臣始識藝祖書又出太宗真宗仁宗翰墨至神考書
益予章句上曰此先帝在藩邸時所作也上色蹙然
五年正月十七日大司樂畢完言爲裝成神宗皇帝御
筆石本二軸投進乞宣付秘閣收藏從之　十二月二
十四日賜大傅王黼私第御書載賡堂膏露堂移山堂

寵光亭老山亭榮覲齋四友齋隱安庵九牌　御書神道碑額實錄有止稱賜神道碑額而不言御書者別載喪華門　神宗　兩朝顧命定策元勳贈尚書令韓琦　忠勤懿戚贈侍郎向經　決策定難顯忠基慶衛王高瓊　克難敏功鍾慶康王高繼勳　兩朝顧命定策亞勳贈太師中書令曾公亮初賜兩朝顧命贊策勳德後詔改之　哲宗　顯忠尚德贈太師富弼　忠清粹德贈太師溫國公司馬光　徽宗　旌忠贈鎮童軍節度使趙隆　元豐受遺定策殊勳宰臣贈太師徽宗實錄止云賜碑額曰元豐受遺定策宰臣蔡確之墓碑本傳所載又有殊勳二字乃其子渭請御書因而賜之　欽宗　張商英靖康元年九月工部員外郎李士觀乞詔詞臣撰商英神道碑詔依奏碑額朕當親書實錄不載額名亦不載賜御書月日

高宗建炎元年九月十七日上書資治通鑑第四冊賜黃潛善稱翌日潛善稱謝奏曰昨晚錫與執政同觀皆

卷一千七百五十三　十

言陛下筆力益妙於昔蓋聖學日新之盛上曰朕退朝省覽章奏罷多游意翰墨不以爲倦又曰近將孟子論語治道處手寫于綃屏積之遂多佗日回鑾亦留屏於此潛善曰昔人几杖槃盂皆銘識之以自警發今陛下寫孟子王道政教之言在屏障間亦古人自警發之意上曰朕每日溫閱孟子五卷愛其文詞簡明知要所以信手多書於屏汪伯彥曰陛下留神此書取其宜於今者力行之天下幸甚二十二日內出親書座右素屏旅獒一篇大有大畜二卦與孟子之言七章凡十扇遣中使宣示宰執翌日黃潛善等稱謝奏曰陛下於書取謹德昭德之規於易記大有畜賢之蓋曰正心誠意以齊家治國者在德立政造事以致君澤民者在賢所擬孟軻當年之格言皆切本朝今日之急務屏幃之內聖賢滿前因知心術之接在茲非以字畫之妙爲貴臣等愧袞職之非宜幸聖學之多進有吉勿拜潛善等皆再拜

四年八月八日上手寫郭子儀傳付范宗尹呼諸將示之時韓世忠以進官到堂上知世忠洎諸將不親文墨故執政因而諭之　紹興元年三月二十五日宰執奏擬柯賜上所藏道君皇帝賜扎欲給還上曰此上皇御書當須藏置內閣不當降出　四月九日以經筵上親書扇賜講讀官　九月十一日進士黃朝美上仁宗皇帝御書明堂牌碑本二軸詔送秘書省藏之　二年

卷一千七百五十三　十一

七月一日進士韋許上太宗皇帝御書補迪功郎兼進書籍特有是命　八月十六日上出所寫孝經詩書篇章遣中使宣示宰執翌日進呈畢呂頤浩等奏蒙宣示御書仰窺聖意若稽于古臣等不勝欣覩上曰朕瞻仰古先聖王之治以爲規戒秦檜曰以此見聖學不廢

十月二十七日臣僚言伏覩陛下躬洒宸翰親裁睿詔命有司摹黃庭堅所書太宗皇帝戒石銘勒諸堅珉拓爲墨本徧賜郡縣守令伏聞近命五使廉按諸路臣以謂與其馳驛而頒孰若付之五使賚行而賜之仍使州縣謄本揭諸通衢詔依令五使附行賚賜其餘州縣令禮部頒降碑石於尚書省龕立　三年正月十一日詔

崇儒六之一三　崇儒六之一四

恤刑手詔委尚書左右司刻石頒降天下其親札候刻石了畢付大理寺置之治事廳既而命樞密都承旨趙子晝篆額以紹興恤刑手詔為目其後以碑刻賜侍從及寺官人各一本　五月十三日將仕郎謝𢊁上仁宗皇帝御書飛白一軸詔賜銀絹二十匹兩　四年五月二十八日詔韓世忠私第御書閣以懋功為名從其請也　八月三日處州進士王楊徽進太宗皇帝御書詩二軸計一十篇詔令戶部支賜絹二十匹　九日秦魯國大長公主上家藏仁宗皇帝在東宮時真宗皇帝所賜御製親書元良述一軸詔送史館秘書省　二十五日賜故相韓忠彥御書神道碑額曰世濟厚德之碑　五

年四月七日上親書無逸篇為圖設于講殿之壁先是范沖輪對論仁宗皇帝建邇英閣嘗命儒臣蔡襄等寫尚書無逸篇并孝經天子孝治聖治廣要道四章為二圖列于左右元祐初先臣祖禹為侍講乞檢尋二圖如仁宗故事哲宗皇帝從之願陛下脩祖宗故事躬寫無逸篇為圖設於講殿至是上乃書之　九月二十日賜趙鼎御書尚書一部翌日鼎稱謝上曰尚書所載君臣相戒勅之言所以賜卿乃欲共由此道以成治功六年十月摹勒上石鼎乞安於私第　九月賜新及第汪應辰以下御書石刻中庸篇廷試畢賜御書自此始其後以周官或儒行大學皋陶謨及學記經解等篇皆就聞

喜宴日賜之舉故事也　十月三日上書車攻詩賜宰臣趙鼎等翌日宣諭曰朕觀鴻鴈車攻乃宣王中興之詩當與卿等夙夜勉勵脩政事攘夷狄鼎曰陛下游戲翰墨之間亦不忘恢復臣等敢不自勉　六年三月六日江南西路安撫制置大使兼知洪州李綱上家藏道君皇帝御筆真跡詔送史館　十一月二十五日故翰林侍讀學士王洙孫男楚老上慶歷皇祐御札手詔飛白等賜銀絹各一百匹兩（楚老兼進四刻御容故有是賜）　二十八日賜成都府府學御書大成之殿四字揭于宣聖殿額先是成都府府學教授范仲殳言府學大成殿建於東漢初平中制度簡樸氣象雄渾漢人以大隸記其脩葺歲月

刻於東楹至于今九百四十三年矣蓋天下棟宇之古無過於此臣願陛下萬機之間因御翰墨作大成之殿四字揭之殿額以着陛下睠蜀之意至是從之仍帶賜本學　七年九月二十六日樞密使秦檜言乞以賜臣御書羊祜列傳付有司刊石以墨本頒諸宰執大將侍從上謙遜再三趙鼎等奏陛下筆法精詣實宜傳之天下後世以幸學者從之　十二月十一日上宣諭輔臣曰劉光世喜書前日來乞朕所臨蘭亭帖亦以一本賜之因論書法甚詳遂及法帖曰其間甚有可議如古帝王帖中有漢章帝千文千文是梁周興嗣所作何緣章帝書之舉此一事其他可知豈不誤後世學者　九年

二月十二日詔紹興府天章寺祖宗御書令守臣取進先是建炎四年巡幸江浙御書凡五百五十軸卷悉留越州至是駐蹕臨安降詔取焉　同日詔興化軍進士蔡珌上太宗皇帝御書可賜束帛　四月二十三日親從顏外指揮使王琪進太宗皇帝御書一百件仁宗皇帝御書飛白五件徽宗皇帝御書三件德成之宮大字牌文一本詔令進入先是琪詐陷虜庭時在京於北軍處覩此御書收而藏之至是還朝投進　六月十三日宰臣秦檜乞以上所賜御書真草孝經刻之金石以布宣德意上曰十八章世人以為童蒙之書不知聖人精微之學不出乎此也朕宮中無事因學草聖遂以賜卿

卷一千七百五十三

十四

豈足傳後檜請至再三乃從之　十年五月十六日御書中庸篇賜秦檜乞刊石分賜墨本從之　十一年二月二日詔余深被遇徽宗皇帝擢任宰輔當時所賜御筆許令本家投進從深男日章請也　六月二十四日詔萬安軍於蔡攸家收取徽宗皇帝御筆立皇太子詔敘宣和末衆立淵聖皇帝事因及罪己奏天竅表投進宣付史館實錄院編類送敷文閣藏之從吉陽軍使楊雍請也　十二年四月二十四日衢州學生趙僾上家藏徽宗皇帝御書一紙詔絹十匹　十月二十二日右承議郎直龍圖閣張茂上政和中徽宗皇帝御書上清大洞真經一部賜先臣商英乞賜宣取詔令尚書省取進

十三年正月二十五日詔親書經史令戶部尚書張澄將行在見有墨本先次計置頒降施行先是湖州守守臣秦　言祖宗御書賜在州郡雖經兵火多獲實存乞將前後御書經史頒諸泮宮使士子得以師承成仰崇儒設教之德意故有是命　二月內出御書左氏春秋及史記列傳於秘書省宣示館職觀閱畢少監秦熺以下詩以進　是年六月內出御書周易　十四年正月出御書尚書　十月出御書毛詩　十六年六月又出御書春秋左傳皆就本省宣示館職觀閱畢並作詩以進上又書論語孟子皆刊石立于太學首善閣及大成殿後三禮堂之廊廡　七月賜御書宣聖殿及門樓

卷一千七百五十三

十五

並曰大成御書閣曰首善先是修建太門國子監請依徽宗故事乞賜宣聖殿及御書閣名榜內御書閣徽宗賜曰求賢上改令名至是殿閣告成賜之用劉容樂迎至學安掛　九月四日上諭輔臣曰洪興祖欲進碑刻此安用學書只是看筆法精神若不善刻者字畫皆失真朕收得王獻之洛神賦墨跡六行置之几案間日閱十數次頗覺書有所得近又寫尚書一部已終篇矣學寫字不如便寫經書不惟可以學字又得經書不忘已而降付秦檜奏曰尋常諸生終年未曾寫得一部經書欲宣示從官不惟觀陛下書法之妙又令知聖學不倦也上曰朕宮中無所嗜好唯學字觀書所得甚多可以

養神兼日閱所未聞其樂無涯既而尚書委知臨安府
張澄刊石仍頒諸路州學　十四年六月十四日上書
乾卦賜龍圖閣學士知宣州秦梓又以湖州昨刊諸臣
所書易十碑賜梓令於私第御書堂一處安置從梓請
也　七月二十二日左宣教郎守殿中侍御史汪勃言
竊覩陛下萬機之餘親寫孝經近頒之諸郡皆止奉安
于泮水雖卿大夫多有不獲藏蓄為恨而況於庶人乎
乞令諸郡募工摹刻自郡達縣自縣達鄉皆使家藏而
戶曉庶幾普天之下風俗曠然而大變詔令諸州刊石
賜見任官并係學籍諸生　十五年三月十八日鄧武
軍進士吳行成進徽宗皇帝御書吳融曉賦一軸詔令

卷一千七百五十三　十六

戶部支賜絹十匹　十月三日上遣中使賜大師秦檜
第御書閣牓曰一德格天之閣仍就賜御筵　十六年
三月二十二日處州學士耿世南進徽宗皇帝御筆親
帖三軸賜絹二十匹　四月十四日脩武郎張燾上太
祖皇帝御書一卷賜絹十匹六月五日饒州樂平縣進
士馬孝友上仁宗皇帝飛白風水二字賜絹十匹　十
九年九月二十九日御書太師秦檜像贊藏于秘閣
二十年三月二十八日賜太師秦檜父敏學御書神道
碑額曰清德啟慶之碑、二十五年十一月五日賜故
太師秦檜御書神道碑額曰決策元功精忠全德之碑
二十六年閏十月二十七日上書玉牒殿并殿門及

祖宗屬籍堂牓令揭于殿堂之額以新建殿堂畢從玉
牒所請也　十二月二十八日新知池州貴池縣陸沆
上寶藏哲宗皇帝賜故外祖翰林學士顧臨御書即事
詩一軸詔送秘閣　二十七年四月御試上曰指陳時
切直者令寘之上列因親書以賜編排官吏部侍郎李
琳等宰臣沈該請刻石頒諸臣僚詔可　二十九年六
月十九日處州縉雲縣進士朱遵辰繳進仁宗皇帝御
書詔令戶部倍賜束帛　七月二十四日尚書右僕射
湯思退等言近恭覩戒諭崇尚清白禁止賂遺詔書親
札上曰朕自少時留心翰墨至今不倦然乞不能臻其
要妙在唐惟太宗好二王書當時士大夫翕然相尚如

卷一千七百五十三　十七

歐虞褚薛皆有可觀朕有舊藏文皇數帖其間有好議
自牧上畏天下畏群臣等語不惟字畫可喜其用心實
可為後世矜式思退曰陛下天縱多能精於藝學過文
皇遠甚當與本朝太宗皇帝儷美齊驅豈前代帝王所
能髣髴思退請以御書刊石頒中外臣僚詔可　三十
年上以玉堂二字親灑宸翰苑知制誥周麟之言欲以
御書依典故就都堂宣示宰執許本院摹勒上石俟石
刻成日於秘書省曝書會宣示館閣官并以石本分賜
詔可孝宗隆興元年十月十四日詔金山寺御書御製
詩令刊石將碑本投進從兩浙運使朱夏卿之請也
乾道元年二月三日賜大傅寧遠軍節度使和義郡王

楊存中第御書閣牓曰風雲慶會之閣　三年二月賜
故贈太師陳康伯御書神道碑額曰旌忠顯德之碑
六年五月二十四日御書戒諭賜宰臣虞允文等　八
月二十八日御書漢議郎崔實政論賜宰臣虞允文等
七年正月八日御書郭熙秋山平遠詩賜宰臣虞允文
等是日宰執進呈畢上宣諭曰朕無他嗜好惟得暇
書字爲娛爾允文等奏曰允文等外日對罷顧見石塀
上陛下草聖筆力天縱有飛動之狀上曰戲書不足觀
朕近寫得二軸因顧内侍取示允文等遞郭熙秋山平
遠詩因以賜允文且顧梁克家曰俟别寫賜卿上又曰
太上真草皆極古今之妙來日與卿等允文等頓首謝

卷一千七百五十三　十八

十一月日遣中使賜左丞相虞允文養生論右丞相克
家長畨賦皆太上真書又賜克家御草書古柏行一軸
是日宰執進呈上宣諭曰前日過德壽宮侍宴太上飲
酒權甚宮中熙熙和而有禮本朝家法前世所不及也
已與卿等覓得御書俟請寶來即賜卿等已而遂有是
賜二月御書孫綽遊天台山賦賜容州觀使幹辦皇城
司夏執中　六月御書上天竺靈感觀音寺并殿碑
九月二十一日故少宰觀文殿學士吳敏孫楠進欽宗
皇帝御書一百軸特與補將仕郎　十月二十二日詔
右廸功郎劉愈進欽宗皇帝御書二軸與減二年磨勘
比類施行　八年二月六日御書尚書左右僕射可依

漢制改作左右丞相學士院降詔　八日御書賜權禮
部侍郎兼直學士院周必大比來一二大臣同心輔正
夙夜匪懈漸革苟且之風以副綜覈之意深可嘉尚今
因除授宜示褒典虞允文可特授正奉大夫右丞相
四月二十一日賜新進士御盍撥篇（上與宰執虞允文等論寫此篇賜進
士之意詳見進士門）　七月十二日詔朝請大夫毛奎孫勤進
欽宗皇帝御書十軸與免文解一次同日詔故端明殿
學士贈少保親姪孫毛勒進欽宗皇帝御書一百軸特
與補上州文學　八月一日賜故太師和王楊存中御
書神道碑額曰安民定功翊運忠德之碑　九年二月
二日詔故中書侍郎陳過庭孫進士述進欽宗御書十

卷一千七百五十三　十九

四軸端明殿學士張深曾孫伯成進三朝御書十三軸
并續進欽宗皇帝詔旨一軸各與免文解一次同日詔
故刑部侍郎程振孫饒州鄉貢進士卲進靖康御筆八
十八軸又宣和間爲欽宗皇帝東宮舍人曰賜親書玉
琢不成器賦杜甫喜雨詩各一軸及政和間循降石刻
御筆手詔等三冊與補下州文學　四月二十八日御
書茘枝賦賜閤門宣贊舍人張延年　淳熙元年五月
一日御書唐元稹牡丹花詩扇賜臨安府通判吳琚六
月一日御書劉禹錫詩賜集英殿脩撰主管祐神觀張
子仁　二年三月四日宰臣葉衡奏謝昨日蒙遣中使
宣示太上皇帝宸翰十軸并御製跋語得旨令臣閣畢

可飲卮酒以慶榮遇仍宣示執政侍從臺諫以其書省
臣欲就都省具卮酒與執政而下共侈非常之賜上曰
甚好叅知事龔茂良李彥頴同奏曰大上皇帝宸翰刻
石賜郡國者臣等固嘗得窺此十軸藏在御府群臣無
緣見者今遂獲拜觀不勝千載榮遇上曰太上皇帝於
翰墨間蓋是天縱非尋常學力所能到如鍾王輩不足
道臣等與侍從臺諫兩省官環立展視莫不駭心動目
即所未覩翼日拜謝訖乞勒石率預觀臣僚奉表稱謝
從之上曰當以此表轉于德壽宮　三年九月十五日
太上皇帝御書白居易大巧若拙賦賜幹辦皇城司
執中　十一月一日御書杜牧戰論賜皇太子同日御

書詩賜皇太子嗣濮王士輵永陽郡王居廣各一軸
四年二月十七日詔知臨安府趙磻老就太學建閣奉
安太上皇帝御書石經碑石可置之閣下墨本于閣上
以光堯石經之閣爲名朕當親寫叅知政事龔茂良等
言自古帝王未有親書諸經及傳至數千萬言者不惟
宸章奎畫照耀萬世其所以崇儒重道者可謂至矣陛
下聖孝又欲親書題額以增斯文之重天下幸甚上曰
太上於字畫蓋出天縱朕嘗謂鍾繇字最工猶帶隸體
如太上宸翰冠絕古今　五月二十四日知臨安府趙
磻老言得旨就太學建造光堯太上皇帝御書石經閣
將欲就緒其見在石經周易毛詩尚書春秋左氏傳論

語孟子外尚有太上皇帝御書禮記中庸大學學記儒
行經解五篇不在太學石經之數今搜訪得舊本重行
模勒欲補禮經之闕從之　淳熙十六年四月七日故
太師秦申王府進納高宗皇帝御書二軸詔送實錄院
五月三日御書歸隱二字賜天竺彌陀福興院九月十
八日御書彌陀興福之院六字賜左右街僧錄若訥
紹興元年正月四日御書偈頌一首賜左右街僧錄若
訥七月九日御書四季草書扇面四軸賜左右街僧錄
若訥　二年正月五日御書草書勝常帖賜左右街僧
錄若訥

宋會要　錄賢

仁宗嘉祐二年十一月二十七日三司使張方平等言故國子監直講孫復著述春秋之説四十餘年并抄錄到所撰春秋尊王發微一部復惟一子大年欲望特賜甄錄詔孫復曾在邇英閣講書今又進到春秋尊王發微其男大年特補郊社齋郎後太學博士胡瑗卒近臣共援此例官其一子　神宗熙寧六年五月二十三日右正言直集賢院常秩言昨名對蒙問及臣友王回之為人又被旨進其文編竊以先生之法善善以及子孫故士者世祿下逮漢魏管寧之徒一時之篤行被名

不至而猶得拜子為郎况回未及進用而不幸有子汾宜加甄錄詔以汾補郊社齋郎　徽宗建中靖國元年正月六日詔錄故監察御史王回一子為廟齋郎以從臣王覿曾肇豐稷張舜民賈易岑象求上官均等列奏回有學術行義嘗因鄒浩得罪自蒙昭雪擢為御史不數日而殞家貧無歸願加優卹故有是命　高宗紹興元年正月二十二日詔趙普佐命之勳猶漢蕭何今子孫流落所宜憫卹令諸州郡博加尋訪如法敦遣赴行在量才錄用九月十五日明堂赦應曾任宰臣執政官及節度使明有勳德載在史冊者見今後嗣無人食祿如有子孫許於所在州軍投狀委長吏以下勘驗

詣實保明聞奏當議量才錄用若係國朝以來勳臣雖不曾任前件官亦依此施行三十一年赦國朝勳臣後嗣無人食祿錄用子孫許召陞朝官三員保明陳乞內有全去失勳臣元授告敕等干照若實係勳臣之家可令吏召監察御史以上管軍知閤御帶監司郡守二員委保勳臣元任官職去失來歷因依如無偽冒特與推恩十月二十六日唐故尚書右丞相張九齡十二代孫進士昭乞依赦書應曾任宰臣執政官明有勳德載在史冊者見今後嗣無人食祿子孫許量才錄用念祖九齡之後並無人食祿見今有祖九齡中書令告一道明皇御書一道并朝廷兩次用九齡勳臣之蔭錄用高祖

璞曾祖錫出身告二道及宗族圖一本投進詔昭特補中州大學其張九齡告令尚書省給付本家四年四月二十八日江南西路安撫制置使趙鼎奏契勘洪州昨有試作監主簿潘興嗣自幼得官高蹈不仕朝廷察其高行常除差遣抗志不就嘉祐間宰相韓琦等奏乞加拔擢凡所旌寵每至敷辭至元符三年尚書右丞黃履又引孫侔王回等例乞錄其後遂官其孫淳授太廟齋郎調南康軍星子縣尉蔡京用事言者觀望謂淳與陳瓘有連每至京師必館於瓘家實預論議又與曾布有鄉曲之舊故覆因緣論薦遂降指揮追奪士論冤之三十餘年今興嗣與淳皆卒唯有孫濤亦復垂老乞給還

所奪官資與之以爲廉退自守之勸詔潘濤特與補右
迪功郎五年十一月十九日詔唐顔真卿之後顔邰補
右修職郎顔阜補右迪功郎並特命詞給告初温州發
遣顔真卿遠孫顔邰顔卓齎真卿所自書告身赴行在
投進上曰人皆有一死或輕於鴻毛或重於太山在處
死爲難耳真卿在唐死節可得〔謂〕得所處矣況今艱難之
際欲臣下盡節其顔邰等可量與推恩以爲忠義之勸
況仁祖時曾名顔似賢赴闕亦嘗命之以官自有故事
故有是命六年二月六日詔元祐石刻黨人葛茂宗男
輔国與補惠州文學五月二十四日給事中朱震言本
朝西路程顥程頤以傳道爲己任學者負笈摳衣親承

卷四千八百四十

其教散之四方或隱或見莫能盡紀其高弟曰謝良佐
曰楊時曰游酢時晚遇靖康建炎之間致位通顯諸子
世祿酢仕至監察御史出典州郡亦有二子仕宦獨良
佐終於監竹木務名在黨籍著于石刻終身不遇雖以
朝奉郎致仕奏補其子克己入官後逢巨賊於德安府
舉家被害今止有一子克念流落台州貧窶一身朝夕
不給竊見黨籍諸人及上書得罪身後無人食祿者朝
廷皆寵之以官良佐之賢親傳道學舉世莫知又遺棄
錮而死諸子良皆最爲不幸乞依黨人及上書人例特
官其子克念使奉良佐之祀詔謝克念特與補右迪功
郎八年三月二十八日湖州言故太學博士天章閣待

制侍講胡瑗以儒學被遇仁宗朝今其家淪替别無子
孫唯有胡滌服習儒業鄉閭推重欲望仰追仁祖待瑗
之意矜念胡滌已係免解進士特襃錄以爲天下學者
之勸詔胡滌特與補下州文學十二月五日唐太師魯
國公遠〔顔〕真卿遠孫顔師與言昨蒙朝廷下温州搜訪顔
氏之後臣係嫡長特以病患緣本州催督且令弟阜齎
遠祖誥勅赴朝廷蒙拘收就補迪功郎未幾身故今先
臣之後依舊布衣不繼世祿乞將弟所得名目改正與
臣被受庶幾仰副國家興滅繼絶不泯世祿之意詔顔
師與可特與補右迪功郎

卷四千八百四十

賜處士號

宋會要 處士

乾道七年十二月二十二日翰林學士許光凝奏昨守鄧州伏見宣教郎致仕王襄經術登科年未六十毅然請老退歸田園事備禮如其母養孤甥若己子鄉黨後進教誨成就者不知幾人鄰里貧民吉凶賙恤者不知幾家伏望採察施行詔王襄賜處士

宋會要 處士

仁宗天聖八年九月二十六日賜臨江軍玉笥山人朱旦善濟處士旦善醫術名至京師訪問故賜

宋會要 處士

乾道五年三月二十六日詔峽州長陽縣隱逸郭雍特

卷一萬三千四百四十九

賜冲晦處士以湖北帥臣張孝祥等言雍名臣之後父忠孝師伊川程頤盡得其學雍推原本意著易中庸之書十餘萬言隱於峽州長陽縣山中安貧樂道行義高潔乞賜褒擢故有是命

宋會要 處士

嘉祐二年六月七日賜絳州草澤韓退安逸處士退居稷山翰林學士承旨孫抃等言韓退有行義故賜號

宋會要 處士

神宗熙寧六年六月十九日永興秦鳳兩路察訪司言虢州盧氏縣有退安處士劉易戶下役錢不敢依品官例減半均納詔依七品官例

崇儒六之二九

此條似有脫佚

宋會要

哲宗紹聖二年五月二十八日詔興化軍處士良嗣詔與傣充處士以左僕射張惇奏其所著易義可採故也

宋會要

徽宗大觀元年閏十月六日詔睦州清溪縣主簿張舉舉若切特賜正素處士與一子初品官以兩浙路轉運提刑司奉舉初以郊社齋郎應進士舉及第緣家無兼侍不忍遠去父母遂不出官孝行著聞元豐五年父朝郎次道告老於朝舉子鎬例合受恩乃以叔祖子恠無在任者遂請以官命其曾孫宗黨無不推服元祐初朝廷除命並辭不受一時士人愈高其節崇寧四年身亡有

卷一萬三千四百四十九

子未錄家益貧官乞賜諡號故有是命

宋會要

宣和六年十月十四日詔令後處士更不令披度道士為小師所有天寧節回賜恩澤並罷十二月二十二日詔丹華處士劉知常不出有司自煉丹金造神霄寶輪四百九枚所以州人列其性識高明行義修潔勤苦該博通曉典故精於屬文為諸生師表而前輩諸公常所欽重乞加名用故有是命

宋會要

政和三年三月三十日詔濮州王老志賜安泊處士

宋會要

崇儒六之三〇

宣和止七年此三十二年誤

宣和三十二年五月二十五日詔入内内侍省東頭供奉官寄資武義大夫鄜詢爲久病可將見任官特與换白雲處士賜名守寧仍命詞給告

宋會要

政和十一年十月十日詔虔州贑縣免解進士李珙賜號養素處士

宋會要

紹興五年十一月七日中書舍人朱震言朝廷近以陳得一改造統元新曆一十七卷賜號通微處士與一子下州文學竊見本朝熙寧間如翰林待詔之類皆命之辭得一歷學專精通貫古今運策之妙不愧前人欲望給告命辭以爲章布之光從之

（卷一萬三千四百四十九）

宋會要

紹興七年正月二十四日詔温州平陽縣敎遣到道民俞居一道學通博特補通元處士

宋會要

高宗紹興三年六月二日詔婺州東陽縣進士張志行賜號冲素處士以浙東福建路宣諭朱異奏志行力學有行鄉里推服常應舉宣和中知州劉安上轉運使詹度等列奏其甘貧守道不求聞達杜門窮經雖老不倦故也

宋會要

乾道六年十一月十六日詔邛州隱逸劉浯特賜沖隱處士四川宣撫制置使司狀據邛州申以本州鄉官劉環等狀言浯自壯歲棄儒慕道專以符籙濟活爲心養舍靜謐纖毫無取於人濟活之功甚多其祈晴禱雨果有應驗故有是命

宋會要

乾道七年百姓王慶年九十賜耆德處士此據政和七年五月高郵軍奏狀不得其時加六字處士特依例許封贈父母依例月給乳藥錢

宋會要

乾道七年八月二十八日詔潤州丹陽縣東太一宮道士居宗惠特贈虚靜處士給告速行給降仍下江寧府潤州量行應副葬地並官給事畢應副過事件聞奏

（卷一萬三千四百四十九）

全唐文

宋會要 賜先生號

仁宗天聖六年三月十六日虞部員外郎史温之祖虛白進賜冲靜先生虛白有高節善為文五代亂離隱居山巖江南李氏累以祿秩誘之介然不屈至是以家集來上特有追襃

卷八千五百七十

全唐文

宋會要 賜先生號

真宗大中祥符三年四月十二日泰山隱士秦辨說號貞素先生辨自言百三十歲帝召至京與語多言五代事亦無他術但能服食致長年故賜號放還山

宋會要

大中祥符三年二月二十六日華山隱士鄭隱賜號正晦先生（正字本音同仁宗諱）隱自言始以經術為業遇道士傳辟粟鍊氣之法修習頗驗遂居華山之王刀巖二十餘年冬夏常衣皮裘帝祀汾陰召對行宮作詩賜之加賚茶藥束帛固辭不受

卷八千五百七十

宋會要

徽宗崇寧四年六月詔信州龍虎山上清觀漢天師三十代孫張繼先特賜號虛靖先生

宋會要

大觀元年二月二十九日詔鳳翔府于仙姑特受靖真冲妙先生

宋會要

致和元年八月十二日賜信州貴溪縣龍虎山上清觀張嗣宗為冲靜先生

宋會要

致和元年十月十日賜處州祥符宮道士洞淵大師李

思聰爲玄妙先生

宋會要

致和三年三月二十三日詔左街道録觀妙元明沖真虛壹大師徐知常可特授通虛先生

宋會要

致和三年八月二十八日詔茅山元符萬寧宮法籙道士笪靜之特贈沖隱先生

宋會要

致和三年十月一日詔元觀法師程若清可特授寶籙先生

宋會要

卷八千五百七十二

致和八年十月二十一日通直郎管句棣州玉清韓君丈人觀兼注解聖濟經所編修道史檢討官劉棟奏伏蒙聖慈宣諭授臣守靜先生陛下所以待高尚有道之士如臣學術無取昧於大道兼臣見有家屬宗跡同俗若忝冒先生之號恐未允心議上負陛下盛時清淨之化所有告命乞賜追號虛靖先生

宋會要

宣和七年二月三日詔冊華廣範崇真處士劉知常除金庭輔教先生續詔知常特授金庭輔教元明先生視中大夫

宋會要

宣和七年六月十九日詔通妙處士劉厚特補通妙真應先生及與封贈父母一次仍視中奉大夫

卷八千五百七十一

宋會要　姓氏　賜名賜第

趙抃自錢塘請老歸加太子太保致仕居高南齋東南名士多從之遊卒謚清獻哲宗命蘇軾爲碑賜名愛直雜琦嘗稱抃真世人標表云子屼峴從子㟃從孫霈德屼字景仁擢進士第再擢御史論事忠鯁清修有行義能世其家終太僕少卿屼少登進士第從胡瑗學有文名早夭終監西京粮料院㟃字孟遠抃任以官調德順法曹元符末應詔上書言章惇蔡抃托紹述以陷忠良蔡京朋比姦邪用之終必誤國崇寧初京相考此書將㟃勒停羈管虔州建炎贈朝奉郎霈字公時中上舍第紹興間爲右司諫乞令有司具一歲錢穀之數以節浮費上稱其極閑治體遷諫議大夫晉貳吏部兼侍講祠守蘇秀卒其孫芹終永守德慶郡守監司以才稱司顏

熙寧三年諸路長吏應詔敦遣行義之士送舍人院試論來者僅三千人賴入優等賜進士出身

全唐文

宋會要　勑置守墳

開寶三年十月五日詔前代帝王已創興祠廟修葺園陵仍據事跡高卑各置守陵廟戶外其功臣烈士令定名德高者二十三人各置守墳三戶孫臏陳平韓信周亞夫長孫無忌魏徵李勣尉遲敬德渾瑊墓十並破損公孫杵臼樂毅晏嬰曹參衛青霍去病霍光劉備諸葛亮關羽張飛段秀實墓十二並不破損功名次者八人各置兩戶趙簡子孟嘗君唐儉高士廉岑文本馬周墓六並破損趙奢丙吉墓二不破損功名又次者三人常禁樵採不得侵耕慕容德裴寂元稹墓並不破損其嘗經開毁者仰逐處給官錢備置棺槨如法修崇太常禮院各隨朝廷及逐人官品當時制度下少府監擇好羅錦修置禮衣給付諸州長吏選日致祭掩閉仍令所司定儀注以聞所置守墳戶並以側近中等以下戶充二稅外免諸色差役廟宇常須洒掃無致摧圮墳隴林木常禁侵伐無林木者常令栽植委逐縣檢校每歲終具有無破損申州四年二月二十五日詔先賢丘墳不得樵採

大典卷三千四百五十五

大中祥符四年二月十八日祀汾陰赦書應車駕經由州縣有建隆以來佐命及有勲勞公主將相墳塋在其境內者委逐處差官致祭如有孝子墳塚量禁樵採奉祀路中亦依此制

景祐三年八月二十九日詔陝西州軍

應有前代名臣墳墓碑碣林木不得損懷

卷三千四百五十五

河東路

全唐文

宋會要　堯陵

神宗熙寧元年七月九日知濮州韓鐸言堯陵在本州雷澤縣東穀林山陵南有堯母慶都靈臺廟歷代碑記具存縣北有樊侯仲山甫墓傍有大碑斷缺仆地不可辨前有石室高尋廣丈制度精密如成都文翁之石室唐刺史趙冬曦祭文刻於石碑望勅本州春秋致祭堯陵置守陵三五戶樊侯墓取姓仲者二戶免其租俾奉灑掃詔太常禮院詳定禮院言乾德詔書祠堯於鄆州本處但有廟即陵在濮州穀林望依禮例給守陵五戶仲山甫別有史業證據難議施行從之守陵仍差第四等

卷八千一百八十七

以下戶元豐六年八月二十五日禮部言鄆州陶唐氏廟歲祭當移於濮州雷澤縣陵廟祭享從之先是知濮州范子諒奏請祀堯於濮州而太常亦言濮州堯陵所在宜如子諒所奏故有是詔

高宗

宋會要 經筵

建炎二年三月十一日講筵所言舊例初御經筵講讀經史先具奏請點定詔講論語讀資治通鑑四月七日詔講讀官故事端午謝節料畢罷講筵至八月再開可勿罷上謂宰執曰朕以寡昧適丞艱難政事之餘與卿等款語知學先王之道為有益方且夙夜孜孜於經史今若講筵暫輟則朕誦讀既多有疑無質徒廢日力此事合如何黄潛善等奏講筵願如聖意勿罷故有是命四年八月四日詔經筵日令侍從官一員具前代及本朝故事関涉治體者一兩事進入從参知政事謝克家請也十三日資政殿大學士王綯言蒙恩除侍讀依舊制每年二月八日取旨擇日開講目令講筵所人吏未到有失舉行詔候防秋日取旨時邊事未寧將有事于親征也紹興元年正月十三日講筵所言近依舊制春講於二月上旬擇日奉旨差定講讀官開講今已差秦檜兼侍讀汪藻胡交脩並兼侍講自來講讀官並不限員欲依令開講除旦望假故繫擇隻日講筵仍乞令大史局選日從之二月三日詔越州只令差撥人匠將帶合用料物赴行宮門外東闕庭擗截東壁二間充講筵所御覽書籍庫講筵官直舍人吏司房等四月九日内

出御書扇賜侍讀王綯胡直孺侍講汪藻胡交脩侯延慶各一柄二年七月十五日上謂輔臣曰儒臣講讀若其說不明則如夢中語耳何以啓迪朕意將來開講欲令胡安國兼讀春秋隨事解釋不必作義朕將欲咨詢昔英宗皇帝時司馬光為講筵官有請乞詰問若知則進獻其說不知則退而討論此於帝學最為有補十一月三日詔講筵所今後住講日令講讀官依講筵日分除假故旦望隔日輪官接續供進春秋口義一授開講日依舊所有日進故事仍令侍從官依先降旨揮與講讀官翰林學士兩省官共進却遇開講權免又詔六月十二日並權免供進十二月五日新知江陰軍趙祥之言請以講筵官兼讀史書上曰朕觀六經皆論王道如史書多雜霸道其間議論又載一時押闔辯士游說朱勝非曰春秋雖魯史實尊王黜霸上又曰孔子作經經之祖左氏作傳史之祖也三年四月九日户部尚書兼侍讀黄叔敖言今後開講日分遇聖節開啓罷散日乞權住講筵從之七月二十六日左司諫唐煇言講筵所書寫人莫允中經進書與換進義副尉特不作非泛補授乞行追改上曰此講筵所奏御寶批也既有例當依例施行席益曰此事固有前比當如聖旨然副尉而煩諫官論執且乞賜允上卒從煇奏四年二月二十一日詔遇開講筵令殿前司依舊制差過茶殿侍一十人過

茶祗應十月七日詔講讀官進講義從官進故事權罷候過防秋日依舊供進其講筵所應用書籍令祗應御書使臣等先次管押於穩便州縣安頓其請給船夫等令所在應副仍仰當切差人防護無令散失時淮海有警將有事于親征從臣僚請也五年閏二月二十二日臣僚言仰惟陛下復開經筵宜依倣仁宗時於經筵中讀三朝寶訓仍令侍讀之官如李淑所請先取論政體聽斷吏益以謹究祥省費用數卷進讀則內脩之道盡矣次取議武備制軍旅論邊防撫夷狄數卷進讀則外攘之策舉矣事要理切既有以開廣聖志興利除弊庶足以極濟阽危帝王之學莫大於此從之已而御前降

三朝寶訓一部付講筵所令錄說卻行進納仍就所錄正本進讀更不立義六年八月二十二日詔依建炎四年指揮權罷講候過防秋依舊開講仍進故事先是左司諫陳公輔言扈駕從官員數不多又當道路之間講讀故事皆所未暇故有是詔七年七月三日講筵所言本所今來已到行在所有今年秋講一節準令合至八月上旬擇日取旨外其供進故事欲乞令講筵所依開講日分除休假旦望隔日依舊輪官供進從之八月九日詔仲秋開講用八月二十三日時禮部侍郎陳公輔言竊觀陛下自聞道君太上皇帝寧德皇后凶訃哀毀過制雖從羣臣所請以日易月而退朝宮中實行三年

之喪恐間日下臨講筵有妨退朝居喪之制乞自後講日止令講讀官供進口義更不親臨繼而吏部尚書孫近刑部尚書胡交脩翰林學士朱震奏近聞陳公輔言乞罷開講筵臣等論之本朝真宗以至道三年三月即位改咸平則在諒闇之中也是年正月詔明達經義者參知政事李至以崔頤正為對翌日召頤正講尚書於廣福殿又於苑中說尚書大禹謨自是月令赴御藥院侍對說尚書至十卷二年置翰林侍講學士命刑昺講左氏春秋亦在三年之制又給事中胡世將亦言神宗皇帝治平初同知諫院傅卞請開經筵詔候祔廟畢取旨按祖宗舊制即無供進口義典故乞更令侍從討論

故事以聞而公輔又上章辯論必欲遂其說於是右正言李誼奏竊考之詩成王訪洛之初羣臣進戒之始其言曰日就月將學有緝熙于光明真宗皇帝即位之初亦嘗命臣下講書于內殿及英宗皇帝初師大寶司馬光首以開講筵為言者三夫立紀綱設制度在人主莫如周之成王本朝之章聖識道理嚴禮法人臣莫如司馬光而三年之喪皆欲不廢夫學以是天子之孝在於安國家定社稷其於先王之道不可一日而忘也臣質之禮典論之人情以謂三年之制聽備樂悅備色享備味則有所不可至於聞先王之正道監祖宗之成訓亦何不可之有乞斷自聖志依舊間日御邇英講至通庶

幾聰明不蔽以闡大猷至是輔之請寢焉九月一日內
出無逸篇四軸付講筵所遇講日安掛十月詔仍開講
筵九年七月二十八日講筵所言昨進講論語終篇攄
忠翊郎講筵祗應御書兼脩纂邇英殿記注袁汝楫乞
依經筵舊制講讀經書每遇終篇例蒙推恩其官吏等
各轉兩官資白身人補大將及於皇城司賜御筵祗應
御書使臣等赴坐緣推恩舊例昨因渡江而失不存欲
望特賜審首比舊例降等推恩施行詔講筵所官吏各
轉一官內白身補進義副尉裝界作賜錢三十貫九月
二十八日詔每遇講筵宣賜講官等喫食內有食素員
數將已定葷料令御廚變造宣賜十一年三月二十一
日主管講筵所言三日二十五日開講筵是日係轉員
諸班直等賜宣後殿視事畢御射殿再引與閒講日相
妨詔引轉員畢再座御經筵四月五日賜侍讀吳表臣
蘇符新茶十四年二月五日講筵所言車駕幸太學御
敦化堂聽講至日進講經書乞依舊制其正經只用印
本籤貼起立進讀畢以次奉設繕寫講義進講於卷首
略題篇目更不書正文令供檢文字以下入殿聽旨宣
取從之十五年十一月十三日詔賜講讀說書脩注官
寒食端午冬至節料觀文殿大學士以上錢一伯五十
貫酒十瓶資政殿大學士學士以上錢一伯貫酒八瓶
待制以上五十貫酒六瓶未繫兩制錢三十貫酒四瓶

卷四千八百五十六　五

著為令十六年三月十九日詔進講孟子終篇依語論
例推恩先是紹興初開講至是進講終篇翌日上特遣
中使賜講官叚拂鞍馬牙笏金硯水瓶筆墨等越三日
賜講讀官御筵于皇城司遣中使宣勸第賜香茶侍讀
秦僖等翌日上表稱謝十七年三月二十六日詔講筵
所可依在京日於資善堂內置局候春講畢令臨安府
相度更脩二十三年十一月七日詔進講尚書終篇講
讀官以下可依孟子終篇例推恩內人吏無資可轉人
候有官日收使願換支賜者聽先是紹興八年三月開
講至是進講終篇是日特詔宰執聽講進讀畢太師秦
檜以下稱賀上悅甚以玉帶笏簡金鞍勒親御調習名
馬遣中使就檜第賜之仍第賜侍讀秦熺簽書樞密院
事史才侍講魏師遜說書鄭仲熊脩注官楊迥金帶牙
簡鞍馬檜等皆上表以謝越二日賜宰執泊講讀脩注
官御筵于秘書省用教坊樂遣中使第賜香茶主管講
筵所講筵閤官吏免御筵賜食有差既而講讀官以下
作詩以進二十五年四月二十三日詔進講周易終篇
講讀官以下並轉官推恩有差是日進講終篇特召宰
執聽講畢太師秦檜以下稱賀上甚悅以犀帶牙簡金
鞍勒良馬銀絹命內侍就檜第賜之仍第賜侍讀秦熺
簽書樞密院事鄭仲熊侍講董德元王珉修注官林一
飛金帶牙簡鞍馬銀絹有差內王珉加賜金魚及硯匣

卷四千八百四十六　六

越二日賜御筵于秘書省遣中使第賜香茶秦檜等各上表稱謝二十六年七月二十四日左大中大夫守御史中丞湯鵬舉言方今於祁寒隆暑暫罷講筵許近臣進故事是欲令禁從少竭愚忠裨補國論當進入以備乙夜之觀近來講筵所胥吏輙違舊例取索副本稱講筵要用自紹興十三年為始臣竊疑之是必懷姦之人自為朋黨惟恐臣下獻忠違背其意故令胥吏取索令後臣下奏陳故事不許講筵所取索副本只就令通進司進入庶幾臣下得以輸忠從之二十七年十月十六日詔經筵進讀三朝寶訓終篇可依周易終篇例推恩先是紹興五年閏二月講讀至是終篇是日侍讀王師心頓首稱賀上賜師心牙簡金鞍勒良馬象管端硯檀香匣復古殿墨象牙粘版壓紙金硯水瓶越二日賜講讀并脩注官以下御筵于皇城司用化成殿樂仍遣中使第賜香茶師心等上表稱謝二十八年五月十八日起居舍人洪遵言恭惟陛下延見儒臣紬繹經史惟以講學為務但左右二史襲沿近例旋進旋退於嘉言善行缺無所紀述不足以稱聖天子隆儒傚古之意望載筆之臣應經筵中侍臣陛紬封章進對燕會賜與講讀問答斷自今年八月秋講為始悉行編録以邇英記注為名仍敕講讀官已後奏對之間面得天語即時以實具執無得隱漏庶幾一代盛典大書特書與日政記日

卷四千八百四十六　七

曆起居注相為表裏有以考信從之九月二十六日左朝散郎守起居郎兼權中書舍人洪遵言竊見春秋二講每於雙日先期書曆經筵官講讀畢許留身奏事修注官雖與僉書未嘗有奏事者不應別為二體詔自今後許依講讀官奏事二十九年三月四日講筵所言罷講日令合進故事官寫副本同進巻實封赴本所排日編之記注近以臣寮言不許本所排日本只令通進司投進遂使邇英記注有關編録乞降旨依舊從之

卷四千八百四十六　八

孝宗

宋會要　經筵

紹興三十二年七月二十九日（孝宗已即位未改元）講筵所言見令排辦今年秋講檢準令皇帝初御經筵合具奏請點定講讀經史有旨講尚書周禮讀三朝寶訓　九月四日詔朕仰稽祖宗故事開講其日可召輔臣觀講　七月上初御講筵翰林學士承旨洪遵進讀三朝寶訓給事中金安節禮部侍郎黃中講周禮權工部侍郎張闡講尚書　先是講筵所被旨用二月十五日開講上以謂日分稍遠時用是日至十一月二十七日罷講故例開講賜宰執御廚食各二十味執政各十五味經筵官各十味講讀說書修注官每遇講筵日賜食一合法酒各二升及遇寒食端午冬至節觀文殿大學士學士以上賜錢一百五十貫酒十瓶資政殿大學士學士以上一百貫酒八瓶待制以上五十貫酒六瓶未係兩制三十貫酒四瓶年例春季取賜茶墨自隆興元年止賜茶不賜墨　十月二十六日詔講筵見講周禮尚書令分篇進講以兵部侍郎兼侍講周葵言臣伏見講筵見講周禮係禮部侍郎黃中給事中金安節同講尚書係權工部侍郎張闡與臣同講故事每兩員同講一經人各一授上下相接不分卷秩篇章竊緣孟軻以後聖道不

傳經義淵深後學未易窺測雖有見行傳注所說不同講筵群臣未免各隨所見臨時去取有一篇之文經意未終兩人同講互相牴牾他日脩成邇英殿記注同為一篇而先後是非如此委未允當臣初侍講筵即曾面奏上項事理許臣等各講一經至今未蒙處分欲望特降指揮各講是何經文萬一必欲先了此二經亦願救講筵臣寮見講周禮者一員起自天官一員起自夏官講尚書者一員起自堯舜一員起自洪範庶幾篇目相遠抵牾不多故有是命　隆興元年十一月七日詔學士院官經筵官自今月七日每日通輪二員宿直於學士院八日中書門下省言已降指揮學士院官經筵官自今月七日每日通輪二員宿直於學士院所有輪當宿直官如每月二日合赴德壽宮起居等緣和寧門阻隔難以趁赴并過其餘假日合取旨施行有旨每月二日合赴德壽宮起居聖節開啓滿散國忌行香前一日及旬假節假並與免宿　乾道元年四月四日詔講筵所將來大金報問使人到闕權住講筵候朝辭畢依舊

二年十月五日上御講筵先遣中使諭講讀官賜茶罷可同班奏事是日權禮部尚書周執羔侍讀給事中王曮中書舍人梁克家權兵部侍郎陳巖肖侍講起居郎陳良佑侍立講罷賜茶上命講讀官稍前上曰朕雖無大過豈無小失卿等不聞有所規諫思慮有所未

至賴卿等補益執羔等奏陛下聖明事無過舉上曰卿等若只備位非所望於卿等克家奏容臣等退思苟有闕失敢不盡言 三年九月二十四日詔進講禮記官擇諸篇至要切者進講以中書舍人梁克家言臣聞六經皆聖人闡道以詔後世而易為之原書詩次之春秋周禮又次之禮記則出漢儒雜記雖其間所載道德性命禮樂刑政制度文為委曲纖悉雖然畢備然皆諸儒纂輯成書非全經也臣昨者蒙恩待罪經筵是時講官頗多以最後至因講禮記首尾兩年遇有缺員不敢改他經而臣今所講曲禮類多閨門鄉黨掃洒應對飲食衣履之末誠不足以開廣聰明裨助治道臣實懼焉欲

乞今後令經筵官隨其員數多寡分經進講以易詩書春秋周禮禮記為序謂如講官二員即講易書詩四員即講易書詩春秋是也遇有六員合講禮記即乞除喪禮十三篇不講外餘篇中有不須講者亦節講如元祐中范祖禹申請故事或許擇諸篇最要切者如王制學記中庸大學之類先次進講庶幾有補聖德萬分之一詔從之 八年十月二十六日詔先降指揮經筵官日輪二員學士院宿直自今可止輪一員以後遵依永為定制詳見翰林學士門 淳熙元年十二月一日詔經筵舊例三經進呈邇英記注例蒙推恩有官資人各轉一員內無資可轉人并應不願轉官資人並依紹興二十四年已進記注推恩例比換支賜從

侍讀趙雄講也 三年九月二十二日講筵所言今來秋講準令大禮習儀前五日權住今太常寺十月六日閱樂合於二十七日權住詔展至十一月五日住講 七年四月十一日詔寶訓進讀歲久尚有十二冊今每讀必多至重午前可以徹章俟徹章日令丞相趙雄等皆赴經筵 二十六日詔將來進讀三朝寶訓終篇日賜宰執侍讀說書修注官御內主管講筵所官以下依紹興二十三年例免賜令主管賜御筵諸司依等第列賜 五月四日詔侍讀史浩周必大候講讀畢同班留身奏事上曰進讀三朝寶訓幾時終篇祖宗謨訓月盡一卷亦未為多雖雙日亦休假亦當時坐浩曰臣等敢不

奏詔自是每講讀率漏下十刻 同日詔經筵進讀三朝寶訓徽章真宗皇帝正說藏在秘閣宜以進讀 十一日詔進讀三朝寶訓終篇賜宰執經筵修注官御筵于秘書省道山堂及牙簡金帶硯匣塗金鞍馬香茶侍讀侍講說書並特與轉一官修注官各特與減三年磨勘本所官吏依紹興二十七年例推恩翌日赴坐官有詩來上詔宜付史館 八年四月二十九日詔丞相趙雄等赴經筵聽讀正說終篇少傅保寧軍節度使兼侍讀史浩吏部尚書兼侍讀王希呂戶部侍郎兼侍講蕭經侍御史兼侍讀黃洽國子司業兼崇政殿說書崔敦詩起居郎兼權中書舍人木待問起居舍人宇文价言淳

熙七年夏五月乙卯，經筵三朝寶訓徹章，臣等上奏請繼讀何書。翌日有旨：真宗皇帝正説藏在秘閣，宜以進讀。經史及祖宗謨訓已屢終篇，緝熙光明，愈久不倦。惟易一經，實為六藝之原，致治之成法也。乃辛丑歲九月甲申得旨，令侍講、説書專講是經。每遇進講，玉音發揚，隨義折衷，聖言宏奥，固已載之記注，以詒萬世。臣等竊謂易之為書，廣大悉備，然其大旨不過推原陰陽消長之理，以明治亂興衰，以辨君子小人而已。伏覩陛下甞因講泰卦之九二，玉音有曰：「君子以其類進而為善，小人以其類進而為惡，未有無助者也。」講萃之上六，玉音有曰：「盛極則衰，亂極生治。」三復聖言，窃以深得大易之旨。若此之類，不一而足。是以見之事業，措之天下，皆易之用也。近者又蒙宣諭曰講兩卦，今遇徹章，臣等慶幸之餘，不勝拳拳歸美之意，乞宣付史館。從之。　十月十三日，宰執進呈講筵所周易終篇官吏推恩，上曰：「轉官依淳熙八年例。」王淮等奏：「吏部人白身者多，以前三名。」上曰：「如何得多？可從下減却，只是優與犒設。」又曰：「陸贄奏議又將終篇。」淮等奏：「陛下聖學高明，而講筵如此留意，可以為後世法。」十一月一日，詔經筵進講周易終篇，侍讀、侍講、修注官並特與轉一官。是日，侍讀張大經，侍講宇文价、蕭燧、王藺、葛邲，起居郎陳居仁，舍人李巘上表，以進講周易終篇，賜御筵及蘭帶、鞍馬、香茶，各撰成

謝恩詩上進，詔宣付史館。於是九月秋講，臣浩書讀正心篇，論黄帝無為而天下治，上曰：「所謂無為者，豈燕安無所事之謂乎？」臣浩又讀剛斷篇，論漢武帝知郭解能使將軍為言其家不貧，上曰：「武帝於此可謂洞照事情。」臣浩又讀大中篇，論為政之道本乎大中，上曰：「勿渾渾而濁，勿察察而明，即此理也。」臣等側聞聖言，咸極欽歎。竊以久而必怠者，中主之常情；新而不已者，上聖之盛德。自昔人主臨御日久，非内惑聲色，則外事畋遊，其蔽則至於溺浮圖、求神仙。今陛下天縱聰明，日躋睿智，爰自即位，今二十年，方且孳孳典訓，愈久愈厲，歲時甫決，篇帙再周，誠經席之所未見，求之往聖，則帝王之汲汲，孔子之皇皇，不是過也。乞付史館。從之。五月四日，詔進讀真宗皇帝正説終篇，賜宰執、經筵、修注官御筵于秘書省道山堂，及牙簡、金帶、硯匣、塗金鞍馬、香茶。侍讀、侍講、説書、修注官並特與轉一官，本所官吏依淳熙七年例推恩。翌日，赴坐官有詩來上，詔宣付史館。七月四日，詔經筵進讀陸贄奏議。九月十日，詔侍讀、説書今通共進講周易一經。　十一年九月九日，詔侍讀、侍講見今通講周易，將欲終篇，可自開講日每講兩卦。十月十日，禮部尚書兼侍讀張大經等奏：「恭惟陛下稽古典學，萬機之暇，親御經筵講」。　十三年三月二十七日，詔見進讀陸贄奏議，可自後講每講進讀半冊，作六講終篇。五月

一日侍讀蕭燧侍講宇文价葛邲將繼周洪邁起居郎李巘舍人吳燠言恭覩淳熙八年四月甲戌經筵讀真宗皇帝正說終篇六月壬申有旨宣諭陸贄奏議可與不可進讀王布呂等言贄論諫數十百篇皆本仁義元祐中蘇軾等乞繕寫進呈置之座右將來開講如金進讀實有補於治道七月丙子制曰可且令日讀五版九年四月辛亥詔講讀官同班奏事上曰朕每見陸贄論德宗事未嘗不寒心正恐未免有德宗之失卿等可各條具闕失上來侍讀芮輝奏陛下推誠待下可謂曲盡其至侍講黃洽言德宗猜忌刻薄唐書一贊盡之矣上曰德宗彊明不肯推誠待下雖更奉天離亂終不悔悟當彼艱難之時所宜與贄朝夕論議猶恐不濟而每事但遣左右宣旨罕嘗面論豈能深究利害此所以知德宗之不振也侍講崔敦詩言德宗於軍旅間亦多是中人傳旨實情安得上達上曰德宗欲以此濟其猜忌刻薄煇又奏聖言及此社稷之福於是合辭奏言臣等敢不仰遵聖訓顧竭愚忠十三年三月癸卯開講時奏議猶有三帙凡三萬五千餘字有旨諭講讀官令自後每讀以半帙為率四月庚戌臣燧讀贄論度支令折稅市草事狀臣燧言自古聚斂之臣務為欺誕以術能未有不先紛更制度者上曰天下本無事庸人擾之耳庚申臣燧讀贄所論裴延齡書上曰贄論延齡姦惡反覆曲

折如此延齡可謂至小人臣燧言延齡之姦最甚世所罕有又有旨特以十八日二十二日御講延臣燧又讀贄所論裴延齡書讀畢臣燧言君子未嘗不欲去小人然嘗為小人所勝如蕭望之為恭顯所勝張九齡為李林甫所勝裴度為皇甫鎛所勝上曰皇甫鎛亦延齡之徒也惟臣等以庸瑣之材幸得備員華光日侍左右仰惟陛下以天縱典學緝熙光明一話一言皆足以昭諸萬世堯舜之聖不過如是豈唐德宗所當同日而語然宸心惕惕每慮或蹈其失以為寒心夫德宗親聞贄言而棄之如土梗陛下進誦贄語而寶之如元龜至以退朝之後傾聽數千言而不為倦厭又特於雙日躬御邇英蓋故事所未有聖愚相去何止高天之與下地也臣等不勝大願乞宣付史館以彰著陛下不矜不伐執古御今之意從之是日宰執進呈上曰昨與添入數語王淮等奏此真可為萬世法程上曰德宗不明不能壓服臣下故當時藩鎮敢爾妄作五月六日詔經筵進讀陸贄奏議終篇侍讀侍講修注官並特與轉一官本所官裝界作依淳熙八年例推恩其人吏依例不得過一十六人內白身人與補進武副尉仍不得過二名餘不該推恩五人各支犒設錢五十貫十三日侍讀蕭燧侍講宇文价洪邁葛邲將繼周起居郎李巘舍人吳燠上表以進讀陸贄奏議終篇賜御筵及硯金匣筆格鞍馬香

茶筆墨各撰成謝恩詩上進詔宣付史館六月十三日新知建寧府程大昌朝辭奏竊見講殿進讀陸贄奏議兩日而徹一卷異代諫語亦蒙采録古無前比愚臣顧有獻唐人以諫名世者贄外更有魏證率皆主本仁義而能發達事情贄之所事者德宗故其仁義爲空言證之所事者太宗故其仁義爲實效贄語如醫家之脉書圖於不試則無效可及證書如良醫診療皆效則其方藥悉可循用也乞宣取魏證諫録接續覽觀則失德宗之所從失與夫太宗之所從得皆昭昭如白黑矣詔繕寫進入 淳熙十六年二月十三日詔講筵所依令用此月中旬擇日開講十四日詔朕仰稽祖宗故事開講日可詔輔臣觀講十八日講筵所言皇帝初御經筵合具奏請點定講讀經史詔講尚書讀三朝寶訓接續東宮所講尚書五月十四日講筵所言見進讀三朝寶訓令準指揮合進讀資治通鑑即未審與三朝寶訓相兼或相間進讀詔寶訓與通鑑間日進讀

全唐文

光宗

宋會要 經筵

紹熙元年十月十二日講筵所言經筵見今進講尚書將欲終篇詔再講春秋二十五日權吏部尚書兼寶録院修撰兼侍讀鄭僑等言臣等仰惟皇帝陛下以天縱上聖之資承壽皇親傳之統遂同舜禹稽古爲先乃淳熙十六年二月二日登大寶位甫浹日命諏辰開經筵續東宮所講尚書是月二十三日御邇英初講用祖宗故事召輔臣與觀自是隻日率以爲常間遇休假亦特命講始自無逸顧問咨訪五音折衷動與理會講立政上曰立政一篇大抵以用人爲本胡晉臣言信任則不以小人參之上曰任則勿疑講君陳斯謀斯猷惟我后之德上曰此乃萬世人臣之龜鑑後之人臣多是沽名講君牙丕顯哉文王謨丕承哉武王烈上曰文王功業甚大武王又能承之可謂授受一道講冏命侍御僕從罔匪正人上曰文武之聖猶先辨邪正則邪正誠不可可以不辨余端禮言古者人主左右必擇賢士大夫不專用近習上曰左右近習能移人之性又曰士大夫進見有時若左右近習則朝夕親近所以能移人之性又曰邪正混淆尤當深察講呂刑一書非有意於用刑蓋欲使人知畏而不敢犯紹熙元年十月二十五日終篇

臣等竊惟尚書一經帝王執範陛下養德儲闈進講是書已至於再臨御未幾亟詔侍臣續業金華遂究五十八篇之旨臣嘗於經筵奏事蒙宣諭曰夫人幼而學之壯而行之朕在東宮時每與諸儒講論經理至今頗得學力乃知此事不可一日廢臣等聞之贊美一詞竊謂經曰學于古訓乃有獲又曰念終始典于學陛下於此可謂尊其所聞行其所知矣臣等不勝慶幸乞宣付史館從之十一月七日詔進講尚書終篇宰執侍讀侍講修注官並特與轉一官本所官吏裝界作依淳熙八年例推恩其人吏依例不得過一十六人內白身人與補進武副尉仍不得過二名餘不該推恩五人各支犒設錢五十貫文諸色祗應人一十七人支犒設一次三年九月十六日講筵所言今來秋講據太史局申宜用九月二十五日從之先是吏部尚書兼侍讀鄭僑言二月開講止于重午八月復開止于冬至著為定令自時厥後定令雖存間以事妨亦有春講用三月秋講用九月則漸失祖宗之旨竊謂將來秋講自會慶重明節北使到闕前後日分皆有相妨加以今歲初郊習儀前五日例是輟講若自八月開經筵日數已是希少設用九月則愈少矣乞詔有司擇日於八月上旬則御邇英殿幾日分稍寬可以仰副陛下從容訪道終始典學之意

全唐文

寧宗

宋會要　經筵

慶元元年正月二十一日臣寮奏恭聞高宗皇帝諭宰臣趙鼎曰朕居宮禁中自有日課早閱章疏午後讀春秋史記夜讀尚書率以三鼓罷孝宗皇帝諭講官周操曰朕在宮中並無他用心只是看經史耳大哉皇祖之訓學有緝熙於光明所謂貽孫謀而燕翼子者蓋必由於學也仰惟陛下踐祚之初未遑他務首開經幄添置講員增益諸經早晚兩講不以崇高富貴為樂而以盛德日新為念臣去歲八月二日面奏講學劄子陛下慨然垂聽出示講官越三日宣召微臣玉音諭以悉行所奏中外交賀咸仰陛下念學之篤根於至誠蓋二帝三王之用心上繼高宗孝宗聖學之盛也仰惟陛下日御經筵固有定式惟是暇日與退朝之際皆是清閒之燕宮中庶務必不上關聖懷當此暇隙之時稍思日課之學如高宗孝宗之訓定課式於禁中庶幾既有外朝講讀之勤又有內廷課學之益恭覩高宗皇帝聖政孝宗皇帝聖政二書皆是兩朝七十年間大政事藏諸金匱不惟盛德大業醲化懿綱一一所訓式而紀載明白事理較然觀閱之間易於著心而入耳固不待講理而後明也欲望陛下以高宗孝宗宮中讀書定課為法而

復以聖政之書專為宮中課程之學下秘書省繕寫兩
朝聖政二書留寘日所御殿日閱數條以為定式詳其
施置之美意法其政事之脩明熟味細觀再三紬繹積
日累月不噺定課則兩朝聖政之書盡畢觀覽良法美
意皆在陛下胸中出而見諸政治者將自脗合而無間
矣此其事不勞其道易行而其効必至者也臣拳拳愛
君願裨聖學惟陛下財幸詔從之四月二十五日權工
部侍郎兼知臨安府錢象祖言仰惟國家聖聖相承莫
不鋭情經術博攷古今參稽治要逮高宗皇帝當艱難
再造之日亦不忘貽訓常詔侍從官遇住講日輪進故
事俾從臣時得以前代及本朝之事有關治體者述録

以聞雖漢世祖之投戈講藝息馬論道不是過也恭惟
陛下以天縱之資留意聖學粤自龍飛九五而來益加
聖心崇尚儒臣訪求治道日御經筵靡間寒暑雖於舊
制罷講之時猶日講不輟緝熙光明之盛度越前古惟
是侍臣所進故事以紹興之制係於住講日依講筵日
分以次輪進今講筵既無住講日分有司遂未舉行竊
謂所進故事皆摘取切近時務足以觀省者以為規益
或以古語而明今或以往事而申鑑非徒為多聞也
詎可廢而不舉哉欲望聖慈特降睿旨自今雖非
住講日分亦令侍從官從舊制輪進庶幾古先之
成績列聖之良規時得以徹聞聰聽不惟有以副

陛下博詢廣問孜孜不倦之意而且俾侍從之臣咸得
輸忠效美以罄愛君憂國萬一之誠實非虛文不為小
補詔從之十月十七日太中大夫試吏部尚書兼實録
院修撰兼侍讀葉翥中奉大夫權兵部尚書兼侍讀張
叔椿通奉大夫御史中丞兼侍讀何澹太中大夫守尚
書戶部侍郎兼修玉牒官兼侍講袁說友朝議大夫新
除刑部侍郎兼侍講黃艾朝奉大夫試右諫議大夫兼
侍講李沐朝請郎試國子祭酒兼權兵部侍郎兼侍講
楊大灋朝散大夫行殿中侍御史兼侍講黃黼朝奉大
夫行右正言兼侍講劉德秀言內侍王德兼白劄子得
旨宣諭侍讀侍講等自今後晚講各要講解義理引古

證今庶不為文具若只讀過恐無益于事請具知委回
奏翥等除已遵依聖旨外嘗於十一日早講畢同班面
奏訖乞宣付史館詔從之十二月七日詔自今已後如
遇開講隻日早一講晚兩講一讀雙日止晚講兩讀兩
講如將來遇垂拱殿坐雙隻日並晚講免早講不係開
講之時除假故外並特晚講依舊兩讀兩講慶元五年
四月二十七日通議大夫權禮部尚書兼實録院同修
撰兼侍讀黃由劄子奏臣恭惟陛下天資濬明聖意沖
澹肅御經殿朝夕講說雖祁寒盛暑亹亹忘倦此堯之
日行其道湯之日新厥德成王之日就於學也比者講
官進講之次嘗頌仁祖聖語以刺詩亂世之事為監戒

講讀數演未嘗諱避陛下恪遵成憲即賜允俞至今臣子得以肆言無忌而陛下每每傾聽不厭臣以謭薄俗數進讀資治通鑑自接續漢宣帝之後至世祖建武之十二年每同讀官得以管見援引數奏不敢緘默臣竊觀通鑑正本計二百九十四卷所記興君諠辟與中才庸主之事槩有可法亦有可戒今進讀節本類多芟撥爲進士科舉計其間急政要務關於君子小人進退用捨之際天下國家安危理亂之機者或闕不載甚非所以廣聰明而示龜鑑也宣帝五鳳三年張敞請明飭郡國挾詐僞元帝竟寧元年侯應奏罷邊備設置戍卒成帝河平二年朝三老等訟王尊之冤以指繩賊之罪哀帝建平二年楊雄等論鼓妖之異以明聽失之象凡此等事或切於吏治或熟於邊防或繫於國是或兆於天變致之節本一切遺軼甚至當時閹寺小人恃權挾術以誤人家國者遡復畧焉宣帝本漢英主弘恭石顯信任非才自是基禍於後至元帝時大爲欺罔有如宮門不可夜開自有著令顯恐左右間已取一信以爲驗輒先自白請使詔吏開門故投夜還稱詔開門入後雖有上書告顯而顯命矯詔之奏遂不得行是託信以濟其詐也而元帝不之悟由是姦謀陰計詭秘百端小夫憸人黨友交結於時民間有牢邪石邪五鹿客夜之歌此在通鑑中最爲要切可以爲後世戒者而節本不載

臣自去冬進讀殆及半歲其泛然無益不足勸乙覽者既不敢有所刪削至關繫治體可以爲規警者復不敢有所增益以陛下講學日勤順考古道而臣悠悠歲月塞責目前讀得不讀失讀存不讀亡或盡如本朝趙抃之論豈不負陛下細繹之意哉陛下始初踐祚深以宗社大計爲重如王德謙之積姦稔惡怙勢邀寵殆與弘恭石顯無異陛下奮發英斷寬投遠方天下竦然咸服陛下之剛明而臣遭遇最蚤竊窺陛下識度昭晰其於小人情狀灼見有素固不待罪惡滿盈而後知也蓋臣甲寅之夏執經潛邸同列或在告或丐外獨臣朝夕得侍陛下左右時孝宗聖躬違豫太上亦以疾不得以時問安宰輔寡謀倉皇無策臣嘗罄竭愚慮謂孝宗詒謀燕翼垂諸子孫休戚一體太上以疾未出陛下即孝宗之長孫蠱謂於太上躬往省侍於是與劉誾奏得前詔陛下即日過宮奏下之時臣猶在講席未退陛下欣喜踴躍更衣趣駕而王德謙時爲都監輒爲間言妄立異說執留省劄久之謂當審奏御陛下不得前臣正色力爭德謙何見敢遏稽違陛下天日照燭悟其言爲非以臣言爲是斷自聖意隨即登車仍令臣留邸以候問安之回德謙迫不獲已勉強從往而憤怒偃蹇形於色辭蓋其無君無親之心大姦大惡之態固已發露於此矣陛下祇見孝宗賜坐移時告語慰藉不一而足自是

日往省問率以為常伺使陛下明斷不果德謙之言或
入則孝宗受孫之懷太上命子之意與陛下事兩宮之
孝誠詎能彰著於天下後世哉是事始末惟陛下實能
斡記而廷臣所未知國史所未載臣隱而不言則有罪
故臣因論進讀資治通鑑輒併及之臣竊謂德謙之姦
欺甚於弘恭石顯而陛下之明斷非元帝所能及繼今
進讀止用節本而漢唐閒所以治禍於此書者不獲徹
聞則是姦邪之謀不惟可以取信於當時而亦可以肆
欺於後世臣實懼焉臣聞神宗製通鑑序文有曰荒墜
顛危可見前車之失亂賊姦宄厥有履霜之漸欲乞詔
許讀官徑將通鑑正本擇其要切反覆進讀凡自昔君

子小人進退用舍之際天下國家安危理亂之機誠載
日月具以時聞閒有泛然無益於治體者則削去之仍
乞下臣劉子宣付史館登記潛邸省侍孝宗始末使千
萬世知陛下之孝德不可及小人之姦謀不可欺實宗
廟生靈之福也詔從之嘉泰元年十一月三日朝請大
夫試尚書禮部侍郎兼權禮部尚書兼給事中兼實錄
院同修撰兼侍讀費士寅中奉大夫試尚書禮部侍郎
兼直學院兼實錄院同修撰兼侍讀陳宗召新授中大
夫試尚書兵部侍郎兼侍講趙介太中大夫中書舍人
兼侍講萬鍾朝請大夫行殿中侍御史兼侍講林采朝
散大夫行右正言兼侍講施康年劉子奏臣等恭惟皇

朝家法以親近儒臣講論經義商較古今為求治之本
列聖相承所守一道典學之勤蓋漢唐賢君所莫能及
然考之故實皆二日一開經筵率用雙日一讀一講惟
仁宗皇帝自乾興後隻日亦或講說而亦未以為常也
皇帝陛下至誠天縱好學不倦自登寶位雙日隻日咸
御經筵兩讀兩講寶訓通鑑詩書禮記春秋語孟分日
更進率以為常每當講讀凝神審聽諸儒之說閒有理
到詞達足以發明微旨默契聖心者必首肯意愛喜見
天顏或誦說之多至漏移十數刻亦未嘗有倦色蓋自
昔帝王好學之誠篤不厭未有如今日之盛者也孟子
一書自紹熙五年八月十七日詔續潛邸所講之章至

今年十一月三日講徹臣等竊惟孟子之道大抵先義
後利教民孝悌力田使之不飢不寒為王道之本此二
帝三王所以君天下者而當時之君乃以其說為迂闊
又以距楊墨放淫辭使邪說者不得作以著孔子之道
為己任此禹周公孔子三聖人所以善天下者而當時
之人乃以其說為好辯則其不遇亦已甚矣今陛下於
千載之後乃好其道講明其書舉其言而措之天下崇
儉約省徭役捐帑廩以厚民力闢邪說距詖行放淫辭
以正人心一政一事無非取諸其書然則孟子之言雖
不用於戰國之君而見用於陛下孟子之道雖不行於
當時而實行於今日也臣等陋學謏聞充員講讀式際

休嘉不勝慶幸欲望聖慈宣付史館詔從之　開禧元年正月二十三日朝請郎試兵部尚書兼侍讀張澤中大夫權禮部尚書兼同修國史兼實録院同修撰兼侍讀蕭逵太中大夫守吏部侍郎兼同修國史兼實録院同修撰兼直學士院兼侍讀顏棫朝請大夫試中書舍人兼侍講陸峻朝散大夫權尚書刑部侍郎兼侍講兼中書舍人楊炳朝奉大夫侍御史兼侍講林行可劄子奏臣等近於十二月十三日恭侍經幄因奏陳民間望雪甚久陛下精禱通天加之前日頒詔改元推行寬大之澤百姓鼓舞和氣感召瑞雪應期速若桴鼓更願陛下益加兢業畏天愛民茂宗社無窮之福臣等又奏陛下當隆冬雪寒之時不輟講誦仰見聖學無倦盛德日新臣等一介寒儒獲際休明實千載難逢之會窃蒙陛下嘉納臣等拳拳懇衷欲望聖慈特降睿旨下臣等所奏宣付史館昭示將來臣等不勝幸甚詔從之　嘉定元年三月十一日資政殿大學士中大夫提舉萬壽觀兼侍讀趙彥逾通奉大夫守吏部尚書兼翰林學士兼修國史兼實録院修撰兼侍讀樓鑰寶謨閣學士太中大夫充湖北京西宣撫使兼侍讀宇文紹節中大夫權兵部尚書兼修國史兼實録院修撰兼侍讀倪思朝奉大夫試尚書禮部侍郎兼直學士院兼修玉牒官兼侍講章良能朝散大夫試中書舍人兼侍講蔡幼學朝奉

大夫試右諫議大夫兼侍講葉時朝奉郎殿中侍御史兼侍講黄疇若宣教郎試起居郎充奉使通謝使許奕朝議大夫起居舍人兼太子侍講陳希點劄子奏臣等仰惟皇帝陛下銳情經術退朝暇豫再御邇英隆冬祁寒曾弗少怠多聞建事之效固已度越前王矣迨兹更化又令權寢他經專一以詩進説尤見聖心急於究聞三百五篇大義温顔訪逮命之坐講章句雖多垂聽不倦遂卒金華之業宣召宰輔同豫榮觀甚休甚盛臣等猥以末學獲備講讀之職無所發明積懷愧懼竊惟三代而下人主號爲尊尚儒術莫如漢之武帝唐之太宗武帝表章六經然好大喜功失於多欲太宗嚴訪儒生然内多慙德人得以議誠未有如陛下始終惟一篤學而力行者也夫詩之美刺關繫治忽文武王業之所由興幽厲主業之所由替與夫持盈撥亂治内治外之規模不可爲後世法陛下深明六藝夫豈效經生學士區區於多識鳥獸草木之名蓋欲本之修身刑之齊家極於美教化移風俗是以施爲注措莫不有得於詩敬畏天戒則不識不知順帝之則也遵守成憲則不愆不忘率由舊章也下武繼文于以盡其孝行葦忠厚于以廣其仁夙夜敬止于以致其勤奉養有節于以示其儉不諫亦入則從善爲甚速見晛曰消則去邪爲甚易戒政多如雨亦則咸福自已懲巧言如流則聽斷惟精險詖私

謂不行於宮庭關雎之美著焉振振信厚皆顯於公族
麟趾之化行焉誅鉏元凶所以懲尹氏之專於東國登
進耆舊所以藉老成之重於典刑棫樸能官而髦士休
宜菁莪樂育而英才竝出至若有常立武而得衞中國
之道不隤厥問而得御夷狄之術勞來還定而鰥寡不
失其所叙情閔勞而將士咸樂為用凡此大政數十雖
陛下天資高明動與理合然實稽古典學之力也蓋詩
進講始于陛下登極之初紹興五年甲寅八月終于嘉
定改元戊辰三月日就月將緝熙光明陛下既得之矣
維天之命於穆不已文王之德之純純亦不已抑臣等
願陛下加之意焉臣等遭逢明時親覩盛美若不能備

述始末登載簡策傳示萬世則為有罪謹具劄子奏聞
伏望聖慈宣付史館詔從之　嘉定二年十一月十六
日朝議大夫權禮部尚書兼侍讀章穎朝散郎試尚書
吏部侍郎兼侍讀許奕朝議大夫試尚書吏部侍郎兼
直學士院兼侍讀蔡幼學朝奉大夫侍御史兼侍講陳
晦朝請大夫行左司諫兼侍講劉榘承議郎右正言兼
侍講黃中朝秦（奉）大夫起居郎兼國史院編修官兼實録
院檢討官兼太子右諭德曹從龍承議郎起居舍人兼
權直學士院留元剛劄子奏臣等仰惟陛下天縱之聖
冠於百王日新之德光於四表自履大位雖萬幾之繁
日親聽斷然猶遜志於學祁寒盛暑不廢講讀周書下

明詔增講員訓辭丁寧務求多聞之益前乎此未有晚
講自陛下始行之前乎此未有坐講自陛下始行之書
之國史為法來世每御殿惟誦諸經以究治忽之原訪
諸史以鑒得失之跡因古驗今形於天語辭簡理到臣
下嘆服至於法先王由舊則業業乎累聖之重規疊者
進讀三朝寶訓既終繼以兩朝寶訓其後終篇有司以
他書為請詔讀高宗皇帝聖政至於嘉泰三年之四月
凡六年而後六十卷之書畢陳於冕旒之前仰惟高宗
皇帝聖學高明神武震耀中天立極再造王室樞機闔
闢之運與天地同其功殆非常情之所能窺測三十六
年之治利澤施四方仁風翔海表天下固已頌而歌舞

之而明明之廟謨赳赳之雄斷料敵制勝之方保大定
功之略大綱小紀詳法略則規天條地之績聲金振玉
之妙略見於此書陛下臨政願治動循丕矩對揚休烈
覿者不忘其與商宗之鑒成憲周王之酌祖道蓋異世
而同符臣等欲望聖慈宣付史館詔從之　嘉定五年
九月十四日中大夫新除吏部侍郎兼中書舍人兼同
脩國史兼實録院同修撰兼侍讀俞烈朝請郎試中書
舍人兼修玉牒官兼侍讀范之柔承議郎殿中侍御史
兼侍講徐宏朝奉郎左司諫兼侍講鄭昭先朝奉郎右
正言兼侍講董居誼朝請大夫試國子祭酒兼國史院
編修官實録院檢討官兼侍立修注官劉爚朝散大夫

守太常少卿兼國史院編修官兼實録院檢討官兼侍立修注官劉彌正劉子奏臣等仰惟陛下紹隆聖祚祇適先猷稽古用賢謹守一道不邇聲色不事觀游而政機餘暇日延儒臣講論經理進讀史事凝神静聽間形商摧數暢經旨曾無倦容此雖舜之好問禹之拜言湯之又日新成王之光明緝熙不是過也惟昔三聖成易一經羲畫文重具三才變通之體罔情孔思扶百世綱常之宗豈淺知之可窺俟上聖之復起惟我皇家列聖相承右文尊經以爲家法攷之故實皆二日一開經筵率用雙日一讀一講獨仁宗皇帝於慶曆二年進講周易而自乾興以後隻日亦或講説未以爲常也陛下睿謨天縱聖德日新猷訓是承專法仁祖取易一書晝誦夜思復延經生誦説紬繹蓋昉於嘉泰改元之冬迄今十有二載寢衣暢屬鋭情經術日講二卦虚心正守端拱以聽晝漏下或十餘刻不懈益壯講官敷繹有契聖心間形褒拂以示激厲臣等至愚仰窺聖運垂衣拱手間發英斷則乾之時行也聖化聿新崇儉去邪則豐之日中也清心寡欲行不踰矩則大壯之非禮勿履發政施仁與民休息則無妄之對時育物不絶鄰好益嚴邊備則得師之中吉畱意臬事不憚詳覆則得賁之無敢折獄天造神斷雷厲風飛無非大易之妙用而猶日開經閣欣聞講繹有若饑渴昔孔子讀易韋編三絶聖人

卷四千八百四十六　十二

窮而在下以明道傳後爲己責遂窮日力不憚講席今陛下貴爲天子日親萬幾而聽斷之隙有似於孔聖之窮經析義聖王相去千有餘歲而尊經樂道若合符節臣等末學謏聞充員講讀獲際休嘉臣等不勝大願欲望聖慈宣付史館詔從之

嘉定七年十月十三日朝議大夫權刑部尚書兼修玉牒官兼侍讀范之柔朝奉郎試中書舍人兼國史院編修官兼實録院檢討官兼侍讀石宗萬朝奉大夫殿中侍御史兼侍講應武朝請郎右正言兼侍講黄序朝議大夫試國子祭酒兼國史院編修官兼實録院檢討官兼崇政殿説書兼權工部侍郎徐應龍朝議大夫起居郎兼國史院編修官兼實録院檢討官兼侍讀兼權禮部侍郎李埴朝散郎守起居舍人兼玉牒所檢討官兼權直學士院兼太常少卿真德秀劉子奏臣等伏讀兩朝寶訓仁宗皇帝命丁度等講春秋終篇聖語有曰春秋所述皆前世治亂敢不鑒戒仰見祖宗學于古訓施于政理於春秋一經尤所加意恭惟陛下以天縱之資茂日新之德恪遵家法勤御經帷比年以來蓐徹篇帙今麟史告備載舉盛儀竊惟周轍既東疆國分列治世之經莫舉尊王之旨不明此書一立懲勸善惡扶植名分豈惟二百四十二年之行事其所以建民極而正人心者雖數千百年猶賴之是宜淵衷洞究玉音渙發深有取於明君臣之義猗歟盛

卷四千八百四十六　十三

哉前聖述作之心異世同符先朝寶章之美重規疊矩竊嘗歛攷歲月接續龍潛研精之素起於紹熙五年之仲秋從容燕閒務學之勤迄於嘉定七年之良月紬繹之久則所得益閎體察之深則所施不紊運量酬酢左右逢原君道之所以昭明治功之所以超越者不在茲乎臣等猥以非才備員講讀獲際休嘉不勝慶幸欲望聖慈宣付史館詔從之嘉定九年三月二十五日朝散郎試兵部侍郎兼中書舍人兼同修國史兼實録院同修撰兼侍讀石宗萬朝請大夫試右諫議大夫兼侍讀應武中大夫權吏部侍郎兼同修國史兼實録院同修撰兼侍讀徐應龍朝奉大夫行殿中侍御史兼侍講黄序朝散郎試祕書監兼國子祭酒兼國史院編修官兼實録院檢討官兼崇政殿説書袁燮朝議大夫起居郎兼國史院編修官兼實録院檢討官兼樞密副都承旨趙汝述朝議大夫軍器監兼玉牒所檢討官兼權檢正兼侍立修注官聶子述言仰惟陛下宸衷淵靖超邁純一留神典學延納儒紳自登寶位行歷二紀就將緝熙久而彌篤每從雙日隻日咸御經筵晚講坐講創為定制至於疑慮審聽喜見天顔商推大義玉音涣發前後見於史臣之登載者固不止於屢書特書而已也遠而帝王之經籍近而祖宗之家法以次講讀兼舉無遺自二朝寶訓終篇而輒書繼之自二朝寶訓終篇而魯語

卷四千八百四十六

十四

繼之嘉定以來詩首告備而高宗聖政隨竟寶帙易既卒業而孝宗聖政載畢瑤篇若春秋説事則又近在甲戌之良月也越丙子季春書復以徹章告夫尊經盛典也而史不絶書徹章曠儀也而靡歲不舉凡斯文之所以起興群目之所以動盈聲詩之所以歸美耀簡冊而傳方來者實漢唐以來之所未有也以至燕衎之私屢見於石渠之廳匪頒之式疊至於邇臣之室尤為熙朝之盛事猗歟休哉臣等竊惟尚書一經實為人主軌範堯舜禹湯文武之行事如指諸掌陛下研精覃思有年于茲固已舉坦明之制合前後之揆矣邇者講官得旨灼贊數奏灩底之前聖語有云典謨訓告之書朕留意已久堯言宣布一詞稱贊竊謂陛下游神藝圃潛心聖域識非分章摘句泥紙上之言事口耳之末也蓋嘗蠡測管窺仰觀聖運如精一之旨傳之堯舜儉勤之德無間大禹不邇聲色不殖貨利則與湯之檢身者無二道謹庶獄而無游畋建皇極而無偏黨則與文武之憂勤者無兩心豈非平時留意之久其效遂至是乎臣等聞伊尹之告太甲曰終始惟一時乃日新傳説之告高宗曰念終始典于學厥德修罔覺惟陛下謹終始如自強不息則高明光大悠久無疆將與天地同其德矣臣等不勝大願欲望聖慈宣付史館詔從之十一年三月二十六日太中大夫守尚書吏部侍郎兼修玉牒官兼侍

卷四千八百四十六

十五

請徐應龍朝奉大夫新除尚書禮部侍郎兼同修國史實録院同修撰兼侍讀袁燮朝請大夫試右諫議大夫兼侍讀黄序朝奉郎殿中侍御史兼侍講李楠朝奉郎右正言兼侍講劉棠中奉大夫行起居郎兼中書門下省檢正諸房公事兼玉牒所檢討官兼權工部侍郎聶子述朝散郎行起居舍人兼國史院編修官兼實録院檢討官兼太子侍讀宣繒言仰惟皇帝陛下天資沖澹惟性高明日御講筵就學不倦經籍與義以次咨訪罔有逸遺自慶元戊午至嘉定丙子凡十徵章雖商高宗興于終始周成王學有緝熙殆不是過猗歟懿哉甚盛德也厥今通鑑進讀復告訖篇非汲汲皇皇疇克臻此

卷四千八百四十六

十六

緬惟是書之作昉我英宗命司馬光論次於中祕起周威烈下竟五代研精極慮窮竭日力久迺克就卷帙肪分綱目并列不但猝攟故實而已蓋將便清燕之觀示元龜之鑒也裕陵欽承先志寵以序文謂天人相與之際休咎庶證之原威福盛衰之本規摹利害之效良將之方略循吏之教條於是悉備顯謨大訓炳若日星詔燕後令人永永無斁陛下篤意此書肆命勸誦其闓善可為法惡可為戒者或闢宸聽有悟聖心涣汗玉音動與理會前後侍臣之言欽聆敬歎不一而足維慶元乙卯三月實始啓帙除東西魏陳隋及五季瀆亂之事有旨不讀自餘紀載弗怠幡閱逮嘉定戊寅季春遂底終篇

陛下稽古之懋典學之勤可謂同符祖宗有光帝王矣昔唐開元中日選耆儒侍讀以質史籍疑義(而)(然)銳始怠終徒文亡實秉史筆者猶且特書以為美談矧陛下歷覽前代興亡理亂之故尊所聞行所知首末惟一顧可不登之汗簡以詔萬世欲望睿慈宣付史館詔從之

十二年五月十三日通議大夫權刑部尚書兼修玉牒官兼侍讀徐應龍朝散大夫試尚書禮部侍郎兼同修國史兼實録院同修撰兼侍讀袁燮朝請郎新除右諫議大夫兼侍講李楠朝奉郎新除殿中侍御史兼侍講盛章朝請郎新除右正言兼侍講胡衛朝散郎試祕書監兼國史院編修官兼實録院檢討官兼崇政殿說

卷四千八百四十六

十七

書宗中行朝奉郎新除起居郎兼國史院編修官兼實録院檢討官揚汝明朝奉郎新除起居舍人兼國史院編修官兼實録院檢討官李安行言仰惟陛下天縱之聖謙抑弗居日就之功緝熙不已粤自臨御以來銳情經術垂意史傳凡三五帝王學脈問辨之方暨歷代興忘理亂之蹟亦既洞究其顛末而深造其淵微矣比歲記注之臣欲以上裨聰明復取先朝講官范祖禹所進帝學一編續以五宗之懿躉為十卷仰塵乙覽頃因資治通鑑徹章有旨以是進讀聖心亹亹咨閱靡殆迺嘉定乙卯仲夏實竟其帙自非陛下典學之誠有加無已疇克臻此欽惟元祐更化作新之治符靖始初清明之

政無非皇皇汲汲之所蹤致高宗孝宗若稽于古高明光大之效尤極其盛今觀三聖學問之精微諸儒講說之本末是書所載炳如日星臣等進讀之次陛下穆垂天聽莫不心領意會抑亦尊所聞而行所知矣豈但盧文而已哉昔傅説之告商高宗曰王人求多聞時惟建事學于古訓乃有獲又繼之曰監于先王成憲其永無愆陛下學于古訓矣而復以五宗之家學為法是則監于成憲之謂也視商之賢王真可齊休匹美逮茲徹卷固宜紀諸汗簡以侈萬世之傳臣等勸誦罔功疊睹盛事不勝慶幸欲望睿慈宣付史館詔從之

十四年十一月十八月太中大夫試工部尚書兼修玉牒官兼侍讀葉時朝請郎試尚書吏部侍郎兼侍讀盛章朝奉大夫試尚書禮部侍郎兼同修國史兼實録院同修撰兼侍講楊汝明朝請大夫行殿中侍御史兼侍講張攀朝請郎左司諫兼侍講張次賢朝請郎右正言兼侍講龔蓋卿朝請郎守起居郎兼國史院編修官兼實録院檢討官杜孝嚴朝奉大夫起居舍人兼國史院編修官兼實録院檢討官兼權直舍人院程珌言竊謂聖學無倦國治道之所當先皇祖有訓尤聖學之不可緩商宗學于甘盤其永無愆必監先王成憲成王學有緝熙其養天下必酌先祖之道蓋近承家法皆易知而易行視泛稽于古昔又不侔也仰惟皇帝陛下懋德百王紹休列聖聰明本於天縱兢業著於日行垂精藝文篤意學問萬幾之暇惟求多聞一日之間至勤再講諏經讀史尊道崇儒博考前代或得或失之原以為今日可戒可法之鑑自履大寶逮今二十八年日月就將一誠不斁至於仰繩祖武率由舊章凡鉅典之昭垂益加意於省覽初讀五朝寶訓繼以高宗皇帝聖政又繼以孝宗皇帝聖政皆已終篇惓惓聖心復欲參稽高宗皇帝之寶訓乃詔攸司自嘉定六年十二月三日進讀閱八年而七十卷之書篇帙畢陳亦已盡經睿覽逮炎紹興之聖治條貫統紀皆備見其始終尊聞行知寶為大訓信無負高宗皇帝貽謀燕翼啓佑後王之意矣臣等竊觀高宗皇帝以神武之資履艱厄之運身濟大業光啓中興仁足以兼覆夷夏明足以洞燭忠邪勇足以成戡定之功剛則以大自彊之德宵衣旰食三十六年立政用人之要料敵御勝之謀裕民足國之方御外理内之策大綱小紀彝法畧則炳如日星皆聚於寶訓一書陛下以聖繼聖駿惠先猷不但觀省之克勤每思尊奉而唯謹重熙累洽根本于茲商宗監成憲而永無愆成王酌祖道以養天下詎容專美于古先臣等猥以踈庸充員講讀復有際遇何補聖明惟知歸美報上出於誠實不容自默用敢奏聞欲望聖慈宣付史館詔從之

宋會要　觀賞

太宗至道三年九月四日御滋福殿召輔臣觀西鄙地
圖歷指山川堡壁曰朕已令屯兵於地(內)州郡而簡其閑
冗冀以省費而息關輔之民也先是命左藏庫使楊允
恭崇儀副使竇神寶閤門祗候李允則乘傳傳視山川
郡縣形勝以圖上焉　真宗咸平四年十一月二十日
御龍圖閣召輔臣觀太宗皇帝草行飛白篆籀八分書
及閱古今畫移御崇和殿閱張去華所著元元論及國
田圖帝曰經國之道必以養民務穡為先朕常與邊鄙
輯(補)寧兵革粗息則可以力(闢)行其事富庶吾民矣　六年
十月三日對輔臣于龍圖閣觀种放山居圖放別業在
卷一萬一千八百五十七
終南山聚徒講學性嗜酒常種秫自釀林泉之景頗為
幽勝時帝遣使攜畫工圖之而觀焉　景德元年十二
月五日召輔臣於龍圖閣觀契丹禮物國母所贈(致)御衣
綴珠銀鼠裘細錦刻絲透背合線御綾羅綺紗縠御
樣皆百匹金銀飾箱緘之果實雜粆腊肉凡百品貯于
楝櫨器水精鞍勒新羅酒青白鹽國主所致戎器賓鐵
刀鷙禽曰海東青又太祖太宗朝契丹所上衣物盡在
禁中至是亦發笥宣示自是遣使契丹所持禮物皆召
輔臣臨觀著為例　四年二月十四日車馬駕駐西京
召宗室輔臣游內苑御西北小亭觀寒林石登東樓望
老君祠　二十日幸內園登砌臺召親王輔臣吏部尚

書張齊賢刑部尚書溫仲(舒)書寇準等賜座因閱臺西婁
羅石觀東亭御製御書朝拜諸陵因幸西京記　二十
三日召輔臣於內東門觀太祖彈丸壁初開寶九年太
祖幸西都因行郊禮常覩彈於門之北壁其迹三在焉
帝覩之興感命有司設龕護覆之至是啟而觀焉　大
中祥符二年十月二十二日對輔臣于崇政殿之西廡
內出太宗聖製歌詩御書故(事)事皆有以鑒戒者示王旦
等曰此先帝諸才人所藏近者工進自言至道初許度
為道士以承熙晏駕而止昨祥符初再有陳請已為修
觀處之又出安王元傑歌詩真草行書帝曰安王好學
有天然性格生平著述尤多王薨皆已亡逸朕惜其樂
卷一萬一千八百五十七
善勤古而世不及知購求所得悉以編次因紀序製(紀)之
仍付史館　二年五月二十八日召輔臣於崇政殿北
廊觀中使任文慶於茅山郭真人池中所獲龍體長二
寸許鱗極細腹如玳瑁置手中仰覆無懼帝作觀龍歌
復送至茅山池中又出楚王筆御聖製記及賜山人秦
辯道人劉元詩因看金液訣歌示之　九月十一日對
輔臣於龍圖閣觀宮中迎奉天書圖二一繪天書出宮
一繪入宮又繪帝行太禮畢入宮之儀　五年十二月
二十四日編聯祥瑞所工祀汾陰后土壇親奠西嶽廟
三圖及祥瑞圖百四十八置龍圖閣下召宗室輔臣兩
制尚書丞郎兩省給諫三司副使刺史已上觀之　九

年三月四日召宗室觀書于玉宸殿　十月十四日召輔臣至龍圖閣觀聖祖天尊大帝宸篇聖翰藥金藥銀功德什器錢寶花珠等物及降臨內記真紀　十一月二十三日召近臣觀書於龍圖閣，秘書監楊億、知雜御史呂夷簡預焉。帝作七言詩五首，分賜輔臣、宗室、兩制、諸帥、待制等，命儒臣即席皆賦。　十二月十一日召輔臣至崇德殿觀新製真聖寶冊、袞服、仙衣等，又至崇政殿觀玉皇法從道具物。　二十五日權三司使馬元方等詣崇政殿上新作天書金輅、帝服、韓袍，命輔臣臨觀焉。天禧二年四月四日召近臣及館閣、三司、京府、諫官、御史詣宜聖殿朝拜太宗聖容，又至龍圖閣觀書及聖製贊頌石本。時昇玉來出閣，始預座，令從臣賦龍圖閣觀書、宜聖殿貫花詩各一首。是日先賜食于殿門。　十一月十三日召近臣觀書于太清樓。　三年六月二十三日召宗室、近臣、館閣、三司、諫官、御史官、法官諸真遊殿觀，豫設，賜御製聖祖臨記人一匣。　九月二十三日召近臣觀書崇政殿。　十月十八日召輔臣於後苑觀滑州所獻鹿、河陰縣所獻龍卵。　四年十一月十日召輔臣、兩制、丞郎、給諫、三司副使、御史知雜、直龍圖閣赴龍圖閣觀書，賜食承明殿門。　十二月二十三日對輔臣洎王欽若於承明殿，示以御製文章數軸及粉牋銷金紙，賜中宮詩什手書等。　仁宗天聖七年十月十

二日，皇帝聽徹尚書，召輔臣、侍讀、侍講、翰林學士、三司使副、知制誥、待制、宗室、諸司使副已上、駙馬都尉、管軍臣僚上太清樓觀書，宴于樓下。　八年六月六日召近臣元真殿燒香，水心殿賜茶，赴天章閣觀書，看瑞粟，退赴御製御書殿看御書，分賜宰臣已下。　九年閏十月二十四日召近臣太清樓觀書，特召太子少保致仕晁迥預。　景祐二年十月八日召近臣後苑觀稼殿賞稻，賜酒三行，遂宴射太清樓。　四年五月二十五日御化成殿，以芝草坐於殿楹，召輔臣、兩制、學士、待制、宗室刺史以上觀。帝作芝草五言詩賜王隨以下，隨等拜謝，召座賜茶，翌日各爲詩賦以獻。　五年八月十五日召輔臣、兩制、學士、待制、觀察使以下觀新製南郊儀仗法物於宣德門外。　寶元二年九月二十八日召輔臣後苑翠芳亭觀稻賞板實，命座賜茶。康定二年九月二十六日、慶曆三年九月二十六日、六年九月十八日、八年八月七日、皇祐元年九月九日、二年十月十六日、五年九月十八日、嘉祐三年十一月六日又觀。慶曆三年九月三日召輔臣天章閣朝拜太祖、太宗御容，及觀瑞物，既而面問樂邊策，移刻罷。　四年九月二十八日召宗室及侍讀、侍講觀板實，遂宴後苑。　五年九月九日召輔臣、兩制、修起居注、宗室刺史以上後苑觀稻賞板，宴太清樓，命賦詩。　七年八月二十四日召輔臣崇政殿觀

祭器是日傳詔須觀己再座延和殿始起居　八年九
月四日御崇政殿召輔臣觀御書　十一月四日召輔
臣兩制崇政殿觀祭器　皇祐元年二月十七日召輔
臣兩制學士待制館閣官宗室刺史已上崇政殿朝拜
三聖御容既退命賜茶酒　五月十五日召近臣後苑
寶岐殿觀刈麥帝曰朕新作此殿不欲植花卉游為玩
之所民以粒食為先而歲種麥於此庶知稼穡事之不易
也至和元年五月二日嘉祐四年五月一日又觀　七
月二十五日召輔臣兩制學士待制臺諫官宗室赴沇
德妃位朝拜三聖御容　八月三日召輔臣後苑觀粟
至和元年七月二十七日三年八月二日嘉祐三年八
卷一萬千百五十七
月二十四日又觀　六日御崇政殿召輔臣觀渾儀圖
十一月一日召輔臣兩制學士待制臺諫官修起居
注宗室大將軍已上駙馬都尉管軍臣僚迎陽門觀三
朝寶字并三朝訓鑒圖延和殿命座賜茶　二年九月
三日召輔臣兩制學士待制宗室臺諫官三司開封府
推管官軍臣僚崇政殿觀大樂　九日召輔臣兩制學
士待制臺諫館閣宗室觀察使以上管軍臣僚三司開
封府推判官迎陽門觀三聖御書并唐明皇山水圖
三年三月二十二日召輔臣兩制學士待制臺諫三司
開封府推判官後苑觀雙竹　五月十八日召輔臣兩
制學士待制崇政殿觀御書　五年六月七日召輔臣

紫宸殿觀大樂　七月二十二日召輔臣兩制學士待
制臺諫館閣三司開封府群牧判官後苑觀瑞蓮　九
月十五日召輔臣兩制學士待制臺諫館閣三司開封
府推判官詳定官宗室正任刺史已上管軍臣僚崇政
殿觀大樂　十月二十九日召輔臣兩制學士待制崇
政殿觀寶冊　至和二年二月十三日召輔臣兩制學
士待制宗室觀察使已上駙馬都尉管軍臣僚迎陽門
觀御飛白書上清太平宮牌　三年二月二十三日召
輔臣兩制學士待制臺諫館閣三司開封府推判官管
軍臣僚後苑觀瑞蓮　嘉祐三年八月二十五日御崇
政殿召輔臣兩制學士待制臺諫館閣三司開封府推
卷一萬千百五十七
判官觀交州進異獸賜食于殿門　七年十二月二十
二日召輔臣兩制學士待制臺諫官觀天章閣御書
英宗治平元年十二月九日召輔臣兩制學士待制臺
諫官修起居注三司副使宗室大將軍已上管軍臣僚
赴迎陽門觀御書景靈宮孝嚴殿牌　神宗熙寧九年
十月二十三日召輔臣從官迎陽門觀御書景靈宮英
德殿牌如治平元年例　二年八月二十八日御親稼
殿召輔臣觀粟命座賜茶　三年八月十三日五年閏七
月二十一日六年八月十四日八年八月十二日九月
十六日十年八月十二日又觀　三年四月十九日御
集英殿召輔臣觀岐國長公主房臥命座賜茶　五月

六日御觀稼殿名輔臣觀麥命座賜茶五年五月二十三日七年五月十三日八年閏四月二十一日九年五月十五日又觀　四年五月二十四日名輔臣兩制學士侍制臺諫官修起居注三司副使宗室刺史已上管軍臣僚化成殿觀芝草賜食崇政殿門外　十月十九日名輔臣後苑觀稻命座賜茶六年九月二十九日七年九月五日八年八月十一日九年九月二十一日又觀　七年六月二十一日御崇政殿名輔臣觀渾儀命座賜茶　九年三月十三日御崇政殿名輔臣觀韓國大長公主房卧　十一月二十七日御景福殿名輔臣觀魯國大長公主房卧　元豐元年五月七日名輔臣後苑觀麥二年五月三日五年五月十三日六年五月十六日七年五月一日又觀　二年八月六日名輔臣後苑觀穀六年七月二十一日七年七月二十三日又觀　十月二日名輔臣後苑觀稻六年十月二日又觀　七年四月二十一日朝獻景靈宫至天元殿觀芝草　哲宗元祐二年十月一日觀稻于後苑　三年八月十四日名輔臣觀穀于後苑五年八月八日六年八月十六日七年八月四日又觀　四年正月十三日詔講筵官許依祕書省職事官例觀新樂從崇殿説書顔復請也　七年八月八日名輔臣觀稻于後苑紹聖元年八月十七日又觀　紹聖元年閏四月二十七日名輔臣觀麥

卷一萬一千八百五十七

于後苑紹聖三年五月四日三年五月九日又觀　高宗紹興十四年七月二十七日幸祕書省名群臣觀累朝御書御製晉唐書畫三代古器　十六年十月二日御射殿名輔臣觀新製郊廟禮器侍從正任刺史以上與管軍侍從臺諫南班宗室卿監兩省官禮官館閣皆立班命作朝會樂次作宮架樂合赴座官宣坐賜茶　哲宗紹興四年四月二十五日權禮部侍郎范鐘等言刈麥觀稼係同一時令車駕觀麥乞俟禮畢移幸稻池稼殿以觀稼詔可

卷一萬一千八百五十七

帝系
帝治都貢

宋會要　卸貢

太祖建隆四年五月十三日荆南節度使高繼冲籍伶官一百四十二人來獻悉分賜大臣太宗端拱元年二月九日詔諸道州軍諸色人今後不得以珍禽異獸來充貢奉十一月十四日故秦國王錢俶子惟濬等進金萬五千兩錦綺透背綾羅紗縠衣著三萬匹錢萬五千貫

博具器

通犀牯犀玉帶一百八十條牯犀四十株象牙十三株丁香三百斤象笏二百馬二十疋金玉瑪瑙鞍勒副之金玉珠翠首飾樂器四什物各數千計橐駞十頭牛五十頭驢一百頭車乘十五日俶夫人俞氏又進牯犀一十株通犀帶十八條褚玉帶四條水精佛象十二事金三萬五千兩銀十萬兩女樂十人帝不納各賜錦綵三十段遣還之（宋鑑太宗夏州趙保忠獻鶻號海東青上曰朕久罷遊畋無事此也保忠時出捕獵今當還賜之淳化三年十月壬子府州觀察折御卿貢白花鷹上令對其使放之仍詔御卿勿復以珍禽異獸來獻）真宗咸平五年十月十四日知來州齊化基獻白鷹帝曰珍禽異獸何所用也命還之給來使緡錢大中祥符元年七月十三日濮州舉人郭鄖等四百六十二人

全唐文　卷一萬三千九十七

以車駕東巡進粟豆二千石草四萬圍帝曰鄖等意雖可嘉然納之即諸路盡以為貢益成煩擾可優給其直仍諭京東州軍民不得復然九月二十一日西京諸州民王延卿等以車駕東封各以香藥銀器來貢詔特令引對賜酒食所貢之物酬其直以遣之五年十一月二十二日知梓州崔端獻白鷴一帝以地遠勞人賜牙吏緡錢遣之仍令諸州依前詔不得以珍禽異獸為獻六年八月十八日詔奉祀一路諸色人不得以技巧雕繪寶物來獻（長編景德三年五月辛酉興州獻白鳥詔還給其道里之費大中祥符二年五月丙寅詔州獻婁果後以道遠還之九年九月戊午申禁諸路貢瑞物時遼獻白兔荊門軍獻綠毛龜故也交州進馴犀上曰此犀遠來深違物性朕將還之交州尚牧獻白御馬一疋上曰無名之貢何所用亟還之）仁宗天

聖四年四月五日，職方員外郎知寧州楊及以乾元節遣使獻繡佛，帝曰：「此妄人也，民安政舉，乃守臣之職，焉用此為？」令卿吏諭還之。（長編是年卻川陝獻繡）英宗治平三年五月，太子右贊善大夫陳世修獻白鳥，賜帛五十匹，以鳥還之。哲宗元祐二年七月二十三日，詔還坤成臣僚所進金酒器。元符三年三月二十八日，永興軍王環進玉器，詔還之。高宗紹興三年三月二十三日，宰執進呈滕州守臣侯彭老進本州賣鹽剩錢一萬貫，買到金一百六十六兩，銀一千八百兩。上曰：「朕意此必刻民財以為鹽息，就使真是鹽息寬剩，自當歸之有司。」徐俯曰：「廣西鹽息固有寬剩，自不當進獻。」上曰：「不歸之有司，而守臣

全唐文 卷一萬三千九十七

獨御進獻，蓋求媚朝廷，可降一官放罷。」先是，彭老上章進獻，上親批其奏付三省，可特降一官，以懲妄作，所進物退還。至是覆奏訖行出，遂并罷其任。四年三月八日，三省樞密院進呈撫州獻刻觀音像極精工，上曰：「朕平日未嘗佞物，然亦不敢加訾，頗飾像設以祈福，流俗之事，非朕心也。」宰臣朱勝非曰：「撫州又

收得玉罇，刻成龍文，恐是御府舊物，未敢進呈。」上曰：「此尤無謂也。異時衆司竊市馬之直，貿易貝貨以充玩好，是擧山澤之利而投之無用之地耳，朕甚悼之。其觀音像、玉罇可皆勿受。」同日，撫州臨川縣布衣甯子思進狀，以

全唐文 卷一萬三千九十七

白銀木刻成大悲一堂，與襄陽大悲真相不差毫髮，體掛纓絡，手中法器悉皆鎮動，望特賜宣取。詔：「自今奇巧技藝之物並不許投進，其甯子思所進物像更不宣取。今後更有似此進狀之人，令登聞檢院不得收接。」仍令逐院出榜曉諭。十二月十七日，宰執進呈沿江諸將奏報文字，上曰：「韓世忠近以鱘魚鮓來進，朕戒之曰：『朕艱難之際不厭菲食，卿當立功報朕，至於進貢口味，非愛君之實也。』已卻之。」十四年五月六日，宰執進呈饒州善樓等獻錢十萬貫以助國用，上曰：「國用有常，日不至闕，若用不節，所入雖多，亦有不足之患，可令給還。」三十二年五月二十六日，上謂輔臣曰：「近日大將入覲有以寶

孝宗中興聖政起至將著于篇一段應用小字書寫

貨鞍馬為獻者焉固不可闕餘皆却而不受蓋慮以進
奉為名公肆掊刻有害軍政　孝宗中興聖政乾道五
年九月丙寅起居郎林機論諸郡守臣欲郡計辦集而
不恤縣道之匱遂致使橫斂及民上曰甚不體朕寬恤
之意且如秋賦大重朕欲除減但有所未及當次第為
之機又奏曰諸處有羨餘之獻皆移東易西以求恩倖
願陛下察之上曰所言甚當今日之財賦豈得有餘今
後若有獻朕當却之九年三月己巳侍御史蘇嶠奏伏
覩閩廣南提舉官廖顒劄子廣州都鹽倉有積下不
盡鹽本錢計實十一萬一千四百五十四貫文椿積在
庫別無支遣又照檢得本路諸州府逐年拘催常平諸
全唐文　卷一萬三千九十七
色窠名錢物內有現在寬剩五萬貫欲行起發少助朝
廷經費奉聖旨依並令赴南庫送納者臣切謂陛下即
位以來屢却羨餘之獻故近年監司州郡稍知遵守此
盛德之事書之史冊足以為萬世法而小人急於自進
不能革心時以一二嘗試朝廷只緣乾道七年提舉官
章潭獻二十萬貫以此特轉一官不及期年擢為廣西
運判廖顒實繼其後故到官未幾便為此舉其為愚弄
朝廷莫踰此甚訪聞此錢並係鹽本錢潭列任時尚有
三四十萬緡是前官累政差問不敢妄用潭取其半以
獻今顒所獻止十一萬緡已是將潭所餘無幾顒年歲
間所餘無幾必須別得差遣而去後人何以為繼異時

課頗不登誰將任其咎者今淮南浙西其事已自可見
兼此錢本是朝廷錢物椿在州郡者豈必獻之內帑
然後為富所謂移東庫實西庫何以異此欲望特降睿旨
却而不受即以此錢付之本司依舊充鹽本錢常平寬
剩錢亦乞椿留本路為水旱賑貸之備使四方之人知
陛下捐利予民之意詔從之史臣曰羨餘之弊上欺人主
下蠹生民非難知者而小人屢敢以是為進豈非謂利
之可動人歟記曰與其有聚斂之臣寧有盜臣此謂國
不以利為利以義為利也孟軻曰亦有仁義而已矣何
必曰利陸贄曰理天下者以義為本以利為末以人
為本以財為末誠知義利之說明於上則奸罔之徒何
全唐文　卷一萬三千九十七
自乘間耶壽皇諭臣僚損剩之請却椿積寬剩之獻而
不受所以正君德清化原驚吏治者至矣　淳熙五年
四月辛未知紹興府張津奏本府支用已是寬裕尚有
剩錢四十萬貫起發應副御前臣賞支用詔令紹興府
將張津所獻錢為人戶貸納今年貫身丁之半仍令本
府印給文榜遍下諸縣鄉村曉諭通諭知人戶今年已
多納折帛錢在官與理充來年應輸之數務要實惠均
濟即不得因而重疊別作名色搔擾如稍有違戾許人
戶徑詣尚書省陳訴史臣曰乾道五年臣僚嘗言諸州
所獻羨餘類皆移以覬恩倖聖訓有曰今日財賦安得
有餘自今若有此獻朕當却之至是張津猶以羨餘四

十萬緡來則壽皇聖帝郤而不受復俾為民代輸以其所斂之民者還以畀民豈惟所取予而示之好惡其所以警厲臣工風動中外者亦宏矣臣故特著于篇　淳熙六年正月二十四日宰臣趙雄等奏光州復置中渡榷場官御前恐有魯經在榷場幹事之人可以差充監官庶可檢察禁物不令過界上曰御前自來不曾差人在淮上買物如淮白非果之屬毫髮不曾買宮中並無唯遇太上皇帝賜來則有之向來劉度守盱眙獻淮白卻而不受近蒙太上皇帝賜得數尾每進膳郎食一小段可食半月記得元居實知盱眙軍初任之日朕處其在輒獻北物再三戒敕令供責文狀不得買物以獻其

全唐文〔　〕卷一萬三千九十七

狀留尚書省卿等可取觀之　寧宗開禧元年八月二十三日慶元府言真里富國進獻瑞象一頭象牙二株犀角十株詔令慶元府以禮館待發遣回歸仍責委綱首說諭本官所遣官屬海道遠涉今後免行入貢

帝　帝象　帝治罷貢

宋長編起至止低一格應小旁注

宋鑑一段應小字旁注　凡旁引均應用小字旁注

宋會要　罷貢

乾德四年四月十七日詔光州罷貢鷹鷂其養鷹戶並放歸農宋長編知光化軍張全操上言三司令諸處塲院主吏有羨餘粟及萬石芻五萬束以上者上其名請行賞典此苟非倍加民租私減軍食亦何以致之宜追寢其事勿復須行除官所定耗外嚴加止絕　開寶三年二月二十四日詔三司凡經度上供物非郡國土地所生者無得抑致四年正月十四日詔罷襄州歲貢魚腊長編五年詔罷荆襄道貢魚腊太宗太平興國五年三月一日詔江南諸州歲貢乾蜂傷生撓民宜罷之雍熙二年十一月十二日詔先是郊祀乾明節及國家大

全唐文〔　〕卷一萬三千九十七

慶州郡多遣官入貢自令罷之宋鑑至道三年六月帝謂宰相曰諸州多以祥瑞之物來獻此甚無益但令稼穡豐稔且得賢臣乃為瑞也辛丑詔天下勿獻珍禽奇獸及諸瑞物　真宗宋鑑咸平二年內侍裴愈因事至交州謂龍花蘂難得之物宜充貢本州遂以為獻上怒黜愈崖州仍絕其貢是歲又減罷劍隴夔州貢咸平五年十一月十四日民有自眉州來貢奉者帝曰巴庸遐遠可念其勞即詔禁止景德四年閏五月二日詔任土貢輸難存舊典經途遐邈亦念重勞特用推恩俾從蠲省三司所定劍隴等三十九州軍所貢土物並與減於夔賀等二十七州軍悉罷所貢每歲正旦止令具表以

聞諸州長吏不得以土貢爲名因緣率斂務於便民以稱朕意宣城志是年詔宣州歲貢細筆竹簟望春茶可罷之　大中祥符元年六月二十三日詔諸州軍每歲進茶並宜停廢先是諸路貢新茶者三十州餘越數千里有歲中再三至者帝憫其勞擾罷之二年六月十九日詔罷邕宜等州歲貢藥箭六年七月五日詔皇族歲時進獻皆無用之物徒成冗費自今除天慶天貺先天降聖四節進供養物外餘悉罷相王元偓等奉表懇請仍舊不許　仁宗長編天聖元年七月己丑罷廣東歲進異花詔罷夔州玳瑁紫貝等貢天聖五年三月九日瓊州奏近准詔不許生取玳瑁以供器玩其常年土貢

全唐文　卷一百三千九十七

玳瑁鼊皮紫螺未敢依例取採帝曰此皆非切須之物仍勞率遠民殺害生命自今並權住進奉六年正月十四日詔川峽諸州軍自來織造功德進奉之處今後並罷先是帝宣諭西川每歲織造功德進奉甚費機巧宜令止絶宰臣等奏不作無益害有益止之甚便乃下是詔五月十六日樞密副使姜遵言永興軍咸陽縣民元守亮恃豪劵里中歲進酥梨朝廷優給酬之望罷所獻從之是日詔溫州㵐州廣州每年貢柑子并糖霜煎果子無得以貢爲名赴京時宰相王曾等奏溫州等處瀕海近山路險而遠齎送勞費故罷之訓典是年罷永興咸陽民元守亮歲貢梨　寶元二年九月二十二日

詳定所言自來臣僚家但經賜冠帔例得進奉甚費回賜之物乞除現任前任執政使相節度見任管軍臣僚妻乞依舊例並許進奉女并男婦亡故管軍臣僚妻其餘文武臣僚不該上件官并自來妻女新婦有冠帔得入内者並乞減罷詔皇城司應臣僚家并命婦自來已曾進奉乾元節者並許依舊其十月一日及非次進奉自來未曾進奉人今後並依減省國戚家女并見任前任入内内侍省都知押班及内人妻行人等令入内内侍省御藥院内東門司依減定行施十二月十七日以益鄜利夔路饑罷皇子生進奉物長編慶曆七年上封者言諸路轉運司廣要出剩求媚於上以民輸賦稅已

全唐文　卷一萬三千九十七

是大半之賦又令加耗謂之潤官臣恐諸路轉運司使尚有似此無名刻削陛下閲其奏自或有横加收斂名爲出剩乞令出榜使民知陛下之意上覽之曰古稱聚斂之臣過於盜賊今如此掊斂與朕結怨于民也亟下詔止絶之皇祐寶訓元年罷廣州歲貢蜜果　三年十一月二十七日詔諸歲貢茶果飲食之物係災傷州軍並令止絶　四年十月二十八日罷廣州歲貢蜜果子已在道者留所至州軍公用其餘牙校兵力即遣還之治平四年二月二十六日神宗即位未改元手詔曰四方入貢雖云古禮考之禹制亦未有若兹之繁也今則一郡歲有三四而至者言念道路之勤疲瘵亦多矣至

閘主押衙校有破業終身不能償者良可矜憫耗竊民物莫不由斯又所貢之物輒多食類難闕之亦無害也書不云乎不作無益害有益非此謂耶朕甚不取今後並可令罷所罷貢物西京櫻桃八百棵紫櫻桃三十斤又內園司十六斤筍兩次共九百條紫薑一百斤河陽石敬鮓玉版鮓二百罐襄州紅薑蘘荷一百罐鄆州阿膠一斤大名府鵝梨一千顆棠梨二千顆成德軍栗子一十五石太原府葡萄三次共一百三十顆榛子仁二十袋林檎錢五十袋潞州葡萄一百羅人參一十五簡晉州葡萄一百五十斤澤州人參一十八簡永興軍新筍一百斤陝州鳳棲梨一千顆同州石鏉餅三百枚榅

全唐文 卷一萬三千九十七

桲兩次二千顆梨一千顆邠州桃條一百五十斤剪刀二十具火筋二雙虢州麝香五臍淮南等路發運司海鹽一千二伯斤楊州新茶一銀合蔵薑五十罐壽州新茶芽一千斤舒州新茶一銀合光州新茶四十斤楚州糟藏淮白魚三百斤通州海味截臍五百簡膭子百海膭一百簡紅蝦五百簡膭子二十斤春子一斤蘄州烏蛇一十條高郵軍蒄莚粉五十斤荊南府藥橘子一萬顆新法藥橘五千顆鄂州兩前茶二百斤邕州柑子一萬顆池州九華山石菖蒲一銀合處州白沙糖七百斤宣州花木瓜三百枚廣德軍先春茶六十六兩三錢建昌軍銀珠稿孝一十石成都州色樣糖捻糖各一百

斤梓州曾青一十兩空青一十兩涪州乾荔枝二萬顆蘇州薰橘一萬五千顆杭州鹽瓜薑湖州柑子一千顆睦州麥門冬煎廣州金橘一萬顆椰子一百簡漳州山薑花一萬朵泉州山薑花二千朵橄欖子上色一萬顆次三萬顆鎮江志神宗朝王巖叟奏臣伏以陛下即政之初宜示儉薄為天下先臣竊知四方貢其有非國朝舊例出於繼增而創起者所在不能無擾如空州之花綾柂州之花絁臣所見而知之者婺州之細花羅潤州之花羅臣所聞而知之者臣見聞所不及若此類必多伏望詔皆停貢庶成儉朴之風以隆盛德 哲宗元祐二年七月七日詔諸州軍每歲土貢除舊進數外

全唐文 卷一萬三千九十七

添進者罷之徽宗大觀三年十月二十二日詔諸路州軍見貢六尚局供奉物多不急之用兼闕揀選科配勞民費財可令殿中省并提舉六尚局同共相度具的確合用名色外餘停貢既而殿中省同共相度的確合用物件斤數并合停貢名色不須一減數十二項西京窯六百斤減作五百斤青州顆棗十萬顆減作五萬顆越州白梅二百斤減作一百斤辰州顆塊光明辰砂十斤減作五斤芙蓉辰砂一斤四兩減作一斤沅州朱砂四十斤減作三十斤宜州朱砂五十斤減作三十斤嘉州太黑附子十斤減作五斤內藏庫椿留江寧府生瓜子羅三百疋減作二百疋京西轉運司御爐木炭四千秤

減作二千秤河東轉運司白氈五十領減三十領各
長八尺闊四寸尺真定府明花天淨紗共四百疋減作
素直紗二百疋停貢六項登州石决明三十斤福州鰾
魚三十斤廉廣州赤魚三十斤宣州揀蜂兒二十斤婺
州天淨紗三百匹撫州蓮花紗二百匹詔依十一月十
日中書尚書省言奉詔諸路州郡歲貢殿中省六尚
局供奉之物多有不急勞民擾下罷四百四十餘名所
存纔什一二乞下刑部鏤版遍牒施行從之宣和七年
六月二十六日詔近命有司考不急之務無名之費特
加裁定先協厥中然化自內始政由身率乃克有濟仰
惟熙詔書首罷四方歲貢明訓具在祇若先猷蔽自
全唐文　卷一萬三千九十七
朕躬理宜損益應殿中省六尚局諸路貢物可止依
今來裁定施行尚食局京畿轉運司御麥二萬石減五
千石尚香二十斤減十斤汜水白波輦運司紫三十六
萬斤減二十萬斤衛州共城縣杭米二百石減一百石
平江府蘭子杭米一百五十石減五十石橘皮三十斤
減二十斤滑州英粉三百斤減一百斤决州紅麯一百
斤減八十斤蜜五百斤減四百斤西京三鄉鎮椒一百
斤減七十斤益州梁穀五十石減一十石壽州陽羅光
米一十石減五石滄州蝦蛄五十斤減三十斤渭州蒔
羅五十斤減三十斤溫州乾姜五十斤減三十斤荊南
薦芥子五十斤減四十斤陽武林白小豆三石減一石

潁州白脂麻三石減一石廣州胡椒五十斤減二十斤
尚倉局司珍尉氏縣栗三千五百斤減二千斤建州火
前石乳龍茶一百斤減五十斤明州泉州松子共五百
斤減三百斤越州白梅三百斤減一百斤福州荔枝壹
萬顆減五千顆圓荔枝一萬顆廣州糖霜一百斤減五
十斤京西胡桃五千顆尚藥瓊州箋香二千斤減一千
斤廣州檀香二千斤減一千斤肉豆蔻仁一百斤減五
十斤零陵香五十斤減二十斤船上茴香一千斤減五
百斤没藥四斤減三斤没石子三斤減二斤兗州香墨
二斤減一斤供奉庫西京槐花五百斤減三百斤尚食
局吉州沙糖六百斤池州糟薑三百斤真州糟姜三百
全唐文　卷一萬三千九十七
斤襄州筍一百斤永興軍冬筍一百斤開德府白葦五
十斤鎮江府筍蕨三十斤北京杏仁五斗宿州蕪荑一
十斤福州鹿角菜二十斤紫菜二十斤廣州石髮一十
斤遼州官桂一十斤化州高良薑一十斤中山府鵞中
様綾足裹撥盤龍湯盞一十隻河中府乾柿二百斤遼
州榛子二石尚藥局廣州丁香母一十斤補骨脂二斤
辰州芙蓉砂一斤雄州人參一百五十斤白附子一十
斤溫州乾姜二十斤江寧府陳橘皮二十斤露蜂房五
斤潞州赤石脂一十斤陝州白膠香二斤瓜蔞根一十
斤冀州生地黃四十斤兗州伏神一十斤松脂一斤赤
箭二斤三門白波輦運司寒水石十斤邢州京三稜六

斤商州麝香三斤枳殼二斤單州兎絲子五斤紫草五
斤歸州厚朴一十斤南劍州土茴香十斤澧州香附子
鄧州一十斤開封縣龍腦薄荷一十斤祥符縣龍腦薄荷
一十斤穎昌府蒼朮五斤茯苓五斤代州石膏五斤五味
子三斤越州牽牛六斤麥冬三斤江州白梅三斤黃州
白殭蠶五斤北京乾山藥二斤鵝梨五十顆真定府地
骨皮五斤河間府元參三斤衛州䕺木五斤葳靈仙一
斤汝州枳實二斤京西路轉運司槐白皮二斤金州黃
蘗二斤南京欒薄荷五斤晚蠶蛾一斤永興軍甘菊花
三斤成州秦皮三斤澤州桔梗四斤芍藥四斤黃芩二斤
苦參三斤晉州白礬二斤海州山茱萸二斤鎮江府丹
全唐文　卷一萬三千九十七
參二斤荊門軍蛇退一斤衡州大括蔞二十箇宜州生
豆蔻二斤雷州高良薑二斤鬱林州縮砂六斤蓬莪戍
二斤昌化軍高良薑三斤尚衣局鎮江府花羅一百匹
梓州青絲綾六十匹南京輕薄金條紗三十匹供奉庫
興仁府白脂府三百石婺州紅花五百斤並罷貢　欽
宗靖康元年八月十九日詔六尚局既罷其格內歲貢
品物萬數極多尚為民害非祖宗舊法可並除之　維
陽志是年以度支員外郎李知幾言揚州進貢第二
限糟薑起六尚供奉庫今六尚局已廢所進非祖宗朝
貢額乞止絕諸路如有似此果木口味之類非祖宗元
額乞降指揮更不發起上從之詔限三日開具合

發之額并令來住罷數目申省　高宗建炎元年五月
一日詔諸路常供之物內有時新口味果實之類所在
因緣供奉數外取索多歸公庫更相饋送擾擾為甚仰
部措置除緣天地宗廟陵寢薦獻[illegible]所須外餘並罷
貢三年四月八日赦應諸路上供木炭油蠟乾薑秦艽
之類有困民力非急用之物並行住罷十一月三日德
音應天下土貢如金銀匹帛以供宗廟祭享之費用以
贍內外官兵之請給不可闕者合依格起發外其餘土
貢如藥材海錯若郴州火筋襄陽漆器象州藤合揚州
照子之類一切罷貢紹興二年十二月三十日戶部言
先准敕諸路軍土貢物色權免投進俟邊事寧息日依
全唐文　卷一萬三千九十七
舊所有紹興三年正月合供進土物詔權免同日詔楚
州土貢紵布一十匹特與蠲免三年十月六日詔揚州
歲貢白苧布二十匹更免一年　文獻通考四年先是
和州言本州殘破之餘乞蠲免大禮銀絹戶部奏准半
年中書舍人王居正言生辰及大禮進貢乃臣子饗上
之誠初非朝廷取於百姓若民力無所從出合預降詔
曲加慰諭止其進奉則君臣恩禮兩盡既不能然至使
州縣自乞蓋已非是矧又不許臣切以為過矣望特與
蠲免仍詔戶部淮南諸郡如合行除放不須令本處再
三申請庶使恩意自出朝廷人知感悅乃詔淮南州軍
進奉大禮銀絹並蠲之　五年六月十六日詔住罷福

清縣觀音院尼歲織土貢及進奉花蕉布二百餘疋六年正月八日詔光州土貢葛布一十匹收復之初無可出辦與免五年七年六月十六日詔吉州有未起發建炎四年分土貢葛苧布等見下荆湖南路轉運使究治催發可依處撫州臨江興國軍例特與除放長編二十一年十二月辛巳進呈御筆批下安豐軍鹹鮓白魚不欲以口腹勞人令自今後罷進上曰去年已降指揮罷溫州柑橘福建貢荔枝獨鹹鮓淮白未罷此皆祖宗歲供之物朕恐勞百姓所以再降指揮政二十三年十二月丁酉上曰舶司及都大茶馬司諸處進貢珍珠文犀等此物何所用當批出禁止二十五年七月十二日

全唐文　卷一萬三千九十七

上宣諭輔臣曰諸州貢物朕恐官吏並緣勞民皆已住罷獨福建貢茶祖宗舊制故未欲遽罷十二月七日詔安豐軍依舊例進鹹鮓白魚朕不欲口腹勞人可行下本軍自今後免進二十四日上謂輔臣曰近日兩浙閩廣市舶司及四川茶馬司諸處收買進貢真珠文犀等此物何所用當批出禁止魏良臣等奏曰陛下勤儉不貴珠玉恭承聖訓降旨下行十六年二月三日執政進呈內藏庫中紹興府自紹興十九年已後署欠歲貢小綾上曰聞小綾民間織造亦費力已令折錢可自二十三年已前並與放七月二十七日詔臨安府歲貢御服綾二百疋自二十六年以後特與放免閏十月八日

詔廉州歲貢珠子雖係祖宗舊制聞取之頗艱致傷人命朕甚憫之自今可特罷貢其籍定蜑丁並放逐便翌上諭輔臣曰朕嘗覩太祖實録見劉鋹進珠子馬鞍太祖謂曰知鋹所採珠子甚多日役蜑丁數千人死者亦少朕以珠子非急用之物既是艱得致傷人命朕甚憫之兼官司搔擾因緣為奸遂特命罷貢以為一方無窮之利宰臣沈該曰臣等仰見陛下不貴異物推仁民愛物之德及於遐遠其所用心與堯舜異世而同符也十二月二十一日吏部員外郎續觱面對奏言果州黄柑廣安紫梨涪陵荔子遂寧糖冰合陽細茗洋州香棖左綿耿梨拋科措斂動以千數文移督促過於稅租

全唐文　卷一萬三千九十七

村疃窮甿所產既竭不免轉市旁求一果之直率數百金一夫之費至十餘千其間又飾籠粧奩爭奸鬬巧誑悦當路幸掩已私弊俗相承民不堪命望嚴賜誡敕自自今四川監司尚敢狃于舊態重寘典憲上曰不知何用此物觱奏以更相饋送殊以為擾上曰如廉州採珠朕亦無用懼傷人命立詔禁止觱曰如監司豈可不上體聖意上曰當嚴行禁止於是詔四川置制司常切覺察仍令御史臺採訪彈劾二十七年二月十一日上謂輔臣曰王會知平江府有錢三十餘萬貫以羨餘為名未嘗起發聞近日已侵使太半今既罷進羨餘不知其錢何用卿等可聞若當時係正名收簇即令起發萬

一是巧作名目掊刻取便將寘名畫行除去蓋恐取之
不已百姓難堪此亦寬恤一事宜速理會五月八日宰
執進呈四川便民事上曰蜀中製造錦繡帟幕以充歲
貢聞十歲女子皆拘在官刺繡自朕即位以來不欲土
木被文繡首為罷去蜀人便之兼後來節次科數多所
蠲減想今民力稍寬矣宰臣沈該曰四川之民自此豐
足皆聖恩所及二十八年十一月二十三日南郊赦淮
南酒蝛淮白已住罷進貢訪聞州縣應干所產果實口
味等物見任官及監司守臣互相饋送勞民害物理合
禁止如今後尚取依前科擾其饋送及收受之人並計
贓科罪許人戶越訴州縣令監司按劾監司帥臣委御
全唐文　卷一萬三千九十七
史臺覺察彈奏三十二年四月十八日詔安豐軍舊例
土貢葛布淮東諸州土貢白苧布並與免一年時以金
人侵擾之後民力不蘇故也是年孝宗即位未改元六
月十三日登極赦應諸路出產時新口味果實之類
所在州郡因緣貢奉煩擾道上疲費過所至於數外取
索多歸公庫更相饋遺習以成風或假貢奉為名漁奪
為民利果實則封閉園林海錯則強奪商販至於禽獸
昆虫珍味之屬則抑配人戶致使所在居民以土產之
物為苦不唯因口腹之故廣害物命亦使斯民冒犯險
阻或至喪失軀命豈不甚痛太上皇帝已嘗降詔禁約
竊慮歲久未能遵奉自今仰州軍條具土產合貢之物

申尚書省下禮部參酌天地宗廟陵寢合用薦獻及德
壽宮甘旨之奉當議指揮止許長吏修貢外其餘一切
並罷如州郡奉行滅裂因緣多取當以違制論時諸州軍
所貢依制歲上戶部者紹興府越綾十匹輕葺紗三匹
明州綾十匹衢州處州綿各百兩婺州各春羅三十匹
綿百兩臨安府綾三十匹鎮江府綾羅各十匹平江府葛
布三十匹秀州綾常州白平紗苧布各十匹湖白苧匹
布二十匹嚴州白苧布十匹絹二十匹建康府羅二十
匹饒州麩金十兩太平州暗花紗徽州寧國苧布各十
匹隆興府葛布三十匹贛州布二十匹吉州葛布袁州
筠州苧布臨江軍建昌軍絹各十匹撫州葛布揚州苧
全唐文　卷一萬三千九十七
布各二十匹滁州銀二十兩盱眙軍絹十匹神林基絲
十兩楚州苧布折銀三十兩泰州陽織折銀二十兩租
絜絲二十兩廬州紗絹各十匹以銀三十七兩四錢二
分四釐代之黃州苧布十匹舒州銀五十兩無為軍濠
州絹折銀各二十五兩和州苧布綀布各十匹蘄州貢
布折銀七十五七兩安豐軍光州葛布葛各十匹建寧
府練布五十匹興化軍葛布泉州蕉布葛布各十匹綿
各百兩邵武軍布荊南府綾并布各十匹荊門軍布折
銀十兩六錢三分復州苧布漢陽軍貲布岳州歸州紵
布德安府布各十匹鄂州銀三十兩靖州金二兩班紬
白絹各二匹常德府白紵并紵布練布三色折銀四十

栗州生白綾十匹昌州上貢麩金三兩常貢絹十匹渠州生白大綾五匹　此段在瀘州金上

常貢羅四匹彭州羅十匹石泉軍金一兩雅州眉州麩金各五兩永康軍絹十匹　此處接蜀州軍絲羅下

五兩澧州綾折銀三十兩信陽軍苧布折銀十兩潭州葛布三十匹永州布十匹衡州麩金五兩紵布十匹郴州道州苧布各十匹桂陽軍銀五十兩郎州金二兩銀十兩泉州葛布并武岡軍英州布各十匹潮州蕉布五匹新州銀十兩韶州絹十匹肇慶府代絹銀二十兩南恩州封州銀各十兩連州白苧布夔州絹各十匹開州絹五匹萬州忠州麩金各三兩達州鑑紬五匹涪州恭州南平軍絹各一匹渠山軍綿百兩叙州葛布一匹潼州府盤熟白綾五匹濤頭水波紋綾五匹並常貢物遂寧府常貢土貢樗蒲綾各十匹瀘州金五兩懷安軍紬十匹富順監金十兩嘉州麩金三兩蜀州單羅綾十

匹成都府花羅六疋綾帶錦三匹高紵布十匹綿州苧布十匹綾匹漢州苧布邛州苧布邛州絲布各十匹簡州錦紬二十匹麩金五兩襄陽府紗郢州白紵布光化軍白毫金條紗各十匹隨州銀七十七兩房州紵布五五金州麩金二兩洋州隔織五匹常貢隔織三匹利州麩金五兩崗鐵十斤興元府烟脂十斤紅花五十斤閬州蓮綾十匹龍州麩金三兩巴州綫紬五匹蓬州當紵綾十匹綿紬白綾各五匹西和州甘草十斤靜江府銀五十兩容州昭州銀各十兩邕州銀三十兩梧州銀十五兩數內五兩常貢充白石英藤州貴州潯州柳州賀州橫州宜州康州瓊州昌化州銀各十兩賓州化州高州萬

安軍銀各五兩融州象州金三兩欝林州銀十五兩本州十兩認發舊白州二十六日江南東路安撫使張浚奏準登極赦合依例進貢今來兩淮殘破及新復州軍人民凋弊府庫匱乏乞止令奉表與免進貢從之隆興元年十二月二十四日宰執奏有司近進節銀陛下批出自今節序並免進可謂甚盛德事臣等今相繼盛禮乞免大農金繒之賜以永節儉之化二年七月二十八日詔四州宣撫使歲進胡羊路遠勞民可令住罷維揚志三年赦文罷揚州歲貢紵布二十匹以孝宗登極赦條具州軍土產貢物天地祖宗薦獻及德壽甘旨外並罷故揚州紵布罷貢　光宗紹熙五年七月七日登

極赦應諸路帥臣監司郡守許依例進貢推恩內郡守係權官者免進貢其表附遞以聞應監司郡守及在外侍從官以上許上表陳賀餘毋得受

宋會要 存先代後

大祖建隆元年正月四日詔曰：封二王之後，備三恪之賓，所以示子傳孫，興滅繼絶。夏商之居杞宋，周隋之啓介酅，古先哲王實用茲道。朕予凉德，歷試前朝，雖周德下衰，勉從於禪讓，而虞賓在位，豈忘於烝嘗。其封周帝為鄭王，以奉周嗣，正朔服色一如舊制，務遵典禮，稱朕意焉。又尊帝太后為周太后，並遷于西宮，所司供給務令豐厚。五日詔曰：有虞氏禘黄帝而郊嚳，祖高陽而宗堯，祀不止于本朝，義必尊於有德，著于祭法，朕甚慕焉。矧惟眇躬，逮事周室，謳歌獄訟雖歸新造之邦，廟貌園陵豈忘舊君之禮。其周朝嵩慶二陵及六朝，宜令有司以時差官朝拜祭享，永為定式。仍命周宗正卿郭玘行禮。二十九日，有司請遷周六廟於西京。五月廟成，遣光禄少卿郭玘奉遷神主入廟。七月二十七日，遣工部侍郎艾頴拜嵩慶二陵。八月四日，遣光禄少卿郭玘享周廟。　乾德六年八月，詔於周太祖、世宗陵寢側各設廟宇塑像，命右贊善大夫王碩管勾修蓋。開寶六年三月一日，房州上言周鄭王殂。太常禮院請輟朝參七日，詔宜輟朝十日，素服發哀於便殿，命知制誥扈蒙撰陵名，張澹定謚，三陵總管竇思儼擇陵地。澹按謚法，讓德奉上曰恭，請謚曰恭　皇帝；蒙請名陵曰順陵。並從之。十月

卷萬九千三百二十三

二日，太常禮院上言：是月四日葬周恭帝於順陵，准漢隱帝例，合輟其日朝參。詔特輟四月五日朝參。　太宗雍熙四年八月十二日，命句當嵩陵內品吳禄榮以十八日朝拜嵩慶懿三陵。自建隆元年後，每歲差官朝拜，今檢詳前代並無此禮，惟開寶通禮先代帝王春秋二時州長史攝三獻官祭享。其周三陵合準通禮故事。從之。　真宗景德三年二月，太常禮院言：周嵩慶二陵各設廟像外，其世宗影帳歷代並無故事，欲請廢懿陵，即世宗宣懿皇后陵，不當更立廟宇。順陵有恭帝木主殿，昨議赴西京祔廟，續命置於下宮。竊以春秋之義，國君即位未踰年者不應別序昭穆。又唐高宗太子蘄追謚孝恭皇帝，神主附太廟，大曆十四年有司言孝恭皇帝尊非正統，不列昭穆，今廟廢主存，請毀之，遂瘞主於廟地。今周恭帝即位半年，是時年裁七歲，葬以王禮，止設三虞，望依孝恭皇帝故事，瘞主廟地。從之。　四年正月二十九日，朝陵使言周朝嵩懿陵廟，委官吏以官物修葺致祭。　二月三日，詔吏部尚書張齊賢致祭周六廟，祝文特進書。　太常禮院言：留司遷二月十五日遣官仲享周六廟，今奉敕時祭亦在其日，今請以十五日先行時祭，別擇吉辰行仲饗禮。從之。　二十七日詔曰：朕將從衆欲，來省民風，暫臨西洛之都，首訪前朝之廟，特陳明祀，用達虔誠。然而豐潔牲牷，既申於薦享；繕完棟宇，尤在於精嚴。其神主每遇祠祭，方得出石室，祭畢即如法安置。廟宇特加修葺，不得別藏官物，務在精嚴，副朕意焉。　大中祥符元年正月二十二日，內侍李知信自嵩慶陵回，言周世宗影殿陳設損壞及無供物，乃遣內侍白崇慶製造周三陵供物賫送。崇慶言春秋祭拜及逐月合用物，令本州支送，其香茶乞自京以時供給。從之。　仁宗天聖二年四月二十八日，録晉肅祖孫內殿承制、閤門祗候石保慶子介為三班奉職。　四年九月十六日，周後故虢州防禦使柴貴孫元亨自言世宗姪孫，今家絶禄仕，有母貧甚，乞賜禄叙。帝曰：如其非僞，可寘之班行。乃録為三班借職。　六年六月四日，録貴子肅為三班奉職。帝曰：世宗開拓土宇，本為國家，其末裔不同他等，當加收卹。　七年六月二十六日，録周世宗從子故太子少傅柴守禮孫詠為三班奉職。　九年二月十二日，録貴孫吉為三班奉職。　明道二年六月十三日，録貴孫熙為三班奉職。　十二月十三日，詔修河南府周六廟、鄭州周太祖世宗廟，以官錢量加修飾，仍令太常禮院詳定周恭帝塑像衣冠制度以聞。識具先代陵廟。景祐二年十一月十五日，南郊赦：唐李氏、朱氏、後唐李氏、晉石氏、漢劉氏、周郭氏柴氏宗支子孫未仕者，委所在求訪，及許自陳，特與甄

卷萬九千三百二十三

叙；已有官者與遷官。仁皇訓典：景祐二年冬至祀圜丘赦書節文：唐李氏、梁朱氏、後唐李氏、晉石氏、漢劉氏、周郭氏柴氏宗屬子孫未仕者特與甄叙，已有官者與遷官。兩浙錢氏、泉州陳氏、僞蜀孟氏、江南李氏、湖南馬氏、荆州高氏、廣南劉氏、河東劉氏子孫未仕者，擇其近屬一人特録用之。三年二月二日，編排録用所言：前朝之後內後唐李氏緣莊宗、明宗本是二族，合依周朝郭柴二族例，各與甄叙。又後唐李氏有因賜姓附入宗籍者，欲除本宗嫡親外，更不甄叙。從之。　四年六月五日，録唐李氏之後曰石、曰汝弼、曰明、曰繼宗、曰壽、曰舜臣、曰祥、曰尚、曰敢並為三班借職，曰沂為試將作監主簿；周柴氏之後曰搏、曰勵、曰濟、曰永拱為三班奉職；晉石氏之後右侍禁介為左侍禁，世昌為三班借職。　十六日，録唐李氏之後乾易等十一人並為三班借職，詢等五十三人為遂州助教，琮等五人免將來文解，球等三十七人免州縣徭役；周柴氏後三班奉職熙為右班殿直，曰僉、曰若拙、曰上著並為三班奉職，餘發為許州長史，織為　州助教，貽廓等十一人免州縣徭役，仍各賜錢一萬。　慶曆五年三月二十六日，録周世宗曾姪孫紫撰為三班奉職。　皇祐二年閏十一月十九日，録周後柴貴曾孫日宣為三班奉職。　至和元年正月二十二日，録周後柴守禮

曾孫若訥為三班奉職　嘉祐二年三月二十一日録周世宗從孫柴忍為三班奉職　四年四月九日詔曰先王推絶天之序尚尊賢之義褒其後嗣賓以殊禮豈非聖人稽古報功之大典哉國家受命之元繼周而王雖民靈欣戴歷數允集而虞賓將遜德美丕顯項者推命本始褒及支庶每遇南郊許奏白身一名充班行恩則厚矣而義則未稱將上采姚姒之舊略循周漢之典詳其世嫡優以公爵異其仕進之路申以土田之錫俾廟寢有奉享祀不輟庶幾乎春秋通三統厚先代之制矣宜令有司取柴譜系於諸房中推最長一人令歲時親奉周室祀事如白身即與京主簿如為班行者即比類換文資仍封崇義公與河南府鄭州合入差遣給公田十頃專管勾陵廟應緣祭享禮料所須皆從官給如至知州資序即別與差遣却取以次近親令襲爵授官永為定式先是著作佐郎何鬲言竊聞朝廷以皇嗣未立而祠高禖夫求神貺者遠而難測修人事者近而可必昔舜受堯天下而堯子丹朱為國賓禹受舜天下而舜子商均亦為國賓故書曰虞賓在位群后德讓湯放桀其事不載武王伐紂未及下車封五帝之後命夏為杞絶商於宋武庚作亂誅之而命微子啓以代商後故書曰惟稽古崇德　賢統承先王修其禮物作賓於王家周頌亦有來見祖

廟之詩曰有客有客亦白其馬其來助祭之詩曰我客戾至亦有斯客以詩書論之示天子不敢以臣也孔子作春秋正月二月三月皆書王何休說曰正月周正月二月商正月三月夏正月蓋王者必尊先聖通三統所以自立於天下也及秦滅六國爽二周不有師法故先聖神靈委於草莽子孫困於編戶至漢初定天下未遑制作及武帝東巡過洛考其後得周子南君封百里之地以奉祭祀至成帝時久無繼嗣梅福進言曰存人所以自立也聖人所以自亡也宜封孔子之後以奉成湯祀帝乃封孔吉及周承休侯皆為公不幸遭趙后之禍使福之言遂為空文惜哉魏文帝封後漢協為山陽縣公戴天子旌旗位在侯王上宋武封晉恭帝為零陵王行晉正朔服色也隋封周靖介國公亦依晉家故事迨唐武德初封隋為酅公亦行隋正朔服色至正觀詔曰二王之後禮數宜崇今寢廟不修褒飾多闕非所以恭國賓也宜令營立國官置廟宇又天寶中封魏孝文十代孫元伯明為韓國公以備三恪然考其前代雖昏明不同其意亦不絶前烈延及苗裔周漢唐所以長久而秦所以二世而亡以魏晉宋隋區區之主猶不敢廢況盛世乎國家有天下以聖繼聖道綱墜紀靡不補緝至于裂數里草莽之地訪前代孤弱之嗣乃獨遺焉抑有司講求之未至也今

皇嗣未立臣竊危之奈何絶人之世減人之祀而妨繼嗣之福也本朝受周天下而近代之盛莫如唐自梁以下皆不足以崇襲臣願考求唐周之苗裔以備二王之後授以爵命封縣立廟世世承襲永為國賓下太常禮院議而言曰按唐正觀二年詔二王後置國官立廟宇開元二年勅二王後每年四時享廟牲及祭器並官給主客司四時省問子孫准同王三品蔭隋後歲給絹三百疋粟三百石周後歲給絹二百疋粟二百石又十五年勅二王後為賓者會賜並同京官正三品本朝因周六廟春秋遣官祭享及修飾陵寢至于唐之子孫亦屢推恩寘之仕籍今鬲上言乞訪周唐苗裔以備二王之後臣等按禮尊賢不過二代以其近己而易法故周以杞宋唐以介酅是也今推次本朝之前二代即當立漢與周後又緣古者立二王後不惟繼絶兼取其明德可法五代草創載祀不永文章制度一無可考如上取唐室又世數已遠於經不合惟周則我朝受禪之所自義不可廢且今之制度與古不同難以遽行若參酌中制宜訪求周之子孫如孔子後衍聖公之比授一京官爵以公號使專奉廟享歲時存問賜之粟帛牲器以祭每遇時祀並從官給其廟宇亦加嚴飾如此則上不失先王尊德繼絶之義度之於今簡而易行故降是詔　八月太常禮院言定

到內殿崇班相州兵馬都監柴詠於柴氏諸房最長詔擢殿中丞封崇義公簽書奉寧軍節度判官事　五年二月二十四日録周世宗後柴元信為三班借職　六年三月二十五日詔太常禮院比封柴氏後為崇義公以奉周祀其六廟在西京而歲時祭享無器服之數今其有司以三品服一四品服二及所當用祭器給之　治平四年九月十七日神宗即位未改元録周世宗姪曾孫柴貽廓為三班奉職以上即位推恩也熙寧元年十一月十八日南郊赦唐李氏周郭氏柴氏有親的諸孫諸系分明見在民籍仍自來別無過惡者許於所在官司自陳仰州府當職官考驗不虛更名命官一人結除名保識具録聞奏當議特加録用乃以唐高祖道王房下李杲為三班借職太宗濮王房下李德臣為均州長史睿宗寧王房下李叅年為京兆府長史紀王房下李餘慶太鄭王房下李忱各賜錢三十千又分上等賜錢二十千次等十千霑及者餘百人柴氏延貴房下柴迥為三班借職柴衮為長史　三年正月二十一日詔周後柴氏與二名借職三名長史唐後李氏與一名借職二名長史　五年正月二十三日比部員外郎分司西京崇義公柴詠守本官致仕詔崇義公於柴氏諸房中推最長一名以聞　二月十七日供備庫副使曾州兵馬都監柴愈言

叔詠致仕僉是諸房中最長近親乞依例換文資襲封送太常禮院詳定
太常禮院言取到柴氏譜系定得詠堂姪愈於諸房以為最長檢會令文
諸王公侯伯子男皆子孫承嫡者傳襲如無嫡子及有罪疾立嫡孫無嫡孫
以次立嫡子同母弟無母弟立庶子無庶子立嫡孫同母弟無母弟立庶
孫曾孫以下准此無後者國除若身亡之後嫡子已經命襲未襲間犯除
名者聽以次承襲據此則始封之時須推諸房最長既封之後自合世嫡
相傳今來參詳欲取柴詠嫡長子孫一名承襲崇義公封爵庶得不違著
令協于典禮詔依所定勘會保明合承襲人以聞　九月十六日太常禮
院言柴詠長子已亡有嫡孫夷簡依人合當承襲詠狀稱夷簡作過乞以
次子西頭供奉官若訥承襲本院保明未得詔以若訥為衛尉寺丞封崇
義公僉書河南府判官廳公事八年三月二十一日崇義公柴若訥柴詠
狀稱若訥有嫡長男務簡係嫡孫合依禮令承襲太常禮院勘會柴務簡
係白身見居父若訥服內合候服闋日除官承襲七月詠卒務簡承祖詠
重服至九年四月二日若訥妻趙氏狀男務簡所持祖父及父兩重喪服
未委合於將來是何月日服闋太常禮院看詳崇義公柴詠致仕嫡子若
拙早亡嫡孫夷簡以罪廢朝廷遂立嫡子同母弟若訥襲封崇義公昨若
訥卒已准朝旨令若訥嫡子務簡候服闋日襲封今詠卒有庶子若水若
經等其務簡雖非嫡孫緣已係傳襲封爵之人合比附嫡孫承重以後喪
二十七月滿日服除依先降指揮施行從之十年五月十七日詔鄭州長
史柴褒令流内銓與注遠處簿尉褒叔周世宗之姪元孫昨日授命已及
十年乞注一正官故也元豐六年四月二十四日河東提舉保甲司言唐
高祖後徐王宗子李謹等狀乞依唐氏之後乾州李有方例免保甲從之
十有七日開封府言周柴氏之後乞自今諸房子孫令具生年月日注
籍從之　哲宗紹聖元年十一月十一日吏部言柴氏之後自元祐七年
南郊先取無官之族推恩其最長者諸族畢已官後值郊廟恩據令十一
位次第從長官之詔可　政和八年閏九月二十七日徽宗即位未改元
尚書省言柴岐奏伏念臣係周世宗之後六世親侄孫本族累蒙異恩褒
其後嗣例霑仕進之路惟臣本房三世無人食祿相繼伏望聖慈矜憫與
臣推恩庶使孤遺得稍寸祿詔昔我藝祖受禪於周嘉祐中擇柴氏旁枝
一名封崇義公議者謂不當封周然禪國者周而二恪之封不及禮蓋未
盡除崇義公依舊外擇柴氏最長見在者以其祖父為周恭帝後以其孫
世世為宣義郎監周陵廟與知縣請給以示繼絕之仁為國二恪永為定

《卷一萬九千二百二十三》　五

制　高宗皇帝紹興元年九月十八日明堂赦夫聖人所以興滅國繼絕
世者咸使其宗廟不絕血食也如唐李氏後漢劉氏後周郭氏柴氏子孫
存者並各與一班行名目仍許于所在自陳保明聞奏　已而得周世宗
孫柴孝廣唐太鄭王下李烽適長孫寔上謂輔臣曰繼絕舉廢此寔好事
唐太宗初定天下使訪隋後子孫載美前史可依赦並補承信郎　五年
四月九日吏部言太常寺看詳到承節郎柴叔夏係周世宗親元孫本家
自嘉祐四年曾祖詠始封崇義公襲封至堂兄恪因金人全家被害並無
繼嗣之人今叔夏合該承襲相繼主祭錄白宗枝圖並無隔蓦詐冒詔柴
叔夏特與換迪功郎襲封崇義公與衢州合入差遣既而援故事乞換京
官吏部謂選人與公爵未稱尋詔特換右承奉郎　十一月十九日詔不
理選限登仕郎柴安逸特許理選限以襲封崇義公柴叔夏言安逸乃周
後引赦推恩故也・十二年五月二十六日吏部定到武德郎監潭州南
嶽廟柴有乞承襲陵廟推恩據襲封崇義公柴叔夏保明先有弟四房從
義郎柴革於紹興八年准告換授右宣義郎監周陵廟事因疾身故其世
襲恩例係永法至今未曾陳乞其房叔柴存係第八房下目今係江南見
在諸房最長亦係柴革之叔依得詔旨合該換官承襲繼絕故周恭之後
即無隔蓦重疊違礙從之　十四年五月二十八日詔右宣義郎襲封崇
義公柴叔夏特添差衢州西安縣丞不釐務任滿更不差人二十六年閏十
月二十三日衢州言襲封崇義公柴叔夏狀係周世宗孫專一主祭祀事
今已闕陛知州資序恭覩嘉祐四年詔如至知州資序即別與差遣却取
以次近親合襲爵受官承替永為定式乞令次男國器受官主奉祭嘗與
臣一別處差遣詔依柴國器特補右承務郎襲封崇義公　二十七年五
月二日新差充判湖南路安撫司參議官柴叔夏言係周世宗五世親孫
見待兩政三年闕望將改一近闕合入差遣詔改差江南東路安撫司參
議官替陳政由到任成資闕　孝宗皇帝隆興元年六月九日吏部言監
周陵廟柴大有已其襲封崇義公柴國器保明到保義郎柴安宅係以次
最長合該換官承襲填闕從之　乾道二年八月一日詔以右承事郎柴
國器係承襲周廟祭祀人添差權通判衢州不釐務（五年添差權通判婺
州不釐務如例已上乾道會要）淳熙元年五月三日詔宣教郎柴國器改
差兩浙東路安撫司參議官先是國器添差權通判平江府仍釐務臣僚
言已降指揮雖宗室戚里添差亦不許釐務今國器乃周世宗六世孫襲
封崇義公已累任添差正以此故少加優異與宗室戚里恩例一等今與

《卷一萬九千二百二十三》　六

帝系　錄諸帝治國後

之添差誠未為過但許之釐務則有碍見行指揮乞不釐務故有是命
八年十月十六日詔宣教郎柴國器添差通判嚴州仍釐務十四年正月
添差通判衢州仍釐務十五年七月十八日詔忠訓郎柴安實特授宣義
郎監周陵廟以衢州奏安實係周世宗之後最長故也

宋會要　錄諸國後

真宗大中祥符元年十月二十六日東封赦應吳越忠懿王近親未食祿
者特與叙用泉州陳氏近親未食祿者分析聞奏僞蜀孟氏吳李氏湖南
馬氏荆南高氏廣南河東劉氏親嫡子孫未食祿者特與甄叙　仁宗明
道二年六月十三日詔錄南平王高季興吳王李煜楚王孟昶彭城郡王
劉繼元南越王劉鋹嫡子或孫一人官願文資與簿尉班行與三班奉職
景祐二年十一月十五日南郊赦兩浙錢氏泉州陳氏西川孟氏江南
李氏湖南馬氏荆南高氏廣南劉氏河東劉氏子孫未仕者於所在投狀
揮其近親一名特錄用之錢俶天禧四年閏十二月以其子供備庫使守
讓領榮州刺史景祐四年六月錄其從孫曜為三班借職　李煜乾興元
年九月錄其從孫宗慶為三班借職　天聖元年三月又錄其從孫宗諒
明道二年九月錄其姪仲文並為三班奉職　景初四年六月又錄其姪
仲舒為三班借職　孟昶大中祥符二年九月錄其孫元恭為三班借職
天聖二年四月錄其孫故屯田郎中隆悅子朴明道二年九月又錄其
曾孫貴並為三班奉職　景祐四年又錄其孫隆敬為三班供職　劉鋹
天禧四年閏十二月以其子西頭供奉官守素為東頭閤門祗候右侍禁
守遒為西頭供奉官明道二年九月又錄其孫翊昌為三班奉職　景祐
四年六月又錄其後仲宣為三班借職　劉繼元天禧元年七月錄其孫
克昌為三班奉職國昌為三班借職四年閏十二月以其子右屯衛將軍
守節為右武衛將軍嘉祐五年正月錄其曾孫允為三班借職　馬商景
祐四年六月錄其後應摩為三班借職　高季興天聖七年六月錄其曾
孫蠢為江陵府枝江縣尉景祐四年六月又錄其後濟為三班借職　高
宗皇帝紹興元年九月二十一日三省言明堂赦文欲與繼前國無後者
特與官其子孫使宗廟血食內兩浙錢氏未有該載詔兩浙錢氏特與訪
尋嫡長子孫推恩二年十月七日御筆批出起居舍人王洋因面奏不急
之務可特降一官於是宰執進呈上曰朕虛己求言務濟時病如夷狄盜
賊又朝廷闕失等事今日可言者非一洋姑應詔言豈朕所以望臣下之
意至如錢氏納土子孫世受國恩其餘在五季一時割據類皆盜賊非若

古帝王之後洋欲封其後是獎賊也洋言無取與降一官若後來獻言之
人有補治道朕當旌賞庶使臣下得以盡言無隱

宋會要

出宮人

太祖開寶五年五月十六日以久雨帝謂宰相曰霖雨
成災得非關政使之然耶朕恐宮掖中有所幽閉令編
籍後宮得二百八十餘人諭以願歸者以情言其應命
者五十餘人各賜以白金帷帳遣還其家趙普等咸稱
萬歲　太宗淳化四年七月二十四日雍邱縣尉武程
上疏願減後宮嬪嬙帝謂宰相曰程疏遠小臣不知宮
中事爾內庭給使不過三百皆有掌執不可去者朕視
妻妾如脫屣耳恨未能離世絶俗追蹤羨門王喬寧能
學秦皇漢武作離宮別館取良家子女以充其中貽萬
代譏議卿等固合知之李昉等奏曰臣等家人朔望朝
卷二千九百九十
集其中備見宮闈簡儉之事武程疏賤妄言宜加黜削
帝曰朕豈惡其言但念其不知爾終不加罪　至道三
年五月十九日帝謂宰臣曰宮中嬪御頗多幽閉可憫
朕已令擇給事歲深者出之呂端等曰陛下踐祚之初
首行茲令實哲王之懿範也　真宗景德九年二月十
三日帝謂侍臣曰宮人掌事者朕常恐其多然所掌皆
不可闕其解音律者非皇太后誕辰及節序外經時未
嘗施用近令籍在宮及私身人唯留高年者餘悉定其
名氏諭令出宮昨日晚諭皆號泣願給侍宮庭至有推
托不去者李沆等奏曰陛下焦勞萬機退朝未嘗宴樂
中外所知宮闈之人蒙至仁撫育不忍違離左右帝曰

朕念其深處宮闈俾其遂性而堅不願去有一宮人年
七十餘有二女子其年長者留之少者令出號泣無已
朕諭以訪求良家方令屬聘再三遣之始去　大中祥
符九年五月二十五日詔曰掖庭之中名職素定各司
其事咸率舊規肆予纂承無所增益八月之朞靡而不
行九御之列闕而未備慮尚違於物性頗用軫於朕懷
比因餘閑特從臨問咸遂其意以洽至仁其宮人一百
二十人宜令入內內侍省優與資給遣放令從便八年
五月二十一日詔宮人百八十四人令入內內侍省放
出掖庭優與資給聽其從便　仁宗明道二年十二月
十六日放出宮人二百人時帝宣示宰臣呂夷簡曰昨
卷二千九百九十
出卻內人不少並令聘嫁免至幽怨夷簡云此乃陛下
盛美之事自前放出宮人甚多比來時物稍貴只恐出
外不易　景祐元年八月十五日詔曰曩者母后臨朝
而臣僚戚屬多進女口入宮並放遂便　寶元二年四
月五日帝謂輔臣曰近出宮人百餘令從良免幽閉深
宮亦可減禁中浮費對曰此乃陛下盛德之事其利甚
博帝曰近有人邀軍駕進雙生二子言年可十五已來
各有姿色尋不受遣去亦不問罪對曰前代帝王尚多
采納陛下卻而不受又復矜容足彰聖德　慶曆七年
三月二十五日出宮人一百五十餘人　嘉祐四年七
月十四日出宮人二百三十六人　英宗治平元年四

月十七日出宮人一百三十五人閏五月十五日內出㞐女冠九十六人歸本寺觀願嫁者聽之皆先因事得入遂留內內寺觀不出者仍命內東門自今稱被旨者勿內而執奏之三年七月十八日放出宮人一百八十人　神宗熙寧六年十一月一日殿直張崇垂拱殿起居唐突自陳因勒停罷俸有女賣在禁中詔貸其罪令內東門還其女以上國朝會要　哲宗紹聖二年十一月出宮人一九十一人四年五月出宮人二十四人　元符二年四月出宮人一十一人三年九月出宮人六十九人　徽宗崇寧元年正月出宮人七十六人三年四月出宮人六十二人　大觀二年正月出宮人七十七人三年正

卷二千九百九十

月出宮人三十二人二月出宮人二十四人四年出宮人四百八十六人詔以監嫁遣放內人所爲名初幹當內東門司楊日言監嫁放出宮人於廣福妙法兩院因有所請故有是詔　政和九年出宮人八十人二年出宮人三百八十三人三年出宮人二百七十九人四年出宮人六十八人五年出宮人五十人六年出宮人六百人七年出宮人六十八人八年出宮人一百七十八人莊季裕雞肋編淵聖皇帝以星變責躬詔曰常膳百品十減其七放減宮女凡六千餘人削道君朝蓋以萬計也　高宗建炎三年二月十四日詔朕以涼昧荐歷險難深爲不德天未悔禍是以倉卒南渡駐于江浙念國勢之易削慨宗社之僅存雖政事宜有改更在朕躬尤

當省懼自今以往尤當益務爲勤畏儉約修德立教庶幾上當天心轉禍爲福下慰人意易危爲安所有應緣供奉禁省事專屬朕身者如儀物之飾膳羞之奉仰有司痛行裁損必遵菲薄其後宮有職事掌管人不可減放外其餘悉行減放各聽從便仰三省行下體朕至誠之意　紹興五年十一月十四日上曰邦計匱乏苟有一毫可以節者亦當行之朕宮人僅給使令然昨日亦搜東三十出之趙鼎等言節省之道始於宮庭此陛下之盛德也三十一年六月六日出宮人三百一十九人以上中興會要　孝宗隆興元年六月二十九日詔朕適當多事之時務從儉省在內宮人雖不多今更減放三十餘人

卷二千九百九十

出外是日宰執進呈御筆減放宮人宰臣陳康伯奏曰此盛德之事在外減省見今條具上卿類聚進呈故有是詔　乾德三年閏七月詔典字王氏等八十九人並放逐便以上乾道會要　慶元五年五月十三日詔才人吳氏可令歸家逐便本位內人元破紅霞帔等請受二十五分並日下住支本位官並發歸合屬去處官告并宣令內東門司毀抹翌日宰臣京鏜等奏昨日恭覩內批吳才人令逐便仰見陛下聖慮高遠書稱成湯不邇聲色亦不過此上曰此慈福之孫乃朕姑行前日是太上皇后遣然送來亦不曾子細商量只得姑留數日鏜等奏言外間亦知非出聖意亦知別留一閤分不曾寵幸鏜與

謝深甫何澹許及之同奏曰尤見陛下盛德前古聖王之所不可及上曰又與錢三萬貫辦奩具出外嫁人鏜等奏曰臣不勝贊嘆以上寧宗會要

卷二千九百九十

大典卷一百五十九又卷一萬六千九百八十

宋會要　三公三少

舊為三公三師，政和二年改三師為三公，又增三少。大典卷一萬六千九百十一　神宗治平四年正
月十九日，乙卯仍未改元　開府儀同三司、守司空、兼侍中、昭文館大學士、
監修國史、兼譯經潤文使、魏國公韓琦守司徒、兼檢校太師、兼侍中、判相州，
仍詔出入如二府儀。　熙寧二年七月，宰臣曾公亮讓琦並兩言臣等援
舉內翰寔深乙不洽二以為有創，而公亮奏臣嘗建門生琦太保三公
非賞責之官，從之。　三年九月十三日，前開府儀同三司、行尚書左僕射、
兼門下侍郎、同中書門下平章事、昭文館大學士、監修國史、兼譯經潤文
使、魯國公曾公亮守司空、檢校太師、兼侍中、河陽三城節度使、集禧觀使。
公亮在相位十年，及七十致仕，弗許。及是，上御集英殿策進士，午漏下，上
移御需雲殿坐，延輔臣賜茶，公亮降殿陛，足跌仆于地，上據命左右掖
起之。明日以病告，乃有是命。仍詔五日一朝，大朝緊衛，當侍上出入如二
府儀，示優恩云。　六年四月二十六日，樞密使、開府儀同三司、守司空、檢
校太師、兼侍中、潞國公文彥博守司徒、兼侍中、判河陽，仍詔大朝緊衛，當
侍上出入如二府儀，又詔彥博嘗受先朝顧命，令罷府宜依曾公亮例
罷相推恩。　九年八月五日，大典卷一萬六千九百八十　開府儀同三司、檢校太師、守司徒、兼侍中、判
大名府、潞國公文彥博守太保、兼侍中，再任。彥博辭太保，乞並所加封
邑，再任，從之。　元豐三年三月二十六日，景靈宮使、開府儀同三司、檢校
太尉、兼侍中曹佾為檢校太師、守司徒、兼中書令，充景靈宮使，仍詔出入
如二府儀，公使本給見錢，復毋得為例，又給宣借人兵五十人。　九月十
七日，詔檢校官除三公三師外，並罷。國朝之制，檢校官一十九，三公三
師、六左僕射至水部員外郎共十三官，制行左僕射以下皆為職事官，故
罷之。凡三公三師除授，司徒遷太保，太保遷太傅，太傅遷太尉，太尉遷太師，檢
校並如之。　二十七日，河東節度使、檢校太師、守司徒、兼侍中、判大名府、
潞國公文彥博兼侍中，除守太尉、開府儀同三司、判河南府。故事，大禮宰
臣以下惟加恩，至是因改官制，故彥博得遷官，以前之。　閏月二十六日，
守太尉、開府儀同三司、判河南府、潞國公文彥博為河東永興軍節度使、檢
校太師、守司空、開府儀同三司、致仕韓國公富弼守司徒，以故參知政事
王堯臣子水部員外郎同老言：先臣至和中參預朝政，以仁宗不豫，與宰
相文彥博、富弼等數於上前請立英宗為嗣，有定策功，故有是命。而彥博
固辭兩鎮，止加實封食邑，定封。　六年十一月十三日，太尉、河東節度使、開府
儀同三司、太原尹、判河南府、潞國公文彥博守太師，充河東永興軍節度

五字寄據大典一萬七千二百四十九引續宋會要校補

一

致仕。于是彥博免守太師及兩鎮節度，上批許罷兼永興軍節度，止以河
東舊鎮守太師致仕，仍貼麻行下。　八年三月二十七日，彰德軍節度使、
觀文殿大學士、集禧觀使、特進、判國公王安石加司空。中太一宮使、護國
軍節度使、檢校太師、守司徒、開府儀同三司、河中尹、濟陽郡王曹佾守太
保。哲宗元祐元年四月十五日，制以河東節度使、守太師、開府儀同三司、
太原尹、致仕潞國公文彥博除太師、平章軍國重事，仍令所司擇日備禮
冊命。詔賜彥博曰：可一月兩赴經筵，六日一入朝，因至都堂與執政商量
事，如遇有軍國機要事，即不限時日，並入預參決，其餘公事只委僕射
以下簽書發遣。賜依宰臣例。　五年二月十三日，制以太師、平章軍國
重事文彥博罷平章軍國重事，守太師、開府儀同三司、河中尹，充護國軍山南西道
節度使致仕。彥博乞傳冊禮，詔允所請。　徽宗崇寧三年五月七日，左銀
青光祿大夫、守尚書左僕射蔡京特授司空、行尚書左僕射，進封嘉國公，
樂定郊廟賞也。　大觀元年十二月，司空、尚書左僕射兼門下侍郎蔡京
除太尉，以廣南西路疆郡屬納土。　二年正月八日，太尉、尚書左
僕射蔡京為太師。　政和二年五月十三日，太師、楚國公致仕蔡京落致
仕，依前太師、楚國公，三日一至都堂治事。　九月二十九日，大典卷一萬六千九百十八　詔：新官三公
師：新官太師，舊亦為太師；新官太傅，舊亦為太傅；新官太保，舊亦為太保。
此古三公之官，為宰相之任，今為三師，古無三師之稱，合依三代為三公，
論道經邦，燮理陰陽，官不必備，惟其人，為真相之任。新官三少，舊為三公：
新官少師，舊為太尉；新官少傅，舊為司徒；新官少保，舊為司空。太尉以下
舊為三公，緣司空，周六卿之官，非三公之任，乃今之六曹尚書是也。太尉
秦官，居主兵之任，亦非三公。太尉、司徒、司空合罷，並依周制立三孤之官，
乃次輔之位，三孤貳公，洪化寅亮天地，或稱為三少，為次相之任，卻見宦
一月二十八日，司空、尚書左僕射兼門下侍郎何執中為少傅，改太
宰兼門下侍郎。　十二月，太師、楚國公蔡京進封魯國公，以受元圭也。
是年四月八日，少師、太宰兼門下侍郎、榮國公何執中可特授太傅致仕，
依前榮國公。　五月九日，特進、知樞密院事鄭居中特授少保、太宰兼門下
侍郎。　八年七月二日，特進、少宰兼中書侍郎余深特授少保，封豐國公，
西夏奏捷賞也。　同日，起復少保、太宰兼門下侍郎鄭居中特授起復少
傅，西夏奏捷賞也。　八月四日，新除檢校太尉、江寧軍節度使、開府儀同
三司、領樞密院事、陝西河東河北路宣撫使、成國公童貫特授太保、河東
節度使，改封涇國公，以進築夏國三城賞也。　宣和元年二月二十二日

寄據大典卷一萬七千二百四十九云會要校官

二

寄案大典一萬一千五百八十二作少保

寄案大典卷一萬一千五百八十一作六年

寄案大典卷一萬一千五百八十一引上無十字又少傅作少保

特進知樞密事鄧洵武特授少傅，錄首陳紹述之功也。七月十日太保、河東節度使、領樞密院事、陝西河東河北路宣撫使、涇國公童貫特授太傅、山南東道節度使，夏人納款賞也。九月十四日御筆：鄭居中已除少傅、威武軍節度使、佑神觀使，充神霄玉清萬壽宮使，進封崇國公，所有應干恩數、請給并差破使臣人吏、諸色祗應人等，並依宰臣例施行。明堂立班在少宰之下，從吉日令東上閤門降告，詔朝見上殿，冬祀陪祀，仍許令先次赴受誓戒。二年九月二十五日，少保、太宰兼門下侍郎、衛國公余深特授少傅，修哲宗寔錄成推恩。十一月八日詔：余深已除少傅、鎮西軍節度使、知福州，其法格未有該載三少帶節度使知州府明文，所有恩數、公使並破使臣付尉等，可並依鄭居中已得指揮施行，如有未盡事件，許條畫聞奏。十三日，特進、少宰兼中書侍郎王黼特授少保、太宰兼門下侍郎。三年八月十三日，太傅、山南東道節度使、領樞密院事、江浙淮南等路宣撫使、豫國公童貫特授太師、劍南東川節度使，進封楚國公，平方臘也。九月五日，少保、太宰兼門下侍郎王黼特授少傅，平方臘也。同日，少傅、威武軍節度使、領樞密院事鄭居中特授少師、宿國公，平方臘也。四年正月七日，淮康軍節度使、開府儀同三司蔡攸特授少保、鎮海軍節度使，

[大典]卷一萬六千九百十八

三

依前開府儀同三司、直保和殿，明節皇后園林畢賞。六月十九日，少傅、太宰兼門下侍郎王黼特授少師，進封楚國公，進哲宗皇帝寔錄賞。十二月十八日，制以少保、鎮海軍節度使、河北河東路宣撫司蔡攸為少傅、判燕山府。五年五月九日，少師、太宰兼門下侍郎、慶國公王黼以撫定燕雲除太傅，進封楚國公，其治事恩數並依蔡京昨任太師体例。同日，威武軍節度、領樞密院事兼神霄玉清萬壽宮使、宿國公鄭居中除太保，以撫定燕雲也。十一日，少傅、鎮海軍節度使兼侍讀、直保和殿、河北河東路宣撫使蔡攸特授少師、安遠軍節度使，撫定燕山也。十二日御筆：除拜三公不領舊職、不帶節鉞者，並立三官本班；詔旨總治三省者治三省事；應領舊職或帶節鉞，並立舊班，治舊職。立為定制。十一月六日，制以檢校太師、瀛海軍節度使、開府儀同三司、沂國公鄭紳為太師，紳乞免冊礼，從之。七年六月十九日，制少師、領樞密院事蔡攸特授太師。高宗紹興元年十月十二日，少傅、尚書左僕射、同中書門下平章事呂頤浩還少保，除特進。先是，頤浩言：少保之官，自陛下臨御以來未嘗輕授，元祐間范純仁除右僕射，亦帶寄祿官，望追寢成命，除一階官。敕有是命。五年正月十八日，武成感德軍節度使、開府儀同三司、充鎮江建康府淮南東

寄案大典卷一百五十九作太保

寄案儀同下應有三司二字南朝宋齊梁陳有開府儀同不加三司字者趙宋無此制

寄案大典卷一萬一千五百八十二補一日二字又忠厚作仲原

寄案大典卷一萬一千五百八十三作存中下同

寄案大典卷一萬一千五百八十三作少保

路宣撫使韓世忠除少保。十九日，起復檢校太尉、寧武寧國軍節度使、開府儀同三司、充江南西路宣撫使劉光世起復除少保。六年十二月十四日，崇信奉寧軍節度使、開府儀同三司、充江南東路宣撫使張俊除少保。七年三月十九日，鎮南軍節度使、開府儀同三司、充浙西安撫制置大使兼知臨安府呂頤浩除少保。二十二日，少保、護國鎮安保靜軍節度使、充淮西路兼太平州宣撫使劉光世除少師、充萬壽觀使，進封榮國公。同日，少保、鎮洮崇信奉寧軍節度使、充淮南西路宣撫使張俊除少傅。九年正月八日，少保、橫海武寧安化軍節度使、充京東路淮南東路宣撫處置使兼節制鎮江府韓世忠除少師。十年五月六日，少保、護國鎮安保靜軍節度使、充萬壽觀使劉光世除太保。六月一日，少師、橫海武寧安化軍節度使、充京東路淮南東路宣撫處置使韓世忠除太保。同日，少傅、鎮洮崇信奉寧軍節度使、充淮南西路安撫使張俊除少師；武勝定國軍節度使、開府儀同三司、充河北京西路宣撫使岳飛除少保。十一年七月一日，鎮潼軍節度使、開府儀同三司、判紹興府、充浙東安撫司、信安郡王孟忠厚除少保。十一日，特進、尚書左僕射秦檜除少保。二十三日，少師、樞密使、濟國公張浚除太傅，進封廣國公。十一月，太保、樞密

[大典]卷一萬六千九百十八

四

使韓世忠除太傅。十二年三月，檢校少保、保成軍節度使、開府儀同三司楊存忠除少保。九月十五日，少保、尚書左僕射、同中書門下平章事兼樞密使、興國公秦檜除太師，改封魏國公。十一月，少保、鎮潼軍節度使、信安郡王、判福州孟忠厚除少傅。十四年六月七日，威德軍節度使、開府儀同三司、充萬壽觀使高世則除少保。十月十八日，昭慶軍節度使、開府儀同三司、充萬壽觀使、平樂郡王韋淵除少師。十五年十一月二日，檢校少保、瀛州軍節度使、開府儀同三司、充太一宮使錢忱除少傅，進封榮國公。十六年十一月二十三日，檢校少傅、昭化軍節度使、開府儀同三司、充醴泉觀使、駙馬都尉潘正夫除少保。十七年十月十九日，少保、寧遠軍節度使兼領殿前都指揮使楊存忠除少傅。二十一年十月十六日，安民靖難功臣、太傅、靜江寧武清海軍節度使、充醴泉觀使、清河郡王張俊除太師。二十二年正月十一日，少師、昭慶軍節度使、充萬壽觀使韋淵除太保。二十三年正月十三日，太保、昭慶軍節度使韋淵除太傅。二十四年十一月二十六日，少傅、寧遠軍節度使、領殿前都指揮使職事楊存中令得恩數，特予依樞密使例施行。二十六年正月十六日，少傅、寧遠軍節度使、充醴泉觀使、信安郡王孟忠厚除少師、判平江

寄要大典卷一萬千五百八十二作少保

府。二十七年六月少保瀘州軍節度使充中太一宮使榮國公錢忱除少傅。二十八年二月二十一日少傅寧遠軍節度使兼領殿前都指揮使職事恭國公楊存中除少師。二十九年正月奉國軍節度使開府儀同三司領御前諸軍都統制職事充利州西路安撫使判興州吳璘除少保。三十年三月六日保康軍節度使開府儀同三司吳益除少保，以蜀仁皇后攢宮總護事畢。三十一年二月十一日少師寧遠軍節度使兼領殿前都指揮使職事恭國公楊存中除太傅，進封同安郡王，充醴泉觀使，仍奉朝請。十二月少保奉國軍節度使四川宣撫使領御前諸軍都統制職事充利州西路安撫使判興州充陝西河東路招討使成國公吳璘除少傅。孝宗紹興三十二年乙卯位未改元七月八日特進觀文殿大學士判建康府路行宮留守專一措置兩淮事務兼措置淮東西建康鎮江府江池州軍馬和國公張浚特授少傅，進封魏國公，浚以樞使密都督江淮軍馬入朝奏事，維有是命。二十一日少保保康軍節度使充萬壽觀使吳益特授少傅，依前保康軍節度使，進封大寧郡王，充醴泉觀使，奉朝請。益妻王氏狀乞依楊存中昨除少傅日妻趙氏與請給等。九月二十八日太傅奉國軍節度使四川宣撫使領御前諸軍都統制充和

卷一萬六千九百十八

五

州西路安撫使判興州陝西河東路宣撫招討使成國公吳璘特授少傅。十月十九日安德軍節度使龍神衛四廂都指揮使鎮江府駐劄御前諸軍都統制張子蓋特授少保，以收復海州之功故也。隆興元年五月二十三日武安軍承宣使主管建康府駐扎御前諸軍都統制開國侯邵宏淵特授檢校少保寧遠軍節度使，進封開國公。十二月三日尚書左僕射兼樞密使信國公陳康伯特授少傅觀文殿大學士，追封福國公，判信州。制書：當國家多事之時，專廊廟萬機之寄，心如金石，勳在旂常。朕方委任而責成，爾亦勤勞而匪懈。久煩機務，屢抗封章，諭旨莫遂，陳辭益固，故有是命。 二年四月二十三日降授特進尚書右僕射兼樞密使張浚可罷尚書右僕射，特授少師保信軍節度使判福州，以浚自劾求去故也。乾道元年五月一日少師奉國軍節度使四川宣撫使領御前諸軍都統制成國公吳璘特授太傅，進封新安郡王，以璘除太傅郡王依楊存中所得恩例施行，璘自蜀入朝故也。六月十六日少傅保康軍節度使充醴泉觀使大寧郡王吳益特授少師，其恩數並依除少傅例施行。同日寧武軍節度使開府儀同三司充萬壽觀使永嘉郡開國公吳蓋特授少保，進封新興郡王。三年十二月十八日少師保康軍節度使充醴泉觀使

大寧郡王吳益除太傅。六年三月二十七日觀文殿大學士知紹興府史浩特授檢校少傅保定軍節度使。四月二日詔諸恩數並依前宰相例施行。八年五月一日大同軍節度使提舉萬壽觀蒲察久安特授檢校少保。九月十二日特進左丞相兼樞密使華國公虞允文特授少保武安軍節度使充四川宣撫使，進封雍國公，以允文乞罷政求去故也。淳熙三年正月七日皇叔祖少保昭化軍節度使判大宗正司嗣濮王士𥙷為少傅，依前昭化軍節度使判大宗正司嗣濮王。四年三月五日崇信軍節度使開府儀同三司提舉臨安府洞霄宮史浩為少保觀文殿大學士醴泉觀使兼侍讀。其後五年三月十八日以少保為右丞相，十一月十五日罷，特授少傅保寧軍節度使。六年正月十一日皇弟少保靜江軍節度使充醴泉觀使恩平郡王璩為少傅。 同日武泰軍節度使開府儀同三司充萬壽觀使曾覿為少保寧武軍節度使充醴泉觀使。十月十六日皇叔祖少傅昭化軍節度使充醴泉觀使嗣濮王士𥙷為少師。同日皇兄少保岳陽軍節度使充萬壽觀使永陽郡王居廣為少傅。七年五月二十八日詔特進觀文殿大學士判建康府陳俊卿以廟舊弼出藩留都，二年之間，績效顯著，可除少保，依前觀文殿大學士判建康府。八

卷一萬六千九百十八

六

年五月二十七日少傅保寧軍節度使充醴泉觀使兼侍讀魯國公史浩為少師，依前保寧軍節度使充醴泉觀使，進封魯國公。九年九月二十三日安德軍節度使開府儀同三司充萬壽觀使天水郡開國公伯圭為少保，封榮郡王。十年六月二十六日少保觀文殿大學士充醴泉觀使申國公陳俊卿為少傅，依前觀文殿大學士，進封福國公致仕。八月二十二日少師保寧軍節度使充醴泉觀使魯國公史浩為太保，依前保寧軍節度使致仕，封魏國公。十三年正月十四日太保保寧軍節度使致仕魏國公史浩為太傅，依前保寧軍節度使致仕，封魏國公致仕。年正月十四日太保保寧軍節度使致仕魏國公史浩為太傅依前保寧軍節度使致仕魏國公少傅觀文殿大學士致仕福國公陳俊卿為少師，依前觀文殿大學士致仕，進封魏國公。皇叔祖保康軍節度使開府儀同三司充醴泉觀使嗣濮王士歆為少保，依前保康軍節度使充醴泉觀使嗣濮王。並以高宗聖壽八十慶典加恩也。十五年六月四日少保安德軍節度使充萬壽觀使榮陽郡王伯圭為少傅，依前安德軍節度使充萬壽觀使榮陽郡王，以曾護高宗山陵畢加恩故也。

雜録

淳熙四年八月十六日，臣寮言：已降指揮，宰執所得給使減年，太監故定，初除轉廳兩色

夏楙中以下二十九字涉上誤複

寄兼上條已有二年此疑誤

如三公三少使相太尉於法本無合得給使恩例累有援執政恩例而特給之者乞自今除授如降旨許特依執政者全與初除恩數其後不用經遷除止合依軒歷減半如特旨許依執政之文不得援例放行從之○淳熙十六年三月二日特進左丞相許國公周必大可特授少保依前左丞相進封益國公○三月九日皇子安慶軍節度使平陽郡王可特授少保武寧軍節度使進封嘉王○二十四日皇伯少師安德軍節度使充萬壽觀使崇陽郡王伯圭可特授少師依前安德軍節度使充萬壽觀使崇陽郡王太傅保寧軍節度使致仕魏國公史浩可特授太師依前保寧軍節度使致仕魏國公皇叔祖少保保康軍節度使充醴泉觀使嗣濮王士㱿可特授少傅依前保康軍節度使充醴泉觀使嗣濮王皇叔祖昭慶軍節度使開府儀同三司充醴泉觀使天水郡開國公士岏可特授少保依前昭慶軍節度使充醴泉觀使天水郡開國公○四月十九日皇伯祖寧遠軍節度使安定郡王子彤可特授檢校少保依前寧遠軍節度使安定郡王奉國軍節度使提舉萬壽觀宜春郡開國公夏楙中可特授檢校少保依前奉國軍節度使提舉萬壽觀宜春郡開國公○光宗紹熙元年四月六日皇伯少師安德軍節度使充萬壽觀使崇陽郡王伯圭可特授太保依

注卷一萬六千九百八十

前安德軍節度使充萬壽觀使嗣秀王○三年六月十八日皇伯太保安德軍節度使判大宗正事嗣秀王伯圭特授太師○二十六日太尉保大軍節度使提舉萬壽觀吳興郡開國公郭師禹特授少保紹熙五年十二月二十二日少傅保大軍節度使充萬壽觀使郭師禹為少師永寧郡王○寧宗慶元二年九月二十一日為太保十月二十日為太傅永寧郡王致仕○慶元二年三月十七日宰執進呈昨日中使宣諭皇叔祖少師嗣濮王士㱿轉一秩緣已是少師合轉太保自來三少之官不輕除授檢照典故嗣濮王雖親子孫皆不曾除此官如有殊得之者上曰前日曾宣引乃有此請亦念其來日無多姑從之其意亦見嗣秀王為三公故耳然與嗣秀王事體不同既無此例卻恐別有攀援端禮奏誠如聖訓上首肯四年五月二日保寧軍節度使開府儀同三司充萬壽觀使韓侂胄為少傅五年九月一日為少師進封平原郡王改永興軍節度使六年十月三日為太傅嘉泰二年十二月十五日為太師○七月二十日特進觀文殿大學士葛邲為少保○五年八月二十七日特進右丞相祁國公余端禮為少保依前右丞相進封鄭國公六年閏三月四日為少傅左丞相封冀國公八月十五日為太保觀文殿大學士魏國公致仕二月二十五日特進

七

右丞相冀國公謝深甫為少保依前右丞相進封魯國公既而宰執進呈深甫力辭少保之命上曰即當批出何澹等奏謝深甫力欲辭避陛下許從其請上曰向來留正以官兩轉畀丞相堅不肯受以為起鬧今此姑從其請卻俟他時別除澹奏陛下可謂能成臣下之美○二十七日昭化軍節度使開府儀同三司充萬壽觀使吳琚為少保嘉泰三年五月十五日為少傅嘉定五年八月二十二日為少師致仕嘉泰二年三月十九日鎮安軍節度使開府儀同三司判建康府吳琚為少保○十八日皇弟昭慶軍節度使開府儀同三司吳興郡王抦為少傅○二十一日特進右丞相冀國公謝深甫特授少保依前右丞相冀國公○二十六日保寧軍節度使開府儀同三司充萬壽觀使謝淵為少保嘉定二年八月七日為少傅四年三月十八日為少師進封和國公致仕五月十六日皇伯奉國軍節度使提舉佑神觀充秀安僖王園令秀王位檢察尊長師揆為檢校少保嘉定三年六月十六日為少保六年三月六日為少傅七年八月二十二日為少師四年十二月十三日皇伯定江軍節度使提舉佑神觀師垂為檢校少保開禧三年十月十七日為檢校少師嘉定三年六月十四特進觀文殿大學士提舉臨安府洞霄宮錢象祖為少保四年閏五月二

卷一萬六千九百十八

八

十六日為少傅進封琁國公致仕十七日皇叔祖昭慶軍節度使提舉佑神觀嗣濮王不儔為檢校少保○二十六日岳陽軍節度使開府儀同三司充萬壽觀使楊次山為少保進封永陽郡王六年三月六日為少傅六年三月二十四日保信軍節度使吳琰為檢校少保○二十八日保康軍節度使充秀安僖王園令師禹為檢校少傅十二年九月二十三日為少保十五年五月九日為少傅十六年二月九日為少師與宮觀○十三年六月二十六日保寧軍節度使開府儀同三司四川安撫使安丙為少保十四年十二月十一日為少傅致仕十四年七月十五日金紫光祿大夫右丞相兼樞密使史彌遠為少保○十五年正月一日奉國軍節度使楊谷保寧軍節度使楊石並為檢校少保○二月二十日少保右丞相兼樞密使史彌遠為少傅○十二月九日皇子寧武軍節度使祁國公竑為檢校少保○十六年三月二五日檢校少保安德軍節度使知婺州師岳為檢校少傅○九月二十七日保康軍節度使提舉萬壽觀不愧為檢校少保

使宿國公十六字複見後

大典卷一百五十九係次太宗淳化三年上

使宿國公鄭居中除太保以撫定燕雲功除拜三公不領舊職不帶節鉞者並立三公本班詔總治三省者治三省事應領舊職或節帶鉞並立舊班治舊職立爲定制此條複見後一月六日制以檢校太師瀛海軍節度使開府

太師太傅太保爲三師太尉司徒司空爲三公並爲宰相親王使相加官五代之制司徒遷太保太保遷太傅太傅遷太尉太尉遷太師檢校者亦如之國朝因之太宗淳化三年以西京留守太保兼中書令趙普爲太師西京養疾普累表乞致政以開國元臣故優拜之非常例也真宗天禧元年二月司徒平章事王旦彭王元偓同日降制加太保三公併除雙員自此始也五月以太保兼門下侍郎平章事王旦爲太尉侍中聽五日入中書旦懇辭不拜七月加太尉依前充玉清昭應宮使又令禮儀院詳定赴上儀注國朝以來三公不兼無赴上之儀真宗優寵元臣特有是命四年十二月以資政殿大學士太保王欽若爲司空職如故時欽若求侍東宮講誦以輔臣兼領三少品序非便表求換秩乃有是命止立學士班仁宗慶曆三年九月三日司徒監修國史兼譯經潤文使許國公呂夷簡守太尉致仕宜朝朔望大朝會綴中書門下班英宗治平二年五月十七日權御史中丞賈黯言請自今皇子及宗室卑屬除檢校師傅官者隨其遷序改授三公詔兩制詳議翰林學士王珪等議如黯所言詔俟加恩改授先是皇子東陽郡王除婺州節度使檢校太傅黯因以爲言是歲南郊

卷一百五十九

寄案大典卷一百五十九條輯有檢校官一門除治平二年五月十七日以上各條不復外餘並闕此門今併

遂改授檢校太尉。以上國朝會要。續會要以下無此門。神宗治平四年正

宋會要　太尉

徽宗政和二年九月二十八日，御筆：近降武選官名，以祿多士，比元豐文階無極品之官，文武一道，分職定位，理當不殊。太尉古官，儘掌武事，雖循沿秦漢為三公之任，名稱已久，可改為武選一品之位，在節度使上，其儀物班序居執政之次，令尚書省裁定以聞。二十九日，詔檢校官除太尉不為三公。詳見官制公字少師門。十月三日，詔檢校太尉依舊外，司徒為少傅，司空為少保。詳見官制少保門。同日，中書尚書省言：契勘太尉在第一品，開府儀同三司在從一品，執政在正二品，節度使在從二品，欲太尉入正二品，在執政官之下，節度使之上，執政官料錢二百廿

十　一

大典卷一萬五千二百六十九

二月三日，中太一宮使、武信軍節度使、遂州管內觀察處置橋道等使、檢校太尉、持節遂州諸軍事、遂州刺史、直睿思殿、提舉龍德宮、熙河蘭湟秦鳳路宣撫使童貫為太尉。十六日，詔檢校太尉改為檢校少師。高宗建炎三年四月七日，檢校太保、奉國軍節度使、殿前都指揮使、御營司專一提舉一行事務、都巡檢使劉光世為太尉、御營副使。紹興九年十月十五日，檢校少保、定江昭慶軍節度使、神武右軍都統制、江淮路招討使張俊除太尉，以凱旋賞也。三年六月十一日，檢校少師、武成感德軍節度使、神武左軍都統制、福建江西荆湖南北路

十

宣撫副使韓世忠除太尉平閩湘之寇賞也。七年二月
二十六日檢校少保武勝定國軍節度使充湖北京西
路宣撫副使岳飛起復太尉充湖北京西宣撫使。十三
年二月殿前都虞候保成軍節度使主管殿前司公事
楊沂中除太尉。十三年八月起復德慶軍節度使提點
皇城司錢愐除太尉提舉皇城司。十七年二月安慶軍
節度使提舉萬壽觀邢孝楊除太尉。二十二年三月檢
校少師奉國軍節度使御前諸軍都統制充利州西路
安撫使知興州吳璘除太尉。是月檢校少保武當軍節
度使御前諸軍都統制充利州東路安撫使知興元府
楊政除太尉。二十四年二月保康軍節度使提舉萬壽
卷一萬五千二百六十九
二
觀吳益除太尉二十六年四月建寧軍節度使提舉萬
壽觀韋讜除太尉進封開國公二十七年二月武泰軍
節度使侍衛親軍馬軍都虞候知潭州劉錡除太尉知
荆南軍府二十九年六月崇信軍節度使龍神衛四廂
都指揮使主管侍衛步軍司公事趙密除太尉三十年
五月二十九日寧武軍節度使提舉佑神觀吳蓋除太
尉三十二年五月二十七日保信軍節度使領閤門事
鄭藻除太尉二十八日慶遠軍節度使龍神衛四廂都
指揮使主管侍衛馬軍司公事成閔除太尉主管殿前
司公事同日寧國軍節度使龍神衛四廂都指揮使建
康府駐劄御前諸軍都統制充淮南西路制置使京畿

仕

亳

河北西路淮北壽亳州招討使李顯忠除太尉主管侍
衛馬軍司公事孝宗紹興三十二年未改元八月六日昭
信軍節度使提舉萬壽觀曹勛特授太尉十二月二十
五日詔令後除授太尉已上得指揮依兩府恩數人除
見管軍外並特與依帶職前兩府例施行仍自居廣為
始乾道七年六月三日詔威武軍節度使主管侍衛馬
軍司公事李顯忠特授太尉淳熙元年八月五日詔安
慶軍節度使知樞密院事張悅說為太尉提舉隆興府玉
隆觀任便居住四年八月十六日詔除授太尉自今止
與初除恩數其數還除止依轉廳減半如無特旨許依
執政之人不得援例詳見公三之三十三年正月二十四日檢
卷一萬五千二百六十九
三
校少傅慶遠軍節度使致仕武功郡開國公成閔為太
尉依前慶遠軍節度使致仕淳熙十六年五月三日詔
保大軍節度使提舉萬壽觀吳興郡開國公郭師禹特
授太尉依前保大軍節度使提舉萬壽觀吳興郡開國
公同日詔檢校少保定江軍節度使武功郡開國公吳
挺特授太尉依前定江軍節度使武功郡開國公慶元
二年十月十九日檢校少保昭化軍節度使提舉祐神
觀吳環檢校少保鎮安軍節度使知江陵府吳琚並為
太尉十一月十一日慶遠軍節度使提舉祐神觀韓同
卿武康軍節度使殿前都指揮使郭杲並為太尉五年
九月二十日保順軍節度使提舉祐神觀謝淵為太尉

嘉泰二年七月二十一日，通議大夫韓邈為太尉、保康軍節度使、知隆興府。閏十二月五日，保大軍節度使、提舉祐神觀李孝友，泰寧軍節度使、提舉祐神觀李孝純並為太尉。四年正月八日，保静軍節度使吳璹為太尉。開禧元年三月二十三日，岳陽軍節度使、提舉祐神觀楊次山為太尉。嘉定四年三月十五日，武康軍節度使夏震為太尉致仕。十五年五月九日，檢校少保、奉國軍節度使、提舉萬壽觀楊谷，檢校少保、保寧軍節度使、提舉萬壽觀楊石並為太尉。十七年七月三十日，隨龍檢校少保、保成軍節度使譙令雍為太尉致仕。

卷一萬五千一百六十九

四

三省

宋會要

舊會要係中書門下，今依元豐官制改為三省。兩朝國史志：中書門下，中書令、侍中、同平章事、參知政事。中書令，國朝罕除。侍中雖常除，亦罕預政事。同平章事是為宰相之職，掌邦國之政令，弼庶務，和萬邦，佐天子，執大政，無常員。有二人則分日知印。以丞郎以上至三師為之。其上相為昭文館大學士、監修國史，亦有不帶昭文館大學士而為監修國史者，其次為集賢殿大學士。或置三相，則昭文、集賢兩學士并監修國史並除焉。參知政事貳宰相，批大政，參庶務，以中書舍人以上至尚書為之。親王、樞密使、留守、節度使兼中書令、侍中、同平章事者，謂之使相，不預政事，不書敕，惟宣制除授者敕尾存其銜而已。中書在朝堂西，是為政事堂。其屬有舍人，專職誥命，闕則以他官知制誥或直舍人院。院在中書之西南。舍人六員，與學士對掌內外制。朝廷有除拜，中書吏赴院納詞頭。其大除拜，亦有宰相召舍人面受詞頭者。凡大誥命，中書并敕進入，從中而下；餘則發敕官受而出之。其吏史則有堂後官、主事、錄事、主書、守當官。其吏舍則曰制敕院。堂後官八人，舊制自選人入為堂後官，轉至五房提點，始得佩魚。至和元年，詔中書提點五房公事自今雖無出身，亦聽佩魚。主事七人，錄事十人，主書十四人，守當官二十人，分掌五房：一曰孔目房，二

卷一萬二千九百四十一

曰吏房三曰户房四曰兵房禮房五曰刑房又有生事勾銷二房其給使則有泌[illegible]五院行首一人副行首二人通引官九人堂門官七人直省官[illegible]一人發敕官五人驅使官二十二人其舍人院則有楷書二人裝裁匠二人

自中興之初循舊制置尚書左右僕射各一員門下中書侍郎各一員尚書左右丞各一員凡除左右僕射依序或兼門下中書侍郎建炎四年制以左右僕射並加兼同中書門下平章事改門下中書侍郎為參知政事而廢左右丞又以左右僕射兼樞密使或兼知樞密院事

神宗正史職官志中書門下在朝堂西榜曰中書為宰相治事之所印文行敕曰中書門下尚書

卷一萬五千四百四十二

中書令侍中丞郎以上帶同平章事並為宰相而參知政事為之貳與樞密院通謂之執政又有中書省門下省省存其名列皇城外兩廡官舍各數楹中書省但掌冊文覆奏考帳門下省主乘輿八寶朝會位版流外較考諸司附奏挾名而已中書令侍中不任職官制行悉釐正之遂以實正名廢中書門下省舍之在皇城外者併朝堂之西中書堂為門下中書兩省以左右僕射兼門下中書侍郎又以兩侍郎副之

神宗治平四年未改元六月詔令中書樞密院應細務合歸有司者逐旋條陳取旨初侍御史張紀言所[illegible][illegible]侵有司之職有司不當涸政府之嚴若濬洫當決諸水監漕運當決之三

自此以後年月多參差請本卷史實校時可照原檢尋

司其禮樂征伐號令損益自係朝廷議論有司得以奉行故有是詔

熙寧元年[illegible][illegible][illegible][illegible]被旨差後苑工匠造鄆國祁國公主下嫁禮物而後苑奏留不還中書請令兩所應辦上曰此細務也不足以累宰職自令宜一聽三司裁決二年宰臣曾公亮歎知州皆選於中書上曰中書數人所總事已多矣知州材否何暇盡詳且中書三公職事在於論道經邦公亮曰今中書乃六卿冢宰之職非三公也上曰冢宰固有冢宰之職唐陸贄言宰相當擇百官之長知審官是也今不擇知審官人而但堂選知州所選人不精徒令中書事更煩冗非國體也王安石對曰誠如陛下所諭三年五月

五日詔近

卷一萬一千九百四十二

設制置三司條例司本以通天下財利今[illegible]端已舉惟在悉力應接以趣成功其罷歸中書

熙寧二年二月初置條例司踰年乃罷之七月令中書門下考察內外官司置簿記功過俟年終及非次除擢檢錄比較進呈擇其尤甚者進黜之四年知慶州趙卨經制使李憲屢言羅兀城上欵遣人相度王安石曰請用親信內臣與一朝士大夫往上曰用宰相制事而令內臣審覆於體非便於是用張景憲李評俱往七年十月十六日詔三司置會計司以宰臣韓絳提舉八年六月罷之

熙寧十年以前三年收支應見在錢物所關雜及理欠物更不係具其泛收泛支或諸處支借出入并蠲放欠閣各

畫下宜添旨字

令開析限半年攢結成都狀送提點刑獄司驅磨保明
上中書點檢有不實科徒一年罪不理去官仍并治保
明官吏如驅磨出增隱錢物並當等第酬賞自令三年
一供著爲令以中書言諸路財賦歲入歲支轉運司多
不痰心唯稱闕乏既不可旋考校宜有會計出入之法
以察增耗以知有餘不足之處也三年六月二十一日
詔罷中書門下省主判官歸省事於中書四年三月八
日詔在京官不得舉辟執政官有服親以御史知雜舒
亶言近論蒲宗孟不當薦舉同知樞密院韓縝姪宗瑯
乞立奏舉法故也八月一日詔中書自令堂選並歸有
司十月二十七日詔三省印銀鑄金塗、　月二十二
卷一萬一千九百四十一
日詔增減官吏並門下中書省同取旨　六日詔自
令堂選堂占悉罷以勞得堂除者減磨勘一年選人不
依名次路分占射差遣十二月十一日詔三省諸案宜
並稱房五年二月一日詔中書省樞密院面奉宣旨別
以黃紙書中書令侍郎舍人宣奉行訖錄送門下省爲
畫黃受批降若覆請得旨及入狀得畫事別以黃紙亦
書宣奉行訖錄送門下省爲錄黃樞密院準此惟以白
紙錄送面得旨者爲錄白批奏得畫者爲畫旨門下省
被受錄黃畫黃錄白畫旨者皆留爲底詳校無舛繳奏得
畫以黃紙書侍中侍郎給事中省審讀訖錄送尚書省
施行三省被受敕旨及內降實封文書並注籍門下中

書省執政官兼領尚書省者先赴本省視事退赴尚書
省申明及立條法並送尚書省議定上中書省半年一
進頒下應速者先行應功賞並送所屬無定法者送司
勳樞密院軍功不在此文武官三省樞密院各置具員
中書省非本省事舍人不書吏部擬注官過門下省並
侍中侍郎引驗訖奏候降送尚書省若老疾不任事及
於法有違者退送改注仍於奏鈔內貼事因進入六曹
諸司官非議事不詣都省及過別曹應立法事本曹議
定關刑部覆定干酬賞者送司勳如無異議還送本曹
赴都省議體大者集議議定上中書省樞密院事上本
院吏部差注官團甲由都省上門下省有違者退吏部
卷一萬一千九百四十一
以事因貼奏諸稱奏者有法式上門下省無法式上中
書省有別條者依本法邊防禁軍並上樞密院應分六
曹寺監者爲格候正官名日施行二十一日詔知樞密
院門下中書侍郎同知樞密院尚書左右丞爲定班班
次以是爲差五月一日詔左右僕射丞合治省事初議
左右分治及進呈始命合治二日詔令後四方實封奏
除內降指定付三省樞密院及中書門下尚書省外餘
並降付中書省可從本省分送所屬曹省十一日詔秘
書省殿中省內侍省入內內侍省於三省用申狀尚書
六曹用牒不隸御史臺六察如有違慢委言事御史彈
奏六月三日吏部尚書李清臣言嘗奏論門下中書省

全錄畫黃直付所司事令於於詳定官制所受到前批無押字畫黃四件雖著門下省省官及名即無省尾不顯何處送到門下省進呈在格當錄其事目留本省以畫黃付下既已書名則體不當押字而所承受官司各有付受歷照驗豈得不知來處詔清臣分析以聞其「後罰銅十斤五日詔自今事不以大小並中書省取旨門下省覆奏尚書省施行三省同得旨事更不帶三省字出行是日輔臣有言中書獨取旨事體太重上曰三省體均中書省揆而議之門下省審而覆之尚書省承而行之苟有不當自可論奏不當緣此以亂體統也先是官制所雖倣舊三省之名而莫能究□省設官之意乃釐舊中書門下為三各得取旨出□□行紛然無統紀至是上一言遂定十三日詔尚書省六曹事應取旨者皆尚書省檢具條例上中書省又詔門下中書省已得旨者自今不批劄行下皆送尚書省施行著為令十四日詔六曹申尚書省尚書省送中書及過門下省文字皆隨事立日限即尚書事應取旨者皆日具件數錄目尾結後批日時執政官書押送中書省各限一日有故者聽展若送中書省取旨事已進呈不行者每旬錄報尚書省皆著為令七月十四日詔應臺察事並由尚書省取索事小者先約法送中書省取旨二十一日詔自今選補都知押班並三省樞密院同取旨二十五

卷萬一千九百四十二

日詔自今臣僚上殿劄子並進呈取旨先是三省樞密院或不以進呈直服之故有是詔十二月二日詔門下省凡中書省樞密院文字應覆駁者若節體稍大入狀論列事小即於繳狀內改正行下若事不至大雖不足論列而其間曲折難於繳狀內改正者即具進呈以應改正事送中書樞密院取旨六年正月二十二日詔自今樞密院已得旨事更不送尚書省具鈔徑送門下省覆駁訖自樞密院直下尚書省施行二月二日詔三省吏書功過門下委給事中中書舍人尚書左右司依舊中書門下比較九月二十五日詔自今三省進呈差除如從中批出從中書省奉行其事理未允所至之省具奏七年十月二十四日中書省言樞密□旨司傳宣事已得旨如別無奏稟合作錄黃畫黃門下省覆奏本省更不入進文字從之八年正月二十四日三省言以上未視事應合行事並權作聖旨行訖以聞稍重者進畫今聖體向安前詔欲更不施行從之七月六日哲宗已即位未改元資政殿大學士銀青光祿大夫兼侍讀呂公著為尚書左丞公著言臣伏見周官三公三少論道經邦寅亮天地然皆分治卿職蓋進則座而論道退則作而行之此三代之明法也唐太宗用隋制以三省長官共議國政事無不總不專治本省事國朝之制每便殿奏事止是中書樞密院兩班昨來先帝修定官制

卷萬一千九百四十一

凡除授臣僚及興革廢置先中書省取旨次門下省審覆次尚書省施行每省各為一班雖有三省同上進呈者蓋亦鮮矣此蓋先帝臨御歲久事多親決執政之臣大率奉行成命故其制在當時為可行今來陛下始初聽政理須責成輔弼況執政之臣皆是朝廷妙選安危治亂均任其責正當一心同力集衆人之智以輔惟新之政譬如共輿而馳同舟而濟人無異心則何求而不得何為而不成伏望聖慈留神省察明降指揮應三省事合進呈取旨者並令三省執政官同上奏稟退就本省各舉官制施行自元豐五年改官制政柄皆歸中書省王珪以左相在門下拱手不復校王安禮每憤懣不

卷萬一千九百四十二

平欲正其事而力不能也公著被命之日即為上陳之後遂詔應三省合取旨事及臺諫章奏並同進呈施行十八日三省樞密院言同差除及進呈文字理須會議者先於都堂聚議或遇假及已歸東西府聽便門往來聚議從之九月十八日詔自今門下中書省合取會文字依舊直下所屬取索　元祐元年四月十二日三省言中書省諸言承受到尚書省取旨字文如有進呈訖留俟呈後並不行文字並限三日內報知尚書省其勘會未圓須合再行取會者亦限半月以次具見取會未絕事目報尚書省諸房各置送中書省文字簿候報到鈎銷從之前此尚書省言令中書省諸房各置尚書省

送本省取旨簿隨事緊慢關會舉催今復有此請十四日尚書省言欲令後軍期河防賑收災傷之類畫錄黃並從本省直降劄子下諸處施行訖其畫錄黃付本曹并該載難盡但係急速不可稽緩并事體重者亦依此施行又言除拜官職差遣緣畫錄黃已經由門下省如辭免恩命中書省既得旨令降詔不允欲乞只從中書省批送學士院進詔更不重出錄黃並從之同日門下省言自來中書省樞密院擬進文字如得畫並作奉聖旨具錄黃錄白過門下省本省再入文字覆奏得畫方始出行乞應行書省樞密院凡係擬進得旨文字今後並於錄黃錄白內聲說某月日得畫奉聖旨云何門下省看詳如別無差失合舉駁更改事件更不再入字繳

卷萬一千九百四十三

覆落去得畫二字依式作奉敕錄送所屬施行訖每日具事目奏知詔從之仍送中書省取旨五月一日金紫光錄大夫門下侍郎呂公著依前官守尚書右僕射兼中書侍郎自蔡確章惇罷司馬光已卧疾及韓縝去位公著獨宰相事先是執政官每三五日一聚都堂堂吏日抱文書歷諸廳白之故為長者得以專決同列難盡爭也光嘗懇確欲數會議庶各盡所見而確終不許公著既秉政乃月聚都堂遂為故事十八日新除尚書左僕射司馬光言去歲有旨遇假日有公事許於東西府聚議臣以足疾未愈乞遇假日或日晚遇有公事許乘

轎往諸位商議其執政官亦許到臣本位從之六月二十八日監察御史孫升等言六曹奏鈔自來左右僕射丞例皆簽書按左右僕射各兼別省事及奏鈔送門下省左僕射合親書審奏顯見重復詔六曹奏鈔左右丞簽書僕射押檢本省代書送門下省八月十六日尚書省言減六曹迂枉事受急速者限晝時餘次時付諸房如遇夜非急速者次日辰時諸房受制書應行下急速者限三時遇夜次日巳時非急速者次日未時及本省凡受内降已有御札指揮者啟事大者依舊送中書省取旨事小反急速者止尚書省具聖旨劄子或批狀行下訖奏知仍關門下中書省照會即擬條於事未便者

卷一萬一千九百四十

自當執奏從之二年八月六日太師文彥博進除改舊制類別資品除授之法詔三省參詳資品履歷按新舊制除授十六日三省言應曹歷省府推判官臺諫寺監長貳郎官監司人並合堂除而知州軍闕少每於吏部取差有妨本部擬授詔以前後條參酌使兩不相妨立法以聞於是以知州軍闕一百四十上朝廷以九十八分吏部三年正月二十二日詔應三省差除闕如從中批付中書省並三省同行其同得旨文字本省選人吏兼行進呈得旨者更不覆奏直送曹部三月十四日樞密院言史臣換右職舊屬本院自官制後歸三省緣換授大使臣後係入樞密院奏差遣又有以本院差在武臣

去處因事取旨換授者行遣不一合依例同呈取旨詔今後文臣換大使臣並三省樞密院同取旨五月四日監察御史趙挺之言御史所言多係省曹之失卻降付本部自屬妨礙請以臺官所言事付三省看詳若合立法及衝改舊法即乞下本部取會如何施行從朝廷指揮從之同日樞密院言得旨條具司空呂公著合議軍國事今具軍國重事除授差移管軍三路副都總管至副總管三路沿邊知州帶安撫事管勾安撫司同鈐轄路管勾軍馬兩省都知押班邊防大事諸路添減軍馬國信大事更改大法令議論未決疑難事務議大刑賞諸班直揮揮使已上轉員非常程事處置邊防辦理疆界

卷一萬一千九百四十一

戰陳稍大賞罰諸路緊切事宜國信生創事件民兵馬政稍大事務差文臣措置邊事文臣換大使臣除樞密都副承旨除内臣昭宣使已上詔軍國重事及非常程事并臨時合與三省同議取旨事並關與簽書同日詔司空同平章軍國事呂公著凡差除并責降叙復應三省并三省樞密院同取旨事邊防體大公案并體量取勘事支移錢糧數多諸軍班特支差官按察館伴入國接伴送伴朝會國書近上番夷李乾德等授官襲封廢置州縣特立捕盜賞格并同三省施行省曹寺監所上事體量賑濟太禮科場非泛祠禱應干陵廟事諸蕃國進奉差押伴官并進奉回賜修書創立改更法令河防鑄

錢典禮儀制非常程者提敕十人已上賦同逐省施行六月八日詔三省同得旨事就中書，諸房選差三省本房人吏兼同行遣依條由給舍內進呈得旨者並依已畫旨更不覆奏直送曹部等處施行仍具奏知三省各錄留為底餘仍舊十一月四日三省言在京堂除差遣累有增改而吏部闕少官多令裁定門下中書省正言尚書省左右司六曹郎中御史臺監察御史秘書省正字館職校理以上寺監長貳丞太常博士正錄侍講說書開封府推判官府司錄開封府祥符咸平尉氏陳留襄邑雍丘知縣登聞鼓院檢院王府翊善侍讀侍講記室小學教授知大宗正丞事諸王府講書記室睦親廣

卷一萬二千四百四十

親宅講書左藏庫三京留司御史臺商稅院進奏院並中書省差餘並吏部差從之四年五月四日詔三省過內降及主事文字如合係三省樞密院同聚議文字令逐省呈覆本省官下筆赴都堂商議候得筆將上或進入內事體大及應急速即尚書省出劄子逐處仍送本曹照會依舊條八月五日二省進呈司馬康奏其父光遺藁二具一言請仍舊令中書門下通同職業以都堂為政事堂每有政事差除及臺諫官章奏已有朝旨三省同進呈外其餘並令中書門下同商議簽書施行事大則進呈取旨降敕劄事小則直批狀指揮如一舊日中書門下故事併兩省十二房吏人為六房同共點檢鈔狀

行遣文書若有濫員除選留外並特與減三年出職不出三年應出職者與減磨勘年限若政事有差失委給事中封駮差除有不當委中書舍人封還詞頭及兩省諫官皆得論列則號令之出不為不審政事歸一吏員不冗文書不繁行遣徑直於先帝所建之官並無所更變但於職業惟有修改於事務時宜差為簡便其一言令凡有詔令降付尚書省者僕射左右丞簽訖官告黃牒之類已簽書訖者吏不簽分付六曹謄印符下諸司及諸路州施行其臣民所上文字降付尚書省者僕射左右丞簽訖亦分付六曹尚書侍郎及本廳郎中次第通呈簽訖委本廳郎官下筆判云令欲如何施行次第通呈

卷一萬二千四百四十

侍郎尚書若郎中所判允當則侍郎簽過尚書判準應奏上者直奏上應行下者直行下即未得允當者委侍郎尚書改判事之可否皆決於本曹長官三省既進呈遂言令三省皆同奏事與光時不同及其所言事多已施行太皇太后宣諭曰令已無事不必改更也按司馬光集光乞合中書門下兩省為一蓋與呂公著韓維張璪同具奏乞令六曹官長專議蓋與呂公著李清臣呂大防同具奏又按范祖禹誌司馬康墓云康上光舊藁降付三省而朝廷未遑有行不知此所謂多已施行者何也至建炎三年四月始合三省為一十二月二十二日門下省言三省得旨文字奏知劄子自來止是具事

宜進入其間慮有節寫不圓或至疏落事件詔令後立
定式樣與錄黃連粘在後入進六年五月二十五日三
省言受聖旨并御批手詔並劃制房分所承受薄點閲
名件職級帝行點檢具無漏落狀於六月二十日已前
門下省送雜務房中書省送催驅房尚書省送知雜房
類聚本月内閲送正記房如有漏落本房并職給量事
大小等第理過從之七年十月十八日三省言堂除諸
路職司有帶權及權發遣者未行官制前係中書檢舉
除落今則吏部檢舉具鈔不復經中書無由照應詔吏
部依條檢舉具狀申尚書省送中書省取旨施行　紹
聖三年三月十九日詔自今考城太康東明陽武知縣

卷一萬四千九百四十一

並三省差人五月二日中書侍郎李清臣言先皇帝創
立官制元定三省規摹中書省取旨門下省審覆尚書
省施行蓋以互相關察日近尚書省官侵紊職事將生
事文字合送中書省取旨者更不送中書省便於尚書
省將上取旨畫定指揮簽書押送中書省降敕臣已曾
面奏乞宣諭章惇已下令依官制舊法自是以來稍覺
減少今又公然放縱侵紊朝廷紀綱伏望早賜指揮辨
正先帝官制無條上中書省取旨有例無條具鈔畫聞
鈔書尚書省與本曹官奏上付門下省覆訖施行不由
中書時清臣為中書侍郎在告尚書省以刑部獄案鈔
内有所擬輕重未當合行增損貼改進入尚書省職也

清臣以為侵紊論列得旨死罪則取旨餘許增損惇力
陳非侵紊遂寢前旨清臣再論亦不行五年詔自今臣
僚上殿劄子中書省進呈取旨其承受傳宣内降及内
中須索隨處覆奏得旨奉行即本司官親承處分仍畫
所得旨錄奏請實奉行以上非有司所可行或事干於
他司奏請得旨者申尚書省或樞密院奏審施行　元
符三年正月十九日詔三省以闕執政官及六曹長貳
令具前宰臣執政侍從官姓名及取寺監長貳可補從
官者十人以聞　徽宗建中靖國元年五月一日詔三
省議減吏員裁節冗費　崇寧二年七月二十日詔曰
朕觀前世外戚擅事終至禍亂天下唯我祖考創業垂

卷一萬四千九百四十二

統承平百有餘年外戚之家未嘗與政厥有典則以貽
子孫即政之初以駙馬都尉韓嘉彥兄忠彥為門下侍
郎繼除宰相方朕恭默弗敢有言給事中劉拯抗疏論
駮亦不果聽上違祖宗成憲下襲前世禍亂之失其自
今勿以援忠彥例以戚里宗屬為三省執政官世世守
之著為甲令五年七月二十四日詔堂除人不得越資
序一等未經任及見係衝替放罷若歷任有贓罪並不
得堂除　大觀二年正月二十九日詔今後中外差遣
非要急及新改法度不得堂除其自陳乞取吏部闕堂
除者不得受狀　政和二年五月十三日太師楚國公
致仕蔡京特落致仕依前太師楚國公三日一至都堂

治事九月二十九日詔以太師太傅太保三公少師少傅少保為王孤以左輔右弼太宰少宰易侍中中書令左右僕射之名舊以太尉司徒司空為三公及尚書置令並罷三年閏四月八日主客員外郎傅墨卿奏臣竊比者朝廷選官按視諸司庫務數日之間蠹弊振舉既命六曹寺監條具措置事件其繁難處又至歲終取旨差官點檢革弊廢之習收總覈之効誠大利也然監臨之官所以奉行成法必得其人乃能勝任令有自朝廷除授者有所轄奏差者有吏部擬注者朝廷除授與所轄奏差固可以得人矣至於吏部擬注雖有選格或非其才遽委之以繁難臣愚恐未能責其不廢弛也伏望

卷一萬一千九百四十一

睿旨應諸司庫務場監局所繁難處其監官元係吏部差者盡行堂除庶幾百司皆得其人修舉其職仰副陛下使能責實之意詔令後內諸司繁難處朝廷選差人六年四月二十七日御筆手詔太師京近三上章乞致仕詔書不允所請仍止來章意確未回京位三公然三省機政事無巨細自合總治外可從其優佚之意自今特許三日一造朝仍赴都堂及輪往逐省通治三省事以正公相之任事畢從便歸第五月一日太師蔡京今遇朔望許朝三日一知印當筆不赴朝日許府第書押不押敕劄不書鈔六日尚書省言檢會奉御筆太師京自今特許三日一造朝仍赴都堂及輪往逐省通治三省

事以正公相之任事畢從便歸第今奉內降劄子未審三日一朝除與不除假故如不係朝日分遇車駕朝獻行幸筵宴慶賀聽御札拜表行香按視及廣使見辭并非次宴集之類合與不合趁赴奉御筆合趁赴內申明三日一朝除與不除假故一節閣門供到已進呈合除假外奉御筆實理三日趁赴外付吏部疾速施行七年正月二十日詔人君所與共治者惟輔弼大臣同寅協恭率職勵行以儀風俗自我烈考肇分三省都堂為聚議之所參決國論延見百辟元豐以來成憲具在遵制揚功罔可失墜自今宰執可依舊常聚都堂夙夜匪懈以弼予政治八月二十五日臣僚上言致治在乎政

卷一萬一千九百四十一

事政事本於朝廷恭惟神考肇正六官振飭百度闢三省以總天下之事建都堂以為聚議之所體統既立國論以定規模垂後所當謹守仰惟陛下丕承先志躬覽萬機且自御便朝以親庶政是宜股肱大臣仰體聖意朝夕謀議以裨政治之萬一臣竊見比來大臣退朝隨即分省治事都堂閑闃動輒經月政事當合議者或群至於省廷則非所以養廉恥且分職於內者當於此稟議而將命於外者當於此受令以至進退群吏裁決機務無有不在於此而久廢不講恐非所以尊朝廷也今天下當持盈守成之時而陛下萬繼志述事之孝若夫國家之大計天下之大利害所當深思遠慮而建長久

之策者其類尚多聖心所以憂勤宵旰虛己以聽納大臣所當追勉夙夜畢智於謀謨將以益隆太平之基而追述元豐之盛際其事顧可後乎臣愚欲望聖慈明詔大臣應三省聚廳務遵元豐故事施行非特追述先帝之成憲亦以仰副陛下勵精政事之意其於聖治實非小補詔內外參辭并庶官謁見元豐條只令諸府第令坐條申明行下仍劄付御史臺十一月六日御筆手詔太師魯國公蔡京自再還廊廟于今七年逖者章數十上卻之復來告老乞骸祈於得請而後已朕不欲固違其諸細務特免簽書可五日一朝次赴都堂治事恩禮寵數並仍舊制八年五月十一日臣僚上言吏部銓注以待常調則許隨資格見闕指射朝廷除授本以擢用智能之士隨其材而器之使無指占自陳之法此祖宗馭吏之大憲也邇來士失所守倖進苟得無復廉隅公然投牒或具劄目指射陳乞堂除內外差遣謂之蹈逐窠闕資品之華俸給之厚與逐其私者唯所自便甚則內之卿監省曹外之監司郡守皆輙詣闕自陳殊失朝廷為官擇人之義此風寖盛不特害於任使方當員多闕少之時一官有闕唯奔競進取權勢之士亟取亟得寒素無援與夫守分廉退者滯留之久致無闕以處之為害甚大伏望聖慈特降睿旨今後輙敢以劄子指射堂除窠闕者以違制論仍令御史覺察彈奏重行黜降

卷萬一千九百五十一

臣僚字衍

詔朝廷除授以待天下賢材不次之選而僥倖自陳汨喪廉恥士失自守因以廢法可依所奏仍出榜朝堂宣和元年四月九日太師魯國公臣僚京言臣昨蒙寬假許朝五日止省治事而臣今三省錄黃畫旨入進文字與六曹奏鈔敕命行下循繫臣名銜著不押免書字豈有身不任事事非己出繫名其上虛負天下之責覥顏慚怍罔知所安詔所有繫書一節可從所請外餘並依前後累降詔旨無復別有陳請二十五日臣僚上言臣聞爵賞朝廷之砥石所以礪世而磨鈍者也稍吝之則有功者觖望而人不知勸稍寬之則濫得者必多而人不知慕二者不同其失均也臣備數憲臺日閱六曹關報頗疑恩澤之行比年浸濫一時非泛之賞無日無之大則轉官循資小則減年支賜臣略會其數自去年七月一日至今年三月終合二百九十七件凡五千六百四十餘人其間有但云某等而不開具姓名者尚不論也無乃太多乎茲蓋陛下勵精庶政嘗恐百工怠弛思有以激勸之故不疑於用賞而所司不能仰體睿意乃因緣為市尚恐不以實聞臣嘗中夜思之可為憤懣者一可為嘆息者三可為念慮者四謹為陛下陳之賞罰人主之柄也重輕予奪當一聽於君雖冢宰不得專焉以其義昭詔王而已近年有司保奏乃有先用貼黃擬定某人轉幾官某人幾年磨勘某人與某處差遣是與

卷萬一千九百四十

奪重輕自人臣出下輕其上爵而盜威福之權莫此為甚臣所謂可為憤懣者此也招弓弩手者辰州也樞密院支差等房有何勞績推恩者八十四人陞兗州為襲慶府三省兵房不過行移文字耳推恩者三百三十六人太名府編棟軍器推恩者四十六人登萊沂三州共修戰船纔八隻推恩者十二人如此類者不可勝數其冒濫不已甚乎保明功力等第未嘗核實專在臨時雖非元額許差之人往往別作名目河上之役有司未嘗出都城而姓名亦在奏中者矣其罔上不已甚乎奉行鹽法乃鹽香司之職也並特敢云委是推就緒曉夕究心修整城壁轉運之職也王似敢云委是功力浩瀚並

卷一萬一千九百四十一

皆如法倘有徑納劄子如淮南轉運使李祉三門輦運趙子淔之徒巧為辭說鋪陳勞効云伏候指揮絲毫未有補於朝輒敢矜功而自列其輕侮朝廷不已甚乎此三省臣所謂可為嘆息者也吏知賞可以苟得則人有僥倖覬覦之心一登仕版遷轉如流有甫二年轉十官者今吏部兩選朝奉大夫六百五十五員奉直大夫至光祿大夫二百九十員橫行右武大夫至通侍大夫二百二十九員修武郎至武功大夫六千九百九十一員名器既輕則人人皆有移心而莫肯安其分矣酬賞轉官不得回授白身人自有約束今又稍稍通行正郎與副使既易得之則三歲一郊又暗增恩補選人在部者

一萬六千五百四十二員小使臣二萬三千七百餘員吏員猥冗注擬不行而仕途塞矣官秩既進俸亦隨之三省密院減年仍許特換支賜公儲有限橫恩鼎來而國計虛矣此四者臣所謂可為念慮者也陛下睿明天縱如臣所陳已洞知其不可海涵天覆隱忍而未施行經田去處乃習熟見聞以為當得門下不轂奏中書不繳詞日引月滋寖有紀極臣是以傾竭所聞不能不自己幸陛下留意焉詔令後令三省樞密院遵守內輒以本職論功及有司擅為保奏擅指定轉官賜帛及指定輕重之類依累降指揮申明行下仍令御史臺常切覺察二年五月十六日手詔先帝稽古建官肇正三省

卷一萬一千九百四十二

設給舍都司以贊省務綱目備舉成憲具存今都司踏襲寖以曠官蓋緣省吏彊悍敢肆侵侮遂為典章可自今並遵守元豐崇寧見行成法應違法事左右司官勿書具事因舉劾情重者取旨竄責宰丞按治七月二十一日臣僚上言爵祿礪世僥倖可革比來營造去處工匠之類節次自有支賜有司尚敢冒法奏請特旨與作工匠入流之人轉行遙郡橫行不惟礙法緣工作之徒與士流不同若縱之忝冒混玷班列顯屬泛濫伏望特降處分自今應作工匠入流之人並轉至大夫止雖奉特旨轉行遙郡橫行許三省樞密院執奏不行庶幾有以革去僥倖之弊詔仰三省樞密院遵守施行雖奉特

旨執奏不行。八月十一日，尚書省言：奉聖旨，三省早出等禮儀並依元豐法令行，首司檢具申尚書省取旨。今契勘到下項：一、元豐年作早出：延宴殿試舉人釋褐唱名，人使見辭，宣名觀示習禮儀，按閱進書，奉安跡決開堂見作早出，神霄宮燒香，明堂布政，就見皇子，御殿稱賀（令即宰執不赴），開啓道場，相省國忌奉慰。一、元豐年未經禮儀：宰執謝敕設（元豐年共一日，令分作兩日）。一、元豐年不作早出，即令見作早出：宰執除拜，轉官聞命，授告，賜衣帶，賀降生皇子，前兩府到堂，外國人使到堂，諸官司就堂呈驗，就堂宣視詔。第一項依元豐體例，第二項合作早出，第三項不作早出。又制敕庫房擬到下項：一、諸雜人入幕次，契勘自熙豐年有約束，旨揮不應入者無故入門，許人告。令來宰執幕次，自合除合祗應人外，諸雜人並不得入。

卷萬二千九百四十一

幕次。一、官員就幕次取覆，契勘自熙寧年官員參辭謝呈敕告並本職公事，方許赴都堂，仍取稟指揮相見，外餘並依於尚書省按狀，令來官員自不合入宰執幕次，及下馬步行處，按便唱喏，并待漏院及閤子內出頭呈納文字，欵已上並依元豐舊制，如違，徒二年，因而聽採漏泄，依中書漏泄法。一、行馬次序，契勘自熙豐年赴朝係宰執於百官後上馬，昨還班近上，見於百官前上馬，除宰執見於百官前上馬外，欵百官行馬失序并衝節者各杖一百，仍令御史臺、皇城司、開封府覺察，送所屬

施行。命官聞奏。一、上下馬，契勘自熙豐年宰相於隔門內下馬，執政於隔門外下馬，今即依得熙豐年體例及自來宰執於隔門下馬，由垂拱殿貯廊赴朝，後來爲析去貯廊，遇泥雨許入右銀臺門北廊下馬，并自熙豐年駕出入起起居於左承天門下馬，令後改作左右兩數佑門，於左數佑門裏、右數佑門外下馬。欲除見依元豐舊制外，其於數佑門并遇雨入右銀臺門北廊上下馬，依見行儀制。一、侍班并從駕去處，契勘自來進呈侍班殿內分三省各閤子，令係同閤子從駕去處，令並依熙豐年體例，在車駕殿門外作一閤子。勘會元豐三省各奏事各閤子，見令同奏事同閤子，欲除三省奏事同閤子外，餘依元豐舊制。從之。十月八日，詔：在部員多闕少，河南府、三廣、荊湖、閩、陝闕官，而在京求差遣者甚多，蓋緣希覬堂除，不甘遠適，所以不均。其初出官人，勿注京局；初改官及初陞親民者，與外任衝替及事故未滿日月者，勿堂除。

卷一萬二千九百四十一

宣和四年八月二十日，少師、太宰王黼言：臣頃被詔旨，三省、樞密院暨六曹事有未如元豐舊制者，一切釐正。臣竊以神宗皇帝肇正官制之後，元豐五年八月修立樞密院令，諸得旨事並錄送門下省，候報施行；宣命即關送，候送回發付。是年十月，樞密院再奉旨揮：得旨及擬進畫依文字內聖旨急速限當日，擬進限次日，錄送門下省，後覆奏回聖旨，急速限當日，餘

限次日發出據此則樞密院事悉合經門下省審省覆
奏然後施行臣伏見近歲以來樞密院諸房浸紊成憲
凡所施行析以爲二一曰機速更不關錄門下省一曰
急速更不錄送門下省止用關子更不關錄者門下省
悉不預聞用關子者審省覆奏與封駁之法盡廢矣臣
愚深慮未應元豐舊制臣謹按門下省元豐六年兵房
上半年承就〔受〕樞密院錄白者一千七百三十件内用關
子者纔二事而已今年上半年兵房承受樞密院錄白
文字三百七十七件而用關子者至四百八十九件何
其多也稱係機速更不關錄者不在此數不可得而知
其闕〔閤〕關子如差除兵將官轉資補授恩澤差人吏養老

卷一萬一千九百四十二

之類悉用關子臣所未諭若緣恭奉御筆或事干急速
合即施行不當更錄送門下省即不特非元豐條制令
中書省被奉御筆及急速文字皆行錄黃送門下省審
省覆奏内急速不可待畫者止許先次報行惟尚書省
關有急速奏行止關門下省〔省〕者然亦近承睿旨事干除
授及轉官資之類並送中書省行錄黃矣臣又聞元豐
七年王珪爲左僕射章惇爲門下侍郎日樞密院降指
揮轉員文字更不送門下省珪等力爭之尋被旨應緣
轉員文字並送門下省仍依樞密院例宿直樞密院已
得旨揮更不施行詳此則見先帝立經陳紀垂裕無窮
者德音具存無復可疑臣苟竊位弗陳是以不材而廢

陛下黄門萬世之法豈特仰辜大任將得罪天下後世
不貸矣伏望聖慈詳酌特降詔旨付樞密院委大臣特
行董正庶盡革久弊一遵前烈天下幸甚詔並遵依元
豐成憲常切遵守毋有違戾十二月二十一日中書省
尚書省言左右司奏今具逐次試行首司私名人數下
項政和三年試中三百四十一人政和八年試中四百
一人今節次準尚書批送下就試共八百人行首司具
到下項入額編排一百五十人未入額編排五百七十
三人無限定人數未試私名八百餘人户部供到政和
令節文諸未入官人三省私名本司並免丁役詔入額
編排依舊以一百五十人爲額未入額編排以三百人

卷一萬一千九百四十一

爲額二項並與免本身丁役餘並不免五年正月二十
二日臣僚上言臣竊見朝廷用還堂闕〔闕〕其事雖若小而
所繫則甚大自政和元年十二月檢會大觀三年八月
旨揮承務郎以上見任差遣未滿并已授未赴元係吏
部差擬之人因朝廷陞遷或特旨移易其退下闕〔闕〕並堂
除一次臣切詳本旨以元係吏部擬人因朝廷陞改占
堂除窠闕若退下闕吏部便行收用堂除轉見闕少遂
令還堂一次政和二年十二月并大小使臣並依承務
郎以上已得指揮政和五年五月復有申明還堂闕雖
已經差官而所差官未赴未滿朝廷再與差還之人其
退下闕亦合還堂自爾展轉還堂非止一再間有緣堂

主字之误

除一闕而用吏部三四闕者謂如甲授通判元係吏部
後因堂除差遣退下闕還堂固宜若通判闕而差一見
任或待次司錄闕又為還堂司錄闕却差一曹官承填
即曹官闕又為還堂展轉相應致所用吏部窠闕寖廣
而士大夫相與為俚語有七還八還之目常調官赴部
艱於得闕規求還堂鮮或安分甚者夤緣干請無復廉
靖之風殆非所以重朝廷厲士操臣愚欲望聖慈申詔
三省謹還堂一次之令以廣吏銓而拯丞簿尉之微稍
省除目則堂選滋重國體益尊昭示群工庶息僥求之
槩從之六年二月四日臣僚言昔神宗皇帝立政造事
鼎新詔謀皆有成憲而政事之源莫大於官制臣聞元
卷萬千九百四十一
豐中嘗諭儒臣曰職事官泰紊久矣宇文周李唐益嘗
講求六典而未克行今設官領治正名核實考古可法
理須精審郎官非嘗為守倅不在此選奉行之初由列
寺貳卿除授者人以為榮比年以來寖失本旨知縣監
當資序人超躐得之未便事任望實不孚而郎選輕矣
仰惟陛下自躬覽萬機惟熙豐法度是紹乞自今選用
郎官非職更臺閣則必謹資格如元豐詔旨庶幾仰副
紹休聖緒之意詔令中書省遵守五月二十六日詔經
撫房罷限兩月結絕應事合分隸三省樞密院者並遵
依元豐官制及久來條例施行　宣和四年始出師代
燕王黼實至其議黼於三省置經撫房顓治邊事不復

以關樞密院禁錮遮護甚密他執政往往不得預及經
撫房結罷迺降指揮一宗文籍書行焚毀十二月二十
日太師魯國公致仕蔡京落致仕依前太師領三省事
神霄玉清萬壽宮使五日一赴朝請至都堂治事七年
四月二十七日手詔仰惟神考若稽古制正名百官以
貽休於萬世眷言三省稽決政事維持紀綱之地凡命
令之出所以審議行者必由此焉故嘗有詔曰中書揆
而議之門下省而覆之尚書承而行之有不當者自可
論奏事無巨細遍經三省無出一己使擅其權屬政和
初建議者遂以尚書令僕之名易之公相凡三省之務
悉總治之後復以公相廳為都廳而領三省則初末之
卷萬千九百四十二
革使神考垂祐不刊之典辱於權臣自營之私良用憮
然朕承丕業率循舊章夙夜於茲大懼弗克祇紹嘗謂
坐而論道於燕閒者三公之事作而相與推行者宰輔
丞弼之職令居三公論道之位而總領三省衆務使宰
輔丞弼殆成備員殊失所以紹述憲章之意可於尚書
省復置尚書令虛而不除三公止係階官更不總領三
省若曰佐王論道經緯國事則三公其任焉三省並依
元豐成憲毋復侵紊敢輒議者以入不恭論若昔大猷
是正邦典朕庶幾無媿於前人播告中外咸知朕意仍
揭榜朝堂先是李邦彥為左丞日言尚書政事之本也
神考遠稽周官近取唐典乃建六聯以分邦治惟令居

中與僕丞禮絶以太宗皇帝為中書令而尚書令虛位百年臣下無敢當其任者元豐初詔曰三省各有體統實相維持元祐初起文彥博平章軍國重事己非故事繼呂公著司空平章軍國事紹聖臣僚論列以謂當時大臣除與公著為地除去重字名曰下彥博一等而實兼三省之權事無輕重無不與之侵紊先烈莫大於此然但增平章之名猶未改官制也政和初蔡京自杭州還朝何執中已任左僕射難以去之遂改令僕之名冠以旦公相之號總領三省廢尚書令自治令廳從此尚書遂無長官其侵紊又過公著矣蔡京致仕王黼奏改公相廳為都廳既遷太傅則自領三省不避其銜制人主

卷一萬一千九百四十一

柳塞士大夫每以元豐為言至自領三省則不復以元豐為法蓋蔡京唱之王黼因之元祐大臣所不敢為者而安為之且元豐五年始行官制曾未數年京乃謂先帝欲改而未果豈不矯誣先帝乎使天下議之國史記之改元豐官制自政和始豈不害陛下述事之孝乎三省者人主出令之地也故舊制宰相同平章事而已新制則僕射兼侍郎而已亦不敢專也今公相領三省則權侔人主非所當也又況三公之官皆以公賞或積累而至非若古者特以論道經邦也蔡京八寶轉太師王黼以平燕轉大傅三公為太宰少宰何為不可而必欲領三省乎矯誣先帝害陛下述事之孝特出於大臣自

營專權之私耳乞復尚書令之名令後三公不許統領三省並依元豐法至是京罷故有是詔七月九日中書省言檢會宣和六年二月二十八日奉御筆手詔朕立政造事以熙庶績董正治官唯前烈是承永惟文考所以數遺後人者莫重官制元豐肇分六曹寺監之任非碩德偉望蓋常以居選擢之艱多所闕員不為人擇官也近歲爵祿之柄寢輕士無恆志雖屢命簡汰繞及疏遠之人權貴進者益衆資淺望輕者遍據要路其何以紹先猷勸寒畯可自今不歷省臺寺監監司郡守開封曹官雖嘗歷吏係監當資序若宰執有服親及戚里並不除郎官寺監長貳非歷監察御史以上及監司郡守

卷一萬一千九百四十一

仍不除少卿若寺監長官非歷寺監丞若校書郎以上及監司郡守仍不除郎官少監者為定令內宰執有服親及戚里應仕進者遵熙豐故事與宮祠當爽擢者除職庶幾名器重而士知勸責任專而人赴功用以克篤詒謀詒于萬世三省常切遵守違者執奏取旨御史臺覺察隨除目彈奏咨爾在位其祇予意奉聖旨宣和六年二月二十八日指揮更不施行八月七日詔今後內降及傳宣與差遣之人如已差人或違礙資格更不進呈具因依告示不行欽宗靖康元年正月三日詔祖宗典訓具存綱紀修明朕當與執政大臣共遵成憲自今除授黜陟及恩數等事並須參酌典故同日詔方今軍

與應內外官司局所除存留後苑作祗備道君皇帝外
其餘一切依熙豐法錢物並納左藏庫令三省樞密院
條具凡一百五處皆罷之同日詔命令之出以信四方
倘朝令夕改人用不孚自今令三省詳議每得輕有改
易以惑人心凡詔敕有不經三省者官司勿行違者並
以違制論七日詔三省樞密院號令所由出體統之嚴
靡容僭紊昔在神祖釐正官制事無大小並中書省取
旨門下省奏覆尚書省施行樞密院為本兵之府朕嘉
與輔臣共遵成憲自今除中書省畫旨尚書省奉行樞
密院專兵政外一遵元豐官制毋或侵紊正月十八日
詔應批降處分雖御筆付出者並作聖旨行下三月二
卷一萬一千九百四十三
日監察御史余應求言近年以來凡有中旨皆降御筆
三省有司奉行不暇雖有違戾法憲不敢執奏其始因
中人領事內中奏陳而為之其後士大夫倚中人以希
進歆興功利而法所不許者亦為之最後大臣或行事
有戾法於或差除不允僉議亦為之又有臣僚直達奏
陳內中批降施行者夫朝廷出命之地也天下庶事當
舉以委之若宰執不才退之可也豈有自覽細務悉降
御筆而可以為治哉詔令後聖旨不經三省樞密院者
諸官司不許便行並申中書省審奏俟得旨方許施行
四月九日少宰兼中書侍郎吳敏言乃者道君皇帝下
哀痛之詔神斷英決遂傳大寶陛下初履帝位慨然欲

復祖宗之休烈望明詔宰執遵上皇詔旨取祖宗舊法
悉加討論復其宜於今者以幸天下從之二十日詔應
事涉細碎有司可以專行不須申審者聽三省樞密院
隨事申明行下應被旨急速須索供應待報不及非干
他司者聽隨處覆奏施行訖申尚書省樞密院二十六
日詔臺諫者天子耳目之臣宰執不當薦舉當出親擢
立為定制五月十一日臣僚言神宗皇帝初定官制令
中書省取旨門下省奏審尚書省施行此國家畫一之
法不可易也今有入內使臣容章使酒歐行道之人送
有司究治中外皆知陛下裁抑內侍不容暴橫如此今
降指揮乃稱案成送入內省取旨不惟取旨非內侍省
卷一萬一千九百四十三
事有紊綱紀又恐先啟開封府觀望之端勘鞫失實致
誤典憲欲望聖慈裁著示天下以至公今朝廷取旨施
行仍自今凡取旨事並遵祖宗官制從之七月七日詔
旨三省申明舊制令後不以堂除吏部人凡初改官未
曾寔歷知縣者不許別除差遣八月四日臣僚言竊見
河北陝西帥守近日多有更易在任者不為久居之計
新到者未諳當部之情為邊鄙害莫大於此且祖宗之
時帥臣及沿邊郡守有十數年不易者故歆將士相諳
緩急可用欲望應三路帥臣沿邊及近裏要害處知州
詳加選擇使之久任詔令三省樞密院遵守十一月二
十九日詔三省長官名可並依元豐官制　高宗建炎

元年五月一日徽猷閣直學士朝散大夫元帥府兵馬副元帥黃潛善除中書侍郎　六月三日宰臣李綱言本政大畧謂崇觀以來政出多門綱紀紊亂宜一歸之于中書則朝廷遵詔中書省遵守　五日中書侍郎黃潛善除門下侍郎　二十一日詔三省置賞功司三省奏左右司郎官樞密院委都承旨檢察以受功狀違限不施行者必罰行賂乞取者依軍法許人告（三年六月七日罷賞功司詳載樞密院門）　十月三日御史中丞顏岐除尚書左丞　三年二月二十二日詔御營使司依舊存留止令管行在五軍一行軍兵營寨事其餘應干邊防措置等事並令依祖宗舊法釐正歸三省樞密院　四月十三日尚書右僕射兼中書侍郎呂頤浩等言被旨將元祐中司馬光等建請倂

卷萬二千四百九十一

省奏狀台侍從赴都堂限當日叅詳尋請戶部尚書孫覿等九員叅詳得委可遵行並無異論臣等今叅酌三省舊尚書左僕射令改尚書左僕射同中書門下平章事尚書右僕射令改尚書右僕射同中書門下平章事門下侍郎中書侍郎令改並為叅知政事尚書左丞尚書右丞令改減罷從之　同日尚書右僕射兼中書侍郎呂頤浩改同中書門下平章事尚書左丞李邴改叅知政事　八月十三日詔今後除官員係堂除得替人許到都堂見宰執陳乞差遣外其餘詞狀如係軍期邊防急切機密公事許詣尚書省陳乞餘更不收接並赴洪州

三省樞密院披訴時隆祐皇太后駐蹕洪州百司扈從故也　四年五月一日詔執政大臣自今監司帥守應辦軍期有勞者依祖宗舊制止進階官俟有大功顯効聞加職名庶幾名器增重艱難之際人益知勸令三省遵守　六月四日詔自今宰相兼知樞密院事罷御營使先是臣僚上言宰相之職無所不領非如百職事各有司存本朝沿五代之制政事分為兩府兵權盡付密院比年又置御營使司是政出於三也原其建置之因止援景德幸澶淵之例爾今日事本與當時不同又今兵數盡總於五軍是以兵柄出於數途而綱紀日以隳紊欲望詳酌罷御營使司以兵柄付之密院令宰相兼知樞

卷萬二千四百九十一

密院事即令諸將皆當軍職處之揔兵如故其兵數密院別議立額有缺即申密院添補不得非次招收復用符以驗遣發非獨可收兵柄一賞罰汰冗濫節財用庶幾因此漸議兵政使復祖宗之舊故有是詔　九月二十五日臣僚言國家自來凡所除授先由大臣進擬而後下於中書門下兩省臣僚無異論則命詞省審授之其人拜恩殿陛然後涖事至於勑命則寫之黃紙示命令之重且以防姦偽近歲事出迫蹙理失雍容多令日下供職比及舍人封還詞頭給事中條具論駁言事官有所劾奏則朝廷用人之失已布於中外使士大夫進退失據殊非祖宗舊典兼自巡幸以來以省劄易勑黃小

人易為偽造姦罔賂多命令不嚴於體未便欲乞非軍旅急遽令不候受告敕放辭謝外其餘除授並候受告入謝方許涖事其經由去處知合申明日限不使留滯所有舊來合降敕黄亦乞措置施行庶幾革去姦胥亦事之不可已也詔令三省樞密院遵守　紹興元年八月十七日詔尚書省依舊制催驅三省房并復置催驅六曹房仍令三省催驅房目具已未結絶文字聞奏（二）二年九月二日詔修政局日下罷應令日已前已未行事並不施行其應干取索公案等并歸尚書省先是年六月設修政局上謂輔臣秦檜曰周宣中興内修政事外攘夷狄卿設此局令百官各條具利害甚善修車

卷萬一千九百四十

馬備器械外攘夷狄之事卿宜講求於是以户部侍郎兼侍讀黄叔敖充修政局參詳官叔敖條具請置修政局提舉官依講議司例欲關會三省樞密院及取索行遣供報貼子押檢閲文字應事干機速入遞文字並依尚書省遞發及就用本省印仍乞指名差人吏檢閲文字二人主管文字四人書寫文字四人其公使錢依昨講議司下榷貨務限以二萬貫每料作二千貫支供就委參議官一員兼本局參詳官及置檢討官至是臣僚上言今日忽聞夜有異星引光而長必妖星慧孛之類願陛下修省庶幾轉灾為福今修政局所講多刻薄之事内外聞之人心已失願直罷之使依限結局故降詔

罷焉三年正月十四日詔無故入三省諸門許人告捕每名賞錢三十貫餘依見行條法以尚書省言未有告捕給賞條法故也四年三月十一日樞密院言宰臣兼知樞密院事其本院諸房文字依紹興元年十二月十九日指揮與知院簽書院事見分輪通治唯機速房文字係宰臣判筆未曾分輪緣三省事務繁多竊慮文字擁併致有稽滯所有機速房文字欲令後宰臣知樞密院事簽書樞密院事輪日當筆從之五月十一日侍御史辛炳言乞宣諭大臣繼自今勿廢都堂公見之禮則必無乏材之嘆傳曰上臣事君以人況在今日不可忽也詔令三省通知七年二月十三日詔令後應諸處舉

卷萬一千九百四十

辟官員差遣並令中書門下省籍記所辟姓名如任内犯入己贓從以上罪其元辟官取旨行遣三月十日詔軍旅方興事務日繁若悉從相臣省決即於軍事相妨可除中書門下省依舊外其尚書省常程事權從參知政事令張浚條具取旨浚乞吏禮兵房令張守分治户刑工房令陳與義分治如係已得聖旨文字合出告命敕劄并合關内外官司及緊切批狀堂劄臣依舊書押外餘並止參知政事通書從之九年三月二十二日左諫議大夫曾統言朝廷命令必由中書門下省後付之尚書省乃謂之勅命之未下則有給舍封駁及其既出則有臺諫論列其為過舉鮮矣自軍興以來機務急遽

（分治所有合行分治事）

始有畫黃未下不待舍人承行給事書讀即以成事付之尚書省凡所除授一切報行其行在職事官便令日下供職習以為常恬不知怪望特降睿旨應事干軍期有不可緩者依舊報行其餘除授須俟拜命方許視職所有經由去處自合申嚴日限不得留滯至若畫黃未下勅命未成即乞檢會建炎四年九月指揮施行從之

十一年十二月十五日詔監當資序人勿除郡守知縣資序勿除監司其已除未到者令吏部供具姓名聞之內曾任監察御史以上職事則不拘令三省遵守以臣僚言資格雖曰不拘益亦不可盡廢其間除授至有超越數等者故有是詔

二十五年十二月十一日詔命官犯罪勘鞫已成具案奏裁比年以來多是大臣便作已奉旨一面施行自今後三省將上取旨

卷萬一千九

二十六年十二月四日宰臣湯思退陳誠之言伏覩仁宗朝詔中書應臺諫言事皆錄報樞密院及大觀本院令臺諫臣僚上言本院取旨審量凡六條比年緣宰臣兼領久廢故事臣僚建言密院多不與知乞詔三省遵依舊制 上曰三省事務如議論涉軍政及邊防自合關報樞密院思退曰祖宗朝有大政事大典禮樞密院皆與議 上曰近輔日聞機密豈容有不知之事誠之曰只緣宰臣兼領院日諸房循習日久有合關報事宜多不錄送 上曰令後當遵舊制於是降旨行下

二十七年七月十三日中書舍人周麟之言國朝稽古建官分三省以釐天下之務凡有命令則中書省取旨門下省審駁尚書省頒行三省相參而後百度正紀綱舉所以致其謹具示不專也然自累朝以來號東西二省為維持政本之地尤重其選或政令之罷行失當人才之進退非宜在中書則舍人得以封繳門下則給事中得以論駮皆於命令未行之前而彌縫正救之則朝廷不至有反汗之嫌天下不見其過舉之迹爰自近歲事與舊違當軍興時則有事干機速不可少緩及休兵之後因仍不改用事者又私意自任廢棄成法故有所謂報者有所謂中入報者有所謂尚先行者有所謂入已者往往皆成定例自陛下更化數者之弊固已稍革然因襲之久狃於故常未暇一一釐正若使詔旨一須敕札隨降所謂給舍者但書押已行之事而已設或事當論奏則成命已付於有司除目已布於中外使士大夫進退失據在朝廷亦為難處甚非祖宗所以分三省建官之意欲望申明舊制凡命令之出並經兩省或無封繳即皆畫時行下庶幾盡蠲前弊昭示至公復祖宗之成憲從之

卷萬一千九百四十

三省

孝宗隆興元年三月十六日詔監奏院主管官告院登聞檢院監登聞鼓院幹辦諸司糧料院幹辦諸司審計司幹辦諸軍審計司主管吏戶部禮兵部刑工部架閣庫車輅院監官行在榷貨務都茶場監官建康鎮江府榷貨務都茶場監官雜賣場提轄六部監門建康府鎮江府鄂州分差糧料院監官大宗正司主管宗室財用主管西南外敦宗院文思院提轄點檢贍軍酒庫所主管文字幹辦公事糴場監官西南外敦宗院宗學教授臨安紹興建康平江府洪福潭婺明宣秀太平州教授已上闕榛留充薦舉并陞擢及試中人四月二

卷一萬一千九百四十三

十七日詔令後有司所行事件並遵依祖宗條法并紹興三十一年十二月十七日指揮吏不得引例及稱疑似取自朝廷指揮如敢違戾官吏重作施行先是吏部侍郎淩景夏等言省詳到下吏舞文曲說所欲予者巧為之地所欲不予者深抑其情至於六部之所勘當則取決於三省群胥大理寺之所斷決則稟聽於朝廷風旨其弊已久謂為固然顧嚴為之禁一切惟法之從而不惟例之聽則事簡而易行令檢會紹興三十一年十二月十七日臣僚上言國家累聖相承垂二百年文謨武烈克貽厥後在臺省則為憲綱在有司則為甲令今則不然均是事也而有前批後批之殊同是法也而有

元降續降之別欲予則巧為傅會欲奪則工於舞文法不相當則云更合取自朝廷指揮自知無法可行則云如朝廷特行指揮於本部條法別無違礙有勘當已上而退送者有未及勘當而奏狀者或因堂白而面授旨意或無處分而唯務陞沉變亂舊章眩惑觀聽可不深懲而痛革歟願詔三省大臣凡四方奏請送有司令各以成法來上盡捐宿弊其不以實而依違遷就者主典科違制之罪長吏以不職免所居官臺諫常切覺察令三省六曹遵守故有是命　乾道元年二月二十日詔自今應堂除已授在外差遣人非選材能特旨升擢者並不許干求更換差遣三省樞密院可常行遵守仍著為

卷一萬一千九百四十三

令二十一日臣僚上言臣聞有一言而盡致治之道曰公而已法令天下之至公也苟以私意行乎其間則公道安得不廢哉陛下臨御以來首以監司郡守數易為禁必俟三年滿替可謂盡善行之未久而監司郡守紛然求改至今有無故輒易者矣添差官不許蒞務其所關防不為無益行之亦未一年比來稍放行蒞務矣初改官人惟許注知縣良法也今奔競者不樂為邑經營堂除有不注知縣者矣有差遣人不許換易良法也今奔競者不樂已受之命百端別圖而換易紛紛矣至如蔭補初官人法當銓試今有堂除免試者亦有初官試吏使得職事官者有到任旬日而躐等遷美官者如此

之類未可悉數欲望陛下特諭大臣自今各遵成憲以公滅私差除之際或礙格法勿妄以授庶俾法令少振弁競漸衰中書之務清始可以言治道矣若果有材能可用或因薦名或已籍記應陞擢者除必詢謀僉諧隨材以授勿以所親故厚之勿以其不附己故薄之苟出於無心合於公論則人亦安得而議其後邪從之七月四日臣僚上言守官之獘重內輕外革之宜更出遞（迭）入若未歷州縣不得居清要未任監司不得居郎曹外有治効擢之內職內有實績擢之外任凡有補外者中書省籍記姓名治政有功如期名擢及擬官之際要先具曹充外任庶幾官宿其業人効其職無因循苟簡之志

卷萬一千九百四十二

矣詔令中書省置籍二十九日中書門下省言三省諸房條具到重複事件　吏房勘會一吏部申使臣乞收使轉官先降指揮依申毀抹公據訖再申命詞或降可項給告一吏部申陣亡之家乞收使恩澤補授使臣名目先降指揮依申批鑿或毀抹公據再申命詞給告欲並候得畫令本房照應取索前銜後擬納告人命詞并降可項行下　戶部勘會一戶部申自來過關點檢戶部贍軍酒庫官係戶部申乞差官朝廷降指揮差官訖後又申合行事務並依點檢所見行條法指揮施行係是重複欲令戶部今後止作一狀申請一每遇差奉使使副降指揮合用禮物依其年體例施行同日又降指揮所有私覿依數支降二項係是重複欲令後作一件送中行　禮部勘會一禮部申逐次所差奉使下三節官屬往回所得轉官除起程先轉一官資吏部作一狀擬申朝廷命詞給告外其回程所得官資往往候逐人陳狀逐旋申請事屬重複欲令吏部類作一狀擬申朝廷命詞給告行下一勘會官司乞鑄牌印在法創給者取裁所有宗室若臣僚除授正任團練使已上應給賜牌印者止合本部一面擬申篆文鑄造訖依自來條例給賜近來一例申乞取裁顯是重複欲令禮部照會施行　兵部勘會一兵部申南平王遇加恩乞給賜禮物降指揮下日數內馬二疋闕駕部又申朝廷下廣西經畧

卷萬一千九百四十二

司應副及金鍍銀鞍轡一副複全給賜了日鞍轡庫依例申駕部兵（本）部再申朝廷降指揮除破合一就取旨施行更不須再降指揮委是重複欲令駕部今後互相關會共作一次申請指揮施行本部四司應有似此重複申請文字依此一勘會諸處差到押馬使臣等已除指揮依格與轉官資內有付身未圓或整會差錯重疊及不曾將到真本付身之類吏部先次出給轉官資公據後來本人繳連陳乞收使本部又申朝廷請降指揮方與內（擬）轉令來係已承指揮與轉官資止是公據即不須再降指揮欲令吏部今後將似此陳乞之人契勘如別無違礙即具前銜後擬并定詞申乞給降告命其公據

一先次當官批鑿毀抹訖隨狀繳連照驗一勘會處諸差到押馬使臣等已降指揮依格合轉降官資之人吏部每一名作一狀申乞降告委是素須欲令吏部今後將押馬合轉降官資之人諸案元相關會類聚每三人或五人共作一狀具前銜後擬并定詞申乞給降告命　刑房勘會一刑部申收到諸官司投發文狀事體一同欲止請筆施行再有付到别官司投發文狀如已降指揮判已行遣及更不再降指揮如有再官司投發與前狀事體不同即合再降指揮並從之十二月二十三日試中書舍人蔣芾言乞詔三省自今錄黄除軍期急速并引見日分期限迫促不容少緩方許先報尚書出劄子其餘必待書讀然後行仍令三省衔遵制書遵從祖宗

舊制百刻條限則雖經書讀亦自不至濡滯從之二年五月十二日詔自今文武官出頭並令改作庭參詳見樞密院門九月十三日詔自今後三省樞密院遇赴常朝等畢許出南北門三年二月十三日起居舍人洪邁言澄汰細故以清中書之務上曰朕嘗見通鑑載唐太宗謂宰相聽受詞訟紛於簿書日不暇給因敕尚書細務屬左右丞朕見欲理會卿所論可謂至當十一月十一日檢正左右司言條具三省諸房簡省事件中書門下省戶房一應獻納錢米借補官資一提舉鹽司保明到鹽場押發官任滿合推賞欲令戶部照應見行條法指揮施

行如該轉補官資即令閤報吏部具鈔兵房一下班祇應以下改正重疊欲令兵部擬定具鈔如畫聞鈔下部具繳到付身令申都省置籍送左右司毀抹一借補官資於正名目上收使所屬給到真命轉官資公據之人自來係逐旋申取朝廷指揮欲令兵部關報吏部今後依紹興九年七月二十八日比折減半指揮施行更不申取朝廷指揮　刑部一歸正副尉陳乞添差一陣亡之家陳乞副尉恩澤乞照使臣下班祇應體例施行欲乞刑部照應見行條法指揮擬定具鈔尚書省　吏房一元係送中吏部申到應合添差歸正官今欲令本房送吏部照應條法指揮具鈔一元係批送勘當歸正從

乞添差諸軍揀汰使臣乞添差已上二件今欲令本房送吏部照應條法指揮具鈔文臣依敕乞宮觀岳廟今欲令本房附籍付部照應條法指揮施行一元係前送宗室乞過大禮恩澤宗室賜名換官京朝官保舉文字出官諸處申到官員陳乞到任任滿賞官員乞回授轉官應陳乞收使轉官減年封贈收使致仕遺表大禮奏薦總領所具到揀汰使臣職位已上八件今欲令本房附籍付部照應條法指揮施行　戶房一元係批送勘當諸路保明到勸諭耕田賞諸路保明到勸諭賣告賑濟賞諸路保明到権場賞任滿諸路保明到和糴米賞押發鹽賞已上四件欲令本房付部照應條法指揮施

行一元係批送依條諸州軍保明到某人拘催無額錢
價諸州軍保明到某人起發經制錢賞諸州軍申押綱
人有指揮許推賞已上三件令欲令本房附籍付部照
應條法指揮施行一元係批送諸州軍奏無透漏私茶
鹽諸州軍奏無銅錢出界諸州軍申獲到私鹽數諸州
軍申茶鹽帳狀已上四件令欲令本房附籍付部照應
諸州軍申恩澤令欲令本房附籍付部一元係批送照
應總領所申已差人交請衣賜諸州軍申無埋瘞歸正
人數諸州軍申即無營田物斛數目諸州軍申除災傷
租稅總領所申蘆物收支錢物諸處申鹽價諸處申白
礬已上七件令欲令本房附籍付戶部　禮房一元係

卷萬二千九百四十二

送中奉使回程結局欲令本房送部照應元被送申請
指揮並依去年及某官已得指揮其結局日合照應施
行即不須令後再降指揮一元係批送部勘當僧道元
換給度牒官員乞應辦人使賞宗室女夫房臥錢壽聖
皇后宮吏到殿十年賞已上四件令欲令本房附籍付
部照應條法指揮施行一元係前送諸州申奏宗女過
禮應陳乞放使臣帔紫衣師號二件欲令本房附應付
部照應條法指揮施行　兵房一元係送中陣亡所得
茶酒班祗應恩澤與見男子承受官員收使押馬轉官
已上二件欲令本房造部照應條法指揮具鈔諸軍改
正功賞差錯姓名軍分若係諸軍申發合前送下部若係曹部備申方令批書申

諸軍部將已上折補官宿州不該賞借補正人收使借
補日所得轉資比折減半已上三件欲令本房批依一
元係批送勘當歸正人陳乞添差令欲令本房附籍付
部照應條法指揮施行一元係送部議鸞司申乞變染
陳設等欲令本房擬行一元係批送依條諸軍官兵收
使轉資諸官司及外路州軍等處申到已有條法事件
已上二件欲令本房附籍付部照應條法指揮施行一
元係批照文字諸路提舉馬遞鋪官申到每月已支散
鋪兵錢米帳欲令本房附籍付部照會一元係前送部
諸總領及諸州軍具到見在軍馬數諸州軍申奏廂軍
申奏剩員數諸州提舉馬遞鋪官保明到巡轄使臣遞

卷萬二千九百四十二

角賞已上三項欲令本房附籍付部照應條法指揮施
行一元係判照文字諸官司及外路州軍等處申乞事
已降指揮了當遞處申到已知稟施行欲令本房附籍
照應一元係判已行諸官司及外路州軍等處申乞事
件已降指揮本處未曾承受開具有申奏剩文狀欲令
本房附籍照會　刑房一元係送中歸正副尉添差差
使令欲本房附籍照應條法施行指揮具鈔一元係批
送部勘當大宗正司奏宗子乞依奏文放免欲令本房
附籍付部照赦條施行如內有情犯深重之人令刑部
開具元犯申取朝廷指揮一元係劄下臨安府申令年
寒食節約束諸軍營寨燒紙錢欲令本房劄下令後似

此檢舉約束不須再劄一元係前批送部應陳乞收使給使減年歘令本房附籍付刑部照應條法指揮施行工部(房)一元係前送部諸州軍申到減壁帳狀諸州軍申到廂軍工匠帳狀諸州軍申奏無毀壞錢寶私鑄銅器人已上三件歘令本房附籍付部諸軍(官)司州軍申乞事已降指揮了當逐處申到已知稟施行工部申四季點檢司農寺無違戾等福建市舶司申無抽買皮角等已上三件歘令本房附籍照應一元係批送照會臨安府轉運司申逐日應修造過去(處)臨安府申招到捍江兵士數福建轉運司申諸州軍起發軍器物料等赴行在送納已上三件歘令本房附籍付工部照封樁戶房

卷一萬一千九百四十二

一元係批送依條諸路提刑司申到官員拘發總制等錢並令本房附籍付部照應條法指揮施行並從之四年八月十六日詔令後臣僚及諸處官司如直得旨並仰依條申朝廷奏審內承受金字牌御筆處分先次施行訖具事因申三省樞密院五年二月二十一日詔國用司可罷其所行事務併歸三省一戶房八月十二日中書門下省言竊見寺監丞簿學官大理司直密院編修之類謂之職事官朝廷所以儲用人才比年以來往往差下待闕數政欲望特降指揮令後職事官須見闕方得除人其已差下數政乞朝廷稍復諸州添差釐務通簽判教授屬官等闕以處之他時職事官有闕却從

朝廷於曾差下人內選擇名用詔已差下人如應赴在半年內許令赴上在半年外人各以資序高下除授一次其所復添差等闕令後更不作闕三省常切遵守施行十二月三日詔令後已降指揮合待報事令諸房置簿隨日抄上時行檢舉拘催仍令左右司勾(銷)結押如有違慢去處三省開具取旨六年二月二十二日詔令檢正都司檢詳編修(令)具三省密院煩碎不急之務合歸有司者申尚書省八月二十一日左右司言三省樞密院并屬司呼喚六曹等處人吏供報文字係官押貼子賫公案前來整會仍令都中門各行置曆批鑿去處某人赴甚處供報應六部等處知雜司如敢輒入三省樞

卷一萬一千九百四十二

密院都門仰監門官并密院使臣密切檢察具姓名申取朝廷指揮從之　九月十六日詔三省樞密院官并諸房都錄事副承旨已下所帶人從轎馬於省門內並卧喧鬧委是冗雜及省院并在省官司人吏有無故入六曹竊恐因而傳報事宜理合措置一宰執合破隨逐祗應人除大程官虞候外其親兵轎番並已給青號押宰執照驗入出省門所有給舍諫官都副承旨檢正都司檢詳編修官除廳子親事官許行隨逐在省祗應其轎番人從一例隨官員入省委是冗雜欲自今後將前項官應依條合破顧募人各與給牌子一道繫帶照應入出如有兼領差遣亦許支給降執從物人於所給牌

子上書鑿許入中門其餘人從並候宰執出省訖方得仍令監門官常切照驗一三省樞密院諸房應輪馬令後並不得入省中門除本省依條合破雇募每人各給牌子一箇三省樞密院主事以上二人主行文字并屬司行遣人行首司客直省官以上及樞密院都堂當職事使人每人將帶打食兵士一名隨逐應入省中門內諸處看管兵士亦各給牌子書鑿許入中門餘人並候出局方許放入仍仰監門官吏常切指約一自今後三省樞密院諸房并在省官同人吏無故並不得出入六曹切恐因而傳報事宜仍仰都門官并密院使臣常覺察一切見三省樞密院正名大程官許承發諸房文

字其七分大程官依指揮尚不得當房差使近來諸房往往私輒收游手之人稱貼房大程官占留使喚詐作官貼子在外取索官員付身及腳色之類或恐漏泄差除深屬不便自今後應充貼房大程官並不得放令入省如有違犯之人送所屬重作施行令監門官常切檢察一應三省樞密院諸房并屬司自今後應押官貼子下六曹百司取索文字並要貼子背勘同職級於勘同文字下書鑿差大程官某人承受可以機察詐偽一所有合置牌子欲下三省樞密院激賞庫候報人數照應置造並屬官押字給付一應官員合赴都堂稟議職事所帶人從除承行人吏一兩名并廳候聽子及執從物

人一兩名許於大門請牌子隨逐入中門餘人並在中門外到堂官員依此並從之十二月九日中書門下省言將諸房承受尚書省樞密院送中書事件除軍期急速事干邊界緊切待報并文武執事官除目及典禮并合進呈取旨文字外其餘應擬進事件乞並令逐房每日各只作一狀開具事因擬奏得旨分隸曹部畫降錄黃送尚書省施行詔並權依八年二月二十五日詔三省令後取索三衙文字貼子令檢正都司印押圖備方得給發逐司承受並須畫實用大狀繫銜申三省五月六日中書門下省言勘未經任人不許堂除進士及第第一人試中宏詞教官及刑法第二等以上人依舊堂除

餘未曾經任及未經銓試之人並不許堂除應初出官未經銓試並不許陳乞堂除不許干求換易已得差遣求換易之人令三省具名聞奏當議降黜應堂除已授在外遣差人非選材能特與歷擢者並不許干求換易差遣倉場庫務官通差文武官內權貸務左藏庫雜買務雜買鹽場官文臣武臣京朝官差知縣資序與職官令錄以上資序武臣差大小使臣親民資序人提轄官差通判資序及第二任知縣人仍不差年六十以上并曾犯贓私罪人六院官差法官分差鎮江建康府鄂州魚關利州糧料院令後通差實歷知縣縣令一任人總領所并諸司屬官幹辦公事並差京官以上准備差遣差使

並差選人詔並依三省樞密院常切遵守施行九月九
日詔三省樞密院今後遇有創行指揮已差呈畢並再
同進熟文字繳入候畫寶降出然後施行九年四月二
十三日三省進呈武臣差除格梁克家等奏曰文臣經
朝廷陳乞差遣皆有準繩而武臣陳乞舊無定論或小
使臣便欲將副以上或橫行使臣又軍功者止監嶽祠
令斟酌官品資序及有無軍功立為限制庶免混淆上
曰此甚好不惟高卑各得其當且使之絕意妄求可以
省事　淳熙元年九月六日詔應行在職事釐務官自
令任滿非擢用者並依資格更迭補外十一月十八日
詔職事釐務官去替一年內許除代仍不得差過一政

卷一萬一千四百四十五

二年十一月七日詔三省合存留火燭去處當宿官吏
不出局如遇假故亦早入宿已而檢正諸房公事劉孝
韙等言當宿官如遇假日自有合輪當日人吏同時出
省假日乞自申時入宿仍置歷親書姓名押宿官從之
四年六月十六日詔自今三省樞密院進呈文字所得
之旨朝退即具奏審承畫降方可施行八月四日詔自
令職事釐務官並見闕差除其乾道九年十二月五日
已降指揮更不施行繼而淳熙四年十二月殿中侍御
史江溥言近來間有除授不出敕劄別於朝堂置籍以
俟闕至詔復不得先次注籍須見闕方許除授五年閏
六月一日詔自今後職事官并六院官任滿日依紹興

格例臨時取旨除授六年六月五日詔三省入熟文字
可並免用黃貼子先是上謂輔臣曰凡進入熟施行事
省中自一一有底可以稽考其黃貼子禁中只作一卷
連粘初無稽考自今可免寫此則省文書不少矣趙雄
等奏曰中書之務貴於清簡聖慮可謂遠矣八年二月
十四日詔中書門下省刑房置簿將淳熙三年正月一
日以後應命官在任因罪犯放罷取勘之人逐一編錄
銷注其未結絕名件以時舉催如有違慢取旨行罰二
十四日詔自今所下命令事涉興利除害而非旬月所
能辦者並令三省置籍以時舉催如有違慢取旨行責
罰二十九日詔令令籍獄案精每季於孟月一日進入

卷一萬一千九百四十五

一次既而十二年正月三省言有行下諸州催促至十
餘次尚未施行結絕者詔自今不須行移催促只一季
將上擇其怠慢者懲之十二年二月十五日詔兩淮郡
守且盡留闕候半年前方可差人先是進呈劉國瑞乞
審擇沿邊守臣上曰邊守豈可不擇然此文字不須行
但令後兩淮郡守留取幾闕未須差人淮等奏若是留
闕須指定留某州軍不然人見闕近競來干堂故有是
命十三年二月十三日詔州軍留闕令中書置簿籍定
但是邊守亦不須行出十四年十一月八日詔宗室嶽
廟已曾裁減立為定額自今堂除添差須是年高或病
病久閑無差遣人方與不應與者一面告示日趙文夫等陳乞故

有是命

十二月二十一日三省言已降指揮皇太子可陽
日就議事堂叅決庶務如有差權在内自寺監丞在外
自守臣以下悉委皇太子與宰執同議除授以閤令叅
酌如在（布）在内寺監丞以下六院四轄六部監門主管架
閣文字以上係在京釐務官元係將上詔叅決在守臣
以下叅議官通判堂除知縣教授之類應合添差不釐
務差遣諸司倉場庫務監官等諸處應格辟差文字之
類元係將上令啟在内曹任監察御史以上在外曾任
監司以上之人進呈取旨餘於議事堂叅決詔不叅決
内外章奏并上殿劄子内有御筆將上并合稟旨事件
詔叅決六部等處及諸路監司州軍申到文字如係待
報合降指揮資不即向前救撲已劄供給茶湯錢三箇
月以為懲戒乞賜施行詔戚拱支犒設錢三百貫文董
慶祖王師雄各二百貫文其錢令左藏庫支給

〈卷一萬一千九百四十二〉

中書門下省

宋會要

中書門下　國朝中書門下題榜止曰中書印文行敕
曰中書門下中書令侍中及丞郎以上至三師同中書門下
平章事並為正宰相二員以上即分日知印官至僕射
以上書敕中不著姓緣唐制領館職昭文殿大學士監
修國史首相領之集賢殿大學士次相領之又嘗令首
相領玉清昭應宮使亦如唐領太清宮使也後罷之中
書舍人以上至尚書為叅知政事貳宰相之任也　◦太
祖乾德二年正月以趙普為宰相制既下時范質等已
罷綸誥將出無宰相書敕太祖令問翰林學士講求故
事承旨陶穀以為自古輔相未嘗虛位唯唐太和中甘
露事後數日無宰相當時僕射令狐楚等奉行制書今
尚書亦南省官似可書敕學士竇儀曰穀之所陳非承
平時事不足援據今皇弟開封尹同平章事即宰相之
任也帝聞之曰儀之言是矣即命太宗書敕以賜之四
月以樞密直學士尚書兵部侍郎薛居正兵部侍郎呂
餘慶並本官叅知政事先是已命趙普為相將用居正
等為之副既而難其名稱召翰林承旨陶穀問下丞相
一等者有何官對曰唐有參知機務參知政事故以命
之仍令不宣制不押班不知印不升政事堂止令就宣
徽使廳上視事殿庭別設塼位於宰相後敕尾書銜降
宰相數字月俸雜給皆半之蓋帝意未欲令居正等名

〈卷一萬一千九百三十九〉

位與普齊也史臣錢若水等曰按唐故事裴敍為右僕射知政事杜淹為御史大夫參議朝政魏徵為祕書監參預朝政蕭瑀為持進參議政事劉洎為黃門侍郎參知政事劉幽求為中書舍人參知機務然並宰相之任也又高宗嘗欲用郭待舉參知政事即而謂崔知溫曰待舉等歷任尚淺未可與卿等同名稱遂令於中書門下同承進止平章事以此言之平章事亞於參知政事矣今穀不能遠引漢御史大夫亞相故事為對驟以參知政事為下丞相一等穀失之矣議者惜之。開寶六年六月二十日詔吏部侍郎參知政事薛居正吏部侍郎參知政事呂餘慶於都堂為宰相趙普同議公事二十八日詔中書門下押班知印及祠祭行香今後宜令宰相趙普與居正等輪知先是宰臣樞密每候對長春殿同止廬中時帝聞趙普子承宗娶樞密使李崇矩女因詔分為幕次。太宗雍熙四年九月御史臺言文德殿常朝百官皆有塼位唯參知政事每遇橫行參假未有塼位詔令依位排砌。端拱元年七月詔太保兼侍中趙普三伏極熱逐日絕早歸私第故事宰相以未時歸第是歲大熱特有是命以示尊獎也。二年詔侍中趙普免朝謁止日赴中書視事有大政即時召對。淳化二年四月右司諫知制誥王禹偁請自今羣官候見宰相須朝罷於政事堂同時接見其樞密使亦候都堂

坐請見並不得於本廳接見賓客以防請託詔從之左正言直史館謝泌言然則疑大臣以私也夫以萬機之務委任輔臣非接見羣官何以盡知外事若止令都堂候見則咨事無解衣之暇古人有言疑則勿用用則勿疑若糾紛季世實可為慮今政在人主何必疑大臣為此等事乎設若杜公堂謁見之禮豈無私室乎塞相府請託之漸豈無他徑乎太宗覽奏嘉歎即追還前詔令宰相樞密使等接見賓客如故仍以泌所上表送史館右司諫史館修撰梁周翰亦上言群臣非有公事不得於中書候見宰相自餘朔望及慶弔任於私第修謁免妨政事奏入不報先是趙普居守西洛呂蒙正以寬簡自任王沔怙權政事多所專決素與張齊賢陳恕忤至是二人並知政事沔不自安常慮有以中書舊事告之及禹偁奏入遂下其事復以泌言帝寤遂寢國初時不喜人附會故大臣不於私第見客百官亦罕造門只詣中書請謁日不下百輩宰相至午或不得食殽牒堆積政事停壅其私請者蓋十八九議者以禹偁所論為然但須於政事堂邀宰相都見為難爾五年四月帝問宰臣唐以來宰相書考故事翌日語近臣曰朕細觀之皆空言耳莫若與國家和陰陽撫夷夏盡輔弼之力方為實効也。至道元年四月詔曰自今參知政事宜與宰相輪日知印押正衙班其位襯先異位宜合而為一

遇宰相使相視事及商議軍國政事並得升都堂先是
呂端寇準並為諫議大夫參知政事至是端作相準尚
參知政事端慮準不平且言臣兄餘慶任參知政事日
悉與宰相同顧舉行之特從其請以慰其心焉二年七
月詔自今中書所行劄子並須具奏取旨方可行下先
是左正言馮拯太常博士彭惟節並通判廣州拯官本
在惟節之上及覃慶遷員外郎值參知政事寇準知印
以拯為虞部惟節為屯田自是後廣州文奏繫書惟節
仍在拯下中書降劄子惟節在拯上仍特免勘拯訴中
書除授不當并免勘之理帝曰拯非理受辱宜當披訴
中書何故如此呂端曰寇準剛強自任實由臣等庸懦

卷一萬一千九百三十九　四

因謝罪帝又曰前代中書以堂帖旨揮乃是權臣假此
名以威福天下也——太祖朝趙普在中書其堂帖勢力
重於敕命朝廷尋令削去今何却置劄子劄子堂帖大
同小異耳張洎對曰劄子是中書行遣小事文字亦如
京百司有符牒關刺劄子廢之則別無公式文字可旨
揮常事帝曰自今但干近上公事須降敕處分其合用
劄子亦當取旨後行準自太廟祠事迴於前殿謁見宣
示中書除授及旨揮馮拯事理不直準抗論不已帝曰
若須廷辯是非則又何體因嘆曰雀鼠尚曉人意況人
乎數日罷準政事閏七月詔自今中書門下只令宰相
押班知印其參知政事遇正衙橫行參假並重行異位

非議軍國政事不得升都堂祠祭行香書敕並以關實
六年六月二十八日詔書從事時既逐寇準即令復舊
真宗初即位對宰臣皆不名呼呂端等再拜懇請帝曰
公等顧命元老朕何敢比先帝乎。咸平三年十月詔
宰臣參知政事依舊許令騎馬入中書大門至逐廳下
馬。五年十二月詔以宰相呂蒙正李沆各兼門下侍郎
舊制三師三公左右僕射平章事並兼兩省侍郎學士
宋白梁周翰當草制之夕忽遽遺忘其事帝以問白等
不能對但乞改正更不降制只帖麻用印重寫誥身許
之白等各罰俸一月。景德元年八月奉明德皇太后謚
寶冊告于太廟時無宰相惟參知政事畢士安攝事帝

卷一萬一千九百三十九　五

特令親王不赴及行禮士安已為相遂令親王却赴班
四年六月中書門下樞密院言曰伏覩近降御劄諮詢
諫官振舉臺憲蓋欲廣闢言路盡達物情至於宰執近
臣咸令旌別淑慝其如中書樞密院接待賓客累經條
約未協便宜雖樞機之任故須慎密而政事之間亦資
詢訪儻若發暮接待處機務因茲滯留如或咸見艱難
亦利害無由啟露況又分廳言事各有異同將徇至公
望須定制欲請自今臣僚如有公事逐日於巳時以前
聚廳見客如已分廳即俟次日急速者不在此限非因
公事不得到中書樞密院詔曰朕自纂承大寶惕厲深
衷務欲迪於四聰冀彌綸於庶政近行條制用激誠明

而卿等沛然盡忠蔚為同德共成讜議列奏封章謂偏聽以生姦獨見以非便願頒明詔特立新規有庶官之啟陳欲會聽而延接茲惟遠慮雅協朕懷每念左右之臣傾心之寄允自敦於至信豈曲采於單辭苟非責實而有稽未嘗憑虛而輒奏人之言偽徒使心勞今此傾輸並依所請兼以巳時為限免令機務相妨卿等既設準繩即須尊守思企聳於群望當表率於具僚仍令閤門御史臺告示臣僚各體予意是月詔令後中書所行事關軍機及內職者樞密院樞密院所行事關民政及京朝官者報中書時中書命秘書丞楊士元通判鳳翔府樞密院命士元監內香藥庫兩府不相知宣敕各下遂有此詔【卷一萬一千九百三十九】　六

○大中祥符三年十月令中書日會於宰相王旦廳至辰時而罷八年四月帝謂宰臣王旦等曰上封者言中書不言事罕接賓客政令頗稽滯旦等對曰中書當言者惟進賢退不肖四方邊事郡縣水旱官吏能否刑法枉直此數事日奉德音動稟進止外人不知者是臣等無漏言也罕接賓客誠亦有之如轉運使副提點刑獄邊要藩郡知州及非次將命郡臣辭見之後多接見之或齋到文字觀其所述可以詳悉自再加詢問多涉僥求陳乞大約中書庶事動守程式不敢隨意增損行遣疾徐日有奏籍然思慮不至事有未免重煩聖斷是臣等過也皆再拜帝慰諭之○天禧元年五月制太保兼門下侍郎同中書門下平章事王旦可特授守太尉兼侍中加食邑一千戶食實封六百戶特許五日一赴起居每起居日入中書或遇軍國重事不限時日並令入預參決旦詣便殿占謝固辭旦言私門口屬疾將逾比望退身以息災咎今加峻秩是愈增罪語甚切復奉密疏懇請二十三日下制遂寢前命授依前太保兼門下侍郎平章事加食邑千戶實封六百戶每三五日一赴起居日入中書或遇稍安勿拘此制

仁宗慶曆三年三月詔宰臣呂夷簡每有軍國大事與中書門下樞密院同議以聞以夷簡宿疾在告故優有是命夷簡懇請罷預議軍國大事從之○元豐三年初置局詳定官制自後官制因革增損並列于後【卷一萬一千九百三十九】　七

元豐三年

以下移議要　宗治平二年　係下

神宗正史職官志國朝建官沿襲五代太祖太宗監藩鎮之弊乃以尚書郎曹卿等官出領外寄三歲一易坐銷外重分列之勢故累朝因仍無所改革百有餘年官寢失實三省長官尚書中書令侍中不與政僕射尚書侍郎郎中員外與九寺五監皆為空官特以寓祿秩序位品而已神宗初即位慨然欲更張之謂中書政事之本首闢制置中書條例司設五房檢正官以清中書之務又置制置三司條例司以理天下之財置諸路提舉常平廣惠農田水利差役官隸於司農以修農政簡樞密武選而置審官西院創民兵保甲法以歸兵部作軍器

監以除戎器，新大理寺以省滯獄，增國子監太學官以大興庠序，復將作監以董百工。十數年之間，自國子、太學、司農、兵部、軍器、大理、將作各已略循古制，備置官屬，使修其職業。於是法度明，庠序興，農政修，武備飭，刑獄清，械器利，亹亹乎董正治官之實舉矣，然名未正也。熙寧末，上欲正官名，始命館閣校唐六典。元豐三年，以摹本賜群臣，遂下詔命官置局以議制作。上自考求故實，間下手詔，或親臨決，以定其論。凡百司庶務皆以類别，所分之職，所總之務，自位敘名分、憲令版圖、文移案牘、訟訴期會、總領循行、舉名鉤考，有革有因，有損有益，有舉諸此而施諸彼，有捨諸彼而受諸此，有當警於官，有

卷一萬一千九百三十九　八

當布於衆者，自一事以上本末次第，各區處而科條之。而察官府之治，有正而治之者，有旁而治之者，有統而治之者。省曹寺監以長治屬，正而治之者也，故其為法詳；御史非其長而以察為官，旁而治之者也，故其為法略；都省無所不總，統而治之者也，故其法當考其成。於是長吏察月，御史察季，都省察歲，五年三省、六曹、御史臺、秘書省、九寺、五監之法成，即宮城之西以營新省。省成，上親臨幸，召問以執事而訓戒之，有官遷秩有差。自是繼有增損，唯倉庫百司及武臣外官未暇釐正云。

○五年十月，宰臣賈昌朝、陳執中言：「軍民之任，自古則同。有唐别命樞臣專主兵務，五代始令相輔亦帶使名。至

皇祐以下五條移在元元豐三年上

於國初，尚緣舊制，乾德以後，其職遂分，是謂兩司對持大柄。向以關陜未寧，兵議須壹，復茲兼領，適合權宜。今西夏來庭，防邊有序，願罷兼樞密使。」從之。○七年三月，進宰臣陳執中為昭文館大學士、監修國史，即改判大名府；夏竦充樞密使。以言者謂二人不當同為相也。初降制竦為相，諫官、御史言竦與執中在永興嘗論議不合，不可同為宰相，故改命焉。○皇祐元年六月，詔中書、樞密院非聚廳毋得見客。以御史言殿前都指揮使郭承祐屢謁宰相陳執中於本廳，坐久不退也。○至和二年五月，詔中書公事自今並用祖宗故事施行。初，宰相劉沆建言中書不用例，而言者皆以謂非便，而罷之。七月，

卷一萬一千九百三十九　九

詔凡宰相召自外者，令百官班迎之；自內拜者，聽行上事儀。國朝宰相蓋有故事，其後多所例辭免。至是文彥博、富弼入相，御史梁倩請班迎於國門，范師道又請行上事禮，然亦卒辭之。嘉祐八年四月，英宗欲命韓琦攝冢宰，躬行亮陰三年之禮，執政皆以為不可，乃止。○九月二十四日，詔：「今後中書應係申時後了畢文字，除係急速即批鑿急速字投進外，其常程文字，雖係當日內簽印已圓，並候次日早辰先作一番進入，仍於封皮上用黄貼子聲說係幾日申時後文字。如次日遇假故，亦須次日早辰便進。」英宗治平二年五月，命宰臣韓琦、曾公亮權兼樞密院公事，以樞密使富弼在告故也。○三年

五月十七日，詔中書樞密院自今朔望會於南廳。是月，帝謂宰相曰：朕日與公卿等相見，每欲從容講論治道，但患進呈文字頗繁，所以不暇。及中書常務有可付本司者，悉以付之。自是中書細務上進熟狀及事有定制歸有司，中書降敕而已。

卷一萬一千九百三十九

十

宋續會要　中書門下省

元豐官制，門下中書各增建後省，以左散騎常侍、左諫議大夫、左司諫、左正言各一員，給事中四員，起居郎一員（起居郎舊起居院），符寶郎二員，設案六：曰上案，曰下案，曰封駁，曰諫官，曰記注，曰符寶郎，為門下後省；以右散騎常侍、右諫議大夫、右司諫、右正言各一員，中書舍人六員（中書舍人即舊舍人院），起居舍人一員（舊起居郎），設案五：曰上案，曰下案，曰制誥，曰諫官，曰記注，為中書後省。自中興建炎間，詔諫院不隸兩省，又符寶郎步罷。其後因舊制置門下後省，以給事中為長官，四員為額，專主封駁、書讀錄黃、書黃錄白、六曹奏鈔、章奏房入進文字、校吏部奏擬六曹以下職事官任歷功狀、僉押前省諸房文書封駁省隨字給付門下省樞密院。仍中知置令史一名，書令史二人，守當官五人（舊十人），守闕守當官二人（舊十人）。設案四：曰上案，掌大朝會應行遣之事；曰下案，掌受付五案文書之事；曰封駁，掌錄封駁文書及本省人吏試補之事；曰記注，掌錄起居注事。中書後省以中書舍人為長官，六員為額，常除二員，一以領吏房左選及兵工房，一以領吏房右選及禮刑上下房，掌行誥命，隨所領房命詞定詞，僉押前省諸房文書及召試人聚議選題，試畢考試定繳中三省。置點檢一名（令置），創令史二人，守當官五人（舊六人），守闕守當官二人（舊一十人）。設案四：曰上案，掌冊禮

卷一萬一千九百三十九

一

注五字蠹者謂大與內原批二字寫官注之也今只作口口

及大朝會應行遣之事曰下案掌受付五案文書之事曰制誥掌錄制詞及本省人吏試補之事曰記注掌錄起居注之事又以起居郎一員隸門下起居舍人一員隸中書專掌修起居注仍輪後殿及崇政延和殿侍立有史事應奏陳者並直前陳述及遇講筵亦許入侍云 高宗紹興元年四月二十七日詔中書門下兩省已併為中書門下省其兩省合送給舍文字今後更不分送並送給事中中書舍人十月二十一日給事中胡交修言朝廷日逐付下看詳文字舊係兩省給舍分輪看詳近緣舊官多是差除見今獨員日力不給乞倒差兩省給舍分輪看詳從之 二年九月十九日上諭輔臣曰今

卷一萬一千九百三十九

二

旦凡批降御筆處分雖出朕意必經由三省密院與已前不同若或未當許卿等奏稟給舍繳注二字空司中當來勝非曰不由鳳閣鸞臺蓋不謂之詔令呂頤浩曰所以別於聖旨者欲上下曉然知陛下德意所鄉衆莫非寬恤興兵機等事其違戾住滯乞並同聖旨一等科罪從之十二月二十二日詔中書門下後省諫院官吏並依舊赴三省內元置局處供職 三年九月二十一日中書舍人孫近言臣聞唐太宗嘗謂侍臣曰中書門下機要之司詔勅有不便者皆須執論若惟書詔勅行文書而已人誰不能國家循唐舊制分三省以建官上下相維紀綱具在凡政令之失中賞罰之非當其在中書則

舍人得以封還其在門下則給事中得以論駁蓋先其未行而救正其失則號令無反汗之嫌政事無過舉之迹自艱難以來始緣多事軍期機速不容晷刻淹延則得旨之後先以白劄子徑下有司奉行然後赴給舍書押降勅循習寖久凡擬官近獄之類一切徑下有司先次報行而給舍但書押已行之事而已苟啟擬之非其人斷刑之失其罪法度之更張有利有害賦役之調發有可有否雖欲論執封駁而成命已行於有司殆非兩省設官先其未行而救正其失之本意望申嚴舊制應非軍期機速事務並由兩省書押降勅行下庶幾小大之臣皆得舉職以無廢紀綱之舊從之 七年七月二

卷一萬一千九百三十九

三

十七日門下後省言舊制君遇大禮車駕出外行權應所過御門每門差城門郎二人對立於諸門今遇明堂大禮乞賜指揮太常寺檢照昨在京係經由宣德朱雀南薰泰禋門後駐蹕楊州係經由駐蹕門逐門各係曾差城門郎二人對立詔令門下省依例差撥施行 二十七日詔今後士庶獻陳利害令給舍子細看詳其可採者中書省取旨施行 九年四月十日詔後省官朝退許出行宮北門 二十六年九月十三日詔諸路監司郡守條具利民事可令給舍看詳 二十八年正月二十九日詔給舍分書制勅並依自來條例一體施行八月十八日詔給舍今後遇有看詳文字並一面取索

所屬同議可否申尚書省取旨施行先是尚書省言臣寮
陳獻利害及守臣到任條具裕民等事並送後省官看詳
若事涉文義便行與決其間事干銓選錢穀刑獄之類
止言欲送所屬曹部或相度施行切慮却有稽違故有
是詔　二十九年閏六月十九日門下後省言本省吏
額守當官九人內四人以行減省之雖有試補條法緣
在省習學人未有立定私名額數試補不行乞依中書
後省將元裁定守闕守當官額內見闕人以私名五人
為額候習學詳熟依條試補如額內有闕許依條募試
從之　二十一年正月二十一日上諭宰執曰祖宗所
以置給舍正欲其拾遺補闕倘事有非是固當繳駮若

卷一萬一千九百三十九

四

緘嘿不言豈設官之意然或有探人主意旨及附大臣
甚者至於不論臧否沽激取名此正仁宗裕陵之所戒
也十二月六日給事中兼侍講金安節起居舍人兼權
中書舍人劉珙言已降指揮車駕巡幸兩後省各差人
吏五人隨從前去續承指揮各差二人切緣逐省所掌
封駮制誥及朝廷付下機密看詳利害等文字事體至
重比其他官司不同切慮前路却到誤事望將元差人
數盡行隨從前去庶免闕悞從之　孝宗紹興三十二
年七月二十六日（已即位未改元）詔今後直言上書並付中書
門下後省看詳有可採者申尚書省取旨　隆興元年
八月初五日門下中書後省言見管吏額法司各一人

令史各一人書令史各二人守當官各五人守闕守當
官各五人今欲各裁減法司右修職郎劉彪將士郎韋
友諒并守闕守當官張安禮董誘二人內法司俟指揮
下日發遣歸部並乞依省罷法施行詔依見在人且令
依舊將來遇闕更不還補　乾道二年十一月十六日
臣僚言崇寧在京通用法并紹興二十七年五月五日
指揮給事中中書舍人起居郎起居舍人並禁出謁旬
假日許見客其兩省官所掌書讀繳駮制誥記注等事
蓋是朝廷機密利害理宜謹密乞遵守條制施行從之
五年二月二十五日中書舍人汪涓言伏見神宗皇
帝修定官制以中書為出令之地而門下審覆駮正然

卷一萬一千九百三十九

五

後付之揆中書舍人於制敕有誤許其論奏而給事中
又所以駮正中書違失近年以來間有駮正或中書舍
人給事中列銜同奏是中書門下混而為一非神宗官
制所以明職分正紀綱防闕失之意詔今遵依舊制施
行二十六日試中書舍人汪涓言竊以詔令之出始於
中書又經門下審覆然後傳外謂之成命近年以來往
往兩省書讀未定即以行下所屬或傳報於外非祖宗
設置官司審重詔令之意乞詔令後詔令未經兩省書
讀毋得出行及或傳報於外從之　六年三月二十三
日中書門下後省狀依指揮併省吏額見管二十六人
欲減六人從之　五月二十八日詔舊制設兩省言路

之臣所以指陳時政得失，給舍則正於未然之前，臺諫則救於已然之後，故天下事無不理。今任是官者往往以封駁章疏大頻，憚於論列，深未盡善。自今後給舍、臺諫凡封駁章疏之外，雖事之至微，亦毋致忽，少有未當，可更隨時詳具奏聞，務正天下之事。」九年三月二十一日，詔進奏院依舊隸門下後省。詳見進奏院四

宋續會要

淳熙八年十月八日，中書舍人施師點言：「封駁之地，中書政令無所不關，每遇書讀，限以百刻，一有除目，倉卒至前，無所質問。乞遵三省舊制，每有除目，必具本官履歷於畫黄之首，庶幾賢否易知，不至經由鹵莽。」詔吏、刑

卷一萬一千九百三十九

部遇後省取索差除官歷任功過，毋得稽遲漏落。十三年十二月九日，詔中書後省減守當官一人、御廚工匠一人、把門兵士一人、剩員一人、長行一人，門下後省減守當官一人、御廚工匠一人、看管雜役剩員長行一人。以司農少卿吳燠議減沉食下數，令所裁定，故有是命。嘉定十三年十一月十一日，中書門下後省言：「兩省官五員，一員給事中見破衣糧親事官一十六名，中書舍人二員共破衣糧親事官一十七名，起居郎、起居舍人每員各止破衣糧親事官三名，每遇朝殿侍立、講筵等處，委是闕人使用。乞添置衣糧親事官一十二名，分撥赴起居郎、起居舍人。」詔各添置六名。

宋會要　門下省

門下省侍中、侍郎、給事中領本省事，闕則諫舍權判。掌供御寶、大朝會位版、賀拜、拜表、宣黄、外官及流外較考、諸司附奏挾名、年滿齋郎轉補、選人過門押、定覆奏文武官毋妻敘封覆麻。請畫則白院主之，受中書宣黄、畫敕及僧道賜紫衣、師號則畫院、甲庫主之。職掌有白院、畫院、甲庫令史、贊者、驅使官，又有典儀、城門符寶郎，皆大朝會遣官攝事。　兩朝國史志：門下省判省事一人，以給事中充，闕則諫議或學士、舍人權領焉。掌供御寶，寶院主之；親祀、大朝會設位版、賀拜、拜表、外官及流外較考、諸司覆奏挾名、年滿齋郎轉補、覆奏文武官毋妻

卷一萬一千九百十六

敘封覆麻奏請，並白院主之；受中書宣黄、畫敕及僧道賜紫衣、師號，並畫院、甲庫主之。白院令使十二人，畫院令史三人，甲庫令史二人，贊者、驅使各四人，又有典儀、城門符寶郎，皆朝會、親郊、行幸則遣官攝。元豐改制，官名則因舊，而職守與舊不侔矣。　太祖建隆三年定合班儀，詔門下、中書侍郎在六尚書、常侍之下。　開寶五年，以參知政事薛居正兼判門下侍郎事。真宗大中祥符元年八月，中書門下言：「准六典，侍中、中書令正三品。又晉天福五年詔門下、中書侍郎並為清望正三品。七年，以刑部侍郎竇貞固為門下侍郎，又詔其班在常侍之下。令中書令、侍郎在三師、三公之上，合班儀門下、中

書侍郎相承在左右散騎常侍之下者。設官之制，校今古而有殊；著位之文，貴重輕而無異。散騎常侍備顧問，止寓直於掖垣；兩省侍郎至德已來，並是宰臣兼領。天福之際，偶有庶僚，特還出自一時，定茲班列。暨當聖代，皆處中樞，未嘗除拜此官，出奉朝請。所以因仍舊貫，靡暇甄升，久抑班資，不符公議。欲望今後升在常侍之上。」合班次六尚書，從之。　神宗正史職官志：門下省天下成事，凡中書省、樞密院所被旨，尚書省所上有法式事，皆奏覆審駮之。若制詔宣誥下與奏鈔斷案上，則給事中讀之，侍郎審之，進入被旨畫聞，則授之尚書省、樞密院。即有舛誤應舉駮者，大事則論列，小事則改正。凡進

卷一萬一千九百三十六

奏院章奏至，則受而通進，俟其頒降，則分送所隷官司。凡尚書六部所擬六品以下執事官，則給事中校其仕歷功狀，侍郎、侍中引驗審察，非其人則論奏而易之。國朝初循唐制，以中書門下平章事為宰相之職，復用兩制以上官一員判門下省事；其通進銀臺司及門下封駮事又離為別司，而領於他官，名具實廢，散無統紀。至是始釐正焉。凡分房十：曰吏房，曰户房，曰禮房，曰兵房，曰刑房，曰工房，皆視其房之名而分尚書省六曹二十四司所上之事以主行之，惟班簿、本省雜務則歸吏房；曰開拆房，主行受發生事；曰章奏房，主行受發通章奏事；曰制敕庫房，主行供檢、編錄敕令格式及擬官爵封

敕黄甲與架閣庫凡官十有一侍中侍郎左散騎常侍各一人給事中四人左諫議大夫起居郎左司諫左正言各一人吏四十有九錄事主事各三人令史六人書令史十有八人守當十有九人而外省吏十有九人令史一人書令史二人守當官六人守闕守當官十人哲宗職官志元祐四年別立吏額錄事四人主事二人令史五人書令史十人守當官一十四人守闕主事一人書令史四人紹聖三年守闕守當官門下中書省各□百人尚書省百五十人為額四年增減三省都事錄事等吏員並依元豐七年額侍中正一品掌佐天子議大政審外出納之事大祭祀則版奏中嚴外辦前導輿輅

卷一萬一千九百三十六

詔升降之節皇帝齋則請就齋室大朝會則承旨宣制告成禮而祭祀亦如之冊后則奉寶以授司徒與尚書中書令左右僕射為宰相以秩高未嘗除雖國朝有用他官兼領而實不任其事官制行以左僕射兼門下侍郎行侍中職別置侍郎以佐之侍郎正二品掌二侍中參議大政省中外出納之事大祭祀則前導輿輅詔進止大朝會則授表以奏祥瑞冊后則奉節及寶佐與知同知樞密院中書侍郎尚書在右丞為執政官兩省侍郎舊班在散騎常侍下大中祥符元年陞次尚書以為宰相兼官及行官制乃循名而正之

神宗熙寧四年十二月十四日詔中書門下兩省官差除並劄下合屬

去處其旬奏朝見並銓曹三班審官等處會問從看詳編修中書條例習布言也如中書舍人屬舍人院諫議大夫正言司諫屬諫院散騎常侍給事中屬封駁司起居舍人屬起居院侍郎屬中書門下　元豐四年十一月二十一日詔大理寺左廳已畫旨公案批送門下省五年九月七日詔凡指揮邊事更不送門下省覆奏十一月十九日門下省奏樞密院差入內東頭供奉官李宗立領萬壽觀不當為提點詔改為管句十二月二日詔門下省凡中書省樞密院文字應覆駮者若干事體稍大入狀論列事小即於繳狀內改正行下若事不至大雖不足論例而其間曲折難於繳狀內改正者即具

卷一萬一千九百三十六

進呈以應改正事送中書樞密院取旨六年正月二十一日門下省駁奏福州威果十將鄭青以功轉副都頭妻詈母毆妻死中書擬杖脊刺面配五百里情輕法重不當捨功而專論其罪詔於副都頭上降兩資仍杖之三月十七日門下省言覆奏中書省錄黃下京西路提點刑獄監捕封丘縣賊誤用御寶詔誤用寶宮人已書罰七年三月十□日詔諸軍轉員文字並送門下省仍依樞密院例宿直以門下省言諸軍轉員仍換前班除授差遣或繫臨時恩例若不送門下因此為例漸廢本省職事故也八月一日門下省言刑部奏鈔宣德郎樂京據例當作情理稍輕不礙選注京本坐言後法本部

不敢用例詔樂京情重刑部引例不當八年二月二十三日門下省言中書錄黃前淮南節度推官吕公憲等狀各磨勘當改官已下吏部先引驗吏部已引驗四人奏已降出正月庚子當引見及未引驗八人見磨勘十九人詔轉官人依例除官候會問無違礙依甲次先驗訖聽旨其引驗後舉主有故事並不礙引見候御殿日依舊七月二日門下省言本省文字各有日限其承受中書樞密院得旨文字更不分緩急呈押入進已得畫職級方點檢簽書慮有差外舛欲自今諸房承受文字先當行吏次職級紙背簽書次給事中書常程文字即付本房呈押入進如故應合商議者職級先呈方寫檄狀簽書進發急速及當日或次日值假當行吏須先呈押以進者候到省次第簽書從之八月十二日門下省言應諸州奏大辟情理可憫及疑慮委刑部聲說於奏鈔後門下省省審否即大理寺退回令依法定斷有不當及用例破條者門下省駁奏以刑部奏奏寧單委齊等鈔不應奏裁故也十一月十六日詔門下省置催驅房

哲宗元祐元年二月二十五日尚書左僕射蔡確言已再具表辭位准朝旨令臣管勾門下省緣臣見候解罷欲望權差官管勾詔差尚書左丞吕公著閏二月八日詔急速不出告不過省者關省照會手詔錄黃錄白過省再覆奏得畫始行自今無舉駁事罷繳覆三年詔

卷一萬二千九百二十六

吏部注通判赴門下引驗令班簿房籍記入流官應省臺寺監諸司人吏四分減一復置點檢房　徽宗崇寧四年正月二十一日詔閤門依元豐法隸門下省五年二月二十七日詔翰林學士兩省官及諸館閣今後並除進士出身人中興乾道會要無此門

卷一萬二千九百二十六

元豐五年六月二十五日給事中陸佃言三省樞密院
文字已讀訖皆再送令封駮慮成重復上批可勘會差
絫重復進呈乃詔罷封駮房先是事詔旨皆付銀臺司
封駮官制既行猶循舊至是始罷七月八日詔應冠尚
書字者官司並申狀門下中書外省准此十一月三日
給事中陸佃言讀吏部所上鈔內朝請郎提舉玉隆觀
吳審禮擬遷朝奉大夫緣審禮以老疾乞宮觀法不當
遷詔寢之六年三月十七日詔六曹條貫改差門下中
書後省官詳定繼而給事中韓忠彥等言奉勅同詳定
乞以詳定六曹條貫所為名詔宜稱中書門下外省又

忠彥等以職事對上顧謂曰法出於道人能體道則立
法足以盡事立法而不足以盡事非事不可以立法也
蓋立法者未善耳又曰著法者欲簡於立文詳於該事
二十五日詔罷銀臺司取索舉奏令故事銀臺司凡奏
狀諸處已施行者有著令得取索行遣者詳若有不當
聽舉劾時官制行封駮悉歸門下省故罷之七月五日
門下中書外省言自官制行已及期月其利害官吏固
已習知令編修勅條理當博采衆知欲乞許見任到局
參議及許諸色人具所見利害赴本省投狀如有可采
量事推恩從之九月十四日詔門下中書外省秘書省
依諸司遇大忌日不作假及不隨執政官早出其尚書

省左右司樞密院承旨司大忌早出日隨執政出指揮
罷之　高宗建炎四年五月十二日詔中書舍人李正
民權右諫議大夫富直柔並除給事中六月二十四日
和安大夫開州防禦使致仕王繼先特與換武功大夫
餘人不得援例給事中富直柔封駮校會伎術官法不
擢前班宰執進呈上曰繼先醫藥於朕有奇效理宜褒
異指揮既下直柔論駮以為法所不可朕於言無不從
但朕頃冒海氛繼先診視之功實非他人比可特令書
讀行下仍諭以朕意至是直柔再封還錄黃上曰繼先
初未嘗有請出自朕意今直柔能抗論不撓朕當屈意
從之所有已降指揮可更不施行九月一日中書舍人

洪擬言看詳陳獻文字元與給事中富直柔分管今直
柔乃除御史中丞乞別賜差官詔差中書舍人胡交修
紹興二年七月十一日上曰比來臺諫論事給舍繳駮
多涉細事意其沽敢言之名朕謂宣和間言事者必千
中無一今朕盡令人言不間踈遠所以人人敢言秦檜
曰陛下聽言臣下所以敢言臣亦曾語給事中胡安國
凡有論駮當務大體若或細事第申朝廷可改正也十
二月十八日中書門下省言韓世忠一行功賞文字係
胡松年任中書舍人行詞已書錄黃外其給事中賈安
宅已除工部侍郎見未有官書錄黃詔差權中書門下
省檢正諸房公事李與權書讀二十八年二月二日門

下後省言近降旨給舍分書制勑並依舊例繳給事中中書舍人所分房分不同見今中書舍人一員分書吏房左選及戶兵工房一員吏房右選及禮刑上下房給事中見今亦有二員乞依中書舍人例分書房分從之

孝宗隆興元年四月二十七日上御經筵退給事中金安節奏事上曰近日都不見繳駁有所見但繳駁來朕無不聽初後省繳駁除授上有不以爲然者恐給舍因不舉職故及之　淳熙五年四月二十三日詔自今差給事中一員立一司專一看詳天下言利病奏狀劄子及經朝廷陳乞敷奏者如有利國便民事雖其言可采並先參訂祖宗法委無違戾方許上籍一備省覽一留三省以備舉行如涉兵機即關密院十二年九月二十五日臣僚言伏見諸路臧否守臣姓名外間多不聞知乞令三省劄下給舍臺諫其不公不實者許繳駁論奏從之

卷四百四九　三

起居院

漢武帝有禁中起居注自魏至晉起居之職歸於著作後魏置起居令史北齊有起居省隋置起居舍人二人唐起居之官隸於門下宋初置起居院但闕勑送史館不復撰集淳化五年始別命官掌領記注以脩史官多以館閣官兼掌焉舊起居院不分左右並稱同修起居注元豐改官制始正郎及舍人之名起居舍人今附此兩朝國史志起居院修起居注二人古者左右史之職也今起居郎舍人不治本省事以三館秘閣校理以上充天子御正殿記注官不侍左右惟朝會對立於香案前常日則更番通直於崇政延和二殿行幸則從上出入皆所以書言動備記錄以授史官句當院事官一人以句當三館內侍兼楷書四人驅使官一人以政和門下中書後省修起居注式令載于下其日有假故則書於日下皇帝御某殿朝參官起居六參日參及應起官各隨事書三省樞密院奏事某司或某官以某事進對或稱本職或稱臣見或稱前任職事之類退御某殿某官新授某官職或差遣告謝節度使以上宣坐賜茶則書錄惟此尚書吏部引見某官改合入官某官改次等合入官改次等官仍書其因軍頭引見某指揮人員若干人自某路屯戍回賜錢有差次引某處揀到某指揮兵級若干人試藝應格填某闕次引諸班直及行門長行騎御馬直殿駁指揮使以下若干人謝春冬衣或時服次引某指揮將校兵級并提舉巡教指揮使等若干人數教閱射弓弩斗刀箭上等數揀擇刀標牌手之勝者轉資賜銀楪宮書其數數額員僚正副指揮使隨所教戰有賜亦加之次其官進種或衣様以上有某事則書隨其事有聖語則書凡除授文武臣僚隨事大小不限品秩取其足以勸善懲惡者書其制辭有陞黜則著其功罪凡臣僚建議并特旨更改而繫政體則書其事有司關報到即書凡御札詔命赦降與冬祀夏祭宗祀太廟景靈宮祭祀饗獻元會視朝上壽燕饗遊幸廷試貢士轉補軍班見諸蕃國觀御書禮物戲參之事皆書其太史占驗日月星辰風雲氣候之兆繫於日終郡縣祥瑞閭閻孝悌之行繫於月終戶口增減之數於歲終而書之以太宗淳化五年四月五日諫議大夫史館修撰張佖言伏見聖朝編年謂之日曆惟紀報狀略叙敕文至於聖政嘉言皇猷美事群臣之忠邪善惡庶務之沿革竟張汗簡無聞國經曷紀謹按六典故事起居郎掌記天子之法度以修記事之史凡記事之制必書其朔日甲乙以紀曆數典禮文物以考制度遷拜旌賞以勸善誅罰黜免以懲惡季終則授於國史起居舍人掌錄天子詔制德

二

音以修記言之史如記事之制欲望依故事復左右史之職修集記錄以
為起居注每月與時政記同送史館太宗曰朕方與史職似有此奏可謂
助國家為好事也即詔從之遂從置院於禁中命起居舍人史館修撰梁周
翰掌起居郎事祕書承直昭文館李宗諤掌起居舍人事其修撰注體式
委周翰等檢討故事以聞周翰等言臣等按禮記云天子動則左史書之
言則右史書之又曰左史記言右史記事春秋傳云君舉必書言者尚書
是也事者春秋是也漢武帝有禁中起居注自魏至晉起居之職歸於著
作其後亦命近臣主掌其事至後魏始置起居令史每行幸宴會則在御
生左右記錄帝言及賓客酬答之語後別置起居注二人北齊有起居省
隋朝置起居舍人二人以掌內史唐朝起居之官隸於門下顯慶中郎與
舍人分屬兩省每皇帝御殿則左右史夾香案分立於殿下螭頭之側和
墨濡翰皆就螭之坳處有命則臨陛俯聽對而書之凡典禮文物冊命啓
奏臣僚褒免懲惡勸善之事悉載於起居注季終則授於史官以供筆削
長壽中宰相姚璹以為帝王謨訓不可使無紀述若不宣自宰相史官無
從而書遂表請仗下所言軍國政要命宰相一人專知撰錄季終授於史
臣即今修時政記是也元和十二年詔令後每過坐日如有事可備勸戒

卷一萬六千六百五十二

二

合紀述者委其日承旨宰相宣示左右起居令其綴錄仍依舊例季終送
於史館大和九年復詔起居郎起居舍人準故事入閣日齎紙筆立於螭
頭以記言動今陛下重興古道申命下臣敢不勉勵虔振舉官業乞今
後應有崇德殿長春殿每皇帝宣諭之言侍臣論列之事依舊中書編為
時政記月終送於史館其樞密院事關機密亦乞命本院逐月具合書事
件實封送下史館自餘百司凡干封拜除改沿革制置之事並乞降詔具
條件關報起居院以備編錄每月具所編錄之事封送史館從之仍令郎
舍人直於崇政殿以記言動別為起居注以付史官周翰等又言每月起
居注願先以進御後付史館從之起居注進御自周翰等始也自後授者
為同修起居注增置楷書二人月給公用錢十千表紙五百番凡宣徽院
客省四方館閤門御前忠佐引見司制置進貢辭謝游幸宴會賜賚恩澤
之事五日一報翰林麻制德音詔書敕榜該沿革制置者門下中書省封
冊誥命進奏院四方官吏風俗善惡祥瑞孝子順孫義夫節婦殊異之事
禮賓院諸蕃職貢宴勞賜賚之事並十日一報吏部文官除拜銓選沿革
兵部武臣除授司封封建考功謚議行狀戶部土貢旌表州縣廢置刑部
法令沿革禮部祥瑞貢舉祠部祭祀畫日道釋條制太常部樂沿改禮儀

制撰吉凶儀注司天風雲氣候祥異證驗宗正皇屬封建出降宗朝祿餼
制度大理寺刑律起請並一月一報鹽鐵金穀增耗度支經費出納戶部
版圖升降季終一報內外臣僚上言利害調采可賞事理可行者中書具
章表封下每季編次送史館周翰等又言崇政殿處分事宜及諸司奏覆
事理許史直侍立以備記錄及每月所修起居注先以進御後付所司並
從之由是直日內殿起居訖詣崇政殿侍立八月令審刑院凡奏覆刑名
有所諭旨可垂勸戒者並錄送起居院又以注記檢討書籍事屬史館其
提轄職掌文書錢物委監三館書籍使臣同共僉書若封進注記不須連
書九月詔起居注自今逐旋封進令後修纂並二員商議不須逐事書名
職官分紀至道二年李昉拜平章事加監修國史建議復時政記月終送
史館昉以進御而後付有司時政記自昉始也真宗景德二年十月詔起
居院於見管守闕數內揀有行止無過犯書札人材中者二人為承闕楷
書抄寫起居注月給錢二千粳米一石三斗無遺闕奏補正名大中祥符
七年八月刑部郎中直史館同修起居注張復降授工部郎中直史館左
司諫直史館同修起居注崔遵度降授左正言直史館並落修起居注以
誤書恭謝天地壇饗獻事以昊天為天皇大帝又多書聖祖一位故也十

卷一萬六千六百五十三

三

月命知制誥劉筠同修起居注八年二月詔起居注記草及編錄到百司
文字自今當職官吏即得就院檢閱候畢手分畫時入櫃封鎖不得衷私
取借出外四月詔移院於右掖門外之西廊時禁城火故徙于外天禧三
年十二月內殿崇班管勾起居院事劉崇超言起居注修撰記注事當嚴
密今在宮城之外慮有漏泄望依舊制徙於右掖門裏從之乾興元年五
月命太常博士直集賢院程琳權同修起居注以徐奭接伴契丹使故也
未幾奭出為兩浙轉運琳即代之仁宗天聖四年正月命屯田員外郎直
集賢院鄭向權修起居注以李仲容監護葬事赴濠州故也慶曆三年十
一月同修起居注歐陽修請自今前後殿上殿臣僚退令少留殿門候修
注官出面錄聖語從之七年八月六日詔令後上殿臣僚如親聞德音事
干教化及禮樂刑政之類為世典法者並仰備錄關報修起居注官從知
諫院王贄所請也皇祐三年三月一日以判三司都磨勘支收拘收司韓
綜判度支勾院以判度支勾院李徽之復判都磨勘支收拘收司以綜兼
修起居注而所領事繁兩易之也至和元年八月二十四日知制誥賈黯
言每過邇英閣召侍臣講讀經史其咨訪之際動關政體而史臣不得聞
臣切惜之欲乞今修起居注官入侍閣中事有可書隨即記錄從之二年

三月六日刑部員外郎直史館同修起居注唐詢言蒙判三司開拆司緣
本司係發於三部文字若使臣後殿及講筵祇應罷入省願有稽滯乞改
一合入者遣詔差向傳師權判開拆司記纂淵海唐詢言執政純用科名
人修起居注非故事未幾修注闕仁宗遂特用詢英宗治平元年十二月
以實錄院檢討官集賢校理宋敏求諸王府記室參軍直集賢院韓維並
同修起居注初修注員闕中書進敏求及集賢校理楊繪英宗問修起居
注選何等人宰臣對例以制科進士高第與館職有才望者兼用繪皇祐
五年第二人進士今以次當補帝曰修起居注郎知制誥宜以次補乃
命易之三年十月以同修起居注章衡知汝州以諫官御史蘇寀劉庠吳
申等上言其浮薄故黜之神宗正史職官志起居郎從六品掌記天子言
動御正殿則侍於門廡外便殿則侍立行幸則從大朝會則對立於殿下
螭首之側凡朝廷命令赦宥執政官以下進對文臣御史武臣刺史以上
除拜祭祀燕饗臨幸引見之事日月星辰風雲氣候之兆郡縣祥瑞之符
閭閻孝悌之行户口增減之數皆書以授著作官元豐六年詔左右史分
記言動其後復仍舊制起居舍人從六品掌如起居郎神宗熙寧二年四
月八日刑部郎中秘閣校理同修起居注陳襄兼起居舍人知諫院兵部

卷一萬六千六百五十二　四

員外郎兼起居舍人同知諫院范純仁直集賢院同修起居注上謂修起
居注即知制誥欲令諫官兼修注遂用襄及純仁修起居注兼諫職自襄
及純仁始也四年七月二十五日同修起居注同知諫院張琥言修起居
之職古之左史右史也本以記錄人主言動今唯後殿侍立無所與聞臣
況須是職兼知諫院即異其餘修注之官然緣例須牒閤門上殿竊見樞
密院承旨每於侍立處尚得論事況臣有言職又得侍立或有數奏乞便
面陳仍令從修起居注當令諫官一員兼領詔諫官兼修起居注者因後
殿侍立求許奏事元豐二年五月一日詔國使院編修官史館檢討王存
兼修起居注存後言古者左史記事右史記言唐正觀初伏下議政事起
居郎執筆記于前史官隨之其後或修或廢蓋時君克己勵精政事則其
職修或庸臣擅權務掩過惡則其職廢此理勢然也陛下臨朝旰昃睿明
四達動必稽古言必本經至於裁決萬機判別疑隱皆出群臣意表欲望
追唐正觀典故復起居郎舍人職事使得盡文明天子德音退而書之以
授史官儻以為二府奏事自有時政記則乞自餘臣僚前後殿登對許記
注官侍立著其所聞關於治體者庶幾謨訓之言不至墜失上諭存曰史
官自黃帝時已有之至漢武帝有禁中起居注今起居注之名當始於此

近世識為失職且人君與臣下言必關政理所言公則公言之所言私則
王者無私自非軍機何必祕密蓋人臣奏對或有頗僻或肆讒慝謂人君
必須函容難即加罪固無所忌憚若左右有史官書之則無所肆其姦矣
然卒不果行。八月十一日詔修起居注官雖不兼諫職如有史事宜於崇
政殿延和殿承旨司奏事後直前陳述從修起居注王存請也。二十四日
詔諸司關報史館文字歸起居院其關報日限舊五日者為旬終十日者
為月終歲終者依舊以修起居注王存言近制諸司供報事直供編修日
曆所則起居注之職除臣僚告謝等事外更無文字可備編錄恐失置官
之意又淳化中定諸司關報日限或以五日或以十日或以月終或以歲
終而近制改五日并月終報者並為旬終歲終報者為月終且三司金穀
之增耗經費之出納板圖之升降固非月可見者必待歲終而會計也今
使月終一報恐有司徒費虛文無益事實故有是詔五年四月二十五日
改修起居注為起居郎起居舍人同日承議郎祕閣校理群牧判官畢仲
衍為朝奉郎守起居郎通直郎集賢校理管勾國子監兼崇政殿說書蔡
卞為奉議郎試起居舍人六年九月二十六日起居郎蔡京言舊修起居
注官二員不分左右故月輪一員修纂今起居郎舍人分隸兩省所以備

卷一萬六千六百五十二　五

左右史官則左當書動右當書言今仍舊制每月輪修蓋其職事未之有
別乞自今起居郎舍人隨左右分記言動從之哲宗元祐元年二月十二
日詔起居郎舍人依舊制不分記言動先是元豐閒既從蔡京之請於是
門下中書外省言禮記雖有左右史分記言動之文歷代即無分記言動
故事但云事為春秋言為尚書今觀尚書不免兼載言動今若止以制誥
為言則猶可分記若臨時宣諭措置可否之類即須有因依始末欲乞且
依舊制故有是詔職官分紀元祐三年復徙院右掖門之內七年十二月
二十四日起居舍人呂陶言邇英閣今後講讀罷有臣僚再留奏事記注
許記注官侍立所貴操筆不至闕略從之紹聖元年五月十八日翰林侍
講學士御史中丞黃履言自來經筵講說既畢遇有臣僚留身奏事餘官
並退近年乃令修起居注官候奏事畢供退竊謂所奏或干機密雖令旁
立得聞乞依先朝故事從之二年四月十二日起居郎蹇序辰言記注之
書舊無定式有司為法者多闕不書請詔修注官講求典故詳定當書者
永著為式從之徽宗崇寧元年十月一日起居舍人鄭居中言前殿常朝
左右史起居畢即退至御後殿方侍立殆非古者言動必書之義欲望凡
前殿視朝亦許記注官侍立殿側詔令入殿門供奉二年六月三十日臣

緣上言竊以記注書動信史之本源編次論撰所繫非輕儻有闕遺則人
主聖訓及施爲之迹天下後世有不得聞者矣臣幸忝執筆螭陛日侍清
光神謨聖作躬所聞見者固已退而具述之間有不得預聞者並以臺省
寺監及諸處供報文字修纂其供報雖有條限近歲以來不惟供報多踈
略兼行移會問動經旬月有妨修寫進呈及契勘進對臣僚親聞德音法
須報本省而所承關牒多稱無聖語陛下英斷睿訓可爲萬世法者遂爾
不傳深可惜也欲乞今後應合供報門下中書後省修注事件如有不依
條限及差錯漏落並依供報前省諸房文字稽違之法有合要事件許從
當職官押貼子取會其進對臣僚委有親聞聖語合記注事不以供報者
並以違制論仍令本省遇有臣僚上殿郎坐條會問庶乎聖主言動之法
詳悉備具傳於無窮從之十二月十三日起居郎許敦仁奏左右史分日
侍立至行幸獨當日者扈從乞令後皆從駕詔御前殿令起居郎起居舍
人於兩朶殿分左右侍立餘從敦仁所奏三年二月五日起居舍人林攄
奏在昔二史對立左右言動必書未嘗分前後殿也比者前殿已復往制
而後殿尚沿襲故事輪日入侍詔自今御後殿許起居郎舍人分左右侍
立大觀元年八月七日宣義郎試起居舍人霍端友劄子奏臣竊惟記注

卷一萬六千六百五十二

六一

之職執筆載事傳之永久凡聖訓所及政令所行與册命封拜皆得書之
實國史所資以爲撰述之本也伏見修起居注式凡除授文臣監察御史
監司以上武臣刺史以上則書其封辭臣愚妄意以謂黜陟幽明初無間
於尊卑而形于制辭者所以明示天下後世也其或異能高行忠節顯效
卓然有稱於時而上之褒嘉特降於衆庶臣子之至榮朝廷之盛美雖其
爵秩職任在監司刺史之下略而不書尚爲闕典欲望聖慈特賜睿旨應
制辭所當書者不限品位悉令記述以爲小大忠良之勸以昭太平得人
之盛詔制命之詞以著賞罰秩有高卑事有大小限以秩高則官小而事
大者或有所遺槩令收載則官高而事小者或不足書可令隨事大小不
限品秩取其足以勸善懲惡者修爲記注二年十月二十六日中書舍人
兼起居舍人俞㮚狀准朝旨召試內殿崇班周因策一道已定二十八日
引試作朝旨前一日鎖宿其當日朝參等更不趁赴所有見權侍立顯有
相妨乞速賜差官詔差給事中霍端友權候試人了日依舊政和七年六
月十五日宣教郎起居舍人兼國史院編修官趙野奏竊惟記注之職言
動必書所以紀盛美以信天下者不敢不謹豈宜有隱漏而不載者也契
勘進對臣僚所報多稱無所得聖語臣仰惟陛下屬精治道延見多士以

成天下之務詢謀所逮致戒所加莫非德意之遐則躬承訓廸者豈無當
記之聖語乎是皆沿襲日久姑務簡便一切略而不報遂使王言之大不
見紀述恐未足以彰明聖謨嘉言之美蓋緣自來未有文禁關防官司無
從檢察臣愚伏望聖慈詳酌特降睿旨立法約束庶使臣僚所得聖語不
敢輒自隱漏簡册修纂得以備載不其韙歟詔申明施行七月九日起居
郎李彌大奏伏見左右置史實記言動令起居注所載既有式例外又有
遇事並書竊原立式之文蓋欲備記言動宣明德意付之秘書省事體非
輕惟王言之大莫如手詔及御筆自來承受官司因循次襲並不關報致
前後更不該載竊慮未盡修注之意欲乞今後官司承御筆等並行關報
逐日修入從之宣和七年十月二十一日起居舍人唐重奏欲乞今後臣
僚進對所得聖語應記注者親錄實封以報謹如令若應報而不報不應
報而報或妄有增改者論罪無律庶載筆之臣得以備述從之高宗建
炎二年二月一日臣僚言史官書事善惡不隱以明鑒戒臣日侍殿側伏
見陛下每對臣僚從容紬繹雖堯舜好問不過如此而未聞臣僚以所得
聖語付史官者乞令後應被受睿訓除機密外關治體者悉錄以備修纂
從之十二月五日臣僚言國家稽古建官左右二史執筆螭坳記注惟謹

卷一萬六千六百五十二

七一

賜對臣僚每對罷當以聖語申後省而近日例稱別無所得聖語雖有丁
寧宣諭之詞反覆論辨之說隱而不傳而二史亦無由記至於執政大臣
講讀侍從蒙被聖訓往往有略而不載故今日之史止於循故事分類例
而已未可謂盡君舉必書之義也乞申命有司講求其法一人言動有關
於治體者備載無隱而臣下所得聖訓亦詳記之以備筆削詔坐條申明
行下紹興二年六月八日起居郎胡世將言伏見臣僚進對畢以所得聖
語申門下後省今上殿官循習故例止稱並無所得聖語雖臺諫官亦然
陛下諮訪不倦而賜對之官顯於文移謂未嘗得聞天語豈惟史官不得
舉記言之職亦非所以廣聖德於天下乞申言舊制並以所禀聖訓實封
報修注官編纂庶史官舉其職不爲文具從之十月一日起居舍人王洋
言自兵興以來典章散落著作之官久曠弗除而二史執筆亦爲虛文陛
下憂勤萬幾號令所至莫不鼓舞而郎官從官百執事所奉訓詔獨藏私
家不關史氏切慮歲月寖久相傳失實乞令後進對官所得聖語事關休
戚敢有隱而弗彰聽史官通問之有弗具報特論列以聞從之十一月二
十三日閤門言祖宗舊制應在京職官兼權他職並止立本班今差太常
少卿黃龜年權起居郎秘書少監洪炎權起居舍人契勘左右史並合逐

月赴赴朝參並赴侍立令來遂官係御監兼權所有起居侍立合取旨詔修注官日赴起居殿階侍立比之餘官權職不同特令立起居郎舍人班〇三年二月二十日起居郎黃龜年言兩省起居注係百司取會合修纂事件圖備編類成書自兵火之後案牘散失近於紹興府遍下所屬取索見存若干照編成沓方修纂間緣居民失火盡行燒毀乞再行下應干官司疾速依限具合修注事件子細供報具案無漏落結罪文狀付中書門下後省即不得虛立檢目如依前滅裂稽違即依逐省見行條法施行從之〇九月十一日起居郎曾統言國朝以來凡天文氣祲之異必下史官謹而志之外有太史局崇天臺內有翰林天文院日具祥變各以狀聞以參校異同致驗蹤密仍俾供報起居院書之為萬世法軍興之後史失其職寖以廢廢而左右記注實為闕文望詔有司悉遵典故施行從之〇十二日起居郎曾統言記注之官職司言動國朝尤重其選多以諫臣為之雖品秩甚卑猶得恭侍從之列備顧問之數有所論奏悉得專達且於陛立之際亦聽直前奏事元豐更官制始正起居郎舍人之名不復弁任諫列然神宗黃帝慮廢舊典預詔修注官雖不兼諫職如有史事宜於崇政延和殿承旨司奏事後直前陳述頃者權臣用事言路寢壅居是官者既無言責

卷一萬六千六百五十二　八

來以出位為嫌不過拜命之初造膝一謝而已甚非祖宗患於聽納之意詔依元豐舊制施行四年二月一日起居郎舒清國言近降指揮自紹興三年正月以後修進起居注皆所有合用進冊副本紙札欲乞依政和兩省條格記注案每月添破修寫進冊上色池表一百張夾表宣連各一百五十張令臨安府和買應副如支用不足亦乞依令文諸記注案添破紙若支用不足聽量數下雜物庫支供不得過每月添破之數從之〇五年三月六日監察御史許搏言恭覩史館日令修纂日曆秉筆之官悉依時政記起居注及諸司報狀排日甲乙編而集之然近日臣僚上殿後省例取並無所得聖語之辭切意起居注之書略焉矧方今多事陛下日對群臣論天下利害聖語宏深千於教化可為世典法者固不一而足令修注官不得而記史官不得而書嘉言美事容有泯而不載者欲望稍加參酌特賜施行庶幾聖朝編年之書得為詳備萬世之下有考焉從之〇十八日中書門下後省言近臣寮所論慶曆三年歐陽修請上殿臣僚退留殿門候修注官出面錄聖語至七年全備錄關報修注官今來若令進對官留殿門面錄聖語切恐倉卒之間不能盡記欲遵依七年詔旨施行如有親聞聖語循習故例隱匿不為錄報依條以違制論從之〇十年七月八日起居郎樓

大典卷一萬一百六十六

炤言進對臣僚獨以天語私相傳布不關史官在於記注誠為闕典今隱匿聖語具有明禁恐群臣或未盡知乞頒降吏部遇有進對臣僚俾具錄關報從之〇八年二月二日起居舍人勾龍如淵言兩省起居郎舍人依條合破親事官二人後因減半指揮止留一名緣朝參侍立闕少人從乞依舊差破從之〇九年五月二日起居舍人王次翁言伏覩在京通用令進對臣僚親得聖語錄報後省不報者以違制論然近來沿習舊例稱並無所得聖語遂使見行條法置為虛文乞申書舊法榜示朝堂從之〇十年十一月十二日起居舍人李易言左右史所修起居注每月分輪投進自政和間及渡江後來因循積壓雖有自紹興三年正月一日為始先次修纂指揮然見今止是修纂到紹興五年其日逐所書未能率由舊制不唯今日之力徒窮於往歲所聞而後之所聞必不若今日之審乞令左右史輪當侍殿者法所合書退而書之與見行修纂五年積壓事件並須每月投進庶俾言動之法舉無所遺從之〇十一年七月十六日中書門下省言臣頃立螭頭恭記言動切見內殿非時引見臣僚蓋陛下勵精不倦于政之德也然臣僚奏陳與聖語問答及天下國家者宜多有之掩而不彰則史臣之罪也欲望明詔凡內殿引見臣僚令各具所得聖語申中書門下後省

卷一萬六千六百五十二　九

使修注記焉從之〇二十六年三月二十八日起居郎吳秉信言切見本省修注舊本方進至紹興八年六月新本至紹興十三年閏四月其後緣久闕正官遂致積年時事闕然不書欲乞自紹興二十五年十月為始先次修纂進呈庶得聖神謨訓不至散逸所有前來修纂未到日今乞依舊例每月開進從之〇二十八年九月二十七日起居郎洪遵言向者權臣用事記注之官多闕不補起居注自紹興九年以後前後積壓今未修者殆十五年諸處官司因此循習遇有本省取會子不肯如期報應切慮歲月寖遠難以考究欲依本省條制取索急速者限一日餘三日令以時報應仍令兩省除見修起居注按月進入外所有紹興九年以來因循未畢者每一月帶修兩月庶天德帝業赫然與日星並傳從之〇二十八日詔起居郎舍人自今並許依講讀官奏事先是起居郎洪遵言臣幸得以記注陪侍經幄切見春秋二講每於輟日先期書曆經筵官講讀畢許留身奏事修注官雖與簽書來嘗有奏事者皆云近例如此聯名一曆不得別為二體伏聞元祐中起居舍人呂陶嘗乞候講讀臣僚再留奏事並許侍立以此觀之講退猶且入侍何由不許奏事乞下講筵所依講讀官例施行故有是詔〇二十九年八月二十八日起居舍人楊邦弼言切見本省起居注

舊本自紹興三年正月為始方修至九年八月分新本自紹興二十五年
十月為始方修至二十六年十一月分計所未修者凡十有六年蓋緣記
注之官前此久無正員因循積壓闕而不書臣未令之起居古左右史也
聖神言動舉足為法若非史臣纂輯則闡休偉績遺墜漏略安得昭然大
備與典謨訓誥並傳於不朽哉望令兩省以見行修注按月進呈外其有
前來修纂未到月分每月帶修一月庶使隆年所積下者可以同時填補
則謨次有倫克盡中興之美矣從之孝宗隆興元年五月一日詔前殿依
後殿輪左右史侍立以起居郎兼侍講胡銓言臣誤蒙親擢承乏左右史
自供職以來檢對記注故事切見今之史職廢壞者非一其尤甚有四焉
一曰進史不當二曰立非其地三曰前殿不立四曰奏不直前何謂進史
不當臣等聞唐褚遂良知起居注太宗問人君得觀之否對曰史記善惡
以為戒庶幾人主不為非法不聞帝王躬自觀史魏謩為起居舍人文宗
遣中使取記注欲觀之謩謂史官書事以存鑒戒陛下所為善無畏不書
不善天下之人亦有以記之帝乃止遂良與謩可謂能守官矣至國朝梁
周翰李宗諤為左右史乃建言每月起居注願先奏然後付史館國史
書之曰進起居注自周翰等始豈不愧唐二子哉慶曆中歐陽脩為起居

卷一萬六千六百五十三

十

注常論其失云自古人君不自閱史令撰述既成必錄本進呈則事有諱
避史官雖欲書而不敢也乞自今起居注更不進本仁宗從之厥後佞臣
執筆乃復進史沿襲不革遂至于今臣等欲望陛下遵仁宗之訓革周翰
之失自今記注不必進呈庶使人主不觀史之美不專於唐二君也何謂
立非其地臣等按唐制每皇帝御殿則左右史夾香案而立善惡必書其
後許敬宗李義府用事動則懷姦懼為史官所記遂廢左右史侍立之職
凡謀議皆不與聞文宗復正觀故事每入閣命左右史執筆立於螭頭之
下由是宰相奏事得以備錄故開成之政悉詳於史國朝故事天子坐朝
則記注官立於御坐之後歐陽脩以謂起居者當視人君言色舉動而書
若立於後則無以盡見乃徙立於御坐之前至脩罷職修注者乃復立於
後今乃立於殿之東南隅言動未嘗或聞可謂立非其地其愧於脩多矣
臣又聞元豐三年修起居注王存奏欲追正觀故事使左右史得盡聞天
子德音懷以二府自有時政記即乞自餘臣僚登對許記注侍立神宗曰
人君與臣下言必關政理所言公公言之自非軍機何必秘密蓋人臣奏
對或有頗僻或肆讒慝若史官書之則無所肆其姦矣大哉王言然未及
施行至今識者惜之今史徒有左右之名不知天子言動之實群臣奏對

並以無所得聖語關報職記注者但不過錄諸司供報公文而已何名曰
史耶臣等欲乞陛下復歐陽脩侍立故事庶幾言色舉動皆得以書如章
執造膝之言自有時政記亦乞如王存所請凡餘臣奏對許令侍立亦足
以伸神宗之志也何謂前殿不立臣等歷觀自古左右史未嘗不侍立於
天子之側亦未嘗有前後殿之分唐制但云左右史分立於殿下螭頭之
側和墨濡翰皆就螭之坳處有命則臨陛俯聽對而書之不聞後殿立螭
而前殿不立也又聞歐陽脩奏請自今前後殿上殿臣寮退令少留殿門
候脩注出而錄聖語以此知國朝舊制前後殿皆侍立矣夫人主之言不獨
後殿有之而前殿無也宰執奏事百官殿對之言不獨前殿有之而後殿
無也今獨後殿侍立而前殿不與義果安在夫後殿侍立雖立非其地然
猶立焉亦愛禮存羊之意前殿不立是併羊亦去禮意俱忘矣今在左右
史分日而立與言動之異臣等欲乞於前後殿皆分日侍立庶幾一言一
動皆得以書以備一朝之典謨光千載之史冊非細事也何謂奏不直前
臣等聞唐文宗謂魏謩曰事有不當毋憚論奏謩對曰臣頃為諫官故得
有所陳今則記言動不敢侵官帝曰兩省屬皆可議朝廷事而毋辭也故
國朝左右史皆許直前奏事雖以奏史事為名而朝廷事亦可議焉蓋文

卷一萬六千六百五十三

十一

宗命魏謩之意也熙寧中修起居注張琥奏曰近日緣例須牒閤門然後
上殿竊見樞密承旨每於侍立處尚得奏事起居注既得侍立或有數奏
乞便面陳詔從之臣等自領職之後亦欲直前奏事閤門以臣等不預牒
却之臣等又嘗預牒之矣又謂今日無班次臣每見閤門奏事未嘗以班
次為拘左右史職言動當日有數奏乃必欲預牒閤門又欲必有班次則
事有當奏而不得奏其為失職多矣臣等又聞皇祐中御史唐介論文彥
文彥博仁宗怒之時蔡襄為起居注直前論救事出一時又曷嘗預牒閤門與
必從班次耶況今來後殿奏對未嘗無兩班如是則記注之臣雖有直前
之名而無可奏之時矣臣等欲乞自今左右史奏事當令直前不必預牒
閤門及以有無班次為拘也四事皆近日記注失職之大者臣等濫居是
職敢不盡言伏望陛下考古驗今循名責實斷然行之幸甚有旨侍上去
處令御史臺閤門同共檢照典故討論申尚書省取旨餘並依御史臺討
論見行儀制并昨降指揮開具下項元正冬至大朝會依儀起居郎舍人
先入詣丹墀香案東西立文德殿朔會起居郎舍人立如上儀垂拱殿四
參紫宸殿望參起居郎舍人并分升殿侍立檢準紹興十四年十月九
日指揮令來大朝會已降指揮文德殿權作大慶殿依儀兩省官合於丹

墀上分東西立。目今殿庭即無丹墀，欲乞將起居郎、舍人夾香案東西侍立。外餘兩省官乞隨宜分東西相向立班。今來會到講筵所稱，每遇講筵日，起居郎、舍人分輪當日一員，依例於殿上御案右邊侍立。今欲乞自今後前後殿坐，起居郎、舍人起居訖，升殿挈執并墨課奏事，權暫於東朶殿侍立，候奏事畢，臣僚奏事依講筵例，於御座前侍立。所有侍立處於御座之左或右，取自朝廷指揮。閤門言：檢照儀制，大慶殿朝會、文德殿視朝，起居郎、舍人侍立，其在京文德殿折檻下階頭安砌螭頭二，設香案螭陛之下，分東西相向立。前殿係紫宸殿，起居郎、舍人分東西朶殿侍立；後殿係崇政殿，輪當直起居郎、舍人一員於東朶殿侍立；垂拱殿除四參外，其餘日參係常朝，自來起居郎、舍人未有許赴侍立指揮。若依今來所請，其垂拱殿常朝日分，比附後殿起居訖，輪當直起居郎、舍人一員赴侍立，餘如御史臺討論，故有是命。乾道二年十月七日，詔今後修注官遇常朝等，當赴侍立，許入出皇城南北門。十一月一日，執政進呈起居舍人唐閱致仕，上曰：左右史皆闕，梁克家只且時暫兼權，卿等可具合差官姓名來。洪适對曰：朝士皆陛下所知，莫可並外官皆具上。曰：行在官恐資序未合，差並外官具來甚好。十三日，起居舍人洪邁言：切見景祐以來故事，有邇英延

卷一萬五千五百十三　十二

義二閣記注，凡經筵侍臣出處，封章進讀，宴會賜予，皆用記注。數十年間崩廢不續。臣伏覩今月五日給事中王曮進讀春秋，昔人伐杞，言周室中微，諸侯以強凌弱，擅相攻討，殊失先王征伐之意。上曰：春秋無義戰。禮部尚書周執羔進讀三朝寶訓，論文章之弊。上曰：文章以理為主。兵部侍郎陳巖肖留身奏刑部事。上曰：寬則容姦，急則人無所措手足。凡此數端，皆承學之臣日夕探討累數百語所不能盡，而陛下藏以一言，至明至當，然記言動之臣弗能究宣，恐非所以命侍本意。乞令講讀官自今各以日得聖語關送修注官，其他合書事迹悉如故事，委主管講筵所牒報，使謹書之，仍願倣前例，乞因今所御殿賜名，曰祥曦殿記注，庶幾百世之下，咸仰聖學以逮聰明文思之懿，豈不盛哉。從之。五年十一月二日，起居郎兼權中書舍人林機言：臣僚進對，蓋以無所得聖語為辭，使睿謨聖訓闕而不錄，實負素餐之懼。上曰：既不關報，史官何由記述？九年閏正月四日，起居舍人留正言：所修注記，自紹興十五年以後至即日，多有未修月分，蓋緣史官間有闕員，因循稽壓，後來者急於收拾舊事以成書，而當年之史，乃未暇及，久之，文字散失，所得疎略，愈難修纂。若欲以時刻修，有所稽考，則必令二史將即日承受諸處關牒，施行政事并臣下進對所得聖語，隨月編

纂。仍將紹興十五年以後未修月分併修一月，並於次月上旬送付史館，隨具已修月分奏聞。庶幾近事舉無所遺，而舊史得以成書。從之。二月二十一日，詔秘書郎兼權起居舍人趙粹中遇四參，令立起居舍人班起居，令後準此。

宋會要

舍人院

淳熙二年七月六日起居舍人湯邦彥言被旨脩新舊起居注令乞逐省每月各脩纂三月内有紹興九年已後文字未完處欲下六曹等處取索其記注案人吏不增添止與添給顧工之費從之三年四月二十四日起居郎蕭燧言記注之職言動必書臣僚進對法當錄報

兩省違者有罰比年以來唯趨簡便略而不報昨緣史官奏請申嚴故一時所報粗詳可備編次今茲又復因循遂使陛下訪聞所逮告戒所加或隱而不傳或闕而不錄乞下兩省檢坐條法應臣僚進對所得聖語除事干機密外其餘盡行錄報庶幾聖主言動具載簡冊從之五年八月二十六日起居舍人李木言記注之職必待諸處關報而後書所報關畧則首尾難於稽考取會留滯則脩纂因至積壓報到已施行事節間有節文太甚或書寫脫誤者亦有止報看詳之命後或不聞與決者如此之類雖移文會問回報稽遲有去歲合書之事至今不得其詳者乞賜戒勑且懲治其漏落脫誤及回

卷二千九百六十六

報稽遲者從之十五年十月十五日中書後省言已降指揮新除太常少卿羅點兼侍立官所有本省脩注職事合與不合兼脩詔令兼紹熙元年三月八日起居郎兼權中書舍人諸葛廷瑞言近日以來内殿及延和殿不時引班多不報本省有妨脩注欲乞劄下入内内侍省今後遇引喝申到對班須管次日牒報本省以憑脩纂庶免漏落從之

宋會要

全唐文

宋會要 起居郎舍人

元豐中兼修注王存乞復起居郎舍人之職使得盡聞明天子德音退而書之神宗亦謂人臣奏對有頗僻讒慝者若左右有史官書之則無所肆其姦矣故事左右雖日侍立而欲奏事必稟中書俟旨存因對及之乃詔雖不兼諫職者亦許直前奏事五年官制行罷修注而郎舍人始顓其職 起居郎舍人掌記天子言動御正殿則侍於門廡外便殿則侍立行幸則從大朝會則對立於殿下螭首之側凡朝廷命令赦宥禮樂法度損益因革賞罰勸懲郡臣進對文武臣除授及祭祀燕享臨幸引見之事四時氣候四方符瑞戶口增減州縣廢置皆書以授著作官六年詔左右史分記言動元祐元年仍詔不分七年詔邇英閣講罷續有留身奏事者許侍立 紹聖元年中丞黄履言所奏或干機密雖令旁立乃止

卷二千九百六十六

宋會要

全唐文

宋會要 通進司

通進司在垂拱殿門內掌受銀臺司所領天下章奏案牘閤門京百司文武近臣表疏進御復頒布之內侍二人領之又有樞密院令史四人 兩朝國史志通進銀臺司知司官二人兩制以上充通進司掌受銀臺司所領天下章奏案牘及閤門京百司奏牘文武近臣表疏以進御然後頒布於外銀臺司掌受天下奏狀案牘抄錄其目進御發付勾檢糾其違失而督其淹緩發敕司掌受中書樞密院宣敕著籍以頒下之監通進司內侍二人書令史二人銀臺司主事二人令史一人書令史六人貼房四人皆以樞密院吏充發敕司有發敕官三人中書沿堂五院通引官以下充 太宗淳化四年八月十八日命樞密直學士向敏中張詠同點檢銀臺通進二司公事二司舊隸樞密院凡內外奏覆必關二司然後進外則內官與樞密吏人主掌內則尚書內省籍其數以下有司或行或否得緣而為姦禁中不知外司無糾舉之職至是始命敏中等謹視其出入而勾稽焉月一奏課事無大小不敢留滯 五年四月以金部員外郎謝泌勾當通進銀臺司封駁公事 真宗大中祥符四年七月詔通進銀臺司承受奏狀常須慎密如有漏泄事涉機密情重當行極斷輕者亦行朝典 五年六

卷一千一百一

月樞密院言近日通進司入夜所進文字率皆常務望令自今除事係機急即時進內自餘如已閉內門送到即俟次日進入從之　八年三月命吏部尚書王欽若知通進銀臺司兼門下封駁事代李維馮起錢惟演時欽若罷樞密使同平章事因有是詔六月詔通進司文字並須未閉內門前節次通進如是閉門後諸處傳進到機密急切實封上貼晝時通進者及通封散狀榜子但係機密急切公事並須依舊通進若是常程文字不是晝時銜報公事並須候殺點後即得入不得輒有住滯仍仰知通進司官員勘會在京自來於晚後經隔諸門通進奏報常程公事去處行移文字令知悉真宗以

卷一千一百

通進司文字不以遲速公事直至夜深通進故條約之　天禧二年五月以御史知雜事呂夷簡同勾當通進銀臺司兼門下封駁事　仁宗慶歷五年六月二十四日詔今後文武臣僚內曾任兩地及節度使并丞郎已上不曾貶黜後來除致仕官者如奏章文字並許於通進司投下先是右屯衛上將軍致仕高化言每有所進文字須詣登聞鼓院並與農民等伍嘗事先朝為節度使乞依楊崇勳例每有章表或有所見利便乞詣通進司投下因有是旨　嘉祐八年八月二十二日知通進銀臺司周沆言準中書指揮為日逐所進文字至申牌後多是住滯有悞進覽令早進文字者欲乞令後諸處

申時後所進文字更不收接內係急速晝時進入從之　英宗治平元年六月十一日知通進銀臺司李東之言乞令後通進司本帖子並須計定未降出文書件數繫本司臣僚姓名寫本貼子用印進入不得只用白貼子及乞內中每有本司審奏未降出文字內有留中者對御批封降付知本司臣僚處所貴別無遺失從之。十一月十三日李東之等言應內外臣僚所進文字不限機密及常程但係實封者並須依常下粘實封訖別用紙摺角重封有印者內外印無印者於外封皮上臣名花押字仍須一手書寫所有內外諸司及諸道州府軍監並依此例如違仰本司不得收進其外處有不如式

卷一千一百

樣進到實封文字仰進奏院於監官前摺角重封用印於本司投下仍乞依三司開封府條貫並不得官員及諸色閑雜人輒入本司從之　三年六月二十四日李東之等又言本司先准英宗治平元年中指揮令後臣僚所進文字依常下粘實封訖別用紙摺角重封令來諸處投進文字多作圓封並不摺角却剪碎兩頭用圓紙花子貼定可以因緣開拆深慮所在作弊漏泄機密及有外處臣僚言時政得失利害者往往只作通封致有傳布于外緣素無明白約束乞令後中外臣僚投進文字但干機密及言時政得失利害并體量官員等事並須褊捺用全張小紙斜側摺角實封所貴經歷官司

不致作弊漏泄事宜仍乞下進奏院遍下在京及諸路
州府軍監等告示如不依此式樣所經官司並不收接
從之　哲宗正史職官志通進司隷給事中掌受三省
樞密院六曹寺監百司奏牘文武近臣表疏及章奏房
所領天下章奏案牘具事目進呈而頒布於中外　神
宗熙寧元年十二月八日詔通進司定刀子剪刀大小
式樣製進令使臣主掌如將帶出司仰明行關報　二
年閏十一月二十三日中書言制置三司條例司檢詳
文字李承之言昨奏對言舉官事令具文字進呈緣係
選人無處投下乞許於通進司投進勘會承之已除大
理寺丞詔許於通進司投進　四年五月樞密副都承
旨李綖言自來諸處遞角赴樞密院者並是承旨司交
領投進至暮夜即於本司人吏家投下開拆上歷轉送
左掖門由通進司以進近以巡檢兵士走失奏狀深慮
向去有遺緊急文字兼人吏有所居僻遠必成稽滯乞
令後合赴樞密院者如假故本院不入並赴左掖門直
於通進司投下以進內有申狀即送本院仍令通進司
將內引並關送承旨司照會庶有關防詔從所請其非
假日樞密院已出亦准此　五年五月八日中書門下
言西頭供奉官劉宋卿等言乞今後通進銀臺司投下
文字常程送中書者並依通進司例次日不以有無假
故送中書施行所貴各無住滯去處況自來銀臺司文

卷一千一百一

字於奏狀前貼寫事宜一行其奏狀前自來有貼黃無
用虛煩紙筆亦乞減罷取到銀臺司狀稱進奏院下到
諸州軍等處奏狀自來作四日次第供申今欲乞作三
日更不貼寫事宜貼子當日便寫奏目號送及寫發放
歷照對第二日對卷印押託進呈第三日降出分配發
放其久來過中書樞密院早出及宅引并非次等假並
不入欲乞依通進司體例不理諸假故每日並入赴司
收接投進發放從之　徽宗大觀元年七月二十日承
議郎試給事中兼實錄脩撰徐處仁劄子勘會通進司
鑿號一節最係緊切緣鑿號文字並係實封奏狀若實
封文字數簡即易為驗認況依條邊機急速之類方許
實封其官司例將常程小事作實封投進以數目浩雜
不無差互雖有崇寧元年九月十九日申明指揮常程
事不許實封緣未有立定斷罪刑名欲乞嚴立刑名禁
戢仍乞檢會崇寧元年九月十九日申明指揮節文臣
條官司常程文字奏狀於法並令通封者作實封聞奏
顯屬紊煩今後三省六曹并所屬官司常切點檢如有
違犯並舉劾施行所屬自當遵守令修下條諸奏事應
通封而輒實封者杖一百詔從之　政和三年十二月
二十二日中書門下省言勘會已降指揮置通進司官
吏等詔自政和四年正月一日奉行內外官司候牒到
月奉行　宣和元年二月十二日中書門下省言通進

卷一千一百一

司劄子勘會諸處合赴通進司投進實封文字依條並
於文書前每件以千字文為號（封面上仍依此書題）自
來諸處奏事往往只於封面上用號既通進司不許開
拆無由點檢進入內中拆去封皮後即不見得元用是
何字號入進若或未降出間奏稟既元奏不曾於狀前
點號致內中無可批鑿深慮急速事不可稽令欲申明
行下應合發奏去處令刑部鏤版遍報施行外路令提
刑司一面取索如委公文繳送門下後省行下本司照
會如尚有不遵依去處許令本司申朝廷乞賜施行從
之　二年五月十四日中書門下省言勘會通進司不
限晝夜承受投進三省樞密院內外百司緊速文字如
遇降出御筆御封內降盡經本司依限發放近來有時
暫置局若奉使差遣去處纔急內中降出文字使本司
詢問置局去處不無住滯欲乞令後應時暫置局官司
及奉使承領差遣去處自被旨日並具立名局所并發
置去處所領官銜先次關報通進司所貴降出文字早
得發放了當仍乞送刑部告報中外諸司遵執施行從
之　高宗紹興七年八月八日行在通進司言舊在京
本司係在垂拱殿內每遇大禮皇帝宿齋依例移出殿
外廊上權置司令明堂大禮常御殿係是行禮殿乞依
舊制移出殿門外宮門裏東廊上空閑屋權撥兩間置
司從之　十一年五月十九日臣僚言臣聞綱紀正則

朝廷尊朝廷尊則中外服此必然之理也向者兩淮湖
北宣撫司奏報軍期文字進奏院不以時進故各置承
受文字官者權一時之宜也令韓世忠張浚岳飛既除
樞密使副各已治事積之典故朝廷大臣投進文字自
有通進司而承受文字官未罷臣恐綱紀不正失朝廷
之尊中外有所不服也望減罷承受文字官則綱紀正
朝廷尊而中外服矣從之　十四年二月四日通進司
言本司承受進降文字事干樞密近申明舊制係門下
省長官提舉所有昨降旨揮許檢正檢察係一時申請
合行銜罷從之　二十六年七月二十四日臣僚言乞
令後臣下奏陳故事不許講筵所取索副本就令通進
司進入從之　二十七年二月二十三日詔令後本司
承受內降並用黃複袋外封歷上書時刻付親從親事
官發放所屬依時收畫被受官司常切檢察施行（以中書門下後省奏通進司親從親事官承受發放內降文字多是稽滯或有盜拆者故也）　五月十八日
詔武德郎權寄班祗候前監通進司任寢贊特授武功
郎寢贊監通進司三年無遺闕雖係寄班特依內侍官
推賞後準此　三十年十月二日詔昨依故事差內侍
官承受內外諸軍奏報文字慮恐稽滯可盡罷承受官
令後諸軍奏狀劄子並實封於通進司投進三衙有公
事即時上殿奏稟　先是宰執奏呈中官承受事上曰
令之承受即祖宗走馬承受尋令掌邊將奏報後改為

廉訪使者近日士大夫或論其通賄賂至云恐浸如漢石顯之類朕前此不知亦嘗降詔戒約意謂空言不若以實事示之故比日屢却諸將貢獻如朕生辰所進禮數雖蠟炬薑藥之屬亦却還此事在朕初無固必可遂罷之

三十一年二月十四日給事中黄祖舜言近被旨措置通進司并事一監官乞從入內內侍省於內侍官差撥二員分輪在司直日專一檢察頭及火燭及進降文字并承轉承接親從親事官稽留作過之人遇夜守宿仍不得於寄班祇候内差一每日降出御封本司承受乞依舊制用黄絹夾袋盛貯令監官重封並親書題寫姓名時刻承受謹封等字即令承轉親從官赴所屬發放不得用雕造階位印子及令人代書姓名字一親從親事官過闕乞令監官具狀申點檢司移文皇城司日下勒通管人員選擇無過犯識字人差撥執役依條一年替換不許踏逐止從上存留一名指教新人仍不許差撥舊在本司執役人聽本司部轄專一承轉承接文字不得擅離出外其監官亦不許私役使喚如有作過並具所犯牒皇城司將通管人員一例科罪一令後遇降出御封文字乞令發敕官分明抄上文簿於歷內開寫時刻即時差承轉親事官赴所屬發放其被受官司即時具姓名時刻收接若辨驗得少有留滯即時具當行人吏姓名申門下後省施行其抄轉承受發簿

卷一千百一

乞從門下後省印押給付日計都收件數簽押若遇夜降出御封文字准此於旬終繳赴省結押易換仍令發敕官開具諸處承受名件及遂時承准御封發放時刻申納門下省照檢若有遺失稽滯並從本省科罪內親從親事官仍行下皇城司斷遣依舊執役一本司奏禀使臣二員乞從入內內侍省依條差撥遇有進入文字隔三日不出許監官具名件榜子奏禀一本司主管文字四人係差後省當職人吏兼管欲乞每日分差一名赴司宿直仍具姓名申本省若遇本司有違滯事即密報本省施行一本司發敕官過闕乞令監官具狀申點檢司批送行首司依名次差填不許自行陳乞仍將本司主管文字發敕官及親從親事官每三人結為一保並親書結罪文狀申後省照會一本司每遇被受到頒降旨揮乞自今起置文簿一面抄轉歲終赴省押易換一承轉承接親從親事官若遇本司承接文字訖畫時取索批收便將發放文歷赴司交納發敕官驗訖密行收掌不許收藏在外經宿方納一通進司條無故輒入本司者流三千里漏泄機密重者處斬又皇城司專法諸親從親事官節級長行犯贓私罪徒以上配千里公罪徒斷訖送步軍司比類移配私罪杖斷訖及公罪杖或連坐送皇城司令欲乞將遇有盜拆御封因而泄漏者及過官司投下奏狀輒行阻難乞覓之人並照應前

卷二千百一

項條法施行其邀阻不得財者依律不應為從重條法斷遣一本司簿歷點檢通進司提點乞並每月驅考稽失從之　先是臣僚言近聞內降詔旨未經朝廷放行而外人已相告語是皆通進司漏泄之過乞行檢察令給事中措置而有是命　三十二年三月八日詔通進司承轉承接親從親事官年滿無過犯並依見行條法保明申給事中移文所屬各支賜絹五疋內節級七疋及指射優輕差遣一次仍報皇城司施行（從通進司請也）孝宗隆興元年三月十七日通進司言本司昨自紹興三十一年至今日遞進降朝廷軍期機速事務急緊切文字并諸路奏報及沿邊探報等並無分毫稽滯闕誤本司官

卷一千一百一

屬並已推恩內點檢司并監司各減二年磨勘主管文字發敕官各減一年磨勘乞依紹興五年四月四日指揮已推恩體例從之　乾道八年十二月八日詔通進司自今後朝廷百司諸路州軍急速文字等並依法收接投進其餘陳乞恩澤差遣文字不應投進不許收接即時退回令經由合屬官司陳乞　九年閏正月三日尚書省言節次已降指揮臣僚辭免恩命並依舊制如過制及不合申陳者有司不得收接如依前違戾令御史臺覺察聞奏詔太中大夫觀察使以上辭免外餘依已降指揮　淳熙三年九月十二日詔自今通進司承受御封文字依舊用黃絹夾袋令監官重封親題姓名

歷上書時刻不許令人代書發敕官親行發放不得令親從親事官承發所屬依時收畫被受官司常切檢察如有違戾申朝廷取旨施行　慶元二年正月二十九日入內內侍省言通進司合差使臣二員緣為散祗候使臣差撥不敷即目本處闕官主管緣係日常接諸路奏狀并進降御前緊急文字及晝夜存留燈火去處不可闕官乞依紹興三十一年以前權差寄班祗候二員時暫分番赴宿直職事候散祗有使臣日依舊從之

卷一千一百一

宋會要

銀臺司

銀臺司掌受天下奏狀案牘，抄寫條目，進御發付，糺其違失。樞密院主事二人，書令史八人，貼房十一人掌之。太宗淳化四年八月二十一日，詔銀臺司承受奏狀，批鑿事宜，發赴中書樞密院三司外，仍逐日具所承領奏都數一本進內，所發逐處奏狀，係急速事限五日，常事限半月，仍令逐處行遣訖，旋具事宜關報銀臺司，點檢勾鑿，有稽滯者，依條舉奏。其年閏十月，詔中書樞密院三司各置急慢公事板簿，急事限次月六日，漫事以次月十六日送銀臺司重行點檢，自是止令據板簿檢勘，更不關報。同日，點檢銀臺通進司公事向敏中言，請令諸州所發奏狀自令別具內引單子，逐一數一本於銀臺司通下。三十日，宣審刑院公案令供報銀臺司，依例催促提點。（凡公案各令用千字文記號送審刑院）真宗咸平四年八月，銀臺司言：「諸州案牘元定三等日限，自來惟據審刑院關送月日勾鑿，大理寺未曾供報。自令據發下公案依限定斷，俟案奏日隨案關報。」從之。仁宗康定元年十二月六日，知通進銀臺司兼門下封駁事李淑言：「銀臺司舊例差樞密院主事下名二人在司掌發放文字，以銀臺司主事為名，近來却有以管勾銀臺司公事為名者。伏緣銀臺常門遂嚴門側置司，故選侍從之臣典領，書奏猶不敢以判為目，故兩制以上止曰知司事，同知

卷一千一百一

司事未及兩省止曰勾當司事，況主事流外，僅比三班使臣，豈有丞史之類却竊管勾之號，在於事體未甚允適。又所領奏事本是中書門下別局，理合二府各差人關掌，只緣初置此司便是樞密學士主判，由此差置吏曹並係樞密，因循至是，未合舊規。欲乞自令差中書主事、樞密令史各一人，兼銀臺司主事；中書守當官、樞密書令史各二人，兼通進司令史；仍依舊別差樞密書令史六人，兼銀臺司令史；樞密貼房十四人，兼銀臺司書令史。所有樞密主事二人，更不差赴銀臺。其差到人吏一舊只樞密院告報，本本無下本司文字，所以驕蹇不恪，多乖去就。欲乞自令並罰降名姓，令本司給牒補差，所貴有所稟畏，既合官曹常體，庶事或可振舉，又不違先朝置司之意。」從之。

卷一千一百一

宋會要

嘉祐六年二月十六日中書勘會已差龍圖閣直學士周沆知通進銀臺司兼門下封駁事自來差銀臺司官員敕內帶此如有制敕不便依故事封駁自餘尋常公事依例施行及點檢兩司公事應諸處申奏文字一依先降敕命進入候降出看詳分明批鑿合行指揮事件送中書密院三司及逐處疾速施行如有遲滯去處並仰舉奏當議重行朝典更有合行提舉事件並委條奏以聞令差周沆敕內已不帶此指揮令後所差官宜令銀臺司依此施行　神宗熙寧三年八月二十七日詔知通進銀臺司范鎮權監察御史裏行程顥同看詳銀臺司日進文字數目定奪當進與不當進并合減罷名件以聞十月看詳銀臺司文字所言乞於本司置局就便檢尋文字　三年五月二十四日看詳銀臺司文字所言自來進奏院逐日赴銀臺司投下諸路州軍等處狀不下四五百道自本所擘畫減廢後來狀數稀少其銀臺司亦依自來日數行遣發放慮有留滯兼勘會奏狀自來住滯六日方始投進發放了當一日貼寫奏狀事宜一日抄寫奏目一日抄寫發放文歷一日進入內中用印點檢分配一日發送合屬去處今來奏狀道數稀少難依前件日數乞下銀臺司自今並限四日內須貼寫投進發放了絶如有先進及文慕奏狀即依舊例

卷一千一百

施行從之　元豐五年六月二十五日詔罷銀臺司封駁房　六年三月二十五日詔罷銀臺司取索舉奏令詳見給事中

卷一千一百

宋會要

發勑司隸銀臺掌受中書樞密院宣勑著籍而頒下之中書遣發勑官二人主之舊有樞密院令史一人後省大宗淳化三年二月詔中書敕文至發敕院點檢有要害差錯者堂後官罰三十直守當官罰十五直仍以三之一賞發敕官真宗咸平三年十月詔中書發到實封斷敕如看詳發訖具州府事由報銀臺司十一月樞密直學士馮拯言中書戶房直發劄子四道不由臣點檢詔三司開封府御史臺進奏院等處凡受宣敕劄子須見發敕院官封書方得承稟違者遣吏押送發敕院四年八月發敕院言中書降劄子有合與敕同行下者多不一時到院每至催督方始行下竊慮或有廢忘欲望自令不同至者許令點檢依敕文差錯例定責罰從之景德三年九月樞密院言中書發到敕牒劄子入進馬者全不出事宜當院難於勾銷文歷望許自令畧寫大綱事宜付院發從之

宋會要

門下封駁司唐制給事中掌封駁唐末其職遂廢太宗淳化四年六月以右諫議大夫魏庠知制誥柴成務同知給事中事凡制敕有所不便者宜準故事封駁自餘常程公事依例施行者不得輒有留滯應後來行下制敕並仰旋具編次更有合舉行之事條奏以聞　九年詔停廢知給事中封駁公事令樞密直學士向敏中張詠點檢看讀發放敕命不得住滯差錯所有行下敕文依舊編錄仍令發敕院應承受到中書敕令並須畫時赴向敏中等處點檢候看讀發放遂處內有實封敕文並仰逐房候印押下實封送赴向敏中等看讀點檢了却實封依例發放自是始以封駁司隸銀臺至道元年正月詔三司及內外官起請擘畫錢穀刑政利害文字令中書樞密院檢詳前後條貫同共進呈每月編其應行條敕作策送封駁司如所降宣敕重疊及有妨礙並委駁奏仍於門下省差令史二人專掌簿籍十月詔樞密院自令除該機密外凡行宣命並付封駁司看詳發遣　三年十二月詔封駁司凡有封駁事並錄本送集賢院　真宗咸平四年九月吏部侍郎知封駁司陳恕請鑄本司印詔如有封駁事取門下省印用之因是遂改為兼門下封駁事　六年七月兼門下封駁事王嗣宗言京朝官受差遣者其中有苛刻踰違犯法虐民之人倘朝廷未能審察復有差委

臣等不能舉駮深非沮勸之道乞今後風聞濫狀許臣於審官院取索家狀案其由歷知得事實特許一言從之九月詔續降宣敕令大理寺寫本送封駮司看詳景德三年二月封駮司言中書樞密院多至午未方送到畫字比置此局責要審詳況諸處文字皆有常限或及旬日一月已來商量施行若當司畧不看讀便即發遣乃是發放之司豈曰封駮之職望自今除急速文字外其餘道數稍多看詳未及許至次日發遣又近日多有直發文字不由當司欲望非涉機密皆依舊制從之大中祥符九年正月以翰林學士晁迥知通進銀臺司兼門下封駮事初宰相請以迥泊臧度同知銀臺司

卷二千一百一

代王曾真宗曰人言曾嘗封駮詔敕中書銜之多沮其所奏令罷曾是符外議也宰臣王旦曰臣等本無忌曾之心今之封駮與古不同蓋除授差使大小悉禀聖旨進熟畫可始降詔命其檢會舛誤實亦有之頒下四方誠為不當封駮司能詳奏釐正乃裨臣等不逮帝然之遂以迥代度而曾仍舊仁宗嘉祐五年七月改新知荊南府唐介復知諫院楊畧復判吏部流內銓時知門下封駮事何郯言介為諫官有補朝廷不當出外以敕封還之續會要以下作給事中

兩朝國史志都進奏院監官二人以京朝官及三班使臣充掌受詔勅及諸司符牒辦其州府軍監以頒下之并受天下章奏案牘狀牒以奏御分授諸司進奏官一百二十人太宗太平興國八年命供奉官張文甒王禮就相國寺行香院集進奏知後官二百餘人選百人文甒等以州郡稍多選人恐少遂簡閱得李楚等一百五十人並充進奏官掌二三州罷知後官之名其不中選者補為副知命文甒與禮都領之如為銓轄諸道進奏院又令三司各給銅朱記一刻曰某州某軍進奏院或兼管三三州軍亦共給一記太宗即位詔罷支郡皆置邸京師外州將吏多不顧久任遂募京師人或親信為之符移頒下多或稽緩漏泄故有是命十月詔於大內側近置都進奏院自爾定諸進奏官從遂且就行香院至是始有此詔踰年以石熈載舊充院其諸州各置院者悉以舍屋隸三司十一月詔進奏院常切鈐轄進奏官只令在院承發文字不得將歸私家致有漏泄其場巡檢捉賊等奏報公事各隨所隔州進奏官承接勾當十二月詔進奏院轉差入於承旨院交領敕文等九年七月詔進奏官李楚等於崇政殿揀三十人補殿前承旨始定進奏官以百二十人為額其逐州府各令均掌之十二月張文甒等言舉中書發敕院樞密承旨院告報進奏官日赴院承受宣敕處多妨滯許逐房臣處給付詔本院專遣進奏官入內承受文字雍熙二年十月張文甒等以諸色人入遞家書請後殿呈詔自今的親實封家書許令附遞自餘親識只令通封附去是月詔都進奏院先於府縣輪差承符十五人齎送文字宜令步軍司以剩員軍士代之遣還本隊十一月都進奏院言進奏官每有愆犯望許於左軍巡借杖匣分詔小有愆犯聽用小杖若涉情弊即時引見三年五月詔開封府進奏官止依例供申本府報狀諸州不許申發九月詔中書敕文至進奏院有漏印漏押者並令申納中書四月進奏官李文業等言自職進奏官以來事務益多俸給資乏詔三司每月給見錢五千充紙筆費自今不得輒外添人國初節鎮轉運司者月給紙筆五千餘三千並一分見錢二分折支太平興國八年後例給五千增見錢二分至是始全給焉又端午十月一日聖節皆給時服十一月詔諸路遣到案牘令進奏院即時進入無得稽滯又詔諸州奏狀小有差錯令進奏院依例進入訖別申本州稱奉聖旨勘鞫干繫人吏鹵莽之罪端拱元年正月詔客旅便錢遣牒令進奏院別用宰臣使印封遣二月詔進奏院自今每承受宣敕省牒畫時遣發不得稽滯二

年六月，進奏院言：本院承舊例補第一名進奏官李文業為行首，呂承信為副行首，委令提舉前綠補置，雖係久例，本院未奉朝旨，多不稟承。望降宣敕。從之。〔自後此職亦有〕淳化元年五月，詔諸州奏案即時於銀臺司通下，不得住滯，其斷敕須當日入遞。二年六月，詔進奏院應諸府奏諸色官充本道幕職、知委、貢綱官即時奏，請內職、諸司使以上知州不得奏請京朝官充通判，如此等狀即時退迴，不得收進。七月，詔進奏院如近上臣僚奏狀揩改差錯字，即勘以次干繫人。三年五月，詔天下奏勘公案從實封角用印入遞。進奏院九月詔，諸州遞送罪人並許於監進奏院官當面交領。四年九月，詔進奏院日差進奏官一人承領敕文，於監院使臣當面折封點數入遞，應奏狀日具都目納銀臺司。五年四月，詔應諸蕃酋長朝見、遠夷入貢宴勞、祭諸道奏祥瑞、官吏善惡、孝子順孫、義夫節婦殊異之事，十日一具報起居院，不得漏落。真宗咸平元年六月，詔進諸州兵帳須即日送樞密院兵房，不得積留在院。二年三月，詔緣邊馬遞至進奏院者，委進奏官自樞密院開拆。二年六月，詔進奏院所供報狀每五日一寫，上樞密院定本供報。大中祥符元年又詔，不得非時供報朝廷事宜，令進奏官五人為保，犯者科違制之罪。九月，詔諸州實封奏狀委監進奏院官看詳，驗無損動者題封記全三字，即時進內；有損動者重封進入。十一月，詔進奏院今後應發敕及劄子，須見發敕院官封題方得收接。四年二月，詔諸州降雨雪並須本縣具時候尺寸，上州州司覆驗無虛妄，即備錄申奏，令諸官吏迭相糾察以聞。又詔應外州官吏奏民間利病實封者，即時進入，不得拆封。十月，詔諸州官吏申奏脫漏不依體式者，再犯勘罪，送中書下法寺依格斷遣。五年四月，詔凡降德音赦貢等，其溪、獎、南高、富、鶴、上錦、下錦、獎、敘、懿、古、元、順、繡、雲、順、溪、晃、天賜二十州不須降去。七月，詔自今河西、陝西幕職州縣官進貢封文字，即與收進。九月，詔進奏官每人許置守副知一人，有闕奏裁。〔舊有守名副知，後改為書寫人，守闕進奏官改為押中副知，押中副知以〕十六人為額。景德四年八月，詔新注幕職州縣官發先狀赴本州者，委進奏院驗認與發。大中祥符二年三月，詔諸州進奏官十年已上者並補三班奉職，自今每遇郊祀敘補五人，如次補之人有贓污者，勿得隨例奏裁。七月，詔進奏院自今每遇郊禋，保進奏官及十五年已上無過犯者，從上具五人姓名以聞，當議出職安排。如無過犯人不及數，即取曾罰直及放罪人；如更少，即取以次有過犯數少情輕者足數。九月，進奏院言：進奏官小可懲犯，舊例止罰直充公用，並無敕明文，自今欲乞量行區分。詔依舊例

施行。天禧二年閏四月，詔申奏文字有脫白漏官不書事宜於文無害者，第一度與免勘，委進奏院置簿抄上，若是再犯，即劾罪以聞。仁宗乾興元年〔未改元〕十一月，詔都進奏院告報諸州府軍監，自今所奏文字凡係實封者，並令依常式封書畢，更用紙揩角重封，準前題字，及兩揩角處並令用印，無印者細書名字，候到闕，令都進奏院監官躬親點檢，無折動即依例進納；或有損動者，具收接人姓名以聞。天聖五年十二月，詔進奏院候承受到在外知州府臣僚以下加恩告敕，須勘會長吏者先次入遞發放，所有通判已下續次遞發，內雖有官高於知州者，亦不得先發及踰越住滯。六年十月，詔都進奏院自今承受宣敕、中書樞密院劄子、省牒并內外諸般文字，並須畫時勾喚進奏官於當面與保頭等同共點檢封角，并開拆分明，上曆印題，關防發遣。其逐州手分、進奏官等即不得於外面取便封拆，別致去失文字。其進奏官合用面印本記，只令於本院內行使，不得將出外取便用。七年四月，詔進奏院自今諸道州府更有附遞到三班使臣、幕職州縣官等實封章奏，並令收接進納。皇祐四年九月，詔外官有所陳事，並附遞聞朝廷，毋得申御史臺。時州郡多以狀申御史臺，欲其繳奏而必行之。神宗正史職官志：進奏院隸給事中，掌受詔敕及三省、樞密院宣箚，六曹、寺監、百司符牒，頒降於諸路及州府軍監。天下章奏至，則具事目上門下省；若案牘及申禀文書，則分納諸司。官凡奏牘違戾法式者，貼其說以進。神宗熙寧元年二月，詔近來天下諸州府軍監令檢舉舊條，今後如降到雨雪，不以多少，候止並須即時具的實尺寸以聞，仍令轉運司逐季舉行。四年二月十一日，詔諸道進奏院自今以知銀臺司官提舉，其句當進奏院官令樞密院選差京朝官二員，將見任官年滿闕，今後更不差三班使臣。臣僚之家不得妄乞子弟句當。五月十八日，詔自今朝省及都承監司寺監等處凡下條貫，並令進奏院摹印頒降諸路，仍每年給錢一千貫充雕版紙墨之費。十一月一日，詔應朝廷擢用材能、賞功罰罪事可懲勸者，中書、樞密院各專令檢詳官一員，每月以事狀送進奏院遍下諸路。九日，樞密院檢詳吏房文字劉奉世言：舊條，進奏院每五日令進奏官一名於閤門抄劄報狀，申樞密院呈定，錄供逐處，仍實封一送史館，一送本院時政記房。然進奏官已自傳報，則五日行遣頗屬煩文。欲乞罷此，諸道進奏官依例供發，除係朝廷已行差除指揮及內外常程事得騰報外，應干實封并涉邊機及臣僚章疏，或增加偽妄，並重寘法。其報狀仍委本院監官逐月抽摘點檢。從之。八年四月二十六日，知通進銀臺司陳繹言

進奏院傳報今並除童奏文字多有不實或漏泄事端惟是監官得人可
絕其弊今勾當院林旦先任臺官言事不實降黜乞別與差遣從之元豐
元年九月二十九日都進奏院言準傳宣取索自九月以後下江寧府文
字今具名件詔應官司不著事目發過文字並供納中書有吳帶書簡
亦盡錄同申臣僚所發私書委開封府下逐家取副本或無依令進奏抄
錄申府繳奏如敢隱匿不盡許人告犯人除名告者賞錢千緡有官者不
願給錢每三百千轉一資時呂嘉問何琬互奏不法事琬奏才上而嘉問
辯論繼上琬以為有從中報嘉問者故詔索所發私書考實也哲宗元祐
元年四月二日京西路提刑司言省部條貫除直下外有諸司條貫付轉
運司押牒入遞分送諸州率多遲滯欲乞應頒降新法以所下轉運司印
印本移送進奏院坐省符連牒發送諸州從之紹聖元年十月二十一日
樞密院言熙寧四年中書劄子應擢用材能賞功罰罪可為懲勸者中書
委檢正官樞密院委檢詳官逐月錄事狀付進奏院謄報天下元祐初輒
罷詔令年十月後如熙寧舊條欽宗靖康元年二月十七日詔諸路監司
帥守奇應投進文字不得請降指揮徑赴入內內侍省投進並依自來條
法遞赴進奏院施行高宗建炎元年六月三日詔進奏院自今年六月一
日以後依格合傳報諸路州軍文字限三日盡數抄錄傳報其見在東京
進奏官所管州軍並令見今隨從行在進奏官兼行掌管傳報依此九月
二十一日臣僚言進奏院人吏分掌諸州一吏下番則一州事廢雖有兼
權之人要非本職孰肯盡心典領又馬遞鋪兵昨緣軍興多從調發致所
在多有闕額其應進奏院官吏並隨行在凡文書被受謄寫入遞並依常
法敢有遲滯之重寘典憲仍戒勑諸路提舉馬遞鋪官督責巡轄使臣招
填鋪兵詔進奏院監官條具申尚書省既而本院條畫欲乞置都承受拘
收簿一面每日如遇應干投下文字並當監官廳開拆選差近上無過犯
吏人二人即時抄上付逐州進奏官承受並用院印逐旦分明投下取狀
覆批於簿內腳下未書鋪鑿結押及都承受到諸處投下文字並開具次
日申門下省如進奏官不即抄上結押發放並許人告犯人取旨酌情編
配監官失覺察重行黜責仍摘本院門從之二年正月一日詔諸司諸州
月具承受朝省文字違入齋赴行在投下文字人回日請領遞角前去無
致不依程限到州者各從杖一百科罪給事中劉珏言進奏院人吏數少
所報文字太多抄寫不辦諸處拋下供給餐贍不足沿路過鋪有力不勝
而棄擲文書者有受財賄而藏匿文書者乞降旨揮令諸司諸州發曆日

等錢前來全本院依月給付仍乞令本院將諸州下文字入遞簿抄上姓
名遇四歸日請領遞角前去依程限到州令諸司逐州月具承受朝省文
字若干件增虛亡失文書條格委知通專一點檢尚書省勘會亡失文書
自有條法諸州發曆日繳見別作施行故有是詔四年五月二十五日門
下後省言進奏院累經移驛事務廢弛乞正除朝奉郎盧坤監都進奏院
從之十月十三日詔令後省官員差除降黜及外路合通知事件令六曹各
隨所行事類聚每五日一次行下進奏院繳連傳送所屬監司帥守監
鑄錢司即報逐司施行若事體稍重令本部三次行移以防失墜稍
有違慢當行人吏取旨行遣從江東提點刑獄王圭言也紹興元年十月
七日詔令後進奏院應承受文字並即依限投下仍置簿抄上日投名件
都數及有無違滯文字申明門下後省歲切檢察如敢依前違阻乞覓錢
物致藏匿文書許諸尚書省越訴犯人取旨監官失覺察重行責黜三年
正月二十八日刑部大理寺言自緣章疏議論邊計及事理要害不許騰
報今權為在京法應賞功罰罪每月下六曹取索擇其可以懲勸事上省
進奏院承受錄板頒降諸路州軍監司及在京官司從之以臣僚劄子乞
祖宗法應賞功罰罪事可為勸懲者令左右司下六曹取索錄板頒降有
旨送刑部看詳故有是命四月四日左右司言進奏官頒降賞功罰罪之
量行支錢依工墨錢本司約度欲每季支錢一百貫並抄紙五千張臨時
以字數多寡量歷支使如不足即貼之仍限次季申比部驅磨從之九月
十七日詔進奏官有犯依元豐制其令吏部直送所屬指揮不行舊制進奏
院隸給事中進奏官有犯依崇寧法申牒提轄官司辯度輕重施行不得
直送四月十八日吏部申請以供報多缺今後從本部徑送所屬斷遣至
是諸道進奏官訴于門下後省乞依舊法從其請也十二月十八日給事
中胡交修言進奏院合赴章奏房投下諸路表奏在京專法令本房置過
犯簿籍記差錯進奏官姓名昨緣渡江散失案牘指揮不存欲乞令章奏
房依舊置過犯簿令後差錯并失點檢廳司拘收第一犯籍記姓名次犯
給事中量輕重送所屬責罰停降從之四年五月五日吏部侍郎劉岑言
銓選注擬案關及奏舉閣陞改官之類諸處關到並會問進奏院以遞施
緣供報文字往往差誤今無畏憚乞依紹興三年四月旨揮如有差誤從
本部徑直送所屬施行詔除進奏官供報差誤事涉重害許從本部徑送
所屬仍報提轄官照會外餘依紹興三年九月十八日指揮從臣僚檢會
建炎四年十月二十日及紹興三年九月十八日指揮進奏院依祖宗法

隸給事中若供報差誤往就吏部送所屬深遠處頒發偽典其四年五月五日指揮乞不施行從之五年閏二月十二日詔進奏院如將不係合報行事輒擅報行及錄與諸處副揲入傳報者許人告賞錢三百貫犯人並重作施行六年八月一日詔進奏官立替半年方許差人其已差替人并見闕未到人並別與差遣歸吏部注授之人將依省額法與指射差遣一次願就宮觀嶽廟者聽九年二月十三日詔監進奏院羅萬楊適各降一官以三省勘會進奏院遞發正月五日赦書內河南新復去處並合交付王倫賚行不合一面便行入遞故也十一年二月十六日門下後省言進奏官承受外路文字雖有都簿句行批收遂得私匿令乞以進奏官二人充開拆司應外路遞到文字於監官當面開拆即批收上簿付逐州進奏官書押收領次日拘收司催促依限投下仍申本省照會其都簿亦從本省每旬印給一面日令本院計都收件數旬終赴本省結押抽摘檢點其進奏官遷阻不即批收抄發并都簿隱漏名件並依不應為辭遣受財者從重仍立賞許告從之以大理寺勘進奏官樊永壽將諸處申奏到文字匿於私家令後省措置故也十六年二月七日詔進奏官令後六曹取會並牒門下後省不得一面直送所司科罪以進奏院言侍左考功取會不係本院承發事件勒令回報及尋常小節直牒大理寺施行故也十七年十月二十八日監進奏院朱柔嘉言祖宗舊制進奏院除承六部取會承發事務供報外餘並不許使豪檢准大觀進奏院令除刑部許勾喚進奏官承發非次赦降及上下半年頒降條冊即時遣赴并學士院客省四方館許勾喚進奏官整會文字暫赴外所與六部許勾喚供報及直送所司斷遣條法乞依舊制施行從之二十二年七月六日總領四川財賦汪召嗣言遞角舊用皮筒用印記因兵部郎中黃敏行請用紙角題印以纖圍護入筒更不封記緣遞鋪交換取出辯驗多致差互愈長愈折藏匿之弊望詳酌措置進奏院看詳以纖圍護入筒仍腰封撮繫從之二十四年十月二十二日權給事中林一飛言進奏院依法隸門下省其根究遞角破損住滯乞從本省取索照檢從之先是臣僚言置郵傳命稽遲悞事望申言之詔令兵部措置而駕部員外郎楊倓言祖宗舊制駕部當行諸州鋪分往來傳送文字稽其盜拆藏匿即非門下省所掌事務尋會後省在法進奏院隸門下省遞角從給事中照檢遞下兵部遵守如一飛所請二十六年十二月十四日詔監進奏院官督責進奏官凡號令章疏時抄錄遍下監司州軍其逐處被受即具到發月日回申進奏院令所轄官逐季照檢從中

書湯鵬舉之請也二十八年七月二十六日給事中賀允中等言祖宗舊法進奏官以一百人為額每遇大禮從上出職五人內帶一名有過犯已經除雪入額計得二十郊通計六十年補過今來進奏官裁減作八十一人為額祖宗舊法紐計得五分之四每郊合出職四人內亦合帶補一名有過犯已經除官人亦係二十郊通計六十年補過近據有司失於參照祖宗條格却衆同諫中副知書寫人一處權行紐計申畫到一時指揮每郊出職二人切緣本院與吏部見行條法係進奏官理年出職反優補無過犯人數今來出職人却係與過犯與有過犯人均得各出一名顯是有虧無過犯之人若每郊止出二人係四十郊一百二十年方始補過使下名年無寸進之期委是未合祖宗法意所有本院紹興十六年十九年二十二年二十五年四次以經大禮合出職積併人數更不礙陳乞補填只乞自今年郊祀大禮依祖宗舊法施行從之二十九年七月九日臣僚言伏見在內官司文移則分常繫之限在外州郡奏申則計地里日時稍或稽遲皆行斷罪紹興五年正月當降指揮應奏狀及申三司樞密院文字並一填月日著在令式最為詳密欲乞應今後內一官司文移悉遵此制按敘而得其月日則易於考察胥吏亦無所容其姦然後嚴常繫之限於內驗地里日時之限於外稍有稽違重寘於法仍委宰執臺諫更加點檢庶幾革弛怠之弊從之孝宗隆興元年七月三日都進奏院言見管進奏官八十一人合減十六人欲乞將今來所減進奏官候今降指揮下日從本院出給公據付逐人收執作守闕遇有見管進奏官請假事故名闕依名次先次射闕補填施行詔元在人且令依舊將來遇闕更不遷補十一月十四日給事中兼直學士院錢周材言進奏院自祖宗以來依舊制係是承發官司隸屬門下後省令來吏部一時申請將應在京職事官合舉改官奏狀令進奏院貼說投進及令進奏官赴部供報如不供責本部一面依條施行竊詳應在京官奏狀依條並合赴通進司投下即不經由進奏院其舉狀該與不該係是吏部掌法行令即非本院所掌今來吏部衝改祖宗法令混亂職事欲乞許令進奏院依祖宗舊法施行從之二年六十三日兵部言進奏院承受諸處行下外路州軍監司等處文字自來並係本院徑行排發近承指揮將二廣湖南北四川路州軍遞角文字除詔書軍期文字并先經由州軍依舊給發外其常程文字有給發至總領或轉運司卻令逐司分給逐州軍投下切恐留滯欲乞行下進奏院將應承受合排發諸路州軍等處遞角文字並依舊徑行發下逐州軍及御閣報

諸路安撫轉運司并所部州軍等處照會遵守施行從之乾道三年十月四日臣寮言盱眙軍朝報如係本軍利害者乞用省符下本軍施行其餘不係軍事常程文字一切免報自餘極邊乞皆准此從之六年八月四日尚書省言進奏院違戾約束櫃報告詞係廳司劉資馮時立承發朝報係頭人侯革詔並送臨安府各從杖一百斷罷十九日中書門下省言近來進奏官輙於六部等處抄錄指揮又將傳聞不實之事便行傳報欲令左右司將六曹剳報狀內合報行事寫錄定本呈宰執訖發赴進奏院方許報行詔令後長行傳報如違依聽探傳報漏泄法科罪九月十五日臣僚言進奏院自來係隸屬門下後省內有合赴門下後省整會事件進奏院差提舉司二人赴省遣并抄錄書寫文字人本院已依指揮拘收在院訖所有整會本院差遣遷補敘用監官到罷批書及照檢驅刷文字令本部置都歷一道專差親事官或本省兵士各一名在都門外專收接赴省日下行遣訖發付進奏院照應施行從之九年閏正月十八日詔令後外路官兵付身等令摘備帖發使臣每五日一次入進奏院遞取監官到院入遞日時文狀仍令進奏官置籍發放每月赴左右司承首司驅磨三月二十一日詔進奏院依舊隸門下後省合傳報事令本省錄合報事件付本院報行餘依已降指揮先是臣僚言國朝置都進奏院總天下之郵遞隸門下後省凡朝廷政事施設號令賞罰書詔章表辭見朝謝差除注擬等令播告四方令通知者皆有令格條目具合報事件謄報昨紹興二十六年因臣僚建言罷去進奏院定本以復祖宗之舊至乾道六年因左右司請將六曹剳報內所報事亡去取選擇發付進奏院方許謄報沿襲向來定本之弊皆非累朝令格之制欲望特降指揮令進奏院一遵祖宗舊制隸門下後省令本省錄合報事件付進奏院報行庶幾朝廷命令之出天下通知允合公議故有是命淳熙八年七月四日刑部侍郎賈選言乞自今刑寺駁勘取會獄案文字令進奏院置綠匣排列字號月日地理當官發放所至鋪分即時抽摘單傳承受官司依條限具所會并施行因依實書到發日時用元發匣回報免致滯延從之九年正月十二日詔盱眙軍自今應有合發奏報文字并承傳音回奏知稟剳子等並令進奏院赴通進司投進十年六月十五日臣寮臣言諸路州軍申發章奏並要書填實日庶幾進奏院可以計程驅磨巡鋪官得以據從實根究從之十三年十二月九日詔都進奏院減進奏官十人副知三人以司農少卿吳燠議減冗食下救令所裁定故有是命

宋會要奉安符寶所

嘉定十六年七月二十八日都提舉奉安符寶所承受王椿言奉旨差充都提舉奉安符寶所承受官令隨宜參酌比附條具到合行事件　一乞以都提舉奉安符寶所承受為名　一合用印記乞下文思院鑄造銅印一面以都提舉奉安符寶所承受之印一十二字為文　一令來奉安符寶係創行建置蓋造殿宇廊廡等乞差主管文字一名許於見領職局及內外官司大小使臣見任得替寄居待闕已未參部或白身人吏內指差相兼祗應帶行見請與理為在司在任月日有名目人理為資任請給等依玉牒所等處承受下主管文字則例支破　一乞差背印擬送文字親事官共二十下皇城司指名踏逐差取實占祗應遇闕依此差填　一踏逐在內皇城司起蓋符寶殿宇等一所差人吏并親事官各合綴帶勑入宮門號一道乞於皇城司支破從之

卷一萬九百四五

職官

中書省

宋會要

兩朝國史志：中書省判省事一人，以舍人充，掌供郊祀及皇帝冊文、幕職州縣官較考、齋郎室長諸司人年滿覆奏，并受文官改賜服章、僧道紫衣師號、舉人出身、寺觀名額正宣之事。白院令史六人，甲庫令史二人，驅使官三人，玉冊院鐫字官一人，玉冊官一人，全官官一人，彩畫官一人。元豐改制，官名則因舊，而職守與舊不侔矣。○太宗太平興國九年二月，詔：凡除官及銓注州縣官新降畫敕止宣黃甲等，各定經歷發遣日限，承旨院二日，中書門下省五日，都省六行承領敕甲二日，吏部甲庫五日，候正敕到，方給簽符敕牒。　真宗景德四年

卷一萬一千九百三十七

正月，詔中書省舊私名二十六人，令減十一人，其見收係人且令仍舊，自今凡收私名，委御史臺提點試驗書札，無過犯者方得收補。　大中祥符元年正月，命大理評事、秘閣校理劉筠於中書省管勾刻太祖、太宗謚冊，時省官並赴泰山故也。四年四月，祀汾韋慶，真宗謂宰臣曰：「朕閲六典，起居郎、舍人、司諫、正言凡十二員，近日此官名闕，當選有才望為中外所知者補之。」　遂以工部員外郎、直史館陳堯佐、樂黃目為起居郎，屯田員外郎、直史館盛玄，太常博士、直史館王隨為起居舍人，太常博士、直史館路振、崔遵度為左司諫，直史館陳知微為右司諫，太常丞、直集賢院李諮、直集賢館陳越並為左

正言，職如故。英宗治平二年三月十四日，知制誥祖無擇言：「中書省不當在東，乞與門下省對移。自門下、中書與尚書號三省，其長官皆宰相之任，莫有高焉者也。今乃左省在西，右省在東，不可。唐龍朔中嘗改左右省為東西臺，此又明不可易也。」從之。

卷一萬一千九百三十七

宋續會要

神宗正史職官志中書省掌承天子之詔旨及中外取旨之事凡職事官尚書省自員外郎門下中書省自正言御史臺自監察御史秘書省字正字寺監自宗正太常承博士國子監自正錄侍從官待制帶職官自直秘閣寄禄官自中散大夫宗室自防禦使外任官自提舉官藩鎮節鎮知州内命婦自掌計東宮自庶子以上除授留主之立后妃封親王皇子公主拜三師三公侍中中書尚書令則用冊領赦降德音命尚書左右僕射開府儀同三司節度使則用制應遷改官職命詞則用誥非命詞則用敕牒賜中大夫觀察以上則用詔布告大號

卷一萬一千九百三十七

令則用御札賜酺及戒勵百官曉諭軍民則用敕榜皆承制畫旨授門下省令宣之侍郎奉之舍人行之書其所得旨為底大事則奏稟其底曰畫黄小事則擬進其底曰録黄凡事干興革增損而非法式所載者論定而上之諸司傳宣特旨承報審覆然後行下凡分房八曰吏房主行除授考察陞黜賞罰廢置薦舉假故一時差官及本省雜務大觀格吏房左選主行三省樞密院臺省寺監東宮親王府大晟府監司内外教官帶職人及中散大夫以上牧尹開府少尹及應文臣差除考察陞陟論薦假告事故内命婦宮嬪除授官封廢置增減文臣官吏降賜詔勅尚書吏部内封考功所上并特旨若

起請臺諫章奏内外臣僚官司申請無法式應取旨之事右選主行遥郡刺史已上管軍諸衛將軍横行使副入内侍兩省知省同知省僉書同僉書殿中省六尚局及應武臣差除考察陞陟功賞論薦假告事故皇子賜名授官宗室除改宗室臣僚封爵駙馬都尉除授官封廢置增減武臣官吏降賜詔勅尚書吏部司勳所上并特旨若起請臺諫章奏内外臣僚官司申請無法式應取旨之事曰户房主行廢置陞降郡縣調發邊防軍須給借錢物大觀格户房主行廢置陞降諸路州縣調發應副邊防軍須支借内藏及封樁錢穀進納粮草應尚書户部度支金部倉部所上并特旨若起請臺諫章奏内外

卷一萬一千九百三十七

臣僚官司申請無法式應取旨之事曰兵禮房主行郊祀陵廟典禮后妃皇子公主大臣封冊駙馬都尉内命婦官封科舉考官外夷書詔大觀格禮房主行典禮郊祀朝拜陵廟后妃公主親王大臣冊禮差大禮五使奉冊太尉書撰冊文修書學校凡大學宮學等公私試考試等官奉使館伴接送引伴外國使人臣僚名試賜外國書應尚書禮部祠部主客膳部所上并特旨若起請臺諫章奏内外臣僚官司申請無法式應取旨之事兵部主行除授諸蕃國應尚書兵部職方駕部庫部所上并特旨若起請臺諫章奏内外臣僚官司申請無法式應取旨之事曰刑房主行赦宥契勘刑獄除授官贬降

不行文

敘復大觀格刑房主行赦宥德音制勘推官及命官諸色人公案催促刑獄差官編排罪人災傷降不下司敕創修條法本省差除之官貶降責授牽復應尚書刑部都官比部司門所上并特旨若起請臺諫章奏內外臣僚官司申請無法式應取旨之事曰工房主行計度營造開塞河防大觀格工房主行大營造應取旨計度及河防修閉尚書工部屯田虞部水部所上并特旨若起請臺諫章奏內外臣僚官司申請無法式應取旨之事其尚書省所上奏請臺諫所陳章疏應被特旨及取裁之事各視其房之名而主行之曰生事房主行受發文書曰班簿房主行具員大觀格班簿房主行百官名籍及

卷一萬一千九百三十七

具員之事曰制敕庫房主行編錄供檢敕令格式及架閣庫大觀格制敕庫房主行編錄供檢條法及架閣之事開拆房主行受發主事催驅房主行催驅在省諸房行遣文字稽違之事點檢房專點檢諸房文字差失之事凡官十有一令侍郎右散騎常侍各一人舍人四人右諫議大夫起居舍人右司諫正言各一人吏四十有五錄事三人主事四人令史七人書令史十有四人守當官十有七人而外史十有九人令史一人書令史二人守當官六人守闕守當官十人哲宗職官志分房十有一增兵房掌行除授諸蕃國爵命官封催驅房掌察文書稽違點檢房掌察文書錯失餘同大觀格吏額諸房

錄事六人主事四人內一名守闕令史九人書令史十人守當官十四人點檢房點檢文字二人制敕庫房法司二人貼司一人架閣庫房守分一名提舉紙庫錄事一員管紙庫手分二人諸房合編寫條例守當官或守闕守當官各一名專寫入進及進呈文書守闕守當官吏房左選六人右選五人戶房六人禮房五人兵房四人刑房上房六人下房七人工房五人知雜房一名發錄黃畫黃并發書呈納舍人文書守闕守當官四人管抄寫修銷點檢催驅房文簿守闕守當官四人令正一品掌佐天子議大政授所行命令而宣之祀大神祇則陞壇饗宗廟則陛阼階而相其禮臨軒冊命則讀冊建儲則

卷一萬一千九百三十七

陞殿宣制持冊及璽綬以授太子大朝會則詣御坐前奏方鎮表及祥瑞自建隆以來未嘗除惟親王樞密節度使兼領者謂之使相不與政事元豐釐正官制以右僕射兼侍郎爲侍郎正二品掌貳令參議大政授所宣詔旨而奉之凡大朝會則押表及祥瑞案冊皇太子公主諸妃則押冊及引冊案以所奏表及冊書授令四夷來朝則奏其表疏以贊獎付有司　神宗治平四年十二月十一日（乙即位未改元）看詳編修中書條例曾布等言應中書省所管封冊乞自中書直下文思院製造捧冊職掌人下御史臺差諸司職掌人充引捧表案於沿堂五院人主管文武百官妻母上禁中牋表令閤門投

進諸州幕職州縣官遞歲常考及陞降並委尚書考功
舊郎轉改委禮部諸司正名較考并附奏狀名年滿委
吏部本省點檢覆勘及中書所降正宣出給優牒可罷
本省官差附合屬去處制勑院名只自中書出給補
舍人院手分差官告院人本省官合破引接將來闕
人許抽逐主判處人吏或館閣楷書本省官物於沿臺
五院差遣引一人驅使官二人管勾一檢正官點檢五
冊金字鐫字彩畫等官隸中書省管條詔並如所定施
行　元豐元年三月二日中書言在京舉差選人處欲
並令舉京朝官或使臣見任選人聽滿任唯市上界監
官檢估官雖進納選人聽差從之仍候見任人滿日施
卷一萬一千九百三十七
行八月詔中書立給散錢穀官賞罰以聞十七日中
書禮房習學公事蔡京言御寶批降指揮未經編錄成
策恐歲月滋久本末不完乞委官編錄從之仍命京管
勾二年六月二十八日中書言刑房奏斷公案分在京
京東西陝西河北五房逐房用例輕重不一乞以在京
刑房文字分入諸房選差錄事以下四人專檢詳斷例
從之八月十二日中書言應朝旨置獄究治事欲委審
刑院刑部置簿管勾非持旨立限者及一季未奏下所
屬催促無故稽留若行移迂緩并所屬不催舉並劾奏
責刑房季冬點檢從之。三年四月十七日詔在京官司
奏或申中書樞密院事待報半年未下聽御畧大綱及

申奏月日以聞六月四日詔中書自今監司提舉官闕
限十日內差人七月十二日詔應在京置局編修文書
官司可概指揮催促結絕所主具析書成年月日以聞
中書詳酌準事繁簡人力多寡隨識度八月十日檢正
中書戶房公事李仲衍上所修備對詔中書門下各錄
一本納執政仍分令諸房揭貼。閏九月九日中書言河
北五州府元計人三十萬騎六萬五年糧食今並定封
樁式欲頒下從之仍令具今年八月終實數申中書自
令每季依此四年二月八日中書言諸房自來熟事不
用條例文字事目欲令依舊外如更有似此熟事文字
并諸處奏請事件引用條例分明別無間難取索便合
卷一萬一千九百三十七
擬進者准此從之。二十七日詔自今推勘根究公事令
承行官司約定日限申中書樞密院。六月二十六日詔
令陝西諸路會集兵馬利害所繫不細應樞密院遣兵
將中書調運軍食等並會議允當然後進呈行下仍
於二府逐房各選謹敏吏三二人專主行庶可照應前
後處分不致重錯。二十八日詔中書自今應相度定奪
分析體量勘會驅磨點檢之類並置簿催轄句銷委檢
正官量緊慢給限八月七日詔中書自今堂選並歸有
司六年十月九日中書省言三省六曹諸司如係聖旨
指揮應速行及差除並批時辰付受無故違隨事科
罪一日杖八十一日加一等罪止徒一年詔改作十日

徒一年。七年正月二十六日中書省言尚書都省門狀刑部牒有賣内人擅入比部門已送開封府省門授事不稟都省其使臣欲上簿上批本差内侍守門止為與外廷臣僚無交涉得以盡情幾察出入若由解一賤隸令稟都省則動有忌憚何事不發自今但干違令出入事命官奏聞吏史以下送所屬九月二十三日詔中書省具御史臺察案去年所彈治六曹諸司違法稽慢事若干所彈允當其違法官司若干嘗書斷該罰若干用赦恩放免以聞。十月二十四日中書省言樞密丞旨司傳宣事已得旨如無奏稟合作錄黃過門下省覆奏本省更不入進文字從之。八年七月十二日詔自令待制

卷一萬二千九百三十七

以上磨勘止中書省擬進。八月十二日詔朝奉大夫錢曜宣德郎御史臺主簿俞瑾並為都水監丞自今並中書省差二十八日門下省中書省申明諫議司諫正言合通為一法即諫官以言為職凡有所見並許論奏欲乞送中書省申明行下從之九月十四日詔中書省增錄事二人　哲宗元祐元年詔辭免恩命得旨降詔不允只從本省送學士院進詔。三年十二月四日三省言在京堂除差遣累有增改而吏部闕少官多今裁定門下中書省正言尚書省左右司六曹郎中御史臺監察御史秘書省正字館職校理以上寺監長貳丞太常博士太學博士正錄侍講說書開封府推判官府司錄開

封府祥符咸平尉氏陳留襄邑雍丘知縣登聞鼓院檢院王府翊善侍講記室小學教授知大宗正丞事諸王府講書記室睦親廣親宅講書左藏庫三京留司御史臺商稅院進奏院並中書省差寺監主簿太常寺太祝奉禮光祿司太官令元豐庫牛羊司京東排岸司諸宮院教授太康東明考城長垣知縣並吏部差俸錢依在京分數從之四年七月三日中書省言内外官再任及六曹郎官於本曹易部並初除給告後降黃牒從之　徽宗崇寧元年八月九日中書省檢會元豐五年正月十三日敕秘書丞著作佐郎秘書郎著作郎正字太常丞博士並係吏部差秘書省正字以上太常寺博士以上並中書省差元豐七年二月十八日敕諸開封祥符知縣差陞朝官知州資序　吏部契勘開封祥符知縣昨條罷堂選取近降手詔却合本部使闕差官外所有秘書丞著作郎秘書郎著作佐郎校書郎正字太常博士元豐七年本部別無選差條格依元豐五年五月十三日朝旨係中書省差官内太常寺丞緣准敕諸寺監丞令吏部依元豐選格擬定本部即不見得太常寺合與不合在内詔開封祥符知縣依元豐七年太常丞依元豐五年朝旨並中書省差八年二月七日詔翰林學士兩省官及館閣令後並除進士出身人五月十六日中書省班簿房准御筆指揮省臺寺監幷諸路知州

卷一萬二千九百三十七

軍人堂除簿每月一次進納　大觀四年六月十九日
奉御筆昔王求治選賢任能爲官擇人職循政舉比來
寖紊廉耻道衰奔競成風肆行請托倚藉姻婭占據要
途遂使孤寒沉迹於下僥誣佞同然於膴仕欲革近弊
宜蹈舊章應行官劍以求堂除並遵依格令施行仍創
造堂除簿每月一次進納名下畧聲說出身歲月歷任
資序如有功過節述切要仍具係與不係掌執有服親
屬具舊法不係堂除窠闕因後來積漸泛取占却闕次
並送本部令依格差注庶示公平以抑僥倖如有合行
事件一一措置條析以聞　政和三年二月十八日詔
崇寧五年五月十六日指揮勿行其堂除簿却令班簿
卷一萬一千九百三十七
房進納　宣和五年九月五日詔令後轉官及差遣有
違碍者雖奉特旨處分並仰中書省將上取旨七年六
月十八日御筆直祕閣錢端義已除符寶郎改除光禄
少卿便令供職管勾崇福宮錢端禮除大晟府樂令替
范寅恭通理年滿闕吏部供到范寅恭已差張瑋臣寮
上言恭覽宣和六年二月二十八日奉御筆手詔其畧
曰可自今不歷臺省寺監監司郡守仍不除少卿若諸
監長官不歷寺監丞若祕書郎以上及監司郡守仍不
除郎官少監著爲定令內軍執有服親及戚里應仕進
者遵熙豐故事與宮祠當衰權者除職三省常切遵守
違者執奏取旨御史臺覺察隨除目彈奏臣請之再四

仰見陛下任賢使能必先於寒畯繼志述事不忘于熙
豐雖文王官人於棫樸之微大舜見堯於羹墻之間無
以踰也詔旨風動群情翕然其上足以當帝之陟降其
下足以叶天下之公議故當時罷黜者無慮數十員班
列肅清士夫欣快邇者姦諛狂率之人務爲紛更變亂
名實請罷資格之法大監昭明灼見其弊曾不浹旬復
行改正中外莫不稽首稱慶且資格之法既以復行而
宰執之親及戚里乘間進用憑據要津其在省府寺監
之中尚多有之牙蘗既萌浸以滋長攀援而來源源未
已若不少加裁正臣恐前日手詔遂爲虛文此臣所以
區區不能自已也伏願陛下執此之令堅若金石行此
卷一萬一千九百三十七
之令信如四時申命有司檢會前項詔旨凡所該載事
件畢舉而行之今日有所違戾一切罷去開公正之門
闔躁進之路循名責實共熙庶政克廣文考所以敷遺
之意天下不勝幸甚職在彈糾惟知遵奉陛下御筆丁
寧之意不敢畏避退縮以爲身謀望陛下赦其戇愚奉
聖旨錢端義等具因依告示見在省府寺監不應詔旨
之人令中書省取索聞具取旨

太祖開寶九年十一月，太子中允張洎、王克貞並直舍人院。大典卷二千六百五十六

舍人院舍人正員闕，則以正言以上至給事中知制誥。院在中書制敕院內。初入者判儀直，晉開運中，楊昭儉約舊制，刻石院中：凡員外郎入五十直，郎中入四十直，他官入八十直；自員外郎知制誥轉郎中，依舊直者三十直；拜舍人者二十直；自常侍、諫議、給事、郎中拜舍人者三十直；舊官再入，約前任減半。西京舊有題名石柱，都汴以來遂廢。咸平三年，李宗諤始為石壁，刻記名氏、故事。每知制誥上事，必設紫褥於庭，面北拜廳閣，長立褥之東北隅，謂之壓角。宋庠作掖垣叢志，而不解其事，按唐舊書亦無聞焉。惟裴庭裕正陵遺事云：舍人上事，知印宰相當壓角。則其禮相傳自唐也。舊曰舍人院，正員闕以正言以上至給事中知制誥。院在中書制敕院內。元豐改官制，始正除中書舍人，鑄印以中書外省為文。太宗雍熙三年十月六日，以著作郎、直史館李沆、宋湜，左拾遺王化基並為右補闕、知制誥。太宗素聞沆與湜有文學，會化基上章自陳，因令中書各試制誥二首，帝覽而嘉之，故有是命，仍各賜錢百萬。四年二月，以右補闕、知制誥沆、湜為工

十三　卷一萬六千六百五十二

部郎中、知京兆府，從其所請。知制誥出領外藩自湜始也。九月，以主客員外郎、知制誥宋準為金部員外郎。先是，知制誥罷職，多拜諫議大夫，準以病故也。淳化元年，右正言、直史館馮起自西川轉運使召入，守本官知制誥。不數日，追寢，出起知穎州。時鄭昌嗣使蜀回，言起政事懈緩，故罷其命。五年十一月，舍人院言：自來除改內殿崇班已上諸司使副官告，撰本房送到詞頭云：樞密院奉聖旨除，並不知除改因由及本人履歷，故只言勤恪叙遷而已。竊慮是藩邸舊臣，公侯嗣子，或有功可賞，或久次當遷，或自外就除，或在朝而授，乞詔樞密院具除官事由及略言本人行止，貴封送中書，擬以命詞。從之。此制後亦寢。慶曆二年十月，本院復以為言，乃詔申明之。是月，詔舍人每員月給筆硯、小紙百番，令三司隨制敕院料錢撥送。真宗至道三年，未改元，四月，以工部郎中、史館修撰梁周翰為駕部郎中、知制誥。故事，入西閣皆中書召試制誥三篇，二篇各二百字，一篇百字，惟周翰不召試而授。厥後薛映、梁顥、楊億、陳堯佐、歐陽脩亦如此。閏七月，以兵部郎中、知制誥張秉為左諫議大夫，罷職。時秉草叙用官制有頃

寶叢一作褒綬

因徼累謫於遐荒之句，真宗覽之曰：若是，即先朝失刑矣。故有是命。十二月，以刑部郎中王禹偁以本官知制誥。禹偁至道中嘗為翰林學士，坐事罷職，至是復有此命。咸平二年四月，以度支郎中、知制誥張茂直授秘書少監，罷職，出知穎州。茂直以年老罷職。三年十月，召職方郎中、直秘閣黃夷簡、主客員外郎、直史館曾致堯試制誥於學士院。時宰相張齊賢薦二人堪掌書命，嘗有急制，值舍人出院，即封除目命夷簡草之。及是召試，物議未允，遂罷其命。夷簡遷光祿少卿，致堯任戶部員外郎。大中祥符二年六月，詔中書舍人遇當制日，須赴閣下，所有編修文字，皆攜就閣下商詳。七年四月，詔每國忌齋既，令舍人院放撰新文，不得更用舊本。十月，以左司諫、直史館陳知微為比部員外郎、知制誥，右正言、直史館劉筠為左司諫、知制誥，並賜金紫，仍特詔筠在知微之上。先是，筠等召試制誥，帝以筠所試為優，特有是命。十二月，詔中書舍人當制日，自今後離廳上馬，方得出院。九年八月，詔起居郎、直史館樂黃目試於中書。帝以黃目久在外官，命止試制誥二篇，遂授兵部員外郎、知制誥。天禧三年十二月，知制誥晏殊等言：本院書籍殘闕，帷帳什物多弊，公用錢亦少，望賜國子印本群書，令儀鸞司供帳，冬季三司給炭，仍增賜公用錢。詔增月給為三十千，餘從

十四　卷一萬六千六百五十二

其請。仁宗天聖三年，以吏部郎中、知制誥、知鄭州張師德遷左諫議大夫。近制，舍人多次補學士，時師德首冠西掖，會擢錢易為學士，以師德被疾，遂時遷官罷職。四月五月，命知制誥蔡齊、章得象為翰林學士，起居郎、直史館李仲容等四人知制誥。時閣下惟齊、得象在院，遂命翰林學士夏竦草制。景祐元年，知制誥鄭向、胥偃、李淑知貢舉，閣下闕官，又命翰林學士石中立、張觀權且草制。七年七月，翰林學士、中書舍人、玉清昭應宮判官宋綬以本官火罷學士職，時綬同修國史，詔不赴舍人院當直。未幾，復入翰林。寶元二年五月十八日，知制誥王舉正等言：舍人院重修閣畢，合撰記文，緣學士宋庠任知制誥日建議修閣，顛詳始末，乞令差宋庠撰文。從之。康定二年正月十九日，樞密院言：自來新除知制誥，閤門賜告勅後，即申本院，以憑劄付入內內侍省中謝，日賜對衣、庫帶，詔閤門今後畫時申樞密院。慶曆五年二月十四日，知制誥張方平等言：知制誥楊察服除入院，所有班著乞依先入名次。從之。嘉祐元年十月二十八日，知制誥韓絳言：蒙恩授臣龍圖閣直學士、知瀛州，況翰林學士、知制誥自來非因陳乞外補，未嘗差出，望賜裁處。而翰林學士歐陽脩等言乞且留絳依舊供職。從之。英宗治平元年十二月，貶知制誥錢公輔為滁州團練副使，不簽書

寄案：大典卷二千九百五十九引會要曾鞏元豐中爲中書舍人時宗爲延安郡王命草與王府牋表故事翰林學士上請命草 表注立曾鞏下

本州公事祖無擇罰金三十斤公輔坐言王嶠不當爲掾丞副使不肯草制無擇以不即草駁公輔制英宗亦欲加罪而中書救之乃有是命神宗正史職官志中書舍人四人正四品掌爲制詞授所宣奉詔旨而行之分治六房隨房當制若有失當則論奏封還詞頭國初與給事中爲所遷官實不任職復置知制誥及直舍人院主行辭命及修官制遂以實正名判後省事分案五曰上案主册禮及朝會所行事曰下案主受付文書曰制誥案主制詞及試吏校定録事以下功過曰諫官案主關報文書曰記注案主録記注其雜務則隨所分案掌之神宗熙寧三年四月知制誥宋敏求論除幕職官爲御史非國朝舊制以疾乞解職詔罷知制誥餘所領如故五月六日同封員外郎直史館同修起居注蔡延慶兵部郎中充集賢校理王益柔等並直舍人院直院祖宗朝例至是復除也十四日知制誥李大臨蘇頌並落知制誥歸班坐累格新除御史李定詔命不降也十七日詔應臣僚差直舍人院只理本資序候知制誥闕即令罷六月二十二日兵部郎史韓維乞免直舍人院詔如集賢院修撰罷職七月學士院言愿下兩制詳定文字直舍人院來當合與不合同議詔令同議十月二十六日工部郎中直史館李壽朋乞免直舍人院因言曾韓維見任參知政

卷一萬九千六百五十二

十五

事理合廻避詔侯韓維到闕日罷續詔以壽朋兼領處多與免之四年二月六日中書門下言編條例所中舍人院除官皆有定格除官之人無日不有而外制臣僚兼領他事既出舍辛褒貶重輕或未得中欲乞今後文臣兩制武臣閤門使已上及朝廷陞擢職任特旨改官并責降之人特撰告詞外其餘除授並撰定檢永用從之七月十三日編定應試知制誥並召赴中書試制誥三道各限一百五十字已上成進呈取旨除授如條正言已上即守本官已下並除右正言元豐四年十月二十七日詔中書舍人即爲中書外省之職五年二月二十三日詔舍人院除遂月公用三十千外如遇知制誥直院禮上給錢六十千南郊宿齋分撰知字三十千試人衆議數齋十千每歲都數不得過四百五十千四月二十五日朝散郎史館修撰判太常寺曾鞏朝散郎集賢院校理同修起居注趙彥若通直郎集賢校理同修起居注陸佃並試中書舍人自是始正官名二十六日詔中書舍人罷職事官日除龍圖閣待制八月八日中書舍人曾鞏以草韓維制辭乖戾罰銅十斤先是知潁昌府韓維再任鞏草制辭稱維曰純明直諒練達今古先帝所遺以輔朕躬又曰參角之間韓延壽黃霸之迹在馮翊與禮教而勸農桑以追參于前烈皆爾素學其尚懋哉上批維不知

職官三之一五

事君之義隨俗因上老不華心非所謂純明直諒姑以藩邸舊恩使守便郡又非可使以布政宣化辭命乖戾不中本情傳播四方甚害好惡可復送中書省改辭行下故罰九月二十四日中書舍人趙彥若等言六房公事乞撥舍人員數分領以吏戶禮兵刑工爲次其生事班簿制敕庫房並通領從之六年十一月十七日詔中書省置與檢房令舍人院通領七年九月三日詔中書舍人分領六房隨所領命詞候復分日十月九日詔朝奉郎守起居郎楊景略朝散郎守尚書左司郎中錢勰並爲中書舍人免試景略勰奉使高麗方還在道並擢之十一月十一日詔朝奉大夫寶文閣待制權知開封府蹇周輔留事不決改中書舍人已而又以周輔衰耗廢學改刑部侍郎八年二月二十七日詔諸朝會起居舍人闕牒著作秘書郎著作佐郎又闕牒中書舍人哲宗元祐元年正月二十八日中書省言元豐六年九月敕舍人各隨所領房命詞今除刑房閒有責降事復又兵房有審官遷轉外其餘差除並在吏房以故吏房日常行詞欲令依舊各簽押逐房文字外其命詞止依故事輪日分草從之三月十四日起居舍人蘇軾免試爲中書舍人九月十六日詔中書舍人時暫闕官依門下尚書省例只批送本省官兼權十月八日詔中書舍人暫闕不許差諫官

卷一萬九千六百五十三

十六

兼權從右司諫王覿之言也十二月十六日朝議大夫直龍圖閣劉攽爲中書舍人仍免試四年三月十八日承議郎秘書省著作郎范祖禹爲中書舍人仍賜金紫初祖禹召試中書舍人懇辭有旨降詔免試祖禹又辭曰辭記注而特召辭召試而直除則何以厭服人言答揚聖選從之五月二日除右諫議大夫十月六日詔起居郎起居舍人曾行詞如除中書舍人免召試六年四月二十二日中書舍人韓川言奉詔從蘇紹彭請賜蘇向兩字碑名送臣撰者竊以國朝褒異大臣賜以碑名必有勳業德義非應子孫之求也向雖曾任執政止是財利之臣無取於清議乞罷賜碑名并自今臣僚之家不許陳乞碑額其勳德顯著從朝廷特賜或委三省考其可賜者具奏取旨從之紹聖四年五月七日中書舍人蹇序辰請自今詞頭如有元行遣文書即同檢送當制舍人從之十八日詔起居郎兼權中書舍人沈銖以繳奏吳居厚不當特罰銅三十斤徽宗元符三年未改元四月五日中書舍人曾肇奏臣三月二十六日本省刑房送到孔平仲復草州團練副使眈州居住詞頭尋撰詞簽書錄黃送門下省訖卻於今月初二日刑房別寫到錄黃付臣簽書其制詞內有不是臣元行詞語係左僕射章惇改定藁草見存竊緣孔平仲初坐上書譏毀先朝責授惠州

職官三之一六

别駕、英州安置。當時已於制詞具載事實，今來係用登極大赦敘復，但朝明著聖恩敘復之意，不必更載前來貶謫之事。政臣所行詞，只云南遷日久，有足哀矜，俾副戎團，稍還內地。如此，則前謫復復詞意俱足。今來章惇政定詞語，即非臣所行，難以却作臣發書錄黃行出。謹備錄臣元所行詞并章惇政定到詞各一本，繳連在前。伏乞特賜詳覽，出自聖意，裁酌指揮。謹錄奏聞。又奏：臣又竊至愚，伏遇陛下即政之初，首賜拔擢，以詞命為職，聖恩深厚，日夕思念所以報稱。故每於代言之際，具著聖訓，明示天下，不敢依違觀望，以負任使。其所行孔平仲詞，但謂聖恩既赦其罪，與之敘復，不必更著前日上書之事。伏望特紆聖覽，萬一可用，乞賜指揮。如不可用，則是臣拙於文字，無以稱職，即乞罷臣中書舍人職事，以允公議。臣所撰詞：敕，責授惠州別駕、英州安置孔平仲。朕嗣服之初，推大慶于天下，雲行雨施，無遠弗及。爾嘗以文學擢在儒館，南遷日久，有足哀矜，俾副戎團，稍還內地。往恭朕命，朕不汝遺。章惇所改詞：孔平仲。朕嗣服之初，推大慶于天下，雲行雨施，無遠弗及。爾頃以獻言議毀先烈，謫居嶺服，亦既省循。俾副戎團，稍還內地。往恭朕命，尚體寬恩。中書省檢會今年三月二十二日曾肇所行責授連州別駕鍾傳詞：先帝拔爾於眾人之下，而置之三軍之

卷一萬七千五百五十二　十七

上，不思忠信以報知遇，遽懷姦回，上虛列戰勞，黜廢編年，適更大宥，盡還故秩，復使長民，益自省循，以圖報稱。可承議郎、知信陽軍。責授歙川別駕張詢詞：爾選自周行，授之閫寄，坐護廢黜，亦既彌年，盡還故官，俾長軍壘，思則厚矣。叙宜如何？可朝散大夫、知廣濟軍。詞曾肇前後命詞，與今來所奏不同，特赦罪依詞改定，並令起居舍人鄭洵武行下。肇復奏：臣疎遠不才，幸蒙聖恩，起自謫籍，召還侍從，使掌書贊，雖日夜策勵，思竭智力，庶幾有補萬分之一。然賦性滯蒙，拙於文字，果以詞命非長，致宰臣改定，又以前後命詞與所奏不同，特賜赦罪。臣竊自惟念，罪戾重疊，非賴陛下聖明洞照，察臣本末，則臣之孤危何可自保？恩德深厚，非臣殺身所能報稱。然舍人專以行詞命、書錄黃為職，今所行詞既不可用，又以他官書錄黃行下，則舍人職事因臣遂廢，臣之疲懦，罪何可逃？雖欲強顏苟安，義不可得。況臣前已奏聞，臣所撰詞如不可用，即乞罷臣中書舍人職事。伏望聖慈察臣誠懇，特賜罷黜，以懲失職。臣更不敢赴省，居家俟命。謹錄奏聞。詔令赴省供職。徽宗建中靖國元年二月二十七日，中書舍人謝文瓘言：章惇責雷州，臣實當制，而朝廷特命上官均撰詞，是臣文詞淺陋，不足以發揚陛下明正典刑之意，乞賜罷免。詔不允。大觀元年四月十一日，宰臣蔡京

等進呈許光疑撰制詞不當。上曰：「近為制詞者絕少。」京等曰：「大哉王言，辭尚體要。代言之任，誠難得人。」四年四月九日，詔鄭敦實罷中書舍人，除集賢殿脩撰、知溫州。尋罷職，差遣仍舊。以臣僚上言敦實非才濫進，荒謬不職，取笑中外，故有是命。五月十二日，中書省言：檢會潘兊召試中書舍人，用《集韻》亡節以集為準，又行錢昂犯真宗廟諱降官詞云「乃務遂鄙之文」，犯吾祖廟之諱，逮退換，又改云「乃於文移犯吾國諱」，本省改云「有失恭謹」。屬者中書舍人鄭敦實行詞紕繆，臣僚彈奏，三省坐視，不為朝廷愛惜事體。今潘兊所為制詞，頗有知者，終恐難為掩覆，再致人言。詔以兊為顯謨閣待制、知陝州。九月二十六日，以中書舍人蔡肇為顯謨閣待制、知明州。肇草責宰義制，有旨令中書省改定行下，故有是命。宣和七年六月二十九日，詔中書舍人連南夫除修撰，與郡。以言者論其素無行義，又代言不職故也。高宗紹興元年九月二十五日，詔中書舍人席益除集英殿撰、知溫州。先是，益草制失詞，中批待制與郡。至是臣僚言：故事，中書舍人一年無罪乃外補者，例除待制。乞罷益待制之命。從其請也。三年十月十四日，臣僚言：肆赦章敘舊執政得罪之人，中書舍人王洋所行告詞，率多溢美。至宇文粹中資政殿學士告詞，誇誕為甚。切慮傳播四方，不便觀聽。詔王

卷一萬七千五百五十二　十八

洋除職與郡。三年五月四日，三省言：中書舍人見今正官與權官只兩員，慮恐行詞闕官，詔差起居郎黃龜年兼權。四年十月初五日，中書舍人王居正言：準中書門下吏房送到詞頭三件，一王居修改合入官，係居正親弟；一劉大中除起居舍人，係甥婿；一本身磨勘。詔令右司郎官周綱權中書舍人命詞行下。五年五月二十四日，中書舍人胡寅奏：切見比年以來，書命所宣，多出詞臣好惡之私意。遇其所好，則譽莊蹻為夷齊；遇其所惡，則毀晉棘為盜跖。極意誇大，有同於駁啓；快心推辱，無異於詆罵。使人主命德討罪之言，未免玩人喪德之失，是豈代言為命之法哉！夫文者空言也，言而當則為實用，善者怙焉，惡者懼焉，其有益於治，不在賞罰之後矣，而非空言，曾謂是可忽乎！望申諭外制之臣，以飾情取悅、含怒相訾為戒，褒嘉貶黜，務合至公，詞貴簡嚴，體歸典重，庶幾古者誥命之意，以成一代贊書之美。詔劄與中書後省。六年七月三日，中書舍人董棻言：近陳與義、傳崧卿與棻同日除中書舍人，陳與義不候授告先次供職，棻尋具辭免，不允，乃授告供職。即合依元降除目為序。兼陳與義歷中書舍人、吏禮部侍郎、給事中、直學士院、侍講、顯謨閣直學士，今來召還，即與尋常同除事體不同，難以用寄祿官除其崧卿亦係當除權侍郎、徽猷閣待制，棻亦難

以居先已以元降除目為字從之。七年十一月二十六日，中書門下省言：已降指揮，寺監丞、諸路監司、帥守、轉運判官並皆命詞給告，其知大宗正丞、提舉茶鹽坑冶未該載。詔令後並命詞給告。八年十一月十七日，詔起居郎蘇符除中書舍人，免詔試。九年三月二十七日，殿中侍御史謝祖信言：臣聞誠不至者物不格，損不極者益不臻。國家遭中否之運，賴祖宗深仁厚澤，結民心，陛下憂勤恐懼，感格天意，與地自歸，反側咸附。所以宣至意唯在於號令文告之辭，則推誠豈可以不至，損己豈可已不極。乞戒諭辭命之臣，凡詔令之頒，宜法傷居爾體痛在朕躬之意，使人得所欲，則豈有方命阻辭之憂。詔劄與學士院、中書後省照會。四月十三日，中書舍人兼直學士院李誼言：李綱知洪州，臣備員言路，嘗與臺諫合章論列，今綱辭免知潭州恩命，令學士院降詔，按綱第二章有云當日白簡公肆詆誣，在臣迹涉嫌疑，難以為詞，乞別委詞臣撰述。詔差中書舍人劉一止。十九年三月十七日，中書舍人洪遵言：吏部左右選所行告命，內中書舍人繫銜處係官告院人吏代書，切緣命詞給告雖宰執亦係親書，切慮代書止是沿襲，望下吏部，今後應有命詞，並逐廳親書。從之。三十年五月十三日，中書舍人沈介言：準中書門下省送到詞頭一道，為右朝奉郎提轄

卷一萬六千五百五十二　十九

建康府榷貨務沈譔等收趁歲增茶鹽錢，各推賞事。緣數內監官右從政郎沈仝係介親弟，委是妨嫌，難以命詞。詔差起居郎楊邦弼。孝宗隆興元年九月二十七日，起居郎胡銓言：伏蒙聖慈差兼權中書舍人，臣與起居舍人馬騏同係具人，詳練已改差馬騏。上曰：朝士無以易卿。銓奏：臣與劉珙分上下房，劉珙得上房，臣得下房，下房多出內降，如劉珙近日繳田師中遺表陳乞恩例，冒瀆聖聰，況臣綿薄，決不能勝任。上曰：劉珙繳得極是，朕初疑其稍遲，再繳駁，貴於當理，雖繳駁無嫌，如卿名望不必固辭。乾道元年三月十七日，詔令後文武官功賞轉官合給告人，並命詞行下。五月一日，試中書舍人洪适內殿奏事，上曰：卿所繳奏，頃差遣甚當，向後有合繳事，不須劄子，但批敕將來，如有自出朕意事不可行者，卿但繳來。十四日，臣僚言：準中書門下省付下敕黃一道，隨龍敦武郎孫羲特添差監行在省倉上界，隨龍修武郎郭毅特添差監行在雜賣務，隨龍保義郎李繼善特添差監行在省倉上界門，請給人從、酬賞等並令依見任正官例支破，仍釐務。臣檢准紹興令，諸添差官不應差而特差或用恩例陳乞者，並不釐務，又隆興元年十月已降指揮，應添差文武官及宗室戚里歸正歸明或恩例或特差之人，並不釐務，但與支破釐務請給。今隨龍孫羲等三

人皆依見任正官例支破，已為優厚，至於釐務一項，即係以恩例特差之人。取到吏部狀，即無隨龍人許添差釐務條法，兼有礙紹興令並前後所降指揮。又況省倉、雜賣場皆係賞典優厚去處，正官既已陳乞，若更令添差官推賞，即似太濫，一啓此例，無由杜絕，乞賜寢罷。詔並不釐務。十一月三日，中書舍人梁克家等奏：准中書門下省送到起居舍人兼權中書舍人洪邁劄子：伏見刑房所送詞頭，大抵多是班行小臣過犯降秩，或以抑馬損耗，或以覓廛鬭折，或以監臨欺隱，或以兩下關罸，如此等輩，不可毛舉，而以命詞之，故元犯緣由皆隱而不章。若只令吏部以犯由始末盡載告身，畫鈔付下，實足以懲惡而禁姦，不至煤瀆天子威令。此外又有當訓告而相承則否者，夫郡守為民師帥，在祖宗時率皆命詞給告，今獨節臣及待制以上乃得之，已下中書省使之斟酌輕重，略去大小使臣諸詞，徑下吏部擬告，而凡除節鎮及上州者，各令詞臣具以郡國風俗民事廢置戴之於絲綸，以詔其行。開具下項：一、乞略去大小使臣諸詞，徑下吏部擬告。克家等檢會被旨叢志，如係特旨者命詞，其餘因在外監司守臣按舉及為民詞訴而法寺定罪取旨降官者，只以錄黃行下吏部，畫具逐人罪由始末，載之告身給降付下。一、乞凡除節鎮守臣，不以庶官並命詞，自餘

卷一萬六千五百五十二　二十

例依舊降敕。從之。十二月三十日，臣僚言：竊以天下萬務，出命于中書，審于門下，行于尚書，所以敬重政令，期於至當而已，初無文武二柄、東西二府之別也。今三省所行事無巨細，必先經中書畫黃，宰執書押，既圖當制舍人書行，然後過門下，而給事中書讀，如給舍有所建明，則封黃具奏，以聽音。惟樞密院既得旨，即書黃過門下，而中書不預，則封繳之職微有所偏。況今日宰相樞密臣兩下兼領，因而釐正，不為有嫌。乞詔樞密院自今以往凡已被旨文書，並關中書門下，依三省式畫黃書讀，以示欽重出命之意。從之。

淳熙八年九月二十六日，詔中書舍人崔敦詩未待問分房主管職事，以階官為序。既而敦詩待問並除中書舍人，初以除目為序分房主管職事及赴朝參立班，閤門以階官次序，待問在敦詩之上，後省因復申明，故有是命。

卷二千九百五十九

寄案：餘輯大典參照卷數，此條係太平興國九年五月。丁顧言作丁依。

寄案：大典卷六千一百四十六以上二條係太平興國九年

宋會要

五房五院　隸中書省

五房五院舊制，每房置堂後官三人，並自京諸司選人。國初，使同正官兵後稍授檢校郎中、員外並五品，階而長注。逐房堂後官一人主承受札鑒聖語定押敕草，一人主點檢書寫熟狀，呈押進入，一人主對讀印押發放，錄事二人，守當官三人。太祖開寶六年四月，詔：「堂後官十五人從來不曾替換，見令吏部流內銓于前資見任令錄判司簿尉內揀選諳會公事、有行止、無遺闕者，具姓名中奏，當議量補，仍三年一替，如至得替別無不了者，令錄與除陞朝官，判司簿尉與除上縣。」五月七日，以前武德縣尉吳宣職為眉州司馬，咸州錄事參軍汪能為梓州別駕，鄢縣令夏德崇為嘉州長史，三原縣尉孔崇照為榮州司馬，並充堂後官。太祖知堂吏擅中書事權，多為奸贓，故令吏部選授堂吏，用士人自此始也。然而有司所選終不及數，遂名見舊任者劉仲華等四人，面加戒勵，令復令三歲，歲滿無過與工縣令，稍有懲過，重寘朝典。九年，詔堂後官在職滿五年如願出外官優與處分，願在職者亦與遷轉。自是參用士人流外。太宗太平興國七年十月，中書言：「堂後官元額十五人，舊日不及一百州公事，今來有出外官及身死外，只有十人行遣。」詔吏部流內銓於見任州縣官內選有科名應任，別無不了者，抽取引見，送中書比試，如諳會公事，久遠堪充堂後官，即留，不堪任者，卻令歸任。是歲抽到州縣官于若訥等三十二人，得許州錄事參軍陳維等四人，並授雄望州別駕，充職，余令還任。八年七月，以堂後官劉仲華為檢校吏部郎中、武勝軍節度判官，仲華本吏人，為堂後官，至是落職故也。雍熙元年五月，以將作監丞李元吉、丁顧言為堂後官，賜緋衣銀帶、象笏、錢百千，京官任堂後官自此始也。十二月，以堂後官王澤綦佩為右贊善大夫，充職，朝官任堂後官自此始也。朝官除入謝外，余不赴朝參，凡宰相禮同胥吏。端拱元年八月，以河南府法曹參軍梁正辭、　州司法參軍呂易從、齊州司法參軍李祐之、宋州楚丘縣主簿喬蔚、陳充縣尉畢道冲並為將作監丞，祗應堂後官公事。先是，宰相以堂吏闕，歙選充百司，太宗不許，因令吏部選正辭等充。二年十二月，並以為堂後官。淳化元年二月，詔中書堂後官自今依樞密院主事例給俸。四年八月，詔重分擘五房，所掌公事，堂後官先十五人，今止置六人，內樂崇吉一人令都提點五房供事，給俸依樞密副承旨例；蔡佩等五人掌一房，鄭湘等九人，年深者與通判，差遣年淺者與知縣或監當，及二年已上者並與加勳。如堂後官有闕，于此九人內揀選充職。又置錄事五人，主書守當官仍舊二十五人常以遞房堂後官各三人秩序既等不相充補故立制孔目房掌文武升朝官及判史以上少尹上佐衞佐技術堂後選奏除授知州通判差遣之事堂後官人一總之錄事主書守當官各一人分掌之吏房掌后妃親王公主封册駙馬除拜京官幕職州縣注擬加恩諸司使副之下內侍加恩百僚贈官追封敘封河渠陂堰橋梁修造工役祠祀禱祈之事堂後官一人總之錄事主書守當官各一人分掌之戶房掌財賦軍儲戶口賑糶租調漕運祿俸賑貸土貢及諸路轉運內外監當差官之事堂後官一人總之錄事一人主書三人守當官四人分掌之禮房掌郊祀朝拜陵廟朝會享宴尊號祭器儀仗制誥冊禮旌表錫賚外夷館閣國學圖書祥瑞貢舉補蔭釋道二教節符郎諸司職掌諸道行軍司馬將校加恩功臣子孫寒食酒綵炭火知軍差官之事堂後官一人掌之錄事主書守當官各一人分掌之刑房掌赦書德音疑讞降責授經赦敘理刑獄訴訟捕賊賞之事堂後官一人總之錄事一人主事三人守當官五人分掌之總曰制敕院又有生事房主書一人掌之勾銷房守當官一人掌之堂印守當官二人掌之凡錄事出官授令錄主書已下授簿尉五年七月以殿中丞丁顧言守本官復充堂後官堂吏自唐至五代率從京百司抽補授以

大典卷萬六千五百七十

官但賦祿而已年深或授同正將軍國初題署在中書始奏檢校諸曹郎中自後屢懲其貪故參用士人有科第歷外官者至是自朝官後任益播苛弊也至道元年正月以殿中丞提點堂後官五房公事樂崇吉為度支員外郎三司度支副使即日名堂後官著作郎楊文質授秘書丞提點五房公事仍賜緡錢三百千帝謂之曰汝見非次援擢崇吉等更宜自加勉勵五月詔堂後官于元額定人數外特置三員於戶房刑房祗應公事八月詔錄事內特轉補二人充主事賜游擊將軍階級俸如樞密院主事之制三年五月國子博士堂後官秦佩等三人並轉虞部員外郎落職授外州通判真宗咸平元年七月詔制敕院諸房公事自今不得輒有漏泄及令御史臺曉示京朝官不因公事白與不得輒入制敕院仍常切覺察違者具名以聞二年正月詔制敕院五房職掌有闕取旨無得輒自收補四月詔曰樞衡之地慎密為先如聞近日以來有漏禁中語于外者其令中書門下取旨制敕院堂五房委不漏洩及聽探公事遞人結罪狀違者勘罪奏裁自今除守闕人外並須着寬衫出入不得入茶坊酒肆三年十月詔中書五房各置主事一人大中祥符五年三月以堂後官太常博士劉明恕提點五房公事賜錢三十萬六年二月堂後官太常博士

劉明恕等言自來大禮慶節樞密院副承旨已下至大理寺法直官皆預臣等各有正官望比衆以聞宰臣王旦等曰此輩若預宴會有所不便或特賜酒食亦繫聖恩真宗曰朕記御書御藥院待詔祗候已下亦嘗賜與遂遣中使賜明恕之下錢二十千羊五口酒十瓶令賜酺日取便聚會七年四月樞密使王欽若等曰本院小吏以奉祀禮成援中書堂後官叙遷官例求恩澤帝以問宰臣王旦等曰堂後官舊選士流經科舉十年無遺闕改官為通判蓋先朝舊制也若由流外守職至堂後官即無此例直省官省郎例得七人出職昨緣出行賞二人為供奉官亦定例也大凡中書樞密院依例各異至如密院副承旨出為諸司副使若轉至都承旨即便為大將軍以至主事以下有特加俸錢及十千者中書人吏所加不過兩三千以是不可比類蓋中書堂後官開寶九年以後多是優轉咸平以來惟有揀擇帝然之天禧元年六月詔提點中書制敕院五房公事劉明恕自今遇慶節大禮許依樞密都副承旨例進奉上壽仍赴宴會二年三月詔制敕院人吏自今應事謹密各務廉介仍令提點官常切覺察三年十二月以供備庫使郭懷王為金部員外郎提點中書五房公事仁宗天聖二年四月宰臣言見闕堂後官一人詔吏部銓于選人內揀有出身好人

大典卷萬六千五百七十

材書札歷任無過犯人赴中書試驗公事自是多如此例皆即授京官充職有由五房序遷者初命檢校員外郎經恩乃還京官充職七年十二月詔自今中書轉補錄事以上職名更不依名次並擇廉慎有行止明曉公事者充填仍名近上職名二人委保如犯正法枉贓罪並當連坐景祐元年五月八日以堂後官國子博士劉克昌為虞部員外郎與通判中書主事周日直為堂後官仍詔自今堂後官轉至員外郎與外任差遣提點五房公事三年與磨勘十月十一日詔今後提點五房并堂後官額八人選及主事內中傳抽取履歷五年三月二十六日詔五房提點堂後官樞密院諸房副承旨主事令史而下自今毋得與臣僚往還從諫官錢明逸之請也皇祐二年五月八日詔中書堂後官自今毋得佩魚若士人選授至提點五房者許之十二月十一日中書門下言諸房人吏稽違案牘者自來量行罰典然未革心欲籍其民氏以輕重為差其罰數及情重取旨行遣從之至和元年十一月四日詔言令中書堂後官還至提點五房公事不論無有出身聽佩魚舊制自選人入為堂後官轉至五房提點始得佩魚五房提點呂惟和非選人入援司天監五官正例求佩魚特許之嘉祐四年十二月詔治堂五房院私名人自今以一百二十人為額八年十月

十九日，中書門下言：舊制，堂後官至員外郎依舊供職。至景祐初，令至員外郎與外任。緣堂後官未作提點，皆不願出，遂以所當轉官爲子孫求恩澤，至今爲例。今欲轉至員外郎者，令依舊供職，吏不許求恩澤。所有五房提點，例雖次補，亦合擇材。今後如任內職事修舉，年滿日即依舊推恩任用；如弛慢不職，即不候年滿，止與堂除知州出外。從之。神宗熙寧三年十一月十七日，中書門下條例所删定堂吏保引、試、賞罰條約：堂後官一經南郊，主事兩經南郊，錄書、主書、守當官三經南郊，各許保引第經或有服外親一人充制敕院私名，仍不許換充沿堂五院。其守闕守當官每闕十人以上，近差臣僚引試本房公事三件，中選者子充房祗應。主事以下過迁補，各不出本房。自前補免守闕之人，雖年小未恭，令來除及二十歲者許依舊祗應，餘別作一項，依名次上簿，候年及十六歲，別具司狀拨名。堂後官以下不得將添到料錢及諸般酬獎陳乞改換骨肉親外守闕以上名目。主事以上除依條保引私名外，不得援例保引骨肉充額外守闕以上名目。逐房檢正體量功過籌一扇，手分點檢得差錯公事，候改正上簿，三次陞一名；手分稽遲差錯事理輕者，且與上簿，罰直三犯降一名，守當官降兩名，兩降及事重取旨。手分有功過者，將上簿次數及事輕重比類對行除析。堂後官以下有勞績，並隨輕重酬獎。正名主書監郎及一年，與守闕錄事；諸處守當官使郎一年，候入主事房，許指射優便房分一次。凡轉補錄事以上，並不依名次，選擇綠事三人以下結一保，內有犯枉法贓及出詐僞文字者，當同罪從點。五房公事如工名堂後官不堪補轉，即于已次堂後官選充。過南郊，許奏子孫恩澤一次，與太廟齋郎。滿三年出職，與堂除知州軍差遣。如特旨再任，並與支賜。出職後，許乞兒孫家使差遣一次。雖年未滿，弛慢不職者，送審官院與合入差遣。自主事以下除堂後官及一年，與轉京官；選人補充者，即轉合入京官，後依年限磨勘。轉京官後及五年，願出職，與通判差遣；十年以上轉官，與知州軍，仍並堂除。主事五年及錄事、主書、守當官遇郊禋，並許三人乞出外官。堂後官以下不得夕者，堂後官以本官還審官院與合入差遣；主事以下自陳者，頭名內殿崇班，正名東頭供奉官，守闕西頭供奉官；錄事頭名左侍禁，次名并守闕並右侍禁；主書、守闕主書並右班殿直；守當官奉職；守闕守當官下班殿侍、三班差使。初出職人許指射優便差遣，即因体量不得力者，並降一資出職。因過犯除外官者，不得再叙中書職名。堂後官以下犯事至勒停以上，合該叙用者，除已有正官者依正官叙法，未有正官，堂後官比供奉官，主事比侍禁，錄事比今錄，主事、守當之官比判司簿尉，守闕比西書省令史。凡身亡，支賜堂後官五十千，主事三十千，錄事、主書、守當官二十千，仍乞一名已試中人量添請受，或引私名一人。堂後官父母死，若其喪事，賻錢五十千，乞假出外，許帶所破人。爲其舊條吏不行用，詔並施行。於是中書守當官時忱等坐陳新定條不當，乞出外官，忱爲守勸停，除弟降資。從是王安石白上：吏人舊有升名轉資之法，可以勸能，却不能令有所止攤傳，則不能者莫肯自強，能者亦以無勸而怠。上曰：近密院亦罷此法，乃止爲無政陳乞者多。誠是不當罷，有陳乞，但不許可也。故命立是法。往時守當官有闕，書差近臣考試，其後遂罷，而止以恩賞陳乞保引，以故濫進者益衆。又蓋雖有試法，而但取筆札人才。及是吏法，乃試以公事，而主事以上皆取能而不以次補，於是吏莫不競勸而知習法令矣。是月，省詳編修例條所又言：後堂官每經南郊，許保引有服內外親屬一人統制敕院私名。其主事兩經，錄事、主書及正名守當官三經，亦許保引一人，並須是年十六歲以上，不曾在別處守職，行止無踰濫，不曾犯刑責人，仍各命官或近上職掌二人委保，各隨狀領赴都檢正廳，集檢正官呈驗人才書札，堪任習學公事，即僉書保狀，引赴聚廳處公參訖，批狀送房收係，仍下中書有給帖補充私名，使送所乞房分祗應書寫及習學行遣，每日依例親書印曆。候到院二周年以上，過有闕，即許就試；若未願就試者亦聽。如三試不中，與落姓名。如別以南郊合保人數再保入院者亦聽，即不得入院年深及累經呈試，別乞優試或直乞守闕等恩澤。以上如保引年未及格人，許以定年限狀且與上簿，仍先給文帖，候年及格，即別具保狀呈驗，公參訖，令入院習學。其習學人並與破食錢。之○八年七月十二日，以中書堂後官兼提點五房。九年正月十七日，中書門下言：中書主事已下三年一次與試刑法，同試刑法第一等陞一資，第二等陞四名，第三等陞兩名，內無名可陞，候有正官，比附減年磨勘，餘並比附試刑法官條例施行。從之。○十一月六日，中書門下言：勘會諸房文字，自主事房承受分配諸房行遣，以至進發，皆有日限條約。自今欲令主事房依限分配文字，與諸房手分內有推託，畫時經主事房定奪，依前不伏，亦限當日內赴提點五房公事再定，如不移前定，上過犯簿次數多者，當行降名；其主事房分配不當，亦行上簿。從之。

沿堂院五：行首一人，副行首二人，通引官十一人，堂門官七人，直官十一人，承旨官五人，驅使官二十人，並如舊例。淳化二年，改承旨官爲發敕官。親王、樞密使並相給驅使官二人，節度使兼相給一人，中書引從舊只抽

職官三之二五　職官三之二六

是年行官制除堂後官之名於門下省中書置錄事而已寄據繪轉奏無卷數今姑補

全吾從人。乾德三年平西川，得偽樞密院大程官二十人，以給中書，因仍其名。開寶三年八月，以語音難曉，命于宣徽院對易二十人赴中書。太平興國六年置副時催候各一人。淳化二年四月增額至四十人。至道元年增副都頭一人。大中祥符二年又增正都頭一人。元豐二年六月二十八日，中書言：刑房奏斷公案分在京、京東、京西、陝西、河北五房，逐房用例輕重不一，乞以在京刑房文字分入諸房，選用錄事以下四人專檢詳斷例。從之。七月十三日，詔：中書四方詔獄及根治事皆逾年淹繫未能結正，宜令諸房具出，據輕重緩急隨事立限，約以稽違刑名，逐房置簿勾考，違者具姓名取旨。八月七日，詔諸修敕式局看詳合歷正朝廷興有司相照五法事，委檢正中書戶部畢仲衍編修。十二日，中書言：應朝旨置獄究治事，詔送刑部主簿管勾當特旨立限者及一季未奏，下所屬催促，無故稽留若行移遷緩，具所屬下催舉並劾奏，責刑房季終點檢。從之。三年正月八日，詔池州司法參軍監中書制敕庫孫諤坐失察吏人漏落進呈條貫，興外任合入差遣，自今制敕庫監官依舊堂後官兼，勿差外官。早月二十二日，詔自今中書堂後官並帶賜緋魚袋，餘依舊制。十一月八日，侍御史知雜事何正臣言中書吏王晃、馬永錫不當扶宰臣王珪升聽壁光

卷萬六千七百七十 壹

獻太后神御殿階，詔王晃、馬永錫各罰銅八斤。四年十一月二十六日，詔中書、樞密院吏並分隸三省，毋擅入六曹，如有剩數並額外存留，轉補績受及諸恩例並如舊。二十七日，中書言：錄事孟述古編排諸房文字，得英宗舊邸轄官文字六件。詔送天章閣。五年七月二十七日，詔自今外秋堂後官供職及五期，乃聽出職。六年二月二日，詔三省吏書功過，委給事中、中書舍人、尚書左右司依舊比磨。十月七日，詔中書舍人蔡卞領吏兵部，蔡京領戶刑房，王震領禮工房，如有妨礙文字，選別房行之。七年二月二十九日，詔門下中書外省立三省樞密院吏不通轉額法。五月二十七日，賜緋錦院宮御廚營地修三省六房院。初，三省吏自言：樞密院昨置五房院，主事以下集居，公私以為便。三省總中外之事，理宜謹密，乞于舊城內制官舍，以備緩急付受行遣。詔置三省六房院，令吏集居。至是以營地賜之，後不果畢。七月二十七日，詔三省吏行遣斷絕，差賜銀絹，著為令。八年八月二十四日，門下中書後省言：詔詳定三省吏祿并增給請攬為一法，令來所定并舊勞績已得添料錢自遷身分并時服官馬，合依舊外，其應外取撥到并額內人並從今來新定則例，其兼領因事別給并舊來請受並罷，即應權若領兩房職名同，唯許從一多給。從之。九月十八日，詔中書

省增置錄事二人。哲宗元祐元年二月六日，詔：三省元豐八年九月十八日後來增置職級，逐省從上各留錄事、都事兩二，後永為定例，更不得增置。其以次合遞遷之人依舊外，餘並罷。四月二十二日，三省言：三省錄事以下以勞應添料錢者，累至十貫止。從之。十月十三日，試給事中胡宗愈等言：准尚書省劄子，右司諫王嚴叟言：三省胥吏廩累優厚，日給肉食，月享厚祿，寒暑有服，出入乘官馬，便令得嘗宰執禮器賜賚，又許引有服親爲吏，如士大夫任子無以異，而曾不限年，得祿尤早。其供職事則月一之間或僅逾兩旬，一日之間常不滿半日，點檢諸司文字差錯，乃是職分當然，何至字字論功，日日計賞，或陞名次，或檢磨勘，或添料錢，支或銀絹。又每遇朝廷舉動事有行一紙文書，則便妄敘勞能，別希恩澤。望抑僥倖以除蠹弊，姑息以戢姦弊，近例檃括法，復講治平以前條格。詔令給事中、中書舍人、左右司郎官裁定以聞。臣等檢治平以前諸房緣事陳乞件數不多，近年酬獎乃有歲轉官者，其他因事陳乞回授等率多如請，比治平前褒賞過厚。今將治平以前及熙寧後來條例看詳，參酌到合行裁定事。從之。三年，詔省臺寺監諸司人吏四分減一。四年十一月二日，詔三省錄事、都事並依條陳試選人或取法官，逐省各一員，具初取外人，仍用合銷減

卷萬六千七百七十 壹一

員闕取填。其六年五月二十五日，三省言：受聖旨并御批手詔，並舊制房分將承受簿點閱名件，職級常行點檢，具無漏落狀，于次月二十日已前，門下省送離務房，中書省送催驅房，尚書省送知雜房，類聚本月內聞送時政記房。如有漏落，本房并職級量事大小等第理過。從之。紹聖二年八月二日，尚書省言：本省欲自今吏至書令內吏選差一名，充點檢諸房文字。從之。二十二日，詔依元豐年修置三省六房院。三年，守闕守當官門下、中書省各以百人，尚書省百五十人為額。四年，增減三省都事、錄事等吏員並依元豐七年額。元符元年十月十九日，詔三省守闕守當官出職，依樞密院守闕貼房出職法施行。徽宗大觀二年九月十三日，三省契勘：中書省係取旨之地，所管最為機要，日逐所得聖旨御批及本省言遣文字等，自來多不置籍，無以拘考。契勘近雖比做尚書省置簿，祗是抄上尚書省還到文字，殊未詳備。今參酌重別措置下項：一、點檢房、催驅房共置諸房受事文字都簿，吏部、戶、禮房共一面，兵、刑、工、知雜、制敕房共一面，令諸房次日將承受文簿閱送差守闕四人專管勾抄上，限即時還房，計會諸房每日勾銷，仍將聖旨御批取送舍人、敕庫等及判使類聚進呈訖，收知退報尚書文字逐項各別置簿抄上勾銷。已上所置簿並季易，日結書押

本房舍人司押侍郎仍將未絶文字抄上其守闕每月依舊支食錢三貫
許兼諸房一房如抄轉簿書勾銷不至差錯稽滯候對讀守闕有闕依名
次選差填闕諸房收索文字合依條限舉催經隔月日舉催不到即具出
呈覆如諸房失行舉催委催驅房點檢諸房未絶文字歇令催驅房每月
終經舍人于都簿内點檢抽摘點檢限一日還房令催驅房每月終將尚
書省送到上中旬未下文字單子别錄一本限五日逐一朱書銷鑿却送
尚書省照會內未了者錄鑿未了因依諸房發放文字發歷每月令催驅
房抽摘點檢所發日限仍于承受官司量行取索承受月日照驗具所取
文字進限一日送還催驅房舊來職事並依舊如催驅房職事不舉失行
催促檢點及有減裂違慢並委點檢房具出呈覆施行催驅房併就點檢
房系功驅磨諸房文字限同點檢房點檢稽違呈覆其催驅房手分添息
實已有立定條貫外所有諸房非泛月給食錢減半都簿合用紙數每月
下紙筆庫支破從之政和三年閏四月十九日詔自今三省吏人出職不
得同任一州守倅六年六月十二日新湖南轉運副使俞三奏三省都錄
事在元豐法不得過朝請大夫比年有用特恩至中奉大夫者遇春秋内
宴具位乃在左右史侍御史左右司郎官之上左右司寔屬侍御史彈治不
法左右史日侍清光具選高矣而都錄事位其上焉無乃未正乎乞特改
正其寄錄官雖高亦宜在左右司之下庶幾隆殺有别而名分正詔三省
都錄已轉奉直大夫以上依朝請大夫排自今特恩轉奉直大夫令出職
二十七日臣僚言三省人吏其間遷補轉官差遣俸給之類非元豐舊制
者其大弊有十濫員猥多而置額外官以處之一也已礙止法而或轉行
或增俸二也未應授官而特補文階三也恩澤合授有官有服親而轄授
白身四也增奉給或别券或各歷或請於左藏庫或請于榷貨務首尾不
相照驗無以稽考每月所請數百千五也未應賜章服而改章服未應得
封賜而封贈六也或預射住郡先理資任或已授大州却免朝辭七也或
以一身而兼他房之事或未試中而超都錄之職八也或因詳駁乞賞或
以便印爲勞其間換授保引比換支賜歲無虛時九也嘗有旨三省未入
額都錄樞密院未出職副承旨以下不得轉壽祿官各務遵守元豐官制
委御史台彈奏犯人勒停永不收叙今公然違戾再有干請視聖旨爲虛
文十也乞三省密院人吏非元豐官制所載之法一切罷去及續降創添
俸錄别無請給兼房行遣之類並依元豐法如或違戾乞重行竄殛詔並
依元豐官制改正自今有犯委臺諫彈劾失覺察與䧏乞人並以違制論

主司亦如之宣和四年十一月十九日詔應等第户見充色役者不得充
三省司名已授名人與改正欽宗靖康元年十月二十二日詔三省吏人
應用轉官恩賞回授有服親改官旨揮勿行其已用過改之人悉從厘正
如敢呈乞者並竄海島高宗建炎元年六月十八日詔三省人吏轉官依
祖宗法止朝請大夫以上者寄資候出官收使其有恩例未該收使者許
回授樞密院人吏依此施行七月二十四日詔應三省人吏出職合任知
州者並先任通判一次與理知州資序二年九月一日詔靖康以後三省
不應發出職人吏並于正額名目上許收使所得轉一資旨揮出職餘額
外資級每一資與作轉一官併使仍令吏部改正建炎以後准此先是臣
僚言三省吏人自崇觀以來朋附懷奸濫額補闕至有法當出職積年不
去逮建炎之初乃營求自使悉補外官欲乞斷自靖康二年正月以後令
吏部具三省出職不應去人數特賜旨揮後吏部具到不應格出職人鄭
充臣等故有是詔三年四月二十六日詔三省額外人入仕及十二年許
減職年出職樞密院同及五年以上者比擬減職年人對展磨勘以十二
年爲限額外出職人每資與展一官依建康二年九月一日指揮施行後
左右司具到資級守闕守當官合出職進武副尉額外守當官承信郎額
外書令史承節郎額外令史保義郎額外主事成忠郎額外都錄事忠翊
郎並依每資與轉一官旨揮施行二十九日中書門下省言已降旨揮中
書門下省併爲一省其中書省正額錄事主事書令史守當官共四十二
人門下省正額錄事主事令史書令史守當官共四十六人兩省正額守
闕各一百人左右司擬定正額欲依祖額以八十九人爲額守闕欲權存
留一百五十人中書省六分門下省四分從之紹興元年四月三日旨揮
重别裁定止將工件人數分房掌事即無減損今措置下項一正額錄事
十二人頭名二人充點檢差點檢文字二人吏房左選兼班簿房一人
吏房右選一人户房一人禮房一人兵房一人刑上房兼制敕庫一人刑下
房兼制敕庫一人工房兼章奏房一人一正額主事七人吏房左選兼班
簿房一人右選兼知雜房一人户房一人吏房一人兵房兼工房章奏房
一人刑工房一人刑下房一人一正額令史十六人書令史二十二人以
工二名充監即吏房左選兼班簿房差工五人右選兼知雜房差工四名
户房四人禮房三人兵房四人刑上房四人刑下房四人工房兼催班房
三人章奏房二人催驅房一人班簿房一人知雜房一人一正額守當官
三十二人開拆房兼書令史二人使部二人章奏房五人主管簿書二十

三人吏房左選二人右選二人戶房二人禮房二人兵房二人刑工房二人刑下房二人工房二人知雜房二人班簿房二人催驅房三人三十日尚書省言尚書省都事已下祖宗以來自有定額分掌職官上下相維幾察関報皆有着令昨自正和後來權名增額傒引泛濫職事不舉咸法弊廢因循積習久矣措置今遵用祖宗定立舊額除已見濫隨宜措置從之其措置下項祖宗舊額都事七人頭名充點檢諸房文字余六名分呈六房文字主事六人分押六房文字令史十四人第一第二名監印第三名開拆房點檢以下充諸房行遣人書令史三十一人並充諸房行遣條兩經試中人守當官十六人主管簿書通差行遣文字除一經試中人令拜在見官人數守闕守當官一百五十人充抄寫左右司擬定正額人數依祖宗舊額以七十四人爲額其守闕權留一百五十人自試中守當官至都事正額共七十四人令用正額均定下項頭名都事一名充點檢諸房文字吏戶禮兵刑工房都事各一名主事各一名點檢文字三人於試中令史已上人內選差監印房二人開拆房點檢一人催驅左省房二人諸房行遣人吏房左選六人吏房右選五人依左右司貼定添一名作六人奏抄吏房三人戶上房六人戶下房六人禮房五人兵房五人刑上房四

以上永樂大典卷一萬六千六百七十　下

人刑下房四人工房四人案抄刑房三人知雜房二人已上計七十四人開拆房發放文書六人舊係令差額內守闕諸房守闕舊額一百五十人均充諸房抄寫左右司擬定點檢三人欲差二人余一名差充吏房行遣文字諸房人額內有交替及渡江未到并見闕未曾收試名闕許于見權人內從提點點檢司本房職級公共選有行止諳知行遣次第人特暫存留差權候正人到及試到人日罷如涉不公許人論訴仍不得越兩等諸房職滅立定人額除令係見闕一名方許差一名填闕即不得登帶泛濫增添人數仍緣令來額令戶部籍定批勘請給如數外妄冒批勘從本部覺察計贓加二等科罪仍許諸色人告賞錢三百貫下項房分並係事簡令隨宜並罷吏不差人罷敕房併入吏房發遣房併入開拆房班簿房罷封樁戶房併入戶房御史刑房併入刑房催驅六曹房併入六房制敕庫房除外取法司三人依舊案抄刑房條斷天下獄案舊係取試中刑法文臣充都事欲依舊法諸房權手分除令來立定人額外餘並罷權若額出踏者依已降旨揮出職諸房遇有正闕除業鈔刑房都事外取法官外餘闕于本省守闕守當官內依舊法揀試收補祖宗舊法保引親屬須兩經試中書令史以上人三遇大禮主事而遇大禮

都事一遇大禮許保引有服親一名恩澤依祖宗舊法其非泛恩賞所得保引已收使經試中人並依已降旨揮令出職外其年代不及未收使保引恩例並更不收使令後更不許免試其守闕守當官遇有闕權書令史該遇大禮不在保引之限已上非泛恩賞雖正額人亦不許陳乞保引左右司擬定凡八項欲並依所乞施行試中守當官書令史已上該遇淵聖皇帝登寶位今上皇帝登寶位依政例人保引親屬各一名內守當官止于該恩日見充行遣人仍經一遇大禮方許保引左右司擬定即未委欲乞旨揮令制敕庫房檢照如非祖宗故制自不合引用並從之四年六月四日詔御營使司併歸樞密院爲機速房就差御營使司人吏充機速房人吏餘候邊事稍息取旨施行九日尚書省言三省樞密院人吏自祖宗新緣係掌行政事出職恩例特優而請謁漏露之禁亦嚴蓋朝廷之上政令所出之地理當嚴密如六曹百司等處吏部係掌行官員差注酬獎戶部係主管錢穀出給文歷所繫事体亦自不輕訪聞逐處人吏等自軍興以來全不畏憚或私相請託或公受賄賂乞覓錢物種種弊端不可槩舉令來若不痛革爲害不細除已差人密行捕緝覺察如有三省樞密院人吏漏泄朝廷未下有司政事差除之類及受請託賄賂私相宥謁六曹

以上永樂大典卷一萬六千六百五十　十一

百司等處因公事受乞錢物等事即仰子細根逐犯人所居具姓名密報送所司根究依條施行外竊慮未知上件措置尚有抵犯理合檢會條法申嚴曉告從之仍詔三省樞密院六曹令尚書省出榜百司等處令六曹隨所隸出榜並于門首曉諭紹興元年二月十六日詔三省監印使並承大觀政和條令置歷日具名件數目早子經由職級勘定書押付印司收掌每日結計件數不許輒印空紙仍令本房守闕及貼房齎赴曾印房用印即不得令人承代如違並取旨重行責罰三省言勘會三省樞密院六曹印記所繫非輕關防未嚴往往親印空紙引惹偷盜理須約束檢中書門下省令監印差上名令史二人舊中書制敕院條使印差守當官二人尚書省監押依條差頭名第二名令史使印合差頭名第二名守當官樞密院監印差頭名第一名第三名令史第一名守闕主事知印差正名守闕貼房各一名取到六曹狀大觀尚書六曹通用令諸用印日輪令史一名兼尚書左右選通輪主事一名尚切檢察政和令諸文書應印者置歷紀其事自乞依舊制施行欲省是詔三月四日三省樞密院言諸房係主行朝廷政事自祖宗以來漏泄之刑出榜之禁條制關防莫不備盡在逐省則有制敕院密院則有宣旨院以禁外人不得輒入在外則置六房五

房院列爲房弟使遞相覺察以絶請謁内外嚴密無容漏落自巡幸以來
所至州郡有院人吏往往散處或與外人居雜交結漏露有犯自有典刑
無緣難幾察除三省樞密院制敕宣旨院昨已措置遵依舊法外今來契勘
越州禹跡寺實闊計屋宇六百餘間可以辦截理宜依做舊法措置從之
十三日詔自今後三省有正官都録事用磨勘并收使酬奬轉官每年通
共不得展過兩官其今日已前已展過兩官人與免改正先是都省劄子
勘會三省有正官都録事先降指揮每年不得展過兩官後來宣和七年
明甲音揮收使非次酬奬展官與磨勘各異許計在磨勘之外用緣磨勘
改展官是收使舊得酬奬減年即與展官恩例一同理難分作事理各異
每歲許改轉四官故有是詔五月四日中書門下省言三省諸房遇有恩
賞點檢照印三分之二催驅房減半並係舊法所有後來附帶房分係一
時創行陳乞音揮理合充罷詔除點檢催驅印房依舊條外其餘附房并
第一房恩賞行撥兩不施行六月二十四日都省言左右司勘會諸房文
字雜併比之去歲增及數倍自宰相分廳呈稟至未時尚未盡絶其間有
所陳已降音揮或已在有司定奪勘當已下外路取會保明或以告示難
以難累經與決又須再行呈稟請筆施行數行遣重複間有抵牾爲如[illegible]

卷萬六千六百七十

會有格法酬奬及詞狀未經兩府與決並非朝廷合行事務并應係收知
前選文字亦須一槩逐件呈覆顯是虚占日力妨廢朝廷机務已告報諸
房職級同撰點檢各條具本房行遣簡當不致污枉重複事件及依舊
例具合入收知前送單子文字合付曹部施行事目類聚送左右司詳審
如别無窒礙想久可行即日申稟令諸房遵守施行從之尚書省具到細
務事目吏房一應官司保明到官員到任任滿賞陳乞覃恩封贈磨勘轉
官大禮奏蔭并致仕遺表恩澤在外官員到任除監司知通外其餘官及
官員依格酬奬小大使臣并選人已上乞致仕内除敦武修武郎有戰功
人并京官至奉議郎曾任郎官以上應官司奏舉官員陞陟任使一諸州
保奏到官員去失付身告敕印紙等并大禮如恩應官司申奏乞不收使
己舉文狀州軍申奏到有無里居不仕人官員理會重疊轉官戶房一諸
路已起并入門綱解一應干有格法音揮酬奬一官司申請支降錢糧等
已有音揮支降一諸部乞展限勘當文字一諸色人陳訴官司申請等已
施行再有後狀催促一諸官司已知稟已施行合呈知文字禮房一進士
依定例理年舉各推恩一神祠靈應賜廟額并加封一僧道整會去失
度牒等一州軍具到童行等理瘞遺骸乞給度牒等已上如係外路申到

並前選一朔望進拜一太廟應祭享行禮畢一太廟并攢宫平安一知稟
狀等已上所屬官司申到並呈知兵房一樞密院已行事關到照會文字
一殺獲盜賊乞依條推賞一吏部等處繳到付身依已降音揮合行毀抹
一諸處保明到有格法賞一諸官員申乞依條差破白直一諸處軍人依
條排連一兵部人吏依條遷補一兵部人吏遷補繳到試卷乞行覆考一
諸軍務申到已受納軍器數一吏部等處申到乞展限勘當文字一已行
文狀諸處再行申到一諸州軍申奏平安刑房一諸官司申乞展限文字
及候取會闕備日勘當約法看詳定奪等文字一諸州申奏到無喫菜事
魔反無平反刑獄一刑部大理寺具到已未斷事因狀案一刑部旬具到
已未結絶公事一御史台察刑寺等處行遣文字違法滅裂違枉留滯失
錯不當一應陳乞給使減年與官司私名補副尉一應官司申到已依音
揮施行事一大理寺自申因由一諸處繳到依音揮合毀抹文字工房一
諸處申到依敕除放遏坑冶炉户少欠官錢數目一諸路提刑司申諸州
小作院比附到年額軍器合造工程數目一諸處申到諸州用常平錢買
到鐵見在數一應所轄軍兵依條遷展一諸處申到請事理本省已行遣
了當又再申到一般文字一應所隸去處工匠依條展補一諸處申到官

卷萬六千六百七

員依條已標撥職田數一造船場監官諸路都作院造器軍鑄錢司監官
任滿依條推賞一諸路都作院監官任内修補軍器指教工匠收及全工
依條推賞一諸處申到監臨闕任滿依條推賞諸色人告獲藏貨易筋角
諸鹽事官司在任催煎鹽坑冶司在任創置坑冶及在任所收金銀銅錫
及任内親獲私鍊銅錫或買賣不入官諸色人告發金銀銅錫鉛坑冶户
自備錢本採煉金銀錫等依條賞奏鈔吏房一鈔内漏坐條法及來歷因
依等合貼改案鈔刑房一員官諸色人犯公罪杖笞情法相當不該取音
斷遣情犯事因案狀一台察百司行遣違慢滅裂違枉住滯斷公罪杖笞
情法相當不該取音斷遣案狀關祈房契勘本房自來官員保奏陞陟改
官封贈廕補致仕恩澤及諸處申奏保明依條獲賊賞借道試經被剃及
官員等罪犯事因依條法等事及諸房已降指揮并已行事合作常程細
務依自來体例一面付部施行省詳尚書省具到前項細務事目雖例細
經都省既有格法并于條例合付下或批送公事施行事款令逐房依前
項事理及紹興元年六月二十四日劄子付逐施行如逐房具到事目内
有干諸房即互相參照一体行遣所有合呈請判筆既係細務并有格法
合依兩省細務事具單子輪日呈覆宰執中書門下省諸房具到細務事

吏房左選一文臣辰官敕黄下吏部中擬前銜後擬上尚書省請筆送中書省今欲除告命詞給告外余令尚書省一面出給付身一諸處舉辟文臣差遣未經審量等便送本省取索若有違礙請筆退今欲令尚書省並取索完備方得送中一尚書省樞密院關子如已押宰相内止是呈知并已行文字及吏部奏鈔内有小節不圓合行貼改自來係付宰相廳請筆欲于宰相廳輪日請筆吏房右選一吏部勘當文字有不曾指定事節送中往往請筆退尚欲今後須令曹部指定方得送中一諸軍都虞候擬換前班之人自來據樞密院關子取索擬敍項行録黄送尚書省施行其樞密院亦關尚書省係一事請筆送中今欲更不送中一使臣陳乞差遣累降旨揮並歸吏部銓注欲令尚書省今後一面送部告示更不送中一使臣除轉本省已降旨揮敕黄下吏部擬定前銜後擬申尚書省再請筆送中除合命詞給告外欲令尚書一面出給付身更不送中一使臣陳乞差遣有不曾取索有未經叅部審量便行送中本省再請筆取索有違礙文須請筆退尚欲今後先取索如無違礙方得送中一使臣陳乞知州軍并鈐轄之類係合屬樞密院差除尚書省却行送中本省再請筆送樞密院欲今後應合係樞密院稟聞並送樞密院户房一臣僚上言財賦

卷一萬六千四百七十

等利害已奉聖旨令曹部勘當若本部勘當得已有條法及難行事件即是别無取旨事欲令尚書省批送施行一應收知判連文字欲于宰執輪日請筆一應合立定刑名及斷罪約束文字欲于檢正處擬定請叅政筆送欲庫令法司檢條叅酌擬定呈宰相請筆一應都省批送勘當文字曹部等處多是不圓及不指定事節便行送中却致請筆退尚欲文字完備指定可行事件各條合該取旨方得送中禮房一自來諸司官乞鑄印文字欲令所屬曹部並擬定篆文申尚書省免致行遣迂枉一尚書省樞密院照會關子已係宰相僉押自來逐件再請筆欲于宰執廳輪日請筆兵房一應賞功除官員重疊官資送本省再降旨揮改正外欲將姓名差錯令尚書省照驗付身别行換給及送所屬改正一尚書省等處關到照會無可施行事欲于宰執廳輪日請筆刑上房一諸處送到先經呈覆及書押宰相互關照應無可施行合呈知并已行文字呈知請知尚書省奏知并尚關照會文字已行奏状已降指揮申状又到合請已行文字欲望宰執廳輪日請筆未經宰相呈押者如習刑部大理寺申斷絶之類並類聚每月單具事目呈宰相請筆一諸路申奏百姓等合取旨公案如有一般体例並令刑部依條具抄上省如本例大同小異欲令叅酌增損具鈔

一應合檢具文字欲于宰執廳輪日請筆取索候圓備赴宰相廳呈覆刑下房一百姓犯罪情法與例一同者自來合坐例具鈔令却有似此獄案尚有坐例上中取旨欲令刑部比例擬抄施行一應官司申到奏無平反過刑獄文字欲更不送中一應官員已得旨轉官吏部擬申乞給付身除合命詞送中外餘給付身人欲更不送中一面勘驗出給付身一應合呈知文字欲于宰執廳輪日請筆一應使臣重疊效用入資上所得資級比例合作磨勘年者欲乞行下吏部開坐前後所得旨揮因依合得若干減年具抄工房一工部遇有所屬官申到添修工作及百工百貫并創造及三十貫已上合取裁餘聽從本部審量行下造作一應諸官司修蓋舍屋合支錢若不及百工貫并創造不及三十貫欲令尚書省依詳定一司敕令所係再施行一内降房付到尚書房付到尚書省奏知及關到照會文字欲于宰執廳輪日請筆知雜房承受生事内盡一往往隨事分關諸房踏是重疊請筆欲今後隨路行遣不得分關諸房一已降旨揮行訖文字尚書省關到還司關子並已經宰相僉書欲于宰執廳輪日請筆判知一自來告報已得判筆須過呈押宰執其尚書省告報得筆除押都司欲今後應告報已得判筆過呈諸廳訖依尚書省例押檢正告報一勘會令史

卷一萬六千四百七十

以下請假依舊例押點檢録事主事依條合給假并疾病量給假之類過呈押宰執欲除令史已下依舊例外今後止呈押叅政一入仕守闕赴省公叅自來赴宰相廳請筆告報房分過呈押告報欲今後赴宰相廳請筆過呈訖押檢正告報一本省叙陳年勞依條出職之人自來判取取索完備再赴廳呈禀欲今後先于叅政廳請筆取索完備于宰相廳呈禀一諸房應合呈知事並具單子輪日呈宰執欲依條房洪具到事理施行三省樞密院賞工房具到細務一諸路州軍申奏到官兵士豪因盗人立功或捕盗有勞之類無法功賞見送所屬監司帥臣覆定欲今後令諸路州軍並具定立功効一面經申所屬帥臣監司覆定申奏推賞保明不實重行典憲一兵官呈乞情願不使去失或借補官資乞將見存真命資級敍減收使見係本房僉貼請筆送看詳官欲今後直送看詳官擬定呈覆一詞状陳訴事已經告示欲除令状所訴詞與告狀示未當合別行勘會外若與前状一同别無詞理並具單子前送有司檢點已批下事理再行告示一川陝授下文字功德疏例係擬轉一官資級川陝官兵換付身文字見令本房僉貼請筆送看詳官欲今後具送看詳官叅詳可否擬定呈覆一京畿京東河溯守禦賞靖康年勳王賞方臘賞李允文并閻勍淮

南渡宣借補官資杜充建炎三年十一月二十日以後書填官告並已降旨揮不行欲令尚書省樞密院出榜曉示諸色人並不得陳乞上件事理并令接狀大程官遇有整會上件事詞狀並不得收接如違元接狀大程官送所屬勘決欲依本房具到前項事理施行八月十七日詔尚書省依舊專置催驅三省房并復置催驅六曹房仍令三省催驅房月具已未結絕文字聞奏臣僚言臣比奉聖訓三省諸處文字留滯甚多憂形玉色臣退閱范宗尹罷相之日堂吏齎抱積下案牘就宗尹所僉押其名件上以千計況四方中奏朝夕待報淹延不決動以歲時則于國体寔爲未便萬一事關機速利害非輕臣愚欲望密懋付之大臣相度名委本省官一員監督點檢諸房文字闕留人吏條畫來了事件置籍檢之每日結絕若干件畿立期限逐件對銷或有稽違重真罪責庶幾無停壅以稱陛下宵旰求治之意故有是詔二年四月十八日詔三省人本宗有服親不許軍中差遣始遣重行黜責先是三省言尚書省點檢文字孫璪男東文在中軍統制司作幹辦官已行降責故有是詔三年二月十四日詔三省見任過直郎以工部録事遇展官不許赴台謝緣而臣僚言與勘御史台自來除曾任執政官并見任侍郎以上兩省侍從官不赴台謝外即無三省點檢都録事從官不赴台謝之法所有令年二月十四日魏彥酬楊從古俞宗達等盡降不赴台旨揮切慮有礙台令兼本人既稱文字散失檢尋故事不見即令依本台見行著令難以爲人改注乞依台令施行從之三月十九日左司員外郎王廷秀言近見尚書省戶部額外都事鄭丞合該蔭賞轉資請願更不收使亦不汎換支賜乞於見令名目上降一等支破請受緣額外都事與正額都事不同蓋係額外依條合破書令史請受令所乞乃請正額主事俸祿優厚太甚比例一開則凡該賞者皆援此以爲數乞令該遷賞者止依已降指揮推恩其前降支破請受旨揮更不施行從之四月二十五日詔武功郎樞密院兵房副承旨劉希彥等前降展一官旨揮更不施行特與編設一次先是樞密院言福建賊范汝爲等作過近調發宣撫司統率大兵前往今已破賊係本房商度應辦行遣別無闕誤乞照推賞詔劉希彥等並與展一官後臣僚言范汝爲草竊嘯聚至命大臣提王師僅能平殄密院人吏行移文書蓋其職也而並以功展官事屬僥倖乞賜寢罷故有是詔八月十八日詔尚書省都事王延慶送大理寺根勘聞奏以侍御史辛炳言其贓污故也二十二日臣僚言近見總護昭慈聖獻皇后神御所三省禮房都録事職級及守闕共一百二十二人每日添

九月條移在十月條上

給食錢支過一萬九百餘貫編設五次計支過錢一千二百餘兩絹一千二百餘疋臣竊謂塑像所如工匠及監視人支食錢編設可也其他署銜姓名如點檢催驅等類有何功勞而人數之多編設之厚如此欲乞中嚴去年十月十九日旨揮凡添給食錢非泛編設支賜並行選守雖有應例亦不許陳乞從之其已得者特免追納先是紹興二年十月十九日詔三省吏房行遣出數及弟人黃甲注擬文字戶房行遣增添事戶撥本文字刑房行遣降赦文字禮房行遣奉使文字皆有編設僥倖不當其已放有將先勉遣令後更不得編設來錢禮房塑像支破編設如故臣僚以爲言故有是詔二十四日詔尚書省額內年老及格守闕人吏並截日住罷請給令本房習學公事候年及格各正額令史二人結罪委保許支破請給如冒請及隱庇不實帶省人與犯人同罪先是尚書省言保引守闕依法年十六歲方許公參習官例行增添年甲保引入省止令習學公事未支請給候額內有闕方始撥填近緣兵火額內闕人數多因而擬年未及格人入省守闕支破請受乞行措置故有是命十月二十一日詔賞功房令後除法所不載事即省詳審定外應有格法事雖係三省密院送到及詞狀判付本房並送六部按法推思十一月十六日尚書省言近有旨額內年未及格守闕住罷請給令習學公事候年及格日各係支破請給所有額外年未及之人未有該載詔額外令擬填入額守闕內年未及格之人並候年及格日依額外入例各係入額依元入仕名次安排仍權僣部下名年及格人補填闕額候將來有上名人入額部依名次遞僣于額外收管中書門下省樞密院依此同日尚書省言諸房自來遇有書寫入遞及付身敕劄文字係于額內守闕專一差定寫敕六人寫遞六人自渡江以來未曾差乞依舊例詔差寫敕三人寫遞六人食錢依舊例破給九月二十四日樞密院言机速房主管書寫文字使臣元降旨揮並理爲任及建炎四年七月十七聖旨旨揮已及三考成任之人其後在任月日並理爲再任今再任人內又有已及三考之人未有明文乞與別理爲令入資序從之四年二月十一日尚書省言舊日功賞文字隨繳所屬故多留滯遂專置賞功房撥吏將有格法事依舊分隸止令專行戰守格補等事月欲都司檢詳勘定三省密院通治令國內外諸軍州縣多是寄收公狀到有乞兔奸弊日滋乞增嚴法禁及重立告賞斷罪之法詔令刑部立法五月十四日詔樞密院機速房主管文字周田徐玩並降一官以書寫黃牒字劃差錯不楷故也二十二日御史中丞辛炳言吏部奏鈔刑部斷案既

工諸房自來並有日限訪聞近日新房率違程閑雖或無故稽留及刑部
奏案既經本房及覆閑駁已是詳審復持之不下動經歲月不降斷敕乞
令後專委都司依限檢察仍令吏刑部每杪案上省限次日報御史臺具
聞經涉日久者許本臺彈劾從之五年二月二十六日都省言三省都録
事樞密院副承旨慕容偉李宗淵張士鐵王澤等昨自東京扈到行在已
蒙可嘉雖展官支賜恐未稱存恤之意詔各特更展一官令吏部添差合
入差遣一次已授未赴者願添差亦聽候事平日依元職名于額外安排
七月一日詔後堂官補職及一年與改宣教郎定着爲令詳定一司敕令
所言依准國朝會要及中書備對堂後官及一年與展京官自選人補充
者即展入京官緣京官係是承務郎承奉承事宣義宣教郎五等本所未
審所改京官不從初等次第陞轉便改宣教郎義理令來止有崇觀後來
改宣教告外別無以前改宣教郎來歷恩例雖諸處省記係令改宣教郎
難以據憑伏乞降下參修取到制敕庫房狀準後官令爲三省諸房都録
事檢准紹興令中書門下省録事尚書省都事爲正八品宣教郎爲從八
品省詳自入省遷補至堂後官已是年深其補職及一年與改宣教郎以
官品較之亦是相當即與國朝會要中書備對及省記中書制敕院本條
下文稱五年願出職與通判差遣十年以上與知州差遣意義輕重相稱
雖不見得崇觀以前未歷因依令據取索到中奉大夫張忻墓誌石本與
勘得本官崇寧二年轉門下省録事明年改宣教郎係崇寧之初亦可憑
據從之九日臣僚言六察之職掌糾察官司稽違故事尚書省刑房專置
御史刑房以受行之人着令彈察尚書六曹事件限五日報尚書左右司
蓋有御史刑房以專主付受文報左右司俾之檢察故凡所彈治皆應時
施行臺綱既舉百司亦肅自中興以來朝廷務所併省御史刑房不復專
置每遇彈糾雖依令報左右司亦不聞有所檢察緣此施行稽緩浸生奸
弊臣取索到六察案自夏季以來中彈事件自上省後至批狀行下大率
遲者或至兩旬速者不下十日被受官司便作常程文字一例行遣所司
根治亦多觀望滅裂糾察之職本以彈治稽緩革絶姦弊而坐視姦弊如
此雖欲革之勢不能得是徒費支割行移之煩果何補于治也兼訪聞諸
部吏人罪惡貫極每臺覺察有所取索自知情罪敗露例先請假及標知
文字由省即便逃竄大理寺承襲玩弛正是備禮移文一再追捕才稱東
西使乞先次結案緣此猾吏並得肆姦結案甫畢已改易其名復竄籍中
矣諸曹之中吏部尤甚是以奸弊百出而士大夫尤受其害也乞令尚書

省復置御史刑房以專主本臺所上彈劾文字凡所付受立爲定限無得
稽違申飭都吏尚加檢察及大理寺承受勘鞫不得觀望滅裂仍乞行下
尚書六部申嚴吏人結保之法每令三人或五人結爲一保遞相覺察凡
保中有人犯罪逃走許大理寺監官同保人追捉須管取獲如有不獲並
與同罪本部不得申請占留其逃走改名復來部中之人並重行決配保
內人輒敢容隱者亦與同罪仍許色人告首庶幾彈糾之令不爲虛文奸
猾之吏知所畏戢矣從之十二月二十一日詔樞密院本院北面房改爲
河北房從樞密院請也紹興六年十二月二十五日尚書省言尚書省舊
專制封樁户房立籍稽考諸路州縣封樁錢物所在逐季逐月各隨已供
申帳狀不容毫髮欺弊昨緣兵火之後一例廢罷州縣侵隱暗失朝廷財
賦不可勝數乞復置封樁户房先次差書令史守闕各二人專一主管置
籍拘帖稽考仍隸户部都主事點檢諸路封樁等狀并應取會錢物數目
並依未罷房以前名隨色置籍銷鑿拘貼從之七年正月十六日尚書
省言江淮等路昨措置營田累歲無效自去歲改爲官莊官給錢斗借貸
撫存流移一年之間所收物斛已三十一萬餘石稍見就緒其事一差定
行營田文字見係別作一房其取索行遣文字之類欲以營田工房稱呼
若遇工房有恩賞犒設食錢之類並許帶行責責委專一不致廢弛從之
八年四月十七日臣僚言檢會建炎三年四月二十五日旨揮尚書省都
事以下遵用祖宗立定舊額除去冗濫以七十四人爲額其守闕權在留
一百五十人又被已降指揮三省樞密院額外人吏並罷續取到諸司糧
料院狀見今逐月勘請三省人吏員數又與元降立定逐房名額多寡不
同明有罷額外旨揮而依舊帶行明有限定諸房人數而輒踰元額欲望
特差左右司郎官取索三省樞密院諸房不罷額外因依省詳改正詔令
檢正左右司檢詳官同共定奪于是乞以三省樞密院人見帶行額外名
目並罷如遇正額有闕自令史以上只得逐遷吏不差權行自書令史以
下有闕只得試補未試補間如有闕人處委係煩重許據闕差權仍不得
過所闕之數從之十五年二月五日詔臨安府兩浙轉運司修蓋五房六
房院先是三省樞密院諸房狀居止散漫外人妄作傳報漏泄難以分別
乞依在京例于五房院六房院居止差置監門等互相覺察故有是詔十
二月十八日詔三房六房院合置監門官一員令堂除使闕差人二十二
年十一月二十七日詔三省都録事主事令史書令史應陳乞收使保引
除休例名保外更增名有官都録事一人委保如有不實許人陳首有官

人降一官無官人降一資其使保引并被引人並落稿編官以臣寮言自来保乞保引人無斷罪刑名難以防閑故也　二十四年十月三日中書門下省言守闕守當官襲鑄狀有遷次茶鹽酬賞該專一官減二年磨勘乞依一般守闕劉宗遽例補承信郎從之　二十六年十二月九日尚書省言裁減諸州縣吏人立為定額行法當自近始其三省樞密院諸房添置名額猥多理宜裁定從之于是檢正都司檢詳編修共條具到尚書省都事元額七人主事元額六人令史元額十四人書令史元額三十一人見闕九人係差正額守當官承權守當官元額十六人見闕一人係差守闕承權已上元額共七十四人並欲依舊內書令史守當官見闕日下且令承權候試補了日替罷仍報樞密院請受從一多給不得重叠守闕守當官元額一百五十人欲減二十人作額外余依舊添差十二人待次三十一人欲並減罷已上守闕共減罷以十三人兼呈文字十一人欲許不妨本職相兼祗應其請給編賞之類止依元職名支破不得作闕差人添差書令史三十人欲並減罷尚書省共減罷九十三人三省樞密院賞功房點檢文字額十人已上十八人係于三省樞密院人額內指名抽差欲將差到人于元差去處不妨本職相兼祗應量添食錢其所差人本處並不得却行作闕差人如已作闕去處日下並罷同日詔樞密院減罷添置名額令樞密院措置後條具到三省樞密院賞功房點檢文字元額二人主管六人書寫十人係于額內抽差不妨兼職祗應止不許作闕差人樞密院副承旨元額五人主事五人守闕主事二人令史十四人書令史二十人守闕書令史三人欲減罷正名貼房元額二十八人見權書令史欲存留十三人兼權余十五人罷權候有闕差撥宣指揮法司三人貼司二人守闕貼房二十六人欲依舊守闕貼房二百四十人欲以二百人為額余人並罷作額外机速房三十一人欲以二十二人為額余九人並罷過宣房十九人欲留存十二人余七人並罷監宣紙庫使臣一名欲罷已上共計減罷九十八人從之　二十七年七月九日同知樞密院事陳誠之進呈棟試本院人依例差人廟事上曰天下事惟在至公前此科舉之弊朕斷然盡革去之人皆帖然無或異論臣誠之曰致治之要實在于此樞密院人揀試利害亦不輕乞御前差八廟察視從之　二十八年三月十一日詔三省樞密院人因進書並減半推賞仍不得直兩局如專至朝請大夫即依限員法未得展行寄資先是臣寮言堂吏承命治事于朝廷之間其被賞循展官資固宜優異要必立為限制使之積勞而後序陞則爵賞不濫亦

以勸天下之能吏也臣切見宰相提領修書而堂吏號供檢者以十數修書局凡四曰日曆曰玉牒曰實錄曰敕令所謂供檢者以十數人修敕局令所進二書則是一身而展二官將來進書又復遷展如此何有限極太修書定令特旨編摩之力為供檢者從未嘗一到門寺未嘗筆一字而每月局錢與非次犒勞已極優厚且又循展遷資此何異諸部監敕賞既濫則官資必崇官資既崇則奏補必廣又況茶鹽場務每歲增羨皆被賞恩公論籍籍以謂名器輕濫莫甚于此望下三省參酌祖宗成法抑其太濫立為定制故有是詔　二十九年八月二十二日詔三省樞密院堂後官兼諸局供檢主管文字之類並罷先是有詔給舍看詳裁減官司兼職中書舍人洪遵以為請故有是詔　九月十四日詔祖宗舊制樞密院即無机速房今行減罷所掌職事依舊本院諸房認科目掌行其見在机速房人內本院人發歸元來房分外差有官人並與添差本等差遣內有詳斷人量行選留逐所管職事撥歸本院諸房見充主管之字人與支破書令史請給書寫人依守闕貼房例支破逐闕遇有事故更不差人係十一年十二月一日三省樞密院言尚書省守闕守當官充机速房主管文字龍權狀入仕三十餘年無過犯乞以所得四官一併收補換武忠郎從之　三十二年四月四日尚書省言令史黄詡狀見係第四名書令史緣有親兄詡卻係第六名書令史是于長幼次序未倫欲乞許詡與親兄詡兩易上件名次從之　孝宗隆興元年正月十七日詔中書門下省尚書省錄事都事主事各減一選出職既遇登極推賞位故有是命　七月三日右諫議大夫兼侍講王大寶侍御史兼侍講王十朋右正言周操監察史陳良翰新除監察御史閻安中言臣等依已降旨揮條具三省六部寺監合併省事所有百司局務人吏並合與三省樞密院并屬司兩後省台諫六部寺監一例各以十分為率量減二分即不得將額外人數影射數目許逐司官酌量合減人吏數目申尚書省詔逐處限十日開具申尚書省三省言中書門下省依旨揮省併吏額見當錄事共一十二人顯名點檢諸房進發文字一名點檢文字餘十人令減作六人分掌諸房事主事七人一名監印六人分掌諸房職事令史一十六人一名監印餘十五名分掌諸房職事令減作十人書令史二十二人充諸房行遣文字令減作二十人守當官三十二人內二人使印三十人分掌諸房謄書文字令減作三十人已上並係試中人額內守闕守當官一百三十人均充諸房書寫文字合減作一百人法司三人分掌制敕庫文字時政記房五人並係外差尚書

頭名都事一名充點檢諸房遊驗文字都事六人主事六人令史一十四
人分掌諸房職事書令史三十一人充諸房行遣文字令減作二十五人
守當官一十六人內二人使印餘掌管諸房簿書已上並係試中人額內
守闕守當官一百三十人充諸房書寫文字令減作一百人法司三人係
外差行遣刑教章房文字詔依減數永爲定額見在人見令依舊將來遇
闕更不遷補二年五月十七日中書門下省言三省樞密院人吏依已降
指揮裁減定額奏官置籍自今後遇有闕照條舊擬遷補仍每月點檢幫
勘請給從之詔依擬定置籍令後如無闕不得折作色名額占差人承權
仍令檢正都司照應遷守常切檢察七月十日左司郎中葉顒言檢准已降
指揮三省樞密院見充乘呈同呈文字五人數許不妨本職承勘祗應其
請給犒賞之類止依元職名支破不得作闕差人仍報糧料院照會如已
作闕差人日下並罷從之乾道元年五月二十五日詔中書門下省諸房
主行文字並依舊法將近奏房分與改正充是檢正諸房公事王佐言中
書門下省係十四房行遣文字令史書令史目今共二十五人從來有闕
遞互爭入優闕有賞闕慢房分避怕行遣繁難去處是至闕人自來遞房
郎無定立行遣人額及遷展房分條法旨揮又緣數內令史五人係指揮

大典卷一萬六千六百七十

條合裁減欲望朝廷特降指揮將令來立定房分高下依名次均數定人
數差發祗應即將監印催驅房章奏房戶房班簿房令史各一人日令且
令供職候有遷改事故更不作闕展補所有催驅房章奏房令史職事並
令頭名監印相兼班簿房令史職事令工房令史相兼祗應其逐房書令
史有闕自合展補及差守當官兼權攢下房分案闕庶得杜絕奔競避於
行遣之弊今具下項監印二人知雜房兼監印一人催驅房一人章奏房
一人班簿房一人戶房二禮房一人工房一人兵房一人吏房左選一人
吏房右選一人刑工房一人刑下房一人已上數依名次差令史充行遣
文字戶房三人禮房二人工房二人兵房二人吏房左選三人吏房右選二
人刑上房二人刑下房二人開拆房二人已上數依名次差書令史及標
書令史充行遣文字故有是命二年六月十二日臣僚言堂後官朝議大
夫自爲一額立定員數依次序擬展契勘堂後官自來功賞頻併若與其
餘展朝議大夫之人衆同遷轉委是偏優今欲于八十員額內擬五員專
充堂後官依次序擬展從之三年五月十一日詔三省行首司以一百二
十人永爲定額其合減人且令依舊將來遇闕更不遷補願比換出職者
聽同日詔三省大程官依昨降指揮以一百四十六人爲額溢額人且令

依舊令後專教頭除更不用恩例收補其外借七分大程官依舊四十人
爲額四年三月十八日詔三省禮房今後因進書並依祖宗故事施行于
是起居舍人黃鈞言近者伏覩欽宗皇帝實錄書成大臣請罷恩賞詔文
又用天聖八年呂夷簡熙寧二年曾公亮故事獨辭賞典陛下聽納其言
顯奏夕可凡前日文具亡實之事皆置而弗講中外傳聞莫不欣歎切見
今月十一日盡降指揮史院官吏各轉一官減一年磨勘日歷所官吏特
減二年磨勘三省禮房兩項八十八人有減三年磨勘者有減半磨勘者
謂史官有筆削之功院吏有供檢之勞賞不可廢也實錄之成本于日歷
而欽宗皇帝一代之政簡冊散亡無所依據前後數年網羅遺帙僅存梗
闕編摩之難與他書不類與減二年磨勘不爲過惟是三省吏房之人
方著庭纂集之勤及史館修撰之際略無纖毫之補迺令行賞比日歷所
官吏或加一年此臣之所未諭也前年進三朝帝紀去年進哲宗寶訓今
年進欽宗實錄禮房之人皆無微勞三年之間疊被濫賞無謂甚矣今來
所降旨揮雖承前例然皆出于近時所行者之故實多所不合咸平元年
錢若水等修太宗實錄成景德二年李沆等修太祖實錄止加實邑階勳而
已及大中祥符九年王旦修太祖太宗正史始遷一官于是天聖二年王

大典卷一萬六千六百七十

欽若等修真宗實錄成天聖八年呂夷簡等修真宗實錄正史成熙寧二年
曾公亮等修英宗實錄成元祐三年鄧溫伯等修神宗實錄成紹聖三年
章惇等修神宗實錄成大觀四年蔡京等修哲宗實錄成悉爲前例皆得
遷官一等內官承受得與推恩前自天聖五年蓋未有及三省禮房者也
禮房十四人得減二年磨勘守當官守闕止與犒設一次則始于紹興五
年趙鼎又以爲過以是觀之今所用例非出于秦檜而何檜破前例不與
士大夫爲恩其于賞典廢越故常與前日文具已定之弊皆檜之爲也今
陛下從大臣之請既罷無文而禮房之推賞者八十八人亦非樂蒙欲望
特賜寢罷以革鄉來僥倖之弊從之六年三月四日給事中兼□□等言准
詔條具併省下項中書門下省見管吏額錄事八人主事五人令史一十
人書令史二十人守當官三十人守闕守當官一百人欲將守闕守當官
一百人內量減一十五人通將一百人試行遣一道內取八十五人存留
爲額其不入等一十五人候正額有闕日從上撥入不許保引別人攙越
見管守闕守當官一百人將諸房事務繁簡比較均減一十五人如戶房
二人禮房三人工房二人兵房二人檢點知雜催驅開拆承闕房四人印
房班簿章奏時政記房二人外差人並不在此數元管房分吏房左選吏

房右選戶房禮房兵房刑上房刑下房並如舊點檢房知雜房催驅房開拆房欲將點檢房為名以知雜催驅開拆三房併入印房班簿房章奏房時政記房欲將印房為名以班簿章奏時政記三房併入一街敕庫房架閣庫並如舊檢正房見管吏額四人欲將守闕守當官一名減罷並從之。二十三日給事中胡沂等言修具併下項尚書省見管吏額一百六十八人都事七人主事六人令史一十四人書令史二十五人守當官一十六人守闕守當官一百人欲守闕守當官一百人內量減一十五人通將一百人試行遣一遍內取一十五人存留為額其不入等一十五人候正額有闕日從上撥入不許保引到人攙越見管守闕守當官一百人欲時諸房事務繁簡比較均減一十五人吏房一人戶房三人禮房二人兵房二人工房一人點檢寫敕催驅在省催驅六曹房二人印房開拆內降匣封知雜房四人見管房分吏房戶房禮房兵房刑房戶房奏鈔吏案房鈔刑房並如舊點檢房寫敕房催驅在省房催驅六曹房欲將點檢房為名以寫敕催驅在省催驅六曹三房併入印房開拆房內降匣封房知雜房欲將印房為名以開拆內降知雜三房併入封樁戶房攢算欲併入戶房御吏刑房營田工房欲併入工房街敕庫房架閣庫並如舊從之。四月六日

卷一萬六千四百九十

中書門下省言已降指揮中書門下省知雜催驅開拆房併入點檢章奏班簿時政記房併入印房尚書省催驅在省併催驅六曹寫敕房併入點檢房知雜開拆內降房併入印房訖並許知雜房仍以省雜司為名。七日中書門下省言三省守闕守當官依近降指揮各揀試中八十五人存留為額分撥諸房外其試下并緣病不赴試價充額外減罷請給人詔依樞密院減罷人已得指揮願依條比換名目出職者聽仍與添差監當差遣一次。八年七月三日詔中書門下省尚書省守闕依已降御筆朱書指揮各以一百人為額令敕令所修立成法先次施行以諸房言三省守闕舊添二百人為額昨奉御筆減作一百人永為定額後又因裁減作八十五人是歲人力不勝欲乞遵依御筆指揮施行故有是命

全唐文

宋會要　檢正

神宗熙寧三年九月一日中書門下言奉旨議中書柳置士人為屬官伏以中書統治百官以佐天子政事布所置吏屬尚仍舊制宜高選士人稍依先王設卿置輔之意今欲置檢正五房公事一人逐房各置檢正公事二人並以朝官充見宰相參知政事如常朝官之禮檢正五房在提點之上逐房檢正與提點房官在堂後官之上除親屬寺觀職事相干外餘不許出入看謁主書已下簽書呈覆不許接坐仍錄事主書守當官內省減不諳行遣者十人與合得名目出職更不添額　都檢正官并逐房檢正官並依三司判官俸料支給內都檢正官益以傔二人所有合用什物合三司依例製造仍第破當直兵級　四年十一月一日詔應朝廷選用才能賞功罰罪事可懲勸者中書檢正官月以事草送進奏院編下諸路　九年十月二十五日詔今後中書檢正官所發劄子下諸處會當並先執政處呈訖方得發出仍置簿抄上每五日一次赴廳呈押　十一月二日詔檢正官檢詳官所兼職差遣並罷　元豐元年四月四日檢正中書吏房公事尚書刑部員外郎向宗儒檢正中書五房公

卷一萬八千九百十一

事候一年取旨除館職以宗儒言五房未便事可采故寵之　九月十六日詔以中書檢正吏房公事王陟臣檢正禮房公事蔡公度檢正刑房公事范鏜並裡外初中書檢正官溢員至是裁減陟臣等在職及二年者並陞任自今檢正官以四人為額　二年五月二十七日中書言近制檢正官四員除戶房二員如舊外孔目吏禮房共一員比之他房文字為多乞今戶房檢正官通管禮房從之　九月二十九日詔自今選檢正官定奪文字令執政擬事五日限　以戶房檢正官稽滯司農寺三司互奏錢文字上簿因有是詔　四年六月二十七日詔中書自今應指度定奪分折體量勘會驗應點檢之類並置簿催轄勾銷委檢正官量案牘給限　三年官制行罷檢正職務分歸中書舍人給事中左右司郎官以職官志　高宗建炎三年五月二十二日都省言自中興以來天下多事四方行移倍增于前日而宰相精力疲耗於案牘致邊防軍政所當急者卻致稽緩　無以中書別無屬官故也雖有中書舍人而其實詞契勘元豐以前有中書省檢正官六房文字後又因置左右司遂不差致朝廷及應報四方行移往往稽留無官檢舉催促今欲差官兩員充中書門下省檢正諸房公事內一員檢正吏禮兵房一員檢正戶刑工房其

請給人從並視左右司序位在上於都堂置直舍每員日給食錢五百文於臺廚造食供給所有左右司郎官却減兩員從之　四年九月十六日中書門下省言本省所行文字並是已經看詳勘當成熟事件其檢正兩員乃成虛設　詔中書門下檢正諸房公事並罷限五日之内人吏發遣歸元來去處今後所掌事務並依舊制　紹興二年三月十五日詔中書門下省復置檢正一員八月七日檢正黃龜年言自軍興多事置檢正專一驗察檢舉其通進司每日承受進降給發等事干與本省緣未置檢正以前雖係後省管轄今來復置檢正未審許與不許檢察詔許檢察　四年四月五日檢正諸房公事仇悆言檢正每歲舉官員數欲乞依左右司郎中例施行從之　三十二年十一月四日詔尚書省吏房兵房三省樞密院機速房尚書省刑房户房工房三省樞密院看詳賞功房尚書省禮房令左右司郎官四員從上分房書擬其中書門下省諸房令檢正書擬樞密院諸房令檢詳書擬　孝宗紹興三十二年已即位未改元十一月四日詔中書門下省諸房令檢正書擬從左右司請也　隆興元年八月三日中書門下省檢正房狀依指揮并省吏額見管令史至私名五人除令史書令史守當守官闕各一名依舊存留外裁減私名一名見在人

卷一萬八千九百十一

且令依舊將來遇闕更不遷補　乾道二年十一月二十七日詔中書門下省檢正係所掌朝廷機要文字不許出謁及接見賓客亦合遵依兩省官已得指揮施行　三年七月二十二日中書門下省檢正諸房公事史正志言欲將檢正房令史今後理四年三季通入仕須實及二十年如無贓私罪杖方許依條解發出職庶幾革去僥冒補官之弊從之　六年三月二十三日檢正房狀依指揮併省吏額見管四人欲減守闕守當官一名從之　四月七日詔中書門下省檢正房以所稱呼　八年五月十九日詔都承檢正左右司檢詳編修每日依六曹郎官法通輪宿直如遇次日朝參等日分仍免朝集及報御史臺閤門照會

宋會要　檢正官

淳熙十三年十二月九日詔檢正所減親事官一人白直兵士二人雜役兵士二人以司農少卿吳燠議減冗食下勅令所裁定故有是命　十四年七月十四日詔付下封事可令檢正都司逐一看詳有合施行事件開具申尚書省亦庶幾求言不為虛文大典卷一萬九百四十四

宋會要

裕民局

徽宗重和元年十二月十二日，中書省言：「奉御筆，就校正所置裕民局，差下項官：太師蔡京充提舉官，徐處仁充詳定官，參詳官三員，先次差朝散郎韓昭，檢討官五員，先次差承議郎、通判永興軍崔陟，檢閱文字官二員，管勾諸司馬承受就校正所已差官。」先是，延康殿學士、醴泉觀使徐處仁對便殿，上訪以天下事，處仁對：「天下大勢在兵與民，今水旱之餘，賦役繁重，公私凋弊，兵民皆困，及茲尚可為，過是將有不勝圖者。」上驚，思久之，曰：「非卿不能聞此。」明日除侍讀，校正內經，詳定官進讀罷，上特留與語。處仁奏：「天下猶一家，方其子孫衆多，則當務節儉，為長久。今皇子、皇女勝衣占祥，歲月相繼，昔文王百斯男，唐有百孫院，雖未及之，不可不慮。」上曰：「然，已織類是矣，可若何？」乃言周以冢宰制國用，於歲之杪，宜會朝廷一歲財用之數，量入以為出，節浮費，罷橫斂，百姓既足，軍備必豐，振兵裕民，無大於此。上稱善。既退，降手詔略曰：「國有定法，吏猶廢弛，況無法者，卿可以閱。」處仁具奏其事，有詔置局，討論振兵裕民之法，號裕民局，設五庫以總一歲財用出納，而用事者不悅矣。　十四日，延康殿學士、充醴泉觀使兼侍讀徐處仁奏：「臣准御筆，立法下項，臣看詳敕令意義，該括詳備，然議法

（卷一萬九千七百八十一）

之初，本句合有條具盡一，約束事件不少，竊恐諸路官吏未遽通曉，欲乞行下，自重和二年秋料為頭施行，仍令監司、守貳先次看詳敕令二法，并裕民劄子事理，如有疑惑，並許申明，及有所見利害，亦許實封奏聞，送裕民局，具進呈，庶幾下情通達，法成令具，惠施無窮。」詔依奏。諸折變、支移、和買者，前一月計本路豐歉、物價貴賤、所出多寡，各隨貴賤多寡之實，貴則量減納錢，或物賤則納本物，若先賤後貴、先貴後賤，聽改。諸折變、支移、和買，不計豐歉貴賤多寡者，杖一百，官吏勒停，永不叙。為以貴為賤、以賤為貴及多寡豐歉不實者，加一等，官吏編管千里，並不以去官赦降原減。　十九日，延康殿學士徐處仁奏：「臣今續具到裕民局參詳檢討官職位姓名下項：參詳官一員，已差中奉大夫、直祕閣、新知梓州孫漸，見在京；檢討官二員，一員已差奉議郎、秘書省校書郎史晟，一員已差奉議郎、新權發遣應府儀曹榮瀛，見在應天府。」從之。　宣和元年正月六日，御筆：「徐處仁差知揚州。」先是，上命處仁見太師蔡京，京欲復行夾錫錢於中州，處仁答曰：「夾錫錢第可行於關陝耳。」又問朝臣有欲動搖吾所立法者，何以制之，答曰：「崇寧立法，至今垂二十年，流弊多矣，如學校、禮樂之類，固當更張，裁損隨時，自然則人無間言。」京不樂，於是言者攻之，乃罷局，出知揚州。　二十八日，罷裕民局。

凡上者皆出永樂大典卷一萬六千四百十三，又卷一萬六千六百五十四

全唐文　宋會要

諫院

諫院，舊常以兩省官一員判院事，其員有左右諫議大夫、司諫、正言。天禧元年始別置院。兩朝國史志：諫院知院官六人，以兩省官充，掌供奉諫諍。凡朝政闕失，大則廷議，小則上封。由它官領者，帶知諫院；由左右司諫、正言供職者，則否。正言、司諫亦有領它職而不與諫諍者。監使官二人。中興之初，因舊制，設左右諫議大夫、司諫、正言，屬門下中書後省。建炎三年詔不隸兩省，別置局於後省之側，許與兩省官相見議事，以登聞檢、鼓院專隸焉。太宗雍熙五年二月，詔：「補闕、拾遺，任居諫省，榮踐清華之列，是為獻替之臣。朝廷之得失，須論列政之煩苛，必舉聽茲職業，寄任非輕。上則輔大臣，次則公卿庶尹，歷朝選任，何莫由斯。尚或但務因循，止思慎默，忌言讜議，寂寥無聞，有乖申諷之規，曷副建官之意？宜更舊號，特立新名，庶明立制之文，咸勵匪躬之節。其左右補闕宜改為左右司諫，左右拾遺宜改為左右正言。」太宗欲令諫官修其職業，故改其官號，特降是詔，以申明。淳熙五年三月，帝以三司判官多不守本職，拜疏言事，悉未備要，召總計使陳恕全曉諭，各揚其職。三司判官、左司諫張觀上章云：「臣是諫官，兼述

（卷一萬六千六百五十四）

拾遺補闕之官，是唐時武后所置，相循授任二百餘年，方自聖朝載新名目，言責之重，與古無殊。」帝曰：「朕當振諫四海，亦當共知，因不曾令兩省諫官不言時務，且設官之號，自古有之，仲尼所謂『天子有爭臣七人』是也。今張觀乃以武后妖亂之代比方朕躬，援引如此，殊無人臣之禮也。」即出觀知通州。至道二年二月，宰臣因對言臺省諫官不可令與他官循資遷授，諸拜舉人及與出身人，亦不合在除授之限，唯登進士第及累業有文學者可除。是冬，帝曰：「朝廷清望，各亦當擇材而授，不可易也。」真宗咸平四年二月二十一日，祕閣直學士馮拯等言：「詳祕書丞陳彭年奏乞依六典員數，置諫議、司諫、正言，為便。」真宗諭宰相曰：「今後凡求諫官，並須精擇。」景德三年三月，詔曰：「國家方闢化源，大開言路，凡為爭臣之選，實為侍從之充，當此虛懷，曾無讜議，豈詢求之未至，阻循默以相高，既虧獻替之誠，莫副詳延之意。遂使在廷之列，備陳曠職之言，將警因循，爰申戒諭。左右諫議大夫、司諫、正言，咸須軒墀之側，是為耳目之官，所宜端節竭忠，以獻替彌封，闡啟迪聰明，成予納諫之風，弼爾匪躬之操。自今若言皆詣理，事可舉行，當議必行，特加恩賞。其或面思社口，罔慢衷懷，必正與宰相斟酌，慢世子有強知朕意焉。」時查集賢院任隨上疏曰：「陛下惟勞庶政，闢求諫

之路而諫議大夫司諫正言數員但充位尸祿而已請申飭出之與帝覽而嘉之故有是詔他日又謂輔臣曰近詔諫官御史各令舉職言事昨右正言陳彭年請條制貢院復宏詞科采擇經術士侍御史曹翊使還言宿州買綾擾民此皆可采中書宜籍記之自彭年翊爲始天禧元年二月七日詔曰朕大庇烝民隆興至治彌綸政叉屬於庶僚寤寐思規屢班于明詔雖增虛佇未協勵思夫諫諍之臣本期述嘉謀而播狂風憲之任亦當遵直指而絶疑既列清班宜傾亮節懷緘默而自肆靜考績而爲觀光朕躬覽萬機親披封奏詳延百執素無漏言舉職徇公有何所避保身猶口拒至于斯將戒慢官先伸誕告仍旌優異以勸循輸自今兩省置諫官六員御史臺除中丞知雜推直官外置侍御史以下六員並不兼領職務每月添支錢五十千三年內不得差出或詔令不允官曹有涉私措置失宜刑賞踰制誅求無節冤濫未伸並仰諫官奏論憲臣彈舉每月須一員奏事或更有切務即許不依次入對雖言有失當必示曲全若事難顯行即令留內但不得潛爲朋附故作中傷其諫官仍于諫院或兩省內選擇廳事量置什器祇應候及三年或屢有章疏實能裨益特越常例別與陞遷或職業無聞公言罔覿雖授散秩仍遣監臨時帝謂宰臣曰去秋螟蝗

卷一萬六千六百五十四

因自內省天下至廣豈民政存闕比聞浮議謂朝廷當容納諫諍殊不知每聞言事莫非虛懷聽受然中外未悉且朝士中負才識者非乏直言讜論夫豈無人然所以官尤須謹厚端雅之士至於用心浮薄爲行此固有朕不敢爲遂以劉燁魯宗道充是選六月上封者言伏見名太常博士許式武定基欲擢升臺省伏緣曲臺博士若陟諫垣即拜司諫唐之拾遺補闕非髦秀英偉之士罕聞輕授臣與式等既無素嫌又非熟識正爲朝廷重惜名器式等雖無諫臣之體必有幹事之能方預職名如臣言可采望改一郎曹優與差遣帝曰式等雖無詞藻然皆勤幹朝行中多所稱薦耳既而止進秩升其差使七月右正言劉燁等言自來每有奏疏准例於閤門通進今後或有封事乞於通進司進入從之二年二月劉燁等又請自今有公事上殿面奏從之仍令前一日具名以聞候報入奏閏四月詔自今諫官御史上章除合用文飾外仰具所見利害事狀如事理稍多即具劄子件析以聞三年六月屯田員外郎主判三司開拆司范雍言自今諫官御史兼他職者望令仍舊舉職及乞增置諫官帝令別選人充諫官御史仁宗天聖元年四月二十四日臣僚言自古以來置諫官御史者所以防臣僚不法時政失宜朝廷用之爲紀綱人君視之如耳目先帝憂勞庶

政思聞讜言特下詔書舉舊典置諫官御史更互言事深有裨益一二年間執政之臣潛所畏忌優加任使因使罷之累曾上言復乞差除中書終不復差蓋臣寮不務公忠懷其私舉是致數年已來貴近之臣多違憲法比至勢敗已損紀綱伏望陛下常振朝綱廣開言路深防回邪或生蒙蔽復置諫官御史三五員令其察臣下之非遺言時政之得失防微杜漸無出於茲遂詔翰林學士已下同舉各太常博士已上官一員須公正清直之人具名以聞八月二十三日諫院言本院印舊以龍圖閣直學士馮元主判今復置左正言劉隨等合送本官從之九年七月二十八日權三司度支判官右正言陳執中請罷職計度專涖諫省詔候陳琰使還如所請仍給諫院條十年七月二十七日御史知雜陳執中言近以舊門下省充諫院乞還差臣僚主判詔諫院印并公事令石中立兼權管勾明道元年七月辛卯以門下省爲諫院徙舊省於右掖門之西自先朝除諫官而未嘗置諫院國朝太宗端拱元年改左右補闕爲左右司諫左右拾遺爲左右正言也及陳執中爲諫官而屢請之置諫院自此始宋承五代之弊官失其守故官職差遣離而爲三今之官裁用以定其奉入文而不親職事諫議大夫司諫正言皆須別降勅赴諫院供職者乃曰諫院官明道二年

卷一萬六千六百五十四

六月七日知諫院孫祖德言乞下閤門凡遇前殿坐日許臣上殿奏事詔依天禧元年二月七日指揮景祐三年八月二十九日御史知雜姚仲孫言國家開諫諍之路諫議大夫居諫官之首豈可以年勞單慶序遷今已員多恐數年之後又倍於今詔今後遇合改轉具履歷職任責序取旨慶曆三年八月知制誥田況言有唐兩省自諫議大夫至拾遺補闕共二十人每宰相奏事諫官隨而入有所闕失即時規正其實皆中書門下之屬官也今諫議大夫無復職業自司諫正言知諫院皆遺補之任而朝廷責其言如大夫之職矣而地勢不親位序不正在朝廷間與衆人同進退非所以表顯而異其分也今兌廉冗散之吏尚赴內朝豈諫諍之臣不得日奉朝請臣前在諫院每聞一事皆諸處求問比及論列或至後時今若令諫官得奉內朝則可以日聞朝廷之事矣兼王素歐陽脩蔡襄皆以它官知諫院居兩省之職而不得預其列於體未便欲乞今後並令綴入兩省班次所貴名體相稱副陛下選求之意詔送兩制詳定學士承旨丁度等參詳規諫之官號清望之選要聞細繹最爲切近欲乞今後比直龍圖閣及修起居注例令每日赴內朝從之四年八月詔自今除諫官毋得用見任輔臣所薦之人十一月十三日詔如先朝置諫官六員餘依天禧元

年勅五年二月十八日左正言錢明逸言閤門儀制每日上殿不得過三
班緣三司開封府日有公事上殿外只有一班若有審刑院或大兩省已
上班次即其餘並皆隔下且諫臣職在諫諍太抵言朝政得失銓今賞罰
稍務須刻則事涉已行適而更張國體非便欲乞今後諫臣有本職事求
對雖已有三班外亦聽上殿敷奏從之七年四月二十五日詔諫官自今
除朝參外非公事不許出入請謁五月一日御史知雜李兗奏諫官舊無
條制不私私謁及有帶館職臣僚并兩省差諫院者其起居橫行並只在
百官幕次交雜乞應係諫院供職臣僚今後一依臺官例除朝參非公
事不得亂出入及看謁所有起居衙行并諸處集會乞於兩省臺官例近
別設幕次其序班立即自依本官本品從之十二月知諫院王贄言諫官
例不與臣僚過從今請除二府不聽謁外其兩制官並聽往還從之皇祐
元年七月五日知諫院錢彥遠等言本院除賜到九經三史冊府元龜外
別無書籍乞于國子監應見管印本書籍除本院已有外其餘自九經正
義子史傳記下至今文各賜一部充公用及三館秘閣見管四庫書籍特
許供借詔國子監院本院已有外更賜與九經正義歷代史書諸子書令
文具所借館閣書以村條約不許十三日諫院言本院諫官二員從人至少

卷一萬六千六百五十四

又緣班次在知雜御史之上若出入過為劇弱慮辱國體乞援昨來三院
御史例添人從詔諫官每員添差衙司從人二人神衛剩員二人呈知二
年五月詔臺諫不不許相率上殿時中丞孫抃等與諫官同乞上殿有違
近制乃令輪日入對也嘉祐元年十二月一日右司諫呂景初言伏覩詔
書今後雖遇長假當留一班令臺官上殿欲望諫官同此從之英宗治平
元年五月六日知諫院司馬光等言本院舊有國子監所印書籍粗備惟
闕唐書以國家政令多倚唐制得失之監近而易行臣等備位諫臣職在
獻納考尋前載旦夕所資乞依學士舍人院例特賜新修唐書從之三年
三月詔左諫議大夫天章閣待制兼侍讀李受赴諫院供職神宗正史職
官志左右散騎常侍一人正三品左右諫議大夫各一人從四品左右司
諫各一人正七品左右正言各一人從七品同掌規諫諷諭凡朝廷有闕
失大事則廷諍小事則論奏神宗熙寧八年五月金部員外郎直集賢院
同知諫院范百祿言竊聞近令諫官綴左省班續準御史臺關報令臣赴
本官班敘立伏以謀其政者也在其位今修起居注行起居舍人起居郎
事直舍人院行中書舍人事同知諫院行司諫正言事也國朝兩省官不
必正員而行其事也立其班所以明職分而勵官守也今脩起居注直舍

人院則綴小兩省班同知諫院則綴而不與非明職分勵官守之意詔今
後特令綴兩省班元豐三年八月十日上批同知諫院黃顏向以疾病精
神頗弊自居諫職無所建明可罷知太常禮院國史院編修官九月一日
知諫院蔡卞請應差除及改更事並令封駮司關報諫院從之六年四月
二十六日初以通直郎監察御史王桓為右正言十月六日初以朝請郎
試中書舍人趙彥若為右諫議大夫八年哲宗已即位未改元八月二十
二日右諫議大夫孫覺言官制事目格子左右諫議大夫左右補闕拾遺
凡發令舉事有不便於時不合於道大則廷議小則上封若賢良之遺滯
於下忠孝之不聞於上則條其事狀而薦言從之二十八日門下省言中
書省申明諫議司諫正言合通為一法凡有所見並許論奏欲送中書省
申明行下從之十月十二日詔做六典置諫官具其所置員以聞十六日
詔尚書侍郎給舍諫議中丞侍制以上各舉堪充諫官二員初中旨除范
純仁左諫議大夫唐淑問左司諫朱光庭左正言蘇轍右司諫范祖禹右
正言令三省樞密院同進呈太皇太后問此五人何如執政對協外望章
惇曰故事諫官皆令兩制以上奏舉然後執政進擬今除目從中出臣不
知陛下從何知之得非左右所為此門不可浸啟太皇太后曰此皆大臣

卷萬六千六百五十四

所為非左右也惇曰大臣當明揚何以密薦由是呂公著以范祖禹韓縝
司馬光以范純仁親嫌為言惇曰臺諫所以糾繩執政之不法故事執政
初除親戚及所舉之人見為臺諫官者皆徙它官今皇帝幼沖太皇太后
同聽萬機當動循故事不可違祖宗法光曰純仁祖禹作諫官誠協眾望
不可以臣故妨賢者進臣寧辭位惇曰縝光公著必不至有私萬一他日
有姦臣執政援此為例引親戚及所舉者居臺諫蔽塞聰明非國之福純
仁祖禹請除它官仍令兩制之上各得奏舉故有是詔哲宗元祐元年二
月二十八日三省檢會上殿班御史中丞同侍御史或殿中監察御史一
員諫議大夫同司諫或正言一員今御史臺見闕侍御史諫官見闕左諫
議大夫詔御史臺不限御史中丞侍御史殿中監察御史諫官不限同省
分省諫議大夫司諫正言各並許二人同上殿十月七日右司諫王覿言
諫官職事凡執政過舉政刑差謬皆得彈奏雖在中書後省供職不可比
中書其它屬官得與執政相見欲乞今後中書舍人暫闕不許差諫官兼
權從之先是中書批狀令覿兼權故也二年八月二日朝奉郎右司諫賈
易知懷州以言事失當故黜之三年六月八日詔左右司諫正言殿中侍
御史監察御史以升朝官通判資序實歷一年以上人充四年七月十二

日左諫議大夫兼權給事中梁燾言右諫議大夫范祖禹除中書舍人伏望詳酌令祖禹且依舊供職而祖禹亦請追還告命詔從之六年三月四日中書舍人鄭雍言左司諫楊康國除吏部員外郎擳政事臺諫官言事稱職甚者不次進擢其次亦欽遷美職或繆妄不職則明示降黜今康國除員外郎謂以稱職而遷則員外郎在司諫之下謂以妄言而黜則未見降黜之因詔楊康國改為郎中七年七月二十四日左司諫虞策言竊見乞依例與御史臺官一員同上殿仍乞自後諫官獨員准此從之八年詔執政官親戚不除諫官紹聖三年七月十五日三省言近沈銖辭右司諫已得請復闕右司諫未嘗具除同上四且闕之方選其人雖暫闕未有所妨或要除殊為害也徽宗建中靖國元年十月十二日臣僚上言契勘言事官職在獻納合要見中外事件的實以聞朝廷緣自來除改事件及差除許令六曹報諫官案外即未有條法許令中外官司取索文字及會問事件致其間合論列之事無由備知亦不敢止憑詢訪便以為實驗於言職大有妨闕伏望聖慈特賜指揮許令兩省諫官於中外官司取索會問事件詔今後諫官案許關牒臺察取索文字崇寧元年八月二日臣僚上言伏見先有臣僚上書應兩省諫官合知事件乞於諸處官司取索照會

卷一萬六千六百五十四

所貴論列得實上副陛下求治之意續準朝旨令關牒臺察取索文字者切以諫官所論所以獻納天子也今來達天子先經臺屬其不可一也有事干急速而遂成留滯其不可二也有理合周密而遂成漏泄其不可三也以三不可而必關牒臺察者蓋日用事者之私意也蓋大臣苟為公唯恐人之不聞見也苟不為公唯恐人之聞見也以其唯恐人之獨見故其用意過務如此豈聖朝開廣言路務資獻納之意哉臣欲乞今後諫官應有合知事件更不關牒臺察並許直於諸處取索量行照會其被受官司仍須畫時供報不得隱匿漏落所貴人情利害周知政事得失備見而陛下視聽加廣矣昭黃稱竊見朝廷每緣一事暫置一局其有合知事件尚許直行取索照會今來諫官職在獻納天下之事宜無不知而反取索照會使此物破理屬未安詔從之二年八月二十四日都省勘會臺諫雖已分定所主職事竊慮未至明白除已降朝旨令遵守外欲更申明行下諫官職在拾遺補闕凡朝政闕失悉許論奏則自宰臣至百官自三省至百司任非其人事有失當皆得諫正臺官職在繩愆糾繆凡百司稽違悉許彈奏則自宰臣至百官自三省至百司不循法守有罪當劾皆得糾正從之政和元年十二月二十一日詔耳目之寄臺諫是司今言者不恪厥

以徼名則畏避以趨利或陰交貴勢顯比近習職所當糾緘而弗治或則俛首附麗默默鼓舌詆訾以此觀望而取世資何所賴焉朕宵旰圖治懍乎以聽言為難有言責者宜直道而行也辨是非毋憚大吏毋溺舊習欽宗靖康元年四月二十六日詔臺諫者天子耳目之臣宰執不當薦舉當出親擢立為定制六月一日詔朕惟頃者諫者虛位藥石不聞肆求忠讜直諒之士以備諫諍之列朕既虛心無諱凡爾諫臣義當自竭自今朕躬闕失其盡心直論勿隱勿避必求實是以稱朕好直求助之意高宗建炎三年三月六日詔臺諫員闕甚多令侍從官公共薦舉堪充臺諫二員六月十日詔諫院依祖宗法七月十五日詔諫院不隸門下中書後省十月二十八日詔諫議大夫富直柔遇事啟諫謀國盡忠其所建陳皆合大體艱難之中賴其獻替以裨朕躬可特轉一官報行天下使知朕優賢納諫之意四年十月四日宰執進呈諫官論列監司體量公事臧否等事上天顏怡悅顧謂范宗尹等曰近來諫臺無有一日無章疏亦未嘗放過一事趙鼎曰陛下開廣言路獎拔言官是以人人得盡言無隱此朝廷美事也紹興元年十二月二十一日右司諫方孟卿言諫官自來於中書門下省置廳事蓋兩省朝廷政令所自出祖宗以諫官居之不無深意切見行在

卷一萬六千六百五十四

諫省雖許於皇城內建置緣未有指定去處見今暗巡民間屋宇凡朝廷設施任用委是不便即時預聞詔候移蹕臨安於都堂相近置局二年六月二十二日詔臺諫言事官除非時上殿不合在輪對條具之數先是降手詔內外侍從官臺職事官等限半月各述所職利害條具以聞及應行在通直郎以上輪對臺諫狀勘會言事官遇有時政利害並係非時數奏恐不合在輪對條具之數故有是詔十二月十五日閤門言右諫議大夫徐俯面奉聖旨今後凡遇有合奏稟事並不拘早晚及假日請對勘會臣寮內殿奏事即不屬閤門引班今來本官不拘早晚及假日請對閤門即無似此體例詔遇內殿日有急速事令入內內侍省引對四年七月十三日臣寮言近來諫院遇全闕官印記掌於胥吏不便乞今後諫院全闕官印記權令中書門下後省寄收其諫官職事並不干預若有劄閣牒之屬每日類聚用印封記候除到諫官日開拆書押庶幾有所關防不致漏泄散逸從之十月二十二日詔車馬進發令諫院般次後省泊隨司諫趙霈請也先是降路進發遂康故有是請五年五月十八日詔左司諫趙霈論奏深得諫官之體可轉一官賜紫章服倘令尚書省將所奏修寫成圖進入霈疏曰安不忘危治不忘亂安危治亂之機相為倚伏陛下承列聖之

丕基適丁陽九之厄運九年於茲秣馬勵兵而士氣始振興衰撥亂而武志方伸天時既至人事已極比者皇威奮張寇戎遠遁已肇中興之業天其或者殆將悔禍使至於治安乎議者鑒與言運天人和悅遠邇之寧所謂安危治亂之機正不可一日忘也漢光武初定天下馮異來朝帝曰倉卒蕪蔞亭豆粥滹沱河麥飯異頓首曰願國家無忘河北之難小臣不敢忘巾車之恩唐太宗既平高昌魏徵舉小白無忘在莒之事以戒之帝曰朕不敢忘布衣時公不得忘叔牙之為人也臣亦願陛下無忘親征時臣亦無忘危疑時則治安可保恢復可期矣伏望益軫聖慮戢撫遠圖知無安不可懷則前日跋履之勞不可忘也知懽樂不可極則百日宵旰之憂不可忘也知前日倉卒之警則備禦之策其可忘乎知前日餉饋之艱則理財之道其可忘乎臣於此當念艱難之勤殫報國之誠指陳得失庶幾上下共享治安之美上嘉之故有是命六年四月十八日諫議大夫趙霈言伏聞近者中書舍人任申先繳奏沈與求詞頭謂臺諫門附匪等備數言路皆州親批初無先容之助而申先公肆詆誣臣等見各居家待罪詔申先除集英殿修撰在外宮觀趙霈等日下供職九年七月十六日尚書省劄子御史中丞廖剛言切緣臺諫官日逐上殿條數奏本職公事即與

卷一萬六千六百五十四

其餘官奏對事體不同欲乞今後臺諫官遇登對止具有無所得聖語應記注者依條關中書門下後省外免申閤門別無僥求文狀所冀得體從之。二十五年十二月一日詔曰臺諫風憲之地振舉紀綱糾逖奸邪密贊治道年來用人非據與大臣交黨而濟其喜怒甚非耳目之寄朕親除公正之士以革弊端此者宜盡心乃職惟結主知無更合黨締交敗亂成法當謹兹訓毋自貽咎右正言張修乞劄石於御史臺及諫院從之孝宗隆興元年八月五日諫院狀見管吏額法司一人令史一人書令史一人守當官一人守闕守當官二人今將法司右侍職郎蕭著一人裁減發遣歸部乞依省罷法施行詔依見在人且令依舊將來遇闕更不遷補二年十一月二十一日詔方今多事理宜博謀侍從兩省官每日一到都堂過合聞臺諫者亦許會議乾道三年五月十一日上宣諭宰執曰昨批韓曉奏狀知隨州林疑放罷知此處置是葉顒奏曰臣昨見言者論罷韓曉臣知林疑陰遣其家屬東行臣納疑卷於臺諫臣昨見言者陳令陛下批出可謂明見萬里之外陳俊卿奏曰近日此風頗盛惟其巧造言語以陰中傷是使監司不敢按郡守郡守不敢按縣官臣嘗見之上曰此風誠不可長朕方欲手敕戒諭臺諫十一月十九日中書門下後省諫院狀契勘兩

諫臣　　司

後省諫院人吏依條年十六聽係籍二十以上許試兩經試中方補守闕守當官遇有闕依名次遷轉直至令史又實滿四年以上及五年合行解發補官即是七年十以上委是年限久遠別無寸進緣當時省記法內無許比換副尉之文遂于紹興二十六年九月內申明畫降指揮依六曹寺監許行比換後來於紹興三十二年三月內却將兩後省諫院與進奏院一例衮同不許比換伏覩御史臺察案後推書吏于隆興元年三月內申明許行比換了當兩省諫院近具申請刑部勘當依六曹寺監年限用抵係比換別無違礙竊緣兩後省諫院係與御史臺六曹一體官司獨無比換委是不均今來即無僥冒且欲補圍條法從之六年三月二十三日諫院狀依指揮併省吏額見管七人欲減二人從之五月二十八日詔舊制設兩省言路之臣所以指陳政令得失給舍則正於未然之前臺諫則救於已然之後故天下事無不理今任是官者往往以封駮章疏太煩憚于論列深未盡善自今後給舍臺見乞封駮章疏之外雖事之至微亦毋致恐少有未當可更隨時詳具奏聞務正天下之事九年十二月二十七日諫院申契勘本院應干施行反論列陳訴等文字合要撿照條法取索參用不可時暫闕少諸熟舊人所有本院吏額內點檢文字一名昨盡降

卷一萬六千六百五十四

旨揮勒罷出職人新差監福州福清縣海口鹽倉蕭彥允令罷見御史臺祕書省等處將出職人不妨注授存留依舊祗應欲望朝廷依逐處體例及本院昨存留蕭著例將見存留點檢文字孫紹先不妨注授勒留在院祗應候以次人出職依此注授備替施行從之淳熙十三年十二月九日詔諫院減守闕守當官一人雖司事故更不作闕（……冗吏下數令所裁定故有是命）十五年正月八日詔復置左右補闕先是林栗劄子論諫官侵行御史之事至於箴規闕失寂然無聞願倣唐舊制置左右補闕拾遺各一員皆三年為任仍乞面加訓諭以遺補為名不任糾劾之職上出以示宰執曰林栗此說甚當朕每欲增置諫員俾以言官多任意論人凡臺諫初除人已逆揣其必論某人既而果然若諫官止於規朕過舉朝廷闕政誠合古人設官之意卿等宜考前代興置本末以聞至于王淮等具唐六典所載與本朝舊制進呈上曰朕舉闕職失君諫官專務規正欲主不事抨彈雖增十員亦可於是復置此闕□月七日敕令所言撿準□熙二年二月詔左右補闕宜改為左右司諫左右拾遺宜改為左右正言淳熙令節文左右司諫為正七品左右正言監察御史為從七品本所看詳今來復置左右補闕拾遺欲參酌比擬將品從雜壓

並在監察御史之上請依人從並視監察御史從之御史臺言補闕拾遺今參酌比擬將品使雖歷並在監察御史之上每遇朝參筵宴序品依行香班于左右司諫之次仍于舊諫議次侍班從之八日詔奉議郎充樞密院編修官薛叔似除左補闕朝奉郎行宗正寺主簿許及之除右拾遺

卷一萬六千六百五十四

諫院

添至四年十月上

添在此朝廷美事也句下提行

數

建炎三年禮部侍郎張守為翰林學士先是殿中侍御史趙鼎入對論守無故不還上曰以其資淺鼎曰中丞臺綱所繫豈計資耶且言事官無他過願陛下毋

卷一萬六千四百十三

沮其氣時上每除言官即置一簿考其所言多寡鼎為臺諫三月而言四十事上皆行之[illegible]年諫官論列監[illegible]

三月以下十二字大字居中

人人得盡言無隱此朝廷美事

紹興元年九月侍御史沈與求奏省部百司稽違許御史臺彈察所以正萬事而防庶微此祖宗深意也元豐中分置六察察按書吏歲終比較彈察稽違功績而賞之其賞甚微其利甚博昨因王黻用事政以賄成舊法轉廢吏亦習為偷惰上下相蒙紀綱隳弛方陛下勵精為治日圖恢復之功豈宜尚循故習望遵用舊法庶少振紀綱並依舊法施行

大典卷一萬六千四百十三

添五引對下

行紹興三年曾統言本朝多以諫議兼紀注且聽直前奏事元豐始不任諫列然亦許直前頃者權臣用事言路壅塞詔依元豐舊制　四年十一月殿中侍御史張致遠奏乞省罷營葺以繫軍民之心詔除軍兵營寨外其餘修葺去處並令孫佑不得應副如違官吏取旨重行黜責上因謂宰臣曰朕置臺諫本所以正闕失事有規戒未嘗不樂聞詩曰衮職有闕仲山甫補之朕嘗恐言者無以補朕闕　十四年進呈何若劄子乞進君子退小人上曰昨宣諭何若朕擢卿為諫官正要分別君子小人何時無小人但時察而去乃不害法　二十八年正月上諭大臣曰比既詔監司刺舉守令而監司賢否勤情將使誰察之宜為立法乃詔監司貪情不法臺諫自當彈奏其治狀顯著之人令臺諫侍從三人以上公共推薦三省考察取旨　淳熙十五年兵部侍郎林栗奏言諫諍之官尚有闕員居其位者往往分行御史之職至於箴規闕失寂無聞焉願依唐制置拾遺補闕左右各一員專掌諫諍不許糾彈從之以許甫父薛象先充其職班著在監察御史之上光宗立復省

（寄案：大典卷一萬六千四百十三引會要）

卷一萬六千四百十三

添五五年上

添五二十五年上

添五孝宗上

夹注左除右拾遺下

云云与此詳略互異

興

酒房院

宋會要　登聞院

唐置匭雍熙元年改匭為檢東延恩曰崇仁南招諫曰思諫西申冤曰申明北通玄曰招賢改匭院為登聞院淳熙三年又置理檢院以兩省官判令登聞院鼓司進狀人有稱冤濫沉屈者即引送理檢院審問至道三年廢理檢院景德四年改登聞院為登聞檢院亦置鼓在宣德門南街東廊院在鼓院之西天聖中詔以御史中丞專領理檢院太祖乾德四年六月二十三日詔今後應諸色進策人並須事關利害精絕虛浮益國便民言直事當者方可為策即不得亂引閑詞其所進事條仍不得過五件已上如是已經曉示不行者亦不得再有投進宜令匭院候有進策人分明曉示先取知委文狀及通指安下處所方得投匭如有違越並當勘斷如是本官官吏不切曉告當行朝典其餘申冤論事不在此限亦不得騰越須曾經本處論訴不與施行有偏曲者方得投匭太宗太平興國九年七月

卷一萬六千六百五十四

十二日詔改匭院為登聞院仍令諫院依舊差諫官一員判院雍熙三年九月戶部郎中張去華請應機巧技術不干正道之人令登聞院不須引對從之端拱元年七月虞部郎中張佖言遠近士庶小有訴訟即詣鼓進狀追捕蠶佐干黷搖擾亦有幸民作蘗狡吏挾私遂致州縣之官因循不修職業欲望自今除官典犯贓袄訛劫殺灼然抑屈州縣不治若方許詣登聞院仍付所司略問當實須至投鞫始與命使推鞫自餘越訴並準舊條施行從之二年三月詔登聞院鼓司應訴田宅婚姻之類一準新令施行淳化二年四月知制誥畢士安請特差司諫正言一員判登聞院事詔以右正言洪湛領之登聞院舊舍人一員兼掌至是始命它官五月置理檢院於乾元門之西北廊以知制誥錢若水領之復唐制也六月詔自今諸數人所進狀委判院官躬親看詳如別添改即并進狀人送樞密院無使淹滯十二月理檢院言鼓司送到進狀人若非大段冤沉止是因事諍論而越訴者望勒還本州若區斷不當即許再來陳訴從之至道元年三月詔登聞院有稱冤屈進狀人依鼓院例印縫引送理檢院六月有當登聞院殿直程峻言前開封府推官劉可濟先犯罪除名累詣院投狀乞引見叙理先準勅命應除名責降人叙理不得收接文狀其人繼日在院前發

進不去竊緣在京似此等人甚〻處通相効倣欲望自今應除名責降勒
停人未經恩霈不得於登聞院及鼓司投狀詔自今應除名責降停任人
如只是乞叙理者不得收接文狀內有訴屈者即送理檢院令取刑部大
理寺元斷公案照證是實有冤枉即得具事由申奏如引無冤枉即報登
聞院鼓司不得收接二年三月理檢院言檢會勅文登聞院鼓司除常程
公事依舊施行外如有稱冤濫沉屈者畫時引赴理檢院收繫罪文狀引
見如涉虛誑便仰曉示不行今據鼓司送到進狀人多是披赦恩訴理當
院看詳未合得前項勅文不敢申奏望下鼓司登聞院自今子細看詳如
實負冤沉者送赴當院從之七月詔令諸州吏民詣鼓司登聞院訴事者
須經本屬州縣轉運司不為理者乃得受三年二月鼓司登聞院言自來
兩司各得廊屋二間在內廊西東今緣官員應在司令乾元門西北廊有
舊廨宇五間欲請占為視事之所從之五月命太子中舍王濟句當鼓司
鼓司舊止內西許懷遂與殿直程峻二員句當至是省峻而命濟如周朝
臣也六月詔自今詣鼓司論告機密者即時引送樞密院不須更取詣
實文狀十二月詔鼓司應投進物色除近臣遣奏外餘不得受真宗咸平
二年三月詔臣僚著述文字許于閤門反鼓司投進朕當親覽以擇材能
卷一萬六千六百五十四
如文理稍優仍令兩制銓簡以聞閏三月二十日詔鼓司自今除進策獻
書上表披訴及常程公事即入檢進呈其論訴公事狀內乞行推勘并進
實封人即更不隨檢每日畫時實封投進二十六日詔登聞院應進實封
直言極諫人合押送樞密院者並責逐人住止處令通相委保四月詔昨
以時雨稍愆物情微鬱俾緩刑而申命思闕政之有聞遂降詔書徧行詢
訪封章有取尋已旌酬近者如聞閭巷之徒靡閑軍國之事顧文傭筆叚
手他人浸長澆浮須行禁止宜令鼓司登聞院自今更不得收接是月七
日命工部尚書張宏翰林學士王旦兼知登聞院事慮獻封者有所壅蔽
故也三年七月詔幕職州縣官及在京諸色人陳訴並令于鼓司登聞院
投狀五年三月詔鼓司檢院諸色人投進辭狀合係收接其中如小誤使
文字不妨事理者不得退却。十一月詔登聞院主判官不得于本院接見
賓客六年正月十五日登聞院言乞今後除實封及申雪屈沉并論公事
外其餘閑雜僥求文狀更不收接將所退詞狀抄節事目於日奏內別開
坐一項退狀緣由從之景德元年四月詔檢院自今追官停任責降貶配
逐便人經赦乞叙用者或稱曾經刑部不蒙引見或稱赦文雖不皆說有
例合得恩澤若已曾進狀者不得再接如實核叙用為有司抑屈明有指

論乞行推勘者責罪署狀方得收接二年四月詔鼓司檢院諸色人進實
封表狀不述事由者委主判官當面審問如實係機密即畫時進入四年
五月九日詔改鼓司為登聞鼓院命知制誥周起直史館路振同判其登
聞院改為登聞檢院命樞密直學士張詠判仍差內品陳彥通張延壽分
為兩院監門不得闌預公事先有內臣句當鼓司自此悉罷鼓院舊屋五
間迫隘遂並門西廊三間檢院除舊院外別于乾元門西北廊理檢使廨
十間後為兵部職方圖書庫復為檢院又于尚書省擇令史分掌之文武
臣僚閤門無例通進文字者并諸色人進狀並須先經鼓院除告軍機密
事及論訴在京臣僚即實封如進入後與審狀異同虛妄及夾帶他事並
科違制之罪所論事重依格勅施行仍令進狀人別寫劄子節略要切事
件連黏於所進狀前其餘所進文狀並先拆開看詳定奪或要元本文字
照證速牒合屬司分取索若事合施行反所進利濟可採便與通進若顯
有違礙即當日內告示本人知委如不識文字者許陳白紙據所論事件
判院官當面抄劄詣實口詞准此施行仍當日內據收接到所進文狀都
數逐件開具坐行與不行因而具單狀以聞若進狀并過白紙人稱鼓院
看詳不盡情理即許經登聞檢院進狀論便仰檢院詳酌事理若鼓院所
卷一萬六千六百五十四
定不行為當即具不行緣由判押署狀人收執如鼓院所定不當即具不
當事件并究進狀緣連進呈其收接到所進文狀亦於當日內具都數開
坐行與不行因依單狀以聞其披訴人若不即時判審狀給付即許於御
史臺陳訴其有登聞鼓院檢院委實行遣不當者方得接駕及繳所判審
狀披訴當付所司勘鞫如披訴得實判鼓院檢院官必行朝典如是虛妄
本人科上書詐不實之罪未經鼓院進狀檢院不得收接未經檢院不得
接駕進狀者依法科罪文武官及諸色人不得用無名劄子並具表狀
投進所乞留中不出及乞隱落姓名作訪聞內降行遣者令後並降付所
司明具于行琮禽異獸妖妄文字及諸般進奉并書扎藥方圖畫功名德
等並不得接駕及詣登聞鼓院檢院投進內妖妄文書畫時句喚司天監
官一員看驗委是妖妄即對本人焚毀如不係集斷文書即取責分付舉
人僧道草澤諸色人等如覩朝政闕失并公私利濟並許上言其所業詩
賦雜文及諸般撰述不得投進亦不得接駕進狀如違科違勅之罪應代
筆人增添情理別入言詞并元陳狀人本無枝蔓之言而為代筆人誘引
妄有規求者其代筆人為首科罪又民有詣登聞陳訴者多稱已詣轉運
使陳狀不為收接自今令諸路轉運使子細詳閱合施行者即時指揮不

合行遣者判書當狀付本人方許詣闕陳訴是月張詠言文武臣僚并諸色人自作過犯每至進狀多以利見理訴爲名别求僥倖欲望自今詣鼓院檢院進狀者先取索自来有無過犯一本連于所進狀前同進所述過犯如有隱落並當除名又文武臣僚三司京百司人吏因罪勒停進狀 敍叙用者望令鼓院告示文官歸刑部投文使臣即歸三班院三司京百司人吏即歸本屬檢敍行施如稱檢敍不盡方許執判狀經鼓院檢院陳狀論所貴過犯狀内隱落贓私罪者即科除名之罪餘皆從議罰起等又言諸色進狀人皆妄有僥求自今望除軍機密事指論在京臣僚及諸色人贓污偷侵官物并事干人命或自己實有屈塞并其三司公人職掌並經三司陳狀中書門下省京百司人各經本司倉場庫務即經提點諸司庫務及提點倉場所諸班諸軍各經所屬本司在京并府界縣鎮諸色人並經開封府或府界提點諸州有差遣及抽備往别處者並于元屬司分陳狀如不知元犯因依即與勘會施行餘從其請起又言進狀人係常程公事者或值日晚引進不及望權送軍巡寄禁具聞奏仍請令皇城司差親事官四人赴鼓院引接詞狀又諸色人進狀除旨論軍機密事及指論在京臣僚自餘文狀並寫兩本將詣鼓院内有合退遞者當日將一本退與

卷一萬六千六百五十四

本人一本即次日進納如係通封即將一本依舊進呈外餘一本亦次日進入仍先留中其過白紙人取到口詞亦依此例詔除留己留中者並降付中書餘皆從所請七月路振言充准五月十八日勅諸色進狀人委逐路轉運司看詳如不合行遣即取審狀判書付本人自降敕後尚有詣院陳狀者皆無轉運司判書文字欲望自今令諸路轉運司收到詞狀分作三項一項具已斷絶人數姓名一項具見行遣次第一項具判書當狀數目因依並次月上旬申奏委銀臺司看詳或有行遣不當並令駁疏從之十九日詔登聞鼓院如急速文字畫時進入常程文字依例五日一度于檢内通進二十四日詔登聞檢院日奏文狀并監門榜子並限兩本實封進入大中祥符三年八月詔自今進狀值日晚或至夜者除告軍機及指論在京臣僚事干人命畫時通進其餘並次日施行其當日所進文狀并奏目至次日進副本狀並依舊外其次日奏目兩本更不寫進六年十二月詔軍頭司應接駕進狀人[illegible]經檢院進狀如稱不盡情理再令檢院看詳如顯是妄有指陳令判院官于當狀後具不行緣由仍令今後不得妄進文狀判書給付本人收執或再来接駕進狀如所定不行爲當即送開封府勘斷九年三月登聞檢院言軍頭司送到接駕進狀人故岳州判史

史韶孫立兩次接駕不執檢院判憑據史立稱累經檢院進狀不接及行當問乃是止經鼓院未經檢院蓋兩司各稱相近人不能辨其史立已蒙送開封府勘鞫竊慮今後進狀之人有情倖故違條貫不執判狀直便接駕者望令軍頭司送開封府勘罪如再犯者配遠處衙前三犯者依法科決訖編管知前詔自今進狀人令檢院分明讀示榜文各令知委貴免枉陷刑憲仍取知委狀訖給付判憑天禧二年正月辛亥禮部侍郎王曾判檢院四年二月同判鼓院魯宗道言準條凡論臣僚不公事狀即時封進近日以来多有以州縣尋常細務煩瀆朝廷令論應言受贓踰違以上罪者即許實封論訴自餘皆須通封詔自今後顯有贓污踰違事狀及皆衆者即令實封投進違者罪之五月詔登聞檢鼓院手分自今于京局百司選差正名祗應及三年者與減一選即不得抽承闕人仁宗天聖元年九月詔自今諸色人詣登聞鼓院妄進文狀稱内中骨肉着便令送開封府枷項取勘依法斷遣七年上因讀唐史見匭函達下民冤枉之事乃謂左右曰天下九州之大豈無冤枉之人若至京師檢院鼓院理雪者必是州縣官吏提點刑獄轉運使不能理雪又若不爲申理則赤子無告矣乃置匭函仍專命御史中丞爲理檢使閏二月二十三日詔曰朕纘紹丕圖

卷一萬六千六百五十四

憂勤庶政思下情之盡達期讜議之必聞洪惟祖宗誕開言路援稽興制具在攸司是用遵行式昭先烈其登聞檢院依舊外宜置理檢使匭函爲檢匣應諸色人除奇巧技術邪妄不干正道事件不得上言及常程公事自依久来體式令逐處官司鼓院收接外如有指陳軍國大事朝政得失大段冤枉累經論理未獲辨明或事干機密並許詣檢投進内要是急速文字畫時進入其餘並依例五日一度于檢内進納如無即具單狀以聞如檢院鼓院進狀人有稱冤濫沉屈及爲鼓院檢院退滯者畫時引進理檢使子細審問餘依太平興國九年七月十二日敕施行三月六日詔近于鼓檢院側别置理檢院以御中丞王臻充使應諸色人詣鼓院檢院投進文字逐處官吏妄有邀難不畫時收接即許詣理檢使所具住滯不收接因依以進其鼓檢院官吏當行嚴斷内干機密公事理檢使亦不須看閲二十一日判鼓院吳遵路言進狀人狀内多有揩改添注文字舉先降勅命並令迴換應成住滯今請揩改處係要害事節即令退換自餘並用本院印訖進入從之六月辛卯命晏殊等看詳轉對章疏及檢院所上封事類次可行以聞八月詔昨降敕命應諸色人凡有指陳軍國大事朝政得失大段冤枉累經論理未獲辨明或事干機密並許詣檢院投進近来

所進文字多不應得敕命，宜令登聞檢院自今詣檢院投狀人須應得敕
內許指陳名目，方得投進。如進文字却有不同，並當嚴斷，仍先取詣實當
狀以聞。八年八月，詔：民有詣檢院進實封者，多是爭論婚田公事，累
經諸處斷遣者。自今令檢院應有進實封，先責文狀，如實有枉冤，不係婚
田，即得收接。其有爭論婚田公事，並令依例於鼓院進。皆九年六月一日，
詔登聞鼓門檢院無得輒受諸行軍副使、上佐、文學、參軍奏狀。時有妄求
恩澤至起訟者，因有是戒。景祐元年二月六日，中書門下言：檢會近日有
諸色人詣檢匭進狀，妄稱軍國機密，多是希求身名。今後如依得先降敕
文，即收接，仍取責審狀一處連從之。六月十七日，御史中丞韓億言：準敕
取勘鼓司官吏不合收接馬季良乞致仕文狀，切以朝廷比置鼓司，蓋使
人申理冤枉，豈未經奏御便許退還？其鼓司官吏更不取勘。仁宗以韓億
即合具奏取旨，不合擅納敕書，特釋之，仍取勘鼓司官吏法寺言登聞鼓
院李晟審讀金詔并釋之。慶曆五年五月十三日，詔登聞鼓院今後不得
收接蜀人文狀，以漢州彭任義等差人賫狀求進，帝令實封于樞密院送
納，乃有是詔。兩朝國史志：登聞檢院判院官一人，以帶職朝官以上至兩
省充。凡檢有四：東曰崇仁，南曰思諫，西曰申明，北曰招賢。凡臣家章奏及
上于鼓院而爲所抑者，或受而遣諸朝。令史二人。登聞鼓院判院官二人，
以帶職官朝官或卿監充。凡四方官吏士民冤枉封牘，或受而奏之于中，
以達萬人之情。監鼓內侍一人，書令史二人。理檢使一人，以御史中丞兼
領。吏民以冤自伸于檢鼓院而不爲達者，以時上聞。與二人。天聖七年，置
其登聞檢院匭函，改爲檢匭。如陳軍國大事、時政得失，並投檢匭，令畫
時進入，常事五日一次進之。其稱冤沉屈而檢院不爲進狀者，並詣理檢
使審問以聞。時上封者言自至道中廢理檢院，而朝廷得失、天下冤枉，復
不得上聞，故復置，使以領之。神宗熙寧三年七月，登聞鼓院言：當院每日
投進官員及諸色人詞狀，並捐角實封，并依自來體例寫兩本，事目于
通進司投下。欲乞依請處投進實封體例，更不于目子上開說事宜，只據
道數開報通進司投進，免致漏泄。從之。哲宗元豐八年十一月十四日，已即位未改元。以登聞鼓院隸中書省，三年爲任。元祐三年十一月四日，
三省言：今裁定登聞鼓院、檢院並中書省差，俸錢依在京分數。從之。中興
之初，因舊制置局于闕門之前，舊在宮城門外。建炎三年，專隸
諫院。監官舊額二員，以文臣充，常除一員，舊稱判官，今從目條之語改稱
監院。主管檢匭內侍一員，舊制檢匭一廢，幹擘四人，今親從官充，今不差

元年條移建炎三年

置。今以手分三人，舊有書寫人一名，今不差。掌投接命官、諸色人投進機
密軍國重事、軍期、朝政闕失、論訴在京官員不法及公私利濟之事。令從
以小匭一面，差承送親事官擎背以匭投進文字。鼓院置監官及稱諫，如
檢院之制，手分二人，書寫人二名，掌大禮奏薦、勅斷及致仕遺表已得旨
恩澤、試換文資、改正過名、陳乞再任之事，舊設諫鼓一面，置在登聞鼓下，差
兵二人，以三省大程官充，今並不差置。以承送親事官役送文字。兩院
闕官，許互權。金闕郎上諫院從朝廷差官。高宗建炎元年六月四日，詔
置檢鼓院于行在便門之外，差官權攝。四年九月二十日，詔：應四方士民
許冤論事，自來經檢院投進文字，雖任受訴詐，未嘗加罪。今許鄧贇上鄉
吳乃敢揭榜通衢，喧突闕門，所言略無可採，意在鼓惑，即欲理合懲戒，已
施行外，今後諸色人陳獻文字，並于檢鼓院，不得夾有邀阻，仍令尚書省
出榜曉諭。時宰執進呈越州勘到奇嵐軍狂人王昕異怪妄惑衆事，上曰：
此是狂易，可只送鄰州編管。朕大開言路，鼓檢院進狀，日閱所進，言有可
採，至命以官，言或不當，雖斥朕躬，亦置而不問，至於狂惑誕衆，不免略須
禁止。卿等可以朕意曉諭民士，故有是命。紹興三年九月六日，侍御史辛
炳言：進者手詔以地震求直言，于在外大小之臣孰不願盡己見盡興舜

〔卷一萬六千六百五十五〕

常投匭事體不同，如太常少卿唐恕首能應詔，乃未免同衆人押出名條，
伺候遂便有斷礙。意乞今後行在職事及監務官應詔及遂騎依格目上
書，並實用公文印記，繳牒檢鼓院投進，不在名條知在遂使之限，仍令本
院遵守施行。從之。十五日，御筆：以江陰軍進士李豁蘇白上書輒達詔旨，
不詣檢院而伏闕，令臨安府差人押歸本貫，所上書令看詳。上諭宰執曰：
朕于獻言者未嘗有所拒也，況豁等所言皆細務，非有訴訴之詞，顧不當
伏闕爾。向來靖康伏闕之風，啓李綱輩啟之，卒成變亂。令尚書省檢坐前
後不許伏闕旨揮，出榜曉諭。六年八月二日，詔登聞檢鼓院並去替半年
方許差人，其已差下替人，并見闕未到人，並別與差遣，或歸吏部注授之
人，特依省罷法與指射差遣一次，願就宮觀嶽廟聽。十年八月十七日，臣
僚言：伏見國家置檢鼓院，所以廣言路、通下情也。祖宗求言之要，著在甲
令，蓋有名件。遠方士人，初莫之知，往往肆瞽言，輒議國家大事，如登用大
臣、謀任元帥之類。乞令檢鼓兩司將甲令所載名件分明揭示，使之曉然
皆知朝廷延納之意在此不在彼。自今凡有獻陳，臣也與保人偕來，逐院
監官躬親審之，如依得祖宗事目，即爲進呈。從之。十一年六月六日，監檢
院王習言：准詔虞寧所進繳府，可令檢院黠還，今後獻無益之言不干政

體若檢鼓院不得收接仍令出榜曉示切見自來投進文字皆係實封官
司無從檢察其投進文字人多是書鋪保人同共商量乞今後進狀與點
覆事目及審狀異同將書鋪保人並送所屬行遣從之仍詔不得因而別
致阻節二十二年六月二十一日上宣諭宰執曰檢鼓兩院近日絕少論
利害文字恐有阻節可下所屬檢察二十七年三月二十四日戶部侍郎
王俁奏切見舊制登聞鼓院在正陽門南之西廊院在門西之北廊檢院
亦相距不遠大廈深嚴密邇皇城蓋所以增重其事昭示四方往者權臣
擅朝人情冤抑不欲上聞此官殆廢是時官府治所無不增修獨檢鼓兩
院雜於比屋之間不過數椽淺露狹隘僅能揭榜而已殆非仰稱陛下通
達下情之意望申嚴所屬討論舊制詔令工部措置本部下將作監委官
相視檢鼓院據臣寮所請移於正陽門外切恐士庶疑惑難於陳訴欲乞
各于舊址增展地步重修蓋公廳吏舍反入出門屋以周圍牆其左右民
舍有礙以其地隙地給還從之二十八年十月二十七日右正言朱倬言
臣聞設敢諫之鼓置理檢之司凡以通下情達冤抑故其實封條目鼓院
有八而檢院有六外此則通封投陳約束周備初鼓院次檢院次理檢此
其序也若所陳與事目異不得收接此其法也而兩院出未嘗服應元立
卷一萬六千六百五十四
事目約束足至微抄之事悉瀆嚴宸有傷事體望特加訓飭凡與上項條
目相應次序不越者方得收受又試給事中楊椿言近多有前執政大臣
子孫或勳臣戚里之家干求差遣恩澤之類臣恐自此日滋奔競之風有
害廉退之義望明降指揮今後似此者不與施行兼令下有司約束禁止
詔令鼓院照檢鼓條法看詳措置中尚書省取索今看詳兩院進狀條目
檢院係機密軍國重事軍期朝政闕失論訴在京官員公私利濟許收接
鼓院係公私利濟機密朝政闕失言利害事論訴本處不公理雪抑屈論
訴在京官員通封大禮奏薦勅斷致仕遺表恩澤已得指揮恩澤試換文
資改正過名陳乞再任通封許接所有約束斷罪非不詳備蓋緣日近因
循並不舉行是致將僥求差遣希冒恩澤坊場債負微抄之事一例收接
欲乞自今後令兩院官吏每遇進狀人須管躬親審問如委是依得條目
方得收接若實封外面題寫與狀內所陳不同依上書詐不實科罪理檢
院依此又臣僚乞進狀人次第經由理檢院本院契勘在法諸進狀初詣
登聞鼓院次檢院次理檢院又檢准國朝會要祖宗時理檢院言檢會勅
文登聞院鼓院除常程文字依舊施行外如有稱冤濫沉屈者畫時引赴
理檢院取結罪文狀如涉虛妄狂誕便即曉示不行欲乞下理檢院照應

職官三之六九

祖宗舊法從之二十八日登聞檢院言上書進狀人自來臣士著有居止
之人委保往往以献陳公私利濟為名其間多是夾帶論訴告訐及語言
狂妄不應上聞之事叱至追躡即行走逸蓋緣所責保人甚輕欲乞今後
應上書進狀人如係有官人即召本色有官人進士布衣即召見在上庠
生僧道百姓召臨安府土著有家業居止之人軍人召所屬將校各一人
作保仍令逐院籍書鋪戶繫書保識方許收接投進從之孝宗紹興三十
二年八月二十三日已及位未改元詔省部係政令之原人吏它日出職
當在民上所宜廉謹以立基本訪聞積習成弊官員士庶理訴公事必先
沮抑法雖可行賄賂未至則行遷延問難不已若取求如欲則雖不可
行亦必鑄法以遂其請傳聞四方何以率勸自今有此等被抑之人許詣
登聞鼓院陳訴當議重寘于法其陳訴人雖曾行賂與除其罪隆興元年
八月十四日詔登聞檢院鼓院監官各二員各減一員以右諫議大夫王
大寶等條具併省故有是命乾道三年六月二十一日監登聞檢院李木
言今檢鼓院雖隸屬諫垣可申理檢院不過已放逐便人姓名至於所訴
之曲直詳悉曾不與聞則理檢之實廢矣欲望陛下因理檢院之名責理
檢之實上問理檢院今尚存否奏云理檢之名雖存其實已廢上曰甚有
卷一萬六千六百五十四
補于治道令後省參照典故條畫于是給事中王曮等奏本朝天聖七年
始制匭函專命御史中丞為理檢使自元豐改官制以後中丞銜內始不
帶理檢使今檢鼓院依政和門下後省今隸屬諫院而御史臺猶存理檢
院之名檢鼓兩院旬申不過已放逐便人姓名而已誠與元置理檢使本
意不同臣等今看詳欲以檢鼓兩院依舊隸諫院外如遇進狀人稱冤濫
沉屈者引送御史中丞子細審問如中丞缺即付以次官內有事體稍重
者特首降付臺諫依給舍擬定事理施行從之閏七月十五日宰執進呈
畢上論理檢院故事因謂葉顒等曰朕常思祖宗創立法度以貽後人後
世子孫不能保守極可惜葉顒等奏曰祖宗創法甚備亦甚艱難子孫萬
不能守一旦失之可惜誠如聖諭上曰創之甚難壞之甚易蔣芾奏曰臣
常記元祐三年進士第一人李常寧廷試策破題四句云天下至大宗廟
社稷至重百年成之而不足一日壞之而有餘當時以為名言上曰誠為
名言芾又奏曰所謂壞者非一日遽能壞也人主一念慮之間不以祖宗
基業為意則事事放倒馴致敗壞故人主每欲自警戒常恐一念慮之失
如陛下憂勤恭儉屬精政事而于念慮之間常自警戒雖古之聖帝賢王
用心不過於此上曰朕非獨自警戒而已又且憂後世子孫不能保守

職官三之七〇

爲可惜顯等皆曰此乃國家靈長之慶陛下之言至此天下之幸宗廟社
稷之福也十二月四日宰執進呈劉廷老投匭上封事云究目前之利病
應詔書之所求而乃論訴劉才卲之子恩澤不當事言甚猥細上曰此非
上書本意將帶奏曰欲押歸本貫如何上曰如此甚好四年七月十三日
檢院言檢會天聖七年八月詔非係敕命應諸色人凡有指陳軍國大事
朝政得失大段冤枉累經斷理未獲辨明或事干機密並許詣檢院投進
近來所進文字多不應得敕命宜令登聞檢院自今詣院投狀人須應得
敕內指陳名目方得投進如進文字却有不同並當嚴斷仍先取詣實當
狀以聞景祐元年三月六日中書門下言檢會近日有諸色人詣檢匭進
狀妄稱軍國機密多是希求身名今後如欲得免陛敕文即收接仍取責
審狀一處連進詔檢坐祖宗故事令尚書省出榜于登聞檢院曉諭十四
日詔諸色人詣檢院投進文字已有指揮約束如歸正人投進文字並許
收接取責審狀內有希求狂妄亦依條斷罪八月十七日登聞鼓院羅
敞言本院看記一司舊條例收接四方士庶命官諸色人等投進文字通
封實封狀計一十六件實封狀公私利濟機密朝政闕失言利害論訴
本處不公理雪抑屈論訴在京官員已上八項並係指陳實封不通封狀

卷一萬六千六百五十四

大禮奏薦救斷致仕恩澤遺表恩澤已得指揮恩澤試換文資改正過名
陳乞再任已上八項並通封本院依得逐項事目方許收接投進本院子
紹興三十二年十月內准尚書省劄子勘會自來訴事合詣登聞鼓院進
狀詣闕本院多以狀不如式及名係寄退難留滯不即收接致訴事之人
徑邀車駕唐突頗屬未便得旨今後諸色人訴事須先詣登聞鼓院進狀
本院官畫時點勘所陳事理即時收接投進不得非理沮抑退難仍限三
日不候請實出給告示放令逐便如不曾經由鼓院便自唐突依見行條
法指揮科罪今來登聞檢院條例投進文字事目共止有六項機密朝政
闕失公私利濟軍期軍國重事論訴在京官員本院切見檢院於乾道
四年六月內黃榜約束進狀人指揮已前四方士庶往往將理雪冤抑及
夾帶論訴告訐語言狂妄不應上聞文字詐作公私利濟爲名實封投進
今來檢院已承黃榜指揮門前張掛致進狀人盡赴鼓院投進文字內有
詞訴冤抑請給恩賞差遣寄奏狀多是不曾經由次第徑赴本院投進今
來若不收接慮有違前項聖旨指揮欲望朝廷詳酌明賜指揮行下本院
以憑遵守詔依檢院已得指揮令尚書省給榜七年三月三日詔今後士
庶進狀軍國重事朝政闕失邊防機密軍期重害公私利濟論訴在京官

員許于檢院投進其餘應進狀訴事並赴鼓院投匭仰訴事人於狀前開
坐經由官司結絕告示令檢鼓院官當面審實仍令保狀內明言委保某
人陳訴某事方許收接進入如狀降付朝省稍涉異同並依條斷罪若檢
鼓院失行點檢官吏亦科違制之罪如看詳所訴委是理直即將前來理
斷失當官吏具名取旨行遣中書門下省檢正諸房公事司馬伋奏勘會
進狀訴事在法次第經由所行失當方許投匭伏覩太祖皇帝乾道四年
六月詔應諸色人進狀申冤論事不得蓦越須經本處不與施行及倚曲
方得投匭及太宗皇帝至道元年七月詔令諸州吏民詣鼓司登聞訴事
者須經本屬州縣轉運司不爲理有司乃得投匭得日來詣闕進狀之人
有不經省部陳理不候所屬結絕有郡日詣都省陳詞今日便行進狀者
及有未經諸處官司理斷逕行蓦越違戾伏覩真宗皇帝景德二年四月
詔應實封表狀不述事由委判官當面審結如實係機密畫時進入又四
年詔應實封進狀如進入後與審狀異同及夾帶他事並科違制之罪照
得日來有爭競產業理雪過犯陳乞恩賞補敘官資之類輒作公私利濟
軍期機密黍瀆天聰委是欺罔故有是命七月二十五日宰執進呈韓玉
伏闕所上書上問檢院收接文字皆先觀之乎虞允文等奏曰舊不如此

卷一萬六千六百五十四

因今年三月內司馬伋申請指揮令先審而後進上曰此指揮未盡善且
玉所訴劉孚劾用非軍數乎梁克家奏曰如訴張維亦是在京官員但檢
院以爲所聞前後異同故不收接耳上曰要是應得項目院官沮之非是
罷免虞允文奏曰恐太重上曰可降一官仍取檢鼓院見行條令再與理
會虞允文等奏曰容聞奏取旨行下敕令所別行修定十一月二十四日
檢鼓院言本院收接進文字職務至重其人吏慮恐因緣漏泄傳播于外及
非理抑退不爲收接今後遇有投進實封文字輒盜拆窺泄傳報事干機
密重害者流二千里非重害者徒三年無害者杖一百非理退所進
文字亦從杖一百斷罪其因而乞取錢物者依監臨主司受財科罪從之
淳熙三年七月十三日約束書鋪進狀既而執政言諸色人進狀訴理不
實自有條法近來書鋪止是要求錢物更不照應條法理宜約束上曰書
鋪家裝飾虛詞妄寫進狀累有約束不若行遣一二人自然知畏可令刑
部檢坐條法行下檢鼓院出榜曉諭四年九月十七日令兩院照應格目
收接論訴既而臣僚言檢鼓兩院其建官之意雖均而所掌之事則異比
年寖有違戾交互收接至于論訴不平陳乞恩賞之類乞檢坐條法申嚴
行下兩院照應格目常切遵守如有違戾罰在必行從之十三年十二月

九日詔登聞檢鼓院書寫人各減一人看詳剩員各減一人以農民長少卿吳燠議減冗食下敕令所裁定故有是命淳熙十六年七月三日監登聞檢院黃灝言竊見四方婚田之訟經檢鼓院投進行下有司所宜即為予決今乃多有經歷歲月再三陳訴迹涉煩瀆或事非冤枉皆乞令有司立為定式應今後降出進狀自所屬省部行下所委官司所委官司行下州縣縣案及州縣將案申上各限若干日具案情亦各隨多寡立限使之有定如有稽違並令所屬省部檢察按劾以閒冒訟之人所訴無理屢奏天聰擾害善良亦當行下科斷如此則進狀施行事加嚴重予體甚便從之

慶元三年十月二日司農卿黃知臨安府趙師𢍰言祖宗置檢鼓二院實古昔立諫鼓嘉石之遺意邇歲以來頑很之人公然騰越至有事屬細微巧詞飾說一經所屬不待施行遽投檢鼓或徑伏闕或邀車駕陳訴匪獨輕法嫚令褻瀆不恭復有事涉虛妄懼其章露故欲撓亂有司檢鼓二院自有明戴條令蓋謂經從次第所行未當及無所施行方許投匭進狀仍著令諸進令諸鼓院次檢院如所行非理抑退許進所判審狀邀車駕陳訴國家下情之通可謂委曲許盡今乃無所忌憚還戾日甚乞下檢鼓院継今遇詞訴雖經由州郡監司臺部朝省已為受理而未予奪當否或已

永樂大典卷一萬六千六百五十四

結絕而無給到斷由者不得收接其有輒伏闕及妄邀車駕陳訴之人並從臨安府照條科罪所訴事不理仍令刑部申嚴累降詔旨并前後所定條法俾諸路提刑司遍牒郡縣使人通知從之同日大理卿陳待言竊奉近奉御寶封下進狀理訴婚田等事一十六件皆是監司州縣自可理斷者其間有不曾次第經由官司或雖曾經由不候與奪及有已經官司定斷自知無理輒敢越望天庭進狀妄訴於貼黃上言定乞送大理寺斷是全無忌憚今後應有進狀訴事乞從自來體例先次降付尚書省量度輕重合與不合送司取旨施行從之五年正月二十九日諫議大夫陳自強言自備數諫列檢鼓二院雖在所隸然不過日知投進名件至于陳訴之曲直施行之始末理斷之當否曾不預聞有隸局之名而無審究之實甚非責任之本意欲望明詔大臣今後朝廷遇有施行進狀事件即劄下諫院照會俾得以隨事稽考若所送官司理斷之不當結絕之淹延並許劾奏以行賞罰或進狀人所訴虛妄亦坐以上書詐冒不實之罪庶幾檢鼓二院不為虛設而臣之職守亦不為虛領矣併乞循舊制應進狀訴事人並於狀前畫一開坐經由官司結絕次第仍令保人于狀內甘立虛妄罪罰雖無斷由聽與投進如是則冤民得以伸雪而囂訟亦不至於瀆聞從之

中書備行外門院鼓差直判院二員監門一分

開禧三年十二月二十六日臣僚言國朝因唐舊制置檢匭以通下情天聖七年仁宗皇帝頒降詔旨凡有指陳軍國大事朝政得失大段冤枉累經訴理未獲辯明并許投進乾道四年孝宗皇帝備舉天聖詔文給賜榜下登聞檢院曉諭近年以來上書進狀者日益稀少權臣畏人議己沮抑下情不令上達今日朝廷清明大開言路乞檢照孝宗皇帝典故令三省給降黃榜付登聞檢院曉諭士庶凡軍國大事朝政得失及事屬冤抑者並許上書投進本院官吏不得沮遏如所言可行即與施行如不可行亦與容納庶幾下情皆得上達亦可以為更化之助從之嘉定二年十一月一日臣僚言比來進狀全無紀律皆不候所屬官司結絕或雇倩代名或隱下情節以脫行遣或特此以凌轢承行官司因求脫免至若卑賤豪右之家下及寺院亦用管幹姓名輒然進狀乞下檢院自今遇有進狀須本家合為狀首人并以次知首尾家屬方許陳理即不許管幹人出名庶幾法不廢於上情可遍於下從之十六年九月十二日臣僚言周設路鼓立肺石以達窮民凡惸獨老幼之情無日不徹于下國家檢鼓二院實周制也生民之休戚軍國之利病函封騰之曾不崇朝遂登覽其視退門萬里如在咫尺二院隸于諫院進狀之見於施行者尚書劄下諫院使知

永樂大典卷一萬六千六百五十四

清朝無壅之意德意優渥可謂極矣然愚民之狃頑亡賴者第知欲快一己之私忿不知仰瀆九重之尊有事理情法之不可行者投進之詞源源不已何其敢爾不憚煩也乞行下檢鼓院應干進狀並遵舊制也先經鼓院次經檢院兩院互相關會投進至三者分明開說係第三狀俾從省部詳興看詳如情法未協者令所屬再行改斷如元斷已當初無可改者即行告示今後不許妄有進狀或輒敢伏門其有違者酌情施行庶幾既可伸小民之冤復可為健訟之警從之

宋會要

鼓在宣德門南街西廊院在門西之北廊舊日鼓司景德四年改掌詔上封受而進之以達萬人之情狀判院官二人以朝官充監鼓內侍二人令史二人凡文武臣僚閤門無例通進文字並先經登聞鼓院進狀未經鼓院者檢院不得收接建炎元年因舊制置局于闕門之前以堂考宣高宗即位于南京各李綱為宰相綱奏曰人主莫大于兼聽廣視使下情得以上通今艱難之際四方休戚利害日欲上聞而仕民之愿效其智慮者尤多而檢鼓院猶未置恐非所以通下情而急先務也遂置登聞檢院鼓院于行在便門外　三年與隸諫院

宋會要 訴理所

哲宗元祐元年閏二月四日三省言元豐八年三月六日赦恩已前命官諸色人被罪令來進狀訴理據案已依格法處其間有情可矜恕或事涉冤抑合從寬減者欲委官看詳聞奏詔御史中丞劉摯右諫議大夫孫覺看詳以聞 二月十四日管勾看詳訴理所言看詳進狀訴理人不若立定期限竊慮無以結絕欲乞應熙寧元年正月已後至元豐八年三月六日赦前命官諸色人被罪合行訴理並自降令來指揮日與限半年進狀先從有司依法定奪如內有不該雪除及事理有所未盡者送本所看詳從之 八月六日右正言王覿言臣伏見今年閏二月五日勅節文勘會元豐八年三月六日赦恩已前命官諸色人被罪令來進狀訴理據案已依格法處其間有情可矜恕或事涉冤抑合從寬減者委官看詳奏聞并今年三月十五日勅節文赦前命官諸色人被罪合行訴理限半年進狀臣竊聞自有上件朝旨置局以來凡有情可矜恕事涉冤抑獲申雪者甚

卷一萬九百四十五

多中外人情既知朝廷哀矜冤抑故見今陳訴者未已而旦夕半年之限將滿竊恐疎遠銜冤之人聞詔後時未及自陳者尚衆臣欲乞指揮下訴理所更與寬展日限庶幾銜冤之人皆得洗雪可以推寬聖恩感召和氣貼黃稱檢會元豐公式令諸赦書許官員訴雪過犯自降赦日二年外投狀者不得受授接即是常赦許官員訴理刑部猶限二年若該元豐八年三月六日赦恩者刑部自須至來年三月六日赦恩者刑部方不接狀所有令來理訴所日限欲乞依前項令文展至元祐二年三月五日終如此則凡經刑部定奪不該雪除者理訴所皆詳看施行詔展訴理所日限至元祐二年三月五日終 元符元年三月十四日詔熙寧元年正月以後至元豐八年三月六日赦前命官諸色人被罪合行訴理並限半年進狀先從有司依法定奪如內該有雪訴及事理有所未盡者送管勾看詳訴理所 六月二十五日御史中丞安惇言伏思神宗皇帝勵精圖治明審庶獄天下莫不知之而元祐之初陛下未親政事姦臣秉時議置訴理所凡得罪於元豐之間者咸為雪除歸怨先朝收恩思室儻出姦意不可不行改正欲乞朝廷委官將前元祐中訴理所公案看詳如合改正即乞申明得罪之意復依元斷施行詔蹇序辰安惇看詳內元狀陳述及訴理語言於先朝不順者具職位姓名以聞 三年

卷一萬九百四十五

三月十七日詔以朝散大夫中書舍人張商英為龍圖閣待制復降授朝奉大夫權刑部侍郎周之道為朝散大夫降授朝請郎門令為朝奉大夫降授通直郎馬璟為奉職郎勒停人竹璟為承事朝散郎致仕王愈落致仕皆坐元祐訴理語言駁降至是經恩牽敘故也　九月二日詔勒停人陳郛為朝奉大夫朱光裔為朝散郎蘇嘉為朝奉郎吳儔為承議郎以元祐訴理獲罪令復其言故也國朝中興乾道會要無此門　當贖高宗紹興二十年二月二十五日進呈監察御史湯允恭劄子竊謂刑辟之設有金作罰刑後世著在律文凡罪麗三等者皆有罰銅之條自一斤以至自十有二斤計其直自百有二十金以至萬有二千而止此律之大法也比來州縣任意縱捨笞杖與徒罪者皆令納錢放免少或數十百緡多或三千緡罰溢于罪或相十百或相千萬了不相當且又避免監司檢察收在別歷侵欺乾沒殆不可考欲望申敕州縣凡罪人當罰者一遵奉律條毋令多納緡錢以濟妄用詔刑部申嚴舊法

卷一萬九百四十三

檢覆紹興三十二年閏二月六日臣僚言在法檢驗之官州差司理參軍縣差縣尉以次差承簿監當若皆闕則須縣令自行至於覆驗乃於鄰縣差官若百里之內無縣然後不得已而委之巡檢三尺具在不可不守方今州縣之官視檢驗一事不胥親臨往往多以事辭免率委之巡檢蓋緣巡檢武人其間多出軍伍至有不識字畫者姦胥猾吏因得其便往往是非曲直顛倒徇侍乞申嚴檢驗之條其初驗官須委司理縣尉丞簿不許以事辭免至於覆驗如委無官可差仰所在州縣選差曉事識字巡檢前去如有不虔重寘典憲從之熙寧大臣不搢紳不附多起大獄以脅持上下而蔡新州因是取台輔元祐間置訴理所專為新州之黨上誤裕陵建中靖國元年范致虛知給述之說復行引訴理為言欲擊韓師朴而助曾子宣師朴論其惡自隸垣出為郢倅既到任謝表猶云云不已其略云豈十九年之審斷有八百件之寬刑當時讀其表者莫不知其必取好官而惡其心術之險也曲洧舊聞

卷一萬九百四十三

尚書省

尚書都省舊制尚書令左右僕射丞左右司郎中員外郎主都省事國朝以諸司三品以上官或學士一員權判凡尚書諸司悉他官主判其事務至少者但中書批狀送印領判都省總領省事及集議定謚祠祭受誓戒在京文武官封贈注甲發付選人出雪投狀二十四司吏員遷補納檢校官兑省禮錢有議事注甲白狀庫收造禮錢公廨雜事凡八案二十四司每季輪掌季帳轉牒畨宿當季之司差人赴門下省承發制勑省舊在興國坊即梁太祖舊第太平興國中移於利仁坊孟昶舊第頗宏敞中設都堂左右丞左右司郎中員外廳事東西廊分設尚書侍郎廳事二郎中員外廳事六職掌有都事主事令史驅使官散官五等令尚書省尚書侍郎至諸司郎中員外止為正官以叙位禄皆不職本司之事太宗淳化三年詔尚書令唐為正二品梁為正一品自今宜升在三師之上　真宗景德元年十二月權判都省趙安仁言本省元額職掌五人議事秖應人數太少令見管令史散官驅使官五人私名七人欲乞添驅使官二人如有闕於諸司抽差充填今後不收私名其立行諸司如額内缺人並具事由剌省取旨揮招召本判官與都省同驗人材書寫方得收充私名又都省每請射官告院朱膠錢充受誓戒侍漏供應茶湯燈油又招

卷一萬一千九百四十

置院子料錢外節序人吏節料從人食直錢即承例支給未條奏聞欲仍舊制並從之二年十月詔祠部及考功官告院綾紙庫自今委都省提舉四年正月上封者言南省屋宇至多部分亦衆尚無官員押宿則胥徒怠慢按六典尚書省每日一員宿直都司執簿為次淳化中李範起請刑部官員輪宿其吏部諸司貢院祠部並是選舉入道士僧尼按籍考功祠部官告院各有官錢綾紙欲望指揮自令應在省主判官並令依三司判官例押宿諸部人吏亦置簿輪宿詔除都省流内銓外每日輪差令史宿直仍於所判官及詳覆官内輪一員押宿或疾患入省不得即申奏請假當宿官與免起居常朝　大中祥符四年五月詔自令宰相官至僕射者並於中書都堂赴上不帶平章事者亦於本省赴上　八月重修尚書省畢命翰林學士晁迥撰記九月詔都省曉示諸司不得於廊下繫馬人力送開封府科決五年八月詔自令每覃恩封贈立限二周年如限内投納文字即與施行出限即便止絶今後初叙封者須開説存亡并録本官告身及妻禮婚正室狀如已曾叙封者即録累封官告在京者納都省在外者入遞申發付官告院六年八月禮部尚書知陳州張詠言臣官忝尚書祠部本部子司每有公事並是申狀體似未順今請應丞郎尚書知外州除都省依舊申狀外若本曹欲止判檢令

卷一萬一千九百四十

以次官狀申從之天禧四年十一月八日詔修尚書省以龍圖閣學士陳堯咨總其事仁宗天聖五年六月權判尚書都省劉筠言本省見管公用什器除稍堪供用外有牀椅爐毯百一十六事不堪修補虛附帳籍望送三司據數收納又准景德四年正月七日敕諸行私名已有定額候闕方得更收須經都省揀試後再牒御史臺看詳方得收錄如未得都省御史臺試中並不得私下存留又准景德元年閏九月二十日敕今後諸司如的是額內闕人須關報都省取候指揮指名有行止人委保別無蹤濫即本部官與都省看驗人才書札方得收充私名牒臺試驗書札近來六行諸司因循不依條

卷一萬一千九百四十

約並不先次報省試驗書札却一面牒臺乞試望申舊制從之六年七月權判尚書都省劉筠言尚書省諸司所收私名請自今都省與本官試中後先取會本貫户籍分明不礙名役及保明行止別無蹤濫過犯狀到省即准敕收充私名以都省試中日理為入仕年限從之嘉祐元年十一月詔尚書省司封司勳職方駕部庫部度支金部倉部都官比部司門主客膳部屯田虞部水部自今並以未有差遣帶職京朝官領之如闕人即差正郎或員外郎自轉運提點刑獄知州得替人如又闕人即差通判得替員外郎月給添支錢五千京官三千並許伺候合入差遣仍各差提印剩員四人（以上國朝會要）尚

書省兩朝國史志尚書都省判省事一人以諸司三品以上充總轄二十四司及集議定謚文武官封贈注甲發付選人出雪投狀之事令史三人驅使官三人散官一人本省官自令僕至諸司郎中員外郎止為官名以敘位祿本司職守皆不與焉元豐改制官名則因其舊而職守因不侔矣神宗正史職官志尚書省掌行天子之命令及受付中外之事凡天下之務六曹諸司所不能決獄訟御史臺所不能直者辨其是否而與奪之應取裁者隨所隸送中書省樞密院事有前比則由六曹勘驗具鈔令僕丞檢察無舛誤書送門下省畫聞朝廷有疑事則集官議定以奏覆考功所擬謚亦如之糾正

卷一萬一千九百四十

百官府之稽違而考其故失輕重以詔黜罰季終具賞罰懲勸事付進奏院頒行大祭祀則執事官就受誓戒凡分房十曰吏房曰户房曰禮房曰兵房曰刑房曰工房各視其房之名分掌六曹諸司所行之事曰開拆房主受發文書曰都知雜房主行進制敕目班簿具員賞功罰罪都事以下功過遷補及在省雜務曰催驅房主行鈎考六曹稽失曰制敕庫房主行編類供檢敕令格式簡納架閣文書（哲宗職官志同崇寧格吏房掌士之事凢文武官轉官循資考課選親薦辟考察陞陟恩賞廢置增減致仕假告事故分司尋醫侍養封贈承襲錄用磨勘八路差官等應吏部司封司勳考功所上之事户房掌户稅之事凢土貢孝義繼嗣券債課入支度應副邊防軍須起發年額科買科蠲請給賞賜寶貨漕運市舶榷易倉場儲積支移折變廢置隷所諸路州縣等應户部度支金部倉部所上之事禮

房掌禮儀之事凡道釋祠祀晏享奉使學校儀式制度喪葬醫藥樂人等應禮部祠部主客膳部所上之事兵房掌軍政之事凡民兵武士地圖方域城隍烽候傳驛廄牧軍器儀仗校送般家棊軍闕額請給等應兵部職方駕部庫部所上之事刑房掌刑獄賊盜之事凡捕盜理雪叙復移放配隸關津道路門鎖幾察驗尸職賞申明條法等應刑部都官比部司門所上之事工房掌工作之事凡營造鼓鑄屯田塘濼官莊職田山澤畋獵橋梁舟車川瀆河渠工匠等應工部屯田虞部水部所上之事奏鈔吏房掌吏部奏擬官員轄官循資差注封贈恩澤之事案鈔刑房掌刑部檢斷案鈔之事知雜房掌省官替上奏事進制敕目班簿具員考察賞功罰罷吏人功過遷補宿直凡在省雜務之事開拆房掌受付文書并發遞之事內降房掌受付內降之事催驅房掌催驅在省文字勾銷已未結絕事目點檢諸房稽違之事點檢房掌專一點檢諸房差失之事制敕庫房掌敕書編錄供檢條法之事架閣庫掌架閣文字之事官九令左右僕射丞左右司郎中員外郎各一人吏六十有四都事三人主事六人令史十有四人書令史三十有五人守當官六人哲宗職官志同崇寧格人額都事七人主事六人內未名帶守闕守令史十四人書令史三十一人守當官十六人守闕守當官一百五十人

卷一萬一千九百四十

令正一品掌佐天子議大政奉所出命令而行之大事三省通議則同執政官合班小事尚書省獨議則同僕射丞分班論奏若事由中書門下而有失當應奏者亦如之與三師三公侍中中書令俱以冊拜國朝以來未嘗除惟親王元佐元儼以使相兼領不與政不置廳事之所左僕射右僕射從一品掌貳令之職大祭祀則掌誓戒視滌濯告潔奉玉幣進爵國朝同中書門下平章事為宰相以僕射為所遷官名若罷平章事而官已至僕射者仍舊領之元豐中釐正省臺寺監職事舊居此官者換授階官為特進令闕則僕射為宰相之

任左丞右丞正二品掌貳僕射之職大祭祀酌獻饌進熟則受爵酒以授僕射國朝以為官名班六曹尚書下及官制行升其職秩遂為執政官神宗元豐二年四月十八日樞密直學士尚書右司郎中知通進銀臺司陳襄兼權判都省六月二十一日詔諸司承受朝廷批狀有合付案不行者於月奏狀具所礙條貫及如何難疑施行三年六月八日詔內外官司於中書尚書省三司不以有無統攝用申狀唯御史臺於三司移牒後又詔御史臺應官司冠尚書字者用申狀四年十一月五日詔尚書都省及六曹各輪郎官一員宿直。十二月十日詔尚書都省彈奏六察御史糾劾不當事。五年四月

卷一萬一千九百四十

二十六日詔尚書省寓舊三司龐元英文昌雜録云以新省營繕未畢凡寓治四所一舊三司二舊司農寺三舊尚書省四三司使廨舍五月一日詔左右僕射丞合治省事初議左右分治及進呈始命合治三日詔尚書省得旨下去處並同劄子七月詔應定衙替官事理輕重並歸尚書省十四日御史臺言尚書左丞蒲宗孟右丞王安禮賀僕射上尚書省都堂下馬　六月十四日詔尚書省得彈奏六察御史失職七月十四日詔應臺察事並由尚書省取索事小者先約法送中書省取旨十月十七日詳定官制所言準尚書省劄子官制所定雜事奏鈔奏有司事舊令式並尚書左右僕射與左右

丞簽書蓋朝廷以法在所司察法聞奏稟候朝命而人主於有司之成務付之執政執政之官所宜代天工而任賞罰則人主但聞之而已朝廷以天下分六曹以治之都省以總之六察以按之六曹失職則都省在所糾都省失糾則六察在所彈上下相維各有職守則奏鈔書都省執政官於理為當其房玄齡等告身四道內三卷敕授制授不書尚書都省官內一卷奏鈔並著尚書都省官而不書名授敕授制授則尚書省有書有不書者唐告體制不一至於奏授則尚書省具鈔奏上未有不具尚書都省官然於告身有不書名者蓋告身雖錄奏鈔其鈔已付吏部雖錄為告故或不書今奏鈔已

卷一萬一千九百四十

書名即告身止令代書從之十二月十五日尚書省上元豐五年下半年條貫詔依簽改行下上每進擬敕令必簽貼改定然後降出其所指摘事理皆有司抵梧也

六年正月十七日詔給事中陸佃中書舍人蔡卞看詳御史中丞舒亶論奏尚書省錄目事按罷以聞先是亶奏尚書省凡有奏鈔法當置籍錄其事目尚書省違法擅不錄目既按奏而乃以發文書曆為錄目之籍亶以為大臣欺罔而尚書省取御史臺受事簿亦無錄目字亦奏亶為欺妄於是詔尚書刑部劾罷而御史翟思王桓楊畏言中書按尚書省事不應付其屬曹治曲直故改命佃等十九日尚書省言御史臺編一司敕於官制

後違法請公使錢御史中丞舒亶直學士院日於官制後違法請廚錢臺察官朋蔽不言並乞付有司推治詔大理寺鞫之二十四日尚書省乞都司置御史房主行彈糾御史察案失職并六察殿最簿從之十月十六日詔自今臣僚上殿劄子其事干條法者尚書省依條法議奏如事理難行送中書省取旨十一月十九日恭謝萬壽觀回幸尚書省駐輦令廳上顧執政曰新省宏壯甚與官制相稱王珪等對規摹（模）制作皆出聖謨次至僕射廳上又曰新省制作非苟而已卿等宜率勵官屬勉修職事既又召尚書侍郎以下隨其曹問以所掌職事甚悉因戒敕曰朕所以待遇責任非輕宜各思自勉盡心

卷一萬一千九百四十

職事乃傳詔尚書省執政官與五服內未仕者一人承務郎六曹都司吏部尚書至員外郎遷寄祿官一等賜吏史有差十二月四日建尚書省成詔入內供奉官寄內藏庫使慶州團練使宋用臣遷昭宣使寄資及遷一子官文思副使秦士禹等十二人皆遷一官賞勞也尚書省即殿前司廨舍地為之自令僕廳事下至吏舍為屋四千楹有奇以五年五月癸巳即工六年十月庚子而成上稽古董正治官既復尚書二十四司職事改作新省其規摹區處詳密曲折皆出制旨裁定用臣承詔督工作壯偉雄盛近世所未見也又以舊中書東西廳為門下中書省都堂為三司都堂徙建樞密院於中書

省之西以故樞密宣徽學士院地為中書門下後省列
左右常侍至正言廳事直兩省之後都承旨司直樞密
院之後由是三省樞密院位著官儀煥然一新矣七年
正月二十六日上批本差内侍守尚書省門止為與外
庭臣僚無交涉得以盡情幾察出入若申解一賤隸令
禀都省則動有忌憚何事不廢自今但干違令出入事
命官奏聞吏史以下送所屬先是中書省言尚書都省
門狀刑部牒有賣肉人擅入比部門已送開封府省門
授事不禀都省其使臣欲上簿十二月十六日詔朝廷
封樁錢物令尚書省歲終具旁通冊進入哲宗元祐元
年詔軍期河防賑救災傷之類從本省劄降諸路以畫

卷一萬一千九百四十

録黄付本曹應受御札事大者送中書省取旨事小及
急速止本省行訖奏知仍關報中書門下其未便者聽
執奏三月十七日尚書省言請自今奏強劫十人兇惡
或軍賊五人以上合降朝旨收捉者更不送刑部直送
中書省取旨仍都省置簿抄録所得朝旨從之四月六
日中書省言尚書省文書自來左右僕射輪日當筆令
來左僕射未謝右僕射未除詔令左右丞權輪日主印
當筆六月二十日尚書省言近有司奏差踏逐官吏短
使不以關劇例乞不拘常制至有直關吏部擬差多非
其人請自今除軍期邊防非常賊盜先有不拘常制並
依舊例外其餘已得不拘常制指揮並罷自今並令依

條奏舉應合差短使亦如之如違委御史臺彈奏從之
七月二十一日詔都省每季差省曹不干礙郎中一員
赴榷貨務檢察見在錢物并交引數目申省及令戶部
差元豐庫監官一員不妨本職兼管封樁米鹽錢物令
除本務當支外每旬據見在數交撥封樁二十四日左
僕射司馬光右僕射呂公著左丞李清臣右丞呂大防
等言臣等聞王者設官分職居上者所總多故治其大
要居下者所分少故治其詳細此理勢之自然紀綱所
由立也是以周官小宰以官府之六屬舉邦治大事則
從其長小事則專達允宰相上則啟沃人主論道經邦
中則選用百官賞功罰罪下則阜安百姓興利除害乃

卷一萬一千九百四十

其職也至於簿領之差失期會之稽遲獄訟之曲直胥
吏之遷補胥郎吏之任非宰相所宜親也故人有言察
目睫者不能見百步察百步者亦不能見目睫言詳於
近者必畧於遠謹於細者必遺於大也今尚書省事無
大小皆決於僕射自朝至暮省覽文書受接辭狀未嘗
暫息精力疲弊於米鹽細故其於經國之大體安民之
遠猷不暇復精思而熟慮恐非朝廷所以責宰相之業
也竊以六曹長官古之六卿事之小者豈不可令專達
臣等商量欲乞令後凡有詔令降付尚書省者僕射左
右丞簽書訖分付六曹謄印符下諸司及諸州施
行其臣民所上文字降付尚書省僕射左右丞簽訖亦

分付六曹本曹尚書侍郎及本廳郎官次第簽訖委本廳郎官討尋公案會問事節相度理道檢詳條貫筆判云欲如何施行次第通呈侍郎尚書若郎官所判已得允當則侍郎簽過尚書判準應奏上者奏上應行下者直行下即未得允當者委侍郎尚書改判事之可否皆決於本曹長官其文字分付本廳郎官之時委本曹長官隨事大小鑿限若有稽違即行糾劾委的有事故結絕未得者申長官展更不經由僕射左右丞即改更條法或奏乞特旨或事體稍大或理有可疑非六曹所能專決者聽詣僕射左右丞咨白或具狀申都省委僕射左右丞商議或上殿取旨或頭簽劄子奏聞或入熟狀

卷一萬一千九百四十

或直批判指揮其諸色人辭狀並只令經本曹長官陳過尚書侍郎本廳郎官次第簽押判決一如朝廷降下臣民所上文字次第施行若六曹不爲接狀及久不結絕或判斷不當即令經登聞鼓院進狀下尚書省委僕射左右丞判付本省不干礙官員看詳定奪若本曹顯有不當即行糾劾所貴上下相承各有職分行遣簡徑事務辦集御史上官均亦奏乞尚書省事類分輕重某事關尚書某事關二丞某事關僕射於是三省同進呈欲尚書省事舊有條例事不至大者並委六曹長官專決其非六曹所能決者申都省委僕射左右丞商量或送中書取旨或直批判指揮其常程文字及訟牒止付

左右丞施行若六曹事稍大及有所疑方與僕射商量若六曹施行不當及住滯即委不干礙官定奪根究庶上下稱職事務辦集從之三年閏十二月十四日詔陝西河東蕃官蕃兵三路廣西川陝荊湖民兵及敢勇効用之屬並隸樞密院兵部依舊主行其餘路民兵令兵部依舊上尚書省應小使臣初補及改轉並吏兵部擬鈔畫聞訖送樞密院降宣四年詔以御史刑房爲御史催案刑房并掌催督刑部法寺稽違案牘其條限約束並依舊法五月九日尚書省言六曹寺監吏額並關防約束欲罷吏籍案內外役人增減等止合隨處行遣應出職而合入流並直達吏部都官欲罷配隸案所掌配

卷一萬一千九百四十

籍併歸刑部舉叙案從之二十八日尚書省言諸州軍奏案過限未報令御史刑房專一主行仍以御史催案刑房爲名從之紹聖元年閏四月十八日詔在京官司所受傳宣內降及內中須索及常行應奉隨事申尚書省或樞密院覆奏及類聚月終奏聞指揮可並令隨處覆奏即本司官親承處分須索仍畫所得旨錄奏請實奉行其官司奏請得旨非有司所可行者仍申朝廷覆奏行下　徽宗崇寧三年四月二十六日中書省尚書省送到白劄子勘會近降朝旨講議司限一月結絕罷局今來見結絕舊文字欲自五月一日後收到文字並送尚書省施行其外處合申講議司文字今後並徑申

尚書省開拆房拔下付逐處行遣從之　六月二十九日奉議郎充講議司檢討文字提舉江南西路茶事家安國言臣聞古之建國宮室官府法天察地合諸陰陽考之時日帝居倣太紫法天也土圭千里浴都遷澗察地也築室百堵西南其戶合陰陽也定中作宮揆日作室考時日也然而辨方正位之法非屬之冢宰無以立極於民漢制九嬪九卿分治內外官府之事天子居路寢九嬪序列東西三公處朝堂九卿前居左右今尚書令公廳左右僕射廳乃周冢宰布政之地謂之朝堂見處九卿之位六曹省部分治官府令據三公之地堂正子位養陰邪之氣所以陰陽失道天下異心朝廷庶政

卷一萬一千九百四十

變易不常宰輔大臣始終無幾豈皆人為所召疑由天造使然竊聞本省記工纔經考落神宗得唐制尚書省圖按視已有意改作但聖心天事倚伏至今安國辟學旁據豈足盡天人之理論今考古猶能決耳目之疑欲望改修尚書省伏乞收採施行詔令將作監畫到圖子修蓋　大觀三年五月二十八日臣僚上言伏見去歲六月中因中書省檢會熙寧故事於尚書省置習學公事官並依熙寧間條令施行臣竊以為神宗皇帝更張法度之初於中書門下置習學公事官使習政事廣論議及元豐中頒行官制百司庶務既已區別事歸有司而所謂檢正習學之名悉已罷去官號法制既新於上

而彝倫庶政日行於下有典有則萬世不可加損也方陛下遵志揚功循名責實習學之官亦何用於今日為此議者不過集奔競之徒為進取之計由此援引聚為朋黨而已非為朝廷至計也尚書省政事既已分職於六曹尚書侍郎以總之郎中員外郎以掌之各率其屬而舉邦治與未行官制不可同年而語也為官擇人則事無不治倘不擇人雖增習學又何益焉且前代官制之失也始因侵紊不止事去所司由是實領其職者久之而為虛名神宗皇帝已董正治官令尚書省置習學官則六曹事務必為習學官所奪事非元豐舊制伏望聖旨減罷施行非徒官名是正且有以塞倫薄僥倖之

卷一萬一千九百四十

原詔尚書省置習學官指揮更不施行　政和二年六月三十日詔曰古者官以稱事事有繁簡故官有多少唐虞建官惟百夏商官倍迄于成周王所治千里之畿而已分職率屬至二千有奇因世制宜咸克用乂朕紹休先烈獲承百五十年之丕緒地日以闢民日以庶事日以繁而建官之數循仍祖宗之舊逮至于今員多闕少世知以為官冗而不知多士以寧之美患事不舉而不知官少力不任之弊乃者有司不深究其本又減員額削祿廩欲省官裕國國用無所益而士之仕者仰不足以事俯不足以育朕甚憫之在熙寧中先帝董正治官嘗詔宮觀置員聽置承屬實在乎是總志廣聲其可

後乎所有宮觀并縣丞並依大觀三年四月以前指揮
後降指揮更不施行其餘減罷官闕可令尚書省具合
存廢以聞　中書省勘會除未可復外將緊切去處令
具諸路州縣等減罷窠闕名色下項諸路市易兼抵當
庫諸州縣鎮監茶鹽酒稅務諸縣巡檢兼巡教保甲洋
州通判巡轄馬遞鋪諸路提刑司准備差使緝捕盜賊
諸州軍寨主兼巡檢都監兼巡檢諸州軍城寨堡鎮兵
馬監押諸州軍縣城堡寨巡檢諸將部隊將押隊巡備
將領差使諸州寨主轉運經畧司指使陝西城下管勾
諸堡官監鎮兼烟火賊盜河北諸倉監門河北兩浙諸
作院河北江南諸甲仗衣甲庫倉場兩浙福建江南諸
卷一萬一千九百四十
州學給納錢糧官及甲仗庫陝西河東防城甲仗庫倉
草場諸州軍并城寨兵馬都監河北諸州軍都巡檢下
指使詔並依大觀三年四月以前指揮復置四年四月
五日駕幸尚書省賜御筆手詔曰尚書政事之本董正
治官自我烈考分職合治是建六聯有彛有倫小大承
式揚功述事在後之人比命攸司考按厥職違法廢令
允以德計追惟先志大懼墜失命駕來止延見庶工不
遑厥旨訓廸爾心夫麤而必陳者法推而行之者人徒
法不能以自行徒善不足以為政其謹爾止無載爾偽
以義制事以公滅私無廢厥官無怠忽荒政修舉憲度
罔有不孚則朕克追配于前人爾亦有無窮之聞其或

弗欽邦有常憲六月三十日起復朝請大夫充徽猷閣
待制京西路轉運使宋昇奏昨給到印紙曆子後來接
續批書已及百張吏部為條兩制無條出給今來奉行
事皆合批書乞別行出給詔今後兩制以上並尚書省
出給印紙五年十一月二十九日御筆尚書省火禁詠
皇城法十二月十四日度支員外郎許份言尚書省政
令所出六曹奉行自元豐肇建官制既分厥職人專其
事給曆書攷以為殿最之法出謁有禁以杜請託之原
令殿最之法既均而防範之條未盡又況六曹法有崇
守宜無侵紊顧詒有司申明元豐舊制六曹諸司議事
不得到都省及過別曹所冀官各修舉守職嚴肅從之
卷二萬一千九百四十
十五日御筆契勘政和四年九月二日指揮應內外諸
司庫務承受傳宣劄子不候覆奏係於御前緊急須索
政和令條海行自合兼行尚書省檢會崇寧在京通用
令諸受御筆傳宣外降及內中須索事干他司者同隨處覆奏
得旨奉行即本司官親承處分仍錄旨具奏請實行下
其非有司所可行或事干他司并官司奏請得旨者並
申中書省樞密院奏審御筆行訖具奏前後指揮並衝
改不行只申明舊條行下添刑名應覆奏而不覆奏者
徒二年吏人配鄰州不應覆奏而輒奏者杖八十吏人
杖一百政和海行令係見行諸事應立法及敕律令格
式文有未便應改者具利害申所屬審度志非懷異事

務曲當者申尚書省或樞密院事不可分者並申省下
文應申而不可分者准此即面得旨若一時處分應著
為法及應衝改條制者申中書省或樞密院待報即承
傳宣內降若須索及官司親承處分或奏請得旨仍畫
所得旨審奏奉行又檢會政和四年九月二日敕節文
大理卿侍其傳等劄子措置應內外諸司庫務承受傳
宣劄子如條御前緊急須索候降到劄子依條覆奏月
日申所隸省寺檢察臣等措置乞減去不候覆奏字詔
傳宣內降應覆奏應附傳宣使臣而不附奏者徒二年
不以赦降去官失減詔依已得指揮　宣和七年正月
十八日詔祿以養廉古之道也今士立身自公卿不足

卷一萬一千九百四十

事脩不足育遂懷飢寒之憂蓋自比年以來上無至公
之心下無自弊之俗爵祿與槍仕仕高下悉出私意士
有十年不調有累仕一官差使不均遂至流落失所朕
甚憫焉可令尚書省下吏部取索應已授被改欲赴被
罷及待次累年者以聞當隨材選用以稱好賢樂士之
意六月二十三日臣僚上言恭覩御筆處分數本節用
以紓民力以裕邦財爰命有司各具可以裁減事目以
聞執事之人但當欽承德意體國究心明具元豐舊制
若干今日增添實數若干來上至於斟酌裁處當聽睿
斷近已限滿各有案牘訪聞百司庫務等處多稱別無
裁減事節元降指揮既令各具則所隸官司供具虛實

盡與未盡竊慮六曹不肯任責夫裁浮冗而抑僥倖者
政之大本樂因循而惡檢繩者人之常情六曹既隸寺
監百司則自當一一取索覈實以助經畫若不更令逐
部結罪保明臣恐猾胥姦吏牽於自營彼此蔽蒙或有
漏落不盡却致幸免不均有妨裁定伏望時降睿旨詳
酌施行庶幾國用完實不至仰貽聖慮臣愚區區惟陛
下採擇尚書省檢會六月二十一日奉聖旨六曹寺監
諸司庫務局所等處具到裁減節目事差都司官覈實
具有無未盡聞奏詔依令六曹取索結罪保明聞奏仍
令都司依已降指揮覈實　欽宗靖康元年十二月十
五日尚書省大

卷一萬一千九百四十

全唐文

宋會要

都司左右司　神宗正史職官志左司郎中右司郎中各一人正六品左司員外郎右司員外郎各一人從六品掌受付六曹諸司出納之事而舉正其稽失分治省事左司治吏戶禮奏鈔班簿房右司治兵刑工案鈔房而開拆制敕御史催驅封樁知雜印房則通治之凡文書至注月日於牘背付所隸房記擬所判赴僕射請筆然後授之有司初於都司置吏設案而議者謂臺郎宰掾不當自為官司遂隨尚書省諸房分治所領之事惟置手分書奏各四人主行試補省吏及校定都事以下功過　神宗元豐六年正月二十四日尚書省乞都司置御史房主行彈糾御史察按失職并六察殿最簿從之　六月十七日右司郎中楊景畧乞左右司官依樞密都承旨例禁謁從之　景畧又嘗言尚書郎有非才望者乞令長官舉不放上或門止故事從闕否　二十五日詔廢罷監牧縻費封樁錢令樞密院承旨司專根究主領餘應封樁錢物令尚書都司取索置簿拘管初中書嘗差堂後官置簿掌封樁錢至是官制既行乃分隸焉七月二十一日朝散郎守尚書左司郎中吳雍直龍圖閣河北轉運使都司出使除職自此始元祐元年四月范子奇范純粹自左右司出為河北京東轉運使皆用雍例除直龍圖閣　十月十七日詔尚書六曹簿書令左右司

卷一千九十九

一

郎官半年取摘點檢　七年正月二十二日尚書左右司狀御史房置簿書御史六曹官糾劾之多寡當否為殿最歲終取旨陞黜御史房舉發彈察不當及失察不盡等事歲終亦乞比較從之　四月十九日三省言工部郎中權左司范子奇言尚書左右司獨創置吏額分為別司非欲乞依門下中書省例每有判送文字更不離房事重者郎官親呈事輕則擬定令本房請判筆從之令左右司著為令其吏人遣歸逐處　六月十八日朝散大夫工部郎中范子奇為左司郎中先是子奇權左司郎中建言天下事六曹不得專者上尚書省類非細務必郎官玄閱付受不當委開拆房吏同察異議乃奏取決上曰子奇之言是矣此豈吏所得專耶於是左司郎中闕即以命子奇　哲宗元祐元年五月二日三省言舊置糾察在京刑獄司蓋欲察其違慢所以加重獄事向罷歸刑部無復申明糾舉之制請以異時糾察職事悉委御史臺刑察兼領刑部毋得干預其御史臺刑獄令尚書省右司糾察從之　二年八月四日詔創立改法並先次施行應修者類聚半歲一進呈以正條入冊頒行若非海行法即書所入門目裁去繁文下所屬仍勿類奏六曹季輪郎官點檢刪節具事目申尚書省樞密院令左右司承旨司看詳當否甚者取旨賞罰從樞密院言也　三年正月九日詔改封樁錢物庫為元祐

卷一千九十九

二

政和八年一條移

庫隸尚書左右司　紹聖元年十月十二日詔尚書都司歲終檢察六曹諸部行遣違滯措置乖謬者於來歲之春條析事實及尤甚者具尚書郎姓名申尚書省取旨　二年正月二十三日尚書左右司言都省催驅房御史臺有點檢六曹措置乖謬行遣失當違程并住滯三十日已上事件限五日關送左右司上簿從之　徽宗大觀四年六月二十日新差知鄧州李薁奏臣竊惟神宗皇帝元豐間命檢正官畢仲衍纂集内外事物綱目為中書備對以知官吏流品户口錢穀之數以知禮法文物軍兵名額之數以知刑罰赦宥之事夫役之數小大精粗無乎不備欲望陛下命左右司官畧倣前制

卷一千九十九　三

撮内外事物之要責盈虛繁簡之實合為一書賜以新目上之以資聖主觀鑒之萬一奉詔令左右司依所奏施行　政和八年二月八日詔諸路臣僚陳述弊便於民利害並用黄纖貼御寶批出大綱事目自去年十二月二十二日後節次降付三省看詳施行可令都司置籍抄録議定有益無損合創行立法或已有禁修條或所見偏執拘礙悠久難以奉行事件逐項用朱銷鑿結絶候每至夏季冬季終即通致及半年内建明利害義理優長委是不傷事體有補治功實利及民惠而不費寔尤多者即具姓名取旨欲據輕重隨材陞擢以勸誠心奉法恵愛之人豈弟能吏庶明賞善褒功之義　六年六月十二日新湖南轉運副使聶山奏三省都録事在元豐法不得過朝請大夫比年有用特恩至中奉大夫者遇春秋内宴其位乃在左右史侍御史左右司郎官之上左右司牢屬侍御史彈治不法左右史日侍清光其選高矣而都録事位其上焉無乃未正乎乞特改正其寄禄官雖高亦宜在左右司之下庶幾隆殺有别而名分正詔三省都録已轉奉直大夫以上依朝請大夫班自今特恩轉奉直大夫令出職　七年五月十日中書省言勘會左右司點檢都茶場務收茶息錢及五百萬貫通共一千五百萬貫除都茶務官吏已推恩外其本司官吏未曾推恩詔左右司官各轉一官

卷一千九十九　四

内中大夫左司郎中陳仲宜回授有官有服親人吏各支賜絹十五疋朝散大夫尚書左司員外郎姚宗彦可特授請大夫朝散大夫尚書右司員外郎陳過庭可特授朝請大夫　宣和二年臣寮疏神考肇建中臺分六官而設之屬以御史糾其稽違復令都司較其功過令文左右司歲考六曹郎官治狀以功過對折分等惟三而上下等又有優劣次年春申省　高宗建炎三年五月二十二日詔減左右司郎官兩員置中書門下檢正諸房公事二員（詳見檢正門）　四年九月十七日中書門下省言左右司郎官舊係四員昨來減罷兩員却置中書門下省檢正諸房公事兩員近緣檢正職事稀簡已省

罷其左右司郎官，却合依舊四員。從之。　紹興二年十一月十一日，臣寮言：祖宗以來，應賞功罰罪之事，都司下六曹取索，擇其可以懲勸者上之朝廷，鏤板布行，使曉然知之。自渡江以來，茲奉曠絶，在今日整頓紀綱之時，尤不可緩。乞勅有司舉行舊典。從之。　四年正月二十九日，左司員外郎虞澐等言：都司人吏全闕舊人，昨降指揮許於六曹正守當官以上或出職人内踏逐抽差，不妨注授，却未有許差本司出職之人。欲自今遇有闕額，先於本司出職或換授人内抽差，如無人可差，即乞依已得指揮施行。從之。　十四年六月十三日，三省進擬右司郎中，上謂輔臣曰：神宗聖訓云左右司便是學為宰相，豈可不謹擇。　孝宗紹興三十二年（未改元）十月二十六日，臣僚言：竊謂本朝尚書省既有左右司，熙寧中勑置檢正五房公事官一員，每房又各置檢正官二員，書功過簿以核羣吏之失，其程督之嚴蓋如此。欲望陛下簡中書之務，使大臣得一意於廣耳目、訪賢才，以盡經邦之業；重宰屬之權，以痛懲百吏之婾，使大綱小紀罔不畢舉。詔檢正吏不增置，可依格除左右司郎官四員。（先是，令給事中金安節等看詳。揞照建炎三年曾置檢正官兩員，紹興二年止置一員，并見令左右司係以四員為額。今看詳，若依臣僚所請，竊恐員數稍冗，若且照近例量行除授，自可檢核羣吏。所有簡中書之務，緣本省即不見得見今三省諸房事務大小繁簡，難以便行。今欲乞專委檢正、都司取索條具，從朝廷勘酌區處，謂如某事係合請筆，某事係宰屬可以與決，某事止係常程合還付所屬曹部之類，立定科目遵守，故有是命。）

十一月四日，詔尚書省吏房、兵房、三省樞密院機速房、尚書省刑房、戶房、工房、三省樞密院看詳賞功房、尚書省禮房，令左右司郎官四員從上分房書擬。　隆興元年七月二十六日，詔左右司郎官各差一員，減罷二員。從右諫議大夫王大寶等議也。　八月五日，左右司言：見管吏額，左司令史一人，右司令史一人，左司知雜案書令史一人，右司知雜案書令史一人，都司四案守當官四人，茶鹽案守當官二人，守闕守當官一人，已上並依舊令；欲減罷專一給發四川定差并歸正官付身文字守當官一人，額外私名二員，令乞減一人。詔依見在人，且令依舊，將來遇闕更不還補。　二年正月二十一日，詔六曹被受都省立限勘當等文字，並依限供申；内無格法事，從長貳裁決，先立定議申省。仍委都司官置籍拘催，將違限去處申尚書省施行。（先是，紹興三十二年六月二十三日，臣僚言：乞令大臣委左右司檢察六曹稽違，嚴立日限，取其尤者黜責焉。）　五月九日，左右司言：本司官舊係四員，分書諸房文字，今止二員。詔左司郎官書擬吏、戶、禮、機速房文字，右司郎官書擬兵、刑、工、賞功房文字。　二十四日，臣僚上言：應州縣民戶自今後有詞訴，各已次第經由者，只許詣登聞鼓院進狀，候降出，委左右司專一置籍舉行。如顯是抑屈不伸，即將經斷官吏重作行遣。兼令御史臺每季取籍檢察。從之。

乾道二年十一月二十九日，詔尚書左右司並係所所掌朝廷機要文字不許出謁及接見賓客亦合遵依兩省官已得指揮施行十二月十七日臣僚言六部官有所獻陳乞不付本部勘當悉付左右司看詳朝廷折衷而行之庶不使以一己私見變易成法從之　六年三月二十三日左右司狀依指揮併省吏額見管十二人欲減二人從之八月十九日尚書省言近來進奏院輙於六部等處抄録指揮又將傳聞不實之事使行轉報深屬未便欲令左右司將六曹刺報狀内合報行事寫録定本呈宰執訖發付進奏院方許報行如違依聽探傳報漏泄法科罪從之十二月二十日左右司言三省詞狀見係都司官點檢訖赴都堂宰執引問令後就委都司官引問訖發付開拆房隨事分送諸房取索圖備經都司官書擬訖赴宰執廳請筆所有樞密院詞狀委檢詳亦乞依此詔仍令都司檢詳專一置簿逐件銷鑿結絶因依二十三日詔榷貨務都茶場依建炎三年指揮委都司官提領措置户部長貳更不兼領　七年四月詔復置右司郎官一員十二月五日詔都司文字並不許離房違者左右司申舉　八年五月十九日詔都承旨檢正左右司檢詳編修每日依六曹郎官法通輪宿直如遇次日朝參等日分仍免朝集及報御史臺閤門照會　九年閏正月二十一日詔樞密院今後應外路官兵功賞差遣等告敕宣劄文帖公據並令左右

司承旨司檢詳所除賞干照請領外其餘付身等令拘摧給發使臣每五日一次入進奏院遞取監官到院入遞日時文狀仍令進奏院專置簿籍發放每日赴左右司承旨司驅磨二十三日詔今後獄案委左右司點檢覺察如有稽違申取指揮官吏重作施行或失於覺察亦行責罰二月八日詔諸路監司各限十日條具不便於民事件其奏到文狀令左右司看詳　紹熙元年五月九日左司郎中沈詵言當司拘催給發諸軍磨勘轉恩等轉官告命内四川諸軍告命每季舊差樞密院使臣管押赴宣撫司交納後因擾擾一向不曾差押並侯本軍差人請領切恐積壓乞劄下本司將四川諸軍告命照應江上諸軍并樞密院檢詳所體例除齎干照請領外其餘入遞發下本軍給散從之　慶元五年十一月二十六日臣僚言恤刑者聖人之本心留獄者盛世之大弊今州郡重辟皆令以奏案來上所以重民命也然既涉奏聞必須待報而後處斷情罪至重赦所不原者固無足恤所可憫者干連久繫之人耳至於死囚情有可疑者必俟斷敕若回降稽遲以至淹延或至瘦死此則其情尤可憫也今日諸州奏案係屬右司看定朝廷所立日限至為嚴切在法諸房文字緊限三日諸受刑部案鈔不除假限五日即遇冬夏仲季月並依緊限其日限嚴切如此而尚有留獄者蓋緣右司之務至煩

是致多違日限回降稽緩率皆由此欲望精擇詳練明允之人再立右司二員使之分掌奏案仍乞申明紹興四年臣僚所請不得違慢所有諸軍奏案係屬檢詳看定自今右司檢詳並當從限看定如有違戾以致斷救遲延御史臺當彈劾以聞從之

卷一千九十九

九

全唐文

宋會要　應奉司

徽宗宣和三年閏五月十一日大宰王黼奏臣累具章論奏士大夫懷姦弗享損抑應奉等意在動搖政事妄為譏謗失臣子之恭伏奉聖慈嘉納憸險具孚天下幸甚臣契勘昨者贓吏並緣應奉為姦或因私相賂遺或託名御前致人得藉口今若不行措置則素懷奸悔者將盡廢貢奉舊制孤四海愛戴之誠若倐納弗先則矯虔者將復為貪暴欲望聖慈特置應奉一司差管文字使臣二人手分二人書寫人四人臣專行總領及乞差官總領於內并差承受官庶絕觀望以杜姦謀區區之意仰其睿明察其用心奉御筆依奏總領官差梁師成承受差黄珦王鑑十四日御筆王黼總領應奉司十九日應奉司奏契勘昨奉指揮廢罷收買計置等事止為贓私之吏並緣為姦及以貢奉為名因緣科擾並止絕監司守臣進貢止為非條例所載及不係被旨專委者并禁止臣庶之家輙於外路計置般載山石花竹之類與妄稱御前綱運物色止為臣庶私家自用及私相獻遺者所有依例應奉及被旨專委或御前差官勾當者即不合廢罷禁止竊慮有司執用不明或致假託違戾詒疾速申明行下二十日應奉司奏條畫下項一應奉事務及所委官並隸本司一應緣應奉事務并所委

卷一千一百八

官支一色見錢於出産去處依市價和買及民間工直則例措畫計置不得令州縣收買或令應副内監司守臣及州縣官除所委官及被旨專委外餘並不得干預所用般車及兵夫除見管船車人兵并依久例據實用數差撥兵士外餘並優立雇直依民間體例和雇人夫般車般載不得科抑民間如違並從本司體訪取旨重行黜責一承準令來應奉司劄子被奉處分選委充應奉官及專委勾當者合專一應奉外應在外以前曾被受諸處指揮管應奉事務官司並罷一應奉司使臣公吏人並依重禄法仍不得接見賓客及出謁并不得與内外官司書信往還見及輙通書信者同罪詔並依所

奏施行八月十四日應奉司奏契勘諸路應奉官計置應奉物色所用本錢合申應奉司自京支降除支外遝路各有起發上京送納官錢欲乞令應奉官於諸處應合上京送納官錢内兑便支用依合起發條限具支用過錢數窠名送納庫分申應奉司候到限三日撥還所屬如係鐵錢地分即令開具本處見今銀絹價錢撥還庶幾兩省脚費伏乞特降睿旨施行從之九月二十七日應奉司奏准延福宮西城管所狀申契勘諸路州縣起納租錢甚爲糜費脚乘除破錢數且如舞陽縣起納萬貫不下脚錢六百貫本所近計置收買船二隻價錢一千二百貫可以二運充填船價甚爲省便今來泝流

官司及無圖之輩循習擾攘稍涉不順百端阻節羅織篙梢入官拘繫妨阻行運欲乞令本所關報所屬止絶施行又奏兼契勘王子猷起納濟鄆二州租錢於廣濟河行運從來多被官司舡綱在前於岸下繫泊不敢蹉運動經阻留旬日及諸路州縣陸路車乘亦皆如此阻滯若以旗牌書寫御前錢物綱船車乘必無留滯檢會奉御筆水陸船車輙置旗號牌榜妄稱御前急切綱運物色因而擾攘州縣者以違制論係臣僚之家私物及興販而輙稱御前綱運物色者以違御筆論許人告賞錢五百貫勘會上件御筆處分止爲妄稱御前急切綱運物色輙置旗號牌榜并臣僚之家私物及興販而輙

稱御前綱運物色者應御前綱運所置旗牌即無條禁詔依付應奉司照會　五年五月四日詔諸路應奉官司不得一面申請奏畫指揮及諸處承降處分等並經由本司勘當取旨輙敢一面奏畫承降者以違御筆論仰應奉司覺察十二日尚書省言兩浙路都轉運使王復奏奉御筆裝發御前官物局製造到御前及乾華殿等處生活并非泛取索官物仰臣專一應奉人舡依限交裝津發不得違誤除已施行外近承御筆差充兩浙專一應奉官其所用人舡差撥見管舡車諸頭拘收到舡隻并劄差本司舟舡修完節次差撥交裝製造到明金供具搯光什物等生活上京未回又於杭州造作局

見有送下生活若非指擬回來舟船不惟數少分差不
足兼慮遲延今相度欲乞遇有裝發造下前項應奉生
活權行剗刷諸司并諸州差出回來在路并在岸空閑
座船屋子船應副相添裝發候回日逐旋發還元處詔
應奉置司本以盡革宿弊累降處分州縣不得干預今
王復所奏權許剗刷諸司并諸州差出回來在路并在
岸空閑座船屋子船應副般載事又將蹈習舊弊干預
州縣殊失專置一司之意可更不施行今後輒敢似此
申請者係違累降御筆處分合以違御筆論人吏仍重
行決配仰應奉司常切覺察九月十五日都省言應奉
司奏恭稟聖訓措置條畫到學事司歲計錢物下項詔
並依措置到事理施行借撥充漕計者限滿特許減半
更借撥三年七分者三分五分者二分三分者一分減
下借撥錢物并封樁錢物與元撥充糴本錢物並撥充
糴本淮南東路兩浙江東江西湖南湖北福建廣南路
並專委發運司內福建廣南路令發運司相度支移於
六路近便去處收糴京畿京西淮西路專委撥發司京
東路專委輦運司河東路京兆府路秦鳳路專委本路
轉運司措置收糴應隸發運撥發輦運司者起發上京餘本路
別作一項封樁並月具糴買到數目申應奉司以上並
令應奉官拘催撥與逐司收糴成都府潼川府利州夔
州路減下借撥錢物並封樁仍將見封樁到錢物並令

應奉官措置變易金銀匹帛赴元豐庫送納餘並依元
降旨揮施行奉行違慢仍以違御筆令應奉官具名奏
劾重行黜責一昨自宣和三年二月諸路依元豐法以
科舉取士應贍學錢物內京畿等十四路各以分數權
借撥充漕計元降旨揮候滿三年具奏聽旨契勘來年
二月限滿未審許與不許更不借撥稟自聖裁一諸路
贍學錢物自罷三舍後借撥或充留或起發或撥充糴
本或變轉兌易或封樁各隨所隸官司拘催管勾既事
不專一不相照應致多失陷今後並令逐路應奉官專
一拘催管勾隨事分撥施行一諸路州縣未罷三舍以
前所管贍學田土房廊等歲收錢物各有定額自罷三
舍後來已見虧欠失陷數多仰逐路應奉官限十日取
索未罷三舍前一年歲收錢物數目比照宣和三年後
來至宣和五年上半年所收數目有無虧欠如有虧少
根究虧欠失陷因依各逐年分開具聞奏一昨降罷三
舍指揮後來諸路歲收贍學錢物支撥借充漕計等諸
路並不遵奉元降御筆處分上下半年各具借撥等數
目聞奏無從檢察今仰逐路應奉官限十日取索開具
自宣和二年裁定學政宣和三年罷三舍至宣和五年
上半年已前借撥若干充留若干起發若干撥充糴本
若干變轉對易若干封樁若干并罷三舍截日見在錢
物若干已支使若干逐一開具聞奏十一月六日御筆

江淮荆浙福建七路所收七色錢昨係陳亨伯起請拘
收充經制移用已降旨揮候經制結罷令發運司拘收
專充糴本勘會七色錢散在逐路州縣未曾專一委官
管勾拘收處虧失侵用有誤糴買仰候經制結罷逐州
委通判管勾拘收逐路專委應奉官拘催撥充轉般糴
本内福建路令發運司相度支移於近便去處收糴仍
令應奉官每季開具拘催到錢數支椿去處申應奉司
奉行違慢等應干約束並依贍學錢物已降旨揮施行
六年四月二十二日應奉司奏勘會應奉司之意務
在杜絶假託應奉爲名又冒緣撓擾等事伏見近日陳
獻利便之人多乞所獻遺利撥充應奉司支用類涉苛

卷一千一百八

細事屬侵擾殊非本司置立之意欲令後諸色人輒陳
獻遺利乞撥充應奉司支用者從本司送開封府重行
斷遣情重者奏乞編配命官重寘典憲從之十一月十
三日御筆應奉司總領梁師成陳乞罷總領并總領下
使臣人吏等可並依所乞施行　七年四月十三日應
奉司奏勘會兩浙路所管本司應奉綱船差破兵稍不
少除裝發行運外其檢計修船攏泊守凍伺候裝發不
行運月日甚少坐費糧食合行措置令相度欲兩浙路
本司綱船存留梢工橈手各一名每綱留節級綱團軍
典木匠各一名除船料例候裝綱日支錢顧夫下水依
粮綱人數除留人外據闕帖顧合用顧夫錢米並要委

本路應奉官相度措置應副所有抵替下人兵逐旋發
歸所屬别奉差使其上下水顧夫錢支付管押人掌管
節次支散候回本路令應奉官取索驅磨如無侵欺及
無綱運稽滯除任滿推賞外每任更與減磨勘二年伏
乞特降聖旨施行從之六月二十二日應奉司奏奉御
筆開具不急之務及無名之費各具可以裁減節省事
目以聞本司契勘本司事務除兩路鈔旁定帖息錢湖
常温秀州無額上供錢淮南路添酒錢已奉御筆處分
更不拘撥充本司支用並撥歸御前只令本司拘收及
奉御筆諸路應奉官吏並罷其錢物令本司拘收無致
失散外令措置先次裁節到事目數内下項一所管錢

卷一千一百八

物在京係自於置司日本司措置算請鹽鈔上每貫量
收工墨錢等一十文在外係拘收久來充應奉增收一
分稅錢兩浙路鈔旁定帖息錢磨出失收帶納酒錢湖
常温秀州四色錢明越州湖田錢并本司措置拘撥頭
子等錢出賣鐵炭錢淮南路添酒錢隆兗州銅鍮剗錢
本司契勘上件諸色窠名錢合依前項兩次所承御筆
處分施行係令本司拘收欲依在京錢物並於後院作
製造御前生活所置司處一處樁發又契勘罷諸路應
奉官錢物令本司拘收處分奉聖旨係令應奉司拘收
一本司所管綱運除差借外見管綱運舡例皆畸零先
已行下團併去訖本司契勘内差出綱舡欲令見占使

官司相度團併及今措置管認支費等一行移等欲以
結絶應奉爲名詔並依所奏十二月十九日手詔朕祇
紹丕圖撫臨萬寓顧德弗類永爲宗社付託之重靡遑
康寧維予兆民是爲邦本比年以來寬大之詔數下裁
省之令屢行然姦吏玩法而衆聽未孚有司便文而實
惠不至蓋緣任用非人過聽妄議興作事端蠹耗邦財
假享上之名濟營私之欲漁奪百姓無所不至使朕軫
念元元若保赤子之意何以取信於萬方夙夜痛悼思
有以附循慰安之應茶塩立額結絶應奉司江浙諸路
置局及花石綱等諸路非泛上供拋降物色延福宮西
城租課内外修造諸路採斫木植製造局所並罷更有
卷一千一百八
似此有害于百姓者三省樞密院條具以聞夫民罔常
懷懷于有仁朕於吾民每懼仁愛之弗至一夫不獲時
予之辜播告之修咸聽朕旨

法物下接寫五月條條下顛倒複重案李燾長編年月日事跡正編宜處校時幸勿輕改

全唐文

宋會要　行在諸司

行在諸司車駕巡幸親征則隨事務各置行在司。太祖
開寶二年二月太祖親征太原以戶部判官李令珣爲
隨駕三司判官先赴城下。太宗太平興國四年二月
太宗幸鎮州以祠部郎中劉保勳充行在轉運使右補
闕高繼申副之起居舍人張去華監隨駕左藏庫左拾
遺宋白判隨駕御史臺公事武德使劉知信充隨駕行
宮使四月以考功郎中范杲爲諫議大夫三司副使判
行在三司事曹利用如京使萬州刺史閻日新並充行
宮使昭宣使愛州刺史衛昭欽宮苑使昭州刺史鄧永
卷一千一百二五
遷並充車駕前後行宮裏外周巡檢香藥庫使安守忠
楊崇勳權易使王遵度内殿崇班張繼能馬步軍都軍
頭安玉張榮張玉王全斌並充行宮四面同巡檢西上
閤門使白文肇馬步軍都軍頭翟明書贊都大編排點
檢儀仗法物。大中祥符元年封禪四月以殿中丞曹
谷昌言提舉東封行宮頓遞公事。八月詳定所言准儀
制令諸赴車駕所曰詣行在所蔡邕獨斷曰天子以四
海爲家故謂所居爲行在所開寶通對曰封禪前七日
誓百官於行在尚書省舊亦行從今參詳諸司前代元
無隨駕之文欲望車駕赴泰山及凡有巡幸有司舊稱
隨駕某司者並云行在某司從之。九月三日以衣軍副

使兼通事舍人焦守節西京左藏庫副使趙守倫編排
引駕臣寮西京作坊使内侍左班副都知閻承翰樞密
院諸房副承旨左領軍衛將軍尹德潤儀鸞副使賈宗
都大提點頓遞。六日以權三司使丁謂充行在三司副
使鹽鐵副使林特為副使度支判官黄宗旦鹽鐵判官
楊可充判官。十二日以樞密副使都承旨左屯衛大將軍
張質西上閤門使循州刺史白文肇為車駕前後行。
五月十一日以右諫議大夫三司副使李符領行在三
司事。真宗咸平二年真宗幸澶州十二月四日以客
省使樞密都承旨王繼英昭宣使李神福閤門副使潘
惟正樞密都承旨張質為隨駕行宫都監左驍衛將軍
王祚權判隨駕金吾儀仗事。景德元年再幸澶州十
月二十八日以樞密直學士權三司使劉師道充隨駕
三司使兼轉運使度支副使馬景副之判官李含章張
若谷周起並同知糧草事。二十九日以昭宣使李神福
宫苑使趙承昭勾當行宫司事樞密副都承旨張質為
行宫使司都監左監門衛大將軍孫進皇城使衛昭欽
為車駕前後行宫内外都巡檢西京左藏庫副使張繼
旻内殿崇班楊守斌副之六宅使康繼英如京使劉贇
元西京作坊副使張守信内殿崇班王遵度為行宫西
面巡檢。十一月以六宅使魏昭亮西京作坊使郭崇儼為
行宫内外都巡檢使。四年朝拜諸陵正月七日以樞

密直學士右諫議大夫權三司使丁謂充隨駕三司使
鹽鐵副使林特充副使度支判官艾仲孺充判官。九日
以宣政使昭州團練使李神福副樞密都承旨右屯衛
大將軍張質東上閤門使忠州刺史宫四面都巡檢莊
宅使康州刺史郭崇仁香藥庫使楊崇勳供備庫使梁
昭信權信副使夏守斌為行宫四面巡檢。十月以引進使
忠州刺史曹利用宣政使昭州團練使李神福宫苑使
昭州刺史鄧永遷香藥庫使敘州刺史安守忠如京使
萬州刺史閻日新並為行宫使西京作坊使内侍副都
知閻承翰樞密諸房副承旨左領軍衛將軍尹德潤儀
鸞副使賈宗點檢進六宅使順州刺史康繼英權易
使王遵度御前忠佐馬步軍都頭翟明郭全豐並為攔
前救後巡檢。二十一日以檢校太保簽書樞密院事馬
知節為行宫都總管。二十七日詔給事中張秉知制誥
王曾自京西至泰山應有沿路州縣鄉村父老詣行在
朝見者仰編連送閤門引見仍指揮逐處車駕經過日
有雜犯并見禁罪人未得斷遣疾速具元犯及刑名聞
奏。十月十四日詔以御史中丞王嗣宗攝御史大夫充
考制度使右正言知制誥周起攝御史中丞充考制度
副使。四年祀汾陰以尚書工部侍郎馮起御史知雜趙（寄案：李燾長編事係二月甲寅，二月乙巳朔，甲寅十日也）
湘充考制度使副使。七年奉祀以翰林學士王曾御史
知雜段曄充考制度使副使自四年以後止以本官充

祥符

此四年不提行

使皆不攝大夫中丞十九日命行宮都總管馬知節於山門駐泊都大管勾殿前副指揮使劉謙都大提舉岳下軍馬公事宣政使李神福入内内侍省都知李神祐管勾山下行宮裏外公事宮苑使鄧永遷西京左藏庫副使趙守倫同上泰山勾當警肅宿衛之人承遷仍充山上行宮使馬軍都虞候權殿前都虞候張旻步軍都虞候權馬軍都虞候鄭誠並隨駕升嶽提軍宿衛兵士權龍神衛兵四廂都指揮使來貴香藥庫使敘州刺史安守忠自天門至山下提點編排黄麾仗并排立諸軍詔駕殿前行在官司諸色人有違犯者並送行宮都總管馬知節量罪犯斷遣情理難恕者以軍法從事更不聞奏所有殿前侍衛馬步諸軍有犯並送殿前副都指揮使劉謙依此斷遣并行在州縣送到犯罪百姓及諸色人令留軍頭司具元犯送樞密院相度指揮自降是詔始于離京至訖事而還未嘗戮一人犯徒流者惟二人耳蓋以為得省刑愛人之旨三年將祀汾陰十月十二日以三司使丁謂為行在三司使鹽鐵副使林特副之鹽鐵判官工部郎中直史館陳靖度支判官都官員外郎孔宗閔為判官四年正月又以戶部判官太常丞直集賢院范昭為行在判官二十三日以檢校太傅簽書樞密院事馬知節為行宮都總管客省使曹利用入内都知秦翰入内都知鄧永遷東八作使安守忠西京左

藏庫使帶御器械綦政敏並為行宮使洛苑副使趙守倫為都監以樞密副承旨張質東上閤門使白文肇並為車駕前後行宮四面都巡檢俄又復州防禦使駙馬都尉柴宗慶為車駕前後行宮四面都巡檢左藏庫使鄭崇仁東八作使楊崇勳東染院使梁昭信西八作副使夏守贇充行在四面同巡檢西上閤門使魏昭亮内園使内侍左班都知閻承翰樞密院諸房副使承旨尹德潤自京至汾陰往來提點排頓公事莊宅使劉贊明西八作使王遵度莊宅副使李祐之充車駕前後攔截前後檢點給諸色人請受西八作使楊保用軍器庫副使燕通事舍人焦守節編排引駕臣僚供奉官閤門祗候鄭晟侍禁閤門祗候符承翰入内内侍殿頭盧守懃王文慶充車駕左右廂巡檢以侍衛親軍馬頭副指揮使張旻兼權管勾行在殿前副都指揮使公事以殿前都指揮使曹璨并權行在殿前副都指揮使公事張旻同共管勾行在侍衛親軍步軍司公事二十九日詔以左藏庫使綦政敏如京副使安繼昌内品胡德忠勾當行在内弓箭庫染院副使錢守謙勾當行在軍器衣甲庫内殿承制王遵範侍禁閤門祗候宋元載勾當行在軍器弓槍庫内殿承制侯紹隆勾當行在軍器弩劍箭庫内殿承制郭守信崔從湜勾當行在軍器什物衣甲器械庫莊宅副使李祐之勾當行在南北作坊西八作使王

遵度入內內侍省殿頭李懷斌勾當行在弓箭院供奉
官閤門祗候曹儀勾當行在禮賓院。四年正月十五
日差行宮使秦翰都大提舉行在翰林儀鸞御廚以沿
路都大提點排頓公事閤承翰親昭亮尹德潤與史崇
貴都昭信趙履信同管勾駕前修整橋梁道路行宮等
十七日以翰林學士晁迥判行在尚書省。二月詔赴
上留行宮都監趙守倫在宮仍權命趙承昫管勾行宮
事以龍衛神衛兵各百人給行宮都總管馬知節自奉
祇宮至后土廟巡警以保平軍節度觀察留後石普為
車駕前後行宮四面都巡檢使。六年將奉祀十二月
九日以右諫議大夫權三司使事林特為行在三司使

卷一千一百二十五　六

鹽鐵判官刑部員外郎直集賢院楊侃權度支判官職
方員外郎曹谷戶部判官虞部員外郎袁成務並為行
在三司判官四方館使恩州刺史楊懷忠樞密副都承
旨右衛大將軍張旻為車駕前後行宮四面都巡檢宮
苑使康州刺史郭崇仁內藏庫使羅州刺史劉贊明衣
庫使楊崇勳莊宅使王懷節崇儀使梁昭信為都同巡
檢。十一日以入內都都知秦翰昭宣使趙承昫樞密院
諸房副承旨尹德潤提舉往來頓遞東綾錦使楊保用
洛苑使張景宗內侍省右班副都知竇神寶整肅行在
禁衛。二十五日以殿前都指揮使曹璨馬軍副都指揮
使張旻兼行在馬步軍司公事以翰林學士李維判行

在尚書都省

卷一千一百二十五　七

宋會要 提舉脩勅令

神宗熙寧三年十二月二十四日金紫光祿大夫行尚書禮部侍郎同中書門下平章事監修國史王安石提舉編修三司令式并策及諸司庫務歲計條例　八年二月三日命樞密使陳升之提舉管勾修軍馬司勅以權知審刑院崔台等言奉詔修軍馬司勅緣軍政事重｜仁宗時命樞密使田況提舉乞依例差官詔知制誥權三司使公事沈括知制誥判司農寺熊本詳定　哲宗紹聖元年九月二十七日詔差宰臣張惇門下侍郎安燾提舉重修編勅　二年正月十八日詔太中大夫知樞密院事韓忠彥提舉管勾詳定刪修軍馬司勅例

徽宗政和元年四年十三日尚書右僕射何執中奏近蒙聖恩差舉重修勅令臣以朝限近促急於條畫瓶局未盡考見父來文字今歷觀祖宗以來天聖慶曆嘉祐熙寧編勅及元符勅令格式各曾差宰臣提舉之例蓋是元豐成書輕重去取一出神筆刊削復有總之官今陛下聖學高明獨觀萬物之表緝熙先烈無不仰遵元豐手詔並依元豐紹聖故事當逐時條上以稟睿訓雖元降手詔並依元豐紹聖故事然是當以元為法欲望聖慈特賜寢罷提舉勅令之名以盡遵制揚功之美奉聖旨可以兼領為名同提舉官准此同知樞密院王襄奏伏蒙聖恩差同提舉重修勅令竊見熙寧元豐紹聖差官例各不同恭惟陛下聰明文思博極六藝小大之政皆出睿斷今將上稽元豐政事筆削潤色一稟聖裁以垂於萬世寡昧豈能擬議其萬分備使充位備員秖是催促工程點勘差誤而已提舉之名所不敢當奉聖旨可充兼同領　已上續國朝會要　國朝中興乾道會要無此門

宋會要勅令所

孝宗紹興三十二年元未改六月二十九日權吏部侍郎徐度等言近措置裒集建炎紹興詔旨令專一置局竊見祖宗以來遇修一朝勅令格式差朝臣提領編勅事已則罷乞權行復置令來係專一裒集太上皇帝一朝聖政其所名取自朝廷指揮一刪定官以三員為額於行在職事官內差除本身請給外添支御厨第三等喫食一分人吏以十一人為額通引官二人承發反會文字一令踏逐懷遠驛空闕可時暫置司一舊勅令所印記令乞依舊關借其應干合行事件乞並依昨勅令所前後已得指揮施行詔依舊以勅令所為名餘並依

卷一萬九百四十三

乾道三年三月二十一日太府寺丞江溥面對奏有司近日奉行法令多有抵梧民情不便乞重行詳定盡復祖宗之舊上曰朕久欲行此將盡除去煩苛。四年十一月二十八日祕書少監兼權刑部侍郎汪大猷言太上皇帝臨御之初深究治體首立詳定一司自建炎四年六月以前著為紹興新法建炎以後續降幾至二萬餘條其間輕重不倫前後抵梧者合行刪削乞命大臣提領其事選廷臣同加討論庶幾督課有程可以速辦詔差祕書少監兼權刑部侍郎汪大猷兼詳定官大理少卿王彥洪韓元吉兼同詳定官刑部郎官蔡洸劉尚吏部郎官鄭伯熊戶部郎官曹逮大理寺丞潘景珪大理司直洪藏並兼刪修官仍限一年編修了畢候成書日量行推賞每月將已修卷數申尚書省如有疑難合整會事件逐旋齎赴朝廷取稟與決施行其在職不及半年更不推賞。十二月十八日汪大猷言契勘今來指揮刪修法令一令來修書行移文字欲以重修勅令所為名乞關勅令所舊印行使修書官聚議職事每月關錢三十貫充公用錢於請受歷內一就幫勘修書人吏依所降指揮係於諸司見支請給之內指差候書成日發遣歸元來去處令來差到之人合與理為在司月日從之。六年十一月十七日汪大猷言契勘承准指揮令本所刪修吏部七司法四川二廣法三省樞密院

卷一萬九百四十三

法殿前馬步軍司法合於內先次刪修一書詔先修三省樞密院并吏部七司條法。十九日汪大猷言已降指揮復置勅令所合行事件一紹興年間改為詳定一司勅令所至紹興三十一年依舊稱呼提舉官銜繫兼提舉詳定一司勅令詳定官銜繫兼詳定一司勅令正差刪定官銜繫充詳定一司勅令所刪定官兼刪定官繫兼詳定一司勅令所刪定官印記見有舊詳定一司勅令所印提舉諸司官一員承受官一員主管諸司官二員以上並依舊例施行一修書令差供檢文字一名法司二人知雜司一名編修文字八人書寫人八人守闕四人並不支破請給候有闕日撥填所差人其請給如係本所舊人

依本所則例支破若别官司差到若無請給各隨名已依勅令所則例三分減一顧請本處請給者聽一提舉官下差置供檢一名詳定官下差破書奏一名尚書省中書省各差供檢二人承受本所文字今欲各差一名添支食錢三分減一尚書省承受本所處白文字令欲差一名一本所公用錢每月支錢二百貫文應合行事件及差取人吏所破紙札等並依本所前後已得指揮施行從之○十二月五日詳定一司勅令所都大提舉諸司言本司申請以詳定一司勅令所都大提舉諸司爲名合用印移文禮部關借奉使印行使仍依國史院提舉諸司差點檢文字一名主管文字二名背印投送文字親事

卷一萬九百四十二

官二人其差取請給依已得指揮施行從之　同日入内内侍省東頭供奉官幹辦御藥院蕭詳定一司勅令所承受劉慶祖言乞以詳定一司勅令所承受爲名合用印記就用御藥院印行使合差主管司文字一名投送文字親事官二人并差取請給等並依實録院等處承受前後已得指揮施行從之。○七年七月十五日尚書左僕射兼提舉詳定一司勅令虞允文參知政事兼同提舉詳定一司勅令梁克家言奉旨勅令所見修條法不待成書令逐旋進呈緣所修係三省樞密院法事關朝廷大體理須討論典故兼目今所存皆是渡江以來旋次省記未曾經修而又文籍散落艱於檢會近方粗有倫緒除見已進依逐旋接續具進外今有已修成五十路并修到淨條一冊上進仍乞付下將來聚類成書依例別具表投進從之

令所

案此條有脱文此段文義疑是嘉定間事俟考

先前是臣僚言刑部進擬
案大理寺左斷刑右治獄法司并三衙人吏窠闕皆以
每歲附類試所試令敕令所正條修法去處乞自令敕
令所遇有編修手分闕令本所書寫人就類試所附試
將合格人補填如供檢試法司有闕即將試中刑法人

卷一萬一千九百四十二

依名字差充若未有試中人並許於內外官司抽差曾試
中刑法人承填祗應則人知習法可絕鑽求事下本所
看詳故有是命八月三日敕令所上淳熙重修敕令格
式（詳見格令）。五年六月四日吏部尚書韓元吉言祖宗自
建隆以至嘉祐但以續降類為編敕慮其未盡不肯遽
修為法率以數年然後差官置局從而刪定止號編敕
蓋類為編敕則不廢舊法可以參照故刪修而不能決
者許具申中書門下命大臣僉議決之其謹且重如此
自置敕令所以來別設官屬自為一局專以修法為名
豈得皆通練明習之士而利在進書之賞故一司法粗
畢又修一司間又舉臣或在要路有所建議他官莫敢

何詰朝廷曲徇其請便降特旨亦修為法由是盡失祖
宗編敕之意乞詔修書官自今凡有續降止遵用祖宗
故事類以成編遇臣僚有所建議申請者不得便修為
法許其執奏凡所修依舊且以編敕名之俟其施行十
年五年別無可議方得立為成書次第推賞庶合公論
其見修乾道新書更令盡取累朝所編敕令討論沿革
折衷至當務使全備遇有疑難亦申三省樞密院以衆
裁定不必拘以近限稍寬歲月使之盡善從之。六年七
月六日敕令所上淳熙一州一路酬賞格法淨條二百
冊目錄二十三冊看詳六百三十八冊詔以來年正月
一日頒行（詳見格令）。十一月六日兵部侍郎劉孝韙言乞

卷一萬一千九百四十二

自令凡立一法一令雖經其他有司詳議謂為可行亦
許令敕局照應於見行條法有無牴牾及有無未盡未
便處逐一條具申明合如何增損不得只緣元降指揮
便行修入庶幾立法之始究見本末免致行之未幾又
復銜改從之。七年五月二十八日敕令所上淳熙條法
事類四百二十卷詔以來年三月一日頒行（詳見格令）。九
年四月一日詔自令刪定官選差經任人其兼官更不
差人先是殿中侍御史張大經言刪定官於職事官中
班高職清比年除授寖輕初不問其能否履歷大率未
嘗通練古今明習法律一切受成於吏手或有能者則
又循習故常未必經意往歲乾道書成工勤之日覽反多

抵牾遂煩聖訓丁寧重伸刊修其後所定之法妄去一字而有司奉行至於役幼丁所修右選條法舛誤而銓曹承用尤多失當皆緣臣僚論奏復行訂正牴牾之罰不加而受賞如故令删定率常五員而比外復有兼官員數既多而涉筆彌年汗青無日陛下近者睿旨令見修百司省記法逐旬繳進十三年九月二十一日中書門下省勘會慶元府近因遺漏已行下將被火人家於本府但干有管官錢內多方措置賑䘏并科降度牒官錢修葺兩獄官舍等處外所有被火之家合納嘉定十三年分夏秋苗稅更合寬䘏詔令慶元府將被火官民户及寺觀未納嘉定十三年分秋料役錢特與蠲放其已納在官理充嘉定十四年分合納之數十一月二（卷一萬一千九百四十三）十七日詔令臨安府日下差官抄劄被火及拆毀之家疾速具數保明申尚書省以憑賑䘏仍令本府出榜曉諭十七年三月二十八日朝奉郎權發遣淮西提刑兼知黄州左謩言今月二十日舊城外新城東池名馬家巷居民遺火南風緊猛正望大江又兩街居民雖是土瓦而屋後小屋尚皆誅茅為之風勢火勢愈急雖有築城官民兵萬人無所措手得權江司都統陳世雄焦頭爛額身自堅立火中不動然後得諸軍極力向前風色稍慢始可著手於未時方得救滅當日本州支給元竭犒戍軍及雄關飛虎軍救火湖會五千貫文又特支陳

都統救火衛兵湖會五百貫文通判蔡丞直自領雄關救撲官客店及豐淮酒庫通判又自支錢一千一百貫文於二十一日領官屬親詣火場覆實共燒三百六十九家大小共二千四百九十四口大人支錢二貫米二斗小兒錢一貫米一斗支過錢四千一百貫米四百十石二斗仍令被火人在寺觀民家時暫安歇及行下諸處蠲免竹木柚分招邀客販務在疾速起蓋早與居證得謩治郡無狀致使君民沿燒貽害百姓其何以堪須至具申朝廷特賜敷奏將謩鐫罷以謝百姓仍乞限三月盡復所燒民居小貼子證得火災所燒並是舊城外居民及當街市民所有新城裏豐淮齋安煮酒三庫及應干官府解舍倉庫諸軍寨屋即不曾損動詔不允仍令本州更切賑䘏被火之家從限起蓋房宇使居民早得安業（卷一萬一千九百四十三）

全唐文

制置三司條例司

宋會要

神宗熙寧二年二月二十七日以尚書左丞知樞密院
事陳升之參知政事王安石同制置三司條例三月十
一日上曰近閱内藏庫奏外州有遣牙前一人專納金
七錢者因言牙前傷農令制置三司條例司講求利害
立法十八日詔曰朕以爲欲致治於天下者必富之而
後可令縣官之費不給而民財大屈雖焦勞乎㬰日之
間其將何所施哉特詔輔臣置司於内以革其大弊而
使美利之源通流而不竭則庶乎孔子適衛之言朕有
所冀焉夫事顓於所習則能明乎得失之源令將權天
卷一千九十八
下之財而資之於有司能習知其事者則其所得必精
所言必通聚而求之固足以成吾富民之術若夫苛刻
之論務欲驗削於下而斂怨於上者斯亦朕之不取宜
令三司判官發運轉副使副判官及提舉輦運使糴市
舶榷場提點鑄錢制置解鹽等臣僚限受詔後兩月各具
所知本職及職外財用利害聞奏仍三司舉催糾其不
以時上者又詔曰朕惟理財之臣失於因循其法遂至
於大壞而天下之貨留積而不通故特詔輔臣俾之置
司講求利病將救宿弊而更張之上以裨於國下以足
於民而或者不察以爲專務苛碎刻削以趨公家之急
務豈朕之意哉然而商天下之衆智而習成之則理盡

而不悖事行而不路於是利源通而富庶之俗成矣内
外臣僚有能知財用利害者詳具事狀聞奏其諸色人
亦具事理於制置三司條例司陳狀在外者即隨所屬
州軍投狀繳申條例司夫有言不酬不足以勸事如可
行何恪於賞如所言財利有可採録施行者當量其事
之大小而甄賞之從陳升之王安石奏請也四月二十
一日命權荆湖北路轉運判官劉彝等八人於制置三
司條例司令分遣諸路相度農田水利税賦科率徭役
利害從本司知樞密院事陳升之等請也七月十二日
詔江淮等路發運使薛向赴制置三司條例司議事十
七日從制置三司條例司言立淮浙江湖六路均輸法
卷一千九十六
令薛向領之十七日制置三司條例司言奉詔取索三
司條例看詳具合行制置事件以聞竊觀先王之法自
王畿之内賦入精粗以百里爲之差而畿外邦國各以
其所有爲貢又爲通財移用之法以懋遷之其治市之
貨賄則亡者使有（害者使亡）市之不售貨之滯於民用則吏爲斂
之以待不時而買者凡此非專利也蓋聚天下之人而
治之則不可以無財理天下之財則不可以無義夫以
義理天下之財則轉輸之勞逸不可以不均用度之多
寡不可以不通貨賄之有亡不可以不制而輕重斂散
之不可以無術也今天下財用窘急無餘典[領]之官拘於
弊法内外不以相知盈虛不以相補諸路上供歲有定

穰豐年便可以多致而不敢取贏年儉物貴艱於供億
而不敢不足遠方有倍蓰之輸中都有半價之鬻三司
發運使按簿書促期會而已無所可否增損於其間至
遇軍國郊祀之大費則遣使剗刷殆無留藏諸之財平
時往往巧爲伏匿不敢實言以備緩急又憂年計之不
足則多爲支移折變以取之民納租稅數至或倍其本
數而朝廷百用之物多求於不產責於非時富商大賈
因得乘公私之急以擅輕重斂散之權臣等以爲發運
使實總六路之賦入而其職以制置茶鹽酒稅爲事軍
儲國用多所仰給宜假以錢貨繼其用之不給使周知
六路財賦之有無而移用之凡糴買稅斂上供之物皆
得徙貴就賤用近易遠令預知在京庫藏年支見在之
定數所當供辦者得以從便變易蓄買以待上令稍收
輕重斂散之權歸之公上而制其有亡以便轉輸省勞
費去重斂寬農民庶幾國可足用民財不匱矣所有本
司合置官屬許令辟舉及應有合行事件令具條例以
聞乞下制置司參酌施行從之九月二日詔三司如有
與制置條例司商量公事令吳充往彼淮南制置發運
司如有奏稟事許使副一員赴闕從之四日條例司言
乞令河北京東淮南路轉運司施行常平廣惠倉移那
出納及預散之法一委轉運司及提舉官每州於通判
幕職官內選差一員專切管勾令通點檢在州及諸縣

錢斛一廣惠倉斛㪷除依例合支與老疾貧窮乞丐人
擬數量留外其餘並令常平倉監官通一般轉易一
常平廣惠倉見錢依陝西出俵青苗錢例每於夏秋未
熟以前約逐處收成時酌中物價立定預支每斗價例
召人戶情願請領詔並從所請其常平倉錢斛出俵青
苗仍常以一半爲夏料一半爲秋料廣惠倉除留給孤
貧乞丐人外其餘亦依常平倉分作兩料出俵又言令
欲將常平廣惠倉見在斛㪷遇貴量減市價出糶遇賤
量增市價收糴其可以計會轉運司用苗稅及係省錢
斛就便博易者亦許計會兌換仍以見錢依陝西青苗
錢例取人戶情願預行支給令隨稅送納斛㪷內有願
請本色斛㪷或納時價貴願納見錢皆許從便務在優
民如遇災傷亦許於次料收熟日送納兼事初措置非
一欲量逐路州軍錢物多少選官一兩員分頭提舉仍
乞於京東淮南河北三路先行此法俟成次第即令諸
路依此施行從之八日條例司言欲差相度利害官比
部員外郎謝卿材諸在京諸庫務勾收帳曆契勘見在
察訪本末利害從之又言淮南發運使薛向請以新差
通判吉州張穆之新差通判泰州陳倩特許權差六路
勾當公事從之又言薛向先下三司及提舉百司取索
在京諸庫務每年合係六路出辦上供物色若干名件
數目即每年卻合支破若干名件數目今來見在約支

得多少年月外有無闕乏之物及每年計置若干數目各別開項聲說逐年一次預降本司以憑預先契勘施行從之十八日條例司言近日在京米價斛賤諸軍班及諸司庫務公人出糶食不盡月糧全不直錢欲乞指揮三司曉示令後願依下項所定價出糶入官者依嘉祐附令敕坐倉條貫施行諸班直一千棒日天武龍神衛八百拱聖神勇以下七百上下雜諸司坊監六百從之二十五日條例司言看詳在京庫務司管官物萬數不少秤買率斂多出民間般運轉致甚費腳乘及至到京庫務送納備經難剝纔得了當其間或有剩數不時拘收務要別行科率往往積壓損壞比至出賣支遣全

卷一千九十八

不直錢給納之間積成久弊今欲根究本末別議更改非專於其事不能詳知欲乞朝廷揮指令在京諸司庫務監當官員依詳令月八日聖旨指揮各具本職利害限一月申本司看詳可行事件以聞除本職外如知得別司庫務利害兼許申陳所有在京倉界亦乞依此施行如此不獨可以究見逐處利害本末亦足以觀其人之能否從之十月六日條例司言乞預差本司相度利害官比部員外郎謝卿材躬親詣庫務勾取帳曆契勘見在及本末利害事件赴本司與令來逐路所具到事由一處看詳制置條例以聞內有合計會三司提舉司事件亦仰取索照會從之十一月二日命樞密副使韓

絳同制置司取索三司應干條例看詳具合行制置事閏十一月十九日沂州防禦推官制置三司條例司檢詳文字李承之為大理寺丞王安石薦承之名見對本司事甚悉固有是命他日上謂承之曰朕即位以來尤重改官今特命卿實為優恩十二月三日條例司言三司簿曆最為要切乞差官取簿曆事目拘轄次第文字看詳有當廢置務在不失關防編定所管道數與使副同議定申本司參詳聞奏又言三司歲計及南郊之費皆可編為定式乞差官置局與使副等編修仍令本司提舉太常博士集賢校理劉瑾大理寺丞趙咸保安軍判官楊蟠秀州判官李定編定三司歲計及南郊式屯田

卷一千九十八

郎中金君卿大理寺丞呂嘉問鄆州須城主簿三司推勘公事喬執中編定三司簿曆從之十五日權三司使吳充言條例司請差官取索簿書看詳編定道數乞只委三司勾當公事官計會逐案依此編定從之三年二月十九日制置三司條例司言訪聞宿州縣分支俵夏料常平廣惠倉錢斛斗內有綠豆上色每斗價錢七十五文次色每斗價錢七十二文竊慮比時價高大及不取人戶情願抑配欲乞下淮南轉運司疾速根究如委是價高或抑配即取勘當職官員以聞其已俵過斛斗合如何改正不致虧損官司并下淮南及府界諸路提舉常平廣惠倉司照會週牒轄下州縣令知從之五月

十五日詔近設制置三司條例司本以約通天下財利令大端已舉惟在悉力應接以趣成効其罷歸中書本七日條例司言常平新法宜付司農寺選官主判兼領田役水利事從之

〔卷一千九十八〕

全唐文

宋會要

編修條例司　仁宗皇祐五年十二月命參知政事劉沆提舉中書五房續編例嘉祐三年閏十二月詔中書五房編總例六年八月十二日以殿中丞王廣淵殿中丞李立之編排中書諸房文字神宗熙寧二年四月八日同天節太常禮院請如治平四年羣臣詣閤門賀上曰治平四年乃先帝靈駕在殯之日今兩宮太后萬壽不可令禮官引用居喪之例蓋朕於人子之情不忍聞也可止令云同天節日宰臣文武百僚並當赴東上閤門拜表王安石因言此誠中書失於省閱中書事猥并

〔卷一千九十八〕

若不早置屬以衆事歸之有司則無可爲之理上謂富弼曰今欲治當自中書省中書置屬宜精選小官曾公亮曰丞相府宜用敦樸人故本朝不用進士但用學究安石曰當選在下豪傑之士令編修條例照檢文字六月十四日上謂王安石曰中書置屬修例最是急事安石曰此乃事之本也凡修例者要知王躰識國論不爲流俗所蔽者乃可爲之若流俗之士所見不能出流俗即所議何能勝舊令陛下欲修條例宜先博見士大夫以陛下聰明審習躬擇賢士大夫必得其人若得五六人以付中書令修條例每數日輒一具事日進呈是非決於陛下則法度成立有朋黨但令中書擇人即恐所

用不無流俗之人流俗之人何可與議變流俗之事且令
日條例皆仁宗末年以來大臣所建置人情豈肯一旦
盡改其所建置以從人恐須陛下獨斷乃能有爲上曰
待朕自選得人但恐遲安石曰此事誠不可遲然亦不
可疾若不知王躰識國論可與變流俗之人則與不修
條例無異此所以不可疾也然令非無人材要須陛下
留意考擇恐亦不可遲也九月十六日條例司檢詳官
李常呂惠卿看詳中書編修條例先是王安石數爲上
言令中書乃政事之原欲治法度宜莫如中書最急必
先擇人令編修條例因極稱惠卿及常遂並用之二十
一日制置三司條例司言本司檢詳官呂惠卿近奉敕

卷一千九十八　二

差看詳編修中書條例且惠卿自置局以來檢詳文字
詳熟事條本末次第欲乞相兼本司職事從之十月詔
以太常博士充秘閣校理兼充史館檢討李常差看詳
中書編修條例自是益增置編修官著作佐郎俞充黃
好謙鄧潤甫張琥曾布大理寺丞李承之河西縣令馬
珫皆預其選七年春承之既爲都檢正又差兼同看詳中
十二月四日以秘書丞充集賢校理同知太常禮院胡
宗愈兼史館檢討兼看詳編修中書條例三年六月中
書門下言見編修五房條例以堂吏魏孝先等一十二
人充逐房管勾其事仍每月等第添支縉錢有差俟了
畢別無漏落並無酬獎如鹵莽漏落即量罪降黜若已

編定不可赦原及自首編修務要精當若諸房堂後官
以下能述見行條例有未便者許經堂陳述如委得允
當量大小酬獎如條檢尋應副之人即便優與從之八
月二十七日看詳編修中書條例所言看詳合歸有司
二十二事臣僚舉選人轉官循資狀令銀臺司直送銓
收使官員身亡令止中審官院等內外辟舉官并兩制
及亡沒臣寮之家陳乞親戚差遣乞止中書批送所屬
施行及乞令後差除官員合有支賜即劄下三司依式
其宗室支賜亦依此見任少卿監以上并分司致仕少
卿監宗室小將軍已上身亡孝贈並劄下入內內侍省
支賜乞在京委三司在外委所在州軍支給并乞罷進

卷一千九十八　三

選人授差遣家狀新授京官三代表品官之家陳乞服
內戚親乞令立條封王并節度使初除及移鎮等合行
管內布政止令學士院檢舉並從之令臣僚支賜及孝
贈候修成式闕送入內內省侍依舊取賜四年四月二
十一日中書奏檢正中書吏房公事李清臣兼編修中
書條例詔罷之七月十六日看詳編修中書條例所狀
令先看詳到合減省改更事件如審刑院進呈公事已
得聖旨若無合覆奏事令更不入熟狀止進草降敕下
合屬去處諸路轉運使副或差兩員者並不帶同字提
點刑獄亦如之應差臣僚權管司闕慢司局及寺監欲
止降劄子京朝官乞假還葬除通判以上差遣仍舊外

其餘並依選人中轉運司如無規避即給假訖奏不須聽候聖旨常參官如因疾患請假兩日已上令御史臺直牒內侍省醫官院差內臣醫官看驗諸州軍差官內僧道正自今勿復以聞候及七年合賜紫衣師號即具保明申奏其御史臺逐季繳連本臺五十三處供申職掌人數進奏院月奏具有無出門罪人狀並寢罷從之上以朝廷所省閱多有司之細故而大臣不得講明政事之大者以為事可歸有司者歸之而中書責其當否則有司盡力而事治故命條例司討論去其繁冗自是事歸有司者寖多而中書之務清矣八年十月二十二日詔中書有置局取索文字煩擾官司無補事實者宜

卷一千九十八　四

並罷之於是編修中書條例司修司農寺條例司皆罷

元豐二年八月七日詔諸修敕式局看詳合釐正朝廷與有司相照立法事委檢正中書戶房畢仲衍編修三年八月二十七日詔中書以所編刑房并法寺斷例再送詳定編敕所令更取未經編修斷例與條貫同看詳其有法已該載而有司引用差互者止申明舊條條未備者重修正或修著為例其不可用者去之

全唐文

宋會要講議司

徽宗崇寧元年七月十一日詔曰朕聞治天下者以立政訓迪為先篤孝思者以繼志述事為急蓋制而用之存乎法推而行之存乎人雖夷夏乂安黎民樂業而法難一定事貴變通損益之間理宜稽考況宗室蕃衍而無官者尚衆吏員冗濫而注擬者甚艱委積不厚於里閭商旅未通於道路廉恥蓋寡奔競寔繁風俗澆漓薦舉私弊鹽澤未復賦調未平浮費猶多賢鄙難辨歲稍飢歉民輒流離然制之必有原行之必有序施設必有方舉措必有術是故俊彥不可以不旁求法度不可以

卷一千一百七

不修講宜如熙寧置條例司都省置講議司以宰臣蔡京提舉仍東乃寮共議因革庶臻至治以廣詒謀先是紹聖元年七月二十三日戶部尚書蔡京言神宗皇帝熙寧之初置條例司選天下英才設官分職參講其事興利補弊功烈較著元祐以來美意良法盡遭詆誣在於今日正當參酌舊制考合時宜以稱陛下追述先帝之志以成足國裕民之効然事之可興者方且毛舉豈臣單力所能勝任望聖慈檢會熙寧中條例司故事上自朝廷大臣下選通達世務之士同共考究庶幾成一代之業以詒萬世其後置局修敕命張康國鄧洵武看詳利害事二十八日詔昨降置講議司手詔內事件許令

中外臣庶具所見利害聞奏。八月四日，宰臣蔡京言：奉詔提舉講議司，乞以户部尚書吴居厚、翰林學士張商英、尚書刑部侍郎劉賡爲詳定官，起居舍人范致虚、太常少卿王漢之、尚書倉部郎中黎珣、尚書吏部員外郎葉　爲參詳官。今政事之大者，如宗室、冗官、國用、商旅、鹽澤、賦調、尹牧，每一事欲以三人主之。於是以朝奉郎少府監丞强浚明、太常寺主簿李詩、宣教郎鮑貽慶主宗室，朝散郎李琰、陶節夫、承議郎吴儆主冗官，承議郎家安國、朝散郎王覺、奉議郎崔彪主國用，承議郎安亢虞、防通直郎林攄主財賦，朝散大夫韓敦立、朝奉大夫曹誂、朝散郎俞㰅主商旅，朝奉大夫馮諶、朝奉郎李憕、

卷一千一百七

承務郎吕宗主鹽澤，承奉郎喬方、鄂州司户參軍沈錫主尹牧，皆爲檢討官。時樞密院亦置講議司，以恩州防禦使、樞密都承旨曹誘爲詳定官，尚書左司員外郎曾孝藴爲參詳官，並從之。（樞密院亦置講議司，元降指揮檢未獲。）三年三月八日，樞密院劄子：樞密院講議司送到左光禄大夫、知樞密院事蔡卞劄子：昨奉旨以講議司武備房歸樞密院，尋被命差臣提舉。今來訓練民兵、增置兵額等事略已施行，其餘武備隨事補葺，皆本院諸房可行之事，不必專置司局。欲乞罷樞密院講議司，限半月結絶，其諸處申請報應文字，今後並申樞密院。從之。（武備房歸樞密院年月檢未獲。）

四月二十二日，尚書左僕射蔡京言：奉詔置司講議

法度，更歷歲年，曾不足仰稱委任之意。今文字不多，理當歸之省部，付於有司，乞限一月結局，其未了事件送尚書省分隷施行。從之。二十六日，中書省、尚書省送到白劄子：勘會近降朝旨，講議司限一月結絶罷局。今來見結絶舊文字，自五月一日後收到文字並送尚書省施行，其外處合申講議司文字，今後並徑申尚書省開拆房投下，付逐房行遣。從之。八月七日，講議司劄子：勘會講議司已罷，尋具制置三司條例司推恩體例進呈，奉聖旨具官吏職位姓名依例推恩。貼黄：勘會講議司係紹述熙寧、元豐法度，與其他官司事體不同，所有應緣講議司推恩體例，今後不得攀引。詔朝請郎、翰林學士承旨張康國，太中大夫、刑部侍郎劉賡，通議大夫張

卷一千一百七

商英，降授朝請大夫、提舉杭州洞霄宫蹇序辰，承議郎、充顯謨閣待制范致虚，朝散郎、充顯謨閣待制王漢之，承議郎、鴻臚少卿崔彪，朝散大夫、衛尉少卿黎珣，奉議郎、司勳員外郎鮑貽慶，朝奉郎、庫部員外郎李詩，承務郎、吏部員外郎沈錫，奉議郎、禮部員外郎陳暘，起復朝請郎、充顯謨閣待制鄭僅，朝奉大夫葉　，朝奉大夫、少府少監曾誂，朝奉大夫、充集賢殿修撰陶節夫，朝奉郎、兩浙路提點刑獄强浚明，承事郎、將作監丞吕宗，朝奉大夫朱維，承議郎、秘書丞汪澥，皇城使、康州刺史劉宗卿，承議郎劉誂，宣德郎、監察御史卓厚，岳州文學林誂，朝

請大夫府界提點馮諶承議郎管勾舒州靈仙觀吳儲朝散郎監滑州鹽酒稅務李琰承議郎添差監黃州岐亭鎮酒稅務虞防朝散大夫知北外都水丞韓敦立朝奉郎直秘閣李愷宣德郎提舉廣南東路常平等事王寬承事郎提舉江南西路常平等事喬方朝請郎郭異承議郎兩浙路轉運判官胡奕修奉議郎呂建中朝散郎提舉措置福建路茶事胡安修承務郎提舉措置淮南路茶事安充承務郎提舉措置江南東西路茶事家安國宣德郎提舉措置荊湖南北夔州路鹽事張莊朝請郎余授朝奉郎劉暐朝請大夫宋湜奉議郎裴彥輔中散大夫尚書省都事提舉司檢閱文字任充太醫丞

卷一千一百七

邢晉卿內除張商英李琰虞防不推恩外餘各轉一官所有尚書省都事張淮等各轉官資減磨勘年支賜絹銀有差　宣和六年十一月十八日開封尹兼侍讀燕瑛起復徽猷閣直學士中奉大夫任諒並為講議司詳定官朝散大夫直秘閣李伺朝請大夫王雲承議郎鄭望之朝奉大夫直秘閣高衛並為參詳官十二月一日手詔朕執權秉要以正王道賦事圖功責在股肱之臣比年以來任匪其人政失厥中明發怵惕念我烈考之謨訓修革蠹弊庶幾持循肆命近弼置司講議太師致仕蔡京輔朕初載誕著碩膚屬閑勞以官職之事即安里廬寔其言行尚有賴焉書不云乎詢茲黃髮則罔所

愆京可兼領講議司聽就私第裁處仍免簽書　七年四月二十三日以戶部尚書唐恪工部尚書李梲並兼講議司詳議官五月二十一日詔理財以義節用以禮聖人之中制也朕若昔大猷祗適文考永惟熙豐詔令足國裕民未嘗不以均節為本今天下賦入之數悉倍于前用度費出不聞有餘殊失量入為出之義況寇攘就平流移復業而廣儲足食務農敦本尤在所先凡有司侵漁蠹耗之事理宜裁抑可應不急之務無名之費令講議司條具以聞當親加裁定為經常簡易之法豐不為侈儉不為削允協于中庶幾稽古紹休之意六月八日都省言檢會臣僚上言伏觀近降御筆手詔令講

卷一千一百七

議司開具不急之務及無名之費聞奏今天下有司侵漁蠹耗之事條目猥衆先後緩急固自有序而省臺寺監百司庶府大小之務隨處利害不同理難疏舉竊惟制法定令當出於一人獨斷臣下則奉而行之伏乞擇自淵衷舉其綱目特降指揮庶使開具之際知所遵承仰稱陛下彊本節用足國裕民之美意詔除已降御筆措置綱目外可如所奏令六曹寺監諸司庫務局所等處並各具可以裁減節省事目以聞如能體國條具詳盡有補經費當加賞擢若或懷姦畏避觀望滅裂亦當重行黜責二十四日講議司奏檢會奉御筆手詔應不急之務無名之費令講議司條具以聞續奉御筆裁亂

官制事數内出身送講議司看詳命官出身各有條法比年以來吏職入仕或進納并雜流之類補官人往往攀援陳情改換出身人其應干遷轉請給奏薦恩例止官等並依元入仕本法施行詔依今後出身並依本法更不得攀援陳請改換雖奉特旨仰中書省執奏不行

八月十一日講議司奏臣僚上言比年以來僥倖路廣賚法徇求者不可勝數習驕矜於名器之崇奓侈靡於禄秩之厚貪多務得而不顧邦用之浸屈深掊痛取而不知民力之已彫猶加裁抑則浮議蔣興必期沮止而後已良可嘆也臣仰惟陛下鑒觀病本志在必行雖六尚䞿奉宫禁邸第所常用者亦行裁損爲天下先於是頒其綱目行其政令俾六曹寺監庫務局所各條具無

卷一千一百七

名之費不急之務保明聚實來上付之講議司而郡縣之詔亦已施行廟堂賦政之地實今日任怨而主盟者諒惟同德罔不協心然臣竊謂攷覈貴詳裁處貴速苟僅及細微又還延而不以時決則姦言或得以潰其成巧謀或得以沮其意如此不獨使陛下詔令弗克有奉承之實而中外經費亦未免有匱乏之慮伏望聖慈深詔執事當比垂成之際速核其事而罷行之其外路條具亦乞依在京官司例立式頒降除程責以日限令結罪保明來上庶幾政令信而民聽孚朝廷理財實有所補奉聖旨送講議司看詳近降詔旨令諸路開具無名

之費不急之務自合元豐年後來應所增事務盡行開具元創置年月指揮全文并前後節次增損因依及見今施行次第各分明聲說仍於逐項指定可與不可裁減存罷因依盡一開具保明聞奏其諸路增置事務逐路條目不同難以一例立式兼已責限行下令欲再下諸路恭依已降手詔及今來事理子細詳悉依限開具諸實無漏落官吏結罪保明聞奏十四日尚書省言臣僚奏陛下詔講議司條具不急之務無名之費竊覩邊鎮帥臣時以犒軍爲名奏請金帛以數萬計多是帥臣及監司并屬官機幕之類分受入已將士所得蔑如也今看詳逐路帥臣所管犒賞金帛物色本以激勸有功

卷一千一百七

之人不得妄作名目非泛犒設其因巡邊出界進築守城師還犒設將士帥臣不得過都統制及統制官之數監司廉訪依同統制官屬官機幕依將官等第支送歲終具數以聞從之十月三日手詔比置講議司看冗員節浮費重爵賞以裁抑僥濫議者不深明置司本指妄謂别有更張動揺羣聽有害政體自今敢有陳請改革政事必罰毋赦

全唐文　宋會要

詳議司

欽宗靖康元年四月十二日置詳議司於尚書省討論祖宗舊法以徐處仁吳敏李綱提舉侍從官梅執禮等爲參議餘官張慤等爲檢討分六房使各討論限半年結局從敏請也十八日左司諫陳公輔言陛下欲追復祖宗舊法置詳議司令宰執領之甚盛舉也臣愚不知陛下果有意復祖宗法耶爲復以是爲邪（名）邪若以是爲名則置司辟屬張大其事固所當然若果有意復之似不必爾何則嘉祐治平以前典章具存敕令皆在元祐間固嘗舉行令若令一二大臣更歷故事者取典章敕令按籍而考此可行此不可行立可斷之何必置司辟屬徒爲紛紛也況今所辟官屬太多又一時晚輩非惟徒費祿廩以耗財用而紛紜議論甲可乙否亦何足深明祖宗之意哉昔蔡京嘗置講議司當時亟欲紛更天下事故若此耳今若取天下事亟紛更之如京之置司雖事體稍異而有損無補則一也其後白時中李邦彥亦置講議司辟親戚故舊坐糜祿廩遷延歲月未嘗了一事至今以爲非今朝廷知其非故避講議之名以爲詳議此又可笑也以臣觀之祖宗盛時所以天下和平公私富足者以其厚民而已自熙豐已後用事之臣但知剝民不務厚民故流弊若此今陛下若體祖宗之意

卷一千一百七

一切以厚民爲念取今日剝民之法盡與廢罷則足以使四海生民復見祖宗之時矣臣謂此事惟陛下與宰執大臣可以共圖之參諸謀議斷以聖裁然後舉而行之足矣臣之所言非固勸陛下不復祖宗舊法但欲不置詳議司而已望陛下熟議之二十九日臣僚言近置詳議司討論祖宗舊法雖已許置司辟屬而言者屢論以爲不當建置恐聖意尚欲討論乞令尚書六曹各具其事上之都省送中書省取旨從之

卷一千一百七

議禮局

徽宗崇寧二年九月十六日手詔王者政治之端咸以禮樂爲急盖制五禮則示民以節諧六樂則道民以和夫隆禮作樂寔治內修外之先務損益述作其敢後乎宜令講議司官詳求歷代禮樂沿革酌今之宜修爲典訓以貽永世非徒從玫辭受祭降之宜金石陶匏之音而已在乎博究情文漸熙和睦致安上治民至德著移風易俗美化成迺稱朕咨諏之意焉

大觀元年正月一日手詔禮以辨上下定名分貴不以偪賤不敢廢自三代以迄于今宮室之度器服之用冠婚之義祭享之節卑得以踰尊小得以陵大國異家殊無復防範昔在神考親策多士命官討論父作子述朕敢忽哉夫治定制禮百年而興于茲其時可以義起宜令三省依舊置司差官講求閱奏朕將親覽因今之材而起追法先王而承先志　十三日御筆議禮局依舊于尚書省置局仍差兩制二員詳議屬官五員檢討應緣禮制可具本末議定進呈取旨朕將親覽　二月五日議禮局奏迺者既成雅樂于是又置官設局詔修五禮臣等竊謂今去唐虞三代爲甚遠其所制作恐當上法先王之意下隨當今之宜稽古而不泥隨時而不陋取今聖心斷而行之庶幾有以追法古之跡文善天下之習俗以成陛下聖治之美意一代之盛典從之　二十六日議禮局承御筆承平百五十

年功成治定禮可以興而踰年討論尚或未就稽古之制隨今之宜而不失先王之意斯可矣防民範俗在于五禮可先次檢討來上朕將裁成損益親製法令施之天下以成一代之典　四年二月九日議禮局奏臣等今恭依所領冠禮格目博極載籍先次編成大觀新編禮書吉禮二百三十一卷并目錄五卷共二百三十六冊祭服制度一十六卷共一十六冊其據經稽古酌今之宜以正沿襲之誤又別爲看詳一十三卷目錄一卷共二十三冊祭服看詳二冊謹隨劄子上進損益財成乞斷自聖學仍乞降付本局修定儀注詔閱所上禮書并祭服制度頗見詳盡內禘祫禮自昔所論不一令編次討論尤爲允當除依今來指揮改正外餘依奏修定　十二月二十八日詔議禮局編修禮書了畢詳議官白時中姚祐汪澥蔡薿宇文粹中承受賈詳檢討官周邦彥胡伸張邦光孫元賓李邦彥王俁張滂丁彬郭昭雜務官設處信兼管雜務趙彥通各展兩官內選人及三考依條改合入官仍展一官不及三考比擬循資並與堂除差遣一次仍依舊在局經修書官詳議官劉正夫薛昂張閣強淵明俞㮚慕容彥逢劉煥沈錫何昌言林攄檢閱文字張子諒李師明各特一官餘寺官資減磨勘支給有差內有礙止法改展不行者並依制回授有官資有服親屬

政和三年二月二十七日特進知樞密院事兼領鄭居中崇政殿面奉聖旨議禮局新修五禮儀注宜以政和五禮新儀爲名　四月二十一日議禮局言契勘大觀新編禮書係遵依御製冠禮沿革類例編修昨降指揮令候議禮局結局日五禮沿革付本寺置櫃匣收掌竊緣冠禮沿革係是御製當時不敢與本局修定五禮沿革一例編次今來本局已限兩月結罷臣等竊慮御製冠禮沿革別合繕寫裝背成冊進呈訖付太常寺從之　二十九日知樞密院事鄭居中等劄子奏竊以禮有五經而威儀至于三千事爲節文物有防範本數末度刑名比詳遭秦變古書缺簡脫遠則開元所紀多襲隋餘近則開寶之傳間存唐舊在昔神考致時極治新美憲章是正郊廟緝熙先猷實在今日恭惟陛下德備明聖觀時會通放古驗令沿情稱事斷自聖學付之有司因革綱要既爲禮書纖悉科條又載儀注勒成一代之典跨越三王之隆臣等備員參詳徒更歲月悉稟訓指靡所建明謹編成政和五禮新儀并序例總二百二十卷目錄六卷共二百二十六冊辨疑正誤推本六經朝著官稱一遵近制上之御府仰塵乙覽恭俟宸筆裁定其當以治神人以辨上下從事新書其自今始若夫蒐補闕遺講明稀闊告成功而示得意則臣等願離匹材猶當將順聖志而成

之詔宜頒降

禮制局

禮制局討論古今宮室車服器用婚冠喪服　沿革制度政和二年置于編類御筆所有詳議同詳議官宣和二年詔與大晟府製造所協聲律官並罷

三部勾院

太祖開寶五年十二月詔以鹽鐵戶部勾院為一院度支勾院為一院國初三部各有勾院止本部判官主之至是又合為兩院七年六月以司農寺丞乘頊為左拾遺兼點檢三司磨勘司及判勾院公事太宗太平興國五年十月合三勾院為一以比部員外郎樊廷珉判十一月大理評事陳恕為右贊善大夫同勾當三司勾院雍熙三年二月詔自今勾院檢舉三司失陷財賦每一百貫其本司吏給賞錢十貫五千貫已上仍補職名如本司吏庇蔽其事不即申舉為他人所告當行決配職重者當行極斷告

者每百貫給賞錢二百貫三千貫以上仍補職名主判官及干繫人知而故縱並當重行朝典雍熙三年八月詔分三部勾院以司勳郎中羅延吉判鹽鐵勾院工部郎中高凝祐判度支勾院侍御史張猷判戶部勾院淳化三年五月以鹽鐵判官刑部員外郎直昭文館韓國華判鹽鐵勾院戶部判官水部員外郎裴逢吉判度支勾院戶部判官太常博士陸惟一判戶部勾院時自三部判官高象先而下改授者十五人皆三司使之舉也七月以虞部郎中史館修撰張秘為右諫議大夫判三司都勾院四年五月以主客員外郎魏廷式判三司都勾院太常博士陸惟一為都勾院判度支勾院太子中舍張豁判戶部勾院先是分三司為左右計各置判勾一員又以一員總判之至是罷左右計復分置焉至道二年復併三勾院為一以工部員外郎劉式判三年十一月復分三都勾院以刑部員外郎董龜正判鹽鐵勾院比部員外郎馮拯判度支勾院監察御史王旦判戶部勾院真宗咸平二年九月詔勾院今後點檢得三部公事先會問逐部如已曾行遣即不得具劄子進呈若勾院自點檢得顯有不當方得舉奏六年七月以著作郎直史館判三司鹽鐵度支勾院陳堯咨兼判戶部勾院時堯咨上言三部勾院可合為一仍願就領其事故以命之大中祥符九

卷萬六千六百六十九　六一

年六月以虞部員外郎張懷寶祕書丞韓庶戶部判官著作郎直史館梁固分判三司鹽鐵度支戶部勾院時議以三部勾院併為一司實為煩劇雖重官為之徒益事勢于稽勾只愈疏矣至是復分三院選材力幹敏者主之

職官

都磨勘司

太祖開寶七年六月以司農寺丞吳填為左拾遺兼點檢三司
勾合司永樂大典卷一千九百十八 大典不錄本作勾合司又徐輯
八年十一月置三司推勘院於城南以前密州安丘縣尉張邈為
將作監丞知推勘院事未幾罷大典卷一千九百十八
太宗端拱二年十二月詔置三司都磨勘司以右贊善大夫劉式
判大典卷一千九百十八 大典卷數同
至道中又置提舉司點檢三司公事尋復停廢其帳籍並歸磨
勘司管係同上
淳化三年十一月置主轄支收司以判都磨勘司官兼領之同上

轄支收司以判都磨勘司官兼領同上四年十一月以著
作佐郎王瓘主判三司都理欠司兼權判都磨勘主轄
支收司同上五年十二月以殿中侍御史王謂同提舉三司
卷一千九百十八 一
磨勘憑由司兼勾院同上真宗咸平四年八月置支收司
以判磨勘司官兼領并理欠憑由二司同上提舉三司帳
勾磨勘司　熙寧五年十一月右正言知制誥直學
士院看詳編修中書條例曾布言臣伏以四方財賦其
為名物豈可勝計凡給納斂散登耗多寡非有簿書文
籍以勾考之則乾沒差繆漫不可知故內自府庫外至
州縣歲會月計以上於三司紙劄之須賄賂之廣遠近
之人以為勞敝三司雖有審覆之名而三部胥吏所行
職事非一不得專意於其間近歲以來因循不復省閱
其為敝亦已甚矣臣比被旨置司盡取三司所管帳籍
刪去繁冗具為法式以施之天下然鉤考之法如故則

磨一作考

亦但為空文臣欲乞於三司選人吏二百人顯置一司妥以驅磨天下帳籍以至三部勾院亦皆選置官吏責以審覆其人吏各優給請受課以功罪立定賞罰仍自朝廷選差疆幹臣僚專切提舉所合措置條約乞下詳定帳籍所詳具以聞詔付詳定帳籍所是月詳定帳籍所言檢會諸州軍供申諸色文帳到三司始自天聖九年本司人吏隱藏上下因循徒有點算之名而全無覆察之實積弊歲久官吏苟簡更不行遣送勾者甚多至皇祐二年周湛覩此非便即不尋究弊源責之實效却以人吏鑿帳為勞逐起請只將收帳前連到收附拆發與行破官物案分應帳使用自後吏人又以收附道數至多而文字零碎因此更不拆發上下蓋庇寖成隱蔽至治平四年已及一十五年三司為見支官物全無點檢歸著欲捨前弊而救後患遂奏乞將已前合使收附更不根逐只行下本處會問同否銷落錢物及令後令省案勾院須得拆發收附若其間州縣公人作弊重疊開破官物供抗合同應破文帳即三司無由覺察及雖將收附拆發又却不依條揍排應勾照鑿所破官物歸著逐件條貫乃成空文蓋為其間一道帳頭有連收附五七百至一二千道者每道上省案來書事宜人吏次第書字官員押訖送勾院本院依此次第官吏書押用印拆發與開拆司本司每收附一道上書日用印更三

處上曆分送諸案如此經歷數處極甚煩冗又道數零碎拆發互換往還無由齊整及一道收附有十數案使用者先係官物為頭所屬案分收領使用其以次合要分合行會問又不見得係甚案為頭收却是致本省從來難以依條點勘揍排應鑿支破官物不行及有憑由司承受車營致遠務驅坊申乞除破外處倒死頭口并拘收司根逐到自前帳內開破官物各合使收附緣從初只隨錢物名目拆發與本屬案無由發到逐司逐司若却將帳勘鑿又恐重疊遺碍以此更無由得見歸著三司又覩此極弊即不復更張遂奏乞差官二員置司催促送詞人吏避免稽遲亦不照算照對所破官物歸著自治平二年後來至熙寧二年十一月已前送勾斷舊文帳共一十二萬餘道並不見磨勘出小收大破失陷官物或雖有則例不同及差互數目未見歸著錢物只是名目行遣會問並不結絕料縱有大段侵欺無由舉發為弊寖久四方錢穀略無檢察若令諸州軍依皇祐二年周湛未起請拆發收附條貫已前體例各造錢帛粮草新收單狀一本赴三司並依嘉祐三司編敕內勘鑿收帳條法施行如此則錢帛粮草文帳比拆發收附州軍各減一半繳罰兼其餘帳目並減頭連收附文狀大段簡省三司諸案諸司亦無此繁冗文字復又將收帳并新單狀勘鑿官物各見歸著可以絕杜欺弊又

緣逐司前行身分例各日有生事急速文字難以專一
點檢帳目必慮趁辦不前況吏人雖衆人習慵墮兼饑
寒者十有七八若不厚與添給選擇得力之人別置一
司專一點檢及專差官提舉即向去終是難爲整齊具
合行條約事件餘依前後條貫施行所有帳司官員廳
宇及人吏房舍及帳庫新收庫並令三司擘畫騰展奪
舍屋於勾院磨勘司鄰近一處安置一諸州軍諸色月
解到來年三月季帳自春季半年帳自上半年季帳自
今年終爲始攢造應係自來依皇祐二年八月内周湛
起請中書劄子指揮於帳前頭連收納官物文狀並更
不出給内錢帛糧草即依皇祐二年八月已前体例別

卷一千九十八　四

造新收官物單狀一一與正帳收領合同經勾磨訖隨
帳申發赴三司一帳内開破錢物附在自前帳收者並
須根逐從初帳頭連到收附照對使用如委是元帳不
曾連到收附即許會問本州諳實勾磨同否照證勘鑿
官物歸著一委三部并都理欠司鄖緣於逐案逐司先
選定諸會帳籍得力前行之人次與已選定前行同共
依前選揀後行二百人充帳司專切點檢行帳具所選
定委是公當別無情曲重結罪文狀保名供申委使副
判官及提舉官吏切審察諳實即將逐司逐案帳目均
分與本案手分每人各認窠名依條二人同共繋書行
遣若人數有剩即以次分於別案人數不足處主行務

令均等其前行每名分採手分人數主押其勾覆勾押
孔目官各隨帳目本屬案分書押一帳司勾押磨勘司
人吏如因帳籍職事受贓并在京諸色公人因帳籍公
事取受逐司公人錢物及引領過度並用熙寧三年九
月二十五日河倉條貫二十二日中書門下言新差提
舉帳司勾院磨勘司李承之請銜申陳事件詔行遣以
提舉三司帳勾磨勘司爲名與使副同簽即作三司官
行遣一應與諸處官自往來行遣文字並依三司體式
一報判使廳及三部文字體式依副使例其諸案及子
司報本司文字於申狀一三司應干帳籍事除合指置
吏張并根磨到失陷官物及取勘命官並委提舉官與

卷一千九十八　五

三司使同判官商議同簽書行遣其餘公事只委提舉
司與判官簽書行遣内常事提舉官押檢其舊例只係
判官書押文字及繳送帳檢之類提舉官不押如提舉
官點檢出帳事差錯合收坐本判官不用失覺察之律
十二月詔帳司勾院磨勘司人吏如因帳籍職事受贓
並在京諸色人如因帳籍公事取受逐司公人錢物及
行用引領過度人並同河倉條貫施行催驅司手分四
人印司正分二人依帳司添給内催驅司印司依三部
印司年限酬獎賞罰知雜司二人依帳司添給貼司八
人通引官二人支盤纏食錢各二千親事官添支食錢
五百文。六年正月二十二日詳定帳籍所言本所檢會近詳定諸路州軍供申三司文帳內新收官物並令開說色數收納來處窠名立式申乞施行去訖所有支破官物自來以收帳頭連到收附照證不便逐擘畫令三司帳司將帳勘鑿歸著數內錢帛粮草除供正帳外更令依舊條例造新收單帳一本與正帳合同勾磨申省亦準朝旨施行緣三司只是將新收單帳內開坐逐色數目元請納來處窠名勘鑿所是正帳只銷將逐色錢物各撮計數目仍須與單帳內撮計數目其正帳內即不銷更細開元請納來處窠名須至申明本所今詳定新收單帳并正帳內新收一項式樣連粘在前乞下三司頒降諸路州軍照會依此奏聞詔施行其錢帛新

卷一千九十八　六

收單帳并正帳內新收一項式樣粮草倣此新收單帳某州今供某年某季或上下半年錢帛新收單帳如後錢若干銀若干其餘逐色各依上項開錢若干某窠名銀若干某窠名其餘逐色依上項開一正帳內新收一項錢若干銀若干其餘逐色依上項開。九年三月十三日中書門下言戶房申檢會天下錢穀文帳三司自天聖年後人吏曠職上下因循徒有點窠之名而無鈎收之實積年損失不可勝紀昨令三司置局先將諸帳內繁文裁減及添備關防事節專置司厚給吏人立賞罰驅磨作弊令方成次第三司具到帳司比行生事吏祿有所未均令來卻廢罷帳司一加往日將帳與生事

案同往遣其帳司吏祿比行生事人吏差優蓋為事初天下未曉遣帳今來祖帳既定只是點算拘催比舊稍有紙劄須至量行裁減今將帳司并提舉司勾覆官已下至飯料後行並依行生事第一等案分請受帖司即每月支食料錢各二千五百文准備貼司減罷如顧不請食料錢者聽舊收管候有闕補填諸處有帳司則例支破吏祿者亦依減定則例施行仍於見在後行已上八人內減二人貼司七人內減三人並減帳司勞積數少之人勞績等即減後差到人其減下人並撥歸帳司或生事案闕額如此施行委得允當從之十一月九日詔提舉三司帳司勾院磨勘司催驅司官並減罷令提

卷一千九十八　七

舉在京諸司庫務司兼提舉其餘合存減事件令提舉司相度以聞二十四日以尚書祠部郎中直史館葉均提舉三司帳勾磨勘司資任添給並依省判例其提舉諸司庫務司更不兼領仍差尉少卿康衛權提舉候葉均到依舊

全唐文

宋會要

理欠司

舊司名犯仁宗廟諱乾興元年改爲勾納司天聖三年又改今名咸平元年又置句簿司句銷般撥及主管文簿以理欠司主判官兼領其事景德四年廢淳化三年六月以右贊善大夫許道寧判都理欠司時自三部判官高詳先而下選授者十五人皆從三司使之舉也四年五月以右諫議大夫判三司都勾院張佖兼判理欠司

【卷一千九十八】　一

全唐文

宋會要

都憑由司

太宗雍熙四年十一月以鹽鐵推官段惟一度支推官朱賦戶部推官崔維翰分判本部憑由司太宗以天下倉場庫務申破錢帛其數浩大故命惟一等專主之不僉書本職公事淳化二年合三憑由司爲一　至道二年閏七月併都憑由司歸理欠司以司封員外郎王渭判時命鹽鐵使陳恕詳定減省三司官局恕請以理欠憑由兩司併歸一司而有是命仍命應欠負官物並令三司逐部行遣催納理欠司止條轄欠數催驅提舉

三司承受御寶憑由司

三司承受御寶憑由司　在三司掌承驗合同憑由勾

【卷一千九十八】　一

檢之事選三司前後行吏六人主行文書　眞宗景德四年八月詔自今內庭及含光等殿在京諸處齋醮內臣於諸司庫務宣索物料並令庫務具名數押書付逐司方得給付訖連內臣文字實封送三司置籍每旬俱兩本進內一留中一下尚書內省降用印憑由除合破其奉詔監齋者事畢亦具所費以聞錄別本送三司憑由司勘驗如前制先是內中須索文記委都知司勘驗除破有留滯踰年未能結絕者眞宗令樞密院三司議定此制　天禧三年正月三司言使臣傳宣取物承前止是口傳詔旨別無憑驗致因緣盜取錢物今請下入內內侍省置傳宣合同司專差內臣一員主之如有

所須索即以合同憑由一本給付逐庫務給訖繳申三司三司置御寳憑由司擇吏人專主除破所貴絶於欺弊從之二月詔合同憑由司自令應係傳宣差使臣於諸庫務取索金銀帛諸物委入內內侍省用印記置合同憑由每道各兩本常預先書印下合同准備傳宣取索仍置曆旋據道數抄上專委勾當使臣親自封鏁主掌如有使臣傳宣取索即赴本省請令合同憑由二本分明憑録所收物色名數抄上文曆拘管仍令傳宣使臣著字收領親賫赴庫務取索餘合同憑由一本即本省畫時實封差人置歷於前干取索庫務官當面通下批廻文歷兼仰逐庫務候使臣將到合同憑由亦委逐

處監庫務官將實封合同當面勘會比對印記取索物數使臣姓名悉同别無虛偽即畫時支給訖依例繳連憑由兩本一齊申奏乞降印憑下三司除破候到令三司承受御寳憑由司承准印憑文字勘會依例牒都憑由司出給破帖如止是取索茶酒菓實食物柴炭等即依舊例施行更不出給合同憑由　五年十一月詔自令除傳宣喝賜茶酒食菓等止令庫務候見使臣告報依例供應訖具數申合同憑由司乞出給憑由除破其餘傳宣收索諸般物並依取金銀錢帛寳貨例施行仍令本施使臣於憑由上繫書名銜著字仍别鑄合同憑由印給之十二月詔自令合同憑由司每有使臣取索

金帛錢寳依舊逐旋覆奏出給憑由若止是取索諸雜物即令本司依舊勘會出憑由更逐旋覆奏直候至晚繳連赴入內內侍省當日或次日一處貼黃點檢用印奏知　治平三年四月三司言乞下入內內侍省內侍省鈐轄使用令後所差勾當去處合要諸般物色供應內係御前等處要用物色並依元宣出給御寳合同憑由取索降破并具諸合屬三司支遣名件並勘會大例計度合使官物預先申省乞令支給不得依舊出白劄子於倉場庫務取撥如是合同取索并省中支給物色至供應了日却有剩數即須申正行囬納并下諸司庫務遵禀如違並行嚴斷依條施行從之　神宗熙寧三

年六月二十四日制置三司條例司言三司乞將常程合用取索官物撥歸三司行遣支給入內省不詳元奏却將非汎取索撥屬三司緩急取索難爲會問别無關防照驗虛實逐差人計會三部逐案勘會供折內除自來例定取索一依元條承認在省行遣外具自來承受到支過非汎取索在省難以關防去處名目乞一面申奏送合同司本司欲依所奏施行從之元豐七年八月詔合同憑由司係掌御前賚賜及非汎取過造作賜物等給降憑由除破令後並不隷省臺寺監所轄止隷入內內侍省掌管　徽宗崇寧三年四月內準入內內侍省牒奉詔合同憑由司主管官三員見令關少使臣令

後可依舊以二員爲額　高宗建炎四年七月三十日入內殿頭權主管合同憑由司盧祖道言本司自來印造合同并行遣紙札每料合勘請池表紙一千張大表紙六百張乞行下所屬依舊於行在本司歷內批勘請領詔令糧料院各以三分爲率批勘二分　紹興三年四月二日詔將入內省地基內修到廊屋就便撥充合同憑由司令本司移在內置局宿直先是在內置司其合同憑由係取索金銀錢帛等文據恐在外無以檢察關防故也

全唐文

宋會要

開拆司

太宗太平興國三年十二月以貝州觀察推官張鴻漸爲右贊善大夫充開拆司推官三部舊各有開拆司止本部判官兼領開寶五年以鹽鐵戶部開拆司爲一度支開拆司爲一至是始置推官一員領之五年十一月以戶部郎中劉保勳點檢三司開拆司雍熙四年十一月以三司開拆司右拾遺直史館韓國華判三司開拆司至道三年後二員主判咸平元年省一員遂爲定制又有勾鑿司勾鑿已行文帳生事催驅司催促未了文帳生事發放司發放三司諸案牒帖受事司受諸處送到罪人衙司掌軍大將差遣并開拆司主判官兼領內衙司仍以諸司使或內臣一員同勾當淳化二年七月以殿中丞直史館何士宗主判三司帳籍司四年併帳籍司歸開拆司兼領三年五月以著作佐郎李簡主判三司開拆司時三部判官高象先而下選授者十五人皆從三司使之舉也真宗大中祥符八年正月詔三司諸子司多於遠年帳案內揀尋名件直行指揮下諸州根逐磨勘年月深遠案籍不全勾追照驗頗成煩擾自今不得復然違者仰逐州府將所行文字實封進納如州府自敢接便行遣即委轉運司提點刑獄司覺察以聞

卷一千九十八

全唐文

宋會要

衙司

景德三年九月詔三司應差大將軍將短次勾當仰衙司出給印紙三十張抄上所差勾當事名目隨公事緊慢起發仍不得過限五日候於印紙上批書差發月日取本判官押書逐程往廻並依此批書如在路有阻滯去處亦取隨處州縣官司批書因依候到京亦不得過限五日須赴衙司公參委本司點檢磨勘程限違否所差將歷子批鑿架閣所差陸路管押官物自來家悦出給驛券水路省司出給歷頭逐日支破食錢如不管押官物亦自省司給與倉券若差押船綱有過犯該條以替歸省者仰省司開坐犯罪因由斷遣刑名帖送衙門委本司置簿謄録省帖不以元定年限押運滿與未滿仰勘會如元係第一等優輕者先與三次短差後却與一次第一等重難係第二等優輕者即與兩次短差後却與一次第二等重難元係重難綱運者並却與一次第一等重難差遣大中祥符二年十一月詔自今三司大將軍將元係使臣該恩叙理更與一次差遣者仰軍頭引見司取旨與一年或二年三年差遣仍於劄子内聲説送三司候年限滿日即許經省取理逐旋依例磨勘引見或於年限未滿間遇覃恩即叙覃恩例施行八年十二月崇儀管轄三司大將軍將秦羲等言欲乞自

卷一千九十八

今每有叙理使臣降充三司軍大將候到司收管即行公文會問刑部取本人元犯及斷遣刑名令子細抄録牒報衙司置簿拘管如經恩赦合再該叙理三司更不會問刑部只於衙門取索照會從之仁宗天聖四年正月三司言自令充軍大將十年已上有三度公過若於後來年分中因差遣更犯一兩度公過並乞依例磨勘轉補從之七年十月詔三司衙司都押衙依舊遣（選）差人充其衙佐自令省罷發遣歸本司仍選差飯料或廚料後行二人充手分八年二月詔三司自令州府軍監更不得發遣衙前人赴三司充軍大將如遇闕少軍大將卿（仰）三司奏取指揮先是諸州軍衙前軍將承引官客司并衙職員如願充三司軍將大將者自來不曾犯徒刑家業及二百千已上諳會書算之人由發赴省元係職員即與三司大將係承引官客司并軍將並與三司軍將本户下合當差充里正即無免放於乾興元年省牒逐路轉運司衙前軍將承引官客司職員等願充大將者並且權住令逐詔罷之神宗熙寧七年三月九日詔大將軍將以一千五百人為額守闕軍將並募充守闕後行滿二年願換充正名者聽諸司及庫務人不在投換之限大將軍各給印歷二十張批書差遣功過仍預關所屬點檢無歷者不在理為磨勘月日之限衙司前行一人後行三人其後行並遞差三年酬奬訖遞遷充

十九十八

前行又三年替其守闕後行三人選差四年替並從編
脩三司敕式所定也

一千九十八

全唐文

宋會要　河渠司

卷一千一百十九

仁宗皇祐三年五月二十三日三司請置河渠一司專提舉黄汴等河堤功料事從之命鹽鐵副使劉湜判官邵飾主其事九月詔三司河渠司汴河每年一開濬之　五年六月蘄州判官李虛一上溉漕新書四十卷詔送河渠司以備檢閲其書蓋記古今河渠事虛一特循一資　至和二年十二月以殿中丞李仲昌都大提舉河渠司以仲昌知水利之害特任之也　嘉祐三年十一月詔置都水監罷三司河渠司閏十二月三日河渠司勾當公事李師中言自來受三司牒令行下諸州軍文字雖令指揮轄下州軍緣別無定式致諸處都大巡河使臣及縣邑多不申狀止行公牒此於事體殊失輕重以此亦難集事乞指揮自今都大巡河使臣及縣邑應干河渠事並具申狀如州縣有不應報事或稽緩致悞事者許牒運司取勘下都水監定奪監司言緣已準詔置都水監輸知監丞公事孫琳赴澶州勾當河事欲乞下轉運司指揮都大巡河使臣及縣邑如有應干河渠並令供申若州郡有不應報事或稽緩致悞事許申本監乞取勘施行所貴集事檢會朝廷指揮沿黄汴等河州軍諸路埽修河物料榆柳并河清兵士不得擅有差借役占及挨斫條蓋令轉運司河渠司提刑安撫司

勾當公事在疏濬黄河司後

河渠司勾當公事臣僚都大巡河使臣常切點檢今後稍有違犯並仰取勘以聞竊以都大巡河使臣各隸本州不當興監司及省司官一例直行取勘州軍官吏自今乞只令具事申轉運司差官取勘監司令相度欲依師中所請從之河渠司勾當公事因李仲昌擲置緣仲昌止是知縣資序乃帶提舉巡檢捉賊隸澶州及河北轉運等司故事多苟且師中將罷去自以言之無繼故有是請〇勾當公事 仁宗康定元年十一月二十八日權三司使公事葉清臣言乞置推官四員詔三司舉係通判資序朝臣二人充三司勾當公事仍定年限酬奬及月終聞奏 嘉定（祐）二年十月二十二日三司請以都員外郎陳昭素充勾當修造案公事御史丁詡言三司勾當公事罷纔數年今河渠司勾當已有兩員若修造案復置一員是廢二員而置三員也詔為去歲今夏霖雨修造處併多其陳昭素依近降指揮勾當修造公事候將修造稍稀即行減罷更不差填 英宗治平二年八月十八日以尚書比部員外郎王荀龍屯田員外郎張革並勾當三司公事案是職舊止一員至是以兩水所壞軍營官舍十餘萬皆當營造而本案勾當公事張徽遷判官故增置一員而荀龍革有是命 三年六月二十五日以屯田員外郎梁端管勾三司使廳簿籍三司使韓幹請也尋以中旨無用並罷之 神宗熙寧三年九月四

卷一千一百十九　二

日權三司使公事吳充言本司舊有管勾推勘官一員因循廢罷欲乞復置仍舉京朝官或幕職州縣官充從之 二年十二月二日詔三司差委本司勾當公事官一員就催轄司人吏簿歷專切管勾檢舉催促諸案勘會六路上供之物應報發運

卷一千一百十九　三

全唐文

宋會要　疏濬黃河司

神宗熙寧七年四月三日詔置疏濬黃河司差虞部員外郎范子淵都大提舉疏濬黃河自衛州至海口衛尉寺丞李公義句當公事是月范子淵言今創置司局具條約應疏濬河道合用人船並下本地分都大司於諸埽差撥如船不足即乞從本司移牒於三門白波輦運司應副自衛州至海口全藉有心力使臣分委句幹乞不拘常制舉使臣十員指使二員合制造疏濬木杷鐵龍爪等乞下緣河諸軍應副工匠於諸埽指名抽差就轉運金堤兩司差座船二隻本司官當直兵士只於都大司河清差撥官員請俸遞馬驛券軍典人數公吏食錢並依都水外監丞司例丞司公事並與本路轉運提刑提舉司及外都水監丞司公移行遣並從之　九年十一月二日都水監言流濬黃河司用船二百隻濬深大河中流令水行地中勘會所乞令試一過之功今已歲餘未曾按驗今本監都官一員前去檢覆兼恐占用人船官屬太多就令相度裁減於是監丞劉璯言疏濬黃河舊係一司後用鐵龍爪疏導向下河道分為兩局乞依舊併為一司句當官乞行並宜減罷濬河兩司共管船二百五隻乞減罷一百八十五隻存留二十隻如闕許黃河逐都大司將般物料船三十隻應副出界遞

卷一千一百十九　一

相交替共不得過五十隻從之　十年九月二十八日中書門下言都水監丞范子淵言准朝命疏濬汴河蒙差官累行試驗功利灼然臣欲乞候今冬疏濬汴河了畢將杷具舟船等盡分與逐地分使臣令於閘口之後河道內先檢量淤澱去處至春水接續疏導所責河道上下通流不致阻遏仍免別差官屬占破役兵就便集事下都水監監司乞依所請施行從之

卷一千一百十九　二

宋會要

三司推勘院

太祖開寶八年十一月置三司推勘院於城南以前密州安丘縣尉張邈為將作監丞知推勘院事未幾罷永樂大典卷一萬六千六百六十五又徐輯大典不著卷數

淳化元年五月詔御史臺置推勘官二十員分讞天下大獄候三年滿無遺曠式雖有責罰如所犯情輕及案節小不圓者亦將與轉官如二年願替即與近便差遣十七日詔御史臺置推官二十員分讞天下大獄以三考為滿定其黜陟　淳熙二年三月二十二日詔刑部大理寺自今駁勘案狀從本部長貳并大理卿少子細看詳如見得委是不圓有礙大情出

五十一

入重刑方許依條申奏駁勘如大情不礙止是小節不圓即據所犯定斷不得一槩泛乞別勘仍令諸路州軍監司將合申奏獄案文字須管具情犯一切圓備方得申奏若大情有礙却致刑寺駁勘具當職官姓名申尚書省　二十三日詔昨降指揮諸州翻異公事過經本路及鄰路諸司差官推勘依前翻異令提刑司親往勘鞫指定實情申奏仰選委部曲精彊通判簽判前去取見寔情將案連款狀提刑司如無翻異即一面依條結斷錄案聞奏如依前翻異即令提刑躬親點對指定寔情申奏　八月十三日中書門下省言諸路獄翻異依條合移推公事如已經降

指揮許移推已後逐次翻異不須再申降指揮止依從來行遣從之　三年二月七日詔自今縣獄有尉司解到公事在禁若令丞簿全闕去處即仰本縣依條申州於合差官內選差無干礙官權攝其從罷以上因令佐聚問無異方得結解赴州　以大理評事張維言縣尉職在巡警及其獲盜解縣禁繫推鞫屬之縣令若捕盜官或暫權縣自行鞫獄既以元捕為當又欲因以受賞惟務獄成而獄卒例是尉司弓手往往迎合逼令招承故有是詔　四年十一月十九日赦令所言自今翻異公事已經本路監司帥司或鄰路監司差官通及五次勘鞫不移前勘又行翻異

五十二

者後勘官申本路初差官提刑司提刑躬親置司根勘著寔情節牒鄰路提刑司於近便州軍差職官以上錄問或審問如依前翻異即令本路提刑具前後案款指定聞奏若元係提刑案發即從轉運司長官指定聞奏候到下刑寺看詳如見得干連供證事狀明白不移前勘委是懼妄有翻異申尚書省取旨斷罪若刑寺見得大情不圓難以便行處斷須合別行委官即令鄰路未經差官監司於近便州軍差官別推不得汎追干連人從之　五年七月右司員外郎曾逮言如提刑躬親置司根勘依前翻異不問係與不係提刑案發並從本路轉運指定聞奏如轉

運司官係是兩員公共指定從之（此條移十二年後）淳熙十三年三
月詔讞異之獄已經五推依前讞異者須管提刑躬
親鞫勘不得委官代勘案成依條差官審錄如依前
讞異即仰本路轉取索前後案款盡情參酌指定所
勘情節是與不是寔情所讞詞理係與不係避罪妄
行讞異分明果決指定不得稱為疑慮具詣寔保明
聞奏刑寺據案斷申取朝廷指揮斷遣施行　五年
十月九日赦令所鞫獄紹興舊法拘以一案推結正
恐鞫獄之官推勘不得其實故有不當者　一案坐
之乾道法又恐替移事故却致淹延故將犯人先次
結斷不當官吏案後收坐仍取伏辯今欲參酌紹興

五十三

乾道法意以取適中之制將鞫獄前推及錄問官吏
有不當者如已替移事故元犯係死罪遵依紹興舊
法　一案推結外餘罪遵依乾道舊法施行從之
因刑部言命官有陳訴前勘不當乞改正過名照紹
興乾道法各有不同是以令所看詳上之　六年六
月一日大理少卿梁總言近來獄多讞異有至類推
經涉數年者州郡厭于供須干連困於追逮望申嚴
置推差官之令必監司親自依法選差其乾道七年
行下知州選差指揮乞更不施行仍令大理寺左斷
刑自今獄案如置推鞫獄官罪有出入合收坐者若
所差違法并監司貼說取旨從之　七年二月二十

四日詔監司以獄訟送部內州郡若地里大遠則淹
延擾自今毋得過五百里仍嚴立期限不得枝蔓勾
追　五月十四日詔諸路州軍將應承受到跣駁再
勘獄案須管遵依鞫獄條限如承受取會不圓情節
亦不得過會問條限自今如有違滯去處仰本路開具
當職官吏姓名申尚書省取旨重作施行仍令刑寺
長貳諸路提刑諸州官臣將上件指揮刻版牓置之
廳事常切遵守　八月十九日詔命官陳訴元勘冤
抑不當從刑寺申朝廷送元犯州軍委不干礙官將
元勘斷罪犯照應所訴因依追索干證從寔体究不
同情節畫一開具本州次第結罪保明將元事發及

五十四

体究取勘證佐始末公案一宗寔封申尚書省候到
委刑寺參照若寔有冤抑合行改斷即具申省取旨
施行　八年六月九日知臨安府王佐言自今中使
諺獄將讞異罪人移司別推恐或有冤則差刑寺官
錄問如更讞異即併推吏送大理寺從之　七月四
日刑部侍郎賈選言刑寺駁勘取會獄案文字乞令
進奏院置錄匣排列字號月日地里當官發放所至
鋪分即時抽摘單傳承受官司亦仰遵依條限具所
會并施行因依實書到發日時用元發匣回報庶幾
違滯之處易于稽考從之　九年九月十三日明堂
赦刑獄讞異自有條法不得于詞外推鞫其干連

入雖有罪而于出入翻異稱冤情節元不相干者録說先斷近來州郡恐勘官到來臨期勾追遲緩却將干證人盡行拘繫破家失業或至死亡可令釋放著家知在如違許被拘留人經監司陳訴十二年十五年赦同此　十二年十一月二十二日南郊赦命官犯罪過恩全原唯贓罪結案餘限三十日具事因申省其元勘官司為見已遇赦恩更不依條限具申至有經隔累年名掛罪籍刑寺不作結絕有礙陞改注擬之類仰所屬將似此之人須管依條限開具事因仍令刑寺常切檢舉催促不管違戾十五年明堂赦同　十四年七月十四日臣僚言監司按發官吏勘證公五十五事既付有司當聽其依公推治若州郡遷延獄官徇私自合依條舉劾訪聞其間却有輕重任情先授意旨往來申請必欲符合乃許結案繫留鍛煉動經數月類多冤枉致傷和氣詔令刑部行下諸路監司毋得依前違戾仍委御史覺察　十五年七月二十三日詔大理寺今後得旨推勘公事內有干連人合先摘斷御遂旋申取朝廷指揮先是詔案內干犯人從本寺先次摘斷至是大理少卿袁樞言大理根勘公事雖有正犯干犯之人然其所坐刑名自有輕重並合具案聞奏取自聖裁難以輒從本寺摘斷故有是命　九月八日明堂赦諸路見勘命官及大辟翻異

之獄計九十餘件已降指揮令諸路提刑躬親與逐州守臣審勘事涉可疑即與從輕結斷別無意慮即照刑寺已定斷事理施行至今尚未有結絕去處可自今赦到日限兩月結絕如有違戾去處令刑部開具官吏申取朝廷指揮重行責罰　同日赦鞫獄差官自有起發條限近來被差官往往推避遷延今後應監司州軍差官推勘公事須管督責照條限疾速起發不得推避如有稽滯仰所差官司按劾潯州　十六年閏五月十三日臣僚言州縣之吏不能潔己奉公遂致人言或為百姓詞訴或為上官按發錢物之色額繙數之多寡具載公牘且稱入已見送所司五十六勘鞫是非未明公私所辨之間偶遇登極大赦不復窮究便行引用並經刑部除落過名徑赴銓部占射注授乞行下諸路監司若州縣官吏應有所犯之人即合嚴戒所有着實推勘俟其狀辨録問圓結並如常制然後鋪條定罪方可引用赦恩免其科罪為之贖放如委是贓汙不法自合具申省部一依成法注擬其或所訴所按不實亦當保明申朝廷為之昭雪今赦已前所犯之人雖是所司釋放不當竊恐造獄之時干連人衆難以再行追呼只乞令獄司具已勘到事節申部亦足以斟量虛實隨宜審擇庶幾施行之間不致過當從之　十月二十三日臣僚言州縣

推勘大辟并劫盜及私酤之家，獄吏知其所犯者多是貧乏不顧藉之人，無以規求賂遺，乃逼令妄通富家，誣以干連殺人之囚。有欲報私隙者，多誣平民曾有交涉；劫盜則多虛通窩藏資給之家；私酤則旁及四鄰并秋麴所自。一時追逮，無以自明，必賂獄吏，俟足所請，然後令正犯人供退，而後免。乞自今推殺人非礙大情、劫盜非窠窩藏資給、私酤除正犯人外，自餘並不許追逮。詔從之，仍令提刑司常切覺察。　十一月十一日，大理卿王尚之言：「近日以來，民間詞訴官司按刺，多有連及赦前之事，復送所司究勘者。歲月既久，追逮證佐干涉人衆，禁繫對辯，必欲圓結，然

五十七

後定斷。如此則與不曾經大赦無異，恐非所以示信也。乞指揮今後民間詞訴官司按刺送所司推勘者，只合將大赦後犯罪依法勘結；若其所犯在大赦前，苟非惡逆以上，並不許推究。」從之。　紹熙元年四月二十九日，刑部郎中俞澂言：「在法，諸州所部官犯罪者，本州推鞫；若係本州按發者，申提點刑獄司；有妨礙，即報本州申轉運司。立法之意，不爲無謂。竊見近有本州按發而令本州推勘者，部屬寧無觀望乎？乞令後監司郡守按發官吏合行推勘者，如係本州按發，須申提刑司差别州官；本路按發，須申朝廷差鄰路官前來推勘。庶使無觀望徇私之弊，則罰必當罪

而人無不服矣。」從之。　十月十七日，四川制置使京鏜言：「紹興元年四月十九日指揮，令後監司郡守按發官吏合行推勘者，如係本州按發，須申提刑司差别州官；本路按發，須申朝廷差鄰路官前來推勘。照對本司係統轄四川州縣軍民之政，而屬吏有贓汙庸懦、在任不公不法、不堪倚仗之人，遵從元申獲指揮，即自對移訖聞奏。竊緣本司去朝廷萬里，今若引監司按劾官吏休例，直候申明朝廷差官前來推勘，道里遥遠，動經歲月，愈致淹延。乞朝廷詳酌，如本司所部四川州縣官或有當按發合行推勘者，即許本司遵從元申獲指揮，先後對移，仍一面選差鄰路州

五十八

官吏根勘奏聞。如四川監司按發官吏，亦乞照應本司今來所請，從制置司差鄰路官前去推勘奏申，庶幾不致拘礙，往復淹延刑禁。其四川州郡按發公事，遵從指揮，須申提刑司差别州官推勘。」從之。　二年四月二十四日，臣僚言：「三衙及江上諸軍都統制司所有推獄，名曰後司，有吏有法司。獄成則決之主帥，略不經官屬之手。諸軍每月公事解赴帥司，必先計會後司人吏，或非理鍛鍊，或輕重任情，賄賂得行，寃弊百出，軍中寃抑，無所赴愬。乞今後諸軍後司公事並令主帥選委通曉條制屬官二員兼管，庶幾可無寃濫。」從之。　六月八日，檢正謝源明奏：「一、乞行下諸

州軍今後鞫勘盜賊須管依條推究和同藏匿之家一案推結遵依條法施行仍從淳熙三年指置先勒犯人供父祖兄弟曾未析戶獄官究定不應坐罪于結斷前陳乞與準分法若係同犯一例拘沒并官故縱不行覺察皆有遞項斷罪條法又言應勘鞫公事或翻異聲冤依條移司差官別推止就元勘本州置獄不得仍前改送他州及輙移屬縣并妄作緣故移推若州縣未結絶非冤抑不公而監司輙移皆有遞項斷罪條法如有違戾重作施行刑部看詳所陳允當並從之　八月二十日刑部侍郎馬大同言乞應差推勘官並須選清彊詳練之人不容作推避從

卒九

所差監司專人押發限五日內起離仍令所屬州縣將一行官吏依條合得券食挨日批支應有供須之屬無令闕誤然後可以責其留心推勘如罪囚止一名限以半月三名以上限以一月方許出院有所追會不在此限違者以違制論許本路監司按治期限既定大約計之每推自其被差以至出院亦須兩月之期而後訖事如是五推蓋可以歲計矣臣將諸州所勘大辟并雜犯死罪等公事一面置籍遇有申到結絶或翻異名件接續銷注每十日一催之名四擧催案而今法司兼行自十日一催之後須管具所差被差及入院出院月日如其報應如準前玩易五推

通滿一年而其獄淹滯不行結絶者許從本部稽考其違限去處將所差及被差官吏具職位姓名申奏重行責罰從之　紹熙五年九月十四日明堂赦鞫獄差官自有起發條限近來被差官往往推避遷延今後應監司州軍差官推勘公事須管督責照條限疾速起發不得推避如有稽滯仰所差官司按劾　自後郊赦並同　同日赦刑獄翻異自有條法不得於詞外推鞫其干連人雖有罪而于出入翻異稱冤情節元不相干者錄訖先斷近來州郡恐勘官到來臨期勾追遲緩却將干證人盡行拘繫破家失業或至死亡可並令釋放著家知在如違許被拘留人經監司陳訴　自後郊赦並同　慶元三年五月二十四日詔諸

六十

路提刑司嚴立板牓行下州縣約束應合解州公事有預將案款先為計囑州吏者許諸色人指定經提刑司陳訴仍將先獄移勘其犯人送無干礙官司根究具案取旨重作施行　從大理評事沈槐之請也　四年九月十二日臣僚言比年以來推勘之法未盡是致多有冤濫推原其故則法有所謂一案推結者寔病之也謂如前勘官吏或有失寔于法須並行追勘閱涉人數既多追逮繫棰彼冤者既不能得直而（已苦常職皆來）後勘官吏自相爭訟故後勘官吏悉皆視成于前勘及至州獄翻異則提刑司差官推勘提刑司復翻異

則以次至轉運提舉安撫司本路所差既遍則又差鄰路關涉之人愈多則愈難一案推結臣以為今宜令州縣諸司推勘大辟各不得過百日如所差官遷延不行或諸司遷延不差各與坐罪庶幾不致淹延刑獄如已經本路差官俱遍猶翻異不已者仰家屬徑經朝省陳訴結立願加一等之罪追人赴天獄推勘如二廣四川去朝廷既遠亦結加一等罪赴經畧司及制置司陳訴其經畧司制置司申朝省取旨差官於鄰路追攝根勘如或妄訴即坐以所加立之罪如委是冤抑即將推勘失當官吏並與照條坐罪至于檢斷簽書及録問官止據一時成款初不知情免與同罪如此則人知一案推結之法必行而檢斷簽書録問之官既不與罪則關涉亦省而民冤得以自直詔令刑寺看詳聞奏　刑寺看詳若將犯人已經本路差官俱遍猶翻異者便許家屬經朝省陳訴願加一等之罪追人赴天獄推勘如二廣四川許經經畧制置司陳訴朝廷取旨差官鄰路根勘照得在法罪人翻異或家屬聲冤皆移司别推已經五推提刑親勘轉運指定之後復行翻異已有淳熙十一年七月六日指揮具録翻詞聞奏聽候指揮施行外所是乞將檢斷簽書録問止據一時成款初不知情免與同罪一節照得淳熙十一年十一月二十五日指

揮紹興元年十二月三日兩項指揮檢斷録問之官如辭狀隱伏無以驗知者不在一案推結之數緣敕令所參修條法之時申明朝廷乞將簽書與檢斷録問一体修立為法續奉旨依舊法施行致有臣僚今來奏請本寺照得檢斷録問簽書不問有無當駮之情併與推勘官一案推結委是輕重不倫今來臣僚奏請即與敕令所前來申請願同今看詳送敕令所參酌看詳施行　五年十二月二十四日臣僚言竊見廣東一路十州惟英德府煙瘴最甚有人間生地獄之號諸司分在廣韶二州置司英德介乎廣韶之間故諸司凡以公事送獄者多送英德人一聞生地獄之名則心已懼凡罪不致死與未必有罪之人每至獄則皆引伏其意以為入繫于獄未必辯明而不免于死不若亟就刑責猶得以生由是獄之欲速成者必之英德而英德之吏以善治獄名今一路之中東有潮惠西有二慶北有南雄連州皆風土之不甚惡者乞行下本路諸司應今後遇有公事合送別州根勘者不許送英德府庶幾獄無冤濫人獲生全從之　六年五月六日都省言雨澤稍愆見行祈禱照得淳熙十四年紹熙四年曾降指揮審勘翻異之獄從宜結斷今來又及八年尚慮翻異并駁勘公事稍多淹延刑禁詔諸路提刑自今降指揮到日疾

逮解親同本州守臣比照昨來所降指揮將翻異及駁勘之獄詳情審勘如有未盡或事涉可疑與從輕結斷其失當官吏特免一案推結一次

嘉泰元年正月十一日臣僚言今日治獄之弊推鞫之初雖得其情至穿款之際則必先自揣摩斟酌之以為案如某罪當合某法或笞或杖或徒流與死刑之類皆文致其辭輕重其字必欲以款之情與法意合彼議法者亦惟視其成而定其罪纖毫錙銖如出一手乞行下諸路州軍所隸刑獄應自今圓結案款但據其所吐實辭明白條具然後聽其議法者定罪不得仍前傅會牽合稍有文飾如有違戾監司按治施行庶幾情得其寔法當其罪從之

二年四月四日權刑部侍郎俞澂言凡勘大辟正犯與干連人各給一曆令其書寫自初入獄至于獄成所供情款其勘官批問亦只就曆書寫應有錯字只許圈記不許塗抹其曆縣即本州預先印給州即提刑司預給不許用別紙書寫違者重立罪賞許人告首其曆之首備坐約束使正犯與干連等人通知如此則可以杜絕吏姦終始情款難於改易設有翻異則獄因供吐輕重虛寔之情及勘官推勘詳簡當否之狀於此盡見從之

三年三月十一日江西運副陳研言竊見諸路州軍大辟公事到獄之初不先審定罪人本情多為遷就

六十四

之詞求合于疑慮可憫之條此最今日治獄之大弊追至結錄審問法司檢斷則以刑名疑慮情理可憫具案奏裁棘寺看詳申部部復申省卒從貸命若使罪人之本情果有疑慮可憫則施行不為不當其有不然亦從奏裁貸命死者何辜推求其故縣獄禁勘無翻異即申解州州獄覆勘無翻異即送法司具申提刑司詳覆行下處斷往往州吏必多方駮難縣胥憲司吏人必多方駮難州吏追呼取會因而受賂緣此州縣吏人憚于徑申故於罪人入獄之初教為疑慮可憫情節及至獄具一面照條奏裁則免追呼需索之擾今天下獄案來上大率奏裁案最多而詳覆案絕少職此之由也欲乞行下諸路州縣今後遇大辟罪人到官之初須令長官當廳引問罪人令以實情通吐仍引證佐等人反覆問難務在得其本情然後送獄根勘獄官不時下獄引問有一語稍異初詞必根究情弊重作施行獄成有合奏裁與合申提刑司詳覆者各令從條施行從之

五月十八日侍御史兼侍講張澤言江西袁州萬載縣有巨室易國梁者前後賊殺無辜不可勝數見於累次詞訴令聞有歐陽光大者首說易國梁賊殺婢僕幹人等二十三人事已發覺在本路提刑司具有實迹備極慘毒其黨與郭氏楊氏等二十餘家與之請囑權勢易國梁

六十五

並不曾到官止供狀傳入吏輩輙為勒血屬退狀檢驗官並不敢驗出要害痕傷其血屬再經提刑司陳訴改送本州黨與又為把持官吏行賂請囑提刑司再委發覺知縣躬親根勘其易國梁見使人以他事告諭知縣意在脅持脫免知縣畏懼傾害莫敢承當欲送大理寺取索人案從公根勘着實奏上取旨酌情定斷施行從之　七月二十一日臣僚言今日郡縣之吏畧不以贓賂為耻本州劾奏既不加推鞫又不責伏辨異日一紙巧雪將復技拭為無過之人蠹何其不胥而為貪也臣以謂自今應居官貪墨贓證分明有司推鞫既得其實必責以伏辨抵以本罪毋令幸免庶幾國不廢法吏有悛心從之　嘉定二年三月十九日臣僚言乞今後縣解公事或有情節未圓不許將罪人往復押下止許追承勘人吏一案勘結其州郡獄事州勘不圓申提刑司即選擇清彊官吏前去推鞫責令必得其實若更有翻異即委自提刑司取索案牘看詳親往審實予決無待諸司鄰郡差官以為文具從之　六年七月四日權刑部尚書曾從龍言連月霪雨不止咎必有由伏見近者刑寺禁繫寔煩追逮頗衆深恐其間連及無辜上干陰陽之和乞令大理寺具見禁人數及禁逮因依申尚書省參酌情理輕重情理輕者禁人與踈放逮未至下本州

斷遣從之　八年二月二十三日臣僚言近訪聞省倉上界欠折米斛見送臨安府左司理院追到干繫人沈俊卿顧成等根勘情節農寺移牒湖州嘉興府平江府常州江陰軍自嘉定五年七月至嘉定七年八月積計欠米一萬三千八百餘石追三年之間押綱官吏兵梢人等勒令均陪其逐州前後綱運有及二十餘綱者少亦不下十六七綱每綱無慮十數人坐押盡行追逮均攤備償州郡奉承每州追及干連牽是百餘人獄犴充斥至分繫縣獄愁嘆之聲遍于畿甸誠駭聽聞乞行下平江嘉興湖州常州江陰將已追到前後綱運干連人日下踈放其未到人並行住追仍出牓曉示俾咸知陛下寬恤之仁以銷愁嘆以召和氣從之　十二年十月二十九日臣僚言廣西經畧司奏知欽州林千之殺人為饌本於橫州發覺傳諸四方莫不驚異近觀經畧司勘到情節有李滿阿陳等供述已詳但未曾攝取千之伏辯而其子友直進狀乃復支離若有囑託成謀于下而欲欒自上發官益疑焉乞特自朝廷差大理寺清彊官帶推獄於靜江府湖南鄰郡鞫勘毋苟同以入其罪毋苟異以出其情如事皆寔則千之非復人類秘日明正典刑凡官當蔭贖等法皆不可行倘或不然則千之遂可免為禽獸之歸豈特逭一時之刑辟而已從

之十四年六月九日知處州孔元忠言在法因禁
未伏則別推若仍舊翻異始則提刑司差官繼即轉
運司提舉司安撫司或鄰路監司差官謂之五推若
使推勘官之來照其翻異之詞一一與之究證對辨
得實因將何辭或果冤枉則與平反亦何必至五推
而不決然今之被差勘鞫者循襲為常終一入院懼
其留滯推獄示意於囚使之供狀畧無異辭至錄問
官之來即使之翻異故囚利其無所拷訊所差官則
謂得託事便回殊不知無罪干累者終歲牽連損財
廢業破實無辜乞今後應被差鞫獄之官須要照元
翻款一一對證得實方始供狀申聞其官吏合支券

六十八

食則與挨日批支即不許便聽囚人伏罪却令就錄
問翻異如仍前滅裂他時所經差勘之官州縣檢申
提刑司提刑司申上一併取旨責罰從之　十七年
二月十一日臣僚言竊見所在置推鞫勘重囚差擇
官吏設棘防閑可謂嚴密所差之官奉檄入院所宜
稽貌胥占閱實審克顧乃具文引問教令翻異況頑
囚貪生畏死類多抵讕教之使翻彼胡為而不翻乎
乞令刑部遍符諸路監司自以始所差勘官須管依
條限起發前去勿容遷延規避務在盡心推鞫究見
本情不得教令翻異如違並行按劾獄成奏上即令
勘官出院仍約束州郡排辦勘院無致滅裂券食討

日之給俾一行官吏安意肆志以竟獄事從之

六十九

糧料院

糧料院在安定坊，分掌文武官、諸司、馬步諸軍給授俸料，批書歷，諸倉庫業驗而廪賦之。勾當官各一人。太祖開寶六年二月，以前密州安丘縣令陸光範為著作佐郎，充在京都糧料使；太僕寺丞趙巨川充西京糧料從使。新制也。國初承舊制，以三司大將為都糧料使，至是改用京官。太宗太平興國五年正月，分糧料諸司馬軍、步軍為三院，命著作佐郎劉錫、太府寺丞燕感、國子監丞趙晃分主之。八年，以馬軍、步軍合為一院。雍熙四年四月，命供奉官陳處誨勾當諸司糧料院，供奉官曹祚勾當馬步軍糧料院。自後復分馬軍為兩院，或以諸司使副分主之。端拱二年，復以京朝官主之。真宗大中祥符元年十月，真宗曰：應行臣寮、諸班、諸軍、諸司諸色人等，訪聞自離京來，逐日於糧料院勘請官中所給物色，如聞自旦至暮不能了絕，蓋軍馬數多，所支浩瀚，朕謂且憑已勘之券前程依而給之，即事甚多，而人易獲其物矣。以問省司，權三使司丁謂對曰：必日勘而遣之，蓋慮于其間有逃竄假故，留而不行者重復給之，若止于防此，所失不多。可降宣命，指揮令三日或五日一度批勘，以便公私。六年十二月，詔三糧料院文旁須寔封送左藏庫監官當面逐下，仍于送旁歷右語內分明言說文旁多少，並是元批印押，其旁別無虛偽，如已後點檢驗認，稍有虛

卷萬六千六百六十九

一

偽，便只勘糧料千繫官吏情罪，勘令陪填所支錢數。如左藏庫公然將外來不是糧料院封文旁支還，只勘左藏庫千繫人情罪陪填。又應合係勘文支文旁發赴左藏庫之時，其諸軍內諸色人并諸司坊監場院庫務諸色人等，令開坐名目去處、合請人數、官物都數，寔封關報左藏庫，候到依正旬支給例對旁勾鑿支給。所有自來執歷勘請官物人等去處，亦令糧料院具逐人職位、姓名、所請官物數目，開坐遍旁關報左藏庫。所是馬步諸軍自來遇南郊並非泛特支，並令糧料院依舊例勘支。　仁宗乾興元年未改元九月，三司言：右侍禁同監左藏庫李守信狀：先准大中祥符六年十二月三十日敕，應糧料院批勘文旁赴庫，逐下卯置簿抄上，候請人將到文歷，監官當面將正勾有帖對勘姓名、人數，親于帖內勾下姓名支付。其旁赤勘所司時內正有帖連人當月或次月帳內除破，日近多不依禀，顯有造偽。乞今後支下逐旋令文旁及請人文歷將赴中門，監官當面對歷毀抹，出中門至大門，監門使臣依例對歷用朱筆勾出，仍逐庫輪差專副、前行、勾押官、手分、庫子各一名在中門收掌，毀抹文旁，旋計逐色支過數目，委無差互，諸寔結絕文狀在旁，其支過文旁上歷發與專副收管，依

例入帳除破。及每日逐庫輪監官一員在中門衆點檢，以此拘轄旁歷相原缺入官物分明，稍得止絕造偽。從之。　天聖二年八月，詔審官院今後勾當真、楚、泗州糧料院，須是選差曾經歷任諸會錢穀京朝官充。從淮南江浙荆湖制置發運司所請也。　六年九月，詔諸處糧料院多原缺過軍口食不早勘原缺事，宰臣王曾等言：已有條約，但乞特不率原缺弛慢之處稍或稽違，當行懲責。　七年十月九日，上封者言：京城諸軍月糧糧料院勘旁多有邀頡，枉費腳力，或西營近給東倉，東營近給西倉，若值霖雨，每斛計腳錢二百。望自今聽就近倉給遣。事下三司，三司言：舊條凡給糧有諸班、諸軍祿與諸司之別，皆糧料院預以樣進呈，三司定界分倉敖支給，用年月為次。今城東十二倉貯江淮水運所輸，萬數不少；城西三倉兼貯茶葛，貯衆至少；城南止粳米一倉；城北四倉貯京畿夏秋稅雜色斛斗，亦多馬料所貯，各異，難以就近給遣。今請每月委提點倉場官與三糧料院依舊制排連年月界分外，仍依軍次批旁，如敢邀頡作弊，地遠不便，許人糾告，公人還一次，百姓給錢三十千為賞，以犯事人家財充。從之。　八年七月，三司言：近准天禧元年三月二十一日詔，在京并府界外縣倉場庫務帳內開破官物，並是倉場庫務具狀開坐文旁并支過錢物數目，連申

卷萬四千六百六十九

二

勘給務糧料院覆行驗認，如委是元批，勘得旁別無偽濫，即具結罪文狀繳連寔封赴省，逐案判官廳置歷抄上，付司點數收領，便將點對應帳使用。及勘給務糧料院別具合同單狀，開說旁數、官物數目，寔封申三司院，將元關報照証拘轄。其省司正勾破帖，即候出勾，逐旋繳連，直赴逐案拘下，點檢看字，收領應帳使用。今新授京西轉運使王鬷明學畫，令將兩本合同逐由文旁一處申繳入省，乞行除破，慮恐有失關防，引惹專副作弊，出沒官物。今欲乞只依天禧元年三月二十一日敕命內，添入令府界提點司指揮諸縣勘給務，自今將先次赴省中下合同單狀一本，各題支過遍數，自于擬鈔度支戶部勾院申下，更不將赴省部按下，及委三勾院主判官廳置簿抄上，合同文狀因依。從之。

都鹽院

都鹽院在歸德坊掌受解州池鹽以給京城及京東諸州出鬻廩祿之事
以京朝官及三班二人監領典五人主秤八人大中祥符二年又置院曉
煎鹽席以三班一人主之真宗咸平五年二月詔京鹽院合般鹽貨每席
量破遺爛折耗三百里以上耗一斤三百里已下半斤大中祥符五年四月
詔京城民買鹽糶貨須依元鹽出糶不得摻和作弊違者官吏出榜告諭
六年十二月詔令京鹽院監官歲為一界每界選曾任親民經事京朝官
使臣二員同監直候交給鹽底方得離任如有欠少與專秤均陪先是鹽
院專副以二年為界自納及支悉掌之而鹽院官哥以歲滿即代或中蔑
升職者院吏因而為姦乃至欠失有及數千斛者三司請擇官曾親民而
幹職者任之其欠失者同償故有是命又詔京鹽院自今每歲交代訖即
開次歲初三司言鹽院並開數歲而欠騰者相率難于拘轄故請條約又
詔鹽院受納鹽貨起置文簿用三司印書給付本院每簿先空紙寫數號

納鹽之時分明抄上納人姓名鹽席納數及剩數每旬于三司通押每歲
交盡監官點勘印押送三司呈驗不得隔漏散脹如違等第科罪七年正
月詔鹽院監官自今不許般家居止亦不得令閑雜人出入每夜押省鎖
大鹽門二員每院分定一員每日驗出入官物抄悉點檢如涉欺弊即根
勘送三司具應每五日一赴提舉司點檢八年七月詔自今都鹽院只令
都大提舉庫務司提轄更不令提點倉場所統屬神宗熙寧八年三月六
日三司言勘會都茶鹽院久為支納事叢將茶鹽各立遞界典例分管今
鹽界罷支京東西府界套鹽并減出賣鹽貨務陝西鹽鈔入市易務下界
管勾但給諸軍馬鹽而已別無事務虛占人吏欲乞將茶界後為茶庫鹽
界廢罷其支納煎造並令外物料庫管勾從之

糶鹽院

舊在永濟倉後德順坊都茶庫至道元年置常出糶顆鹽及煎夷御膳
鹽花以都鹽院監官請領真宗咸平二年六月詔京城人戶許取便開鋪
糶鹽每五日一赴鹽官請領大中祥符七年四月詔京城糶鹽院自今專
差使臣二人以當陽手出賣額定秤子一人及作料次令本院請撥

樞密院承旨司有樞密都承旨副都承旨又有樞密院副承旨之名皆不備置常以一二員通書諸房公事（五代有承旨副承旨以諸衛將軍充每崇政殿臨決廢務則侍立殿前侍衛司奏事則受而讀之）又別置兵房副承旨二人吏房戶房禮房副承旨各一人主事八人（主事已上並帶諸衛將軍同）正令史二十五人書令史三十四人（兵房掌兵馬名籍及年校遷補兼城壘防戍戰守之事主事二人令史十三人書令史二十人分掌之吏房掌閤門祇候以上遷補之名籍三公將帥迎受恩命及賊盜之事主事一人令史三人書令史五人分掌之戶房掌金穀芻糧出納之事主事一人令史書令史各五人分掌之禮房掌禮儀國信之事主事一人令史三人書令史二人分掌之別置兵馬司擇副承旨主事以下專掌之主事以下初命者隸銀臺司）其給使副左右押衙左右副知客各一人承引官行首一人副

卷一千一百一

行首一人承引官四人軍將十人（至左押衙五周年補供奉官）大程官百人（有都頭十將副將之名）東西二廚食手二十八人　太宗太平興國七年四月以翰林副使管句供奉官殿直文班承制公事楊守一為西上閤門使充樞密都承旨樞密承旨加都字自守一始也　淳化四年六月以樞密院禮房副承旨段延禧為武勝軍節度行軍司馬先是諸房主事歲久多授雄望州上佐仍勒留但賦祿而已延禧以老病出為藩鎮上佐優之也　至道二年十一月詔曰引進使周瑩洛苑使劉承珪薦升軒陛屢易炎涼茂著嘉猷播在朝野朕向者授之成算咸董偏師靜寇黨於西陲走捷聲於北闕眷茲亮節宜示寵章俾分

掌於事權仍並遷於使類凡千重務一以委之內則兼密勿之司外則總登聞之任懲奸去弊振領提綱爾其明聽朕言各揚其職勉思盡瘁勿忘訓詞瑩可客省使簽書提點宣徽院諸房公事承珪可六宅使同簽書樞密院宣徽院諸房公事並兼提舉司登聞院事　三年瑩為宣徽北院使承珪遂止簽書宣徽院兼提舉鼓司事　真宗咸平元年十月以引進使恩州刺史王繼英為左神武軍大將軍樞密都承旨又以樞密院兵房副承旨張質為樞密副都承旨左監門衛將軍　景德三年六月御崇政殿閱試樞密院主事而下先取外方待報奏狀三條令詳決之命樞密副都承旨左監門衛將

卷一千一百一

軍張質禮房副承旨尹德潤宿御書院考第以聞凡合格者主事邵文昭王繼凝王元祐徐繼和並遷逐房副承旨令史潘正儀等八人遷逐房主事書令史刑德為守闕主事毛元等十二人遷令史餘增衣賜有差又以吏房副承旨王繼芳為供備庫副使帶舊請受又以不合格人主事李預為內殿崇班馮處正王文翰閻處文並為東頭供奉官令史趙從賞為西頭供奉官盧延訥左班殿直於國昌等二人右班殿直並外路差遣各給見錢書令史李仲膺等八人與三班奉職亦給見錢李預趙從賞在職歲久故特優之人賜馬一疋擢張質為左屯衛大將軍加俸依前充職尹德潤為左領軍衛將

軍樞密院諸房副承旨先是止用入仕歲月第補未嘗較其材藝有遷至主事而懵其職守者真宗以樞庭政令所出籍其明習周謹故特選較焉　四年七月詔諸路轉運各上所部山川形勢地里遠近朝廷屯戍軍馬支移租賦之數召翰林畫工為圖納樞密院以備檢閱　大中祥符四年六月知樞密院王欽若言本院諸房所請歙州表紙自大中祥符元年後置歷拘管令支使外剩十一萬八千三百張望下三司住支一年及於本州減造從之又遣中使就院宣諭副都承旨張質已下就太平興國寺賜御筵時帝以歙州歲供大紙其數甚多頗勞民思有以寬之欽若等因有是奏　九年正月補樞密院守闕主事馬崇素為西頭供奉官閤門祗候書令史馬崇至為左班殿直馬崇慶為右班殿直貼房馬用和為借職崇素等並張旻妻族是時為副使陳乞特恩也　天禧四年六月詔樞密院凡給賜錢銀每季進納數目劄子自今歲作一冊進內　仁宗天聖六年十一月兵房主事李則趙蕭度歲久當遷詔以則為吏房副承旨蕭度為禮房副承旨並專管勾兵房主事公事　慶歷五年八月二十一日詔令後樞密院都承旨戰士寧王貽慶內一名請假令上名副承旨一名權於後殿祇應如兩並請假令從上兩人權祇應候朝參却依舊以戰士寧請假後殿無人祇應故也　至和三年

八月十一日樞密院言本院破食貼房六十人欲勾揀試如內有未抄寫得諸房文字者候習學得成即與給食如貼房額內有闕每一名於守闕貼房內從上三人揀試取書劄優者充填從之　神宗正史職官志都承旨從五品副都承旨正六品通領院務及承旨司之事檢察主事已下功過而陞黜之凡御崇政延和殿則陞以侍立若禁衛兵校試技藝及蕃國入見則隨事敷奏承所得旨以授有司（哲宗職官志元祐以文臣帶待制充都承旨）神宗熙寧元年八月二十五日樞密院言北面河西房所行文字並係邊要事件其底本自來各屬逐房分掌稍經歲月每遇檢證難遽討尋詔勘會逐路見行要切事件即仰接續寫錄限在出宣劄時同共簽押敢有怠慢其當行主事等分首從重罰如是未可漏泄事件即別置冊副使書寫緘封付逐房收掌　二年八月二十二日樞密都承旨左監門衛將軍元仁政為左藏庫使榮州團練使除宮觀差監東上閤門使李評為樞密都承旨都承旨舊用閤門使已上或大將軍其後專用樞密院吏而更用士人自評始九月一日詔近復以士人為樞密都承旨歷年不除樞密院接遇及所領職事都無可考驗可令史院檢尋如無即中書詳定以聞是月八日又以皇城使端州團練使李綬充樞密副都承旨尋詔樞密都承旨副都承旨見樞密使副並如閤門使禮添給

及當直兵級擗掠廳事仰樞密院條奏施行先是手詔
令史院檢詳史院言以止戴班者職事即不見接遇儀
範至是中書進呈有是旨也十二日樞密院都承旨李
評言欲乞依中書檢正五房公事例除寺觀親屬職事
相干外餘不許出入看謁又言諸房進卷及諸般案底
文字多有貼黃及張縫並無印記乞鑄一印記印在院
文字不得別用以樞密承旨司記爲文並從之十月四
日詔樞密院逐房副承旨至頭名及三周年與左藏庫
副使出外先是逐房副承旨第遷有至都承旨者令都
承旨院用士人而逐房副承旨遂無敘陞之望故有是
命十二月二十四日樞密都承旨李評等言准樞密院
劄子參定本院人吏收補校試賞罰之法詔依所定施
卷一千一百一
行　四年十月九日樞密院置刑房選三班內曉法者
一人爲主事仍以檢詳吏房文字劉奉世兼檢詳刑房
文字　五年正月二十七日詔今後守闕貼房補破食
貼房闕依條試行遣公事三件自立新條後兩次補試
揀選已是難得合格之人今後逐房副承旨欲每遇大
禮許保引內外親屬不限服紀兩人充守闕貼房主事
令史保引一名書令史兩遇大禮保引一名實及十六
歲已上不以曾與不曾在別處守仕但有行止不曾犯
刑責召命官二人委保各隨狀領赴院呈驗人才精神
書劄堪任習學公事即收係姓名到院不限年歲遇有

職官六之五

破食貼房闕一例試補未願試者亦聽如闕數少所試
合格人多別作一項編排不爲黜落度數如試不中又
不該編排但及三次以上在院習學及三周年者並勘
出院其子孫弟姪出院之後却能習學進長合候保引
人年分更許保引一次當所保引人數令寬保引之路
而峻退黜之格蓋欲廣求人才有可揀擇而激厲來者
非如向來只據見在守闕人數累經試黜落之餘短中
求長所以不肯習學書劄行遣又保引者別無沮勸不
公心引致及教招督責欲今後一試便中者所保引令
史書令史與升一名再試中者兩人已上升一名主事
已上合升一名者候出職日減一年磨勘如所引人三
試不中勸出院者連併及二人已上令史書令史降一
卷一千一百一
名主事已上出職日展一年磨勘餘並依前後詔條應
新法以前已入院書歷者且仍舊制本院令史書令史
欲今後參用三班使臣流外選人與本院人隔間收補
仍以十人爲額額足更不收取元額有闕即選於三班
院流內銓揀選使臣取殿直已下至借職曾經一任流
外選人三考已上並不曾犯私罪情理重好人才書劄
者充每一闕取兩人赴院於所闕房試公事滿兩月揀
一名充資序高者補令史次者補書令史不中者令銓
班與指射優便差遣內刑房有闕本院乏人可選亦許
本院定名選取曾經刑法局選人使臣充仍在十人額

職官六之六

內並從所請也。四月十七日詔三班借職管勾涇原路經畧司文字楊寘與樞密院書令史。始上以樞密諸房文牘頗委胥吏，皆文見保任，多不得人，因命都承旨李評立法，參擇流外選人、三班使臣以補員闕。初以莫淵、陳宗道隸刑房典法令，又以寘遷吏習事，隸河西房。五月十四日詔樞密院諸房副承旨已下至書令史各增俸錢有差，如因職事受贓，並依中書熙寧五年五月三日條貫倉司乞取軍人糧綱錢物法斷遣。上嘗謂吏祿薄則不足責其廉，因是遂增二府胥吏之俸而重賕賄取與之法。七月二十五日以尚書比部員外郎、集賢校理、同修起居注曾孝寬為起居舍人、充史館修撰兼樞

卷一千一百一

密都承旨。舊以本院久吏遷選或用士人，亦止於右職中選用，文館兼領始於孝寬也。閏七月樞密院都承旨曾孝寬言：「所有朝班除依定著外，若遇前殿不視朝，後殿常參起居及隨車駕行幸，武臣充承旨例繫鞋立班，臣係文臣兼領其職，合具靴笏及繫鞋，並依修起居注官例。」從之。　六年六月五日禮房進事目，上批二條非催促勘會未圓未明事，似此令後並擬進取旨。本院五房催促行下文字及勘會未明未圓事，皆不帶聖旨，直付所司，次日具事目進呈。兵房誤下相度事，上精於萬機，省覽周密，雖摘其誤，然皆宥之。　九年五月八日樞密副都承旨張誠一言：「伏見中書、樞密院檢正、檢詳官

非假日不得看謁、接見賓客，惟樞密院都承旨、副都承旨未見該說，令欲應在京司屬非假日不得看謁及接見賓客，非廨宇所在者雖親戚不得入謁，違者并接見之人各徒二年，職事相干者勿拘。」從之。九月十六日詔自今樞密都承旨兼郡牧使，副都承旨兼副使，更不兼別差遣。　元豐元年正月十九日詔自今樞密院諸房副承旨出職與主事請受為州鈐轄。　二年八月五日上批：「見脩敕令格式，諸所析正自朝廷立法付有司者，委樞密承旨司詳定聞奏，付諸房遵行。」二十七日上批：「龍圖閣直學士韓縝見領都承旨，事繁兼常有奏稟軍務，可免祠祭攝事。」　三年十二月十五日詔自今樞密

卷一千一百一

承旨司傳宣止作直奏聖旨行下。　四年正月二十四日四方館使、副都承旨張誠一為客省使、都承旨。自是都承旨復用武臣。其後誠一遷正任觀察使，為都承旨如故。十一月二十六日詔樞密院吏止分隸三省，毋撥入六曹，如有剩數，並額外存留，轉補、請受及諸恩例並如故。　六年六月二十五日詔廢罷監牧廨費封樁錢，令樞密承旨司專根究主領，餘應封樁錢物令尚書都司取索置簿拘管。初中書嘗差堂後官置簿掌封樁錢，至是官制既行，乃分隸焉。　七年十月二十四日中書省言：「樞密承旨司傳宣事已得旨，如別無奏稟，合作錄黄、畫黄過門下省覆奏，本省吏不入進文字。」從之。　哲

宗元祐元年六月八日樞密院言西人遣使入貢計會地界合要承旨司官同共檢詳本末計議事體詔左司郎中劉奉世權樞密都承旨公事候邊事了日依舊十月十二日詔樞密都副承旨遇引雜公事并有合奏覆及傳奏公事雖非橫行許陞殿侍立　二年八月四日詔創立改法並先次施行應修條者類聚半歲一進呈以正條入冊頒行若非海行法即書所入門目裁去繁文下所屬仍勿類奏六曹季輪郎官點檢刪節具事目申尚書省樞密院令左右司承旨司看詳當否甚者取旨賞罰從樞密院言也　五年二月六日四方館使李綬為引進使以再任樞密副承旨及三年故有是命

卷一千一百一

徽宗崇寧四年九月十七日晉州觀察使樞密都承旨曹誘奏臣本以門功四預仕籍初蒙神考優異先臣擢臣閤門幾三十載至元符二年冬自定州路總管召赴闕權樞密副都承旨遭遇陛下紹述聖緒仍使主領職事崇寧元年蒙恩除樞密都承旨迄今首尾七年歲月已久筋力早衰實不堪任伏望許依王憲例罷臣樞密都承旨職事詔曹誘特授保康軍觀察留後再任樞密都承旨十月八日四方館使慶州刺史樞密副都承旨管勾客省閤門提舉中太一宮兼佑神觀公事閻仁武奏伏念臣歷任五朝竊祿四紀宣力熙蘭擢登上閤獲侍清燕濫綴橫班外服召還內朝供職復玷恩除叨居

樞屬兼提舉中太一宮佑神觀及專切提舉京畿監牧司日虞心力不逮雖加勉強於兩司終懼瘝曠況昨自保州還闕今二年已上副承旨宣力亦及一年有餘方今朝儀贊揖當藉精彊如臣疲耗或恐不前若不自陳未易逃責伏望許解閤門職任特依錢悦王殊等近例換一正任名目詔閻仁武特授貴州團練使依舊提舉中太一宮兼佑神觀公事罷樞密副都承旨　高宗建炎四年十二月十六日詔以辛道宗為樞密都承旨先是承旨闕後殿進擬邢煥辛道宗藍公佐上曰邢煥戚里朕不欲令戚里任朝廷差遣次乃道宗上曰道宗亦得但不甚知兵爾　紹興元年十二月三日詔祖宗時

卷一千一百一

樞密都承旨一員並差兩制蓋以本兵宥密之地不可不擇人付以承旨之事元祐中范純禮劉安世嘗任此職可依祖宗朝故事置都承旨一員其雜壓檢會元祐職制令施行內未曾任侍從官之人即依權侍郎法七年正月二十七日樞密院言都副承旨遇試路分副都監以上射弓闕牒乞殿前司差統領或將官一員伴射路分副都監以上射弓並諸都副承旨教場廳侯下馬仍相揖茶畢射弓訖點湯廳前上馬從之仍詔常切遵守二十八年五月六日詔樞密院諸房副承旨並依熙寧故事遇副都承旨闕官後殿有公事權令祇應日更不侍立　孝宗隆興元年七月二十六日樞密院言

依指揮并省吏額見管副承旨五人主事五人分管兵
吏房十二房職事守闕主事二人令減罷令史一十四
人均在諸房行遣文字令減作十人書令史一十九人
令減五人守闕書令史三人令減罷正名貼房二十八
人令減八人法司貼司二人並係試中人守闕貼房二
百人並均在二十五房書寫文字令減一百人法司三
人係外差專行斷案并掌宣旨院條冊詔依減數永為
定額見在人且令依舊將來遇闕更不還補十月二十
四日詔樞密院諸軍功賞付身可令檢詳專一拘催副
都承旨給發十一月二十八日詔戶部侍郎錢端禮兼
樞密都承旨十二月二十一日端禮奏已有副都承旨
乞罷從之〔卷一千一百一〕　二年五月十七日中書門下省言樞密院
人吏依已降指揮裁減定額委官置籍自今後遇有闕
照條書擬遷補仍每月點檢幫勘請給從之繼是月二
十六日詔依擬定置籍令後不許時暫差權支破請給
仍令常切遵守十一月二十五日詔樞密院諸房副承
旨各減一選出官以該遇皇帝登寶位故有是命　乾
道元年正月二十四日樞密院言本院正名貼房張仲
禮等狀昨紹興二十六年十二月內裁減指揮緣三省
書令史名額多本院書令史數少於正名貼房內二十
八人內從上存留一十三人兼呈書令史文字揍三省
人數令來隆興二年已降裁減指揮將紹興二十六年

指揮內恩澤書令史一名寫宣房一十二人各依舊存
留了當唯仲禮等一十三人當時漏行開具致使一例
減罷詔依紹興二十六年已降指揮從上存留一十三
人權書令史日後遇闕更不差填餘人不得援例五月
二十七日詔榮州刺史知閤門事兼樞密院副都承旨
張說為樞密都承旨十一月二十九日詔樞密都副承
旨係所掌朝廷機要文字不許出謁及接見賓客　三
年五月十一日詔樞密院各司三十人永為定額其合
減人且令依舊將來遇闕更不還補願比換出職者聽
同日詔樞密院大程官以七十人為額溢額人且令依
舊令後窠執初除更不用恩例收補其外借七分大程
官依舊四十人為額〔卷一千一百一〕　四年三月一日詔樞密院逐房
副承旨見令闕借金帶服繫赴趁朝參等可令祇候庫
依條例就賜令後轉至人依此取旨給賜　六年二月
十二日詔樞密院諸房副承旨依舊令於後殿祇應十
八日樞密院言房分太多名稱不一乞依舊制併作五
正房以兵吏禮刑工房為名兵房以兵籍房機速房教
閱房揭貼房賞功房在京房支差房河西房民兵房併
入諸房轉員不轉員衮轉遞遷等軍分事務吏房以在
京房大吏房小吏房支差房等事務併入禮房以河北
房河西房支差房吏房知雜房兵籍房主管承受聖語
文字時政記等事務併入刑房係以河西房兵籍房小

吏房廣西房知雜房在京房宣旨庫等事務併入工房
以在京房機速房支馬房窠宣房等事併入院雜司以
生事房內降房實封房發遣房架閣庫併入從之繼而
給舍胡沂等條具下項兵房內外諸軍人馬數差發軍
馬內外諸軍教閱內外諸軍申請事諸路州軍廂禁軍
諸軍并三衙招填廂禁軍効用諸路民兵敢勇効用諸
路解發武藝出衆兵級諸軍收刺効用軍兵并收管使
臣外路諸州軍解發到寄招人諸路招到官兵撥隸軍
分諸軍申陳審驗使臣効用軍兵諸軍陞差統制統領
將佐等使臣陳乞從軍諸軍兵官起復諸軍發解到子
弟發遣歸部諸路兵官并就粮禁軍禁軍差屯駐泊守

卷一千一百一

把防托巡檢下兵員招禁軍并賞罰增減例物等伏諸
軍揭貼兵籍三衙江上四川等處諸軍人馬數每月攢
具修寫投進內外諸軍差出屯戍并在寨人馬數諸路
州軍駐劄係將不係將人馬數三衙江上四川統制統
領將官員數每月揭貼納寧執聽兵冊并統兵官具員
賞功內除捕盜有格法賞功依舊三省行遣外應干涉
軍事及別無成法功賞並本院行遣激賞酒庫應申請
等諸路將副并申請事諸路州軍訓練係將不係將兵
官本院准備差遣應陳乞事件差本院提轄軍兵諸軍
都虞候換官銓量諸路將副下押隊禁軍揀切諸軍揀
汰諸軍教頭差補陞降轉員後取揀河東陝西路漢弓

箭手內外封樁禁軍闕額請受團結糾集民兵土豪軍
司申請逐司事軍頭司忠佐并祗候軍員散員等皇城
司親從親事官入內院子指揮推垛子揀親事官并親
從推垛子配填班直衣轉軍分遞遷軍合轉員軍分不
轉員軍分諸軍并諸路州軍禁軍副都頭已上功過賞
罰及揀切應合降宣命應馬事收買川秦廣西綱馬荆
南孳生馬監事務漢陽軍綱馬監司事務德安府應城
縣孳生馬監事務京畿孳生馬監事內外諸軍陳乞泛
買綱馬內諸軍申乞火印綱馬內外諸軍開收馬事內
外諸軍揀退病馬騾驥院應干申請事務御馬院省馬
院騎御馬直事務皮剝所押管綱馬官兵賞罰吏房應

卷一千一百一

武臣差除三衙管軍諸路大師兵官軍職除龍環衛官
帶御器械路分都監鈐轄總管等知州郡諸路將副并
大小使臣充知城知寨都監巡檢等幹辦皇城司官幹
辦軍頭司官軍器所官內外諸軍屬官使臣差遣宗室
戚里添差陳乞宮觀嶽廟內降批出除閤職樞密院正
將准備差遣差使使喚并陳乞事件歸正歸附大小使
臣校副尉差遣應副尉改轉并磨勘兩省內臣磨勘功
過敘用并陳乞路分都監以上差遣并叙復內中宮人
遷補降宣劄付身等內降批出補官使臣大使臣以上
脚色薦舉大小使臣殿侍散直改轉差使借差及差遣
應諸軍罷軍添差銓量應沿海巡檢諸軍潰帶禁衛所

使臣皇城司差法司專副禮房收掌國書應國信事務關報接伴名銜差漕臣等應副使人宿頓等使人來程差賜御筵等官使人到闕差擺鋪軍兵并打河道官繳進北使名銜使人到闕排日差兩府押宴差六曹尚書押宴差伴射官差習儀舍人使人回程差賜御筵等官差承受并監驛門官應諸處歸明蠻人初補授等北界西界湖南湖北川峽陝西河東路蕃官承襲降宣諸路蕃傜人承襲并納土歸明等諸軍統制以下鑄印應緣禮事差撥諸軍官兵執儀仗等諸處闕申行事并祈求假故等賜歷日降宣下諸路帥漕并諸州軍守臣大禮差官都大提舉主管并一行應奉支用物色都大主管

卷一千一百一

大內公事等主管承受聖語文字時政記房刑房應諸軍統兵官以下至使臣并校副尉將校祗應効用軍兵斷案陝西河東路蕃官蕃部犯罪特斷諸路州軍應厢禁軍斷案武臣功賞過贖兩省內臣磨勘功過敘用應諸軍官兵敘復官資章復職任諸路招捕盜賊收捉諸軍逃走人本院人遷補本院客司遷補三衙人吏遷補出職諸路帥司人吏出職補授諸處闕申通知條貫宣旨庫編類本院革弊指揮工房應軍器事務支移興造等御前軍器所申請造作支降軍器內軍器庫支降收管軍器御前降樣製造軍器并鞍轡等諸州軍起發歲額并泛拋軍器物科諸州軍起發全形軍器諸軍申請

支降并造作軍器等軍器所造作御前降樣四季鞍并宣賜臣僚鞍轡總領所椿收駐劄諸軍弓甲軍器所工匠等造作軍器推賞應修繕事修築城郭修蓋營寨打造修整戰船諸軍申諸收買竹木等皇城司製造大禮及逐年救號添修儀注等工部製造應換官人槍袍團牌等祗候庫除破換官人例物等竊宣房院雜司印司檢察諸房所行文書用印承發下外路諸軍等處擺鋪遞角驅刷行遣遞角違滯去處承發下外路官司斥堠遞角檢察生事等房受付文書簿天申節會慶節下文思院製造功德疏東廚申請事件揀試本院人承填名闕等事件本院人陳乞收使保引恩例等本院大程官

卷一千一百一

人員以下轉補等收接諸處繳回遞角內引牌筒銷鑿簿書上下半年臺官點檢簿書本院雜務點檢諸房進發文字機速房掌行事務邊防急速運事調發軍馬移屯非指置控扼去處遣發間探人并回推恩探報事宜諸處申解到歸正人并申解到蕃細北界闕牒禁止北販客船合歸刑房逐年募發海船防托合歸兵房候有調發移入機速房非次差出兵官幹辦邊事從之三月四日樞密院言本院吏額承旨五人依舊主事五人令史一十人令欲添二人書令史一十四人令欲添六人正名貼房二十人依舊內一十三人舊權書令史令並罷權法司貼司二人依舊守闕貼房一百八十五人已

降指揮以一百人爲額令裁減以八十人爲永額一承旨司八人元係諸房人兼令依舊外差法司三人令添一名寫宣房書寫宣命一十二人令減七人檢詳房一十人令減五人編修時政記房七人令減四人詔並依其人數永爲定額請給等並依舊不得增添内所增令史依名次遞遷書令史并正名貼房闕令就令春銓試場揀試令後遇書令史有闕方許於正名貼房内時暫差權候試中正人日罷　九年閏正月二十一日詔樞密院令後外路官兵功賞差遣等告敕宣劄文貼公據並令左右司承旨司檢詳所除齎干照請令外其餘付身等令拘催給發使臣每五日一次入進奏院遞取監官到院入遞日時文狀仍令進奏官專置簿籍發放每月赴左右司承旨司驅磨　淳熙二年正月二十九日詔樞密副都承旨樞密副承旨依舊堂除三月四日詔自令副承旨出職依三省例頭名滿三年以次人轉補及五年與差州鈐轄願出職人與路分副都監差遣並與理親民資序以樞密院言三省都錄事頭名滿三年出職與通判差遣理知州資序轉補及五年人與通判差遣亦係親民其本院副承旨止有頭名滿三年出職與州鈐轄條法係兵鈐資序在親民之上并以次人未有該載故有是詔　三年八月三日詔樞密院不係續降指揮額外差置守闕貼房并書寫宣命人並罷　五

卷一千一百一

年七月八日詔自令諸庫務官司應回報樞密承旨司並合同申狀　九年正月十二日詔自令江上四川都統如有合進呈軍器樣製及江上都統進奉會慶節馬并盱眙軍如遇有發到對境泗州回答本軍節儀四物馬軍行司進會慶節馬功德香疏並令發赴樞密承旨司繳進諸軍進呈新年隊牌與降下舊隊牌並付樞密承旨司令給付逐路　十一年十月三日右正言蔣繼周言伏見江西路專一訓練禁軍鈐轄下差下程迪係樞密院人吏且大觀格武臣六等差遣路鈐係第四等須曾經第五等兩任及初除正任橫行使者方許除授乾道元年初帶訓練專降指揮選差曾任主兵官迪並未經任考之大觀格法乾道指揮無一可者乞罷迪新任別與差遣從之　十三年八月六日進呈承旨司申拍試兵將官禮數上曰承旨司非朝廷比統制統領每過拍試待之大輕自令令上廳茶湯下堦拍試　十四年九月一日樞密院言敕令所申昨準指揮裁減百司吏額令已盡絶近準樞密院批下人額緣逐項並批作係御筆朱書立定之額即未審合與不合裁減詔依隆興元年七月二十六日已降指揮見在人見令依舊
紹熙三年五月十七日樞密院言諸房副承旨全藉有心力諳曉職事詳熟之人令來張克俊已陳乞出職乞差王嘉謀權諸房副承旨候二年即行正差從之　四

卷一千一百一

大典卷二萬九百四十四

年十月十一日詔樞密院令後引呈公事逐房副承旨一員許於殿上往來取傳文字其諸房副承旨止令侍立宣旨

宋會要　檢詳所

淳熙十三年十二月九日詔檢詳所減主管文字一人親事官一人廚子一人白直兵士二人看管兵士二人以司農少卿吳燠議減冗食下勑令所裁定故有是命

卷一千一百一

國用使司

孝宗乾道二年十二月二十二日詔朕惟理國之要裕財爲重向來二三大臣專務簡忽至於用度寖廣漫不加省因循滋久殊無變通夫百姓既足君孰與不足量入爲出可不念哉自今宰相可帶兼制國用使參政可同知國用使庶幾上下同德永底阜康先是臣僚言方今國家所管財用供軍之費十居七八自兵興以來所費益甚今歲戶部所供一歲內外收支數目錢之闕者六百餘萬緡米之闕者九十餘萬石其外又闕三衙及御營使使司濠州并都督府見各欲招收軍兵無慮二十萬計其招收之初所費例物係籍之後所費供需未可以數計也陛下近以宰相兼樞密使蓋欲使宰相知兵也宰相今雖知兵而財穀出入之原宰相猶未知也必待戶部供具然後方及知爾且如三衙等處招兵指揮必經由三省而出使宰相早知財穀之務必不敢輕有施行非特宰相之不知也都督府以樞密使領之但知掌兵於外初不知用度之從來其於財穀出納之實未嘗略加意焉大臣之於國家曾何內外之間不當若

卷一萬三千三百二十二

介胄之將恬然有所不恤也望陛下法李唐之制委宰相兼領三司使職事財穀出納之大綱宰相領之於上而戶部治其詳仍乞以戶部見今收支闕欠數目降付都督府委自參議贊謀而咸使知之庶幾戮力一心共體國事宰相圖回於內都督府通知於外凡無名之費無益之費一切痛加撙節乃若尺籍之虛數必先有以去之然後新軍可招老弱之冗食必先有以汰之然後精銳可選太祖太宗削平僭亂混一寓內當時勝兵不滿十五萬由此觀之虛數不除冗食不汰雖百萬之衆終無益於勝負而其耗蠹國用是猶竭江河以實漏卮曾何有紀極哉故有是命也

三年正月十一日尚書左僕射同中書門下平章事業顒等言准敕宰相兼制國用使參政同知國用事今條具下項

卷一萬三千五百二十二

一欲以三省戶房國用司爲名

一逐時將上及擬進并行下批劄文字欲並依三省體式仍就用尚書省印

一常程文字自行下戶部施行其餘取會外路監司州軍事務係干財計利害文字立號置籍候回報到逐一鉤銷外切慮承受官司報應稽遲長行滅裂如有似此去處欲具違慢官吏取旨重作施行

一行在百司諸軍經常歲支月用及年例諸雜非泛支使自來皆係戶部以諸色窠名錢物應副近又降指揮從本部所請以官戶役錢等衮同支遣所有州軍合發上供等錢物戶部自合遵

旨疑

依條法指揮逐時舉催應副支使如有每歲經常非泛雜支之外用度錢物及經畫利源節省事務並從本部措置擬定申取旨揮施行

一諸路州軍合起發戶部錢銀物帛米斛等並係指擬應副行在百司大軍支遣不可少有闕悞近年州軍將合起錢物侵欺移易拖欠數多戶部雖逐時舉催多是虛申綱解或不即應報致有闕乏已降指揮諸路州軍合起上供等錢物每歲上下半年從戶部比較最稽違拖欠去處具名按劾申國用司取旨揮重作黜責如有起發足辦別無違滯去處亦申國用司取旨優加推賞在外委逐路總領所依此施行

卷一萬三千五百二十二

一契勘諸路所起經總制錢近來州軍侵占妄用一歲虧少動以數十萬貫欲令提刑司嚴行約束常切檢察今後須管依年額盡數起發如拖欠違戾去處按劾申國用司重作施行

一逐路總領所申請經常錢糧本部自合依年例申朝廷科降一應得旨文字欲隨事關送三省樞密院如係急切事務即先次行下所屬施行

一欲於三省戶房內選點檢文字二人主管文字五人掌管籍書守闕二人書寫文字一十人於三省諸房內踏逐選差添給紙劄等並依機速房已得指揮減半支破並從之

五年二月二十二日詔國用司可罷其所行事務併歸三省戶房

宋會要　國用所

嘉泰三年三月二十三日，臣僚言：竊惟今日財計，非錢穀不足之可憂，而滲漏日滋之爲可慮也。夫錢穀之滲

漏，非一朝一夕之間遽能如是也，實起於朝廷會計之制不立，歷年既多，簿書漫不可考，故官吏因得而爲姦。昔周家以冢宰制國用，而唐亦以宰相兼領度支，是知財賦國家之大計，其出入之數，有餘不足，爲大臣者皆所當知，乃可節以制度，關防隱欺，使常有餘而無不足之患也。國朝沿五代後唐之制，置三司使以總國計，應四方貢賦之入皆歸三司，號爲計省。故祖宗時特重財計之臣，凡除執政，必先除三司使，更歷錢穀之事。三司又各置副使，並以三司使總之，又有三司判官六員。數內刑案一司專推治隱盜斷刑事，則知關防隱欺，祖宗設官未嘗不三致意於其間也。且今日費用之最大者，

卷一萬九百四十五

無如養兵，請以四總領所言之，一歲出入之數幾何，有餘不足，亦嘗會計而考核之乎？但聞所入甚贏，至於支散，常以闕乏告。如司農寺官皆言見在倉儲無一月之積，主國計者亦嘗究其所以然而爲之措畫乎？凡此皆財賦之司無所統攝故也。宜略倣祖宗遺意，命大臣兼提領天下財賦，歲終會其出入，有餘則樁管以備緩急之須，不足則通融以補其闕乏，隱欺滲漏則究其實而正其罪。如此則國家財計統之有宗，而姦弊可以少革矣。乞下臣此章，付二三大臣詳酌而行之，立爲定法。從之。

十二月五日，詔：朕仰惟祖宗委任三司總領邦計，故能周知源委，出入有常。今之財賦名歸戶部，而事權

散奏不復相通有司出納莫可稽考吏或苛取重困吾
民朕嘗有意變通比覽臣僚奏疏因思區畫可遵孝宗
皇帝典故宰相兼國用使參知政事同知國用事仍於
侍從卿監中擇才識通練奉公愛民者二人充屬官俾
類其職參攷内外財賦所入經費所出一切計會而總
覈之庶幾名實不欺用度有紀式寬民力永底阜康右
丞相陳自強兼國用使參知政事兼知樞密院事費士
寅參知政事張巖兼知國用事　開禧元年正月十七
日中書門下省言已降指揮宰相兼國用使參知政事
同知國用事薛叔似兼國用司參計官陳景思兼國用
司同參計官所有合行事件當議行下　一國用司印

卷一萬九百四十五

國用使就用堂印外合鑄參計官印　一鈕以國用參
計之印六字為文合文思院日下鑄印　一令臨安府
踏逐空閑去處應副充局　一承受兼提點文字二員
於三省户房選差内點檢文字一名主管文字九名開
拆發放文字二名攢筭二名開局後須管專一在司辦
事不許往來充應　一向來國用司案籍簿書帳目并
往年所造會計録令於合屬去處取索參酌去取重新
詳盡立式施行　一遞時行下外路官司關會帳目文
字從本司開拆司封角打號上簿並經由都進奏院承
領照上所批用皮筒黑匣專遞遣發繞有報到帳目文
字不許拆封從本院抄記字號赴本司開拆司呈納仍

差進奏官一名承應鋪兵二名使令　一將來取會户
部諸百官司及總領所并諸路監司州郡帳目文字如
有經期不報及報不以實許從參計官將當職官具名
申奏及將公吏行下所屬行遣或徑行追治　一所差
人吏見帮本身俸給劄下逐處按月支行其待次人照
官資比類幇給無官人下元來去處依行舊請所有本
司每月等第於左藏庫添支錢數別開具申取朝廷指
揮行下糧審院批勘仰所差人吏並依重禄法如委有
勞績當議立賞　一合用紙札銀朱黄蠟筒牌木牌黄
旗麻索之類關報臨安府轉運司取撥使用劄下兩浙
轉運司臨安府差杖直四名轉運司差承局四名一季

卷一萬九百四十五

一替　一選差三省大程官四名承發在京文字未畫
事件令本司申取朝廷指揮從之　二月十七日權兵
部侍郎兼國用司參計官薛叔似太明卿兼國用司同
參計官陳景思申請事件　一本司行移並以國用司
為名合行下内外官司并諸路監司州軍照會仍從都
進奏院疾速遍牒施行　一今來國用司創置之初合
行下在京及外路官司取會賬目文字其第一次行移
乞用省劄自後從參計官徑押公文催促取會將來間
有緊要事節亦乞用省劄　一所會内外官司帳目文
字但欲參攷財賦所入經費所出一切會計總覈務寬
民力如户部出納之數自有所屬元申到帳冊可以就

行攢寫回報竊慮部胥並緣生事方吏鑑符屬部重行取會或追喚吏人旋令供具甚至妄作名色科配搔擾乞嚴立罪賞約束所有兩浙轉運司臨安府提領户部犒賞酒庫所點檢激賞酒庫所摧債務及外路總領所諸路監司州郡亦乞一體令進奏院關牒施行　一應取會帳目當職官並列銜親行書押回報如有本年漏落隱蔽不實之數卻於以後年分參考得出其元申官不以去替具名奏劾　一令采踏逐抽差到人吏恐其間見充吏役人向後有姦名籍及有官人新授待闕差遣並作兼充閑局後須管專一在司辦事不許往來充應本司亦已帖付各人不許兼管他處職事或充應承受

卷一萬九百四十五

文字令尚慮間有違戾又復干預乞嚴行劄下元官司照已降指揮按月支行請給外不許容令更管本處舊役職事及令承受字文如違重作施行　一已降指揮向來國用司案籍簿書帳目并往年所造會計錄令於合屬去處取索令乞行下户部將上項案籍帳目及紹熙慶元會計錄并王寺丞稽考財賦冊及外路總領所監司州軍等處所申嘉泰元年至四年分歲冊年帳并上供錢物冊解赴本司以憑參照施行　一諸處帳狀文字令欲且令開具嘉泰元年至四年分共四年數目供申候到參考總覈外所有開禧元年正月以後收支見在之數内自户部財賦官司外自總領所監司州郡

合令按月攢具帳冊供申本司參照施行　一參計官稟議職事乞依都司官例詣都堂稟白其入局假故亦依都司體例施行　一照得敕令所復置以來每月支筆墨油燭等錢依前項體例施行　一應合行移取索内外官司及州郡監司等處文字除御史臺諫院後省承旨司檢正司左右司檢詳所祕書省編修敕令局玉牒所互關外其餘並以狀申本司會計財賦務要關防機密不容漏泄令乞照敕令所已行體例給降黄膀約束　一所差人吏已降指揮不以見任待次有官無官並自到司日理為實歷月日　一承受兼提點文字及所差人吏於本處請給外每月支茶湯折食添支食錢各有差從之

卷一萬九百四十五

二年正月十九日中書門下省勘會國用司已降指揮差參計官所有司名目合隨印立定詔以國用參計所為名

宋會要

樞密院編修司

淳熙三年八月三日詔罷樞密院編修司書寫文字溢額人十三年十二月九日詔樞密院編修司減白直兵士一人以司農少卿吳燠議減冗食下敕令所裁定故有是命嘉定五年六月十九日編修司言已降指揮樞密院編修司供檢文字特與比附檢詳所令史理滿四年三季通入仕二十年解發出職補官餘依檢詳所已得指揮施行照得本司吏額三名與檢詳所吏額一同供檢文字合改作令史頭名編修文字合改作書令史第二名編修文字合改作守當官已上資級遇闕遞遷合得請給等並照檢詳所例施行從之　七年九月十四日進呈高宗中興經武要畧四百一十四冊詳見修書門

卷一千九十八

宋會要

時政記

時政記太祖開寶七年閏十月史館修撰判館事扈蒙言竊見唐時每開延英召大臣論事必命起居郎起居舍人執筆螭頭以紀時政故一朝日録文字稍備後唐明宗時亦命端明殿學士及樞密院直學士輪修日曆旋送史館近朝以來此事都廢每季雖有內庭日曆樞密院録送史館然所記不過對見辭謝而已帝王言動莫得而書蓋宰相以漏洩為虞史官以疏遠是隔望令後凡事經聖斷可書簡冊者並委宰臣及參知政事每月輪知抄録送付史館以憑修撰日曆從之仍命參知政事盧多遜録其事多遜受詔而未嘗成書今史館書目有是年時政記草一卷後亦失之太平興國中右補闕直史館胡旦又言五代自唐以來中書樞密院皆置時政記中書即委末廳宰相修録樞密院即直學士編修每月季送付史館周顯德中宰臣李穀又言樞密院置內庭日曆自後因循廢闕史臣無憑修述望令樞密院依舊置內庭日曆委文臣任副使者與學士輪次記録送付史館　太宗太平興國八年八月詔史氏之職歷代所崇帝王之言動必書朝廷之政令咸録所以紀前猷於一代垂盛烈於千年爰自累朝繼遭多故遂令編纂頗致闕遺令國家奄有萬方親臨庶務出一令無非

卷一萬八千九百三十二

利物發一言必在憂民史臣莫得於聞知美事多成於漏畧宜當聖代復振宏綱令後中書門下應有國家裁製之事及帝王宣諭之言合書史冊者宜令參知政事李昉旋抄録逐季送史館以憑修撰日曆樞密院所行公事有合送史館者亦令副使一人準此是月李昉上言所修時政記請每月先以奏御後付所司從之時雖有時政記之〇名但題云送史館事件昉未嘗拜相仍爲編修又蘇易簡為參知政事令代之自是中書皆參知政事一員編録惟呂蒙正嘗以宰相領後或參知政事兩員録之至景德元年始題云時政記　端拱二年十月中書門下言所録時政記緣皇帝每御前殿樞密院以下先上宰臣未上閤所有宣諭聖語裁製嘉言無由聞知慮成漏畧欲望自今差樞密副使二人逐旋抄録送中書逐路樞密副使張宏張齊賢同共抄録自後樞密院事皆送中書同修為一書而授史館然皆副使或知院二員同掌之　真宗景德三年五月詔樞密所修時政記每至次月十五日送中書時命王欽若陳堯叟同修　大中祥符五年六月詔樞密院所修時政記月送史館先是樞密院月録附史事送中書編於時政記及是王欽若陳堯叟始請別撰不關中書者直送史館焉　仁宗嘉祐六年七月八日詔中書樞密院自前積滯下時政記文字

催促疾速了當今後逐月編修於次月中已前進呈從起居舍人知諫院龔鼎臣之請也　神宗元豐五年五月六日詔兩省樞密院時政令侍郎同知樞密院事修尚書省左右丞通修三省同得旨及宣諭仍於當日紀録　六年二月二十八日樞密院言曰畫聖旨諸房月終類聚成冊進呈自元豐四年正月詔樞密院所得聖旨並當日覆奏施行月終更不進入遂房因此拖滯不即抄録以責令攢寫欲自今諸房所得聖旨並當日關送院知雜司置簿抄録月關時政記房從之　四年四月二十二日詔三省執政官月以時政記及三省同得旨若宣諭事輪修　高宗建炎四年五月九日詔令來三省樞密院係司班奏事所有時政記自合輪次通修　六月十八日中書門下省勘會三省諸房自來以行遣過聖旨御批麻制手詔等文字月終類聚關時政記房自揚州緣例至今更不關報有妨編録詔以駐蹕越州後行遣過聖旨等文字依自來條例關送時政記房　紹興四年三月十八日詔建炎元年五月一日以後至建炎四年四月一日已前時政記各令元任宰執省記編類關奏司封員外郎兼祕書省著作佐郎孔端朝劄子檢準紹興三年十月二十三日勅節文囊澐劄子奏東觀日曆又廢不述一代大典闕而不書日者從史館之請詔祕書省移文隨龍人與夫藩邸帥府舊寮并前宰執各令記録事迹今數月矣未有一應詔者望具名行下使撰記本末各為一書若前宰執即修時政記並録以進御先經一夜之覽詔令汪伯彥董耘梁揚祖耿延禧各限一月編類聞奏勘會前項官並是元帥府官屬除見行催促編類外所見建炎元年五月以後時政記未曾委官省記編類望朝廷指揮施行都省勘會時政記房見將建炎四年四月以後時政記逐旋編寫投進降送祕書省外其已前文字並緣渡江及經遺火例皆不存故有是詔　十月十七日簽書樞密院事胡松年言令編修到樞密院建炎四年十一月十二日紹興元年正月二月三月四月時政記六卷付史館　五年三月十二日觀文殿學士左銀青光禄大夫提舉西京嵩山崇福宮李綱奏遵稟聖旨省記撰述到時政記上下兩冊望宣付史館從之二十六年九月二十五日知樞密院湯思退劄子奏伏覩祖宗舊制樞密院奏事有宣諭聖語副使或同知院事抄録比年以來久不舉行欲依舊制遇聞宣諭聖語恭即書記每月具録同時政記上進降從史館從之　孝宗乾道二年五月二十四日起居舍人陳良祐言唐姚璹為相表請伏下所言軍國政要宰相一人專知撰録號時政記每月送史館宰相之撰時政記自璹始也今大臣奏

卷一萬八千九百二十　二

對有時政記如唐故事足以資國史之記載矣惟是羣臣必以無所得聖語為報遂使帝言聖而不宣無以示天下與來世欲望降付兩省令後遇有臣僚奏對所聞訓令隨事疏報不得以無所得聖語為解庶幾盡言布於天下有光簡謀從之　六年三月四日樞密院言編修時政記房吏額見管七人令減四人詔依其人數永為定額請等給並依舊不得增添　七年正月二十三日詔三省樞密院所修時政記於二月一日繳進自今後逐旬依此所有乾道七年已前未曾修經進者可接續繳進　二十九日中書門下省言三省録記聖語舊以宣諭聖語為名進記付時政記房收掌候修成中書門下省時政記改作三省時政記再進詔自令將逐旬所記聖語以三省宣諭聖語為名與時政記同進候降出徑付國史日曆所　八年十一月十九日中書門下省言三省樞密院修進聖語時政記見遵依乾道七年正月二十三日指揮每旬逐日修到時政記於次旬一日繳進緣日限所拘修記文字或有未備乞自令後於次旬五日已前繳進詔令次旬終繳進

卷一萬八千九百二十一　三

宋會要　御前弓馬子弟所

開禧二年五月十二日樞密院奏奉旨令參照舊例復置御前弓馬所招收子弟教閲武藝選練人材合行事件條具聞奏令畫下項御以御前弓馬子弟所為名隸樞密院　一乞下文思院鑄造銅印一紐以提舉御前弓馬子弟所印十字為文　一招合〔致〕子弟以五百八為額　一合差提舉官一員幹辦官二員兼押教措教官每以一百人為率差置一員合差五員　一招收子

弟格法檢照乾道八年指揮以五百人為額委提舉官踏逐武格募見在軍離軍兵官品官之家及良家子弟不以有無官資武武舉有學籍生員並要好人材年三十以下身長五尺五寸以上之人令大小使臣一員委保每二十人申樞密院審量提舉官取旨引呈訖當日支破請給　一子弟應募各以斗力支破請受　一每日卯時入教巳時放教　一提舉官每季拍試一次每一斗將選試中斗力高強人引見量武藝人材補轉官資引見呈試不中人許行依舊在所習學　一合用弓馬教頭每一百人為率差一名　一令來合用寨屋教場地既充教閲及一行官屬舍屋權乞於候潮門外大教場內教閲弓馬所有官物亦權於大教場內空閑屋宇安頓　一合用弓箭乞先次支降一百八十張一石五斗力一石四斗力一石三斗力各二十張一石二斗力四十張一石力六十張九斗力八斗力各一十張射親箭三十隻鍪箭四百隻　一合用鞍馬軍器衣甲等從提舉所續次申請提舉所創立之初別無公用錢物欲乞每月支公用錢一百貫文下左藏庫支給充教閲子弟公用置歷收支本所用用教閲柏試紀律使將來差到官屬并新招子弟條具格法續具申請詔並依提舉官差樞密都承旨李壁幹辦官兼押教差左領軍衛將軍李師閔右領軍衛中郎將翟銓樞密院言近降指

卷一萬九百四五

揮復置弓馬子弟所以五百人為額據提舉官節次申已約招二百一十五人尚有未招之數訪聞沿邊西北州軍或有應選子弟緣路途遥遠無由前來應募詔令弓馬子弟所除許招揍三百人外仰江淮宣撫司於兩淮招五十人京湖宣撫司於荆襄招五十人四川宣撫司於西邊招一百人並各精選務要人材强壯武藝等伎合格候數足回取指揮

皮剥所

開寶二年置一在嘉慶坊一在延禧坊掌割剥馬牛驢騾諸畜之死者給諸司工匠親從角抵官五坊鷹犬之食以三班殿侍二人監領剥手十五人　真宗咸平五年四月詔皮剥所自今後収官私死馬委使臣當面收剪鬃尾秤數上歷送納不須定十四兩為額勒人陪塡

景德三年二月詔皮剥所每疋死馬收煉脂油七兩送皮場充熟皮之用　四年七月詔殿前馬步軍司每鞍馬病死當日内印帖子勒馬主送剥馬務畫時納下給抄不得擅邀乞錢物　大中祥符七年五月詔皮剥所斷買肉屠户除元定頭疋錢外歲每納淨利錢千二百貫逢閏又加百千旬當以三年為滿如未滿不得諸色人陳状添課剗奪　天禧二年十一月三司言皮剥所每旬上殿奏収到死畜頭疋肉臟數元無許上殿指揮檢會編敕不得將帶常程公事上殿聞奏已令本所將合奏文字逐旬於銀臺司通下所有冬年寒日權假舊例支散親從親事官并騎馬直節料每人肉臟各二斤欲乞亦只令具奏於通進司進入從之　仁宗天聖元年閏九月詔左右築毬相撲軍所請口食渾腔死馬令皮剥所依舊以例支　仁宗熙寧五年四月詳定編修敕令所言乞今後坊監送納死馬各具印押關子開坐疋數并馬赴皮剥所驗認交納關子即本所申省帳前粘連委三司并管勾院磨勘司點檢及將坊監文帳對會數目不同即行遣根究情弊及將棄外務合作一

卷一萬九百四十

局以皮剥所爲名，只就舊外務舍屋監專公人管勾。裏務除撥手分一名赴外務同祇應外，餘並減罷。外務所納妨監及開祥兩縣頭疋，除死馬外諸雜頭疋並各用印紙關子送本務，照外會內外務價高者，併就價高處施行。從之。

高宗紹興八年九月三十日，詔復置皮剥所，以行在皮剥所稱呼。以兵部言官私倒斃牛羊無處送納也。兵部條畫：一、監官舊例一員，今欲差同幹辦騐方官一員權行兼管，每月量支請給錢五貫文，隨歷批勘。一、專知官舊一名，手分舊例二人，今欲置止手分一人兼專知官，依舊募充，除支在京日所破請給外，其贍家食錢依見今庫務例支破。一、庫子舊例二人，今欲下

卷一萬九百四十　三十六

臨安府於識字有行止廂軍或曹司內踏逐出一名，指差一名充填，除舊請外，每食日量支食錢一百文，仍並分擘赴本所歷內批勘。一、剥手舊例二人，今欲下臨安府權差屠户一名，遇有開剥頭畜，畜即時赴所開剥。如無送納到死畜，並不得追呼，仍與免其餘供應差使。一、把門巡宿剥員舊例係步軍司差破一十人，今欲下步軍使差大分廂軍兵士四人，其請給並分擘就勘所給。一、本所合置官廳、舊吏舍、筋皮蹤尾角庫及內贓等錢庫，今欲乞朝廷指揮臨安府於城外近便踏逐係官空地，[illegible]疾速修蓋官廳一座、蓆屋二間，吏舍蓆屋二間，凡庫屋共二門。一、本所舊例每年起置（收納）死畜舊文曆、承受簿、

賞功罰罪簿、蹤尾筋皮歷、架閣簿，年終攢造收支死畜等帳，赴尚書兵部驅磨，今欲並依舊例起置攢造施行，內合印簿歷，並齎赴尚書駕部覆印施行。一、今來覆置本所，逐時行移并起置合用簿歷紙數，今欲每季支破大抄紙二百張，並隨本所請受歷內批勘。並從之。

十月十日，詔皮剥所鑄銅印一顆，以「行在皮剥所記」六字爲文。同日，詔皮剥所受納官物合給鈔小團印一顆，以「行在皮剥所紹興八年分受納官物團印」一十六字爲文，逐年一易，從文思院給降。

十一月二十六日，詔皮剥所收到筋皮角，令軍器所取撥使用；蹤尾令雜賣場出賣，其收到買名淨利價錢等，並赴左藏庫送納樁管，

卷一萬九百四十　三十七

聽候樞密院指揮。本所條畫：一、在京日出賣死貨，係本所置櫃封鎖，限一月人户實封投狀在櫃，如限滿檯擡赴所屬開拆，取逐色價高者爲定，買撲三年一界，入納抵當錢一萬五千貫，屋業金銀充，所在堆放准備錢三千貫見錢，本所堆放買名錢二千貫，開拆兩縣送納淨利錢三貫，納本所。本所今措置，欲置櫃檯，擡赴尚書駕部郎中廳封鎖，用訖給付本所，限半月召人户情願立定逐色錢數，及每頭疋死貨金腔價錢，實封投狀赴櫃內收盛，候限滿，赴駕部郎中廳前開拆，取逐所立錢最高者爲定。其合納抵當、准備、淨利、買名錢物，並赴所樁管送納外，權以一年爲界買撲。其未有人户間遇有

納到死賃欲乞從本所一面開剥依在市價錢出賣候
召到人戶日付人戶一舊例諸軍班倒死馬並次第具
軍狀赴皮剥所送納係官例死牛馬等具公文前來私
下死畜本掌地分人申納如隱庇不納求私開剥廂都
人并管轄合干人舉發作為應從重斷罪本地分知而
不舉或失覺察致被他人告捉並一等科罪送納遲延
傷臭納人倍納價錢一舊例納給諸處撞撲到死畜即
時時給鈔付納人一在京日舊例開祥兩縣死畜并兩
縣近城廂界倒死並合赴皮剥所送納其鄉村下死畜
在外送納一今後諸軍并在城應官私倒斃頭畜諸軍
令管轄官及合干人私畜委本地分鄰監近城廂界畿

卷一萬九百四十　三十八

委自縣尉并合干巡防人覺察如隱庇不納許諸色人
告捉每頭疋支賞錢二十貫文及管轄合干人并私畜
將本掌地分合干人並送所屬依不應為從重科罪仍
拘納合肉臟等錢入官並從之　十二月十六日詔皮
剥所許依坊監例從本所踏逐副尉一名充專知官其
請給依坊監見從人支破　九年二月十七日詔行在
皮剥所收到肉臟等錢令後遵依舊法並赴內臟納送
其日前已赴左藏庫送納錢數仍限三日依數撥還
十三年二月二十五日詔皮剥所召人買撲不許蔭興
上件作戶名之人前來投狀入櫃雖開拆定到價高
合買許一時同投狀人陳告依犯人立定錢數令告人

便得承買一界犯人送納所屬依條所行所有已納一
界准備抵當買名淨利四色錢物並行沒納入官從本
府請也同日詔皮剥所送納官錢自皇城門裏至內藏
庫每貫立定添支脚錢三文先是破脚錢一十文省緣
止是到皇城門外所有皇城門裏至內藏庫未有添支
故有是命同日詔皮剥所於臨安府并行在庫務踏逐
廂軍或曹司二人充庫子祇應其請給以例除舊請外
與日支食錢二百文遇閏依此同日詔皮剥所令於軍
司貼差大分廂軍四人通作六人巡防照管仍選一名
識名高者充部轄節級同日詔皮剥所每收到被皮及
二十張報軍器所限一日差人前來取發如不到許工

卷一萬九百四十　三十九

部勾追違慢合干人依條施行同日詔皮剥所遇送納
鯮尾赴雜賣場每所支脚錢三文同日詔皮剥所令納
錢每貫收頭子錢三文省充本所雜收錢置曆收支每
季一易　十四年九月四日詔皮剥所監官茶湯錢添
一十貫文仍差白直一名專知官別無衣粮與每月添
支食錢四貫　十五年四月十七日詔皮剥所添置軍
典一名專令抄轉書寫簿曆等文書其踏逐抽差請給
等並依內藏鑾庫軍典體例同日詔皮剥所將元人戶
買撲界滿日將四色錢數於第一界立定逐色錢上並
行增添一倍立為定額並一色見錢先次送納本所探
放令後逐界准此內買名淨利係合入官錢數外有准

備抵當條人戶錢數本所封樁準備填欠如界滿別無拖欠即合依數卻行給還本所言自紹興八年第一界人戶沈慶民立定置買名錢四百一貫文淨利錢八百一十貫文準備錢五百五十貫文抵當錢二千五十貫文至界終收簇錢一萬二千餘貫文自後累年其出入官錢物數增數倍今即係第五界人戶買撲其買淨利準備抵當錢比之初置元立錢數所增不多故有是命同日詔皮剝所專知手分依編估打套局門司手守分請給則例支破並推行重祿　二十八年六月九日篤郎言皮剝所第一界立定爲錢數欲權減一分召人承買從之　孝宗紹興三十二年十月二十七日未改元

〔卷一萬九百四十　四十〕

工部言乞將皮剝所馬皮揀選均數降付殿前馬步軍司製造軍須其零碎蛀損皮數令軍器所作破皮以斤重估價出賣自後皮剝所剝到馬皮每張估錢二百五十文省同肉臟錢並起內藏庫送納從之　乾道五年七月二十八日樞密院都承旨張說言皮剝所乞差都承旨提舉今後以樞密院皮剝所爲名監官乞差樞密院使臣萬乞下三衙令逐旬具馬倒數目申承旨司都將皮剝所中到開剝所數目參照置歷抄上如遇有收到肉臟等錢逐旬開具實數赴承旨司書押其赤歷半年一易應收支錢物并應倒斃馬等並各置簿在承旨司每日分明銷注以憑對歷驅磨應官私納到倒斃馬

等來鈔並日下赴本司上簿給付餘依見行條法施行從之　六年閏五月四日詔樞密院皮剝所今後將馬皮盡數赴軍器所送納其散放去處令本軍拘收赴所送納　七年四月三十日詔皮剝所馬皮令殿前馬步軍司差人前去交跋付逐軍應副使用從御前軍器所請也　淳熙元年二月十四日樞密院東廚狀每月見支破料次錢一千貫乞依堂廚例貼支錢三百貫詔每年於皮剝所合發內藏庫內臟錢內截留五千貫　二年五月三日詔皮剝所見在錢物數并行遣事務除供報樞密院并承旨司外其餘官司更不供報　十一年六月七日詔皮剝所減節級一人巡防兵士六人先

〔卷一萬九百四十　四十二〕

是專對官一人手分一人軍典一人庫子二人節級二人巡防兵士一十六人至是司農少卿吳燠請減冗食下救令所裁定而有是命　紹熙五年十月十七日殿前都指揮使郭杲言節次該遇慶壽登極大禮等賞典士卒普霑恩霈止有諸軍官兵內因名下馬斃開剝湯臭令償納償錢之人未蒙豁除放乞擬旬逐旋除納每月一次本司牒發赴皮剝所收管銷欠庶使官兵得霑恩霈從之

全唐文　宋會要　東西府

熙寧七年四月九日詔韓絳居東府第一位呂惠卿第二位自是居東西府八位不以次八年六月二十四日詔三省樞密院官如過遷拜東西府居吏不遷移

神宗熙寧六年七月十七日詔定兩府初除遷官轉廳解罷陳乞使臣公人並衮同推恩止令中書施行宰臣樞密使相七人樞密使知樞密院五人參知政事樞密副使同知樞密院四人簽書樞密院事三人　宋會要

卷一萬九百八十九

宋會要　宣徽院

太祖開寶九年二月以山南道節度使潘美為檢校太傅依前山南東道節度使充宣徽北院使領宣徽自此始也八月以樞密副使楚昭輔權宣徽南院事以右衛大將軍判三司王仁贍權宣徽北院事自後使闕多樞密使副兼掌之太宗太平興國八年二月以宣徽南院使山南東道節度代國公潘美為忠武軍節度使進封韓國公先是美任南院柴禹錫為北院使是年正月以王顯為宣徽南院使弭德超為北院使兼兼樞密副使故美罷職至道元年四月出宣徽北院使柴禹錫為鎮寧軍節度使太宗謂之曰舊制自宣徽北院使出不過防禦使朕今委爾節旄亦可謂優恩也三年八月以內客省使周瑩為宣徽北院使先是宣徽使班位在樞密副使之上瑩詣中書請居其下宰相為言之真宗嘉其謙退即從其奏自是為例真宗咸平五年周瑩王繼英為宣徽南北院使知樞密院事會高陽關都總管缺藩帥之人宰臣請較宣徽使授之帝以瑩頗知軍旅事乃授永清軍節度為高陽關都總管景德四年十二月承天節百官上壽於紫宸殿宣徽使當宣答時知樞密院王欽若權宣徽使事欽若在病假知樞密院陳堯叟復以故不入宰臣議以參知政事權

卷一萬六千六百四十六

宣答真宗曰宣徽使三司使皆不坐可令丁謂攝事是日欽若從入朝謂雖承敕不復攝事仁宗景祐二年五月二十六日詔宣徽院左知客押衙自今每遇出職與右侍禁落止左班殿直時李從簡授樞密副知客例因定此制慶曆八年三月制以殿前副都指揮使寧武軍節度使李昭亮為宣徽北院使自殿前司遷此國家恩例也十一月二十九日宣徽使鄭戩言遞節進奉已蒙恩依兩府臣僚例所有請体及諸般賞賜等乞許依見任宣徽北院使程琳等例支給詔特依兩府臣僚體例皇祐二年九月五日詔今後宣徽使不得二員以諫官包拯等言宣徽使張堯佐緣徽宮符進乞降詔旨將來更不令殿使相之任及本院供職仍趣赴河陽庶幾塞人情固有是詔焉至和元年十月二日殿中侍御史趙抃言伏見近年朝廷非次除宣徽使節度使頗為煩數切以二者使額在唐季則付與寵易啟乞今後宣徽并節度使內文臣須歷中書樞密院任用如之德望為人推服武臣曾經邊鄙建立功業者方許除拜兼宣徽使元額只是兩員至如使相之任體貌尤重更當謹惜望以臣言付兩府議定執守施行上以遵祖宗之法下以重爵位之貴詔中書樞密院今後有如此除改或奏乞當即檢詳執奏神宗正史職官志宣徽院置使皇祐三年著令毋過二

員後富弼以宣徽使判并州已有二員詔以遵任權增熙寧三年郭逵王拱辰在院用弼例以觀文殿學士歐陽修為南院使判太原府然修卒以疾辭故事宣徽使與參知政事樞密副使同知院事以先後入敘位每除二府即宣徽使辭乞位其下然後降詔從之神宗熙寧九年六月二十五日詔宣徽使今後遇以職事侍燕或值中書樞密院合班問聖體及非次慶賀並特許序二府班從宣徽北院使王拱辰之請也先是拱辰乞凡百官儀制乞比參書樞密院臣僚詔送閤門詳定取旨而有是命元豐元年十月十八日以宣徽北院使檢校太傅中太一宮使王拱辰為檢校太尉宣徽南院使西太一宮使許居西京三年九月二十八日戶部侍郎同知樞密院事呂公著為正議大夫樞密副使權發遣宣徽院四年十一月二十一日罷宣徽院見任宣徽使依舊自今更不除人六年三月二十三日宣徽南院使判大名府王拱辰為安武軍節度使判大名府官制不置宣徽使拱辰因再任遂改命哲宗元祐三年十月二十三日詔復置南北院宣徽使儀品恩數如舊制在京人從視參書樞密院六年五月二日詳定編修閤門儀制所言按舊儀宣徽使遇有百官起居稱賀宴日通喚宣答今復置南北院宣徽使儀品恩數並如舊制其舊制內宣徽使職事欲依舊

卷一萬六千六百四十六

修入如閤門即依見行儀制二十二日中太一宮使觀文殿學士左銀青光祿大夫兼侍讀馮京除宣徽南院使仍舊充中太一宮使許朝朔望京先除宣徽南院使知陳州至是再辭故有是命七月六日三省言張方平元係宣徽南院使檢校太傅太子少師致仕元豐官制行廢宣徽使元祐三年復制儀品恩數如舊詔太子太保致仕張方平依前太子太保充宣徽南院使致仕於是中書舍人韓川言臣聞宣徽使之名祖宗以寵勳臣班資恩數與見任執政均與樞密副使同知樞密院亢切相等而皆未嘗令帶以致仕且文武異列不合混并宣徽使武官也太子太保文官也豈可使官號混殽合從改正詔依前旨行下其後方平辭免從之紹聖三年四月二日詳定重修敕令所言宣徽使因官制廢罷以事分隸省寺元祐三年復置並無所治之事詔罷之

翰林院

凡學士院置待詔十人國初承舊制翰林待詔六人寫書詔舊制月俸九千春冬給衣又有隸書待詔六人寫簽題封角月俸止六千謂之東頭待詔雍熙四年廢隸書待詔增翰林待詔十人並兼御史院祗候錄事一人景德二年九月本院言孔目官劉尚賓年滿已注宿遷縣尉緣主持書詔切須諳練欲乞依吏部銓例置主事或錄事以本司勒留充職詔以尚賓為錄事給孔目官俸自後不常置又五代舊制有主事一人周顯德中廢孔目官六人表奏官六人驅使官二十人驅使官舊額六人咸平二年初置侍講侍讀學士別補驅使官四人祗應及楊徽之卒復以驅使官二人隸學士因為八人三年四月詔學士院不得額外添人自後再除拜文明資政侍讀侍講龍圖閣樞密直學士皆學士院遣守闕驅使官祗應多特補正名遂至二十人景德四年四月學士院上言先準敕表奏驅使官闕人於京百司兩省三館抽差即不曾召保揀試本院見有守闕表奏官八人驅使官十二人今欲以此為守闕定額今後如是闕人即於京百司兩省私名內抽取依三館例召保揀試送中書看詳從之舊又有專知官一人通引官一人廚〻六人太平興國四年並廢　兩朝國史志學士院翰

卷一萬六千六百四十七

林學士承旨翰林學士翰林侍讀侍講學士承旨不常置以院中久次者一人充學士六員掌大詔命凡國有大除拜晚漏上天子御內東門小殿遣內侍召學士賜對親諭祕旨對訖學士歸院內侍鏁院門禁止出入夜漏盡寫制進入遲明白麻出閤門使引授中書中書授舍人宣讀其餘除授并御劄天子不御小殿不宣學士但用御寶封中書熟狀遣內侍送學士院鏁院門而已至於赦書德音則中書遣吏持送本院而內侍鏁院如除授焉院在宣徽院北凡他官入院未除學士謂之直院學士俱闕它官暫行院中文書謂之權直其侍讀侍講春秋二時開延義邇英閣則執經史以侍講侍讀常日則侍奉以備顧問應對其掌寫書詔麻制則待詔三人其吏史則有錄事一人孔目官六人表奏官八人其給使則有驅使官二十人承旨唐置以學士第一人充今不常置學士無定員太祖乾德元年十一月以工部尚書竇儀為翰林學士時學士王著以酒失悉蒙以請求皆貶官太祖謂宰相曰深嚴之地當以宿儒處之范質對曰竇儀清介重厚然已自翰林遷端明帝曰禁中非此人不可卿當諭以朕意勉令就職〇開寶二年十一月以中書舍人李昉知制誥盧多遜並直學士院時學士王著卒故也〇六年四月以制劄誥張澹權直翰林院時學士李昉責受太常

少卿止盧多遜在院又使江南多遜使還如舊。九年十一月以太子少詹事湯悅率更令徐鉉並直學士院。太宗太平興國四年九月悅遷光祿卿罷鉉遷給事中仍直院八年六月鉉亦以右常侍出院。淳化二年閏二月命翰林學士賈黃中蘇易簡同句當差遣院李沆同判吏部流內銓學士領外司自此始也。史臣梁周翰曰故事學士掌內庭書詔在金鑾殿側深嚴莫二不當預外司事雖朝廷藉其公才實非選任之意至有兩省及它局雜官請謁推求動踰旬刻有司無所彈擊內外相參清濁一混惜哉。十月翰林學士承旨蘇易簡獻續翰林志二卷太宗賜御詩二章批云賜詩之意因卿進翰林志美卿居清華之地也又飛白書玉堂之署四字以賜易簡謂宰相曰易簡告朕求此數字卿可名至中書授之他日為翰林中美事易簡上言願以所賜詩刻石帝為真宰行三體書名一本命待詔吳文賞模勒刊石以賜易簡仍以百本分賜近臣。十二月易簡於本院會學士韓丕畢士安燕秘書監李至知制誥柴成務呂祐之錢若水王旦史館修撰楊徽之梁周翰直秘閣潘慎修翰林侍書王著侍讀呂文仲等觀御飛白及三體書予聞之賜上樽酒太官設饌至等各賦七言詩是時宰相李昉張齊賢參知政事賈黃中李沆亦各賦詩貽易簡悉以上聞翌

大典卷一萬六千六百四十七　二

日帝謂昉曰朕諷讀數四有以見儒墨之盛而學士之貴也蘇易簡儒雅風流加以樂善好事朕見其會客賦詩頗動嘉賞流傳士林一時盛事也。十一月二十三日詔定降麻事例宰臣樞密使使相節度使特恩加官除授學士事例銀百兩衣着百疋軍恩加食邑起復例起復銀五十兩衣着五十疋親王以上有宣賜事例更不重定公主未出降依親王例宣賜已出降令駙馬都尉管送。四年五月以右諫議大夫史館修撰張洎屯田員外郎知制誥錢若水並為翰林學士洎等赴上帝曰學士之職清切貴重非他官可比故事赴上有勑設及弄獅猴之戲久罷其事然亦非雅教坊有雜手技舞稍擲盌弄丸藏珠於器吐幡口中之戲當令設之仍詔樞密直學士知制誥預會。十一月武寧軍節度使曹彬來朝宴近臣於長春殿命翰林學士錢若水樞密直學士張詠皆赴會舊制每命將出師勞還宴於便殿當直翰林學士與文明樞密直學士皆預坐李昉居蒙任學士日常預斯宴其後閤門使梁迥輕鄙儒士啟太祖罷之至是始復從參知政事蘇易簡之請也易簡又言故事皇帝御樓肆赦惟學士得升丹鳳之西南隅自今帝御樓覃恩望令與樞密使侍立御榻之側又取唐陸扆所定光院錢請振復故事亦從之。真宗咸平五年十二月學士宋白梁

同論並罰一月俸坐草制遺誤也初命宰臣呂蒙正李沆並兼門下侍郎而二人草制之夕遺亡其事一真宗以問白白等不能對第請改正不復降麻止帖麻用印重寫告身故有是罰。景德元年八月詔學士院自今所賜內外群臣獎諭敕書並須明述績効始末及若干人數先是群臣有勞効者皆賜敕書獎諭及受代考課赴調多執以自陳希望旌賞然不見事狀始末或言某等者不見同功人數酬庸之際難於區別故有是命。大中祥符元年正月以天書降皇帝奉迎酌獻翰林學士判太常寺李宗諤上登歌樂章令本院降詔獎諭時學士晁迥知貢舉楊億在假惟宗諤獨直遂令參知政事趙安仁草之是月下制交趾黎至忠加功臣食邑舊制外藩加恩中書進熟狀睹後畫付學士翌日降制初議至忠加恩以是是日宣降而熟狀未入前夕四鼓真宗詔而詰之乃自進司稽留即以手劄付學士院撰進時學士院李宗諤直翌日對宰相稱諭其敏。三年閏二月學士晁迥等言今月十八日宰臣召臣等問所降德音不鎖院之故檢本院舊制赦書德音不曾鎖院臣等商議除南郊赦書緣車駕齋宿在外並是預先進入降付中書難以鎖院外有餘赦書德音今後並依降麻例鎖院從之。十月帝謂宰臣曰昨日學士草賜陳堯叟詔述臣誠所傳

大典卷一萬六千六百四十七　三

真文乃云執迹執迹雖有所出流俗聞之非便又嘗草詔述老子乃云洪惟柱史卿宜諭旨每一詔當令中外易曉。又嘗見勑書有以永安為洛納者一帝曰永安在洛水南言納非也令改之。五年七月學士院言本院青詞祭祝齋文相承稱尊號按端拱元年兼秘書監李至起請詞祭祝文只稱皇帝今請約至所請凡青詞祭祝齋文不載尊號又諸路進奉每降詔敕多隔歲月或本官亡殁猶降詔敕緣詔語之內皆有嘉稱撫問之意存沒同用於理非宜今請每進奉到闕五七日內令客省具數送院降詔敕若本官身故者止委客省勘會如係官物須除破者直牒三司更不降詔敕又本院文字蠹爛至多將訪舊規屢成失墜今欲自天書降後應係詔敕祠祝等編聯大冊差吏三人專主抄寫日給筆墨食錢三百所冀編次齊整並從之。九月學士楊億言疾病稍痊羸尚甚望許權免十數日起居詔特免半月起居仍令出宿時億疾在假詔中使挾太醫療之億拜章謝時御筆七言二韻詩曰承明近侍冠儒元苦學勞心疾已痊善保興居調飪食副予前席待名賢批表尾賜之。十一月詔翰林學士常留一員在院當直如有假故亦須候次學士到院方得出宿。六年八月學士院請報準詔減定書詔用紙令定文武官待制太卿監觀察使以上

用白詔紙三司副使閤門使少卿監刺史以上用黃詔紙自餘非巡幸大禮赦書敕牓外並用黃表紙從之。八年閏六月學士院草賜錢惟演詔誤書癸爲癸詔勒孔目吏決杖待詔贖銅十斤學士王曾特釋之。天禧元年二月學士院言詔敕詞尾並云故茲詔示故茲示諭方云想宜知悉內諸道進奉相承並不言詔示示諭竊思詔詞各有嘉獎之意亦合標云示諭今欲添入又諸處奏告青詞以來只是用紙裹角今請委三司造黑漆木筒五十枚凡有奏告封詞齋往從之。三年三月學士承旨晁迥以疾乞免近職詔特免宿直　四年六月學士院言前蒙太宗皇帝賜御書年深損蠹欲模勒上石從之。仁宗乾興元年未改元九月命戶部郎中知制誥宋綬權直學士院時承旨李維學士晏殊李諮並充使永定陵故也不數日召劉筠入院充學士綬遂罷。天聖元年十月二十二日詔學士今後每遇雙日至晚出宿不得有妨公事時學士止李諮晏殊故也。五年六月仁宗謂宰臣曰昨夜降文字學士撰本云學士不宿尚緩急文書慮成妨闕自今並令依大中祥符五年詔書施行。景祐元年五月十五日翰林學士承旨盛度等言本院見闕隋書應天下圖經道德經并疏莊子疏沖虛真經并疏乞下所屬去處各給一部付本院充公用內莊子并

卷一萬六千六百四十七

四

沖虛真經疏如監本無即乞於道藏內借本付三館差人抄寫從之。慶歷四年六月二十五日學士院言制詔齋文青詞并北朝書及非次急速文字自來只是表奏官裝硾裁粘不得精勤欲乞取裝裁工匠一名赴院祗應從之。皇祐元年九月以翰林學士承旨兼端明殿學士尚書戶部郎中知制誥王堯臣加諫議大夫以久在禁林優遷之也堯臣歲滿當遷宰臣文彥博以其久任請降是命。二年九月十六日新除翰林學士楊偉未及謝卒詔賜告敕襲衣金鞍勒馬於其家。四年六月五日詔今後學士院所試官員據所試文字依公考定不得假借等第時興試者多權貴子弟因緣請託物議喧然朝廷患之故有是詔。至和元年八月十六日詔學士院自今當宿學士以故請告者令以次遞宿前一夕命劉沆爲宰相而召當宿學士楊偉草麻不至乃更自外召趙槩草之故有是詔。九月翰林學士楊察爲承旨知制誥呂溱王洙並爲翰林學士故事學士六員今洙爲第七員蓋宰相過除也。嘉祐二年十二月九日詔學士院承內降處分自今並關白中書樞密院施行先是澶州言河流壞浮橋繳數日而完修之遂下本院降詔獎諭而中書言官吏護視不謹已爲部使者劾罷既令免勘而詔亦追罷之。三年六月十五日詔學士院從下兩

員常專一管句編錄國朝以來所撰制詔文字從學士歐陽修之請也。六年三月承旨宋祁言久病不可稽朝謁入學士院欲帶一子侍湯藥從之。六月二十日詔下開封府今後學士院敕設只得令雜手技人祗應。十月學士院言舍人院并諸宮觀唐書編敕所之類但置官局皆有翰林儀鸞司人祗應本院地處近密學士迭直及問與兩制儀事自來獨無供應請依逐處例差翰林儀鸞司各二人并合要物色赴院祗應仍半年一替從之。七年二月學士院言臣僚上奏并劄子陳請事唯宰臣親王樞密使方降手詔手書自參知政事樞密副使已下即無體例去年三月因樞密副使陳升之請郡內批令降不允手詔當直學士胡宿亦嘗論奏以手詔體重乞只降不允詔而不從具請竊緣近禁動成故事恐成例隳廢典故乞自今除宰執親王樞密使有所陳請事依例或降手詔手書自餘臣僚更不降手書手詔許從本院執奏從之。八月學士王珪當草立皇子制珪等對于崇政殿曰天下久望立太子然此議不出自陛下後必有動搖則禍亂之萌未可知也帝諭曰朕思宗廟之重夙夜不敢安今立皇子之議決自朕懷珪曰陛下誠能爲宗廟計則天下之福也於是再拜殿上退而草詔以進先是中書召學士草詔珪曰此大事也必面稟得旨

卷一萬六千六百四十七

五

方是求對朝議以爲得體。八年五月十三日學士院言報當院竊見逐次入國禮物件段數目劄子係御藥院編排修寫自來直至看禮物訖方送本院多臨日忽忙書寫不謹竊恐差誤緣書錄凡經四次進印其書匣又於入國史副未進發前給付乞指揮御醫院令每編排定入國禮物數目先次抄寫件段數目劄子一本仍於看禮物五七日以前關送本院以憑預定修寫凡對仍候看禮物訖續次送進本赴院再行校勘進呈免至臨日候事御藥院勘會除每年常程禮物亦候後苑造作所供納及內降到衣物等齊足方始見得顏色花樣斤兩數目即於進呈前一二日可以先次具錄供赴學士院其非汎國信禮物係逐旋取旨排辦製造或臨時內降名件不定即難以預先供寫詔御藥院於看禮物前三日供赴學士院。英宗治平元年閏五月詔錄學士院具員一本以進。二年七月詔今後如遇非時鎖院次日不是常朝起居仰監鎖院使臣與學士同共關報閤門先是御史臺言今月四日夜鎖院閤門不告報致有候告報百官赴文德殿聽麻乞今後除中書進熟狀自有帖黃聲說追班外非時鎖院並從御藥院關報閤門追班故有此詔。神宗正史職官志學士院掌制誥赦敕國書及宮禁所用之文詞凡后妃親王公主宰相節度使除拜則

學士草詞授待詔書誥以進赦降德音則先進草大詔命及外國書則具
本稟奏得旨如之凡奏事用牓子關白三省樞密院用諮報不名自國初
至行官制百司事失其實多所釐正而承唐舊典遵用不改者獨學士院
而已官學士二人待詔三人吏録事一人孔目官六人表奏官八人驅使
官二十人守闕驅使官十有二人學士正三品凡拜宰相或事重者宣召
面諭旨則給筆劄書所得旨稟奏歸院具詞以進餘遣內侍授中書省熟
狀亦如之若已畫旨而有未盡或舛誤則論奏貼正乘輿行幸則侍從以
備顧問有所獻納則請對或奏對凡初命為學士皆遣使就第宣詔旨召
入院上日敕設會從官侑以樂平時詣三省樞密院議事則履見宰相執
政官自國朝以來待遇之禮率循故事舊無常員及元豐中始載定間選
久次者為承旨哲宗職官志同按故事學士止六員至和元年王洙為學
士係第七員當時號員外學士比云無常員誤也。神宗熙寧三年七月
學士院言應下兩制詳定文字直舍人院未審合與不合同議詔令同議
。八月詔自來封王合行管內布政牓文等并節度使初除及移鎮或別
加恩命並逐旋進劄子劄送學士院降敕書示諭本鎮三軍將吏僧道百
姓令後如有上項除改恩命並令學士院每遇降制誥一面檢舉施行。

卷一萬六千五百四十七

四年七月十九日命尚書兵部郎中知制誥王益柔尚書刑部郎中知制
誥陳襄兼直學士院代除學士罷直。以學士韓維在假闕官宿直上令
差知制誥二人為直院。九月十四日知制誥直學士院陳襄出知陳州
襄論事數忤宰相王安石嘗草河北詔旨言水不潤下中書改之又明堂
赦書有奉祠紫宮語犯俗嫌故出。十月十二日知制誥王益柔罷兼直
學士院以草高麗國答詔非工也以右正言知制誥檢正中書五房公事
曾布兼直學士院。六年正月二十一日詔學士院令後大遼國書并諸
國詔書合要匣襆等並自下司取索訖關三司破除仍諭諸處更不申乞
朝旨。七年十二月八日詔翰林學士知制誥至中書樞密院議事許繫
鞋遇朔望及不因公事依例穿執。十年十月三日學士院言編修內諸
司式所送本院式十卷編學士員數并録表疏青詞祝文鏁院敕設宿直
之類看詳學士員數繫朝廷臨時除授若表疏青詞祝文或請禱之意不
同難用一律況朝廷待學士禮意稍異宣召敕設盡出特恩關白中書樞
密院止用諮報不同諸司乞下本所以吏人差補及官物出入之類並立
為式學士所職更不編載從之。元豐二年十一月一日翰林學士蒲宗
孟乞叙班章惇下從之以惇先曾任翰林學士丁憂服闋再為學士故也

六一　職官六之五一

三年八月五日詔學士院於尚書省樞密院用諮報。九月二十七日
詔嘗任翰林學士除資政資殿學士以上更不別兼學士。十月二十
五日詔翰林學士并聽佩魚。五年五月十九日詔翰林學士見執政官
議事並令繫鞋。八月八日詔翰林學士獨員三直免一宿。六年三月
二十五日學士院言本院久例親王使相公主妃并節度使等除授并加
恩並送潤筆錢物自官制既行已增請俸其潤筆乞寢罷并中書省亦言
文臣待制武臣橫行副使及遙郡刺史以上除改自來亦送舍人潤筆乞
依學士例罷並從之。哲宗元祐元年四月十八日尚書省言除拜官職
差遣緣畫錄黃已經由門下省如辭免恩命中書省既得旨令降詔不允
乞只從中書省批送學士院進詔更不重出錄黃從之。七月二十八日
翰林學士承旨鄧溫伯言學士如獨員乞兩日乞免一宿候有雙員即依
故事從之。五年二月十四日知亳州龍圖閣直學士鄧溫伯除翰林學
士承旨。四月二日詔溫伯以龍圖閣直學士兼侍讀提舉醴泉觀其新除
翰林學士承旨告繳納。六日詔溫伯依舊為翰林學士承旨其提舉
醴泉觀兼侍讀除命勿行。先是中書舍人王巖叟封還溫伯承旨詞頭言
溫伯交結蔡確陛下踐祚之始草王珪麻制則曰預定議於禁塗及為確

卷一萬六千五百四十七

詞則曰允嘉定議之功輕重之間色蓄微意微章累日操心不忠乞收還
除命詔以次舍人撰詞而言者攻之不置既改為侍讀嚴叟又封還詞頭
詔以溫伯知南京後四日卒從初命。元符元年八月十四日翰林學士
承旨蔡京言應執政官見學士之禮乞下有司立法時宰相章惇以道服
見京故有是請。二年翰林學士承旨蔡京言遇請對乞不隔班上殿從
之。徽宗建中靖國元年三月十三日翰林學士王覿草日食德音三省
有所貼改覿待罪詔令依舊供職。崇寧五年二月七日詔翰林學士兩
省官及館閣令後並除進士出身人。大觀元年閏十月四日中書省奏
翰林學士劉正夫撰欽福宴致語文字拙惡音韻不協詔以正夫為龍圖
閣直學士知河南府。政和四年二月六日翰林學士承旨知制誥兼侍讀
修國史議禮局詳議官彊淵明奏奉御筆差措置點檢學士院令措置點
檢到下項本院回答大遼國書并賜夏國等諸番表詔敕之類自來只是
臨時檢尋參使用欲乞將承受到續降指揮并前後案例添修為本院敕
令格式選差本院使臣人吏就本院編修更不添破請給只乞候書成進
呈日具勞績等第量乞推賞本院公使廚庫錢物浩瀚自來止係孔目表
奏官輪監竊慮難以委辦臣欲乞差小使臣一員專監廚庫兼管勾本院

七一　職官六之五二

應干錢穀官物等許臣踏逐具姓名奏差其理任請給破人並乞依近降點檢文字使臣已得指揮施行兼昨承朝旨置專知官一名乞從本院踏逐具姓名諮報朝廷指揮特差仍乞添差兵士十人節級二名分番看管令定人吏遷試之法除錄事一名係職級外有孔目官正名表奏官編排表奏官三等欲乞遇孔目官有闕令正名表奏官試補將本院法并制誥敕書等案沓及在京通用敕令格式內出試題五道以三通二粗為合格遇正名表奏官有闕令編排表奏官試補寫大小字詔書各一本及於本院法并制誥敕書等案沓及在京通用敕令格式內出試題三道二通一粗及書札精楷者為合格遇編排表奏官有闕令私名人試補寫麻制道本一道以書札精楷者為合格本院門禁約束欲乞並依門下中書後省法施行令來承行學士如遇有本職事上殿乞依六曹長貳例許帶本院有服色二人隨入殿門詔並依所奏。五年九月二十七日詔翰林學士王甫賜名黼。十月二十九日御書摛文堂牓賜學士院學士承旨彊淵明王黼上表謝。欽宗靖康元年四月二十三日翰林學士吳幵等言契勘大禮鎖院麻三道以上係雙宣學士宿直分撰今月十六日鎖院麻六道止係權直院莫儔獨宿欲乞今後遇三道以上雙宣二員從之。高宗建

卷一萬六千六百四十七

八

炎元年六月五日詔新除翰林學士謝克家為延康殿直學士提舉揚州洞霄宮先是克家除翰林學士以知制誥犯祖名詔權不繫知制誥三字克家言翰林學士祖宗時若兼領他官止與職名同元豐官制行既專典內制則必帶知制誥三字此不易之制詎可緣臣輕有改革望除一宮觀差遣故有是詔。紹興元年五月二十六日翰林學士汪藻言學士院出入道路經由大行隆祐皇太后殿攢宮門今來日逐興工於入院不便乞權在本家供職從之。二年九月十九日直學士院綦崈禮言自兵興以來急於除用並無降詔之禮乃或有如散還延重寘典憲指揮非待賢之道望舉行故事凡六尚書及翰林端明殿學士以職任并新任與曾任宰相執政官若自外除授或被召應赴行在者並令尚書省日下報學士院頒降詔書以示待遇之禮且使外任近臣有所取信以離其官守從之。四年四月十五日詔學士院有官充待詔人及兩任令吏部與不依名次指射差遣恩例一次。五月九日翰林學士知制誥綦崈禮尚書禮部侍郎兼權直學士院陳與義中書舍人張綱等言臣等學識淺陋備員之修不能發揚聖德致臣僚建言待罪乞賜黜責詔無罪可待日下依舊供職先是考功員外郎孔端朝言建立政事既有其實感悟人心必假於言語德

宗之在奉天陸贄建言令盜徧天下宜痛自咎悔以言謝天下庶幾殞者革心故當時所下制書雖武夫悍卒無不感動流涕今陛下留神治道刻意恢復聽覽至勤奉養至約行宮不踰牧守之居射殿亦用茅茨之制聲色無所親幸許直每加優容既有此實而播告之言或未有以發之謂宜制誥號令因事見辭痛自引咎凡言陛下憂勤雪恥之意而修大務稱之辭不雜其間以收拾人心詔劄與內外詞臣故崈禮等待罪七月十日翰林學士綦崈禮言識慮不明所撰吳玠麻制言語失當見居家待罪詔放罪先是臣僚言臣觀所宣吳玠進職麻制有曰陸海神皋既失秦川之利銅梁劍閣敢言蜀道之難臣竊謂玠方擁重兵據要害而乃云既失秦川之利豈其意指秦之川然四川守川也玠得不疑哉又云敢言蜀道之難不識敢言之義果何謂也欲乞改正行下詔令學士院貼改故崈禮待罪。五年六月一日上諭宰執曰朕嘗以營造為戒居處不敢求安前日緣近有文字乞罷修學士院朕嘗見國史載真宗皇帝幸三館顧謂近臣曰陋屋數十間何以處天下英俊今雖艱難之際然學士院上漏下濕如此儻不略與修葺非所以稱朕待遇儒臣之意七月三日直學士院胡交修言胡世將乞宮觀令學士院降詔不允者契勘世將係是從妹所撰詞頭屬

卷一萬六千六百四十七

九

妨礙詔差中書舍人胡寅權直學士院撰行。六年五月六日吏部尚書權翰林學士孫近言本院學士胡交修已除刑部尚書范沖已改除翰林侍讀學士即日止臣獨員竊慮文字擁併雙鎖日難以旋進乞望早賜差官詔給事中朱震兼權直學士院七月六日吏部尚書權翰林學士孫近言本院已有學士朱震直院陳與義正官二員所有臣兼權上件職事乞令解罷詔學士之職古無定員正觀以來時多兼領在明皇世常置者六人於穆宗朝並用者三俊資卿才德典服訓辭於國有光視唐無愧得一二文翰之士雖曰將來豈咫尺對揚之英遽先引去正藉耆儒之重方欲君子之多勿復固辭往安厥位近又言見行官制學士二人祖宗以來建為定額望不以臣改案成憲詔不允。九年三月二十七日殿中侍御史謝祖信言國家遭中否之運十年于此天意助順輿地自歸令歸附之始而朝廷在江吳道里遼邈所以宣至意收人心唯在於號令文告之辭則推誠不可以不至引咎不可以不深廣推赤心置腹中之語使上無遐指法傷居爾體痛在朕躬之意使人得所欲則叛者庶幾革心詔劄付學士院中書後省照會七月二十五日詔新復州軍令後遇有合降詔書令學士院請寶訖赴三省樞密院給發。二十七年九月二十四日尚書工部

侍郎兼直學士院王綸言本院待詔應奉昨路遷到御書院已經試中書學生王世賢鄭漢卿二人並未有理年出職指揮乞依講筵所援御藥院封題書藝學李升已出職條法補授施行仍通理到院月日遷補從之十月十二日詔學士院人吏應奉修寫機密國書過七十次至六十次人各與特一官資五十次至四十次人與減三年磨勘三十次至二十次人與減二年磨勘仍自今降指揮之後每應奉及一十次與減一年磨勘從直學士院王綸請也。二十九年六月十九日詔學士院係禁庭官司今後諸色人不得兼外處差遣有違戾本院具姓名聞奏同日給事中兼直學士院周麟之言學士院每年正旦及天申聖節回答國書并還使賀生辰正旦國書并用金鍍銀裝匣係文思院製造近來文思院供到多是金色淺淡打鈒麤踈耗費錦色不鮮明屢次退換施行裝飾欲乞下工部嚴行約束如法裝褫不得仍前滅裂具修寫國書紙係御前降到經今已十餘年紙色暗舊每次多是揀選將用今乞於御前逐旋請降及每次行遣國書寫人使到闕賜物總目及遣使禮物數目並令合干官司取索以憑書寫近來官司多是不即報應其間物數間有差錯欲乞申嚴行下合干官司即時報應子細點對庶院供納事關國體所係非輕望賜勅施行從之

條所乞並乞嚴約束如違令學士院劾奏。孝宗紹興三十二年未改元八月十七日詔太上皇后生辰功德疏合用表文令學士院修撰。隆興元年七月二十八日詔學士院須攢行出奉欽宗皇帝几筵可依舊仍令常切修蓋自今後應學士院及經筵官日輪二員直宿稍復祖宗故事八月三日學士院狀依指揮併省吏額兩院額管一十四人令減點檢文字一名書寫青詞表奏官一名東院額管驅使官共一十六人令減末名守闕驅使二人詔依擬定見在人且令依舊如將來遇闕更不遷補同日中書舍人兼直學士院劉珙言已降指揮添講筵官直宿所有位次本院屋宇窄狹乞行展蓋從之十一月七日詔學士院與經筵官宿直官每月二日合赴德壽宮起居并聖節開啟滿散國忌行香前一日及旬假節假並與免宿。二年閏十一月五日敷文閣直學士提舉江州太平興國宮王剛中言除臣翰林學士緣官稱背係大數名乞別改除一差遣詔改除禮部尚書兼給事中直學士院　乾道二年十月三日詔學士院自今後車駕詣德壽宮如遇執政從使權免宿直。三年正月五日詔學士院自今後每遇筵宴權免宿直。四年正月六日詔學士院今後每遇車駕詣景靈宮四孟朝獻權免宿直。五年六月十五日詔自初伏日賜學士冰一

月每日半檐同日詔降白成銀冰盞一面黑漆座全如遇入伏令學士院設放使用同日詔降黑漆冰桶一隻蓋座全賜學士院使用。六年五月四日學士院狀依指揮省併吏額兩院録事已下一十二人令乞減罷表奏官二人以一十人為額東院驅使官一十四人令於數內裁減正名驅使官王彥通馬晟二人減作守闕驅使官卻將守闕驅使官樂德華趙琪敦減作編排驅使官更不支破請給通以一十二人為額詔依擬定各從下裁減將來見闕日依名次撥填其減下人願依條比換名目者聽十一月十四日尚書禮部侍郎兼直學士院鄭聞秘書少監兼權直學士院周必大言檢准紹興三十一年十月四日指揮今次明堂大禮合加恩臣僚權宜更不鏁院宣麻止降劄給誥並免辭免候事定日依舊所有乾道元年三年兩郊並依上件指揮今來郊祀大禮慶成真合該加恩臣僚來審且依近例止降劄誥難復檢舉自來鎖院典故施行詔依舊例鎖院宣麻八年十月二十六日準御封付院御寶批先降指揮經筵官日輪二員學士院宿直今可止輪一員本院自後遵依永為定式既而有旨經筵官與學士院宿官每日通輪一員宿直官約午時入院臨安府供蠟燭一對夜點照用來早院中破宿官點心至冬供炭一十斤如遇輪宿直用籌子陽

日書知押字將書知宿官姓名便闕報御藥院具奏。九年三月十二日詔翰林學士承旨除端明殿學士提舉江州太平興國宮以職乞辭嚴近故有是命。十二月二十四日詔秘書省正字崔敦詩兼翰林權直先是有旨下國史院具典故館職兼權學士院職事如何結銜既檢照中上兩朝建以四朝會要學士院他官兼權者謂之權直遂有是命其後淳熙五年九月敦詩再入院職者以翰林非專掌制誥之地乃改為學士院權直同日詔秘書省正字崔敦詩兼翰林權直所有請給除身分料錢隨階官時服照正字格法并本省會要茶湯錢依舊支破所有職錢并米麥衣賜依翰林學士則例以三分減一支破所有廳從除本職合破外止給差客司一名顧募隨本職。

侍讀　侍講

太宗聽政之暇日閱經史患顧問闕人太平興國八年始用著作佐郎呂文仲為侍讀尋又為翰林侍讀賜緋魚寓直御書院或本官班當出經史召文仲讀之。真宗咸平元年又訪通經義者于參知政事李至至薦國子直講崔頤正召於後園令說尚書大禹謨賜五品服然自楊徽之始建學士之職復馮元為翰林侍講不帶學士又有馮宗元為侍講高若訥為侍讀不加別名但供職而已。真宗咸平二年七月以兵部侍郎兼秘書監楊徽之戶部侍郎夏侯嶠並為翰林侍讀學士國子

和

祭酒邢昺為侍講學士翰林侍讀兵部員外郎呂文仲為工部郎中充侍讀學士先是侍讀名秩未崇真宗首置此職擇耆儒舊學以充其選班秩次翰林學士祿賜如之設直廬於祕閣侍讀更直侍講長上日給尚食珍膳夜則迭宿令監館閣書籍中使劉崇超日具當直官名於內東門進入自是多召對訪問或至中夕中謝日賜與如翰林學士五年正月宴宗室侍讀侍講學士王府官於崇政殿以邢昺講左氏傳畢也賜昺及侍讀夏侯嶠等器幣昺加襲衣金帶以昺為工部侍郎兼國子祭酒依舊充職。景祐四年八月以翰林侍講學士工部尚書邢昺知曹州班在翰林學士之上從尚書班列也侍講學士外使自邢昺始焉。天禧元年二月召直龍圖閣馮元講易於宣和門之北閣時惟侍制查道李虛己李行簡預焉自是說易盡上下經以元使契丹止。三年十二月以工部侍郎參知政事張知白為刑部侍郎充翰林侍讀學士知天雄軍知白懇求罷免侍讀學士外使自此始也。仁宗乾興元年未改元三月以吏部員外郎直龍圖閣太子左諭德魯宗道為戶部郎中左正言直龍圖閣太子右諭德馮元為戶部員外郎並為龍圖閣直學士兼侍講。十一月仁宗御崇正殿西廡召侍讀學士李維侍講學士孫奭侍講馮元等講論語宰臣馮拯等曰天

卷一萬六千六百四十七　十二

禧舊制凡侍臣講讀皆賜坐講者設本于前别坐而聽乾興後每說書日侍臣皆先就座賜茶訖徹席立講講畢復坐賜湯自後又取工部郎中馮宗元直龍圖閣亦令講書凡說論語孝經禮記尚書春秋老子道德經侍讀初無所職但侍立而已自宋綬夏竦為侍讀始令日讀唐書一傳參釋義理第講書古賢詩或取經書要言書一二紙其後遂罷又令侍讀讀真宗正說經史文字涉凶惡事亦須預說無所規鑒即不講或召中書樞密院聽書即於侍官前設座。景祐元年正月二十六日給事中充集賢院學士李仲容言臣冠掖垣之地已及七年新除兩人學士俱是在臣之下望別賜臣一職名詔除守本官充翰林侍讀學士判史館。慶曆四年二月御迎陽門召輔臣觀圖畫其畫皆前代帝王美惡之跡可以規戒者因命天章閣侍講曾公亮講毛詩王洙讀祖宗聖政錄侍讀學士丁度讀前漢書數刻乃罷。皇祐三年七月五日翰林侍讀學士給事中郭勸表乞致仕帝以勸履行純謹立身清約特命降名不允示優恩也。四年九月十二日知制誥胡宿言近命臣充翰林侍讀學士且臣未宜當此職不敢入謝時宿居給閣久次執政以禁林員足未議遷補又逼於物議因以金華處之而諫官李兌贊指言其失故宿辭卒亦不許　至元元年十月

翰林侍書抽出修為

賜翰林侍讀學士楊安國錢五十萬仍聽大寒暑毋入謁時安國言衰憊不任侍經席願乞骸骨以歸故賜及之。翰林侍書唐有翰林侍書學士太宗太平興國七年以著作郎翰林祗候王著為著作佐郎翰林侍書錄御書院王著成都人歸朝為隆平主簿善正書行草筆跡甚媚太宗以字書訛舛敕令刪定即召著入授衛尉寺丞史館祗候詳定急就章遂為侍書累至殿中侍御史神宗正史職官志侍讀侍講正七品崇政殿說書從七品掌講讀經史以學士或侍從職事官有學術者充其秩卑資淺則為說書歲春二月至端午日秋八月至長至日遇隻日入侍邇英閣輪官講讀始至率以履見列墩命之坐賜茶議讀畢賜湯乃退咸平二年皆置學士至元豐五年省去學士之號哲宗職官志元祐七年復增學士之號元符元年省去。哲宗元豐八年即位未改元四月十四日資政殿大學士光祿大夫呂公著兼侍讀先是神宗諭輔臣曰皇子明年出閣當以呂公著為保傅至是呂公著侍經筵遵先帝意也十二月二十二日增講讀官職錢為三萬。元祐元年八月六日吏部侍郎兼侍讀傅堯俞以職煩目病乞罷侍講司馬光請改堯俞為侍讀而用范祖禹為侍講祖禹呂公著之婿也請避嫌光奏宰相不當以私嫌廢公義韓維奏朝廷選執政本以進

卷一萬六千六百四十七　十三

達賢能為職今乃以執政妨用人不可方今人材難得幸而有可用之人又以執政故退罷若七八執政各避私嫌甚妨賢路且多存形迹非大公之道遂以祖禹兼侍講。十月十六日端明殿學士光祿大夫范鎮落致仕提舉中太一宮兼集禧觀公事兼侍讀。四年五月四日詔自今侍讀以三人為額。六年四月十二日中太一宮使觀文殿學士兼侍讀馮京乞致仕詔不允令除經筵外遇朔望赴朝參未幾京又乞致仕不允仍免經筵進讀。七年七月十二日詔復置翰林侍講學士學士以翰林學士范祖禹為翰林侍講學士兼修國史。八年四月八日范祖禹言近辭免翰林學士兼侍講學士蒙降詔不允伏見神宗之初司馬光呂公著皆以翰林學士兼侍講初不兼學士之職如以臣久在經筵乞止兼侍講從之元符元年二月十三日三省言裁定六曹寺監文字所狀乞降指揮翰林侍讀侍講學士向去置與不置詔元祐復置翰林侍讀侍講學士指揮更不施行。徽宗元符三年未改元九月四日詔安燾服闋可依前左正議大夫除觀文殿學士提舉中太一宮兼集禧觀公事兼侍讀。大觀元年三月十二日翰林學士鄭居中可依前執政官恩例仍除中大夫資政殿學士中太一宮使兼侍讀詔鄭居中文學政事為衆推稱藏自朕心權貳樞

府宥密之地親賢所宜稽考先朝具存故實而貴妃懇請陳義甚堅嘉其懇誠終不可奪故有是命。宣和元年七月三日詔觀文殿修撰兼侍講國史編修官鄧雍入侍經筵閱時滋久可除顯謨閣待制仍還侍讀六年二月七日賜開封尹燕瑛進士出身兼侍讀。欽宗靖康元年九月二十二日詔吏部尚書莫儔戶部尚書梅執禮為任劇曹免兼侍讀。高宗建炎元年十二月一日詔朕朝暮見大臣訪庶務已則延論古今援據經史凡有益于治者隨事商榷以受讜言延見進對臣僚詢究利害退閱四方奏牘少空則披誦載籍取鑑前古故於講學久未皇暇念親儒臣以稽先聖之格言百代之明驗雖羽檄交馳巡幸未定亦不可廢可差侍從官四員充講讀官遇萬機之暇令三省取旨就內殿講讀。二十一日詔將來開講日侍講官於進讀書內或有所見許讀畢具劄子奏陳仍降付本所載之注記依元豐舊制從翰林學士朱勝非請也。四年八月十八日尚書吏部侍郎綦崈禮等言近詔從官日進前代及本朝故事伏見宗以來遴選儒臣以奉講讀若令從官一例獻其所聞既非祖宗舊制且有越職之嫌況今講讀官並有正員欲乞止命講讀官三五日供進前代及本朝故事以資聖學所有元降指揮乞賜寢罷詔講讀官及翰林學士兩省

卷一萬六千六百四十七

十四

官並依已降指揮。紹興元年二月十六日詔刑部尚書胡直孺兼侍讀以中書門下省言兼侍讀秦檜除參知政事止有侍讀王綯一員故也。四月九日詔賜侍讀王綯胡直孺侍講汪藻胡交修侯延慶御書杜詩扇面廿七日詔戶部尚書李彌大兼侍讀以講筵所侍讀官正有黃叔敖一員故也。八月十一日詔以朱勝非為提舉醴泉觀兼侍讀初勝非罷同都督辭免還任知紹興府上曰勝非作相三日值苗劉之亂當時調護有力朕豈不知近日因罷同都督外方士人上章論勝非功甚多惟一二臺諫不與昔晉公子重耳備嘗險阻艱難相與在外自蒲狄至秦諸臣從者惟狐偃未始不同及河以璧授公子且欲亡去公子曰所不與舅氏同心者有如白水蓋晉公子之霸諸侯實子犯之助朕於勝非不謂眾之不知而棄之也故有是詔。十一月二十九日詔講筵所今後任講日令講讀官依講筵日分除假故旦望隔日輪官接續供進春秋口義一授至閏講日依舊所有日進故事仍令侍從官依元降指揮與講讀官翰林學士兩省官同進。三年五月二十六日詔講筵所見輪官供進春秋口義并侍從等官日進故事可自今後遇六月十一月權免供進閏講日權住供進。四年十月七日詔講讀官進講義故事權罷候過防秋日依舊以右司諫趙霈言

淮海有警方議親征乞少緩故也。五年閏二月二十二日詔侍讀官進讀三朝寶訓從殿中侍御史張絢請也。六年八月二十七日詔侍讀官許正謝令後依此令敕令所於閤門格修入先是觀文殿學士提舉萬壽觀充行宮同留守孟庾兼侍讀已授告訖緣侍讀侍講在法未有許正謝之文庾以為言故有是詔。七年九月一日權禮部郎陳公輔言聞徽宗皇帝寧德皇后凶訃陛下宮中見行三年之喪欲乞罷遇當講日只令講讀官供進口義更不親臨講筵從之既而臣僚以祖宗典故論列詔如舊制。紹興十年八月十二日詔中書舍人王鉌起居舍人張嵲兼侍講鉌進講左氏傳以講筵所言秋講在近見闕官二員故也。十一年三月六日詔權禮部尚書蘇符兼侍讀進讀三朝寶訓四月九日詔賜侍讀吳表臣蘇符新茶二十七日詔賜復古殿墨侍讀吳表臣蘇符侍講林待聘程克俊王鉌李易修注朱翌各二十鋌。十三年三月八日詔給事中楊愿兼侍講進講尚書。十四年三月二十二日詔御史中丞李文會兼侍讀工部尚書詹大方禮部侍郎高閌兼侍講先是講筵闕官宰臣秦檜曰陛下聖學日躋實難其人上曰朕學問豈敢望士大夫但性好讀書宮中無事舍讀書寫字一無所為檜曰士人讀書者固多但少適用上曰讀書貴於適

卷一萬六千六百四十七

十五

用若不適用或託以為姦則不若不讀之為愈上又曰王安石程頤之學各有所長學者但當取其所長不執於一偏乃為善學檜曰陛下聖學淵奧獨見天地之大全下視專門陋儒溺於所聞真太山之於丘垤也。十五年十一月十三日詔宣賜講讀說書修注官寒食端午冬至節料觀文殿大學士已上錢一百五十貫酒十瓶資政殿大學士學士已上錢一百貫酒八瓶待制以上錢五十貫酒六瓶未係兩制錢三十貫酒四瓶令後準此。十六年二月十六日講筵所言今後講筵兼講孟子相次終篇依舊制合先奏請點定令具本經進講周易毛詩禮記周禮詔令講周易三月二十日上以孟子終篇特遣中使賜當講官段帛鞍馬牙笏金硯水瓶墨等。二十三日賜侍讀侍講修注官以下御筵于皇城司。二十八日詔經筵進講孟子終篇可依進講論語終篇例推恩施行。十七年正月二十九日詔資政殿大學士提舉萬壽觀秦熺兼侍讀三月四日詔給事中兼侍講段拂除翰林學士依前兼侍講。二十二年十一月七日尚書終篇特召宰執聽講進讀畢賜太師益國公秦檜玉帶牙笏鞍勒親御調習名馬命主管講筵李存約就第賜之仍賜侍讀秦熺簽書樞密院事史才侍講魏師遜說書鄭仲熊修注楊迥金帶牙笏鞍馬有差。九日賜宰執講筵

修注官御筵于秘書省，用教坊樂，仍遣中使第賜香茶。秦熺等進詩表以謝。〇二十五年四月二十三日，周易終篇，特召宰執聽講，進單以犀帶牙簡、金鞍勒、良馬、銀絹，命主管講筵李存約就第賜太師秦檜，仍賜侍讀秦熺、簽書樞密院事鄭仲熊、侍講董德元、王珉、修注林一飛金帶、牙簡、鞍馬、銀絹有差。內王珉以進講周易終篇，加賜金硯匣。秦熺等各進詩表以謝。〇二十七年十月十一日，進讀三朝寶訓終篇，賜侍讀王師心牙簡、金鞍勒、良馬、象管、端硯、櫝香匣、復古殿墨、象牙黏板、壓紙、界方、金硯水瓶。師心工表謝。十三日，賜侍讀、侍講、修注官以下御筵于皇城司，用化成殿等樂，仍遣中使第賜香茶。十五日，王師心等上表謝。〇二十八年九月二十六日，守起居郎兼權中書舍人洪遵言：臣以記注陪侍經幄，瞻望天威，近在跬步。至於御筵分珍華爛錫坐，皆非叢上小臣平生所敢覬望。竊見春秋二講，每於雙日先輒書歷，經筵官講讀畢，許留身奏事。修注官雖與簽書，未嘗有奏事者，皆云近例如此，聯名一歷，不應別為二體。臣伏聞元祐中起居舍人呂陶嘗乞候講讀罷，臣僚再留奏事，並許侍立，以此觀之，講退猶且入侍，何由不許奏事？望下講筵所許依講讀官例施行。從之。〇三十二年三月，黄中除禮部侍郎，依舊兼侍講。〇孝宗紹興三十二年六月即位未改元，翰林學士承旨洪遵、中書舍人史浩並兼侍讀，給事中金安節、權工部侍郎張闡並兼侍講。九月，兵部侍郎周葵兼侍講。十二月，敷文閣待制、提舉萬壽觀錢周材兼侍講。〇隆興元年四月，起居郎胡銓兼侍講，講禮記；右諫議大夫王大寶侍講，講易。是月，司封郎中兼崇政殿說書王十朋除起居舍人，陞侍講。五月，權工部侍郎兼侍講張闡除工部尚書兼侍讀。六月，觀文殿大學士、左金紫光祿大夫、醴泉使湯思退兼侍讀。是月，起居舍人馬騏兼侍講，殿中侍御史周操兼崇政殿說書，既而操改除侍御史，陞兼侍講。〇二年四月，給事中兼侍講金安節陞侍讀。五月，殿中侍御史尹穡兼侍講。六月，起居郎兼侍講胡銓除權兵部侍郎，陞侍讀。八月，檢正諸房公事王佐、殿中侍御史晁公武並兼侍講。閏十一月，敷文閣待制、提舉佑神觀呂廣問兼侍講。〇乾道元年三月三日，吏部侍郎陳俊卿兼侍讀，殿中侍御史章服兼侍講。九月，試中書舍人蔣芾兼侍讀，權吏部侍郎魏杞、權禮部侍郎王曮、權兵部侍郎劉儀鳳、敷文閣待制提舉佑神觀周執羔並兼侍講。十二月，資政殿大學士、左通議大夫、提舉萬壽觀錢端禮兼侍讀，起居舍人梁克家兼侍講。〇二年五月，敷文閣待制、提舉佑神觀兼侍講周執羔除禮部侍郎兼侍讀。〇三年八月，翰林學士劉珙

卷一萬六千六百四十七　十六

兼侍讀，中書舍人洪邁、右諫議大夫陳良祐並兼侍講。〇四年六月，中書舍人兼侍講梁克家陞兼侍讀，起居郎胡沂兼侍講。十月八日，吏部尚書汪應辰兼侍讀，詔還經筵日與汪涓分輪入侍。先是，應辰言：兄涓見任起居郎，竊見本朝故事，宋郊與弟祁同舉進士，有司奏祁名第一，郊第三。章獻明肅太后不欲弟先其兄，乃擢郊第一，而置祁第十。蓋雖科舉叙士，而亦存兄弟長幼之序，至今以為美談。元豐初曾肇除史官，元祐間蘇轍除尚書右丞，亦皆以不應先其兄鞏、兄軾為詞，而臣今采事理，又有甚焉者。凡經筵官侍講、侍讀皆賜坐，而記言動者皆立。今臣兄為起居郎，其立固當，而臣猥以侍讀反得賜坐，弟坐兄立，非止於相先後而已。後漢太尉鄭洪先為司空第五倫所舉，及正朔朝會，位居倫上，每叩躬自卑，章帝問知其故，因令分隔其坐，由此遂為故事。彼以舉將之故，而猶有此疑，章帝亦從而別異之。蓋朝廷儀制，固不當復論私義，而於私義輕重之間，亦必特有所伸，則為臣子者乃得以安其職分。況弟之於兄，又非舉將之比乎？欲乞除臣宮觀。故有是命。〇五年八月十一日，中書門下省檢正諸房公事鄭聞除權禮部侍郎兼侍講。十二月五日，敷文閣待制、提舉江州太平興國宮劉章除提舉佑神觀兼侍讀。〇六年正月二十四日，黄中落致仕，除兵部尚書兼侍讀。五月，集英殿修撰、提舉佑神觀胡銓兼侍講。十月，權兵部侍郎王之奇兼侍講。十一月，禮部侍郎兼侍講王曮除給事中，仍兼侍講；吏部員外郎張栻兼侍講。〇七年三月二十四日，權兵部侍郎兼侍讀胡銓除寶文閣待制、提舉佑神觀兼侍讀。四月，給事中兼侍講王曮除翰林學士兼侍讀。九月，太子詹事陳良翰、權禮部侍郎周必大、宗正少卿林機兼兼侍講。〇八年三月，禮部侍郎李彥穎、起居郎蕭燧並兼侍講。四月，禮部侍郎鄭聞除刑部侍郎兼侍讀，權戶部侍郎沈夏兼侍講。十一月，左諫議大夫姚憲兼侍讀。〇九年九月，中書舍人留正、王淮並兼侍講。十二月二十五日，詔權禮部侍郎李彥穎兼侍讀，國子司業戴幾先、左司諫兼充宗兼並侍講。〇淳熙七年四月一日，上謂輔臣曰：兼學士院權直欲更差一員，趙彥中如何？趙雄等奏：彥中宗室之秀，嘗中詞科，又好學，正堪此選。於是除彥中兼學士院權直。時彥中為秘書郎。十三年十二月九日，詔學士院減守闕驅使官二人，廚子并灑熄打併看管兵士各三人，院子一人。以司農少卿吳奐議減冗食，下敕令所裁定，故有是命。淳熙十六年七月十五日，以禮部侍郎李巘兼直院。時尤袤以宮祠改，有是命。紹熙三年三月十日，以權禮部尚書兼直院李巘為翰林學士。　五年五月二十四日

卷一萬六千六百四十七　十七

以中書舍人謨鑰兼直院。慶元二年三月十一日，詔今後如遇鎖院，令當日宣麻舍人同共鎖宿，可令宣麻舍人至隨御藥先出院宣制，餘依已降指揮。五年九月二十一日，詔學士院創蓋玉堂殿，止用玉堂為名。

表注　此條原表在本卷第五十九頁內

河東永興軍節度使事畧云：竪三公，除太尉、判河南。文彥博至河南，未交印，先就第，府至以見任司就交府事，見監司府官如常式，或以問，彥博以博已悉求止府事，三公見□條也，即交印。河南尹見監司官行依請老拜太師致仕。□彥博可守太師，依前兩鎮節度太宗雍熙三年十月六日，以著作郎、直史館李沆、宋湜、左拾遺王化基並為補闕、知制誥。太宗素聞沆與湜有文學，會化基上章自陳，因令中書各試制誥二首，帝覽而嘉之，故有是命，仍各賜錢百萬。

宋會要 知制誥

雍熙四年二月，以右補闕、知制誥范杲為工部郎中、知京兆府，從其所請。知制誥出領外藩自杲始也。　雍熙四年九月，以主客員外郎、知制誥宋準為金部員外郎。先是知制誥罷職多拜諫議大夫，準以病故也。

宋會要 知制誥

淳化元年，右正言、直史館馮起自西川轉運使召入，守本官、知制誥。不數日，追寢，出起知濮州。時鄭昌嗣使蜀回，言起或事僻緩，故罷其命。

宋會要 知制誥

真宗至道三年未改元四月，以工部郎中、史館修撰梁周翰為駕部郎中、知制誥。故事，入西閣皆中書召試制誥三篇，二篇各二百字，一篇百字。雖周翰不召試而授焉。其後薛映、梁鼎、楊億、陳堯佐、歐陽修亦如此例。

宋會要 知制誥

卷一萬七千三百九

象以兵部郎中、知制誥為左諫議大夫，罷職。時秉筆叙用官制有項，因徵累讁于遐荒之句，真宗覽之曰：「若是即先朝失刑矣。」故有是命。　咸平二年四月，以度支郎中、知制誥張茂直授秘書少監，罷職，出知潁州，茂直以年老罷職。　咸平三年十月，詔職方郎中、直秘閣黄夷簡、主客員外郎、直史館曾致堯試知制誥于學士院。時宰相張齊賢薦二人堪掌書命，寄有急制，值舍人出院，即封除目命夷簡草之，及是召試，物議未允，遂罷其命。夷簡還光祿少卿，致堯任戶部員外郎。

宋會要 知制誥

天禧三年十二月，知制誥晏殊等言：「本院書籍殘缺，帷帳什物多弊，公用錢亦少，望賜國子監本群書，令儀鸞司供帳，冬季三司給炭，仍增賜公用錢。」詔增月給為三十千，餘從其請。

宋會要 知制誥

仁宗天聖三年，以吏部郎中、知制誥、知登州劉師德遷左諫議大夫。近制舍人多次補學士，時師德首冠西掖，會擢錢易為學士，以師德被疾，遂特遷官罷職。　天聖四年五月，命知制誥蔡齊、章得象為翰林學士，起居郎、直史館李仲容等四人知制誥。時閣下惟蔡、得象在院，遂命翰林學士夏

一

竦草制。　景祐元年，知制誥鄭向、胥偃、李淑知貢舉，閤下制官，又命翰林學士石中立、張觀權且草制。

宋會要 知制誥

寶元二年五月十八日，知制誥舉正等言：「舍人院重修閣畢，合撰記文，緣學士宋庠任知制誥日建議修閣，頗詳始末，乞令差宋庠撰文。」從之。　康定二年正月十九日，樞密院言：「自來新除知制誥閤門賜告勑後，即申本院以兒劄付入內侍省，中謝日賜對衣、庫帶。」詔閤門今後畫時申樞密院。　慶曆五年二月十四日，知制誥張方平等言：「知制誥楊察服除入院，所有班著，乞依先入名次。」從之。

宋會要 知制誥

嘉祐元年十月二十八日，知制誥韓絳言：「蒙恩授臣龍圖閣直學士、知瀛州。兄翰林學士、知制誥自來非內陳乞外補，未審差出，望賜裁處。」而翰林學士歐陽修等言乞且留絳依舊供職。從之。

宋會要 知制誥

神宗熙寧三年四月，知制誥宋敏求論除幕職官為御史非國制，落制以疾乞解職。詔罷知制誥，餘所領如故。

卷一萬七千三百九

二

宋會要　四國志知制誥

太宗雍熙三年十月六日以著作郎直史館李沆宋湜左拾遺王化基並為右補闕知制誥太宗素聞沆與湜有文學會化基上章自陳因令中書各試制誥二首帝覽而嘉之故有是命仍各賜錢百萬

宋會要

雍熙四年二月以右補闕知制誥范杲為工部郎中知京兆府從其所請知制誥出領外藩自杲始也　雍熙四年九月以主客員外郎知制誥宋準為金部員外郎先是知制誥罷職多拜諫議大夫準以病故也

宋會要

卷一萬二千三百零九

一

淳化元年右正言直史館馮起自西川轉運司召入守本官知制誥不數日追寢出起知濮州時鄭昌嗣使蜀回言起正事懈緩故罷其命

宋會要

真宗至道三年未改元四月以工部郎中史館修撰梁周翰為駕部郎中知制誥故事入西閣皆中書召試制誥三篇二篇各二百字一篇百字維周翰不召試而授焉其後薛映梁鼎楊億陳堯佐歐陽脩亦如此例

宋會要

秉以兵部郎中知制誥為左諫議大夫罷職時秉草敕用官制有顛因微累謫於遐荒之句真宗覽之曰若是

職官六之六七

即先朝失刑矣故有是命　咸平二年四月以度支郎中知制誥張茂直授秘書少監罷職出知穎州茂直以年老罷職　咸平三年十月召職方郎中直秘閣黄夷簡主客員外郎直史館曾致堯試知制誥於學士院時宰相張齊賢薦二人堪掌書命嘗有急制值舍人出院即封除目命夷簡草之及是召試物議未允遂罷其命夷簡遷光祿少卿致堯任户部員外郎

宋會要

天禧三年十二月知制誥晏殊等言本院書籍殘缺帷帳什物多弊公用錢亦少望賜國子印本群書令儀鸞司供帳冬季三司給炭仍增賜公用錢詔增月給為三十千餘從其請

卷一萬七千三百零九

二

宋會要

仁宗天聖三年以吏部郎中知制誥知登州張師德還左諫議大夫近制舍人多次補學士時師德首冠西掖會擢錢易為學士以師德被疾遂特還官罷職　天聖四年五月命知制誥蔡齊章得象為翰林學士起居郎直史館李仲容等四人知制誥時閤下惟齊得象在院遂命翰林學士夏竦草制　景祐元年知制誥鄭向胥偃李淑知貢舉閤下闕官又命翰林學士右中立張觀權目草制

宋會要

職官六之六八

寶元二年五月十八日，知制誥舉正等言：舍人院重修閣筆，合撰記文，緣學士宋庠任知制誥日建議修閣，頗詳始末，乞令差宋庠撰文。從之。　康定二年正月十九日，樞密院言：自來新除知制誥，閤門賜告勑後，即申本院以憑劄付入內侍省，中謝日賜對衣、犀帶。詔閤門今後畫時申樞密院。　慶曆五年二月十四日，知制誥張方平等言：知制誥楊察服除入院，所有班著乞依先入名次。從之。

宋會要

嘉祐元年十月二十八日，知制誥韓降言：蒙恩授臣龍圖閣直學士、知瀛州，況翰林學士、知制誥自來非因陳乞外補，未嘗差出，望賜裁處。而翰林學士歐陽修言乞且留絳依舊供職。從之。

卷一萬七千三百零九

三

宋會要

神宗熙寧三年四月，知制誥宋敏求論除幕職官爲御史非國朝舊制，以疾乞解職。詔罷知制誥，餘所領如故。

全唐文

宋會要

侍講

淳熙元年八月二十三日，以侍御史宋延祖兼侍講。十一月二十六日，祕書省著作佐郎鄭僑輪對，因言祖宗朝每日召見讀講官，至仁宗時始有間日一講之制。上曰：自太宗、真宗始置侍講讀官，於聖學尤爲留意。十二月二十三日，給事中留正兼侍講。二年三月十六日，以給事中兼直學士院胡元質、侍御史范仲芑兼侍講。二十二日，右文殿修撰周必大除敷文閣待制兼侍講。五月十八日，以左司諫湯邦彦兼侍講。三年九月二日，以兵部侍郎兼直學士院兼太子詹事兼侍講周必大陞兼侍讀，禮部侍郎兼同修國史兼實録院同修撰李燾兼侍講。六日，以中書舍人林光朝兼侍講。八月十九日，以中書舍人錢良臣兼侍講（五年四月除給事中仍兼職）。五年四月八日，以禮部侍郎齊慶胄兼侍講。九月八日，以中書舍人兼修玉牒王希呂兼侍講（十四除給事中仍兼）。七年四月二十五日，以侍御史黃洽兼侍講。同日，以戶部侍郎兼詳定一司敕令陳峴兼侍講。淳熙十六年五月二十八日，宰執進呈謝諤仍兼侍講。上曰：諤供中司之職已久，而全不言事，恐其不能任此責，陟務之優閑之地，可令仍舊兼講筵，其人却諳通經學。六月十四日，詔權戶部尚書葉翥兼侍講。九月

卷一萬一千九百十六

彭　荃

六日，詔權戶部尚書葉翥兼侍講，右諫議大夫何澹兼侍講。紹熙元年三月一日，詔權吏部尚書鄭僑兼侍讀，權吏部侍郎陳騤兼侍講。二年二月一日，詔中書舍人兼直學士院倪思兼侍講。四月二十五日，詔吏部侍郎羅點兼侍講。三年三月二十一日，詔給事中尤袤、侍御史林大中並兼侍講。五年正月二十四日，詔顯謨閣待制兼皇子嘉王府翊善黃裳兼侍講。紹熙五年八月，中書舍人傅良數踰年、起居郎黃由、起居舍人沈有開、侍御史章穎兼侍講。十月，起居舍人劉光祖、吏部侍郎孫逢吉兼侍講。十二月，右諫議大夫張叔椿兼侍講。慶元元年正月，給事中林大中兼侍

卷一萬一千九百十六

講。二月，起居舍人陳士楚兼侍講。四月，右諫議大夫李沐、侍御史楊大法兼侍講。五月，戶部侍郎袁說友兼侍講。七月，殿中侍御史黃黼、右正言劉德秀兼侍講。二年正月，起居郎曾三復兼侍講。四月，中書舍人汪義端、吳宗旦兼侍講。八月，吏部侍郎許及之、殿中侍御史姚愈、禮部侍郎楊輔兼侍講。三年三月，中書舍人謝源明兼侍講。八月，殿中侍御史張釜兼侍講。四年正月，中書舍人高文虎、右正言劉三傑兼侍講。八月，吏部侍郎張孝伯兼侍講。五年七月，右諫議大夫陳自強兼侍講。八月，吏部侍郎范仲藝、右正言程松兼侍講。十月，殿中侍御史張巖兼侍講。

十二月，權吏部侍郎費士寅兼侍講。六年正月，中書舍人陳宗召兼侍講。二月，中書舍人張伯垓兼侍講。四月，侍御史汪義和、兵部侍郎趙介兼侍講。嘉泰元年二月，殿中侍御史陳讜兼侍講。七月，殿中侍御史林采兼侍講。八月，中書舍人鄧文炳、右正言施康年兼侍講。九月，中書舍人萬鍾兼侍講。二年五月，權吏部侍郎張伯垓兼侍講。八月，中書舍人王容、殿中侍御史張澤、右正言鄧友龍兼侍講。十一月，禮部侍郎張濤兼侍講。閏十二月，左司諫宇文紹節兼侍講。三月八月，侍御史陸峻、右正言楊炳兼侍講。九月，中書舍人顏棫兼侍講。十一月，給事中蕭逵兼侍

卷一萬一千九百十六

講。四年四月，華文閣待制、提舉佑神觀薛叔似兼侍講。八月，右正言林行可兼侍講。開禧元年三月，右諫議大夫李大異兼侍講。四月，侍御史鄧友龍兼侍講。六月，右正言婁機兼侍講。八月，左司諫易祓兼侍講。二年正月，殿中侍御史徐拼兼侍講。七月，左司諫毛憲兼侍講。十月，右正言朱質兼侍講。三年正月，吏部侍郎衛涇兼侍講，吏部侍郎雷孝友兼侍講。二月，資政殿學士、提舉萬壽觀錢象祖兼侍讀。三月，右正言葉時兼侍講。十一月，左司諫王居安兼侍講。十二月，殿中侍御史黃疇若、禮部侍郎章良能兼侍講。嘉定元年正月，中書舍人蔡右學兼侍講。八

月禮部侍郎許奕兼侍講　十一月左諫議大夫傅伯成兼侍講　二年正月刑部侍郎章穎、侍御史陳晦兼侍講　十月左司諫劉榘、右正言黄中兼侍講　三年二月左司諫林棨、右正言范之柔兼侍講　四年九月殿中侍御史徐宏兼侍講　五年三月左司諫鄭昭先、右正言董居誼兼侍講　十月右正言石宗萬兼侍講　六年二月右正言金式兼侍講　五月右正言應弍兼侍講　七年正月右正言黄序兼侍講　十一月右正言倪千里兼侍講　九年正月吏部侍郎徐應龍兼侍講　九月右正言李楠兼侍講　十二月右正言劉棐、禮部侍郎袁燮兼侍講　七月左司諫盛章、右正言李安行兼侍講　十二年五月右正言胡衛兼侍講　十三年正月刑部侍郎兪應符、右正言王元春兼侍講　三月右正言張次賢兼侍講　十二月殿中侍御史張攀兼侍講　十四年八月禮部侍郎楊汝明、右正言龔蓋卿兼侍講　十五年十月右正言方猷兼侍講　十六年二月殿中侍御史朱端常兼侍講　三月左司諫李伯堅、右正言宋禾兼侍講　九月兵部侍郎杜孝嚴兼侍講

卷一萬一千九百十六

此條已補入侍講門矣應刪講筵

講筵所

京都雜録：東京大内講筵所，舊曰説書所，寓資善堂。慶歷初改今名，曰講筵所。大典卷九百四十一

所之名緣侍讀侍講多言講筵所事未便別立一門差使將講讀門內事抽出歸此門故也

講筵所

淳熙十三年十二月九日，詔講筵所減祗應御書一人、手分一人、投送看管灑掃兵士二人。以司農少卿吳燠

此條已補入侍講門

議減冗食，下敕令所裁定，故有是命。

卷一萬九百四十六

黑

宋會要學士

職官卌九學士待制文明殿學士觀文殿大學士學士樞密直學士資政殿大學士學士端明殿學士保和殿大學士學士初名宣和龍圖閣學士直學士待制直閣天章閣學士直學士待制侍講直閣寶文閣學士直學士待制直閣顯謨閣學士直學士待制直閣徽猷閣學士直學士待制直閣敷文閣學士直學士待制直閣修撰集賢殿右文殿集賢學士附學士待制兩朝國史志殿學士觀文殿大學士學士資政殿大學士學士端明殿大學士學士資望極峻無吏守無典掌惟出入侍從備顧問而已觀文殿大學士非曾為宰相不除觀文殿學士資政殿大學士及學士並以寵輔臣之去位者端明殿學士惟學士久次者始除端明殿學士　明道二年置觀文殿學士初為文明殿學士　慶曆七年以文明同真宗謚改為紫宸殿學士御史何郯以紫宸不可以為官稱八年遂改延恩殿為觀文殿即殿名置學士皇祐元年置大學士龍圖閣學士直學士待制天章閣學士直學士待制侍講學士直學士待制皆為從官而直閣以待文學高選侍講以講解經術為職又有崇政殿說書以士人秩卑資淺而學問可以備講說者充龍圖閣藏太宗御集天章閣藏真宗御集以內侍四人為勾當官掌典籍國書珍寶符瑞之物典書五人楷書

二人裝裁匠一人自直龍圖閣以上皆先朝所制天章閣學士直學士並慶曆七年置待制天聖八年制侍講景祐四年置從政殿說書景祐元年置神宗正史職官志觀文殿大學士從二品觀文殿學士資政殿大學士資政殿學士端明殿學士樞密直學士龍圖天章寶文閣學士並正三品龍圖天章寶文閣直學士從三品龍圖天章寶文閣待制從四品掌侍從備顧問有所獻納則請對或奏封自資政殿大學士以上非有勳績及曾任執政官弗除其觀文殿學士惟罷宰相者為之舊制昭文史館集賢皆置大學士凡命相以次遷授而樞密直學士隸樞密院遇朝得升殿侍立及行官制宰相正名不領他職樞密院惟都副承旨為屬若非領省臺寺監職事及任外官即視其資格，除龍圖天章寶文閣勾當官四人以入內侍充掌藏祖宗文章圖籍及符瑞寶玩之物而安豫設以崇奉之宗正所進進屬籍世譜則歸於閣大禮則陳瑞物元日生辰契丹國賀使至則受其禮幣設吏六哲宗職官制同神宗元豐三年三月二十五日樞密直學士僉書樞密院事曾孝寬為端明殿學士知河陽端明殿學士　明道二年復置以處宋綬訖元豐無前執政為之者孝寬先以樞密直學士僉書樞密院事遭喪在位喪滿乃授此職七年七月十七日尚書左丞王安禮為端明殿學士知江寧府僉書樞密院事為端明殿學士自曾孝寬始執政為之自安禮始徽宗元符三年未改元十月三日輔臣奏永興軍闕守上命除翰林學士承旨蔡京韓忠彥曰京雖嘗除兩學士緣河東與長安不同蔡京罷狀已露欲只與端明上曰善曾布曰京之出天下所同欲今聖意如此幸甚上云朕初不主之近日陳瓘有言因得其交通近習之狀是日詔京為端明殿學士知永興軍政和四年八月三日詔改端明殿學士為延康殿學士恩數品秩並依舊十月二十四日樞密院言河北西路提舉保甲司路逐到保義郎陳寶文據充洺州雞澤曲周縣巡檢准都省劄子新差權發遣隆德府王寔奏臣伏聞陛下特以延康述古二祕殿易學士名以寵賜近日然四方之人多有以此自名而名物者臣願悉詔改之廼所以尊禁殿別宮名詔陳寶文改名寶如有似此之類並當令易

哲宗元祐四年十一月十三日翰林學士知制誥蘇轍奏神宗皇帝御製集凡著錄九百三十五篇為九十卷目錄五卷內四十卷皆賜中書密院及邊臣手札言攻守祕計先被旨錄為別集不許頒行仍製集序一篇以紀盛德發明大訓臣竊見祖宗御書皆於西清建重屋號龍圖天章寶文閣以藏其書為不朽計又刻板模印遍賜貴近欲乞降付三省以故事施行詔御集於寶文閣收藏。徽宗政和六年九月十七日詔增置寶文

閣顯模閣學士直學士待制直閣　哲宗元符元年二月十八日知樞密院事曾布言恭惟神宗皇帝聖學高明出於天縱中外之議謂宜卜日相地建延閣為一代圖書之府又權發遣提舉河東路常平等事鄧洵仁言伏見祖宗朝置龍圖天章寶文閣以藏列聖御製述作況自陛下紹隆丕烈遹明先志而寶字未新徽名未揭伏望明詔有司祗循舊章亟加營建詔令翰林學士中書舍人每員撰閣名五以聞四月十八日詔建閣藏神宗皇帝御集以顯謨為名　徽宗建中靖國元年二月九日詔曰朕恭先思孝恭己承祧紹累聖之丕基揚烈考之光訓神宗皇帝神心經緯聖學緝熙百度惟新備矣有周之庶事四方其訓巍乎堯帝之成功言則為文昭如雲漢寶之垂世炳若丹青仙馭升遐泰陵繼序乃眷祖宗之舊悉藏金玉之編邃在西清並崇華宇爰咨邇列俾訪遺文鈿軸未終雲斛忽遠肆沖人之纂紹惟往憲之欽承用揭嘉名仍延俊望詔謀有永豈徒琬琰之並陳與天無窮是惟奎璧之相照宜以顯謨閣為熙明閣仍置學士直學士待制後顯謨舊名年月檢未得崇寧元年十一月十七日詔顯謨閣學士直學士待制如三閣故事十二月六日詔顯謨閣學士直學士待制序位在寶文閣學士直學士待制之下三年六月一日詔曰朕惟神考以道御時獨追唐虞三代之隆振起於

千載流興之後制法更治曠古無前其肆筆成書與六經相表裏再詔纂集殆無逸遺總九千八百餘篇皆文辭政事邊機之要藏于禁閣揭以顯謨所以丕昭聖作也夫臣之於君相須一体志同道合乃能成功其名位之榮當繪於原廟者既已率循彝憲矣仰瞻寶宇惻然興懷惟時功臣宜列於此非特若麒麟雲臺凌烟思著其美而已蓋典章號令待人而行于以著其感會之榮奏成之績永為天下後世臣子之勸其熙寧元豐功臣圖形于顯謨閣

政和六年九月十七日詔增置顯謨閣

文明殿學士

後唐明宗置端明殿學士二員立翰林學士之上專被顧問太平興國五年沿殿名而改此職蓋重矣觀文殿大學學士殿即舊日延恩殿也慶歷七年以文明殿學士稱呼同真宗謚號乃改名為紫宸殿以冠學士之職又以紫宸殿非人臣所可稱呼乃以延恩殿更名觀文殿置學士皇祐初又置學士皇祐太宗太平興國五年正月以禮部侍郎程羽充文明殿學士序立於樞密副使之下先是後唐明宗不知書四方章奏令樞密副使讀之安重誨多不曉文義宰相孔循獻議置端明殿學士二員序立在翰林學士之上專備顧問以翰林學士馮道趙鳳為之累朝因而不改至是因殿名改為文明殿學士即端明殿之任也國初立位在翰林學士之下至是始改焉仁宗慶歷七年八月參知政事宋庠言文明殿學士稱呼正同真宗謚號雖久不除授然班儀品並存兼禁中無此殿顧其學士禮理自當罷乞擇見今正朝或秘殿少名學士易之乃詔朕祗率先猷參建近職招選髦碩諮詢話言惟時正寢之名冠於學士之職題榜載易班聯久虛然存定著於禁廷同尊謚於禰廟乃眷紫宸之制實法經星之躔爰重內朝用更新號其改文明殿為紫宸殿學士八年五月詔乃者因禰宮之尊謚涉朝寢之故名爰官曹並從改避載念紫宸之制實當

上國之崇雖補舊員未安禁職惟延恩之寶構乃集瑞之祕庭福况所開深嚴莫二雖仙遊之已遠顧初制之未移宜即清閑用資延訪矧先聖齋心之地資沖人覽古之懷仰席盛猷載新華榜仍建崇儒之秩且爲備問之榮宜以舊延殿爲觀文殿兼改紫宸殿學士爲觀文殿學士班次依舊制初以文明殿學士犯真宗諡改爲紫宸殿學士以丁度爲之御史何郯以爲不可爲官稱而請易之皇祐元年六月十八日詔名器參設咸有彝威廟陛相承冝差體分將崇明于官制在著定於朝章朕獲續丕平深惟寡昧矖夫明不能燭仁有未綏緬念前王數求至治莫不親近有德尊禮老成憲行考言數經歸道比因聽決之下（暇）常修歡講之方召集諸儒辯論經籍所延恩之別殿觀前載之祕文榜以嘉名置諸禁職且爲訪道之所以延稽古之臣稽應哲艾之妥嘗居台宰之任或因均逸姑務親仁備經術之諮詢廣政機之延訪宜伸異數用厚常均式昭體貌之殊顯允股肱之重特置觀文殿大學士寵待舊相今後須是曾任宰臣乃得除授班列俸給臨時取旨時賈昌朝由使相除右僕射觀文殿大學士寵待舊相（判尚書都）省觀文殿置大學士自昌朝始三年五月閤門言請觀文殿大學士起居儀式詔令在觀文殿學士之前別作一行立位其閤門儀制合班儀內高下相壓并名位觀文殿（大）學士在六部尚

書之上

并入端明

全唐文

宋會要 徽猷閣學士直學士

徽猷閣學士侍制直閣徽宗大觀二年二月十三日詔曰朕惟哲宗皇帝英文睿武沉潛無方事天治人彰善癉惡訓迪在位攘却四夷號令指麾若揭日月蓋自親覽庶政一話一言罔不儀式刑神考之典故緝熙紹復著在簡編與熙寧元豐之所行相為始終比命有司載加裒輯成書來上本末粲然誠可傳無窮施罔極矣若昔祖宗述作皆有藏寶之所參列廣內揭為嘉名世擇儒臣以資訪納今將祇率成憲匹休前烈則夫名以出信不可無所考也在詩有之君子有徽猷其哲宗皇帝御書建閣以徽猷為名仍置學士直學士待制 政和六年九月十七日詔增置直徽猷閣 宣和三年五月六日詔西班學士待制員多令中書省具名取旨 欽宗靖康元年八月十九日詔徽猷閣直學士楊時學行醇固詠詩有聲請除閣職累具懇辭宜從其志以厲廉退可改除徽猷閣待制

卷一萬三千四百二十三

職官七之九

宋會要 延康殿學士

高宗建炎二年二月十三日都省言延康殿學士祖宗朝循係端明殿學士述古殿直學士舊係樞密直學士詔並依舊 大典卷一萬三千四百二十五

宋會要 保和殿學士

保和殿大學士學士 宣和初名 徽宗政和五年四月二十四日御筆宣和殿初建自紹聖中經毀廢其燕閒未始不居於此近置直殿以左右近侍官典領吾士大夫未有以寵之宜置新班以彰榮近可置宣和殿學士班在延康殿之下以兩制充聽旨除授凡廩恩數並依延康殿學士體例施行 六年四月二十四日詔宣和殿學士立班叙位在翰林學士之下諸殿學士之上 七年六月二日宣和殿學士朝議大夫蔡攸為宣和殿大學士官叙班聯恩數請給人數等並依資政殿大學士例施行 宣和元年二月一日御筆宣和祕殿名稱已標紀元號所有見行帶領宣和殿職事易以保和殿為名應干班綴叙位雜壓恩數等並仍舊

卷一萬三千四百二十三

宋會要 天章閣學士直學士

神宗元豐四年十一月二十七日中書言錄事孟述古編排諸房文字得英宗藩邸轄官文字六件詔送天章閣 徽宗政和六年九月十七日詔增置天章閣 宣和四年四月二十二日御筆天章閣崇奉祖宗神御應本閣諸色祗應人除依令許本閣官時暫抽差外如承諸處抽差及傳宣內降不許執奏占留指揮並不發遣更不回報 天章閣在會慶殿西龍圖閣之北藏真宗御製閣東曰羣玉殿西曰蘂珠殿北曰壽昌殿東曰嘉德殿西曰延康殿內以桃花文石為流杯之所學士直學

職官七之一〇

士待制侍講通直侍講于邇英延義二閣在崇政殿庭廡下　真宗天禧五年二月修天章閣功畢令兩街僧道具威儀教坊作樂奉真宗御集御書自玉清昭應宮安于天章閣四月召近臣館閣三司京府官觀御書御集于閣下遂宴于羣五殿時輔臣集御製三百卷凡頌銘碑文十、卷贊八卷詩三十七卷賜中宮歌詩手書七卷賜皇太子歌詩歲述五卷龍圖閣歌詩四卷西涼殿歌詩一卷清景書事詩二卷宜聖殿四國歌詩三卷經讀史詩四卷雜詠集三卷奉道詩十卷歲時新詠五卷歌十五卷詞四卷樂章一卷樂府集三卷樂府新詞二卷論述十卷序八卷箴七條各一卷記文三卷祭文挽歌詞一卷書十卷

卷一萬三千四百二十三　三

正說十卷承華要略二十卷靜居集三卷法音集七卷玉宸集五卷春秋要言五卷試進士題目一卷密表密詞六十九卷又有玉京集三十卷授時要錄二十四卷又取至道元年四月訖大中祥符歲中書樞密院時政記史館日曆起居注善美之事錄為聖政記凡一百五十卷並命工鏤板又以御書石本為九十編命中使岑守素等主其事至是功畢焉　仁宗天聖八年十月詔曰真宗皇帝煇赫景炎丕隆寶構凡資禮樂之用稽威辰象之文俯近禁極創崇層構榜以天章之美冠於策府之名宜建官聯並實材彥可特置天章閣待制舜命范諷鞠詠充職　景祐三年三月詔以崇政殿說書賈昌

朝趙希言王宗道並為天章閣侍講比直龍圖閣預內殿居班在本官上　康定元年六月詔天章閣侍講諸王府宮教授自今罷兼國子監直講　慶曆四年三月以尚書金部員外郎天章閣侍講楊安國直龍圖閣賜三品服　宗政丞崇文院檢討崇政殿說書趙師民為天章閣侍講賜五品服　初仁宗皇帝謂輔臣曰安國師民久侍經筵其行義淳質乃先朝崔遵度之比因以褒擢之　七年八月詔曰欽惟聖考濬發宸文百篇森布於寶函三襲肇興於華閣肆於纂紹之始務闡師儒之際遂延講勸之臣欽佇論思之益掩玉府藏書之盛處金門待詔之材宜廣侍從之員抑亦副遹追之志特置天

卷一萬三千四百二十三　四

章閣學士在龍圖閣學士直學士之下　皇祐三年八月十二日知制誥兼侍講王洙言景祐中詔置天章閣侍講在本官之上內朝班叙與直龍圖閣相次其職儀恩例並與帶職官同臣昨與盧士宗並充天章閣侍講日臣以兼直龍圖閣即得與館閣臣僚同例其盧士宗唯赴講筵供職外其餘三九園苑賜筵及非時宣名預賜並不霑預只同不帶職人例此蓋有司從初失於申明恐非朝廷優待經術之意乞自今天章閣侍講官如不兼帶館閣職名者並許依直龍圖閣例赴祕閣供職宿直所冀設官典職事體一均詔天章閣侍講並依館閣臣僚例宣詔預賜

龍圖閣在會慶殿西偏北連禁中閣東曰資政殿西曰述古殿閣上藏太宗御製御書及典籍圖畫寶瑞之物内侍三人掌之太宗御製御書殹集總五千一百一十五卷軸冊又有御書紈扇數十其下列六閣經典閣三千三百四十一卷史傳閣七千二百五十八卷子書閣八千四百八十九卷文集閣七千一百八卷天文閣二千五百六十一卷圖畫總七百三軸卷冊瑞總閣奇瑞二十三瑞木十六衆瑞百一十三雜寶百九十五　學士直學士待制直閣自學士以下並寓直於祕閣每五日一員遞宿今直閣與館職輪宿　真宗咸平四年十

卷一萬二千四百二十三　五

一月真宗御龍圖閣召近臣觀太宗御書及古今名畫自是多召近臣觀書是閣嘗語近臣曰先帝留意詞翰朕致孜綴緝片幅寸紙不敢失墜因念古今圖籍多所散逸購求甚難在東宮時惟以聚書為急多方購求亦甚有所得王繼英倫見其事今已類成正本除三館祕閣所藏外又於後苑及龍圖閣並留正本及各三萬餘卷朕以深資政理莫如(術)[經]故機務之暇惟以觀書為樂焉大中祥符二年十一月中又嘗召資政殿大學士向敏中洎龍圖閣學士直學士待制及編集君臣事迹官陳從易劉筠對命坐帝曰從易輩屢進文字可令賦瑞雪歌祀汾陰詩皆即席援筆成篇既進帝尤稱筠美

躍並賜緋魚景德元年十月以虞部郎中直祕閣杜鎬為都官郎中太常丞祕閣校理戚綸右正言並依舊充職充龍圖閣待制　二年四月御製龍圖閣贊賜近臣帝曰龍圖閣書屢經讐校最為精詳已復傳寫一本置後苑太清樓朕自居藩邸以至臨御凡亡缺之書購求備至每於藏書之家借本必令置籍出納傳寫既畢隨便給還靡有損失故奇書祕籍悉無隱焉國學館閣經史未有印板者悉令刊刻或言三國志乃敘雄角立之事不當摹印朕以為君臣善惡足為鑒戒至於仲尼春秋亦列國之事也　四年八月以司封郎中直祕閣龍圖閣待制杜鎬為右諫議大夫龍圖閣學士因詔直學

卷一萬二千四百二十三　六

士班樞密直學士之下仍少退待制在知制誥之下並赴內殿起居　大中祥符二年正月以龍圖閣待制戶部郎中直昭文館戚綸工部郎中直史館陳彭年兼充集賢殿修撰先是綸暨彭年尚帶館職至是既升班序又不欲罷其兼職故有是命　三月鑄龍圖閣印文曰龍圖閣御書記　三年七月以龍圖閣直學士杜鎬為本閣學士班在樞密直學士之上俸給如之　四年八月嘗召龍圖閣殿頭譚元吉請以御製藏本閣帝曰朕以制禮事神勉於紀述何足以垂訓宰臣等懇請帝謙然不答　六年九月詔龍圖閣學士直學士結銜在本官之上初杜鎬陳彭年之為是職也職在官下至是陳

堯咨上言故事之　九年十月以大理評事崇文院檢討馮元爲太子中允直龍圖閣賜金紫令預內殿起居班在本官之首　慶曆八年三月仁宗幸龍圖閣天章閣召宰輔洎侍臣宗室觀太宗游藝集三朝瑞物真宗幸澶州詩碑因出手詔訪求天下得失羣臣歸而上之一時以爲盛事也　嘉祐七年十二月又幸召執政近臣三司副使洎臺諫官皇子宗室駙馬都尉管軍觀三聖御書　高宗紹興二十一年三月二十七日右宣教郎新授直天章閣提點佑神觀秦堪狀近蒙恩除前件職欲乞穀奏依寄理體例以直寶文閣繫銜庶於稱呼安便詔改除直龍圖閣　大典卷一萬三千四百二十三

卷一萬三千四百二十三

宋會要　敷文閣學士直學士

敷文閣學士直學士待制直閣　舊制龍圖天章寶文顯謨徽猷皆建閣　紹興十年以徽宗皇帝御集成詔特建閣以敷文爲名置學士以下官在徽猷閣之下　高宗紹興十年五月十一日內降詔曰恭惟徽宗皇帝躬天縱之睿資輔以日就之聖學因而制治修禮樂㢮學校發揮典墳緝熙治具宸章奎畫發爲號令著在簡編者煥乎若三辰之文麗天垂光賁飾羣物所以貽謀立教作爲萬世始興詩書相表裏將加韞襃建層閣以嚴寶藏用傳示於永久其閣恭以敷文爲名祇遹舊章宜置學士直學士待制直閣以次列職備西清之咨訪爲儒

學之華寵其著于令先是紹興初詔修徽宗皇帝實錄至十年檢討官朱翌以徽宗聖製來上皆時見一二缺而不錄則史官之罪也願詔天下廣行搜訪命史臣編類成秩儆五閣之制藏于無窮其後吏部郎官周執羔又言徽宗皇帝在位二十有六年凡所以摛張治具黼藻太平者靡不具舉筆所書作爲聖經述爲義訓詠歌記序詔令批答奮乎鸞龍之文凡所以揮灑宸翰者不知其幾令御府之蒐固有致者頃年特頒用詔訪於四方將加裒集閣而藏之條目闕逸尚多願詔有司廣行搜訪並從其請至是學士院士擬撰閣名來上故降詔焉　二十四年實錄院編類御集成凡詩百九十有五宮

卷一萬三千四百二十三

詞二百賦一序十二記十碑四策題九文七樂章三挽詞二十七雜文十五毛詩解九論語解二通德經解八南華真經解八沖虛至德真經解十二聖濟經十金籙科儀二政事手劄千五百五十邊機手劄二百四十四通爲一百卷至二十八年又以實錄成書凡一百五十卷又二十九年史院以纂修到永祐陵迎奉錄成皆進御畢並藏于祕閣

宋會要　觀文殿學士

神宗熙寧四年九月十八日吏部侍郎知鄧州韓絳為觀文殿學士觀文殿大學士皇祐元年置以授賈昌朝自是嘗任宰相者出必為大學士降絳自宣撫陝西河東得罪罷守本官是歲用明堂赦授觀文殿學士宰相不為大學士自絳始七年四月十九日禮部侍郎平章事監修國史王安石罷為吏部尚書觀文殿大學士知江寧府仍詔出入如二府儀大朝會綴中書門下班自是遂為故事五月三日知熙州資政殿學士左諫議大夫王韶為觀文殿學士禮部侍郎仍兼端明殿龍圖閣學士上以韶收復熙河工故雖未歷二府特旌寵之元豐三年九月十六日知河南府翰林侍讀學士給事中王陶為正議大夫觀文殿學士陶東宮舊臣出於異恩

卷萬三千四百二十一

宋會要　寶文閣學士

寶文閣在天章閣東西序群玉蘂珠之殿次北即寶文閣舊曰壽昌慶歷初改今名學士直學士自學士以下恩數寓直並如龍圖天章閣嘉祐八年英宗即位未改元八月十二日詔以仁宗御書藏寶文閣命翰林學士王珪撰記立石治平四年神宗即位未改元五月二十八日詔曰昔我藝祖神武不殺誕昌寶祚太宗修文德以光大業真宗崇儒術以承休命仁宗善繼謨烈化成治定咸有述作煥乎簡編河漢昭回奎壁相照迺規層

構邃在丙清邇上帝藏書之府章累朝稽古之盛並揭嘉名以登俊望俾服凝嚴之職因為咨訪之地誠聖哲之遠業熙洽軸之高致也仁祖升遐先皇纂御首命近列論次遺文細紬寶函未緒錄白雲紫氣遽遂上賓今告畢功甫將安奉大訓九歌之重垂世共長廣內祕室之藏貽謀無極祗循故事遹成先志寶文閣宜置學士直學士待制著于令六月十一日詔寶文閣學士中謝支賜並依龍圖閣學士直學士例宋史英宗御書附于寶文閣學士治平四年初置以呂公著兼直學士治平四年初置以邵必為之待制治平四年初置元祐官品令學士正三品直學士從三品

卷萬三千四百二十一

樞密直學士與文明殿學士並掌侍從備顧問應對崇德殿受朝則陞以侍立日會於樞密院廳事在宣徽院

真宗大中祥符五年八月詔曰宥密之地出處深嚴論思之臣踐揚清要雖素由於謹簡尚未立於定員矧侍從材難軒墀望峻在選賢之攸重宜著位之有常樞密直學士自今以六員為額梁置崇政判官又改直崇政殿後唐同光中置樞密直學士一人國朝無定員班次翰林學士是歲工部侍郎薛映知并州得對自陳援張詠張秉例得預近職真宗以員數問宰臣王旦旦曰近朝止置兩員今已九員帝曰映且授此職自此帝嘗為定(限)例也

徽宗政和四年八月三日詔改樞密直學士為述古殿直學士恩數品秩並依舊　十月二十四日以樞密院言四方之人有以延康述古寶文等名目而名物者詔悉改之

資政殿學士

資政殿大學士學士殿在龍圖閣之東序真宗景德二年四月以叅知政事王欽若為資政殿學士在翰林學士之下侍讀學士之上餘依學士例先是欽若再表求罷政繼以面請故特置是職以寵之五月欽若赴職宴近臣於祕閣賜欽若七言詩令屬和自是令寓直於祕閣十月以王欽若為資政殿大學士班在文明殿學士之下翰林學士承旨之上赴上日賜會於祕閣近臣畢集翌日又會館閣群臣於祕閣欽若以自求罷免恥在翰林學士之下真宗為除大學士以優之大中祥符三年七月以尚書右丞兼祕書監向敏中為工部尚書充

資政殿大學士侍制預焉真宗作五言六韻詩一首賜之天禧四年十月以太子太保王欽若為資政殿大學士仍令日赴資善堂侍皇太子講誦十二月以資政殿大學士太子太保王欽若為司空職如故欽若先奉詔侍東宮講誦至是以輔臣兼領三少品序非便表求換秩乃有是命仁宗康定二年十月二十二日右正言梁適言資政殿大學士之職比來除授太濫請遵先朝故事定以員數詔自今大學士置兩員學士三員不得近臣陳乞慶歷元年十二月詔資政殿大學士自今定置兩員學士三員皇祐四年八月十七日新知汝州資政殿學士吳育言以疾乞盡落學士之職只守本官權領

卷萬三千四百二十一

西京留司御史臺。欽宗曰：聞吳育以力學損心以成此疾，且育文行可以爲人之師表，方欲召歸，請(清)席以備顧問，而忽有此請，宜特從之。又曰：若止守本官則俸入差減，可特授集賢院學士以就全給。宰臣等對曰：陛下知育之深，待育之厚，亦足以勵孤陋澆浮之輩，天下聞之孰不改觀。神宗元豐三年九月十六日，知汝州端明殿學士兼翰林侍讀學士龍圖閣學士「龍圖閣學士」右諫議大夫韓維、寶文閣學士右諫議大夫兼侍讀陳薦並爲諫議大夫資政殿學士。資政殿大學士及學士並以寵輔臣之去位者，維、薦皆東宮舊臣，故特有此授。二十七日，詔曾任翰林學士除資政殿學士以上更不剔兼學士。卷一萬三千四百六十一

欽宗靖康元年五月二日，詔資政殿大學士中大夫提舉龍德宮王易簡爲係東宮講讀官，其請給人從恩數並依僉書樞密院例。○高宗建炎三年二月四日，呂頤浩除資政殿大學士、充江浙置使兼知鎮江府。先是，黃潛善欲除頤浩資政殿學士，上以資政非前執政恩數，與從官等，特除大學士。四年五月十四日，宰執進呈參知政事王綯乞退文字，御批除資政殿學士、提舉萬壽觀兼侍讀。上曰：王綯醇儒，嘗爲朕宮僚，事朕終始如一，丐章句罷，不欲遠去，故有此處。宗尹曰：故事已嘗任資政殿學士而除執政，若不以罪去，則必進職。上乃令除大學士。

全唐文

宋會要

東宮官

寄案：大典卷二萬二千四百二十三引四朝志云：宋朝東宮官有左右諭德，建儲即置，否則闕。仁宗、神宗、欽宗升儲皆置二人，並他官兼。乾道置一人，惟除左不除右。

太師、太傅、太保、少師、少傅、少保、賓客、詹事、左右庶子、中允、中舍、諭德、贊善、洗馬、家令、率更令，皆緣舊制除授，而無職司。惟建儲闈，即置三少、賓客、詹事、庶子、諭德、中舍、舍人，並他官兼充。其左右春坊並鑄印、置吏員，及登位即春坊司亦省去。其勾當左右春坊、太子宮都監、祗候之名以內臣充者亦省。以上國朝會要 國朝史志：東宮官太子少傅、太子少傅、太子少保、賓客、詹事、左庶子、左諭德、右庶子、右諭德、舍人、侍讀、侍講。國朝之制，每儲闈之建，隨宜置官，以備僚寀，然無定員，亦不備設，並以他官兼領。凡非國朝嘗所置者，今皆不著焉。卷二千一百三十九 仁宗升儲，置三少各一人，賓客三人，詹事二人，左右庶子、諭德、舍人各一人，以宰相近臣兼充。又以內臣爲左右春坊謁者、勾當左右春坊、太子宮都監、祗候。續國朝會要 神宗升儲，置太子詹事二人，左右庶子、諭德、舍人、侍讀、侍講各一人，以內臣爲管勾左右春坊事、左右春坊謁者、皇太子宮祗候。英宗及神宗爲皇子，並置伴讀一人、說書二人，又以內臣爲提舉并管勾當焉。同上。○同上 太宗至道元年八月，以左諫議大夫楊徽之兼太子左庶子，右諫議大夫畢士安兼右庶子，並爲開封府判官。國朝會要 以吏部侍郎兼秘書監李至爲尚書左丞，給事中李沆爲禮部侍郎，並兼太子賓客，見皇太子如師

永樂大典卷二百三十九，又卷六千一百三十三。凡△者皆兩注卷數。

師傅之職。兵部郎中喬維岳兼左諭德，水部郎中楊礪兼右諭德，司封員外郎、直昭文館夏侯嶠兼中舍，並為開封府推官；壽王府內知客王繼英為左清道率府副率，兼左春坊謁者。謁者本內侍之職，東宮無此名，只有太子通事舍人。今繼英以士人為謁者之職，天禧中亦承此，蓋有司之失也。是月，又以內殿直都知劉謙為西頭供奉官，充皇太子宮親衛都知；親事官軍使王隱充皇太子宮親衛指揮使，各賜腰帶、公服、絹百疋、銀二百兩。○真宗天禧二年九月，以殿前散員左第一班都知趙榮為西頭供奉官、親衛都知，皇太子宮祇候、供奉官郭承慶為左清道率府率，殿直夏元亨為右監門衛率府副率，並兼春坊謁者。十月，以樞密直學士、右諫議大夫王曉為給事中，兼太子賓客。三年四月，詔太子左庶子張士遜等每遇皇太子隨駕出入，許於內殿起居，例綴班祔。四年八月十一日，以右諫議大夫兼太子左庶子張士遜兼太子賓客，充樞密直學士；戶部員外郎兼右諭德魯宗道直龍圖閣，兼左諭德，賜金紫；太常丞直龍圖閣馮元為左正言，兼右諭德，直閣如故。十三日，詔應兼東宮官僚並依內殿起居職位次序。十一月二十一日，參知政事任中正、樞密副使錢惟演、參知政事王曾並兼太子賓客，又以工部尚書兼太子賓客林特兼太子詹事，樞密直學士兼太子賓客張士遜兼太子

詹事，翰林學士兼太子舍人晏殊為太子左庶子，職位並如故。執政兼東宮官自中正等始也。十二月二十三日，以吏部尚書、同中書門下平章事丁謂兼太子少師，樞密使、吏部尚書、同中書門下平章事馮拯兼少傅，曹利用兼少保。宰臣兼東宮官自謂始也。○哲宗正史職官志：太子太師、太傅、太保，少師、少傅、少保，賓客，詹事，少詹事，左右庶子，諭德，侍讀，侍講，中舍，舍人，左右衛司禦、清道、監門、內率府率、副率，為東宮官職。○徽宗政和四年三月十六日，詔皇長子可以來春出閤，立為皇太子，其建宮室、設官屬、輿儀物、制度，宜令有司討論典故以聞。五年二月七日，皇太子上表言：自昔東宮建司設局，張官置吏，其事實無毫末，應東宮官吏乞不必具備，諸司庶局頗令兼攝，從之。詳見皇太子門。十四日，以翰林學士承旨強淵明、翰林學士劉昞並為賓客，中書舍人蔡靖、陳邦光並為詹事，秘書監李詩為左庶子兼侍講，秘書少監蔣煒為左諭德煒舊名犯皇太子名，改今名，太常少卿葛次仲為右諭德，國子司業曾楙、殿中侍御史華寔並為舍人，知入內內侍省楊震、董懋提舉左右春坊事，內侍楊容機、黎景年、全淵、張彥卿、周珣、王若冲、王珂管勾左右春坊事，劉淵為家令，皇甫僅為承受。十五日，皇太子上表乞宮僚以下不稱臣，從之。四月二十四日，秘書監兼太子左庶子李詩言：皇太子讀史有不足知者，置之勿

讀詔令東宮講讀官罷讀史專一導以經術（詳見皇太子門）。九月十九日太子家令劉淵罷以梁平代之。六年四月九日劉昞除宣和殿學士提舉醴泉觀依舊帶東宮官。十三日以禮部尚書白時中、刑部尚書慕容彥逢並兼太子賓客，除給事中方會、尚書吏部侍郎劉煥並兼太子詹事，起居舍人賈安宅兼太子舍人，內符寶郎馮楊為家令。七年三月二十四日以起居郎李彌大、起居舍人趙野並兼太子舍人。四月二十一日以秘書少監柯棐兼太子舍人。二十五日以國子司業魏憲兼太子舍人。九月十七日皇太子上表言諸王府侍讀已改為贊讀，今太子付學吁獨稱侍讀，於義未安，乞改正。詔不允。

卷二百三十九

。八[illegible]太子令罷，以左庶子李詩、右庶子耿南仲為詹事。宣和元年三月四日皇太子奏：本府舊有舍人二員，撰述章表文字，今來久闕，欲乞特差官二員兼上職事兼本府舍人，自來止是五日一次到府，若差見在職事官，即於本職亦不廢事。詔差秘書監王易簡、秘書少監曾懋並兼太子舍人。（同上）七月十八日皇太子奏：本府講讀官李詩、耿南仲在府五年，除講過論語外，今講讀過御解道德經并孟子及嘉言善行一千六百二十七事，裨益實多，未曾陳乞推恩。李詩、耿南仲並係待制，乞自宸衷指揮。詔並除直學士。九月二十八日以國子司業程振兼太子舍人。（續）六年十二月一日皇太子奏：昨奉旨令本府學官李詩、耿南仲讀前漢書，今已畢，欲接續讀後漢書。從之。政和五年四月二十四日東宮官罷讀史指揮檢未獲。欽宗靖康元年五月二日秘書省著作佐郎晁說之為秘書少監兼太子左諭德。同日詔資政殿大學士、中大夫、提舉龍德宮王易簡為係東宮講讀官，其請給人從恩數並依簽書樞密院例。六月二十九日以秘書少監兼太子左諭德晁說之為中書舍人兼太子詹事，國子司業黎確兼太子左諭德，侯栖筠兼太子右諭德。九月十六日以尚書工部侍郎何昌言兼太子詹事。孝宗乾道元年八月九日詔皇子愭立為皇太子，宮室官屬儀物制度並令有司討論典禮以聞。十[illegible]日詔中書舍人蔣芾、起居郎魏杞並兼太子詹事。九月六日詔宗正少卿郎知柔兼太子左庶子兼太子侍讀，尚書禮部員外郎汪大猷兼太子左諭德兼太子侍讀。七日詔太子詹事每遇東宮講讀日並往陪侍。九日皇太子言：得旨郎知柔兼太子左庶子兼太子侍讀，汪大猷兼太子諭德兼太子侍講者。伏念臣冒處儲闈，方資學術，雖聖恩隆厚，肇新宮案之名，而位號尊崇，幾僭經筵之秩。仰冀宸衷之洞照，俾仍王邸之舊稱，庶穆公言，亦安私義。所有侍讀、侍講官名，乞賜改正。詔東宮講讀官稱自有故事，所請不允。二年正月二十九日詔給事中魏杞兼太子詹事。三月二十一日

卷二百三十九

原注：以上續國朝會要。中興會要無此門。寄業檢輯有左右坊一門，凡卷內注大典卷六千一百三十三者皆是。今錄大典卷二百三十九，又卷六千一百三十三。

宰執進呈東宮講讀官已講孟子徹章請別講書目上曰可令講尚書治國之道莫先於此君臣更相警戒講孟子徹章官屬乞行推賞上曰可依王府體例記得兵士輩只是犒設汪澈等奏曰官屬誡勸二年兵士犒設只是王府例東宮乞別立賞格上曰令具數人將量與賞五月十五日詔中書舍人兼太子詹事辛月二十一日詔秘書少監兼太子左諭德汪大猷兼太子侍講。七年二月八日詔皇第三子惇宜為皇太子其官屬儀物制度並令有司討論典禮以聞。二十一日皇太子府言本府承受官一員主管左右春坊事二員同主管左右春坊事二員得旨就改差外其元差指使宅案司客

司衹筋書表司中書直省官親事輦官入內院子守闕入內院子教駿厨子翰林司儀鸞司兵級亦乞就行改差衹應從之。三月八日詔敷文閣直學士王十朋敷文閣待制陳良翰並除太子詹事秘書省著作佐郎劉焞除國子司業兼太子侍讀先是二月十三日宰執進呈上曰劉焞兼侍讀李彥穎却兼侍講可也允文奏曰李彥穎既兼左諭德以侍講無人并令兼之上曰侍講可別選人充代因奏曰劉焞久在館閣以拘資格除郎不行乞稍遷擢以重官僚之選上曰郎官外更有何官可遷允文奏曰國子司業見闕緣隆興指揮不許與祭酒並除上曰司業乃祭酒之貳並置何妨可特除國子司

業。十三日詔監察御史劉季裴除將作監兼太子侍講十八日詔起居郎莫濟兼太子左庶子起居舍人李彥穎兼太子左諭德。四月九日詔太子詹事庶子諭德除假日外並輪日入宮依時出仍隨日供故事上謂宰執曰太子詹事既無職事可輪日入宮依時出梁克家奏曰除講讀官外庶子諭德亦無事上曰與詹事通輪可克家又奏莫濟今欲輪日供故事以便皇太子觀覽上曰甚善。十三日禮部太常寺言討論東宮問講并節朔賀慶謝辭禮儀下項一宮僚講讀無已行故事當依做講筵少殺其禮每遇講讀詹事以下至講讀官上堂並用賓禮參見依官職序座皇太子正席講讀官迭起如

延英儀講罷復位一節朔典故有東宮受賀儀承唐舊制難以引用契勘昕朝每遇元正冬至等節並不受朝止是宰臣以下拜表稱賀其朔望日多是得旨特免朝參今來東宮節朔且做昕朝禮例不受宮僚參賀或元正冬至日詹事以下箋賀一謝辭初如常見之禮後離位致詞復位拜就座茶湯罷退一詹事初上參見皇太子拜皇太子荅拜庶子等初上參見皇太子受拜庶子諭德及講讀官雖有坐受之禮止是五禮新儀所載兼日逐致拜之禮近例皆已不行或遇合致拜日更乞參酌天禧至道年事施行按天禧二年九月五日左庶子張士遜等言臣等日詣資善堂參見皇太子猶令升階

例拜然後跪受望令皇太子坐受參見詔不許至道元
年皇太子每見太子賓客必先拜迎送常降階及門並
從之八年正月十一日詔敷文閣學士周操試太子詹
事。三月三日詔給事中胡沂兼太子詹事。三月一日太
子詹事周操言皇太子講尚書終篇所有接續合講經
書詔講周易。十四日詔禮部侍郎李彥穎兼太子左庶
子。四月六日詔皇太子講尚書終篇詹事諭德侍讀侍
講承受官左右春坊各與轉一官醫官指使宅樂司等
各減三年磨勘年限不同人依四年法比折未有名目
之人候有名目日收使御前忠佐親事官輦官兵級等
依例犒設一次仍各遞增一十貫文支給五月七日詔

〈卷二百三十九〉

起居舍人劉季裴兼太子左諭德國子司業林光朝兼
太子侍讀將作監陳騤兼太子侍講。九年正月二十
三日詔起居舍人留正兼太子右諭德閏正月二十五
日太子詹事李彥穎言臣竊窺皇太子天資簡淡無他
嗜好進德修業固宜及時今宮僚粗備每遇上堂除講
讀官外餘官不過陪侍坐席須臾而退乞以庶子或諭
德一員兼講春秋二禮令添講一經詔令庶子諭德輪
講禮記。六月十四日詔秘書少監陳騤兼太子左諭德
秘書省著作郎蕭國梁兼太子侍講著作郎尤袤兼太
子侍讀。八月五日敷文閣學士左朝散大夫提舉江州
太平興國宮周操內殿朝辭進對上曰皇太子方賴卿

三月三日詔太常少卿王淮兼太子左庶子 乾道會要 大典卷六千一百二十三 添小注下

輔導甚惜卿去。二十七日詔吏部尚書李彥穎除太子
詹事。九月十一日中書門下省言得旨令庶子諭德輪
講禮記今來庶子見闕詔令太子侍讀兼侍講。八年九
月二十七日詔權吏部尚書胡沂兼太子詹事尚書禮
部侍郎兼太子左庶子兼侍講李彥穎除太子詹事。十
月二十八日詔國子司業咸錢先兼太子左庶子起居
郎趙粹中兼太子左諭德起居舍人趙師訓兼太子侍
講。十一月二十四日詔起居郎劉季裴兼太子左庶子
起居舍人留正兼太子左諭德秘書少監陳騤兼太子
侍講。十二月十七日詔中書舍人王淮兼太子詹事起
居宋延祖兼太子侍讀軍器監蕭燧兼太子左諭德軍

〈卷二百三十九〉

器少監薛元鼎兼太子侍講淳熙元年七月二十一日
以吏部尚書李彥穎依舊兼太子詹事起居舍人范仲
芑兼太子侍讀。十月四日以宗正少卿沈樞兼太子左
庶子。十一月十七日以軍器少監兼太子侍講薛元鼎
改兼太子侍讀秘書省著作郎木待問兼太子侍講先
是以待問兼權太子侍讀既而待問言國朝典故東宮
官僚皆以他官兼領其太子侍讀序位在侍講之上並
視本職高下差今元鼎以軍器少監兼太子侍講待問
以著作郎兼權侍讀質之典故班次序位有所未安故
從其請。十二月八日以兵部侍郎沈樞兼太子詹事宗
正少卿程叔達兼太子左庶子。二年正月五日翰林學

士兼太子詹事王淮等言東宮講周易徹章，欲接續講春秋左氏傳，從之。三月四日以祕書省著作郎木待問兼權太子侍讀，祕書省著作佐郎鄭僑兼權太子侍講。五日以國子司業蕭燧兼太子左諭德。三年三月二十二日為起居郎亦兼。四月二十九日以祕書省著作佐郎楊恂兼權太子侍讀。六月四日以權吏部侍郎沈揆兼太子詹事。閏九月六日以入內侍省東頭供奉官楊端友主管左右春坊。十月十八日以兵部侍郎周必大兼太子詹事。十二月二十五日除吏部尚書兼翰林學士，依舊兼。三年三月十六日詔東宮見闕侍讀，令蕭燧權講春秋。九月二十一日以國子祭酒林光朝兼太子侍讀，刑部員外郎閻

卷二百三十九

蒼舒兼太子侍講。光朝十二月十二日兼左諭德。十二月十二日以吏部員外郎鄭伯熊兼太子侍讀。四年三月十六日以祕書監陳騤兼太子左諭德。九月十二日兼左庶子。八月一日以從義郎閤門舍人應材兼同主管左右春坊。九月十二日以起居郎薛元鼎兼太子左諭德。十月二十六日以成忠郎閤門祇候黃夷行兼同主管左右春坊。五年三月十七日以司農少卿戴幾先兼太子左諭德，吏部員外郎閻蒼舒兼太子侍讀，祕書省著作佐郎鄭鑑兼太子侍講。七月二日以祕書省著作郎木待問兼太子侍講。九月三十日以入內內侍省東頭供奉官藍介主管左右春坊。六年三月六日以太常少卿戴幾先兼太子左

庶子，宗正少卿閻蒼舒兼太子左諭德，起居舍人木待問兼太子侍讀，戶部員外郎何耕兼太子侍講。二十二日宰執言皇太子宮講禮記終篇，欲接續講周禮。上曰：「周禮周公致太平之書，不可不講。」四月九日以吏部侍郎閻蒼舒兼太子左庶子，太常少卿戴幾先兼太子右庶子。十一月二十二日以祕書少監施師點兼太子左諭德。七年五月二十日以吏部侍郎兼太子左庶子閻蒼舒兼太子詹事。六月十四日以祕書少監施師點兼太子右庶子，起居郎木待問兼太子左諭德，國子司業何耕兼太子侍讀，吏部員外郎趙汝愚兼太子侍講。九月二十日以中書舍人施師點兼太子左庶子。八年三

卷二百三十九

月二十八日以吏部侍郎趙汝愚兼太子右庶子，仍講春秋。七月二十五日以武德大夫文州刺史閤門舍人譙熙載兼同主管左右春坊。九月二十七日以給事中施師點兼太子詹事，中書舍人木待問兼太子左庶子。十月十一日皇太子宮講堂狀：本宮見講周禮，係左右庶子二員輪講及讀唐鑑，所有春秋舊係侍講職事，今見闕官。詔差起居舍人詹儀之兼。十二月四日以太常少卿余端禮兼太子侍讀。九年七月二十五日以中大夫木待問兼太子詹事。八月十四日以中書舍人葛邲兼太子左庶子。九月七日皇太子宮講堂狀欲讀陸贄奏議，從之。十二月十五日以起居郎詹儀之兼太子左

諭德宗正少卿史彌大兼太子侍講。十年二月六日以中書舍人葛邲兼太子詹事吏部侍郎詹儀之兼太子左庶子（十一年四月除給事中仍兼）。四月十五日以兵部侍郎余端禮兼太子詹事祕書少監沈揆兼太子左諭德將作監蔣繼周兼太子侍讀。八月十三日詔皇太子宮講堂見講周禮外庶子諭德更輪講尚書。十月三日以宗正少卿史彌大兼太子侍讀吏部尚書尤袤兼太子侍講。十一年四月二十四日以武功郎閤門舍人皇太子宮兼同主管左右春坊譙熙載再任。十一月二十二日以武德郎閤門舍人姜特立充皇太子宮左右春坊。十二月二十五日以中書舍人史彌大兼太子左庶子。十二年

卷二百三十九

正月四日以轉歸吏部使臣賈惟清特取充入內省職名充皇太子宮主管左右春坊事。二十日以右司郎中尤袤兼太子侍講。二十五日皇太子宮講堂狀照會皇太子上堂周禮今已終篇六經並已講畢目今諭德再講尚書今來侍講合講是何經書詔令講毛詩。二月四日以權禮部侍郎史彌大兼太子左庶子兼太子侍讀。五月十二日以吏部侍郎余端禮兼太子詹事。八月八日以尚書吏部郎中楊萬里兼太子侍讀。十三年五月二十七日皇太子宮講堂狀皇太子讀陸贄奏議終篇詔令讀三朝寶訓。十四年五月二日詔武功大夫文州刺史閤門舍人皇太子宮兼同主管左右春坊事譙熙

載候今任滿日特令再任。二十五日以中書門下省檢正諸房公事尤袤兼太子左諭德尚書禮部員外郎鄭僑兼太子侍講。十五年四月二十五日以起居郎胡晉臣兼太子左諭德起居舍人鄭僑兼太子侍讀戶部員外郎羅點兼太子侍講。五月十八日以內侍張彥臣罷聽喚上名與散祗候特充差皇太子宮主管左右春坊事。七月三日以宗正少卿吳博古兼太子左諭德。十月十九日以中書舍人鄭僑兼太子左庶子

添在徽宗條上

此條原粘在本卷第二十四前半頁

張方平　太子太保　宣徽使

卷一萬一千五百八十一

元祐六年七月六日，三省言：張方平元係宣徽南院使、檢校太傅、太子少師致仕，元豐官制行，廢宣徽使。元祐三年復制，儀品恩數如舊，詔太子太保致仕張方平依前太子太保、充宣徽南院使致仕。於是中書舍人韓川言：臣聞宣徽使之名，祖宗以寵勳臣，班資恩數與見任執政均，與樞密副使、同知樞密院尤切相等，而皆未嘗令帶以致仕。且文武異列，不合混并。宣徽使武官也，太子太保文官也，豈可使官號混殽？合從改正。詔依前旨行下。其後方平辭免，從之。

添在十月條上

此條原粘在本卷第二十七前半頁

八月二十三日，詔太常少卿兼太子左庶子任文薦兼太子侍講。乾道會要　大典卷六千一百三十二寄案：大典卷七千六百八十四作侍讀

九月十一日，太常少卿兼太子左庶子兼太子侍讀任文薦進對，上曰：卿老成輔導東宮，不必專於講讀，當時論時事，使開啓聰明。同上同上同上

全唐文

親王諸宮司

宋會要

親王諸宮司總諸王宮出納之事以諸司使兼充使闕則置都大管勾及都監之名皆內臣充

卷一千一百二十五

管勾北宅所

在宣德西道北大中祥符七年置都大管勾南宮北宅所景祐三年七月從南宮吳王院屬睦親宅後止名管勾北宅所以諸司使副二人管勾 大典卷一萬九千四百四十一

宋會要宮教 附諸王府官

至道元年以孫蠙充皇姪皇孫教授從新號也時中書言唐文宗制李石奏太子有侍讀諸王亦有無隆授今皇姪皇孫宮是環衛請以教授為名此蓋王宮教授設官之初也 宋百官志紹興四年始復置諸王宮大小學教授二員隆興省其一

卷一萬七千二百三十

宋會要 諸王宮教授

四年以下並大字

天聖三年上曰教授非止講經宜選履行端慤者 七月以張維翰為北宅宅教授 四年四月北宅教授王式為諸王府侍講 十二月馬程為北宅教授 大典卷一萬九千二百四十

孝宗乾道五年十月二十六日，詔司農少卿李浩兼皇子恭王府直講。大典卷七千六百九十

此條下接孝宗乾道條

王府侍講

大觀二年，定王、嘉王府侍講沈錫奏：真宗皇帝時以張士遜爲王友，命王答拜，以示賓禮。今侍讀、翊善之官職在輔導，亦王之友傳也，可如王友例，令王答拜。續宋會要。大典卷七千六百九十

乾道會要

孝宗乾道元年三月三日，詔宗正少卿魏杞兼皇子鄧王府贊讀。大典卷七千六百八十七　九月六日，詔宗正少卿邵知柔兼太子左庶子兼太子侍讀。二年六月十五日，詔宗正少卿胡沂兼皇子慶王府贊讀。同上

九月一條在東宮官內，此據入刪去

雜録　淳熙

二年二月十七日，詔皇太子宮講周易終篇，詹事、庶子、諭德、侍讀、侍講、承受官、左右春坊特與轉一官，及指使、使臣、客司、表書司、楷書、直省官、諸色人兵級、講堂使臣、主管書寫文字、供檢奏報文字等，祇應有勞，各得與轉一官資，餘人依昨來終篇指揮施行。卷二百三十九　六月二十四日，詔皇太子宮見差破親事官、黃早院子、諸色人兵級等，已降指揮，祇應及七年與轉一資，其已轉資依舊在宮祇應人，每遇再及七年，並特與一資，今後準此。十二月二日，詔皇太子宮官吏特減作五年轉一官。既而以主管左右春坊事張可宗等言：本宮官吏年勞酬賞，見依親王下指揮六年特轉一官，今來皇太子宮比親王府事體不同，乞特與減年轉官，故有是詔。四年十月四日，詔皇太子宮見差破客司等於內更與改差三人作使臣名色，特添破本等券，放行批勘，遇有闕從本官差取

陞除。六年四月二十四日，詔皇太子宮講禮記終篇，詹事、庶子、諭德、侍讀、侍講及曾任講讀官並承受官、左右春坊指揮使臣、客司、書表司、楷書、直省官、供檢奏報、講堂使臣、書寫文字諸色人與級等各轉一官資。六月二十二日，詔皇太子宮官該遇今來禮記終篇轉官，並特與不隔磨勘。九年六月二十四日，詔皇太子讀唐鑑終篇，本宮官吏諸色人各與減二年磨勘。十年七月十九日，詔皇太子宮主管左右春坊係是選授，令吏部特依在內差遣闕陞施行。十二年正月二十九日，詔皇太子宮講周禮終篇，依昨講春秋終篇，官屬各特轉一官資，內礙止法人依條回授，白身人候有名目日特作轉

官資收使。十三年五月十四日，詔皇太子讀陸贄奏議終篇，詹事、諭德、侍讀、侍講、左右春坊及指使使臣等各特轉一官資，內礙止法人依條回授，白身人候有名目日特作轉官資收使。皇太子宮小學淳熙七年正月二十六日，大理正王尚之言，乞選儒臣為東宮小學教授。上曰：「王尚之議論及此，甚不易得，可討論典故，遴選一儒臣充之。」趙雄等言：「尚之小臣，建明此事，可見清明之朝下情必達。」於是詔以秘書省正字楊輔兼皇太子宮小學教授。既而宰執進呈皇太子宮小學教授典故，上曰：「宜精擇堪任此官者。」趙雄等言輔醖藉儒雅，操守甚正，遂命輔為之。四月十五日，詔武經大夫、成州團練使

右領軍衛將軍、皇太子宮兼同主管左右春坊陳範年以伴讀皇孫英國公孝經、論語終篇，特與遥郡上轉行一官。八年七月二十七日，秘書省校書郎兼皇太子宮小學教授楊輔言：「竊見本宮講堂書寫文字陳茂實等並理五年補授進武副尉，今乞將小學差置手分、楷書各一名通理七年補授，仍乞將手分改充主管文字，楷書充書寫文字。」從之。二十八日，詔秘書省校書郎劉光祖兼皇太子宮小學教授。（楊輔差知眉州，故以光祖為之。）十年正月二十七日，詔皇孫英國公聽讀孟子、尚書兩經終篇，小學教授劉光祖特與轉一官，供檢、主管書寫文字張師賢、蔣巨卿、張克家各減三年磨勘，引接等祇應時椿年、劉

子訓、蔣華、于忠輔、傅昌言、醫官婁杲各減二年磨勘，諸色祇應等二十六人並特支犒賞一次。五月三日，詔增置小學教授一員，以秘書省著作郎何澹、校書郎鄭鍔同兼。既而以宰執進呈皇太子宮小學闕員，上曰：「國公已長，正要得人訓導，可增置一員。」遂以澹等為之。十一年三月二十三日，皇太子宮小學教授言皇孫英國公聽讀毛詩終篇，今欲接續聽讀周易，從之。教授何澹、鄭鍔各轉一官。十二年正月二十日，以秘書省校書郎羅點兼皇太子宮小學教授。（鄭鍔論罷，故以點為之。）三月一日，皇太子宮小學言皇孫英國公聽讀周易終篇，接續聽讀禮記，從之。詔教授何澹、羅點各特轉一官，春坊譙熙載、婁特

立各減三年磨勘，供檢、主管書寫文字三人並各減三年磨勘，指使二人、書表客司、祀旁使臣、祗應七人各減二年磨勘。年限不同人依四年法比折，未有名目人候有名目日收使。諸色祗應人並特支犒設一次。四月二十四日，以祕書省著作郎何澹、祕書郎羅點並兼皇孫平陽郡王府教授。十一月十一日，詔皇孫平陽郡王講授論語終篇，教授何澹、羅點各轉一官。（點十二月為浙西提舉，澹十四年三月除國子司業免兼。）十三年正月九日，以祕書省著作郎高晏兼平陽郡王府教授。（晏十四年二月致仕。）十四年三月二日，以祕書郎莫叔光、鄧馹兼皇孫平陽郡王府教授。七月三日，皇孫平陽郡王府教授莫叔光、鄧馹辭免講授孟子終

卷二百三十九

篇各特轉一官，照依所乞各減三年磨勘。十五年十月十六日，詔皇孫平陽郡王聽讀禮記終篇，教授莫叔光、鄧馹各特轉一官，詵熙、戴姜特立、監師古、詵令雍、張師賢、蔣巨卿、張克家各減三年磨勘，高鈞、吳端、馮湮、王良傅、昌祖、董致中、成元顯、李松孫、昌祖、高琦、姜文用、孫昌嗣、姚思正、王世昌、周昭各減二年磨勘。年限不同人依四年法比折，未有名目人候有名目日收使。諸色祗應人並特支犒設一次。淳熙十六年二月七日，詔東宮官吏、諸色人、軍兵等且依舊，仍與接續放行諸般請給，限一月結局取旨。二十七日，詔隨龍講官、承受官可各轉兩官。四月十五日，吏部言：四官曾任東宮講堂官各轉兩官，

曾任東宮講堂官得旨各轉兩官，其間有見任宰執及礙止法人並許回授。又言：今來承降指揮，詔見任宰執并礙止法人，伏乞朝廷指揮。即不該載贊讀、直講，并合取自指揮，照依東宮講堂官例各轉兩官，礙止法人依條回授。開禧三年十一月，禮部尚書史彌遠兼太子詹事，吏部侍郎趙夢極兼太子左庶子，國子祭酒戴溪兼太子侍讀。既而夢極十二月以給事中兼詹事。溪嘉定元年正月陞兼太子右諭德，月以兵部侍郎兼右庶子，八月陞左庶子，二年正月除詹事。十二月，起居郎陳希點兼太子侍講，吏部侍郎婁機兼太子左庶子，起居舍人鄒應龍兼太子左諭德。既而希點嘉定元年三月

卷二百三十九

陞兼侍讀，六月陞兼左諭德。機嘉定元年正月陞詹事。應龍嘉定元年三月陞兼左庶子，八月陞兼詹事。嘉定元年三月，尚左郎中徐邦憲兼太子侍講，六月陞兼侍讀。閏四月，吏部郎官王介兼太子舍人，六月以國子司業兼侍講。三年二月以宗正少卿兼右諭德，六月刑部侍郎曾暵兼太子詹事。八月二十二日，觀文殿學士、提舉萬壽觀趙彥逾言：乞令東宮講讀官每日講讀之餘，將古今歷代帝王治亂事迹編成一書，分十門：一曰畏天，二曰愛民，三曰法祖宗，四曰聖孝，五曰用賢能，六曰遠小人，七曰勤儉，八曰聽言，九曰明賞罰，十曰謹邊防。實以歷代已行之事，釋其下，以東宮規鑑為名。從之。八

月工部侍郎汪逵兼太子右庶子，起居舍人曾從龍兼太子右諭德。逵四年四月以權吏部尚書兼詹事。從龍三年正月以禮部侍郎兼左諭德，五年十月以刑部尚書兼右庶子，七年七月以禮尚書兼詹事。三年正月祕閣校理留元剛兼太子舍人（三年陞兼侍讀）。三年五月祕書省著作佐郎滕強恕兼太子侍講，四年六月陞兼侍讀。四年正月宗正寺丞任希夷兼太子舍人，六月以祕書丞兼侍講，七年以中書舍人兼右諭德，九年十二月以工部尚書兼左庶子，十年十一月陞兼詹事。六月祕書少監陳武兼太子右諭德。八月二十九日，皇太子受冊了畢，本宮官吏、諸色人、軍兵等各與一官資，礙止法人特與轉行，内白身補進武副尉，理為年勞，出職或傾轉一官資收使者聽。

卷二百三十九

六年五月權刑部侍郎劉爚兼太子左諭德，八年二月以權工部尚書兼右庶子，依舊左諭德。七年八月起居郎李𡌴兼太子侍講。九月權兵部尚書黄疇若兼太子右庶子，十二月以兵部尚書兼左庶子，九年十二月陞兼詹事。八年六月宗正少卿莊夏兼太子侍講，九年二月陞兼侍讀，十二月陞兼右諭德，十年十一月陞兼左庶子左諭德。七月禮部尚書范之柔、權工部尚書劉榘並兼太子詹事。九年二月將作監何刻兼太子侍講，十二年九月以權刑部侍郎兼右諭德。十二月祕書少監、權中書舍人黄宜兼太子侍讀，十年十

一月以中書舍人兼右諭德，十二年二月以工部侍郎兼右庶子。十年三月權兵部尚書蔡幼学兼太子詹事。十一月起居舍人宣繒兼太子侍讀，十二年九月以權吏部侍郎兼左諭德，十三年三月陞兼右庶子，依舊左諭德。十二年九月權禮部侍郎楊汝明兼太子侍讀，司封郎中高文善兼太子舍人。汝明十三年三月陞兼右諭德。十三年正月祕書監崔與之兼太子侍講。三月刑部尚書徐應龍兼太子詹事。

卷二百三十九

吏部

吏部舊有三銓尚書主其一侍郎二人各主其一分銓注擬其後但存尚書銓餘東西銓印存而事廢令但以朝官二人判流內銓具吏部之職別以朝官二人主判東領南曹格式司但主京朝官叙緋紫中請祠祭差官構事及技華舉人格式司主幕職州縣官格式關宋解謝流內銓主考試附奏京百司人吏每年十月諸司廢判承關姓名年終中奏至奏貝差官考試句曹主選人從下文字及過院判成過銓選人受官出給曆手甲事主承受劇敕黃甲給藏符優牒及選人廢置改名以朝官一員主判令錄四司雜事餘見銓選門尚書一人總上司之事其營則有侍郎二人分左右選尚書左選郎中一人尚書右選郎中一人侍郎左選郎中一人侍郎右選郎中一人司封郎中一人司勳郎中一人考功郎中一人

太宗太平興國三年十月十日詔應諸司奉郊祀行事官等並以前資官吏部黃衣選人充曾犯除名及免所居官停任未經恩宥人等不在差補之限　六年五月詔吏部黃衣選人宜為白衣選人　至道二年正月詔今後京官着緑至如恩前及二十周年者許於吏部投狀依朝官例磨勘奏候敕裁內曾犯入已贓及踰濫者不得施行　三年九月詔京朝官於吏部投狀叙緋紫者須牒問刑部大理寺會問有無停殿審官院歷任中有無父母憂制將出身已來文字磨勘委合得章服別無虛誑結罪保明以聞　真宗大中祥符二年四月詔吏部京朝官叙服色者依條磨勘歷任如依敕格即保明以聞如涉鹵莽官吏並重行朝典　三年八月尚書吏部言請應京朝官準敕叙服色者須將出身告敕逐任歷子家狀畫一開坐着緑已來有無停叙憂制尋醫假滿出落班簿結罪狀理録

卷一萬四千六百十四

白呈納如有異同欺詐本犯官重朝典若進官兩任三任雖有出身文書解由曆子別無告敕照證即通除進官任數至叙理授官月日磨勘若曾除名後來理雪顯有得雪文字即通理年月如雖曾叙官無顯得雪文字即實理叙理後授官月日應在任丁憂准敕免持服不離任曆子批書聖旨及有付身文字舊來使通使年月其間亦有丁憂服未闋或因貶降授官所有服未滿月日不在通理之限若服未闋非時特恩授官即與通理服未滿授官月日尋醫假滿百出日落班簿損日及丁憂服未闋亦有投狀者望自今後牒問御史臺免有欺作並從之　五年閏十月三日戶部判官劉鍇言吏部叙服色各將歷任家狀及告敕曆子照驗依例會問如丁憂及假故停殿並除落外實及年月者方始以聞其間告敕並足只少差敕曆子一兩道者雖年限過餘未敢以聞致本官進狀下方會問審官院諸實欲乞今後為告敕差敕曆子家狀點檢除落停殿丁憂假故外實及年限曆子差敕不全少者使會問審官院依州縣官去失文書格例召清資官同罪委保以聞如曆子差敕俱無者即依丁憂停殿例除落年限從之　仁宗天聖元年十二月十八日詔南曹今後選人常例會問過犯定公以私罪名只仰會問刑部疾速聞報　康定元年八月四日詔判南曹官除每季請廚料茶米外自今每

卷一萬四千六百十四　二

寄祿自員外郎正七品

並總為品十有八大典卷七千三百九同

員增給添支錢七千　皇祐三年八月詔判吏部南曹
自今以朝臣歷一任知州館職一任通判者為之不得
干託奏薦及有陳乞　神宗正史職官志舊制以審官
東西院流内銓三班院分治四選複於尚書都省置司
封司勳考功南曹官自為司職事不相聯屬元豐中酌
古御今名實始正尚書從二品侍郎從三品郎中從六
品員外郎正七品參掌選事而分治之凡序位有品選
官有格分任有職寓祿有階皆以事稽考審核其狀擬
定可否質成於尚書侍郎而後行焉凡文階官之等二
十有五武選官之等五十有六而幕職州縣官之等七
總為品十有八從一品曰開府儀同三司特進正二品曰

卷一萬四千六百十四

三

金紫光祿大夫從二品曰銀青光祿大夫左右金吾衛
上將軍節度使正三品曰光祿大夫從三品曰正議大
夫正四品曰通議大夫諸衛大將軍節度觀察留後從
四品曰太中大夫諸衛將軍正五品曰中大夫觀察使
從五品曰中散大夫防禦團練使刺史正六品曰朝議
大夫從六品曰朝請朝散朝奉大夫正七品曰朝請朝
散朝奉郎皇城諸司使從七品曰承議郎皇城諸司副
使正八品曰奉議通直郎内殿承制崇班京府判官京
畿縣令兩赤縣丞從八品曰宣德宣義郎東西路供奉
官節度觀察防禦團練軍事軍監推判官節度掌書記
觀察支使用司録州司録事京府諸曹參軍事軍巡判

官縣令丞兩赤縣主簿府諸曹節鎮上州諸司參軍事
正九品曰承事承奉郎左右侍禁左右班殿直京畿赤
縣主簿從九品曰承務郎三班奉職借職州軍縣城寨
主簿尉卒考其功罪辨其位秩以序進之尚書左選分
案八設吏三十右選分案六設吏十有六侍郎左選分
案十有五設吏四十有三右選分案八設吏四十有七
曰主事曰令史曰書令史曰守當官而二十四司亦如
之哲宗職官志同　神宗熙寧五年閏七月詔吏部南曹併入流
内銓　元豐五年四月二十三日翰林學士承議郎李
清臣試吏部尚書通直郎寶文閣待制權判尚書兵部
兼知審官東院何正臣試吏部侍郎太中大夫集賢院

卷一萬四千六百十四

四

學士判尚書吏部蘇頌為通議大夫守吏部侍郎仍詔
頌管左曹　二十八日詔六曹尚書依翰林學士例朝
謝日不以權衘守試並賜服佩魚罷職除他官日不帶
行　五月二十七日通直郎試尚書吏部侍郎何正臣
為寶文閣待制知潭州正臣為吏部職事疏略所注擬
多抵梧事聞正臣以制法未善為辭王安禮曰法未善
有司所當請豈可歸罪於法故罷之因畫作安禮為狀
戒安禮論正臣曰朝廷建文昌新一代官制當簡人材
以寘之今蠢回如正臣乃得周旋其間上領之黜正臣
知宿州云　六月十九日詔尚書侍郎奏事郎中員外
郎番次隨上同上殿不得獨留身侍郎以下仍不獨得

乞上殿其侍郎左右選奏事非尚書通領者聽侍郎上
以郎官有隨秘書殿中省諸寺監長官視尚書貳承以
下視侍郎六曹於都省稟事亦准此侍郎以下仍日過
尚書廳議事　六年九月十九日新知棣州黄好謙言
伏見尚書六曹如吏部左右選事務皆為繁劇郎官自
早至晚書押不絶無暇省覽事多致差失稽違乞兩員
郎官處分分案治事所行符亦許員外郎簽押從之
十二月二十六日吏部侍郎陳安石等言乞以侍郎比
類直學士例封贈父母從之著為令　七年十一月二
十六日詔新除吏部侍郎領左選熊本與吏部侍郎領
右選陳安石兩易其職以本目疾引見選人不能讀奏

卷萬四千六百十四　五

也　哲宗元祐二年十月六日罷吏戶刑部長貳保任
郎官治狀法初文彦博建朝廷為之定令諫官論其非
是罷之　徽宗崇寧元年六月二十三日詔曰哲王圖治
秉法則以馭群臣顯考造邦修官制以立庶政故元豐
刋定吏部四選注擬法度總覈陞降循考資序敕令格
式精密備具爲世遵承守而勿失可也向緣紛更數漸
廢弛遂致柄權藉勢闕闒媚娅之家或趨競儉詖躁進
貪鄙之輩潛肆機巧宛轉干求所有応此戚里僥倖陳
請近五旬四日已降指揮約束裁抑其三省樞密院除
舊有合保差除窠名外又複侵占吏部員闕超躐等級
下部員差或已授差遣待闕經隔歲月忽改注别人或

纔初到任隨即衝罷至有五七年間尚不能成就一任
因使知廉恥安分守介特寒士在部待闕待注之以每
以留滯為歎若不照示儆勵何以糾正官邪自今後應
舊屬吏部窠闕並不許侵占取闕下部直差其已授未
赴及纔到任人亦不得改注衝罷餘並檢會元豐法制
取旨施行宜遵成式無輕違紊詔除大理正諸寺監丞
太學武學律學博士太學正録大宗正丞諸宫院并諸
州教授依舊堂除外餘並依今來詔旨施行　十一月
十日吏部尚書何執中奏委勘會官員印紙曆字依條
每任出給一道已得旨應見任文武官更不逐任出給
只將最後一任已給印紙批書如紙盡於所屬用印續

卷萬四千六百十四　六

紙本部今來京在京候告及初出官人已依此施行外
所有應在外注授差遣選人及乞入遞官告之人若行
取索批書竊慮往復留滯欲乞似此選人候官告到部
即本部具新任合得請受則例符下新任州軍照會候
到任仰本州取索印紙依上項指揮批書更不從本部
取索印紙其官告依所乞去處先行入遞給付所貴不
致往復從之　三年七月二十一日吏部狀檢會架閣
官奏差到選人主員其選人條格須用考第薦舉方得
改官今來本部無薦舉格欲乞許令本部尚書每歲各
舉一員比附熟藥所等監當條奏舉改官體例仍尚書
侍郎舉狀當為監司詔除郎官不行外吏部尚書每歲

各奏舉改官二員餘部并六曹侍郎各一員餘所申依五年正月十八日詔批降手詔以冗員猥多雖畧省裁損其數尚繁所有提舉鹽香礬茶買木學士水利等司并縣丞教授市易官之類宜子細相度如徒費廪禄於事無益即可罷者之可兼者併省之並疾速條具聞奏務在簡易利及公私州縣免困文移市户獲寛須索其諸路提舉鹽香礬茶學事買本水利等司並罷内鹽香礬茶學事各令監司一員兼領其萬户以上事繁縣分縣丞并太郡及可置市易處依舊外餘並罷諸州教授霎員減一員餘遠小養士不多去處並罷令出身一員兼領　二月二十九日詔哲王求治選賢任能為官擇

卷一萬四千六百十四

人職修政舉比來侵紊廉耻道喪倚藉姻婭占據要途遂使孤寒沉迹於下僥諉罔同升於膴仕欲革近弊宜循舊章應官制以來堂除差遣並遵依格令施行仍劄造堂除簿每月一次進納逐名下聲説出身歲月歷任資序如有功過即述其要仍具係與不係宰執有服親親屬其舊法不係堂除窠闕因後來漸積侵取占却吏部闕次並送還本部令依格差注庶伸公平以抑徼倖如有合行事件一一措置條析以聞　大觀元年正月十一日詔曰國家承平垂百五十年生齒繁庶數倍於祖宗建國之日法令增多亦或稱是而郡邑吏員尚沿舊制人不勝任事因不舉比緣裁省員多闕少其崇寧

七

四年以前增置官中吏併廢者可令吏部檢舉注擬　宣和二年七月二十八日吏部尚書蔣猷奏臣竊以吏部四選常患員多闕少人或滯留而別路闕官久不差注事致曠缺臣昨已申明立式行下逐州遇闕官令經行分申四選訪聞人或利於權攝計會官吏尚有遇闕遷延不申者欲乞許諸路監司廉訪見得所部有闕官不曾申陳去處書時具事因申吏部使闕當行人並令按治施行從之　欽宗靖康元年八月一日吏部尚書莫儔言有旨將四選條例編纂其間事理一等而有予有奪或輕或重不可勝舉今欲檢其事理相類而體例不侔者委本曹郎官看詳長貳覆定歸于至當庶幾不至散漫從之

卷一萬四千六百十四

九月二十二日詔吏部尚書莫儔户部尚書梅執禮為任劇曹免兼侍講兵部尚書兼侍讀孫傅改兼侍講　高宗建炎元年五月十九日詔應官員轉官磨勘叙復注授差遣之類應取旨及具鈔者並令吏部就東京取會圓備具鈔聞奏　七月二日詔覃恩轉官文臣職事官武臣横行及帶遥郡人依侍從官例檢舉在外令所在州軍保明見在東京并行在人許自陳到部限五日具鈔（以尚書省言吏部不即施行請立限日故有是詔）　二年二月二十四日臣僚言近年以來州縣多闕官有三五年不曾差人者有一闕而兩人爭赴者吏部文籍之弊至此甚矣往年吏部尚書盧法原嘗奏請令天下州府

八

各具闕次三本一申尚書省一申吏部一申御史臺然
不立賞罰故終亦侮玩乞應諸州府候朝廷文字到三
日內申發或供具不實或數內隱落許諸色人於本路
轉運司告首支賞錢一百貫其當職官即重行竄責轉
運司受到本路州府申狀類聚申尚書省御史臺及吏
部從之 七月一日吏部言檢會 靖康元年十月十
一日臣僚自政和元年以後進書頌及不進書頌直赴
殿試之人有官者宜奪其賜出身之勑無出身者並追
奪出身以來官職令檢舉欲乞承務郎以上罷任到闕
朝見訖限五日齎出身文字供腳色一本令本部審驗
非追奪檢舉之人方許召保參部仍遍下諸路取索見
卷一萬四千六百十四
任寄居官依此施行其未經審實不許本路及別路差
九
注奏辟權局等從之 二十五日詔應堂除并已授堂除
差遣之人並許權暫成資二年為任 十月二十五日都
省言近詔討論崇觀後來冒濫功賞補官訪聞有司取
會供報考驗遷延日久應到部注擬陞改磨勘等官合
行追改者少例遭留滯者眾乞止令人自供係與不係
合討論之人結隱漏甘狀除名之罪親書大狀如係前
項色目即審量取旨從之吏部四選俱到討論直赴殿試有官無官進書頌及不進
書頌不由科舉進一書一頌而命以官后妃宰臣親承門客徑赴廷試賜第歷作隨軍治河因權倖保奏改京
秩賂賄權倖而宣賜祀帶父兄秉政無出身得貼職蔡京父子童貫王黼朱勔之家使臣補官減年並令改正
十二月二十二日赦應命官酬賞因犯公罪須候一任

回方推恩者若經今赦合依無過人例便許收使 三
年三月六日朝散大夫王琮言二浙州縣闕正官去處
類皆請託權攝至有踰年不得代者詔吏部行下諸州
委通判開具見闕官處限三日申尚書省 四月十三
日戶部尚書孫覿等奏參詳併省內六曹吏部郎官三
選一員司勳司封考功各一員吏人減三分之一以尚書省
右僕射呂頤浩乞將元祐中司馬光等建請併省召侍從赴都堂參詳故也 四年二月二十
八日臣僚言近來州軍多有官員於他處毀失告身料
歷召到保官難以檢察欲乞令保官同齎印紙赴長吏
廳批書仍於保狀內結除名罪從之 五月二十七日
中書省言吏部四選將來差注窠闕內有已授下差遣
卷一萬四千六百十四
十一
却緣事故不肯赴任不惟本處闕官又礙本部差注
乞將今後擬過官並自合滿赴任月日除程外若違限
半年候官司報到並作違年聽本部使闕從之 二十
九日權吏部郎官王縉言官員參部日眾下諸路取闕
未見供到今權宜措置應闕官去處眾所共知者許官
員具諳實事狀供申從本部審實牓闕差注如有已授
下官在限內許赴任其後差人願承替先差人滿闕或
成資者聽庶幾無留滯之嘆從之 六月二十八日詔
今後除行在州軍保奏去失付身告劄印紙令吏部取
索照驗外其餘州軍並令經監司陳乞委逐官取索保
官付身告劄印紙躬親審實批鑿保奏如非監司所在

州軍陳乞知通依此施行仍吏部更切審覆其差注磨勘類恐去失文字之人多止召保官二員施行　七月七日詔河北河東陝西京西京東淮南失守州軍去失付身之人如有當時去失州軍給到干照或但得別有照據文字一件可以照使即許於寄居所在州軍保奏其保官二員若無曾同任差遣或同時出身或同鄉里但委識今來所保之人即於狀內添入所保人曾任何官便許放使　八月十六日詔命官陳乞祖父母父母老疾恩例除依條召保外見任人於所任州非見任於於所居州陳乞勘會詣實給據照驗如詐冒者徒三年未差注減二等並許人告　九月十四日臣僚言乞詔

卷一萬四千六百十四

十一

吏部關白今後依籍認定外如堂中或取者並須執守不得佚散只作條是選闕不該堂除回申廢殘銓部得法守之公詔吏部常切遵守　二十二日尚書省言官員出身歷任並載印紙不可僞冒條與告劄相為表裏今去失付身人有印紙可考而告劄中止是去失一二件者有告劄書在而獨去失印紙者有印紙獨存而盡去失告劄者皆可次第參照即與全然去失及與去失印紙而告劄不全者不同欲依近降指揮保奏降下外與免吏部再奏止令本部官勘驗寫奏狀全文長貳所官到銜出給公據乞申尚書省其行在州軍保奏到官員如降下吏部過保官事故不在本州令吏部別召保官

批鑿審驗訖本部經行保奏從之　紹興元年正月一日德音應官員犯罪依赦已合依無過人例如結斷未了未合朝見礙者並許先次朝見放行差遣　二十六日吏部侍郎李正民言之官違限一年係是舊法近緣建炎四年五月吏部申明半年不到任即行使闕遂致陳乞紛然今來半年之限既以寬迫況有降名次并罰賞恐難久欲乞止依舊法施行從之　二月七日吏部侍郎李正民言本部案籍散失每遇朝廷取索品官職位姓名並無證據乞自今應堂除官得替赴闕及非泛特旨召赴行在審察上殿人並令先具出身歷任家狀一本申部出給關子送閤門照會朝見其審察人即關行首

卷一萬四千六百十四

十二

司報到方許參堂其因事到行在陳乞差遣與見責降人過赦經刑部投狀乞叙復者亦具家狀申部照應施行從之仍令將繳到家狀依舊置籍抄錄　二十三日詔諸郡供申案闕如違限不到及隱匿漏落者依建炎四年六月二日指揮知通當職官特降一官人吏科徒二年罪委提刑勾決從吏部請也　四月二十七日詔官員去失付身免經監司陳乞保明止經逐處州軍保奏施行時陳乞之人有不經由去處往往再行下勘驗注擬磨勘滞留者多吏部以言故有是詔　五月六日詔官員去失其身以來文字給到公據內有見任告勑并宣劄自合依舊作保外所有全去失付身並使臣非參部歷任人並不許委保官員去失文字同

日詔有官人若全去失付身止給到公據者並不許召保陳乞其去失見任告勑宣劄印紙許依舊召保施行以臣僚言難於稽察故察故有是詔八月詔有官人委保去失告勑陳乞恩澤之人所保年終共不得過五次其餘作保名色並依自來條法施行先是吏部侍郎李正民言昨立定官員作保年終不得過五次條召保名色不一兼數事者用保至多若限員數通衮為五次深恐留滯故有是詔七月五日詔去失印紙告劄諸州或監司保奏如其他事件並已圓備雖無躬親審驗之文但聲說保明是實並與行使以吏侍郎高衛等言諸處申到往往無知通躬親審驗之文符下取會遂致稽滯故有是詔九月六日中書門下省言文臣轉官舊法緣犯贓之吏混淆官品無以區別從來曾分有出身帶左字無出身帶右字贓罪更不帶左右字乞依舊法施行從之

卷一萬四千六百五十四　十三

十二月二十五日詔應到省文字內將初擬官并磨勘改官人等若見得有無出身及贓罪帶左右字其元文內不曾聲說出身人且擬文字行遣外仍令尚書省及吏部出榜曉示自來年正月一日應官員陳乞狀詞劄子及吏部上省文字並遵依今降指揮先是二十四日詔文臣金紫光祿大夫至承務郎有出身人帶左字無出身人帶右字官員往往未知有新降指揮於銜內來曾聲說若逐一取索行遣又恐留滯尚書省有言故有是詔二年閏四月二十五日呂頤浩等言祖宗舊制內外差遣付審官院流內銓堂除窠闕不多士大夫自有調官之路故請謁奔競之風息近世以來堂除闕多侵占注擬士人失職廉耻道喪欲乞除監司郡守及舊格堂除通判外如諸路屬官鹽場坑冶錢監等闕並撥還吏部自監察御史省郎以上及祕書省書局編修堂除外如寺監丞法寺官外路學官亦乞令吏部按格注擬從之後十月十二日上謂輔臣呂頤浩曰比來差注如何銓曹理會事若不為吏舞文便為留滯長貳郎官肯閱文案自然難欺順浩曰臣昨任吏部尚書備見情要若四選人吏作過大者可流配次者可斷勒上曰聞官員到部多以細事阻難動涉旬月此不可不革八月十一日詔應已授差遣人而又就辟差理資任者更不得占擬所授闕如闕到合令以次人赴上如無以次人即令使闕從左司諫吳表臣請也　九月二十一日御筆應建炎以來臣庶上書有一言條陳利害皆朕親覽而又付之朝廷看定然後推恩豈可復與前日交結權倖之人為一律耶其晴

卷一萬四千六百五十四　十四

康上書人依此施行吏部照會以臣僚請應建炎以來上書直言而命以官及改轉之人特與免審量故也　十月十六日詔臣僚陳請不得任鄉郡指揮如有任鄉部人限指揮到日令自陳隱而不聞者當科違制之罪　十一月三日詔諸路州軍將官員到罷窠闕狀隨選分作四本併申吏部仍令開具里居不仕及流寓人隋吏部窠闕狀申尚書省以中書舍人陳與義請修臺諫寺監之闕及差召天下之才然士大夫流落埋沒不能自達雖欲召用而莫遷徙不定存亡莫知知故有是詔　四日臣僚言湖外二廣諸縣舊係八路注授後來歸部自經兵火人不肯注授縱或注授亦不肯往赴是致闕官多差權攝無事則保守而苟祿少警則求罷而脫去更有未經出

仕或犯罪庆或係在列而權攝者望委本路提刑司限
半月剗刷諸縣見闕官處日下吏部注擬仍令闕闕日
立限起發赴任從之　十二日詔應吏部破格差注有
賞窠闕任滿更不推賞　二十日吏部尚書沈與求言
乞將八路闕除四川外餘令本部再行借使差注一次
若未擬差聞却有本路定差到官即先差定差人從之
十二月二十六日吏部尚書沈與求言乞從本部下
諸路不以見任寄居待闕丁憂等官並具脚色委無隐
漏增減結除名廣南編置之罪委逐路提刑司取索類
聚逐旋申部以泥久遠照使從之　三年二月一日權
吏部尚書席益言伏見魏晋而下甄綜人物專任選曹

卷萬四千六百十四

十五

至唐而銓法密矣猶不盡拘以徵文澂濁揚清時出度
外故杜淹表薦四十餘人後多知名韋思謙坐公事貶
殿高季輔還擢為監察御史國朝之初猶存舊制太祖
皇帝乾德四年詔曰自今常調赴集注選人吏部南曹
取歷任中多課績而無闕失者觀其人材詢以吏術可
副陞擢者具名送中書門下當引驗以聞當與量加甄
獎則是銓序之寄尚或任人而不專任法也其後官制
釐改與選者一切不得以意從事振拔幽滯無復聞焉
雖卿掄材擢其髦穎而寒遠之士沉迹下僚廉退之賢
甘心平進者未有以識拔之也望稽用乾德詔書凡常
調之中材行可取或課績優著者許長貳具名以聞從

之　三月七日臣僚言吏部四選案籍散失品官到部
無考驗竊見朝廷遣使宣諭諸道乞令宣諭官立式下
所屬州縣取管下見任侍闕宮觀丁憂停替責降安置
編管等官員除曾任侍從觀察使以上官外每員各具
夾細脚色家狀一本五人為一保結除名之罪州委官
收納編類成冊知通考驗詣實保明左選京朝官以上
為一籍選人為一籍右選大使臣以上為一籍小使臣
為一籍籍為三本一留本州照用一留逐路轉運以備
取索一候使人回日送吏部其在軍下令本將依此供
具依此注籍一留軍中一納樞密院一送吏部三省官
司有官及入品吏人令御史臺取責編類一留所屬一

卷萬四千六百十四

十六

留本臺一納吏部見參部侍差遣人令臨安府取索繳
送浙西宣諭司仍令吏部印牓下諸道曉諭品官須管
於所在州縣結保投納家狀將來到部狀內分明聲說
於某年月日某處注籍訖本部撿籍點磨無差誤即與
判成或堂除舉辟亦從本部參照方許放行差遣如有
續次補官之人不及三人之數難以自成一保則召本
色保官二員本州依式注籍詔送吏部勘當吏部乞如
臣僚所請外緣諸路宣諭官道里遠近不等若待使人
回闕切恐稽滯乞令本司依闕狀即時赴部投下注籍
之人若須候脚色到部了日方許參部顯見官員留滯
日久乞令繳納脚色處先次給公據赴部考驗放行並

從之　四月十九日詔官員因事被責送吏部注廣南監當或遠小處監當人便行與闕申尚書省照差施行如後來部有礙鄉貫三代等即令本官自陳從本部具鈔改注本路一盤差遣如有隱匿輒上乞依避親輒之官法斷罪從尚書洪擬言也　八月二十日吏部侍郎陳與義言本部昨承指揮令諸州軍以遠近每月每季隨官資四選各具闕狀一本申部具諸屬官未有取索闕乞令逐路依紹興二年已得指揮施行從之　十月二十六日詔曰六官之長是謂佐鄉理邦國者其惟銓衡寺令自艱難以來士夫流離契濶有徒跣而赴行在所者深可憫恤訪聞近來注擬勝闕之際姦弊百出賃

卷一萬四千六百十四

十七

賂公行寒士困苦未有甚於此時者安得如毛玠清公使天下之士莫不以廉潔自勵如陸慧曉不容胥吏諂執三省可行措置除其弊嚴立賞禁仍選能吏以主之栢臺常加糾察當議重行懲誡三省措置下項一注擬之弊謂以非次闕榜藏匿或託故閣會以俟行賂之類二申請之弊謂詞狀兩詞不決受賂請囑故作申請希求特行之類三去失之弊謂見存子照猶問難不已直待賄賂方肯保奏或有偽冒更不子細辨認取足貨賂立便放行之類四例闕之弊謂闕薄減裂只憑進奏官供具致有差互有誤注授之類五閣會之弊謂七司之動輒相關每一勘會各不即報故作沮抑之類六審量

之弊謂涉賞名色條例具存輒於疑似之間問難取會之類七給付之弊謂官員干照不即給付邀求常例或差遣循轉承發親事官過有乞覔經久不付抑致去失之類八保明之弊謂功賞恩數合經所屬保明者文字小有不圓或小有不如式輒行退難之類詔令吏部七司同共措置如有該載不盡積弊亦仰一就措置於見行條法之外更作關防條具申尚書省先是詔意以謂安得如皇甫鎛陸慧曉之流銓衡姦吏上始用鎛事既而以鎛後作姦利遂改用毛玠且罷宰臣朱勝非等非等曰他時詔語有未當可奏擇後改定云　十一月四日臣僚言近降詔書以銓衡姦弊寒士困苦令三省措置弊源繼當有所陳請詔令吏部勘當尋開具申尚書省但遷延不行乞取吏部元勘

卷一萬四千六百十四

十八

當申省狀委官看詳一作緣川陝奏薦磨勘封贈等文字吏部拘於常法有狀內不依式或小節未圓即便符下故為沮抑臣僚獻言乞先次施行若係大節妨礙方許符下尋奉旨依其後吏部復講究闕析大節小節事目頒之川陝推行既久人以為便欲乞其餘路分州軍文字亦依此施行一吏部七司人吏比之舊額省過半而事務不減昔時雖窮日之功行移亦未盡絕屬者多緣部省御史臺追喚初無引帖真偽難辨又部吏便私計會前去欲乞今後三省御史臺追喚部令檢正都司及臺官押貼子追呼如擅追及輒發遣並坐違制之罪詔吏部一就措置施行　八日吏部言本部侍郎左

選員闕依格合分遠近去處乞比附尚書右選令以去
行在駐驛處千里外為遠地不及千里為近地又依條
州二萬戶縣五千戶以上為小處亦乞權將州以軍事
縣以下縣為小處從之　十二日殿中侍御史常同言
令後全失出身以來文字人乞許召監察御史以上二
員結罪保識仍立歲保員數以防冒濫從之　紹興四
年正月十二日詔吏部七司復置催驅司每司於事簡
案令選部（郎）手分貼司各一名罷本案職事專一催驅點
檢從員外郎鄭士彥請也　二月二十五日吏部言文
臣全去失付身之人除已有前項許召行在監察御史
以上職事官委保指揮外所有武臣全去失付身之人

卷一萬四千六百十四

十九

合措置召保令欲武臣去失付身如無干照文字許召
行在見任武臣職事官二員（謂殿前馬步軍司官樞密副承旨帶御器械官并知
閤）結罪委保其所召保官每歲不得保過五次今來全
去失付身之人止憑保官難以一例歲保不得過五次
今欲每歲不得過三次從之　五月九日知臨安府梁
汝嘉言本府承官員陳理去失及保奏恩澤等並取保
官印紙告劄批鑿窠處與闕將死亡事故印紙告劄前
來承代欲乞止召在部官員及本府見任官委保從之
二十日吏部尚書胡松年言近臣僚乞廣南窠闕滿
一季無人願就者並送本路轉運司差注左右司看詳
乞令吏部隨闕措置破格注授緣本部見榜窠闕須滿

半年以上欲乞令後更不申明便行破格差注從之
六月二十日吏部侍郎胡交修言近降細務指揮內一
項六曹長貳以其事治有條者以條決之無條者以例
決之無條例酌情裁決蓋欲省減朝廷庶務責之六曹
也令欲乞令本部七司各置例冊法司專掌諸案具今
日以來應干救劄批狀指揮可以為例者限十日盡數
關報法司編上例冊令後可以為例事限一日關法司
鈔上庶幾少防人吏隱匿之弊從之　八月三日吏部言
契勘已授差遣待闕官員往往於諸路州縣鄉村等處
寄居多有已丁憂身亡等事本處不即申報所屬遂致
虛占窠闕留滯士人乞行下諸路監司郡守有前項寄

卷一萬四千六百十四

二十

居官如有諸般事故等仰縣鎮都保地分即時關申所
屬州軍於每月每季合申發闕狀內別項聲說如有違
滯其本處知通當行官吏並依紹興元年已降刷闕喻
限不到斷罪指揮施行從之　五年閏二月二十八日
詔令後官員參部許自錄白合用告勑印紙等真本於
書鋪對讀別無偽冒書鋪繫書即時付逐官収掌候參
部審量日各將真本審驗畢便行給還如書鋪敢留違
者杖一百從左朝奉郎蔡道臣之請也　五月四日吏
部尚書晏敦復言建炎四年六月十四日以前去失告
勑等人合召保官二員欲乞自令後有合審實之人若
全無干照欲於保官兩員內召見任監察御史以上官

一員委保陳乞審覆放行從之　十五日臣僚言契勘該載未盡濫賞名色遇官員到部磨勘之類吏部施行申乞審量訪聞部吏舞文不能一槩盡公陰為縱舍致有事體一同行遣特異士大夫不平乞令吏部開具今日已前行過該載未盡濫賞名色申尚書省看詳其已後別有該載未盡更不審覆庶免猾吏臨時乞取之弊從之　二十三日吏部尚書晏敦復等言檢會紹興二年十一月二十九日指揮官員批毀印紙內白紙令召陞朝官二員委保於所在州軍保明申部照驗續紙用外緣其間有已批書處並無損動留得白紙一全張以上分明見得無隱匿事節難以一槩召保欲乞如有似此之人令具批毀因依結罪文狀見任人所隸非見任人令於所在州軍申陳將真文印紙赴部並依續紙免召保從之　七月十二日吏部尚書晏敦復言檢准紹興重修令諸堂除人願歸部而就本等合入員闕者許陞壓同等名次人今乞應堂除願歸部乞陞壓之人並理前一任差遣從之　六年五月六日臣僚言吏部保奏去失付身之人止據本官所陳及保官畧述出身補授歷任因依竊慮不實乞應去失付身令具家狀及逐任通令佐或同官姓名腳色一本繳連保奏令本部參驗從之　七年閏十月二十一日三省言昨來措置銓量之法雖已立定資格緣其間多有待闕日久或已致

卷一萬四千六百十四

二十一

仕之人難以一例罷免詔今後差除並依已立格法其銓量指揮更不施行　八年三月十九日詔吏部非次闕並依舊法施行（先是吏部申請將每日合出非次闕權罷置籍抄錄候次月一日併令在部人以恩例名次高下唱名集注臣僚言其不使者三利於近而不利於遠利於富而不利於貧利於恩例而不利平進行之累月士人嗌聞不平故有是詔）　同日臣僚言吏部磨勘陞封贈奏薦之類皆有定法比來吏緣為姦用情上下賄賂公行有自遠方而來一字不圓而退難後回有經歲者有磨勘闕陞偶有前累不礙刑名而堅執不行至損所舉者有條例甚明記以檢尋公案不見留滯不為予奪者甲乙事同甲已施行而乙乃退難者選人改官無可問難非厚有常例不敢投下士夫留滯無所告訴乞立賞許人告捕仍令尚書省出榜曉諭從之　同日御史中丞常同言吏部人吏乞覓之弊上曰官員到部所費如此則到官之後寧免貪取何以責廉令尚書省出榜部門嚴行約束（後十年四月二十一日詔新復州軍官員到闕並會差遣之類如所屬胥吏乞覓並計贓重行科罪不以赦原許人告賞錢五百貫）　九年二月九日御史中丞勾龍如淵言官府留滯莫甚於吏部雖朝廷明立罪禁以約束於前而吏習為常曾不得少戢欲乞明戒諸曹郎官使各察一曹之吏而姦弊不容各辨一曹之事而淹滯必達凡吏人文書字畫之謬誤出入去來之早晚許從薄罰余並白長吏送大理寺根究重作施行詔劄與吏部仍令臺諫覺察彈奏　十一月七日臣僚言國家

卷一萬四千六百十四

二十二

取人之路固非一端，而大要不過有二：曰堂除，所以為不次之舉；曰銓選，所以待平進之士。行之既久，得人為多。然近日有一綴仕籍，乃急於堂除而恥於赴部者，馳騖相先，望降廥旨：凡命官未曾歷任，並不許乞堂除。其間亦有安恬之士，雖已經堂除，而情願參部者，舊法止許壓同等名次人，理宜更加優異，以示勸奬。欲乞曾兩任堂除以上，與先次注授；一任以上，與占射差遣各一次；餘依舊法。如此庶幾可以銷馳騖之風，而機務亦清省矣。從之。　十四日，詳定一司勅令所言：「本所令看詳删修到諸命官移任，已受告勑宣劄者並罷。若不因罪犯体量而新任非過滿，及見闕願候替人或於百日內

卷一萬四千六百四

二十三

候考滿者聽，並申尚書吏部。新任未滿、未闕者，不在却乞罷之限。」從之。　十年二月二十八日，臣僚言：「建炎四年六月指揮開具濫賞名色十八項，紹興七年開生二十四項，紹興八年六月又比類九項，凡到部參選注擬磨勘奏薦等事，雖無侥濫，例以審量厄之，非惟暴揚前日過舉，亦使士大夫留滯愁嘆，動經年歲。欲乞罷吏部審量指揮。」從之。　十一月二十六日，臣僚言：「昨來指揮應權官有權去者，乞將時暫權攝職任到罷批書，因立法禁，而僻遠去處不曾被受，以故多不批書。及到部，有司執文，並不放行參選。」詔吏部檢元降指揮，牓門曉示，仍遍牒諸路。十二年九月十三日，詔應命官違年不赴任人，如未曾別差人，即許赴任。　十三年六月十日，臣僚言：「切見川廣

窠闕定差來上者，往往抵梧。乞以吏部四選逐色置號簿各二扇，一納御史臺，一留本部，行下川廣依准起置。遇川廣用字號定差差遣，以細狀申部，以逐號單狀申臺，各注於簿。」從之。　八月二十日，臣僚言：「勘會官員去失初補付身，條召監察御史以上職事官一員、常法陞朝官一員委保，而去失印紙之人止召陞朝官二員委保。切詳印紙照驗歷任有無罪犯，最為緊切，欲乞依去失初補付身例召保施行。」從之。　九月十四日，吏部勘會：「除二廣有非次經使闕、季闕、殘零闕外，四川運司見今止有季闕。若以四等置簿，季難檢察。欲乞以守倅、簽判、知縣、縣丞、監當、檢法官七色置簿二面，一納臺，一留部。

一萬四千六百四

二十四

如本處報到定差狀，以千字文為號，於本部事日下朱書行遣因依報臺。小使臣以親民、監當二色，選人以職官、令丞、錄參、司理、司法、司戶、簿尉、監當、帳司、檢法官十色，各置定差簿二面。」並從之。　十四年七月二十七日，詔京西、湖北、淮南州軍應有立定到任、任滿酬賞去處，如罷任在十三年終已前，並依舊格推賞；君在十四年已後到罷，並依元格上減半推賞。尚書省言州縣優擇之後權宜立定賞格頭屬太優，故有是詔。　二十二年十一月十八日，南郊赦：「勘會官員犯罪先次放罷，後來結斷止係杖笞公罪，為有再得指揮，仍舊放罷，吏部見理後來年月降罰名次，可特與理先降指揮年月施行。」　二十六年正月二十六日，詔除去

吏部民事一條百官注擬及公私贓罪並依舊制。先是臣僚言增置民事之科，歷緣民事被罪並不得注擬。樞密院編修官吳袁言其不便，故有是詔。閏十月十二日，御史中丞湯鵬舉言：「恭覩今年正月詔書節文，如已得差遣而屢求換易、不量資序而超躐干請，以成俗，恬不知愧，理而懲革，今後如有似此之人，當議降黜。聖詔初頒數月以來，已聞有換易之請、超躐之求，必非孤寒踈遠之士，率皆恃權挾勢之徒，任意所擇者。乞堂下有司如降詔之後已有差遣人曾經換易者，令吏部結朝典狀，盡數具姓名，依元降詔書特賜降黜。」從之。十一月，御史中丞湯鵬舉言：「近日贓汚之吏得旨放罷，未及半年之間，已圖堂除。乞自今若既參部經郊恩

卷萬四千六百四

二千五

一赦，方許與在部人混同注擬。」從之。二十七年四月十三日，詔行在局務闕官，已有差遣之人不許差權，見權人並罷；及合辟差窠闕，如不經辟正，其權過月日並不理為正任。六月十六日，吏部言：「官員元舊有土著本貫之人，因祖父以來用別州軍戶貫者，並合依本貫不許差注條法。其西北流寓及東南人雖無產業，見今於他州縣寄居已及七年以上，及雖未七年而有田產物力及三等戶以上，雖非居住去處，並不許注授。內堂人亦合一體供具詣實，方許陳乞差遣。所有定差辟差亦乞依此施行。」從之。以國子監丞朱倬言：銓選條法雖既詳密，然注擬之際有關防所不及者，猶未能無弊也。往年四方士人用關方戶貫應進士舉，不可勝紀也。今其子孫假此無所顧憚，乃於鄉里守官，而銓曹未有法禁也。又有久遠寄居他郡，豈殖財產而戶貫仍舊者，子孫遂敢於所寄居州縣守官，而銓曹亦未有法禁也。使之就家供職，挾弄勢運其平日之私，若縣令、若獄官、若倉官，其害尤甚。苟不懲革，則公私奧受弊矣。望申飭有司嚴立法禁，故詔吏部看詳而有是請。二十八年五月一日，三省言：「諸路節鎮通判并諸州教官窠闕舊係堂除，兼通判職在按察，教官教養士子，皆當遴選。近緣從官以上及監司薦舉人才內京朝官知縣合陞通判差遣人、有出身合陞教官堂除，無闕可人，若止差幹官，未應薦之意。今措置將堂除幹官、准備差使對換吏部通判、教官闕。」從之。節鎮通判一十六處：婺州、湖州、嚴州、宣州、江州、贛州、廬州、舒州、鄂州、蘄州、建州、泉州、閬州、潼州府、遂寧府、蜀州、諸州教官二十處：南康軍、臨江軍、興國軍、建昌軍、邵武軍、興化軍、衢州、永州、鼎州、嘉州、邛州、簡州、彭州、漢州、綿州、無為軍、黃州、乾州、邵州、盱眙軍、從，並堂除。使闕：諸路安撫司幹辦公事一十六員，江東西路、福建

卷萬四千六百四

二千六

路、湖南北路、廣西路各二員，廣東路、淮東西路、京西路一員，欲備差使部注曾歷知縣通判資序及第二任知縣資序人；諸路安撫司淮路、廣東一十九員，江東西路、福建路、湖南北路各二員，廣西路二員，淮東路、廣東路各一員，欲權歸吏部注京官曾歷監當滿任選人曾歷判司簿尉闕陞令錄資序以上，仍並作選闕。二日，詔：「今後堂除司屬官幹辦公事以上，並須曾任親民第二任知縣以上；准備差使京官須曾經歷監當，選人須曾任判司簿尉令錄以上資序人。其見任并已差下人，如未歷州縣差遣，令任回令歸吏部依格差注。」

孝宗紹興三十二年已即位未改元六月二十四日吏部言該登極赦文臣中大夫武臣承宣使以上并其餘止法人並依條回授選人校副尉下班祗應在職任獄廟人並與循一資已係承直郎候改官了日減二年磨勘　二十七日吏部狀該登極赦數內文臣承務郎以上合轉一官今欲將應侍從卿監郎官監察御史以上本部照應三代職位并太中大夫以上合申省命詞給告見任行在釐務以上并在部及應行在官具狀經部陳乞在外官除太中大夫以上亦行照應三代職位擬申余官召本色保官一員委保經赦日不係丁憂身亡事故之人經所在陳乞保明申部候到具鈔擬轉給降告命從之

卷一萬四千六百五　一

七月七日吏部狀准四川二廣定差文字到部多有不依格式是致取會乞今後定差文字事節不圓行下所屬將當行人吏依條施行從之　八月吏部言昨承紹興二十九年七月三日指揮將四川因事到任行在之人許本部四川二年一季以上合入窠闕剗刷應副近來四川運司定差到人往往抵礙已注因事到行在之人將四川運司定差人不該行下緣元剗刷年限相去一季太窄致有相妨乞候今降指揮下部日為始剗二年三季以上闕應副亦權不引用礙注川人同任條法始該指射即排日行下本司照會更不使闕廢得不

誤四川定差之人從之　十二日吏部言該登極赦應文臣承務郎武臣承信郎以上并內臣及致仕官並與轉官令措置乞將在外并臨安府承務郎以上未經磨勘之人令召保官一員委保其已經磨勘之人并行在見任官隨侍子弟雖未經磨勘並免召保從之　二十二日詔吏部主事令史承闕書令史各減一選出官該遇登極赦故有是詔　十月九日吏部言勘會依赦轉官擬諸州軍申到文字若拘以小節行下待其回報竊恐滯留今措置欲將似此之人於前項所要付身內但曾錄白到內一件并供寫到朝典家狀見得出身來歷即先次放行具鈔案後行下取會從之　十二月十一日

卷一萬四千六百四　二

吏部言該登極赦應諸路帥臣監司郡守許依例進貢推恩訪聞諸處已奉表進貢而有司拘以六月十一日不在任之人不該推恩明行告示乞付有司討論施行詔六月十一日在任人許推恩　隆興元年二月三日詔除在內職事官在外元係堂除知通將副以上外其餘堂闕並令吏部差注合行事件條具申尚書省取旨先是中書門下省言近來吏部員多闕少理宜措置既而臣僚上言吏部條具惟當以資格為先若闕次之遠近則日選各不同乞詔吏部止定資格外推將具到四選闕次不以闕之遠近揭榜差注一次其無人願就之闕則謄入經使又謄入破格候差注一次畢日即仍舊依見行四選闕次條法施行故有是命　三月二十八日詔應朝請大夫以上至中奉大夫該遇去年六月十三日赦未礙止法人並特與轉行先是戶部郎中

恩領淮西江東畢馬錢糧李光川等狀伏覩登極赦恩內一項應承務郎以上與轉官令來吏部只作減四年磨勘出給公據欲望以該遇太上皇帝覃恩轉行批送部勘當申省本部言欲請大夫以上陳乞覃恩之人數多未敢擬轉故有是命 四月十五日臣僚言竊見李若川等乞轉朝議大夫援引建炎覃恩舊例謂非止法許其溢員勘會建炎放行遷轉妨朝士之年勞寸進者逮三十年若令用例轉行滋蔓將來之沿襲遷階者何可勝計檢准紹興賞令諸朝請大夫以上因賞轉官者以四年為法格計所磨勘收使修令之日在靖康建炎之後詳定已允令日所宜遵守則建炎覃恩轉官不當引援明矣欲將川等陳乞遷轉更不施行從之 八月二十三日詔六曹寺監等處裁減員闕見任人許滿令任已差下人

卷一萬四千六百十五

三

依省罷法許限兩月陳乞前任一般待次窠闕二年三月二日臣僚言令入仕之數日以多故注官之闕日以遠吏公然受賂無所忌憚人亦公然賕吏無所吝惜其弊有三一曰隱匿闕次之弊宜令諸州通判專一主管內有非泛事故員即日供具明立字號入急置申發侯到進奏院並即時齎赴本部長貳或郎官面析徑行曉示二曰引例異同之弊宜令七司吏人各將見用前後例盡底供出委自逐司郎官擇公當可用者立為定格仍令長貳參酌將其餘事同例異者盡行刋除恩照用即不許更稱別有他例三曰捃摘小節之弊宜令各司郎官遇到部官齎到文字及由外處申發除顯有罪犯

會到刑寺有礙差注磨勘等事方許告示不行其他雖有不圓不許妄有告示及既行告示陰使陳訴却稱合先次施行續行勘會臣謂凡令銓曹隨事生弊蓋不止此欲望睿明特賜詳覽仍乞令本部長貳郎官如神前項所陳之弊更行條具務令詳盡從之 於是吏部條具革弊使宜應文武官曾經到部已曾錄出身以來文字在部任滿止令錄白參部役所放付身印紙批書同真本參選注放內闕陞人止錄白差劄印紙脩武所以上令本選條籍書鋪户各置簿遇官員到部並令書釐到鋪月日立定限三日供寫錄白文字須令圓備所時放行參選四川因事到行在人止依紹興十七年元降指擇將不該定差寘闕應副仍令本部不候有官無官指射使出榜行下本司照會并一面出驗許因字到行在人指射如榜一季以官願就却行下本司依舊定差選人用恩例便闕若無收許不便並與元用恩例同等者方許對換應選人參選文字並限當日會闕親事官限三日內繳到次日具檢呈長貳限六日判成闕注擬案上名次榜示文學任川廣差遣已成二考第三考有賞與若無礙放使即與先次施行選人任縣令任滿無過犯合得占射吏不開司勳審覆便行一就收使判成宗室添差遇選州中發到合使案闕令陳闕業籍記闕生事案依除榜闕限五日召宗室小使臣陳乞差注內添差酒稅官案闕遵依總制司申請止頒與添差官通不得過三員之數小使臣如村身歲逐印文單法不明即追家文官赴部有驗餘止令本部長貳或郎官照驗給還宗室小使臣陳乞截廟令衆書鋪各置闕簿到任并已差人逐提入鑒仍押官用印遇赴部陳乞書鋪拵所置闕籍同官員親自例具合使案闕闕籍從本部每季取索點檢照依仍常切遵守 乾道元年三月二日權吏部侍郎葉顒言官員大禮奏薦致仕遺表身後恩澤及恩當陞改之類若於條法指揮實有相妨或有可疑長貳郎官堂白申明朝廷如批下依條施行或不從所請已行告示者當行下不得隱匿已批下事理妄侍而端致令本部官再行堂白申明如有稍違犯却重行斷

卷一萬四千六百十五

四

罪從之　十七日詔令文武官功賞轉官合給告人並命詞行下　七月十四日詔自今後應呈試出官大小使臣未經呈試不許堂除雖係御筆內批特差亦許執奏不行仍令吏部官每季前去同共監試一次餘依本部見行條法內願試七書義人聽仍附武學臣試月分試七書義二道依文臣銓試舊法十人取七人與免射弓　二十三日詔今後添差官不得兼權州縣正官及公庫等職事如有違戾所請俸給並計贓坐罪　九月十二日權吏部侍郎魏杞劄子乞陳乞恩澤恩例之類如有經臨安府陳乞之人止用行在及浙西安撫司兩浙轉運司臨安府見任官并已參堂參部官作保仍依

卷一萬四千六百十五

五

去失法年終通不得過五次餘官並不許作保從之

二年七月十三日吏部言乞將廣南東西路轉運司每季差過文武臣差遣文字從本司實封隨案分專差使臣或差單一員一人管押赴省部投下其該差所給付身即從所屬部分限一日發放敕劄告命去處下都進奏院拘收類聚當官對名件齎付元差來人收管交付逐私不得衷私發放所有不該差注省符其餘給付身去處並依此施行從之　三年正月六日吏部狀應文武官及選人校副尉下班祗應等人該紹興三十二年六月十三日登極赦並與轉一官資到今陳乞未見盡絶若不申明歲久則有冒濫乞自今降指揮日立限半

年陳乞如出違限不許受理詔依其四川限一年陳乞從之　三月二十一日詔將四川不該定差礙注川人同任窠闕並令吏部出榜召本貫內地而名籍見任四川差遣因事到闕人注授餘依見行條法令後准此　四月十六日詔近來諸路州郡添差差遣並無員額可措置立定員數以為格法令檢正都司將朕即位以來淑立格法并革弊指揮依樞密院編修成冊閱送尚書省　八月五日吏部侍郎李浩言先准乾道三年正月六日旨揮文武官依赦陳乞覃恩轉官自今降旨揮日立限半年陳乞合至今年七月初六日限滿緣限外尚有諸處申到至今未得盡絶乞更與量展日限施行詔

卷一萬四千六百十五

六

更與展限半年仍自今降指揮日為始　十二月四日成都府潼川府夔州利州路安撫制置使兼知成都軍府事汪應辰劄子奏竊見祖宗時凡籍于銓曹者必欲其入遠所謂遠者四川二廣是也熙寧三年始定八路差官法昔之籍于銓曹者委之各路轉運司如蜀中則必以內地人參錯其間若州若縣各有員數方天下全盛仕進者衆雖不拘以入遠之法而內地之仕于蜀者尚不乏人分注之法猶可行也今蜀地僻遠險阻非人之所樂趨至於或隨牒或避地而家於蜀者類不下二十年其實皆蜀人矣乞行下川陜四路轉運司合使窠闕更不分川人內地人只令以名次依格法差注實為允

當從之。四年二月八日，吏部言：「應四川因事到行在之人，許借四川轉運司定差窠闕，依條指陳三處，從本部會問進奏院，如係三年以上合入窠闕，即出榜令參部，依本部格法注授，所貴可以發遣歸川。」從之。八月十七日，詔吏部將應監司郡守按發放罷止係公罷（罪）之人，令後到部，止與放行注授。先是，敘複右朝散郎張光狀：前任通判真州，按罷，已奉聖旨改正，乞檢照近降旨揮，先次注授差遣放行。本部照得近降旨揮，應監司郡守按發所劾官先次放罷，後來勘得止係公罪，如係吏部差注，與先次注授；與勘官員前任堂除終滿願歸部者，依條兩任許先次注授一任占射差遣。切詳前項旨揮，並為憐其當時枉被按發，許與先次放行注授，非謂與合得先次注授恩例。令來若與作恩例，放使印無過犯有恩例及資序在上人皆被陞壓，故有是命。五年二月二十五日，詔吏部將文武臣轉官內有礙父祖名諱合行寄

一萬四千六百十五　七

理之人，開具因依，出給公據，理作付身。六年十月八日，吏部侍郎張津言：「契勘待闕應之官違一年，在舊法別差官。況今在部員多闕少，待次愈遠，乞自今除程外，並以半年為限，如違，即許已注下次人赴部給據前去交割。」令檢會紹興六年五月十六日已降旨揮，淮南路已注授官應赴之任違限半年，許報所屬別行差官。詔依，其淮南州縣官限與減作一季。十一月六日，南郊赦書：「應文武臣校副尉下班祗應，昨來該遇覃恩，合該改轉官資之人，竊慮四川、二廣駐劄諸軍陳乞出違條限，并有限內申發到部，有司執文不與放行，甚非覃霈之意。可令吏部將限外已申發到部先次放行，其未曾

陳乞之人，自赦到日與限一季，經所在州軍自陳，依已降赦文改轉。」七年六月二十六日，詔：「訪聞赴部注授武臣竄除在旅日久之人尚多，仰三省、樞密院疾速照應，依格差注，仍令吏部措置注擬，毋得留滯。」從都省檢會，乞遵三年八月二十二日指揮，故有是命。八年二月四日，詔吏部行下八路：「自今降指揮到日，並依舊法，其替闕不曾授到付身，自不合赴上，雖已成資，並不理任。如有在今降旨揮之前已成資之人，其所受差遣與資序一等，即與放行；如係越等，亦不理任。」從吏部侍郎汪大猷等請。六月八日，詔令吏部長貳將尚右、侍左、侍右文武臣盡數括實置籍。先是，權尚書禮部侍郎李彥穎言：「天下文武官員數至多，其出身履經、升改功過等事，吏部合有名籍具載，惟尚左有籍，若侍左固已不備，如尚右、侍右兩選，自來不曾置籍。後有過有詞命，必批閱吏部，多是無之，閒有根檢到日前脚色，年多斷落，或有終不可以尋討者。令本部長貳將各選文武官盡括實，如法置籍，遇有遷轉、差除、責罰、降黜等事件，害委丞書郎官監督人吏，即將添注入籍，仍於月終檢察遺漏，庶幾若文若武入仕本末有所稽考。」故有是命。

卷一萬四千六百十四　八

九年六月六日，中書門下省檢正諸房公事兼權吏部侍郎俞召虎言：「竊謂吏部之任號為銓衡，品目繁多，又不能取必於一定之法，而傍出為循習之例。其求於法而不得，則委曲引例以為援。今四方之來者，或以注擬，或以磨勘，或陳乞恩賞，或理雪過愆、軍功死事、歸正歸明，體尤不一，必由銓部，惟吏之聽。至有某事不應得，則引某例以予之；某事所應得，則引某例以沮之，以為乞取之奧。當官者深思執計，期有以革絕之。其如

前後申明續降歲月深明不可勝數乞令吏部七司勑主令法司將前後申明續降應見引用指揮體例各盡行供具如有漏落不實勒罷永不收敘結罪以後或復淑有引據依違其間覬變私意者即以所結罪罪之儻更有所犯刑名重者自合依本條科斷從之　九月四日詔應文武官初參部及陞改並錄白出身文字同真本赴部呈驗以本部言閑防去失倚當之弊故有是命　同日吏部言依法之官違限一年除程不到者報所屬别差官未報間亦聽赴上非次闕以得報日為始又敕淮南限一季餘路限半年除呈不到之人並行使闕差人見行遵守緣目今選人並係三政窠闕其間第一政

卷一萬四千六百十五

九

滿第二政因事故不合赴上第三政官合行之任本部雖已得報緣第三政官未曾知稟本部使行使闕差人其地理遥遠去處稍涉半年所差下人便論第三政官已是違年詞訴不已蓋緣法内止該說非次闕以得報日為始未曾别作措置今措置如有政替非次窠闕之人照依今政替人待闕去處行下本州取索本人知稟文狀申部並謄上待報文簿分明批鑿行下月日書押即官具本處始還程限三經舉催不報到文狀即符本路近監司究治將當行人斷罷庶幾如期報應不致虚閑闕次從之　十七日吏兵部言殿前司諸軍已改正代名官兵如已給吏理任差帖印紙人將受敕減付身

日起理閑陞其已經陞帶承任人如敕減作大使臣合依舊帶外差任遣如敕減作小使臣合行除落修武郎以上在軍及三年係親民資序即許經本軍陳乞陞帶詔磨勘特與通理未改正以前歷過在職年月放行磨勘其闕陞帶等並依

續宋會要

淳熙元年四月二十八日敕令所言改修乾道重修雜令諸弃毀亡失付身補授文書係命官將校付身印紙所在州軍保奏餘雜元給官司給公憑過限添名保官一員如二十日外陳乞者不得受理因事毀而改正者準此給之先是臣僚上言紹興令去失在內限三日在外限五日經所屬陳乞出限者不許受理令來乾道新書限十日經所在官司自陳又云如三十日外陳乞者官司不得受理其文自相抵捂敕令所看詳欲附上條內三十日外陳乞者官司不得受理令改作二十日餘依舊文修立外其前項紹興令條緣本內限三日在外限五日自陳日限令照得係紹興奏附吏部四選令條緣本所見修吏部法候修至本係即照應令來所立三十日外陳乞不得受理令條別行修入至是修立成法來上從之　六月三日詔累降

卷一萬四千六百十五

十

指揮已有差遣人不得干求喚易比來約束更弛日益奔競自今似此之人依已降指揮三省具名聞奏當議降黜其已授差遣人朝辭訖限半月出門仍令臨安府出榜曉諭御史臺彈劾　二十九日吏部侍郎韓彥直言舊法之官違年不以有無疾故三十日內報所屬别差官未報間至者亦聽上緣有失於分别即於一年外不拘年月遠近但州郡未報别差官間並許赴上其州

部未申到闕狀本部不敢作闕收使，愈見積壓在部人。乞自今過有除程違之官條限更過三十日，不以已未報所屬並不許收上本部一面照限使闕。從之。十月十六日詔四川添置嶽廟專差曾經十三處立功之人，不以將佐並與差注減半請受，四路州軍分上中下三等添置員數，仍下逐路轉運司定差使闕。二年五月五日吏部侍郎蔡洸言：「諸處闕狀多不限申到，每有事故欲得其闕者往往計會本處匿而不聞，俟其參選方令申部，及闕出幸人不知，便行指射，期於必得。今之在選者以侍右言之，亡慮千百計，每患無闕可處。自今諸州及轉運等司所具闕狀不依條限申發，計程違限千里以下一月、千里以上兩月，及諸州非泛事故闕因人陳請見得不曾申部，並許從本選具當職官職位姓名申尚書省取旨。」從之。既而淳熙三年三月十四日吏部侍郎司馬伋言：乞下諸路轉運司州委通判、縣委縣丞，無通判縣丞處委以次官，監司委屬官專一申發闕狀，遇有到罷事故人於當日內縣申通判申本部，監司屬官從本部經申，如有稽違流落依法科罪，仍令四選掌闕案置籍常切檢舉程限。從之。

卷一萬四千六百二十五

十一

十一月二十七日吏部尚書蔡洸言：「本部自來所有有未得申者合明行申明。一本部見使四川諸司屬官窠闕日經使曉示，候及一年如無官指射，並乞行下四川轉運司依本部是行格法差注一次，若本司兩經集注無應選人願就，更不作選闕，候該差人給降付身訖，却依舊本部使闕。一官員陳乞磨勘轉官，

乞並行根檢案證互照，如有隱減年甲即從寔覈說因依寫入告身；曾經磨勘之人告內已行書寫年甲，若有減落仍從改正批鑿。一官員錄白付身乞並不許添注貼改，州軍委官對讀，責所委官吏結罪保明無差漏狀申州，州繳連申部，將來或有異同，具所委官吏姓名申取朝廷指揮。一應陳乞遺表致仕恩澤等，如限內經州軍陳乞，日除程外限半年須管申發到部，限外更不施行。一臣僚日前合得恩例已給公據，後來責降除見責授散官并安置居住人外，如繳到本部已給公據，並與依條收使施行。選人酬賞不即循轉，乞不許於改官後作減年收使。」並從之。

卷一萬四千六百二十五

三年八月四日詔：「應命官奏部而年甲不實欲冒注授者，與展名次半年；若磨勘而年甲不實欲冒轉官者，與展磨勘一年。限一月許自首改正。」

十二

四年五月二十七日吏部言：「欲自今命官到部，會到刑寺有公罪流以下過犯未結絕者，令吏部告示本人，如願就刑寺結絕者，即令開具三代、年甲、鄉貫、腳色，所供詣實因依，甘伏朝典狀申吏部，經備所供關刑寺參照元犯，具事因申省結絕。如不願就刑寺，俟具即聽候本處結絕施行。」從之。五年二月二十五日吏部尚書韓元吉言：「銓量之法最為近古，乞自今應知州軍、知縣縣令合銓量者，於癃老疾病之外，取其履歷，若有過犯，雖不曾推鞫已經赦宥，並令長貳酌其情理輕重，若

難付以川縣之奇者，許具別役次等差遣，仍具事因申都省及閤牒御史臺照會。從之。　三月二十七日，吏部言：「十三處立戰功已離軍人，已降指揮創置破格嶽廟，每州差二員，減半請給。今乞改作添差，許修武郎以上指射，如親民資序人與添差諸州軍兵馬都監，監當資序人與添差監當場務，並不釐務，仍許添差兩任。小使臣、校尉每州亦差兩員，親民資序人與添差諸州軍兵馬監押，監當資序人與添差監當場務，校尉添差指使，並不釐務。大小使臣內有願作嶽廟者聽。」從之。（其後六年二月二十八日，吏部又言四川戰功破格嶽廟亦乞改為添差，下四川轉運司刷闕出榜差注，亦從之。）　五月二十一日，赦令所重修吏部四選通用令：「諸犯贓罪若私罪情重，拜未歷任（承直郎以上未減考），或無舉主及停替未成資，並不在選限。即成資後因前任過犯該停替，聽與選。」從之。（以吏部侍郎司馬伋言舊令不曾開注，故重別修定。）　閏六月十三日，吏部言：「六部郎官就理闕陞條：『諸郎官任內該闕陞者，並通實歷年限，聽理合入資序。』本部契勘郎官非任外官日，雖已闕陞，其間於常格合用任數外多有餘剩月日，若止自曾經闕陞，其間於常格合用任數外多有餘剩月日，若止自曾經闕陞之後別理考任，不與收使，則與外官無異，而郎官就理闕陞專條遂為虛設矣。」詔吏部依郎官見行條法施行。　十二月十五日，詔自今吏部窠闕，並令銓曹遵守見行條法，不得以堂除為名。（先是殿中侍御史江溥言

卷萬四千六百十五　十三

朝廷近降堂除通判、幹官窠闕盡付銓部，堂中無闕可以差除。近來有資格不應差注之人，又復巧計經營，取旨徑作堂除，令注授吏部窠闕，致有部中以資格授下而復為堂除所奪者，故有是命。）　六年正月十六日，吏部侍郎兼權尚書程大昌言：「乞將已射闕該銓量人，如實病不能赴銓，且於闕榜之側注說係某人射下，見病候銓量，不以是何假故，通過十日，許他人射注。」從之。（先是大昌言：「在法大小使臣注應銓量差遣人，許留一月，外方令他人改射。緣此有三弊：凡注闕三員外不許別換，令既占定此闕，妄請病假，旋諸將弱處一月又却別經是為牆壞不許改換之法一弊也。其人月實在逐惹人代射，旋來起銓尚無大害，如不及者遂成處占一月，方礙在部，二弊也。假如甲乙丙三人皆該此闕，甲不願射而丙實欲之，丙知次盡例曾在乙下，遂已賂甲，令且占下，旋以病狀施還月日，乙不知其為倖也，遇闕即已別敘，甲方退出，則丙遂得之，三弊也。」故有是命。）　十六日，詔歸正官自今須要親身到部，有出保官二員，內須要令任滿罷日非歸正人而同在本州軍在內知識官一員（即雖同在一州軍而任官者非），諸縣其初離軍人亦於保官二員內名未離軍時同營官一員，並後所屬結罪委保正身不係承代詐冒，到部須經長貳親加引問照驗，方得放行添差。　九月十六日，明堂赦：「應官員任滿批書并四川二廣陞改考第、舉主、定差使闕、恩例名狀有小節不圓，取會留滯，並許就行在召本色官二員委保，先次放行，案後取會，如有違礙，依條改正。」（自後赦同。）　十二月五日，吏部侍郎尚煇言：「川廣擬官以道路回遠，徑赴本路轉運司參司注授，各不逐季申發，於是有積壓之弊。今乞令逐路應有參司官每月先具所理恩例名次申部，本部以所申置

卷萬四千六百十五　十四

籍抄，仍每歲發司官腳色置籍申部，庶幾定差文字到日，本部得以稽考。至於差注不公者，許集注官先經各路本司，次提刑、制置、經略司陳訴，令各司受理互察。從之。　十一日，詔自今諸路州軍非泛申發京官、選人、大小使臣身亡事故之類，並以每月所申闕狀實封差人赴長貳廳投下，即付逐選施行。先是監察御史余端理言：以諸路州軍非泛申到京官、選人、大小使臣身亡事故謂之非次闕，吏取賄賂隱匿，致當得者已有差遣方行稽緣，其申狀止是付開拆司，不即赴長貳廳投下，故有是詔。　七年二月五日，吏部侍郎閻蒼舒言：乞令諸路漕臣將所部州軍每州專委通判一員，三衙并駐劄諸軍令主帥各委將佐一員，將諸軍及外路州軍縣鎮鄉村使臣校尉如遇身

卷一萬四千六百二十五

十五

亡事故人，當日專狀供申本部，訖，仍取索付身關報本州批鑿身亡月日，給還本家。上曰：如此關防，則可絕偽冒承代之弊。於是詔依所請，如有違戾，其所委通判并將佐取旨施行。　十四日，詔吏部四選各於歲首刷四川定差二年以下及見闕差遣共一百闕，以待因事到闕之人注授。先是利州路轉運司言：近承淳熙三年指揮，吏部四選措置，所四川定差窠闕內每月刷三年二年以下并見闕去處，許令因事到闕人注授榜，及一季無人願就，即行下使開定差本司每選集注，有名次該注某闕，其下名自知不可得，部急赴部先注，緣本司條代銓書奏選注授，無照得準照吏部四選通用令，止將四川不該定差窠闕聽本部出一次，其前項指揮衝改上條，於四川漕司集注來便，乞奏修條剗。本部言：已降指揮雖以延改，非未措置，每季逐路各剗五闕，歲留以待到闕之人，今乞改每季作每年，令四川各於歲首刷本路二年以下及見闕各十員，許因事到闕人注授，分明具闕次下逐路，權不定差上件窠闕，故

有是詔。八月十一日，臣僚言：乞自今見任執政、臺諫子孫並與祠廟差遣，特許理為考任者，即日並罷。應歷過月日，仍許他日通理。詔吏部條具以聞。既而本部條具于後：一、見任宰執、臺諫子孫京官監當并知縣資序并選人，並差嶽廟。一、見任宰執、臺諫子孫京官知縣資序或通直兩以上，並當觀一任。見宰執、臺諫子孫元校內外釐務差遣已到任人，而日許父祖陳乞改差，仍許通理前任月日。一、見任宰執、臺諫子孫發試中入官年久，及并任滿得替或已注校而未趕上者，並許父祖陳乞。一、宰執罷政、臺諫政除具子孫已任歲廟，願終滿者聽，或不願終滿而別授合入差遣者，亦許通理。一、見任宰執、臺諫子孫見係知縣資序人所得宮觀，雖許理考任，兩不得當資歷知縣。一、如遇陳乞祠廟，先關會吏部，於法不礙注授者方差。從之。　十二月二十五日，詔四川屬官令吏部通差京朝官、選人。內選人須注闕陞有舉主人。先是權吏部尚書王希呂言：欲將四川屬官二十九闕復歸朝廷，其主管官以上則用京朝官，主管官以下則用選人，故有是詔。　八年閏三

卷一萬四千六百十五

十六

月六日，詔吏部自今差注兩淮州軍差遣，令長貳精加銓量。　八月一日，詔吏部陳乞陣亡恩澤及委保宗室女夫，不許離軍揀汰使臣作保。　九年二月五日，詔諸注官不釐務非不注本貫州同父祖改用別州戶貫者同。應注帥司、監司屬官於置司州，係於本貫，皆准此。者，不係本貫而寄居及三年或未及三年而有田產物力，雖非居住處，亦不注。宗室同。即本貫開封，惟不注本縣。先是吏部條具宗室寄居及廢官流寓州縣不許注授差遣。上曰：寄居不必及七十，有田產不必及三等，凡有田產及寄居州縣，並不可注授差遣，可令敕令所參照舊法修立。至是敕令所增修未上，故有是詔。　十一月二日，吏部言：乞將利州路轉運司合刷窠闕自今每歲首止剗刷一年以上闕，因事到闕人指射，其見闕去處更不剗刷。從之。　十二月三日，詔自今應不

釐務並不許薦舉作釐務從臣僚請也　十年正月十九日臣僚言乞下二廣轉運司所有定擬窠闕須候有剖給到差劄方許赴上不得先令就權如有不可闕官去處即於州縣見任官內選委時暫兼權從之　二月八日詔令吏部注授沿邊職官縣令兵官巡尉並令照應格法銓量人材先是臣僚言朝廷除授既重內地遠塞窮邊人所不樂至吏部注授皆耄庸贓過犯之人不得已而就焉故州縣官吏多不稱職有是命　十一年九月二日臣僚言添差之員宗室戚里諸軍揀汰與夫近時十三處立戰功人歸明離軍忠順官非泛恩例其類不一宜痛加裁抑纔未能盡削冗濫過來添差中有元降指揮帶任滿更不差人者及其任滿仍再差人有令再任有

卷一萬四千六百十五

十七

差待闕源源不絕乞重行裁度今後遵依元降指揮不差仍不創置從之　十二年十月八日臣僚言今年冬祀大禮制敕所差朝士尚有餘者而吏部所差官亦已備足拾此之外了無所用而吏部自八月間即牒閤門不許放京朝官朝辭其見在部者皆拘縻不使去且以九月論之至于暮冬無慮百日當此盛寒羈旅桂玉之地勞費無益乞下吏部將見今到堂并在部人除已差官數足外其不係被差行事者並聽辭謝而去仍乞自令如係大禮年分並前期兩月盡數差定做此施行從之　十一月二十二日南郊赦勘會官員任滿批書印紙多有小節不圓見擬注授陞改并四川二廣陞改考

第舉主定差使闕恩例名次應得格法緣本路轉運司行遣或州軍批書不依條式及小節不圓致取會留滯有礙參選並許令就行在召本色官二員委保先次放行案後取會如有違礙依條改正十五年九月明堂赦同　淳熙十六年二月四日登極赦應文臣承務郎武臣承信郎以上并內臣及致仕官依紹興三十二年赦文並與轉官不隔磨勘仍依當月二十四日續降指揮文臣中大夫武臣承宣使以上并其餘礙止法人並依條回授選人校副尉下班祗應在職任并嶽廟入並特與循一資已係承直郎候改官了日減二年磨勘即所屬曹部更切檢照當年已行體例毋得增損漏落應命官因臣僚論

卷一萬四千六百十五

十八

列或監司守倅按發不曾經取勘一時約作過犯可並與除落依無過人例施行　八月九日吏部尚書顏師魯言尚左見榜四百餘闕而參選者纔二十五員尚右見榜人百餘闕而參選者三十六員因而考究得縣令五十餘處元係侍左窠闕中間閑借因循未還欲乞將尚左元借縣令闕悉歸侍左及尚右出闕經及一年以上無人願就即閑侍右從條通差庶幾四選通融無不均之患從之　二十四日權兵部尚書兼知臨安府張杓言切見小使臣添差之闕州郡皆有定員總為闕四千八百七十有九今赴部注授者纔千餘人尚左等處可以類推矣若添差之人止令照闕注授則於州郡湊

為甚害今乃有特添差之說伏㨿朝廷徑指闕次初非
定員亦無替官惟擇近地州郡源源而來至於本府尤
所爭趨欲乞應添差官員亦無並令赴吏部照闕差注
詔諸州軍添差官除依條法指揮差注人外今後不許
創闢特差見任人令終滿今任任滿更不差人　紹熙
元年十月十七日吏部尚書言鄭僑言慶壽赦至今已
及五年尚有陳乞理當公據者登極赦至今將及二年
尚有未曾陳乞轉官者欲乞將慶壽赦截日終續有陳
乞理當公據之人並不許給其登極赦與轉官資乞自
赦降日除程以二年滿日為限過限陳乞並不放行從
之　十二月一日中書舍人倪思言吏部四選有名籍

卷一萬四千六百十五

十九

簿凡文武臣僚鄉貫三代出身歷任勞績過犯莫不具
載每朝廷除授吏部注擬臺諫論列給舍繳駁皆於此
有考臣近者嘗取而參照乃是數年前所定者後來陞
降與夫合書功過咸不許備欲乞再令吏部委各曹郎
官重加編類有後或有陞降功過以時注鑿月為照檢
庶幾不至差誤從之　二年八月二十三日吏部侍郎
羅點言銓量之法尚有古人遺意欲乞今後應合銓量
官並於三日內赴部不許循習歸鄉銓量庶幾法意不
至盡廢　十一月二十七日南郊赦官員任滿批書紙
印多有小節不圓見礙注授陞改并四川二廣陞改考
第舉主定差使闕恩例名次應得格法緣本路轉運司

行遣或州軍批書不依式及小節不圓致取會留滯有
礙參選並許令就行在召本色官二員委保先次放行
案後取會如有違礙依條改正　同日赦應承務郎以
上使臣不因贓罪降充監當人如後來別無贓私過犯
並與牽復差遣或不因罪犯乞折資注授若無規避理
元資序者聽　同日赦承務郎以下已授差遣未赴任間
丁憂服闋并州府依條保明到選人陳乞祖父母父母
老疾合得家便恩例其間有不曾連到保明正身并勘
驗公據致礙參選注授之人可令吏部特與放行　同
日赦承直郎以下犯公罪杖笞赴部注授會到寺見有
公案未結絕合取旨之人且與放行參選後有特旨即

卷一萬四千六百十五

二十

依特旨改正　三年六月七日臣僚言京官選人所注
差遣許以私計不便聽從兩易其間有名次稍高者得
指射近地住闕待次之間或以癃疾或貧乏規圖厚利
便欲與人對換又有名次稍低無闕可入遂不問地之
遠近闕之高下注擬而歸恃其富厚尋人兩易有此姦
欺欲乞戒飭吏部今後有兩易差遣人須當親身赴部
陳狀長吏審驗詣實方許對換吏部看詳欲從所乞外
仍須闕期相去一年之內方得對換差遣從之　十二
月十日吏部言看詳當建安撫趙汝愚等乞減罷汀州
冗官事今乞將武平清流兩縣承闕特從省罷其上杭
縣係有坑冶去處既減罷檢踏官就差縣丞兼檢踏官

職事却減罷主簿一員仍將添差福建路安撫司準備將領汀州駐劄不釐務一員并添差監押不釐務一員添差監在城商稅不釐務一員並行省罷所是本州申乞將添差在城商稅大使臣一員改注汀州訓練禁軍小使臣二員一員改注汀州寧化縣苦竹寨巡檢一員改注汀州捉殺盜賊官闕並從所申與差注年未及六年曾立戰功人内訓練禁軍一闕先注曾立十三處戰功人次注曾經隨軍被賞立功人並須親民資序年未六十如榜及半年無上件人指射注親民資序應村武人從之　紹熙五年七月七日登極赦應命官犯公私杖以下罪元元贓濫者可免理年舉主並與依無過人例施行　九月十四日明堂赦文官員犯罪先次放罷後來結斷止是笞公罪爲有所得指揮仍舊放罷吏部見理後來年月降罷名次可特與理先降指揮年月施行慶元三年南郊赦嘉定八年十一年十四年明堂赦並如之　同日赦應命官酬賞因犯公罪須候一任回方合推賞者若經今赦合依無過人例便許收使慶元三年南郊赦亦如之　同日赦文武官陳乞奏薦各有發奏期限其間有未入限前發奏并不填實日却係在應發奏月分或保官滿行聲説作保次數並特與放行慶元三年南郊赦亦如之　同日赦應官員任滿批書印紙多有小節不圓見礙注授陞改并四川二廣陞改考第舉主定差使闕恩例名次應得格法緣本路轉運司行

卷一萬四千六百十五　二十一

遣或軍州批書不依條式及小節不圓致取會留滯有礙參選並令就行在召本色官二員委保先次放行案後取會如有違礙依條改正嘉泰三年南郊赦亦如之　同日赦應命官犯私罪徒經今十二年贓罪杖以下經今二十年有五人奏舉公罪徒私罪杖以下經今七年或元因注誤或法重情輕並有三人奏舉者許今後不礙選舉差注其犯公罪徒私罪杖以下經今十二年公罪杖以下經今六年有二人奏舉者今後與依無過人例施行若公私罪不至勒停特旨勒停加舉主一員公罪徒合該勒停之人與增展二年并加舉主二員亦許依無過人例施行以上並須情理稍輕及被坐後來各不曾犯贓私罪並聽於所屬自陳内承直郎以下犯私罪徒贓罪杖不礙選舉差注若舉主考第比無過人例合磨勘者奏裁其犯公罪流非用刑慘酷及拷掠無罪人致死及失入死罪之人如及二十年不曾犯贓私更加舉主一員在内於刑部在外於所在州軍自陳保明申奏亦與依無過人例施行嘉泰三年南郊赦亦如之　閏十月二日中書門下省言三省堂除選人闕不及百數而選人之在吏籍者一萬三千四百餘員顧何以能盡滿其欲徒長奔競之俗與留滯之數今措置欲將建康府轉般倉等五十闕並發下吏部審定資格差注外餘左藏東庫等四十五闕其間多是與京官使臣通差合依舊存留三省使闕仍

卷一萬四千六百十五　二十二

須公共遴選賢能依條例差注，如不知其人，則臨時取旨委官薦從之。開其闕次：建康府轉般倉、鎮江轉般倉、建康戶部大軍倉門、鄂州戶部大軍倉、鄂州戶部大軍庫、行在草料提綱、建康沔庫所糴米糧場、南西北惠民三藥局、排岸司、兩浙轉運司應買官、建康大抵場、鑄錢司檢踏官、坑冶司幹官、淮東安撫司主管機宜文字、左藏封樁庫門、左藏封樁下庫門、婺州、明州、台州、溫州、衢州、鎮江、平江府、常州、湖州、秀州、建康、寧國府、徽州、隆興府、福州、泉州、建寧府、通州、泰州、高郵、武岡軍、濠州、嚴州、江州、揚州、潭州、紹興府數校。

慶元元年二月十日，吏部言：「侍郎左選承直郎以下陳乞參選注授，會到刑部、大理寺有過犯，刑寺引用乾道元年六月二十二日、乾道二年十月九日指揮，命官因州按發，不曾經推勘體究之人，並免約法；及引用紹熙五年七月七日登極赦文，應命官因臣僚論列，或監司守倅按發，不曾經取勘，一時約

卷一萬四千六百十五　二十三

作過犯，可並除落，依無過人例施行；應命官犯公私杖以下罪，元非贓濫者，可免理年，舉主並依無過人例施行。本部照得官員雖該前項赦恩除落及免約法，其間卻按章內贓數項目明白，或曾差官體究，卻不曾取責本官伏辯文狀，及有曾追合干人供出貫伯，卻無的確贓數，亦無交付何人收領，不顯緣公緣私等，見行下大理寺約罪，及行下本處取會未報到間，準刑部關該遇赦恩除落及免約法。緣似此在部之人，本部若不與放行參選注授，緣已該大赦，曾經刑寺陳乞除落及免約法；若便與放行注授，竊慮收使恩例及理名次在上，陞壓無過犯人，無以分別。今措置，欲自今後令本部照應

似此罪犯之人，並與注降等合入差遣，如同日指射，差注在無過犯人之下；若有贓罪明白之人，亦不許注授掌財賦及收趁課利去處。」從之。　六月二十一日，臣僚言：「竊見宗子歷在部選人，仍有占射恩例，凡在部窠闕例為所占，至有一闕連三兩任但是宗子，故在部孤寒選人雖欲指擬一闕，厥為難哉。欲令吏部注官之際，有宗子主擬窠闕之處，須得外姓一任間之；儻其中間以外姓，而外姓適有事故者，亦聽其同姓為代。」下吏部看詳，欲從所請：「今後如已隔政差下宗室，部中間外官一政或有非泛丁憂事故，仍聽所差下宗室迭併起上。」從之。　十二月三日，刑部、吏部言：「詔熙五年七月七日登

卷一萬四千六百十五　二十四

極赦，應命官因監司守倅按發，不曾經取勘，一時約作過犯，並與除落，依無過人例施行。照得大赦前有命官在任犯贓，因監司守倅按發，曾經體究，直降指揮降官放罷之人，例因大赦經部陳乞除落過當。本部欲將似此不曾經取勘之人照赦與之除落，即係與無過人事體一同，終是曾經體究。萬準今年三月二十六日從臣僚申請指揮，曾犯贓罪被劾降官罷任之人，只許宮觀嶽廟，以此未敢照赦除落，乞明賜施行。」詔：「命官因臣僚論列，或監司守倅按發，身不曾親被取勘，止泛言贓數，委無實迹，一時約作過犯之人，並令曾依大赦施行。如身不經勘而曾約體究，干連贓證有實迹者，後來得旨

降官放罷照應只許受宮觀嶽廟指揮施行如命官犯贓身經勘鞫招伏事狀明白並照見行條法　三年四月三日詔復州荊門軍襄州軍今後不作遠郡使闕　八月二十九日中書門下省言已降指揮諸路屬官今後並不作差注本貫及居止在本路者見任人令終滿已差人聽而易添差不釐務者非詔已授未赴上人如無人而易者許於吏部退闕先注授本等差遣其抗治司屬官止避本貫及居止處　十一月五日南郊赦文臣帶職朝奉郎以上該遇大禮奏薦合齎印紙經保明州軍批鑿幾次緣其間有漏行批書若候行下批書訖具鈔委是迂枉如失於批書本部見得不過次數與先放行

卷一萬四千六百十五

二十五

四年二月三日臣僚言國家銓選之法關防嚴密載在令甲昭若日星往往有司失於奉行遂致姦百出外而監司州縣沉軋闕帳不即申發而胥吏即吏賣弄闕次專務隱藏銓法之害莫此為甚在外州縣官有到罷事故寄居待闕官有非泛事故或闕到合行之官而違限不赴或見任去替半年未曾注授替人之類一時官吏隱而不聞至有下諛指論前官事實而陳乞改替者或有丁憂人直至服闋參選而自告言者或有見任官事故而監司守臣差人於攝利於兼局所得而不許入闕狀者或有親戚待闕他州知其事故計囑不申徑用占射恩例作遠闕指射而卒得近見之次沉在

法不依限申部杖一百吏人三犯勒停當職官奏裁諸州令轉運司從本部並申尚書省如有情弊根勘具奏法非不嚴而外之監司州縣視、、具使選部無由得知此所謂沉軋闕帳不即申發之弊也諸路有日申有有三日再申有月五類聚別申千里以上限一季申爻是無闕罷役書鋪或以下及代名守闕親事官公然與在選吏貼并顧書人就前路或諸門接見承局厚致賂遺取買闕狀收藏在家作贉闕出賣間有齎赴進奏院者被院吏擅行開拆以抄錄照用為名或有州縣經闕進奏院或報進奏官亦與書鋪選吏通同賣闕使其當次一射可得況在法應出闕而吏人漏落藏匿各杖一

卷一萬四千六百十五

二十六

百仍降一資又藏匿見行文書有情弊者以盜論諸盜文書徒二年不以赦降原減法非不嚴而內之胥吏即吏故為奸倖使差注不行此所謂賣弄闕次專務隱藏之弊也乞備坐條法申嚴鏤板行下務在遵守外而監司州縣須管依條限申發闕帳內而胥吏即吏不得復行賣弄闕次稍有違戾依法斷遣贓重者以枉法論當職官依條從本部具奏取旨庶得闕次流通士夫免留滯之歎從之　五年三月十一日臣僚言乞初任通判不許徑與州郡京官注屬官人　詔吏選人闕合該堂除人不許選部越次注授六部架閣人不許冗流得以充數已降永不得與親民差遣指揮人不許復任監司

郡守已經除授遠地不肯赴上之人不許別與近地差
遣從之　十二月二十五日詔今後以恩例添差之人
每歷兩任方許陞一等差遣著、、法以臣僚繳奏浙
西兵馬都監傅昌世歷分未滿而僥求驟陞路鈐故有
是命　六年五月十四日詔吏部長貳嚴行約束本選
人吏將應干見行及日後承受到文字須管先次疾速
行遣不得注滯如有小節未圓續行取會改正其餘管
部依此施行　原本空字應恐當行人吏理限及將小節不圓一例不與放行致使官員留滯等待故有是命
六月二十四日臣僚言川廣定差之法
蓋為地遠窠闕少人願就故行下各路漕司就近差注
所以便遠方之人也今在部注授之人見川廣窠闕內

卷一萬四千六百十五　二十七

有見次俸祿差厚賞與又優即求闕節指射行下據奪
使已定差之官狼狽而去其間亦有內地急祿之人萬
里經營卒至失所者乞使部將已發下川廣漕司定差
窠闕今後不許在部及干堂人指射據奪庶使定差格
法不致廢壞從之　慶元六年七月十三日臣僚言寄
居官或待闕丁憂事故者所有州縣自合按月具申吏
部以憑用闕今丁憂從吉事故已久吏部尚不及知人
皆憚其遠次故多不敢注授見任官或有丁憂事故者
所任州縣自合催促以次官如　之任今有占留正任
之闕應副親故之權攝坐閱歲時之久始逆受代之人
官吏到罷自有定期秩滿當去今日京秩以上指日終

更類多先期迎逆若夫選調則又不然貪求舉削既滿
之後復踰數月遠涉歲時始獲交承若癈疾之人不堪
赴上自宜退闕蹊其到部別與、、令限踰年之法故
前官欲解罷而不能後政欲趣上而未及夫是四弊皆
壅底銓曹之法乞令吏部嚴行約束諸路州縣如寄居
丁憂事故者仰本州須管於當月申部在任有丁憂事
故者不得差人權攝亦仰即時移文催促以次人赴官
如或違戾監司覺察按劾重寘於法如在任既已終滿
不得巧計妄作補填即仰催促後官赴上至如疾病有
妨之官乞行遵守條限不得逗遛月日若妄係篤癈疾
不能舉動者闕到不拘踰年之限止限一季許後官陳

卷一萬四千六百十五　二十八

乞勘會保明申部趣上從之　二十三日吏部言選人
初官注授差遣未赴任間丁憂服闋到部在法仍許理
元參部月日名次并恩例別行注授委實允當今來契
勘初官有元赴部注授差遣待次六七年已曾赴上而
未及一考丁憂罷任服闋到部之人既緣未及一年考
不許注破格經任窠闕却又以其非未赴任之人不許
理元參部月日名次恩例其在部注授盡在衆人之下
反不及未赴任之實為可憫今相度欲將初官已到任
未及一考丁憂服闋到部之人、、以折未赴任人仍理
元參部月日名次恩例注授庶得均平從之　嘉泰元
年九月二十三日臣僚言孝宗皇帝裁抑添差載諸聖

政永為戒憲今日之所當遵守比歲以來私情倖進不顧格法干求添差以希見次貪緣競趍尸祿者有濫授之嫌覆務者有侵官之患為厲　乞則不照條法之當否為戚里者則不問服屬之親疏一槩攀援委是冒濫乞今後除授添差等官如宗室隨龍歸正離及朝士補外從條合行注授外其餘越法踰制悉行杜絕如戚里等有特旨及自經朝廷陳乞添差之人並送太常寺契勘服屬如服屬已遠即從大臣執奏給舍繳駁不得輕授其他無添差恩例之人並不得輒與添差從之　三年五月六日秘書丞兼權尚右郎官鍾必萬言伏見諸州陳乞大禮奏薦與致仕遺表恩澤其弊莫甚於右選而臨安

卷一萬四千六百十五

二十九

為多且人之有無子孫弟姪孰詳於鄰里鄉黨今不保奏於本貫而保奏於臨安以為寓居之久其為詐冒必矣銓曹何從而察哉所以擬者保官也覈實也保官不以為詐覈實不以為偽銓曹雖欲不信可乎所謂覈實者不過行下廂鄰繆為勘爾若夫保任之人又有不然者凡武臣參選印紙多留書鋪一遇召保書鋪徑持印紙批上所保官初未必知也欲望申嚴覈實保任之罰犯者官則鐫斥吏則決配若書鋪擅將保官印紙批上者罪亦如之庶幾少革冒濫之八吏部勘當今後陳乞大禮奏薦致仕遺表恩澤須行下陳乞之家所居廂鄰官司責立罪狀保明具申仍召保官二員並給立降官

罷任之罪批書保官印紙本州官吏再行勘驗方許申奏所有武臣參選從條合齎真本付身印紙赴部呈驗即時給還書鋪更敢收留擅將　紙批書作保乞行決配從之　二十六日監察御史陸浚言尚書六曹皆號法守之地條格品目吏銓尤為詳密比年以來銓法滋弊人有倖心臣嘗推原其故其始蓋起於廢法而創例也夫法不足而例興焉不知例一立而吏姦秉之異時比附並緣寖失本意於是例用而法始廢矣欲望申飭吏部自今後一切遵用淳熙重修七司勅令格式申明及當時臣僚所進表文後所乞事件外所有前後循襲成例者非有申請畫降聖旨並不許承用違者重寘典

卷一萬四千六百十五

三十

憲從之　九月二十八日吏部言臣僚奏請乞將川廣漕司定差之闕不許在部及干堂人指射據等本部見遵從前項指揮照得四川所榜選人窠闕止是敕授監當及四路運司主管帳司其合得在外指射恩例之人似恐入關稍艱無以應副今欲照指揮內止該載在部之人不許指射定差窠闕外乞將四川合得在外指射恩例之人亦許指射運司定差員闕庶得四川在外指射人入關稍寬從之　十一月十一日南郊赦文應官員昨該遇覃恩轉官循資之人立限已滿竊慮其間偶緣事故出限若在今赦已前申陳到部者並與放行一

二十六日臣僚言諸軍機幕參贊幹辦等官專待右科

前名此乾道之制也比來納粟出官或務場終滿冒授
討議乞行釐正詔討議官主管機宜文字幹辦公事作
指揮差武舉人其餘窠闕並照札例施行　十二月十
七日考功郎官王聞禮言竊見近者臣僚陳請選人歷
四任十　考而實歷監當獄官縣令各三考者與改入
官見蒙朝廷行下本部遵守施行茲固足以振拔滯淹
收拾遺材然而應格者終少且縣令獄官誠為繁重而
監當蓋有優輕者今有或為縣令兩任獄官兩任以不
曾經歷監當之故四任十二考雖足不敢放行區區愚
見以為有不任監當而曾任縣令或獄官兩任者許理
為監當之數如闕縣令獄官一任雖有監當兩任不與

卷一萬四千六百十五　三十

通理庶幾寔歷重難之人應得上件資格伏乞詳酌施
行又近日陳乞四任十二考之人任考雖足其間縣令
獄官監當任內偶因丁憂事故以理去官一任之內所
少或一兩月或十數日便以不滿三考告示不該放行
以故應格者尤艱欲乞將曾歷過上項三任之人每任
實歷三十箇月便許理為一任但須監當縣令獄官通
滿九考方理為實歷如此則絕長補短人被寬恩天下
無遺才之嘆從之　開禧元年閏八月六日臣僚言六
曹之設皆為法守之司而吏銓為尤詳條格品目炳若
日星比年以來創例廢法循習滋久流弊有不可勝言
試以一二言之諸文學遇赦許注官法也今乃以公私

試曾中及已用舉恩幸學恩例陞甲推恩後又欲用為
免將郊祭部累法手諸黃甲已授差遣丁憂事故人服
闋到部許同在部人注授差遣法也今必欲占射未使
闕累法手諸初注權官任內不許循資雖奉特旨收使
者執奏不行法也今乃卻於未赴任間多方圖謀酬賞
資輒欲作正官理為考任累法手初官不許差辟法也
今乃卻於部中注授差遣後輒欲作經任人以圖辟差
遣累法手在法應得循資以上酬賞不許留後收使今
有選人未轉至承直郎改官後卻欲將選人時所得酬
賞作京官磨勘收使累法手在法諸已授闕不許退換
擬定三日內許換經使闕一次今有已授差遣出三日

卷一萬四千六百十五　三十二

限雖一兩月後亦別作緣故退闕仍欲占射非次闕累
法手凡若是者得之者不以為恩不得者適以為怨吏
姦乘之比附並緣請囑公行祖宗成法蕩然無有欲望
申飭吏部自今以往凡有成法者不得援例引用庶幾
倖門杜絕從之　二年九月十三日明堂赦文應命官
管押綱運偶緣元差官司失於照應致有年及六十以
上或無舉主未曾到部及課利場務監官並有進納雜
流與夫特奏名并差別路官管押或陳乞釐革之人但
所押錢物別無少欠見破推賞可特與放行一次　三
年九月十一日詔應任極邊差遣人不顧循三次與減
常員舉主兩員次邊與減一員恩科出官人一任理考

有極邊差遣與理兩考次邊與理一考半並及三考方許引用自今降指揮之後如有赴部注授見闕之人即破與就部出給理當減員增年公據如京朝官選人大小使臣應赴邊任出違一季不之任人日後參堂到部並不得與授差遣　嘉定元年正月九日臣僚言改官必班見舊制也或經得差遣不妨赴班改官必作邑舊制也或別得差遣遂免作邑至如陞改之員已定特許附班薦舉之章有礙委曲收使或闕已授而留鈔未上別圖改注或闕未出而先乞當闕阻過後來或不合奏薦而特與放行既開方來之門後令已往者援例或不許收敘而特與改正既已脫去罪籍仍還積下磨勘辟

卷一萬四千六百十五　三十三

差者不問實歷之有無換闕者不問闕次之遠近甚至出身定於補官之初或扳援親屬而改換進士限以科舉之制或未嘗中選而出官已往之事誠難盡行追改更化之後豈容一切因仍欲乞明詔中外自今一遵祖宗成法凡後來所行與成法相戾者並許不放行從之三月七日臣僚言欲節財用當先汰冗濫之員欲汰冗員當先革添差之弊數年以來凡添差者皆寅緣而得之尤為冗濫欲乞自今以始除銓曹添差自有立定正條法差注外所有堂除及特旨應文武臣添差釐務不釐務並行住罷詔各令所屬條具取旨施行　四年十二月二十八日吏部言臣僚檢會凡彈劾放罷之人率

以二年為限方許授祠祿祠祿任滿然後取旨除授乞下部照累降指揮遵守本部照得京官按劾之人以二年為限方授祠祿其選人止有縣令限年參選指揮餘官並無限年條法今措置欲將選人縣令任內經臣僚或監司郡守按罷如曾經推勘體究之人罪狀顯著者非降指揮放罷滿一年參選今欲展作二年後方許陳乞參選內有雖不曾經取勘體究而按章內聲說贓濫明白自放罷後並合滿一年半方許陳乞參選其縣令為監司郡守一時按罷按章內無贓濫等實迹只是職事曠弛者滿半年後參選其餘選人任職官縣丞判司簿尉教授屬官監當等內監司郡守按罷其贓濫明白

卷一萬四千六百十五　三十四

者雖不經勘體究欲自放罷後亦滿一年方許參選除縣令外餘官犯公罪照差替元法降兩月名次今展作一季名次方許注授從之　五年十一月二十日南郊赦文應文武臣年七十以上遇大禮合該奏薦之人若從來未經蔭補者可特與放行一次（八年十一月明堂赦亦如之）　又赦文嘉定四年十二月二十八日指揮承務郎以上在任經臣僚或監司郡守按罷之人比類侍左措置如曾經推勘體究之人罪狀顯著者非降指揮放罷滿一年參選今欲展作滿二年方許參選內有雖不曾經推勘體究却緣按章內聲說贓濫證據明白放罷後並滿一年半方許參選按章內無贓濫等實迹只是職事曠弛

滿半年參選令來既該郊恩應犯在今赦以前令吏部
四選將上項展年參選人特與減年許行參注一次內
元合候滿二年參選人令減作一年合候滿一年半參
選人減作半年合候滿半年參選人即與放行參選其
赦後有犯人自照應元降指揮施行　又赦文使臣常
程短使舊法參部三月收入住程被差之人三月一替
胙緣開禧修書將合該短使人止滿一月收入住程纔
遇住程月日既滿雖不曾差充短使亦得自便其已被
差充短使人緣尚照舊法却須候滿三月方得交替委
有牴牾遂使外方之人久成留滯理宜優恤可自今赦
到日令吏部將常程短使已滿一月既聽交替八年十一年十

卷一萬四千六百十五

三十五

四年明堂赦亦如之　六年六月二十八日臣僚言初官不許占經
任之闕選人宗室許連授兩政年及三十經任有舉主
人方許注選闕年及六十不許為獄官曾經改官年及
人止許補外郎簽判或曾銓試不中年及人止許注川
廣殘零闕捕盜改秩必須先注縣丞令錄打歸破格方
許集注非闕期相近一年不得互易差遣按罷曾經彈
劾一年方許參選大使臣轉武翼郎經郊方許奏薦小
使臣非曾關陞難以親民是豈立法之不善哉自夫不
能權之以人部吏與書鋪相為表裏遇一暗闕如獲寶
貨百端邀求稍厭其欲名曰榜示其實未曾及其出闕
不問前後資歷有無分數寥以為地俾之注擬而去夫

銓選之法以歷任淺深為資序之高下以分數多寡為
注擬之後先可謂至公了無欺弊今也私意一萌所當
入者匿而不示其闕所不當入者乃竊取而冒得試詰
其故則曰此人某官人親若故也此人某官之兄若弟
也是豈立銓法之本意哉乞下臣此章於吏部俾確守
成法檢挑姦弊如部吏與書鋪仍舊扶合欺謾必重寘
典憲其或以而親族而撓法以故舊而壞法許御史臺
彈劾以聞從之　八月三日臣僚言檢準嘉泰四年八
月二十三日集議指揮應文武官除磨勘轉官外應以
恩賞轉者每年不得過兩官注文謂如今年八月二日
已轉過兩官者須候來年八月一日以後別遇恩賞方

卷一萬四千六百十五

三十六

許轉官如更有合轉官恩賞並作磨勘收使竊詳當來
集議之意正以謹重賞與用革泛濫之弊其欲永久施
行亦貴於法意與人情相合今觀元來集議之文誠有
窒礙至於賞功之意頗為虧失不容不加訂正今照注
文謂如今年八月二日已轉兩官須候來年八月以後
別遇恩賞方許轉官其所以明立一年條限固為嚴切
但失於照應初轉第一官月日未免有礙一年不得過
兩官之制假如嘉定元年正月十五日轉第一官八月
二十轉第二官若直至來年八月二日方許轉第三官
即是一年七箇月方得轉第三官此猶是日月差近又
如嘉定元年正月十五日轉一官當年十二月轉第二

官若依併議指揮直至來年十二月滿一朞方轉第三官卻是始終兩年止許轉兩官其實每年止得轉一官乃於一年不得過兩官元制委有牴牾今乞朝廷詳酌立為定制應文武官每歲自正月一日以後止十二月終以前除磨勘轉官外如有恩賞止許轉兩官其更有合轉官恩賞並作磨勘收使如此則限制截然了無抵礙庶可永久施行乞下吏部勅令所共審詳修立成法實為利便吏部勅令所看詳嘉泰四年八月指揮其每年不許過兩官注文委有未便今欲從所乞自正月一日至十二月終除磨勘轉官外許轉兩官委是順便所有元降指揮如更有合轉官恩賞並作磨勘收使其注文

卷萬四千六百十五

三十七

欲只仍舊施行詔依吏部勅令所看詳到事理令吏部常切遵守施行

八年二月十八日吏部尚書李大性言吏部見行條令諸福建路知通録事司理參軍令佐不得差本路一州人照得川峽路差注不許同任向來亦有此法其後乾道三年指揮已行衝破蓋緣承平之日在京去川峽福建地里甚遠遂一時如此措置目今福建與昨來事體不同兼相避之法引用不一委是未便照得在法諸川峽知通職官判司兵官令佐不並差川峽人又令諸福建路知通録事參軍令佐不得差本路一州人除川峽路不並差本路人條法已有紹興十七年十二月三日并乾道三年十二月四日指揮衝改

權不引用上條外所有前項福建路知通録事司理令佐不得差本路一州人之法未有承準指揮衝改今欲將福建路知通録事司理令佐不得差本路一州人條法照川峽路已得指揮權不引用上件條法施行從之

二十四日吏部尚書李大性言銓法舊來作縣罷黜人不過兩三月再行到部復注縣邑至淳熙十三年七月吏部遂行措置畫降指揮知縣縣令為監司郡守及臣僚按罷不曾經取勘及體究者放罷後到部不許注繁難大縣及選闕知縣縣令止法其他小縣惟是當來措置不曾分別歲月滋久姦弊甚多如所謂繁難大縣除四川外不過有四十闕此外又有望縣有緊縣有畿

卷一萬四千六百十五

三十八

赤縣有選闕縣又有上縣有中縣有中下縣有下縣皆出於御史供具以為九域志所載如此株之與郡議稽之案祖近年以來作縣罷黜人有力者或行究轉或行計囑間得復注緊縣與望縣者與四十大縣無異其貧困無力者不過得窮僻下邑以應復注小縣之文燕邸吏所具下縣除川廣之外不及二十處而特左與侍右堪作縣人通差注其尚左京官尚右大使臣可注之小縣不過三數闕而已以此差注不行多是舉役前來不當之例除四十大縣與選闕外卻於其餘見榜縣闕陳乞差注竊謂作縣罷黜人既是一體豈應有不均之弊乞將大縣并望縣緊縣上縣畿赤縣選闕縣其放罷人不

許差注外有中縣下縣許令作縣放罷人差注施行庶
幾免致壅滯目令縣分間有難易與舊來事體不同去
處令將緊縣內道州寧遠縣營道縣復州景陵縣並降
作中縣其上縣內贛州安遠降作下縣隨州隨縣汀州
上杭縣蘄州黃梅縣並降作中縣其中縣內有可陞去
處太平州蕪湖縣福州寧德縣無為軍巢縣並陞作上
縣外有進奏院供到十一縣九域志內不曾該載望緊
上中下縣去處數內欲將撫州臨川縣作望縣虔州虔
元縣建昌軍廣昌縣撫州崇仁縣樂安縣建昌軍新城
縣並作上縣武岡軍武岡縣靖州永平縣德安府雲夢
縣復州玉沙縣蘄州羅田縣並作中縣乞下吏部照上

卷一萬四千六百十五　三十九

件分定縣分高下置籍遵守差注施行從之　同日臣
僚言選人舉主及格避親離任之法必限以一年方得
離任猶之可也未幾必欲二年成資方聽離任此令一
行士大夫求速化者始倚法以為欺矣至有初無男女
而默綴為姻公肆設誕恬不為怪士夫明知其欺銓曹
明受其欺初未嘗有成資離任者是限以成資之法不
幾虛文乎今欲凡舉主考第及格如無緒繫聽令本州
保明批書離任諸司屬官隨所隸保明一體施行其間
如有部運和糴賑濟等差委自合候竣事日方許放行
如此則人自不欺法亦無弊或止乞堅守一年離任之
法不許妄亂避親亦足以杜絕欺偽詔令後選人如考

第舉主及格之後在任須滿一年聽令離任參部不得
更以迴避親嫌陳乞解罷　九月十五日明堂赦文諸
軍揀汰離軍曾經立功重殘廢之人朝廷優恤不以付
身圓與不圓乾道八年淳熙元年慶元三年開禧二年
嘉定八年五次各與添差自後別無再行恩數竊慮粮
賴可將似此添差五任已滿之人更與添差一次十一年明
堂赦亦如之　又赦文昨因臣僚奏請不許離軍揀汰使臣作
保參選專為冒名承代之人其離軍揀汰使臣校尉到
部尚慮一例阻節各許召本色保參選注授十一年明堂赦亦如
之　又赦文知縣縣令放罷後到部然已降指揮不許注
繁難大縣及邊闕知縣縣令止許注小縣并中縣下縣

卷一萬四千六百十五　四十

知縣縣令似此之人如該今赦令吏部開具元犯申尚
書省酌量事理輕重除不許注授繁難大縣及邊闕外
特許注授見榜上縣并未應出闕中縣下縣知縣縣令
一次十一年明堂赦亦如之　又赦文應銜替命官係事理重者與
減作稍重稍重者減作輕輕者與差遣差替放罷者依
無過人例使臣比類施行其緣公犯罪銜替重降作輕
稍重者與本等差遣十一年明堂赦亦如之　十一年九月十二日
明堂赦文勸會命官所得酬賞在任公罪降官不因本
職或得替後被罷行下約得刑名係是公罪杖以下該
遇今赦合依無過人例特與照數放行一次十四年明堂赦亦如之
又赦文在法命官陳乞磨勘服色年限內曾因罪編覊

管勒停責授敕官追官或居住若除名後雖已改正過名而無理元斷月日之文其以前被罪年月並不許叙使外節次官司引用不明自今後命官被罪以後至改正之前年月並不許叙使其未被罪以前歷過年月係是未有罪犯合與放行　十四年六月十六日德音敕文勘會蘄黄州并管下縣鎮近以虜冦驚擾其閒有官之家或致因而失去付身告勑之屬自德音到日限半年内許經淮西制置司陳乞召文武陞朝官兩員結罪保明備申所屬省部即與出給公據放行參注　九月十日明堂赦文酌會見在部待次不得與親民差遣人該遇今赦令吏部開具元犯申尚書酌量事理輕重特與注授小軍州簽判及遠小縣縣丞一次如犯在赦後依已降指揮施行

卷一萬四千六百十五

四五

十五年八月十六日臣僚言竊惟入仕之途雜於奸倖之多端而詐冒同姓則其尤甚者也軍功陣亡之澤無子則許奏壻所以示優恤之意其無女者乃售於多貲而冒為壻以補官迺者陛下因廷臣之請亦既嚴其禁矣若詐冒同姓之奸則未之革也今軍功雜流有延賞而無嗣續者固多矣姦民因利徃徃為富室道地恐之以離革之說啗之以養贍之利公為契券以貨鬻官僞為親子奏補入仕因得以不礙格經營濟舉僥倖換過即經銓曹陳乞歸宗更易三以僞為真人不復可瑕疵之矣名曰脱胎換骨若此之比實

紊有徒然則奸法禁亂選舉冒官爵敢謂是無忌憚者蓋亦姦胥猾吏相為表裏舞法而慢令耳厥今員多闕少率一闕而待者數人未免有賢愚同滯之嘆屬曰慶賞告成霈恩曠蕩内為三學之士暨于京庠皆得以免舉外為鹿鞀捧表特奏未名悉得推恩入官占闕有增無損如臣所陳是亦澄源汰冗之一端也欲望明詔有司凡文武官已登仕版者並不許陳乞歸宗永著為令俾知遵守革僞冒之弊絶覬倖之心誠非小補從之

十六年八月十一日吏部郎中汪立中言朝廷公論在銓曹公道在法令守法則人無倖心破法則人得援例蓋倖法之立乃倖心之所由起士大夫未嘗無倖心以

卷一萬四千六百十五

四五

吾有公法制之爾法既有倖人心烏得而不倖耶是知倖門不可開倖例不可立也明矣臣有愚見冒昧敷陳竊惟本曹掌選人酬賞循資具有成法不容紊亂但邇來因該遇寶賞如無資可循及舉員足於寶賞之前者合與給據候磨勘日久使令乃有資可轉却不即時陳乞改秩後方行申給或先以別賞循至承直郎或進賞而舉員才及格者部吏通同計較作奸亦欲出榜蓋其他賞典用於改秩之後者比折叙使寶賞得許全用改秩耳凡有此等若不申明竊恐異日其弊如初公朝名器豈容輕畀欲乞亟賜施行庶幾銓部以為遵守則士大夫倖心亦可少革是亦聖朝保全臣子之一端從之

司封主封爵以朝官一人主判　太宗雍熙三年十一
月詔縣尉在任如三限捉獲劫殺賊須子細批歷及劫
獲時日斷遣刑名應書較考第須考帳內事節分明第
一限獲者與折兩度不獲劫殺賊第二第三限獲者與
折一度不獲賊其三限內捉獲劫殺賊批書不全者只
折一度不獲仍不理為勞績今後應罷任縣尉叅選歷
子如有捉獲賊點檢批書或有劫盜月日無捉獲時日
有解送月日在限內者即與施行若捉賊推勘明是正
賊未斷遣會恩放者亦與理為勞績應元授官告內有
同催科者點檢歷子逐考罷任比到任戶稅如虧欠逃

折及分依主簿例殿降如戶口增添催稅及限亦依主
簿例減選應注在淮南荊湖江南兩浙近處河東官並
限敕申到庫年月出給歷子江南兩浙荊湖遠處西川
近處限二十日西川遠處廣南漳泉福建限一月如限
滿不來出給罰俸如違四十日已上奏裁　淳化元年
十月詔今後敘封加勳官告並使本司印所有逐司公
事并印令吏部官主判其合要主行人吏即令於吏部
舊主行人吏內插差應有合行條貫事件仍委主判別
具條奏　至道二年六月詔令後諸處闕人不得於考
功甲庫祠部抽差並令御史臺於閑慢諸司揀選　三
年十二月詔尚書考功依例許招院子一人粮錢一千

以祠部公用錢支　真宗咸平元年六月詔選人用上
考減選即下考並合殿選今後每年較考敕下後具名
牒門下省申銓闕報南曹須八月已前報畢　三年七
月詔考功所較令尉考第折除外如兩度不獲劫殺賊
降考一等今後從初縣尉失職三限未滿間交與縣令
捕捉即據逐人所管目數分兩處書罰各降考第　六
年六月詔選人不齎到單帳即會問考功如逐年本處
已申考帳較考分明者更不守殿如單帳都帳俱不到
考加一選判成更不候守殿滿赴集自今選人或有書
罰並只依斷敕下月日施行　景德三年八月詔今後
臣僚薨卒合賜謚者依舊葬前定謚於祖奠時遣官讀

誄賜之　大中祥符二年二月詔廢考功綾紙庫并入
官告院綾紙庫如考功要紙依甲庫例旋取五十副或
百副使用　三月詔今後選人有追官停任充替人注
司戶參軍兼錄參司法若有書罰只依舊降考外所有
常調選人如擬司戶兼錄參司法在任犯公罪杖已下
責罰者依錄事參軍例較考　三年正月詔選人有移
官對移赴任後前任事發書罰在令任者依例如前任
未考批書　五年正月詔文武官薨亡準唐六典諸職
事三品以上散官二品以上身亡者佐吏錄行狀申考
功責歷任勘校送太常禮院擬謚訖覆送考功於都堂
集省內官議定以聞贈官同職事自今如本家請謚更

不先具聞奏便依故事施行　二月詔令後幕職州縣官到任便權司理司法録事直至得替者若考内有準敕公罪元犯杖已下書罰者依例書常考　天禧三年十一月詔司封自今給事中諫議大夫中書舍人母封郡太君妻封郡君　四年三月詔翰林學士至龍圖閣直學士已上母妻令尚書司封並依給諫例擬封　嘉祐六年正月詔判尚書考功祠部官告院自今降敕差人理合入資序仍給添支錢十千　故事尚書省諸曹惟判刑部吏部南曹許理資序餘遇有闕即中書判送某官謂之送印時以入堂除差遣者衆又三曹皆有事守故也以敕差之　兩朝國史志司封判司事一人以無職事朝官充凡封爵之制一出於中書本司但掌定謚先期戒本部赴集而已餘司准此令史二人元豐官制行郎中員外郎始實行本司事　郎中一人掌封爵敘贈奏廕承襲案五曰封爵有三曰知雜曰檢法史額主事一人令史一人書令史二人守當官二人正貼司四人私名二人。神宗元豐六年十二月二十六日吏部侍郎陳安石等言乞以侍郎比類直學士例封贈父母從之著為令。哲宗元祐元年閏二月二十八日中書外省奏舊制臣僚贈父母各有詞欲令後依舊制中大夫防禦使已下用海詞外其太中大夫觀察使已上用專詞從之。四月二十六日三省言尚書六曹職事

卷一萬四千六百四十四

三

闕劃不等今欲減定員數至簡者以比司兼領司封司勳各減郎官一員從之。　二年九月十五日詔諸父及嫡繼母在不得封贈所生母雖亡而未有官封者不得獨乞封贈所生母若父及嫡繼母所生母未有邑封者不得獨乞封贈妻從吏部請也。　紹聖元年七月八日詔宗室換授文官身亡者通直郎以上於見任寄禄官上加贈三官。　二年八月二十四日詔寺監官以雜壓在寄禄官通直郎之上者雖係宣德郎遇大禮亦許封贈。　四年四月十二日三省言中書舊條國名内有莒郯樊芮薛郇鄭羅國今來司封格内無此國名乞行添立從之。　元符元年十一月十五日司封言元豐法中散大夫大將軍團練使雜學士以上母妻並封贈郡君其餘陞朝官母妻並縣君銀青光禄大夫太子少保節度使以上郡夫人開府儀同三司以上國夫人並係用子官封叙詔封贈並依元豐法。　徽宗崇寧四年四月二日司封員外郎余彦明劄子契勘自來不許封贈國郡鎮名除已有令文外有下項國郡鎮名内端國遂寧郡亦不合封今欲條内添入從之。　大觀元年七月七日廣親北宅宗子博士葉莘等狀伏覩見行條令大理評事叙位雜壓在國子博士之下遇大禮並許封贈今朝廷置立國子博士與宗子博士叙位雜壓即未有明文如宗子合在國子之上伏望詳酌特許比類遇大禮

卷一萬四千六百四十四

四

封贈吏部狀契勘宣德郎任大理評事國子博士係寺監官雖歷在寄祿官通直郎之上遇大禮依條合該封贈外其宗子博士序位班在太學博士之上係在通直郎之下不該封贈兼契勘宗子博士亦不係寺監之官詔宗子博士序位立班在國子博士之上餘依所乞。

二年二月五日吏部狀承大觀二年正月一日赦書郡縣君依封國法列為三等看詳到封國之法自來以大次小分為三等今參酌擬定下項將已曾經兩次封贈之人與改封大郡大縣已至大郡大縣人後來再遇恩許令於本等内改封如允所乞即已下到封贈文字便依此施行并契勘國夫人已立三等今承赦文郡縣君亦分三等所有郡夫人未有明文竊慮亦合依此分等詔郡夫人依國夫人分三等餘並依

卷一萬四千六百四十四

五

四年四月八日内降指揮下議禮局臣僚之家霑被恩典澤及祖先最為榮遇其追贈官爵雖是寵以虚名緣直下子孫皆得用廕及本户差科輸納之類便為官户故所贈三代愈多即所庇之子孫愈衆不特虚名而已令司封格三公以下至簽書樞密院初除及每遇大禮並封贈三代節度使雖封三代遇大禮方許封贈尚不在初除封贈之例其次官雖至東宫三師階雖至特進職雖至大觀文亦止封二代有以知祖宗以來慎惜名器之意又高祖之上又有一祖未有稱呼可令議禮局看詳本局奏臣等看詳家祭之禮子孫所以致孝也其世數之遠近必視爵秩之高下以為之等是以或祭五世或祭三世或祭二世封贈之制朝廷所以廣恩也其世數之遠近亦必視爵秩之高下以為之等是以或贈三代或贈二代或贈一代蓋朝廷之典以義制恩人子之心奉先以孝故遠近雖不同乃所以為稱也今來家廟所祭世數儀注已遵依御筆修定其封贈自合依司封格施行至於高祖以上一祖稱呼臣等檢詳爾雅曰父為考父之考為王父王父之考為曾祖王父曾祖王父之考為高祖王父至四世而止按禮記王制諸侯五廟二昭二穆與太祖之廟而五則所謂太祖者蓋始封之祖不必五世又非臣下所可通稱祭法諸侯立五廟曰考曰王考曰皇考曰顯考曰祖考則祖考亦猶王制所謂太祖不必五世者也今高祖以上一祖欲乞稱五世祖庶於禮經無誤從之

卷一萬四千六百四十四

六

政和三年正月五日尚書省言内外命婦官稱文武官並合依已降指揮施行除今來元圭赦書合封贈者並依已降新官名封贈給告其已封及未願再封之人若行改封慮有煩費欲只令吏部給與文字改令來命婦各隨其夫之爵秩所有特封之人其夫與官或非通直郎以上則著姓名封贈一舊來非通直郎以上封贈者如指揮使之類並合依舊與著姓名從之

□二月二日吏部乘劄子奏政和二年十二月二十二日

御筆古者妻隨其夫之爵服國家乘襲五代事不師古
因陋循舊或未有革令命婦猶封縣君郡君昔在元豐
改作未就小君之稱雖見於古而裂郡縣以稱君蓋非
婦道又等級既少重輕不倫全無差次別可依下項通直
郎以上初封孺人朝奉郎以上封安人朝奉大夫以上
封宜人中散大夫以上封恭人太中大夫以上封令人
侍郎以上封碩人尚書以上封淑人執政官以上封夫
人並各隨其夫之官稱封之武臣准此若封母則隨所
封五等謂如封南陽縣開國男則隨其爵稱南陽縣男
令人封魏國公則稱魏國公夫人之類庶幾近古不至
差紊令將雜壓與舊條參照措置修立下項勘會應婦

卷一萬四千六百四十四　七

人不因夫子得封贈謂命官非陞朝而母年九十以上
或庶士婦女年百歲并特旨若四投者或因子孫得封
贈而其夫至陞朝或雖非陞朝官應封贈者並孺人吏
部申下項一應已經封贈至國郡夫人郡縣君者欲國
夫人與夫人郡夫人與淑人郡君與恭人縣君與孺人
小貼子稱已封贈郡夫人者更乞賜詳酌欲國郡夫人
並換夫人外其郡君縣君自今隨其夫官爵高下對封
謂如承議郎以下換孺人通侍大夫以下換恭人之類
一宗室官卑因襲封至國郡公郡國王者欲止依本身
任官封贈欲依舊一應納羅紙錢並依見行條制一舊
封贈祖母并母係國夫人郡夫人郡縣君若父祖亡即

加太字令來已降指揮別立新法孺人至夫人即未有
明文加與不加太字欲因子孫得封贈而其父祖亡者
所封母并祖母並加太字詔內命婦國郡夫人令尚書
省講究餘依擬定。十一月八日臣寮上言臣伏覩近
者臣僚陞辭數奏文武陞朝官贈母乞除去太字已墜
旨依奏然理有未安事有未便者臣請遂言之今曰所
生母存而嫡母亡者在所生母則加太字而贈嫡母則
去之如此則以卑臨尊以賤臨貴稱呼之際未愜至情
此理之未安者也令吏部出贈母告先冠以子之官稱
而繼之以安人或孺人某氏如此則母妻無別人子之
心實所不還處既除太字亦當加母妻二字以別之此

卷一萬四千六百四十四　八

事之未便也況加太字乃因子贈母而已本事非為父設
也於母固無存歿之異則贈母不加太字揆之人情可
乎通者冬祀大禮霈恩內外文武陞朝官當得封贈者
衆欲望聖慈下有司再加詳議務歸至當如合改正即
乞早賜睿旨施行詔於告內添入母妻并祖母字。十
五日新差知壽州劉安上奏竊惟國家肇新命婦名稱
德意美名超軼前古天下稱頌然獨封贈之文有司奉
行有疑誤者臣冒昧言之謹按令文應因子孫得封贈
而其父祖亡者所封母并祖母用贈子孫官爵并加太字
臣看詳立法之意惟封則加太字則不用其意甚當有
司緣承上文有封贈二字遂於贈亦用蓋失之矣何者

太者事生之尊稱也封母而加之所以致別於其婦也既沒并贈於夫若加之尊稱則是以尊臨其夫也於名義疑若未正伏望詔有司申行下應命婦因子孫官爵封母祖母者加太字若父亡母加太字者歿及進封並合除去所責令文全備有司奉行無或不當從之。以上續國朝會要

高宗建炎二年十月四日詔令歲冬祀應封贈文武陞朝官並經所屬保明其綾紙錢卻於行在左藏庫送納給鈔繳申司封奏鈔從吏部員外郎黃槩請也。三年六月八日詔應合納綾紙錢並依舊法於所屬州軍寄納還鈔保明申司封真二年十月四日指揮更不施行以襄陽通判胡孝翼言道路艱難及陳乞之人類多貧乏不能遠詣行在送納故有是詔。四年五月二十一日詔文武陞朝官遇恩母妻雖不該遷改等願再封贈者聽中書門下有言通直郎遇恩母妻合封孺人後來又子官皆未至朝奉郎再遇恩止合封孺人自不必再行封贈若其子轉官再遇恩日應改者依元降指揮不得遺母切詳赦文已封贈者更與封贈所以示朝廷覺大之恩澤及存歿今來若將願封贈之人一槩不行再封贈是不霑恩霈故有是詔。紹興元年三月十三日詔應合納綾紙錢並令赴行在左藏庫送納先是文武官陳乞建炎二年郊赦封贈有已納綾紙錢而散失朱鈔及已出元限而未曾納錢者吏部以為言故有是詔。

卷一萬四千六百四十四　九

六月九日吏部言文武官陳乞封贈有自京官及小使臣或白身借補陞轉充修武通直郎以上之人恐錄到告敕付身節去借補二字便作正官陳乞欲並從本部具因依取旨從之。十一月十二日詔應所在州軍申到官員陳乞封贈文字內無知通審驗一節及小節不圓先次放行卻行下取會先是吏部言近降指揮應乞封贈敘官知通並審驗經敘日實係陞朝官及違礙事緣道路阻滯多未盡知令來諸路陳乞並無知通審驗一節者並退回恐致積滯故有是詔。十一年五月九日詔應官員遇恩該贈父祖文質如像有官有出身與帶左字無出身及白身並帶右字。九月十九日詔應承受樞密行府劄付到官員等封贈加恩繳到合用付身未鈔等已圓備之人並與放行內未圓者即行下本處取會先是吏部言應從軍謙紹興四年明堂赦封敘之人樞密行府劄付到文字已照驗真本府身若使行下令所屬陳乞即慮往復故有是詔　十二年五月二十八日吏部言知臨安府俞俟近除敷文閣直學士緣封贈格法未曾該載雖准紹興十年五月指揮敷文閣名在徽猷閣之下未敢比類詔依徽猷閣直學士格法封贈。以上中興會要

孝宗隆興元年八月五日吏部狀依指揮併省吏額司封見管主事一名書令史二人守當官二人貼司四人私名二人今欲正貼司并私名人內各裁減一名

卷一萬四千六百四十四　十

詔依見在人依舊如將來遇闕更不還補。○乾道元年
正月一日大禮赦應諸州軍申奏到文武官陳乞奏薦
封贈加恩及致仕遺表恩澤錄白真本一切圓備止是
漏保明字與作小節放行案後行下取會如有違礙即
行改正內奏薦申奏狀內不填實日却係在前後日分
內發奏者亦與放行。○三月二日吏部言文武官陳乞
封贈加恩其後軍人錄白到見任告命內有係赦前月
日書填如不連到審實告示本部再行取索方始施行
以致留滯今乞將陳乞之人止據憑錄白到已書填告
命放行從之。 同日吏部言封贈加恩文字如錄到經
赦日付身不曾錄白到赦後轉官告命如止錄到見任

卷一萬四千六百四十四　十一

文字却無經赦日付身從來本部例皆取會乞自今後
如有似此陳乞之人從本部關會所屬選分見任官閱
依評與放行若不曾錄白到父母妻已封贈并加恩敕告
命之人亦乞檢照前赦已封贈加恩案檢亦與放行從
之。○六年五月四日吏部狀司封見管吏額主事一人
令史一人書令史二人守當官二人正貼司三人私名
一人即無請受今於守當官正貼司內各減罷一人認
依擬定各從下裁減將來見闕日依名次撥填其減下
人願依條陳乞換名目者聽。○十二月二十八日吏部言
勘會本部掌行諸色人捕盜酬獎依奏格合補下班祗
應并進武校尉承信郎及宗氏子孫補官恩澤自來係

司勳具鈔上省令承前項令四選并司封奏鈔作兩道
擬奏緣司勳係司封兼領所上鈔目亦自希少郎未有
該載明文乞指揮許令本部遇有合上鈔事件依例亦
行日上一鈔從之。○七年四月十一日吏部言准赦文
文武陞朝官為父後者特與封父母一次除父已有官
封并父母係白身未有官封邑號依赦施行外竊緣母
已封孺人若子係文臣未至朝奉郎武臣未至大夫其
母並未該遷改并母已隨夫官高封叙了當或隨夫官
亦未該遷改其赦文內即無加字乞指揮行下本部各
於見今已封邑號上再行加封一等施行從之

宋續會要

卷一萬四千六百四十四　十二

淳熙二年二月十五日詔吏部奏擬文武臣封贈每鈔
毋得過五人中書門下省言已降指揮吏部奏鈔文武
臣依格擬官封贈每選每日分作兩道擬奏緣每鈔不限
人數至有四五十人作一鈔上省若一人合有取會事
即例皆留滯故有是詔也。○八月二十二日敕令所擬
上重修司封令諸小使臣以上帶御器械依正侍至右
武郎格法封贈官高者從本格從之。○十二月二十八
日吏部言已降赦書應文武陞朝官父母及宗婦宗女
年七十以上與加封禁軍都虞候藩方馬步軍都指揮
使父母年七十並與封叙已封叙者更與加封契勘陞
朝官其父每封進一官外所有母并宗婦宗女加封若

依本部格法止合隨夫子之官爵謂如夫子見任承議郎敦武郎以下止合封孺人任朝請郎武功郎以下合封安人之類御前忠佐若將校帶遙郡兩遇赦恩母妻並封敘安人如初遇及不帶遙郡者封敘孺人若不該遷改即不許再行封敘謂如已封孺人遇赦再命封敘孺人之類緣上件赦書內有加封二字令欲於合得官封上加封一等從之既而淳熙十三年正月二十九日吏部言伏覩正月一日赦書節文應文武官祖父母父母並與封敘有差本部勘會在法諸文武臣應封母父在隨父官昨來行遣淳熙十年十二月十六日已降赦書加封文字其間有父是見任未致仕之人其子卻行

卷一萬四千六百四十四

十三

獨乞封母本部遂將似此陳乞之人放行加封了當來審今來慶壽赦恩其間若有申到似此父母具慶係是見任未陳乞致仕之人合與不合照應淳熙二年十一年已降指揮施行詔依淳熙二年并十一年已降指揮施行。三年三月二十五日禮部尚書趙雄言慶壽赦得解進士父母年七十以上並與初品官婦人與封號竊慮有增加年甲計囑州郡保明若例與放行僥倖為多恩賞泛濫臣謂得解進士父母年甲猶有試卷家狀可憑紹興二十九年以前不可檢照止憑州郡保明放行外紹興二十九年至今已十八年略計進士父母年亦老矣故便與放行自紹興三十二年以後五舉試卷家

狀尚全猶可考按已委郎官將舉人家狀內所載父母年甲盡入本名貢籍如諸州保明到父母官封並將貢籍點對紐計父母年甲至今若實及七十以上並與具鈔放行如年未及七十不應赦即與駁下司封所掌亦如之卻會禮部取實年甲仍下國子監應上舍內舍外舍生父母準此從之。八月四日詔進士增改父母年甲以冒封爵者坐以學規一等之罰限一月自首改正從吏部尚書韓元吉請也。六年七月十一日詔吏部應以小吏出職雜流補官選人不得引例取旨陳乞回授官資封贈從之以右諫議大夫謝廓然言近來小吏出職及雜流補授選人至承直郎詭貴無用循習卻因

卷萬四千六百四十四

十四

先有夤緣冒取特旨得封贈者多援引陳乞回授吏部用例取旨特與放行故有是詔。十年十二月十六日慶壽赦應陞朝官以上祖父母父母並與加封一次祖父母年未七十以上及父母未有官封者特與官封京官選人并使臣祖父母父母年七十以上亦與官封已有官封者與加封應禁軍都虞候以上并藩方馬步軍都指揮使祖父母父母年七十以上並與封敘已封敘者更與加封。十一年二月十日吏部言勘會淳熙十年十二月十六日赦書應文武陞朝官京官選人使臣并曾得解進士士庶太學武學上舍內外舍生祖父母父母封敘所有保明奏狀體式約束事件及立定限陳

乞年限等事欲依淳熙二年十二月十七日慶壽赦恩申請到前後已得指揮施行從之。○十三年十二月九日詔司封減私名一人以司農少卿吳燠議減冗食下敕令所裁定，故有是命。以上孝宗會要。淳熙十六年四月五日吏部言司封見行去年明堂大禮官員將校等文字止添差手分四名貼司楷書各三名今登極赦恩應文武官及都虞候以上並與封贈文字浩瀚乞更添差手分貼司各二名楷書一名共一十五名趂辦兩赦文字並於本部私名內選差從權名例支破七分請給其理年乞自今年降赦日為始候及一年先次減罷手分貼司楷書各二人及一年各減罷二人又半年全罷其添支食錢更不支破從之。○紹熙二年十一月二十七日南郊赦諸州軍奏到文武官陳乞封贈加恩及致仕遺表恩澤申發圖備止是保官漏行聲說作保次數或不曾聲說寄居因依並與作小節放行。以上光宗會要。慶元元年三月四日主管官告院張經等言紹熙二年南郊大禮本院出給過文武臣封贈告命計二萬二千七十餘道今來登極明堂相繼兩赦封贈紙以前郊數為則倍給合出告四萬四千一百五十餘道乞將文武臣該遇登極明堂兩赦未曾給告之人許令吏部具鈔作一併封贈於告身內開說書寫庶免留滯既而吏部看詳所陳委是利便在臣僚之家不損恩例在本部亦得如限行遣免致積壓兩貲

卷一萬四千六百四十四

十五

陳乞如蒙許從乞自今降指揮下日將見在部及以後陳乞之人並作併赦封贈施行其已該登極封贈給告之人再陳乞明堂封贈許與已封贈官上放行仍令子細點勘不致重疊從之。○嘉泰三年十一月十一日郊祀赦文諸州軍奏到文武官陳乞封贈加恩及致仕遺表恩澤申發圖備止是保官漏行聲說作保次數或不曾聲說寄居因依並與作小節放行。嘉定十四年明堂赦亦如之。同日赦應京官選人并使臣父母年九十以上許經所屬自陳保明以聞特與官封士庶年百歲以上並具名聞奏男子特與初品官婦人與封號。以上寧宗會要。

卷一萬四千六百四十四

十六

大注左一人主判下 首頁第一行

寄叢大典卷三百七十五引

神宗正史職官志司封郎中員外郎參掌官封敍贈之
事宗室賜名授官親王內外命婦以下封爵諸親保
任其宗屬陞朝官餘贈其祖考妻皆隸焉列爵有九曰
王曰郡王曰國公曰郡公曰縣公曰侯曰伯曰子曰男
分國有三曰大國曰中國曰小國內命婦之品五曰貴
妃淑妃德妃賢妃曰大儀貴儀淑儀淑容順儀順容婉
容昭儀昭容昭媛脩儀脩容脩媛充儀充容充媛曰婕
妤曰美人曰才人貴人外命婦之號九曰大長公主曰
長公主曰郡主曰縣主曰國夫人曰郡夫人曰郡君曰
縣君敍贈之制三執政官節度使三代金紫銀青光祿
大夫二代餘官一代皆辨其位序以進之加食邑實封
則視其高下之品以為戶數多寡之節凡事之可否與
司勳通決於尚書侍郎分案三設吏六 神宗元豐

卷三百七十五

十二字大字居中寫

宋會要 司勳部

司勳官以朝官一人主判兩朝國史志司勳判司事一
人以無職事朝官充凡勳守之賜一出於中書本司無
所掌吏二人元豐官制行郎中員外郎始實行本司事
郎中一人掌功勳酬獎審覆賞格案十曰功賞有四曰
勳賞有三曰檢法曰知雜曰開拆吏額主事一人令史
一人書令史六人守當官四人正貼司八人私名五人
哲宗元祐元年四月二十六日三省言尚書六曹職
事閑劇不等今欲減定員數至簡者以比司勳領司封
司勳各減郎中一員從之 十一月十五日吏部言諸
色人援引舊制僥求入官者甚衆小不如意則經御史
臺登聞鼓院理訴若不約束恐入流太冗請今後諸色
工匠舟人伎藝之類初無法合入官者雖有勞績並止
比類隨功力小大支賜其已前未經酬獎者亦如之則
僥倖之路塞而賞不濫從之 八年六月二十四日尚
書省言昨勘會官員因賞與占射差遣者到部凡在選
久待名次之人皆被陞厭及有一二年已上未能注授
者慮亦有可減或與別等恩例送吏部子細參照申初
謂占射差遣亦有可減或與別等恩例仍為事任不當
得此酬獎或已得轉官循資而涉僥倖者即與刪削或
與改授指射陞名之類非謂必欲全罷占射令吏部一
倒改換減年磨勘卻是歲增轉官蔭補請給本選四選

大典卷二千二百八十八又卷一萬四千六百四十五 以下凡占者皆作數

寄叢以上大典卷七千三百九同後續宋會要

合再行看詳從之　元符元年二月二日權吏部尚書邢恕言乞八路知州通判員闕除廣南東路并其它路有煙瘴及邊蠻夷合得酬獎處依舊外餘並收還本部注擬從之　徽宗政和四年六月六日翰林學士王甫等奏措置事件勘會尚書司勳依官制格目係掌賜勳定賞覆有法酬獎內一司一路所載酬獎自來唯據所屬檢引條法審覆推賞謂如招錄將禁軍專委將副招塡係在將官敎內付之諸路不曾頒降到部之類本部並無編錄條格每有關申到該賞之人類皆旋行取會所引法令有無衝改及係與不係見行非惟淹延留滯設或官司檢引差誤致以至隱漏故作欺弊既無條法

卷一萬四千六百四十五　二

遵執顯見無以檢察令措置欲乞令本部行下所屬將一司一路條制參照內有係干酬獎條格節錄成冊委官點對無差誤申送赴部編錄照用遇有續降更改依此關申施行從之　高宗建炎元年七月十四日詔令後應殺獲強盜別無生擒徒伴照證令所屬州軍申提刑司勘驗詣實即下所屬依條保奏從吏部定奪如有已保明而事節不圓復經燒劫無從取會即令所屬委曹官一員根究開具因依結罪保明回申依政和條格定賞　先是尚書路允迪言司勳掌行諸色告捕賞條格依條據元勘案所犯情節贓錢及斷遣刑名定奪推賞近省州軍保明盡是獲到首級無案款可驗再下覆實

取會多不能結絶故有是詔　四年六月十一日詔崇寧以後冒濫功賞轉官減年令後更不許收使其已收使人並行改正其已給付身並令拘收毀抹　先是詔討論崇寧以來濫賞後有乞收使轉官者如修蓋奉安神霄宮及除編修敕令修國史外應緣修書及禮制等局減年轉官西域所措置田土及應奉祇應修蓋宣德樓集英殿創造池苑宮院艮岳內外應干營造有勞催促燕山府路免夫錢糧進奉御前物色催促伍局木植顏色開河部夫及應副錢糧梢草修築舊城之類一時轉官減年又駕幸省寺等處趣辦開封府大理寺獄空主管臣僚御書閣推恩之類所得占射差遣及減年轉官恩

卷一萬四千六百四十五　三

例臣僚以為言故有是詔　十一月十二日禮部言諸路監司守臣昨遇淵聖皇帝及今上皇帝登位曾遣親屬奉表進禮物稱賀自來引進司關到職位姓名本部節次關司勳審覆推恩令有闕到臣僚陳乞當時守土進奉恩例緣自渡江及遺火案牘散失無從取會欲乞行下本路轉運司取索當日別無在假事故干照官吏結罪保明申部施行從之　紹興元年四月二日詔令後在任官已替離不許保明功賞　先是臣僚言京西等路道路不通合得功賞之人無從保明或有舊曾任本處知州赴闕便指姓名乞會問緣逐官既久離任即無案牘及人吏承行可以參照當時功狀深慮生弊故有

是詔。二年七月八日臣僚言靖康勤王及方臘直達綱鹽課增羨等賞乞今後一切不行詔從之其未降指揮已前給到吏部公據者並令吏部驗實依條收使後三年六月二十八日吏部申明其閤副尉繳到賞據係在昨來指揮之前亦乞檢照收使從之。　十二日吏部侍郎綦崇禮言近闕到命官并諸色人酬獎有法者所屬並自指定所該賞名亦不勘當無法者更不檢照體倒勘驗功狀及往蹤問却下元保明州軍及回申入不看詳可否即關司勳若不立約束不能結絕欲乞所屬部分其勘驗不圓者第一次上簿第二次理第二等過第三次許具因依申朝廷施行從之。　十一月十七日

卷一萬四千六百四十五　四

吏部尚書沈與求言諸路保奏到捕賊酬賞有毀失元勘公案者欲令監司選官同本處官根究如有當時指獲賊人情款草案單狀或不全批書上有元獲諜劫姓名贓錢數許作照據即委憲司審驗保奏錄白元據送部推賞如本部勘得所保明不依法即許將當行人吏送別路從杖一百科罪從之　三年七月二十六日司勳員外郎王綰言近降指揮諸白身人便作有官或有官而低小便作高官妄稱因遺付身經部給據或承代冒名授官注闕者其點檢告獲人並等第從所屬勘驗酬賞緣未有勘驗官司欲乞今後諸處保明到上件酬賞並隨點檢告獲所詐官名色隨所屬選分勘驗關司

勳審覆施行從之。　八月九日吏部言自來告獲强盜酬獎依條並所屬州軍保奏并錄元案赴部看詳依條格定奪推賞若所劫贓錢及十貫足或持仗五貫足并雖贓不滿曾殺傷人並作死罪計數理賞若贓不滿不曾殺傷人亦合作徒流罪比當死罪。計賞其告捕劫獲不得姓名人財物依定法不該賞格近送下廣南路宣諭明橐白中請廣南告獲强盜須估贓五貫足以上及被主照認若財主劫殺須經官看驗迹狀分明方許推賞本部契勘欲止依見行條法施行詔從之仍檢法保奏不實條法行下令二廣提刑司常切按察其提刑官失覺察取旨罷黜令後司勳定賞將元案子細審覆施行。

卷一萬四千六百四十五　五

十二月十三日詔應承直郎以下因白身勞績或四授恩賞得轉一官而元降指揮有言依條施行者並與依條改官或循資而回授者不得改官如稱比類比附比折或依條比類與循資即已至承直郎者候改官了日收使。　四年五月十五日吏部言惠州保奏右宣教郎孟師尹任司士曹日駁正無罪死囚申部推賞其奏狀見在以在路汚損難以進入乞依條推賞從之　十一月吏部言登仕郎不理選限常向先寄居虔州因軍變登城守禦蒙朝廷具奏給到第一等賞公據令乞許作理選限收使從之又言從義郎鄭恬權幹辦從衛牛羊司在虔州應奉因軍變守城得全蒙朝廷給到第二

等賞公據乞推恩詔與轉修武郎　五年七月二十一
日詔應臣僚有立定賞格如養馬及千疋及州縣官被
差管押燕山免夫錢部押人夫進築運糧開河修城被
賞之類今後更不審量先是大臣非依格轉官改官者
並合審量緣其間實有勞効難以例奪臣僚以為言故
有是詔　二十三日吏部言左從政郎劉希亮任洪州
司理參軍日驗獲詐冒忠翊郎人得轉一官緣元指揮
無依條及比類之文今乞比類止循一資施行從之
八月一日詔應宣和以前酬賞如後苑作排辦彰山撫
定燕雲定鼎押樂之類其未收使者今後不許陳請已
收使者令吏部具申取旨先是戶部侍郎張𢾾遠言執
政大臣有陳乞宣和所得恩賞者或從或繳無以示訓
故有是詔　十二年七月二十三日詔均州州縣官到
任任滿賞並依荊襄七州軍已得指揮施行先是均州
兵馬都監彭筠等言伏覩襄鄧郢隨唐信陽漢陽荊門
軍應文武官到任並與減一年磨勘任滿依此選人比
類施行契勘筠州正係緊切極邊與諸處事體一同獨
未霑賞武當軍係明故有是詔　二十二年十一月十八
日赦應命官酬賞因犯公罪須候一任回方許推賞者
並因無過犯人例收使　三十一年九月二日赦應四
川二廣奏辟定差通判以下差遇遣先次就權之人任
內開破應在官物及趁辦經總制無額上供酒稅茶息

卷一萬四千六百四十五

六

錢已及賞格如不該差注更不推賞之人並與依正官
減半推賞　紹興三十二年孝宗即位未改元八月十
八日臣寮上言乞截自今日已後應干邑從無務暦者
並不推恩以革僥倖從之　十一月二十五日吏部狀
陝西路轉運司言今來已收復陝西陷沒共一十三州
軍所有逐州軍並係極邊累經殘破去處少有人願就
若不申明立定賞格無以激勸乞本部看詳優加賞典
令參酌將陝西州縣官京朝以上官到任與轉一官任
滿更轉一官餘依見行條法內未受朝廷付身時暫差
權之人即於今來賞內各減半推賞如後來受朝廷正
差付身即與全賞施行從之　孝宗隆興元年四月二
十五日吏部狀泗州申本州係是久陷偽地近方收復
與其他近裏沿邊州軍不同乞特賜優加推賞本部勘
當欲依本州申請候到任及一年方許推賞仍自收復
後來到任年月為始理賞施行從之　七月二十九日
詔省併司勳郎官一員以司封郎官兼領以諫議大夫
王大寶等議也　八月三日吏部狀依指揮併省吏額
司勳見管主事一人令史一人書令史六人守當官四
人正貼司八人私名五人楷書一人令減正貼司二人
私名貼司二人楷書一人詔依擬定各從下裁減見在
人且令依舊如將來遇闕更不遷補　乾道二年六月
二十七日吏部侍郎李益謙言乞遍行下諸州軍監司

卷一萬四千六百四十五

七

職官一〇之八

抄錄一司一路專降指揮到任任滿酬賞保明與見行無續降衝改子細開具立限申尚書省着為成法頒降本部遵守詔吏部四選同共勘當申尚書省。三年正月二十六日試禮部尚書周執羔言乞將京西湖北淮南州軍等處官員如罷任在乾道二年終已前權依舊格推賞若在乾道三年已後到任并應罷之人並依昨降指揮於邊處元立賞格上減半推賞施行從之。十一二月二日大禮赦應命官酬賞因犯公罪須候一任回方合推賞若經今赦合依無過人例便許收使。十二月十七日詔將州縣到任賞並候任滿日陳乞依條推賞施行仍自今降指揮日為始 先是有修職郎前舒州司理參軍應紳乞推到任酬賞本部照得本人陳乞已出違三年條限若便作已出釐革條限告示卻緣本人係罷任之後併經本司陳乞推到任任滿賞之人難拘三年釐革條限欲將到任賞依任滿賞無釐革條限放行故有是詔。

卷一萬四千六百四十五

八

四年七月十六日尚書吏部侍郎周操言瀘南安撫司奏長寧軍指使楊大椿乞推任滿賞本司檢坐到皇祐三年指揮三年得替與轉一官本人係二年成資滿替陳乞降賞格二年推賞本部檢准賞格長寧軍指使止是任滿轉一官即無三年得替之文其本司奏狀內檢引及二年降賞格二等條法本部已行推賞了當令承都省付下湖南安撫司奏忠訓郎武岡

職官一〇之九

軍武陽寨兵馬監押劉駿乞任滿賞本司檢坐到熙寧元年指揮三年為一任任滿日與減三年磨勘免短使指射差使照得本人係二年成資滿罷即不曾聲說降等推賞本部檢准紹興修立賞格亦無三年為任之文如將本人依本部格法與推全賞緣與長寧軍指使降等推賞事體一同若便行降等又本部格法即不該載三年為任令相度自今後欲將諸路監司保奏到小使臣校尉應以陳乞任滿賞如本司檢坐到一司一路指揮以三年為任於本任部賞格雖不曾該載三年為任去處並依長寧軍指使已行體例於賞格上降二等推賞從之。 五年九月九日詔浙東福建路安撫司所起

卷一萬四千六百四十五

九

一番海船緣在岸防把日月不多與依格減半推賞。六年五月四日吏部狀司勳見管吏額主事一人令史一人書令史六人守當官四人正貼司六人私名三人令欲於書令史減罷一人正額守當官減一人正貼司減二人詔依擬定各從下裁減將來見闕日依名次撥填其減下人願依條比換名目者聽。八年正月十四日詔滁州州縣官到任任滿依次邊舒州州縣官推賞 先是權通判滁州范昂陳請故有是詔。 四月十八日詔川廣合得到任任滿賞仰吏部照應格法先次放行抄錄到一州一路專法指揮令勅所修立成法其未到并未圓去處疾速取會。八月五日吏部侍郎張津言州

州縣之吏合該賞典，司勳格目不一，比年旁緣法制，僥冒生姦。臣先以五事言之：州縣場務課息增羡，內合起發上供並無行在交納朱鈔而推增剩賞；州軍禁卒係兵官同管而乃巧作名目分管人數，無逃亡而推全賞；巡轄遞鋪使臣任內催過常遞不具逐一件數、經過時日而推無稽違賞；縣邑與修水利並無功料實迹而推水利賞；近裏州軍非沿邊去處而推控扼賞，欲望特降處分，日後州軍監司更有保明泛濫，經由所屬已行許司勳開具取旨，庶幾弊源可塞，實非小補。從之。 十月七日，權吏部尚書張津、劉子契，勘侍郎左選、選參附令漳州龍巖縣令三年替循一資，占射差一次，緣日前並

卷一萬四千六百四十五 十

係選人任上件差遣，任滿許行推賞京官任滿事體一同，緣未有許推賞明文，乞依此施行。從之。 九年閏正月十一日，詔今後諸路州軍推勘強盜須管將正賊根治，即不得徇情將平人勘鞫，揍數結案，仰保奏官司將元案再行審實，如見得的無偽冒，方得申奏，仍將合改官人隨奏舉改官人班次引見，方許依條格改轉，或當職官吏依前違戾，監司按劾，重作施行，其保奏官審實滅裂妄行申奏，依事詐不以實論。

宋續會要

淳熙四年正月十九日，臣僚言：近者修城壁、建寨屋、築提堰、造軍器，類皆令日奏功，明日第賞，行之未幾，前功

俱廢，蓋由貪一時之功，不為經久之計，冒受賞典，恬不知恥。乞自今姑令置籍，候經三年委實堅固，方許推賞。詔除繕治器械外，餘依所奏。 六月五日，吏部侍郎司馬伋言：二廣奏到州縣官授訖任滿推賞緣闕名與賞格類多不同，本部無所勘驗賞格，並未推行，乞下敕令所早立成法，有闕名賞格不同去處，看詳改正，庶幾法令歸一，有以遵守，使應被賞者早霑恩典。從之。闕名與賞格不同，如吏部注官闕名有融州文村堡準備差使，淳熙總類賞格則云融州文村堡寨之類。 十四日，吏部侍郎司馬伋言：臣昨任司勳郎官，將崇寧以來應係賞典格法取會類寫成冊，編至乾道六年二月，自臣改除後

卷一萬四千六百四十五 二

不曾編類所有法冊，見在司勳。乞下司勳四字寄據大典卷三千二百八十六校補令取會自乾道六年二月以後推賞指揮接續編類檢照。從之。 七月十八日，吏部侍郎司馬伋言：自今小使臣校尉應差重難短使偏無籍定人，却差常程短使人前去二廣、荊湖、淮南、福建路為重難短使，如四日無縮繫，與比附四川已得指揮，以地里遠近等第推賞。從之。 二十一日，左司諫蕭燧言：捕盜官聽格改官，將以勸功而姦生詐起，往往湊足人數，遷就獄情，求合法意。乞詔敕令所改修成法，止與循資，其能擒捕劇賊自立奇功者，取特旨改官。從之。建寧府建陽縣尉陳伯和將百姓應千三十九人第十一名誣伏強盜結正解府，審問得實，伯和特降一資放罷。

故有是命。九月二十四日吏部尚書韓元吉言捕盜之賞非特選人改官一事自餘條目尚有數四若今來止將選人改官減作循資則輕重不均若併數降削減則捕盜之賞驟廢令乞正官在假而暫權者所獲盜賞止與循資其捕劇賊及人數多者聽奏裁仍令本州及提刑司指定保明其不實者守倅監司一例坐罪從之

五年五月二十八日吏部言乞將選人合得循資酬賞存留後任收使者減半其淳熙二年十一月二十九日指揮更不施行先是吏部尚書蔡遴（洸）言乞自今選人酬賞不許於改官後收使從之至是臣僚言選人勞績遂成乾沒乞別立法事下吏部看詳故有是命

七年二月二十五日詔吏户部行下外路官司自今保明到任滿酬賞並遵依新降專法供申不得引例從中書門下省請也。二十六日吏部言諸處保明小使臣校尉酬賞今新修酬賞格法內有減損去處係是今年正月頒行其間却有到罷在今降指揮前者乞依舊法推賞若在今來頒降條格之後並從新格從之。三月十九日詔自今承直郎以下捕盜合得轉一官與改次等合入官每歲以八員為額若合得減三年磨勘與循一資餘一年磨勘候改官畢日收使其乾道賞令內承直郎以下捕盜改官條令數令所刪修先是宰執呈進重修縣尉捕盜賞格上曰朕未嘗輕易改法緣縣尉捕盜賞

卷一萬四千六百四十五　十二

前後臣僚論其太濫不得不少嚴之務要適中可令敕令所依此刪修故有是詔。十二年九月四日詔二廣監司及諸郡守倅州縣鎮寨等官到任任滿依舊格推賞先是廣西路安撫使詹儀之并臣僚申請乞依舊格復二廣賞典奏旨令吏部看詳聞奏至是本部勘會諸州所得到任任滿酬賞近緣敕令所刪修淳熙一州一路到罷賞格並各比之舊賞例行減損今取到進奏院狀稱二廣州郡內有瘴癘沿邊（沿）海或水土惡弱及外接蠻猺去處即與其餘裁減諸路州軍賞典不同昨來敕令所將二廣諸郡酬賞一槩刪修鐫削是致間有連年無官願就久闕正官實為利害尚書侍郎左右選今同共看詳欲照應詹儀之及臣僚奏請將二廣監司及諸郡守倅州縣鎮寨等官如到罷在今降指揮之前自合遵從淳熙一州一路酬賞條格推賞若到罷在今降指揮之後其到任任滿並依舊格推賞施行故有是命

十三年十二月九日詔司勳減書令史一人貼司二人以司農少卿吳燠議減冗食下敕令所裁定故有是命。十四年八月十七日詔應夔路沿邊差遣今後特依舊格推賞其到罷人依十二年九月四日二廣已降指揮施行以權發遣夔州楊輔援二廣例建請故有是命

十五年九月八日明堂赦應命官管押綱運偶緣元差官司失於照應未有舉主見礙推賞如交納別無少

卷一萬四千六百四十五　十三

欠可與放行一次。紹熙二年十月二日，臣僚言：捕盜之賞最為優異，果有勞効，固無可議。然外路諸州未必詳審，其間巧於營圖，委曲裝飾，容亦未免。乞申嚴行下，精加究覈，罪保明，無或鹵莽。如有違戾，或因事彰露，重寘于憲，庶幾不致虛授。從之。紹熙五年九月十四日明堂赦文：應命官管押綱運，偶緣元差官司失於照應，致有年及六十以上，或舉主未曾到部，但所押錢物別無少欠，見礙推賞之人，可特與放行。慶元二年七月十二日，六部長貳看詳到吏部侍郎張抑言：守臣保奏到知縣縣令災傷最重處，各減三年磨勘，內二年磨勘比類合占射差遣一次。緣本部格法恩賞循資並合移注，以降指揮，日

卷一萬四千六百四十五　十四

為名次人，諸應得循資以上酬賞人，不許留後任使，令選人動待遠次，豈肯以三年磨勘比類循資賞罷見任反待遠闕之理。乞應似此比類一等酬賞，如在任人，許任滿收使，或先循資行下，取問本官願不與不願移注，罷任將來到部，更不破考。今看詳：恩賞循資自有條法合行遵守外，若特旨恩賞，如今來賑濟推恩之類，內有因循資合該移注之人，欲從本官陳請，許就任循資，將來更不破考，仍先行下會問，如願移注者，仍聽，庶幾朝廷特恩不致與常格酬賞一律施行。從之。開禧二年七月三十日，右正言朱質言：檢準令，諸任滿酬賞而本任犯贓及私罪重，若公罪降官或本職曠闕者，不在酬賞

之限；即犯私罪稍重，降賞格一等。此酬賞本法也。今司勳審覆有隱落過名，巧為飾說而理賞者，其已經按劾或論奏，雖不曾推勘體究，固與善罷不同。有選人任左藏庫監官，不就任滿，而引二年為界，先受賞者，其本任既未滿替，安保後無遺闕？有縣尉巡捉私茶鹽礬醯麴，而以茶無透漏循轉者，其鹽即是本職，曠闕豈有更推茶賞？巧於營求，唯務相蒙。乞今後任內應得酬賞，並候任滿關會所屬官司次第保明，無諸般違礙，方許審驗放行。其本任犯贓私罪，但曾經按劾論奏，或公罪降官，或本職內有一事曠闕，並不許推賞；惟私罪稍重，則降等。吏部勅令所看詳：今後任內應得酬賞，並候任滿關

卷一萬四千六百四十五　十五

會所屬官司次第保明，無諸般違礙，方許審驗放行。從之。

自寄以下至哲宗職官志同據私名末人下空一格夾注寫　首頁第七行

夾注不寫

六字挨上寫

永樂大典卷三千二百八十六引　神宗正史職官志司
勳郎中員外郎參掌勳賞之事凡勳級十有二曰上柱
國曰柱國曰上護軍曰護軍曰上輕車都尉曰輕車都
尉曰上騎都尉曰騎都尉曰驍騎尉曰飛騎尉曰雲騎
卷三千二百八十八
尉曰武騎尉宋史職官志上柱國正二品柱國從二品上護軍正三品護軍從三品上輕車都尉正四品輕車都尉從四品上騎都尉正五品騎都尉從五品驍騎尉正六品飛騎尉從六品雲騎尉正七品武騎尉從七品自從七品積而上之至於正二品三歲一遷必
因其除授以加之凡賞有格皆設於此以逆其至焉若
事應賞從其所隸之司考實以報則審其狀以格覆之
非格所載則參酌重輕擬定以上尚書省錄用前代常
系及勳臣之後則考驗而奉行其制命分案四設吏十
有九宋史職官志同哲宗元祐元年四月二十六日三省言尚

此條原粘在本卷第二頁之前

書之則僥倖之路塞而賞不濫從之　紹聖二年戶部
言元豐官制司勳覆有法式酬賞定無法式酬賞元祐
三年有法式者止令所屬勘驗自後應干錢穀本部指
定關司勳則是戶部兼司勳之職願依元豐官制從之
大典卷三千二百八十六

宋會要　勳官

勳官上柱國正二品，柱國從二品，上護軍正三品，護軍從三品，上輕車都尉正四品，輕車都尉從四品，上騎都尉正五品，騎都尉從五品，上驍騎尉正六品，上飛騎尉從六品，上雲騎尉正七品，上武騎尉從七品，上凡十二等，率因舊制。凡賜勳者皆以制敕授之，司勳給告身。五代以來，初敘勳即授柱國。　太宗淳化元年詔：自今京官、幕職州縣官始武騎尉，朝官始騎都尉，歷級而進。内殿崇班初授則騎都尉，三班及軍員、吏職並初授武騎尉。　英宗治平三年十二月二十三日，詔應文武常參官子為父後見任官者，賜勳一轉，以立神宗為皇太子也。

[illegible]卷二千二百八十八

神宗元豐三年九月十七日，詔臣僚加恩並依舊。勳已至上柱國即併加食邑、實封，給諫、待制許加實封，省副、知雜許併加勳。勳已至上柱國加食邑。詳見封爵門

六年十二月一日，詔陞朝官加勳依宗室法，並自武騎尉始。舊法陞朝官加勳、内殿崇班、内常侍賜勳並自騎都尉始也。　徽宗政和三年二月八日，降授儒林郎、充詳定一司敕令所刪定官李嘉奏：伏覩朝廷以郎與大夫之名易武士之官稱，究其立意命名，皆有深旨，寔為萬世不刊之成法。至于文臣，雖選人亦以七階換易，見任官亦正其名矣。若夫勳官之賜，自武騎尉至上護軍，皆武臣之名，悉以為恩數加之。有司沿襲舊制而未之改，則

于名寔之際，尚竊疑之。且有是名者，必責之以自寔也。今官為文品，而勳帶武名，借如使相或賜户之官而勳帶輕車、護軍之類，豈其所宜哉？名不正則言不順，有在于此。欲乞文臣賜勳，如易武士之官稱，别命之名，使文武不相混淆，庶幾上副循名責寔之政。詔文勳官並罷，令尚書省措置。　高宗紹興三年二月八日，詳定一司敕令所言：見修司勳一司法令，其間該載遂等勳賜，今既見遵依政和三年三月三十日指揮，應文武臣勳並罷，欲行刪去。緣又見依當年九月九日指揮，蕃官、蕃兵勳並依舊，其條内勳賜即難以刪去，欲乞存留。從之。

集議之事以上大字居中

大典一百九十四

大典卷一百九十四又卷一萬四千六十六

宋會要　考功部

考功掌幕職州縣流外官年終考帳，次年三月奏較給牒據，仍申闕銓曹以定減殿選數，及掌覆太常擬謚、都省集議之事。兩朝國史志：考功判司事一人，以帶職朝官或無職事朝官充。凡考課之法分隸他司，或以他司專領，本司但掌覆太常擬謚及幕府州縣官流外較考之事。令史五人。元豐官制行，郎中、員外郎始實行本司事。郎中一人，掌考課之法及應文武臣磨勘闕歷資任較考等事。案十二（曰六品已上，曰七品已下，曰曹掾，曰令丞，曰監當，曰知州，曰磨勘，曰檢法，曰知雜，曰開拆），吏額主事二人，令史十人，守當官一十人，正貼司八人，私名一十人。神宗正史職官志：考功郎中、員外郎參掌考課及名謚碑碣之事，頒文武選分治。凡命官皆所隸選，以其職事具注於歷給之，統屬州若司歲書其功過，應升遷選授者驗歷按法而敘進之，有負殿則正其罪罰。凡考監司以七事：一曰勸農桑興治荒廢，二曰招荒亡增戶口，三曰興利除害，四曰劾有罪平獄訟，五曰失案察，六曰屏盜賊，七曰舉薦能。執政官、節度使、銀青光祿大夫以上若死而應謚，則覆太常所定行狀，考驗名實，報尚書集以聞。舊置考課院，其定殿最皆有考辭。至熙寧中及官制行，悉罷，分案十有七，設吏六十有八。哲宗職官志同。

卷一萬四千六百四十六

考守令以善：廉德義有聞，清慎明著，公平可稱，恪勤匪懈，為四善。獄訟無冤，催科不擾，為治事之最；農桑墾殖，水利

屏盜賊寄案大典卷一百九十四作平盜賊

神宗元豐五年十月二十七日，尚書吏部言：待制以上舊法六年遷官，今準新制三年一遷，冀已滿三年磨勘外有剩年月，

今以下並以詔黜陟

為一百有八字據大典卷一百九十四校補

興修為勸課之最；屏除姦盜，人獲安處，賑恤困窮，不致流移，為撫養之最。通算最分定三等，五事為上，三事為中，餘為下，而擇其能否功過著者別為優劣，以詔黜陟焉

者許通理磨勘。從之。　哲宗元祐三年，詔知州考課法吏部上其事于尚書省，送中書省取旨賞罰，方等應罰而已衝改者，仍從衝降法。縣令以下本部專行。　四年五月八日，吏部言：應在任官差出，除應副軍期、推鞫、錄問、驗戶、并考試、部夫、權繁難及課利三萬緡以上場務便糴、和糴、定奪公事外，餘事差出，每考通計過百日者，所餘月日並不理為考任；即自陳有礙而不為改者，杖一百，其月日與收理。從之。　六年六月十二日，樞密院言：元豐七年中書省條，堂除知州軍三年為任，武臣依此。元祐元年指揮，以成資為任，武臣未曾立法。詔武臣任六等差遣川廣成資，餘並三十箇月為任。　元符元

卷一萬四千六百四十六

年三月八日，吏部言：四選通用在任成資不因罪犯替移，許理為任條制，欲入曾被對移、破考，雖還本任通及二年者，不在此限；又差使、借差雖未及二年，聽通理。若因事對移及衝差替之類者，不在磨勘之限。從之。　六月二十九日，吏部言：官員係朝廷差出除在任人自理在任月日，其非在任人緣軍期、邊事、刑獄及往水土惡弱處聽理為任，若朝廷差委勾當餘事，如無稽違，許以二日折一日理為考任，及三年以上者申尚書省、樞密院審察，事體重者取旨，或與理為一任。從之。　二年二月二十二日，詔吏部守令課績在優上等，即關御史臺嚴加考察，如有不實，重行黜責。從吏部請也。　閏九月八

日吏部言差任未滿而朝廷升移者許通理前任滿日雖在職聽關陞從之。徽宗宣和元年二月二十七日臣僚上言臣竊見吏部牒宣教郎行國子小學錄范致厚乞用選人時該磨勘後住滞月日出給公據已奉聖旨依所乞給還臣竊詳吏部元勘當條制係承務郎以上并大小使臣磨勘時官司住滞月日隔礙磨勘依條許行還給即未有任選人日住滞改官隔過月日許給還之文伏望特賜詳酌施行詔改正。高宗建炎二年十一月二十一日赦應命官犯罪合該原免如給斷丞合朝見人特許先次朝見內合磨勘改官關陞差注者並與放行。二十二日赦應今日以前不得差出之官因官司違法差出本官失於限內申陳致破考者並不許通理考任者並特許理為資任。

卷一萬四千六百四十六

三

三年十二月二十二日赦應承直郎以下因事合殿實年月日並與放免。四年十一月十三日神武左軍部統制韓世忠言見帶大小使臣並係軍興以來諸處踏逐抽差到見任寄居待闕并因功換官之人不能參部注授差遣乞與理為資任從之。紹興元年九月十九日赦命官緣情敘州軍罷任因批書不圓合候到部降名者仰本部長貳審量詣實特與免降。二年五月八日權考功員外郎樓炤言欲乞今後選人陞改所用舉官內有未了過犯若係已申朝廷降到指揮許作舉官收使之人依已

詳藁大典卷一百九十四作令合

詳藁大典卷一百九十四作席益

降指揮收使陞改後有違礙卻行改正庶免申稟重疊陞改留滞從之。十二月二十二日吏部侍郎席益言考功昨因遺火文籍燒毀內有陳乞磨勘關陞等業牘許經所在別行陳乞其昨來繳到真本告勅劄子印紙公據等在部被火不存者欲許元陳乞人結罪具元授下文字名件及歷任家狀功過請假事故等赴部當驗詣實關送逐選給據仍立限半月赴部陳乞限滿更不受理從之其繳到真本文字如本部有干照參驗詣實即具事理保明申尚書省聽候指揮方得給據。三年正月二十一日吏部勘會官員定謚賜謚出給謚告命詞別無立定專法乞下有司參酌重輕立為定制至是

卷一萬四千六百四十六

四

中書舍人陳與義等言舊來百官謚不命詞至政和宣和以後有不經太常考功議定百官集議而特賜謚者始命詞近來乃一槩命詞欲乞改正詔今後特恩賜謚給命詞給告外餘給勅施行。四月十五日吏部言左朝請大夫直祕閣虞沇係通判資序有舉主三人於靖康元年十月關陞實及三任六考無過犯見有批書印紙照驗緣無當時案牘參照乞比附去失告勅召官委保詣實施行從之。六月二十三日吏部言監司知通見在任官昨降指揮不得申陳通理止是欲革數易之弊今來卻有丁憂及朝廷改差已罷任之人若不與通理歷過月日遂與罪犯之人一等欲將前任不因罪犯罷

凡○空一格

任人許通計前任考任施行其見任官自合遵依已降指揮施行從之、十一月三日吏部言承務郎以上到部遇有收使舉主之人自來係用奏狀到部方許理為分數如去失奏狀許令舉官再發奏狀所用奏檢係為考功陞改即本選未曾申明差注許用奏檢理為分數指揮一侍郎左選考功建炎三年六月十九日申請去失奏檢許舉官再發奏狀檢仍用印紹興元年四月四日敕舉狀不到吏部聽用奏檢自紹興元年四月一日已後用真奏狀紹興元年六月二十二日敕京朝官大小使臣收使舉主亦依紹興元年四月四日已得指揮二尚書右選勘會昨紹興三年三月二十八日指揮見

卷一萬四千六百四十六

五

行遵依外緣大使臣到部其舉主自來係用照牒收使若係去失出給朝廷付身或本部公據許行收使外如係去失未曾出給依已降指揮不合收使一侍郎右選紹興三年十月十三日指揮已前權許用奏檢照會差注上件指揮日後奏狀到部依條給該收使用為舉主差注若舉狀不到之人不許收使紹興三年十月十三日指揮已後雖奏狀不到如有用奏印奏檢亦許收使仍自來年正月一日依已降指揮止用奏狀如去失許依諸選法再奏　十二月三十日吏部言右宣教郎劉掄昨於建炎二年七月扈駕維揚得旨轉一官內承直郎與改官掄係承直郎無出身於當年三月成六考依

格合改通直郎緣吏部不照考第月日止改宣教郎乞與貼轉從之。四年五月二十三日詔諸路幹當短使人若無前任大添支人許將合入常程短路使人差撥仍立為賞格應係差川陝即依吏部再差綱運重格廣南荊湖路即依短使稍重格淮南沿邊州郡即依短使稍輕格酬獎候事平日依舊先是小使臣校尉前任請大添支者合差綱運以綱運稀少並籍定名次差諸路幹當短使侍郎鄭滋以大添支人少為言故有是詔　九月十五日敕應不得差出之官因官司違法差出本官失於限內申陳致破考及不許通理考任者並聽理　五年閏二月十六日吏部言右迪功郎洪州新建縣

卷一萬四千六百四十六

六

丞王真乞將江南西路安撫司差權并筠州奏辟差充筠州高安縣尉月日不曾被受朝廷付身理為考第詔依元降指揮許理為任今後更有似此之人依此。十一月四日中書門下省言史館昨該進書人已降指揮轉官資減半年其未有名目并副尉下班祗應緣磨勘年限不同未有該載詔未有名目人並候出職或有官日收使年限不同人依四年法比折。十二月一日樞密院言諸軍已有指揮許理為資任去處其統領將佐使臣部隊等若係朝廷差到有付身之人自合理為資任外其餘使臣非朝廷差到無付身之人與二日折一日理為從考任從之　十二月六日指揮若二年成任合

作四年所有磨勘并初該磨勘合要住程年限更不比折。 九年五月五日，吏部言：勘會選人陳乞陞改收使舉主，依條會問所屬有無責降事故等，因依照條收使。若有降差遣之人，依見降職位理為舉主。其間有舉主元任常調官薦舉，後除侍從官，因言章落職與宮祠，該赦敘復待制，又自陳宮觀。今欲將見任待制以上職任後自陳宮祠人，與作常調舉主收使。從之。 六月二十一日，吏部言：選人陳乞任修職郎經嶽廟差遣一任回，依條關陞令錄。竊詳嶽廟差遣，止係朝廷優恤西北流寓、江南無產業及久勞於事任之人，令來選人才方出官，及因賞循入修職郎，便授嶽廟差遣一任回，許理為考任關陞令錄，顯屬太優。今措置乞將任修職郎嶽廟差遣一任回，及迪功郎用嶽廟兩任四考、兩任五考關陞令錄之人，除曾歷州縣官及應任諸司職任差遣任及二考成資以上之人與關陞令錄外，其餘盡用嶽廟差遣理任者，更不許用上條關陞。詔迪功、修職郎用嶽廟考任關陞令錄之人，內須實歷州縣及諸司官屬等差遣及二考以上，與關陞。 十年四月二十五日，吏部言：勘會選人陳乞通理，依條前任未滿，不因罪犯體量替移，別授差遣，願補前任者，聽，仍到任半年內申本州錄報在京所屬，依格資序一色，方許補滿前任，共成考任。其間却有見任帶宮別領職任差遣，在任歷過考第通

卷一萬四千六百四十六

七

歷任用舉主關陞，依舊在任未終滿罷，間後來或因省員廢併及改差，若丁憂罷任之人，再授差遣，到任半年內陳乞通理，依條止合通理補前任所有中間資序不同月日，依條不得通理作考第收使。本部官今看詳選人陞改，並係用實歷考第，謂如通理須是補滿前任，方許通理，却與破壞考第，慮恐於理未盡。今相度欲乞將選人任內因關陞許依舊在任未終滿罷之人，若緣不因罪犯罷任，別授差遣，願補滿前任者，到任限半年內申陳，與除落資序不同月日外，將今任月日補滿前任資序，共成考任，庶使選人不壞考第，本部有以遵執。從之。 十二年四月二十九日，幹辦行在諸司審計司閻大鈞言：近乞依左藏庫官理當實歷，准考功告示：左藏庫係朝廷專法，四糧審院別無條格，難以施行。竊見紹興七年七月二十日已降指揮，四糧審院官並理作實歷，親民乞檢照施行。從之。 七月二十三日，詔均州依荊南、荊門、復州、漢陽軍、歸峽七州軍例，文武官到任與減一年磨勘，任滿更減一年，選人比類施行。從閻門宣贊舍人、均州兵馬都監彭茆等請也。 十三年二月二十七日，吏部言：右宣教郎、前任黔州黔江縣事李僚劄子：竊見四川選人元立法許展就三考、四考者，詳其立法之意，欲使有無出身人並就關陞也。次任再展考，通歷任有出身六考、無出身人七考，方應改官格法。伎

卷一萬四千六百四十六

八

其就改官考第立法之意豈不美哉今來員多闕少致選人更不問考第足與不足逐任例皆展就三考四考原其本意爲難得差遣只要久占窠闕使在部人難得闕次顯屬未均欲乞自今後有出身選人令任滿日已及六考無出身選人令任滿日已及七考者更不得展考庶使差注流通均得就祿選部勘當申尚書省本部欲依展考指揮條法將合應闕陞改官合用考第之人許令依自來條限申陳展考外餘並不許陳乞展考從之。　十四年正月十四日吏部言右承議郎添差通判建州趙令芹乞用武臣換授前考第比折收使闕陞本鄭即未曾行遣過試換京朝官體例欲將武臣試換文

卷一萬四千六百四十六　九

資其武臣理過考第依條兩考當一考收使從之。　二十六年七月九日詔今後選人初改官令吏部依法注知縣縣丞差遣奏補承務郎以上人須要實歷親民知縣縣丞差遣一任方許闕陞通判。　孝宗隆興元年四月七日吏部言左迪功郎臨安府富陽縣主簿章汝楫乞關陞本人元係無出身右迪功郎上授令任差遣於紹興三十年正月二十六日到任間准敕賜進士出身在任成三考有舉主三員所有未賜出身以前歷過月日乞依蔭承家例作有出身人用三考闕陞緣指揮内令後更有似此之人逐旋中取朝廷指揮詔依蔭承家例施行。　八月五日吏部狀依指揮省併吏額考功見管主

事二人令史四人守當官二十九人貼司私名一十八人令於權守當官内減罷四人充貼司權貼司内減六人詔見在人且令依舊如將來遇闕更不遷補。　二年三月二日吏部侍郎葉顒言條具革弊便宜武臣任川廣有賞州郡或窠闕元是文臣後差武臣其賞止係文臣格法并小使臣有賞窠闕後差大使臣吏部往往稱不該載並作不應推賞格法不行因緣請託巧用別選賞格放行其弊滋久欲自今川廣州軍武臣任文臣有賞知州軍并大使臣任并小使臣有賞差遣並照應文臣并小使臣格法放行從之。　同日葉顒又言官員陳乞磨勘服色内有因罪犯編覊管勒停并責授散官追

卷一萬四千六百四十六　十

官指定州軍居住除名之人令措置應有前項罪犯後雖改正若無理元斷月日之文以前年月並不許收使從之。　二十三日詔今後以減年磨勘轉官者須將實歷過年數對用謂如一年實歷用一年減年。　九月十五日權吏部侍郎葉顒言廣南西路轉運司申前權知廉州黄齊狀於紹興三十二年正月初八日到任至隆興二年正月初十日罷任乞任滿減三年磨勘酬賞本部契勘廉州知州舊來係差武臣緣目今却差文臣於左選未有推賞之人伏乞朝廷指揮詳酌指揮施行詔依武臣任滿與減三年磨勘以折收使。　二十五日葉顒又言紹興二十八年五月二十七日指揮獲賊并私

茶塩合推賞之人只據降得賞任内月日收使續承當年八月二十九日都省批状，獲賊許收一任内月日循轉。本部詔得兩項指揮内並不該載任内獲賞日前歷過考第資序之文，人緣續降批状係是一時指揮，難以衝改元降指揮。接續引用，令乞將選人任内獲賊并私茶塩所得酬賞，若司勳勘驗審覆關到日，即從本部照應獲賞月日以前已歷過考第官序許行收使，循轉如獲。獲賞月日以後歷過考第官序並不許收使。從之。乾道元年四月十八日，詔文武官監當人依法合滿六年到部闕陞，近來陳乞稱已到堂，便理作到部放行闕陞，顯屬弊倖。今後並遵依見行條法，須候親身到部，方許

卷一萬四千六百四十六　十一

闕陞。人吏或有違犯，所送屬根究施行。　二年正月二十四日，吏部侍郎陳天麟言：「選人係三年為任，使臣以二年成任，使臣任内偶因被對移或衝差替放罷之類，比附選人條法，止破犯時一考。庶幾文武臣陞改，事體均一。」從之。　六月二十七日，吏部侍郎陳之茂等言：「伏準御筆降下集議等事，令議定下項：一、職事官以上係朝廷除人材，不拘親民一令。後六院官須要曾經實歷知縣一任，方得除授一令。後教官應堂除理當親民人須要實歷知縣一任，方許關陞通判資序。若在任未滿二考或尋醫、侍養，並不許理為任。一、見任官除在外場務監當窠闕並送歸吏部，隨見任官四選，詔定依本部

見行格法使闕差注。一、今後在京監當主管尚書六部架閣文字等闕，如係京朝官以上任上件差遣，亦須實歷知縣一任，方許關陞通判。一、知縣除選人授知縣外，其京朝官並以二年為任。」並從之。　同日，陳之茂等又言：「准御筆降下堂除理實歷親民知縣等事，今再集議定：今來改官人理知縣資序兩任内一任實歷知縣，方得關陞通判。後來循襲，却將堂除差遣理當實歷知縣，士大夫往往不歷民事，越次關陞。今來欲乞將初改官人所歷兩任内須要實歷知縣一任外，一任如係内外堂除及到部，或舉辟注授，並與凑理為兩任關陞。宮觀嶽廟非奏補承務郎以上，已關陞知縣及宗室換授理

卷一萬四千六百四十六　十二

親民人准此，仍自今降指揮日為始。」從之。詳見尚左門。

三年十一月二十日（寄案：大典卷二百九十四作二日），大禮赦：應命官犯罪，案到刑寺約定公私罪情輕，依今赦原免，不該取旨人若擬斷未下，有妨朝見，特許先次朝見。内合磨勘改官闕陞差注者，除犯贓罪人外，並與放行。　二十八日，中書門下省言：「四川文學參選并京朝官初該磨勘與闕陞資序之人，各有合用舉主申發文字到部，動經歲月批會，有礙不免符下，委是留滯。今欲比附選人闕陞改官體例，據憑申發文字實日照驗施行，如舉主事故，在申發之前，即不許收使；在申發之後者，許理作舉主。庶幾不礙注授陞轉。」從之。　六年五月四日，吏部言：依指揮省併吏額

考功見管主事二人，令史四人，書令史一十人，守當官一十五人，私名一十人，正貼司八人。令欲於書令史内減罷二人，守當官内二人，正貼司内五人。詔依擬定，各從下裁減，將來見闕日依名次撥填。其減下人願依條比換名目者聽。　七年四月二十五日，詔明州制置司水軍大小使臣自今後依諸軍例理任。　同日，詳定一司勑令所刪定官楊恂乞通理前任成三考以後别理令任。詔將勑令所刪定官許依秘書省官條法一體通理別理令任。

宋續會要

淳熙元年七月二十七日，臣僚言：乞將選人任嶽廟在任不理考少一年以下之人，許令通理為任。詔吏部勘當以聞。既而本部言：欲將選人未降乾道九年十月嶽廟不理考指揮以前應曾經省部陳乞之人，量增兩月，許令通理成任；其不曾陳乞之人，止合通理半年以下成任，並别理為任。從之。　二年十二月十三日，詔考功置大小使臣年甲簿，從郎官王信請也。以信言：舊大小使臣磨勘付身不曾填寫年甲，續因隆興二年二月指揮，方於告内書寫，及乾道八年指揮，又將出身以來文字批上紙背。然而減落歲數之弊終不可革。乞下吏部架閣庫將大小使臣昨來覃恩公案并以前磨勘奏鈔應干文字可照年甲者，以姓類聚三代鄉貫年甲置簿

卷一萬四千六百四十六

十三

委郎官點對印押，庶幾日後有所稽考。詔王信同架閣庫官置簿籍定。　六年二月十三日，臣僚言：昨表吏部侍郎張津陳請，武臣除見從軍人及宗室且依自來闕陞外，其餘人並於歷過考任内須曾歷州縣職事或諸司官屬一任二考，方許關陞。詳津所謂緣不曾立定關陞名色，是致陳乞不一。兼在法正副使等蔭補引用關陞資序多有不同，有司無以遵執，并宗室及見從軍人亦未有定法。乞令吏部逐一措置指定，申尚書省。既而本部指定如右。合該關陞名色：在内九項：監左藏東西南庫、封樁庫、行在建康府鎮江榷貨務都茶場、（行）在省倉上中下界、豐儲倉、贍軍激賞諸酒庫、草料場、雜買務、雜賣場。在外五十二項：制置司、沿海統制、安撫司（措置水軍）、統轄水軍、統領、轉運司酒庫、鑄錢司措置銅場（鐵場）檢踏官、總領所酒庫、監倉庫、戶部大軍倉、措置糴買官、諸路州軍知縣、縣令、縣尉、正副將、準備將領、都巡檢使、都巡檢、巡檢、水陸巡檢、管界巡檢、同巡檢、巡捉私茶、巡捉私鹽、兵馬都監、駐泊兵馬都監、兵馬監押、駐泊兵馬監押、文州安昌寨駐泊、左右江鎮寨兵馬盜賊公事、（知寨）知城、知城堡寨、主管堡、同主管堡寨官、知關堡、同知關堡、軍使、監倉場庫務、稅監、院鎮監、井排岸、支鹽官、主管榷場官、文州南路鎮主管岩昌寨買馬、銀銅場監轄使臣、内外諸軍一項：正將以上。本部令措置使臣歷任實及六年内

卷一萬四千六百四十六

十四

須曾歷前項名色四考方許關陞親民其武功至武翼郎入官三十年内軍功換授止理十五年止侍至右武郎轉授及一年武功至武翼大夫通郡同入官及二十年内軍班換授止理十年已上並曾經關陞聽依條廕補通侍至右武大夫正任防禦使至刺史曾經關陞無遇大礼未經關陞兩遇大礼並聽廕補宗室歷任六考雖非前項名色亦許關陞内二考許用宫觀嶽廟及不釐務差遣見從軍曾立戰功人關陞廕補聽依舊法無戰功人非從之仍令勅令所修立成法。三月九日考功郎官葉宏言昨準指揮令考功置大小使臣年甲簿逐來有年及七十以上之人赴部陳乞磨勘或欲僥

卷一萬四千六百四十六　十五

倖令各郊禮奏薦令欲將年及人於簿内本名用齪印云淳熙六年校定到年及錄示書鋪遇有陳乞磨勘關陞並不收接及軍班換官付身自來不載年甲每遇磨勘隨意添減歲數乞下軍頭司許從本部往於諸班直統制司將日前應軍班換官人各具軍分年月鄉貫三代年甲逐一鈔錄保明申部如遇有換官人亦乞依此先次具報本部以憑置籍編類拘籍上曰簿籍分明則可革僞冒可從所請如是六十九歲以前該磨勘關陞等人已行申發文字到部年已七十並不許收接。二十三日吏部言淳熙令諸選人任不釐務差遣如未須降淳熙令之前罷任人乞與依任嶽廟人分別前後指揮

作考第收使從之。七月六日詔路分都監副都監職任興州都監一同又在州都監之上可聽關陞其諸路總管鈐轄州總管鈐轄提刑知州軍準此以吏部言成忠郎武侁任福建路副都監陳乞關陞本部照得關陞指揮即無一路兵馬副都監之文乞照考功及格法關陞故有是詔。九月十六日明堂赦選人先一任差遣未滿因避親之類以理去官第二任授嶽廟或不釐務差遣已滿別注第三任曾於限内陳乞通理若作隔任妨礙通理可特許將第三任補滿第一任理為考第。十二月二十一日吏部郎中朱佺言考功編類大小使臣年甲置籍誠足革弊然各選凡遇參部每陳乞一事必須

卷一萬四千六百四十六　十六

關會前後重疊行移繁冗狐寒滯留乞自今大小使臣參部先送考功整會的實年甲給據付本人許令終身照用庶免重疊會問從之。七年七月十八日詔應百司出職人吏收使酬賞及磨勘轉官歲不得過兩官吏部言出職人吏轉官未有格上曰三省都錄事收使[illegible]酬賞及磨勘轉官每年不得過兩官其餘百司出職人吏豈可過此數耶因有是詔。八年閏三月十七日詔勅令所於通判關陞知州條内刪去注丈堂除宫觀聽用一任即不許理當實歷一十五字却修入宫觀並不理任數八字先是臣僚言本知縣關陞通判者必以實歷而自通判關陞知州者乃或用宫觀月日以為考任

乞詔有司自今通判資序人必實歷兩任然後關陞知
州其宮觀年月並依嶽祠例不許收使故有是詔。九
年十二月二十六日吏部言從軍人曾歷正將以上差
遣四考及曾立戰功未經關陞離軍後歷外任添差不
釐務者非揍及六考方許關陞其不曾歷任正將以上
差遣又不曾立戰功離軍後須歷立定名色差遣四考
方許通理在軍考任二考揍成六考關陞并外任人已
歷立定名色差遣四考從軍後任軍中差遣二考揍成
六考方許關陞其已歷立定名色差遣二考從軍後再
歷正將以上差遣二考及軍中差遣二考揍及六考方
許關陞從之以本部言昨降關陞指揮內不曾該載離

卷一萬四千六百四十六　十七

軍後通理在軍考任及從軍後通理外任月日故有是詔。
十年七月十三日詔曾任知州而為郎官卿監而復出
為監司之人陳乞關陞者依兩任無人薦舉去處條例
特與免用舉主理為資序從臣僚請也。　十九日詔皇
太子宮主管左右春坊係是選授令吏部特在內差遣
關陞。　十月二十日吏部侍郎賈選言乞將二廣申到
選人京朝官大小使臣用考任關陞如已經本路運司
公參之人並照四川已得指揮一體施行從之先是紹
興十四年指揮四川選人京朝官大小使臣關陞其依
條到部陳乞之人如已經本路運司公參月日繳出身
太字保明中部施行是時二廣不曾該載故選及之。

十一月十一日吏部言選人任嶽廟已有立定條法不
許理為考任則京官亦合一体。今指置除見任宰執臺
諫子孫任宮觀嶽廟差遣已有淳熙七年八月十一日
指揮特許理任外欲將承務郎以上應曾任宮觀嶽廟
及不釐務差遣歷過月日但理磨勘不許理為資任從
之既而十一年五月二十四日吏部又言照對選人嶽
廟關陞年月京官初磨勘嶽廟年月皆有指揮分別前
後今來京官宮觀嶽廟關陞年月未曾分別指揮如在
淳熙十年十一月十一日指揮以前之人許行收使若
在上件指揮之後自合遵守施行之。　十一年五月一日吏
部言乞將京官任知縣在任成二考不因罪犯偶因憂

卷一萬四千六百四十六　十八

罷之人當理當實歷知縣一任照對本部京官在法雖
知縣資序人須實歷一任滿方合理當實歷其注文構
若在任未滿二考改移或尋醫侍養並不許理為一任
即是兩考實歷便合理當一任今來承務郎以上官到
部注授知縣差遣在任已成二考偶因丁憂罷任之人
服闋之後再行參部緣見今知縣以三年為任本部却
將似此之人作不曾實歷知縣一任須令止注知縣差
遣委是未盡從之。　十二年六月一日吏部言知閤
門事張嶷乞關陞照得張嶷所歷考任雖滿六年其歷
任差遣止有浙西副總管一任二考理名色考第外有
知閤門事二考照得元降指揮在內止有監倉場庫務

後承指揮在外路分都監鈐轄總管知州軍差遣之人，許理當名色闕陞。今來張疑任知閤門事，其元降指揮內雖未曾該載，緣知閤門事職任非內外監當路鈐等差遣之比，今欲將張疑任知閤門事二考理當名色闕陞。詔特與放行闕陞。十二月十六日，吏部看詳胡晉臣奏，許令宗室用釐務一任不釐務四考闕陞親民。先是考功郎中胡晉臣奏：竊見宗室闕陞舊法，歷兩任六考，不以有無釐務，年三十以上，許令陞入親民資序。至淳熙六年始立定名色指揮，內宗室止許用宮觀嶽廟兩考之外，仍須歷釐務四考，方得闕陞。竊詳立法之意，本欲任之事以觀其能，然酒稅務錢穀去處已不許干與，

卷一萬四千六百四十六

十九

巡尉、馬鋪等差遣又不許注射，且必欲以釐務限之，而無闕以處之，猶欲其入而閉之門也。今縱未能還舊法，令歷一任釐務，許通用不釐務四考，或更展二考不釐務，通理八考陞親民，亦不為僥倖。得旨令吏部長貳看詳聞奏。竊詳宗室選法，差注止有排岸、監作、造院船場、板木場、監門釐務窠闕，皆注添差不釐務，少得任釐務考第及格之人。今來晉臣奏請止令歷一任釐務，通用不釐務四考，許令闕陞親民，校之祖宗成法，考任即無衝改，比之元降名色指揮之前，皆用六考不釐務，可以酌中，使其能者闕陞親民，不為僥倖。從之。同日，臣僚申請奏辟礙格法之人不許以成資理任。先是臣僚言：諸八

路權注見闕，而勘當應差者，所權月日聽理為任。下文又云舉辟官及雖不應注而注各已成資者準此，則不應辟而辟、不應注而注，各以二年成資者並聽理任矣。不應注而權及二年亦聽理任，固也。惟是吏部格法非初任、非有過犯、非已注差遣、非資序越等之人，方該辟差，給降付身，令求辟者鮮有不礙格法。辟書之上，吏部雖已跳下，緣有考功理任之法，多是藏匿省符，還[illegible]歲月，以資待成資，遂其私計者。乞考功理任除令參照吏部格法，令後從辟之人如係初任曾有過犯，或已注差遣，受朝廷付身，或資序越等者，雖已成資，不問晉闕，皆不在理任之限，庶可以杜僥倖之門，一銓曹之法。從之。

卷一萬四千六百四十六

二十

十三年八月二十八日，吏部言：欲將使臣校尉所得慶典減年，除住程應格外，並與對半收使，其佗恩賞不得援例。從之。十二月九日，詔考功減守當官一人，私名二人。以司農少卿吳[illegible]議減冗食，下勅令所裁定，故有是命。十四年三月十五日，吏刑部言：令大理寺結絕公案批報，以革留滯之弊。以考功員外郎鄭汝諧申請：吏部注擬磨勘陞改等事，並須截會刑寺有無過犯，緣大理寺人吏前後沿襲批報，至有將二十年前罪犯作未結絕，見作公案在寺者，亦許將公罪咎作不見得該與不該取旨者，甚至於一州有失出之入之罪，不問官員已滿罷、已未到任，並作有一犯者，遂致吏部不敢

放行間有官員留滯數年無所控告照得淳熙九年大理卿潘景珪申請乞將日前未結絶公案照明堂赦恩並行結絶已奉旨依奏令報本寺更不用此一項指揮仍舊將經歷年深罪犯批狀乞下大理寺照潘景珪元請將淳熙十三年正月一日以前官員所犯量其公私輕重日下並行結絶批報吏部施行庶免留滯官員注擬磨勘陞改從之。　十五年九月十六日詔永祐陵攢宮內外巡檢理當名色闕陞令後準此以浙西兵馬都監楊曦乞闕陞吏部言曦昨任攢宮內外巡檢二考替罷當來所降名色指揮不曾該載雖有申請到徐德榮指揮攢宮內外巡檢比類諸路州軍巡檢理當名色闕陞緣所降指揮內無令後比類狀使之文本部未敢施行故有是詔。

卷一萬四千六百四十六　二十二

十六年正月二十九日臣僚奏請諸軍承代之人更不施行相驗年貌指揮以戶部侍郎兼權吏部侍郎張杓言吏部侍郎右選昨自淳熙三年因臣僚奏請創造考功編類使臣年甲籍簿以革減落歲數之弊自乾道八年諸軍冒名承代者與退減補一官資至淳熙七年都省批狀指揮其年甲照應未退減改正前年甲施行蓋承代之人皆是以少承老姑俾之從承代人年甲庶年及不遠可革磨勘蔭補之濫至淳熙九年本部申明畫降指揮如無以前年甲干照之人遇陳乞磨勘從本軍次第結罪主帥重加相驗年貌保明

委無隱匿不實如已離軍亦令本州及知通保明臣以為冒名之人與之退減補正固已為優恩所承代者豈無元來年甲若不從實供報不與施行磨勘可也今乃因其不報許令從權相驗保明則是開其詐冒之路然猶未書許其有干照重行相貌也近準樞密院批下興元都統司保明到成忠郎程繪鎮江府都統司保明到保義郎陳進皆是承代補正徑行貌驗年甲具申尋行檢照簿籍見得程繪陳進其未改正以前年甲具有干照即不應本軍擅行貌驗保明今來程繪卻減落一十三歲陳進卻減落一十一歲乃知昨來申明貌驗之說其流弊必至于此今照得冒名承代者尚有萬五千人若一一於其將年及之時徑自貌驗減落歲年以為磨勘奏請之地其僥倖冒濫何有窮極乞應諸軍冒名承代人並照應未退減改正以前年甲從淳熙七年批狀指揮其淳熙九年申明貌驗指揮更不施行。

卷一萬四千六百四十六　二十三

十六年七月二十八日（按據大典卷一百九十二拔補三字）考功員外郎楊經言選人在法前任令錄知令錄有職官舉主三員非令任停替者候參選與文林郎又係帶官別領任與就任循正資序謂迪功郎係判司簿尉任提刑司檢法官之類令準慶典指揮應就任循轉帶行舊任之人雖有資序不同月日並與通理湊作實考收使本部見已施行外其間卻有非帶官別領職之人到官止及兩三月該遇慶典赦恩循轉後來已成三考有舉主三員乞將迪功郎月日豁出依上條循轉本部卻未有施行

似此體例送部看詳本部照對選人係迪功郎任判司簿尉差遣到官後該遇慶典覃恩賞循轉修職郎之人如授修職郎之後已有三考可作修職郎一任回闕陞如不及三考之人自合依見行條法從之。紹興二年二月七日權考功郎官陳士楚言進武校尉在職任人去歲該遇登極覃恩合循一資改轉承信郎緣在法不是軍功捕盜上用恩賞改轉其校尉上歷過年月不許於承信郎上收使所以似此之人不即陳乞覃恩循資先用實歷任程年月并理當公據湊滿五年陳乞磨勘改轉承信郎俟後却用覃恩轉承節郎可以不壞校尉上所歷年月本部未敢放行乞指揮應進武校尉在職任

卷一萬四千六百四十六

二三

人該淳熙十六年二月四日登極赦恩並合用覃恩改承信郎却將二月四日以後歷過校尉月日與作承信信郎參選月日起理如此則不容僥倖亦不使有缺望吏部指定照得當來覃恩轉資無釐革年限所以各人留下未即收使近承指揮登極赦與轉官資以二年滿為限過限陳乞並不放行令指定欲與量展半年為限所有校尉實歷係今來展限應滿之前及二年六箇月以上貼用理當湊滿年限之人從條於校尉上先次放行磨勘如在展限滿日之後實歷不及二年六箇月之人自不許放行磨勘其覃恩自合遵依展限申明陳乞狀使從之。九月一日權發遣郢州任世安言京西一

路六郡之地實與敵境相接除襄陽府均州隨州光化軍房州五郡官吏任滿皆有恩賞外止餘郢州一郡獨無推賞之令乞與照別路次邊體例特與放行恩賞詔依本路極邊州軍任滿推賞。同日吏刑部言準指揮閤門宣贊舍人依閤門舍人例與理關陞令看詳聞奏照得淳熙六年二月十三日降名色指揮之後使臣須要名色差遣四考通歷及六年放行關陞如是武舉出身任閤門舍人並從專法四考與關陞本部自後即不曾將不係武舉出身任閤門舍人之人及閤門宣贊舍人理為名色放行關陞狀乞照已降名色指揮放行詔閤門舍人係是召試與武舉出身放行關陞餘依吏

卷一萬四千六百四十六

二四

刑部看詳到事理施行。慶元三年十月二日詔選人初官所得關陞職令狀比附經任人薦舉改官狀到部日即時理作放散從右正言劉三傑請也。六年閏二月三日詔見任宰執臺諫子孫宮觀嶽廟既已理為考任許令用前宰相舉狀充職司、十月十四日吏部言選人歷十五考以上無贓私罪犯不拘職司員數有改官舉主四員與從減舉主條法放行改官從之。嘉泰元年八月二十九日詔新州縣丞司理知錄推官簽判破格注授之人許用五紙常員奏舉改官以守臣滕安言新州水土惡弱在法教授推官縣令錄參係用舉主二員改官獨破格縣丞司理知錄推官簽判並係四紙

常員一級，職司令乞仍舊用舉主五員與免職司，故有是命。

卷一萬四千六百四十六

二千五[illegible]

擬

宋會要　審官東院

淳化三年置磨勘京朝官院四年改又太平興國中置差遣院至是併入在宣德門外西廡命學考校京朝官之殿最分擬內外之任而奏之知院事二人以朝官充書令史七人掌管二人熙寧三年分東西院玉海五月丁巳二十八日詔以審官院為東院置主簿二人太宗太平興國六年九月詔應在京朝官京官並中書舍人郭贄御史知雜滕中正戶部郎中雷德驤同考校勞績過犯銓量材器堪何任使候要人差使令中書送贄等定差與姓名申中書候呈並須盡公採訪考校如涉私徇當加其罪仍令贄等點檢班簿務令齊整。八年六月命刑部郎中楊徽之虞部員外郎孔承恭同考校京朝官殿最。雍熙二年四月命右諫議大夫權御史中丞劉保勳同知京朝官考課十月命右諫議大夫雷德驤同知京朝官考課仍令所差京朝官京官自今並具其人功過引見取旨　初太宗謂宰臣曰朕親閱班簿擇堪河北轉運使者而臣僚既衆不能盡識亦不知其履行自今可令引對既得漸識群臣可以擇才委任且使有官政者染於召對有事得以面陳負瑕累者亦恥於顧問懲惡勸善於是在焉。端拱元年六月以左諫議大夫劉蟠同知京朝官考課　淳化四年二月以考校京朝官院為審官院五月以翰林學士錢若水樞密直學士劉昌言同知審官院　先是置京朝官考課院又別令校其殿最至是併而為一命若水等主之十月詔審官院自今初任京朝官未曾歷州縣不得擬知州通判從翰林學士承旨蘇易簡之請也　至道元年十月詔今後自廣南迴京朝官須在任及二周年已上者即與兩任近地未滿二年者只與一任　真宗咸平元年六月詔審官院自今知州通判以不治代還者並擬閑慢務　四年二月詔審官院京朝官父母年七十以上合入遠官無親的兄弟者並與近地如有親的兄弟年二十以上者不在此限四月十五日審官院引對京朝官于崇政殿遂秋有差舊制郊祀恩宥僚多獲序進真宗即位諫官孫何耿望上疏請罷之以塞僥倖於祀郊行慶止加勳階爵是邑而命有司考其殿最臨軒黜陟之　景德四年七月詔審官院磨勘京朝官勞績並限在任官三年已上者方得引對未及者依例差使如特令考校引對者不在此限　初審官院在除任不理及非時解替外不限改官月日考績引對至是始定年限　大中祥符八年八月審官院言請以諸道轉運提點刑獄臣僚差出年月較其遠近先具磨勘從之又詔今審官院以遠地二年半已上當近地二年已上權與差替不為久例　真宗以

京朝官候闕既久奉朝請者頗多故有是詔　天禧元年三月詔應緣衝罷降職及年考而未磨勘者罷致磨勘而不改官其後又及二考罪非踰濫及入已贓悉條列以聞十月詔令審官院知州通判監當知縣員闕限一月內差人仍每月具已差未差名聞　二年四月審官院言在院京朝官經兩次引問未就差遣者乞一面勘會定差從之仍令每闕不得過十日　三年三月詔審官院西川廣南得替迴幕職州縣官因舉奏及特恩改授京朝官今後且與一任近地差遣次任依例入遠　四年十一月審官院言京朝官父母年八十已上者乞更不問有無兄弟並乞且與近地差遣從之　五年七月審官院言朝官係荊湖江浙人者望比類福建淮南人許歸本路守官從之　仁宗天聖元年十月審官院言乞自今在院祇應候差遣京官以疾患申院者並批狀牒御史臺依例差醫官看驗如委實疾患令與給假即牒報當院所貴得見詣實免有非妄託緣避規避差遣從之　二年九月審官院言準大中祥符七年四月敕廣南知州軍通判知縣到任候及一年半差替又準天禧四年四月敕到任纔及一年半便仰差替如未有人差遂旋擘畫移官往彼不得有遺元限以此多是在任不滿二年便替若依至道元年敕只合實一任近地有此未便今欲除在任不理及別因諸事未滿替迴人外應係一年半替迴者並與兩任近地從之　三年五月十五日詔今後京朝官在京勾當替罷無繫縶須十日內赴院投納家狀祗候差遣如外任得替令御史臺依違近程限及有事故出到公據外如違限兩月已上不到闕令具事由申奏當行取勘先是京朝官在京幹務得替有經三季不赴院納家狀即乞磨勘者故有是詔　五年七月審官院言今年六月敕丁憂服闋京朝官等宜令審官院依合入差遣資序並先次與差本院參詳若併有服闋官到院並升先次則久待闕人必恐難得差遣今欲應得替京朝官如到院待闕已及三箇月已上者其丁憂服闋人不許超越姓名先次差遣餘準令敕處分從之　六年正月詔今後京朝官須經三任知縣方得差充通判經三任通判方得差充知州如有殊常勞績及奏舉人數多者令審官院取旨三月審官院言本院職掌魏中正隨江仲甫接伴賀乾元節人使充書表祗應乞自今審官院職掌更不許入國并接伴使副從指射抽差從之　七年三月二十一日審官院言欲自今除特與優便并指定差遣人外其餘官員到院公參日各令先欲求所向路分差遣文狀如有情願入遠及折資差遣者亦各于狀內開說如遇有缺不拘日限但經兩度行遣問當如

未就者即一緰勘會所乞路分令入遠近去處依名次定差內有自西川廣南并沿邊不般家州縣得替及丁憂服闋人許經三度勾請後未就差遣即依前項勘會定差從之八月詔今後知州軍監通判知縣不因公事朝廷非次差移者並許通計二年理為一任九月詔審官院自今定差知州知軍引見後當日或次日全到中書審驗玉堂紀事舉燕詒謀錄審官院定差知州軍並以資歷不容越越資歷當得不容不與天聖七年九月辛巳詔審官院定差並申中書引上審視若癃庸老疾不任事者罷之令都堂審察其遺意也十二月九日詔審官院今後京朝官兩任共計及三年半已上者依年滿人例差替　八年八月詔審官院自今得替京朝官如經知縣同判兩任內並無私罪并公過三度杖罪以下者並與知州同判差遣更不用五人奏舉如有私罪及公過三度內有徒罪已上即依前降條貫施行情理重者奏取指揮若三任內曾犯贓罪者不在升從之限內雖有奏舉不行　九年二月二十三日審官院言廣南官請自今從京差者須舊官在任一年半以上者從江浙荊湖福建移授者須二年並前六十十日差移從之五月六日審官院言京朝官有自本院移任并計轉官及三碁者未委便理朝廷非次移任為復別須朝旨詔須自近入遠者聽以三碁為限　景祐三年三月十九日審官院言在院見管官員九十二人少得闕員欲並以到任一年半使闕候見任官滿三十月許赴任交替內元是丁憂移任及二年半許候闕並候三年交替從之　五年十月二十三日審官院言乞今後京朝官受使遣時隱匿不言親戚妨礙到任後乞就移者並與移遠路小處從之　寶元元年十月詔審官院臣僚陳乞親屬差遣如係京官並須年及格仍試書札讀律方聽出官　二年正月二十八日審官院言舊制京朝官到院日各指定所入三路自景祐四年十二月詔始不拘路分而率意擇地其闕官處擬奏不行今請復令指定三任路如經三問闕不就並從本院據合入遠近定差若丁憂服闋并自不般家地分替者更許一問從之　慶曆四年正月詔審官院如批降旨揮後有合奏請事令主判官別取旨從判銓王質之請也二月以天章閣侍講曾公亮刪定本院條貫　至和二年十二月又令編修皇祐三年以後衝改者　五年九月四月詔審官院自今京朝官嘗為監司體量及半年無顯狀者先奏上中書　皇祐五年九月詔審官院授差遣及半年者毋得以堂除人衝之　至和元年十二月詔審官院內外官自酬獎處代還毋得復入有酬獎處　二年五月八日新差知河陽呂公綽言切見審官院

審官西院
另行依二格
寫

近歲以來為守待差遣人衆不住擘畫預使向前負闕臣寮以擘畫其預使負闕注擬依舊外所有見在任官即令審官院勘會依先朝合差替月日限之制於差狀內開說及期方降替敕從之　嘉祐二年五月詔審官院今後更不許自投文字磨勘其任西川廣南官歲滿前三月除路前兩月令本院預舉行之　三年十月二十二日審官院言見祗應差遣京朝官員多闕少往京至一二年深見不易應在院未有差遣者乞並許請假出外等候缺次所降劄子更不言定日限候至名次稍高任自參假赴院從之　五年六月詔審官院京朝官入西川廣南福建路差遣而用薦舉磨勘免者委本院執奏之　七年三月詔審官院奏補京朝官初該磨勘者自今須有舉主一人方聽改官　英宗治平元年四月知審官院王疇奏新編本院敕十五卷詔行之中書備對審官東院差遣知院二員主簿二員

審官西院　神宗熙寧三年五月二十八日詔國家以西樞內輔贊姻本兵任為重矣而但于舊制自右職陞朝以上必黑擇而除授之是以三公府而親有司之為非所以遇朕肱股之意也今使臣增員至衆非循官置吏以總其事則不足以一文武之法而總中外之才矣宜以審官院為審官東院別置審官西院差知院官兩員專管閤門祗候以上諸司使磨勘常程差遣應有合行事件並仰知院官條例以聞俾銓敘有常程然後有常守官修而紀律振任專而考察精庶熙治綱紀體朕志以天章閣待制齋恢為知院兵部郎中韓縝同知是月詔以太常禮院為審官西院從參政王安石辭縣之言也省樞密院六十有二事歸之仍禮院歸本寺本院吏人依東院例抽差本院公使錢及知院官請給書直人等並準東院例六月以大理寺丞張靚光祿寺丞趙子雲並為西院主簿從知院韓縝奏舉也九日詔審官東院西之印各六字為文令少府監鑄造送禮部給付二十三日詔本院日遂主判官員自早入局須候中書樞密院出方得出院如有兼職去處不在此限本院不許接見賓客諸司使已下至崇班并閤門祗候除磬會差遣磨勘到院公參外即不得擅入司房廳公報本院公文並依東院例二十五日詔大使臣磨勘文字見在院祗候差遣之人依審官東院例引見更不告謝七月八日樞密院劄子勘會大使臣脚色年甲歷任功過最係要切照驗行使若不任令將出入切慮別致改易增減今後候見密院貼子取索脚色即時用複封印差人供納才候檢用畢卻令逐房副承旨封記書押送還本院審官交割八月一日西院言乞差軍頭司洒掃兵士五人節級一名從之四日西院言西京左藏庫副

使衡州兵馬都監曹說揚州管下瓜洲鎮沿江巡檢內殿承制張文英各為本處奏病患乞差官充替已施行外今陝列擬體量未委合屬何處詔西院申宣徽院依條體量仍今後應有年老病患替使臣準此二十七日編修中書條例所看詳樞密大使臣崇班以上內外監當差遣自來係中書行遣欲乞將應用條貫須下西審官院今後只批狀本院仰條用前後條貫移問逐處官司如別無違礙即具奏差仍關坐合行條貫及本官資序委中書點檢施行仍令本院一面申樞密院并牒三司其受納守給處合行事件仰三司檢舉依例指揮中書更不降劄子下所屬並從之九月西院言沿邊三路選差官去處其大使臣年少才武有舉主而未歷邊任故事不許選差望許之從之十一月十五日著作佐郎胡宗師為審官西院主簿代太常博士閻灝權作監主簿沈遼以同知院尚書度支郎中王克臣奏灝等不職故能罷之仍自今止置一員 五年十二月六日右諫議大夫知審官西院事沈立等上新修本院條貫十卷總領一卷 七年十月二十六日樞密院言今後元係路分都監知州軍已上合降差遣依舊令樞密院量情罪差注看詳立條之意蓋為武臣有久歷任使官序已高或情理至輕故令本院差注然其間却有係小處知州軍及物入路分都監因事衝替甚替到闕情理稍重一例與本院差注比之審官待闕顯為太優無以懲戒況文臣職事偶坐不職尚送審官東院差注除係横行欲今後大使臣任路分都監知州軍已上合降差遣除係横行使副以上及今來降充州鈐轄之類審官無窠名闕次者並依上項指揮外其餘並量所坐輕重臨時取旨與本院差遣或送審官西院其小使臣特旨責降亦乞準此並從之仍逐次擬進取旨

磨勘 附審官院

太祖建隆二年五月十七日右監門衛將軍魏仁滌等以監臨酒麴市征額外有羨利並命遷秩故事文武常參官以曹事繁省為月限考滿則遷慶恩止轉階勳爵邑太祖循名責實非有勞者未嘗進秩自是歲滿遷之典不復舉 真宗咸平四年四月十五日審官院引對京朝官于崇政殿遷秩有差 舊制郊祀恩百僚多獲序進太祖即位諫官孫暨上疏請罷之以塞僥倖於是郊禮行慶止加勳階爵邑而命有司考其殿最臨軒黜陟之 五年六月二十二日詔審刑院詳議官大理寺推少卿詳斷官今後三年滿無遺闕磨勘引對遷官如任內曾遷者不在此限 故事凡本司官滿方有敘遷之文今刑法司悉是他官兼領故特降詔以勸盡心焉 。八月十六日以秘書丞直史館判三司度支勾院孫冕為左正言度支判官秘書丞孫航為監察御史倉部郎中直秘閣潘慎修為考功郎中都官郎中直史館劉蒙叟為職方郎中太常博士直史館盛玄為屯田員外郎秘書丞直集賢院劉隲為太常博士著作佐郎秘閣校理戚綸為太常丞光祿寺丞直史館張庶凝為著作佐郎職如故 先是京朝官任中外職事受代考課引對多獲敘遷而計司三館不預茲例有久次者內出姓名故有是命 。十二月十三日詔審官院考較京朝官今任五年以上無贓私罪者以名聞當議遷其秩諸路轉運副使令中書進擬 帝以郊恩例加勳階恐有久次宜旌別者故降詔焉 。景德四年七月四日詔審官考較京朝官課績見任官三年已上者方得引對特令考課者不在此限丁憂者除丁憂月日外及三年方得磨勘先是京朝官代還無殿累者皆考覈引對至是始定年限焉 大中祥符九年六月三日三司言準詔檢勘監権貨務香藥庫使安守忠供奉官閤門祗候黎守中監臨三年都狀緡錢比未改法增八百四萬九千餘貫帝嘉其幹職而不撓不擢守忠敘州刺史守中內殿崇班 四年八月十五日詔自今兩省御史臺官須文學優長政治尤異者特加擢拜遇慶恩不得以他官轉入其東頭供奉官至閤門祗候高品至殿頭內供奉官至崇班並不得一例遷授其不預改者當議優與差遣增其俸給　八年正月一日赦書應京朝官兼在京職任及監臨務局者轉官及三周年並令審官院磨勘引對外任官及三周年者許具歷任功過申審官院檢勘以聞　二月中書門下言舊例臣僚奏舉幕職州縣官並下流內銓勘會復申中書然後取及六考內令銓司磨勘引見欲令後未及六考者更不下銓從之　閏六月詔應今後幕職州縣官得替無遺闕止少一月以下不成考者宜令銓司引見賜緋出仍具成考合入資敘一處取旨　九年八月三日詔兩省官并龍圖閣待制三司副使以上自汾陰後來未經遷轉者並特與轉官翰林學士李維已下十人並進官用是詔酬久次也　九月二十七日詔外任京朝官故事代還方許考課引對其或就移及過期不替有累年不遷者自今但轉官及三周年雖在外並磨勘以聞　天禧元年二月十三日詔京朝官改秩至今年正月十一日及三歲不限中外職任但非曾犯入己贓令審官院磨勘以聞當議遷陟　帝以昨經大禮加恩止於勳散爵邑故優其歲滿及犯輕者令考覆之　三月十三日審官院言準詔京朝官秩滿三年歷任無贓者磨勘以聞今參詳內有非時衝替及因罪降差遣未滿一任或曾經考課不轉官者欲更不勘會詔應前項人俟更及三年非贓濫者悉許考校以聞　時帝謂宰臣曰京朝官有贓犯不治衆所共知而無顯過者考課之際第以久次遷擢非勸沮之道也宜志之　八月二十二日詔伎術人雖任京朝官審官院不在磨勘之例　二年六月一日詔三班使臣經汾陰轉官後及七年者許令磨勘遷秩　七月十日赦書京朝官丁憂及勾當事就移經七年不改官者審官院勘會特與轉遷三年　三年六月二十四日詔審官院應轉運使副提點刑獄內外帶職兩省臺官并京朝官等官及三年以上者如在外仰逐處取揩歷任文狀附遞送審官院磨勘進呈內有得替到闕及在京見勾當者亦與磨勘引見如在京三年已經磨勘改轉或尚且依舊勾當者即直候得替更及三年已上再合磨勘依例施行其內外有未磨勘間便遇朝廷差使者如合該磨勘如昨已經勘會轉官及七年曾具申奏并因公事降差遣移任無例磨勘者不在此限　七月審官院言準詔磨勘內外臣僚合具申請在京勾當臣僚已經磨勘轉官仍舊勾當即候得替更及三年再合磨勘者參詳如見勾當未罷者即準前詔直候得替磨勘如朝廷特更留一任或量留年限者欲

二

望每任及三年亦與磨勘又京朝官轉官雖及三周年曾經磨勘引見及奏名亦該七年申奏者雖不轉官亦望自磨勘後重叙三年方得磨勘如未經取旨特旨別令磨勘者不在此限又勾當事京朝官自降勅以前差遣者即準前詔一例磨勘降勅後方就差遣其間多有改官已及三周年者參詳未勾當事以前雖不該磨勘已朝廷相度如勾當後及一年或二年若別無遺闕即許將前來年限通理亦與磨勘詔臣僚磨勘歷任文字仰本院并將自前已磨勘歷任功過一處開拆進呈降勅後就差遣者改官已及五年勾當事及一年并改官及三年勾當事及二年者並特與磨勘餘悉依奏　九月審官院言京朝官在任三年以上求改轉者磨勘到文字欲送中書門下進呈從之　十月中書門下言三司判官轉運使副滿當遷秩者但進士及第或帶館職者欲皆授命書從之　十一月十九日赦書京朝官遷秩及三年者並與改官歷任曾犯贓罪經七年者李中書門下敕音學事三班使臣及磨勘年限者並與改轉班行內曾犯贓罪經十年者委樞密院取音學事殿直已下至供奉官帶閤門祗候自今及五年未遷者令樞密院考課以聞其三班使臣年限合該磨勘自今雖在外任並與施行　四年五月八日將作監丞通判果州張觀言父居業見任越州支使年踰耳順猶滯選門今蒙恩改秘書郎願以回授詔流內銓召居業考課引對其秘書郎告勅以授觀　五年正月七日宰臣言考較京朝官幕職州縣官內有合該遷秩及定差遣恩例伏緣多值假日欲具舊例擬定進內從之　二月七日詔內外京朝官經磨勘不改官後來無私罪通及四年者並與遷官　五月詔審官院自京朝官考績及授保合引對者並于資善堂呈引　乾興元年仁宗已即位三月八日樞密院言勅書閤門祗候並與加恩勘會人數並轉一資供奉官至借職欲令三班院具人數供申候到轉一資內有年限已滿自合改轉者並轉兩資寄班祗候使臣亦同此例並從之　九月二日司天監丞徐起等言遇　真宗御樓及今上即位兩蒙覃慶只蒙一次轉官及加階已授京朝官例遷秩詔今後司天監并諸色伎術等官並不得依京朝官例磨勘加階轉官　十二月詔三班差使殿侍在外歲滿許逐處取索功過文驗入遞委三班院磨勘當與就轉官自今不得妄作名目差遣入京　仁宗天聖元年四月一日中書門下言準中旨取內外文資陞朝官出身歷任功過令編寫班簿進內所有郎中以下至京朝官係審官院磨勘差遣見今本院供寫其尚書丞郎給諫兩制等官職崇進備知才力見委寄內外差任更不編寫

三

歷任從之　二年正月吏部南曹言選人磨勘例問刑部有無過犯定奪公私罪名又恐其間曾有負犯或奏按在大理寺未經奏斷即刑部無由得知自今更乞會問大理寺從之　八月十九日帝問中書門下凡銓曹磨勘選人中有私罪者如何宰臣曰所犯罪情理各有輕重只如墜笏失儀赴衙謝不到但不緣公事皆為私罪帝曰今後似此等私罪並與相度陞陟　三年四月十二日太常博士直集賢院程琳言蒙恩改官今三周年合該磨勘緣差接送伴賀乾元節人使乞依外任例不候到闕先次磨勘詔琳特與轉官　十五日審官院磨勘到秘書丞秘閣校理陳詁歷任功過引見詁先為王欽若辟充西京判官後因欽若疾病擅離任所坐罪降充襄州監酒復滿三年合該磨勘詔詁特與轉官　二十五日流內銓磨勘引對翰林侍講學士孫奭所舉滑州觀察判官董儲詔特與太子中允　儲進士第名任兩使判官資序合入太常博士以歷任有過曾斷決部民致死特令近下除官　五月十八日中書門下言應合該磨勘京朝官并選人欲今後更不擬定合與恩澤只是歷任功過進入旋取旨從之　七月六日權御史臺推直官殿中丞程貢言轉官已三周年審官院以為權差未罷不許校課引見詔與磨勘今後在京差遣並准此　二十七日審官院言得益州路提點刑獄張逸狀先授太常博士改監察御史適及三年詔依例磨勘　九月六日中書門下言應京朝官經登位覃恩轉官後及三年者並依景德四年七月敕施行其移任或不因公事非時除替及歲未滿別授差遣或特恩任使者候轉官及四周年以聞其天禧三年六月詔書更不用從之　先是京朝官有任滿三年不候到闕於所在申發文字便許磨勘改轉考績之制頗為濫易故申明景德條制焉　五年四月六日三班院言先準赦閤門祇候及未轉遷者並與磨勘未審止其年當滿者復今後以五年為例詔自今後經轉官及五年者並與磨勘　五月十六日左侍禁閤門祇候滿承規符惟忠言轉遷班行今已五年昨因祇候失儀罷職不曾停官已復舊制欲乞磨勘不得為例　六年正月四日詔閤門祇候經歷邊任及中外委使者特與五年磨勘餘並具功過奏裁　二月詔三班磨勘閤門祇候京朝官例進歷任腳色二本一留中一付樞密院　三月十六日詔見勾當事並帶職任京朝官該用景德四年七月敕除磨勘者自依前勅其餘不以在京及外任候轉官及四周年令審官院磨勘以聞　九月十九日審官院言國子博士尹熙古轉官六年緣是御書院待詔除官未敢以京朝官例磨勘詔熙古特許磨勘今後待詔

出職只補班行不得與文資　七年二月詔殿直至供奉官充閤門祇候者自今勾當事或閤門祇候應資及五年方許磨勘內曾犯贓私罪因事差替年老病患並須奏裁　五月二十六日詔如聞三班使臣磨勘吏人邀滯姦作會問其令知院官自今置簿依投狀名次編錄疾速接驗如須會問所至限一兩日回報自投狀至引見與限半月不得漏落功過犯者稍涉弊倖人吏當從決配　七月直史館判吏部南曹洪咼等言幕職州縣官投納文字南曹問諸處元定勘限三司只許七日動經月餘始報欲乞依天禧二年劉楚起請京朝官使臣幕職州縣官曾差專監場務候替令逐州比較增虧有無責罰明書曆子及都帳送勾磨勘齎赴投納一依勅條會問同否磨勘如祇是提舉元非專差監當替日造帳比較增虧勾磨畢齎赴闕於審官院三班院流內銓投納逐處據帳施行更不會問三司所貴簡便詔令三司詳定既而上言京朝官使臣幕職州縣官差在外比給曆子各書功過替日更給解由及都帳付本官親執赴闕其審官院三班院流內銓並不用曆子解由為憑更須會問三司刑部大理寺枉成稽緩令與大理寺刑部銓曹同議欲自今在任監臨一界課績令對比前界年月日收數并立祖額近年比增虧并應合書事逐畫一節批上曆子替日更令逐州造都帳入遞至所磨勘處投納便委審官院三班院流內銓磨勘施行更不會問三司或諸州有批書違帳不如式致有增減並從違制定斷其應內外官犯罪斷勅內自今吏請添寫一道下審官院三班院流內銓照證磨勘亦不更會問刑部大理寺從復為勞從之　十一月六日詔京朝官磨勘令審官院今後京朝官並依景德四年七月四日詔書須到闕已前轉官及三周年者如到闕未滿三朞者候及四周年亦與磨勘其任西川廣南並候及三周年許令在任申發文字赴審官院磨勘　八年五月六日詔審官院廣南東西川見任京朝官今後如將滿合該磨勘文字已到不以在任得替並具殿最以聞　先是太子中舍知大寧府尹仲宜自陳改官自去秋已滿三年雖貴代闕上有司于今不報如此則遠方官吏俟代乃得考校常引歲月與詔限不相應因下此制　八月六日審官院言準去年十一月六日詔書磨勘京朝官年限參詳多有得替後轉官未及三周年卻準諸處公文差官勾當在路託故拖延候及三周年方始到闕乞磨勘欲請自今京朝官並須得替已前及三周年即得磨勘其西川廣南得替在任不曾磨勘到闕及三周年者許與磨勘如到闕未及三周年即候次任及三周年日許依例磨勘又自東所差京朝官內除西

川廣南依例以到任月日為始差替外其餘不以遠近並以授勑年月為始近地陽兩月遠地陽一月差人交替其新授官貪多是繞授勑便赴任是致見任官未滿交割欲望並令候見任官以受差勑年月近地及三周年遠地及三十箇月滿日即得赴任及乞從差勑明言替某人某年某月滿闕所貴見在任官至得替轉官未及三周年者免有叙述陳乞其遠地三十箇月得替如在任不曾磨勘者即候到闕及三周年許與依例磨勘又得替如在任不曾磨勘者即候到闕及三周年許與依例磨勘[illegible]後轉官未及三周年却準諸處公文差遣勾當公事方及年限者並不在磨勘之限又京朝官先因公事并有因依替移及降差遣者自來不以年限無例外任磨勘須候得替到闕其間或有朝廷就移任及三兩任者本院自來別無條例欲望自今以移替及降差遣年月為始後來及三周年通計未移降差遣前轉官及五周年者不以到闕在任並與磨勘其在外京朝官在任未滿不因公事朝廷非時移替在任不曾磨勘轉官者後來通計及三周年不以到闕在任並與磨勘如到闕未及三周年即候次任及三周年與依例磨勘並從之　十二月十三日審官院言準詔京朝官在任未滿不因公事移替轉官及三周年不以到闕並與磨勘欲乞應是曰入陝乞部內有妨礙替移差遣依勑磨勘如是因陳乞或奏舉陞陟非次擢任之人不在通計三年磨勘之限詔除因陳乞移替依奏外餘如前詔　十年二月殿中丞同判南安軍沈嘉言昨知福州長溪縣就移今任轉官已三年審官以臣元是本院定差從遠入近不該磨勘若中移授縱自福建移近京亦許磨勘比方未均望申條約詔自今後不以中書審官但多移者須自近移遠即三年磨勘　明道二年七月十七日侍御史知雜事權同判流內銓李紘言近勑臣僚奏舉幕職州縣官充京朝官令銓司勘會如已成資抽來磨勘如未成資即候成資欲乞並許抽來磨勘引見詔及六考已上令銓司更不候成資抽來磨勘引見　十月十九日太常丞直史館鄭戩言應內外勾當事京朝官乞依舊每三周年一次磨勘轉官詔可　景祐元年正月二十三日中書門下言前詔應勾當事京朝官轉官及三周年並與磨勘欲令審官院應差移入西川廣南者今後並許預先三兩月申發文字候到本院疾速磨勘繞及三周年便與申奏諸處因公事移替係降差遣者候轉官及四周年即依例磨勘從之　二月九日詔令後諸司副使特轉正使於見任副使額下五次除授磨勘即依條例　十月九日龍圖閣直學士李若谷言三班使臣臣僚奏舉乞依舊例

六一

引見詔自今後員外郎諸司使已上方得依條奏舉仍七人內須有轉運提刑一員即與磨勘　二年五月十九日詔大兩省官以上今後轉官及四周年遷秩取旨如有殿罰者候及五周年　九月二十二日詔內臣不得扗進文字及御前陳乞轉官如入仕三十年已上曾累有勞効經十年不曾遷轉勘會取旨御藥院勾當轉官及五周年與轉一資如自轉官後來更在院勾當及三周年不因過犯差替出院者亦與轉一資　二十七日詔諸司使副至內殿崇班內常侍閤門祗候等今後除依元定年限磨勘外來體例合該改轉外不得輒進文字并於御前叙述勞績求非次轉官差遣　十二月十五日流內銓言乞今後如節察判官一任得替改轉進士與太常寺丞餘人即中允贊善經兩任已上方轉太傅殿丞兩任判司簿尉進士諸寺監丞餘人大理評事三任七考已上進士與大理寺丞餘人諸寺監丞詔今後節察判官轉朝官依奏餘不行　十六日審官院言準勑內外勾當者京朝官並三年磨勘因公事移替降差遣者四年乞今後犯贓者五周年磨勘從之　三年三月二十七日審官院言諸路提點刑獄得替磨勘緣先來並差官置司詔只令審官院依例磨勘　四年九月三十二日益州路提點刑獄奐守忠言伏見審官移入川廣京朝官該磨勘者許先三兩月申發文字令後見任川廣諸司使副三班使臣乞如京朝官例從之　五年八月二十五日審官院言京朝官該三年磨勘內有歷任犯贓私情重者未有條貫乞今後別立貼黃述所犯情理送中書取旨或未改轉或添年限詔分明貼出取旨不送中書　寶元二年六月十一日臣僚上言欲乞應奏舉官並須六考以上方許銓司磨勘引見內有曾犯私罪者量加一考詔除今月已前舉主人數已足者依舊外餘如所請　十月十二日審官院言欲乞奏廕子弟改官及五年勾當事及一年在任為當虧課利一分以下并公罪杖以下並候勾當事三周年磨勘其虧課利一分以上私罪不計輕重公罪至徒並勾當事三周年磨勘從之　康定元年九月二十四日權同判吏部流內銓吳育言銓司舉官條制內有曾犯贓私罪不許奏舉今請應選人曾犯贓私罪除情理重者無複在官若所犯稍輕叙用後經兩任別無私罪顯有材能者並許奏舉磨勘比類流外選人換補班行其選人歷任內有踰濫罪名者更不引見詔令內外制臣僚與判銓官同共定奪以聞遂請選人曾犯贓罪只是受湯藥酒食果茹之類身非監臨計贓不滿疋買賣剩利非彊市者杖六十以下罪後來兩任不曾有過私罪者舉主十人許與磨勘曾犯踰濫若只

七

因宴飲伎樂祇應儲有踰濫須經十年已上後來不曾更犯罪並與引見從之

慶曆三年七月陝西宣撫使韓琦范仲淹言陝西河東沿邊州軍及城寨主兵武臣例皆五年磨勘既與內地勞逸不均故多不願就邊任以此將佐而下常患乏人況戰守之地責其死節苟循常規將何以勸望令陝西河東沿邊州軍及城寨主兵武臣在任滿三年者並特轉一資如經改官而舉留再任者滿日更與轉一資並不隔磨勘從之

十月詔曰唐虞稽古建官惟百能哲而惠克明俊德然猶三載考績三考黜陟幽明周制太宰之職歲受百官府之會以詔王廢置三載則大計群吏之治而誅賞之故考課之法舊矣祥符之際治致昇平凡下詔條主于寬大考最則有限年之制入官則有循資之格及比事邊因緣多故數拔官簿審閱朝行思得應務之才知厭素餐之道然非褒進善惡則不激礪非甄別流品則不憤發特頒程式以檄官成自今兩地臣僚非有勳德善狀即不得非時進秩武非次罷免者仍不以轉官帶職為例兩省已上自來四年一轉官今並具履歷取旨京朝官磨勘年限內私罪人并歷任內曾犯贓先具元犯入已不入已情理重輕并今磨勘年限內有無勞績及舉主人數主判臣僚奏取旨若磨勘後再及三年內贓私罪杖以下經一次取旨徒以上經兩次如能自新於年限內別有勞績及有同罪舉主三人又無私過者更不取旨其到審官院人于元指射路分內受差遣及未到院以前并受差遣以後待闕及得替赴任公程月日並許通計磨勘如於元指射合入路分有闕不就則將守候差遣半年及得替赴任公程外住滯數日並不得理入磨勘之限其京朝官上章陳乞并于中書審官院求就京差遣者並五年磨勘如因省府等處保舉及同條選差在京勾當者勿拘此制即不得舉選見任兩地并兩省臺諫官有服紀之親凡有善政異績或勸農桑獲美利或鞫刑獄雪冤枉或在京監當庫務能革大弊因而省費錢物萬數多者量事跡大小不隔磨勘或陞差遣其選人未該磨勘而有上項勞績者亦與比類陞擢若朝官轉員外郎須自歷陞朝官後有安撫轉運使提點刑獄或清望官伍人同罪保舉并三周年內無私罪者方得磨勘員外郎轉郎中郎中轉少卿亦如是之其舉主不足者增二年少卿監轉太卿監并轉諫議大夫並取聖選

慶曆四年正月詔審官三班院流內銓磨勘轉官如批降指揮後有合奏請事令主判官別取旨先是判銓王質言伏見先朝審官院三班院流內銓引見磨勘差遣人並臨時取旨自天聖垂簾之後皆前一日進入文字內中批定指揮其間雖有功過

八

有司不敢復有所陳今請如先朝故事更不預進文字並于引見日面與處分故下是詔

二月十四日詔審官院自今磨勘發運轉運提刑朝臣更不限舉主人數只據在任勞績取旨

六月五日詔審官院應京朝官內外差遣合磨勘者自近降勅到院日前轉官及一周年者且依舊制年限磨勘一次其餘改更令後且依新制應守候差遣者每月一度請問合入路分內有闕不就及半年則將守候差遣半年外月日不理入磨勘之限得替赴任有押水路綱運并附綱到闕者今在京排岸司點檢本綱行程曆且在路計若干程內阻滯月日顯有因依者批入本官到任曆子其陸路驛程并水路乘私下舟船元無行程文曆若有阻滯月日因依者限降指揮到日即隨處州縣各出給公據候至磨勘日仰審官院點檢阻滯月日顯有因依文據者並許理入磨勘若以私故住滯日限遠地累及一月已上近地累及半月已上者並不理入磨勘之限朝旨給假者除往來公程并元給假日外月日不得理入磨勘其元無日限者除程外以一月為限如限外日數更不理入磨勘如在任所顯有事故請假者即許理入磨勘

十一月審官院言三司判官開封府推判官天章閣待制及官職審任提點刑獄各係清要資序請自今磨勘改官更不限舉主人數從之

九

五年正月二十六日詔今後應諸處官員因被彈奏雖不曾取勘責罰但有因依非時改移差遣者並四周年磨勘

六年五月八日權御史中丞張方平言切見中書樞密院近歲除官多須批旨候半年或一二年與官或改職且遷除休例率有常制其顯著勞効理應甄賞雖擢之非次誰曰不然若事出僥倖因緣姑息積聚歲月習塞群言譬之賈人交易于市作為契券立期待賞非惟上虧治體實亦下乖公道乞下中書樞密院今後有當轉改者勘會如格即行轉改更不如此先批旨若文武官舉引前例妄有干請乞門行降責示人正範從之

八月七日同提點利州路刑獄公事御史言武臣乞依京朝官日限磨勘於十日內會問奏上詔樞密院三班院將元定限日各減三日中奏

皇祐元年二月十一日權御史臺推直官劉異言乞今後應補京官初任勾當除有妨礙替移外須候二年已上成任者方得通理三年磨勘如[illegible]未成任者不得通理詔令審官院定奪聞奏

三年十二月二十四日詔文武官七十已上未致仕者不許磨勘或于國有功於民有惠理當旌賞不在此限

四年九月詔文武官磨勘私罪杖以下增一年徒以上二年雖犯杖而情重者奏聽裁贓罪杖以下增二年徒以上三年

五年五月四日審官院言檢會將作監主

薦任逸皇祐二年九月明堂覃恩以當年十月賜同進士出身有詔依無出身人例轉官令太常寺太祝鄭民彝令年四年賜同進士出身卅三月內合該磨勘係未賜出身前已三周年詔民彝依進士出身人例轉官

嘉祐二年五月二十七日詔曰傳曰能以禮讓為國乎何有夫禮之本非朝廷安出讓之節非臣工首先必在正其名以廷直工既與人者剛下之待已也重然則躁競曷由而起廉恥安得不明潔惟行義之首是為風化之端凡我在公共齊庶俗猗于鈞考之法蓋隆獎勵之方開寶詔書乘察乎殿最詳符恩旨均設以歲日懋功加恩不既優乎時則有司布下便文自營乃使人為請已陳治迹頓然干進恬不為非間有沖默之士羞言名利是使滯淹之歎獨貽遂事良若此實勤何觀紛受爵邪辭古人之所戒循增因遲前載可師朕嘉與庶官共循廉訓養育之道廣裕以問衡辨之譏被除之始懿揚朝美表正人工則我祖考之謨烈其永無疆之休令後京朝官磨勘更不令本官投下文字宜令審官院舉行武官令該磨勘者亦依此指揮令樞密院施行擋告多士宜體至懷九月審官院言準詔令後京朝官磨勘更不令投下文字令審官院舉行本院為不見得較官月日奉下諸處取出歷任轉官實日家狀候到置簿抄上以憑檢舉磨勘

十

次尚慮諸司住滯會問文字欲乞承領本院公牒限兩日內回報違限三日以上許令本院舉行住滯人吏並科違制之罪從之　三年十二月十三日詔吏部流內銓自今選人磨勘毋得敘勞績求先次截甲引見若勞續重於改京朝官朝廷自賞擢之四年九月十五日審官院言應京朝官磨勘在京者例須引見今冬及來春京朝官磨勘年限俱滿乞依外任人例更不引見從之　初明堂覃恩內外官同時改轉自是每及三年則同時歲滿故也五年六月二十二日詔令後京朝官須年及格方得依條磨勘陳乞差遣并選人乞注官如年未及格不得施行時監講王陶年未及格欲父秦泰掌機宜三年為歷任乞磨勘故下是詔六年十月詔磨勘選人歷任內曾失入死罪未決者候再任舉主應格該引見其已決者三次乃許之若失入二人以上者雖得旨改官仍與次等京朝官　英宗治平二年四月二十一日詔曰天下之治在於得人人之賢愚繫乎所舉舉而失當猥濫至多令吏部磨勘選人待次者二百五十餘人須二年方克引對留滯之弊至于失期且歲限定省本防其濫而舉者不問能否一切取足以開徒有塞詔之名且非為賢之體以致奔競得售而實才者見遺請託得行而恬守者被弃蓋其賢舉之是徇殊非激勸之能明章交公車充數

而已以是濟治其可得乎宜令中外臣僚合舉選人者務在得人不必滿所限之數所貴材品辦別士路澄清惟爾輔臣深體朕意　三年二月十九日翰林學士承旨張方平等言准中書送下臣僚上言伏見審官院京朝官以上磨勘轉官者舉一歲中約有十數其間職任隆擢者尚不與爲按國朝會要真宗皇帝朝因諫官孫何等上疏遂罷郊祀序進之制即令有司考其殿最臨軒引對親加陞黜又令審官考院考較京朝今任五年以上磨勘無贓私罪即以名聞當議遷秩人合在京臣僚已經三年磨勘次轉候依舊勾當直至得替後更及三年再令磨勘當時條制雖前後不同然大抵不限定三年亦不以在任得替一例磨勘自今寺監主簿以上率三歲一遷在外任者不候替歸居官職者亦無候替別限年磨勘之制至有待闕于家動踰歲時居無職事祿廩不絕苟及二年則又磨勘臣謂考課之弊無甚于今而亦無速於今也乞朝廷檢詳舊制以見今內外京朝官及兩制以上磨勘之法別立中制雖未盡如虞舜三考陞黜之典而且復祖宗之制亦庶幾抑僥倖之弊矣望賜別委近臣檢詳典故裁定施行詔令兩制詳定之間續降下權御史中丞彭思永言乞今後前行正郎該磨勘依轉大卿監例候四周年及自歷正郎後須得舉主五人內有本

十一

路提轉及大兩省三人方與改轉少卿監同知諫院傅卞言欲乞令後京朝官至員外郎且依舊年限磨勘外其前行員外郎入三郎及正郎磨勘並限四年至前行郎中更不許磨勘須制以上並乞五周年磨勘至諫議大夫更不許磨勘殿中侍御史吳中言欲乞從今戒節如有前行郎中合轉少卿監者且令權住先立定員數候有闕即以遷授仍以歷任年深無贓私罪或曾歷職司差遣不經責降或前後歷官可稱及素有文行者先次遷轉前行員外郎合轉郎中及博士合轉員外郎者亦且權住先立定員候有闕即以次遷補監察御史劉庠言欲乞少卿監合磨勘大卿監者如年已及七十以上更不許磨勘監察御史蔣之奇言切見兩制以上皆四年轉兩資比京朝官皆是二年一轉欲乞兩制亦依京朝官例五年磨勘轉一官至前行郎中後乃更添在[illegible]郎中一轉臣等檢詳祖宗朝中外官不立遷轉條限大中祥符八年始降詔京朝官並以周年令審官院磨勘引對與轉官是時仕路猶清官員數少厥後及今五十餘年約祥符初略計什倍以致員多闕少坐縻祿俸才否無辨差遣不行考課之法難復施用官制之弊無甚于此今詳定且欲自京朝以上磨勘一例各展一年陞朝官至後行郎中更不磨勘其才望勞績或因繁難任使即時朝廷旌

擬差發任陞朝官至正郎參歷子孫循來法循理自歷至州郡長吏以此處當調固為保厚其待制已上已處顯近請遵祖宗故事更不磨勘若因事功寄任上自聖衷推恩遷改因見資品已高各換所居官止自餘係例一切循舊其見任卿監不曾歷職司並選人自當參官累遷者並送審官院一例差遣其以老或疾陳乞留臺宮觀監當者更不磨勘如此則操紛歸于君上勸沮行于朝廷人材有所甄別重難煩劇之地可以用人事體均平簡易守此於祖宗之制猶為復古 詔曰朕惟制官之本必始於官設官之方莫先有擇國家承累聖之祚踐時歷平而假省寺之官出蹇庶務後詔以三紀課之一遷成法既深吏員猥積雖海宇至廣工部寔繁以官舉人待省數矣肆我臺閣數陳其說爰用博議審求減課而封章亟來請從吏制朕嘉與卿士圖擬中庶幾流弊出此其息一待制以上令後並自轉官後及六周年令中書取旨如無過犯與改轉有過犯者依舊條展年至諫議大夫止京朝官並四年與磨勘至前行郎中更不磨勘仍以少卿監七十員為定員如定員內有闕即檢會前行郎中內揀及四周年以上月日最深者遷補其有過犯合展年及有勞績得減年磨勘者並依舊制少卿監以上更不檢會取旨除官如此別有勞績或因要重任使特旨推恩者即不在此限凡爾誠之心期共濟于道遵革之始無或敢廢私況上自執要官稗一從于新令凡四在位咸体朕懷 五月六日樞密院言嘉祐三年詔非軍職當罷橫行歲滿當遷及有戰功殊績皆不得除正任正任當遷則改州名或加檢校官勳封食邑自降詔以來正任刺史以上絕遷進之望今欲自知雄州知郡或路分總管任使勘會及十歲遙經改州名或加檢校官勳封食邑則與改官至節度觀察使留後止又嘉祐三年詔客省引進四方館各置使一員東西上閤門共置使四員閤門引進客省共置副使六員閤門通事舍人八員閤門使須有闕乃補今欲增置引進四方館各使一員閤門共使二員閤門引進客省共副使二員通使舍人二員所增置員須見任官當遷及有闕乃補諸司副使兼閤門通事舍人如在閤門供職轉七資不供職即轉五資又慶曆四年皇城使李繼忠乞磨勘以繼忠為遙郡刺史而舊制皇城使不轉閤門昭宣使絕其磨勘則無叙進之望遂除遙郡則與法入舊制諸司副使當改官者降五資除使則是一日而遷十五資今欲皇城使改官及七歲如曾任邊有本路安撫轉運使總管五人以上舉則與除遙郡刺史至遙郡防禦使止諸司副使因差使及有勞遷使如舊制止因磨勘即不得過五資有戰功

十二

及殊績者不限又舊制兩省都知押班及帶御器械內臣合磨勘者臨時用例取旨今欲如舊制詔自今皇城宮苑使副當磨勘者各於本班使額自下升五資改諸司使其自左藏庫副使以上因酬獎及非次改官者如舊制餘皆如所奏 初帝謂執政曰諸司副使當從供備庫使始令對行降五資太優于是合議條奏而為此制 十八日樞密院言自今知州軍選歷任無贓私罪者私罪杖以下及公罪體量衝替降差遣候經四任親民贓私罪徒以上而嘗立戰功酬獎轉官者亦候經四任親民臨時取旨知州軍路分都監鈐轄等如有負闕即與正差不得陳乞理為資序從之 三年五月十一日知制誥同判流內銓蔡抗言伏見條磨勘奏舉候次引對選人二百五十餘人一歲所引不過百人計須二年半方可引絕檢會編勅在朝文臣知雜御史以上武臣觀察使以上各許舉外任選人充安撫發運轉運使副提點刑獄知州軍通判各於轄下選人充京官緣今令中書逐年舉狀約一千九百員被舉者既多故磨勘者益衆朝廷維於引對之際限以班次然內外舉官之數未嘗略有裁損本源未塞徒抑其流故行次選人日月滋引且今天下吏有限每一官之闕初授已替并見任者率有三人故使除授益艱能否共滯若不稍為更改恐久不勝其弊焉欲乞權罷在朝文臣知雜御史以上武臣觀察使以上每年所舉京官其在外安撫使以下至通判逐年所舉京官縣令各量本處在任吏員多少於舊數十分內量減三五分候員少即依舊臣伏思朝廷更張法制太甚之弊蓋有材者不患見遺悖者則所不欲況今采只是減損臣僚所舉人數即不得增添選人考第舉主在人情亦無所缺望乞委近臣參酌施行詔在京文臣知雜御史以上武臣觀察使以上每歲許舉幕職州縣官充京朝官二人今後並罷 治平四年二月十一日神宗即位未改元樞密院言守班祗候及十年合落職者如曾犯公罪徒以上及私罪杖情理重者不遷資公罪杖於磨勘年限內減三年私罪情理輕者減半請依舊例從之 三月詔臣僚將孫作男奏授官後因陳首降資改正所有磨勘與通理自磨勘來年月外更展二年 九月十三日刑部郎中兼侍御史知雜事劉述以久不磨勘特命為吏部郎中 神宗熙寧元年五月詔密官兩院大使臣因酬獎得減年磨勘者已過合減年限許陳乞後次收使者聽若無陳乞即行磨勘減外殘零年月不復收使 二年二月十三日樞密院言河北轉運司言左藏庫副使知安肅軍陳昉久不磨勘勞效恬靜難進之無陞擢上曰右職若効朝士養名特加獎進則今後

十三

魏習惰安以為身尚非便也伏其依格自陳即與施行　十四日權河北轉運副使兵部員外郎張問以十年不磨勘命為禮部郎中　八月八日御史中丞呂公著言伏見英宗朝文臣磨勘轉官例展一年至少卿監以上更不磨勘遷轉其武臣橫行以上舊例四年一轉使臣五年一轉初出官三年便轉當時並不曾比類施行只仁宗朝嘗著令正任防團以上非有邊功不得轉遷後來衡改但及十年以來曾歷外任即許遷轉亦不曾與少卿監以上比類施行詔大使臣至正任及橫行改轉年限令兩制詳定以聞　十二月審官院言國子監博士蘇充合該磨勘會充是同知院蘇頌弟嘉祐編敕知院臣僚有親戚者其差遣磨勘並牒同知院官施行供是親戚即具申中書施行詔更不回避審官院流內銓今後應差注并遷本司官親戚合回避者無官可牒送並依此施行　三年六月二十五日審官西院言在院磨勘差遣人未審依與不依審官東院例引見詔今後磨勘大使臣依例引見更不告謝　十二月二十九日知太宗正丞事李德芻言近據宗弟等狀奏各稱自嘉祐五年十二月內磨勘轉官至今年十二月已周一十年合依詔條磨勘轉官檢會先準至和二年八月詔先朝舊制皇族在班及十八年者具名取旨今宜令中書樞密院勘會十四皇族自明堂覃恩普轉及十年者特具名取旨當議依天禧元年二月宗正寺所定累院次第各與遷轉所有近因特恩改轉者即須候及十年別具取旨令來宗弟等稱依得詔條磨勘轉官看詳前項詔書出於一時特旨即無令後指揮自嘉祐五年至今雖及十年又緣其間兩經覃恩普轉官資自覃後至今方及四年乞下中書看詳詔書明降指揮詔自治平四年覃恩普轉後及十周年者特具名取旨近因特恩改轉者即須候特轉及十周年取旨　四年二月二日詔邊任使臣任滿合該減年磨勘者不因公事非次減罷如在任及二年已上內合減三年磨勘者減二年合減二年者減一年仍並免短使先次指射差遣　十七日詔應在京京朝官大使臣依條合該磨勘者令審官東西院並依外任官例具歷任功過取旨在京者更不引見應有指轉官或減二年已上磨勘酬獎願換堂除差遣並聽流內銓奏舉選人合該磨勘者內有過犯人即申中書無過犯人並一面磨勘引見其應有勞績雖該磨勘候改官日並與比類元係酬獎

十八日中書檢正公事所言近據宗弟等奏各稱自嘉祐五年十二月內磨勘官後至今已是十年依得詔條磨勘轉官檢會至和二年八月二十七日詔書自覃恩或特轉後及十年者特具名取旨各與遷轉即無令

後指揮近詔自治平四年覃恩普轉後及十周年特具名取旨與前降詔敕指揮一般緣並係特恩即非定制令來據宗弟等攀引元經體例及稱治平四年正月赦書節文文武職官並與轉官合磨勘者仍不隔磨勘看詳上項赦書稱合磨勘者不隔磨勘緣宗室即無立定磨勘年限其所降敕文稱祖宗元係磨勘京觀察使止緣自有十年取旨指揮以來宗室合轉官者即亦須磨勘前來擬官年月及有無過犯即合展年故亦謂之磨勘即與外官立定磨勘年限事體不同其充繼非來轉官顯是有司誤有行遣緣充繼已得旨與減五年轉官年限若依近降指揮即須更候一年方合改官今來合與追奪繫自朝廷指揮所引令誤轉官告詞內稱宗室以十載為定緣元降指揮自無令後指揮豈得攀引告詞為據欲乞下大宗正司告示依前降指揮詔充繼去轉官日限只以一年更不追奪餘依所定　十年十一月十四日詔今後三司諸寺監銓院開封界提點兵部等處丞簿勾當公事如該取旨磨勘並擬進施行　元豐元年七月二十五日詔自今諸酬獎第等京朝官大小使臣轉一官選人判司主簿尉五考初等職官知令錄四考兩使職官令錄三考支掌防團節判察官并因軍功捕盜不限考第並轉合入京朝官不及以上資考者循兩資第二等十五減磨勘三年選人循一資與堂除差遣一次軍功捕資轉次等合入京朝官第三等減磨勘二年選人循一資第兩等免遠短使免試無可免者各與陞一年名次第五等各陞半年該兩次已上酬獎者與併賞併陞願留後任收使者聽　三年九月十六日詳定官制所言開府儀同三司至通議大夫以上無磨勘法太中大夫至承務郎應磨勘待制以上六年遷兩官至太中大夫止承務郎以上四年遷一官至朝請大夫止候朝議大夫有闕次補其朝議大夫以七十員為額選人磨勘並依尚書吏部法遷京朝官者依今新定官其祿令並以職事官俸賜祿料舊數與今新定官請給對擬定從之　十二月六日應該遷官除授者並即寄祿官除大兩省待制以上至太中大夫餘官至朝請大夫並通磨勘進士八年餘十年一遷所理年月自降指揮日為始自官制行以舊少卿監為朝議大夫諸卿監為中散大夫秘書監為中大夫故事兩制以上轉官至前行郎中即超轉諫議大夫前行郎中於階官為朝請大夫諫議大夫於階官為太中大夫而兩制磨勘者舊不轉卿監即於令制不當轉此三階又舊制朝議大夫止以七十員為額餘官轉至朝議大夫即須候有闕方許次補至是因有司申明乃降是詔其大兩省待制以上自通直郎至太中大夫磨勘理三

年承務郎以至朝請大夫理四年自如舊制　五年
十月二十七日吏部言待制以上舊法六年遷官今
准新制三年一遷其已滿三年磨勘外有剩年月者
乞許通理磨勘從之　十一月三日給事中陸佃言
續吏部所上鈔內朝請郎提舉玉隆觀吳審禮擬遷
朝奉大夫緣審禮以老疾乞宮觀法不當遷詔寢之
六年閏六月二日詔中書尚書省外取使臣等勿著正
官寄理磨勘資任遷補　七年三月十三日監察御史
朱京降監與國軍監酒務初京言朝請郎董揚休前
任沂州衝替法當與宮觀展磨勘一年考宮言陳乞
宮觀留臺不許磨勘揚休雖非陳乞未有此例御史
十六
臺定當依本法與磨勘而旨不行朝議大夫致仕宋
彥緣事故差任宮觀大畧與揚休相類中書擬與磨
勘臣竊意大臣進擬有愛憎之私別望定改正中書
門下言京所奏與事實不同詔京具析而京果言不
實故責之　七月十三日詔官員因公事上簿者再
上簿展磨勘一季會恩免者以二當一　八年二月
二十三日門下省言中書錄黃前淮南節度推官呂
公憲等狀各磨勘當改官乞下吏部先引驗吏部已
引驗四人奏已降出正月當引見及未引驗八人見
磨勘十九人詔轉官人依例除官餘候會問無違礙
依甲次先引驗訖聽旨其引念後舉主有事故並不

礙引見候御殿依舊　哲宗元祐元年六月十六日
右正言王覿言近制通議大夫已上皆通行磨勘故
自推行官制以來或以推恩或以磨勘而轉一官比
舊有實轉兩官以至三四官者非所以愛惜名器也
請自今官至太中大夫以上毋以磨勘轉官詔文臣
磨勘待制太中大夫已上至通議大夫止餘官至中
散大夫止其中散大夫已上以勞績酬獎合轉官者
許回授子孫特旨陞遷不拘此制　八月一日刑部
言大理卿王季先奏吏部考功因京朝官選人大小
使臣磨勘并関陞或注授差遣會問本寺有無過犯
公案在寺如係笞杖已該恩或去官及覺舉自首原
十七
免者欲乞並不作公案在寺回報令吏部且與依例
差注磨勘後有特旨即從改正從之　二年二月十
六日詔吏部選人改官每歲以百人為額從侍郎孫
覺請也　四月二十六日三省言外庭臣僚至節度
使即無磨勘改轉之法宗室節度使自立磨勘法後
來亦有改轉體例詔宗室官至節度使更不磨勘候
實及十周年具名取旨　八月四日詔復進納人四
任十考改官舊法仍增舉者二人　二年三月十九
日龍圖閣直學士左朝議大夫知鄭州王克臣為太
中大夫以克臣訴理隔磨勘十有八年故特遷也
六月八日詔保甲補借差以上者初該磨勘有本轄

官二負同罪奏舉陞陟聽如常法磨勘即無舉主不足犯贓若私罪徒即展二年應別格令展者並累展其元豐元年以後補授人雖經磨勘改轉內歷一任元無舉主或不足者將來磨勘亦如之　八月二日詔吏部磨勘選人遇宗政殿坐聽以次引見訖赴內東門謝初垂簾日乃謝應或滯留故有是詔　閏十二月八日詔小使臣磨勘轉崇班除賞功特恩外歲不得過八十人四年五月二十五日尚書省言保甲出身補借差以上初敘磨勘已降指揮用舉主或無即展二年磨勘如已曾經磨勘改轉準此其補授殿侍或軍大將之類即未有該說詔候至借差以上該磨勘日並依借差初該法　六年四月二日三省言　十八
吏部奏供備庫副使趙思復乞以磨勘轉西京左藏庫副使一官回授男三班差使希元轉借職詔思復爲是趙普之後特許回授餘人毋得引例其後監察御史安鼎言思復乞將磨勘回授希元因已違法朝旨未下思復丁憂則又未嘗授官其兄思齊復陳趙普勲勞以申前請朝廷遂從之借職雖輕賞命爲重乞行改正吏部按趙希元係元祐元年八月以差使參選合至六年八月磨勘轉借職詔趙思復不許回授其希元已授借職特免追改仍自今年八月後起理磨勘年限　六月二十七日吏部言犯私罪徒或

姦贓及失入死罪磨勘改官後事發並申改正餘犯準慕職州縣官所展考任法磨勘情重者奏裁犯罪改官後事發於法合改正已經轉官者免改正其私罪徒及姦贓更不在磨勘之限失入死罪展年磨勘情重者奏裁從之紹聖元年閏四月八日詔引見磨勘改官人權依元豐令五日引一甲每甲引三人每年不得過一百四十人俟得次不及百人取旨　十二月三日戶部尚書蔡京等言看詳役法文字張行歷任已成七考有改官舉主二人合磨勘改官緣在京別無舉選人改官臣僚望依張元方例以臣等爲舉主與磨勘改官依舊在任從之　二年三月二十　十九
二日戶部言應淮路毀失宣告許理元入遞除程外理磨勘即支破所改官請給從之　四月四日吏部請借差押綱使臣合得酬奬外增減磨勘年指射差遣升名次恩例以激勸之詔可　九月二日詳定重修敕令所言諸軍功補授因病在假落籍應敘者來落籍已前年月其磨勘聽通理從之　七月三省言按元豐六年九月詔應文武官係七年係七年以上及取旨并不磨勘者隨赦加恩餘但遇給告即加從之　三年四月七日詔宣慶使階州防禦使內侍省內侍押班李祥昭宣使榮州團練使內侍省內侍押班權主管入內內侍省押班公事馮世寧宣政使瀛

州防禦使內侍省內侍押班宋用臣依例自授押班日與理磨勘自今內臣橫行初除兩省押班以上如之內臣昭宣使以上無磨勘法唯押班以上例皆取旨自除理五年磨勘故因禩等著為定法　六月三日考官外郎何友直言承務郎以上及選人大小使臣磨勘請依元豐三年八月三班院申請約束指揮從之　元豐三年指揮檢未獲九月十四日起居郎兼權給事中蹇序辰言中書省送到姚勔磨勘轉承議郎錄黃按勔外雖寬夷中實險賊本緣身犯清議勢不可進遂即棄官至元祐中呂大防等當路反以勔不仕前日為高躐處顯要而勔愈不知恥一意附

二十

會專以詆誣先帝政事人物為功豈容使之與有勞無過之以歲月序進詔勔永不磨勘　元符元年五月二十四日吏部侍郎徐鐸言傳坦之乞磨勘改官緣坦之係堯俞親子本部未敢便依常格引見磨勘詔傳坦之展一任如將來任滿合該磨勘改官仍降次等　徽宗建中靖國元年十月十九日詔侍從官落職充宮觀許作舉主收使以吏部言前晉寧軍錄事參軍張基知威勝軍綿上縣許有功乞依郭知章收使舉主鞠真卿例收使舉主孫覽勘會孫覽已復舊職因陳宮觀係理知州資序詔特許收使仍有是命　崇寧三年九月二十七日吏部尚書何執中奏

伏見考功條貫諸以老或疾乞宮觀若嶽廟及留臺國子監者不在磨勘之限自來陳乞之人少有知得上條其間巧於計會者雖實有老疾於狀詞止敘年勞履歷或曾建利害或稱婚嫁所須故於磨勘無所礙有不預知之人唯是急於得請往往便以老疾為言洎至磨勘有司始執文沮格不以有無老疾實狀例不許磨勘蓋緣上條藏之有司非外人所得知今欲乞申明對修海行貴使天下通知不惟簡便行遣兼吏曹亦不得緣而為姦詔依奏　大觀元年十一月十一日吏部狀勘會宗祀太禮赦文內官員有不因贓罪過犯合展年季磨勘者即未有恩旨其非因

二十一

贓罪展年磨勘比之除名追停而得敘復之類事體稍輕所有不因贓罪添展年季即未有免展之文詔私罪情輕并公罪添展磨勘人並與免展　政和三年七月二十八日尚書省言修立到諸承直郎至登仕郎六考將仕郎七考有改官舉主內職司一員與磨勘公罪兩犯杖兩犯笞比犯杖或一犯徒以上或私罪笞止加一考私罪杖加二考私罪徒以上加三考仍添舉主二員或職司一員知權官者依本資序從之　八月十三日尚書省檢會進武副尉臧守元狀先蒙內弓箭南庫申尚書都官乞磨勘未了當遂經刑等處乞行催促亦不見結絕其都官卻將守元

先充舊格軍將已經官司保明磨勘印紙內事件再行迁往取會施延一年有餘並不關報吏部照令後副尉投下磨勘並免通覆點磨已經磨勘月日其合磨勘月日如致有差悞隱漏失當人吏並科杖一百仍不減以赦降首失原減其減守元許依比先次磨勘　九月十八日臣僚上言契勘奉直朝議大夫於法以七十員為額所以嚴名器限資品也然舊制理年磨勘與以恩特轉者通計員數自朝廷興事造業以來勸勞賞功特轉者稍多見今係班簿者總七十七員內磨勘轉授者總二十員而任朝請大夫滿七年合磨勘以無闕著籍待次於吏部者已積三十一

二十二

員其間滿七年踰數歲者頗衆用功賞減年至有逾十數年未磨勘者以恩特轉者相繼入額苟不措置則積累資考之人卒未有轉授之期實妨平進之路乞法施行詔朝議奉直大夫更不立額四年十一月十五日吏部奏顯謨閣直學士中奉大夫提舉亳州明道宮胡師文乞磨勘在法年七十或老疾陳乞宮觀嶽廟留臺國子監之類不許磨勘師文前知泰州以地卑濕足疾乞宮觀與法稍異詔師文特許磨勘自今太中大夫以上不用此令　六年五月四日詔令後承務郎若降一官並展二年磨勘不降充選人七年十二月二十七日臣僚言近見選改官約三

千七十有奇是吏員浸多之本也嘗考吏磨勘依舊法外有伐諸局減考第而改者有以任川遠減舉官而改者有因酬賞比類而改者有託因事到闕而改者有雖刑寺違礙先次而改者用例既廣僥求實繁積之歲時殆將復倍伏望照三省詳加考議並行措置其於吏部舊有本條者一切遵守不得用例稍清冗流以抑僥冐詔除川廣水土惡弱去處減舉官外餘並依元豐法崇寧四年指揮更不施行其書局就任改官人須候任滿方許替罷　宣和二年七月三十日詔文武官磨勘選人改官具有成法近歲尚書省批狀令吏部先次與改官與磨勘之類并諸路選

二十三

人許就任改官者頗多皆有違彝憲自今磨勘及改官可並遵依條法應許就任改官元豐法所不載者更不施行仰三省常切遵守　九月四日吏部言常州申顯謨閣待制提舉杭州洞霄宮蔣靜乞磨勘本官見年七十一歲當官東院敕年七十或老疾陳乞宮觀嶽廟留臺國子監之類更不許磨勘詔依元豐法　二年二月二十八日赦書應干展年磨勘除犯贓罪外並與免展　四年五月十四日吏部奏王紘係無出身宣和三年二月授奉直大夫十月除直龍圖閣用年勞合該磨勘轉一官本部契勘有出身任奉直大夫因賜出身或除職後該磨勘即無立定格

法其王紘元係奏歷出身近除職合依有出身人磨
勘緣本官見係奉直大夫致仕本部未敢比附與轉
中奉大夫詔與轉中奉大夫十二月二十五日吏部
言奉直朝議大夫舊制七十人為額若依久例特特
恩轉行人充數即積累年勞之人有妨磨勘詔磨勘
并特恩共以八十人為額政和三年九月十八日詔
不立額據此申請則是後復限貟令乞添額所有初
復限貟年月檢未獲　七年四月八日中書省尚書
省言從政郎充皇后宅小學教授張宗奭奏契勘先
降聖旨添給人從並比附元豐諸王府記室講書例
所有改官衆曾立法竊緣臣在本宅供職成四考别
二十四
無所隸官司及都下選人職任無薦舉改官伏望下
本宅保明許依見任太學博士條考第改合入官詔
依太學正録條改官　五月十二日吏部奏檢會去
年七月二十九日敕勘會承務郎以上及大小使臣
已投下磨勘於年六十九已前因官司行遣會未到
及逓中失墜等致年七十者並合除落留滯迂枉失
墜月日詔申明行下　七月六日臣僚上言選人磨
勘改官法雖不一其資任歲月悉有定格祕書省法
到任一年通及四考書局法到任一年通及五考皆
許磨勘所以優天下文學之士也伏見新授宣教郎
王闡歷任通及五考官止於二貟初任編修道史局

檢閱官四考有餘次任祕書省正字兼補完校正御
前文籍不數月而被黜闡輒具劄月援邊知章舊例
乞通理兼局日月有司以舊例可用兼局為可通理
遂得改前件官邊知章自敕局移會要局未嘗隔絶
朝廷所以許其通用到任半年通及三考舊法所以
得改官闡罷道史四年然後除正字到任未及一年
於新法有礙是與知章之例大不相似詔前降改官
指揮更不施行　八月二十二日殿前司奏檢承宣和
六年八月十八日赦書數内一項應官貟因犯罪特
旨及依吏部專法合該展年磨勘者並特與放免契
勘祇應犯罪依條及特旨亦有合行展年磨勘之人
二十五
本司自承上件赦降後來不住據祇應陳乞免展及
乞比附副尉免展指揮施行緣赦文内止為命官犯
罪合該展年方許免展及會到刑部申明指揮應副
尉合展年磨勘除犯贓罪人外奉聖旨免展即不該
載祇應亦與免展之文雖累行告示終不絶詞訟詔
除犯贓罪人外與免展　九月二十四日吏部奏新
提舉京東路常平楊逌奏伏為罷前任河北東路常
平竊慮吏部作非次放罷展兩季磨勘乞免展本部
準今年正月二十日奉御筆手詔應提舉常平官屬
並罷勘會本官前任提舉河北東路常平在任準御
筆手詔指揮罷任於磨勘合依非時改授替罷但有

因依格添展兩季磨勘詔免展更有似此之人依此十月二十二日詔今後內外𠃊司非實理年勞於法合該轉官不得輒行陳乞并太禮後陳乞轉官並更不施行雖奉御筆特音令中書省將所降處分繳進

高宗建炎元年五月一日登極赦應文臣承務郎以上并內臣醫官伎術官及致仕官並與轉行一官內文臣中大夫武臣承宣使并回授與本宗有官有服親武功大夫未帶遙郡人與轉行遙郡一官已帶遙郡防禦使人與轉行右武大夫選人與循資已係承直郎與改次等合入官校副尉下班祇應人依格與轉官資仍並不隔磨勘　二年正月六日中書省

二十六

言祖宗舊制審官西院敕諸司副使至內殿崇班及內殿承制崇班帶閤門祇候轉官及五周年並與磨勘候轉至皇城使後改官及七周年不許用減年指揮曾歷緣邊任使有本路安撫使總管轉運副使五人以上同罪保舉與磨勘轉遙郡刺史以後並理十年磨勘轉遙郡團練使轉遙郡防禦使止令照元豐尚書右選令諸司使副應轉官者擬五資即磨勘而有戰功謂身經戰罷以功轉官者守城之類非下條準此擬七資至左藏使以上並擬城皇使皇城使擬遙郡刺史又照宣和七年十月十九日詔令後武臣官未至通侍大夫雖已至通侍大夫而未滿五年並

不除正任及未至武功大夫不除遙郡雖奉御筆特旨并軍功亦不施行令中書省將所降處分繳進詔令後遵守十月三日吏部侍郎劉珏等言吏部方置司討論濫賞之弊內有特賜出身非泛補授或冒濫爵賞不合參部及蔡京童貫朱勔王黼之家使臣出身應緣四選合行削奪之人應在闕合磨勘關陞者候討論批鑿印紙驗實畢日方行磨勘在外曾承本部及本州已經討論保明不是追削之人仍錄白出身應所授文字方許投下磨勘從之十一月二十二日郊祀赦承直郎以下犯私罪徒贓罪杖得不礙選舉差注者若有舉主考第比無過犯人例合磨勘者

二十七

奏裁自後　明堂南郊及紹興十三年九月十三日赦並同此制　三年七月二十六日吏部尚書劉珏言見該磨勘人如得替值靖康元年以後京城門閉乞與刻除月日理作磨勘從之　四年六月二十五日吏部言內侍武功大夫蘇淵該遇淵聖皇帝覃恩依赦合轉行一官見任武功大夫與遙郡蘇淵該赦日係武節大夫昨任熙河蘭廓路走馬承授本路發退金人推恩許轉兩官於建炎三年內轉授武功大夫係是赦後合該用兩次覃恩轉武功大夫其發退金人兩官依條回授從之十月十二日吏部言契勘非宰相不除特進金紫光祿大夫王革即不曾任宰相

紹興元年係磨勘二奏磨月行寫

令來覃恩轉官詔依條回授　十一月十日承議郎楊特言來換授文資以前任忠翊郎閤門祗候日該遇淵聖皇帝登極覃恩合轉一官乞於見今官上轉行從之。紹興元年九月十八日明堂赦恩命官犯罪依今赦合該原免如因結斷未了內令磨勘改官閡陞差注者並與放行自後明堂郊赦並同此制同日明堂赦應命官下班祗應副尉因罪特旨及依法合該展期或展年磨勘降資殿降名次展年參選如罰短使之類者並特與放免自後明堂效赦並同此制　二年四月二十五日臣僚言選人用舉主磨勘改官在吏部法最為嚴密毫釐之差輒遭報罷故凡行

二十八

移取會皆有近限然其間或因自身及舉主有公案在寺雖改赦恩或去官勿論止緣未曾結案難以約定刑名在法當申朝廷而朝例以為常程報應稽緩不幸舉主一有差跌終身無改官之望乞應今後選人用舉主改官吏部不得非理沮難故作申明或於法合申朝廷並於申狀上寫急速二字本房堂吏限一日呈稟宰執與決回報庶免妨滯人材從之閏四月二十八日故承議郎杜結妻孫氏狀夫結在日乞磨勘轉朝奉郎依條式召保官申信州照對圓備即合保明申部緣知州李尚行非理沮難致疾身故詔委本路提刑司將元沮難官吏取勘具因依申尚書省

杜結特與一子下州文學　六月十二日詔吏部檢會磨勘應干條法及前後所降指揮全文報川陝宣撫處置使司照會遇有陳乞磨勘全一面照應條法施行候磨勘訖先給公據照會每月具磨勘過人數聞奏出給付身告劄　以右司郎中張公濟言遠道取會有礙陞轉故有是命　十三日照應選人任內因賞元得旨與改合入官未曾收使後來別賞改官者與作減二年磨勘指射差遣一次收使　三年四月十八日權吏部尚書洪擬言應文武官磨勘合自受告日起理年限所有官司住滯隔過年月依條並許給還昨來京城圍閉月日已詔許作磨勘所有渡

二十九

江還從程限欲乞並理隔過磨勘月日特與給還從之　六月九日吏部侍郎陳與義言建炎三年四月八日赦文遵用嘉祐法自赦降後諸處奏舉選人改官其監司舉改官員額若用嘉祐之數係行增添自合遵依元豐法從之　四年四月十八日詔選人前任嶽祠考第依格合該磨勘許用前宰執舉狀與理當職司放行　以權吏部郎劉岑等言選人嶽祠所任監司職事相干別無薦舉法故也　十九日詔選人展磨勘候到部參選日每展一日磨勘對展一日名次　五月十四日權吏部侍郎劉岑等言廸功郎考第不滿若改本等合入官依格改承務郎如與改

次等合入官為無等可降本部未奉行新書以前遵依元豐二年九月六日詔例不降等止與改承務郎令來紹興吏部一司法内未有該載欲乞依舊遵用從之　六月五日吏部尚書胡松年言元豐舊條幕職州縣但得循資未經收使改官後依條循一資比減二年兩資比減三年磨勘緣紹興新書却有被賞二字内官員任選人日該覃恩或恩例循資之人皆非被賞乞依舊法施行從之　六年七月十日詔應去失告敕無照驗者其磨勘並依投狀陳理去失日為始如投狀月日不明即以給公據日為始從吏部請也　七年閏十月十五日尚書省言官員應展年

三十

磨勘之人欲令吏部專一置籍内行在人委所屬在外令守臣取索印紙日下批書訖關申吏刑部大理寺關防隱漏從之　十年七月十二日御史臺言朝議奉直大夫依法以八十員為額令見管朝議奉直大夫諸州二十五人見闕五十五人雖二廣川陝未見報到緣闕額數多欲乞將見任朝請大夫依名次從上放行數十人磨勘外量留二十餘員候取會足日即依條施行詔令吏部先次放行三十員　九月十六日詔四川選人改官令經本路運司公參理當到部就申宣撫司磨勘無違礙與放散舉主保明聞奏付吏部審驗詣實奏鈔給告選人并舉主若有罪犯

右以上原本空一字

犯且令出給先次放散舉主實日公據宣撫司保明申奏聲說放散月日付部契勘如舉主有事故違礙在未放散日以前即依條施行如在放散之後即與收使仍後授告方許繫銜候回鑾日依舊法　十一年九月十八日權尚書吏部侍郎魏良臣等言紹興五年十一月初四日詔歸明歸朝官選人無公私過犯三考循資至承直郎更五考即改宣教郎蓋為歸明歸朝官選人薦舉不及無緣改官故以三考無過犯循一資謂如元得將仕郎歷一任三考與循一資理算至承直郎前後歷官六任一十八考更滿五考便改宣教郎即歷任二十三年不用舉主改官不為僥

三十一

倖其餘用有賞循資之人合及十考通歷任十五考與改宣教郎庶免僥倖之弊從之　十三年三月二十九日吏部言諸軍大小使臣校尉等已有理為資任指揮並不即時出給理任差帖印紙經隔年歲方始陳乞出給却將以前理過考第一併批書數考使行接下磨勘關陞竊慮奸弊滋生欲乞將未有差帖印紙之人限一季陳乞出給候給到並依限經所屬陳乞批書如違限止據批書年月出給到差帖印紙日起理磨勘理任關陞從之　十四年六月八日詔權國子錄師古特改承務郎與在外陞等差遣古以章學恩得旨改官吏部以係文學候正官日收使監

學官有請故有是詔　十五年三月十三日尚書省言選人任館職編脩刪定官大理司直評事學官及諸州教官方便就任磨勘成憲具載比年以來非前件職任之人亦乞就任磨勘陞改有礙後官之任詔今後應選人就任磨勘陞改悉依舊法　十九年三月二十日詔今後捕盜及獲私茶鹽之類幷選人依法應改官及四川換給酬賞改官之人依刪定改官體例先次開具條法申尚書省候指揮下部依條施擬官奏鈔內四川選人換給磨勘及就任磨勘改官之人仍令考功依此具申從吏部所請也　二十六年十二月十六日明州觀察使安定郡王令衿言早忝科名入仕五十餘年內歷郎曹監貳外任郡守監司有歷過磨勘減年乞許收使詔特與轉行一官　二十七年五月十六日詔四川選人磨勘見申朝省伺候告命者不許諸司辟差一以臣僚言四川選人已就制置司放散舉主不俟告下以選人階銜干諸司辟改權為辟冒辟為奏故有是詔　二十八年四月十八日中書門下省言樞密院編修官敕令所刪定官祕書省正字博士正錄除內有自用吏部常格改官人外依法合到任實歷一年通理前任考第改官近來多是到任未及一年援例陳乞通理陞改甚非朝廷涵養人材之意詔今後並遵依舊法施行　二

十九年七月二十五日中書舍人洪遵中書舍人張孝祥兼權給事中王晞亮被旨議敕令所刪定官閑人滋所奏論選人改官法議曰臣等竊詳選人改官之法自祖宗以來行之二百年法令章程粲然備具至於今日不能無備者非法之不善也患在士大夫之私情汩之耳夫自一命以上仕於州縣之間雖有真賢實廉勢不能以自達於上故為之立監司郡守薦舉之法必使之歷任六考所以遲其歲月而責其赴功必使之舉官五員所以多其保任而必於可用姦賊巨蠹者既有按治之科而齷齪冗懦之輩既無材可以被薦又無過可以斥逐寧予之幕職曹掾之祿使足以代耕至於沒齒而不敢望致身於京官所以分別材否可謂至矣舉之而非其人有材而不見舉是則監司郡守之罪所謂失舉之罰必行之可也今臣僚所建欲以歷任十考舉主不及格者與降等改官揆之人情雖為至公然恐此法一開則有力者唯圖見闕無材者苟冀終更率不過出官十餘年可生以待京秩此其不可一也今欲約每歲改官之員減其分數以待無舉削者則當被舉之人必有失職淹滯之歎此其不可二也京官易得馴至郎位任子之恩愈不可減非所以救入流之弊此其不可三也祖宗法度非有大害不易輕議今一但欲以二百年

之成法舉而易之此其不可四也有四不可事理著明難以如臣僚所請竊謂如故便從之 八月十二日皇后宅教授林同言無降指揮請給人從依諸王宮教授諸王宮教授視太學博士例通理循資從之

三十年五月十六日臣僚言平江府節推劉天民在任改差主管架閣文字乃乞依教官法就任改官然後赴新任監行在排岸司許子中亦差主管架閣文字復引天民例就任磨勘皆憑恃貴勢撓倖廢法望明詔吏監守成法今後如劉天民許子中例妄有攀引而官吏輒有與申陳者皆重寘典憲不以赦降原免從之 七月十九日臣寮言四川諸軍從軍大小使臣自紹興九年正月三十日詔令後許理爲資宣司未承指揮已前以便宜依格並與放行磨勘出給便宜付身考功以當時未有理任指揮例行改正緣在軍供職歷過日月實非僥冒欲乞特免追改並與放行換給從之

三十四

三十一年十月二十三日吏部侍郎凌景夏言欲將應選人任幕職官令佐屬官之類若成三考有舉主考第應得磨勘格法許繳連合狀使舉主吏部告示經所屬陳乞保明申部方許不候替官罷任赴部磨勘式在任別有規避妄稱舉主考第應格乞行罷任之人從本部具因依及保明不實官司申朝廷施行內監當官願罷者如無官物欠

少所屬依此保明批書訖亦不候替人罷任赴部磨勘從之紹興三十二年六月十三日孝宗已即位未改元登極赦書應文臣承務郎武臣承信郎以上并內臣及致仕官並與轉官合磨勘者仍不隔磨勘

二十四日中書門下省檢會登極赦書文武臣並與轉官磨勘緣該載未盡理合續次施行詔選人校副尉下班祗應在職任并嶽廟人並與循轉一官資已係承直郎候改官減二年磨勘 二十七日吏部言登極赦書文武臣並與轉官今欲將應侍從卿監郎官監察御史以上檢照三代職位并太中大夫以上合命詞給告其見任行在釐務以上并在部及凡在行在官許齎初末付身同錄白細具腳色一通經部陳乞在外官除太中大夫以上亦照三代職位擬申如無文字可見檢舉未盡即候許乞日續次擬申施行餘官並錄白初末付身同真本朝典狀詔本色保官一員委保經赦日非丁憂身亡事故之人無冒一切違礙經所在州軍陳乞勘驗官吏結罪保命申部以憑擬轉給告從之

三十五

七月七日詔戶部官催督諸軍賣酒息錢及二十萬貫減磨勘一年每歲減磨勘依已降旨通不得過四年 十三日吏部言選人循轉承前止憑出身以來付身印紙即不召保今欲將諸路州軍監縣鎮城寨等見任選人各經所在州軍嶽廟

人自受付身日理任經所在州軍齎出身以來真本付身印紙家狀同錄白具陳仍本州委官照當灼無冒僞事故保明申部施行外路諸司屬官亦依此經本司行在京局見任及在外見在職任并嶽廟人因事或省侍到行在選人并齎真本出身以來付身印紙家狀同錄白赴部陳乞施行庶得一體不致留滯從之　十月十五日試給事中金安節言承指揮成彥忠皇城司任滿賞并兩任翰林司任滿賞特與選郡上轉行兩官按令諸武功大夫實歷七年曾歷邊任有五人以上保舉與磨勘轉遙郡刺史已後並理十年轉遙郡團練使至遙郡防禦使止祖宗之法不

三十六

輕以授人如此契勘成彥忠今年五月方轉遙郡刺史抵今未及半年遽用幹辦翰林司皇城司任滿賞於刺史上轉兩官則是二十年磨勘五月之內一旦得之於考績之法無乃戾乎非所以示至公使人知勸也欲望將成彥忠所得任滿賞付之有司依格施行從之　隆興元年正月七日臣寮言權知盱眙軍周淙乞通理轉官有旨特依竊見吏部勘當流目初到官申朝廷乞通計前任知楚州月日已獲旨特依格減二年磨勘推賞即無再許不願通計更理任轉官條法今不用有司勘當特從所請前後相戾於義無當以示公況後有事体相類者或攀援陳乞理難獨違

流弊滋多不可不慮欲望依吏部勘當事理施行從之　三月十五日左從政郎權監榷貨務都茶場潘慈明初任三考次黃州教授二考七箇月丁憂計少四箇月有奇通成六考乞用榷貨務都茶場減年賞比折補足月日罷任磨勘從之　二十八日明州言左儒林郎昌國知縣王存之在任廉清吏民信服考第舉官及格乞就任磨勘改官再任從之　四月五日詔今後選人改官每歲以八十員為額內以十員待歷任及十二考減舉主改官人數如不足並聽闕仍自今年為始　十五日臣僚言切見李若川等乞轉朝議大夫援引建炎覃恩舊例謂非止法許其溢

三十八

員勘會建炎放行遷轉妨朝士之年勞寸進者逮三十年若今開例轉行滋蔓將來之沿襲遷階者何可勝計檢准紹興賞令諸朝請大夫以上因恩賞轉官者以四年為法各計所磨勘狀使修令之日在靖康建炎之後詳定已先令日所宜遵守則建炎覃恩轉官不當引援明矣欲望將若川等陳乞遷轉更不施行從之　七月十九日中書門下省勘會新制自今選人改官每歲以八十員為額除十員充歷任及十考減舉主改官人數止係七十員今方七月吏部已引改官人六十四員并見候引四員止闕二員切慮下半年改官人數亦不下六七十員若積累數年員

額拘礙必致留滯者多詔吏部具依常年放行十月二十九日詔楊州并安撫司官依舒州無為軍例推賞內選人到罷及二年磨勘以上與一併收使從知楊州向子固請也　十二月十一日詔陳康伯子安節久在選調改合入官　十七日臣僚言前監鎮江府造船場沈作乂用舉主改轉右通直郎按作乂頃為船官用官木修私船言者論列有旨吏部不得放行改官令乃覩望作乂前宰相之子更不遵依元旨乞止於通直郎上降一官欺罔朝廷此而可恕將何以懲欲望追寢作乂改官成命從之　二年三月二日吏部侍郎葉顒條奏革弊便宜殿前馬步三司見

三十九

從軍下班祗應依已獲旨自受下班祗應起理十年磨勘改轉進武校尉令措置似此陳乞磨勘之人從三衙依自來例一面保奏仍一就録白出身以來文字保明申吏部從本部候奏施行庶革透枉留滯之弊從之又選人改官依條承直郎至修職郎用六考廸功郎七考舉主應格方許磨勘近多囑託吏史為弊非一自今並不許用廸功郎一色月日作六考并用減年作實考及權攝月日放行磨勘從之又選人陳乞磨勘改官依見行條法除諸州教授許就任陳乞外其餘並不許近多干求監司郡守將知縣幹官乞就任放行磨勘措置今後並遵守舊法施行從之

又文武官闕陞監當人依專法須滿六年到部聽闕陞近並不照應條法止據許乞稱已到堂即理作到部放行措置自今並遵依見法須候身到部方許闕陞從之　又官員陳乞磨勘服色內有因罪犯編羈曾勒停并責授散官追官指定州軍居住除名之人令措置應有似前罪犯後雖改正若無理元斷月日之文以前年月並不許收使從之　又醫官罷任限三日批書其陳乞磨勘內有批書違限之人依專法合該展年却囑託吏史往往先放行磨勘却批書措置自今醫官磨勘並遵依見行條限施行從之　三月二十三日臣僚言戶部點檢所所立賞格以諸庫

四十

賣到息錢為額雖於元額二十萬貫減一年磨勘後添作二十三萬貫然合諸庫賣錢歲不下百數十萬若計數減年則點檢所官二年之間當減磨勘者至十餘年不與諸庫虧欠之責而兼受諸庫合得之賞其失於過而太濫孰甚於此欲望將點檢所官賞任滿日止與一官又文思院官任滿亦減五年磨勘管督工作自其本職遇製非常禮物因亦希闕賞太過如此亦宜任滿減半推賞其他似此之類謂宜依傚條具施行仍乞令吏部自今遇以減年磨勘轉官者須以實歷年數對用則是合四年轉官者亦以二年轉也從之　六月十九日臣僚言右文林郎朱希說

陳乞磨勘援希說先曾磨勘緣任辰州司理將杖罪
勘死矣入法用十二考再有舉官五員希說隱蔽前
犯先次放行磨勘爲言者論奏不行今又赴部磨勘
其所用舉主皆係時暫差權所得臣論奏今日用人
之弊本無舉官假以朝旨時暫差權數日之間舉官
數足即得改官特蒙嘉納以其言置政事堂若將希
說磨勘放行不惟希說一人以不合磨勘公然噪訴
即所以置政事堂者遂爲虚文希說磨勘望賜寢罷
從之　八月二十五日詔左中奉大夫趙不溢合該
覃恩轉行一官令吏部照應止法人例施行先是不
溢言見官左中奉大夫依法合用實歷七考轉中

四十一

奉大夫不許貼用減年欲作回授收使又非止法人
虚得減四年磨勘獨不霑被霈恩乞依止法人例作
回授收使詔特許貼理磨勘收使言者論轉中大夫
非兩制不許貼用減年若放行不溢恐開後比再有
是命　乾道元年正月一日南郊赦書承直郎以下
犯私罪徒贓罪杖得不礙選舉差注者若舉主考第
比無過人例合磨勘者奏裁　三年十一月二日六
年十一月六日九年十一月九日南郊赦書並此例
八月十二日册皇太子赦書應命官展年磨勘除
犯贓罪若私罪徒外並與免展　七年二月八日册
皇太子赦書同此例　十一月二十三日吏部言左朝請

郎新權知韶州汪杞乞磨勘勘會杞昨乞推賞係六
十九歲户部行遣迂滯致年及七十有礙磨勘切慮
日後亦有似此年已七十三人故稱年未七十之前
官司行遣留滯巧妄陳乞因誘冒濫勘會欲遵依
見條令汪杞即不礙磨勘年限條法詔吏部特與
放行　十二月二日詔武畧大夫忠州防禦使帶御
器械趙志忠昨寄資日於紹興二十三年三月磨勘
轉武郎後來磨勘特依徐伸等前後例自轉授日
起理磨勘外餘剩月日仍許接續收使徐伸磨勘在
紹興三十一年其後帶御器械王槩甘澤乾道二年
七月並特磨勘皆用前例也　二年正月二十七日

四十二

吏部言右承直郎前崇信軍節度推官兼司法張果
之乞磨勘雖考第舉主及格緣曾犯公罪杖衝替依
條合自朝廷指揮詔改次等合入官　三月十七日
宰執言吏部長貳措置選人改官引見令立班移近
軒陛一一宣名其間聖意或有所疑即乞指名宣諭
吏部侍郎令同至都堂審驗有不中選取旨别作施
行因上曰如此施行全在卿等盡公方得其實洪适
等曰陛下既指定姓名雖臣等子姪亦豈得容私如
果非才即與改次等或更一任回改官仍重行謬舉
之罰庶冒濫改官者鮮矣　十月十四日詔諸路州
軍應起發粮斛綱運差見任曹職官如不足差見任

文武官或寄居待闕官曾經到部付身圓備人管押一萬石一千里以上無失欠減二年零八箇月磨勘一萬五千石以上紐計地里推賞轉至一官止三年正月二十九日吏部言武德郎譚羽昨任武節郎因募押袁州上供苗米得減十年磨勘乞於見任武德郎上磨勘收使緣昨承紹興二十九年五月敕旨今之貪官爵者例求細賞以遷官蔭子自今應轉朝奉大夫朝奉郎磨勘無得以恩賞遷見今遵守譚羽見官武德郎乞收使細賞改轉大夫合即蔭補與轉朝奉大夫事体絕同詔依文臣初旨施行敦武武翼郎依此十月七日臣寮言乃者吏部有請引見并行在

四十三

職事官及外路就任改官人以百員為額四川換給改官人以二十人為額已頒旨施行以郡計之東南約三郡則改官者二人四川約六郡則改官者二人其多寡不均灼然可見欲望將引見并行在職事者外路就任四川換給人通以百二十人為額並以取會圓備上鈔日為先後之序庶幾遠近均一從之十一月三日南郊赦書應命官下班祇應校副尉因罪特旨及依法合該展期或展年磨勘降資殿降名次展年參選罰短使之類并場務虧欠展任並特與放免　六年十一月六日九年十一月九日南郊赦書並同此制　四年八月二十二日吏部言右監門衛大將軍和州防禦使士穆昨差大廟行事遲緩特降一官今乞磨勘緣外官武臣降官以前歷過月日敘官後不許通理收使士穆係南班環衛官依宗司專法即不該載降官不許通理磨勘之文詔士穆許通理降官以前歷過月日令吏部放行磨勘十月三日吏部言右宣教郎知綿州巴西縣丞程敦不繳告因磨勘侵用丁憂月日轉右通直郎乞改正别磨勘尋照文按紹興三十一年七月眉州申發敦本磨勘前連家狀并親書格目狀等並係寫是年七月已放行其磨勘內有丁憂月日不應收使昨陳乞即係隱匿丁憂月日照程敦本特降一官十二月二十六日詔

四十四

右千牛衛將軍士矩特轉右監門衛大將軍以堂兄宣州觀察使士歆乞用覃恩回授也　五年二月二十二日吏部言準詔宗室士矩換元舊南班官日歷過磨勘轉官特許以兩官比換南班一官收使今士矩敘陳昨造軍器并覃恩轉官係溥恩即合一官比換一官緣無該載詔右監門衛大將軍士矩特授蘄州防禦使　三月二十八日臣僚言修武郎故太師楊和王府書表使臣李思奇乞任滿推賞會楊存中畫一止稱幹辦主管使臣等仍舊給使奉稟再任等並依張俊已獲之旨畫一即不明言任滿推賞乞依張俊吏部放行減年實失宜當昨存中家許乞恩例

依張俊者非一他日更用不明畫一繼請朝廷既許行一事其餘亦何以却之倖門一開不可復過故當謹之於始以塞濫恩從之　四月二十七日吏部言右廸功郎前權監潭州南嶽廟吴堯佐先補授吉州文學捕獲強盗該改合入官緣條依注正官收使堯佐注權蘄州廣濟縣尉任回緣驗屍失當再注權官二考侍養罷任再注嶽廟通理成三考緣前兩任六考係文學出身並理當權外官别無考第依格本等合改轉右承務郎緣有前犯欲於右承務郎上展四年磨勘從之　五月二十七日詔隨龍和安大夫貴州團練使陳孝廣為任皇子慶王恭王府各實及六年

四十五

特轉均州防禦使　九月十四日臣寮言近降旨選人任嶽廟者所歷月日悉不理為考第然在法京官考任滿六年方許関陞今乃使嶽廟月日亦許理為考任夫選人困於選調宜不得許奉祠月日京官初無選調之厄獨以祠禄理考是何抑彼而予此耶欲望將京官嶽廟亦不理為考任從之其後詔京官任嶽廟在乾道五年九月十四日新制以前月日許收使六年四月十八日宗正司言皇叔祖均州防禦使士忞紹興三年年十五歲合自其年起理磨勘至紹興十二年七月換授武節郎係在官實歷九年六箇月緣非外官所歷月日是以未曾收使即無礙革條

法建礙合自乾道四年十月授告日起理南班磨勘至乾道五年四月實歷五箇月其二次實歷通計十周年依條實歷十年合該磨勘詔特轉隨州觀察使　閏五月六日臣僚言南班宗室自太子右内率府副率至正任承宣使十階並用十年磨勘轉行一官至觀察使取旨近歲南班官往往將所得轉官礙止法恩賞回授與一等南班收使作一官轉行顯太優幸欲望將南班宗室所得轉官恩賞礙止法人如回授與一般南班收使即改給減十年磨勘其承受減年若該磨勘即照隆興二年三月制旨對用實歷改轉從之　七月二日吏部言左中大夫敷文閣直學

四十六

士薛良朋磨勘契勘紹興參附令中大夫轉太中大夫雖兩制即不許貼用減年法意分明良朋自轉左中大夫起程至今年六月止實歷一年六箇月却將昨任知徽州勞績減四年磨勘内收使一年六箇月湊及三年轉左太中大夫於法顯礙雖有放行王曮等例並在乾道四年不許援例指揮之前詔良朋磨勘轉左太中大夫一官改正吏部處當官吏具名取旨於是敷文閣直學士陳彌作吏部員外郎張栻考功員外郎韓彦古降職展磨勘年降官有差人吏王興祖等皆決杖彌作先任兼權尚書故也援例指揮已見定格令　二十八日詔德壽宮官吏諸色人等

襄陽悉皆灘磧以致綱運留滯押綱与舟人相通為姦限還官物利害全

為應奉有勞已及五年依已降旨並特與各轉一官資礙止法人並依提舉官張去為所乞劄回授階官未至止法人並與階官上轉行　十一月六日南郊赦書應文武臣校副尉下班祗應昨來該遇覃恩合該改轉官資之人竊慮四川二廣駐劄諸軍因而陳乞出違條限并有限外申發到部有司執文不與放行甚非覃霈之意可令吏部已申ノ已申發到部先次放行其未曾陳乞之人自赦到日與限一季經所在州軍自陳依已降赦文改轉　七年二月八日冊皇太子赦書勘會諸軍將校緣功賞合轉承信郎偶不曾繳到付身及綾紙錢朱鈔及差漏三代名諱致妨

四十七

給告止出轉官公據後來因覃恩或他賞已轉承信郎以上方行陳乞吏部卻引用八資法比折減三年磨勘甚失當時立法之意如有似此之人仰吏部特與作一官資轉行　同日冊皇太子赦書應命官展年磨勘除犯贓罪若私罪徒外並與免展　九月二十四日總領湖廣江西京西財賦呂游問言襄陽在今日為必守之地務要廣積糧斛緣郢州沂流至重令措置欲於郢州添置撥發船運官一員如任內職事修舉與磨勘三年從之　十月五日中書門下省勘會吏部改官員數每年通以百二十員為額今年員數已足有溢額三十餘人候來年引見詔吏部

將限外

已薦舉主人依條施行其見待班次人具奏引見改官令更不限定年額　十二月三日吏部言奏舉改官人孫次襄依條合用六考次襄前任靖州軍事判官在任通理潭州衡山縣戶部贍軍酒庫通成四考緣選人止許通理成三考合退踏外雖有六考所得舉狀在合退踏考第上發奏若朝廷許收使於本部即無違礙詔從之自今依此　八年十一月六日知潭州充荊湖南路安撫使陳彌作提舉荊湖南路常平茶鹽公事胡仰言湖南州縣荒旱永州推官應材永州司戶羅全略永州教授王阮監潭州南嶽廟陳符長沙知縣陳確善化知縣呂行已衡山縣尉對移湘

四十八

陰知縣孫逢辰究心賑濟職事修辦應材仍有運米往返措置協濟之勞詔應材轉一官羅全略王阮陳符陳確呂行已孫逢辰各減三年磨勘　十九日江西安撫使龔茂良條奏本路救荒措置宣勞官條詔陳寅特轉一官徐大觀向士俊翁家之各減磨勘三年李宗質王日休江溥向澹戴逵先王澣胡振蒲堯仁汪廣各減磨勘二年謝鍔劉清之薛裴董述黃畟趙不比王杞鄭著張永年趙公迥各減磨勘一年　九年四月二十九日權兵部侍郎兼臨安少尹沈度言皇太子領尹臨安左司理楊坦等援引祖宗興故許乞改官已得旨候今任滿改合入官錄事參軍黃衍

於法在諸曹官之上與楊坦等事体寔同未曾陳乞
欲望依楊坦等已降恩旨施行從之　五月十四日
監察御史陳舉善言近覩右從政郎充荊湖北路安
撫司准備差使樓鍔乞就任磨勘吏部指定欲將鍔
令任内所得舉狀換用依條磨勘竊詳吏部勘當即
在法有所不許今返指定放行委有異同不知果何
所據若以為葉衡中請今衡所請不過乞令鍔用前
任已足考第舉主即不請許用令任舉主換滿令鍔
若用教授考第磨勘則尚少舉主一員若用今任葉
衡舉狀即冝候成資日陳乞不應復用教官就任換
考之法切恐自此人得為例有虧祖宗銓曹成法詔

四十九

令吏部依條施行　二十八日臣僚言左承議郎施
元之磨勘吏部勘會所乞年限雖滿緣罷新任浙西
提刑若依非時改移替罷格展兩季磨勘緣未到任
欲依大理寺約所犯公罪笞不礙磨勘放行契勘外
任別與差遣不過以其才不稱職初無罪累可言猶
展磨勘若因事得旨罷任即是顯有罪狀當展磨勘
無疑今吏部既知格法不可乃曲為之辭稱未到任
緣在法諸稱見任者授說未上同顯系成憲詔從之
仍令吏部長式具析於是吏部尚書李彥穎降兩官
九月十七日吏兵部言殿前司諸軍已改正代名
官兵如已給吏部理任差帖印紙人將受敕閣付身

日起理關陞其已經陞帶外任人如敕閣作大使臣
合依舊帶外任差遣如敕閣作小使臣即合除落修
武郎以上在軍及三年係親民資序即許輕本軍陳
乞陞帶詔磨勘特與通理未改正以前所歷在職年
月放行磨勘其關陞陞帶等並依　二十六日詔靖
州職官任滿無犯舉主不用職司如前任已有文字
通今任自有舉主三員即依本州曹掾例循兩資候
磨勘後收使教授任滿亦依職官体例施行　十二
月二十六日吏部言武功郎昭慈聖獻皇后攢官都
監賈惟清乞磨勘勘會賈惟清所乞係初磨勘於乾
道八年十一月内轉歸吏部即無許與不許通換未
轉歸吏部以前年月收使明文亦不收使緣係宣差
睿思殿掌管籌書已成六考有令止緣目前未曾申
明無以遵執今參議欲以未轉歸吏部以前就差年
月與起理磨勘從之

五十

尚書左選
郎中
複校館

宋會要
淳化三年置磨勘京朝官院四年改又太平興國中置
差遣院至是併入在宣德門外西北廊掌考校京朝官
之殿最分擬内外之任而奏之知院事二人以朝官充
書令史七人掌令二人熙寧三年分東西院始爲東院
詳院〔於〕尚書左選舊係審官東院元豐五年改今名其
五年以前仍具載于此兩朝國史志審官院知院二人
以御史知雜以上充掌考校京朝官殿最叙其爵秩而
詔於朝分擬内外任吏而奏除之書令史七人　郎中
一人掌考校京朝官以下殿最叙其爵秩擬内外任使
而奏除之案十一曰六品曰七品曰八品九品曰注擬
卷一萬四千六百十五　四十三
曰名籍曰掌闕曰催驅曰申庫曰檢法曰知雜曰奏薦
賞功司吏額主事一人令史二人書令史九人守當官
一十一人正貼司一十六人私名一十二人楷書三人
法司一人官告院六部監門隸焉内六部監門通隸尚
書左選詳選下
審官西院神宗熙寧三年五月二十八日詔國家以西
樞内輔贊闕本兵任爲重矣而獨於舊制自右職陞朝
以上必兼擇而除授之是以三公府而親有司之爲非
所以遇朕股肱之意也今使臣增員至衆非張官置吏
以總其事則不足以一文武之法而礪中外之才矣[illegible]
以審官院爲審官東院别置審官西院差知院官兩員

職官一一之五五

尚書右選
郎中
流内銓
下接寫流外銓
侍郎左選

專㕔閤門祗候以上諸司使磨勘常程差遣應有合行
事件並仰知院官條例以聞俾銓叙有常程點涉有常
守官修而紀律振任專而考察精庶熙治綱咸體朕志
以大章閣待制齊恢爲知院兵部郎中韓縝同知詳選下
尚書右選舊係審官西院元豐五年改今名其五年以
前仍具載于此　郎中一人掌大使臣以上差注材武
人格有二十一及破格出闕較量功過奏薦諸軍賞功
案十曰大夫曰副使曰敦修武曰注擬掌闕曰奏薦賞
功曰開折曰名籍曰甲庫曰法司曰知雜吏額主事一
人令史二人書令史九人守當官一十二人正貼司八
人私名一十人法司一人詳選下
卷一萬四千六百十五　四十四
流内銓本吏部尚書職國初張昭爲尚書領選事凡京
官七品以下猶屬銓筦自昭致仕始用他官權判頗變
舊制京官以上無選並中書門下特除又使府不許召
置幕職悉於銓授今以選集者故止自節度判官以下
州府判司諸縣令佐按資格注擬號流内銓其流外選
人亦用焉詳銓
侍郎左選舊係吏部流内銓元豐三年改今名其三年
以前事仍具載于此兩朝史志判流内銓事二人以御
史知雜以上充掌節度判官以下州府判司諸縣令佐
擬注對敭磨勘過之事令史十一人選院令史六人驗
使官三人流外銓掌考試附奏諸司人吏而已令史十

職官一一之五六

郎中

三班院

侍郎右選

郎中

二人　侍郎一人郎中一人掌承直郎以下擬注州府判司諸縣令佐監當及磨勘功過之事案十三曰序丞曰職官曰入官曰縣尉曰格式曰主簿上下曰開析曰名籍曰甲庫曰知闕白注擬曰知雜曰法司吏額主事二人令史四人書令史一十八人守當官一十八人正貼司二十人私名十人楷書十人詳選下

三班院　太宗太平興國六年二月命御廚副使楊守素供奉官溥備韓令寶同檢點供奉官殿直承旨三班公事　雍熙三年十二月西上閤門使張平授各省使依前點檢三班公事　四年七月詔置三班院以崇儀副使尉進掌其事先是供奉官殿直殿前承旨悉隸宣徽院至是以其衆多出使於外有訴勞逸不均者因命別置院考校殿最引對便殿定黜涉焉詳院下

卷一萬四千六百十五　四千五

侍郎右選舊係三班院元豐五年改今名其五年以前仍具載于此兩朝國史志三班院勾當院官無常員文臣以兩制以上武臣諸司使以上充掌置籍以總使臣之名均其出使躔務定其任使遠近之等級及考其殿最而上于朝凡借職以上至供奉官隸焉勾押官一人前行三人押司官一人後行十一人　侍郎一人郎中一人掌校副尉以上較試擬官行賞換官考其殿最案十五曰從義曰忠訓曰成忠曰承節曰承信曰進武曰差注曰生事上下曰掌闕曰資次曰知雜曰催驅曰甲

格式司

複校銷

流外銓

庫曰法司曰架閣吏額主事二人令史四人書令史一十五人守當官一十八人正貼司二十五人私名七人楷書一十人法司一人詳選下

格式司太祖建隆元年十一月詔天下縣除赤畿次赤畿外重升降地望取四千戶以上為望三千戶以上為緊二千戶以上為上千戶以上為中不滿千戶為中下五百以下為下自今每三年一次升降詳司

流外銓真宗咸平元年十二月詔京百司今後如額內闕人處吏部每歲一次於十月內曉示諸司於見祇應私名入仕三年已上依次牒送比試補填敘理資考若抽在別處祇應與計勞考者不更充在司額留司祇應者亦於見定額內抽那不得別補所有歸司不歸司諸色事故並準長安格諸司內或從來有添展闕額詔敕一聽逐司存留凡門下省額二十五人中書省十五人起居院三人諫院二人尚書省五人吏部十二人銓二十人南曹十人甲庫四人司封二人司勳二人考功五人兵部十人甲庫二人職方三人駕部二人庫部二人戶部三人度支二人金部二人倉庫二人刑部八人加五人都官二人比部二人司門二人禮部三人貢院八人祠部四人主客二人膳部二人工部二人屯田四人虞部二人水部二人御史臺二十五人太常寺六人禮院十三人宗正寺十三人光祿寺六人衛尉寺十人大

卷一萬四千六百十五　四千六

理寺十二人加二十二人太僕寺八人鴻臚寺三人司農寺五人大府寺四人秘書省七人殿中省五人國子監五人少府監六人將作監三人司天監五人四方館三人左右金吾左右街各三人

大典卷一萬四千六百十五

宋會要 官告院

兵吏司封司勳官告院國初於右掖門東廊置院四司告身案並集于此以備中書除改本司郎官各主其事淳化五年始專制官局于省內凡官告各以本司告身印印之文臣用吏部武臣用兵部王公命婦司封加勳用司勳掌文武官將校告身及封贈朝官一員主判中書舍人一員提舉餘綾紙庫入內侍一員管勾太祖乾德四年四月詔重定官告院所用內外文武官告身綾紙褾軸尚書令侍中中書令平章事使相用五色背金花綾紙寶裝犀軸銀鈎暈錦紅裏褾代紫絲網銀帶踏樞密節度使已上用白背金花五色綾紙寶裝犀軸銀鈎暈錦紅裏褾紫絲網銀鏤帶踏參知政事三師三公僕射東宮三師用無金花五色白背綾紙鈎暈錦紅裏褾裝大牙軸樞密副使宣徽三司使留後統軍上將軍檢官至太保以上者與參知政事一同司徒已下者止用大花白綾紙褾軸同上端明殿翰林樞密直學士東宮三少尚書內客省使防禦團練使已上用大綾紙紅裏銀鈎法錦褾大牙軸常侍中丞給諫舍人大卿監賓客詹事刺史主客者引進使判四方館門使用大綾紙法錦褾大牙軸祭酒庶子諸衛大將軍內諸司使副使禁軍都虞候起居郎侍御史少卿監少詹事司業率更令郎中員外太常博士兩京少尹赤令諸州行軍副使節鎮馬步軍都指揮使用大綾紙大錦褾大牙軸諸將軍率府率副率殿中侍御史監察御史國子五經博士通事舍人陞朝官禁軍指揮使京官諸州防禦團練刺史都指揮使已下幕職州縣官帶檢校官用中綾紙中錦褾中牙軸諸州幕職州縣官無檢校官及內外副指揮使已下將校用小花綾紙小錦褾木軸太宗太平興國六年十二月詔官吏以告身及南曹曆子於貿匿權息錢者並禁違者官爲取之不償其直淳化元年四月詔自今中書降敕門下省差令史一人於承敕院畫領承受批上印曆分付甲庫官告院收掌出給告身咸平二年三月詔官告院應降制授官者使五色金花綾紙寶裝犀軸追贈者使白背五色無金花綾紙銀鈎暈錦紅裏褾大牙軸四年四月詔官告院置寫告令史十人須書札精熟者又置綾紙庫用宋勝綾紙錢物差三司軍將一人爲專知官應兵吏部司封合納綾紙錢並本庫收納旋送左藏庫每日輸令史二人將預書綾紙於舍人院寫吉切官告令當直赴制告點檢不得漏泄其吏部選人除官亦令甲庫實封敕送官告院寫告畢送本院長官看讀無誤即置曆給付如人吏錯誤敷多委是怠慢即量情責罰五月八日詔官告院書寫官告或官司錯誤遞

徐輯大典不著卷數以下並同

月破帖候及百道，即納作坊。若人吏錯誤，勒令陪納。其告身納僕射已下見任官，並須先取書收掌準備除官。十一日，詔應給人已經照勘銓擬受官，闕奏下直付官告院出告身者，舍人院疾速發遣。二十五日，詔百官為父有官先曾降麻制授官者，納錢五千。五年三月，詔官告院差吏部令使二人與三司軍將同管勾綾紙庫，候官告院遣闕守闕與正名各減一選，差令史二人出告身案及掌預書綾紙，亦減一年。月，詔官告院一品已下至四品綾紙褾軸各書三五通，於舍人院封鎖準備使用。十二月，詔官告院差守闕書令史三人祗應日遞預書綾紙，月給千錢、米一石。至道元年二月，詔應中書除授幕職州縣官綾紙，並令賜與，不更納錢。其吏部擬授四川官，亦免所納朱膠綾紙錢六貫四百五十。三月，中書門下言：「諸屯泊末職將校，每遇覃恩，並差人費所授告身、本職文字於敘前馬步軍司繳連於中書呈驗，道路遥遠，慮有煩擾遺失。」詔在京諸軍加恩依例呈驗外，諸州止委知州已下取所授官告、宣頭、補職文字，錄自印縫連書入遞聞奏。自今外道加恩官告，並令入遞，不得差人至京請領。五月，詔官告院應除改畫官告，指寫兩本，付本房進書。真宗咸平三年九月，詔重定告身：宰相、親王、使相用五色背金花綾紙、犀軸、暈錦褾袋、色帶；三師、三公、樞密使及曾任宰相官至太子三師、僕射已上，嗣王、節度使用白背五色金花綾紙、犀軸、暈錦褾袋、色帶；參知政事、宣徽使、樞密副使、太子三師、僕射、御史大夫、兩京留守、皇弟、皇子、皇姪、皇孫用白背五色綾紙、暈錦褾袋、大牙軸、色帶；尚書、文明殿學士、太子三少、京牧、大都督、大都護、兩省侍郎、京尹、統軍、上將軍、兩使留後、觀察使用白背五色綾紙、法錦褾、大牙軸、色帶，並十七張；三司使、翰林學士、侍讀侍講學士、樞密直學士、尚書省御史臺四品、兩省五品以上、諸司東宮三品、王傅、中都督、諸府尹、上都護、下都督、昭文館集賢院學士、左右庶子、詹事、諸位大將軍、防禦、團練、刺史、橫行諸使、昭宣使、樞密都承旨及諸司使軍職帶刺史者，用大綾紙、法錦褾、大牙軸、色帶；三司副使、陞朝官太常博士以上、京府少尹、赤縣令、王府長使、司馬、諸司馬、諸使副使、樞密副都承旨、節度行軍副使、兩使判官檢校主常侍、中丞以上者，諸軍都指揮、御前忠佐都軍頭以上者，方馬步軍都指揮使及供奉官軍職加爵邑者，用大綾紙、大錦褾、大牙軸、青帶，並七張；陞朝官、五官正、郎將已上、內殿崇班及閤門祗候、京官帶館閣三司職事者、防團副使、兩使判官、幾令、諸州別駕、幕職州縣官檢校至員外郎者、中書樞密主事以上、入內高班內品以上、諸軍都虞候、忠佐副都軍頭、諸班指揮使、舊

方馬步軍都虞候以上、供奉官以下及三司勾覆官以上檢校至尚書者、伎術官至朝官同上者，用中綾紙、中錦褾、中牙軸、青帶；京官、靈臺郎、保章正、幕職州縣官、高班內品、翰林諸待詔、醫官、中書行首、守當官、樞密院主事、令史、法直、禮直官，用小綾紙、小錦褾、木軸、青帶，並五張；諸藩樂子授大將軍、將軍、司階、司戈、司候、軍將等，用大綾紙、大錦軸、法錦褾、色帶。十二月二十日，詔京官、供奉官、侍禁、殿直、祗候、內品內品用小綾紙、水角貼金軸、紅地黃花錦褾、青帶。文。詔皇親崇班以上用大綾紙。文武官封贈，凡降制追贈者，用白背五色綾紙、銀鈎暈錦紅裹褾、大牙軸。宮掖官告：用遍地銷金龍鳳羅紙；妃嬪及大長公主、長公主、公主用遍地銷金斜花鳳子羅紙；內命婦國夫人用銷金團窠花羅紙；郡主、縣主同。已上並犀軸、暈錦褾袋、紫絲網、銀幡鍇。諸王妻、宰相、樞密使、參知政事、樞密副、宣徽使、節度使母妻，用團窠金花羅紙、犀軸、暈錦褾袋、紫絲網、銀盼鍇；僕射、尚書、丞郎、三司使、中丞、觀察使、內客省使母妻，用金花羅紙、犀軸、法錦褾袋、紫絲網、銀盼鍇；防禦使、刺使、軍主、廂主、南北省五品、諸司使以上母妻，用五色金花綾紙、牙軸、大錦褾袋；餘官母妻用中錦褾袋。其後郎中、諸司使以上母妻皆用金花五色羅紙、犀軸、法錦褾袋，自餘母皆同上，惟用玳瑁軸；妾用五色羅紙、大牙軸、大錦褾。學士以上母妻皆賜之，餘官則入其直。又有餘印書紙在中書舍人院，有除授則就寫之。二十二日，詔文官曾任大卿監、丞郎、給諫，武官曾任大將軍、防禦、團練使、刺史，內職曾任閤門使已上者，及因子孫追贈三代官至一品者，並用大綾紙、大牙軸、法錦褾。如曾降制授官，自依先降敕命。四年二月，詔見任將相在朝正一品官及中書樞密官特追封三代外，應東宮一品以上，雖曾任皇朝將相者，只依編敕本品追封其三代。曾祖母、祖母、母除中書門下三品及平章事、在朝正一品、使相封國大夫人外，餘只封郡大夫人止。如舊有國號者，依舊追封。令後如位極將相、勳業崇高貴顯之時，特恩追封王爵者依舊；外如因子孫進贈，雖功隆位極，並不追封王爵。應因子孫追贈，除祖父先居高位累贈至一品外，如子孫官高、祖父官低，今後祖父已贈五品者，須歷任贈官方得贈至正一品。母妻所封郡縣依本姓望，不繫緊望，階輔至封國拘此限。五年不七月，令初除駙馬都尉用大綾紙、法錦褾。十二月，詔臣僚加恩告勅，如遞到日本官有諸色事故及罷任、丁憂、停任及為公事見在推勘者，並不得給付，具事由奏聞。其後天聖六年編敕所奏定：犯事被推徒以上罪未給，仍奏聞；丁憂及以理去官，即給付；身死者，給本家。詔奏。六年十一月，詔官

告院綾紙庫差三司軍將充將知官三年一替景德四年九月官告院言
奉詔重定諸蕃告身紙其蕃官軍主副軍主首領化外刺史子承父任知
州授銀青階者請用大綾紙法錦褾大牙軸色帶化外幕職州縣官上佐
指揮使至副兵馬使衙前職員請用中綾紙中錦褾牙軸青帶從之三年
二月詔吏部郎中掌文官告身司封郎中掌封爵皇宗諸親內外命婦告
身兵部郎中掌武官告身贈官同並官其封爵命婦贈官令用吏部兵部
告身印內追封公主亦合用司封告身印今後兵吏部及叙封加勳須各
用逐便印如違官吏勘罪重寘之法其印壞綾羅紙仍勒陪填八月詔官
告院今後應該封贈授狀者須先取母取已經叙封郡縣名具錄申堂十
二月詔皇弟皇子皇姪皇孫除官並用白背五色綾紙十七張暈錦褾大
牙軸色帶若授崇班已下如三司使例四年九月詔官告院除見當私名
外無得出收斂人奏裁大中祥符元年七月詔官告院諸州衙前職員今
後川廣福建荆湖路每覃恩御邇州保明合加恩人數如已有官者具錄
告白條例聞奏下本院照會敕闕出給官告付進奏院入遞發往逐州委
長吏當面給散其官錢只納軍資庫自餘州軍差衙前因便都受錢上京
於官告院送納請領官告二月二月詔應該封贈文武臣僚每覃恩須畫
時授狀如隔蓋不來於後不得乞一併加恩八月詔官告院今後月支上
色朱紅五兩充印中書除改官告三年閏二月詔令後學士院闕人不得
於官告院抽私名人揀試八月詔官告院綾紙庫今三司與提舉司定逐
色綾羅紙褾軸各三副印押充樣分留兩作坊及本院每送納之時將元
樣比類交納四年十一月詔官告院應送人注官合納朱膠綾紙錢許逐
人情願就便送納五年六月詔進奏院今後官告院發到軍員告敕畫時
入遞仍具道數月日申本院八月詔陞朝官遇赦乞封贈者今後並限二
周年限外不來即便止絶在外者申奏在京於都省投狀初叙封者須具
父母存亡及妻禮婚狀經叙封者且累封告白隨狀投納若文
字不足未得收接九月官告院言準中書劄子軍員諸州衙前每遇赦加
恩多住滯經年令本院定奪聞奏今請每覃恩赦到限二周年內逐處錄
白申奏若每遇新恩更不許乞行已前恩澤從之八年七月令官告院自
今大除授告身賜外蕃書仍舊用金花綾羅紙時禁銷金有司上請故也
天禧元年八月翰林學士晁迥秘書監楊億直龍圖閣馮元詳定叙封所
生母及致仕官封贈母妻事自筭詳編敕儀制自有明文若非嫡繼不合
叙封其致仕官封贈據五代會要及新編儀制須曾任五品已上正官致

仕後即據品秩施行國朝已來每因降赦應預升朝並許封贈蓋是一時
覃慶固非定格其致仕官須是郎中已上方該封贈兼逐時赦文封贈亦
不該説然官告院二十餘年相承行遣臣等議定乞今後如遇恩澤其陞
朝官在堂無嫡繼母者許叙封所生母其致仕言於儀制難預恩澤乞今
後須曾任陞朝官後致仕者亦許封贈如自京官幕職州縣轉朝官致仕
者不行官告院又言文武臣僚準赦封贈父者當院照檢有贊善大夫已
呂行簡叙封故事准六典司封之職凡庶子五品已上官皆封嫡母無嫡
母即封所生母子有五品已上官若嫡母在所生之母不得為太妃已下
無者聽之漢天福十二年嫡繼即許封叙如非嫡繼不在論請大中詳符
儀制嫡母繼母即許叙封如非嫡繼不在論請之限其致仕官如未致仕
曾任五品已上合追封者與據品秩施行別無條貫乃詔自除上條外今
依所議施行四年二月詔諸州御前諸軍將校所請加恩官告更不定年
限令官告院候奏到並依例施行疾速出給不得住滯五年六月流內銓
言幕職州縣官擬授之後逐甲具前銜所授皆填員闕脚色狀申奏降下
出給告身竊緣遠人有遠地得替或掌獄罷官丁憂服闋理遠年滿遇恩
放選等自來只用放選告詞一例修寫官告乞今後依黄甲體式逐甲具
狀聞奏乞降下官告院依奏狀寫告更不用詞其令書官銜即依除官體
式繁書從之仁宗天聖四年七月提舉官告院程林言逐人官告小綾紙
一副木軸小錦褾青帶合納錢一千中綾紙一副中牙軸中錦褾青帶合
納錢一千五百並八十陌欲望自今小綾紙納錢五百中綾紙納錢一千
只於本院綾紙庫送納若遠人料錢十貫已下不納從之十一月官告院
言准中書札子比試到今日已前私名待闕人王家説已下三十二人書
札次第勘會正貼書額七人如有正名闕依條於舍人院試寫官告依例
填闕又有九人舊充額外正權貼書名目在院習學寫告乞罷比名目直
候正貼書有闕旋揀補填綾紙庫告身案自來於守闕內選有家業行止
四人與三司軍將同勾當三年交割無欠少遺闕不了即依敕補充正名
今後勾當者八人並係守闕不曾習寫官告今試寫家狀及詩一首人別
一人供預書綾紙一人守闕供預書綾紙八人守闕告綾庫告身案並在
舍人院主掌習學帳籍公事供應法物不曾學寫告身雖名試寫家狀及
詩一首比量低次乞今後更不致守闕庫案名目據見勾當庫案八年滿
即賜時依敕揀選有家業人勾當詔官告院正名自今以十五人守闕私
名人共以二十人為額今來見在人數權且依舊存留候將來額內闕人回

即得給牧今後勾當庫案寫官告並須試驗人材書札方得收留其權貼書守闕庫案守闕供預書綾紙更不得置此名目今後綾紙告身案得替補正名後更令勾當三年依天禧四年五月敕減選候闕正名即得差有家業守闕勾當六年詔追官或除名比限敕到日取索敕告身令逐處當職官吏注毀所追奪因依限十日內納尚書刑部從編敕所奏定也十二月十六日詔今後文武陞京朝已上告詞並抄錄一本皇祐四年九月八日詔頒官告條制自親皇宰臣至皇姪皇孫並依舊制觀文殿資政大學士如文明殿學士及端明殿學士侍講學士龍學士樞直學士太子賓客太常卿監國子祭酒司天監初除駙馬都尉四廂校郎將已上蕃官授正副軍主並首領及花外刺史身故子孫承襲以銀青階知州並如三司使副客省引進閤門副使並如太常博士以上制內藩方都指揮使以上有帶遙郡者用錦褾五府少尹通事舍人兩使判官正畿令防禦團練使率府率副率諸色京官檢校官至員外郎以上三司孔目勾押勾覆官諸司職掌官至諸州別駕化外授上佐幕職州縣官指揮使至副兵馬使衙前職員等並如陞朝官制內樞密副承旨有至將軍以上中書堂後官至太傅以上虞候加至封邑者並用大綾紙大錦褾大牙軸正員京官用小綾紙小角貼金貼金軸頭紅地黃花錦褾青帶諸色京官京主簿諸州長史司馬中書錄事班行借職及諸軍指揮使以下翰林待詔書直書藝醫官並如京官選臺即制內禮直法直授兩省主事及勒留官制別駕者諸州幕職州縣官檢校官至員外郎者供奉官至指揮使以下檢校至尚書者翰林待詔等陞朝官正官者並用中綾紙錦褾牙軸指揮使加爵邑即更用大綾紙錦褾牙軸諸司勒留官諸州衙前官將並用小綾紙應官撿并公主並遍地銷金斜花鳳子羅紙內命婦銷金羅紙郡縣主金花羅紙用國夫人銷金團花窠羅紙郡夫人郡君縣太君及遙郡正郎以上妻並用五色銷金帶使羅紙命婦五色素羅紙其細衙自僕射尚書丞郎以下見任者令兵部司封並於官預先書押以備中書取索應曾降麻授恩者贈官並用白背綾紙大牙軸法錦褾降麻授官人才薨追贈者用白背五色綾紙銀鈎暈錦紅裏褾大牙軸見任將相正一品及二府追封三代東宮一品以下雖當往將相各依本品追封其曾祖母祖母惟中書門下二品平章事正一品使相封國大夫人外餘封郡大夫人止已有國號者依舊追封應百官為父贈官以父曾降麻授官贈官用白背綾紙及贈至大將軍已上並用大綾紙七張陞朝官中綾紙諸寺監丞大理評事小綾紙並

各五張應封贈文官曾任大卿監丞郎給諫武臣大將軍遙郡閤使以上者及因子孫追贈官至一品者並用大綾紙七張大牙軸法錦褾除大學士已上者用十七張外但用七張五張為差從權判尚書都省丁度等所議也嘉祐六年正月詔判官告院自今降敕差人理合入省庫仍給添支錢十千元豐五年奉行官制文武官告身屬吏部蕃官屬兵部封贈及內外官命婦等告身屬司封加勳并將校等屬司勳官告院四部告身及人吏隨事隸本部逐記各有告身案朝廷敕授差除各隨本部書寫給發進納告身元年并司封司勳告入案入吏部預書庫收掌司封司勳告身即依舊逐部郎官主管崇寧四年二月十四日臣僚言吏部所給命婦等告造作疏殺欲乞尚書吏部專置造官告一局就差尚書都省門內臣差掌閤庫官專一主管從之六月三十日詔應書寫告並隸尚書省制造官告局候了送本案書印發放漏泄等條並依舊五年正月三十日詔罷尚書省製造官告局依舊令尚書右選主管所有官告令用綾紙褾軸等令所屬依新樣製造大觀元年二月二十四日詔罷置官告局十一月二十三日主管官告局許彷言本局被受差除錄黃修寫進告多致漏泄欲乞改製造官告局為尚書省官告院別擇處建置應今後堂除敕授差遣書黃至尚書省徑送本院給告然後付錄黃於吏部於事為便從之仍隸左右司三年六月詔尚書省官告院復罷歸吏部政和三年六月十四日詔依舊置官告院仍於吏部置局差官二員主管七月十四日主管官告院王與言本院未記欲乞下少府監鑄造以吏部製造告身案記八字為文從之十一月十六日臣僚言諸令文應因子孫得封贈而父祖亡者所封祖母並加太字臣看詳法意封則加太字贈則不用其意甚明而有司奉行法難用欲乞應命婦因子孫官爵父祖亡封其母并祖母者加太字歿者並除去從之十二月十四日官告院言奏授官告見係吏部告身案承欽出給欲乞依舊敕授例並隸本院其本案人吏並乞撥歸本院其出告乞數鈔都發赴吏部逐案照會從之靖康元年二月二十三日詔官告院官二員主管依元豐五年已前舊制其法物庫可廢罷綾紙褾軸等並文思院作坊後苑作製造先是政和七年二月置法物庫以追降指揮罷繫豐製造局合罷者左藏庫移隸物料造告先帛等主管官吏冗費以為言故有是詔神宗熙寧二年八月十八日官告院言父例皇親副率以上即用白綾紙暈錦褾大牙軸色帶子若有例依近敕比類文資出官者未委合依舊例與外官條制詔依皇親例供使四年十二月二十三日詔官告院

渭清按來當為朱

綾紙庫合納綾紙官錢赴左藏庫送納所管綾紙專差使臣一員月給食錢五千添差三司軍大將一名充副知只差本院守闕一名抄寫文字月給食錢一千更不衲收家業酬獎皇祐編敕本庫如無正名於有加添守闕人內差候勾當三周年無遺闕補充正名候滿日再勾當三周年減選出官六年六月十二日官告院言內殿承制無使紙條貫不以有無食邑例用大綾紙七張緣本官自在殿中丞不乞改正用中綾紙褾軸如有食邑者如舊從之七年五月二十二日舍人院言檢會官告院條制大學士已上並用白背五色綾紙法錦褾觀文殿學士只用大綾紙法錦褾大牙軸色帶子緣觀文殿學士乃在資政殿大學士之上是舊制悞定乞用知大學士例從之元豐五年六月十三日詳定官制所言定到制授敕授奏授告身式從之哲宗元祐元年五月六日詔令監司落權發遣及權字毋給告從中書省言也紹聖元年九月十五日吏部言中書舍人朱服言元豐五年條制階官及職事官及選人凡入品者皆給告身其無品者給黃牒元祐六年改元豐五年專條除職事官監察御史以上及除降官職依舊外應內外差遣并職事官本等內改易或在任者並給黃牒乃興無品人等詔今後帥臣監司并待制已上知州並給告餘依舊條二十八日三省近詔帥臣監司并待制已上知州並給告餘依舊條契勘除帥臣并待制以上知州給告外其監司不係升入路分本等內改易者止給黃牒從之三年七月二十三日詔職事官監察御史以上因罪罷黜並給告從中書舍人葉祖洽請也元符元年十一月十五日吏部侍郎黃裳言元豐官制入品官皆給告身其無品者給黃牒故小使臣皆給告身後來務從簡遂行先劄指揮於理未安請自借職奉職而上皆給告身復元豐官制從之又吏部言元祐法小使臣只降宣劄乞自承信郎而上依舊給告徽宗政和三年十二月二十一日詔大禮畢宮人遷秩日夕降告內降錄黃似煩碎不繫事體輕重可令吏部出空頭官告疾速進入高字五道司字一十道典字三十道掌字五十道四年正月四日詔諸妃告身綾紙四妃用雲龍貫儀至婉容用葛藟鸑鷟貺儀至充媛用蘭燕婕妤至美人用荇魚內命婦告身綾紙內宰副用遍地雲鳳宮正尚宮內史郡夫人詔中用雲朵鳳國夫人用遍地雲鶴寶林至掌樂官勾仙韶公事用雲朵靈和元年二月二十九日中書省尚書省言勘會官告院製告身法物合用造綾紙近已措置更定花樣名色慮名間私輒倣傚織造及買販服用當立法禁止今擬條項諸官告院製造告身法物應用綾錦私輒倣傚織造及買販服用者許人告賞錢三十貫從之欽宗靖康元年九月二十三日尚書省言官員付身敕劄係大程官承發近多留滯不依限發放欲乞今後發出付身告命並當日具名件并發下月日及承受大程官報尚書省都門下即時出臈和有違滯並許當行人吏並科杖六十罪從之高宗建炎元年五月十二日詔恩轉官除文臣太中大夫武臣正任觀察使及宗室南班以上並命辭給告身其餘令吏部具鈔降敕三年二月二十三日官誥應除授遷官等合出告身並倣元年覃恩轉官例餘並劄子內補授名目人於所授敕劄上量行開說補授因依候事定日依舊三月九日詔文武除授遷轉並依舊給告仍令官告院疾速製造法物尚書省先次劄官下除授遷轉并已給敕官候法物成日給告先是除授遷官文武臣太中大夫觀察使以下並給敕緣臣僚言朝廷專降告命招撫及行軍給降空名官告之類若但給敕非惟難以示信且事體削弱故有是詔六月十八日詔封贈官告如闕綾羅即以絹充仍於左藏庫支絹三百疋次色錦五十五疋製造二十一日詔官告院依祿令支茶湯錢各十貫文訖料錢曆批請其權官並依正官例從本院請也二十八日詔今後文臣帶直祕閣武臣帶遙郡以上給告朝奉大夫武翼大夫給敕其初補官人依自來條例給付身八月十日尚書省言官告自來書尚書左右丞今除參知政事亦合通簽從之九月二十九日詔刑部契勘應給降空名告劄等先注籍仍取會有無補授之人及姓名因依銷簿先是刑部郎中蘇恪言空名官告將以待有功欲乞每遇給降倣度牒字號置合開簿俾銓曹其受人之乞令具事因及字號報掌簿官銷簿注籍候參部自審驗簿號方許注授詔從之四年四月三十日詔比年爵賞失實名器浸輕可自今後將帥監司守臣並不得陳乞空名告敕宣劄如實有功人仰保明申奏以憑推賞雖大臣出使亦當遵守六月八日詔文臣朝奉大夫武臣武翼大夫以上轉官給告文臣通直郎武臣武翼郎以上轉官給敕選人初授官給綾紙改京朝官給告換授官給敕先是吏部侍郎綦崇禮言已降指揮初補官人給付身勘會選人有舊假官未入官者並係初授敕或補牒即未經出給告命欲乞依初補官人例給告故有是詔九月二十五日臣僚言奏補授官告敕自來不曾載三代鄉貫年甲欲乞今後被蔭人告敕並行書寫從之十一月五日官告院言吏部參發到奏鈔劄院其鈔內稱說年甲鄉貫貫三代本院依本書寫外其錄黃給告多無三代或止有年甲鄉貫及全不稱說者欲乞今後遇出給初補官人告命或無三代鄉貫年甲者令大

程官齋告厩宗敕狀付院書填從之。紹興二年三月二十七日，詔四品以上官及職事官監察御史以上官告並用錦褾外，其餘官并封贈權用纈羅代充，仍令所屬依舊制措褾關板製造，先裝背四軸申尚書省。六月二日，詔給降空名官告綾紙已入官告院置簿，今後諸處補授合書填官司限一日開具申吏部，應告空名官告綾紙官司半年一次開具已未書填道數申吏部照會。先是，侍御史鄭滋言：小使臣校尉自來給降空名官告綾紙，即未有諸處申發到書填補授姓名，因依無以考察偽冒，故有是詔。王年十二月十日，臨安府言：武翼郎王傾遭居民遺火，燒毀高祖父趙故任建雄軍節度使告一道，曾祖父德用皇祐四年授河陽三城節度使同中書門下平章事告一軸，并嘉祐元年任忠武軍節度使告一軸，今錄白曾祖德用神道碑一本于照。詔令王傾召保朝官二員委保是實，王德用本家親的之孫，即依條出給。四年六月二十一日，詔除授館職事官及帥臣監司並依舊法給告，惟計議官依編修官出敕。先是臣僚言：五品以下命以敕劄，殊損國體。送部檢會言舊法，編修官出敕，館職寺監丞博士御史臺檢法主簿命詞給告，承務郎以上磨勘轉官出告，特恩轉官仍命詞，外任差遣出敕，監司並合命詞給告，舊無計議官，未審是何付身，故有是詔。五年五月二十日，詔太師至尚書令綾紙可降本格二等用十五張色背五色綾紙，其餘官並遞降本格。太師至尚書令、左右僕射、亞開府儀同三司並用十五張色背五色綾紙，知樞密院事至宗室環衛官、觀文殿學士至觀察使並用五張白背五色綾紙，宣奉大夫至伏用十張白綾紙，十給事中至伯八點白綾紙，中大夫至子七張白綾紙，七寺少卿至和安大夫至翰林良醫、尚書諸司員外郎至翰林醫正並用六張白綾紙，奉議郎至太子諸率府副率、秘書省校書郎至諸軍指揮使以下遙郡刺史以上、馬步軍都頭至蕃落馬步軍都指揮使並用五張白綾紙。以官告院言工部會告命品從數多，合行減損，故有是詔。六年二月十六日，詔偽告綾紙度牒依詐為制書法斷罪。先是工部言：官告院所用綾紙花樣不一，易以偽冒，乞下文思院別織一體花樣，仍於綾上織字號，專充官告，其倣制作之人乞重立法，故有是詔。三月一日，詔文武官磨勘給告並量收綾紙錢。先是文思院織造告綾費用倍多，臣僚以為言，故有是詔。同日，詔官告院吏人入仕年月並依吏部侍郎右選理二十五年。先是官告院言：本院人吏遷補並守熙寧法，近吏部申明將本院主事滿三年半外通入仕及三十年方許出職，仍理其所少年限，勸令敍遷，緣從來本院遵守舊法，近

吏部申明將滿三年半出職，別無理年敍遷之文，況六曹所理入仕年月各以人額多寡理年，有理三十年處，及有二十五年處，各緣充主事年月不多，如刑部都官止充主事滿一年，或一年一季止理二十五年出職，或過大禮又許辭法次名，三年半中約解發三人，本院緣守舊法三年半止解發一名，更不理入仕年月，故有是詔。官告院日詔官告院官吏替年方許差人，其已差替人并見闕未到之人，並別與差遣，如願歸吏部注授之人，特依省罷法與指射差遣一次，願就宮觀嶽廟者聽。七年三月十三日，詔湖北、京西宣撫使兵戰所有立奇功除正任及轉橫行遙郡官告日下給付，免進入，以飛朝辭恐妨起發故也。十一年十一月十日，吏部言：措置官員轉官及封贈告制度，若依舊法製造，竊慮難以應辦，欲量增綾紙從之。一、文臣太中大夫、武臣正任觀察使以上，轉官並用雜色錦褾、綵帶撥花大紅牙軸；文臣監察御史以上并行在職事官寺監丞簿以上、外路帥司監司轉運判官提舉茶鹽市舶常平等以上并除館職之人、中大夫至奉直大夫、武臣通侍大夫至右武大夫及帶遙郡并武功大夫至修武郎以上，並用雜色錦褾、綵帶撥花中紅牙軸；文臣朝請大夫至通直郎、武臣武功大夫至修武郎以上，並用紅綾褾、碧綠綾帶撥花中紅牙軸，陞朝官量行添軸，改造褾袋一。綾紙錢內文臣太中大夫、武臣觀察使以上並免；文臣中散大夫、武臣遙郡刺史以上二十貫，文臣朝奉大夫、武臣武翼大夫以上一十五貫，文臣通直郎、武臣修武郎以上一十貫，以上各欲增五貫。一、封贈綾紙錢，三公、三少、開府儀同三司七貫五百文，東宮三師、三少、特進、太尉、金紫銀青光祿大夫、左右金吾衛左右衛上將軍、節度使、承宣觀察使六貫，宣奉正奉正通奉大夫、左右驍騎以下諸衛上將軍三貫貫五百文，通議太中大夫三貫以上並欲增一倍；中大夫、中奉、中散大夫、防禦團練使、諸州刺史、左右金吾以下諸衛大將軍二貫六百文，朝議奉直朝請散朝奉大夫二貫三百文，朝請朝散朝奉承議郎、諸衛將軍、太朝子諸率府率一貫八百文，奉議通直郎、太子諸率府副率一貫五百文，宣教郎以下一貫已上並欲增一倍；母及朝奉大夫、遙郡刺史以上要七貫二百五十文，欲增四貫七百五十文，餘要六貫四百五十文，欲增三貫五百五十文；武功武德武顯武節武畧武經武義武翼大夫、遙郡同二貫三百文，武功武德武顯武節武畧武經武義武翼郎一貫八百文，訓武修武從義秉義忠訓郎一貫五百文以上並欲增一倍。從之。十三年四月二十九日，詔文武官給告日並下吏部於年月日前繫寫主管院官名銜。先是臣

條言百官遷改惟官告院知其詳其監官欲書名於綾紙背以防冒偽而主管院陳援言紙背書名日久易以磨外故有是詔十四年三月二十二日應今後告命並用新法綾紙先是尚書省言換給封贈令用雜綾紙恐生姦弊故有是詔二十六年八月二十八日詔外國告身合用褾軸銷金法物並依舊制施行九月六日詔內外文武臣僚告敕並依大觀格製造裁減吏額共置二十九人後降下官告樣十六軸并物料等令有司製造沈該等奏依已得指揮自來年正月為始上曰此是大觀式既已令各隨官品畫成圖册他日可以按圖製造二十七年二月二日將作監奏契勘依近降官告法式應內外命婦遷轉并贈封告命並銷金續承指揮內命婦遷轉并封贈外命婦封贈郡夫人以上並依格用網袋外其餘以次並權罷給寫應告身銷金亦合參照欲望除內命婦遷轉并封贈外命婦封贈郡夫人以上依法式外其餘並權住銷金從之五月三日工部狀近降指揮禁止鋪金銷金裝飾之類所有文思院見造銷金告身綾羅紙軸頭令欲將文武臣僚并內命婦遷轉封贈外命婦封贈郡夫人以上及外國封爵加恩告命等並依已降大觀格製造給降行使所有應合用軸頭上貼鏤銷金乞止用撚花滴粉生色從之三十二年六月一日官告院言契勘本院先降到六觀格出告樣製照得內外命婦十等式內除止有貴妃淑妃德妃賢妃用十八張銷金羅紙并親用妻用十張銷金羅紙外所有皇太子妃并一字王夫人羅紙法物亦未有該載立定格式今欲將所出上件皇太子妃比附四妃王夫人比附親王妻羅紙張數法物等書寫出給投進從之紹興三十二年六月十九日孝宗即位未改元主管官告院鄧宣言節次承吏部發到敕黄出給諸軍降七贈官告命依法係宰執簽書竊見大禮恩霈文武百官封贈除見任兩府係宰執簽書外其餘並是代書欲權依大禮封贈例見書宰執從之孝宗隆興元年七月二十四日官告院言契勘本院應出給功賞轉官等告命宰執侍從左司都事郎官告院官係昨出給空名官告例代行簽書續承指揮除宰職分書與院官親書外其餘官並代書竊緣賞告代書數多又恐日後無以稽考欲乞將大使臣修武郎以上官親書吏部尚書小使臣從義郎以下親書吏部侍郎外其餘官並乞代書施行從之八月十七日官告院言見管主令各一人書令史三人守當官五人貼書七人楷書一十二人又緣趣辦出給單恩轉賞等告命人力不及若更行裁減必至幹辦不前乞將本院正額人數許行依舊存留候將來出告稀少日別取指揮施行見在人且令依舊

將來遇闕更不還補擬填從之二年閏十一月二日主管官告院劉貢等言契勘本院每日出給告命又遇大禮天行出給宰執親王侍從文武百官加恩封贈及后妃內命婦封贈三代諸色告命其所用綾紙法物並係文思院預期造納令來左藏庫闕雜花綾寫緣大禮在近限期難以辦集欲將應合投進告命依舊用大觀格雜花綾出給投進外其餘文武官諸色功賞及常程等告命並權用左藏庫見管制數官告度牒令文思院於本庫支撥衆同打背五張六張七張八張代雜綾花紙充告身使用候將來支使制數綾盡絕日依已降指揮並用雜花綾紙出給告命從之二十七十詔應軍功改正重賞告命並特與免納綾紙錢乾道元年四月二十五日詔今六部三衙官告院自今後出給功賞告命文帖等子細聲說元與功官司立功去處是何等第某軍某將某隊某職名某人內合降宣命人亦御所屬依此開具申樞密院給降九月六日詔吳璘今次起發諸路進馬二千匹到行在將合轉官資之人並特與免綾紙錢二年三月二十四日詔應收捕盜賊立功不以常格推恩之人內武臣與免納綾紙錢三年二月七日主管官告院任紳羅等言契勘文武陞朝官以上封贈妻母妻告命昨於紹興二十七年已前係用七張五張綃紙紅黃各二張青赤綠綃紙各一張自紹興二十六年已降指揮文武官告式依大觀格製造仍自紹興二十七年正月一日為始降到告式內文武官封贈母妻用七張五色羅紙書寫紅青各二張赤綠黃羅紙各一張數內黄紙舊依合用二張令卻用一張青羅紙合用一張令卻用二張是致寫告命黑青一書同不見字跡乞令文思院下界將見今封贈合用羅紙數內青數紙二張依紹興二十七年已前體式用紅黃各二張青赤綠羅各一張以還書寫告命及七張銷金五色羅紙亦乞依此造作庶得書寫易為辦認從之八月二十五日主管官告院言大小使臣因在外監司守臣按舉降官並不命飼止具罪由始末載之告身如係事干衆人止坐本人一名所得罪犯因依書寫免致紊煩從之十月十三日兵部侍郎周操劄子契勘官告綾紙自命官九品而上給降之式用五等葵花樣製品則具在自紹興二十六年已後許用雜花鳳綾二色無用已造下制敕綾參雜書填制度蕩然無復引識欲望審酌畫復制敕綾紙舊制將雜花鳳綾二色並行住罷詔令文思院於左藏西庫雜花綾內且行關取與見制敕綾相兼使用候織到新制敕綾日住罷四年八月十一日官告院言本院出給文武官并諸軍都虞候御前忠佐封贈父母妻告命合生色玳瑁軸生色玳瑁軸頭其

渭清按：無字在兩字下，非衍文。

文思院造納不[illegible]恐致留滯，欲乞將文武官母妻及忠佐封母告依格支給生色紙羅軸頭外，其諸軍都虞候封贈母告許用次等紅牙中軸充代。從之。五年三月四日，權工部侍郎姜先、劉子先將文武官告身及僧道度牒從之舊式，開以文思院制綾六字織造，復行舊法，庶幾絕姦偽，以爲救永久不易之利。從之。七年二月十六日，詔應諸軍該覃恩轉官之人往往拘於綾紙錢留滯，未能祗授，並特與免納。六月二十二日，中書門下省言：勘會已降指揮，文武官告身等並以文思院制敕綾制造。今來文思院已織到制敕綾一千二百七十四匹，并見在雜花綾三百三十四匹。詔令吏部將僧道度牒、將仕郎、助教綾紙並權用雜花綾充，仍自七月一日爲始。十二月二日，三省、樞密院言：三衙并在外諸軍應陳乞收使立功授到轉官公據，并改正省授承代功賞及差錯付身所給告命綾紙錢，並特與免納。仍令諸軍出榜曉諭。八年十二月二十九日，主管官告院沈端節言：乞於本部別置告身綾紙庫，盛頓綾紙，仍令文思院據每歲合用之數製造，不得過數，積壓致有損壞官物。及將未騐到見在堪用告身綾紙盡數交致赴庫收掌，合置監官檢察出納，并手分行遣文字，監官就差六門監門兼行主管，并監門下手分兼行遣文字，合置專知官、庫子各一名。本院見有專副二名，於內省罷一名，却改充告身綾紙庫專知官，請給依架閣庫專知官則例，庫子下文思院抽差，請給依本院則例。從之。淳熙元年六月七日，詔諸軍功賞轉官告命，令依舊養寄軍執從侍等官。隆興元年七月二十五日指揮更不施行。以中書門下省言諸軍功賞轉官告命昨因權并除力分書外，餘並代書，恐無所稽考，故有是命。二十三日，詔自今文武臣轉官、初補、循資、敘復、封贈之類，合納綾紙錢並與免納，仍令敕令所將綾紙錢條格删去。二年十二月二十八日，吏部言：已降赦書，應文武陞朝官父母並與加封，各各命詞給告。今欲將太中大夫、觀察使以上合具奏外，其餘加封等第文字乞預降詞本付官告院，依體式書寫出給，庶省減行移，不致留滯。從之。十年十二月後有此指。十三年正月二十七日，吏部言：吏部侍郎兼太子詹事余端禮奏：告身必書三代鄉貫年甲，所以辨同異也。今銓曹四選書告莫不皆然，而其間有所謂敕授告者，於三代鄉貫年甲獨略而不書，惟書姓名而已。天下若姓與名適然同者多矣，以適同之姓名而三代鄉貫年甲以爲之辨，無怪乎詐冒之未能盡察也。欲乞今後應給告身並須明書三代鄉貫年甲，以絕姦弊，實銓法一助。奉旨令吏部長貳勘當以聞。臣等勘當，文臣出給告命，欲照應自來給告格式施行。

大小使臣校尉出給官命綾紙付身，除官告院見今告身內已繫寫三代鄉貫年甲、名色外，所有從來敕授并奏授未曾繫寫三代鄉貫年甲名色，乞今後敕告後背批三代鄉貫年甲。如內有一時特旨并功賞等無家狀案證見得之人，先次出給告命，行下所屬給付去處，取索家狀，亦於告後背批，官押用印。照會將來到部注授或陳乞事節，照驗得若係今降指揮之後所給告命付身，如未經所屬背批之人，從吏部照對家狀三代鄉貫背批，押官用印施行。從之。二月二十三日，工部侍郎兼樞密都承旨李昌圖言：文思院下界申製造大禮并慶典告命制敕綾紙，約用制敕綾五六萬道，今乞自從官及太中大夫以上並用制敕綾紙外，其餘權以雜花綾代用，庶幾不致闕誤。官告院狀：照得文思院所申事理未盡，乞將文臣監察御史以上并帶貼職人及武臣正使帶遙郡以上合授進告命，并應行在職事官差除及文臣應初補官告並用制敕綾紙出給，其餘應干轉官等告命權以雜花綾充代。從之。既而主管官告院曾三復言：去年內緣慶典封敘循轉官資等告命數目太多，文思院申明權以雜花綾紙用。今來慶典封敘限滿已及兩月，止有理當磨勘須三兩年內對用方得了絕，難爲一向衮同雜花綾紙。乞除大理封贈仍舊用雜花綾紙，自餘告命依元格並用綾紙制敕出給，庶幾可以防閑欺弊。從之。十二月九日，詔官告院減貼司一人、工匠一人、看管兵士二人，以司農少卿吳燠議減冗食，下敕令所裁定，故有是命。淳熙十六年二月十五日，吏部言：承登極赦，應文臣承務郎以上及致仕官並與轉官，并承直郎以下在職任并嶽廟人與循一資，乞中書後省降下轉官詞語，定本並備生去欽候畫聞下部，日付官告院，依敕授體式命詞書寫出給告命。從之。慶元三年十二月十二日，臣僚言：舊格文臣武臣除侍從官以上及戰功、軍功、歸明、歸正、換給、補授等外，其餘循轉封贈之類並納官告綾紙錢。淳熙初元修吏部七司法，至納綾紙錢條格一項，孝宗皇帝御筆圈訖，取逐年收到錢數以聞。於是得旨：文臣轉官、初補、循資、敘復、封贈之類係是恩數，所有合納綾紙錢，今後並與免納，仍令敕令所將綾紙錢條格删去。已是立爲成法，可謂坦然明白。士大夫每感朝廷寬大夫恩，自是以來，亦未見用度之不足也。近緣紹興五年臣僚奏請，失於契勘，元是孝宗聖旨蠲免，却於所乞項內止說後來偶行免納，致吏、戶部指定，遂令復納。有司既不推本原，輕有衝改，給舍亦偶失繳駁，再使舉行，其傷大體，損隆恩莫甚於此。謂若數目稍多，圖計所得，猶曰不得已而行之，況今來指揮比之舊法又將從軍、訓諫官以下歸正歸明副使以下及校尉換給將仕郎初補並免納則所收之數愈更鮮少版曹常賦固有定數儻使長貳郎曹心評稍長不爲胥吏所幹及將拘摧諸路既無積欠國用亦自周足又何必與天下士夫較此毫釐而失孝宗寬大之意乎至於孤寒微官來自遠方必因旅費兼其他武臣資序雖高多若貧乏還加優恤不堪重之以此又況陪取小官綾紙之費以補侍從以上官給告之費恩意事體兩失之矣乞仍舊從孝宗皇帝聖旨指揮永爲良法詔今郊禋竣事霈澤普行使封贈循轉凡霑恩數者率皆涵沐陛下隆天厚地之德豈不休哉從之嘉泰元年五月十八日都省勘會官員磨勘轉官及奏補告命近緣文思院被火權住織造制敕綾已許用雜花綾書寫其告院人吏乘勢作弊留滯積壓至多致行邀阻致有錄黃畫敕下部月餘不得告者不惟損折官員磨勘月日亦恐暑月留積詔官告院將見在合出告命並限五日須管一併出給其日後到院文字亦仰當日書寫給發不得更有留滯嘉定六年九月二十六日吏刑部敕令所看詳官告院寫告楷書祗應年滿補進武副尉事照得官告院楷書係大觀政和年間一時指揮七年補官委是太近紹興年間劉思恭一名補授外經今歲久並不放行今省部等處正貼司元法七年比換副尉已於紹熙二年從長貳後省看詳集議增三年作十年爲限每歲不得過四十人合參照上件指揮施行照得官告院楷書額管一十二名昨於開禧元年十二月內承降指揮日同時撥正理年今雖例增三年則他時年及一十二名盡該陳乞補授今當立定限制使有司得以遵守乞降指揮候將來十年限滿日每歲止許從上幾人陳乞補授如上名未願補授者方許以次人陳乞詔官告院楷書今後補授依吏刑部敕令所看詳到事理詔中正額楷書之人以一十二名爲額候滿十年日每歲止許從上補授一名如上名未願補授者方許以次人陳乞仍不得過每歲省部寺監諸司人吏正貼司比換副尉四十人之數

職官一一之七五

大典卷一千九百七又卷一萬四千六百十五

全唐文

宋會要

吏部格式司太祖建隆元年十一月詔天下縣除赤畿次赤畿外重升降地望取四千戶以上爲望三千戶以上爲緊二千戶以上爲上千戶以上爲中不滿千戶爲中下五百戶以下爲下自今每三年一次升降。太宗太平興國三年六月詔廣南縣五百戶以下者止置主簿一員兼令尉事　雍熙二年十二月詔定幕職州縣官俸錢　淳化五年七月詔諸州木夾文解依格逐季申發令進奏院即事收下勿得稽滯　至道二年四月詔自今後初出官人便入初等幕職者料錢止給七千若已有入官資考許請前任料錢合入令錄入初等幕職者依本州錄事例給奉　真宗咸平四年二月詔格式司自今如有不切子細勘會升降戶口參定料錢干繫人吏重行決罰　三月詔逐季闕解三年一次升降戶口令有司定式樣頒下　五月詔吏部格式所轄木夾闕解帳本司置籍委主判官躬親點檢銷注架閣收掌無得散失　八月詔廣南路幕職州縣官知州處自今並差京官其潯州錄事參軍貴州司戶參軍及春州元下置官外其龔白南儀欝林高化橫七州錄事參軍依舊不置　六年七月詔州縣官俸錢米麥並須經格式司升降則例支給不得專擅增減　景德二年正月詔廣南

卷一千一百七

職官一一之七六

修書門可
備考

試銜知縣通判除合給錄事俸錢外更與添支　三年正月詔格式司起請幕職州縣官司士文學參軍板簿具錄出身歷任鄉貫三代其外州所資寓居者亦抄錄官名替罷因依供申令格式司別置得替官板簿點檢拘轄如有改授及丁憂事故即時批鑿銷注委判銓官常切點檢　四月詔自今如已是令錄知令錄引見與幕職者即注節察推官軍事判官其判司簿尉司理參軍資考合入令錄引見與幕職者且注初等給本州錄事或倚郭令俸不得過十五千　十一月詔吏部銓所注幕職州縣官令格式司每月具半年末上入名銜申銓銓司上簿移牒催促若新授官身亡丁憂不赴任者所在根究具事以聞別行注擬　大中祥符二年十二月詔自今銀臺司送下奏狀但干員闕者即送吏部銓上簿送格式司勘會如的是合收闕即具狀上銓注官若已注替即批鑿狀後送銓　六年十月權判吏部銓慎從吉言格式司用十道圖較郡縣上下緊望以定俸給而户口歲有登耗未嘗刊修頗誤程品乞差官校定新本付本司行用從之事具修書門　乾興元年二月流內銓言準敕定奪廣南州軍千户以上縣各置官兩員及令格式司自今應廣南諸縣候三年一度升降敕下逐旋勘會若有升及千户以上縣即依令來所請置官兩員如是降下户口不及千户縣令即依舊例止置官一員其有

卷一千一百八

減省下縣令候成資日依得替人例放令罷任從之廣南東西路四十一縣見合各置官二員一員縣令一員主簿兼尉東路廣州清遠增城懷集四會潮州潮陽賀州桂嶺富川南雄州始興梅州程鄉連州陽山連山韶州樂昌仁化康州端溪惠州歸善博羅端州高要英州滄光新州新興恩州陽江西路桂州臨桂永寧荔浦脩仁靈川昭州平樂恭城龍平宜州龍水南儀州岑溪白州博白融州武陽欽州靈山廉州合浦容州普寧陸川賓州上林藤州錦津蒙州立山高州茂名雷白五月仁宗皇帝已即位未改元流內銓言幕職令錄前任俸厚今任薄者欲望損舊俸而給之凡二十千者給十八千十八千者給十五千十五千者全給從之　神宗熙寧四年九月二十二日中書門下言天下選人俸既薄而又多少不一恐不足以勸廉吏請增逐月俸給詔依所定施行

卷一千一百八

甲庫

甲庫太宗至道三年十二月詔吏部甲庫許置院子一

卷萬四千六百十五　四七

人月給錢於祠部錢内支　真宗大中祥符五年四月詔流内銓注官後日限給帖過院逐甲牒送門下省押定送銓司七日銓司送南曹兩日南曹句勘仰書後送銓一日銓牒門下省一日門下省進内兩日候内中降到中書中書兩日再付門下省却給付都省承勅人一日送甲庫亦一日甲庫出給鐵符関送南曹格式官告院五日南曹給曆子十五日官告院給官告五日　七年八月詔官告院應中書送門下擬官奏狀並送甲庫依黄甲例收管准備諸處會問。　十一月詔今後廢置司應收到事故合廢置選人官告文字並晝時當廳批鑿牒送刑部毀抹

全唐文

續宋會要 寄案祿輯關戶部其屬官見此

兩朝國史志度支判司事一人以無職事朝官充凡經度之費皆歸於三司本司無所掌元豐官制行郎中員外郎始實行本司事

續宋會要

兩朝國史志金部判司事一人以無職事朝官充凡庫藏出納之節金寶財貨之用皆歸於三司而權衡度量之制主於太府寺本司無所掌元豐官制行郎中員外郎始實行本司事

續宋會要

卷七千三百十三

兩朝國史志倉部判司事一人以無職事朝官充凡倉庾受納租稅出給祿廩之事皆歸於三司而別置提點倉場官以督察之本司無所掌元豐官制行郎中員外郎始實行本司事

全唐文

宋會要 總制司

高宗紹興五年閏二月二十五日參知政事孟庾言準敕差提領措置財用乞以總制司爲名令禮部下文思院鑄印一面以總制司印四字爲文行移取索文字並乞依三省體式應本司措置事務依例進呈得旨并關申尚書省總制司乞專一檢察內外官司應干錢物隱漏失陷侵欺違欠之類並從本司一面擬定取旨行下仍申尚書省其利害明白事體稍重令從宜更改應內外主管財計官吏遇有員闕及不堪倚仗之人並乞依理調與宰執商議施行行在并諸路州軍及內外諸軍

卷一千一百二十二

合用錢物糧斛等從來係戶部與漕司應副自合依舊並從之五月十八日詔孟庾已除知樞密院事所有見兼總制司自合依舊　七月八日詔參知政事沈與求權行兼領總制司以孟庾除知紹興府故也　六年三月四日詔沈與求已除知明州總制司官候三省別除執政官取旨

此條重文見祠部

校過

此當校補入

籍給制度受戒文牒而已元豐改制郎中員外郎始實行本司事

續宋會要

兩朝國史志膳部判司事一人以無職事朝官充凡供御之膳羞內外饗餼隸御廚以它官勾當陵廟牲豆酒膳諸司供奉口味親王以下常食料皆分領它司本司無所掌元豐改制郎中員外郎始實行本司事

宋會要

兩朝國史志職方判司事一人以無職事朝官充凡城隍鎮戍烽候防人道路遠近四夷歸化皆不與聞本司但受諸州閏年圖及圖經而已

查職官二十未

卷七千二百十三

續宋會要

兩朝國史志駕部判司事一人以無職事朝官充輿輦車乘隸於太僕傳驛給受一出於樞密院廄牧之政總於群牧司本司無所掌元豐改制郎中員外郎始實行本司事神宗正史職官志凡宋史建炎三年以駕部兼庫部復併太僕寺歸駕部紹興元年復裁內外官於是駕部又當省而郎適贊讀王府而部聽留需其還乃補缺後間或一置而一員之制定矣

續宋會要

兩朝國史志庫部判司事一人以無職事朝官充凡戎器分藏內藏庫及軍器庫以它官及侍典領鹵簿儀仗

宋會要　禮部

主部省集議奏狀百官名表補奏太廟郊社齋郎改補室長掌生出給補牒諸州奏祥瑞納納內外牌印及制科舉人有名表印每百官拜奏用之以朝官一司貳二員主判　兩朝國史制禮部判部事二人以兩制及帶職朝官充凡禮儀之事悉歸於太常禮院而貢舉之政領於知貢舉官本曹但掌制科舉人補奏太廟郊社齋郎室長掌坐都省集議百官謝賀章表諸州申奏祥瑞出納內外牌印之事而燕領貢院馬令史三人元豐改制所掌具職官志　尚書一人侍郎一人郎官一人迹行四司事分案有五曰禮樂掌五禮大樂鼓吹宴樂鞍會上壽饗宴上元張燈祠祭朝謁朝拜藉田郊廟陵國壇歲蓄貢物凡邦之禮樂制度儀注冕服牲牢婚姻喪基時贈皆屬之曰貢舉掌學校凡經籍科舉發解省試及請諡史官賜壽修書皆屬之曰宗正籍奉使帳案掌皇后皇子公主親王諸妃以上聖節大禮恩澤公主降嫁及宗室冠墓試經藝并圖書奉使押賜外國事并殿磨所轄官司文帳皆屬之封冊表奏寶印案凡冊寶及封冊禮命章冊冊帳旌節及恩賜并奏表章製遣表詞及闕書祥瑞旌表孝行之事及寶印朱記給賜牌印關借請納等皆屬之曰檢法掌編類供檢禮祠主膳四司條法又有知雜開拆吏額主事一人令史一人禮祠主膳四司書令史守當官共二十七人通稱曰守分禮部十三人貼司十二人太常寺國子監隸焉

卷一萬四千六百五十九

真宗咸平六年七月判禮部盛玄言按唐六典禮部內外百官皆給銅印一紐今禮部給印不獨百司應節度觀察防禦團練刺史已上並給隨身牌印一副或因官改罷或坐事除免元給牌印多不送納事無關決理難追收乞今後應請牌印官有改移替免即御史臺具名牒報禮部置簿追納又按敕應新舊牌印於都省廳置櫃封鎖輪差人吏守宿本司雖敕文即未施行尋勘本省令史具所管印記點檢入櫃合有專典主持雖是輪差吏人然不專一況所管牌印自南郊五使諸王節度使以下刺史已上所千不少或因事

立名或乘久為制動繁軍旅場務憹守掌不勤姦濫竊發繩懲按罪決實非輕按六典禮部有掌固八人掌固者掌其固藏之謂乞依祠部朱紅錢專知官一人逐季造帳拘收每赴省請納牌印即令史行按關剌專知官據數給納入帳從之　大中祥符五年九月詔寺院宫觀士庶之家所用私記今後並方一寸雕木為文不得私鑄　六年七月詔今後應齋郎禮部給補牒即赴太常寺祗應祠祭如年幼隨父兄出外亦須具奏聽裁如過恩故選須曾赴寺公參祗應三次祠祭即許投狀餘不在援恩放選之例　仁宗慶歷三年十二月詔詳定諸祥瑞不許進獻聽申尚書禮部知嘉祐六年十一月

卷一萬四千六百五十九

二十七日知宗正丞事趙慎微等言乞下禮部根刷見今未參選太廟室長齋郎闕送當寺準備五饗捧俎行事仍乞今後禮部方給補牌充太廟室長齋郎者畫時具姓名關報本寺其在京者即仰隨牒赴寺公參從之

神宗正史職官志尚書禮部掌禮樂祭祀朝會燕饗學校貢舉冊寶印記圖書表疏及祥瑞之事凡禮樂有所損益小事則同太常寺大事則集侍從或百官議定以聞若有事於南北郊明堂籍田禘祫太廟薦饗景靈宫酌獻陵園及行朝貢慶賀宴樂之禮則承詔舉其儀物前期戒有司辦具即上冊寶及封冊禮命亦如之凡天下選士具注於籍至三歲貢舉則考驗無冒濫乃聽預

試凡大禮生辰后妃親王以下所推之恩公主下嫁宗室冠婚喪葬之制及賜旌節章服冠帔旌表孝行之法例皆主行之大祥瑞則朔參官詣閤門表賀餘於歲終條奏凡其屬有三曰祠部禮典暨攻道釋祠廟之事隸焉曰主客蕃國朝貢及契丹國信禮物之事隸焉曰膳部牲酒膳羞宴設給賜之事隸焉凡官十尚書侍郎各一人四司郎中員外郎各二人（哲宗職官志同）尚書掌禮樂祭享貢舉之政令而侍郎為之貳郎中員外郎參領之凡講議制度損益儀物則審覆有司所上之狀以次諮決而質於尚書省祠膳主客所治事應上請者亦如之大祀則尚書同省牲視滌濯薦饌則奉籩豆簠簋及飲福徹之朝會則奏蕃國貢物齋戒晨祼禮畢則侍郎奏中嚴外辦進熟望燎則郎中奏解嚴分案十設吏三十有五　神宗熙寧三年十一月二十一日詔貢院聽期喪滿三月者應舉（特因大任言應制舉和彥以恭喪不赴召既特召試用降是旨）　五年四月二十四日中書言錄事黃九章狀乞下禮部今後應有敕下本部合補齋郎之人候敕到日便仰勾會本家所在州軍先行告示知委詔付禮部施行　九月二十二日詔禮部每旬申已納未收奉使印令後每季申樞密院從承旨司之請也　十年六月二十一日詔今後禮部主判即兼領祠部主客膳部禮部貢院其兼領去處自合依條例管勾所有主簿亦合準此從中書禮房所定

卷一萬四千六百五十九

也　元豐五年四月二十四日通議大夫知潭州新除
守户部侍郎謝景温改守禮部侍郎（侍郎自是始正除尚書闕）　七
月八日詔譯經潤文並罷自今令禮部尚書領之廢譯
經使司印　六年閏六月十四日尚書禮部言舊制貢
院專掌貢舉其印章曰禮部貢院之印遇鏁試則知舉
官總領昨廢貢院毀舊印以其事歸禮部準格遇科場
牒印并公事伏緣本部分曹治事凡十有五貢舉乃其
一事若遇鏁試牒印即他曹事實有闕乞別鑄部貢舉
之印從之　七年五月二十七日尚書禮部乞六曹於
隸寺監寺監於所隸司局各許抽摘點檢稽違者稱事
書罰或上簿上下半年各取索點檢從之　哲宗元祐

卷一萬四千六百五十九

元年六月二十六日禮部言應須索官物合自下應副
及有旨更不覆奏者行訖並乞奏審隨事降付三省樞
密院照據從之　七月六日禮部言祠祭官致齋在本
司及祠宫內與同局及同行事官相見當物用謁禁從
之　五年十月七日禮部言降送到空名假承務郎州
助教散齋郎補牒以千字文為號印記發下所屬官司
仍具注給降事因去處候申到給訖因依即行銷注應
敕牒並置籍拘管以事因注簿訖關送吏部即行銷簿
應敕牒不得下司當職官畫時交點道數實封印押收
掌出榜名人進納當職官躬親書填給付具姓名鄉貫
三代年甲字號及年月因依并見在道数申吏部應敕

牒如客人收敢賣者摘定所詣州每道給公據照牒以
字為合同號印押其照牒實封入遞敕牒付客人召合
進給人承買經州投狀依上法勘驗書填給付其照牒
公據批鑿毀抹訖限兩日具姓名鄉貫三代年甲敕牒
上字號報元承受處從之　六年正月十二日詔自今
祠祭游幸每用羔羊從禮部請也　四月二十二日禮
部言每歲宴賞共合用羊乳房約四百五十餘斤泛索
不在其數所用不急而傷生致衆深可惻也請依羊羔
例罷供以他物代從之　徽宗政和六年三月二十八
日常州判曹翁彥約奏竊以國家天覆萬國化行方外
梯航輻湊史不絕書承平奕葉神聖作興禮備樂成德

卷一萬四千六百五十九

洋恩普聲教所暨固已襲冠遣子弟曠然大變其俗至
於遐陬殊裔阻險遐深三代所不能臣漢唐所不能服
莫不嚮風馳義重譯來賓觀其贄幣服飾之瑰奇名稱
狀貌之詭異多所未載今其圖畫衣章藏在部歲月寖
久宜命有司編集成書如周家王會之篇以見中國至
仁彰太平之高致誠天下之偉觀也詔令禮部逐旋編
集　宣和四年五月二日禮部奏承吏部關朝散郎許堯
夫狀昨在杭州居住因兇賊侵犯州城去失告敕等數
內賜緋魚袋敕一道不属本部關請勘會今來吏部關
到許堯夫去失賜緋魚袋敕牒緣本部即無許出給公
據專一條法未敢便依吏部條法本部出給公據伏乞

朝廷詳酌指揮如許令本部依吏部條法出公據亦乞應江東兩浙被賊州軍更有官員去失服色敕牒令所屬保奏依此施行詔令禮部出給公據餘依本部所申

高宗建炎三年四月十三日詔禮部郎官一員兼主客　同日詔禮部吏人減半　同日詔鴻臚寺國子監并併歸禮部　五月十九日光祿寺併歸禮部以並罷寺監也

紹興二十一年詔禮部貢舉案許於省試前一年六月一日添差手分五人貼司三人通本案人吏行遣其當行職級二人并本案及添差到手分貼司各八人於見請外每人每日各添破別給錢二百文內貼司減半不理為次數於本曹四司職級手分貼司內選差並罷身

卷一萬四千六百五十九

分文字以次人承權及自六月一日許添支夾表連紙各一千張於國子監息錢內收買應副內別給錢係自十月一日起支並至唱名了日住罷　二十八年二月四日詔先降使人到闕樂語詞曲令學士院同禮部官看詳指揮更不施行所有郊廟樂章先令禮部等處看詳改撰訖付學士院看詳改撰進呈降下付所屬（先是學士院修撰修潤使人到闕應合用樂語詞曲紹興十六年五月內王曮作禮部郎官日合押應奉筵宴祇應人等要見樂語詞曲於學士院取索不得遂乞降明旨同共看詳自當年奏過天申節合用筵宴樂語朝廷循習作例令學士院同禮部官看詳至是學士院王綸有請故有是命）　紹興三十二年（孝宗即位未改）元十月十日詔禮部四司主事令史承闕音令史各減一年出官該遇皇帝登寶之故也　孝宗隆興元年二

月二十一日詔令舉諸科進士務取學術深淳文詞對切兼盡優長之人可令禮部將省試上十名策卷編類繕寫成冊投進以備親覽如有可行事件當下三省取旨施行（上初即位從諫如流求直言如渴故有是命）　七月二十六日詔六部長貳除尚書不常置外禮部侍郎置一員禮部祠部郎官一員兼領從右諫議大夫大寶等請也　八月三日禮部言依指揮條具併省吏額本部四司通額遷補見管主事一名令史一名書令史九人守當官四人貼司一十二人私名三人祠部主事一名令史二人守當官九人貼司七人私名六人主客令史一名守當官二人貼司一名膳部主事一名兼主客主事令史一名守當

卷一萬四千六百五十九

官三人貼司二名令減正貼司八人入額私名四人其減下人依名挨排候將來見闕日却依名次並從上撥填詔並依見在人且令依舊將來遇闕更不遷補　乾道元年十二月二十六日中書門下省言近年士人公然受賂冒名入試致令切取解名亦有登科者今省試在近理宜禁戢詔應令人代名及為人冒名赴省試者各計所受財依條坐罪外並真決編配千里外州軍同保知情人依條永不得應舉如士人告獲與免一名解諸色人告獲支給賞錢三百貫餘依見行條法施行仍令尚書省出榜曉諭　二年六月五日禮部侍郎周執羔言本部得旨討論與禮寺詳集議臣僚奏請改更

貢院

法令緣渡江之後案牘不存及累遭延火燒毀案牘無憑檢照欲乞遍有討論看詳集議事件除禮部已有干照外所有自元符三年至宣和七年有徽宗皇帝詔旨措置條法欲具事目取會國史院自建炎元年至紹興三十二年有太上皇帝詔旨措置條法欲具事目取會國史日歷所伏乞許人逐處檢照回報亦許本部差人前去計會抄錄從之　五年三月二十九日詔令尚書省將不赴唱名舉人楊子方等六人敕降付禮部收掌候逐人痊安日各召保官二員當官給付　六年五月四日禮部言依旨揮條具併省吏額勘會四司通額遣補目今見管六十一名為額今欲減罷書令史二人守當官五人正貼司五人有請私名二人楷書二人通以四十五人為額詔依各從下裁減將來見闕日依名次撥填其減下人願以條比換名目者聽二十四日詔天申聖節齋筵禮部檢察樂次官主令等並不支破御廚喫食今後准此　七年正月十日禮部言近引保竊見進士命名有上同翼祖者雖文字之間不諱祧廟若遂以為名則有未安欲望特降指揮許之更易并其他立名害理乞從本部告示改正明示四方使士人通知從之

卷一萬四千六百五十九

掌受諸州解送九經五經進士通禮三禮三傳毛詩尚書學究名法之名籍及家保狀文卷考驗戶貫舉數年

凡〻者注大典卷一萬四千六百五十九又餘解不著卷數大典同

夫注

與而藏之以朝官一員主判若遣官知貢舉即主判官罷舉事畢復別遣官主判（主判事具貢舉門。）真宗景德四年十月翰林學士晁迥等上考試進士新格詔曰甲乙設科文章取士眷惟較藝素有常規特用申明俾加刊定既遵程式免誤學徒庶敦獎善之懷以廣至公之道宜令崇文院雕印送禮部貢院頒行。大中祥符八年四月詔兵部侍郎趙安仁詳定權知貢舉起請事件與陳彭年等編入貢院條制。仁宗天聖八年正月貢院言自來都省於諸司內差三人與手分同發遣祇應今緣舉人稍多欲乞更差有行止能書劄二人同共祇應從之　慶曆五年三月詔禮部貢院增天下解額是月詔禮部貢院進士所試詞賦諸科所對經義並如舊制考校（先是頒行宋祁等所定科場新制既而上封者言其非便也）。神宗治平二年正月二十七日詔貢院如南省放榜故事合格者以名聞俟敕下乃放牓。熙寧三年十一月二十一日詔貢院聽期集滿三月者應舉（時因大臣言應制舉陳知彥以喪下赴召既特召試因降是旨）。高宗紹興五年七月十七日詔令今次省試舉人降合取人數外特更取十名有官鎖應宗子零分特更取一名。十二年二月四日詔貢院合避親人內係孤經人止令就貢院與同經人一處收試正避所避之官令過落司送別位考校。十八年二月五日詔省試舉人計嘱應試人換卷代筆起草并書真卷或冒名就試或假手程文

卷一萬四千六百五十九

自外傳入就納卷處謄寫除依條許人并就試舉人告捉犯人從貢院先送所司申朝廷重作施行及告獲人優與推賞外內士人該賞取旨補官仍賜出身從禮部請也。二十年九月十二日侍御史曹筠言近來省試多以私意取專門之學至有一州而取數十人士子怨怨不無遺才之歎望下試院使知德意仍令監察御史出院日彈劾從之。二十一年二月二日殿中侍御史湯允恭言切聞前次省闈就試之士或有憑藉多貲家相賄賂傳義假筆預為要會期約凡六七人共撰一名程文并為高價至數千緡僥冒苟得欲占異等寒苦之士雖懷材抱藝豈能與數人所撰較優劣於一日之間

卷一萬四千六百五十九

徒為冒濫歎恨而已詔令禮部嚴行禁止許同試舉人陳告取旨免省。二十六年三月十九日詔令後省試太學國子監公試發解及銓試刑法令國子監印造禮部韻略刑統律文紹興敕令格式並從官給先是上謂宰執曰自來舉人許帶禮部韻略入試院致有司難以檢察自今可令國子監多印造韻略並從官給棄紙揀挾之弊可革當得真賢碩能之士以副選擇沈該等曰陛精審灼見弊源如此恥不逞遂理訓故有是命可二十二日宰執進呈類試院人吏兵士邀阻赴試人乞取錢物上曰此豈可不治近日聞試院中整肅士人極喜自此有實學者進而寒畯之士仰僥濫苟得者革而僥倖之風息矣上又曰祖宗貢舉之法無不周備顧有司奉行之如何耳可令類試所嚴行禁止仍令禮部立法而既

敕令所修對法諸貢院人吏并把門兵級輒將赴試人邀阻不即放出及人吏收接試卷作弊乞取錢物罪賞若有輕重者自從一重從之。二十四日內降手詔戒飭試院歎獎曰自昔圖治之君急於求賢以濟事功而當時之士各務修飭以承休德用能發揮所學克副所求朕甚嘉之自即位以來率由祖宗之宏規下三年之詔詳延俊乂膺以好爵所以加惠多士可謂無愧於古矣是宜戒加策勵以稱所求而近年以來士風寖薄巧偽滋試妄冒户名貲賂請求重疊冒試逮至禮闈不遵繩矩挾書代筆傳義繼燭挫種弊欺無所不為不惟負國家教育選舉之意兼使有素行負實學之人俱蒙其恥一至於此豈所望哉夫待之以禮則責之深出於禮則麗於法儻名檢之全虧責自干於邦憲今其克然乃心明聽訓言無蹈非彝以貽後悔在外委漕臣及監司按察在內令主司覺察御史臺糾劾以聞當重寘典憲務在必行故茲戒諭想宜知悉八月十六日宰執沈該等奏曰今次科舉見已引試聞試院中甚嚴肅昨日有數人傳義者已依條施行如前日宗子善積懷挾亦令扶出示天下至公

卷一萬四千六百五十九

自此科舉之弊當盡革去上宣諭曰朕於此事極留心異時宰執侍從皆由此進出若容冒濫所謂拔本塞源也該曰陛下於貢舉如此可謂知人材之所本矣。十一月二十六日詔考試除六經依條通融相補外其經義詩賦兩科合格人如有餘不足內詩賦不得侵取經義文理優長合格人有餘許將詩賦人材不足之數通融優取仍以十分為率不得過三分吏部員外郎王師亮言切見國家取士詞賦之科與經義並行取人之數初不相遠比來學者憚試遂革弊之嚴去嚴試易就習詞賦罕有治經臣作備員國子博士每孟月課試學生治經甚少二禮纔兩三人繼為國子發解所點官閱試學生九百人習經義者僅二百人禮記春秋各不過十數而周禮一經乃絕無有故有是命二十七年正月二十八日詔以見任兩省臺諫侍從以上有服親為避

要覩誤候放榜了日令禮部將過省合格人姓名取索有無上件服屬之人開具奏聞。二十八年四月二十六日詔應因懐挾殿舉並令實殿舉數不以赦恩原免如再犯永不得應舉。二十九年三月二十八日宰執進呈監試官監察御史沈樞奏乞少寬傳義之禁處有不實。上曰向來舉場縱弛太甚此奏若行又復前日之弊矣。是在今日似為細事朕所以區區必欲禁止者無他以取士之原實在於此與時公卿大臣皆繇此途出其利害不為不重況挾書傳義類非佳士儻稍有實學知廉恥者必不肯為樞此奏蓋欲沽士人之譽爾。臣該奏曰其間語言誠為過當乞更不施行從之。三十年

卷一萬四千六百五十九

正月二十七日禮部貢院言本院引試有官鎖應宗子三十四人內一名公高治春秋係是孤經欲乞將公高試卷依公精加考校如文理優長即前期具合格真卷繳申尚書省取朝廷指揮如不合格從本院一面黜落如已後更有無官取應孤經之人亦依此。從之。孝宗隆興元年正月十四日右諫議大夫劉度言貢院為赴試人衆分作三場乞將赴試人不拘中外得解免解互相參雜只據經義詩賦人數通融相補分作三場混同考校從之。十六日詔禮部貢院比前舉取過人數共添取一百人。二十七日禮部貢院言去年覃恩免解進士共二千八百三十八人內有八百六十五人未來就

職官一三之一二

試欲乞於近降指揮增添一百人額內指留五十人充未到人合取之數。從之。乾道二年二月十二日貢院申明有第三場策卷誤犯廟諱嫌名從口從休宰執洪适等奏曰前舉樓鑰誤犯廟諱舊名從人從鬲得旨特與降充末等。頭名上曰嫌名比舊名為輕可令依等第取放。　五年正月十七日禮部貢院言進士避親依條牒送別試院收試如別試所牒還避親孤經之人許令止避所避之官就貢院收試互送別位依公精加考校其續到應有合避親之人與別試所發回孤經之人同經即從本院一面卻行牒送別試所收試施行。從之。

續會要　貢院

卷一萬四千六百五十九

淳熙二年六月八月臣僚言貢院封彌謄錄兩處須務謹密乃免泄漏所用貼司等人舊差省部寺監臨安府諸縣公吏可所顧惜近來皆是罷役游手人每遇考試占據代名有至二十年者內外結連作弊乞嚴作禁戢自今止許差省部寺監及臨安府諸縣見役公吏正名不得令遞年代名人入院乃不許兩處私相往來從之六年四月二十四日宰執進呈禮部狀乞修貢院上曰歲久不修恐致傾倒可令漕司修蓋趙雄等奏曰秦檜蓋造如貢院太學秘書省等大抵皆宏壯上曰秦檜亦有才若能公而無私便是賢相。十一年二月十三日禮部貢院言逐舉省試開院後合造上十人進冊并副

職官一三之一三

本除已從例候開院了日計置修寫詔候開院日將上
十人真卷先次進入 十四年正月十九日臣僚言仰
惟國家三歲大比郡國俊秀咸試于禮部而事猶小有
未便而當革者謹具下項一投納試卷難分幕以接及至昏暮不免壅併紛峰吏革要求轉加留難鄉棄地上至夜收聚多有足踐油污及指為不終場竊見太學私試別院武舉試並置木櫃究其上度可容試卷者數究使就人自投納其中去秋臨安府解試亦多置大櫃於逐幕安頓委封彌官先自封鎖至卷納絶毀至封彌所職視封錄親數試卷騰上滲錄各冊毀失委是利便乞下臨安府取索元櫃每幕各五六口不足則令臨安府添造一騰錄人晉是六曹寺監轉運司臨安府九縣料差吏人管額游手本非正身老弱殘惡僅能書寫諸司雖給錢米例為吏人減尅反騰錄之所上兩旁毀壞文卷每至簾內催廹以老病之人日夜抄寫精神困弊至多脫誤或字數稍多輒自節略致無文理枉遭黜落今乞嚴誡尅之集重節畧之罪當謄錄之人去老病之徒若或顧倩老病及曾經作弊等人入院其元差正名並乞重坐以罪及騰錄所稱令

〔卷一萬四千六百五十九〕

史截同簽校免風雨捎壞之害一對讀雖有官往往先令吏人點對官員闕抽摘二三略辨否無之誤至簾內一有取索方始子細對令乞增對讀之官而委供給嚴禹舉之罰以警其情俯一大院避親衆人牒送別院取人最窄或一經有二十餘人止取一名其餘雖文理優長皆在所出考官但為之太息而已照得舊來別院零分却歸小院初無定制乞自今應有大院零分併歸小院聽収一名臣熟知其弊不敢緘默詔對讀官添差二員餘令禮部使鎖院日行下試院措置約束施行 淳熈八年二月十一日詔禮
部候省試開院日將上二十人真卷先次進入 十年
十月十六日詔禮部申嚴約束州郡文移市肆牌額不
得輙犯廟諱 十三年十二月九日詔禮部減書令史
二人守當官一人正貼司一人以司農少卿吳燠議減
冗食下數令所裁定故有是命

此三條原夾在本卷第九頁內

添立真宗上

添立大中祥符八年上

太平興國三年九月甲申
上御講武殿覆試禮部合格進士得胡旦以下七十四人並賜及第先是
去年去諸州已薦士還詔罷貢舉上恐場屋間有留滯者復下詔令郡國
除三禮三傳學究外悉令今年八月至闕下及是上親試而特放焉故是
事唯春放榜至是秋試非常例也既而盡賜綠袍手 大中祥符元年詔
禮部貢院諸科舉人雖初舉而藝業可取者與進其第上因謂王旦等令
歲舉人頗以糊名考校為懼然有藝者皆喜於盡公且諸路發解拘限於
制薦遺才俊當務寬之焉極曰進士以詩賦進退不考文論且江浙舉人
專業詞賦以取科名令歲望令於詩賦合格人內兼可策論上曰大凡文
論可見其才識南人善誦詩賦及就公試或懷劉舊詩主司能辨之乎旦
曰古人警句非後進所及苟竊用之無不辨也五年上親試禮部奏名進
士於崇政殿前一日殿之廊廡分列位次署其名氏仍揭於楣使無得移
易內出鑄鼎象物賦天險不可升詩以人占天論題摹印以賜官給紙起
草印題給紙自此始也

宋會要

祠部

祠部掌祠祭畫日休假令受諸州僧尼道士女冠童行之籍給剃度受戒文牒以朝官一員主判兩朝國史志祠部判司事一人以無職事朝官充凡祠祀享祭皆隸太常禮院而天文刻漏歸於司天監本司但掌祠祭畫日休假令受諸州僧尼道士女冠童行之籍給剃度受戒文牒而已令史四人元豐改置郎中員外郎始實行本司事提領度牒所附禮部郎中通行四司分案有二曰道釋凡臣僚陳乞墳寺試經放該遇聖節始賜紫衣師號諸州宮觀寺院僧尼道士童行整會甲乙十方住持教門事務僧尼去失度牒改名回禮僧道正副遷補

六卷一萬四千六百六十五　一

拘收亡殁度牒歸正換給埋瘞等陣亡恩澤陳乞比換紫衣師號給降出賣書填翻改空名度牒等皆屬之曰詳定祠祭太醫帳案凡醫官磨勘八品駐泊差遣太醫局生試補祠祭奏告奉安祈禱應道釋神祠加封賜額諸色人陳乞廟令養老侍從等除受奏舉醫人越試宰執初除罷政遇大禮及知州帶安撫使學士及管軍觀察使以上陳乞太醫助教等拘催諸路僧道帳籍皆屬之又有製造案掌製造書寫勘合綾紙度牒紫衣師號及度牒庫官吏替上申請事又有知雜開拆司吏額主事一人令史二人手分九人貼司七人度牒庫隸爲太宗太平興兵八年八月詔曰先是祠部給僧尼牒並傳

送諸州長吏親給如聞吏緣爲姦募人以緡錢市取齋以至外郡賣爲得善價即付與之自今所在宜奉行前詔違者重致其罪　淳化四年八月詔應僧人失墜無祠部并經業試者所在名住院僧二人保明無虚僞具出家來歷爽名申奏令祠部勘會出給不得發遣僧人上京請領若因巡禮乞翻換祠部者聽　至道二年六月詔祠部今後諸處牒到許爲僧道者奏裁　三年六月詔祠部正名令史不得揀抽往逐處　真宗咸平二年七月詔諸州比試童行只得將僧帳内見管人數比試經業具合格人數申奏不得將已開落人出剩放度大中祥符元年四月詔詞部手分八人遇文牒併多

卷一萬四千六百六十五　二

日限給三十道稍稀二十道每降到奏狀及申狀僧尼道士陳狀並上歷排日行遣畫時入遞如怠慢過犯牒開封府科罪其本行手分都省不得抽差　二年五月詔僧尼道士身死者其紫衣師號敕牒並令知州通判批書還俗及身死年月納祠部　三年七月詔祠部給僧尼道士牒將本州帳勘會注給訖本州判官押書勾鑿應僧尼遇恩澤試經中剃度童行給祠部者將帳照證亦勾鑿訖遞送逐州所給戒牒如本人將到剃度受戒六念勘會文帳印書給付　八月詔今後開封府界逐年承天節試經及非時度放童行具剃度牒委祠部一依外州例封送進奏院發與開封府勾逐寺主首取

保明狀當官責領給付　十二月詔祠部給剃度牒並於按檢計寺院法名若干人數入按收掌　四年四月詔道士女冠如受偽命公憑自今許翻換祠部正牒　五年閏十月詔宮觀行者每年依例考試未得退落具試業等第有無過犯聞奏　六年正月詔京兩街僧録供三年造僧帳之時其住房僧不得擅立院額入帳度童行　十月詔祠部今後據逐處申納僧尼祠部六念牒驗無虛詐即與給戒牒粘縫印遞往逐處給付　天禧二年閏四月尚書祠部言絳州太平縣妙果院尼妙喜納祠部六念卅悞作亡尼例抹破請翻換文牒檢會編敕止有失墜名保再給之條今悞抹破即未有此例欲自今應似此類並與翻換從之　四年八月河東路勸農使王允明言昨降五臺山普度童行祠部牒二千九百七十七道給散外有三百四十道繳納緣自華嚴寺至代州三程隔騰潤莨若被人奪責難便根勘欲乞今後五臺山祠部牒如有事故還俗逃亡身死理合追納祠部牒者令勾當寺務使臣書鑿毀抹訖實封齎送代州從之　五年二月尚書祠部言每年承天節比試童行並牒都進奏院遞送散給近林特等奏請在京府界並送開封府今後每年發放祠部並乞條貫有詔從之然只稱提舉發遣普度牒所有今年承天節比試童行欲卻依自來條貫施行詔三司與祠部同定奪以聞

卷一萬四千六百六十五　三

三司看詳每年披度給牒自來祠部承例發放別無拘管提舉關防今請應承天節披度等專委三司並鐵判勾官於本司選勾覆官前後行六人專置司與祠部手分同共發遣應諸處奏到文狀並批送三司委開拆司依發放例置歷抄上發與發遣司委本司將祠部照證帳按及宣勅條貫勘會合度數限半月內印押通判部官發放候給訖單狀到勾銷元帳候印押了具道數實封發與開拆司入遞赴當官點名給付其發遣祠部司應承受奏狀祠部並置歷抄上通押如違稽留恭檢舉施行其已受祠部沙彌受戒畢給牒亦委發遣祠部官管勾印發遞付並依祠部例並非時內降祠部本司預印空名紙舊只本官書押手分將與中書填寫後降勅下司銷破一依舊例自來所管帳今緣照證使用慮恐損失不全欲據今日已前帳並從三司差人點檢如有損失特與放罷自天禧元年後帳見在者般赴三司置庫架閣所有天禧元年已前帳即據見在道數編排於金耀門文書庫架閣今後並委三司承領應雕板祠部戒牒自今須本司官當面印造置歷拘管通轉數目經使副簽押印板纔印絕封押於本司官廳收掌沙彌受戒後因巡禮到京執祠部六念赴祠部送戒牒者舊來直便給付今緣已有條貫轉遞對官給付自今更不得直給應祠部自來合行事並令與三司提舉官同共管

卷一萬四千六百六十五　四

勾行遣如祠部闕官即提舉官一面發遣從之　四月十九日判三司鹽鐵勾院兼發祠部任中行言僧尼戒牒自來祠部不畫時給遣應使出家年深不得牒者甚多伏緣未降勅已前甚有未得戒牒之人望許經省陳狀將天禧元年已來帳照證出給其在京僧尼受戒年深未得牒者據狀合名住院主首保明無虛僞當面給牒從之　二十七日任中行又言逃亡還俗僧尼祠部戒牒依例燒毀者今緣本部在三司火燭不便今後欲只剪碎毀棄收貯充公用從之　仁宗天聖元年十月判三司鹽鐵勾院兼發遣祠部張及言祠部本尚書省只自林特起請後來遂令勾院置司發遣緣勾院是闕

卷一萬四千六百六十五　五

防錢穀之司日逐勾帳收支浩瀚其祠部管轄僧道帳籍日有生事不惟煩併兼礙點勘錢穀欲乞依舊卻復都省所有主判官乞自朝廷選差闕防程限並依天禧五年二月九日敕施行從之仍命祠部郎中直史館楊嵎主判　十二月判祠部楊嵎言按天禧五年二月九日勅條貫祠部事十條係更改外止餘六道又多載在編勅所有諸路奏狀乞依舊批送祠部承領置文歷舊例提舉闕防從之　三年三月三司言勘會祠部天禧元年後所請朱紅表紙逐年數目不等乞下祠部勒手分勘會每牒合使表紙若干每若干牒使朱紅一兩委當職官再行比較今後依此例入帳銷破從之　四年五

月權判祠部慎鏞言諸路納到事故僧道牒看詳僞濫不少只自任中行起請剪碎公用深防奸詐欲卻依舊燒燬若殘零不用文字剪碎公用從之　嘉祐六年正月詔判祠部自今降勅差人理合入資序仍給添支錢十阡事見考功門　神宗熙寧二年九月五日詔尚書祠部遍牒四京及諸道州府軍監今後應僧尼道士女冠身亡事故其元受披剃文牒戒牒等並仰逐處依舊例抹訖更於行空處批鑿身亡事故年月因依本州軍官押字用印訖具狀繳連入遞申納本部仍仰本部即時具交收道數年月附遞回牒本州州司候鈔銷照證其繳到文牒等即仰依舊詔施行　元豐二年十一月二

卷一萬四千六百六十五　六

十六日尚書祠部年元豐元年出度僧牒九千三百六今年出七千九百四十二先是上欲知二年之數詔祠部以聞故也　五年六月十一日詔自今紫衣師名止令尚書祠部給牒牒用綾紙被受紫衣師名者納綾紙錢陸百是歲十月復詔依度僧牒例用紙　六年五月十一日詔尚書祠部具去歲給度僧牒比元豐四年孰為多少以聞已而祠部以四年數比較共多五千七百餘道於是又詔自今給度僧牒如過每年數目即未得印給先具以聞　六月三日禮部言祠部給度僧牒準詔及逐年數即止按元豐三年六千三百九十四四年四千一百九十六五年九千八百九十七令取酌中之

數欲以三年為額從之　十月三日尚書禮部言祠部
出度僧牒以六千三百六十二為額今年已溢額千五
百五十四乞歲以一萬為率若踰數乃以聞從之　十
二月九日尚書禮部言度僧牒已立額歲給萬今年已
給九千一百二十七額外並來年數　七年二月七日
門下省言度僧牒已著令每道為錢百三十千檢會勅
夔州路轉運司每道三百千以次減為一百九十千欲
送中書省價高處罰取旨從之　哲宗元祐元年四月
二十六日三省言尚書六曹職事閑劇不等今欲減定
員數事至簡者祠部減郎官一員從之　二年三月九
日詔僧道身亡及還俗事故其度牒六念戒牒令所在
卷一萬四千六百六十五　七
官司先行毀抹依舊繳申禮部本部以籍拘管置櫃盛
貯每季委郎官監送於省外焚毀之　徽宗建中靖國
元年八月二十三日詔曰近諸處頒降空名度牒甚多
其價不一蓋是自來未曾專置收賣關防去處仰自今
後應在京官私出賣空名度牒紫衣並赴提舉京城所
申賣私下不得交易內給降往諸路州軍或數內有係
在京出賣者准此其合行事件令本所條畫疾速聞奏
十二月七日詔祠部每年額合給一萬道已降朝旨
每道價錢二百二十貫文候賣到每道撥錢二十貫文
送京城所可自來年令尚書祠部於歲給數內支撥九
百九道與京城所充增到錢二十萬貫之數所有前降

每道撥錢二十貫送京城所指揮更不施行　大觀二
年八月二十一日禮部尚書鄭久中等奏勘會祠部所
管天下宮觀寺院自來別無都籍拘載名額遇有行遣
不免旋行根尋今欲署都籍拘載先開都下次畿輔次
諸路隨路開遂州隨州開縣鎮一一取見從初創置因
依時代年月中間廢興更改名額及靈顯事跡所在去
處開具成書小貼子稱天下神祠廟宇數目不少自來
亦無都籍拘載欲乞依此施行從之　二十五日上批
法令者政治之大本官私之所守令法出而姦生令下
而詐起蓋官失守人玩禁也度牒之直禁不得減兼并
權豪之家公然冒法買不如價至或高估物直以相交
卷一萬四千六百六十五　八
易是法不足以禁而令有所不行也自令度牒除年額
所出御前所用增不得過常數之半不如價交易其錢
沒官已度為僧道者皆還俗由是而推之應法令之在
天下者違犯寖矣其各遵守毋或有違仰御史臺覺察
彈劾以聞　四年五月四日臣僚上言伏見天下僧尼
比之舊額約增十倍不啻數十萬人嘗究其源乃緣尚
書祠部歲出度牒幾三萬道以其歲給數多民間止直
九十已下繒遂致游手慵墮之輩或姦惡不逞之徒皆
得投跡於其間故冒法以干有司者曾無虛實欲乞應
天下宮觀寺院每歲撥放試經與夫尚書祠部所出度
牒並權住三年自大觀五年為始候年滿日並依舊詔

依奏並權三年仍依紹聖元年數應不依舊格增添撥放者並罷令禮部限十日開具聞奏　宣和二年六月十七日三省樞密院言奉聖旨仰禮部遵守下項如違令御史臺彈奏以違御筆論尚書省互察應天下每歲間年撥放試經特旨等度牒紫衣師號並住五年給降不以名額並令住印空准此印板毀棄候及五年取旨雖奉御筆取索亦稱無印造應臣僚陳乞及特旨等並不許賜宮觀名額僚德士寺院額塔院黄籙准此應官司庫務見管空名度牒紫衣並禮部毀抹應見官司修釋氏宮觀不許以龍為飾及安鴟已畢者免改應天下釋氏宮觀不得增置田產侵奪民利應恩澤陳乞賜度

卷一萬四千六百六十五　九

牒者並不行應舊寺院昨以姦人妄有請改軍作德士宮觀可除大相國宮外卻依舊為寺院額檢會第三項應官司庫務見管空名度牒紫衣並送禮部毀抹奉聖旨已降指揮內第三項官司庫務見管空名度牒紫衣並送禮部毀抹止為都下官司申明行下　十二月十二日中書省送到宣義郎權發遣福建路轉運判官公事柯晹奏臣竊覩者朝廷患度牒之弊而詔止五年在京官司祠部盡行毀抹可謂長慮以救一時之弊矣臣巡歷至福州體訪得民間初聞有此指揮深恐例皆毀抹遂賤價出賣止於二十餘貫纔聞止毀在京官司祠部州縣依舊書填其價頓增今已不下百千往往珍

歲以邀厚利增而不已必有倍之縱而不問則利下為甚而於國家未聞有補臣於去年三月二日陛對亦有劄子數陳利害蒙陛下收採若可行於今日臣再相度欲乞於書填日補納官錢一百貫蓋民間元買止於五六十貫官中輕用所得亦不過此令官中毀板住給遂使民間所收賤價祠部得以倍增其直又況所有者皆兼并豪右之家方且待價必厭其所欲然後售若不於書填日令補納官錢一百貫則是官司元給過民間祠部每道虧官一百餘貫諸路州軍尚存度牒在民間者不知其幾萬民間度牒當令州縣拘收呈驗籍定數目並從州別給公據以俟書填日照對鈎銷杜絕姦弊令價

卷一萬四千六百六十五　十

既高尤資偽冒安能盡獲可不慮乎官司度牒亦隨處籍見其數不得減價別給公據於書填日免納官錢庶幾民間有以準平公私咸若利害灼然臣愚伏望陛下斷而行下歲入無患百萬歲終起發赴闕實有補於國用亦非損於民財又臣巡歷至邵武軍點檢得推院勘到偽造度牒百姓陳樞等偽造過一百九十三道貨賣又見禁一名陳祖孟供過買得襄陽府已獲人黄中等偽造度牒一道貨賣其黄中等見在襄陽府推勘以天下之廣其所不獲者未易以數量也蓋為無關防臣愚以謂將來印行祠部欲乞朝廷相度於後苑作織造異樣綾帛在民間所無者印造量其價以補其費兼加以

字號如舉人試卷然令州軍如遇書填並謄録字號一
本月終類聚申部照對鈎銷如有僞冒即行根究庶幾
久遠可以杜絶僞造之弊奉御筆度牒價直比閙增貴
姦人趨利僞造必多如部武軍所勘可以槩見宜令禮
部詳度將已降度牒在州縣未下在民間未書填者隨
處籍見其數量增價直别給公據以俟書填照對杜絶
姦弊疾速立法取旨施行内僞造度牒印板以違制論
官司不檢察徒二年尚書省看詳僞造度牒除造官印
外僞度牒自合依僞印罪賞條法至於降樣造紙監視
印給各有關防其僞造度牒印板印僞度牒及書填官
司不檢察者理當專立嚴禁今擬修下條諸僞造度牒

卷一萬四千六百六十五 十一

印板徒二年已印者加一等（謂印成牒身而無印者）並
許人告諸僞造度牒而書填官司不檢察者徒一年右
入政和詐僞勑告獲僞造度牒印板錢一百貫（印成牒
身而無印者加五十貫）右入政和賞格從之 六年閏
三月二十八日尚書省言令措置僧道度牒紫衣師號
下項一度牒紫衣師號見令權住出給比沿邊事措置
糴本暫許開板印造雖有指揮印畢毀板尚慮無以關
防令禮部將今來所開新式印板申納尚書省置櫃封
鏁遇有印造具狀請降印畢限即時封記送納一應今
日以前已給空名未曾書填度牒紫衣師號在官者限
一季申尚書省檢納在私者截自指揮到日更不行用

一僞造牒紫衣師號從來有專一法禁令後有犯並依
詐僞制書科罪流罪配五百里徒罪配鄰州一見任給
試經撥放等度牒紫衣師號限滿更不追給自限滿以
後並減半給賜止係一道者全給一依倣將仕郎校尉
綾紙體制别立度牒紫衣師號新式令禮部依此開板
改用黄紙如法印造真楷書填奉御筆僧道度牒紫衣
師號歲久僞冒者衆又昨因改更德士姦僞益多無以
甄别及舊式全無體制非所以示敕命之重可依前件
措置施行自今除應副新邊及糴買并合給干若本外
更不取索輙陳乞支降者以違御筆論雖奉專旨並令
禮部執奏不行 宣和七年六月二十一日禮部言宣

卷一萬四千六百六十五 十二

和二年六月十七日勑天下每歲間年撥放試經特旨
等度牒紫衣師號並住五年給降印板毀棄候及五年
取旨契勘今年六月十七日住給五年限滿合行取旨
詔更展三年 高宗建炎二年五月八日詔僞造度牒
紫衣師號並許同造及知情引領變賣人陳首與免罪
犯依告獲給賞其照牒公據如有僞冒依條施行從禮
部請也 十一月三日詔四字師號每道價二百貫許
犯公私罪杖各一次聽贖内私罪仍除盜及毆擊人外
餘聽贖從禮部請也 三年四月十三日詔祠部郎官
一員兼膳部吏人減半 八月十三日詔户部侍郎葉
份提領新法度牒就用見令提茶鹽印行使（先是户東

等言僞造度牒之弊，尚書省措置：一、僞造度牒之人雕成一板，則摹印無窮，薰染成黄紙，便可印造。令欲改用綾紙背造，倣官告如法書寫，本部官繫御書押字，留合書填去處，令禮部限一日立式申尚書省。一、乞令禮部依倣茶塩鈔法，如遇給降諸州軍度牒等，並用簿題寫手本料例字號，於綾紙後别用朱印合同，降付逐路轉運司，委本司官吏主行。一、應民間空頭未書填舊度牒、紫衣師號，並限令來指揮到日，官吏更不得書填，許赴禮部納換，每道量納綾紙工費錢：度牒一十貫，紫衣師號五貫。一、檢會茶塩法，僞造文引者當行處斬，許人捕賞錢三百貫文。令來依新法給降度牒、紫衣師號，理當

卷一萬四千六百六十五

十三

嚴立法禁。如有詐僞，欲乞依僞造茶塩引法施行。一、契勘令來改用新法度牒等事干財計，欲委侍從官一員專一提領。並從之。　同日，詔權貨務見賣度牒等，於即令價直上添入綾紙工費錢出賣。先是，提領所言：度牒每道見賣一百一十貫，令添一十貫；紫衣見賣四十貫，師號每道見賣三十五貫，以上各添五貫文省。故有是詔。　十六日，詔僞造度牒、紫衣師號，其知情貨賣牙引及資給之家，并勘驗書填官司知而取受者，並罪加一等；若勘驗鹵莽，致有透漏，減三等；贓重者自從重。其知情貨賣牙引及資給之家，如能告首，即與免罪，賞外仍依令來指揮給賞。　同日，詔新法度牒改用絹，令户部

應副，以提領所申乞下兩浙轉運司起發年額綾應副使用，故有是命。　同日，户部侍郎葉份言：改用新法度牒令降半印合同號簿付給降路分轉運司，照驗書填契勘。其間有州軍相去轉運司隔一二千里，深恐地里遥遠，却致防阻。令欲更降合同號簿一面付本路提刑司，許令願就一處勘驗書填。如翻改别路州軍者，即令本司於度牒背後分明真謹書寫某年月日勘驗，得别無虚僞，用印官押字，仍出給公據，并摺角實封處牒付客人賫執前去所指州軍照驗書填。如敢私拆，並依客人私拆翻改茶引法斷罪，仍增立賞錢作三百貫，先以官錢代支。所有逐時給付權貨務出賣度牒等，亦乞令禮

卷一萬四千六百六十五

十四

部給降合同號簿，就差本務使臣管押；其應副隨軍度牒等及御前取索，並乞開具所要路分，報禮部給降。詔依，仍委左右司度牒背後繫御押字，用本司印四印。　二十一日，詔提舉措置新法度牒等事所合用押號簿使臣，下吏部於得替待闕已未參部大小使臣内踏逐指差，與免短使，先次赴任，具名申尚書省給降付身。其請給理任、券馬等，並依權貨務前後已得指揮。　同日，詔新法度牒左右司郎官於禮部侍郎後繫銜。左右司言：禮部書寫度牒，左右司郎官階銜在年月後面，背用印致昭致印文昏透不明，故有是命。　二十五日，詔新法度牒號簿付逐路提刑、轉運司，逐處公吏敢有邀阻

取受許人告從徒二年科罪若官吏辨驗到偽造度牒等每一火各轉一官資從葉份請也　同日詔民間未書填度牒等計會州軍行用錢物妄作日前書填者許人捕依偽造度牒罪賞施行　十月十二日詔令後今諸路轉運提刑司遇有合書填度牒等專委近上職級即時書填給付如敢非理阻節乞取去處並許越訴者官當竄逐嶺南人吏並配海島　十一月十日詔令後應書填新法度牒官司候書填訖當日出給公據付本人於受戒處照驗方許受戒其私下輒擅書填人欲依私拆遞牒法斷徒二年罪賞錢三百貫文同日詔新法度牒如客人再行翻改往別路州軍者許令經守臣陳

卷一萬四千六百六十五

十五

狀當官拆實封遞牒驗實於公據後批鑿某州軍某年月日驗認別無虛偽繫銜用印押字仍別給摺角實封遞牒當官面付客人賫執前去所指州軍貨賣如更願翻改亦依此施行並從葉份請也　四年正月二十六日詔應僧尼道士女冠願將已書填黄白紙度牒等赴禮部納換者聽內度牒每道貼納工墨錢一十貫文省紫衣師號減半令禮部一就書填及有緣賊馬毀失度牒經官自陳給到公據願就禮部納換者亦令依此從葉份之請也　二月十八日戶部侍郎兼提領度牒葉份言台州通判潘因權州日書填過假偽度牒等近二千道許先赴壇受戒每道貼錢四十貫紫衣師號減半

令相度如應僧道等賫到已書填黄白紙度牒赴禮部納換若驗得係是偽造與免根究追毀依前件已降指揮許令納貼錢書填詔從之　五月二十一日祠部員外郎章傑言自來牒牒以千字文為號其間字號有犯俗間避忌者交易之際例多退嫌至或減損價直令欲豁除字號共一百字從之荒弔罪羌賴毀傷短悲禍惡終薄顛虧疲弱傾滅棄刑黜殆辱凋饑糟糠妄悚懼恐惶駭驢騾鳥獸駒犢誅斬盜賊叛亡孤陋愚化戎闕俗過改難克非陰兢盡業憂去賤別切磨離退移僉監輕刻困杳冥膚恥逼遷落獨捕獲寡志驚特厥倍踈寥戚恭晦幌矯皆以俗嫌忌故也　七月二日詔諸路僧道

卷一萬四千六百六十五

十六

尼應因盜賊散失度牒並許召保限一季內於所在州軍自陳保明申部出給公據從禮部請也　八月十五日詔舊法未曾書填度牒並更不行使用在官者並令繳申禮部毀抹　同日詔提領度牒所官吏並罷官依省罷法度牒事並撥歸禮部　二十六日詔令後祠部每料作五百道據合要路分數目供申本部備申朝廷降黄牒下部修寫製造仍差人前來請領　同日詔令後遇有造成諸路度牒合同號簿每路從本部直關吏部限一日差小使臣一員管押依昨申請到旨揮與免短使其差出合破券馬等並依権貨務號簿使臣見行條法每及千里與減一年磨勘若關於巡幸所至州軍

差有物力使臣或衙前管押其券馬依使臣例候回日與免重難差使一次先是提領度牒所置押號簿使臣至是罷之　紹興元年三月八日詔文林郎越州觀察推官韋識看驗得沙彌利珊等度牒四十九道並係僞印與減二年磨勘比類施行　七月六日詔四川宣撫處置使司自行製造度牒出賣應副使用自今降旨揮到日往罷令後如有合應副支使去處即差使臣前來行在請降先是知樞密院事宣撫處置使張浚言恭稟聖訓便宜行事見依倣朝廷給降體例臣本司製造綾紙度牒遂急支降應副贍軍使用許於川陝京西路販賣與已給度牒一般行使謹具奏知尚書省勘會行在

卷一萬四千六百六十五　十七

見給降空名度牒係絹紙打背禮部長貳祠部郎官繫銜押字面用祠部印背後郎官繫銜押字用左右司印及隨度牒公據用半印合同并用半印合同號簿給付降州軍令來宣撫措置使用製造度牒既無逐處印記又官員銜位并體式不同切慮民不爭信難於出賣兼難以覺察僞詐故有是命　十月十七日詔應諸路州軍官吏能用心辨驗僞造每火已經官司推勘斷遣了當即將元驗獲官吏比提刑轉運司推賞如人吏不願轉資許依貸賣牙引告首支賞仍以收到書填度牒等縻費錢內支給從禮部請也本部言建炎三年八月十二日旨揮立到提刑轉運司官吏辨驗僞造賞格其餘

官吏未有明文故有是命　二年四月十六日詔自紹興二年天申節諸路州軍童行依舊法試經禮部員外郎兼祠部王居正言新法空名度牒等係依茶鹽鈔引法關防詐僞令來童行試經合給度牒係本部照奏出給填名降下元奏州軍退試中童行正身同師當官驗實給付欲更不用字號料例公據勘合號簿其空名度牒等自合依舊從之　四年八月十二日詔令後應官吏能用心首先辨驗僞造新法度牒紫衣師號不獲犯人比獲犯人例每合轉一官資只與減半年磨勘用為酬賞如人吏不願減年每減半年支賞錢三十貫文仍以收到書填度牒等縻費錢用支給從禮部請也　六年

卷一萬四千六百六十五　十八

七月詔新法綾紙度牒除換給使用外其餘令後更不給降應童行試經並權住三年仍自今年為始其已前年分未給之數亦令住給　七年六月四日詔度牒應臣僚恩例及試經撥放并給降支使等並依已降旨揮住給雖奉特旨令禮部執奏不行　閏十月二十四日宰執進呈榷貨務出賣祠部度牒遠方不能就買欲量付諸路上曰如此則州縣將科敷於百姓矣趙鼎等奏不責以限數則無敷科之弊上曰宜嚴為約束毋使民受其患　十二年五月十四日詔禮部度牒自五月十四日以後權住給降其紫衣師號除應副軍需外餘並住給仍依紹興七年六月四日旨揮施行　十三年正

月十五日詔度牒並權住給降行在自今月十六日諸路州軍限指揮到日先已支降度牒更不出賣見在數拘收繳申尚書省　二十五日詔未住賣以前收買度牒跃係未立限以前買到自令書填　十九年七月三日上曰官不給賣度牒已十餘年訪聞多有無度牒輒披剃者可令禮部措置禁止稍重其罪仍許人告　二十四年六月二十二日禮部乞賣紫衣師號從之後殿進呈上曰自紹興四年江上用兵嘗措置出賣以相資助今可檢舉　二十五年八月二十六日詔臣僚合得紫衣師號恩例令有司依條還給寧執恩數除落職等拘礙外其合檢舉者令有司檢舉今後與免籤革先是住賣權停給賜至是再行出賣故有是命

卷一萬四千六百六十五

十九

二十九年閏六月十九日詔逐路運司每季取會諸州拘收亡僧度牒數目有無未盡覆實如有違戾即行按劾及從本部專一置籍檢察歲終將全不申繳數少去處申尚書省差監司體究因依內知通取旨施行僧道司主首綱維徒杖一百科斷還俗　三十年二月一日詔令後令禮部每歲將逐路州軍見在僧道人數并給納到度牒數目開項申臺省令比類考據摘其弊之尤者取旨施行　三十一年二月二十五日詔復賣度牒每道五百貫綾紙錢一十貫兩浙東西路就行在左藏庫納錢給鈔繳赴禮部書填其淮東淮西江東湖北京西路并總領所

福建二廣湖南江西路各委本路提刑司出賣如願以金銀依市價折筭者聽其納到錢物除三總領所各就本處令椿管外其餘每及一萬貫差人管押赴左藏庫送納椿管不得侵移借兑如違依擅支封椿錢物法加等斷罪　紹興三十二年孝宗即位未改元十月十九日戶部言諸路提刑司總領所并諸州軍見賣度牒元立每道價錢五百一十二貫已展限兩月每道權減作三百一十二貫出賣令有限滿去處欲乞再展兩月闕報管屬州軍諸路總領所并下禮部照會從之　孝宗隆興二年三月十六日臣僚言戶部將未賣元降空名迪功郎承信郎告進武校尉綾紙令逐路運司拘收繳

卷一萬四千六百六十五

二十

納令照上件官告綾紙亦有已出賣數目至多當來州縣雖是將有力人戶勸諭承買其間有頑猾人戶多方拖延以圖幸免令既拘收復以度牒二萬道均下諸路若於已承買官告之家一例均敷則頑猾人戶委是僥倖欲乞下戶部契勘當來未曾承買之人即將今來度牒比其他合敷等第以十分為率增添立分其已曾承買官告綾紙之家其餘等第一例均敷庶得均平從之

乾道五年十二月九日詔行在及諸路給賣度牒權行住賣別聽指揮　六年正月十三日詔行在及諸路日下依舊給賣度牒每道作四百貫以見錢會子中半請買　十四日戶部尚書曾懷等言自放行度牒賣過

職官一三之三六

一十二萬餘道令稽考免丁錢比來降度牒年分止增叁伍萬貫顯是州縣作弊公然侵隱欲望行下諸路提刑司委官檢察拘收盡數入總制帳每季起發仍開具括責到錢數類聚一路總數保明供申户部驅磨從之

八年六月十二日權禮部侍郎李彦穎言盧州僧惠寶道隆將紫衣洗改作度牒處州僧惠京將亡僧度牒改作新度牒並行貨賣其可見者三十道今來皆已逃竄即前後所賣不知幾何以兩州觀之四方萬里如此類者又不知其幾乞令有司將見行條法申嚴行下仍戒飭州縣如有奉行不虔將元失拘收去處令佐當職官重行責罰典押人吏等一例斷勒如人吏有賣受過錢物入己計贓論乃立板榜寺觀庵院約束施行從之

卷一萬四千六百六十五

二十三

同日中書門下省言僧道身亡不繳納度牒等冒紀之弊已約束申嚴外詔諸路提刑分差官前去管下州縣限一月根括盡絶繳納禮部仍具已括納數目申尚書省

續宋會要

淳熙四年四月六日詔禮部行下州軍將日前未繳度牒師號盡數依條限繳納如隱漏不實料罪專委提刑司覺察月具繳過數目申尚書省　十月二日詔應給降度牒每道作四百五十貫文錢會半之　既而臣僚言舊法每道價錢五百貫乾道六年正月十三日指揮減

職官一三之三七

作四百貫緣此富豪之家豈先請買增價出賣有至五百貫以上者乞稍復舊價故有是命　十二月二日詔禮部改道紫衣師號式樣紫衣并二字四字師號綾紙面上改織造毬子花各十二朵内紫衣綾紙面上織造文思院制敕紫衣綾八字其二字四字師號綾紙面上織造文思院制敕師號綾八字仍織字在綾上應官司支使不盡見行椿管師號并將來繳到日下委長貳監視焚毁　先是四川制置使范成大言蜀中一度牒賣錢引七百一十道一紫衣止賣錢引六七十道少者三十四道小人貪十倍之利又不貴織作止是揩改數字以冒法爲之當令省部措置止將上件四川巡司見在綾紙旋紙背批鑿給散年月及用印記并置合同號簿勘同

卷一萬四千六百六十五

二十二

等以爲關防既而成大人爲禮部尚書復申前請故有命　五年六月十四日詔四川總領所出賣度牒每道減作川錢引八百道　以四川總領所言本所度牒昨承指揮每道增作銅錢四百貫細折川錢引七百一十七道近又承指揮每道銅錢增作四百五十貫細折川錢引九百道緣此無人承買乞免增添故減之　六年十月二十八日知温州胡與可獲到劉端等僞造度牒九道乞賜施行上曰可令胡與可速疾根勘具案聞奏今江浙福建路州軍多出文榜曉諭如僧道有收買到劉端等僞造度牒自指揮到限兩月經所在官司陳首與免科

職官一三之三八

罪仍令戶部禮部照應紹興十二年獲楊真度牒體例貼錢換給如出限不首許人告依條斷罪繳到度牒令禮部長貳焚毀　九年五月二日詔禮部給降度牒一千道就南庫出賣每道五百貫到錢銀會子並於本庫樁管以臣僚言州軍繳到亡僧度牒並未曾對數換給故有是詔　十月六日詔禮部遍牒諸州軍守臣并通簽判各將已拘收事故僧道度牒師號並日下繳申毋致隱匿既而十三年三月二十三日臣僚言訪聞累降聖旨指揮拘收事故僧道度牒緣官吏奉行不虔遂致因循隱匿或洗改轉賣或承代說名與僧至多令將逐處見管僧道數目以逐年繳到事故度牒照成冊進呈其所管數多而所繳數少或累年並不申繳者即乞

卷一萬四千六百六十五

二十三

付外措置根究施行詔令禮部將申繳數多去處照會因依關房仍催促各將已拘收到見管度牒依數發納既而臣僚復論乞措置詔令禮部遍牒諸路州軍守臣簽判遇有事故僧道度牒師號並即將盡數拘收繳申尚書省專委提刑司覺察所部州軍奉行滅制擬剗施行　十三年十二月九日詔祠部減令史一人守當官三人楷書二人　以司農少卿吳燠議減冗食下敕令所裁定故有是命　慶元四年五月十四日詔令後僧道毀失度牒從條限十日就本路提刑司投詞下所屬州縣名本色二人仍元受業寺觀法眷二人綱維主首委

職官一三之三九

保如本寺觀無僧道即僧道正司保明元牒有無批鑿過犯申提刑司令名左選官一員甘朝典狀批書印紙及上等戶三名結罪委保從所在州軍具去失之因再加保明申提刑司申禮部勘驗出給公據州軍不得擅給　以濠州申有偽為雲遊詐言去失或水火焚棄所在州軍但據僧司材保所供出給公據圖謀住持誘良民錢物下禮部看詳故有是命　嘉定二年五月八日臣僚言國家所以紓用度者僧牒與鬻爵耳鬻爵之冗濫臣未暇深攷竊見儀曹案牘有光州衢州寧國府申童行張宗德等買到度牒並係假偽本部各已勘驗假偽分明節次行下逐處根究今踰半年未見申到朝廷近

卷一萬四千六百六十五

二十四

日嚴偽會之禁而未知姦民偽造度牒利害尤大幸而事發復悠悠若此姦民何所憚而不為哉欲令禮部牒各州立限追捕具案申朝廷嚴與施行其偽織造文思院綾偽雕尚書省印偽為官吏書押者皆當坐以重辟官吏士庶能捕獲全火者白身則與補官選人則與改秩京官則比附酬賞凡官吏僧道能審驗舉覺者重賞酬之其有容隱不舉覺而發於他處者亦重寘之罰仍令吏部與敕令所參定條法行下諸路州郡書之粉壁庶幾姦人知無所逌不敢輕犯典憲從之

度牒庫

職官一三之四〇

高宗建炎四年正月二十三日詔度牒庫印以禮部度牒庫印〔以〕六字為文　八月二十六日詔文思院打背度牒紫衣師號官吏專置一司管辦可罷監官一員預發遣歸本院手分二人減一名工匠五人減三人合存留手分工匠欲並撥歸度牒庫令監官兼行主管　同日詔度牒庫專副庫子四人並存留抄寫人一名減罷　同日詔度牒庫監官一員今後遇闕申朝廷差填先是從朝旨差撥故有是命　紹興十八年十一月二十五日詔度牒庫巡防兵士一千人元係臨安府差撥改於步軍司依立定人數差撥從本庫請也　三十一年五月二十九日詔度牒庫依舊拘收元減罷雕字匠一名興日支食錢外

卷一萬四千六百五十九

所有打背裁剪碾呀匠更不招置遇造作即行和雇支食錢　同日詔度牒庫料次錢每料支錢二百五十貫文令戶部先次空審直下左藏庫限日下支給應副使用續行審會　同日詔度牒庫上下半年造限送戶部驅磨庫子依舊以二人為額　同日詔度牒庫復造度牒其專知官等各添支別給食錢一季於本庫料錢內支給上歷除破候住給降日住支專知官手分每名各二百文庫子工匠每名一百文巡防軍兵每名各十文書寫楷書每名二百文　孝宗隆興元年五月一日詔隨龍武翼郎張玘特添差監度牒庫理任請給等並依正官例支破　乾道六年二月二十日禮部言見管度牒數少得旨製造一萬道準備支用尋行下度牒庫

職官一三之四一

勘會合用綾三百四十四匹自今本庫見在綾紙數少乞下工部責限文思院織造合行收買紙劄朱紅麵炭物料並顧工食錢若干下戶部取會行移必致淹緩乞戶部先次作空審支降施行從之

續會要　度牒庫

淳熙十年九月八日度牒庫言元降指揮常樁管度牒一萬一千道今來節次支取止管一千九百六十一道乞賜指揮施行詔禮部將前項已支用度牒並照元降指揮補造圓備依數樁管　十三年七月二十一日度牒庫言元降指揮常樁管度牒一萬四千道今來節次支取止管六百六十七道詔禮部將前項已支用度牒

卷一萬四千六百五十九

並依數補造樁管　十二月九日詔度牒庫減兵部士二人以司農少卿吳煥議減冗食下敕令所裁定故有是命　淳熙十六年九月十九日度牒庫言本庫樁管度牒一萬四千道節次支降過八千二百一十三道見管二千一百八十七道合行製造補還樁管元數詔禮部將前項已支用度牒並依數補造樁管餘照應節次已降指揮施行　紹熙三年閏二月三日中書門下省言亡僧道度牒近年申繳數少顯有弊倖詔禮部鏤板遍牒諸路州軍守臣通判將事故僧道度牒常切拘收逐旋據數申繳毋容隱匿洗改作弊如州軍奉行滅裂致有前項弊倖即提刑司覺察具名以聞

宋會要　膳部

兩朝國史志：膳部判司事一人，以無職事朝官充。凡供

御之膳羞，內外饗饍，隸御廚，以他官勾當。陵廟牲豆酒膳，諸司供奉口味，親王以下常食料，皆分領他司，無所掌。令史二人。元豐改制，郎中、員外郎始實行本司事，禮部郎官通行分掌。有二：曰祠祭生料知雜，掌祠祭奏告牲牢禮料，計度諸色食料，及供賜冰，并御廚官吏到罷人兵關收，應干申請事件及諸案文書；曰宴設館客，供進給賜，掌宴設賜宴設酒食菓實，人使到闕及聖節齋筵入殿，檢察酒菓實味，及大金諸番國使人排辦供筵酒食茶菓，及造乳酪供進酒食，收藏冰段，及牛羊司、翰林司官吏到罷人兵關收，應申請事件。吏額：主事一人，令史一人，手分三人，貼司一人。御廚、翰林司、牛羊司隸焉。卷一萬四千六百六十五

神宗正史職官志：膳部郎中、員外郎參掌供進酒膳、祠祭牲牢禮料。凡本司所治之事，宴饗筵設則同光祿寺官察視其善否，酒成則嘗而後敢進，藏冰供賜則頒其禁令，應所用物皆前期計度以關度支。分案七，設吏九。

哲宗紹聖元年八月八日，詔主客、膳部互置郎官一員兼領。

三年五月二十三日，詔御膳添監官，并令入內省差使臣管勾。常膳杖等輒開合見御膳者加役流。其諸局工匠所造御膳滋味不和及諸不如法，三犯決替。

高宗建炎三年四月十三日，詔祠部郎官一員兼膳部。同日，詔膳吏部人減半。

紹興八年七月十八日，禮部言：見今牛羊司宰供御膳羊每日一口，供應每

月收四十口爲額内一十口充泛索使用天章閣祖宗神御每月酌獻羊以一十七口爲額緣各有剩數不住據牛羊司申乞將償剩數目充以後使用令所買州軍權住收買候將從支供盡絶即依已降指揮行下元買州軍收買應副申部申明朝廷等降指揮顯是紊煩本部相度令後牛羊司遇有償剩羊口數目令本司具確的數目申省部審驗詣實即行撥充別項使用及遇有講筵非泛等合用羊口數内有剩數亦令本司申明省部改撥充數使用從之　十二年八月十七日詔供進皇太后每日常膳并生料每月實計用羊九十口及節料節序添供每年實計用一十八口欲令兩浙轉運司收買赴牛羊司交納宰供所有闕少事件等依例下臨安府市令司取索　孝宗乾道四年三月二十日詔膳部將御廚逃走工匠庫院子等并往他處割移名糧應逃走之人不以已未出違年限並違百日内許令出首特與免罪仍舊收管一次合得諸般請給從本廚關報糧審院不候省寺經由先次放行如續次會問有不該錢物依條回魅入官　六年五月二十四日詔天申聖節齋筵膳部驗察官吏並不支破御廚喫食令後准此　七月十九日詔御廚權以四百人爲額令招收數額令從遇闕招填據到人數赴膳部剩填　九年七月八日詔令後遇祈禱禁屠宰御廚早晚並進素膳

淳熙三年十月十一日詔自令遇祈禱禁屠宰其皇后閣膳隨御膳進素　十三年十二月九日詔膳部減守當官一人以司農小卿吴煥議減冗食下吸（？）敕令所裁定故有是命

大典卷一萬二千三百九又卷一萬四千六百六十五

宋會要　主客部

兩朝國史志主客判司事一人以無職事朝官充凡諸蕃朝聘貢奉隸客省本司無所掌令史一人驅使官一人元豐改制郎中員外郎始實行本司事　禮部郎官通行設案有一曰知雜封襲朝貢案掌諸蕃國入貢并每年頒賜交阯國曆日及勘會柴氏襲封事吏額主事一人本部人吏兼令史一人手分二人貼司二人。神宗正史職官志主客郎中員外郎參掌諸蕃國朝貢凡本司所治之所事契丹國遣使朝賀應接送館伴官所用儀物皆預令有司爲之辨具高麗並契丹其餘蕃國則按其等差以式給之至則圖其形像書其山川風俗

卷二萬二千三百九

若有封爵禮命之事則承詔頒付嵩慶懿陵祭享崇儀公承襲率主行之分案四設吏七　哲宗元祐元年四月二十六日三省言尚書六曹職事閑劇不等除已減定員事數至簡以主客兼膳部從之　六年七月十二日兵部言兵部格掌蕃夷官授官主客令蕃國進奉人陳乞轉授官職者取裁即舊應除轉官者報所屬看詳主客止合掌行蕃國進奉陳乞其應緣進奉人陳乞授官盡合歸兵部若舊來無例創有陳乞皆令主客取裁誠恐化外進奉陳乞授官事體書部執掌未一久遠互失參驗欲自今不以曾未入貢及有例無例應緣進奉人陳乞授官加恩並令主客關報兵部從之　紹聖元

年八月八日詔主客膳部互置郎官一員兼領　高宗建炎三年四月十五日詔禮部郎官一員兼主客　同日詔主客吏人減半　孝宗乾道九年十一月三日詔令來交阯進奉人到闕特差識字巡視親事官四人在驛幾察事務今後諸蕃入貢依此

卷二萬二千三百九

宋會要　兵部

兵部主車駕儀仗鹵簿字圖及千牛備身殿中省進馬名簿籍春秋釋奠武成廟申請攝事官禘祫儀仗又天下名兵奏籍皆上兵部及武舉人名籍凡臣僚給卒供驅使者皆宣下以京朝官二員主判又有甲庫主承受除拜武臣制勑南曹國初廢白院尚書銓東西銓四司印有而無所掌　兩朝國史志兵部判部事一人以兩制充凡天下兵籍武官選授及軍師卒戍之政令悉歸於樞密院其選授小者又分領於三班本曹但掌車駕儀仗鹵簿字圖春秋釋奠昭烈武成王廟及武人科舉之事歲終以義勇弓箭手寨戶之數上於朝令史九人甲庫令史二人驅使官一人元豐改制具職官志尚書一人侍郎二人郎官一人兼職方掌民兵招置弓手廂軍蕃兵剩員武士校試武藝金吾衛司人兵大將出征告廟破賊露布鹵簿字圖及蕃夷屬戶授官封襲之事分案有十曰賞功曰民兵仗衛曰廂兵曰入從看詳曰帳籍告身曰武舉曰蕃官曰開拆曰知雜曰檢法吏額主事一人令史一人書令史六人守當官十人貼司二十人私名五人守闕習學九人二十六年十一月罷守闕習學置手分一人建炎二年併衛尉寺隸焉　太宗淳化元年三月詔兵部所補蔭千牛進馬齋郎等自今

全唐文

須年十五已上二十已下即得投狀十一月詔考試千牛進馬只令念論語十卷逐卷取五科充試以五十科為終場六通為合格隨科寫上淨本不通者即於卷內親書念某科不通字　康定元年十二月一日以端明殿學士李淑判尚書兵部殿中丞史館檢討王洙同判兵部時點差鄉兵凡案籍並送兵部收管故委淑領其事淑又言洙先曾差在本部考定武舉乞差同判故并命之　慶歷二年六月二十四日詔兵部置籍但係合破兵士者開坐逐家人數入籍今後樞密院初降指揮差人之時即時劄付本部令兵部每季一次牒御史臺內有剩破人數有違條約並許糾舉施行　熙寧三年五月從本部所請更不關牒　神宗正史職官志尚書兵部掌武舉民兵廂土軍鹵簿及蕃夷官封承襲之事凡聯其什伍而教之戰為民兵材不中禁衛而力足以充役為廂軍就其鄉井募以禦盜為土軍廂禁土軍因老疾而裁其功力之半為剩員羌戎附屬分隸邊將為蕃兵皆以名數置籍而頒行其禁令文武官白直宣借兵則給以式應排辦伏衛則分鹵簿造字圖凡武選之制做貢舉法若遣大將出征露布奏捷必告於廟凡其屬有三曰職方郡縣地圖蕃夷歸附之事隸焉曰駕部輦路車乘廄牧驛傳之事隸焉曰庫部軍器儀仗鹵

全唐文

簿保帳之事隸焉元豐中釐正職事惟民兵馬政權隸樞密院以保法成而歸之凡官十尚書侍郎各一人四司郎中員外郎各二人哲宗職官志同尚書掌選地圖車輦甲械之政令而侍郎為之貳凡軍民以名籍統隸者閱習擬試選募遷補及武學校定賞罰與本曹所治之事則郎中員外郎參掌之總檢舉鈎稽者前期以告其長貳大理則尚書充鹵簿使大祀則奉無牲及視滌朝則侍郎執班簿對立小祀則郎中員外郎薦徹俎分案凡設吏四十有七哲宗職官志同神宗熙寧四年九月五日詔令後廣南東路西路土丁槍手邕州峒丁荆湖南北路土丁弩手夔州路義軍編寫成册年終奏判樞密院常留三年然後三年已前即逐旋付尚書兵部收管於久照會　五年八月二十一日詔令尚書兵部每季舉行應宜備兵士剩員新定人數如有多占以違制論計庸重者自從重從權樞密副承旨張誠一之請也　六年八月二十九日詔在京諸司庫務等處所奏兵帳令兵部類聚半年一次繳申奏　十一月十一日樞密院檢詳兵房文字黎侁言奉詔修定廣南東西路土丁條約今具差免教閱禁約遷補捕盜條等事詔令尚書兵部施行　八年九月十七日詔以諸路教閱保甲隸兵部增置同判一員主簿二員勾當公事官十員分定州軍出入提舉其罷諸州軍提舉官　九年五月

奇案兵興卷七千二百三十二西

大典卷七千三百四

十六日詔省罷兵部勾當公事官五員　十二月十五日詔諸路已籍民兵自來未供帳狀處可令今後年終依例供兵部造帳申奏令樞密院置冊揭帖進納　十年六月二十一日詔後令兵部主判郎兼領職方駕部庫部兵部甲庫其兼領去處自合依條例管勾所有主部亦合準此從中書禮房所定也　七月十七日樞密副都承旨張誠一等言奉詔候兵部進義勇保甲條貫令修定以閱令看詳除合入一路一司及令勑施行敘重刪修到敕五卷總例一卷詔頒行　元豐三年六月十五日罷兵部幹當公事官　五年四月二十三日朝散郎龍圖閣待制知鄭州許將試兵部侍郎　侍郎自是始正除尚書闕　六月二十二日詔遞馬券隸駕部令兵部尚書以下書押奏　九月二十三日詔應緣義勇保甲事並隸樞密院其餘民兵悉隸兵部　六月閏六月十二日詔尚書兵部自今文臣待制三省郎官正言監察御史提點刑獄以上武臣橫行及路分都監以上各舉十人哲宗元祐元年十月七日兵部言欲乞今後應呈試武藝人依條合格者從本部關吏部奏擬告差使已下從本部舊官例施行從之　十二月七日兵部言官制釐正事務悉隸六曹諸司唯帳籍案撥附行頭司今欲隨事撥隸諸司各歸合屬部從之　二年二月八日太師文彥博言廟軍舊隸樞院新制改隸兵部且本

兵之府，豈可無籍樞密院言官制行廂軍分隸戶兵工三部於戶兵工部置籍揭帖詔逐部自今進冊以其副上樞密院仍更互揭貼　三年閏十二月十四日詔陝西河東蕃兵蕃官三路廣西陝荆湖民兵及敢勇效用之屬並隸樞密院兵部依舊主行其餘路民兵令兵部依舊上尚書省應小使臣補及改轉並吏兵部擬鈔畫聞訖送樞密院降宣　六年七月十二日兵部言自今蕃國欲不以曾未入貢及有例無例應緣進奉人陳乞授官加恩並令主客關報兵部從之詳見主客門　元符元年二月二十七日兵部言呈試武藝人依敕限十二月以前到部有疾故趁限不及期者許令次年就試緣其間不無違限稱疾病之人若便與收試即到部條限徒為空文乞召保官經所屬自陳給據保明申兵部驗實許次舉就試從之　徽宗政和四年二月十四日詔步軍司所管廂軍剩員令從令兵部郎官措置差撥

高宗建炎二年四月二十四日詔諸軍教閱在法日差將校分番部押其早教仍輪兵官一員巡按比年以來軍額既闕州郡長吏玩習不務招塡教閱不精兵官不切巡按致諸軍人額不足武藝退墮令後將現闕額去處併撥入一等軍分數足舊額以便教閱從臣寮請也　三年四月十三日詔兵部郎官一員兼職方　同日詔兵部人吏減半　同日詔衛尉寺併歸兵部　紹

興元年九月十八日明堂赦文應軍員兵級因戰鬬被傷不任征役未得減下衣糧令全分支給候及一年即依條施行十年九月十日以後除去候及一年即依條施行卻添入所屬不得少有阻節歿於王事軍人祖父母父母妻篤疾及年七十以上別無子孫供養者所在勘會特支與本小分請受如陣亡人依條合給多者即從多給應諸軍將校戰歿在法母妻年五十以上無子孫願為女冠所屬具奏處其有未及之人官司以未應條法不許披剃披戴仰所在州軍如有上件人年雖未及五十亦許具奏其後四年九月十五日明堂赦同七年九月二十二日明堂赦添入應諸軍揀下年老及不堪披帶軍兵已取問願就州軍支給請受養老者仰所在州軍按月支破合得請受常切存恤無令失所應軍兵敢勇效用之類因見陣亡歿家無男夫而祖父母父母妻年老及子孫幼小不能自存如不該支破請給並仰所在官司依鰥寡孫獨條存養十年九月明堂赦十五年九月十一月八日南郊赦十六年十一月十日南郊赦十九年十一月十四日南郊赦二十二年十一月十八日南郊赦二十五年十一月十九日南郊赦二十八年十一月二十三日南郊赦並同前制內母妻年五十以上願為女冠一項自十六年十一月十日南郊赦內不書　十一月十二日詔今後百司應收管軍兵並

職官一四之七

令申取朝廷指揮收管，不得陳乞改易家粮。二年二月十八日，詔故臣寮之家合破宣借兵給，令兵部置簿出給付身券頭，於行在粮料院出給，不係兵部付身粮料院券頭，州縣並不得幇支，從臣寮之請也。閏四月八日，詔應臣寮之家宣借人，仰兵部置部出劄付身，拖照舊請歷換給歷頭，所屬掌批勘，仍將舊歷毀抹。三年四月五日，詔今後應差破送還人兵，據依條合得之數，指定的實去處，依法借請。如敢妄指遠處冒借請受者，徒二年，按察官加一等，並不以赦原減，仍令監司常切檢察。五月十五日，兵部侍郎鄭滋言：故臣寮之家見占破宣兵士已滿五十年以上者，更不差破。從之。

全唐文

五年閏二月二十四日，詔諸路州軍將故臣寮之家合破宣借人，並依舊法內有已及五十年已上者，家依格減半。餘紹興二年二月十八日指揮施行。其請受支歷仍照驗付身并粮料院文歷，如冒名承代，將請人并幇書吏，並從詐法科罪。七年十二月三日，詔逃亡軍兵既有數限及所決所立條限免罪許收管，令逐處勘會詣保明申所屬省部，依蹤決赦條收管，更不申取朝廷指揮。三十年二月一日，詔諸官司過數差占白直兵士及外借人，並仰日下拘收發遣，如有違戾，各從徒二年科罪，許被差借人經赴尚書省陳訴。紹興三十二年孝宗即位未改元七月二十二日，詔兵部四司

職官一四之八

主事令[illegible]各減一年出官，謂遇皇帝登寶位也。孝宗隆興元年六月二十日，詔諸軍官因戰鬭重傷廢疾不堪披帶之人，許令子弟親戚承襲，從江淮都督張浚請也。七月二十六日，詔部六長貳除尚書不常置外，置兵侍郎一員，兵部駕部郎官一員兼領，從右諫議大夫王大寶等議也。八月三日，兵部言：依指揮條具併省吏額，兵庫部人吏通額遷補，見管吏額并添置手分貼司各一名，兵部主事一名，兵部令史一名，庫部令史一名，書令史六人，守當官一十一人（正額一十人，添置一名），貼司二十一人（正額二十人，添置一名），私名五人，今乞減添置手分一名，添置貼司一名，正額貼司五人，入額私名二人，並從下裁減。[illegible]將減下人數置籍，候有闕日依名次補填。詔依見在人且令依舊，將來遇闕更不遷補。乾道二年七月二十三日，詔令兵部檢坐合差破軍兵去處見條法指揮，申嚴行下，今後不得輒差禁軍充鎮廂軍窠役及過數差破，如有違戾去處，當議重寘典憲。三年七月二十二日，詔可劄下兵部，取索諸路州軍廂禁軍見管人數，具帳聞奏。五年三月十六日，三省樞密院言：諸路州軍斥堠遞鋪并擺鋪軍兵傳送遞角近來遲滯，所屬違戾。詔令兵部檢坐見行條法申嚴行下，仍委本部常切驅磨檢察，將往滯違戾去處提舉主管官并巡轄使臣職位姓名及鋪兵申朝廷取旨，重作行遣。

九月二十四日詔將紹興三十年以後軍興陣亡之家承受恩澤補官親屬不以曾未經任依見從軍人蔭補子弟例令吏兵刑部殿前司照驗補授同依並送元來軍分使喚便與批放請給　六年五月四日兵部言欲依指揮條具本省吏額兵庫部兩司人吏係通額選補自今以三十七人為額內私名三人無請令減書令史一名守當官二人正貼四人通以三十人為額令來並從下敍減候額內有闕日却依名次收補詔並依擬定其減下人額依條比換名目者聽　二十七日詔將陝西河東路敢勇效用川陝宣撫司擬補効用川陝義兵及歸明歸正歸附等人并陣亡及借補應轉補進義校尉守闕進義副尉進武校尉守闕進武副尉下班祗應並隸兵部　八月十五日權兵部尚書黃中等言本部近承指揮將下班祗應并進義校尉守闕進義副尉進武校尉守闕進武副尉撥隸兵部緣兵庫兩部自主事至貼司止有三十人為額委實人力不勝那容差撥不行欲乞量行差撥都官殿前司職級手分并添置貼司楷書施行照令兵部於殿前司抽差舊管下班祗應文字人吏六名赴部行遣　七年六月十三日詔兵部將歸正并曾從經軍揀汰下班祗應年七十以上人依大小使臣及副尉見行條法放行注授合入添差差遣其東西班見今應奉并吏職不曾從軍之人自依舊法施

全唐文

行　七月二十九日詔差兵部侍同主管步司崔憲政監試今年武舉進士弓馬　十月二十八日詔諸軍揀汰若不曾經添差不曾赴任及雖赴任不曾終滿之人令後到部可並免呈武藝　八年四月八日詔已唱名武舉進士內有本貫係潛藩之人可令兵部比附文舉陞名　九年八月四日詔令兵部行下諸處今後進馬軍兵不得差効用并守進勇副尉至下班祗應人充牽馬并執色合千人從樞密院請也　十月十八日詔令兵部遍牒諸路州軍等處將申奏入遞機密要切文字並實封於皮筒內外及文引上排字號不得顯[illegible]出如違庋取旨重作施行從樞密院請也

全唐文

淳熙元年正月十二日，詔外路諸軍下班祗應自今許通理一十五年特與行磨勘改轉。以樞密院言三衙從軍下班祗應係行在護衛之人，昨降指揮通理十年磨勘，外路諸軍未有立定格法，故有是命。　十二月十三日，詔軍功副尉復隸兵部吏職，副尉依舊例都官。以兵刑部言已降指揮軍功副尉依舊法隸都官，乾道六年五月曾降指揮令隸兵部，今來都官吏額已經裁減人數不多，慮恐行遣差誤，其兵部人吏掌行歲久，諳曉格法，故有是命。　二年七月十三日，兵部言：弓馬子弟所以已行省罷，乞將守闕進勇副尉、進勇副尉名目人與添差諸州軍散祗候使臣，不釐務一次，仍立定任滿年限。每州通不過二員。詔依，並以三年為任。　三年十二月十四日，中書門下省言：已降指揮，大小使臣以姓類聚三代鄉貫年甲，置簿籍定，專委郎官從實照對，以革增減之弊。所有合屬兵刑部人亦合各委郎官一員置籍。從之。　五年六月十四日，詔諸處守闕進勇副尉、進勇副尉所得減年，候轉至合理磨勘日，與依守闕進義副尉每一年比折得四个月零二十四日收使，如遞等資級人自川廣取馬往還萬里，合得酬賞亦乞依前項比折體例收使。以兵部侍郎劉孝題言紹興五年公據改作守闕進勇副尉，甲頭改作進勇副尉，雖正其名稱，而

遇得減半酬賞依前不許收使，如三衙諸軍所管闕進勇副尉於春秋拍試內有推賞之人，然所得減年雖給公據，將來即無收使條法，蓋當來致用轉公據甲頭上條陝西河東路招置寄托鄉里不離本土，故不立理年磨勘之法，與今來事體不同，故有是命。　六年六月二十六日，兵部尚書王希呂等言：近吏部奏請措置應使臣身故並令諸州軍批鑿身亡月日，內外諸軍便臣將校行在委承旨司，在外委總領所批鑿，違者坐以失覺察之罪，賞錢三百貫。其今日以前妄冒身故付身人許兩月陳首，特與免罪。所有兵部應管下班祗應副尉致用補授進勇并守闕進勇副尉及廂軍補授將校節級因功賞轉授名目之人，如遇身故，乞令諸路州軍并內外諸軍依前項指揮施行。從之。　十二月十七日，兵部尚書王希呂言：本部所管軍功、武恩澤及歸正補授副尉并紹興三十一年以後歸正守闕進勇副尉名目之人，齎到付身經部注授，往往經隔年歲，竊慮承代他人付身妄說緣故，無憑考驗。今欲將前項補授副尉，初參部或任滿後及三年以上赴部陳乞之人，並照應下班祗應參部條法，并副尉自補授及十年無故不陳乞者，亦依乾道令又諸司主押官補下班祗應者屬兵部前後循習止據逐處保奏下本處審問，於條法無更改便申密院，取旨放行。今乞一依乾道吏卒令，先令本處

申奏次令本路轉運司保奏仍令本部送進奏院契勘升開刑寺約法如無違礙然後申上密院取旨上曰下班祗應條法詳備副尉自合一體施行如此則關防周密不容欺弊可依奏　八年二月十四日都省言命官去失付身召保從州軍保奏吏部再行具奏指揮下日出給照劄其副尉去失付身兵部止據州軍申到徑自出給公據放行注授竊恐别生弊倖下兵部措置既而本部乞將副尉去失補帖文字如有係初補召本色見任小使臣以上兩員如係初補及全去失令召見任陞朝官二員小使臣一員委保本部有未去失以前申到或朝廷付下參部錄白可以証照者召見任陞朝官小使臣各一員其去失初補及全失付身之人即令所屬州軍保奏本部驗實再奏候日出給公據如不係初補止令州軍取會保奏免本部再奏如諸軍所管人數仍須將副委保從之　十二年六月八日詔予弟所補授名目已經添差任滿人令兵部放行參部注授合入差遣　八月二十七日詔令二廣荆湖京西路副尉下班添差滿有殘疾之人願就本任及附近州軍養老者令逐路帥漕司審驗申明給帖既而兵部尚書宇文价言逐路添差任滿備職養老者多是差有殘疾行履艱難扶病遠來在道數月方得到承吉司審驗送部陳乞若是撥往他州則又回歸前任去處難移老幼多致失所間有來索寸祿而斃於道路者故有是命　十一月二十二日南郊赦勘會昨吏部申明指揮將二廣湖南北京西路

州軍見添差聽候使喚使臣內曾經從軍立功揀汰之人任滿無力前來參部並許經本任或寄居州軍陳乞添差指射五闕本州保明申部從上擬差如同日有在部人指射先注在部人其兵部所管副尉下班祗應即未該載可令照應吏部已申明指揮陳乞施行十五年九月明堂赦同　十三年七月十九日兵部尚書宇文价言本部所管諸軍下班副尉遷轉有四資格有八資格有十資格各自不同或五年或十年或十五年方許轉行一資或兩資從軍之人既無戰功止是坐守歲月以待遷轉而軍中胥吏沮抑不即保明致年限過滿近慶壽特恩應下班副尉各與理當三年磨勘本部自承赦文節次行下諸軍催促帳狀赴部給據已給過一萬四千七百餘人惟襄陽金州興元興州等處未見申到竊慮諸軍承行人吏準前邀阻稽緩乞下諸軍主將各限一月保明申部以憑給帖遷補使內外諸軍即霑恩賞從之　二十九日樞密院言四川湖廣溪洞州軍城堡等處承襲差遣之類緣所補官資及遷補次第並各不同往來取會有妨給降付身詔兵部行下逐路安撫司取見本路州軍沿邊承襲去處逐一檢照元降指揮及承襲官資并陞轉次第委官詳加考訂限一季置冊繳申樞密院　十二月九日詔兵部庫部共減守當官一人正帖司一人私名二人職方駕部共減守當官一人私名一人以同

農少卿吳燠議裁，凡僉下敕令所裁定，故有是命。十四年三月十八日，兵部尚書宇文价言：「諸軍副尉磨勘，惟三衙軍將不住陳乞，在外諸軍多不具申。近據荆鄂都統司具到五百人，皆是補授二十餘年，方與保明，內有差充將佐在職日久，亦不給過差帖印曆。本部已據數給付外，照應近者諸軍所得慶壽理年恩賞，須是起理資歷，將來方可對使。乞令樞密院遍行劄下，安主將根刷未受差帖印曆人，依紹興十年四月指揮，限一季盡數保明申部，出給施行。」從之。十五年五月十六日，樞密院言：「兵部申，副尉陳乞出給功過印曆人，初離軍添差逐州軍指使不釐務二十二人。」詔令兵部依條出給施行，今後準此。十六年正月二十一日，樞密院進呈兵部言：「諸軍申到副尉下班祇應久在軍者約五百餘人，乞盤用慶壽賞放行磨勘。」上曰：「何澹乞將諸軍所得慶典賞作兩次對賞歷收使，恐示人不廣，可並與放行。」紹熙二年十一月二十七日，南郊赦：「應命官下班祇應副尉，因罪特旨及依法合該展年磨勘、監當展任、降資、殿名次、展年參選、罰短使，並特與放免。」同日赦：「昨吏部申明指揮，將二廣、湖南北、京西路州軍見差置聽候使喚使臣內，曾經從軍立功揀汰之人，任滿無力前來參部，並許經本任或寄居州軍陳乞指射五闕，保明申部，從上擬。如同日有在部人指射，先注在部人。其兵部所管副尉下班祇應

即未該載，可令照應吏部已申明指揮陳乞施行。」三年六月二十八日，兵部言：「職方、駕部兩司吏額共九人，又私名一人，無請等級最少，是致吏人遷轉太速。近有私名貼司纔因試中，兩月之間遂補至書令史。每遇貼司有闕，止是一名收試，不應揀試之法。其間人吏因罪降罰之人，亦是遞降不行，無以懲戒。照得禮、工兩部並係四司通額遷補，乞將職方、駕部吏額共一十人通入兵部、庫部吏額三十二人內，併作四十二人，衮同名次通額選補。所有遷補、解發、年數等事，並從本部條格指揮施行，別無增損。」從之。紹熙五年九月十四日，明堂赦文：「昨吏部申明指揮，將二廣、湖南北、京西路州軍見差置聽候使喚使臣內，曾經從軍立功揀汰之人，任滿無力前來參部，並許經本任或寄居州軍陳乞指射五闕，保明申部，從上擬差。如同日有在部人指射，先注在部人。其兵部所管副尉下班祇應未該載，可令照應吏部已申明指揮陳乞施行。」嘉泰三年南郊赦、嘉定八年十一年明堂赦亦如之。慶元二年十二月二十六日，照：「今後諸色軍兵合該兩資陞轉之人，並依格法補轉，不得仍前援例陳乞一資作一資收使。雖降指揮，許行執奏。」嘉泰三年十一月十一日，南郊赦文：「諸軍使臣及有名目軍士曾立十三處戰功之人，訪聞軍將利其請給優厚，抑令營運，歲久消折錢本，尅除請給，雖已癃老，不令離軍，有防注援。今後

年及癃老疾病之人歸離軍者，聽不得沮抑占留。　同日赦：副尉昨降指揮，曾經從軍立功及應副軍事，許不拘路分注授安撫司聽候差使。其下班祗應即未該載，令兵部一體施行。開禧二年明堂赦亦如之。　同日赦：應命官下班祗應副尉因罪特旨或依法合該展磨勘或展年磨勘、監當展任、降資、殺降名次、展年參選、罰銅俸，並特與放免。其守闕進義副尉、進勇副尉內有因公罪降資之人，與照副尉一體原免。　同日赦：淳熙三年已降指揮，揀汰大小使臣、校副尉下班祗應曾經戰陣立功，年七十以上及委實殘疾無力赴部注授，令承吉司審驗詣實，送兵部與依守闕進義副尉請給則例減半，均撥州軍養老，以終其身。尚慮諸路州軍或有抱冤，致令失所，自今須管按月支破，副朝廷優恤之意。嘉定八年十一月明堂赦亦如之。　同日赦：諸軍揀汰離軍下班祗應內有曾立一十三處戰功之人，已降指揮許添差諸州軍添置聽候使喚，不釐務差遣，可將副尉照應下班祗應節次已降指揮，放行添置差遣，仍依同注授窠闕，即不過立定員額之數。開禧二年明堂赦亦如之。　赦：諸軍大小使臣、校副尉、下班祗應因罪責降自効之人，雖已該赦敘復官資，及已揀汰離軍，緣不曾聲說除落自効，致不支破本身諸給，或礙注授差遣，除軍中邊界或臨陣充遣外，令就所屬陳乞保明申取朝廷指揮。　開禧二年九月十三日明堂赦文：守闕進義副尉至下班祗應立到一十三處戰功之人，已有節次指揮，許添差恩例任數注授諸州軍添置聽候使喚，支破全分請給。其間有因前項戰功補授守闕進勇副尉名目之人，未有該載，理宜甄别，可將以此之人照應已降赦文，放行恩例任數，與副尉下班祗應裒同注授添置使喚員闕，支破全分請給。嘉定元年南郊赦、八年十一月明堂赦亦如之。　同日赦：諸軍從軍揀汰守闕進義副尉、進勇副尉內有曾經捍禦待敵出戍暴露，此指事藝補授之人，自來未許參注，理合優卹，可令兵部於存留散祗候六十闕內將似此之人裒同差注施行。嘉定二年明堂赦、五年南郊赦亦如之。　嘉定五年十一月二十日南郊赦文：副尉昨降指揮曾經從軍立功及應副軍事，許不拘路分注授安撫司聽候差使。其下班祗應即未該載，可令兵部照應副尉已得指揮一體施行。八年十一月明堂赦亦如之。　同日赦：揀汰離軍曾經[illegible]功應修武郎以上見在部係親民資序應材武格法年六十以上人，可令吏部長貳銓量人材精力未衰，堪充兵官者與免呈試，仰依格法次第許指射見榜親民、都監、巡檢闕一次。八年十一月明堂赦亦如之。　六年七月十三日樞密院言：已降指揮，罰下吏兵部將立定項目從軍受賞之人，許就本貫州軍召文臣陞朝官、武臣大使臣各一員委保，其保官及本州軍知通各甘退官勒停，保明文狀申部，令免呈試注授。自降指揮之後到部之人全狀稀少羈虞知通保官避免結罪人吏覬覦請囑，故作邀阻，不爲保明，致使實曾從軍受賞之人不得到部注授差遣，甚非朝廷立法優卹之意。詔今後應從軍受賞應得已降指揮立定項目合參部之人，所召保官并知通止照舊法，甘伏朝典，保明申部參注，免致親身立功之人使有阻滯。其有項目之人，自許諸色人指實陳告，並從見行條法指揮斷罪推賞施行。如或州軍官吏故爲邀阻，不行受理保明申部，許人越訴，當議重行責罰。

八年九月十五日，明堂赦文：諸軍從軍揀汰守闕進義副尉、進勇副尉，內有曾經捍禦侍衛、出戍暴露、比拍事藝補授之人，自來未許參注，理合優卹，可令兵部於存留散祗候八十闕內將似此之人衮同差注。及有攝進勇副尉、同進勇副尉，係在守闕進勇副尉之人，其間或有似此前項補授之人，可並許於上項存留闕內一體差注施行。十一年明堂赦亦如之。

同日赦：諸軍揀汰離軍下班祗應內有曾經立到一十三處戰功之人，已降指揮許添差諸州軍添置聽候使喚，不釐務差遣，可將副尉照應下班祗應節次已降指揮放行添置差遣，仍衮同注授窠闕，即不過立定元額之數。守闕進義副尉准此。十一年明堂赦亦如之。

全唐文

宋會要

職方

職方掌受諸州圖及圖經，以朝官一員主判。駕部、庫部二部皆無所掌，各以朝官一員主判。太宗太平興國二年閏七月，有司上諸州所貢閏年圖。故事，每三年一令天下貢地圖與版籍上尚書省，以閏月爲限。至是吳、晉悉平，奉圖來獻者州郡幾四百卷。淳化四年，令諸州所上閏年圖自今再閏一造。又令畫工集諸州圖，用絹百匹合而畫之，爲天下之圖，藏祕閣。真宗咸平四年八月，職方員外郎吳淑言：「諸州所納閏年圖合在職方收掌，近並納儀鸞司。竊以天下山川險要皆王室之祕奧，國家之急務，故周禮職方氏掌天下圖籍，又詔土訓以夾王車；漢祖入關，蕭何猶收秦圖籍，由是周知天下險要，豈可忽而不顧？乞從今閏納到圖，並送職方。又州郡地里犬牙相入，向者獨畫一州地形，即何以傳合他郡？乞今後令逐路轉運從今閏各畫本道諸州圖一面納職方，自是每經十年命一次畫圖送納。」從之。

卷六千一百二十五

大中祥符元年四月，龍圖閣待制戚綸請令脩圖經官先脩東巡所過州縣圖經進內，仍賜中書、樞密院、崇文院各一本，以備檢討。從之。自是凡車駕出處皆然。三年十二月，詔重修定天下圖經，令職方遍牒諸州，如法收掌，自今每閏依本錄進。

全唐文

宋會要　刑部

刑部主覆天下大辟已決公按、旬奏獄狀，覈駁其不當者，及官員犯罪除免經叙用，定奪雪理給牒。以朝官一員或二員主判。又有詳覆官，舊六員，京朝官充。淳化元年置，主定奪公事，分詳覆句奏獄狀，後止三員。景德三年別增一員，專案駁大辟公案，共四員。又有法直官一員。兩朝國史志：刑部判事二人，以御史知雜已上或朝官充。凡律令刑法、案覆讞禁之制，今並存。掌覆天下大辟，察其違失而駁正之；及詳定京朝官、三班、幕府、州縣官員犯解免敘理出雪之事。詳覆官四人，法直官一人，並以選人充。令史十二人，驅使官一人。元豐改官制，舊審刑院、糾察在京刑獄司並歸刑部。尚書一人，侍郎一人，郎官一人，分左右治事，左以詳覆，右以叙雪。吏額：主事一人，令史四人，書令史九人，守當官八人，貼司十八人。都官、比部、司門皆無所掌，多以朝官一員主判。

太祖開寶七年詔：負犯選人應出雪牒，仰刑部具犯由有無贓罰、刑名罪贖，南曹審問判成。　太宗雍熙四年十一月詔：應刑部、大理寺所斷諸道公按，詳酌事理，可斷者即斷，不須駁回，更不重勘。（卷一萬四千六百七十三）　淳化元年五月，詔刑部置詳覆官人員，專閱天下案牘。　真宗景德元年正月，詔今後每發赦書德音，差人到省抄寫勘讀。內川廣、福建、荆湖七路並先以發遣。　八月，詔刑部、大理寺今後京朝官使臣公按論決訖，具所犯情罪刑名報審官、三班院。從度支副使馬景之奏也。　二年六月，詔審刑院、刑部凡會問公事，並須公牒往來。　七月，上封者言：刑部舉駮外州官吏失入死罪，按準斷獄律，從徒流失入死罪者減三等，徒二年半，公罪分四等，定斷官減外徒二年，為首者追官，餘三等徒罪並止罰銅。伏以法之

至重者死生之際，慕職州縣初歷宦途，未諳吏事，長吏明知徒罪不至追官，但務因循，不自詳究。又雍熙三年七月敕，權判刑部張佖起請：失入死罪，不許以官當贖，知州、通判並勒停。咸平二年編敕之時，輒從删去，致長吏漸無畏懼，輕用條章。乞自今失入死罪不至追官者，斷官衝替，候放選日注僻遠小處官，連書幕職州縣官注小處，京官、朝官任知州、通判、知令録、幕職授遠處監當，其官高及武臣內職臨時取旨。從之。　九月九日，詔御史臺差官勘事，量大小給限，牒報刑部提舉。　十四日，詔刑部每遇頒行赦令，並晝時分明謄寫勘讀。三司每部差五十人，以職員一人管押赴省，及盡取三館祕（卷一萬四千六百七十三）閣楷書、官告院書吏分寫，仍於發赦半月前預牒抽差。人寫兩道，於第一幅背寫姓名，如楷綫畫蕪有誤，須行具名聞奏。審刑、大理寺降赦前十日，錄官員名銜送刑部，至一日時赴省，與詳覆、法直官分勘，每赦第一幅背書姓名。如差錯楷綫有誤，頒行並行朝典。如非時發赦，書不及預牒者，即時抽取。至日特差中使一人點檢催促了畢。　三年十二月，詔刑部極刑案庫，應奏到斷訖公按，從銀臺司降下後，分與詳覆官看詳，內有不當，即行駁疏；若無不當，入庫置曆拘轄。遇有訴冤，檢取照證。專差令史一人知庫，法直、雜事司發書，詳覆官一員監掌，判部官通押。每官吏年滿，依曆交割給付解由，候經

三年已上奏取指揮宣敕公用錢紙庫各差令史一人轉曆開閉支給亦差詳覆官一員掌自今置曆輪差令史二人剩員二人通晝夜在省詳覆法直官一員押宿

四年十一月詔刑部正名承闕私名二十三人今後諸處不得抽差凡收私名亦仰御史臺提舉試驗書札收錄姓名 大中祥符二年五月詔諸州奏獄空須司理州院倚郭縣俱無囚繫方為獄空每奏到委刑部將旬奏禁狀一處點對如應得元敕特降詔獎諭 十二月詔南曹選人投應令會問去處令刑部據合定公私遺闕贓濫罪名須分明定奪如有異同令刑部大理寺同商量從長歸着報曹 四年閏五月刑部言自來諸州旬申禁勘諟有用條不當自可舉駮不必別錄按奏乞自今只具單狀以聞從之 五年五月詔刑部今後奏到斷訖禁軍大辟按具情罪申樞院 十月詔刑部斷奏命官使臣將校軍人色役公人並於狀內令詳字下寫所犯罪人腳色其令詳字所行法不用止舊存留鋪法命官使臣將校按犯輕重赦前後贓私罪引條書斷外內公罪是輕不須條出罪名合斷罪處須爾徑節掠合用格條不須廣錄閣詞支雜款狀所引格敕亦須簡徑鋪坐如外州斷奏不當除失出入罪名合行駮勘其元檢勘官吏於奏狀止定罪名勘鞫外有失出入杖已下及半年徒罪只於斷狀畧言雖有失有入合不行

卷一萬四千六百二十五

職官一五之三

勘會申奏 六年七月詔刑部敘理人子細詳敕令按狀點勘斷官吏訖令刑部明具駮難誤錯因依下審刑院看詳掠送中書降下刑部牒與進奏院告報 七年六月詔外州失入死罪經省寺舉駮勘 八月詔刑部今後專令詳覆法直官具逐處奏到旬申大辟人數置簿抄錄拘管候奏到斷訖奏對簿句銷限外不到及有淹滯即勘會舉行 乾興元年仁宗已即位未改元 十一月詔諸處奏到見禁文狀并斷訖公按自來承進銀臺司先送中書後送刑部看詳處滯日數宜令承進銀臺司自今更不送中書直送刑部 仁宗天聖元年十二月知審刑院燕肅言審刑院每準吏部南曹牒到刑部大理寺牒定奪選人公私罪名內大理寺稱止是披理別無勘到情款或稱該撥釋放無憑定奪致南曹依條重移當院定奪此蓋詳斷官避事住滯選人望自今如將可行定奪罪名依前避事不定詳從院司申舉詔流內銓南曹自今選人常內銓南曹自今選人常例會問過犯公私罪名仰止會問刑部令本部檢定關報 二年十月判刑部燕肅言每檢書德音即承部差書吏三百人謄寫多是差錯致外州錯認刑名失行恩賞乞自今宣敕勒楷書寫本詳斷官勘讀匠人彫板印造發遣從之仍差詳議詳斷官各一員勘讀 七年十一月詔自今刑部不得接見賓客及縱入閑雜人 十年五月十

卷一萬四千六百四十五

職官一五之四

日詔法寺斷奏按牘舊以元勘按納中書本房歲久毀腐自今委大理寺每斷奏後一月實封關送刑遣吏別置薄曆管勾互使於中書刑房點對承領用堂印封送赴省置庫架閣無得交雜損失如諸處合要照證即上曆封送常切拘收內有連按下三司者亦繳封刑部刑部每季差詳覆官一員提舉若管勾手分差替出官並須交割違者當行朝典　八月四日刑部言本部凡追到已斷告敕寄省司毀抹追降編敕令所在注毀限十日申省又附令敕合追官如丁憂停任舊告敕若兩任作一任當牘刑部置薄拘管只緣凡降斷並不計道數即省司不見得曾與不曾丁憂停任處追索不足因循

卷一萬四千六百七十三

散失望申誡諸路盡時關送當部從之　慶曆二年四月九日刑部言凡承受審官院三班院吏部南曹會問諸色官員過犯度數例委手分檢簿抄錄主判官書牒廻報多有漏畧欲委詳覆官每季輪一員監勒檢閱繫檢供報著為定制從之　〔審刑院〕淳化二年置元豐三年八月併歸刑部　〔糾察在京刑獄司〕大中祥符二年置元豐三年併歸刑部　神宗正史職官志凡其屬有三曰都官軍大將及徒隸名籍之事隸焉曰比部鉤考帳籍及贓罰欠負之事隸焉曰司門津梁道路及國門幾察之事隸焉舊以刑部覆大辟案而增置審刑院詳讞其京百司刑禁則隸糾察司官制行正名悉歸刑部凡

官十有三尚書一人侍郎二人郎中員外郎刑部各二人都官比部司門各一人〔哲宗職官志設官十有二尚書侍郎各一人餘同〕。尚書侍郎郎中員外郎尚書掌天下刑獄之政令而侍郎中員外郎分治其事凡制勘案劾審錄奏讞糾察程督則隸左檢察定奪除雪叙復移放則隸右格不載者同尚書通領其都官比部司門事亦如之若御史臺或詔獄錄問辟因及三品以上官以侍郎餘以郎官大祀則尚書涖誓薦熟則奉大牲大禮肆赦則侍郎授赦書承旨釋囚分案八設吏五十有二〔哲宗職官志分案十二置吏四〕　神宗熙寧元年二月十六日大理寺言敕闕自來輪差詳斷法官直宿監牢年一替緣斷官日詣審刑院商量文字及中書樞密句喚不定難為專一監守欲乞專差檢法

卷一萬四千六百七十三

官二員監敕閣更不輪管本寺紙庫錢庫簽書銓曹審官院文字及移法直官房依舊於閣下仍差歸司官二人府吏二人同共管勾舊條審刑部大理寺不許賓客看謁及閑雜人出入如有違犯其賓客并接見官員並從違制科罰乞并親戚不許入寺往還所貴杜絕姦弊從之　五月二日知審刑院齊恢等言本司近年已來文案稍多全藉官員曉夕斷奏雖早入晚出有大理寺一司常制然其間不勤所職往議處看謁之人深慮廢事欲乞今後應審刑院大理寺官除休務假日外其餘合人本司日分並不得於諸處看謁所貴盡心職事不

離官次從之　十二月十三日詔自今被舉試刑部法寺官者流內銓放闕便注正官如就試人不中別與差官遣並以後來到銓名次資序注擬先是每歲試刑法官必於二月八日內有離任赴令試不及而稽留以待後試者是致本任闕官常至半年而就試不中又法許復歸任故銓部亦不敢使闕州縣患之故有是詔　二年十二月二十四日看詳銀臺司文字所言諸處奏到大辟罪人斷訖文案令後只申尚書刑部仍令本部詳覆候歲終具都數以聞從之　三年三月二十四日詔審刑院大理刑部詳議詳斷詳覆官初入以三年為一任再任以三十月為一任仍遞任理本資序欲出即與

卷一萬四千六百七十三

先任滿半年指射差遣第三任滿出者仍與堂除若本司更舉留者亦聽若任內失錯稽違多駁正少即不許舉留其審刑能駁正大理寺誤斷徒以上刑名與等第酬獎其失錯稽違者責罰亦如之刑部大理寺並準此遇南郊前一季許約斷案外餘除朝旨送下急速公案外更不得約舊法奏斷絕乞宣付史館其罷之真吏賜都數比舊量與增添至年終比較逐官斷罪有無失錯稽違及駁正刑名分三等第給之　八月令殿前步軍司今後大辟罪人並如開封府條例送糾察司錄問十一月八日詔尚書刑部諸州奏到災傷朝廷差官體量安撫及量輕重降不下司指揮付逐處長吏收掌施

行中書畫時上簿拘管令置逐路災傷簿委法直官專切封掌凡遇送下捉賊酬獎令一就檢簿定奪係與不係災傷明具合該酬獎等文狀申奏如有差錯其本部官吏取旨重真之法　四年六月九日中書刑房言刑部詳覆官如疏駮得諸處斷遣不當大辟罪每一人與減一年磨勘如失覆上件公事每一人即展磨勘一年累及四人即衝替從之　七月二十七日御史知雜鄧綰言乞諸州收禁大辟罪畫時具單狀兩本申提刑司本司繳連一本申刑部本部上簿拘管候逐州奏案到日對簿鈎銷如有不到即行勘會仍委中書非時取索刑部拘管簿書點檢詔如已作大辟申刑部後來勘得卻

卷一萬四千六百七十三

非大辟申刑部照會　八年罷詳議詳斷官親書節案止令節略付吏仍減議官一斷官二（此據職官志，不得其月日。）二月十八日中書言堂後官王衮等編定命官四等過犯乞付有司更不置詳定命官過犯及看詳編配罪人所兩局遇赦令刑部比例定奪上中書施行從之　二十九日審刑院詳議官殿中丞朱大簡等言昨定審官西院差澶州都巡檢康昺不如法御史臺劾大簡遷延不決會赦衝替緣大簡欲赴中書樞密院巡白以故稽期非敢弛於職而樞密院按置以法詔審刑院大理寺自今中書樞密院送定公事依條定奪毋得巡白　九年十二月二十二日詔自今頒降條貫并付刑部雕印行下十年五月十四日，刑部言：諸處斷宣敕自經治平大水頗多散失，亦有本處元不關到者，雖曾閲而吏胥隱漏，檢會之際或容僥倖。至於官員犯罪并刼賊僞造印三等公案，略不以時架閣，凡有取索，動經歲月，其間羈旅之人尤可矜憫。欲乞討會審官東西院、流内銓并入内内侍省取已斷官員宣敕，與本部宣敕比對職位姓名，如有漏落，更互抄録以補其闕，仍重編排，自慶曆三年為始。其熙寧元年至九年終三年公案別架閣，略具元犯因依、姓名，申提點刑獄司類聚繳納本部，月輪詳覆官二員與主簿互計會合屬處抄録編排。從之。　元豐元年閏五月十二日，詔刑部、大理寺自今奏舉習學公事，並舉曾試刑法得循兩資以上人。

卷一萬四千六百七十三

十二月十八日，置大辟獄，詔天下奏案並刑部、審刑院詳斷。於是刑部言：本部於斷案素所不習，應大理寺舊官吏令盡歸刑部，以大理寺詳斷官為刑部詳斷官，仍以大理見斷案付之。　二年二月三日，詔：審刑院、刑部近因併差詳議、詳斷官入試院，積未斷公案五百餘道，罪人幽繫囹圄，日夜待命，豈宜淹滯留壅如此！其自今月三日後，官吏並勒宿。　六日，審刑院、刑部請以審官東院地為審刑院，太常禮院地為刑部詳斷司。從之。二月二十四日，詔審刑院、刑部自今留滯公案及二百道，官吏勒宿。職官志云：是歲詔審刑院、刑部官吏免宿直，如積案至二即宿。　四月二十六日，知審刑

院安燾言：天下奏案視十年前增倍，已審刑部院刑部詳議、詳斷官視舊員數頗減，乞復置詳議官一員。又詳議官徧簽刑部斷案，職事不專，乞分議官六員，每案二員連簽。若情狀可疑，未麗於法，即議官通簽。如此則疑難之獄得盡衆議，明白罪案不致留積。詔增審刑院詳議、詳斷官各一員，罷刑部檢法官一員，餘如燾請。　五月八日，知審刑院安燾言：比年詳議官以文案繁多，責重賞輕，除者多不願就，乞以二年為一任，任滿減磨勘二年。自刑部差者已及成資，先依刑部任滿法推恩；未成資者補及成資推恩，餘別理一任。從之。　六月二十六日，詔審刑院、刑部遇科場及試刑法、流内銓、三班院入，並於試前半月選官申中書，審刑院三人，刑部七人，候差試官畢，據闕差權正官，到限一月了絶已分文字，過限不支添給。以刑法官多差考試，而候差權官稽滯案牘，從逐司請也。

卷一萬四千六百七十三

七月十六日，詔在京獄案有繫囚者，法官先斷奏。從知大理卿事崔台符請也。　八月十二日，中書言：應朝旨置究治事，欲委審刑院、刑部置管勾，非特旨立限者及一季未奏下所屬催促，無故稽留者、行移迂緩并所屬不催舉，並劾奏，責刑房季終點檢。從之。　二十二日，詔刑部詳斷、檢法官再任並二年為一任，任滿詳斷官減磨勘二年，檢法官減一年。以刑部言詳斷官、檢法官雖許再任，無願就者，故優其恩也。

寄案大典卷七千三百七引續宋會要云元豐正名除大理卿崔台符為之

詔增判刑部官依視大理寺（據職官志係元豐二年事） 三年詔刑部審刑院斷案及詳定事半年不能決者以狀上中書書樞密院（此亦據職官志不得其月） 正月七日詔大理寺鞫罪人依開封府例報糾察司檢大理寺乞的具徒以上事報糾察司許之開封府准此仍詔糾察司如察訪得雖非徒已上而出入不當許索文案點檢 二十四日詔審刑院刑部斷議官自今歲終具嘗失入徒流罪五人已上或失入死罪者取旨連簽者二人當一人京朝官展磨勘年幕職州縣官展考或不與任滿指射差遣或罷本年斷絕支賜去官不免（先是熙寧十年嘗詔歲終比較取旨而法未備故也） 八月九日詔審刑院併歸刑部以知院官判刑部掌詳

卷一萬四千六百七十三

議詳覆司事其刑部主判官二員為同判刑部掌詳斷司事詳議官為刑部詳議官 四年七月十三日詔刑部貼例擬進公案並用奏鈔其大理寺進呈公案更不上殿並斷訖送刑部貼例不可比用及罪不應法輕重當取裁者上中書省 二十五日詔敘復不以官高下並歸尚書刑部內合取旨及職任非吏部者並上中書省 十一月八日詔罷刑部公案半年一次法官赴中書斷絕 五年二月上批新判尚書刑部何正臣自擢置朝廷以來未嘗踐履刑獄職任可改差判尚書兵部兼知審官東院 四月二十三日太中大夫大理卿崔台符守刑部侍郎（侍郎自是始正除尚書闕） 六月二十六日詔自今

特旨衝替無公案者令中書隨時旨定事理輕重敘復者不以官高下並歸尚書刑部 六年三月六日尚書刑部言舊刑部詳斷官公案斷訖主管論議改正注日方過詳議官覆議有差失問難並於檢尾批書送斷官具記改正上主判官審定然後判成錄奏自二司並歸大理斷官為評事司直議官為丞所斷案草不由長貳日者斷案類多差忒欲乞分評事司直與正為斷司丞與長貳為議司凡斷公案先上正看詳當否論難改正簽即注日然後過議司覆議如有批難具記改正長貳更加審定然後判成錄奏從之 八月二十八日尚書刑部言乞應吏部補授大理寺左斷刑官先與刑部大

卷一萬四千六百七十三

理寺長貳雜議可否然後注擬仍取經試得循資已上人充正闕以丞補丞闕以評事補詔刑部吏部同著為令其後著令司直評事闕選尚書及侍郎左選人丞闕止選尚書左選人仍經任司直或評事係親民資任者已上二件其初改官應入知縣人亦選正闕選丞或司直評事見係通判已上資序者已上所選仍不限見任授訖未赴即曾失入徒已上罪已決或死罪若私罪情重及贓罪或停替後未成任各每毋得入選 七年八月一日門下省言刑部奏鈔宣德郎樂京據例當作情理稍輕不礙選注京本坐言役法本部不敢用例詔樂京情重刑部引例不當 十月一日御史蹇序辰乞令

諸路提點刑獄司每季具已論決詳覆大辟事狀以聞付刑部注籍點檢案治失誤詔提點刑獄司季申刑部　八年十二月五日刑部言令提刑司檢法官覆州縣官小使臣等公罪杖以下案申吏部大理寺注籍則法官可以專於讞獄從之　哲宗元祐元年五月一日三省言舊置糾察在京刑獄司蓋欲察其違慢所以加重獄事向罷歸刑部無復申明糾舉之制請以異時糾察職事悉委御史臺刑察兼領刑部毋得干預其御史臺刑獄令尚書省右司糾察從之　十三日刑部言舊刑部覆大辟條直詳覆司自官制行詳覆案歸逐路提刑司刑部不復詳覆亦不置吏今當復置詳覆案從之

卷一萬四千六百七十三

八月二十七日詔將來明堂刑部留郎官一員免赴受誓戒專一發遣斷敕文字　二年十月六日罷吏戶刑部長貳保任郎官治狀法初文彥博建明朝廷為之定令諫官論其非是罷之　四年五月九日尚書省言六曹寺監吏額并關防約束欲罷吏籍案內外役人增減等止合隨處行遣應出職而入流並直達吏部都官欲罷配隸案所掌配籍併歸刑部舉敘案從之　七月二十七日詔刑部令後有覆大辟不當並先下本處分析候到聞具以聞　十月二十三日刑部言元豐刑部格制勘案主鞫獄根究體量過犯逐案所行首尾相干有合行事節却行狀復顯見煩費欲將制勘體量案併

為一案所行事體相照從之　五年七月二十六日刑部言中書刑房條舊有刑部官歲終具失入徒流罪五人或失入死罪或違限三分並取旨之法自官制行改貼刑部官字為大理寺官其大理寺官歲終比較條刑上都省取旨其中書刑房字當改作刑部從之　九月二十二日詔刑部令後官員犯公罪杖已下依故文及有正例別無違礙者關吏部施行　三十日詔應檢舉前任執政官如丁憂者服月日許通理期限其罷執政官後因事落職降官令中書省依條施行貴授散官令刑部檢舉　十二月二十七日詔刑部點檢大理寺差失每兩件比三有點檢得一件比較施行　六年二月

卷一萬四千六百七十三

十日詔文武官有犯同案事干邊防軍政者令刑部定斷申尚書省仍三省樞密院同取行　徽宗建中靖國元年七月十七日中書省尚書省勘會朝散大夫權刑部侍郎周鼎承議郎刑部員外郎許端卿奏乞應用元符敕編配過人內全行刪去編配者與放逐便其損減地理及為刺面配或刺配改為編管之類者一切改正等事臣僚上言久來條制凡用舊條已斷過不得引新條追改今已用元豐舊條斷過編配人乃用刑部看詳新條改正皆為刑官盡以元豐之舊條為重法而改之命下刪改之日姦人䠞無顯屬挾情亂法伏望早降睿旨黜責鼎等詔周鼎降授朝奉大夫許端卿降授奉議

郎　崇寧二年二月二十九日刑部狀看詳元豐官制立都官吏籍案配隸案昨因元祐元年内頒降到門下中書後省元豐七年十二月進呈修立本部條將配隸案移放案撥併入刑部隨事撥却行案一人至元祐四年修立到吏額指揮内又將配隸案注籍撥入刑部隨事撥却行案不行案各一人吏籍案全行廢罷人吏亦行銷減其所掌無選限吏人及内外役人廢置增減勘當出職等事止隨處行遣應出職而合入流各補授大將軍將者並直達吏部都官再詳上項所廢事務吏籍案事故在諸處即已失總領逐處亦不專一除移放編配人及受理詞狀照檢移放犯由一節係門下中書後

卷一萬四千六百七十二

省元豐七年修立進呈外其餘併廢案分即與屯田掌營田職田官莊元祐改入戶部虞部掌金銀坑冶山澤元祐改入金部合行改正事件一般所有都官吏籍配隸案及人額合改正依元豐官制格目外其移放編配罪人及撥過吏人欲乞依元豐七年已進呈條格依舊隸刑部從之　大觀元年八月二十九日臣僚上言伏見刑部大理寺官並緣李無咎事乖謬而刑部又以納樣小黃錢指揮行下他路惑亂衆聽朝廷雖以降官然其事傳播已廣行遣未厭衆論臣切惟刑曹理寺實總邦之憲禁其斷刑議法必為天下所取正今朝廷已行之令文牘甚明前日已斷之人姓名可見而乃漫然不

省輕移文牒傳笑四方有辱國體若或議辟斷罪差謬若此一成莫可追及實死生舒慘之所繫其為害豈特此而已況成命頒行天下莫不聞知朝廷省寺之重使人緣此得以輕議非所以嚴法令也然刑部以二事失當而錢法指揮尤為惑衆是罪固有輕重之不同則罰亦宜從而異也伏望聖慈更賜詳酌施行二寺失當官吏降一官依下項降授朝奉郎試兵部尚書兼侍讀左膚降承議郎降授朝請大夫尚書刑部郎中宋維降授朝散大夫降授朝請郎守尚書刑部員外郎游百揆降授朝散郎　政和元年三月二十九日左右司奏刑部狀臣僚上言乞今後別路委官定奪推治合要公案或

卷一萬四千六百七十三

勾人並許所委官直牒追取三追不報雖五報不圓並許直申逐路提刑司取勘仍申尚書刑部催促如事干監司即申尚書省乞行取勘詔所言實可杜絶推托姦偉庶寃抑必得辨正宜商量指置約束　七年四月十七日刑部尚書慕容彥逢奏欲乞應命官犯罪合該全原勿論者並限一月結絶有故聽申所屬量度仍申刑部照會無故稽違即從本部依條奏劾如蒙聖允乞詔有司立法施行從之　宣和元年二月二十二日詔分官設屬以董庶務比來偷惰不職廢公営私刑部吏人敢詐冒聖旨侵紊賞罰凡二十餘事省部長貳屬官漫不省察何足倚辨仰尚書省具名取旨悉行沙汰蔽

嗣昌能舉覺可轉兩官，降詔奬諭；郎中張仲綱按發，轉兩官，以為不職之勸。通議大夫、守刑部尚書、兼詳定一司敕令、九域圖志蔣嗣昌可特授正議大夫，朝議大夫、尚書刑部郎中張仲綱可特授中奉大夫。　五月四日，臣僚上言：「恭惟神宗皇帝躬堯舜之獨知，興文武之墜典，熙豐威烈，粲然畢陳。陛下述而行之，亦二十年。元豐成憲，務在循守，而近者省曹尚敢公肆欺罔，違陛下已行之詔，官元豐已成之法，上下相蒙，增減制書，詐冒功賞。迹具情實，當在不赦之域。臣頋據所聞以論焉。臣伏見刑部令：進擬案吏人職級七及第一等功，手分五及第一等功，各陞一名，無名可陞減半年出官；職級條使

卷一萬四千六百七十三

臣減半年磨勘，選人陞半年名次，每歲陞不得過半年，有餘聽入流比類用之。此元豐進擬案條格，已經崇寧看詳，而陛下詔令所當循守而不可衝改者也。政和八年十月，本部輙敢欺罔天聰，妄行奏請，称除詳覆案已有賞罰條格外，有進擬案，若不陳請，慮無以懲勸，乞依詳覆案賞罰條格施行，别不衝改見行條法。臣勘會元豐進擬案已有上條分明，而本部称未有條令來奏請；實有衝改，而本部称無衝改，欺罔詐冒，其罪明矣。且元豐詳覆案依法，郎官駁正大辟一名減一年磨勘，吏人駮正失入大辟一名轉一資，無資可轉及不願者出官日減一年磨勘。若進擬案則不然，職級駮正大辟七人

方依元豐法作七及第一等功，減半年磨勘，已有政和七年分比較案牘照驗。今乃官吏上下相蒙，公肆欺罔，称無條法，乞依詳覆賞。如此，即是進擬案依元豐舊法駮正大辟七人合減半年磨勘者，今則每名計賞一名減一年，七人減七年，比舊增及十倍以上。元豐詳覆案條法，称吏人駮正失入大辟一名轉一資，無資可轉及不願者出官日減一年磨勘。若進擬案依此推賞，已係衝改舊條，罪不可貸，然又有名為就輕，其實僥倖之甚者。臣看詳本部元奏請，称應轉資人吏係使臣者，每資只與減二年磨勘；係副尉者，依使臣法比折收使。如此，即是進擬案依元豐法駮正大辟七人合減半年磨勘者，今則每名計賞，若使臣、副尉駮正一名減二年，七名減十四年，比舊增及二十倍已上，詐冒欺誕，不已甚乎！

卷一萬四千六百七十三

刑部奏請乞依詳覆案法條，政和八年十月二十七日，若本部官吏於奏請以後有駁正大辟人數，方可依今年奏請每名減二年磨勘。今本部係明又復用違格改法，將未曾奏請以前合得半年酬奬並減二年磨勘施行。本部既称並不衝改見行法令，即是自來無條，何為復用違格改法，捨輕賞從重賞？案牘具在，罪狀甚明。近者本部具官吏推賞姓名，除使臣等十餘人外，其郎官數人一歲之間有通計減及十一年者。將欲閱司勳覈實行賞，而人吏董誂、王拯、李寘等自知元係欺罔詐冒

慮他司或朝廷取索元條問難發摘，已罪乃就閱了中
將元奏得旨全文擅減却別不衝改見行條法八字，意
欲官司不知，以遂其冒之志。郎官聶宇忽覺非便，堅執
不肯簽書，對衆宣言比正是增減制書，詐冒功賞，衝改
元豐舊法，尋白長貳罪狀遂彰。元奏請官若能循省前
愆，役誠君父，自劾其罪，猶不失事君之義。遍復怙終，遂
非借辭飾說，再因天聰，妄亂奏請，稱勘會若依詳覆案
元豐舊法亦恐太厚，乞與減半推賞。臣勘會本部元奏
請稱進擬案比之詳覆案事體頗重，今却稱若依詳覆
案元豐舊法亦恐太厚，蓋本部但知欲蓋前愆，巧辭欺
以減半賞爲辭，殊不知元豐舊法增減一日不可也。往

卷一萬四千六百七十三

者國子監官妄奏衝改國子監條法，有害政體，陛下天
威震赫，即正典刑，長貳遠竄，與郡僚佐罷斥歸鄉。今刑
部妄奏賞格，衝改詳覆條敕，誣詐冒賞，衝元豐成法，增減制書，厚
僥倖不發，厥罪甚大。若不稍行懲責，切慮欺罔之徒衝
改舊法以幸恩，一無所忌。惟欲望聖慈特降　旨，取
問聶宇，若果如臣言，乞將有罪官並行黜責，仍乞將人
吏付司推鞫，已未推賞人並行改正，一循元豐法令施
行，所貴杜絕姦倖，人知所警。詔韓剛昌罷刑部尚書，
落職提舉西京嵩山崇福宮，放謝辭，具元奏請指揮並
改正，更不施行，人吏令大理寺取勘具案聞奏。　四年
三月二十七日，刑部尚書蔡懋奏乞編修獄案斷例，詔

令刑部編修大辟斷例，不得置局添破請給。　高宗建
炎三年四月十三日，詔刑部郎官以二員爲額，吏人減
半。　紹興四年五月二十三日，詔今後吏部奏抄、刑部
斷案，每抄案上省限次日報御史臺，其間經涉日久無
故留滯，許本臺彈劾。　七年七月二十八日，詔諸路州
軍奏勘公事，令刑部開具稽滯尤甚三五處申尚書省
取旨施行，從刑部尚書胡交修請也。　二十一年七月
二十五日，詔今後官員擅行科率及應因害民之事被
罪情理深重者，依已降指揮，更不注知州軍監、通判、知
縣差遣，內有所犯情輕之人，開具所犯因依，申取朝廷
指揮施行。　二十六年閏十月十三日，詔刑部見任郎

卷一萬四千六百七十三

官依元豐舊法分左右廳治事，今後依此。先是，右司郎中汪應辰言：國家累聖相授，民之犯于有司者常恐不得其情，故特致詳於聽斷之初；罰之施于有罪者常恐未當於理，故復加察於赦宥之際。是以參酌古意，並建官師，上下相維，內外相制，所以防閑考覈者纖悉曲備，無所不至也。蓋在京之獄曰開封、曰御史，又置糾察司以幾其失；斷其刑者曰大理、曰刑部，又置審刑院以決其平。鞫之與讞之各司其局，初不相關，是非可否，有以相濟，無偏聽獨任之失。此臣所謂特致詳於聽斷之初也。至於赦令之行，其有非者或敘復、或內徙、或縱釋之，其非辜者則爲之湔洗；內則命侍從館閣之臣置司詳定，而昔之鞫與讞者皆無預焉；外之益、梓、夔、利去朝廷遠，則委之轉運、鈐轄司，而提點刑獄之官亦無預焉。蓋以獄訟之初既更其手，苟非以持平陰恕爲心，則於宥罪者或疾惡之太甚，於非辜者或遂非而不改，故分命他官以盡至公。此臣所謂復加察於赦宥之際也。迨元豐中更定官制，始以大理兼治獄事，而刑部如故。然而大理少卿二人，一以治獄，一以斷刑；刑部郎官四人，分爲左右，左以詳覆，右以敘雪，雖同隸而異事，猶不失祖宗所以分職之意。本朝比之前世，獄則號爲平者，蓋其並建官師所以防閑致覈有此具也。中興以來，百司庶府務從簡署省

大理以御往往止於一員則治獄斷刑皆出於一然則獄之有不得其情者誰復為之平反乎刑部郎官或二
員或二員而閑掌職事和無分異恐刑罰之有不當吾理昔又將使誰為之平反乎望詔執事刑部大理寺之
官雖未能盡復祖宗之舊亦當遵用元豐定制廣設官各有守入各有見參而任之反復詳盡以稱陛下欽恤
之意亦以為後世法詔令吏刑部看詳申尚書省取旨故有是命　二十七年二月二
月二十一日詔刑部郎官循行督遣如勘鞫失實事理
妨礙直行移送令後御史點檢或有移送公事許依刑
部已得指揮　三十年五月一日詔刑部進擬案并大
理寺右治獄法司手分令後遇闕許刑寺并六曹寺監
正貼司以上并大理寺左斷刑法司本司正貼司以上
各令所屬保明無過犯守行止之人並依三衙人吏條
法春秋附試候試到合格人姓名闕送所屬收補內進
卷一萬四千六百七十三
擬案主事遇闕將本案試到人依名次遷選先是刑寺胥吏有闕
例是長貳臨期差官量試被補或抽差填闕至是臣僚有請從之　紹興三十二年孝宗已即位未改元
七月二十一日詔刑部四司主事令史承闕書令
史各減一年出官該遇皇帝登寶位也　孝宗隆興元
年五月十九日編類聖政所言昨承指揮令秉敕令所
令本所已行省罷其敕令所合依已降指揮併歸刑部
從之　七月二十六日詔六部長貳除尚書不常置外
置刑部侍郎一員郎官二員從右諫議大夫王大寶等
議也　八月三日刑部言依指揮條具併省吏額見管
主事一名令史四人書令史九人守當官八人正貼
司一十八人今減守當官二人正貼司三人今將減罷

人籍定以後有闕依名次撥填詔依見在人且令依舊
將來遇闕更不遷補　乾道元年五月二十四日詔法
令禁姦理宜畫一比年以來旁緣出入引例為弊殊失
刑政之中應今後犯罪者有司並據情理直引條法定
斷更不奏裁內刑名有疑令刑部大理寺看詳指定聞
奏永為常法仍行下諸路遵守施行其刑大理寺見引
用例冊令封鎖架閣更不引用仰刑部遍牒諸州仍出
榜曉諭　六月二十二日詔將今後命官曾因臣僚監
司論列按發不曾經所司推勘體究之人並免約法贓
私罪狀明白送所司根勘具案取旨從刑部侍郎方滋
請也　二年正月五日詔今後人戶除許越訴事外餘
卷一萬四千六百七十三
並依條次第經由各仰本處分明與奪合行備坐所斷
因依告示如所斷不當方許繳連告示依法次第經由
陳訴若無結絕告示及已經理斷再行陳狀並不得受
理如依前越訴依法科罪其已經官司陳訴見為行遣
不候結絕又復經他處論理即合更不施行如依前違
戾重作行遣仍令刑部鏤板遍牒行下　十月九日中
書門下省言已降指揮今後命官曾因臣僚監司論列
按發不曾經所司推勘體究之人並免約法臣僚論列
贓私罪狀明白送所司根勘具奏取旨今來州軍按發
命官不曾經推勘或體究未曾該載詔行下刑部大理
寺應有州軍按發命官不曾經所司推勘體究之人亦

依監司所擬命官事體並免約法施行　三年十月十七日詔令刑部檢坐畧累降路監司帥守州軍等處申奏文字書填實日指揮申嚴遍牒行下日後尚敢違戾當職官吏並重作行遣先是三省樞密院勘會近來諸路州軍等處申奏文字多有違戾或揭貼添填及諸處都繳申奏亦各空日是致難以稽考故有是命　六年五月四日中書門下省言刑部吏額遇有差出人名闕令以次正貼司承權支破七分請給外於額外無請私名內差填正貼司名闕顯是溢額詔令將應差出手分許以正貼承權支破七分手分請受其正貼司職事只令本人兼行吏不差私名承填　同日刑部言依指揮除具併省吏額本部所掌擬斷獄案等係是刺曹除詳覆料察進擬

卷一萬四千六百七十三

案係指差在外諳曉刑法人不得併省外本部人吏見管四十人主事一名令史四人書令史九人守當官八人今從下數減二人正貼司十八人今從下數減三人本部除已減罷五人通以三十五人為額其所減人數各係有請受正額之人除赦令所見差人承權候修書了畢發遣歸部部依名次撥權其數減人並行遞遷欲依名次給據候將來額內有闕依名次撥填施行詔並依擬定各從下裁減將來見闕日依名次撥填其減下人願依條比換名目者聽　八月十七日刑部言近來勘鞫体量公事間有不當去處雖於案後收坐下監司州軍等處依條施行並不依條限取索拖延致得該恩

或有離任及事故之人方始回報其間却称見移文他處會問動經歲月不能結絶令措置應案後收坐官吏仰被受去處即時行下所屬將合收坐官吏具職位姓名事因內有取伏辨之官亦仰專差人監督共責各除程限五日具申朝廷若有拖延去處從本部將被受官司開具因依申朝廷先賜施行庶得不致遷延避免朝典從之　九月十七日詔令刑部行下諸路州軍今後應有犯狂盜合編配之人並於案內聲說有無家屬申奏　七年十一月二十七日詔令刑部將乾道新修條令并申明户婚續降指揮編類成册送敕令所看詳鏤板遍牒施行　九年閏正月十九日都省勘會刑部獄

卷一萬四千六百七十三

案見不住催促上省行遣切慮下文字之人不即依時赴省投納或承受去處阻節留滯欲令刑部專委郎官將書印圖備合上省案狀除緊急不可待時文字經赴案房投下外日具單子計定件數令當行人吏親身齎抱至都司當廳投下都司畫時付案房如有阻節退回亦仰當廳執覆都司聽置曆收附訖令案房將所下文字點檢或有住滯赴廳呈稟將投下文字人重行斷遣若案房不即收留及别作阻節並從捉點申舉依條施行從之　三月二十二日詔詔令刑部長貳郎官并監察御史每月通輪一員分作兩日往大理寺臨安府親録囚徒仍具名件聞奏　七月三日樞密院言勘會因

犯強盜等配充屯駐諸軍重役之人往往例皆短少或癃老殘疾不堪執役虛填闕額野理宜措置詔令刑部自今後將配諸軍充重役人並免配屯駐軍各隨所配地理遠近分配諸州軍牢城收管

續會要

淳熙四年正月二十三日詔自今春秋須進冊從刑部長貳點檢無差錯滲落方得繳中（以本部申到春頒進冊多有錯漏部首上其事故有是詔）二月十四日刑部言每歲比試本部掌法胥吏乞許六曹寺監應條私名貼司以上附試如遇手分有闕先補試中人如無試中人可差許且依令法於六曹寺監手分以上抽差內有願比換副尉者依本部專

卷一萬四千六百七十三

法比換其諳曉次第人依大理寺右治獄法司選留再任條賞施行如條從私名試中經差手分人即于本部比換法上添通入仕及十年方許比換從之　五月九日刑部郎官梁總言昔韓琦在中書日盡取斷例編次綱目封縢謹掌每當用例必自閱之竊謂今之斷例正亦斷類此乞明詔刑部以斷例委之長貳或郎官封鎖收掌用則躬自取閱庶幾定罪用刑在官而不在吏從之　六月五日詔刑部將擬斷案狀照自來體例依條擬定特旨申尚書省仍抄錄斷例在部委長貳專一收掌照用（以都省言刑部擬斷案狀檢來並不比例條本部照情犯輕重臨時參酌擬定特旨申省取旨近降指揮拘收斷例自今斷案別無疑慮依條申省取旨裁斷如有情犯可疑合引例擬斷事件申尚書省參照令來刑部將合奏裁案狀一例不擬特旨上省照得已降指揮內即無令刑部不擬特旨之文其本部自合依舊於已降指揮別無相妨故有是詔）

二十八日詔刑部自今將情法相當別無疑慮案狀依條施行外有情犯可疑即於已抄錄在部例冊內檢坐體例比擬特旨申省如與例輕重不等亦令參酌擬斷申取指揮（既而中書省言諸路州軍申奏獄案依已降指揮刑部敕令所看訂修立到斷例共九百五十餘件左右司拘收掌管自令刑部大理寺斷案如無疑慮依條申省取旨裁斷有情犯可疑合引例擬斷事件申省參照施行仍抄錄斷例在部委長貳專一收掌令刑部所申案狀雖有擬立特旨並不曾檢坐體例申省竊慮處斷輕重不倫未應已降指揮故有是命）　八年七月四日刑部侍郎賈選言乞自今刑寺駮勘取會獄案文字令進奏院專置錄匣排列字號月日地理當官發放所至鋪分即時抽摘單傳承受官司依條限具所

卷一萬四千六百七十三

會并施行因依實書到發日時用元發緣匣回報庶幾違滯之處易於稽考從之　十年八月十三日刑部侍郎曾逮言乞下本部自今應擬貸刑名並開具斷例之相類者然後酌其輕重用小貼聲說以取朝廷裁斷如於重罪不失而小有不同並免駮問庶幾有司如意參酌謹以引用擬斷以副陛下欽恤之意從之　十二月十三日詔刑部在後與校名人吏每遇銓試並合附試刑法合格者並超一等遷補仍不得於大理抽差入吏行案令刑部看詳措置以聞（詳見大理寺）　十三年十二月九日詔刑部并進擬案共減書令史一人貼司二人私名一人主事一人（以司農少卿吳燠議減冗食下敕令所裁定故有是命）　淳熙十

六年十一月十八日刑部侍郎吴博古言本部一司案
字專法奏獄及緣法令事應議者召大理寺丞以下議
緣近有專降指揮大理寺官不得出謁以致未敢照用
舊法乞令後本部遇有合議刑名許從舊法請大理寺
官赴部商議從之　紹興元年十月十一日大理正季
洪言伏覩乾道閒臣僚申請命官因監司州軍按發不
曾經推勘或體究後因到部截會並免約法指揮既行
咸以爲當然猶有可議者按章内稱曾差官體究若備
坐體究到事因則據以約罪人亦何辭然其閒蓋有止
稱已曾體究有司拘文亦未免與之約法或所犯狼籍
藉偶不言及曾經體究遂致倖免勢須行下取會動涉

卷一萬四千六百七十三

歲月復有留滯之歎乞詔監司郡守今後按發官屬如
委曾體究到事因不得泛言已曾體究庶幾有司據憑
約法人自無辭從之紹興五年七月一日登極赦文應
命官因臣僚論列或監司守倅按發不曾經取勘一時
約作過犯可並與除落依無過人例施行　九月十四
日明堂赦文應命官下班祗應副尉因罪特旨及依法
合該展期或展年磨勘監當展任降資殿降名次展年
參選罰短使並特與放免同日赦應命官犯公罪徒以
下案後收坐而案狀未到者可以刑寺照赦定斷結絕
慶元六年五月十四日詔命官曾經論列按刻降官
放罷委無綰繫之人日下批書放令離任如妄作緣故

不與批書在内委御史臺覺察在外令監司按劾仍許
被冤抑人及家屬越訴　二十五日刑部員外郎王資
之言大觀舊法諸尚書省更造到春秋頒敕令格式二
冊春以正月十五日秋以七月十五日以前進入聽裁
南渡以來刑部進呈頒降至今不敢少怠其閒並是中
外臣僚平居暇日議論精審朝刪夕改然後建立朝
臺諫給舍咸以爲是然後頒行日來止是頒下州郡而
不及縣鎮夫縣鎮於民爲最近裁決公事多致抵牾獄
訟以之不息良民受害不少乞今後遇春秋一頒鏤板
其縣鎮並同州郡一例頒降從之　嘉定十二年七月
七日臣僚言竊見大理寺右治獄法司闕有闕人即以

卷一萬四千六百七十三

正貼司就貢院收試令刑部進擬案法司擬斷諸路州
軍獄案事體尤重却以六曹寺監私名就試此等入未
久年甚尚幼結連成黨雷同入院互相指教僥緣偶中
即充法司諳給等依書令史例帮行又且補授轉官賞
典非輕大爲僥倖況私名既不練歷於擬斷獄案必致
差誤乞將進擬案法司已補承信郎方得作闕許六曹
曾經貢院試中已補充正貼司之人經刑部陳狀就貢
院附試候試中且令帶本處正貼司舊請於進擬案習
學候已補官法司及一年離司却行補正從之
宋會要　審刑院
淳化二年置在右掖門内掌詳讞大理寺案牘而奏
之以朝官一人或二人知院事有詳議官六人以朝官

先是以下大字居中

凡ㄅ者並注大典卷一萬四千六百七十三又卷一萬六千六百六十五

究書令史十二人先是天下案牘先定於大理覆之於刑部大宗慮法吏舞文因置
審刑院於中書門之西凡具獄案牘先經大理斷讞既
定關報審刑知院與詳議官定成文草奏訖下丞相府
丞相又以聞始命論決蓋重慎之至也。○太宗淳化二年
八月以樞密直學士李昌齡知審刑院初散騎常侍徐鉉外族之女蕭
氏與姑為訟法官議覆依違斷斧皆坐違詔因置審刑院命近臣領之。○四年六月詔審刑
院應罪人當坐極典公案依法定斷後內有情理可憫
者仰体量事理別具奏聞。○真宗咸平元年三月詔大
理寺斷獄有合上請者審刑院即行駁問無得奏裁。○
二年正月權大理寺事尹玘言准至道三年二月李瑗
起請勑大理寺斷案審刑院詳覆各有程限大理寺斷

卷一萬四千六百七十三

到公案審刑院如必然用法未當出入刑名須合改正
者即指出不當事節分明駁問不得妄有駁難近見審
刑部院駁問大理寺多不指出不當事件只以疑詞覆
問致案牘稽遲欲乞再申明詔審刑院凡駁問刑名
事節一依前勑施行。○閏三月詔審刑院每奏案先具
簡當法狀進入以滅奏讞之繁。○三年十一月詔州府
軍監自奏案狀自今並送審刑院看詳有滯留者以聞。
○五年四月二十四日詔近日審刑院每有詳議連書
奏上不能执正多所依違自今並須盡公結奏。○六月
二十二日詔審刑院詳議官自今不限在職月日但本
官及三年無違闕即引對遷官。景德元年八月詔審刑

院斷案牘自今大事限十日中事七日小事五日從御
史知雜李濬之請也。○九月詔律勑所著則條目有常
案問之詞則情狀不一若法寺以無條議罪比附或爽
於重輕中書以經奏奉行須下有虧於審慎至於仕進
士伴偶挂州刑名之書雖則已務從輕如聞猶難自辨
則使有隱者何由上達負屈者無以獲伸將更盡於詳
明宜聊從於釐革今後宜令後審刑院進呈公案一依
舊例覆奏後批所得指揮送中書委自中書看詳如刑
名已得允當即出勑除具法寺斷語外便以勑文處分
更不得錄審刑院所批指揮如是刑名未當即仰中書
別具進呈務在平允亦具法寺斷語出勑處分。○四年

卷一萬四千六百七十三

七月詔審刑院凡有法寺奏斷公案皆具詳議奏覆其
今後宜令本院除為官吏贓私踰濫為事慘酷及有刑
名疑悮者依舊奏覆其餘刑名已得允當者即具封進
仍以黃帖子擬云刑名已得允當乞付中書門下施行
時王濟等上章乞廢審刑院帝因令宰臣更為約束。○大中祥符二年二月二十
五日詔審刑院御史臺開封府案牘遠即斷奏以方春
慮淹繫也。○天禧五年二月九日知審刑院宋綬言諸
州刑奏並斷畢無見留案牘詔獎綬等仍賜緡錢事付
史館群臣詣閤門上表賀後奏斷絕賜緡錢付史館如例而不上表賀。○仁
宗天聖二年十月審刑院滕涉言本院案牘稍多每斷
奏稽延頗滯刑禁欲乞每遇天慶乾元等五節前後各

一日并正節日共三日住奏大辟公案其餘公案只乞正節一日住奏從之。景祐四年四月九日右諫議大夫郎簡乞今後詳斷刑名未得允當許勾斷官赴院詳議詔審刑院有公事須商量即詳議官與知院同書字勾喚。嘉祐六年八月徙審刑院于右掖門之西院舊在長慶門東併其地入中書而徙之。十月十二日知審刑院傅求言本院未便事件如舊制審刑院元在右掖門内易為関防今移出外臨街與審官院禮院相鄰逐日車馬喧閙窃緣本院日有奏到公案不少院門别無関防欲乞依在京糾察司例專差皇城司親事官二人把門免致別有漏泄本院剩員十人束縛文字今來

卷一萬四千六百七十三

本院屋共六十餘間雖有上下番剩員二人難為看管乞於十人内特留四人看管屋宇官物公案等仍乞依衆詳議官所破剩員例支給口食並從之。神宗熙寧元年五月二日知審刑院齊恢等言本司近年已來文案稍多全藉官員曉夕斷奏雖早入晚出有大理寺一司常制於其間不勤所職往諸處看謁之人深慮廢事欲乞今後應審刑院大理寺官除休務假日外其餘合入本司日分並不得於諸處看謁所貴盡心職事不離官次從之。

宋會要　法官

太祖乾德四年八月十二日詔應刑部大理寺見任及

令後授官並以三周年為滿如常在本司區別公事至滿日便與轉官如有踈遺不在此任限　太宗太平興國七年八月詔曰朕以刑法之官重難其選如聞自來月給隨例折支宜令三司自今後少卿郎中已上料錢於三分中二分特支見錢員外郎已下並全支見錢如他官任刑法官者亦依此例　端拱二年十月御劄朝臣京官等令御史臺告諭有明於格法者許於閤門自陳當議試可送刑部大理寺充職其大理寺滿三年無遺闕一依元敕改轉　真宗咸平二年三月詔審刑院舉詳議官自今宜令大理寺試斷案三十道取引用詳明操履無玷者充任初宰臣張齊賢奏審刑院舊例

卷一萬四千六百七十三

舉詳議官令刑部只試斷案二道俱通則便令赴職仍多改賜章服竊詳所斷案牘皆取其事小者以試之是以多聞中選直宗曰如此則求人不精何以懲之齊賢因請釐革　四月知審刑院雷有終言大理寺斷官每有公案定斷刑名經申奏後内降付審刑院詳議其議官看詳或寺司定斷刑名重輕未允即劄下本寺問難其本斷官略無所執隨而入狀改定謂之覺舉且法寺出入刑名朝廷略無勘問甚非欽恤之義也欲乞自今若將杖罪入徒或徒罪入杖其本斷官具名銜以聞下本寺就勘取旨或杖笞罪遍牙出入即依舊取覺舉官狀改正更不行勘從之　八月判大理寺王欽若言

本司近日文奏甚簡，請止留詳斷官張維等八人，其張文晉等四人望令首罷。詔從之，文晉等悉授近便知縣。　六年十二月，詔自今有乞試法律者，依元勑問律義十道外，更試斷徒已上公案十道，並於大理寺選斷過舊條律稍繁重輕難等者，拆去元斷刑名法狀罪由，令本人自新別斷。若與元斷並同，即得為通。如十道全通者，具狀奏聞，乞於刑獄要重處任使；六通已上者，亦奏加獎擢；五通已下，更不以聞。　景德元年四月，詔御史臺、刑部、大理寺推直、詳覆、詳斷官年未滿，諸處不得輒有奏舉。先是推直官等有缺，即令兩省給舍已上保舉兩授之，至有僥於案牘或別求舉奏改授他職，故有是詔。　二年三月二十四日，詔自今所舉大理寺斷官

卷一萬四千六百七十三

刑部詳覆官，已試斷案五道，遣官與二司互考。又審刑院言：準勑與刑部、大理寺詳定，自今授狀乞試格法并審官院、流內銓等處引見時乞試人，並依元敕試律義十道，合格外，更試斷案三道，兩道通者奏取進止。所有奏舉到詳覆、詳斷，揀選到法直官并審官、銓司引見時不曾乞試，特奉聖旨與試人等，止試斷案三道，通二道者為合格。其兩項人所試斷案，以斷勑內取一人犯罪多者，情款與試合得元斷刑名同，即為通；如罪犯易見者，取兩人情款與元斷刑名同，即為通。仍依近敕並差官與刑部、大理寺交互考試。詔從所請，內試到三粗者並子仰繳連以聞，別取進止。其選到審刑詳議官亦准此。　五月，詔刑部自今每定試斷案人前一日，差覆官一人親往大理寺，委判寺少卿等臨旋差斷官一人，與差去官同案，則不得令手分檢取。仍據所借道數，令判寺官實封，具公文畫時牒送刑部，只在本廳收掌，亦不得下所司收直。候引試日，當面與同監試官驗認大理寺元封拆開，揀試去卻法狀斷語，無令詳覆官等同共監試，令所試人自新別斷。其餘通否次第，一依前後條貫施行。　六月，詔刑部、大理寺、三司法直官、副法直官等，自來以令史轉充，自今應法直官、副法直官，令銓司於見選人中選流內官一任成三考、幹謹無違負、書判者，具名引見，試斷案五道，差官與刑部、大理寺、三司交

卷一萬四千六百七十三

互考試，以可者充。三司、大理寺滿一年，刑部滿三年，無私罪，並與京官。先是端拱中樞密直學士寇準上言，至是申明之。　九月，詔審刑院詳議、刑部詳覆、大理寺詳斷官，自今任滿，如書罰四次已上，未得考課引對；其同簽連累者，件析以聞，當酌其輕重差降任使；內洪職無遺曠者，歲滿優與獎。　大中祥符元年正月，詔曰：「刑罰所施，益資平審；克議讞之任，當慎於選掄。洎乃仕進之流，能明科律之要，各宜自薦，式協旁求。應京朝官有閑習法令、歷任無贓濫者，許閤門進狀，當遣官考試。如有可採，即仕以審刑院詳議官。」初，審刑院、刑部、大理寺皆闕屬官，累詔朝臣保任及較試，皆不中選，乃有是詔。　八月，知審刑院朱選舉太子中允彭愈、光祿寺丞張有則，又知

審刑院事劉國忠舉大理寺丞閻允恭堪充詳議官詔刑部尚書温仲舒給事中張秉同考試助而太子詹事權判刑部慎從吉暨省寺衆官覆視仲舒等所試通粗不同而仲舒等又引禮部侍郎魏庠等前試大理寺丞衆常前武昌軍節度推官慎鏳前荆南觀察推官崔育材所定通粗為比詔令百官集議吏部侍郎張齊賢等議衆常慎鏳亦不中程詔奪其官彭愈亦罷 三年四月權判大理寺王東式言本寺官屬多避繁重自今望令權詳斷官未替不得別求任使如實不明法律委在寺官体量以聞方許外任正詳斷及檢法官年滿亦候替人方得出寺從之其權詳斷官以半年為限 六年四月判大理寺王曾等言自咸平元年編勅後至大中祥符五年八月續降詔勅千一百餘道及諸路案內引到行用詔勅并新編勅三司編勅農田勅共三千六百餘道內有約束一事而詔至五七者條目既廣慮檢據失於精詳望差官刪定詔令編勅所依咸平刪錄 六月詔自今應京朝幕職州縣官乞試斷案者委考試官等躬親就庫密揀公案親自封記候試時於中更選合要道數依元勅精加考試不得仍前令庫吏發檢致有漏泄其所試斷案須是引用格勅分明方始定斷合用何罪勿使函胡如違其所試官並重實之法其大理寺應係新舊草檢宣勅等庫自後並差官封鎖毋使人吏

卷一萬四千六百七十三

擅有關閉初中書以試律入名進呈宰臣王旦言從來已有差遣或已授遠官雖是法寺要人恐涉規避已不就行其間闕試而中選者亦冀便律擬定入未經大考試而入同罪為舉則與皆片涉此華頗六詳律格決獄予試不精則事書多失或擬於審刑院例斷改章服獄滿又加等使以此尤須得人盡公程試命曰如師所言識有所試斷案往往先知自至定刑則第曰合入條罪合入格異而不精陳犯何條格致將其罪自今選官精如考試仍更係約故責是諸 十二月大理寺又言舊制審刑院詳議官大理少卿詳斷官三年滿無遺闕考課改官景德中詔歲滿四經書罰者審官院以聞量輕重殿降差使如詳刑允當優與升獎向來審刑詳議官年滿雖有責罰亦優與差使而本寺詳斷官偶有責罰不及四次者止授知縣則是詳斷官資叙與監臨場務無異況京朝官充刑部詳覆官開封府諸曹參軍任滿日並通判諸州令本寺日有檢斷鮮能無累欲望歲滿書罰不及四次者授通判諸州以勵官屬詔自今兩經書罰情輕者奏取進旨 八年閏六月詔京官充刑部大理寺職任及御史臺主簿三司檢法官不得便服街行及市肆下馬委御史臺糾察之 十月詔自今無得舉京朝官充大理寺檢法官 天禧元年六月十四日詔大理寺自來所舉官內幕職州縣官須及兩任六考今後但歷任及五考已上並許係舉從本寺之請也 二年正月詔審刑院詳議官自今歲滿並令中書依例差遣 二月大理寺言準大中祥符七年九月勅判寺盛度言本寺斷官八員檢法官二員近年權差官充多不精習

卷一萬四千六百七十三

法律望依咸平二年勅令審刑大理寺刑部衆官舉奏時詔依其請令所舉須經兩任六考今臣等參詳準天禧元年五月敕舉奏幙職州縣官但歷任及四考已上施行本寺欲乞比類前勅但歷任五考已上並許保薦仍於法官將滿前一月具名以聞所冀精詳法律得遂公平從之仍令自今所舉官先審刑院試律義五道具通否以聞　閏四月右正言劉燁上疏言在京别注曹椽之官近日多因臣僚陳乞差授自今望下銓曹精擇寒素之士無得以權勢親屬充選從之　四年四月三日審刑院刑部大理寺言衆官參詳今後斷官法直官於年限未滿前先次舉官內舉到幕職州縣官須曾有

卷一萬四千六百七十三

奏舉主者先還審刑院試律義五道得通三者若斷官即更試斷中小案一道仍取斷勅合用律文者如所試合得元斷勅即申奏施行如試律但通二已上及斷案雖不合元斷刑名但引用條法節畧案欵稍知次第亦自審刑院聞奏送大理寺試案二十道委判事官保明具可否以聞其法直官先試義外并斷中小案稍知使用條法次第不必與元斷法狀一同但參驗曾習法律者並依例以聞送大理寺試公事三兩月亦委判寺官保明可否以聞後更不得舉京官充斷官詔從之并刑部詳覆法直官亦準此　仁宗天聖元年三月判大理寺張師德等言參詳詔條選人求試充法官自來下法

考試能否伏緣所試斷公案並是在府吏寫録行遣及掌管敕庫皆知所犯罪人姓字并元斷刑名苟或漏泄即有誤精求欲望自今並令御史臺考試從之仍令審刑院大理寺知判官內論差一員與斷官一員赴御史臺同共考試　二年六月詔自今三司檢法官有闕令流內銓依公揀選保明以聞其三司使副更不得保舉　八月十二日詔審刑院今後所舉詳議官並須先會問本人如願充職方得奏舉其年滿詳議官候替人到交割即得離院（先是同判貝州韓錫言昨為審刑院舉充詳議官奉中書劄子發遣赴闕臣今情願不就詳議官乞仍舊任帝許之因有是詔）　十月吏部流內銓磨勘到選人王揆等八人歷任功過引見仁宗曰內有逐任出

卷一萬四千六百七十三

入人罪者今後勿差充刑獄官　三年四月審刑院言近敕所舉詳議官並須會問本人如願充職方得奏舉以此深煩往復頗亦非便自今乞更不會問從之　四年十一月二十三日詔今後舉到大理寺詳斷檢法官年滿日且與一任家便知縣後即與同判差遣其見在寺官員年滿日差遣一依舊例施行　五年九月二十一日中書門下言檢會去年十一月得旨今後大理寺詳斷官檢法官年滿日且與一任家便知縣後即與同判差遣其今後舉到刑部詳覆官年滿日欲依大理寺官例施行從之大　六年十二月八日詔自今詳議官須是曾歷在京刑法司升朝官方得奏舉充職其詳斷

詳覆法直官亦須慕職州縣官内選舉精練格法者充如到職後却有法律生踈稍涉私徇其先舉官重寘之法　七年九月詔今後所舉法官令審刑院刑部大理寺知院主判官等令同罪保舉　十一月詔自今刑部大理寺舉慕職州縣官充詳覆詳斷法直官等如職任内犯入已贓其舉主並當同罪或舉主不至追官停任及該赦原免并遇減降者具情取理取旨或降官秩或降差遣如職任外犯贓罪於所犯人下減二等更不取旨若在任及離任後犯私罪其舉主更不收理　九年二月詔自今後所舉大理詳斷法直官須有出身令録已上歷任中曾充司法或録事參軍或職官各成資官

卷一萬四千六百七十三

者闕詳斷法直官並須先取索目前乞試斷案人但歷五考已上者今衆官將元試卷看詳取其通數稍多引用不失者並許保舉更不拘資品若其間無人或未知行止即且依前項指揮舉官其考試所舉之人律義依舊只試五道内問頭義二道以二道已上為中更試中小案三道其案取約三道刑名兼以重罪引用律條者合試若得一通或二粗即免試公事便除京官若試得一粗或書對稍堪引用有取者亦與聞奏送本寺試斷案三二十道如堪充職任本寺主判官已下保明以聞其所識試如重罪同輕罪内差錯一件刑名亦許為同或輕罪不同重罪引用刑名正當高下差誤一等於杖徒

流死刑名不差者亦許為粗其法直官依舊試律義外亦以舊案三道試鋪引法仍以都引刑名條數十分為率得六分同者為合格試日令審刑院差詳議官二員大理寺差判寺或權少卿一員御史臺同試其所舉人並須見在任及歷任曾有轉運發使一人或太武升朝官二人同罪奉薦依銓格合充舉主人數者方得奏舉若充大理寺詳斷擬法官年滿迎再任者亦聽如轉官及三周年便與磨勘候再任滿日與折一任知縣差家便通判自是刑部詳覆法直官亦擬此詔從之其該轉官資年限即依舊例如願再任者亦聽

明道二年十一月詔刑部天下旬奏公事令法直官與詳覆官分定看詳候二年滿日如在任舉駮覆奏公事

卷一萬四千六百七十三

别無不了即乞與轉京官更一年滿日别舉官充替

景祐二年二月九日中書門下言審刑院大理寺刑部當職官員供職慵慢令後並須早入晚出所有公案文字仰逐旋結絶仍令御史臺覺察從之　三年十一月三日新荆湖北路轉運使司徒昌運言乞今後詳斷官滿日依敕選充審刑詳議官詔自今審刑詳議官有闕於年滿詳斷官内選充免試公事如未有年滿者即於外任曾歷詳斷詳覆官内保舉曾出入人罪者勿舉

寶元元年六月三司檢法官孫杭言三司刑名之有疑者乞如開封府例許至大理寺商議從之　康定元年三月七日大理寺言據詳斷官郭昌等令後案牘應總

法寺定斷者其生行之人受贓者請以枉法論從之

皇祐四年三月十四日詔大理寺詳斷官自來大事限三十日中書事二十日小事十日審刑院逐各減半然不分有無禁囚者減限之半其益梓利夔廣南東西福建荊湖南等州軍即依急案例斷奏　嘉祐六年八月二十九日詔審刑院大理寺日有諸路州軍奏到公案慮失於審慎或致滯留今後審刑院大理寺詳訢議詳斷官闕直令知院判寺少卿與學士院御史臺舍人院同罪輪舉法律精熟論議通明之人以聞餘依詔條仍令〔詳〕議詳斷官每至月終各具所斷未了公案道數承受月日朱書大中小事元限月日作單狀仰知院判寺

卷一萬四千六百七十三

少卿於次月五日以前類聚繳連以聞其詳議詳斷官更不得差諸處勾當　英宗治平元年十一月二日中書門下言新差提點兩浙路刑獄公事賈壽言審刑院大理寺詳斷諸色公案並須詳定同進如經奏斷後失錯兩司官吏等並不在覺舉之限然苟有失錯不許自陳則慮法官雖覺其失懼於科罰不肯自引其咎而就責如此則所枉之罪未必發露徒使罪人枉陷重辟已經奏斷但於罪人未行決間能自覺舉改正許從律文原減之法檢會今年五月七日詔審刑院詳議刑部詳覆大理寺詳斷官如斷案或定奪差失當罪不當及失舉駁曾經勘罰及三次者並當責降已上雖經赦降並

理爲次數如事係重大或有涉情弊雖只一次亦當重行降黜其檢法法直官鋪條差失者亦準此及仰刑房置簿畫時抄上不得漏落如次數合該責降便仰檢舉施行詔今後所入事狀並須主判官等連簽如三次改動刑名元斷官議官並理爲一次勘罰其大理寺一司不在覺舉條更不行用及仰刑房置簿如前勑施行

神宗熙寧元年二月十六日大理寺言敕閣自來輪差詳斷法直官兼監半年一替緣斷官詣審刑院商量文字及中書密院勾喚不定難爲專一監守欲乞專差檢法官二員監勑閣更不輪管本寺紙庫錢庫簽庫書銓曹審官院文字及移法直官房依舊於閣下仍差歸司

卷一萬四千六百七十三

官二人庫府史二人同共管勾舊條審刑院刑部大理寺不許賓客看謁及閑雜入出入如有違犯其賓客并接見官員並從違制科罪乞并親戚不許入寺往還所貴杜絶姦弊從之　五月六日御史臺言看詳奏舉乞試法官等條制令與審刑院大理寺衆官將前後所降指揮參詳到六條委得經久可行所有今日以前應係試法官勑劄乞更不行用從之　三年三月二十五日詔詔用法官條貫候法官皆是新法試到人即依此施行立定試官案鋪刑名及考試等第式樣一卷頒付刑寺及開封府諸州仍許私印出賣　九月令考試法官所分爲三等考定所試之人如無合入上等之人即止

從本寺仍逐場未得駁放合各具等第通數以聞　五年五月十四日詔大理寺詳斷官每二人同共看詳定斷文案外更於奏狀上繫銜仍同點檢從本寺所請也事具大理寺

大典卷一千一百十八又卷一萬四千六百七十三　每條末注同上二字

宋會要

糾察在京刑獄司　真宗大中祥符二年七月四日詔曰國家精求化源明慎刑典况輦轂之下斯謂浩穰獄訟之間尤爲繁劇苟聽斷稍乖於閱實則蒸黎或陷於非辜伏念軫懷當食興嘆宜申條制式示哀矜歟軒墀近侍之臣逮風憲繩違之士察其枉橈舉彼稽留庶遵隱恤之規以召和平之氣宜差知制誥周起侍御史趙湘糾察在京刑獄其御史臺開封府應在京刑禁之處並仰糾察具逐處斷遣徒已上罪人旋具供報內有未盡理及淹延者並須追取元按看詳舉駁申奏若是曠於舉職致刑獄有所枉濫別因事彰露其所委官必當重寘之法更有合條貫事件仍仰擘畫聞坐以聞先是真宗謂宰臣曰如聞京師刑獄多是平允去年六月開封府勘進士廖符械繫庭中暴裂其背而鞫之無狀炎暑之時罪未見情橫罹虐罰良可嗟惻故命特置官局以糾按之　十八日詔給兩縣手力十人步軍司剩員軍士四人　十九日詔應在京府刑獄司局每日具已斷見禁輕重罪人因由供糾察司其殿前馬步軍司徒已上亦依此供報應外廂巡凡有編管寄留人每日一申及責保門留守辜產限知在者十日一申若三司開封府逐日結絕不了公事送軍巡府院廂界四排岸軍禁者

皆須明上印歷於因由內別項開坐若三司御史臺別無禁繫即十日一報糾察司若有公事亦報因由。八月三日糾察在京刑獄周起等言在京刑禁不少若止憑逐處按牘或節狀省詳慮有暖昧無由辯其枉濫望詔在京應有刑獄處見禁已決人如實屈抑及官吏非禮拷掠情狀灼然冤枉者並先詣糾察司陳狀如經勘覆實有枉濫其原推斷官吏並嚴寘於法如所訴不實故欲翻變者亦重行斷勘其未經本司陳訴不得輒詣檢鼓進狀從之。四日詔糾察官每日依審官院例御厨給食。九月詔糾察刑獄官自今省詳日狀如所犯稍重及情理涉疑禁繫稍多淹延未斷即仰暫勾罪人及碎狀

就本司審問若至大辟及密切事務即委糾察官一員就往審問如至翻覆異同即委移司推鞫。十月詔糾察刑獄官如有公事上殿即赴內殿起居仍免常朝。三年三月糾察刑獄司言伏覩犯罪經赦後事發准律有離之正之之文令法司離正之外仍科本罪用法似深帝曰凡行赦宥事發不免其罪理合商量但此事行之已久宰臣王旦曰經赦不自陳首亦有發露無由離之正之所以律文有赦後不首之罪且事有幽隱而經赦既不自首發則亦獲免於罪於理非便遂令法寺參議以聞。五年四月九日詔應曾經糾察在京刑獄司申奏下御史臺禁勘大辟罪人法成公按者委御史臺於

郎中已上牒請錄問訖再於中書舍人以上丞郎以上再請錄問。二十五日詔開封府見勘逐公事并於別處陳詞稱未盡理者並且委本府照勘詣實斷結如已經勘斷及有違條貫日限者別取旨。六年二月詔糾察刑獄司錄問大辟罪人仰逐處并要切人悉送本司。八年十二月詔應在京諸處主掌刑獄官吏如有與糾察司干分往還仰覺察以聞。天禧三年十月詔糾察刑獄司自今免鞫勘公事如有定奪即仍舊先是糾察官呂夷簡言本司累奉詔旨勘鞫定奪公事或止將公按詳閱亦無妨礙若勘鞫公事即動須追逮罪人辨證詞理灼是重置刑獄不便故令止之。仁宗天聖八年

六月詔自今御史臺凡有刑獄文字更不供報糾察司。嘉祐五年九月八日詔備錄大中祥府二年七月四日始置糾察在京刑獄司敕書下本司令後每有差到官令省詳遵守施行。神宗熙寧三年八月令殿前步軍司今後大辟罪人並如開封府條例送糾察司錄問

續宋會要四字注在每條之下大典卷數之上

全唐文

續宋會要　都官郎員外郎

兩朝國史志都官判司事一人以無職事朝官充凡俘隸簿錄給衣糧醫藥之事令分領於他司本司無所掌元豐改制郎中員外郎始實行本司事

續宋會要　比部郎員外郎

兩朝國史志比部判司事一人以無職事朝官充凡勾會內外賦斂經費出納逋欠之政皆歸於三司句院磨勘理欠司本司無所掌元豐改制郎中員外郎始實行本司事

續宋會要　司門郎員外郎　卷千三百十四

兩朝國史志司門判司事一人以無職事官充凡門關之政令曉昏啓閉發鑰納鎖令行於皇城司道路津梁州縣本司無所掌元豐改制郎中員外郎始實行本司事

校注鋪

全唐文

續宋會要　刑部侍郎

元豐正名除大理卿崔台符為之。

宋續會要　工部侍郎

元豐正名初除熊本為之

卷之一萬二千一百七

續宋會要　屯田郎員外郎

兩朝國史志屯田判司事一人以無職事朝官充凡屯田之政令隸三司本司無所掌元豐改制員外郎始實行本司事

續宋會要　虞部郎員外郎

兩朝國史志虞部判司事一人以無職事朝官充凡虞衡之政令皆歸三司河渠案後領于都水監本司無所

掌元豐改制，員外郎始實行本司事。神宗正史職官志。虞部員外郎參掌山澤苑囿場冶之事，而舉行其禁令。若地產茶鹽礬及金銀銅鐵鉛錫，則興置收採，以其課入歸於金部。猛獸毒藥能害人者，皆屏去之。哲宗職官志同。

續宋會要 水部員外郎

兩朝國史志：水部判司事一人，以無職事朝官充。凡川瀆陂池溝洫河渠之政，國朝初隸三司河渠案，後領於水監，本司無所掌。元豐改制，員外郎始實行本司事。神宗正史職官志：水部員外郎參掌溝洫津梁舟楫漕運之事。凡水之政令，若江淮河濟汴洛隄防決溢疏導壅底之約束，以時檢行，而計度其歲用之物。應修圖不如法者有罰，即因其規畫措置能為民利，則賞之。哲宗職官志同。

卷七千三百二十四

審業校輯永樂大典本會要工部一門殘闕其略見此

宋會要 軍器所

舊置提點官二員，令同提轄官六員，令二員幹辦官二員，令一員監造官六員，令二員受給官二員，令一員監門官二員，令一員幹辦司手分一名，管幹闕防覺察受給大門交收官物等事，監造下人吏三人，主管行移文字，見令依數差撥，分三案行移：內一案掌行造作計料軍器，一案掌行點勘人匠開收并招收轉補事務，一案書勘起請諸色物料、監門下人吏一名承行文字、係點檢官物出入拘檢人匠等事。高宗建炎四年八月十七日，詔器甲所限十日結局，其官吏工匠發歸元來去處，現在物料令提舉製造御前軍器所拘收。紹興二年閏四月十日，提舉製造御前軍器所韓肖胄言：「軍器所有幹辦官二員，主管文字官一員，於文武臣內差。切緣本所見役軍民工匠近千人，造作浩瀚，所有材料兼支給官給散錢米，全藉幹辦官往來計置，催促檢察。欲望選差有才力京朝官一員充本所幹辦公事，仍兼主管文字，所有請給人照見任並依提轄官條例施行。」從之。十月二十九日，詔令戶部支降錢一萬貫付軍器所打造手射弓二千張，專委韓肖胄、楊沂中提領措置，其合用役匠權於諸軍借差，仍量日支食錢，候打造了日發遣，如不足，許令和顧。十二月七日，提舉製造御前軍器所言：昨撥到韓世清下工匠五十餘人改刺萬

卷一萬九百四十三

全工匠并撥到王冠等下軍兵一百人充雜役下等工匠每月粮二石添支錢八百文每日食錢一百二十文春冬衣依借支例雜役兵匠每月粮二石五㪷每日食錢一百二十文春冬衣依借支例工部勘會上件軍兵元因不堪披帶揀充本所雜役其所破請給若却優於披帶之人顯屬未均詔新撥到雜役兵匠別立一等每日食錢一百文月粮一石七㪷依例准折　三年四月九日詔東西作坊作匠人吏物料併入軍器所監官依省罷法如人吏數多令韓肖胄相度裁減九月一日提舉製造御前軍器所言先承朝旨踏逐別造軍器甲所乞添差監造官一員從之同日提舉製造御前軍器所

卷一萬九百四十三

言本所乞添差置監門官一員監造官二員令除監門官一員不須添置外其監造官只乞添差一員乞添置專副二名手分三名覆算司一名庫經司一名庫子三人秤子一名檢舉所貼司一名覆算司一名令除手分覆算司庫經司秤庫子吏不須添差外只乞添差專副一名并提舉所添置副算司一名貼司一名並從之

四年二月二十三日工部言提舉製造御前軍器所劉岑乞將見管兵工內都作家甲頭各與推恩一次其餘工匠行人雜役並乞等第犒設事本部勘當欲將應造到軍器候及半年委軍器監丞取索逐一看驗是與不是精巧有無拙隳駁退虧損工程具精粗人匠等第保

職官一六之五

明申取朝廷賞罰施行如半年內遇有支遣亦依此委官點檢報軍器監置簿先次籍記候及半年通行比較從之　三月九日詔更復置軍器所幹辦官一員舊額二員已復一員以事務繁冗從提舉官劉岑請也　四月九日提舉製造御前軍器所劉岑言見今製造諸色軍器浩瀚全藉官吏協力辦事令參照舊例隨宜相度下項　一本所舊額局官四員監造軍器官二員共六員後來節次添差到三員委是管幹不前欲更復置監造軍器官一員分認作分監轄造作　一本所舊額准備差使一十八員昨緣置器甲所令分減事務並行減罷今欲只乞復置准備差使二員分委幹事及差出督

卷一萬九百四十三

促物料　一本所舊額監門官二員後減一員緣本所給納官物浩瀚并工匠一千九百餘人出入欲乞更復置一員分番輪宿專在門首照管　一本所人吏回分之內所留不及一分今來事務繁重欲乞畫行復置前行後行書奏各一名貼司二人相兼應辦　一轄下提轄所等處舊額人吏共四十四人昨裁減外止有八人今欲乞復置後行一名監造軍器手分書各一名受給手分造帳司庫經司各一名大門書手一名共七人

一所乞復置官吏其請給人從等並依見行條例施行詔第四項添二人第五項添書手一名餘從之　十月三日提舉製造御前軍器所言乞將見管本所萬全并

職官一六之六

撥到作坊工匠開具精巧之人取衆推伏次第試驗保明申提舉所審驗訖内第二等人匠升作第一等第三等升作第二等仍支本等請受今後每年一次依此其逐等工匠見請每月添支作具折麥食錢米數從之　五年三月九日都省言製造御前軍器所已隸工部其日造軍器數目出入官物浩瀚理合措置詔令工部郎官軍器監官日輪前去本所點檢監視　十四日詔製造御前軍器所行移文字並繫工部官銜其提舉所人吏量留一二名候工部人吏知次第日罷餘並減罷幹辦公事一員許留存銜内除去提舉二字承受二員並依舊提舉所印送禮部收管　七月二十四日詔製造御

卷一萬九百四十三

前軍器所既隸工部依例不隸臺察　二十五日荆湖南路轉運判官薛弼徐與可言爲湖南路無牛乞蠲免軍器所拋買牛皮筋角未足之數從之　六年六月十八日尚書省言軍器所昨緣添作遂差顧工匠增置官屬趂辦今來軍器足備已措置減放工匠別立歲課所有官吏亦合省罷詔幹辦提轄監造受納監門官各減一員内幹辦官存留兼權人受給下專副庫子各減一名提轄監造併爲一所職事通行管幹監造下專副手分並罷合罷官依省罷法施行　七年九月二十二日明堂赦應軍器所軍器局工匠逃走於今來赦限内出首者免罪外仰所在州軍量支錢米依舊支留充役

十一月二日詔諸州軍差到軍器所造弓弩人匠依舊一年一替令本州差人前來交替如内有不願交替之人依舊造作支破請給　十一月詔軍器局廢罷併歸軍器所其人匠物料等令提舉官楊忠憫等管押裝發赴臨安府軍器所交割收受　八年九月二十九日詔令來軍器所製造軍器不多其諸路州軍元差到工匠並權發遣歸元來去處仍仰戶部各與依例支給盤纏　九年六月三十日詔軍器所見造御前宣賜并起樣器甲工匠王成等二十五人已及十年工課並皆趂辦可依本所實議二年作家甲頭例各與轉一資　十二月九日詔諸州軍歲額上供軍器過納到日仰帥司差

卷一萬九百四十二

計議官審驗最精及官不堪去處申朝廷取旨賞罰以臣僚言甲不堅密與無器同器不犀利與無器同欲令帥司督責其事歲終比較所造精麤量行賞罰故詔　十年八月十六日權工部侍郎晁謙之言今軍器所每及二年方行比較推賞當職官往往已經替移與其必待二年然後檢舉曷若以二年所得恩賞均待年終推恩詔令工部檢照前後賞格措置具申尚書省　十一年四月四日臣僚言昨在京已有御前軍器所就軍器監置局別差提舉官以内侍領之更不屬工部故不隸臺察後因紹興五年罷提舉官改隸工部日輪本部郎官及軍器監官赴所點檢監視即合依條隸屬臺察伏乞

特降指揮自今後工部所須製造軍器所并軍器案並
依本部所轄去處體例依條隸臺察從之　同日臣寮
言軍器所見役工匠四千五百餘人數內二千九百餘
人係近從諸路州軍差到訪聞其間有老弱不堪工作
之人合行揀退遣還元任去處庶免冒占人數虛支請
受從之　七月十七日臣寮言昨降指揮諸州軍作完
工匠盡令發赴軍器所充役契堪見役人匠約四千餘
人日支錢米其費不貲其間逃走疾病死亡殆無虛日
既有疾病死亡之念豈無父母妻子之情使逃走者已
遂其歸而死亡者終抱恨而無已詔依送所屬限日下
條具措置申尚書省　九月十四日詔軍器所幹辦提

卷一萬九百四十三

轄監造受給監門官罷任日與堂除見闕差遣一次立
爲永法　十五年十二月十日詔製作造御前軍器所提
轄官監造官並各以六員爲正額見添差人與理作正
差通理到任月日今後更不許添差　十六年三月十
八日提轄製造御前軍器所言製造諸色軍器全藉人
匠趁辦造作其所管萬全作坊人匠數年以來往往厭
倦工役將身逃走欲乞將應今日已前逃亡工匠特立
首限百日不以年歲深遠並許出首或內有刺破手面
之人亦許令赴所首身驗實如委是正身特與免罪依
舊額內收管日下放行錢米其限外出首之人復罪如
初從之　十三年九月二十八日詔御前軍器所紹興

二十二年製造迎御前降樣宣賜諸軍朝廷樞密院泛
抛諸色軍器及剏造添修雅飾過大禮儀仗五輅等並
各精緻依例合推恩賞應本所官吏專副作曲甲頭監
作親事官工部軍器案人吏關入內中工匠並特與轉
一官資內礙止法人特與轉行不及全年人紐計推賞
餘人增培犒設一次　二十六年三月二十六日工部
言已造軍器數及諸州每歲發納物料特與減免所役
工匠太多亦令減放發還諸州本部尋據軍器所具到
數目照會欲將江東西福建兩浙路轉運司拖欠未起
軍器物料並與除放仍自二十六年爲始據見認發數
以三分爲率權行減免一分又本所人匠見實役八百

卷一萬九百四十三

六十四人諸州差到一千五百四人除本所人匠依舊
外欲將諸州差到人以三分爲率於內減放一分又契
勘本所提轄監造官即今額各六員幹辦受給監門官
醫官各二員今來既已減於人匠又免起物料難以依
舊差置欲將本所提轄官減罷二員監造官見闕二員
令後更不差人幹辦受給監門醫官各減一員其合減
官監令終滿令任滿更不差人詔依工匠人數以三分
爲率可減放二分仍依例支破盤纏與歸元來州軍
二十八年正月二十七日工部侍郎王綸言據提轄軍
器所申乞招刺萬全第一等第二等四指揮各二百人
第三指揮一百人東西作坊工匠各二百人赴辦急切

造作及分布諸處役使本部切詳至所申乞指填人匠
所費稍大只乞將萬全第四指揮闕額三百五十二人
欲作三分為率與招填一分其請給等並依見在人則
例批放從之　五月十一日詔軍器所提轄監造各減
二員醫官減罷見令人令終滿令任已差下替人依舊
罷法諸州軍差到工匠量支盤費發歸元來去處　二
十九年閏六月九日工部言軍器所見役人匠比舊數
少造作不前若旋行招收亦恐工役未致精熟今措置
欲令兩浙東西路州府據昨發回兵匠揀選少壯晷限
十日盡數發赴軍器所其合支錢米等照應已降指揮
依舊支給仍於本州係省錢內每名量支盤費昨發回

卷一萬九百四十三

諸路人匠內如有不曾回州之人限半月許令赴本所
首身免罪依舊收管支破請給如遂州府發到人匠不
及元數開具申取朝廷指揮從之　八月十九日詔御
前軍器所給與[illegible]二十八年製作過諸色軍器及御造添
修雅飾過大禮儀仗等並依給賜二十三年九月二十
八日依例推恩　三十年四月二十一日樞密都承旨
洪遵言被旨點檢措置軍器所今措置合造琉弓屋木
架地爐并箭床及劍器甲庫木架木床已下兩浙轉運
司速行計料　一契勘弓弩係是筋膠角木接搭匠頗
火氣去濕緣自來火燭不許入庫弓弩有失烘焙止有
地棚安頓畢濕梅潤積久薰蒸兼四周明窗風雨易入

欲借諸庫例於本所蓋造琉弓高屋五間並係七椽四
周安牕墻壁以石灰泥飾逐間造高架隨架掘地為爐
以墼甃之上施鐵籠日差人守火遇夜提轄官監視撲
滅　一契勘椿管諸色箭在庫歲久翎羽脫落頭苦損
動并新造三色箭其數浩瀚并御器甲庫所穿皮鐵甲
舊止於地棚堆垛地氣浸潤往往斷爛並欲造木床木
架安頓庶幾不損器物從之　七月二十四日工部侍
郎黃中言製造御前軍器所欲乞今後許令工部每季
輪委郎官一員前去將本所見管軍器物料赤歷抽摘
點檢一兩庫如有少剩及損壞物數即將當行人追赴
本部根究行遣情重着送所屬依條施行當職官具名

卷一萬九百四十三

申取朝廷指揮庶幾可以盡革前弊詔令工部軍器監
依條檢察　二十七日詔軍器所見造軍器不得減尅
物料須管造作精緻仍仰逐處常切點檢候造到數將
逐處色樣進呈試驗若稍不如法工部軍器監軍器所
當職官吏等第重作責罰　八月十二日軍器監言近
承指揮置軍器所作匠在京日舊額萬全兵匠三千七
百人東西作坊工匠五千人依指揮萬全工匠以二千
人雜役兵士五百人為額令來見闕人數以致造作不
辦乞令逃走兵匠依前降指揮立限百日許令出首特
與免罪收管放行請給并萬全指揮東西作坊兵匠子
弟招收十五歲以上三十歲以下不及禁軍等樣請會

造作之人補填名闕本監契勘東西作坊兵匠在京日額管工匠五千人雜役兵士九十六人爲額自渡江後來併在軍器所裒同造作承准指揮作坊工匠以一千六百人每坊八百人雜役兵士各四十八人爲額闕數許行招填外其東西作坊逃走兵匠乞依今來萬全出首日限照應已降指揮體例收管施行從之　九月二十五日工部言已降指揮令工部檢察軍器所合條具事件　一軍器所諸作人匠依法辨色入申時放監造提轄幹辦官亦合早入晚出躬親督責點檢製造其軍器監檢察今後以每旬所造軍器名件請監丞躬親看驗點定封記用印點檢訖收入全成庫以造作月日先後封記安頓不得前後混雜每旬於數内點定名件封記赴本部看驗如有製造不如法及不依元樣造當行合干人行遣重者送所屬當職官具名取旨或損壞名件如係新造即勒作匠合干人估價於逐人請給内陪價若係年深擡營數目令那融工物添修有失愛護看管合干人並依條斷法　一軍器所監造官舊額六員受給監門官各二員昨減放諸州差到人匠監造官止以四員監門受給官各一員爲額又承指揮諸州工匠發歸元來去處其監造官又減罷二員見令止有監造官二員監門受給官各一員後有兩浙諸州發到人匠并招刺闕額工匠所管人匠數多監官員少受給監官

卷一萬九百四十三

各係獨員今後復置監造官二員受給監門官各一員内監造官許於殿前馬軍司各差諳會造作使臣一員其理任請給人從賞罰並依見任監造官則例候任滿令逐司依此差官承替歸司其監門受給官乞從朝廷差官本所造作降樣軍器全藉知次第人指教今欲令殿前馬步軍司各制差諳會造作軍匠各二人赴軍器所指教除見請請給外每人日添支食前三百入歷批勘其推賞責罰並依本所作甲頭體例　一本所受給見管物料庫眼二十六座并木炭場一座及全成庫見管庫眼九座各庫見管物浩瀚本所裒同一歷拘管切慮官物交互難以驅刷乞將受給全成庫眼依見今排定字號自今年冬季爲始各行起置赤歷一道經由軍器監印縫抄上每日結押并諸庫逐時收到出剩物料别置一歷依此結押仍置都歷一道拘管諸軍應管官物每日抄轉收支物數候至月終通計申解赴監依條結押本部每季依條轉委部官前去點檢至年終開具通計收支見在物料軍器名件保明申監點對次第申本部再行點對送比部驅磨　一本所受給并成全庫舊額庫司各一名先承指揮並行減罷止於本所軍兵内選兵匠内踏差二名與見抄轉人同共管幹所造諸色軍器各行鐫記元造合干人甲頭姓名謂如甲紉鐵甲鎗綦弓弩箭之類用朱添寫記以憑檢察本所工匠或闕乞行和顧製造其合支

卷一萬九百四十三

錢米從小工限斷例申監保明申部關報戶部行下所
屬入歷勘給　一本所諸作作屋官員廳舍并吏舍等
屋不須檢修外有作屋計一百五十三間年歲深遠木
植損爛兼工匠數多要是屋少今欲令兩浙轉運司添
蓋作屋五十間於內修蓋既弓弩屋七間并合用架子
等并將舊作屋一百五十間檢計修整施行並從之
三十一年六月二十三日詔軍器所幹辦官二員減一
員監造官四員減二員受給官二員依舊監門官二員
減一員所減員數如一季內合改官選人權行存留候
改官日罷餘見任選人其後任改官聽通理今任零月
日其舉官考第依令任條法　八月十七日詔御前軍
卷一萬九百四十三
器所紹興三十年製造過諸色軍器三百二十三萬六
千九百四十二件並各精緻依紹興二十九年八月十
九日例推恩　三十二年閏二月二十四日樞密院機
速房言靖康初御前降劍箭器經百餘年全無損動御
見祖宗時製造軍器例皆精絕蓋緣監官得人選究軍
器所給到弓弩鎧甲往往經時未久已皆損壞不堪使
用緣監官多是貴戚勢要子弟為之將手高匠人令出
買工錢入已故縱減剋偷盜作料出外損惰止令老弱
之人充工匠遇軍器元額未數却將損壞弓弩量行修
整將舊甲逐急穿串遂致臨時有悞使用欲望自今後
乞更不差貴戚勢要子弟充監官止已行下三衙選差

自來暗曉製造軍器之人與理為資任每遇造到軍器
立界比試如其間製造精妙者量行推賞如所造滅裂
勒令陪還元用物料工價外更賜責罰吏工部看詳欲
並依所乞所有製造滅裂更賜責罰一節伏乞詳酌施
行今取到軍器監狀契勘已承指揮復置製造軍器所
監造官二員令殿前馬步軍司各差諳會造作使臣一
員從逐司申明朝廷給降付身候任滿令逐司依此差
官承替歸司不許占留辟避兼工作若有不任用及應
更作依法自合坐贓斷罪其隱蔽應從兵匠不入役亦
法禁今欲依軍器監供到事理施行從之　孝宗紹興
三十二年未改元六月二十三日樞密院言聞軍器所工
卷一萬九百四十三
匠多有私役反令出買工錢更不赴役致軍器不堪理
宜懲革詔工部長貳嚴切措置盡行拘收務要軍器精
緻如依前違戾監官取旨黜責合干人重行決配委御
史臺常切覺察彈劾　二十四日詔軍器所措置提點
官叙位在提轄幹辦官上於入內都知押班內差　二
十九日詔新添置提點軍器所可差李綽仍改作提舉
七月六日詔御前軍器所可依舊例專隸提舉製造
御前軍器所所有隸工部等指揮更不施行　二十三
日詔造軍器合用筋角牛皮翎毛鰾膠箭笴之類見令
安撫司回易庫拘催收買恐償直艱阻自今後並免拘
催許客人逕赴御前軍器所中賣令合干人依市價即

所支給見錢不得減剋阻節　二十五日詔製造御前軍
器所依舊隸屬工部　近降指揮更不施行　八月六
日詔提點軍器所今後止於邊匠內差　十月二十一
日詔戶工部軍器所萬全作坊并諸州軍差到兵匠本
所公吏等月米口食米月糧特與依修內司工匠所請
則數免至低下諸處不得援例　隆興元年三月六日
右正言周操言軍器所舊額提轄監造受給官各二員
幹辦監門官各一員又添差提點官二員提轄幹辦官
各一員已爲過數今覩吏部闕報復差闕門祗候沈衍
充提轄官填見闕竊恐添官有費無益欲乞追寢從之
九月十六日詔令軍器所今後弩箭須管如法點銅
卷一萬九百四十三
打造務要精緻如依前滅裂當職吏官重作施行先是
張浚言軍器所發到弩箭不甚精緻故有是詔　二年
四月四日詔工部軍器所避役逃走人匠數多仰本所
多出文榜限一月赴所首身與免罪收管依舊支破請
給　五月四日詔軍器所每日通輪提轄監造受給監
門官一員於本所宿　乾道元年八月十七日詔軍器
所監造御前并朝廷宣賜諸色軍器數目浩瀚近來工
匠逃亡數多見今闕額令工部行下本所招刺能造作
工匠子弟補填萬全作坊指揮已逃走人限百日出首
與免罪額外收管依舊職名支破請給　四年四月二
十五日宰執進呈軍器所兵士與馬軍司人作鬧陳俊

卿因奏御前軍器所聚衆四千餘人所費不貲不如併
歸三司物料樣製計其工匠責以月納之數赴御前交
收如此則所省太半而皆有總轄上曰如此甚好若遂
分隸即可罷此一司官吏所省甚多更俟三兩日思之
別降指揮　五月二十一日詔軍器所爲天氣炎熱將
造鐵甲去處並權減半數目候八月一日依舊　六月
二十九日詔製造御前軍器所可撥屬步軍司令主管
步軍司公事提點所有監造官以二員爲額受給監門
官以一員爲額受給場專副以二人爲額餘官吏並罷
七月八日主管侍衛步軍司公事提點製造御前軍
器所王逵言步軍司事務繁冗若日去本所提點委是
卷一萬九百四十三
職事相妨令選本司副將牛昌國令催督造作及檢視
出納過夜前去萬全作坊等指揮彈壓照管烟火事務
依舊從軍於本司官錢內支破添給更不作闕臣欲乞
每三日或五日一次躬去提點從之　同日詔軍器所
依舊隸屬工部　十六日詔製作御前軍器所可撥屬
步軍司令主步軍司公事王逵令兼提點製作御前軍
器所入銜遇申發本所文字依舊用提點製造御前軍
器所印　十一月十一日軍器所言目今造到全成軍
器每三日一次進呈逐月有妨十日工役乞逐旬併於
旬假日進呈詔旬假前一日進呈　五年六月二十三
日詔軍器所遇有監造官窠闕許於殿前馬步軍司諸

職官一六之一九

軍將佐或使臣內路逐選差素曾諳曉軍器造作法度有心力能部轄人申乞指揮差填以二年為任　以提點軍器所言從來差到監造官往往係是在部之人素不諳曉軍器樣製止是據憑工匠造作其間有不如法者亦莫能知故有是詔　十二月四日工部侍郎姜詵言軍器所所造軍器并入納到諸路起歲額物料全藉軍器監檢察若依前止令監造受給場行移應報委是無以稽考鈐束今來本監已差長貳所有合行事務自令依舊從之　同日詔御前軍器所依舊隸步軍司其提點官令本司保明通曉製造軍器統制官一員差兼仍不得有妨教閱　六年二月十二日詔乾道三年四

卷一萬九百四十三

年軍器所製造諸色軍器合該依例推賞人依已降指揮施行　同日臣僚言竊見軍器所陳乞推賞循襲舊例每二年推恩自官屬而下至於專副作典二甲頭至工部軍器案人吏並特轉一官內礙止法人特與轉行欲望展作三年推賞一次內礙止法人依條回授毋得轉行從之　三月四日王友直奏軍器所推賞元係二年一次令展作三年其本所官係二年為任往往不該推賞恐無以激勸欲望將監造監門受給官並以三年為任內見任人通理到任月日其間願二年成資者聽行陳乞比折減年候及三年任滿日推恩詔監門受給官並三年為任其賞紐計月日推恩餘從之　八月二

職官一六之二〇

十六日韓玉言軍器所舊來監造官六員受給監門官各二員節次省罷今止有監造受給監官各一員緣本所兵匠僅四千人見造軍器數多乞添置監造官二員提轄受給監門官各一員文武通差詔令添置監造官二員　九月六日韓玉言今來見行打造三色鐵甲數目浩瀚又製造一石力手射弓合用黃牛角并黃牛皮等物料竊見淮南路一帶州軍正係出產去處乞自行置場或差官收買仍乞支降會子每一十萬貫為一料詔並依令左藏南庫支撥會子　十一日韓玉言契勘軍器所除監造官已蒙朝廷添置二員外乞更添置提轄受給監門官各一員從之　七年四月二十九日步

卷一萬九百四十三

軍司言契勘將打造到弩手甲葉逐日一次般擔赴軍器所呈納委是相妨欲依殿前司例以五日為一次並從之　八月十八日詔差韓玉兼提點製造御前軍器所孟俊卿歸軍所在工匠令韓玉專一鈐束措置造作仍依舊隸步軍司　九月十三日中書門下省言軍器所元有幹辦官二員專管錢物後因步軍司提領遂罷幹辦官既罷之後受給場致無鈐束委有利害欲乞復置幹辦官一員從之　八年八月二十九日工部言軍器所監造官元以三年為任受給監門官並以二年為任緣提轄幹辦係復置闕未審幾年為任詔提轄幹辦依監造三年為任從提轄製造御前軍器所劉敦仁之

請也。九年十二月十七日，御前軍器所申：「明大禮赦內一項：軍器所萬全指揮兵匠因事逃亡及三年限百日出首，依舊收管支破，請給並免斷配。東西作坊兵匠亦有逃亡，大理司勘當，與萬全事體一同，合依此體例施行。」從之。

宋會要　軍器局

高宗紹興七年正月一日，樞密院言：「軍器最爲朝廷目今急務，教閱從軍諸路州軍製造恐撿擾於民，理宜措置一置軍器局一所，仍以製造御前軍器局爲名，隸屬樞密院并工部。於建康府置局一，令禮部鑄銅印一面，以製造御前軍器局之印九字爲文。一、提轄監造受給監門共差置手分三人，貼司三人，請給出職條法等並依軍器所人吏施行。許本局於諸官司踏逐指名抽取。從之。　十月十四日，工部言：「諸路州軍自來依條合發上供歲額軍器，比緣擘造滅裂，近差撥兩浙江南東西福建路工匠盡赴軍器局造作，其逐州合發軍器並免造。契勘路州軍所造軍器各有朝廷給降樣製，及逐州工匠已曾差赴軍器所造作三年，諳知制度，自可責辦精緻。製造今來總五路州軍工匠並就軍器局所兩處造作，所用物料大段數多，難於收買，其逐州所總發物料往往赴發不足，或郤致人匠缺闕，及差到工匠除本身請受外，每月添支食錢一百七十文、米二升半，且以軍器局一處言之，先從八月支錢一萬貫、米一千石，委是枉費錢米，不惟虚耗財計，至於拋買物料數多，不免擾攘，兼造作亦不數逐路合發元立定軍器之類，誠爲未便。欲乞將諸州工匠依舊發回，責令當職官措置，循習依條品法造發，庶致比較精粗，信賞必罰。」從之。　十一月，照軍器局廢罷，併歸軍器所，其人匠物料等令提舉官楊忠閔等管押，裝發赴臨安府軍器所交割收管。

卷一萬九千七百八十一

三

弓弩院

開寶九年，置弓弩院，舊在太平坊，後徙宣化坊，掌造弓弩甲冑器械旗劍鞍韉之名物，以諸司使副、內侍二員監領，兵匠千四十二人。真宗景德二年九月，詔弓弩院打造弓弩五作物料不等，其虎翼弩及竹胎出𩨗馬黃弩三作須上好牛筋鰾膠、黑漆沙角，減輕弓、倒蛇、馬黃弩，許兼用羊馬筋、牛膠，力數不得堅好，自今止用牛筋，其添修弓弩亦用次用牛筋及腳筋。十月，又令竹胎弓射合蟬、床子弩不同此制。四年四月，請諸軍添旗號，只文媼鵝截段花料綿，令逐插羅縫造。大中祥符五年六月，詔弓弩院打造旱柚實柚面梢弝並翦符充套胎木，不堪弓弩，並于元料外添物料人功添修，堪任久遠施放；變柚旱柚面梢剮聳小及長短不等、大小節目高低粗纖不等稍通可損，並于元料外添修充裹衣被，爲諸軍閱教；其胎木角面損折弓弩累經添修者，折于皮角庫送材場送納。八年六月十五日，詔弓弩院所造戎器用全無者，以他物代之。仁宗天聖八年八月，提舉司言：「弓弩院弩椿作充闕工匠二十人，緣本作工課重難，自來指填不得，非抽差事材場工匠六人造作弩椿，今已精熟，久遠堪充祇應，望割移名糧歸院填闕。」從之。嘉祐三年十二月三日，提舉司言：「後苑御弓箭庫抽取弓弩院工匠人二人赴庫造箭，寔違條制。」詔聚遣歸，乃劾其官吏。

宋會要　弓弩造箭院

卷一萬六千六百六十八

院在興國坊，掌造長箭弩箭，舊有南北造箭二庫，咸平六年合爲一院，隸弓弩院，以三班及內侍二人監，匠千七十一人。真宗天禧四年四月，詔南作坊之西偏舍宇爲弓弩造箭院。神宗熙寧三年八月三日，詔提舉司勘治元買箭簳不堪及造箭院不合受納官吏。

全唐文

宋續會要　侍郎

六部侍郎宋以為階官至元豐官制行始有職掌元祐三年初置權侍郎從四品如未歷給事中中書舍人及侍制以上者並帶權字祿賜比諫議大夫崇寧罷權侍郎建炎四年五月詔六曹復置權侍郎如元祐故事滿二年為真

卷千二百九十二

全唐文

兩朝國史志

御史臺大夫中丞侍御史知雜事侍御史殿中侍御史監察御史殿中侍御史裏行監察御史裏行主簿大夫國朝未嘗除以中丞為臺長凡中丞無正員則以兩省給諫權自中丞以下掌糾繩内外百官姦慝肅清朝廷紀綱大事則廷辯小事則奏彈以郎中員外兼侍御史知雜事為之貳其屬有三院一曰臺院侍御史隸焉二曰殿院殿中侍御史隸焉三曰察院監察御史隸焉凡祭祀朝會則率其屬正百官之班序以御史二人充左右巡使分糾不如法者文官違失右巡主之武官違失左巡主之凡祭祀則兼監祭使三院御史四人官卑而入殿中侍御史監察御史者謂之裏行　景祐元年置以三丞以上嘗歷知縣人充慶歷三年以兩人為額凡文武常參班簿祿料假告皆巡使分掌又別置推直官二人專治獄事凡推直有四推曰臺一推臺二推殿一推殿二推主簿一人掌受事發辰句檢稽失兼簿書錢穀之事主事一人令史十六人主推四人書吏四人朝堂引贊官一人副引贊官一人知班三人引事司一人驅使官六人四園驅使官五人中丞一人秩從三品總判臺事侍御史一人秩從六品殿中侍御史二人秩從（分糾朝班殿中兩上言事監察御史六人秩從七品）七品分領六察隨事糾正及監祭定謚皆屬之檢法官

全唐文

校輯大典不著卷數

一人秩從八品主簿一人秩從八品檢掌凡刑法錢穀各一人從八品掌凡簿書及架閣吏額前司主管班次三人引贊官兼令史一人副引贊官兼令史一人知班驅使官兼書令史五人驅使官兼書令史五人守闕驅使官五人四推主推各一人書吏共三人六察戶察書吏四人貼司三人刑察書吏二人貼司二人吏禮察書吏各二人貼司各一人兵工察書吏貼司各一人二十六年十二月詔六察貼司共存留六人知雜司法司各一人後減六察書吏共以八人爲額 以上中興會要

全唐文

全唐文

神宗正史

職官志御史臺大夫從二品中丞從三品侍御史從六品各一人大夫掌肅正朝廷綱紀及以儀法糾治百官之罪失而中丞侍御史爲之貳凡其屬有四殿中侍御史二人正七品掌言事分糾大朝會及朔望六參官班序監察御史六人從七品掌以吏戶禮兵刑工之事分京百司而察其謬誤及監祠祭定謚檢法官掌檢詳法律主簿掌鉤考簿書各一人從八品歲遣御史詣三省樞密院檢察付受稽失其應彈治事聽長貳或言事官論奏非吏察官司亦如之應狀牒並參議連書惟彈章

全唐文

則否無所關白凡察事小事則舉正大事則糾劾各籍記其多寡當否歲終條具殿最以詔黜陟大禮儀仗則中丞爲使中都推鞫命官或重繫句以因由報臺有詔獄則言察官輪治文武官卿監防禦使以下到闕授任之官應參謝辭者引見御史體驗老疾則試以拜起書札凡事經州縣監司寺監省曹不能直者受其訟焉舊以中丞兼理檢使侍御史兼知雜事殿中侍御史兼左右巡使監察御史兼監祭使及行官制定員分職實領其事而使名悉罷分案十有一設吏四十有四 以上續國朝會要 三京留守司御史臺西京於分司官內差一員權闕或特差官權判掌南京止令留守通判權掌後

北京置臺專差官領，今則三京皆有正官領之。以上國朝會要

全唐文

真宗景德四年六月，詔翰林侍讀、侍講、樞密直學士各舉常參官一員充御史。八月，詔三院御史令本臺采聽聲譽不稱職者，直名以聞。大中祥符二年七月，詔右僕射張齊賢、戶部尚書溫仲舒、右丞向敏中、御史中丞王嗣宗、知雜御史盧琰各舉材堪御史一人。三年四月，詔御史臺今後委臺官勘事，如闕人，即申中書。四年八月，詔自今御史須文學優長、政治尤異者，特加擢拜，遇慶恩不得以他官轉入。五年，詔三院御史除差出外任及在京監它局之外，定以六員為額。九年二月，詔三院御史舊三年為滿者，自今在臺供職並止二年，若曾糾彈公事顯是修職，候滿日特升陟；如全無振舉者，當議比類對換別官外任差遣，仍令本臺勘會在職事狀及有無功過，諸實以聞。時殿中侍御史李餘擬、高升、俞獻卿例求補外郡，中書言升在職歲餘，以親老求歸侍，特命知淄州，獻卿累更任使，得知潁州，餘擬通判一任入臺始閱歲，元詔以三年為例，真宗因命差減年限。天禧元年二月八日，詔御史臺除中丞、知雜、推直外，置侍御史已下六員，並不兼領職務，每月添支十五千，三年內不得差出。二年正月，御史中丞趙安仁言：「三院御史自今望並給御寶印紙歷，錄彈奏事。」從之。二月四日，詔右諫議大夫樂黃目、知制誥陳知微於常參官中舉公清強

永樂大典卷一萬一百六十七

寄業乾興無七年疑仁宗天聖七年

明材中御史者各一員從御史中丞趙安仁之請也。四年四月詔知制誥祖士衡錢易御史雜劉燁直龍圖閣晉宗道馮元各於太常博士已上官舉御史一人。十一月殿中侍御史王耿言自今臺官或因謫累除差充知州依舊外其充通判及監當官者並望比類對換别官從之時侍御史知鳳翔府臧奎差客司宋炎與都巡檢使朱能教柘棧降通判寧州仍為御史因耿言以奎為都官員外郎。乾興元年正月御史言見闕臺官三員詔御史中丞王臻知雜御史王鬷于太常博士已上合入同判者各舉兩員。七年八月上封者言舊制三院御史供職後多出為知州近歲即差充省府判官轉運使

卷一萬一百六十七　二

或改賜章服其間多由知縣舉充者若至知州已免三任通判近王沿李紘朱諫並是知縣只一任省府推判官使作轉運使副賜金紫深為僥倖乞自今請罷曾任知縣者仁宗寶元二年十二月十五日手詔付中書曰自今御史闕官並依先朝舊制具兩省班簿來上朕自點一名令充御史免憲司朋黨之欺先是令中丞知雜薦補御史之闕而孔道輔舉姻家王素仁宗以為非是故革其制而復故事因令翰林學士丁度舉而易之。慶歷二年正月詔御史臺舉屬官故事太常博士以上兩任通判三人中御筆點一人如聞難于得人自今聽舉一任通判及三丞該磨勘者二人選之以中丞賈昌朝

上言也。三年六月御史臺請選舉御史六員而罷權推直官從之。四年八月詔自今除臺官毋得用見任輔臣所薦之人。五年五月御史梅摯等言臣等既不預他務自求章奏劄子紙露白實封窃覩本臺有出使監察二印空閑乞權借用詔如有合奏大字許用本臺印行使皇祐二年十二月詔自今如臺官相率上殿並先申中書門下取旨。三年十月仁宗宣諭宰臣曰諫官御史必用忠厚淳直通明治體之人以革澆薄之弊。嘉祐元年九月出侍御史范師道知常州殿中侍御史趙抃知睦州中書雖有臺官二年出知州條然久不用宰臣劉沆特申明下臺至是師道等有請而出之。三年八月詔自今後舉臺官不拘

卷一萬一百六十六　三

在京與外任並行舉奏從權中丞包拯之請也。四年五月詔自來兩府大臣嘗所舉薦者不得為臺官條約除之以慶歷嘗有此禁而常務推心大臣故內降手詔除之。英宗治平二年六月三日命江東轉運判官屯田員外郎范純仁為殿中侍御史權發遣三司鹽鐵判官太常博士呂大防為監察御史裏行皆英宗親選也近制御史有闕則命翰林學士與中丞知雜選舉二人御筆點其一至是闕兩員舉者未上內出純仁大防姓名而命之。三年二月十二日中書門下言近詔翰林學士承旨張方平等限一日內依條于太常博士已上曾歷一任通前成資已上或歷通判一年已上堪充三院御史逐人保舉兩人以聞如三丞

內有合該磨勘者亦聽詔如少得資序合入三院御史之
人許于數內舉陞朝官知縣已上資序人一員充御史裏
行侍御史殿中侍御史監察御史舊制通為言事官閤詔
中丞翰林學士舉之。七月十四日詔今後臺諫官並以二
年為一任其言事稱職有益時政者候別指揮仍候任滿
日令中書勘會取旨神宗熙寧二年七月六日詔御史有
闕委中丞奏舉不拘職高下兼權如所舉非其人令言事
官覺察聞奏初上患御史多不稱職以所舉者資序所限
令具條貫進呈而有是詔元豐元年七月一日上批御史
臺有定奪刑名及承詔治獄皆有司所不能決者丞屬須
得人乃可以弼佐官長副朝廷欽卹之政推直官盡肇馮

如晦年齒衰遲資性疲懦不足稱辦職事可並送審官東
院令本臺舉官以聞。十二月八日詔三院御史人增剩俸
四人以舊止給六人畜上故也。十二日御史舒亶言今法
度之在天下其官吏之治否猶有監司按視焉至于京師
之官府乃漫不省治而御史雖得行其職也誠使應在京
官局御史得以檢察按治一切若監司之于郡縣庶幾人
知畏懼而法度有所維持是亦周官之遺意詔取編敕所
海行在京官司見行條貫并一時指揮並錄送御史臺如
官司有奉行違慢即具彈奏除中書樞密院外仍許暫索
文字看詳後御史中丞李定言乞依故事復置吏兵戶刑
禮工六案點檢在京官司文字每案置吏二人罷推直官

二員從之仍增置臺官一員職官志中丞李定言故事臺
案有內外彈雜事四推五使六察獨廢復置吏兵戶刑禮
工六案分行檢察即繫之。元豐三年四月七日詔太子中
允館閣校勘監察御史裏行范鏜罷主管國子監太子中
允權監察御史裏行黃顏知諫院兼主管國子監太子中
允權監察御史裏行何正臣為館閣校勘罷幹當三班院
以御史專領六察故差遣悉罷後鏜又自言見判尚書禮
部亦罷之。十五日御史臺言奉詔復置六察在京官司令
請以吏部及審官東西院三班院等隸吏察戶部三司及
司農寺等隸戶察刑部大理寺審刑院等隸刑察兵部武
學等隸兵察禮祠部太常寺等隸禮察少府將作等隸工

察從之。二十二日權御史中丞李定言奉行朝廷法令以
致之民者諸路監司無鉤考之法令御史臺分察官司違
慢若推此法以察諸路監司宜無不可者以戶案察轉運
提舉官以刑案察提點刑獄如此則內外官司各勤職
事朝廷法令不至隳廢從之。二十七日詔御史臺六察案
官三年為一任以所糾劾官司稽違失職事多寡為殿最
中書置簿以時書之任滿取旨陞黜。五月一日詔御史臺
復六察案創法之始職事甚劇無容久闕正官以稽功緒
其見闕御史二人令李定限十日以名聞月增添支錢中
丞二十千察案御史十千初御史臺請非應奏者從臺閱
所屬鞫罰吏人或改正不許又請諸路提舉官提點刑獄

已隸臺檢察開封府界提點提舉司發運不檢發提舉提
點監事糴便糴草市易監稅坑冶鑄錢茶場於田營田司
及河北屯田司陝西制置解監司經制熙河路邊防財用
司措置陝西緣邊四路邊防公事司外都水監丞同提舉
買馬監牧司衙府路軍馬司諸路經畧撫營安撫鈐轄司
並合隸臺檢察故有是命。六月二十日御史臺言六察案點
諸司庫務坊監已行劄子上批六察于諸司非統臨之官
在理不當行劄子見須式令唯中書行聖旨用劄子往時
官府僭妄行遣臺察自合糾正而不知有察尚有承妄申
請可劄與知十月一日御史臺言御史所分察案每半年
令中丞知雜取旨更易。然御史到任月日先後不齊其更

卷一萬一百六十七

六

易已分上下半年從之。十一月六日詔御史六員令三員
分領察案三員專言事。二十六日御史臺言御史分領察
事逐員各領二案而六案文字繁簡不同難以次第分定
欲以一員領吏工一員領兵刑一員領戶禮。從之。五年正
月二十二日侍御史知雜事滿中行言元豐四年下半年
終御史分察案合取旨更易路字文昌齡領吏工案王祖
道兵刑案豐稷戶禮案。二月四日權知開封府王安禮言
本府奏斷公案御史臺一例取索宿以公事已奉旨斷方
吏點檢于禮不順欲乞自今不許取索從之後御史臺言
刑察案于開封府取索公案本府稱已準朝旨奏決公案
不許御史臺取索看詳公事未結案雖有人論訴不許取

索係奏斷本府又奏乞不許取索公事則是事在官司而
所行稽違許人赴臺理訴乃為空文若訪聞官司鍛鍊人
罪出入刑名既無案卷則無從考察深恐六察之法文具
實廢詔令開封府送公案與御史臺。五月十一日詔入內
內侍省不隸御史臺六察言事御史彈奏其
尚書六曹分隸六察。十八日詔兩省官各舉敏明不撓可
為御史宣德郎以上員二人。六月十四日詔尚書省得彈
奏六察御史失職。八月四日詔三省樞密院秘書省殿中
內侍入內內侍省聽御史長官言事御史彈糾 先是置監
察御史分六察隨所隸察省曹寺監而三省至內侍省無
所隸故以長官言事御史察之。十一月一日上批謂輔臣

卷一萬一百六十七

七

曰御史分察中都官事已多矣又令業舉四方將何以責
治辦且于體統非是可罷御史察諸路官司如有不職令
言事御史彈奏著為令。十二月十一日詔御史臺秋冬季
序差御史一員赴三省點檢諸房文字稽滯毋得干預其
事及見執政。六年正月三日詔造軍器及戰車所不隸御
史工察。十七日詔御史六察罷上下半年易諸。二十四日
尚書省乞都司置御史房主行彈糾御史察案失職并六
察殿最簿從之。二月十八日三省言御史臺六察案官以
二年為一任欲置簿各書其劾糾之多寡當否為殿最歲
終條具取旨陞黜事重者隨事取旨從之。三月四日詔御
史臺察官察諸司稽違皆據法舉察即諸司所施行失當

雖無法亦聽彈劾以聞。十七日，御史張汝賢言：「彈奏之文宜存大體，有司議罪欲察細微。乞自今察案劄子住坐要切因依，具彈辭進呈，别錄照用情節條貫在後，以備聖閱。」從之。四月三日，御史翟思言：「法有漏泄察事者杖一百，臺分言察，正欲使察官按法而治其稽違，而法所不及，理容可議，則有責在于言官。蓋言察理勢相須，宜不與别司同體。況朝夕同見丞雜，議事豈有所不聞？則事勢之實果不能自異。臣欲乞除見推司事雖言事官不許與聞外，其餘言事官通知，不為漏泄。」從之。二十四日，尚書左右司言：「御史臺察開封府不置承受條貫，聚廳供呈歷擬，刑部編敕所各言所察允當。然看詳敕意，止為外州縣立法，于開封府似無所疑。其因臺察後旋置歷，亦御史所當察。」詔依刑部編敕所定。五月十一日，御史黃降等言：「按唐六典，侍御史糾舉百僚，推鞫獄訟；監察御史分察尚書六司，糾其過失。今之言事官，大率如唐侍御史之職（察官乃監察御史之職）。國朝舊制，有四推之名，而三院御史皆預焉。今推鞫獄事獨付察官，而近準朝旨，又以六曹定奪公事亦送本察，即于檢察職事有嫌。兼言事御史于簽書行遣公事全然稀少，欲乞别定條制，以正分守。」詔令奪文字送本曹，如合再定，即送御史臺本察。同日，御史黃降等又言：「事之最難者，莫如疑獄。夫以州郡不能決，而付之大理；大理不能決，而付之刑部；刑部不能決，而後付之御史臺，則非甚疑獄，必不至付臺再定。若御

史，朕事之衆，非如大理、刑部必不能勝其責矣。近有旨，定奪文字送本曹，如合再定，即送本察。臣愚以謂與奪刑名事體重大，宜仍舊察官參定，餘事則隨曹付察。如此則大小繁簡皆得其稱，足正疑讞，罕有不當。」其後刑部請諸鞫獄言事御史輪治，其定奪刑名則衆官參定，餘事隨曹付察。從之。十九日，御史黃降言：「準六察敕，諸彈奏文字，本察官與丞知雜通簽，即舊所領任內事，丞知雜免簽書。諸案互察（看詳[illegible]），止謂察官有舊領任內事合彈劾，于義有嫌，理當互送。令諸案元不承互察，妨礙事既不相關，無從察舉，若一案有失，泛責諸案，乃是一官兼有六察之責，恐法意本不如此。大理寺取索五察官吏姓名，未敢供報。」詔自今諸案申臺移察，應申不申，從私坐，其互察除之。六月一日，詔御史臺六察案各置御史一員。閏六月十一日，御史臺言：「先準詔，每半年輪御史一員取摘三省諸房簿點檢稽滯差失，未有輪差及置局取吏之法。」詔三省各一員，言事察官序差，以本臺吏就逐省點檢。十四月日，御史中丞黃履言：「準敕，諸鞫獄言事御史輪治，緣御史共置九員，六員分領六察，其言事官止三員，欲乞言事察御史輪治。」從之。七年正月二十三日，尚書左右司狀：「御史房置簿書御史六曹官糾劾之多寡當否，為殿最，歲終取旨陞黜。御史房舉發逐察不當及失察不盡等事，歲終亦乞比較。」從之。二月十七日，詔御史臺以侍御史知雜事為侍御史，不帶知雜

事以言事官爲殿中侍御史六察官爲監察御史侍御
史恩數並如知雜事左右巡使及監察使名並罷左右
巡案令本臺隨事併入朝堂百司案驅使官仍除去四
團字主簿檢法官仍舊各一人。四月十九日詔自今有
司上獄空令御史臺刑察按覆上以聞封府大理寺比
歲務爲獄空恐希賞不實故也。八月二十一日詔寺監諸
司應有稽違係所轄省曹寺監失點檢者亦令臺察彈
奏。哲宗元祐元年五月二日三省言舊制糾察在京刑
獄司蓋欲它司總領察其違慢所以審重獄事今罷歸
刑部無復申明糾舉之制請以異議糾察職事悉委御
史臺刑察兼領刑部每得干預其御史臺刑獄令尚書

卷一萬一百六十七　十

省右司糾察從之。二十三日尚書省請大察旬奏改作
季奏從之。二年五月二十六日詔闕臺官令學士院舉
官二員兩省諫議大夫以上同舉四員御史中丞侍御
史同舉二員以聞。六年八月詔左右司諫正言殿中侍
御史以監察御史陞朝官通判資序實歷一作以上人充
太后宣諭曰近時臺諫官多是新進未甚更事所論不
知朝廷大體近于求名可依祖宗故事選用歷第二任
通判人充司空呂公著言近制舉官不以資序因檢會
舊制而有是詔。[illegible]年四月十八日詔應臺察事已彈察
後及一月以上遇赦降者其稽違本罪不得原減從侍
侍御史盛陶言也。高宗紹興元年臣僚言在京官司無

不隸六察者惟糾察刑獄司職事獨歸御史凡審問獄
囚事既親領苟有不當無復彈治恐非嚴重獄事之意
又本臺刑獄皆朝廷所付治輕重可否宜取決于上今
令右司糾察甚非尊朝廷正官名之意詔御史臺見領
舊糾察司職事內合審錄問者歸刑部右曹餘悉仍舊
六月十五日詔差殿中侍御史井亮采就左司郭知章
就右司同取索六曹四月以前未了文字催促結絕如
違滯多日或故作迂曲會問或行遣不當者人吏等第
勘罪郎官籍記姓名類聚聞奏從左司諫翟思請也。七
月二十五日監察御史劉拯言元豐中御史臺置六察
業治省曹及諸官司違慢以防有司之弛墮不職者元

卷一萬一百六十七　十一

祐七年五月十八日立法除事干刑名因陳許外餘未
結絕皆不得取索至九月三日因臣僚言其不便方許
取索一年已上未絕公案點檢且元祐七年諸曹未絕
纔一千二百餘件今蒙朝廷委御史點檢總六千件已
四倍前日其養成有司稽違之弊如此望依元豐條從
之。[illegible]年四月七日殿中侍御史郭知章監察御史董敦
逸言乞循先帝之法詔內外兩制及臺諫官等各舉才
行一人詔吏部尚書許將戶部尚書蔡京御史中丞黃
履翰林學士蔡卞翰林學士錢勰禮部尚書林希戶部
侍郎王震不拘資序各舉堪備任使二員以聞。四年四
月二十七日殿中侍御史董敦逸言請應隸本臺所察

處依在京刑獄條例許本察官非時就往照檢簿書詔
自今每遇上下半年諸三省樞密院照檢訖許暫赴本
察所隸官司檢察是年十二月十七日再降詔同此哲
宗元符元年詔復六察閤奏舊制○二年御史中丞安惇
言元豐法每半年輪臺官就三省點檢各有日限又恐
文簿未明須呼吏指說難于限內詳究詔許展日元祐
大臣不務悉心政事遂改元條聽于限內了畢被差御
史觀望闕三四日便稱別無稽滯差失竊恐因此寢失
先朝遣官檢察之意詔並依元豐法徽宗崇寧元年十
月十七日詔御史臺糾察案依元豐格隸刑部其元祐
元年五月二十日指揮勿行○二年八月二十四日都省

卷一萬一百六十七　主

勘會臺官雖已分定所言職事竊慮未至明白除已降
朝旨合遵守外欲更申明行下諫官職在拾遺補闕凡
朝政闕失悉許論奏則自宰臣至百官自三省至百司
任非其人事有失當皆得課正臺官職在繩愆糾繆凡
官司稽違悉許彈奏則宰臣至百官自三省至百司不
循法守有罪當劾皆得糾正從之○四年六月二十七日
奉議郎試御史中丞兼侍讀朱諤劄子奏六察官彈治
稽違不法乃是本職兼本臺條格內即並不該載察官
賞罰近蒙朝廷較考全年察事最多者推賞蓋出異恩
而察官不安職分僥倖改法臣遇欲乞今後全年比較
除察事分數至少合入殿法者依舊責罰外其察事數

多之人更不推賞庶使本臺察官各安職守以追倖賞
之謗詔劄付御史臺照會大觀二年六月十六日臣僚
言御史臺分置六察所以察治稽違實紀綱法度之所
賴今殿中六尚以供奉為職事目繁重尤當嚴整而臺
不得察辟雍大晟府禮樂之所自出亦不得檢視至于
算學太官局翰林儀鸞司其為職局無異于他司悉皆
援例免察臣所未諭也乞自今皆隸六察從之宣和元
年三月十四日中書省言臣僚上言恭惟陛下勵精庶
政凡曰御史必親加除擢方賴以伺察違法慢令之吏
庶以上廣陛下明目達聰迩來官司職事曠闕漫不省
察日甚一日豈可概舉若六察其以違法不當事件聞

卷一萬一百六十七　圭

之朝廷即送刑寺約法其引赦原免者十常八九間有
朝廷灼見情犯特令決罰或不該赦宥者又復遷延月
日以俟八節前後禁刑日結絕而已如此則何憚而不
為姦哉前後察彈治不法事件不知其幾章而被決罰
者無一二行移往來徒為文具官司翫習恬不為怪是
致本臺取索文字率多稽滯滅裂無復畏憚臣恐臺綱
不振而陛下法度日以弛矣朝廷若將六察所彈之事
治胥輩量其罪之小大示以必罰其違法慢令尤重者
則取旨施行如此則人人知警官修其方吏宿其業紀
綱復振詔令必行無敢弗虔者檢會臣僚上言伏見迩
來官司因循苟簡習為常態藐視臺察若不足畏者彼

此條添在二年四月上

此條添在以闕下

意不過謂稽留失行罪止罰金一遇赦恩又可原免事之改正與否在己未有利害也故一切頑悍如此刑事有因不隷察官司牽制而不得行者臺臣既難以催督而稽違容倖官司又復得以為辭久而滋之則蹈襲不虔者愈衆矣豈不負陛下平日訓敕勉勵之意乎臣猥當言責目覩斯弊不勝憤懣伏望睿旨嚴賜約束自今官司稽違有累經彈奏而猶不治者雖該赦恩亦乞重賜責吏見今隷察官司有稽違當改正而不隷察官司合行報應結絶者望從本臺催督如或違慢按罪以聞所貴臺綱振肅事無底滯詔令後官司稽違三經彈劾違慢如故者吏人許直送大理寺以違制論餘依奏臺察

《永樂大典》卷一萬一百六十七 十四

事大者不以赦降原減餘申明行下。二十七年二月二十一日詔刑部郎官循行督遣如勘鞠失實事理妨礙直行移送。今後御史點檢或有移送公事許依刑部已得指揮。三十年四月二十七日詔以神宗命臺臣舉忠純體國之人補御史詔重刊于御史臺。六月四日詔察官職守今後依官制施行。紹興九年九月十二日侍御史沈與求言契勘省部百司稽違許御史臺彈察元豐中分置六察察案書吏歲終比較彈察稽違功績而賞罰之昨因王黼用事舊法遂廢詔並依舊法施行。十一年十二月十七日詔御史臺全闕長貳所有檢法官主簿闕特令殿中侍御史曾統奏辟。三年正月十七日詔御史

此條添在二十年十日上

臺每季專委本察官一員躬詣大理寺及應有刑獄去處點檢禁囚淹留不決或有冤濫並具當職位姓名以聞。四月九日三省進呈鄧况都堂審察仍令上殿上曰鄧浩之弟故欲權之臣徐俯曰鄧浩亦有子柄上曰直臣之子極擢用之使復為御史言事聳動四方亦足為國家之光也。六月五日三省進呈殿中侍御史曾統除秘書少監闕官欲于監察御史鄭作肅李長民二人中取旨差權上曰令有侍御史殿中亦不必權二人且令專于糾察。八月二十二日御史臺主簿陳祖禮言謹按臺令兩院御史有分詣三省密院取摘點檢之文監察御史有輪詣尚書六曹按察之制凡奉行稽違付受差

《永樂大典》卷一萬一百六十七 十五

失咸得糾彈渡江之後始不克行孰謂公朝尚茲闕典乞依舊例施行從之續本臺申檢準令節文諸上下半年輪兩院御史四人就三省樞密院取摘諸房文簿等點檢中書尚書省以仲月中旬門下省樞密院以仲月下旬本臺勘會依上條自來中書省以仲月中旬門下省以孟月下旬合輪官兩員詣兩省點檢今來門下省中書省已并為一省本臺即未敢便依上條作兩省輪官前去詔依點檢中書省簿書條例施行。十月十七日御史臺言六察案日逐不住承受諸色論訴本臺除已將海行敕令等檢用外有事干一司條制者合將逐處一司條法參照施行緣隷察官司自來各將一司見行

條法及續降指揮編類成冊赴臺以備檢照，比年條冊散失，諸處官司亦不復供檢。伏望許從本臺移文應隸臺察官司，將見一司條法及續降指揮畫別編類赴臺照用。今後如有續降指揮，亦乞依此關報施行。從之。二十四日，詔臨安府等處依開封府隸察條格，權隸臺察，候車駕回鑾日依舊。十一月十二日，殿中侍御史常同言：國朝自元豐三年始置六察，于御史臺上自諸部寺監，下至倉場庫務，皆分隸焉，糾察稽違，以詔廢置，稱名責實，百職修舉。崇寧以後，因人廢法，故皇城司以鄆王提領，閤門省以內侍鄧文誥提領，皆申請不隸臺察，至今因之。而秘書省昨緣廢罷，復置本省，申明（申明書並一亦乞不隸臺察一時）

而壞累朝之成憲，其可乎？契勘靖康中監察御史余應求嘗奏請如閤門、王植妄奏，以謂閤門與御史臺互彈，不合屬臺察。夫互彈者，朝班失儀耳。至于閤門簿籍公案稽違差失，若不許本臺點檢取索，則慢令違法之事無所誰何，恐非立法之本意。欲望凡舊屬臺察官司，並令遵依舊制。從之。四年九月十九日，侍御史魏矼言：頒詔三省、樞密院常切遵守舊典，遇納院御史、諸省院檢察日，除實係機密邊事外，悉令取索點檢，如有違戾，即具彈奏，將當行人吏送所屬根治施行，庶幾稍知忌憚，可以杜絕姦欺。詔並依祖宗自來條例施行。十一月四日，監察御史張絢言：恭奉聖旨留治臺事，適當君父臨

添五元豐條法之六

成臣子竭忠圖報之秋，有所聞見，悉宜論奏。緣臣本臺即今別無有司關報應干事務，無從稽察。望令留守司遇有承受朝廷文字及諸處探報，從權劄付臣照會。其留守本司處置事務，亦乞指揮許留守司發廳逐時關中本臺，庶幾千慮一得，或可裨助聽察。從之。二年四月一日，詔監察御史田如鼇可除郎官，因宣諭宰執曰：臺臣耳目之官，朕未嘗不謹此選，然必試之六察，度其可用，方敢除言事官。沈與求曰：臺臣與朝廷分持紀綱，要須得沉厚練達之人，則論事不苟，可以仰副聖意。上曰：用沉厚練達之人極是，然朝廷與臺諫當為一家，不可分而為二。若朝廷所行，臺諫輒詆之，臺諫所論，朝廷輒沮，則之事何由濟？趙鼎曰：朝廷與臺諫實相為表裏。仁宗朝王旦為伯，韓琦為司諫。一日琦至中書白事，旦謂琦曰：高若訥輩擇利而行，范仲淹未免近名，如司諫章疏甚好。以此見先賢用心，不分彼此。與求曰：臣與趙鼎皆蒙陛下擢自臺臣，故敢詳論及此。孝宗隆興二年三月十三日，詔晁公武除樞密院檢詳諸房文字。先是，公武由吏部郎中除監察御史，公武言：竊見慶曆中詔自今臺官毋得用見任輔臣所薦之人，至嘉祐四年詔自來大臣所舉薦者不得為臺官，條約除之，兩者俱載國書。哲宗初政，中旨除范純仁、蘇轍為諫官，皆大臣呂公著、司馬光等所薦，蓋用嘉祐詔也。于是章惇曰：故事執

政除所薦之人見為臺諫者皆徙他官不可違祖宗法蓋引慶曆詔也瑊、書胥公著光雖賢其事不可爲從惇蹤姦其言不可盡棄。紹興二十一年正月二十一日宰執進呈乞差衢州守臣上曰可差曹筠臺諫無大過惡當優假之以來言者先是筠任侍御史以言失當罷至是復用

〔卷萬百六十七〕 十八

全唐文

宋會要 御史中丞

太宗太平興國四年以戶部郎中侯陟爲左諫議大夫權御史中丞事雍熙三年七月以屯田郎中知制誥趙昌言爲御史中丞知制誥正爲中丞始也　端拱二年右諫議大夫王化基權御史中丞事始特定班制正衙常參立中丞位內殿起居立本官班　趙昌言拜御史中丞太宗宴金明池特召預焉憲官從宴自昌言始也

宋會要 卷二

真宗咸平五年五月以禮部尚書溫仲舒兼御史中丞

〔卷八千百二九〕

尚書兼中丞始也　大中祥符元年十月以御史中丞王嗣宗兼工部侍郎時畢慶故加兼官　天禧元年十二月以景靈宮副使尚書右丞兼宗正卿趙安仁爲御史中丞兼尚書左丞左右丞兼中丞始也

宋會要 卷上

至和三年五月十二日權御史中丞張昇言蒙差判吏部流內銓竊聞御史中丞久不領別司詔與免之

宋續會要 卷上

神宗熙寧二年閏十一月權御史中丞呂公著言今後除中丞者如官不及諫議大夫即乞更不帶官只除權御史中丞候罷日卻與舊官或朝廷譴惡即於舊官上

遷轉詔官未至諫議大夫並守本職兼權故事官未至諫議大夫者自正言而上皆除右諫議大夫　九年十月五日右正言知制誥知諫院鄧潤甫為右諫議大夫權御史中丞近制除中丞官未至諫議大夫者並守本官職兼權更不遷官潤甫以宰相屬官不可長府乃復遷右諫議大夫　十一月七日權御史中丞鄧潤甫言諸路置局編修制敕官非假日不許看謁及接見賓客令御史中丞以言事為職若須假日接見賓客即無由聞知外事乞免謁禁詔臺諫官兼局不許接見賓客處許見客　元豐三年正月二十一日詔權御史中丞李定兼職頗多罷詳定重修編敕以安燾代之　四月二十

卷八千一百十九

七日詔權御史中丞李定罷判太醫局除放欠負以領察事也　八月二十三日詔自今朝廷所差御史臺公事止令中丞與本察御史根治　五年四月二十六日承議郎直龍圖閣徐禧知制誥兼權中丞初召禧試知制誥禧辭不許既試即命兼中丞禧言中丞糾彈之官赴舍人院行詞似有妨嫌乞免赴直二十六日詔禧守本官試御中丞　七月三日詔御史中丞舒亶舉任言事或察官十員　六年六月九日詔御史中丞門下中省書外省官各舉人材堪充言事政治察御史五員　七年三月十三日御史中丞黃履乞與侍御史張汝賢同薦御史從之二十一日詔御史中丞雜壓在六曹侍郎

之上　八年五月十二日詔御史中丞黃履舉堪充監察御史二員以聞　哲宗元祐元年正月十四日詔御史中丞黃履侍御史劉摯同舉御史二員　二月二十二日詔新除御史中丞劉摯令舉監察御史二員　二十八日三省檢校上殿班御史中丞或侍御史或殿中監察御史一員諫議大夫同諫司或正言一員令御史臺見闕侍御史諫官見闕左諫議大夫詔御史臺不限御史中丞侍御史殿中監察御史諫官不同省別省諫議大夫司諫正言各並許二人同上殿　二年五月二日詔御史中丞傅堯俞侍御史王巖叟同舉監察御史一人　二十六日詔闕臺官令學士院舉官二員兩省

卷八千一百二十九

諫議大夫以上同舉四員御史中丞侍御史闕員詔御史中丞舉官二員兩省諫議大夫已上未曾舉監察御史同舉二員以聞　六年閏八月十四日御史中丞鄭雍言故事御史有闕詔本司薦屬官以正名衆議自官制初行御史中丞與兩省合舉按令兩省官屬門下中書與聞政事互舉既非故事省官體更有嫌乞止從本臺奏舉如稍涉已私即重行降黜詔御史中丞舉殿中侍御史二員翰林學士中書舍人同舉監察御史二員給事中舉監察御史二員以聞　二十二日御史中丞鄭雍言近奉旨令御史中丞舉殿中侍御史二員翰林學士中書舍人同舉監察御史二員給事中舉監察御

史二員臣爲風憲之𢀖責任所專儻使官屬多由他司所薦恐非朝廷責任之本意如未許本臺專舉且乞用政事專舉一次如以御史員尚少即用兩省互舉之法詔令御史中丞吏舉監察御史二員以聞。七年八月二十二日詔令御史中丞侍御史並翰林學士中書舍人各同舉臺官二員以聞　元符元年七月十九日詔御史中丞安惇舉堪充臺官二員以聞　十一月十六日詔御史中丞安惇舉監察御史二員以聞　三年十一月六日（徽宗已即位未改元）新授試御史中丞修國史兼實錄修撰王覿奏近準告授前件職已告謝訖見伺候正謝赴臺供職次竊緣御史臺受詞訴及有六察等公事雖

〔卷八千一百二十九〕

以分減日力赴史院兼國史實錄並係宰臣提舉於臺職亦有妨嫌所有修國史兼實錄修撰伏望特降睿旨許令免罷詔覿依治平二年二月二十八日賈黯例三五日一赴院左正言任伯雨等言史院係宰相監修今中丞乃爲屬官朝夕相見恐非所以重風憲遠嫌疑之道二十六日詔覿改除翰林學士　徽宗政和三年正月十七日詔御史中丞王甫奏臣頃奉詔參詳官制格目方事之初嘗乞差總領官仍乞避宰執被旨委鄭居中居中方領祠宮居家不與朝廷政事臣是時承乏諫路不以糾察百官爲職與之參詳於理無嫌臣今待罪憲臺居中知樞密院若尚與中居共事實於分義有所

未安欲望聖慈特降睿旨許臣罷參詳官職事從之七年正月八日朝請郎試御史中丞陸蘊奏臣嘗論列省臺寺監等官應以親嫌合行回避仰蒙聖恩曲垂聽覽已降睿旨施行

宋續會要　宋上

高宗紹興八年正月十八日御史中丞常同辭免支賜銀絹各一百五十疋兩詔不允令學士院降詔　十二月二十四日御史中丞勾龍如淵右諫議大夫李誼殿中侍御史鄭剛中奏今有朝廷利害臣等欲於今月二十四日赴都堂見宰執商議從之　次日又奏所議未盡乞再於今月二十五日赴都堂商議從之　十四年

〔卷八千一百二十九〕

五月二十日詔紫宸殿上壽集英殿宴如至日闕中丞牒官權攝今後庭宴遇闕中丞準此　三十六年九月二十七日御史中丞湯鵬舉言近緣論列故相秦檜孫塤等不能仰體陛下終始禮遇大臣之意乞除一在外宮觀詔鵬舉比乞追奪檜塤等職名所言甚公然朕既已許其保全義難中輟今乃未喻朕意遽求去位豈所望哉令學士院降詔不允不得更有陳請　紹興三十二年十一月十五日（孝宗已即位未改元）詔敷文閣待制辛次膺除御史中丞　二十一日詔次膺已降中丞殿中令閤門扶掖殿上免拜　孝宗乾道元年六月十六日詔左諫議大夫姚憲可降（除）御史中丞憲奏伏蒙聖慈以臣除

御史中丞賜銀絹各一百五十疋兩臣不敢祇受所有降下合同憑由司支賜銀絹文字二件臣已繳連牒入内侍省收管外伏乞睿照從之

卷八千一百三十九

宋會要　殿中御史

政和元年十月四日臣僚言朝會之儀祖宗例以殿中侍御史分糾朝班元豐有著令然每遇朝會前一日殿中侍御史輪當臺宿或不赴例差監察御史或他官權攝既非諳熟往往自懼失儀何暇彈糾乞應朝會前一日殿中侍御史當職或見推勘並免宿直從本臺以次官權宿所貴殿中職事振舉從之建炎十三年二月四日御史臺言伏覩已降指揮御垂拱殿四參官起居并將來御文德紫宸殿依臺儀合用殿中侍御史二員分立東西相向糾彈失儀之官緣目今止有殿中侍御史一員欲乞（每）遇朝參于監察御史内從上牒官權攝殿中侍御史職事從之

卷一萬一百七十

宋會要

元祐六年四月二十四日戶部員外郎楊畏爲殿中侍御史從中丞趙君錫舉也五月二十日楊畏以母老辭從之仍令君錫别舉官二員以聞二十八日詔楊畏依前降告命充殿中侍御史從君錫再舉也　政和三年正月二十四日朝奉郎殿中侍御史郭沔奏緣臣近論列儀鸞司監官柳忞等不安分守擅乞增添俸給及忞自陳汙賤躬取溺器等事奉聖旨令臣再行分析契勘臣昨論列柳忞等擅乞增添俸給等事已于第一劄子中各條具忞等元初自陳因依說所有忞躬取溺器窠

狀亦于去年十二月二十六日依奉聖旨具析奏申稱衆臺臣見之其時臺臣係侍御史洪彥昇監察御史許尚志方禧與臣同在幕次中侍班次並見柳忞前件事迹咸有憤疾之語蓋非止臣獨見而私為之說也惟臣狂辭之志動輒妄發既之剛明擊邪之論但多濫受致訟之辭遂使柳忞公然抵讕還視臣前累奏事寔殆盡虛妄伏望特賜施行詔郭沔罷殿中侍御史通判信州

卷一萬一百十

從之下接宣元年三年條

全唐文

宋會要監察御史

宋初御史多出外任風憲之職以他官領之太平興國三年詔本司自薦屬官俾正名舉職用太常博士張巽為監察御史天禧元年詔別置御史六員不兼他職月須一員奏事專任彈舉有急務聽非時入對以殿中丞劉平為監察御史用新詔也長編云平為監鐵判官復兼省職天聖元年上封者以為言乃用鞫詠王軫為察官嘉祐四年中丞韓絳請置裏行從之嘉祐五年詔秘書殿中内侍省不隸六察如有違慢委言事御史彈奏七年大正官名以言事官為殿中侍御史六察官為監察御史掌吏戶禮兵刑工之事在京百司而察其謬誤八年詔監察御史兼言事殿中侍御史兼察事徽宗時如辟雍大晟府等學太官局翰林儀鸞司東西上閤門客省引進四方館皆不隸臺察崇寧間大臣欲其便己而南臺御史亦有不言事者自大觀臣僚申請而殿中六尚辟雍大晟府等學太官局翰林儀鸞司皆隸六察自余應求有言而東西上閤門客省引進四方館復隸御史○仁宗天聖四年五月以太常丞桑慥授監察御史出於中旨特除也慥有至行朝廷聞其名而特命之○元豐五年八月十日承事侍郎太僕寺丞趙屼詔為監察御史屼以父抃年高無兼侍乞免從元祐五年四月

卷一萬一百七十一

八日詔給事中鄭穆中書舍人王巖叟左右諫議大夫
劉安世朱光庭同舉監察御史二員以聞。六月二十二
日詔御史中丞蘇轍侍御史孫升同舉監察御史二員
以聞。七月八日三省言御史中丞蘇轍侍御史孫升同
舉到監察御史二員內一員不曾實歷通判不應條一
員與執政官礙親令蘇轍孫升同別舉官二員轍升言
檢會元祐三年六月九日尚書省劄子三省同奉聖旨
左右司諫左右正言殿中侍御史監察御史並用陞朝
官通判資序實歷一年以上人舉官準此臣等竊見後
來所用諫官如吳安詩劉唐老司馬康三人並非實歷
通判之人緣上件所降朝旨係諫官御史並用實歷通
判一年即無分別今來人才難得之際若臺官獨拘苛
法必至闕官況自立法以來前後本臺及兩制官並不
曾舉到實歷通判可用一人以塞明詔足見此法難以
久行伏乞特依近用諫官體例於臣等前來所舉人中
選擇除用免致言事之官久闕不補詔依條別舉。元豐
六年十二月二十五日詔門下中書外省同舉言事御
史二員。八年十月十七日詔監察御史兼言事殿中侍
御史兼察事仍減監察御史二員。宣和三年三月二十
三日監察御史余應求言竊惟御史置六察所以肅紀
綱督曠怠故上自省部寺監下至百司庶府咸隸焉近
年以來迺有因臣僚陳乞不隸臺察者以臣所職禮察

卷一萬一百七十一

觀之如東西上閤門客省引進四方館是也則其他察
又可知矣今陛下既遵奉祖宗舊制欲乞凡近年特許
不隸臺察者並依舊制皆從之。宣和三年七月二十四
日臣僚言着令監察御史詣三省樞密院檢點簿書畢
聽往所隸官司點檢近來因循未嘗推行致寺監庫務
等處稽違廢弛無復畏憚詔依元豐法。高宗建炎元年
五月詔臺官隨從巡幸許差破親隨監察御史以上各
二名檢法官主簿各一名依親事官例日支食錢候回
鑾日罷。紹興二年十二月三日詔御史臺六察案復置
監察御史三員分領先是元豐八年冬詔減監察二員令
殿中侍御史兼領兩察官亦許言事至是命復之。同日
詔今後臺諫官並舉未陞朝官以上不拘資序仍令翰
林學士蔡京御史中丞黃履各舉堪充監察御史官三
員以聞。紹興三年七月二十二日詔職事官監察御史
已上因罪罷黜並給告從中書舍人葉祖洽請也。紹興
四年正月十七日詔吏部尚書黃履翰林學士承旨蔡
京翰林學士林希各舉監察御史一員。六月十四日詔
翰林學士承旨蔡京翰林學士蔣之奇權吏部尚書邢
恕各舉監察御史二員以聞。十一月十七日詔諫議大
夫已上各舉堪充監察御史一員。紹興十一年十月二
十八日御史臺言檢準本臺令節文諸監察御史闕牒
殿中侍御史權仍奏知每員止權一察餘察官兼若闕

卷一萬一百七十一

負多兩院御史分領又總例節文諸稱兩院御史者謂殿中侍御史監察御史契勘監察御史即目止有一員正管兵察所有其餘察見今闕官本臺除已依上條差殿中侍御史胡大明權禮吏察監察御史陳時舉兼戶兵刑工察職事外奏聞事從之紹興十三年九月二十二日詔大禮依舊例差監察御史二員糾彈其監祭司手分依條例差三人點檢行遣令給色號依明堂大禮例下所屬關借敕入壇殿號十七年十月十七日詔每遇季秋差監察御史按視檢察永祐等攢宮紹興二十二年三月一日詔今後遇得旨令臺諫赴都堂議事及侍令薦舉同看詳文字監察御史並合干預隆興二年

卷一萬一百七十一

八月十二日詔每年秋季輪差監察御史檢察安穆皇后攢宮九月二十九日監察御史王稽中言臣先自宮祠召赴行在令內殿奏事擢臣監察御史王之望素昧平生然士大夫皆言臣是之望所薦臣不能必其然否今之望既除執政臣若不迴避清議不容況龔茂良亦係王之望所薦今茂良既已迴避乞改差臣宮觀或外任差遣庶允師言詔王稽中乃朕親擢非王之望所屬不當過迴避八年正月二十二日詔令御史臺開具六察所隸覺察彈劾事件并見今監察御史所分管職事申尚書省三月七日宰執進呈御史臺覺察彈劾事件分隸六察處允文等奏曰從來覺察彈劾殿中與長貳

通行其六察則點檢所隸百司簿書之稽違耳祖宗時監察御史却許言事上曰今既分隸六察可許隨事彈奏自此臺綱肅清八日詔御史臺覺察彈劾事件並分隸六察今後如有違戾去處許監察御史隨事具實狀覺察彈劾聞奏

宋會要監察御史

元豐三年正月十七日監察御史丁執禮權監察御史裏行舒亶何正臣自劾赴景靈宮誤乘馬入偏門詔釋之執禮等固乞行法上批可依所乞從違令贖而命卒不下

卷一萬一百七十一

全唐文

國家每入閤國忌臨時差六察吏察兵察戶察刑察禮察工察元豐中神宗始置六察司于御史臺　乾道以

職官一七之三六

全唐文

宋會要（御史裏行）

神宗熙寧二年十月二十二日，詔三院御史及裏行令後有公事並許直牒閤門上殿，從御史裏行張戩、程顥所奏也。元豐四年六月十三日，詔監察御史裏行王祖道罰銅十斤，滿中行六斤（先是判司農寺舒亶言本寺未了文字數百件，未了帳七千餘道，催罰錢三百九十餘千，未架閣文字七萬餘件，朝廷已送大理寺根究，狀緣建置六察正以督治官司違慢為職，今並不彈奏，祖道、中行自劾嘗催戶案故也）。景祐元年四月二十四日，御史中丞韓億等言：「竊見唐朝嘗置御史裏行，欲乞於三丞內曾經知縣差使者舉充，候二年滿即與正御史，供職二年即與省府判官或轉運差遣。」從之，仍令韓億、楊偕各舉兩員聞奏。

卷一萬一百七十二

宋會要（御史知雜）

舊制常以郎中員外兼侍御史知雜事，專掌臺事，中丞闕亦專判。元豐七年，詔侍御史知雜事為侍御史，不帶知雜事，令併入三院推直官、檢法官、主簿並附。仁宗皇祐四年五月十八日，御史知雜陳升之言：「蒙差同糾察在京刑獄，閤門俾赴垂拱殿起居，緣舊例著位外庭，兼領職局，未有赴內殿者。」詔與免之。至和元年九月十二日，侍御史范師道首乞諫院及知雜御史如當擢用，不計資任深淺，並且令任三司副使，其歷三部方改授待制。詔今後諫官、知雜御史除改旋取進止。治平三年三

職官一七之三七

月，詔自今知雜御史衣緣者告謝日，令閤門取旨（先是知雜呂景初判尚書刑部，仍賜五品服，初衣緣入謝，既改賜章服，故有是詔）。元豐三年，詔中書官司違慢應面奏者，令御史臺丞、知雜同本察官上殿，或具奏聞，餘申中書。元豐五年，詔試起居舍人兼崇政殿說書蔡卞試侍御史知雜事（先是上欲以卞為知雜御史，蔡確、王安禮言以親嫌為請，上曰：「已嘗面諭卞，卞亦此辭，其人有守，必不肯撤附。」故有是命）。元豐五年四月六日，詔侍御史知雜事滿中行罷臺職，為直集賢院、知無為軍（初中行言王安禮奏御史臺取籍記盜賊名簿，乃本府日用文書，及令分析，乃上言以臺牒別取簿數多，遂奏逐次止取一簿，隱落前奏臺稱日用文書一節，此乃安禮前後數問不實，上以中行奏事不實不當，故黜之。事文類聚：宗以中丞為長，知權）

卷一萬一百七十二

兩朝國史志

三京留司御史臺管勾臺事各一人以朝官以上充掌拜表行香糾舉違失凡吏有令史知班驅使官書吏各一人 以上續國朝會要 ○真宗咸平六年四月詔西京留守司御史臺置令史驅使官二人祇應從院管勾兩班大中祥符七年十一月詔西京留守司御史臺今後行香拜表不以官班高下止以知府兼留守為首先是刑部郎中直昭文館趙湘知河南府右諫議大夫陳象輿權御史臺事象輿自以官高立班湘上衰老倨慢本路轉運司以為言故有是命 ○天禧四年四月以翰林學士承旨兵部侍郎晁迥進工部尚書集賢院學士判西京留司御史臺迥累表引年求解近職故也他官止云權迥以三品故云判 ○仁宗慶歷五年九月詔置南京留司御史臺 ○七年六月二十一日詔置北京留司御史臺仍差太常少卿馬絳管勾 ○皇祐三年正月十八日以光祿少卿張子立權管勾西京留司御史臺公事 ○至和元年七月二十一日太子太師致仕杜衍言臣男訢秘書丞通判應天府乞候成資日就差管勾南京留守御史臺公事詔候今任滿差權替年滿闕衍以引年退居仁宗卹其耆德特從所請非常例也 ○嘉祐六年九月以龍圖閣直學士尚書工部侍郎李東之

為刑部侍郎集賢院學士判西京留司御史臺東之以老自請從之 以上國朝會要 ○神宗熙寧二年十二月二十五日詔今三京留司御史臺添權判或管勾官一員仍差大卿監并職司以上差遣人須精神不至昏昧堪任釐務者充三十箇月滿替三京留司御史臺皆有常員至是增員以待卿監監司之老者國子監亦增之及宮觀仍不限員以待知州之老者 ○三年正月二十六日詔應乞留司御史臺差遣除兩制以上臨時取旨外餘候到闕體量定差 ○七月二十七日詔應三京留司御史臺添支大兩省大卿監及職司資序人依本人見任官知小郡知州資序人依本人見任官通判例武臣即比類施行若遙郡已上罷任及遙郡南班官元係文資內有功績殊異者別取旨 ○四年四月十八日新知許州端明殿學士兼翰林侍讀學士右諫議大夫司馬光權判西京留司御史臺 ○元豐五年九月十六日詔應尚書吏部陳乞留臺宮觀國子監人年六十以上兼用執政官恩例者通不得過三任 ○崇寧元年七月十一日中書省言熙寧中詔臣僚歷監司知州有衰老不任職者使食宮觀俸給自後添支屢經裁減而諸州供給亦無定例今以熙豐以來條制參立三京留司御史臺國子監諸州宮觀嶽廟提舉管勾等官添支例為八等差七十以下不得過三任七十以上曾任侍御史

兩任寺監長官及職司中散大夫以上一任從之

全唐文

秘書省掌常祀祝板監闕即以朝官判秘閣官兼充
兩朝國史志秘書省判省事一人以判秘閣官兼凡邦
國經籍圖書悉歸秘閣本省惟掌常祭祀祝板而已書
令史一人楷書六人　太平興國二年始建崇文院昭
文館史館集賢院皆總為崇文院及建秘閣亦在崇文
院中　元豐五年初以崇文院為秘書省事具職官志舊
建於禁中。紹興初復置權寓臨安府法惠字淌十四
年移新省於天井巷之左掌凡邦國經籍圖書常祭祝
板之事監一人秩正四品少監一人秩從五品丞一人
秩從七品著作郎一人秩從七品著作佐郎一人秩正
卷一萬九百四十三　一
八品校書郎正字各二人秩從八品又參酌舊制校書
郎正字召試學士院而後命之自是採求闕文補綴漏
逸而四庫書籍畧備即秘書省復建史館以修神宗哲
宗兩朝實錄選本省官兼檢討校勘以侍從官充修撰
十五年倣唐十八學士之制監少丞外置著作郎佐秘
書郎各二人校書郎正字通十二人立為定額又移史
館於省之側別為一所以增重其事至九年修徽宗實
錄乃即史館開實錄院事具實錄院分案有四曰經籍曰祝
板曰知雜曰太史吏額都孔目官一人孔目官一人四
庫書直官一人書直官一人表奏官一人書庫官一人
守當官二人正名楷書五人守闕一人正係名六人守

闕係名六人監門官一人以武臣充專知官一人太史
局文德殿鐘鼓院測驗渾儀刻漏所並皆隸焉　太宗
淳化元年八月詔秘閣次三館秘書省仍舊隸京百司
二年二月詔秘書省著作局掌撰祠祭祝文令定正辭
錄三卷令秘書省依此行用自後凡正辭錄外有常例
祭者著作局分撰或在京闕著作局官亦有秘書丞郎
撰者　真宗景德元年十二月詔秘書省揀能書人寫
祝板委秘書監躬親點檢謹楷不錯方得進御書名四
年又令秘閣監書籍內臣同提點　大中祥符九年詔
秘書監楊億判閣兼秘書省事億為正監不當更言判
省閣有司憶也　神宗正史職官志秘書省監正四品
卷一萬九百四十三　二
少監從五品丞從七品各一人監掌書籍國史天文歷
數之事少監為之貳而丞參領之凡其屬有五著作郎
一人從七品秘書郎著作佐郎各二人正八品校書郎
四人正字二人從八品閣修時政記起居注修纂日歷
祭祀祝辭則著作郎佐郎主之刊寫分貯集賢院史館
昭文館秘閣經籍圖書則秘書郎主之編緝校定正其
脫悞則秘書郎正字主之各以其職隸於長貳惟日歷
非編修官不預歲於仲夏曝書則給酒食費諫官御史
及待制以上官畢赴遇庚伏則前期遣中使喻旨聽以
早歸大典礼則長貳預集議國朝待遇儒臣非他司比
宴設賜予率循故事三館秘閣有學士判直或修撰校

理檢討官多領他司寓直其中　元豐五年職事官貼
職悉罷及官制行立爲定員釐正其事分案四設吏八
太史局隸焉　哲宗正史職官志同　神宗治平四年
即位未改元閏三月御史吴申言竊見先朝宰相韓琦等所
薦十人試館職而開封府界提點陳汝義别以奏對稱
旨亦與試漸至冗濫兼所試止於詩賦非經國治民之
急乞㕘用兩制薦舉仍策以經史及世務勿用詩賦詔
兩制詳定以聞其後翰林學士王珪等言宜罷詩賦如
申言乃詔自今館職試論一首策一道　熙寧二年十
一月三日置崇文院校書始除河南府永安縣主簿邢
恕乃詔今後應選舉到可試用人並令崇文院校書以
備朝廷訪問差使候二年取旨或除館職或陞擢資任
或只與合入差遣三年五月十六日詔崇文院校書邢
恕與堂除近地試銜知縣先是同知諫院胡宗愈言崇
文院校書如未歷外官及不滿任者不得選舉昨邢恕
以新進士除校書蓋是朝廷未有法制近聞新進士緣
此奔走權要廣爲道地乞自今須歷任乃除故上令罷
恕四年十月二十九日集賢院學士史館修撰判祕閣
宋敏求言伏見前代崇建冊府廣收典籍所以備人君
覽觀而化成天下今三館祕閣各有四部書分經史子
集其書類多訛舛雖累加校正而尚無善本蓋讐校之
時論者以逐館幾四萬卷卷數既多難爲精密務在速

畢則每秋止用元寫本一再校而已更無兼本照對故
藏書雖多而未及前代也臣欲乞先以前漢書藝文志
内所有書廣求本令在館供職官重複校正既畢然後
校後漢時諸書竊緣戰國以後及于兩漢皆是古書文
義簡奥多有脱誤須要諸本㕘定欲乞依昨來校七史
例於京師及下諸路藏書之家借本繕寫送官俟其完
精以次方及魏晉次及宋齊以下至唐則分爲數等取
其堪者則校正餘皆置之庶幾祕府文籍得以完善事
竟不行六年八月九日詔祠部員外郎集賢校理同修
起居注劉瑾爲史館修撰充河北都轉運使史館修撰
帶出自瑾始七年詔置補寫所六月二十二日監三館
祕閣言看詳崇文院孔目官孟壽安所陳詔書内求訪
到書籍只各一部並未校正乞行校正仍差見補寫楷
書二十人將上件書抄寫四部均送逐館乞應街市鏤
板文字供錄一本看詳有可留者各印四本送逐館合
用紙墨工食錢依例下度支支乞不令諸處指定取索
館閣書籍並可與施行外欲將借本書庫原書籍添入
經史子集書數足備及準備閲覽其館閣書籍浩翰若
依所乞慮難抄錄科場借書外面無本方許於館閣權
借如遇殿試科場即館閣一面供書入殿從之　元豐
元年十二月七日祕閣校理蘇棁言每歲崇文楷書補
寫四庫書只令吏人比校或致差悮乞應在館諸官點

檢校定而冀官各任責兼足以討論百氏之書開廣聞見遂命崇文院勘會四館書籍昨因置編校所遂館出借書籍供應校證多拘收不到應校勘官因此呼喚不係陪填蛀蚛補充逐庫書籍却成交互欲乞校勘官只許將已寫未裝及蛀蚛書看校不許帶出從之二年四月十八日翰林學士右正言章惇判秘書省二年十一月十六日集賢校理王子韶言閣宿官遇假日不許設火亦無燈燭緣舊日遇假多寡谿宿近來不許谿宿冬月寒冷宿直不便乞依班房例雖遇假休量與給火從之舊制當宿官房聽留燈火四年十一月詔太中大夫待制以上帶修撰者並罷是月廢編修院入史館五年

卷一萬一千九百四十二　五

四月二十三日詔自今更不除館職見帶館職人依舊如除職事官校理以上轉一官校勘減磨勘三年校書減二年並罷所帶職館職舊例校理以上到館二年與通判三年與知州郎官已上遇大理許奏薦及校勘已上每任堂除到京請給傔供職不常參不入川廣雜壓官同以職支破職食錢及御廚食之類今既不除此例悉罷四月二十六日太中大夫龍圖閣直學士判將作監王益柔為秘書監奉議郎集賢校理知太常禮院林希為承議郎行秘書省著作佐郎宣德郎館閣校勘林希為秘書省校書郎秘書監及著作佐郎校書郎初除故具載之正字準此五月十一日詔秘書省於三省用

申狀尚書六曹用牒不隸御史臺六察如有違慢委言事御史彈奏八月四日詔秘書省聽御史長官若言事御史彈奏先是置監察御史分六察隨所隸察省曹寺監而三省至內侍省無所隸故長官言事御史察之十月十二日詔秘書省正字以上中書省差十一月十五日宣德郎鄧忠臣為秘書省正字六年三月四日詔秘書省長貳毋得與著作修纂日歷事進書奏狀即繫書其關防漏泄並依舊編修院法六月四日詔集議大典禮令秘書省長貳與九月十四日詔秘書省依諸司遇大忌日不作假及不隨執政官早出七年五月一日詔降授宣德郎葉祖洽為秘書省校書郎祖洽初除知湖

卷一萬一千九百四十三　六

州以上批祖洽熙寧首榜高第可與秘書省職事故也十七日詔著作暫闕官校書郎或正字兼權　哲宗元祐元年三月二十八日詔職事官許帶職其班序雜壓依職事官如職高於寄祿官並以職為行守試應緣職添支除酒外餘不給內集賢殿修撰直龍圖閣直集賢院校理以上職今後內外官並許帶除職食錢并理任外其餘恩數並依官制已前條貫四月二日秘書省言三館秘閣內有係國子監印本書籍乞今後有闕卷蠹壞者並令補印及有新印書籍亦牒本送逐館收藏從之十四日詔曰朕惟古之君子能長育人才則天下喜樂之矣詩曰既見君子樂且有儀今夫蘭臺延閣皆圖

書秘記之所藏而校讎論譔位序多闕永惟祖宗樂育賢儁嘗詔二府薦士置之秘府養其德器以待試用朕甚慕焉執政大臣吾之所甚重也宜各舉文學政事行誼之臣可以充館閣之選者三人亟以名聞朕將考觀其才器而甄陞之二十六日詔執政官所舉充館閣人内有舉到選人者如試中與除秘書省正字依太學博士例改官候供職及四年除秘閣校理未改官者須改官日除五月詔秘書省自有職事官其舊帶職及今後除授校理以上職並不供職十月十六日詔應試中館職者内選人除試正字改官請俸等並依太學博士法未陞朝官除秘閣校理正字供職四年除秘閣校理仍

〔卷一萬一千九百四十三　七〕

候改寄祿官日除授校書郎供職二年除集賢校理秘書郎著作佐郎比集賢秘閣校理著作郎比直集賢院直秘閣應校理以上未有兼領職事者並於秘書省供職輪宿依舊例給職食錢并破御厨食有兼領者遇本省迎駕起居及議論事並預二年六月八日秘書省言昭文館黄本書籍已編寫了當撥與秘閣收藏其史館集賢院未有上件書籍秘閣定本内名件及卷秩多闕見今秘閣黄本亦多有闕有旨令先將定本補足闕少名件校對無差即先補寫秘閣黄本内有印本者印補充乞在省官與供職校理分校秘閣所藏黄本書補完校正仍乞將崇文總目比較無缺少書即别造帳目合

用黄白池紙及裝背綾絹之類依料次下合屬庫務供送内館閣無本及不堪者許於龍圖天章寶文閣太清樓及諸官司關借合要印本書下國子監用黄紙印造元係諸州軍印本許從本省牒戸部下本處印造舊崇文院每月破公使錢七十貫菜盤錢二十貫欲比附共破錢四十貫充裝背黄白撩竹麪糊所須之物并官員茶食果子之類費用舊編校每月各破茶湯錢十貫今本省官已有職錢在館供職校理取朝旨舊編校所楷書五十人今乞差三十人手分四人抄寫人不許諸處抽差及免謄錄依所請外破錢每月支三十貫在館校理如無兼領每月各支錢十貫八月秘書省言舊例逐

〔卷一萬一千九百四十三　八〕

員每月校對書籍功冊葉背面二十一紙契勘既已校對黄本其本省見置補寫書籍局合行減罷有旨校書功依例補寫書籍局減罷十月十六日詔秘書丞及三年除秘閣校理三年二月二十八日詔唱名日秘書丞著作郎佐郎校書郎正字依館職例入殿祇候七月太皇太后遣使賜館閣秘書省官果實食物五十合坤成節獻香合故也與龍坤成二節香合秘書省長貳待制已上自依本官例投進秘書省比附館職及見帶職非職事官依舊投進八月以翰林學士左朝議大夫知制誥許將提舉黄本書籍給食錢十貫九月復試賢良極諫科于閣下十一月四日三省言在京堂除差遣累有

寺

增改而吏部缺少官多今裁定祕書省正字館職校理以上並中書省差四年正月二十六日詔館閣官赴太常字聽范鎮雅樂四月二十四日太師文彥博與宰相執政官同至祕閣觀書因宴犒儒士皇帝太皇太后遣中使傳宣賜太師宰相已下茶一十二斤密雲龍十片曾坑二片御酒各二瓶果子各一合一十九楪提舉黃本翰林學士茶七片密雲龍六片曾坑二片御酒一瓶法酒一瓶果子一合一十五楪館職官茶各四片並密雲龍法酒各二瓶果子各一合一十五楪都監法酒各一瓶法糯酒各一瓶果子各一合一十五楪監書庫官法酒一瓶果子一合一十五楪五月祕書省言館閣久例於曝書月分有飲食聚會及請召兩制已上官昨因任支公使錢後來累年廢罷乞今後每年許於曝書月分聚食一次仍乞請尚書學士侍郎待制至兩省依太常觀樂近例令所司移具變料赴省仍約舊例量破錢相兼支用有旨並依仍特支錢一百貫文相兼支用是月祕書省言崇文總目內書籍是將四館分書併合著錄自來逐館分書多少不等每處未有全依得總目內數目者今既先用黃紙書一本充祕閣收藏即自嘉祐中編校後來所寫書本尚猶未能足數即令見行添補欲將祕閣先退下舊白本及諸館分舊書或兼本者亦依崇文總目編次一本充史館收藏其餘接續編次集賢昭文內集賢一本充諸處借取外其餘更不得借

卷一萬一千九百四十三　九

出又江南西川荆南兩浙等書並是祖宗初平僭偽收取入館可惜散失將盡今欲不拘全與不全並於下庫收貯內有唐朝零碎舊書仍乞別藏祕閣又近世書并家籍等多是一時獻到送付祕閣乞別作一帳收係內有名賢著述亦別謄寫其餘即於空閑庫分收管從之七月四日吏部言祕書省官三年為一任復置館閣校勘正字四年成任丞滿除祕閣校理校書郎滿除集賢校理並謂陞朝官知縣已上資序之人餘除館閣校勘候及上項官及資序改校理校理已上資任依官制以前法到館一年與通判一任回并到館三年與知州已係通判資序即二年與知州祕書省官闕陞不用舉主著作郎佐郎祕書郎並除陞朝官知縣已上資序人祕書省牒吏部施行餘如舊制任滿日著作郎除直集賢院佐郎祕書郎除集賢校理從之十二月詔無出身人帶館職者特加左字五年六月四日詔祕書省見校對黃本書籍未了可添一員以明州定海縣主簿秦觀充三年理為一任滿日依太學博士條七月正字晁補之李昭玘陳察除校書郎始用尚書省黃牒自元豐官制行祕書省官用告除授至是始用黃牒六年四月太常博士陳祥道除正字亦只降黃牒九月二日祕書省言正字四年除祕閣校理校書郎著作佐郎任滿除集賢校理正字張來到省三年七月除著作佐郎陳察李昭

卷一萬一千九百四十三　十

余疑餘

玘晁補之合是三年七月並除校書郎乞用新職通理詔晁補之李昭玘陳察張來並許將正字年月日比三日於令任用通理十六日詔復置集賢院學士六年八月十六日以權工部侍郎李周為之詔集賢院學士如曾任權侍郎已上人充者立班雜壓並在太中大夫之上十二月十八日殿中侍御史岑象求言近歲祕書省多務燕閒少親讎校請定校讎之課詔令礼部祕書省長貳詳度以聞於是每員復命校冊葉背面二十一紙月終具奏仍乞降考功按唐祕書省式讎校舊本書有注錯多者長功日十紙中功日九紙短功日八紙錯少加二紙無注又加二紙再校各加初校三紙其正字刊

卷一萬一千九百四十三　十一

正各校三紙余準此事見法鏡六年二月十七日詔兼它局官並間日入館遇入館日依條校對從集賢校理權判登聞檢院李德芻言舊來兼它局者校書日十板也三月祕書省言三館舊有都監兩員並差內侍轉出大使臣先準特旨差到供奉官王道李永言逐官並係內中秖應有妨本省坐局緣逐日楷書功課並有出納並係都監專管難為時暫闕人乞權依例添置一員詔令吏部權添差內臣大使臣一名李永言使闕日更不差人二十三日詔賞花釣魚賜宴祕書丞校書郎正字許赴坐舊制賞花釣魚賜宴三館祕閣修撰直館校理赴坐五月十二日詔祕書省校書郎黃裳供職及二年

為集賢校理六月提舉黃本蘇軾言祕書省官每日校書背面二十一紙準入內黃門黃洙傳聖旨祕書省入伏午時住修文字末伏依舊欲乞於所校功課減半候過末伏日依舊從之十月祕書省言左宣德郎充館閣校勘權通判杭州廖正一先得朝旨許通理在祕書省月日依正字條施行本館於元祐二年十一月八日供職至今年十一月八日通理已及四周年十一月詔除祕閣校理七年三月七日祕書省言本省節次添差到校對黃本書籍官共五員即未有京朝官關陞資序選人改官及比附舊例立定年限遷除條式有旨承務郎以上到任三年理為一任與除正字選人並依太學博

卷一萬一千九百四十三　十二

士條改官四月四日詔納皇后校對黃本選人令陪位從本省申請也五月詔館職磨勘令吏部依監司職事官檢舉是月詔權西京留守判官祕書省校對黃本書籍常立特添差陳州州學教授仍許通理校對黃本書籍月日依太學博士改官十二月兵部言祕書省正字王任中都省乞給假歸成都府般家赴任乞於成都府差人本部看詳般取家屬條監丞以下七人雜壓正字在監丞下於條不該差緣本官係館職乞比監丞差破有詔比附監丞條行十九日祕書省言高麗國近日進獻書冊訪聞多是異本館閣所無乞暫賜頒降付本省立限謄本乞即時進納元本別裝潙祕閣黃本書收藏

詔降付祕書省仍令本省謄寫校正二本送中書省尚書省及别謄寫校正二本送太清樓天章閣收藏　紹聖元年三月二十三日殿中侍御史來之邵言集賢院學士之職自先朝以來體制與諸直館頗同頃自李周以權侍郎罷除集賢院學士出守外郡方有指揮曾任六曹侍郎者立班在太中大夫之上其後奏薦班列並同待制望賜詳酌詔令後除集賢院學士曾任權侍郎以上者立班雜壓封贈在中散大夫之上其餘恩數儀制並依中散大夫餘人立班雜壓在中散大夫之下蔭補依朝儀大夫官高者從本條閏四月二日詔罷祕書省校對黄本以元祐所置故罷之十月三日詔自今館

職依元豐例許射吏部闕二年二月十六日左宣德郎校書郎葉濤為著作佐郎詔元祐四年七月著作郎佐郎祕書郎並除陞朝官知縣資序人指揮勿行三月一日御史中丞黄履言校書郎葉濤為著作佐郎除陞朝官知縣資序人條不行竊謂去年教榜都堂有前執政因人立法因人亂法今乃傚而行之而御史常安民亦論不當除授詔濤依舊為祕書郎四月詔職事官罷帶職非職事官仍舊許帶易集賢院學士為集賢殿修撰直集賢院為直祕閣集賢校理為祕閣校理見帶人並改正　元符二年六月二十四日大理少卿同詳定一司敕令劉賡乞將官制敕令格式送三館祕閣收藏從

之十一月十三日三省言按元豐五年四月詔見帶館職人依舊即不供職如除職事官校理以上轉一官校勘減三年磨勘校書減二年磨勘並罷今後更不許帶館職詔集賢殿修撰直龍圖直祕閣依舊外餘依前詔三年四月九日（徽宗即位未改元）朝散郎祕閣校理知蘇州陳師錫為朝請郎殿中侍御史以罷館職故特遷一官十二月十二日詔就祕書省置局編修國朝會要　徽宗崇寧二年五月四日礼户部言校書省見謄寫三館書籍充祕閣書至今一十七年裝褫成書共二千八十二部所謄寫者據三館帳籍猶有一千二百一十三部及闕卷二百八十九卷未寫元立楷書係三十人額每月

各人支錢三貫五百文每日寫字二千五百若使工課如限内即三十人所寫除假外一年計可寫四百有餘萬字今一十七年尚未寫畢顯是自來點勘疏畧致得因循虚費請受今來乞立程限從之五年二月七日詔翰林學士兩省官及館閣今後並除進士出身　大觀三年正月二十八日翰林學士强淵明奏冊府聚古今圖書九流百家莫不咸在而本朝正史獨闕實錄則又止于太祖·太宗真宗三朝而仁宗英宗神宗哲宗四朝實錄不預焉乞賜詔旨繕寫降付具列於圖書之首詔以仁宗英宗實録藏於祕閣輒傳録者依實錄院法四年五月七日祕書監何志同奏漢書七畧凡為書三萬

三千九十卷隋所藏至三十七萬卷唐開元間亦不下八萬九千六百卷慶曆間嘗命儒臣集四庫為籍名之曰崇文總目凡三萬六百六十九卷慶曆距今未遠也試按籍而求之十纔六七號為全備者不過二萬餘卷而脫簡斷編亡散闕逸之數寖多謂宜及今有所搜採視慶曆舊錄有未備者頒其名數於天下委逐路漕臣選文學博雅之士加意求訪總目之外別有異書並許借傳或官給筆札即其家傳之就加校定上之策府此外更有諸處印本及學者自著之書臣僚私家文集願得藏之秘府者皆許本省移文所屬印造取索從之

政和四年四月十四日龍圖閣學士提舉醴泉觀兼侍

讀編修國朝會要詳定九域圖志充編類御筆礼制局詳議官蔡攸奏伏見秘閣所藏祖宗實錄國史所有真宗正史與仁宗英宗神宗哲宗正史實錄並闕乞詔國史院秘閣見闕國史實錄各繕寫一部頒付本閣收藏仍不許本省官及諸處關借抄錄雖暴曬點校亦不得輙將擎下閣詔令秘書省差人赴國史院書錄餘依奏

同日又奏本省官校勘書籍元承朝旨令長貳總領丞著作郎秘書郎著作佐郎校書郎正字每員日校書籍冊葉背面二十一紙以經史子集次序成部分校仍逐官各置課程簿一面將校過書籍上簿十日一次具校過書籍名件葉數申省抄上都課程簿委長貳點檢至

月終類聚申尚書省令點檢本省雖有都課程簿從來不曾抄轉如此無由關防校過功課令欲乞令秘書省依已降指揮在省官各印給課程簿一面經籍按季專差人吏掌管據在省官每旬具校過書籍名件葉數申省抄上都課程簿委長貳點檢至月終攢類都數申尚書省所有課程簿如不抄轉其掌管人吏從杖一百科罪官員具名申尚書省仍許御史臺及季點官取索點檢又契勘秘書省見補完三館秘閣書籍元得朝旨先自昭文館為始續補秘閣等臣看詳所補書籍合先將諸庫所有門類考校少剩相補外據所闕數補完如昭文館經史庫闕書而集賢院經史庫有二部即可以互

相補完更不須書寫今相度欲乞委秘書省先將三館秘閣諸庫帳内部秩考校多寡除留一部收藏本館外餘均以次闕書館分互相補填訖其尚有闕數即依已降朝旨先自昭文館為始續補以次館分内有印版者即補印更不抄寫如此不惟減省功力庶免重複又契勘秘書省所隷昭文史館集賢秘閣所管職事關防書籍之類各有奉行條令自來併修入秘書省法本省從來不曾釐析亦不曾謄下逐處致防檢用顯未允當欲乞令秘書省將昭文史館集賢秘閣合用條令抄錄成冊頒降逐處遵守施行並從之

七月二十六日蔡攸奏契勘秘書省大門舊條差皇城司親事官節級一名長

行五人把門并投下文字及提舉洒熄火燭掌管頭及
常是差填不足今來已降指揮書籍等出入並監門具單
子搜檢出出入等若差人不足即爲虚文而已乞添差
節級一名長行三名内二名識字分兩番把門搜檢并
抄轉出入文歷投下文字及照管洒熄火燭掌管頭及
祇應日支食錢依已得指揮契勘三館祕閣書籍庫係
應奉掌管承受御前并朝廷取降書畫古器瑞物等及
諸處關借書籍並係庫子管句今來止有庫子三人顯
見句當不前及請給微薄自來少有願就之人欲乞照
文史館集賢院祕閣每館各以庫子二人爲額並委三
館祕閣依條招收分送逐館庫祇應其請給比附大官

卷一萬一千九百四十三　十七

局庫子則例支破從之五年四月八日上詣景靈宫朝獻
還幸祕書省詔曰延見多士歷覽藏書之府典謨訓誥
與祖宗遺文皆在又以館天下之儒學而屋室淺狹上
漏旁穿若不足以容甚非稱太平右文之盛可令書藝
局重行修展仍等第推恩支賜十一日詔祕書省殿以
右文殿爲名本無集賢殿其修撰改爲右文殿修撰十
三日詔祕書省職事官并見在省貼職官各轉一官選
人比類施行轉不行人回授有官有服親人吏專知官
各轉一官有資各轉一資無官資可轉依條例比換支
賜以駕幸推恩也八月十二日詔祕書省移於他所以
其地爲明堂十一月七日蔡攸奏契勘祕書省奉御筆

遷移於新左藏庫本省見椎寓西府空位緣祕書省舊
在皇城内其火禁並依皇城司法令既遷出未有法禁
今欲乞在省官冬月温硯火每一直舍及聚廳處各共
設一爐翰林司一爐其厨内造食火食畢先次洒熄直
宿官許存留燈火並置歷輪差當日直宿人吏與打火
親事官監視取火及照管洒熄若不應存留而輒存留
者徒二年因而遺漏者流三千里雖應存留而隄防
嚴致遺漏者亦同打火掌管人與同罪當宿官吏專副
巡防人減二等雖落宿與宿同事理重者奏裁如允所
請將來遷入新省亦乞依此施行兼契勘新省東墻外
逼近居民昨係左藏庫日已有開封府立定民間失火

卷一萬一千九百四十三　十八

條令仍乞依舊施行詔火禁並依皇城法六年二月七
日蔡攸奏祕書省長貳五日輪一員正旦寒食冬至節
假并入伏不輪丞以下日輪一員直宿若請假即輪以
次官參假日補填置歷抄轉長貳每旬點檢覺察月具
直宿請假官員數職位姓名報御史臺人吏諸色人直
宿别置歷日押當宿官每旬長貳點檢覺察如有請假
事故即當宿官驗寔給假告報以次人候參假日補填
職掌二人孔目官專副至守當官通輪楷書人二名正
名楷書至守闕通輪裝界作一名庫子二人翰林司一
名厨子一名親事官四人剩員五人從之八日詔道錄
院見隸屬鴻臚寺本寺掌蕃夷朝貢等事金狄之教正

當純治之其道教嘗改隸秘書省七年五月四日詔宣和殿學士蔡攸專一提舉秘書省十一月十四日秘書省校書郎孫覿奏太宗建崇文院爲藏書之所景祐中仁宗詔儒臣即秘書省所藏編次條目所得書以類分門賜名崇文總目神宗始以崇文院爲秘書省釐正官名獨四庫書尚循崇文舊目頃因臣僚建言訪求遺書今累年所得總目之外凡數百家幾萬餘卷乞依景祐故事詔秘書省官以所訪遺書討論譔次增入總目合爲一卷乞別製美名以更崇文之號從之仍命覿及著作郎倪濤校官郎汪藻劉彥適譔次曰秘書總目八年正月二十六日提舉秘書省道錄院蔡攸言踏逐到閣門外西排岸司止有小屋二十餘間及相隣軍器所椝木場地步可以修蓋提舉秘書省左右街道錄院從之四月二十九日尚書工部員外郎滕康奏乞秘閣四部之書以秘書掌之列史館于左以法東觀凡四庫之書以校書郎正字掌之分總刊正出納之事從之九月十七日臣僚上言臣伏覩方今天下太平齊濟多士上自常伯下逮百執宜左則左宜右則右無施不可惟館職之任議者每患其難豈非清官美職皆萃于是而搢紳儒者責望爲重歟且秘書丞清官也術業不修若姚華者爲之可乎校書郎美職也行義無聞若孫畬者爲之可乎吳次賓之趣操卑汙胡國瑞之專事口吻丁彬馬

卷一萬一千九百四十三

十九

之美之才資闒茸葉域之間學膚淺憑恃門閥有如趙永裔黃緣親黨有如周審言又其甚者如孫悟之傲很暴戾嗇麗刑書然則澄汰之道庸可已乎至如總領之任尤須老成雖躐取科名而學術未優資望素輕而懦不更事如鄭億年者乃爲少監誠恐未足以壓服多士也詔鄭億年已降處分除秘閣修撰提點上清寶籙宮外餘姚華等九人並罷送吏部與合入差遣　重和元年十二月十四日中書省言勘會中書熙寧館職條校理已上到館一年與通判一任回并到館三年並與知州如已係通判資序即二年與知州自奉行官制後來其秘書省官即未有立定到省年限許理資任之法令以熙寧舊法參酌擬參下條諸著作郎至佐郎到任及一年承務郎以上任校書郎及二年與理通判資序著作郎佐郎以上滿三年與理知州資序及二年與理通判資序已係通判資序及二年校書郎已係通判資序及三年者准此右入三省尚書吏部通用令詔依　宣和二年七月二十五日臣僚上言伏覩近修立三省吏部通用令係以熙寧舊法參酌詳定臣竊覩熙寧館職條理以上到館一年與通判一任回并到館三年並與知州已係通判資序即二年與知州未嘗有許理寔歷通判知州資序之文熙寧間任館閣者不過三數人而已尚乃靳惜如此今右文之時儲養英旄人才輩出自

卷一萬一千九百四十三

二十

校書著作以上皆得寔理通判知州資序臣竊以謂過
矣伏望聖慈特降睿旨應館職除擢不以次及許陞等
除知通差遣外其理資序指揮乞賜詳酌施行詔依奏
並依熙寧法九月二十三日秘書省奏今來新省已成
未有巡防洒熄兵級乞下侍衛步軍差撥防守詔依奏
差三十人十一月十三日中書省言秘書省官令中書
省立定員額將上取旨中書省檢會元豐年除監一員
少監一員或只除少監二員丞一員及供到皇宋館閣
錄卷第四敘事 元豐五年五月釐正官制崇文院易
以秘書省之榜官屬監一少監一丞一著作郎一佐郎
二校書郎四正字二勘會元豐四年曾除佐郎三員別

內 卷一萬一千九百四十三 二十一

無定制今立定員額下項監少監丞欲並依元豐舊制
著作郎佐郎欲四員為額校書郎欲二員為額正字欲
四員為額詔依擬定以先到人為額今後遇闕差填額
外人候別有差遣更不差人十二月二十二日守侍御
史張申奏臣竊覩秘書新省宏壯華麗乞詔鴻儒撰述
記序刻之翠珉特頒宸翰賜以名額詔差王安中撰三
年九月二十日秘書少監翁彥深等奏契勘三館秘閣
集賢庫唐人文集至多本朝名臣大抵以文章顯罕得
與秘府之藏蓋由自來不曾取索欲乞下諸路轉運司
取索建隆以來名臣文集委所屬州府軍監繕寫起發
赴秘書省收入帳籍以垂不朽從之四年二月二十九

二 三

日東上閤門奏勘會將來聖駕幸秘書省賜茶聽旨如
有旨賜茶合赴官赴坐外所有本省監少赴坐取聖旨
詔秘書省官並赴坐三月二日幸秘書省御提舉廳事
再宣二公宰執親王使相從官觀御府書畫既至上起
就書按斜倚觀設按御榻前尋文許左右發篋出御書畫公宰親
王使相執政人賜御書畫各二軸十體書一冊公宰使相有別
被賜者不在此數於是上顧少保蔡攸分賜從官已下羣臣環
聚雜遝肩摩跡衆至或闕首人中爭先覩之為快少保
攸手自付予人得御畫行書草書各一紙又出祖宗御
書及宸筆所摹名畫與古畫法書令得縱觀從官復還
聚雜遝餘官有不得前者捧所賜拱立人後上顧見詔

卷一萬一千九百四十三 二十二

左右益設書棹東閣指畫所置處俾皆得與觀以示恩
意此四字聖語云左右奔走設案唯謹上命保和殿學士蔡儵
持真宗皇帝御製御書聖祖降臨記及宸筆所摹展子
虔畫北齊文宣幸晉陽圖於所設按展示既迺出御墨
賜羣臣靈臺郎奏辰正三公宰執已下逡巡請退義辰正則
再宣觀御府書畫賜御書畫公宰至侍從已下凡五十
將臨進上命以墨付太宰黼分賜皆拜庭下以次出是日
六人庶官特召者九人初車駕將幸秘書省命提舉官
選日以聞宰相先朝按視前臨幸一日秘書省官提舉
官屬習儀於本省至日閤省西便門東御廊上使門非臨幸不
開質明提舉官已下至正字及貼職道史官以次班秘

書省門外西向北上車駕出宣德門從駕官如常儀車駕垂至西便門在省官迎駕再拜是日特宣太師至亦迎駕秘書省門外輦入皇帝御道山堂幄次俟班齊羣臣既班右文殿下皇帝御殿閤門奏宣太師致仕蔡京至起居畢在省官再拜起居秘書少監少前提舉三館秘閣梁師成以手詔授秘書少監致詞復位在廷皆再拜迺移幸秘閣宣羣臣觀書及古器累朝國史寶訓 御製詩設秘閣下自宰執至在省官立庭下班首奏聖躬萬福再宣示手詔訖以次陞皆得以縱目上再御右文殿賜茶侍從官已上賜坐殿上秘書少監已下用中鏊坐東廡太學賜茶止設席起趨庭下在省官再拜謝恩退在省官轉官賜章服者皆臚傳謂之唱賜時車駕已興上御提舉

卷一萬一千九百四十三

二十三

廳事別宣召臣僚觀御府書畫傳呼置笏皆置笏及入方磬折庭下詔毋拜唱不要拜以次陞既受賜皆再拜庭下以次出錫服者受賜殿門外秘書少監翁彥深王時雍管勾彫造祥應記劉倜提舉秘書省管勾文字馮溫舒徐時彥皆改賜章服進膳已車駕幸太學四月十八日詔朕若稽古訓祗率先猷肆命臣工載新秘府汇因萬機之暇命駕臨觀重惟三館圖書之富而歷歲滋久簡編脫落字畫訛舛較其卷帙尚多逸遺甚非所以示崇儒右文之意朕甚憫焉迺命建局以補緝校正文籍爲名設官綜理募工繕寫一置宣和殿一置太清樓一置秘閣仍俾提舉秘書省官兼領其事凡所資用悉出內帑毋費有司庶成一代之典顧不難與同日又詔朕惟秘閣古號藏室爰自書契以來河洛之文三墳五典八索九丘之書下至諸子百家之說收羅蘊崇皆存不廢若乃綜理經籍考合異同與夫掌邦典方志之職官悉備焉粵我太宗皇帝底定區宇作新斯文屢下詔書訪求士逸冊府四部之藏庶幾乎古歷歲寖久有司翫習多致散缺私室所闕庶或不傳豈宜承平尚有闕典可令郡縣搜訪許士民以家藏書自陳當優與支賜或有未見之書寔可觀采即命以官若訪求最多州縣亦具名聞庶稱朕表章闡繹之意五月六日提舉秘書省言三代以來古文奇字見於鍾鼎銘識至若紀述一時之事亦著在金石遺刻願詔諸路博訪從之六年九

卷一萬一千九百四十三

二十四

月十九日中書省言補完校正御前文籍欲併歸秘書省止令館職校勘從之七年二月二十日提舉秘書省所奏據秘書省申契勘本省昨蒙措置到監門官二員緣見任人各係兼職并非時差出外路勾當不得專一在局深慮別致闕誤乞添差監門使臣二員輪番宿直許本省踏逐小使臣差填其請給人從等並依三館秘閣書籍庫兼監門官體例已降指揮施行詔依奏 已上續宋會要 高宗建炎三年四月十三日詔秘書省權罷 紹興元年二月十九日詔復置秘書省權以秘書監或少監一員丞著作郎著作佐郎各一員校書正字各二員爲額四月十四日詔秘書省合撰樂章贊頌

教葬勅祭文夏國人使到驛宴設教坊白語刪潤經詞及答高麗書本並依舊制長貳分請官撰同日詔祕書省所轄太史局測驗渾儀刻漏所文德殿鐘鼓院長貳丞郎輪季詣點檢内有係在禁中置局者前期報皇城司及經由門戶聽入同日詔本省官正字通除京朝官選人内選人到任一年有四考許自陳據狀奏聞如合入官其省官不替人　隆興元年八月七日詔祕書省正字張宋卿乞將前任連州教授兩考零一箇月二十七日通理今任月日成考又乾道三年五月二十五日詔正字李速乞將總護使司監犒設錢物庫零考五十五日通理今任七箇月零二十二日湊及一年歷任實

卷一萬一千九百四十三　二十五

及四考改官並特依同日詔祕書省權置書庫官二人楷書十八人候就緒日具元額申尚書省裁定十五日詔祕閣書除禁中外並不許本省官及諸處關借雖奉特旨亦不許　紹興二年三月十九日太常寺及四月十六日講筵所各請關借書籍詔特從之六月十二日詔應祀祭天地社稷祝文令祕書省依舊修撰書寫請降先是罷祕書省令礼部郎官并太常博士分撰至是復之十一月七日詔祕書省依舊制日輪官一員止宿遇請假驗實即以次官長貳五日一次點宿二年三月十六日詔祕書省降下書籍依舊制分四庫撥充祕閣置進帳副帳門牌庫經一本仍分官日校二十一板於卷

尾親書臣某校訖仍置課程簿每月結押旬中本省入伏傳宣任校詳見勘書籍門三年五月十三日礼部言祕書省人額比附史館以點檢文字孔目官四庫書直官書直言表奏官書庫官各一名守當官二人正名楷書三人守闕一人正係名五人守闕係名五人投名人不限人數已上點檢文字以孔目官遞遷補充理二年半出將仕郎正名楷書至頭名理七年出將仕郎孔目官至守闕請給並依史館支破正係名守闕係名投名人不限數並不支破請給其立到前項守闕以上人額據見在人不名目高下比附從上撥填試補同等者以試補年月先後其點檢文字依舊為都孔目官從之先是有詔許本省權置

卷一萬一千九百四十三　二十六

書庫官楷書共一十二人權住遷補候就緒日具元額裁定還補繼而正名楷書王孝忠等狀乞依舊遷補至是禮部裁定故有是命六月十九日詔祕書省添補正名楷書二人共作五人依年限補至頭名理四年出將仕郎四年四月十六日詔館職除郎官見兼著作郎二員外仍以六員為額六月十八日詔祕書省增置祕書郎著作佐郎各一員校書郎正字各二員從礼部侍郎陳與義之請也五年八月三日詔館職依祖宗故事通以十八人為額著作郎二員祕書郎二員著作佐郎二員校書郎正字通除一十二員九月四日詔進士唱名日除省試官外館職依舊制殿上侍立自政和以來浸

黍舊制令立殿下至是著作佐郎李懋有請從之六年
八月四日詔四庫書直官依史館第二名書庫官例入
品八年八月二十一日詔史館添差校勘官一員以正
字常明兼充從給事中兼史館修撰勾濤之請也九年
九月四日詔秘書省官讐校國朝會要逐官每月添給茶
湯錢二十貫文十三年二月一日詔秘書省依故事四
庫書籍各輪本省官二員掌管不許借出七月八日詔
秘書省依麟臺故事每歲曝書會令臨安府排辦正言
已上及舊係館職行在貼職皆赴坐從知臨安府王㬇
之請也十二月十二日詔兩浙轉運司建秘書省先是
復省止寓法惠寺至是重建從秘書丞嚴抑之請也十

卷一萬一千九百四十三　　二十七

四年三月二十九日詔諸州軍應有開板書籍並用黄
紙印造一部發赴秘書省五月賜御書秘閣右文殿牌
仍詔將作監米友仁書道山堂額七日詔秘書省火禁
並依皇城法至十五年五月八日詔人吏宿房并門首
遇夜聽留燈火二十八日秘書省復置補寫所以秘閣
成書寫校勘黄本書籍也本省條具一舊制書寫楷書
並係本省守闕係名正係名各五十人為額一楷書課
程舊制每日書寫二千字遇入冬書寫一千五百字並
各置工課手歷每日抄轉書勘點檢月終結押長貳一
本所管有點檢文字一名雜務書庫官一名書勘書官
二人並於本省人吏内選差其行移取會等並書押本

省長貳丞郎一合用紙扎等並下雜買務收買詔守闕
係名正係名通舊管各置一十人為額餘並從之七月
九日秘書少監游操等上表請車駕幸秘書省詔令學
士院給降勅書二十七日車駕幸秘書省其日常御殿
知閤門官以下并内侍知省御帶修注樞密院諸房逐
房副丞旨諸司祗應武功大夫以下一班閤班立定分
引宰臣使相樞密侍從兩制正任宗室遥郡以上廳笏
相向立閤門報班齊皇帝出殿下鳴鞭行門禁衛諸親
從内侍省執骨朶使臣並迎駕自贊常起居次知閤門
官以下宣名常起居皇帝坐次宰臣以下閤班宣名常
起居次管軍一班宣名常起居皇帝起鳴鞭乘輦將至

卷一萬一千九百四十三　　二十八

秘書省本省官吏并實錄院官吏迎聖駕起居訖皇帝
至道山堂御幄降輦俟進食畢催班右文殿下先知閤
門官以下并内侍知省御帶修注祗應官等面北立定
報引宰臣使相樞密侍從正任以上殿下相向立定并
報引提舉秘書省以下相向立定皇帝坐先知閤門官
以下并内侍知省御帶等宣名奏萬福訖各歸侍立祗
應位知閤門官殿上當頭奏宣到太師魏國公秦檜以
下次舍人分引太師以下宣名奏萬福訖知閤門官宣
陞殿再揖太師以下躬兩拜訖分引至殿下揖陞殿侍
立次提舉秘書省官以下宣名奏萬福訖且立定候御
藥降階以手詔授提舉秘書省官跪授訖提舉秘書省

官以下兩拜訖退皇帝起詣祕閣宣羣臣觀其累朝御
書御製書畫古器等（祕書少監以下閤下侍立）侯觀書訖先退赴右
文殿立班定皇帝復坐右文殿侯殿上御藥傳旨宣坐
賜茶如儀分引太師以下并合赴坐官面殿揖躬兩拜
訖分陞席後直定次分引祕書少監以下揖躬兩拜訖
分陞兩廊席後立侯賜茶訖降階逐班各兩拜退（如殿上御
藥傳旨或有推恩或改賜章服官引當殿兩拜謝恩訖退殿門外服所賜）皇帝起歸幄更衣
臣僚繫鞋從駕還內如來儀是日詔祕書省實錄院官
各轉一官祕書少監仍緋章服并御書扇監修國史提
舉實錄院太師尚書左僕射秦檜依昨監學成書體例
推恩令學士院檢舉降制又詔祕書省實錄院人吏及

卷一萬一千九百四十三　二十九

諸廳供檢文字天文官三省樞密院供檢至諸色祇應
等人如有官人與減二年磨勘內未有名目人依國子
監例賜錢六百貫文皆以幸省恩也二十六年十二月
二十九日詔祕書省額內正係名守闕係名共減罷六
人各以七人為額其召募權楷書二人私名一人並減
罷以裁定百司吏額也二十九年三月詔祕書省人吏
正係名以上依六曹正名貼司例七年比換副尉其後
臣僚言今後除六曹寺監人吏特與七年比換外其餘
申請並依舊制從之　以上中興會要　孝宗紹興三
十二年（已即位未改元）十一月二日詔館職學官祖宗設此儲
養人材朕亦欲待方來之秀不可定員數（見國子監門）十二

月八日詔祕書省職掌各減一年出官該遇皇帝登寶
位也　隆興元年五月七日詔祕書省人吏自入仕遷
至都孔目官滿一年半零半月通入仕及二十五年以
上依條解發出職祕書少監胡銓等言本省人吏舊制
係兩項出職一項守當官補至都孔目官理二年半一
項正名楷書頭名理四年並不理年限解發出職昨勅
令所將兩項條法併作一項修到條諸正名楷書自補
授至遷補都孔目官年滿日通及二十年以上許出職
又條都孔目官滿一年半零半箇月出職緣却有至解
發出職日方及六年若依新法以二十年出職即是坐
占職級名闕一十四年積壓下名遷補不行檢準紹興

卷一萬一千九百四十三　三十

重修勅諸稱省者謂門下中書後省尚書六曹祕書省
令來六曹人吏有自入仕補至主事通入仕及二十年
出職去處緣本省依條係與六曹一等官司乞依六曹
例通入仕及二十年解發出職庶得下名遷補通流不
致積壓吏部勘會照得六曹主事出職格法內有立定
理頭名主事年限及通理入仕有用二十年或二十五
年解發補官體例不等今欲將祕書省人吏比附六部
闕曹去處自入仕遷至都孔目官滿一年半零半箇月
通入仕及二十五年以上依條解發出職補將仕郎從
之十九日詔祕書省係育材之地且以七員為額不妨
兼領他局八月三日祕書省狀依指揮條具併省吏額

見管人吏乞將額內正係名七人守闕係名七人從下
各減一名共減二人令後各以六人為額所有遞減正
係名守闕係名緣為已經試補遇將來額內有闕却依
名次從上撥填詔依見在人且令依舊將來遇闕更不
遷補八日詔祕書省除少監祕丞外以七員為額同日
詔左從政郎祕書省正字鄭伯熊差監潭州南嶽廟依
昨罷敕令所刪定官日例許通理候合改官依令任條
格施行以伯熊言久病之餘羸劣已甚已降指揮省官
七員為額乞行減罷陶鑄嶽廟差遣一次故有是命二
年閏十一月三日詔今後館職並依祖宗舊法更不立
額以中書門下省奏館職係祖宗育材之地近因立額
卷一萬一千九百四十三　三圭
至召試之人無闕可差故有是命　乾道元年正月二
十日詔館職朕所以招延天下之英俊以待顯擢苟不
親吏事知民情則將來何以備公卿之任可令後更迭
補外歷試而用以稱朕樂育寔材之意八月五日祕書
少監陳巖肖等言祕書省轄下太史局每歲箋注到大
小歷日小本依年例令權貨務雕印出賣大本止是印
造頒賜畢發送太史收管便為無用之物其漕司雕造
上件印板費用不貲又緣印匠遞年循習衷私印造出
外侵奪官課乞自今後大本歷日頒賜數足將上件歷
板下太史局候歷日進呈畢牒送權貨務措置定價出
賣施行從之二年三月十三日詔吳王益王府教官可

於館職中擇可兼權者差一員四年十月十一日禮部
員外郎李燾言乞舉行嶽鎮海瀆先農先蠶風師雨師
雷神並復舊典樂章報祕書省修撰從之詳見祠祭樂章門十
一月二十八日詔左正議大夫守尚書右僕射同中書
門下平章事兼樞密使兼提舉修四朝國史兼制國用
使陳俊卿兼提舉編修國朝會要十二月三日祕書少
監汪大猷等言本省編省國朝會要每遇提舉官開院
過局乞就本省道山堂充聚呈文字位次其合排辦亦
不別差諸司官止就委國史日歷所見今提舉承受諸
司官排辦施行從之同日詔國史院日歷所都大提舉
諸司李綽差兼編修國朝會要都大提舉諸司國史院
卷一萬一千九百四十三　三主
日歷所承受李嶸差兼編修國朝會要承受國史院日
歷所主管諸司王允修差兼編修國朝會要主管諸司
七日國史院日歷所都大提舉諸司李綽狀準尚書省
劄子就差編修國朝會要都大提舉諸司今有合申請
事件行移文字乞以編修國朝會要都大提舉諸司為
名合用印記乞就用見領國史院都大提舉諸司印記
行使已降指揮就委國史日歷所提舉承受諸司官外
所有逐處人吏諸色人等並乞就差見管人吏等相兼
祇應將來開局每月提舉官并本所官屬過局及遇節
序茶酒等欲乞並依國史日歷所提舉諸司前後已得
指揮體例施行並從之九日國史院日歷所主管諸司

王允修狀準尚書省劄子就差編修國朝會要主管諸司令有合申請事件行移乞以編修國朝會要主管諸司為名合用印記欲乞就用國史院主管諸司印記行使合差人吏就差國史院諸司人吏等相兼祗應合行事件欲乞國史日曆所主管諸前後已得指揮體例施行從之五年四月二日祕書少監汪大猷等言蔡攸所修國朝會要除將熙寧十年以前章得象王珪所修重加刪潤外其自元豐至政和止修得帝系后妃吉禮三門其嘉禮以下本省見行續修竊見蔡攸所修吉禮緣當時議論好惡不同或妄有刪改以迎合時好故其間去取有不可盡循者乞許令本省重照實録諸書再加刪定

卷一萬一千九百四十三　三三

務歸至當兼令來續修斷自神宗以來其五朝會要內有熙寧十年內事亦合重行編入以續修國朝會要為名庶得神宗一朝事實首尾相貫可以稽考從之六年五月一日祕書少監李燾等言依已指揮見行擇日進呈四朝會要有申請事件一將來御殿進呈會要合用儀範令乞下閤門修定施行一進呈依例合進讀第一卷上五板昨來乾道二年進呈太上皇帝聖政日係差祕書少監汪大猷令乞差官施行一今來進呈會要其合行事并進畢請御封赴祕閣安奉及留中小本合進納御前欲並乞就委編修會要都大提舉承受諸司官施行進書日擡擎官并本省祗應人內有無勑號之

人令欲乞前期具人數姓名保明報皇城司關請牌號候事畢納繳詔進讀官差李燾餘並依六日詔以八日御殿進呈四朝會要光堯壽聖太上皇帝玉牒合用儀範令閤門修定閤前條具進御如乾道二年閏九月二十九日上三朝帝紀光堯壽聖太上皇帝聖政之儀內報引祕書省玉牒所官以下并引提舉官於殿下西向立定與二年引騎導官礼儀使親王太子入殿不同又次舍人引提舉官進讀官以下一班宣名常起居訖提舉官進讀官以下且殿下面西立定與二年分引太子至修書官一班起居不同九日詔祕書省上四朝會要修書官吏各轉一官減磨勘一年餘人等第轉官減磨

卷一萬一千九百四十三　三四

勘支賜有差閏五月一日中書門下省言國朝會要已修至靖康年詔令自建炎元年接續修至乾道五年八月戊日祕書省言得旨國朝會要令自建炎元年接續修至乾道五年本省今條具合行事件一編修國朝會要令降指揮合起自建炎元年接續修至乾道五年所有照修文字合用太上皇帝今上皇帝日曆參照編修令訖許從本省移文國史日歷所關借照用施行令來編修事干國史所有漏泄條禁并取索內外官司合用照修文字欲乞並依前後已得指揮施行所有提舉官開局過局館職聚議文字其合行事一就委見今提舉承受諸司官依乾道四年十二月三日已降指揮施行

從之。十一月六日，祕書省言：「本省編修國朝會要，已降指揮自建炎元年接續修至乾道五年，續準指揮許逐旋關用建炎以後日歷編修。緣其間多經去取，未為詳備。欲望特降指揮，在内令六部行下所屬，在外令諸路監司行下所管州軍，將建炎元年以後至乾道五年終應被受詔書及聖旨指揮，内百司限一月，外路州軍限一季，並錄全文赴省送納照用編修，所貴大典不致疎畧。」從之。九年三月二十六日，祕書少監陳騤等言：「奉旨續修太上皇帝會要，取索内外官司自建炎元年以後應申請畫降、被受改更聖旨指揮，參照本末，編類成書。其諸處視為閑慢，或作緣故不行供報。伏望嚴限，依應

卷一萬一千九百四十三　三千五

回報，如違，依見行條法施行。」詔依，仍限五日回報。十月二十一日，祕書少監陳騤等言：「恭奉指揮，編類建炎以後會要，經今三年有餘，已編修至紹興三十二年六月十一日成書。欲乞數奏擇日進呈，乞以國朝中興會要為名。」從之。八月二十五日，詔祕書進呈國朝中興會要。九月六日進書，礼儀並依乾道六年已得指揮。九月二十三日，詔：「已修進會要玉牒，係光堯壽聖憲天體道太上皇帝中興盛典，可特依下項推恩。」（下項載在玉牒所）二十八日，祕書少監陳騤等言：「恭依先降指揮，編修建炎已後會要，今已修至紹興三十二年六月十一日成書進呈了畢。所有今上皇帝即位起修，合行接續編類。其應已行事件，並乞依修進國朝中興會要前後已得指揮施行。」從之。

卷一萬一千九百四十三　三千六

昭疑詔

宋續會要　秘書省二

淳熙二年十一月十一日，詔撫州童子王克勤賜童子出身，授從事郎秘書省讀書。三年七月八日，秘書少監陳騤等言：「本省編修今上皇帝會要，合要內外官司被受指揮，恭照編類移文取索，多不供報，有妨修纂。乞立限行下諸處。」詔限三日回報，違戾去處開具當行人吏姓名申尚書省。五年六月九日，秘書省上中興館閣書目七十卷、序例一卷。十八日，昭秘書省暴書會久廢，自今年舉此故事，令臨安府排辦。既而秘書少監鄭丙言：「乞依紹興十三年指揮，自大學士至直秘閣，自六曹尚書、御史中丞至正言，及本省正字已上，及舊係館職幷

卷一萬一千九百四十四　一

行在貼職官並預坐。」從之。七月六日，秘書省言：「昨乞將諸庫寫本書籍有損蠹殘闕者再校正書寫，得旨令開具合寫部帙，幷約所支書寫人食錢數目申尚書省。今約計合書寫五千萬字，用錢五千貫省，乞檢照前請施行。」從之。九月十二日，車駕幸秘書省。先是，九月一日詔以是日幸秘書省，如值雨許張雨具。四日，照提舉國史院編修國朝會要所史浩、提舉國史日歷所趙雄免起居，從駕先往秘書省迎駕立班，俟回從駕還內。又詔令文臣臺諫幷在京及臨安府官見任直秘閣修撰、右文殿修撰，及曾任前件職見寄職人，幷曾任館職人，武臣閤門舍人，並令立班迎駕起居。秘書監陳騤等言：「車駕

幸省，秘閣鋪設祖宗御書古器等，乞差本省知次第人吏四人、書庫子二人專在秘閣前後往來照管，乞關禁衛號。」從之。十一日，宰執先詣省閱視。十二日，皇帝升輦，鳴鞭降東階，出後殿門，至御廚南駐輦，樂人念致語口號，作樂進行。出北宮門，將至秘書省，提舉國史院官幷提舉國史日歷所官、秘書省國史院官、臺官、右文殿修撰等、閤門舍人並迎駕起居訖。皇帝入秘書省門，至右文殿上降輦，鳴鞭歸幄。閤門報引知閤門官幷簿書官、宣贊舍人以下幷修注、樞密院逐房副承旨、諸司祇應官、御帶環衛官幷幹辦皇城司官一班，闕班面殿立。閤門引秘書省國史院官、臺官、右文殿修撰等、閤門舍人

卷一萬一千九百四十四　二

殿下相向立。次報引宰執、使相、侍從、正任幷管軍殿下相向立。次閤門提點報引皇太子赴殿下東壁面西立。閤門奏班齊，皇帝服靴袍出，鳴鞭，行門禁衛等幷入內省執骨朶使臣並迎駕自奏聖躬萬福。皇帝坐，舍人揖知閤門官以下宣名奏萬福訖，知閤門官、修注官升殿侍立，當祇應官各歸祇應位，餘官並分出。知閤門官殿上躬奏宣到皇太子以下，舍人提點分引皇太子以下面殿闕班立，宣名奏萬福訖，直身立。知閤門官殿上躬請承旨訖，臨階東壁面西宣曰「升殿」，再拜，躬身兩拜訖，直身立。舍人提點分引升殿相向侍立。次引秘書省國史院官、臺官、右文殿修撰等、閤門舍人一班，宣名奏萬

福訖班退皇帝起鳴鞭詣祕閣舍人提點等分引皇太子宰臣使相執政侍從正任并管軍分內東西廊赴祕閣前陌上稍南分東西向相立知閤門官修注官隨宣侍立祕書省國史院官臺官右文殿修撰等閤門舍人於祕閣陌下分東西相向立御龍直織扇於祕閣閤門相近排設行門於祕閣前陌下分東西排立禁衛等並右文殿下依舊排立知閤門官二員前導皇帝入祕閣東壁觀畢朝御書等次前導西壁觀訖前導皇帝赴御座前少立知閤門官祕閣前宣曰羣臣觀畢朝御書等祕書省國史院官導臺官右文殿修撰等閤門舍人依舊侍立皇帝首以太上皇帝所書琴賦宣示羣臣仍宣

卷一萬一千九百四十四　三

諭曰此鍾王所不及羣臣觀訖再拜謝簿書官二員并提點引皇太子宰臣使相執政侍從正任并管軍入祕閣先東壁觀訖引於御座後過觀西壁訖皇太子等畧展觀訖退皇帝歸幄進早膳是日賜宴于祕書省知閤權管軍臺諫見任祕書省國史院官閤門舍人及在京及臨安府見任直祕閣祕閣修撰右文殿修撰及曾任前件職見寄職并前館職俱賜坐其日諸司排當備右文殿入內官喝排定行門禁衛等排立定簿書官宣贊舍人以下樞密院諸房逐房副承旨諸司祗應官御帶環衛官皇城司官一班閤班面殿立閤門報引宰執使相侍從管軍知閤門并正任祕書監起居舍人祕書省

官國史院官臺官閤門舍人殿下相向立次提點引皇太子殿下東壁面西立閤門奏班齊皇帝出鳴鞭行門禁衛等并入內省執骨朶使臣並迎駕自奏聖躬萬福皇帝坐先簿書官宣贊舍人以下樞密院諸房逐房副承旨諸司祗應官御帶環衛官一班奏聖躬萬福各歸侍立祗應位舍人提點等分引皇太子以下與坐官一班依坐次橫行宣名奏聖躬萬福贊名就坐贊拜兩拜訖贊就坐皇太子以下殿上赴座右分引升殿席後立祕書省國史院官臺官閤門舍人赴兩廊席後立次樂人自奏聖躬萬福次看盞人稍前謝上殿兩拜次進御茶牀殿侍酹酒訖贊就坐皇太子以下并兩廊並就坐進

卷一萬一千九百四十四　四

第一盞酒簿書官宣贊舍人等並躬身揖贊進酒皇太子以下并兩廊並起立席後看盞人喝送御酒皇帝聽樂飲酒訖贊就坐皇太子以下并兩廊並就坐次行皇太子宰執使相酒次行執政官以下并兩廊酒宣勸賜赴坐官生果子各一盤酒三盞畢內侍喝賜酒食簿書官宣贊舍人以下御帶環衛官等皇城司官樞密院諸房逐房副承旨諸司祗應官內侍贊拜兩拜謝訖各歸侍立祗應位進第四盞酒簿書官宣贊舍人等並躬身揖贊進酒皇太子以下兩廊並起立席後看盞人喝送御酒皇帝聽樂飲酒以盞宣視先東壁次西壁各隨所向臣僚躬身應喏直身立次贊就坐皇太子以下并兩

廊並就坐次行皇太子宰臣使相酒傳旨勸執盞起離位內侍簿書官宣贊舍人等稱傳宣飲盡皇太子宰臣使相躬身飲訖傳旨不拜宣贊舍人等承旨揖皇太子宰臣使相躬身贊不拜贊就坐皇太子宰臣使相並就坐次行執政官以下幷兩廊酒亦傳旨宣勸並執盞起離立內侍宣贊舍人等稱傳旨飲盡執政以下幷兩廊並躬身飲訖宣贊舍人等贊拜兩拜訖就坐宣勸御帶環衛官酒果飲訖赴當殿兩拜謝訖各歸侍立位次進第五盞酒不宣視盞次行皇太子宰臣使相酒次行執政官以下幷兩廊酒宣勸並如上儀宴禮畢樂作擧御茶牀皇太子以下起降階幷兩廊赴坐官當殿兩拜分

出次樂人謝祇應兩拜皇帝起鳴鞭歸幄還內　同日詔祕書省國史院官各轉一官選人與改合入官諸書王克勤與轉一資祕書監少監各賜紫章服有官供檢人吏幷三省供檢有官人各減二年磨勘無官供檢承接人吏等幷三省礼房支犒設一次幸省礼成宰臣史浩率文武百僚拜表於文德殿十三日內出御製云〻以秋日臨幸祕書省因成近體詩一首賜丞相史浩以下玉軸牙籤煥寶章簪紳列侍映秋光宴開芸閣儒風盛坐對蓬山逸興長稽古右文懋菲德礼賢下士法前王欲臻至治觀熙洽更罄嘉猷為賛襄宰執以下咸有賡載同日詔右丞相提舉國史史浩參知政事權監修國史

趙雄各轉一官辭不拜以車駕幸省故也十四日詔祕書省以所印中興館閣書目二十部進入餘給赴坐官各一部六年二月三日祕書監鄭丙等言編修今上皇帝會要成書乞依國史日歷所已降指揮每月支降錢一百七十貫文募工書寫從之四月二十四日宰執進呈祕書郎宇文价劉子堂兄子震新除祕書丞乞迴避上曰館閣自不須迴避趙雄曰誠如聖諭但丞郎職事緊切相關欲除著作佐郎小著班在祕書郎下但稍清耳上曰可七月十八日祕書省上今上皇帝會要一百五十八卷九月二十三日詔自今暴書會並用七月七日八年三月十八日詔祕書省模勒祖宗御書幷名賢

墨跡上石先是祕書少監趙汝愚等言本省有累朝御書幷歷代名賢墨跡竊慮歲久或致蠹弊乞依祕閣僖來體例模勒上石故有是命閏三月五日宰執進呈祕書省言舊制唱名祕書省官侍立殿上今省官多為解試省試考官卻合待罪殿下上曰記得唱名了若為一班乃特令上殿侍立（十一年同此）九年七月六日吏部尚書同修國史鄭丙言祕書省暴書會常以少監主席今偶闕官合以丞郎著庭官主席詔祕書丞主席既而十三年祕書監沈揆為疾在朝假亦詔以祕書丞主席十年三月十六日國史院言近準詔旨要見本朝名臣列傳姓名今來書寫目錄繳申中書門下省外契勘本院所

有國史實錄文字自來上供本院官檢閱即非善本難以進呈竊恐不測宣取書寫未及乞下祕書省遇有宣取權借閣本供應詔依所乞更令發出卷目過要觀覽只指卷宣取七月六日祕書省言今歲暴書會以久旱祈禱非臣子燕會時乞權免坐從之十四年亦以闕雨本省奏乞免坐十一年六月二十七日詔暴書會令歲改用七月九日（以本省言是歲七日係朝獻日分侍從兩省官從駕往回有妨會集乞移日故）也十二年正月六日詔步軍司自今如有不測遺漏過近祕書省去處於江近營寨差救火官兵一百人前去防護候殿前司官兵到來卻行交替（以本省言祕閣寶藏祖宗御製日歷會要近緣寶蓮山居民遺漏發牌報應殿前司官兵營寨稍遠比至火勢已息故有是命）五月二十

卷一萬一千九百四十四

七

六日詔祕書省讀書王克勤令赴吏部依格出官（以右正言蔣繼周言克勤祕書省讀書請給人從視正字之半竊錄十有餘歲考其實年亦不下二十猶且不知去就或謂其初補官用晏殊故事殊在景德初以童子俊秀賜進士出身擢為祕書省正字祕閣讀書克勤賜童子出身固與殊字不同日來嘗買侍妾怒而從之殊之元夕不出避瀕必不為此坐廪廪祿且自附于館職之列祕蓋其過乞將克勤赴部依格出官故有是命）十三年二月八日令祕閣繕寫洪範政鑒一本進納九月二十七日祕書郎莫叔光言乞詔諸路監司諸郡守臣各以本路本郡書目解發至祕書省聽本省以中興書目點對如有未收之書即下本處取索印本廣祕府之儲詔令祕書省將未收書籍徑自關取十月九日祕書監沈揆等言昨奉聖旨接續編修今上皇帝會要今自淳熙元年正月至淳熙十年

十二月修纂已成伏覩淳熙十二年七月十一日國史院奏請乞將所修列傳俟玉牒會要奏書日同時上進得旨依今來史院所修列傳已成書見今擇日投進乞將本省所修十年會要依已降指揮同時進呈從之十一月二十一日祕書省上今上皇帝會要一百三十卷十二月九日詔祕書省吏額內正係名守闕係名各減一人編修會要存留點檢文字一人書庫官二人自今都孔目官年滿日存留一人從上遞趲已存留人一人赴部注授使臣專知官一人例兼供給文字且令依舊候離司日供檢文字更不作闕諸色人兵厨子減一人翰林司減一人潛火殿前司差到一十人內減二人步

卷一萬一千九百四十四

八

軍司差到一十七人內減三人并步軍司元擘歷九人內減二人臨安府差到將兵二十人內減四人廂軍二十九人內減六人看閣軍員六人內減一人所減人數且令依舊候離司事故更不作闕其人兵亦許存留如事故更不差入（以司農少卿吳燠議減冗食下勅令所裁定故有是命）十六日祕書監沈揆等言續修今上皇帝會要自淳熙元年正月修至淳熙十年十二月已進呈了畢所有已後年分當接續起修合要內外官司淳熙十一年以後應申請畫降被受聖旨指揮并逐處聖旨薄參照編類其應干合合行事件並合依前後編修會要已得指揮施行令自淳熙十一年正月一日起修依例合行開局詔並依其

會要參照指揮令內外官司疾速回報十五年七月七日祕書省言暴書會今歲係在高宗皇帝服制之內乞權免從之

卷一萬一千九百四十四

九

全唐文

宋會要

著作佐郎

乾道三年七月梁克家奏曰著作佐郎劉焞久在館閣以拘資格除郎不行乞稍遷遂除　王安中字履道自號初寮先生政和中以文學知名除宗學博士有啟薦於上者除著作佐郎　李邴字漢老伯父昭玘字成季元祐名士與晁張爲徒嘗爲柱史邴才學能世其家政和末除書局遷著作佐郎

卷七千三百二十

宋會要 秘閣

太宗端拱元年五月詔就崇文院中堂建秘閣擇三館真本書籍萬餘卷
及內出古畫墨跡藏其中凡史館先貯天文占候讖緯方術書五千一十
二卷圖畫百四十軸盡付秘閣有晉王羲之獻之庾亮蕭子雲唐太宗元
宗顏真卿歐陽詢柳公權懷素懷仁墨迹顧愷之畫維摩詰像韓幹馬薛
稷鶴戴嵩牛及近代東丹王李贊華千角鹿西川黃筌白兔亦一時之妙
也是月以吏部侍郎李至兼秘書監及提舉秘閣供御圖書直史館宋泌
兼直秘閣史館檢討杜鎬充校理此蓋設官之始也案六典秘書省中外
三閣掌典圖書古今文字皆在禁中兩漢或從金馬門外歷代不常其處
唐季亂離中原多故百王之書蕩盡蘭臺延閣空存名號太宗崇尚儒術
至是建閣命官專領之自後常以丞郎學士兼秘書監郎領閣事六月以
屢下詔購書及先賢墨迹小則償以金帛大則授官未數年閣充牣書府
殿中丞夏侯嘉正為右正言直史館兼直秘閣嘉正嘗為洞庭賦為右散
騎常侍徐鉉所稱由此帝知其名詔試禁中稱旨特有是命八月命內品
裴愈監秘閣圖書先是秘閣事務皆稟李至處分監圖書官皆不關預自
是至遂牒愈本閣小事一面奏取旨餘皆至專決焉是月秘閣言見管供

卷萬一千八百三十七

御書籍及點檢抄寫封鎖庫門出納公事今乞兼委直閣宋泌校理杜鎬
與裴愈同共句當今後直館校理及監圖書官內有差出即令遞相交割
其閣常以最上一員相承句當永為定式從之自後直閣校理皆如此制
咸平後入者始不領事務二年詔秘閣定置典書楷書各五人寫御書十
人其後減典書二人又增楷書三人別置裝裁匠十二人七月以御書急
就章藏於秘閣淳化元年七月內降御草書詩十首故實二紙又出御製
詩文凡四十一卷並藏于秘閣八月一日李至請右僕射李昉吏部尚書
宋琪左散騎常侍徐鉉及翰林學士諸曹侍郎給事諫議舍人等詣閣觀
御書圖籍帝知之即詔內品裴愈就賜御筵出書籍令縱觀盡醉而罷二
日又召權御史中丞王化基及三館學士縱觀賜宴如前二十一日李至
等言曰王者藏書之府自漢置未央宮即有麒麟天祿閣命劉向揚雄典
校謂之中書即內庫書也後漢藏之東觀皆在禁中也至桓帝始置秘書
監掌禁中圖書秘記謂之秘書及魏文帝分秘書為中書而秘書監掌藝
文圖籍之事後以秘書屬少府故王肅表論秘書不應屬少府魏之秘書
即漢之東觀因是不屬少府而蘭臺亦藏書故薛夏郗云蘭臺為外臺秘
書為內閣晉宋已還皆有茲號晉武好文令秘書郎徐廣料秘閣四部三

職官一八之四七

萬餘卷宋謝靈運為秘書監補其遺逸遭齊兵火經籍散亡梁江子一亦
請歸秘閣觀書隋煬帝即位寫秘閣之書分為三品於觀文殿東西廂貯
之然則茲閣之設其來尚矣及唐開元五年亦於乾元殿東廊寫四庫書
以充內庫命散騎常侍褚無量秘書監馬懷素總其事至十三年乃以集
仙殿為集賢殿因置集賢書院雖沿革不常而秘閣之書皆置之於內也
自唐室陵夷之後經籍文物流離百年國家承平復興經籍三館之書購
求漸備陛下復建秘閣以藏其書總群經之博要資乙夜之觀覽斯實出
於宸心非因羣下之議也況睿藻宸翰盈編積簡則其與秘非復與羣司
為比然自建置之後寒暑再周官司未詳所處乞降明詔令與三館並列
至於高下之次先後之稱亦乞著為定式其秘書省既無書籍元隷京百
司請如舊制詔朕肇興秘府典掌羣書仍選名儒入直於內文籍大備粲
然可觀處中禁以宏開非外司之為比自今秘閣宜次三館其秘書省依
屬京百司王應麟玉海注云初但有直史館至是新制有照文館直集賢
院備三館三年五月詔增修秘閣先是虔崇文院之中堂為秘閣址而層
構未立書籍止扃偏廳廡內至是始命修之八月閣成帝作贊賜之宰臣
李昉等請刻石閣下李至上表引唐秘書省有薛稷畫鶴郎餘令畫鳳賀

卷萬一千八百三十七

知章草書當時目為三絕又引顏真卿請肅宗題放生池碑額及近翰林
學士承旨蘇易簡乞飛白書玉堂之署為比願賜新額以光秘府詔中書
樞密院近臣觀新閣又賜上尊酒大官供膳是日遣中使齎御飛白書秘
閣二字以賜李至李昉等相率詣便庭稱謝退就飲宴三館學士預焉又
賜御詩以美其事李至上表請以御製贊刻石秘閣帝以宰臣前已陳請
又重違至意詔曰近以延閣載新萬機多暇聊書贊詠以美成功所紀微
猷深虞漏略出於秉興豈足多稱遽覽封章願刊翠石垂於不朽良積厚
顏其贊并序朕兼為親書并篆額以旌秘書省九月幸新秘閣帝登閣觀
群書齊整喜謂侍臣曰喪亂已來經籍散失周孔之教將墜於地朕即位
之後多方收拾抄寫購募今方及數萬卷千古治亂之道並在其中矣即
召侍臣賜坐命酒三行仍召三館學士預坐日晚還宮顧昭宣使王繼恩
曰爾可召傅潛戴興令至閣下恣觀書籍給御酒與諸將飲宴潛等皆典
禁兵帝欲其知文儒之盛故也十月遣中使李懷節以御草書千字文一
卷付秘閣李至請於御製秘閣贊碑陰模勒上石帝曰千字文偶然閑寫
因令勒石李至更欲鐫勒且非垂世立教之文孝經一書乃百行之本朕當
親為書寫勒在碑陰可也四年詔畫工用絹百匹集諸州畫為天下圖

職官一八之四八

藏秘閣五年六月命内供奉官藍敏正齋御草書五軸藏秘閣詔史館脩撰張秘與三館秘閣學士觀焉至道元年正月水部郎中直秘閣朱昂等言御製秘閣贊碑已建立臣等忝官秘府願以爵里附於秘書監李至之下刊刻從之王應麟玉海注言興國二年以先賢墨跡淳化以新集法帖至道以飛白十軸藏秘閣真宗咸平二年六月詔董子邵煥於秘閣院書初興國八年命呂文仲為翰林侍讀寓直御書院以備顧問名秩未崇咸平二年七月丙午以兵侍楊徽之户部夏侯嶠為侍讀學士祭酒邢昺為侍講學士班秩禄賜次翰林學士提直廬於秘閣侍讀更直侍講長上召見訪問或至中夕八月詔翰林侍讀學士楊徽之等赴職錫宴于秘閣兩制館閣皆預帝作七言詩賜之五年七月幸秘閣覽書王應麟玉海注云咸平中祕閣修太祖國史五年春安太宗文集景德四年五月詔分内藏西庫地廣秘閣時購書籍真宗以其地迫隘故也大中祥符九年九月詔以秘監楊億判秘閣事自後兩省五品以上官不兼監者止云判閣其秘書省事亦掌焉仁宗嘉祐三年三月以光禄卿張子憲趙良規掌西錫齋郭稹子思並直秘閣先是子憲等皆為太常少卿直秘閣當遷諫議大夫而中書以謂諫議大夫不可多除故並遷正卿而故事大卿監無帶館職者至是特為請而還之

卷二萬三千八百三十七

國初書止萬二千卷秘閣之建圖籍大備至仁宗時三萬六千二百卷熙寧四年十月二十九日判秘閣宋敏求言三館秘閣四部書多訛舛請校讎自前漢始事寢元祐元年四月十四日詔蘭臺延閣位序多闕命大臣各舉三人二年六月以昭文館黄本書分藏秘閣三年九月復試賢良于閣下四年四月二十四日太師文彦博與宰輔至秘閣觀書宴儒士徽宗即位二年重修秘閣崇寧元年成二年五月秘閣書裝褫共二千八十二部王應麟玉海云紹興十三年十二月十一日詔重建秘書省十四年五月賜御書秘閣右文殿榜文詔將作監米友仁書道山堂牓右文殿五間門三間殿後秘閣五間高四丈中設御座御案御踏羅帕椅御屏蓋出水龍閣上木雕朱漆殿奉安聖政會要日歷御製御札等閣前有拜閣臺於右文殿閣後道山堂五楹二十八日秘書省復置補寫所初熙寧七年置補寫所以秘閣成寫校勘真本書籍也七月二十七日丙子幸秘閣覽御書御製淳熙五年九月壬申幸石渠在秘閣後長五丈廣一丈五尺乾道九年少監陳騤立　紹定五年七月重建秘閣

三館

宋會要　集賢院

太平興國二年始建崇文院昭文館集賢院皆總為崇文院

宋會要　崇文院

凡昭文館史館集賢院三館事務總為崇文院

宋朝從唐制昭文館集賢殿置大學士史館有監修國史皆宰相兼領昭文集賢又置學士直學士史館集賢置修撰史館有直館檢討集賢有直院校理崇文院有檢討校書皆以佗官領之初昭文集賢學士史館修撰取最上一員判館院事今亦以佗官分判初昭文館隷門下省史館寓於集賢後合為一實太祖建隆元年二月詔改弘文館為昭文館太宗太平興國二年太宗幸三館顧左右曰是豈足以蓄天下圖書待天下之賢俊耶即日詔有司度左昇龍門東北車府地為三館命内侍督工徒晨夜兼作其棟宇之制皆帝所親授自舉役車駕凡再臨幸三年二月丙辰朔成有司奏功畢乃下詔曰國家肇新崇構大集群書宜錫嘉名以光策府其三館新修書院宜為崇文院又詔繳園苑植花木引溝水以溉之西序啓便門以備臨幸自梁遷汴都舊制未備正明中始於今右長慶門東北小屋數十間為三館即後梁西館是也湫隘卑痺僅庇風雨周廬徼道出於其旁衛士騶卒朝夕喧雜

卷一萬六千六百五十

每受詔撰述皆移佗所至是故置為院既成盡遷西館之書分為兩廊貯焉以東廊為昭文書庫南廊為集賢書庫西廊分經史子集四部為史館書庫凡六庫書籍正副本僅八萬卷初乾德中得書萬三千卷開寶中平吳得書二萬卷參以舊書為八萬卷凡六庫書籍皆以類相從是年兩浙錢俶歸朝遣使收其書籍送館閣用雕木為架以青綾帕幕之蘭册之府翕然一變矣是月十六日帝幸新崇文院觀羣書久之詔宰相親王恣其檢閲問難少頃召降王劉鋹李煜至亦令縱觀因即中堂宴從臣盡醉而罷三年十二月以趙州隆平縣主簿王著為衛尉寺丞史館祗候王著善史書小學至是帝以字書訛舛欲令學士刪定少能通者左右或薦著故令隷史館且俾刊正切韻逐有是命八年七月以新及第進士吳鉉為大理評事史館勘書八月以國子監主簿楊文舉為國子監丞史館編修雍熙四年四月以著作佐郎宋炎為史館校勘編修五年正月以殿中侍御史柴成務為户部員外郎直史館監察御史宋鎬為右拾遺直史館館職無帶臺官者皆授之淳化元年二月詔自今遊宴宣召直館共集賢祕閣校理並令預會先是帝宴近臣於後苑三館學士悉預李宗諤任集賢校理閤門吏拒之不得入宗諤獻詩述其事故有是詔直館脩撰校理之職

名數雖異職務畧同閤門拒校理不得預宴蓋吏之失也八月二十五日
以起居舍人直史館呂祐之左司諫直史館趙昂金部員外郎直史館安
德裕虞部員外郎直史館句中正並直昭文館先是但有直史館至是始
命祐之等分直昭文館備三館之職也二十六日以太子中允和㠓直集
賢院集賢舊無直院之名惟江南李氏嘗以朝士任之至是始置從新制
也十一月以右司諫梁周翰為史館脩撰從翰林學士宋白等薦其有良
史之材也周翰廣順初擢進士第善屬文不樂外官史職白等以為言而
有是命三年十月以殿中丞郭延澤太子右贊善大夫董元亨並為史館
檢討延澤等俱以門蔭好學帝聞其名詔宰臣問以經史大義對皆如旨
故有是命是月以直史館李宗諤直昭文館避其父監脩國史故也三年
三月十一日以左司諫韓國華左正言潘太初為襄王府翊善起居郎夏侯
嶠越王府記室參軍左司諫宋泌兼直昭文館國華太初為三司判官因
對自陳雖諫官有職不得從遊宴故並有是命告謝之日適值後苑賞花
便令預宴皆出特恩也舊例三司帶職者不兼直館至是國華等皆以判
官兼充職從新例也至道三年七月詔虞部員外郎董元亨依前充史館
檢討檢討脩撰二職皆不帶外任元亨時出知潭州罷職至是始代歸復

卷一萬六千六百五十　二

授焉真宗咸平元年五月以刑部員外郎致仕陳充守舊官直昭文館充
前以疾休致至是疾愈復其職十一月命內品劉崇超監祕閣圖書三館書
籍崇文院舊令內臣一員監掌書鑰不參館事時命裴愈掌之歲久圖籍
不整故命崇超共焉後因循與判館聯書掌事甚非舊制十二月命司封郎
中知制誥朱昂與庄宅使勝州刺史劉承珪比部員外郎祕閣校理杜鎬
點檢三館祕閣書籍二年春上新編書目詔以昂為吏部郎中承珪為北
作坊使鎬直祕閣錫金紫以旌之帝謂宰臣曰近聞圖書之府甚不整齊
假借之餘散失尤多兼讎校不精傳聞差悞自今差官校勘及掌書史鄉
等嚴行約束杜絕因循昂等上言四部書為朝臣所借者凡四百六十卷
詔除諸王宮給本抄寫外餘並督還之三年七月幸崇文院召祕書監楊
徽之集賢院學士錢若水等閱書庫編閱群書登祕閣觀太宗御製書墨
跡真宗甚悅慰降閣召侍臣飲賜三館祕閣職官銀器衣着各有差五年
七月幸三館閣四庫書又之賜直官校理器帛有差又賜書史楷錢景德
三年五月詔京朝官帶三館職事自用登位恩改官後未曾敘遷及衣緋
至二十年者悉以名聞先是館閣官多不時進用自帝即位後雖經郊祀
剕不進秩故有累年不遷改者至是內出名付宰臣進擬為四年宴館閣

官于院大中祥符二年正月以職方員外郎祕閣校理監舒州靈仙觀舒
雅直昭文館先是雅嘗懇薦王欽若至是欽若上言故有是命四年九月
兼祕書監向敏中判昭文館晁迥等上言講集聖製藏於館閣詔以述作
非工除已刻石銘記等迺依所請自餘登位已來內出雜文篇什或宣賜
者並令依次抄錄藏於龍圖閣三館祕閣不得與太宗皇帝文集並處五
年四月始降御集文頌歌詩十五卷藏之八年五月翰林學士陳彭年言
唐制中書門下兩省宮城之內有內省宮城之外有外省今請據祕閣舊
定屋數重脩奉安太宗聖容御書供御書籍天文圖畫四廊並充書庫及
史館日曆庫直館校理宿直校勘抄書籍雕造印板並就外院其外院於
左右掖門外就近脩蓋別置三館書庫其三館書籍名目候將來分擘正
副本取便安置從之時宮城申嚴火禁甚峻臣僚寓宿寒冱食飲非便因
命有司檢討故事而改之天禧元年八月詔崇文外院以三館為額五年
十二月命內殿崇班皇甫繼明同勾當三館祕閣公事先是劉崇超在館
止云監三館書籍祕閣圖書崇超與王欽若厚善丁謂為相惡之遂引繼
明與崇超同掌因為同勾當公事內臣與大學士同職時論非之仁宗天
聖四年五月樞密副使尚書左丞張士遜言臣男大理評事友直幼覩筆

卷一萬六千六百五十　三

硯望令於館閣校勘詔友直且於館閣讀書自今館閣校勘更不得添置
五年二月以大理評事館閣校勘王琪僉書南京留守判官公事特令帶
館閣校勘外任校勘官無有帶外任者時晏殊奏辟琪特有是命八月詔
監三館祕閣自今依舊例只置一員時西京左藏庫副使劉崇超卒特有
是詔十月同大后幸上曰三館書校開元所失甚衆宜加求募進及三百
餘卷以上者賜出身直史館謝泌言圖書未有次序請依唐薛稷沈佺期
武平一馬懷素人掌一庫上嘉之命泌分領之九年三月十一日參知政事
陳堯佐言館閣抄書筆吏數少請增募五十人從之十一月四日詔京朝
官任館職事者自外歸須一周年已上始許再補外任十一月八日詔從
三館于崇文院舊在左掖門內左昇龍門外前則三館後構祕閣分藏群
書自大中祥符四年宮城延燔以焉錄編籍權從左掖門外道北至是仁
宗以通近市肆非多士討論之所命還舊所焉時大臣有以表賀者亦優
詔答之慶曆三年十一月十九日詔自今見任前任兩府及大兩省已上
官不得陳乞子弟親戚館職并讀書之類進士三人已上一任回無過犯
者許進著述召試取優等者充或遇館閣闕官取曾有兩府二人大兩省
三人同罪舉充者仍取著述者祥試補皇祐五年正月詔館閣已嘗為知

州者自令且與提點刑獄差。至和二年四月二十九日詔令後檢討更不得
舉試館職。八月十四日翰林學士承旨孫抃等言勘會史院脩日曆有檢
討官三兩員在本院刊脩，今本院全闕檢討官，乞差大理平事韓維充。詔
維充史館檢討。嘉祐二年十二月十一日詔令後大臣舉館職，令中書且
與籍記，舉狀候在館員數稍少，即於數內選實有文行為衆所稱者取旨
與試，仍令學士院精加考校，公定優劣，不得假借等第。從諫官陳升之言
也。四年二月置館閣編定書籍官。九月詔以內藏西庫地還崇文院。六年
十二月二十三日賜輔臣兩制館閣官宴于崇文院，宰臣韓琦以下刻石
記于院之西壁。先是詔置編定編校一員，據崇文院總目刊正補寫，至是
寫校畢，凡黃本六千四百九十六卷，白本二千九百五十四卷，上之。八年
七月二十三日監脩國史韓琦言史院日曆未脩者積十餘年，今將修先
朝實錄，而日錄未備，檢討閑官，請以祠部員外郎直祕閣呂夏卿、太子中
允祕閣校理韓維兼職。詔以夏卿、維並兼史館檢討。神宗熙寧二年十一
月三日詔令後應選舉到可試用人，並令崇文院校書，以備朝廷訪問差
使，候二年取旨，或除館職，或升擢資任，或只與合入差遣。時初除前河南
府永安縣主簿邢恕為校書。閏十一月壬寅張載為之。三年五月十六日

[永樂大典]卷一萬六千六百五十　四

詔崇文院校書邢恕與堂除近地試銜知縣。恕以祕書丞集賢校理同知
諫院胡宗愈言崇文院校書如未曆外官及不滿任者不得選舉上，以恕
未曾任官，故有是詔。九年九月四日中書門下言前句當三館祕閣黃守
熙自陳編排近及百年書籍，乞只任提點慈孝寺或提點奉先寺。詔許再
任，賞其勞也。元豐五年初以崇文院為祕書省。哲宗元祐五年九月十六
日復置集賢院學士。紹聖二年四月三日戊辰易為集賢殿脩撰。徽宗政
和六年四月改右文

宋會要　編脩院

宋置崇文院，自後脩國史、會要，名曰編脩院。詳見崇文院下

宋會要　國史院

紹興初實錄、國史皆寓史館，後罷史館，遇脩實錄即置實錄院，遇脩國史
即置國史院。二十八年七月以脩神宗哲宗徽宗正史，置院脩史一人、同
脩史一人、編脩官二人，吏以實錄院人兼。高宗紹興二十八年七月十九
日詔置脩國史院，脩神宗哲宗徽宗三朝正史。先是紹興十年十二月十
三日提舉官言神宗哲宗兩朝正史欲候徽宗實錄書成之日，通將三朝
事實考據別行脩定，即置國史院，至是始有是命。八月十四日詔置國史

院，差宰臣湯思退監脩國史，吏部尚書賀允中、兵部侍郎周麟之並差兼
同脩國史，吏部員外郎葉謙亨、胡沂、祕書省校書郎汪澈並差兼國史院
編脩官，保康軍承宣使張見道差充國史院都大提舉諸司幹辦御藥院抹
筆差充國史院承受，入內內侍省東頭供奉官楊興祖、楊玕差充國史院
主管諸司。二十五日詔脩國史通以二員、編脩官以四員為額。
九月十三日詔國史院取會省曹寺監等處並依紹興元年四月九日史
館指揮。同日詔國子監并諸路轉運司所管州縣應有印板書籍去處各
印造一部送國史院。二十九年閏六月八日宰臣湯思退言提領國史院
過局給食錢并供檢楷書欲乞並罷。從之。是月十四日同修國史賀允中
等請並罷史官過局給食、供檢楷書添支食錢。從之。八月二十四日詔國
史院宰臣提舉置修國史、同脩國史共二員，編脩官二員，都大提舉諸司
官、承受官、諸司官各一員，人吏存留一半，脩史成繳進日罷局。從給舍裁
定也。同日詔書局料次等錢今後更不支降，每月於激賞庫各支錢一百
貫文充逐處公用，合用紙札等依舊例，雜買務收買供送。同日詔諸書局
有官吏人、校副尉等並發遣歸部，內國史院係脩三朝國史，特許從上存
留知次第有名目人四人。同日詔三省堂後、樞密院官兒兼諸局供檢點

[永樂大典]卷一萬六千六百五十　五

檢、主管文字之類並罷。二十六日詔館職不兼史院過局諸司排食酒果
錢並罷，從其請也。十一月十九日詔國史院編類迎奉徽宗梓宮事實，以
祐陵迎奉錄為名，於顯仁皇太后神主祔廟以前進呈，奉安於敷文閣。先
是詔脩皇太后回鑾及迎奉徽宗梓宮事實，時以東朝萬壽，吉凶之禮不
可相襲，先以回鑾事實進，始有是命。二十六日詔進呈祐陵迎奉錄，依
太常寺、閤門擬定儀注，前二日奏告景靈宮神御前，並於侍從內差官一員。
日迎奉永祐陵迎奉錄腰輿於國　前用文武百官並服常服吉帶，俟天
章閣於閤下排辦香火畢，提舉承受官往來照管，次御史臺、閤門、太常寺
分引文武百官詣神宗神御殿下北向立班定，次禮直官引監脩國史官
詣殿下北向立定，禮直官贊拜，引監脩國史院官詣本閣閣下香案之東西
向立定，然後擇官報時，及俟本門安奉永祐陵迎奉錄訖，次引監脩國史官
降階立定，禮直官揖躬拜，監脩國史官拜，在位官再拜訖，次引監脩國史
官詣香案前搢笏三上香，執笏降階，復位立，禮直官揖躬拜，監脩國史官
拜，在位官皆再拜訖，班退，援衛輦官以次退。孝宗隆興元年正月十六日
詔尚書右僕射史浩提舉修三朝國史。五月十九日編類聖政所狀，據脩
脩纂功勳臣僚、忠臣義士事跡，合併歸國史院，欲實封用印牒送。從之。七

月二十三日詔尚書右僕射湯思退提領修三朝國史思退以父名舉辭
免故改為提領八月十七日國史院狀依指揮除吳并省史顯見管一十
三人緣修三朝正史欽宗寬恤詔條欽宗實録事體繁重乞且令依舊供
職緒從本院斟酌裁減從之十月六日詔劉珙兼國史院編修官珙初被
命自陳上件職係是三朝信史近年以起居郎舍人及祕書少監兼之所
以尊國史重纂述不輕選授也如珙小官素耒荒陋偶以私計乞祠忽有
此命實所不安欲望較奏寢罷前命特旨依所乞臣僚言竊聞劉珙近除
兼國史院編修官力辭不就今又以母老見乞祠禄差遣臣詢之朝列皆
謂珙文學優長議論堅正難以許遂閑外欲望特降指揮且令依舊供職
少副公論從之乾道三年三月二十一日詔參知政事虞允文兼權提
舉修三朝國史中興以來參政兼提舉始此五月七日國史院日曆所編
類聖政都大提舉諸司狀昨國史院都大提舉諸司依先降指揮差置點、
檢文字一名主管文字二人於紹興二十九年九月內一時減罷主管文
字一名自後即次準旨差兼國史日曆所編類聖政都大提舉諸司元
置史類復差主管文字一名通作三人祇應所有請給等並依本所見今
主管文字則例支破從之二年閏九月二十九日國史院日曆所上三朝

《卷一萬六千六百五十》

六一

帝紀光堯壽聖太上皇帝聖政閤門條具其日皇帝專御垂拱殿坐先儀
鸞司於殿上東壁稍南設置三朝帝紀卓子香案香爐香餅香合香匙侍
位等又於帝紀卓子北設置光堯壽聖太上皇帝聖政卓子褥位知閤門
官二員前導導書官二▆自殿門外接引三朝帝紀光堯壽聖太上皇帝
聖政腰輿入殿至殿東階下禁衛西立定腰輿不置地前導知閤門前引
導書官歸立班位國史院國史日曆所編類聖政點檢文字以下各隨腰輿
入殿各於腰輿西一行立候閤門報引贊導官并國史院國史日曆所編
類聖政官以下并提舉官禮儀使次引親王次引皇太子入殿於殿下分
東西相向立定自餘從駕臣隨知閤門官已下起居閤門附內侍進班齊牌皇
帝服履袍出宮殿下鳴鞭禁衛諸班直親從等并入內省執骨朶使臣國
史院國史日曆所編類聖政點檢文字已下并腰輿下輦官并迎駕自贊
常起居內臣腰輿並官不拜上應喏皇帝坐先御帶環衛官已下一班宣
名常起居各歸東朶殿侍立次讀奏目知閤門官已下并樞密都副承旨
修注樞密院諸房逐房副承旨提點閤提點承受兼祇應諸司祇應武功
大夫已下一班閤班常起居讀奏目知閤升殿讀奏目知閤都承旨修注
升東朶殿侍立餘各歸侍立祇應位次管軍一班宣名常起居並起東朶

殿侍立次行門常起居次舍人分引皇太子親王提舉官禮儀使騎導官
國史院國史日曆所編類聖政官已下一班宣名常起居訖皇太子升殿
東階赴殿上東壁侍立國史院國史日曆所編類聖政提舉官禮儀使進
請帝紀官進讀聖政官已下並殿下面西侍立餘官並分出次入內官下
殿諸三朝帝紀并光堯壽聖太上皇帝聖政腰輿前各取匣呈書匣上殿
於殿上東壁卓子上各置定知閤門官自御坐上前導皇帝起詣帝紀香
案前褥位立定閤門提點奏請上香再上香三上香訖又奏請拜皇帝再
拜訖次前導皇帝詣聖政卓子褥位立閤門提點奏請拜皇帝再拜訖前
導皇帝復歸御坐知閤赴東朶殿侍立次舍人揖提舉官禮儀使進讀官
升殿於御坐東侍立俟入內官進卓子提舉修帝紀官禮儀使并進讀官
捎前立分進讀官於御前過西壁東向立國史院提舉諸司官至帝紀匣
前搢笏啟封開鎖訖出笏歸侍立位國史院承受官搢笏於帝紀匣內取
冊轉授提舉官搢笏捧冊置御卓子上出笏皇帝起於御坐前立提舉諸
司官承受官分東西立並搢笏捐冊訖出笏進讀官搢笏取篦子指讀遂
板捐冊並如上儀俟進讀冊畢進讀官執篦子且立提舉官搢笏收冊復
授承受官訖出笏如再有進讀冊如上儀俟進讀訖皇帝復坐進讀官置

《卷一萬六千六百五十》

七一

篦子於御卓子上出笏却過東壁降東階於殿下東壁面西立國史日曆
所編類聖政提舉官禮儀使稍前立進讀官進讀如前儀入內官徹卓子
皇太子降東階退提舉官禮儀使進讀官並降東階下殿東壁面西立候
提舉諸司官候匣訖入內官捧匣下殿置於腰輿上依鸞司徹香案等舍
人引國史院國史日曆所編類聖政提舉官禮儀使一班當殿立定引置
身各出班告謝訖歸位兩拜訖各且躬身如有宣諭御藥下殿宣諭訖再
兩拜訖舍人引赴殿下面西立次引國史院國史日曆所編類聖政官已
下一班告謝兩拜如傳旨謝恩舍人承旨訖贊謝恩再拜訖並退次引國
史院國史日曆所編類聖政提舉諸司官承受已下一班次引點檢文字
已下一班各謝恩兩拜訖歸位立如傳旨宣坐賜茶合赴坐提舉官禮儀
使閤賜茶如儀賜茶畢次舍人報閤門無公事皇帝起還宮殿下鳴鞭如閤
門前導導書官前引腰輿出殿至殿門外權安奉餘並如儀官吏推恩見
聖政日曆所門十一月二十七日起居舍人兼國史院編修官洪邁等言
勘會欽宗實録昨降指揮候修成日曆發赴國史院編修今來日曆已修
纂畢合發赴本院修纂從之十二月二日禮部員外郎兼國史院編修官
兼實録院檢討官胡元質言五朝正史又已大成而神宗哲宗徽宗三朝

之史開院纂輯累年于茲臣竊惟靖康繼宣和之後以功緒本末則相關以歲月久近則相繼伏望將今來所修欽宗實録立之課程剋以期限併修帝紀徽進名爲四朝國史成書之後薦之宗祐與天無極從之三年三月二十五日起居舍人兼同修國史兼實録院同修撰洪邁等言國史院得旨修纂哲宗寶訓今已成書竊見已降指揮令玉牒所抄進祖宗玉牒仙源積慶圖檢準紹興二十八年三月内神宗寶訓係與玉牒所仙源積慶圖同日投進今欲將哲宗寶訓依舊例與玉牒所同日進呈本所條具進呈哲宗寶訓合繕寫二本内一本俟進呈畢進奉於徽猷閣安奉小本留中依例繳委本院承受官傳進一合來進呈寶訓乞依例差本院官進讀第一冊從上五板一所有合行體例欽乞太常寺同本院參酌討論施行一進呈安奉寶訓合差都大主管官一員乞依例就差本院都大提舉諸司官并將來應合行排辦事件亦乞就委本院都大提舉諸司承受主管諸司條具施行一進書前期提舉官依例詣本院閱書乞令本院天文官選定日分施行一合用紙扎妝褾裝背物帛并諸雜支費等止乞下左藏庫量支降錢三百貫應副使用並從之四月二十六日詔以五月六日進呈三祖下仙源積慶圖太宗真宗玉牒哲宗寶訓儀注見玉牒所門六月

■■卷一萬六千六百五十 八

十四日國史院言已進呈哲宗寶訓了畢其修書官吏合該推恩得旨依乾道二年十月二十一日已裁減進書推恩體例令參酌擬定修書官吏各轉一官更減一年磨勘及經修不經進行在供職官並各與轉一官在外官減二年磨勘兩該賞人止從一處推恩餘人等第支賜從之九月十三日翰林學士劉珙進讀三朝寶訓至淳化五年太宗謂近臣曰太祖實録或云多有漏落當命官重修因嘆史官才難蘇易簡曰大凡史官宜去愛憎猜嫌無避今人多不欲修史蓋善惡之間懼其子孫見之爲讎隙近者扈蒙修史蒙爲人怯懦多疑忌故其史傳多有脫落甚非直筆上曰善惡無隱史臣之職也奏云史官以學識爲先文采次之苟史官有學識安得愛憎怯懦疑忌上曰史官要識要學要才三者兼之四年三月二十四日詔實録院進呈欽宗實録并本紀了畢日併入國史院一就修纂四朝正史從同修國史兼實録院修撰洪邁請也四月二十四日尚書右僕射提舉修三朝國史提舉實録院蔣芾言國史院見修三朝國史志傳依乾道二年十二月二日指揮併修欽宗一朝名爲四朝國所有臣提舉職事欲依已降指揮以提舉修四朝國史爲名從之六月十五日詔國史院添置編修官兩員提舉修四朝國史蔣芾言四朝國史自紹興二十八年

開院至今十有一年僅成帝紀所有諸志并傳文字卷帙最繁並未曾措辭謹按本朝修太祖太宗真宗三朝正史不過四年修仁宗英宗兩朝正史不過五年今四朝史院踰十年而志傳茫然未有次序臣已將諸志分委所屬修纂惟是編修官舊係四員後來裁減其半臣欲量事添置一員故有是命十二月九日起居舍人兼國史院編修官胡元質等言契勘祕書丞國史院編修官劉季裴除著作佐郎今於哲宗實録内檢照司馬康等體例合依舊兼本院編脩官從之五年九月三日詔胡元質兼同修國史本院更添置編修官三員繼而起居舍人兼權中書舍人兼國史院編修官胡元質奏伏蒙恩命兼同修國史嘗具奏辭免不允臣竊以史官分職考之故事記注官少有兼同修者緣昨者胡銓任起居郎兼權中書舍人日嘗陞同修自是以來沿襲爲例竊恐朝廷用此近例遂俾臣陞兼是職伏念臣昨於去年七月奏對乞朝廷凡所施行一切廢絕已行之例與蒙嘉納嘗降指揮至今遵守臣備數後省比有援例以請之事臣不敢不駮臣豈有言之於前而躬自蹈其非於後欲望聖慈追寢成命詔依舊充編修官十二月二十三日秘書少監兼國史院編修官李燾言伏見四朝正史開院已踰十年臣備員編修亦二年有餘除去年進呈欽宗紀與繼

■■卷一萬六千六百五十 九

與本院官分定志傳名件每月不闕課程然臣竊謂若只如見今次第即正史之成殆未可期緣正史當據實録又緣實録往往差誤史官自合旁采異聞考驗增損謹按神宗實録三次重修朱墨相攻是非易見雖事跡尚多脫遺比後來實録已是不同哲宗實録亦兩次重修兼臣元因續資治通鑑長編頗嘗收集參究實録外略得一二惟是徽宗實録疏舛特甚難遂準憑下筆若務速成不計臧否只須取四朝實録分散事迹添入立諸傳并綴緝諸志數月間亦粗可了但恐因循滅裂終致人言況史院官進改去住不常所見人人殊異又未嘗對面商榷互相點檢文字浩瀚何由速成臣頃因轉對嘗具奏章乞依祖宗典故就委史院官重修欽宗實録蓋欲及今文字未至十分淪落更精意收拾同力整齊然後正史他日傳信不疑未蒙施行重念臣去年進呈欽宗紀草乞免推賞幸蒙特賜矜允繼因進續資治通鑑長編自建隆訖治平凡一百八卷乃蒙誤恩特與增秩每懼不稱陛下獎擢之意其治平以來自合依詔旨接續修進乞特許臣專意討論徽宗一朝事迹纂述長編長編既具即可助成正史從之六年五月四日國史院狀依指揮條具併省吏額見管一十一人欲將書庫官郝彥德減罷以一十八人爲額從之七年二月十一日國史院言見編

修四朝正史合要神宗哲宗昨在京所修正史帝紀志傳并四朝聖旨御
筆及應干詔旨御筆文字本院畫降到指揮許令投獻昨據資州助教楊
志發繳進元祐宰臣呂大防家所藏神宗哲宗兩朝御筆并元祐皇太后
遺誥已發朝廷將楊志發特補榮州文學出官欲乞將楊志發推恩事理
鏤板遍下諸路州軍專委知通多出文榜曉諭搜訪許令投獻優與推恩
如文字詳備者并知通推恩從之淳熙元年七月二十三日右丞相曾懷
提舉國史院提舉國史院以右丞相兼或以參知政事權自後不書五年十月
二十五日翰林學士知制誥兼修國史周必大言被命纂脩四朝正史賴
同僚協力裒類事實粗見功緒今當下筆之際事體尤難前朝國史雖是
衆人分撰然當時案牘可以稽據是非可以詢問責成一手不至訛舛南
渡以來文籍殘闕往往搜求散軼考證同異若非參合衆智深慮不相照
應抵梧者多宮與衆議分手撰述每遇一志一傳成篇並令在院官互相
修潤庶幾首尾貫穿體製歸一無思慮不周之患乞降指揮遵守從之
七年十二月十二日國史院上神宗皇帝哲宗皇帝徽宗皇帝欽宗皇帝
正史志一百八十卷十年七月十七日李燾言今史官猶有闕員乞選兼
職少者委任之庶幾專力速成大典從之八月二十六日起居舍人兼國

卷一萬六千六百五十　十一

史院編修官趙彥中言國史明得失之迹所以信萬世之傳也陛下圖近
臣之言趣就史功以臣愚見中更建炎多故史籍散軼事難盡許經維本
末必有可考乞詔諸儒凡群臣當立傳者其於忠邪善惡大節之際茍可
考證必令分明但使褒貶昭然勿顧其子孫之怨庶幾萬世之下有所考
信從之十二年二月六日宰執進呈右司員外郎尤袤兼國史院編修官
上曰李燾去後史院未有修史官若李燾在此不知今已成書否王淮等
奏亦未遂成更有諸傳起畢如如主等傳闕略尚多上曰若無所據姑闕
之因顧梁克家曰可以此意宣諭史院七月九日通議大夫充敷文閣待
制提舉佑神觀兼侍講兼同修國史洪邁言自到局之後約略稽考據院
吏所具除紀志已進呈外當立傳者千三百人其間妃嬪親王公主宗室
幾當其半然家世本末履歷始終不可見者十而七八必俟究得其實然
後為書誠恐日引月長無由可畢乞下本院許據只今所有事狀依倣前
代諸史體例分類載述不必人為一傳其內外臣僚或有官雖顯貴而無
事蹟可書止如漢世劉舍薛澤許昌之徒位至丞相而司馬遷班固不為
立傳於事亦無所闕今來亦乞倣此志行刪去其未畢者乞詔提舉宰臣
量立程限責本院官併力修纂俟將來玉牒會要奏書之日同時上進庶

數畢朝信史早有汗青之期從之八月二十七日通[illegible]中[illegible]請限一年內修纂投進十三年八月十九日敷文閣直學士正議大夫提舉佑神觀
兼侍講兼同脩國史兼直學士院洪邁言頃嘗奏陳乞候脩纂四朝國史
了畢日將九朝三項國史合為一書已蒙聖意開納今臣所修書計列傳
八百八十目即已成七百餘傳所餘不多度至十月可以畢事所有元乞
接續編撰九朝史事乞先降指揮容臣候命下之日從本院預牒在外州
軍搜訪遺書逸事候今冬投進見修書畢然後剗取旨擇日開院從之十
一月二十一日國史院上四朝國史列傳一百三十卷十二月九日詔國
史院減書庫官一人楷書二人以同[illegible]火御[illegible]故減[illegible]下故令所裁定故有是命嘉泰三年五月十六日資政殿學士傅伯壽言竊惟國史雖
攬金匱石室之藏然天下散失舊聞亦不可不網羅也中興以來修徽宗
實錄則采元符詔旨修四朝國史則采續資治通鑑及東都事畧今孝宗
光宗實錄已成將修三朝正史自建炎丁未至紹熙甲寅六十八年典
冊所書固已燦然其間豈無遺載漏脫傳聞異同之患凡事有舊記述可
不廣取而參考乎今史館所收二朝止盟會編中興遺史中興小曆三書
恐如此之類尚多有之臣以為宜發明詔廣加求訪如有以書聞者下之

卷一萬六千六百五十　十二

史館有詳果有可采少賜旌賞其有不能繕寫者官給以筆札庶幾群
言畢萃正史不日可成矣本朝國史例皆無表則歲月久遠將無所考臣
愚謂且依漢唐之史增立年表[illegible]最為深遠作素精者
不能下筆故晉書三志庶幾表志與紀傳並傳以成萬代之信史豈不美
歟從之四年三月四日起居郎莫子純奏竊見史院修進三朝實錄臣僚
列傳類多遺闕推原其故蓋以歲月深遠向之為史官者既失於紀載後
之為史官者又以耳目不相接無以知其人之實乞明詔史院今後有合
立傳臣僚於致仕贈官之後即從史院行下所屬州郡取索其家但干文
字發遣著庭仍檢照日曆內有無碑奏篤墨文字參考立傳庶幾賢俟不
致泯沒並著以為異日作史之備從之

宋會要　實錄院

紹興初實錄國史皆寓史館後罷史館遇脩實錄即置實錄院遇脩國史
即置國史院九年二月以脩神宗哲宗徽宗實錄始置院以宰臣一員
提舉修撰同修撰檢討官無定員檢討官以本省官或他官兼而
修撰官如史館則史額點檢文字一人書庫官八人楷書四人先以祕書
省人就差後撥本院差為高宗紹興七年閏十月十四日詔史館見修纂

志三

聖文仁德顯孝皇帝日曆依祖宗實録體格擴見到文字逐旋攢類候有
接續添入仍以實録爲名以著作郎何掄言日曆以事繫日以日繫月比
之祖宗實録格目尤詳首末不全編次無日故有是命九年二月二十二
日詔史館見修徽宗實録以實録院爲名置提舉官一員修撰同修撰檢
討官無定員應干事件並依史館則先是建炎元年五月八日詔史館重
修神宗哲宗實録至紹興六年五月先編次神宗書成進呈推恩史館官
吏各特轉行一官更減三年磨勘内首尾修書不經進官并修書不全首
尾官各特轉行一官更減三年磨勘開院供職官特轉行一官都大提舉
諸司承受諸司官各特轉行一官更減二年磨勘本院點檢文字書庫官
楷書進奏官各特轉行一官資更減三年磨勘選人比類循資施行其餘
支賜有差至八年九月内哲宗書成推恩如進神宗實録之制至十年七
月十四日又詔史館修徽宗實録至二十八年八月十一日先成六十卷
進呈其推恩依進神宗實録例以上皆史館至是始置院也同日詔將史
館前廳充實録院作角門通過史館并秘書省同日詔實録院下禮部關
借奉使印一面行使候結局日送納同日詔實録院修撰同修撰修史館
修撰各差破二人檢討官依史館校勘著作郎佐各差一名其所差楷書

卷一萬六千六百五十

并本院有官人吏並依史館下楷書已得指揮同日詔實録院依史館例
已差三省供檢文字各二人外每省各更差二人同日詔宰臣秦檜兼提
舉實録院其修撰同修撰檢討官並令秦檜辟差是日以禮部員外郎劉
昉爲檢討官四月二十八日詔實録院漏泄許人告賞錢二百貫同日詔
令諸州長吏詢訪先朝宰執侍從臺諫及其子孫有知當時故實及收藏
先帝宸翰並令抄録繳申有補史事從本院保明優加旌賞同日詔實録
院選用景德中脩太祖太宗正史體例每編及二年先具草本進呈五月
五日詔實録院合用錢物並從本院别行闕取支使先是就史館開院就
史館錢物支使令别行置院故有是命同日詔實録院人吏就差史館秘
書省人吏相兼祗應仍以餘招收私名四人專一書寫實録文字請給依
史館楷書例同日詔實録院合取會内諸司文字從本院報皇城司關出
入宫門色號一十道同日詔實録院置翰林司厨子製界作各一名凡下
步軍司差撥剩員兵士六人並與史館相兼逐色人祗應十年二月二十
九日詔史館提舉諸司承受等并官吏並併歸實録院依格接續支破見
請給其本院每月添破攢設錢更不支破以罷史館也四月十九日詔權
吏部侍郎范同兼實録院修撰始除修撰官也二十一日詔實録院就編

徽宗御製令禮部行下諸路州軍搜訪送院從檢討官朱翌之請也八月
十九日詔進呈徽宗實録並依閤門擬定儀注其日常御殿禁衛諸班直
親從親兵等攤扇從物并内侍省執骨朶使臣排立如儀御殿下入儀鸞
司設香案褥位於殿上東壁香火入内省使臣排辦實録院擎檯狀入於
殿東階下稍南禁衛西排列點檢文字使臣書庫官並服紫於檯狀西一
行立候引進書官入殿於殿下西向立定内侍傳排立皇帝服靴袍出殿
下鳴鞭禁衛諸班直親從親兵等并内侍省執骨朶使臣實録院點檢文
字使臣書庫官擎檯狀親事官並迎駕自贊常起居皇帝坐内侍首押班
御帶以下以次常起居畢舍人引提舉實録院官以下一班並行官名常
起居訖於殿下西向立入内省官四員下殿踏檯狀前檯狀匣不置地取
匣上殿於殿上東南壁面北捧匣立提舉實録院諸司官一員西面搢笏
西南啟封開鎖訖出笏退歸位承受一員至匣前搢笏於匣内取書複置
香案上出笏歸位皇帝起詣香案前面東三上香兩拜訖復歸御坐舍人
揖提舉實録院修撰官升殿東西西向立定餘官止殿下内侍進御卓子
提舉實録院修撰官近前承受搢笏於香案上取書冊捧納提舉實録院
官搢笏接冊置御卓于上分修撰官一員過西面進讀皇帝起執手看實

卷一萬六千六百五十

録進呈畢修撰官當御前却過東西提舉録録院官收實録冊却傳承受
搢笏接訖提舉實録院官出笏皇帝復歸御坐承受捧書入匣入内省官
捧書匣下殿内侍撤御卓子提舉實録院修撰官降階舍人揖引當殿與
進書官合一行重行立定揖躬贊各祗候直身立如傳旨謝恩先修撰官
以下次提舉實録院諸司官以上次點檢文字使臣以下逐班兩拜謝訖
退如傳旨賜茶引合赴坐官賜茶如儀舍人報閤門無公事皇帝起鳴鞭
還内十一年七月詔參知政事范同兼修實録十四日詔實録院進呈徽
宗實録了畢修撰檢討官各特轉行一官更減二年磨勘首尾修書不經
進書官并修書不全首尾官各特轉行一官更減二年磨勘開院在院供
職官特轉行一官都大提舉諸司承受諸司官各特轉行一官更減二年
磨勘實録院點檢文字書庫官楷書進奏官各特轉行一官資更減三年
磨勘選人比類循資施行三省樞密院專差供檢文字三省禮房職級行
遣人各特轉行一官資更減二年磨勘應合寄資人仍寄資守當官守闕
減半點檢催驅印房依條施行專差承發巡白文字各與減二年磨勘顧
支賜有差依昨進哲宗實録例三省轉資人候入正額日與支破請給諸廳
供檢楷書引接提舉諸司下人吏各特轉一官資内礙止法人依條回授

職官一八之六三

天文官各與減二年磨勘應該今來特官減年內未有官未有名目及未
合收使人並候有官或有名目日依今降指揮特作特官資減半數目收
使磨勘年限不同人依四年法比折內減年願依條回授者聽實錄院守
門親事官庫子裝界作投送文字大程官親事官厨子儀鸞翰林司兵士
提舉諸司承受諸司下背印投送文字親事官軍典兵士剩員潜火兵級
各特轉一資內不願轉資人令實錄院於雜支錢內各支二十貫秘書省
經修書不經進書使臣人使稿設一次十七年五月十八日詔實錄院依
事藝院祗候庫例於殿前司城內營寨差撥救火軍兵二百人遇有風燭
即時赴院救護十二月二十九日詔右承奉郎新差書藝院編修官權實
錄院檢討官周紫芝權樞密院編修官班次二十二年六月四日詔實
錄院監門每月支破別給錢三十貫食直錢一十貫二十七年七月七日
尚書右僕射湯思退差提舉實錄院緣犯字係思退父名詔改作提領十
一月二十六日中書舍人周麟之兼實錄院同修撰始除同修撰也二十
八年七月五日詔進呈安奉徽宗實錄差實錄院都大提舉諸司張見道
充都大主管官同日詔差左僕射沈該充進呈安奉徽宗實錄禮儀使十
一日詔編修徽宗實錄八月十一日進呈太常寺同本院討論儀制前一

卷一萬六千六百五十　十四

日於秘書省道山堂設幄帟行安奉開儀伏樂人僧道法事作樂更互排
立禮儀使提領實錄院官編修徽宗實錄官屬等宿衛一進書日宰執使
相侍從臺諫兩省官知閤禮官并南班宗室及編修實錄官騎導禮儀使
提領實錄院官騎從本所提舉諸司官并承受官主管諸司官往來照管
一前二日奏告景靈宮從太常寺具稟目申中書門下省降敕差官一合
用數坊鈞容直樂人各百人細仗二百人援衛親從官二百人並裝習儀
法全并威儀僧道共一百人並前一日就宿衛處依禮例更互排立并呈
日進奉及次奉更互作樂及合用樁擎絲結綵子腰擧擎官裝著儀注全
下御輦院計會本院合用人數差撥一安奉日令節史臺閤門太常寺具
百官於秘文閣立班安奉一應行事官自宰執至諸司職掌文破進呈安
奉日喫食及前一日宿衛官屬等早晚喫食並令臨安府專委官及差衛
前計會排辦一合用儀衛燭籠六十對并執擎人一百二十八管押二人
令都大提舉諸司下皇城司差辦一聯導官并編修實錄官屬等鞍馬從
所屬報殿前司時暫差撥於行事前二日到事畢發遣一人吏并諸色祗
應人前一日宿衛并至日食錢等錢並依禮例從實錄院提舉諸司官比
擬支破一進呈日若不測值雨許令導從官并諸色祗應人赴雨具或地

職官一八之六四

下濕潤並先步導步從徑詣垂拱殿門外幕次所有腰輿匣等合用油絹
帕傘令臨安府前期計會諸司備辦一進呈日諸司祗應人內有無數號
之人令逐處前期開具人數姓名保明報皇城司呈日放令出入次日皇
帝不視事有司作休務假一日並從之二十一日紹編修徽宗實錄成書
并先修實錄六十卷內有添修制冊及臣僚立傳等事依故事通着見令
實錄院官臣等名銜具表繳進先是紹興十一年內提舉官宰臣秦檜進
呈先修到實錄六十卷降付本院至是成書故有是命八月七日詔今月
十二日進呈徽宗實錄並依閤門擬定儀注其日不視事從有司排當備
垂拱殿排立禁衛諸班直親從等排立如儀儀鸞司設香案等并褥位於
殿上東壁知閤門官前導海書官二員自殿門接引腰輿至殿東增下稍
內禁衛西立定實錄院點檢文字以下並展笏隨腰輿入殿腰輿西一行
立侯閤門報引騎導官并實錄院修撰官同修撰官以下次報引禮儀使
提領官入殿並展笏於殿下分東西相向立定閤門附內侍進班齊牌皇
帝服靴袍出宮殿下鳴鞭禁衛諸班直親從并內侍省執骨朵使臣實錄
院點檢文字以下并舉腰輿擎官並迎駕自贊常起居內舉腰輿擎官不
拜止應諾皇帝坐內侍省押班都知以下一班展笏常起居各居殿上侍

卷一萬六千六百五十　十五

立次知閤門官以下并樞密都承旨修注樞密院諸房逐房副承旨提點
同提點承受諸司祗應武功大夫以下並展笏一班閤門宣名常起居樞
密院承旨修注并東殿侍上餘各歸侍立祗應以知閤門升殿讀奏目次
管軍一班展笏宣名常起居並起東朵殿侍立次行門常起居次舍人分
引禮儀使提領官執政官修撰官同修撰官以下并騎導官一班展笏宣
名常起居訖禮儀使提領官執政官修撰官同修撰官檢討官殿下西面
立餘官並分出次入內官下殿詣腰輿前取匣上殿於殿上東壁卓子上
置定知閤門官前導皇帝起詣徽宗皇帝實錄香案前褥位上西東立閤
門提點奏請三上香訖又奏請拜皇帝再拜訖知閤門官前導復歸御坐
舍人揖禮儀使提領官執政官修撰官同修撰官並升殿侍立俟入內官
進御卓子提領官修撰官同修撰官近前立定修撰官於御前過西壁向
東立提舉諸司官至匣前搢笏啟封開鎖訖出笏歸侍立承受官搢笏於
匣內取實錄訖轉受提領官訖出笏提領官搢笏接冊置御卓子上出笏
皇帝起於御座前立提舉諸司官過西壁與承受官並搢笏揭冊訖出笏
修撰官搢笏取篦子指讀進讀揭冊並如上儀侯進讀畢修撰官執篦子
且立提領官搢笏收冊便受承授官訖出笏如再有進讀冊並如上儀侯

進寶録訖皇帝復座修撰官置范于於御桌子上出笏却過東壁提領官歸侍立俟入内官徹御桌子禮儀使提領官以下並降東階下殿東壁面西立承受官捧寶録册授入匣提舉諸司官鎖匣訖入内官捧匣下殿置於腰輿儀鸞司徹香案等舍人領禮儀使提領官當殿立定引直身各出班告謝訖歸位立揖躬身贊拜兩拜訖贊各祇候直身立如有宣御藥下殿宣諭訖揖躬贊拜兩拜訖贊各祇候直身立舍人引歸殿下面西立次引修撰官以下一班告謝兩拜如得旨謝恩舍人承旨修撰官以下一班兩拜謝恩訖修撰官同修撰官殿下面西立檢討官以下並先退次引提舉諸司官承受官以下一班次引寶録院點檢文字以下一班各謝恩兩拜謝訖歸位立知傳旨宣坐賜茶合赴坐官賜茶如儀賜茶畢次舍人報閤門無公事皇帝起還宮殿下鳴鞭知閤門官前導簿書官前引駕出殿退十二日詔進呈徽宗皇帝寶録了畢所有宿衛進呈安奉被差官吏諸色人並依例支破銀絹内兩該支賜人從一多給主管諸司與一宿衛進呈安奉三節次人數每一節次修撰二員每員銀絹各五十足兩檢討官三員每員各四十足兩三省樞密院供檢五人每員各一十足兩提領官下供檢計二人每人各一十足兩三省點檢六人每人共七足兩三

卷一萬六千六百五十　十六

省禮房主事計一十九人每人各五足兩寶録院供檢文字二人每人各十足兩點檢文字一人各五足兩提領官下指書五人每人各四足兩寶録院監門使臣各四足兩三省禮房守當官守闕四十九人每人三足兩寶録院書庫官八人各三足兩寶録院楷書雜務使臣共六人各足二兩寶録院提進文字通引官進奏官庫子裝界作守門親事官大程官三十三人各絹一足都大提舉諸司一員銀絹各七十足兩承受御藥一員銀絹各五十足兩諸司官二員銀絹各三十足兩提舉諸司下催促應辦使臣點檢文字職級五人每人銀絹各一十足兩提舉諸司下攢直官主管文字七人每人銀絹各五足兩承受并諸司下使臣人吏六人每人銀絹各四足兩提舉諸司承受主管諸司下快行親從一十九人各絹二足一宿衛安奉二節次人數每一節次扶侍擗匣官八員每員銀絹各一十足兩臨安府通判方擴各一十足兩提舉諸司下杖擇官銀絹各七足兩諸司下翰林儀鸞司御廚人員七人每人絹三足諸司下翰林司御廚工匠軍院子儀鸞司工匠共四十三人每人絹二足一敷文閣官吏昨安奉神宗皇帝寶訓顯謨閣官吏除支一節次銀絹令來事體一同比擬到内幹辦官二員每員銀絹各三十足兩催幹辦官二員每員銀絹各十一五足

兩掌庫典事共五人各絹二足銀一兩手分貼書共五人每人銀絹各一足兩一奏告行事官一節次執政官共三員每員銀絹各一百足兩侍從一十一員每員銀絹各三十足兩臺諫五員每員銀絹各二十足兩以上銀三千八百八十六兩絹四千三百一十八足既之二十日詔寶録院職徽宗寶録副本不許諸官司關借謄寫及臣僚之家私自傳録二十九日紹興寶録院進呈徽宗寶録了畢一行官吏依進仙源類譜推恩例本院官五員各特轉行一官吏職三年磨勘諸司承受官四員各特轉行一官吏職二年磨勘内張見道係承宣使許回授經修不經進見行供職官一員特轉行一官吏職二年磨勘本院供檢點文字書庫官楷書進奏官等十九人各特轉行一官吏職三年磨勘内主管錢物使臣進奏官與轉行一二人各特轉行一官吏職二年磨勘願支賜者並依五牒所例二省官資書庫官入仕及七年以上者與依例比换進義副尉提領官下供檢樞密院供檢九十九人元得轉行一官職二年磨勘已降指揮並職半推賞各特職三年磨勘守當官守闕職半點檢催驅印房依條施行承接逃白文字與職一半磨勘止法人依條回授願支賜者依例時政記房主管文字五人隸劉禮房昨進書係職二年磨勘已職指揮減半推賞各特

卷一萬六千六百五十　十七

職一年磨勘願支賜者依例天文官吳繹一名特轉一官諸廳指書從舉諸司承受諸司下人吏十八人各特轉一官資聽該今來逐項轉官職年内未有官未有名目及未合收使人並後有官有名目日依今來指揮特作轉官資職年數目收使磨勘年限不同人法四年法比折内職年願依條回受者聽守門親事官通引官庫子兵級等六十三人各特轉一資内不願轉資人令於雜支錢内支錢二十貫孝宗乾道二年十二月十四日起居舍人兼權直學士院兼國史院編修官兼權中書舍人洪邁等言已降指揮欽宗日曆可見進呈發付國史院依例修纂寶録令檢會國朝典故申請下項一遇修寶録則置寶録院元符三年八月哲宗祔廟九月内詔國史院修纂寶録今更不置局止就國史院修纂一行移文字以寶録院爲名就用國史院印一更不添置官止以見今國史院官兼充一乞差提舉寶録院官一同修撰官乞差見今國史院編修官一檢討官乞差見今編修官提舉諸司承受主管諸司官亦乞就差國史院提舉諸司承受主管諸司官一所有官屬更不添支食錢一合要修書人吏并諸色等人及提舉諸司承受諸司下人吏等止就差逐色人相兼更不添支食錢亦不增添人額一所有公使錢就國史院錢内支破更不添支其合用

謚札等並依昨修徽宗實錄已得指揮施行。一合用參照文字，已係日曆
所節次搜訪到，今乞劄下本所盡數發赴本院。其本所經修日曆官曆候
本院進呈實錄日並行關具姓名取旨施行。一更有合要臣僚之家服用
文字，乞從本院行下搜訪，一依已降指揮。擇日開院，天文官吳澤等選到
十二月十九日。一每月提舉官過局，乞就用國史院日分，更不別行排
辦。一今來所修欽宗皇帝實錄，乞令本院限一年內修纂進呈。詔並依。親
犯兼權提舉實錄院。洪邁兼實錄院同修撰。三年五月十一日，起居舍人
兼權中書舍人兼同修國史、實錄院同修撰洪邁言：得旨編修欽宗實錄
正史，除日曆所發到靖康日曆及汪藻所編靖康要錄并一時野史雜說
與故臣家搜訪到文字外，緣歲月益久，十不存一。雖靖康首尾不過歲餘，
然徽宗朝大臣多終於是年，其在今錄皆當立傳，謫之其家已不可得，欲
訪之故臣遺老，則存者無幾，寖寖不問，則史策脫略漫無紀稱。見前敷
文閣待制致仕孫覿在靖康中實為臺諫侍從，親識當時之人，親見當時
之事，其年雖老，筆力不衰，乞詔覿以其所聞見撰為蔡京、王黼、童貫、蔡攸、
梁師成、譚稹、朱勔、种師道、何㮚、劉延慶、扈昌、譚世勣等列傳及一朝議論
事蹟，凡國史實錄所當書者，皆令條列上送本院，庶幾遺文故事得以畢

卷一萬六千六百五十　十八

集，不至放失舊聞，以闕大典。從之。八月十二日，左朝奉郎致仕孫覿奏：被
旨令撰蔡京、王黼等列傳。伏見神宗實錄藏之金匱久矣，紹聖以來兩經
刊削，今有二書。臣今被旨所當書者，皆誤社稷大惡，更無記注日曆為根
據，而出於一夫之手，他日怨家仇人襲紹聖之跡，指為誹謗，吠聲之衆群
起而攻之，臣腰領不足以薦鈇鉞，奉詔惕然，以禍為懼。況列傳之體，合得
州里世次、出身踐歷、歲月終始，移文所屬，皆責報應，皆非臣所能辦。欲望
察臣衰謝，非宣力之時，而私家亦非修史之地，今欲自蔡京以下臣所親
睹事迹有實狀者，旋行記憶，每得十數事，則繕寫續申實錄院，以備史官
採擇之免臣下筆作傳，以逭越職出位之咎。從之。十月十四日，詔孫覿繳
到蔡京事實降付國史實錄院。十二月十一日，中書舍人兼同脩國史兼
實錄院修撰洪邁言：實錄昨於去年十二月十四日奉旨修欽宗實錄，限
一年內修纂進呈。臣據著作局發到靖康日曆及續行搜訪到當時事蹟，
以事繫日，盡行編類，勢須子細披尋，推見端緒，乃敢記述，兼有行下他處
取索文字未能齊到。今來已及一年，欲望更賜指揮展限一季，許於明年
三四月間同國史院修成帝紀，一併擇日投進，責得一朝信史，可以傳後。
從之。四年三月二十四日，洪邁言：昨被旨修纂欽宗實錄，今來已獲成書，

欲於四月內并欽宗本紀一併投進，如蒙開可，乞下太史局擇日候進書
了畢日，將實錄院立限結局，併入國史院，一就修纂四朝正史施行。從之。
二十六日，尚書右僕射兼樞密使、提舉修三朝國史、提舉實錄院蔣芾言：
得旨於四月內進呈欽宗實錄并本紀者，臣竊念書固不可不修，既成不
可不進，然一遇進書，虛大浮費不可勝舉。有奉吉之禮，權安奉之禮，宿衛
之禮，迎奉之禮，進呈之禮，安奉之禮，拜表之禮，謂之節次。自宰相而下至
於百執事之人相與講禮，文武導從，仗衛羅列，教坊鈞容直作樂，僧道威
儀各執其物，至數百人，支賜重疊，下周臺隸，銀絹錢物費用浩瀚。檢照國
朝政事，凡進實錄，不過宰臣率史官詣崇政殿以獻而已。紹興十年進徽
宗實錄，裁定進呈儀注，然亦止用史官。二十四年進徽宗御集，始下有司
參酌討論典禮，於是置禮儀使，為安奉宿衛等制，其後因仍，遂以為例，皆
非故事，當從釐正。況欽宗即位才一年，一朝事實皆可痛哭，尤不當引用
禮制。今次進書所有禮文支賜，請一切罷去，止令本院官進呈。從之。四月
十二日，中書舍人兼同修國史兼實錄院修撰洪邁、右司員外郎兼國史
院編修官兼實錄院檢討官胡元質言：實錄院已降指揮進呈欽宗實錄
并帝紀，合用儀範，乞下閤門修定外，所有申請事件，一依自來體例。修撰

卷一萬六千六百五十　十九

官進讀實錄第一卷，從上五板。一候進呈畢，依例繕寫小本，承受官進納
御府。一候進呈畢，欲乞委本院都大提舉諸司承受官請御封，一面赴龍
圖、天章等閣權行安奉。一合用檯舉親事官三十人，管押人員一名，欲乞
報皇城司差撥，合用牌號，令一面關請施行。一進呈自經由和寧門、南北
宮門至垂拱殿門，竊慮祗應人內有無數號之人，欲前期具人數、姓名，保
報皇城司，至日放令入出。一進呈日若不測值雨，所有腰擡匣台用油
絹帕織，令臨安府前期應副施行。一依已降指揮，候進呈畢，將實錄院限
五日結局。並從之。十八日，閤門狀：已降指揮，四月二十三日進呈欽宗實
錄并帝紀，合用儀範，乞下閤門修定。閤門條具進御，如乾道六年五月八
日進呈四朝會要之儀。五月四日，國史院言：實錄院進呈欽宗實錄并帝
紀了畢，一行官吏諸色人等，可依去年玉牒所已裁減例推恩施行。內修
日曆官吏，除右僕射蔣芾已轉官外，餘各特減二年磨勘。本院今依已降
指揮，并去年玉牒所以裁減體例，開具合推恩官吏諸色等人下項：經修
進官、提舉諸司并承受官各特轉行一官，更減一年磨勘，內李綽許回授。
經修不經進見行在供職內侍官特轉行一官；經修不經進在外官特減
二年磨勘。主管諸司官王元修特轉行一官。開實錄院日，日曆所發到欽

宗日曆在職官曾經脩曆日見行在供職官各特減二年磨勘實錄院修
書人吏各特轉一官更減一年磨勘日曆所元發到日曆人吏各特減二
年磨勘內願文賜者依例施行餘人等第推恩十三日宰執進呈禮部員
外郎兼國史院編修官李燾劄子伏覩降旨進呈欽宗實錄并帝紀畢一
行官吏並推恩燾亦該特轉一官仍減一年磨勘者竊惟實錄成書推恩
自有故事固不當辭而燾元不與脩實錄但與修本紀則轉一官減一年
磨勘誠非所當得蓋脩史先進呈帝紀自淳化始凡所以先進呈者群臣
筆削或有失當固取決於聖裁故號為進呈紀草其推恩則必特志傳俱
成雖欽宗曠於用賞亦未遽改此故事神宗正史及哲宗正史成書在崇
寧三年及宣和四年凡修史官姓名及推恩等第可考而知政和以後或
異前聞然文字散逸所載官職往往差誤以難準憑要當以熙寧為正謹
按熙寧十年七月進呈仁宗英宗兩朝紀草其進讀顧問賜坐賜茶並如
儀獨無推恩指揮其推恩乃至元豐五年六月參照首尾灑聰明白則燾
於今日不當局受此賞賞請儀理豈不曉然兼燾亦非敢終辭此賞姑待
成書乃可議也謹按太祖太宗真宗三朝史天聖五年二月脩至八年六
月成凡歷四年仁宗英宗兩朝史熙寧一年五月脩至元豐四年六月成

〈卷一萬六千六百五十〉　二十

凡歷五年今修神宗哲宗徽宗及欽宗四朝史已踰十年則其書自當趣
成苟燾尚得被數年馬走姑待成書條加恩賞既有故事可遵燾又安敢
飾說固辭若於今日便與脩實錄官同轉一官減一年磨勘則誠為不可
伏乞數奏追還新命上曰說得極有理蔣芾奏曰陛下若從其請亦可以
激勉貪鄙之士上曰極是宜從之五年十二月二十三日祕書少監監國
史院編修官李燾言竊見太平興國三年初修太祖實錄命李昉扈蒙李
穆郭贄宋白董淳趙鄰幾同修而沈倫監修五年成書凡咸平元年真宗
謂倫所脩事多漏略乃詔錢若水王禹偁李宗諤梁顥趙安仁重加刊脩
呂端及李沆監修二年書成前錄文武臣僚止九十一傳沆整其闕繆合
成一百四傳凡得姓受禪平僭偽更法制皆創行紀述視前錄稍詳而真
宗猶謂未備大中祥符九年復詔趙安仁晁迥陳彭年夏竦崔遵度同脩
王旦監脩明年書成蓋自興國至祥符前後凡三修太宗實錄初修於至
道二年再脩於大中祥符九年祖宗實錄皆不但一脩此故事也神宗實
錄初修於元祐再修於紹聖又修於元符至紹興初凡四修哲宗實錄初
修於元祐再修於紹聖惟神宗哲宗兩朝所以四脩再修則與太祖太宗
異蓋不獨於事實有所漏略而已又輒以私意變亂是非紹興初不得不

為辨白也誣謗雖削辨白而漏略固在然猶愈于近所脩徽宗實錄蓋徽
宗實錄疏舛特甚非前二錄比凡臣僚除罷年月最易知者其顛倒錯亂
當撿實錄實錄儻差誤不可撿則史官自合專采博取考驗增損今實錄
往往志不可曉況其難知者乎史院前已得旨脩四朝正史竊緣修正史
既疏舛若此最難以準憑下筆尚謂闕院今已十年有餘當亟奏篇則因
仍紕繆亦可粗成卷帙然臣終不敢也況徽宗一朝大典治忽所關最大
若不就令文字未盡淪落尚可著意收拾同力整頓日復一日必至是非
混亂忠義枉遭埋沒姦諛反得恣睢史官之罪大矣臣竊願陛下特降指
揮用太祖太宗故事將徽宗實錄重加刊修更不別置司局只委史院官
取前所修實錄子細看詳是則存之非則去之闕則補之誤則改之盡從
元符三年正月至十二月每事關其何者為是何者為非何者為闕何者
為誤今合如何刪脩仍進呈取旨若一年義例既定則餘年自可倣此編
集此一無甚難者但須檢勘詳備辨證精覈耳實錄先具正史便當趣成
今不治其本源而導其末流臣決知其不可也從之六年二月二十四日
祕書少監兼國史院編修官李燾言昨具奏乞重脩徽宗實錄已得旨依
今略具元符三年正月乙卯至三月合增損事迹凡二十一條謹繕寫進

〈卷一萬六千六百五十〉　二十一

呈乃乞下史官參詳筆削從之四月七日國史院言檢準臣僚劄子乞依
祖宗典故重修徽宗實錄一檢會國朝典故遇修實錄則置實錄院今乞
依脩哲宗欽宗實錄體例止就國史院修一行移取會文字以實錄院為
名就用國史院印記一更不添置官提舉實錄官依其故差見今提舉四
朝國史官充修撰同修撰差見今修國史同修國史檢討官差見今編修
官提舉諸司承受主管諸司官亦就差國史院提舉諸司承受主管諸司
一所有官屬更不添支食錢一合要脩書人吏并諸色等人及提舉諸司
承受諸司下人吏等並就差國史院逐色相兼更不添支食錢一公使錢
就於國史院錢內支破其合用紙札照例據實數關取一今來重修徽宗
實錄依倣昨來重脩神宗哲宗實錄體例限以二年成書一抄訪取索文
字之類並乞依昨脩徽宗實錄前後已得指揮施行並從之淳熙三年四
月十六日詔重脩徽宗實錄限一年成書四年三月九日實錄院上重脩
徽宗皇帝實錄二百卷考異二十五卷目錄二十五卷十九日李燾言實
錄院官吏當來係差國史院官吏相兼今來書成結局合行罷兼從之十
五年三月十一日翰林學士兼侍讀國史洪邁言檢照國朝典故累聖祔廟
之後即詔國史院修纂實錄今來聖神武文憲孝皇帝靈駕發引有日矣

令本院候祔廟畢取指揮擇日開院，其官吏並乞就用國史院官吏。爲之更不添置員闕，亦不增給食錢之類。如蒙開允，其合行事件容臣逐一開具申尚書省施行。從之。既而五月本院申請：一、檢照修徽宗皇帝實錄與故係史館修纂，今依已降指揮就國史院修纂，一行移取會文字等，依與故以實錄院爲名，其印記就用國史院印記。一、乞依累朝典故，差提舉實錄官院，係就差提舉國史院官、修撰同修撰官就差修國史、同修國史官，檢討官就差本院編修官。提舉諸司承受主管諸司官亦就差國史院提舉諸司承受主管諸司，並降敕差。一、依已降指揮擇日開院，今乞依徽宗欽宗實錄體例，令本院天文官選定日分，照例施行。一、乞朝廷劄下日曆所，將前來所進副本并應干合用文字等盡數發赴本院修纂。一、申奏行移并取索文字約束等，並依國史院前後已得指揮體例施行。一、合要高宗皇帝親曾任宰執、侍從、卿監少、應職事官等被受或收藏御製、御筆手詔及奏議章疏、劄子、并劄踏日記、家集、碑誌、行狀、謚議、事迹之類，委守臣躬親詢訪，如逐官共闕有已物故者，詢其家子弟取索，如部帙稍多，差人前去抄錄。及委官點對津發赴院，仍許投獻，優賜錢帛，多者推賞。一、今來修纂實錄，合要日建炎以來至紹興三十二年應干朝報、六曹寺監題名，并吏部增添省罷員闕、戶部州郡戶口數目、敕令所增改刪除條法、國信所奉使名銜、國書，欲乞並從本院取索抄錄照使。如供報違限，隱漏不實，乞依紹興元年四月八日史館已得指揮施行。一、修書人吏并諸色人及提舉諸司承受主管諸司下人吏等，止乞就國史院逐色人相兼祗應。一、每月提舉官過局，乞就用過國史院日分，更不別行排辦。一、今來修纂實錄所有紙札、公使錢，更不別行申請，止乞就用國史院紙札、公使錢支破。候將來書成日，別行申請施行。從之。

六月十八日，國史院言：已降聖旨指揮修高宗皇帝實錄，有申請事件下項：一、已降聖旨指揮編修九朝國史，以國史院爲名。續準淳熙十五年五月二十三日已降聖旨指揮修高宗皇帝實錄，依累朝典故，以實錄院爲名。今來所修九朝國史乞權行住修，候實錄成書日，別行申請朝廷指揮施行。一、行移文字依典故以實錄院爲名，就用國史院印記行使。一、提舉國史院乞改差充提舉實錄院，一修國史、同修國史乞改差充實錄院修撰、同修撰，一國史院編修官乞改差充實錄院檢討官，都大提舉諸司承受主管諸司亦改差充實錄院都大提舉諸司承受主管諸司，官並降敕差。一、國史院見今官吏、諸色人等及都大提舉諸司承受主管諸司下人吏、諸色人等，更不添置員闕，亦不

〔卷一萬六千六百五十〕

增添食錢，止與接續幇勘見請給。一、實錄院合用公使錢、紙札等，及應合行事件，並乞依國史院前後已得指揮體例施行。一、今來開院依已降指揮，選定日分，報所屬照例施行。一、都大提舉諸司下應合行事件等，乞依逐處申請到已得指揮體例施行。一、合要日曆副本并搜訪取索諸司內外等處應干合用文字等，並乞依淳熙十五年五月二十三日已得指揮施行。從之。

十九日，詔實錄院依典故編修高宗皇帝御製。既而實錄院言：編修高宗皇帝御製，合要臣僚、士庶之家并僧道等處應被受或收藏高宗皇帝御製、御筆手詔及詩頌、雜文、注解、經義等文字，欲使內行在從本院取索抄錄。其臨安府并諸州軍乞令逐路轉運司搜訪，仍出賞募人投獻。如稍有多者，優與推恩。從之。

淳熙十六年七月九日，臣僚言：恭覩太歲詔修高宗實錄，據國史院乃此書纂纂高宗皇帝御集，以嚴映章之本實，我宋中興之盛事。竊見向來四朝國史列傳久不成書，專置修史立以年限，始克進御。今此事大體重，非四朝列傳之比，欲乞命官專修，初康定職，稍增員屬，而寬以冷議，將聞之士量立年限，而俟獻研戢日之圖，則建炎、紹興之編與寬典而並傳無疑。從之。

紹熙元年七月八日，詔參知政事葛邲權提舉實錄院。十二月十三日，詔參知政事胡晉臣提舉實錄院。四年二月十六日，詔右丞相葛邲提舉實錄院。五年正月二十四日，詔參知政事陳騤權提舉實錄院。十一月二日，吏部尚書兼實錄院修撰鄭僑等言：本院修纂高宗皇帝實錄，編緣日曆所書間有疏略去處，合於三省、樞密院、從省、御史臺、諫院及百司等處取索案牘等文字，欲乞朝廷劄下逐處，應本院關借文字，畫時檢尋應付，以憑修纂。又照得今來所欲取索案牘等處，內三省、樞密院、從省、御史臺、諫院文字最係緊切，其逐處元差下人專一檢尋應副，仍先以姓名關報本院，如能究心，不致闕誤稽滯，候書成日許從本院保明與推賞。又緣閣、御史臺、諫院從省逐所將舉奏指揮等編錄成冊，殺爲詳備，本院亦合關借，欲乞併賜指揮施行。從之。

二十八日，中書舍人陳傅良言：史事至重，不宜以他官兼領。今史院檢討皆是本局吏出選入，有同傳舍，至修撰亦以從臣兼之，節不淹久，往往去掌職政。一朝拒典，無由統緒。今職名中有祕閣修撰、右文殿修撰，并舊有史館校勘等，正是三館修書官名。自郎寮卿監補外之人皆得除授，若將此二三職名置爲史官，以二年爲任，自史館校勘之類，供職稍遷祕閣修撰，人稍遷右文殿修撰，在院以亦七五年，俟有學識，斷然遂次對，如李燾、洪邁，最領可也。則是史館與郎寮卿監可以別立從班，事體略同，有學官之敕，無一

〔卷一萬六千六百五十〕

冷局之嫌，庶幾大典責成有人。詔實錄院檢討申尚書省：慶元元年正月十一日臣僚言：竊惟高宗實錄開院已及七年，功緒悠悠，汗青無日。竊見累朝置院修成實錄，所占年月少者止及二年，多者不過五六年便見成書。今高宗一朝通計三十六年，自淳熙十五年肇端刊緝，至今已踰六年，所差檢討官共計三十一員，所修者僅及八九年，尚以緣史官遷改去任不常，已修下者亦多首尾不接。未成年分，終恐放墜，堙塞使殆讓盛德不以時著。較甚非聖朝所以追述揚烈、昭示萬世之意。竊見故事，從來修書必立程限。謹按乾興元年十一月，判史館李維及修撰宋綬言：當館舊四人，今只臣等二人，欲望擇館閣官二員充編修官，遂詔集賢校理王舉正、館閣校理李淑同共編修。所修凡一十三年，限明年秋季修畢。又據乾興故事，十三年文字限三季書成。今高宗三十六年之事，除已修成外，所餘二十餘年，用乾興程限為準，止合於一年半內了畢。兼檢樣多故，最大節目，倍費考詳者，如南京即位，揚州渡江，復辟之功，親征之舉，與夫偽楚、偽齊、叛將、群盜之縱行，叢分鎮措置守禦之方，隆佑過江西，車駕幸明浙，叛復河南，巡奉梓宮，和戰議論之異同，治軍理財之本末，如此等事，止在建炎、紹興之初。自十三年和議已定之後，則無甚更革施置，豈比狀稽稍加刊正，不至甚難。乞檢用故事，嚴立近限，庶幾上下奮興，畢精殫力，大典早得成就，俠中興以來鴻謨偉績，早與日月並垂，宗社幸甚。詔權置檢討官三員，限一年了畢。七月二十日，實錄院言：勘會已降聖旨指揮，依國朝典故，今擇日開院，脩纂孝宗皇帝實錄，申請下項：一、行移取會文字等，依典故以實錄院為名，其印記就用國史院印記。一、乞依累朝典故，提舉實錄院官脩撰、同修撰、檢討官、提舉諸司、承受主管諸司並就見今差定員額為之。一、依已降指揮，擇日開院，乞依修纂高宗皇帝實錄體例，令本院天文官選定日分，照例施行。一、欲乞朝廷劄下日曆所，將前來所進例本并應合干用文字等，盡數發赴本院修纂。一、申奏行移并取索文字約束等，並依國史院并本院前後已得指揮體例施行。一、今來合要孝宗皇帝朝曾任宰執、侍從、卿、少監、少職事等官及武臣刺史以上，并內侍都知、押班，應被受收藏御製、御筆、手詔及奏詔、奏議、章疏、劄子并制誥、日紀、家集、碑誌、行狀、謚議、事迹之類，委寺臣躬親詢訪，如遇官其間有已物故者，詢其家子孫取索，如部帙稍多，就差人前去抄錄，及委官照檢津發赴院。仍許投獻，優賜錢帛，多者推賞。一、今來修纂實錄，合要自紹興二十三年六月以後至淳熙十六年二月以前應干朝報、六曹寺監題名，并吏部增添

卷一萬六千六百五十

二十四

省罷員闕、戶部州郡戶口數目、敕令所增改刪除條法、國信所奉使名銜國書，欲乞並從本院取索抄錄照使。如供報違限隱漏不實，亦乞依紹興元年四月八日史館已得指揮施行。一、合要修書人吏并諸色等人及提舉諸司承受主管諸司下人吏等，止乞就今來本院逐色入祠纂祗應。一、今來修纂實錄所有紙札、公使錢，更不創行申請，止乞就用本院紙札、公使錢支破，候將來書成日，別行申請施行。一、今來申請畫一內，如有未盡事件，續具申請施行。從之。十二月十八日，詔令實錄院依典故編修孝宗皇帝御製。二年七月十四日，實錄院言：淳熙十五年六月二十七日奉旨編修高宗皇帝御集，即已行下諸路州軍搜訪。今已累年，雖間有繳進，而名件甚少。今乞下內侍省於曾任德壽宮提舉、提點之家，御製、御筆、手札、石刻等文字搜訪。應有寶藏真本，并元有抄錄下曰干文字，並令抄錄發遣本院；并內諸司及臣僚士庶之家、應僧道有收藏或收得前件御製等文字者，內外官司從本院取索。諸州軍委守貳遍下所管縣鎮城寨宮觀寺院等處搜訪。供非年月抄錄照對，如差漏實封申發本院。如撫處亦取諸寶文，狀供申。乞令逐路轉運司催促，月具有無供申。仍令三省檢察院將建炎、紹興所得御筆盡行錄送，以憑編類，庶幾早得就緒。從之。

卷一萬六千六百五十

二十五

宋會要監修國史

趙普太祖乾德二年正月以門下侍郎平章事集賢殿大學士監修國史[故事宰相兼職皆內降制敕處分今止用敕非舊典也]　薛居正開寶六年四月重修五代史吏部侍郎參知政事命監修時宰相趙普循帶監修國史不月餘普罷居正入相遂監修國史　太宗至道三年修太祖實錄時宰臣呂端雖帶監修國史而不預焉其後重修太祖實錄遂詔呂端與錢若水等同修端罷相李沆繼成焉　王旦眞宗景德二年監修國史畢士安卒時寇準止領集賢殿大學士遂命參知政事王旦權領史館事實為監修國史之職後旦為相雖未兼監修其領史職如故　四年

卷一萬一百六十三

詔修兩朝國史宰臣王旦為監修國史亦不宣制國史成旦遂令監修如故　仁宗乾興元年[未改元]十二月命司徒兼侍中監修國史馮拯專切提舉監修眞宗實錄拯卒王欽若為相又命提舉編修　天聖五年二月命宰臣監修國史王曾提舉修眞宗國史修兩朝史時王旦未領監修故特授詔曾已監修而再授勅為提舉蓋一時之制也　慶曆三年三月制以宰臣呂夷簡罷相守司徒監修國史[罷相而帶宰相任優延老臣也]　九月以宰臣章得象監修國史唐制監修國史館殿大學士皆降制書本朝自趙普後或止以敕除非故事也初以呂夷簡罷相為守司徒循帶監修得象止除昭文館大學士至夷簡致仕得象始領之　至和二年六月制以宰臣集賢殿學士劉沆監修國史初除文彥博為昭文館大學士富弼監修國史弼乃在舊相劉沆之上咸平四年故事呂蒙正為昭文館大學士李沆監修國史向敏中集賢殿大學士令所除蓋學士承旨楊察之誤尋帖麻改正之　嘉祐元年十二月命宰臣文彥博監修國史初除彥博為昭文館大學士止兼譯經潤文使以劉沆為監修國史至是沆罷彥博始帶監修國史　十年五月命宰臣呂充監修仁宗英宗兩朝國史元豐三年三月十一日充罷命王珪提舉[五年六月史成珪賜銀絹千對衣金帶改官聽辭免賜一子緋章服]

卷一萬一百六十三

宋會要　史官

司馬光熙寧二年十月九日翰林學士司馬光言近須史館脩撰所有龍圖閣抄寫國史一部欲乞依仁宗時所降指揮本院收掌并新修仁宗英宗實録亦各寫一本留禁院從之　王孝迪宣和四年六月十五日太宰王黼等表奏哲宗皇帝正史帝紀表志傳總二百一十卷詔提舉官王黼脩史官吏部尚書王孝迪等並轉兩官

卷一萬二百六十七

遺

言

宋會要　脩撰

哲宗元祐元年三月二十八日詔集賢殿修撰直龍圖閣直集賢院直秘閣集賢校理已上職令後內外官並許帶　紹聖二年四月三日詔職事官罷帶職非職事官仍舊許帶易集賢院學士為集賢殿脩撰直集賢院為直秘閣集賢校理為秘閣校理見帶人並改正　徽宗政和六年四月十日御筆集賢殿無此名秘書省殿以右文殿為名見任集賢殿脩撰並改作右文殿脩撰　高宗建炎四年五月十一日詔集英殿脩撰鄭僑年改除直秘閣依舊添差泉州通判以臣僚言祖宗以來崇尚館閣直館校理居職之久次者始遷為修撰亦有進擢欲至侍從而為之者元祐紹聖間六曹侍郎帶權守者乎出則除是職其重如之故貼職補外直館而下則有任通判差遣者矣未有以脩撰而為通判者也況集英修撰在右文之上居貼職之首一轉而為待制若使俯就通判差遣輕重不倫實違舊章故有是命　紹興元年十月十四日臣僚言近見起居舍人侯延慶除右文殿脩撰令又聞太常少卿蘇遲樞密檢詳諸房文字歐陽懋並除待制與郡衆論皆以為疑少卿位在左右司員外郎之下檢詳又在其下今緣少卿檢詳除待制以出則自左右司郎官以上或有補外不知朝廷何以處之望詔大臣議所以處之使協公論詔蘇遲歐陽懋並除集賢殿脩撰與郡侯延慶降充秘閣修撰

卷一萬六千四百六十八

宋會要　脩撰

故事史館每月撰日曆皆判館與修撰官直官分功撰錄藏於本館國初循舊制皆脩撰官直官分季脩纂其後止修撰官及判館撰次焉太平興國中直史館趙鄰幾呂蒙正范杲皆嘗脩撰自後以直館首多遂止修撰官編纂淳化四年翰林學士宋湜止帶脩國史亦嘗脩日曆太宗端拱二年五月史館年當館舊例差知書庫劉褒抄錄報狀供應攢日曆今緣宣命不得抄錄諸州雜報竊慮有損編脩詔史官仍舊遂一抄錄　淳化四年十二月太宗問宰臣今館中修撰是誰參知政事蘇易簡對曰楊徽之張秘梁周翰常曰史才甚難在乎善惡必書務撫實而去增愛斯為良史矣　至道三年十一月以直昭文館李若拙為史館脩撰若拙上書自陳乃命學士院試制誥三道因有茲命　真宗咸平三年九月監脩國史李沆言學士院一十九司合関報詔書等文字編修日曆望頒朝命申誡攸司從之　四年八月詔進奏院每五日一具報狀實封上史館　五年十月鹽鐵使王嗣宗言自今三司奏事有可紀者請令判使一人撰錄送史館

接下不空

詔以三司務繁若日有着撰必妨公務可令逐季錄送　大中祥符二年十一月詔史館別置楷書二人專掌抄寫日曆月給錢千五百米二石春冬衣賜實五選候年滿日授外官勒留遇恩更與遷轉永不出外官時朝旨以所修日曆多涉機秘之事故也　九年八月以刑部郎中高紳為史館脩撰紳即樞密使王欽若所引不令修纂止命權判吏部銓未幾紳求外郡尋授直昭文館自是領修撰者須兩省五品以上方掌修撰天聖元年石中立以戶部郎中充史館修譔有司引紳例亦不修日曆　天禧元年三月二十四日以刑部郎中史館修撰高紳直昭文館知越州故事修撰補外任則罷故命換職　乾興元年仁宗即位未改元五月詔史館見修先朝日曆委判館官已下疾速脩撰　史館修書皆無定所至是遂請權就宣徽院修寫及令翰林儀鸞司御厨供應從之　十一月判館李維脩撰宋綬言當館修撰官舊四人今只臣等二人伏緣先朝文字自大中祥符元年已後至今並未曾撰集卷秩浩大程限甚邇欲望擇館閣官二員充編修官遂詔集賢校理王舉正館閣校勘李淑同共編修舉正等所集盡真宗朝而罷　仁宗天聖元年十月史館言日曆勒留官時到周應昌自陳大中祥符二年入仕至今十五年祇應真宗一朝日曆了畢緣元條

〈卷一萬六千四百六十九〉　二

不出外官伏見楷書抄寫中書樞密時政記起居注與日曆事體同並出外官當館看詳若不令出官今後無人承替欲望特與除授外官自今寫日曆楷書亦須候及十五年滿方除外官從之　皇祐三年三月四日詔新差知亳州翰林侍讀學士兼龍圖閣直學士給事中宋祁授集賢殿修撰以故事史館修撰不外領故易之也仍就任刊定新編唐書　嘉祐四年九月史館修撰歐陽修言史之為書以紀朝廷政事得失及臣下善惡功過宜藏之有司往時史官以本朝正史進入禁中而焚其草今史院惟守空司而已乞詔龍圖閣別寫一本下編修院以備討閱故事從之　神宗熙寧二年十月九日翰林學士司馬光言近領史館修撰所有龍圖閣抄寫國史一部欲乞依仁宗時所降指揮付本院收掌并新修仁宗英宗實錄亦各寫一本留本院從之

宋會要

會要所

淳熙十六年三月十一日祕書省言本省編修會要已進呈至淳熙十年十二月自淳熙十一年正月至淳熙十六年正月見今接續編修仍自今年二月二日起修今上皇帝會要其合行事件乞依前後已得指揮從之　紹熙元年七月八日詔參知政事葛邲權提舉編修國朝會要　十二月十二日詔參知政事胡晉臣權提舉編修國朝會要　三年五月四日祕書丞兼實錄院檢討官沈有開等言恭依已降指揮至尊壽皇聖帝會要與聖政同日進呈今具下項今來進呈會要合繕寫進

〈卷一萬九百四十〉　三十二

冊三本內一本俟進呈畢迎奉於祕閣安奉一本恭進至尊壽皇聖帝一本留中乞依例委承受官傳進今來進呈會要合差都大主管一員乞就差本省都大舉諸司官並將來宿衛迎奉安奉應合行排辦事務亦乞就委會要將來進呈前期提舉官以工觀書欲乞依例牽在朝前館職趂赴俟進呈畢乞於祕閣上會要殿子內那移安奉今來進呈會要係皇帝恭進至尊壽皇聖帝合用表文乞下學士院預期制撰恭進會要六複合用黃羅夾封乞委承受官進請御名降下封複以俟恭進並從之　十二月二十三日祕書省上至尊壽皇聖帝會要八十卷詳見修書儀注見玉牒所　四年四月八日

詔右丞相葛邲提舉編修國朝會要。七月二十五日，祕書省言：「本省舊有專知官一名，係主管應干錢穀官物，從本省於副尉內指名踏逐抽差。當時未曾畫到交替指揮，是致雜務使臣連界掌管，因而失陷官物。本省已將舊界雜務使臣牒歸吏部，別行踏逐。乞依寺監通用令，專知官以二年立界。如是界滿日，從本省舊制再行踏逐抽差，庶使交替有期，所掌官物易得明白。」從之。

五年正月二十四日，詔參知政事陳騤權提舉編修國朝會要。

卷一萬九百四十

中

宋會要

太史局舊名司天監，元豐官制行，改今名。兩朝國史志：司天監監、丞、主簿、春官正、夏官正、中官正、秋官正、靈臺郎、保章正、挈壺正。監及少闕，則置判監事二人，以五官正以上充。禮生五人，曆生一人。丞、主簿及五官正以下皆守其職，掌察天文祥異、鐘鼓刻漏、寫造曆書、供諸壇祠祀告祭神位版、畫日。天文院掌渾儀臺晝夜測驗辰象，以白於監。測驗注記二人，刻擇官八人，監生無定員，押更十五人，學生三十人。鐘鼓院掌鍾鼓刻漏進牌之事，節級三人，直官三人，雞唱三人，學生三十六人。神宗正史職官志：太史局掌占天文及風雲氣候，凡祀

永樂大典卷一萬九千七百八十八

冠婚喪葬則擇所用日。其官有令，有正，有春官、夏官、秋官、冬官正，有丞，有直長，有靈臺郎，有保章正。而選五官正以上業優考深者二人為判及同判局。保章正五年、直長至令十年一選，惟靈臺郎試中乃遷，而挈壺正無選法。其別局有天文院、鐘鼓院、測渾儀刻漏所、印曆所，皆主占驗曆法。哲宗正史職官志同。熙寧二年二月，提舉司天監司馬光言：「前代以來，流星或大如杯斗，或有光燭地，或有聲如雷，動人耳目者，方記於史籍，以為災異。宋朝舊制，司天監天文院、翰林天文院、測渾儀所每夜專差學生數人，臺上四面瞻望，流星逐次以聞，及關報史館。緣流星每夜有之，不可勝數，本不繫國家

休咎雖令瞻望亦不能盡記虛費人工別無所益況測驗渾儀近置刻漏及專用渾儀考察七政以課諸曆躔容委實無暇更瞻望流星雲氣欲乞令後流星雲氣迹狀或異及於占書有占驗者委兩天文院具休咎以聞迹狀闕報史館外其測驗渾儀所更不令瞻望流星雲氣從之　六月提舉所言乞令後應司天監官員監生學生諸色人等除有朝廷指揮或本監差遣外並不得擅入皇親宮院其皇親亦不得擅勾喚如違並當嚴斷若犯別條刑名者自從重法從之　閏十一月十七日詔提舉所令後每歲春秋委提舉官與判監及測驗官夜於渾儀臺上指門逐人在天星宿若門士不識五星

以上者降充額外學生令後每遇兩天文院及渾儀所正名學生有闕先於額外監生學生內揀試點識周天星座取及八分已上最精熟者不以上名下次補充其因過犯降充在額外者若經三年以上別無過犯並許揀試其因疾患及不識天星降在額外者若經一年以上所患痊愈及習識精熟者亦許揀試若額外監生學生無可揀選許於守闕學生內依此揀試補充逐處正名學生仍候補入兩月以上祇應本屬官員保明方支本處請給若自補充三處正色以後五周年已上習筭天文三式經書精熟許乞試中補充監生仍舊祇應其不經試中在天星宿者不許應天文科應翰林天文院

并鐘鼓院學生闕人並須以本監人子孫補充曾兩犯私罪者亦不得補充若已在翰林天文院并鐘鼓院令後兩犯私罪並勒出於本監額外收管令後節級雖年限滿別無私罪元不曾試中三科者並須量試一科藝業十道內及四通以上者方得轉充保章正仍在逐年本科額內不才者更候一周年已上再許就試　熙寧三年十二月詔司天監每有占候須依經具吉凶以聞如隱情不言善惡有人駁難蒙昧朝廷判監已下並劾罪以聞　四年二月二十三日詔民間毋得私印造曆日令司天監選官官自印賣其所得之息均給在監官屬以近罷差本監官在京庫務及倉場監門也　元豐

元年十二月二十三日提舉司天監所言先被旨應館閣所藏及私家所有陰陽之書並錄本校定置庫收掌令編成七百一十九卷乞上殿進呈從之　三年三月十一日詔自令歲降大小曆本付川廣福建江浙荊湖路轉運司印賣不得抑配其前歲終市輕齎物付綱送曆日所餘路聽商人指定路分賣　六月十三日詔權判司天監丁洵權同主管司天監周琮各補一子若孫充額外學生洵二十九年不磨堪琮領監事二十六年未嘗為子孫乞恩故皆及之　四年十一月二十六日詔翰林侍讀學生朝奉大夫知審官東院錢藻兼提舉司天監　五年六月十六日詔司天監曆筭天文三式

三科令丞主簿並減罷　以冬官正王賡言因減罷司天監官監倉草場門故增置三令丞主簿於職事無補故也　六年七月十八日太史局保章正馮士安等言大內南景靈宮建神御殿西創尚書省緣大內為陽宅景靈宮為陰宅依經刑在西方禍在南方福在北方德在東方準二宅經犯北則報南脩東則治西令犯刑禍宜急治東北則吉詔送祕書省勒太史局衆官定士安等所言脩造及私宅法既而本局官言令國家建神御殿尚書省經國體相地宜擇時日而後治功其報治法不可用詔士安等各降一資　徽宗崇寧四年十二月五日太史局瞻望學生并鐘鼓院翰林天文局浮漏下學生工匠等自令後年及七十并六十歲以上眼昏腳疾之人並與帶舊請給額外養老收管　政和八年六月二十九日起居郎李彌遜奏太史局天文院崇天臺渾儀所隸祕書省令來頒朔布政既建府設官則太史局等處處合撥隸明堂頒朔布政府庶幾體統相承治以類舉從之　宣和二年二月二十五日中奉大夫提舉襲慶府仙源縣景靈宮太極觀魏伯脩奏聖朝建官設局陰陽經書著於太史遇有選卜必先避國帝拘忌之日如甲日為受氣庚日辛日冠姓乙未大墓乙丑小墓等日皆不可用非特國家至於士庶亦從五姓各推五行而避之況令禮樂法度加惠四方車書渾同華夷共

貫擱陰陽考卜之法未及天下致太史經書內禁忌之日公然選用天下之地莫非王土豈容中外有別乎伏乞立法應官司考卜遇甲庚辛及乙未乙丑日其餘應選之日委本局開具依此添入不許選用著於甲令須之天下取到太史局狀契勘應本路州軍並是國家事凡用日時隨其事宜合行選擇回避皇帝年命及國音冠姓受氣大小墓無妨礙外其餘方可隨事選擇所宜所忌用事吉日從之　九月詔太史局測驗渾儀刻漏所合臺節級與卒伍同例自令後改作司辰　四年五月二十七日判太史局周彤奏乞令後應諸路轉運司每年收到曆日淨利錢並限次年四月一日已前依條起發上京送納盡絕如違令本路轉運司取索點檢究治施行詔違限如上供法　靖康元年七月十七日詔太史局自令後應諸處勾喚并取索事干天文字等先具奏聞聽旨前去　閏十一月二十一日詔天文局翰林天文官係屬應奉御前天文休咎之人並不許諸官司踏逐指名抽差雖被到不拘常制特旨等許差指揮並不發遣太史局同　高宗建炎元年五月六日詔令後如有太陽太陰五星躔度凌犯或非泛星雲氣候所主休咎災福令太史局翰林天文局依經書實具聞奏如敢隱蔽當從軍法　二年二月二日詔天文局太史局自令後除奏報御前外並不許報諸處　六月二十六

日詔翰林天文局太史局瞻望學生見闕頗多可於太史局等處逐急指名抽差補填見闕到局依條合得例物令行在左藏庫等處限一日支給所有逐局已厭窠闕仰太史局却於額外人内踏逐補填候回鑾日依舊試補　三年三月二日紹記元曆經等文字如人户收到并習學之家特與放罪赴行在太史局送納當議優與推恩行在太史局言合要紀元曆經本立成二册崇天曆經本立成二册大衍曆經本立成二册大宋天文書并目錄一十六册景祐乾象占三十册乙巳占一十册乙巳畧例一十二册古今通占三十册圖本六壬遁甲太乙一十三册天文總論一十二册握掌占一十册

〔永樂大典卷一萬九千七百七十八〕

風角集二册地里新書一十册四季萬年曆四册編造下來年庚戌歲頒賜兵民庶曆本草降六册運氣纂一册洪範政鑒一十三册祥畧三册故有是命　四月十三日詔翰林天文局併歸太史局　五月十四日詔太史局天文官吳師顏郭中黍呂璨自令後許將帶學生内中止宿祗備宣問天象　紹興元年三月十八日詔乾象通鑑與舊書參用差訛並依經改正　太史局言入内内侍省東頭供奉官幹辦御樂院邵諤付下天文官吳師顏等奏臣等承御前降到乾象通鑑一百卷謹校勘到差訛去處畧舉數事開具下項一鎮星居心本是大人有喜却作有憂一鎮星犯房本是兵憂却作兵

度一歲星占内漏南方之宿所主一周天星座内漏虎賁一占一軍門南星合在奎宿内却作婁宿度内并雞座星入宿度並差一月占内大縮字却作大漏字一右旗本是九星却作十星一二星合後漏懸字二占一太尊虎賁軍門並是黄星進賢係黑星并作赤星一晉元帝應驗王敦舉兵逼京師本是禍及忠賢却作福字已上開具外其餘即與本局見行乾象占書所主灾禍頗同所定是實故有是命　二年六月十四日詔西安進士陳元助製造到刻漏一座已送尚書省元助男特令太史局量試補充額内局生依條支破請給從宰臣呂頤浩請也　七月四日詔太史局生李繼宗宋公座趙

〔永樂大典卷一萬九千七百七十八〕

稹為演求紀元立成法推步氣朔七政可以頒朔特並補保章正差充太史局同知筭造　三年正月二十三日詔令後曆日須管於十月上旬頒降了當仍以四本作兩次入遞其賫到錢赴行在権貨務送納提點廣南路轉運判官章傑言國家歲頒曆日以賜郡臣外暨監司郡守唯是嶺山遐遠郵傳稽壅每歲賜曆及降下曆日樣常是春深方到歲初數日莫知晦朔之辯故有是命　七月六日詔曆日所合書天文等事令太史局依舊每月實封供申　九月十一日詔太史局依舊每月具天文祥異實封供申中書門下後省從起居郎曾統請也　十一月二十九日詔太史局額外學生並依本

局試補子弟舊法許召募草澤投試　十二月一日詔太史局額外學生以十人為額舊法各以三十人為額分兩番祗應至是省之　五年閏二月十日詔太史局重造新曆布衣陳得一支破保義郎券一道月給廚食錢二十貫文親隨一名支破進武副券一道日支食錢二百文太史局判局輪過局一名日支食錢五百文筭造官每人各日支食錢四百文司辰局學生人吏每人各於見今食錢上每日貼支食錢三百文並不理為名色次數內陳得一并親隨下戶部出給券曆并本所合用攢造曆書紙扎油炭之類并逐時聚議犒設合用雜支錢每月批錢一百貫文從秘書少監朱震請也　九

永樂大典卷一萬九千七百七十八

年五月六日詔太史局禮生頭名滿五年通到局及二十年與補進義副尉　秘書省申明太史局禮生乞依翰林天文局醫官局人吏出職條法禮部勘會欲將太史局禮生補至頭名及五年通到局及二十年與補進義副尉不與指射差遣勘令所看詳元豐法禮生係頭名及三年通入仕一十五年補進義副尉所攀天文醫官局係前行滿三年通到局及十年與補進義副尉仍指射優輕差遣一次又緣太史局與天文局係一般官司兼天文局手分止是一名為額易得出職太史局却係六人為額以禮曆生遞遷至頭名方許出職雖無干格其禮生亦合立定出職條法故有是命　十年八月十

日詔太史局額外學生依本局所申權行收試一次候召募試補了當如日後再有闕即依自來試法　先是太史局言本局額外學生權以十人為額紹興三年十一月二十九日指揮並依本局試補子弟舊法召募草澤人投試自降指揮到今八年外人懼見試法兼請受微薄無人投試今來欲權召募草澤之人曆筭者於宣明大衍崇天三經大曆內能習一經氣節一年三蝕者試驗六壬大經五行法四課三傳決斷神將所主災福天文者試驗在天二十八宿及質問天星如試驗得中補額外學生填舊額人數庶得不致闕悞故有是命

十二年十月十七日詔太史局額外學生通見額權以

永樂大典卷一萬九千七百七十八　九

二十五人為額曾召募草澤尊依紹興十年八月十日已降指揮再行試補一次十一月七日詔四院司辰請給令戶部措置增添戶部看詳令據糧料院申太史天文局鐘鼓院渾儀刻漏所見管司、、、所請不一在京舊請并昨自車駕巡幸各人添破日支食錢二百一十文月支贍家錢三貫文外今欲將太史局額外學生每月增錢五貫文司辰局學生每月增錢四貫文陰陽官刻漏所局學生天文局司辰太史生玉漏學生鐘鼓院局學生舊法學生每月增錢三貫文太史局禮曆生守闕禮生每月增錢二貫文並於見請贍家錢內增添併作一色仍自今降指揮日為始從之同日詔太史局額

外學生額依舊制　祕書少監秦熺言額外學生熙豐舊法以五十人為額紹興三年十一月權以十人為額分布不行故有是命　十二月二十七日詔太史局除子弟依條合行附試全經仍許召募草澤遵依紹興十年八月十日已降指揮再行試補一次從本局請也　十三年二月十二日詔降賜日自紹興十四年為始依舊例申樞密院降宣附局遞頒賜在外知州府軍監及監司臣僚軍興以來至是因廣西漕學紹祖之請從之　十四年三月十一日詔翰林天文局瞻望天象學生依法太史局額內學生內試填其太史局天數不多可特於太史局天文院額外學生內指差填見闕權名

祗應依鐘鼓院守闕權名學生例添破請給候試補到正八發遣令後准此　二十年七月五日詔武經郎吳師顏可罷判太史局送吏部與江西監當差遣　二十七年正月九日太史局待守闕禮生三名減罷候額內有闕日依名次撥填太史局行遣文字禮曆生三名曆生一名闕禮生二名共六名為額至是以裁吏額故有是命　五月二日詔太史局見管額外局學生自今後過有事故不赴及試充額內之人所有退下名闕從本局闕報所屬開落名糧更不拓收試補自後止遵依勅令所修到格法以十人為定數若將來額外學生依格法有闕日即依條試補施行從本局請也　三十一年六

月二十二日詔太使局官瞻視鹵筭奏彗星不見各降一官　紹興三十二年孝宗已即位未改元六月十三日詔太史局每日輪差主管文德殿鐘鼓院官一員司辰直官局學生通輪二人赴德壽宮祗應　隆興元年七月十二日詔判太史局李繼宗特降一官以臣僚言近日天出變異繼宗不即奏聞故有是命　十三日詔天文局官王伯祚以天象之見不即奏聞緣臣僚奏陳方始具奏特降一官從殿中侍御史周操請也　八月十七日太史局言依指揮條具併省吏額本局天文院司辰額內瞻望局學生各十人各減二人額外局學生三十人減六人並以試補到司月日從下裁減司曆曆

生六人減一人行遣文字人吏禮曆生四人即無可減從之　十月十二日詔太史局靈臺郎楊覺民祖世賢李彥通張仲該遇覃恩轉官合轉直長有疑本局試法候試補直長了日收使　乾道四年五月十三日禮部言太史局每歲箋注到曆日承指揮下兩浙轉運司雕造訖將板送祕書省印造頒賜交趾國及內外臣僚外板即無用昨祕書省申請到將運司版送權貨務印造乞除去臣字每本立價三百文出賣專委提轄檢察不得盜印從之　十一月三日祕書少監汪大猷等言契勘近得旨令祕書省根究來年己丑歲太陰九道宿度箋注御覽詣實本省累集太史局官赴省參攷各執己見

至有不同伏見朝廷考定新舊曆法曾差單時禮部程大昌李壽同往太史局測驗備知踈密詳悉令欲兼差單時等三員就御史臺或本省同共監集局官參筭早見諧實詔差單時程大昌李壽就御史臺同共集局官參等　六年二月十一日禮部言太史局昨降指揮權用乾道曆推筭乾道六年庚寅歲頒賜曆日所有乾道七年辛卯歲曆日來審合用是何推筭詔更用乾道曆推筭十年　八年二月六日禮部言亦准指揮權用乾道曆推筭乾道八年頒賜曆日所有乾道九年癸巳歲曆日來審合用是何曆書推筭詔更權用乾道曆推筭一年以上乾道會要測驗渾儀刻漏所高宗紹興二年

九月七日太史局令丁師仁等言依元降渾儀法式製造渾儀所有法要九冊見在天文局權欲乞關借參照使用詔依仍限一月製造了畢三年十二月一日詔測驗渾儀漏刻所學生以十人為額舊法以三十人為額分番祇應至是省之　二十七年正月九日詔渾儀刻漏所手分一名緣本所係與太史局衮同祇應可減罷令後更不差置以裁定吏額也以上中興會要孝宗隆興元年八月十七日本所言司辰額內瞻望局學生十人乞減二人從之以減吏額故也以上乾道會要鐘鼓院

高宗紹興三年十二月一日詔德德殿鐘鼓院學生以十人為額舊法以三十人為額分兩番祇應至是省

之二十年八月十一日詔文德殿鐘鼓院以二十人為額依法試驗差取如不足於太史局額外學生內依天文局法指差權名填闕祇應請給等並依天文局體例候試補到正人發遣二十七年正月九日詔鐘鼓院手分一名緣本所係與太史局衮同祇應可減罷令後更不差人以裁定吏額也以上中興會要孝宗隆興元年八月十七日本院言司辰局學生二十人乞減二人從之以減吏額故也以上乾道會要　淳熙元年三月十一日樞密院檢詳諸房文字縈瑾等言太史局學生子弟附試五場並係曆筭一科即無試天文三式二科之人近來曆筭異同交蝕差錯皆藝業不精所致欲將

學生六人取三人子弟四十八人取十人為合格餘並黜落候將來精習三科別行附試各選三通為合格從之　四月二十三日禮部言太史局安奉天地祖宗日月星辰嶽瀆諸位神版乞各用匣盛貯嚴潔安奉每遇祠祭將合設神位版別匣盛貯祠前一日用腰擧擎覆以黃帕奉赴祠所設幄安奉以俟鋪設行禮從之著作佐郎楊恂言諸神位版重疊堆積不稱寅奉之意事下禮部故有此請　七月十六日詔荆大聲推避職事可罰俸兩月吳澤劉孝榮特與放罷以大聲狀乞不干預奏日蝕事故也　十月二十六日祕書省言太史局官藝業不精推步乖繆昨乾道九年五月一日定日蝕不驗令

又稱十一月朔日蝕十分，恐有差誤，乞令判局官以下凡在局者各以己具推算時刻分數申省，將來攷校中否以行陟黜。從之。既而十一月四日詔吳澤等八人推算互有不同，及稱無已見者五十三人，並令祕書省責戒勵，仍根究元造曆人罰俸一月。　十二月五日詔太史局許召草澤人混試。國子司業戴先言：太史局類試局生止差局官考試，優庇子弟收補在局，無緣藝業精熟。欲依紹熙三年、十年、十二年指揮召草澤人就試，庶得公選。故有是命。　二年四月十六日太史局言：乞自令遇曆生闕，許於諸處司辰局學生試補，其試中曆生人再試中局生一資，候至頭名方許補充司曆出職。從之。

〈永樂大典卷一萬九千七百七十八〉　十四

　十月十四日執政進呈太史局官制，上曰：古者日官居卿以底日，令太史局官制太輕，且如醫官有大夫數階，太史局無之，可創大夫階，如醫官保安、和安之類，庶幾稍重其事。先是吳澤乞改換章服，上因宣諭執政曰：太史局官名秩太卑，徽令醫官往往兼遥郡之職，又似過於優厚。龔茂良等奏：太史乃古羲和之官，歷代沿革不同，至國朝或用他官兼判，嘗有同判之名，以朝官充掌，令祇置局令及五官正，視古為輕，欲令祕書省討論典故以聞。至是進呈。　四年五月二十五日詔太史局官序、服色、磨勘、請給、奏薦、封贈等可並依醫官見行格法。　八月十四日詔太史局丞許服緋，挈壺正至局

丞若充判太史局帶權字，冬官正至春官正服紫紅鞓，並依醫官見行格法。　九月一日詔太史局正令兩階令已除去，其局令李繼宗、孫隨龍可特與換中官大夫，局令吳澤可特與換冬官大夫，並依舊判太史局。　四日詔太史局等處曾經試中額內學生祇應實及五年，與補局生；額內外局生比試挈壺正、靈臺郎，試直長，可自來年依在京法，應合格並補充。測驗渾儀刻漏所同　五年五月二十四日詔太史局等處官生、學生可用紀元曆依已降指揮附試。六月一日詔太史局子弟并草澤特令與令來官附試　七年六月十日詔太史局天文官四員內差一員充主管翰林天文局官，外自天文官

〈永樂大典卷一萬九千七百七十八〉　十五

止以三員為額。上以翰林天文官循習弛慢，掌事不專，皆由太史局無主管專提督官，故有是詔　九月十一日詔太史局等處額內局學生年及七十以上願養老者，聽帶本身請給養老。測驗渾儀刻漏所同　九年正月二十六日詔太史局額外祠祭局學生以二十人為額，見闕八人，可令本局諸院官生子弟輪用統天曆於今歲春場附試，合格人撥填正闕，自後遇闕三人依此收試。　十年四月二十二日吏部言：判太史局李繼宗、吳澤奏薦事，臣僚奏乞令給舍參酌祖宗法制詳議。詔吏部勘當以聞。自後奏薦皆不舉行　十月十三日尚書省言：淳熙十一年甲辰歲曆日內有錯字，詔李繼宗放罷，吳

澤荆大聲劉孝榮各特降一官令臨安府根追書寫及雕字人各一名從杖一百科罪　十二年九月十七日詔太史局冬官正劉孝榮特展二年磨勘以祕書省言太史局隸本省孝榮擅經朝廷陳乞男居仁渾儀所主管官差遣輙用私劄以七曜細行文字私傳出外封送省官意望相庇廢棄法令有礙條禁乞賜懲治故有是命　十四年二月十九日詔太史局減守闕禮生一人以司農少卿吳燠議減冗食下敕令所裁定故有是命　九月二十二日詔判太史局并主管官遇闕並於算造官內陞差靈臺郎試補直長子弟試補額外學生可自來春銓試為始三年一次用崇天紀元統元曆輪試

其攷試官輙徇私曲或告論鞫勘不實並依條科罪不蔭論應子弟曾犯刑決刺劄者不許收試以上孝宗會要　紹熙二年二月十六日詔令年春銓太史局子弟附試緣為大禮年分闕人應奉可依條應三通一粗合格者並特與收取一次從上補完額外學生撥填見闕餘人並作守闕額外學生候有正闕日依名次撥入方許支破請給日後不得援例　同日詔太史局改造會元新曆有勞劉孝榮特差判太史局男學生劉景仁特與補挈壺正內吳澤荆大聲周端友劉居仁吳天錫樂中道朱希孟錢華國蓋孝楊各特減二年磨勘　三年三月十六日詔承信郎周彥端為先在太史局曾習禁書

之人可特與換補太史局挈壺正候鐘鼓院主管算造官及渾儀所主管官有闕日令大史局差填　七月二十四日詔秉義郎楊忠輔特換補太史局直長承節郎趙渙特換補保章正文學石萬特換補挈壺正逐人為通曉曆書並差權同知算造請給依正官例支破　月二日詔秉義郎楊忠輔與改換太史局丞以上光宗會要　紹熙五年閏十月十九日詔提舉太史局差權戶部侍郎薛叔似既而叔似言檢照宋朝典故司天監差大兩省一員提舉合用印令鑄造今來提舉太史局正是舉行宋朝故事合用印記乞下文思院鑄造以提舉太史局印六字為文凡係占候公事各令屬官依久例自

奏外餘並取提舉指揮今來置提舉官所有日奏及合申去處亦合照宋朝典故令屬官自奏申外如遇有天象風雲氣候等凌犯占屬官書下休咎申提舉官或徑乞入對或具奏狀密封投進所有奏狀乞於通政司用黃袋具提舉太史局臣姓名封許非時進　直達御前拆封太史局久隸祕書省今來從臣僚請舉行故事差提舉官設或躔度稍異自當入告以圖消弭外其餘合行事件並乞依舊隸祕書省施行令關牒提舉所照應所有合置鼎黃袋及紙札之類乞逐季於臨安府關支錢一十貫文付本局置曆收附支用提舉所合有行遣文字吏人二名相兼行遣除本身請給外每月特添破

茶湯錢六貫文逐月於太史局大曆内幇支司天監初差大兩省一員提舉令取索日後條貫看詳遵守内有未便事即具奏請從之　慶元元年十月四日宰執進呈太史局提舉官薛叔似以臣僚論罷所掌天文祥異不可時暫闕官上曰係近日創置今不須差有合奏報事依舊例逕行申奏余端禮等奏謹遵聖訓　慶元二年四月十四日臣僚言國家祭祀遣官分職非不嚴切而御書天地祖宗神位無官主之未盡尊敬之義乞令太史局差專一主管從之初以學生鄧浩主管未久特補挈壺正請給依鐘鼓院主管官則例支破後四年二月詔保章正充鐘鼓院星漏官尹士通特改差太史局

主管御書神位官與鄧浩以二員為額見任人且令依舊日後遇事故更不作闕　四年八月五日詔太史局占候須管祕書省官逐時覺察毋令隱匿　五年二月六日司農太府寺審定編類請給總籍太史局天文官等所幇一百二十餘員緣當來謂之有官人不曾裁減淳熙四年所幇九十三人今見幇一百二十五人比之淳熙四年已多三十二人若不限制將來又恐源源不已欲將太史局天文局鐘鼓院官至局學生通以一百人為額見在人且令依舊日後事故更不作闕其所減人數令太史局官公共相度條具申尚書省詔依日後輙敢巧作緣故添置闕額雖劃到指揮仰戶部執奏更

不施行如糧料院隱庇不即具申戶部擅自批放請給官吏一例重行責罰既而太史局言參照條具判局官四員主管翰林天文局一員天文官三員鐘鼓院主管官二員同知筭造六員共二十職係永任内同知筭造五職自令天文官主管官相兼外秤漏官一員曆筭官三員主管御書神位官一員見任官二十員及酉點天文日狀官二員主管影表官一員主管刻漏官一員主管書籍官一員星漏官二員依條理任二項計三十二職見任官二十七員令乞以二十七員立為定額天文院渾儀所司辰額内瞻望局學生兩院一十人為額共二十人天文院額外祠祭局學生一十八人為額書寫

御覽曆生三人為額鐘鼓院司辰局學生一十五人為額翰林天文局司辰額内瞻望局學士一十五人為額特補玉漏學生二人為額從之　嘉泰元年四月十九日詔將舊開元宮并内侍楊榮顯所居並改充太史局舊太史局併入太歲殿　嘉定四年八月十三日祕書省著作郎丁端祖言太史局專法局生與靈臺郎皆合試補靈臺郎候及二年遇直長闕須候曆筭天文選取藝業最優者充直長不許理年磨勘淳熙四年朝廷嘗令吏禮部祕書省參酌比擬條具續准指揮局生與靈臺郎依太史局專法候試中方許轉補成法照然令局生試補既皆祿祿庸人而靈臺郎過直長皆用泛賞轉行

而試補之法遂廢，冀其推步之精詳，節候之不差，難矣。乞降睿旨，凡局生轉挈壺正、靈臺郎轉直長，先須選擇考官試其藝業，委見精通，方許轉行。如畧無可采，不許徇情充數，且令習學，再試考中，續令序遷，庶幾凡在局者不致苟簡坐縻廪稍。從之。　八年四月二十七日，臣僚言：「兩年以來，太史所占天文妖異之變，遷就飾說。乞詔旨戒敕太史局，自今占天須管一一作經，按古具吉凶聞奏。倘隱情誣合，或將私寫占驗文書牽合爲證，委御史臺覺察彈奏，必罰無貸。庶幾仰稱陛下兢業畏天之誠，亦得以先事省愛，消弭災變。」從之。

永樂大典卷一萬九千七百七十八

續宋會要　國史日曆所

卷一萬九百四十

淳熙元年六月一日，著作郎本待問言：「本所建修太上皇帝日曆，乞下六曹合屬等處，俾遵舊制關報本所，仍從本所逐時取索檢照。如有漏落不報，即依專法施行。」詔如違戾去處，令本所具當行人吏姓名申尚書省。

三年二月二十四日，秘書監李燾言：「太上皇帝日曆成書，已擇日進呈。其合立臣僚傳尚有取索未足去處，見行催促，候到即類聚修立，續行添入。」從之。　三月三日，國史日曆所上光堯壽聖憲天體道性仁誠德經武緯文太上皇帝日曆一千卷。詳見修書。　九月八日，秘書少監陳騤等言：「本所見修今上皇帝日曆，法禁嚴密，乞檢會玉牒所、敕令所例，給降黃榜赴所約束。」從之。　六年三月十八日，國史日曆所修今上皇帝日曆成一千一百五十五卷。詳見修書。　十四年正月三日，詔國史日曆

所史顧待閱楷書五人內減二人存留書庫官減一人
止存留點檢文字一人書庫官二人通以三人為額餘
辭司到部罷以司農少卿吳燠議減冗食下敕令所裁
定故有是命　十六年二月二十七日國史日曆所言本
所見修至尊壽皇聖帝日曆昨於淳熙六年三月內奏知
編秩已修至淳熙四年十二月終今再自淳熙五年正
月一日接續修纂乞以至尊壽皇聖帝日曆為名今上
皇帝登極始生符瑞及初封進封出閤以至登寶位及
潛邸東宮舊僚編類中所從之　三月十一日秘書省
言今上皇帝會要自今年二月二日以後接續起修所
有開局日分乞下太史局選定施行其應干合行事件
卷一萬九百四十　二十五
依前後已得指揮從之　二十一日國史日曆所言編
類壽皇聖帝典章法度乞以至尊壽皇聖帝聖政為名令
來編聖政乞從舊例就監修國史提舉以提舉編類聖
政繫銜所修聖政文字欲乞每月就監修國史過局日
聚議供呈令來起修聖政文字合行開局乞下太史局
選定日分昨來本所進修光堯壽聖太上皇帝聖政添
置檢討官二員以館職兼仍以兼國史日曆所編類聖
政檢討官繫銜即不干預修纂日曆本所官秘書監少
著作郎佐同預編類就用本所應干國史文字照使應
干行移係令日曆所人吏兗行遣其取會文字并漏泄
條禁並依本所前後已得指揮仍乞就用日曆所印記

行使檢討官二員合破御厨第三等折食錢不理為名
色次數修著官吏每季合破修書紙劄朱紅并入冬𤇍
硯水炭並依本所修書已得指揮行下雜買務臨安府
支取及遇節取給茶酒并月節酒從本所報諸司照會
施行修纂聖政文字浩瀚本所人吏除見管額外更不
添置如遇文字冗併日依例雇工書寫及應干支用合
於公使錢內支破依例每月入歷批勘一百貫文充前
項支遣合用修書紙札朱紅物帛等從本所逐旋具的
確合用數目呈稟監修國史下雜買務收買應副本所
應有合行事件乞依昨修聖政前後已得指揮施行從
之　閏五月一日詔知樞密院事兼參知政事王藺權
卷一萬九百四十　二十六
監修國史　六月十六日秘書省著作佐郎黃唐等言
國史日曆所見接續修纂至尊壽皇聖帝日曆乞依體
例責限成書庶幾聖時典章早得進呈詔依仍限半年
既而七月九日黃唐等言本所修纂至尊壽皇聖帝日
歷每月依例止修一月今來接續編類自淳熙五年正
正月至十六年計一十年零一個月乞依淳熙五年七
月指揮每月旋行奏知庶使官吏以為課程早得辦集
日歷內有三省宣諭聖語中書門下省時政記樞院時
政記聖語中書門下省起居注未降下月分乞下逐處
催促施行一修纂日歷見闕淳熙十三年正月至十六
年正月分御殿排日乞下閤門疾速編類送所一合將

昨來奏知日歷篇帙起自紹興三十二年六月十一日至淳熙四年十二月與自今接續所修日歷通爲一書寫成副本約爲二千卷依淳熙六年體每卷約五千字雇工錢四百五十文紙四十五張副黃紙二張共合用雇工錢九百貫文三省紙九萬張副黃紙四千張乞劄付戶部下所屬依數應副一日歷內合用修立臣僚傳文臣宰執至卿監武臣自次相至刺史合行取索行狀墓誌尚未到者乞下祕閣通牒所在取索如內有曾經請謚者許本所一面移文太常寺逐旋關借墓誌行狀照用一修寫副本就緒續日行條具書寫進冊禮例申請投進一所修日歷事干取索務要詳備委是浩繁照

卷一萬九百四十

二十七

得淳熙六年奏篇帙係祕書省人相兼攢類書寫更不支破請給每月於戶部支降錢一百七十貫文充貼支食錢今乞依例支給並從之　十二月二十六日祕書監楊萬里等言國史日歷所修寫至尊壽皇聖帝日歷進冊三本合行事件下項照得今來修寫進冊每本約計一千五百餘萬字三本共計合用雇工錢九千餘貫乞下戶部直支會子并支欄界朱紅三百兩每本用貢餘紙四萬五千張內小本一部用二萬二千五百張并裝物帛等本所裝界匠三人趣辦欄界委是不前乞下臨安府差撥五名併手趂辦今來進呈日歷乞並依淳熙三年進呈日歷體例施行務從簡省詔雇工錢朱紅

令戶部支給紙并裝背物帛仰臨安府應副餘並依續具申請令來御殿進呈至尊壽皇聖帝日歷依禮例合進讀第一卷上五版自來係修撰官進讀乞差官施行合用泛支錢物依淳熙三年體例從省減半合支給一千五百貫欲下戶部於左藏庫支供將來進呈了畢所有留中小本依例就委本所承受官傳進皇帝恭進至尊壽皇聖帝日曆本所作八十複合用黃羅夾封委本所承受官進請御名降下封複以候恭進合用表文欲乞下學士院修撰詔並依進讀官差楊萬里八月十六日國史日曆所上至尊壽皇聖帝日曆二千卷詳見修書門　紹熙五年閏十月十六日祕書省著作郎王容等

卷一萬九百四十

二十八

言本所修纂太上皇帝日曆并上皇帝日曆合行申請一本所見修太上皇帝日曆依已降指揮自熙十六年二月二日起修見行修纂今欲候將來書成日申請進呈仍以太上皇帝日曆爲名　一恭覩今上皇帝登極修纂日曆合自紹熙五年七月五日起修所有開局日分欲乞下太史局選定　一合要登寶位及藩邸盛速等事并應干合照修文字乞朝廷劄下隨龍祗應官屬藩邸舊僚限在日近編類中所　一本所舊有提舉諸司承受御藥主管諸司官今來更不差置所有開局并將來進書合行事件乞就便差實錄院提舉諸司官等相兼排辦施行並從之　慶元元年八月十八日祕書

省著作郎王與等言本所見修太上皇帝日歷自淳熙十六年二月至紹熙五年七月乞依例責限修纂成書庶得聖父一朝典冊早遂進呈詔限一年　二年九月二十一日兵部尚書張叔椿言爰自陛下即位以來臨朝聽政一言一動則左右史書之延英漏下每對宰臣所得聖語則有時政記載之至於詔令謨訓賞罰刑政降授拜罷則有日歷所記之獨於皇帝始生符瑞潛邸聖德事蹟顧乃闕而未備恭覩國史列聖相承皆是登大位後劄付潛邸臣僚俾之討論纂日修呈然後付之玉牒所史館特書大書將使鏤之玉牒藏之金匱以爲子孫萬世之大寶既而內侍王德謙言恭惟上聖之作

卷一萬九百四十　廿九

必有異聞德謙備數宮中一一親得其實紀述聖德別具冊恭戴進城（呈）乞宣付使館並從之　六年二月二十二日國史日歷所上聖安壽仁太上皇帝日歷三百卷詳見修書門　嘉慶（泰）二年十一月十四日秘書監曾𣈶等言昨來進呈聖安壽仁太上皇帝日歷緣其間多有重複紛錯欲乞再行修潤進呈壽康宮并宮中日歷小本各一部乞降下本所重別書寫傳進仍乞以光宗皇帝日歷爲名從之　十六日奏令上皇帝日歷五百一十卷篇帙詳見修書門　嘉定二年三月十三日右正言黃中言史者國之大典所以垂勸戒而示萬世者也然史院之編修以日歷爲根柢日歷之紀次以時政記起居

注與諸司之關報爲依據令起居注所述不過除日辭見及常程奏請之類聖君之言動大臣之謀議事關得失者皆不錄時政記亦然然則欲盡記國之大體以傳示無窮胡可得哉昔歐陽修上疏乞特詔修時政記起居注之臣並書德音宣諭臣下奏對之語其他大事許史院據聞見書之可謂得置史之本意矣欲望明降睿旨自今時政記起居注悉用此法修述庶幾朝廷之事本末明備可示勸懲臣昨備位著庭竊見陛下初元日歷所載龍飛事迹甚爲疎略時權臣用事欲盡奄爲己功阿附之徒竄易舊文併焚其藁不知先皇之付託祖后之擁祐大臣之奉行天下共知焉可誣也然不及今

卷一萬九百四十　三十

刊定何以傳信方來欲望仍降睿旨令日歷所亟加討論日下釐正又韓侂胄平章（當）國事變實多妄開兵端流毒生民事係社稷不宜闕遺逮之數年文牒散失跡狀何由顯白乞令日歷所及時裒集始終事節并所見聞詳加銓次若時政記起居注或有稽違許申提舉日歷所催請仍望明諭大臣每歲終必稽修纂所至考其詳畧而察其勤惰庶幾筆削有程而史職舉矣從之　十四年五月九日奏改正令上皇帝日歷五百一十卷篇帙　十五年九月八日詔玉牒所國史日歷所會要所實錄院敕令所提舉官同提舉官下供檢文字今並正差有官人以三年爲任除自舊合德月給外仍與幇行

本身請俸既而續具申請許於得替待闕見任已未到部大小使臣選人校尉及內外諸百官司不以有無拘礙踏逐祇應與理為資任通理前任月日其官司兼權人不妨本職祇應與理在司在職月日帶行見請請給內在部人不妨注授已有差遣及將來別授到新任之人並許權上件職事候闕到日許令前去之任仍舊兼權或不願赴上新任許行令辟止若有私計不便之人許令一面解罷別行差人承填並以三年為任所有諸般請給等並自被差到所日不以名色次序幫勘支給從之

卷一萬九百四十

三主

天文院掌渾儀臺晝夜測驗辰象以白于監測驗注記二人刻擇官八人監生無定員押吏十五人學生三十人天文院

鍾鼓院掌文德殿鍾鼓樓刻漏進牌之事節級三人直官三人雞唱三人學生三十六人高宗紹興三年十二月一日詔文德殿鍾鼓院學生以十人為額舊法以三十人為額分兩番祇應至是省之二十年八月十一日詔文德殿鍾院以二十人為額依法試驗差取如不足於太史局額外學生內依天文局法指差權名填闕祇應請給等並天文局體例候試補到正人發遣二十七年正月詔鍾鼓院手分一名職本所係與太史局衮同祇應可減罷令後更不差人以裁定吏額也孝宗隆興元年八月十七日本院言司辰局學生二十人乞減五人從之以減吏額故也淳熙四年九

月四日，詔鍾鼓院曾經試中額内學生，祇應實及五年，與補局生額内外局生，比試挈壺正、靈臺郎、試直長，可自來年依在京法應合格並補充。七年九月十三日，詔鍾鼓院額内局學生及七十以上願養老者，聽帶本身請給養老，退下名闕依條補填鍾鼓院。大典卷一萬六千六百六十五

宋會要刻漏所

高宗紹興三年十二月一日，詔測驗渾儀刻漏所學生以十人為額。舊法以三十人為額，分省祇應，至是省之。

二日十年正月九日，詔渾儀刻漏所手分一名，緣本所係與太史局衮同祇應，可減罷，今後更不差置。以裁定吏額也。大典一萬九百四十

殿中省

監少監監丞各一人監掌供奉天子玉食醫藥服御幄帟輿輦舍次之政令少監為之貳丞參領之凡總六局曰尚食掌膳羞之事曰尚藥掌和劑診候之事曰尚醞掌酒醴之事曰尚衣掌衣服冠冕之事曰尚舍掌次舍幄帟之事曰尚輦掌輿輦之事六尚各有典御二人奉御六人或四人監門一人或一人又尚食有膳工尚藥有醫師尚醞有酒工尚衣有衣徒尚舍有幕士尚輦有正供等皆分隸其局又置提舉六尚局及管幹官一員舊殿中省判省事一人以無職事朝官充雖有六尚局名別而事存凡官隨局而移不領于本省所掌唯郊祀元日冬至天子御殿及禘祫后廟神主赴太廟供其繖扇而殿中監視秘

卷一萬一千九百四十七

書監為寄祿官而已元豐中神宗欲復建此官而度禁中未有其地但詔御輦院不隸省寺令專達焉初權太府御林顏因撥內藏庫見乘輿服御雜辦百物中乃乞復殿中省六尚以嚴奉至尊於是徽宗乃出先朝所度殿中省圖命三省行之而其法皆左正言姚祐所裁定是歲崇寧二年也三年蔡京上修成殿中省六尚局供奉庫務敕令格式并看詳凡六十卷仍冠以崇寧為名政和元年殿中省高伸上編定六尚供奉式靖康元年詔六尚局並依祖宗法又詔六尚局既罷格內歲貢品物萬數尚為民害非祖宗舊制其並除之御藥院勾當官無常員以入內內侍充掌按驗秘方以時劑和藥品以

進御及供奉禁中之用舊制勾當御藥院遷官至遙領團練防禦者謂之時轉干冒恩澤浸不可止嘉祐五年詔御藥院內臣如當時轉出而特留者俟其出計所留歲月優遷之吏不許[illegible]計所遷資序非勾當御藥院而留者其出吏不推恩典八人藥童十一人崇寧二年并入殿中省尚衣庫使副使舊曰內衣庫大中祥符二年改監官二人以內侍三班充掌駕頭服御繖扇之名物凡御殿大禮前一日請乘輿袞冕鎮圭袍服於禁中以待進御事已復還內庫典一人匠四人掌庫十人內衣物庫在文德殿後太平興國二年置受納匠段庫受納綾錦西川鹿胎綾羅絹匠段大中祥元年并入監官二人以京朝官并內侍充舊三人以諸司使副及三班內侍充掌受納錦綺羅綾色帛銀器腰束帶料造年支準備衣服以待班賜諸王宗室文武近臣禁軍將校時服并給宰臣親王皇親

卷一萬一千九百四十七　二

使相生日器弊兩府臣僚百官皇親轉官中謝朝辭特賜及大遼諸外國人使辭見銀器射弓衣帶典八人掌庫三十一人　新衣庫在太平坊監官二人以諸司使副三班及內侍充掌受錦綺雜帛衣服之物以備給賜及邦國儀注之用併受納衣服以賜諸司丁匠諸軍監門二人以三班使臣充典十人掌庫五十五人朝服法物庫太平興國二年置後分三庫一在天安殿後一在右掖門內北廊一在正陽門外監官二人以諸司使副及三班內侍充掌百官朝服諸司儀仗之名物典三人掌庫三十人已上崇寧二年併入殿中省舊有裁造院針線院雜事場後省併入　兩朝國史志殿中省判省事一人以無職事朝官充舊有六尚之局名別而事存今尚食

歸御厨尚藥歸醫官院尚衣歸尚衣庫尚舍歸儀鸞司尚乘歸騏驥院內安鞍轡庫尚輦歸輦院其官隨局而移皆不令於本省省司所掌惟郊祀元日冬至天子御殿及禘祫后廟神主赴太廟繖扇而已書令史三人都知二人 太宗太平興國六年五月詔殿中省細仗着黃人自令令着碧 端拱元年詔殿中省書令史舊七人自今減為三人 淳化三年二月詔殿中省押當儀注官令後遇入閤如闕官令御史臺於見任朝官內牒差攝訖奏至道元年三月詔殿中省於御街東廊庫屋內以三間為庫貯法物一間為省局一間為史舍本省職掌番宿看守 真宗大中祥符元年八月詔步軍司

卷一萬一千九百四十七 三

差官剩員二人於殿中省巡宿看管法物庫（以上國朝會要）

神宗熙寧四年十二月十四日詔殿中省所管儀仗法物撥與太僕寺管係正名丞闕職掌隨所主事件赴本處指教同共祗應其見在役及三年已上人且依舊試補選限出官差有職事臣僚兼判向去更不補入 元豐五年五月十一日詔殿中省於三省用申狀尚書六曹用牒不隸御史臺六察如有違慢委事言御史彈奏六月二十七日詳定官制所言御輦院乞依舊隸太僕寺其輿輦及應供奉事隸殿中省從之惟御輦院不隸省寺七月二十四日詔御輦院既未有所隸宜令專達時上欲釐正殿中省職事置六尚如唐故事度禁中地未有置省之所故有是詔八月四日詔殿中省聽御史長官若言事御史彈糾先是監察御史分六案隨所隸察省曹寺監而三省至內侍省無所隸故以長官言事御史察之 哲宗元符元年十一月二日詔御輦院官係進乘輿最為親近令選吉者出自軍伍似非所宜可令吏部審會別選行差自令關官准此 徽宗崇寧二年二月十二日中書省修立到殿中監尚食尚藥尚醞尚衣尚舍尚輦官制等下項殿中監掌供奉天子玉食醫藥服御幄帟輦輿舍次之政令總六尚局而修其職監一人少監一人丞一人簿一人令史二人書令史六人貼書十二人尚食局掌供御膳羞品嘗之事典御二

卷一萬一千九百四十七 四

人奉御六人監門二人膳工二百人膳徒三十人食醫四人司珍六十人掌庫二人雜役三十人庫典十二人典事二人局史六人書吏七人以御厨翰林司凡供御事悉釐入尚食局以直下事釐為太官令主之太官令增一人通舊監御厨官為四人以令御厨內臣武官監官四人釐為奉御增置二人通為六人增監門二人唐有食醫以辨飲食禁忌今置四人以供御工匠百八十人并都虞候已下餘令本分擘 大官外擇精熟人入尚食局通為膳工共置二百人詑盤院子以三十人為膳徒以專知為掌庫以庫子為庫典以押司官為典事以分手為局史以書手為書史並量定人數餘人太官

內翰林司供御人員等並為司珍於局內別置一處本局官通管尚藥局掌供奉御藥和劑診候之事典御二人奉御四人監門二人醫師二人御醫四人醫正四人醫佐四人藥童二十人封人三人藥工十人掌庫二人庫典七人局長一人典事二人局史四人直史四人書吏三人貼書十人今以御藥院凡供御湯藥之事釐為尚藥局餘事分釐入他局外御藥院舊無監官今供藥餌事體為重增置內臣監官為奉御以醫官使上名有功效者為醫師醫官使為御藥副使為醫正醫官為醫佐雜役秤子擣碾之類為藥工檢點文字為局長押司官為典事前行為局史後行為直史帖司為書吏守闕

卷一萬一千九百四十七　五

貼司為貼書封角人為封人尚醞局掌供奉酒醴之事典御二人奉御四人監門二人酒人十五人酒工五十人掌庫二人庫典五人局史三人書吏二人應法酒庫供御事並釐為尚醞局增置監官內臣四員為奉御以供御庫酒匠為酒人炊淘之類為酒工餘依諸司名外應法酒庫非供御事並依舊監官亦合依舊炊匠十人今增五人共為酒人長行斛子三十九人今增十一人為酒工尚衣局掌供御衣服冠冕之事典御二人奉御四人監門二人掌庫二人衣徒三十人典事二人局史五人書吏二人貼書五人庫典十人縫人十二人典功二十人染人七人以今尚衣庫所主事分釐為尚衣局

除扇筤釐入尚輦袞冕法服合降付本局置庫收掌弁御藥院供應御衣帽子幞頭等釐入局外置監官內臣或武臣為奉御通作四員押司官為典事手分為局史舊御藥院有貼司今隨事釐二名入局為書吏守闕釐入五人為貼書本庫舊有裁縫匠二人通御藥院今增十二人為縫人舊庫有供御裹三人及御藥院有裹幞頭帽子五人造靴作一名腰帶作二人靴履作庫作各一人今通作二十人為典功舊染御服一人切慮太少今通作七人為染人專副共為掌庫庫子共為庫典尚衣無雜役使今定為二十人為衣徒尚舍局掌供御幄帟張設之事典御二人奉御四人監門二人幕士一百人

卷一萬一千九百四十七　六

正供五十人次供五十人掌庫十人庫典六人局史二人書吏二人以儀鸞司應供御事并入尚舍局增置監官內臣四員為奉御其餘應供諸處並各依舊為儀鸞司見今監官並依舊所有本局工匠人今量定人數恐未均足令本局官吏分合用人立為定額以舊供御人為幕士以次供御為正供以搭材為次供尚輦局掌供御輦事典御二人奉御四人監官一人正供二百二十人次供一百三十人下都一千人知庫二人典庫一十四人典事一人局史二人書吏三人以御輦院事釐為尚輦局增置內臣監官四員為奉御仍以尚衣庫扇筤釐入其正供御次供御下都三色人舊亦祇應殿閣使用

令雖約定人數恐未均足合本局將應供御人分定𩏑入本局外將餘人併入車輅院令後應付𢱧降取索及合供應諸處並增減量定人數令車輅院充應外舊御輦院吏人數少令特添三人一人職級充典事二人貼司充書吏𩏑舊來二人額為局史其知根司吏不專置只於分手或貼司內差充其六局別更有𩏑正事在他局內如乳酪院之類候於寺監取索到續行𩏑入殿中監令擬定在列曹侍郎之上少監序位欲在秘書監之下丞欲在諸寺丞之上提舉六尚局欲在副都知之下閤門使之上六尚管勾欲在樞密院丞旨之上押班之下六尚典御欲在樞密副丞旨之上詔六尚局各添置管

卷一萬一千九百四十七　七

勾一員內典御已增置一員外共置提舉六尚局一員以入內省官充雜壓殿中監在正議大夫之下提舉六尚在延福宮使之上餘依擬定十四日殿中省言本省掌供奉天子玉食醫藥服御幄帟輦輿舍次之政令總六尚局而修其職置令史二人書令史六人貼司十二人切緣專掌供進之事所繫甚重與他司事體不同今建局之初全藉諳練行遣謹畏之人須合於寺監內外官司選擇抽取即作以曾有抽取之人若不割隸名籍不得專一祗應今乞特許不依常制指名抽取如礙本處前後一切條禁彈奏科罪更不發遣指揮並乞依今來指揮仍割隸名籍從之同日殿中監言本監令來行

移文字乞依秘書省例以殿中省為名從之五月六日詔殿中省官並赴內朝立班九日詔御藥院可候省中省六尚建局日除供御湯藥事𩏑歸尚藥局又供應御衣等𩏑歸尚衣局外其崇恩宮等處供應及排辦香表國信礼物御試舉人臣僚夏藥并自來應干事務等並依舊立行仍改名內藥局其見勾當官已係六尚職事者令兼勾當依舊禁中供職令後新差到官準此同日詔殿中省食直錢內尚輦局與御奉御仍破第三等御廚食餘依舊提舉四十貫管勾三十五貫典御三十貫奉御二十貫十一日詔差兩制二員選試尚藥局醫官並依試診御脈醫官條例施行十四日詔已置尚食局

卷一萬一千九百四十七　八

其御廚翰林司併入太官局太官令五員見勾當御廚官夏倜王遵張大忠並改充勾當太官局黃滂改充太官令其見令光祿寺太官令亦依此改入本局惟掌祠事翰林司供御事已併入尚食局餘事合存留翰林司并見任官依舊已置尚衣局合併尚衣庫入祗候庫見任官併入祗候庫已置尚輦局御輦院供御事已併入尚輦局餘事併入車輅院除已差充六尚局官外御輦院改為中轄院吏不併入車輅院監官改為勾當中車院二十一日詔應殿中省官並赴內朝閤門擬定在工部侍郎西別班立少監以下各重行二十三日詔殿中省監治一省之事凡事干他司若奏申牒帖皆專總之

少監爲之貳提舉官總六尚之事凡事不干外司若承
宣旨供奉應辦及事係宮禁皆專總之與少監不相統
屬監少與提舉官行移以牒管勾典御皆具狀申省二
十六日殿中省言今月二十八日太后受冊并六月五
日皇后受冊所有本省合點檢儀仗排立次第緣今來
未有立定官吏入殿點檢條貫欲乞特降指揮許本省
官將帶人吏三人於習儀日并至日入殿點檢施行從
之　三年二月二十九日蔡京言奉詔令講議司修立
六尚局條約闕奏謹以元陳請畫一事件并稽考參酌
創爲約束刪潤修立成殿中省提舉所六尚局供奉庫
敕令格式并看詳共六十卷內不可著爲永法者存爲

卷二萬一千九百四十七　九

申明事干兩局以上者總爲殿中省通用仍冠以崇寧
爲名所有應干條畫起請續降申明及合用舊司條法
已係新書編載者更不行用不係新書收載名令依舊
引用從之五年正月十六日詔六尚局供奉庫物見拋
降諸州軍歲貢已起發在路者即令赴京送納餘並停
貢大觀三年十一月一日中書省樞密院同詔下項一
應緣御馬事依大輦例隸尚輦局仍差前班大使臣二
員充奉御前有人吏并騎御馬直教駿人兵更不添置
餘並如舊制一御馬隸殿中省尚輦局凡大禮朝會車
駕行幸供進并入殿排立引從之類典奉御主之且調
養賞罰事依舊左右騏驥院官管勾一典御令尚輦典

御兼領奉御令中書省取旨差一奉御宿值依本局見
行條法一行遣事務令本局人吏兼管一每季令殿中
省官依條檢察一未盡事件令殿中省條畫聞奏奉御
筆關送中書省詔差任渥黃譽十二月二十六日提舉
六尚局所言朝廷肇建殿中省六尚局自崇寧三年至
今已及五年官各安職應奉有緒伏覩殿中省於大觀
二年八月內因殿中監宋昇檢舉奏請就本省監少丞
簿廳安置題名記畢工誠爲儒者之幸況本省官自提
舉管勾典奉御至監門悉自上選非材幹詳敏之人必
不得預臣雖不才濫叨器使即未曾陳乞刻石以記姓
名置於治所室壁似乎闕典未稱朝廷設官創局之意

卷二萬一千九百四十七　十

欲乞許令安立所有差取人物并管勾官吏等並乞從
本所依昨安置殿中書題名記逐次所得朝旨施行詔
依差姚祐撰文李時雍書　政和元年十一月十七日
殿中監高伸等言准詔編定六尚供奉式令已成書詔
殿中監少丞簿劉瑗等各與轉一官內劉瑗依條回授
手分書寫人共一十一人內使臣三人各轉一官餘八
人候有名目轉一資餘等第支賜二年十二月二十八
日殿中省奏檢會通用令諸受殿中省若六局所會事
急速者即日回報契勘供奉庫取會文字亦干供奉未
嘗立定日限欲乞今後應官司承省局若供奉庫取會
事急速者限即日餘限三日回報有緣故不得過十日

如有稽遲其合干人從本省牒大理寺究治施行從之三年正月二十五日詔殿中省尚食局收使臣王淑等欠家事備償價錢在京使臣令諸司糧料院等處在外使臣令本路所屬官司請受內一面依條剋納入官今後准此六月八日殿中省言供奉庫係專一受貯諸州歲貢六尚供奉之物多是貢發違期無到闕其間有不堪或短少之數不免移文催促補貢蓋緣自來移文止作常程轉遞致有留滯即未有立定約束今相度欲乞今後應省局并供奉庫下諸路催促貢物並入馬遞其承受州並限三日回報施行如涉稽違從本省牒逐路監司究治施行庶幾歲貢之物易為辦集不致闕悞從

卷一萬一千九百四十七　十一

之五年六月二十九日試殿中監詳定六尚供奉勑令兼詳定一司勑令高伸等言昨奉朝旨以尚食局食醫纂要淆雜不可奉行令將食飲禁忌及不可同食者編修為食禁經尋以諸家醫經討論參酌創行詳定修成食禁經一部計三卷對修尚食局等處禁約一卷冠以政和為名謹隨表進呈如得允當乞下本所鏤板頒降從之八年三月十六日殿中省言奉詔取責供具諸路歲貢六尚供奉物內除年計合用數外並令裁減施行本省恭依御筆供具到年計合用物數其貢發限約束等乞依見歲貢法施行所有其餘貢物並合裁減乞下本省鏤板遍牒頒降施行詔依有司輒敢陳請復貢以

違御筆論　宣和二年五月十日殿中省言據供奉庫狀勘會泛買六尚所須之物專係供使用與歲貢物色事體頗同所有用袋入匣封記選擇及違限退送稽程等並乞比附歲貢條例施行從之　欽宗靖康元年正月四日詔六尚局並依祖宗法八月十九日詔六尚局旣罷其格內歲貢品物萬數極多尚為民害非祖宗舊法可並除之

卷一萬一千九百四十七　十二

御藥院在崇政殿後至道三年置大中祥符八年移於崇政殿門外東華門南寶元二年九月復移於殿後東廊舊挾局秘方分和御藥專奉禁中之用及別供御膳若御試舉人別長領示考官等條貫監稱效之事初以入內內侍三人勾當政參用士人天聖中又置上御藥及上御藥供奉多至九人後皆罷之令止以入內供奉四人通領有藥童十二人兩朝國史志御藥院勾當官無常員以入內內侍充掌按驗秘方以時劑和藥品以進御及供奉禁中之用勾當御藥院還官至遙領團練防禦者謂之關轄干冒恩澤寖不可止嘉祐五年詔御藥院內臣如當轉出而特留者候其出計所留歲月優遷之更不許累寄所遷資序非勾當御藥院而留者其出更不推恩典八人藥童十一人匠七人舊置幹辦官四員以入內內侍充今置同舊置典事二人句史二人書史四人貼書七人守闕貼書不限人數今置同惟是守闕貼書一十五人分掌職事生熟藥案日常承準應

卷一萬六千六百六十五

奉御前取索湯藥排辦賜臣僚夏臘藥供奉宣賜宮禁生日節序物色等雜事案掌行差取排辦御試舉人殿內應干一行合用人物等并郊祀大禮使人到闕筵宴取會諸色合用禮儀節次等書寫　御覽修寫排辦案奉祖宗香表齋醮設浴香經製造供進御服御帶腰束帶等并日常進奉　本院常程諸般事務開拆司承受諸處投下應干文字付合行案分行移發放仁宗天聖四年詔上御藥供奉藍元用等並特許紙墨封發上御藥供奉近內出此名其資序比內殿崇班故元用等換其恩例六年二月十二日詔閤門上御藥供奉藍元用張懷德羅崇勳並只充上御藥落供奉二字明道二年四月十八日詔上御藥供奉今後更不差置景祐二年十二月三日詔前後殿都知押班親戚不得差勾當御藥院嘉祐元年十二月八日御藥院言珍御脈醫官使張昭明差出當州看醫勘會條制不得差出乞自今後如差醫官出外宣醫者乞於不係診御脈醫官內差撥所貴不致闕人祇應從之五年十一月詔勾當御藥院內臣如當轉出外而特留者候其出計所留歲月優遷之更不許累寄所遷資序非勾當御藥院而留者其出更不推恩初御史中丞趙槩言勾當御藥院有遷官至遙領團練防禦使者謂之關轄若不別立規制竊慮干冒恩澤寖廣可

上藥秘約之神宗正史職官志御藥院勾當官四人以入內內侍充掌劑藥以進御及供禁中之用凡藥當兩後進有奏方書則集國醫按驗以聞饋進膳羞祭祀朝會燕饗行幸則扶侍左右廷試進士則主行其禁令封印發省而給納之歲時酌獻陵園春夏頒中外藥及元日生辰致賀於國禮節日前期為之辦具宮省慶賜亦如之凡五年進一官分案三設吏八神宗治平四年未改元七月十九日樞密院勘會嘉祐五年十一月已降指揮今後內臣更不許理大使臣資序內勾當御藥院使臣如合轉入使臣出外特留者即直候出外日據留住歲月比類優與遷轉應今日已前已理資序者並依已得指揮仍今後更不再與遷理資序從之熙寧三年正月十三日入內內侍省言自今應御前遣急取借官物等令題與使臣先將內批子經御藥院覆奏從之初皇城使快行親從官繳旨於新衣庫取官帕事覺論如法三司請付入內內侍省尺為約束故有是命二十八日詔將來於集英殿御試舉人其臣僚及考校並諸司兼次依令東御藥院圖子內相度貼定去處應合行事件令御藥院檢舉施行三月五日詔中書門下令別定御試舉人封彌式樣送御藥院仍抑本院勝錄兩本分送初復考官八年八月三日詔勾當御藥院李舜舉賜勤左右多歷年所

卷一萬六千六百六十五

檢身奉上最為勤謹今依舊御藥院供職仍候將來南郊特許依見寄官資序奏一子官餘人不得援例先是舜舉乞解御藥院補外上以其已寄諸司副使資序不預南郊奏薦特有是命九月六日詔今後勾當御藥院使臣滿五周年與轉一官仍不隔磨勘元豐三年六月二十二日詔醫官使以下診御脈并御藥院祇應者隸御藥院四年三月十七日詔勾當御藥院資仕宣等押領醫官本院祇候老宗元等減磨勘年有差以皇太后服藥累月康復也哲宗元祐六年閏八月十四日詔今後管勾御藥院使臣年滿合該轉官如未係皇城使者非有特旨不許改轉遙郡徽宗崇寧二年五月九日詔御藥院可候殿中省六尚建局日除供到湯藥事并歸尚藥局及供應御衣等並歸尚衣局外其崇恩宮等處供應及排辦香表圖信禮物御試舉人臣僚夏藥并自來應干事務並依舊主行仍改名內藥局其見勾當官已係六尚職事者令兼勾當依舊禁中共職今後新差到官準此高宗建炎四年六月七日詔御藥院見管書寫崇奉祖宗表詞待詔等八人今本院依舊各月收管出職請給等並依御書院條例施行遇闕名收試補學生所從之此條依大觀二年七月十七日已降指揮施行紹興元年六月二十二日詔御藥院自今後遇道君太上皇帝本命依令

檢舉訟獄四年十月十九日御藥院言本院取賜宮禁生日節序等物色令來已差留守司及留六宮兼本院已奏分留人吏等前去宮物隨從六宮所有溜往六宮生日節序等物色今來合與不合取賜排辦詔許取賜十一年九月八日御藥院典事王倚等言本院元置令幹辦官差出及罷不得奏薦本院未經試中吏人恩澤各轉一資共不得過三人自來本院官每遇罷遷依上條具奏與曾經差使人各轉一資不得過三人欲乞許依舊還用本院元豐條法體例將罷恩澤陳乞收使施行從之十三年正月二十八日詔御藥院封題書藝學李升依御書院舊法滿十年出職補保義郎緣渡江之後無已前年代干照文字出職未得今為書寫崇奉祖宗表詞等在院已實及二十三年有餘特與依已降指揮遞減一官補授名目出職今後封題學生轉至書藝學祇應十年依此補授出職十五年四月二十五日詔御藥院今後修設大會錢止輸送諸寺院齋僧更不修設大會五月二十一日詔幹辦御藥院王溥職事全不用心可送吏部與合入差遣二十年七月二十七日詔御藥院供進湯藥方書不許傳錄出外如違徒二年幹辦官不覺察同罪許人告捉賞錢五百貫三十一年十一月四日御藥院言今來車駕巡幸如緩急遇有修合湯藥合用火燭烘焙藥材等乞下提點六宮事務所權暫請火赴院事畢滅熄緣今來提點六宮事務官未曾差置止有主管大內公事今欲乞將行宮本院合用火燭報本處請領事畢滅熄從之孝宗乾道七年五月十八日詔今後得旨取索錢物於元取索日子內繫寫御藥院官印押仍令御藥院置往回曆分明批鑿所取物色名件斤兩數目及本庫批上已支同依照會九年正月六日詔每遇人使到闕幹辦御藥院官與閤門官應奉事體一同可特與依閤門等處體例每及十番轉一官仍自幹辦本院日為始淳熙九年五月二十五日詔御藥院諸工匠係專一應奉乘輿服御等物色特與依製造御前軍器處例不得進呼於他處官司造作并諸般科數行役等十三年十二月九日詔御藥院減縷金作頭冠作戎具作各一人腰帶作小木作各一人以司農少卿吳燠議減冗食下勅令所裁定故有是命

卷一萬六千六百六十五

御藥院

宋會要

御輦院在右承天門外掌乘輿步輦供奉及宮闈車乘之事以諸司使及內侍三人監供御指揮使一人副兵馬使三人輦官九十二人主分番擎御輦次供御輦官七十七人主分番荷御衣箱下都軍使四人副兵馬使三人輦官五百七十八人分給宮中及戚里肩輿車院兵士八十九人掌禁中及諸宮院駕車真宗大中祥符九十四月詔御輦院自來提舉諸司庫務司依例揀選轉填供御次供御輦官並各引見支賜例物今來轉填闕額輦官人數只轉役姓名即不曾揀選依例送軍頭司引見支賜或因過犯改易不得隨例引見仁宗天聖元年閏九月詔御輦院舊管供御輦官九十一人鄰虞候軍使副兵馬使各一人十將節級各三人祇應節級之人今陳乞添填供輦官十三人員僚二人十將節級各三人與舊管供御人員相兼管押以備皇太后駕出祇應二年二月詔御輦院添置供御并次供御將虞候名目以節級依次轉補神宗熙寧初有司定太皇太后出入排大安輦行龍擔子各一隨行衣褥全管押擡擎并執擎從物祇應其裝著儀注冬夏與應奉聖駕同一百四人供御充管押擡擎祇應五十人次供御五十五人下都皇太后出入排六龍輿一乘隨行衣褥全管押擡擎并執擎從物祇應其裝著儀注冬夏與應奉聖駕同六十四人供御二十三人次供御五十五人下都高宗紹興二年十一月二十三日詔行在御輦院輦官錢糧踏逐並依應天府立定依禁衛則例支破內食錢米經裁定所有元降支給指揮則例因昨兵火散失可依曆內明州對到擡諮并糧料院出到小曆內人員長行已請日支錢米等第則例令後批用批勘四年七月四日御輦院言本院下都并車子院共元額二千五百人即今見管止有二百九十餘人今來故王府等處見於本院差取若行發遣窃慮闕人內中使使欲乞自今後除大長公主公主外應故王府宮院外宅等係見占人更不抽摘候至替期及逃亡事故歸院其闕額並權住差填候額足日依舊從之五年十月十三日詔御輦院見今界滿副知孫易依專條未帳入看不候審覆先次補進武副尉應日立界充專知官候界滿將合轉承信郎恩例止減一年磨勘依使臣比析見管人各依名次遞遷其專副並應今年十月一日立界令後專知官界滿通及七年有餘依條易出補減年外如有少短年限人並依條展減　先是本院據副知孫易等狀本院公吏元額七人遞遷至副知二年界滿依本院專條未帳入看不候審覆先次補進武副尉充專知官應日立界滿轉承信郎自來即無通理年限昨緣敕令所審覆看詳專條前界人吏不知首尾供作一十四年今來已經裁減立定四人為額係八年出職比元理出職短少六年乞

卷一萬六千六百九十七

比附寺監人吏出職有餘少入仕年限條法每六一年磨勘每展及五年降一資軍大將十年敕令所貼黄雖依供到事理貼説外即未有許依旨揮令本院如遇遷轉出職具因依申明朝廷施行令來副知孫易今年九月終界滿依敕令所貼副知界滿短少不及十年合補進武副尉并與知官界滿合轉承信郎緣有短少年限未有指揮本院契勘公吏已經裁減人額難以依舊出補故有是命九年八月二十六日詔御輦院吏差正額武臣監官一員舊制本院監官四員建炎三年裁減以二員為額内一員差入内官一員差武臣至是以事繁冗從本院請也十一年六月二日詔御輦院所管輦官等有犯勘責罪狀同職官簽書仍從長官依條書斷若犯杖以上或事應追究者送所屬諸廳差破當直輦官輒於數外差占妄作緣由差占同徒二年即干託差借及借之罪亦如之諸幹辦官當内宿遇實有緣故若病患聽給假即牒以次官並赴祭假日補填並從兵部請也十一月七日詔御輦院輦官犯罪合行移降左右廂店宅務今後令本院行下步軍司比附在京日店宅務一般軍分收管十二年正月二十九日詔供御輦院遇闕令本院量度合用人數於次供御應奉下都輦官指揮使長行内揀選投名實及三年五十歲以上兩眼各一十五步見指明走跳得無廢氣殘疾外權依供御等摸樣揷兩指板過犯已滿之人揀試申尚書兵

卷一萬六千六百六十九七

部限日審驗乞填闕放行請給供御輦官依本院條以三百人為額遇闕於次供御輦官選年四十歲以上投名實及三年指揮使至長行并揀無過犯及五尺七寸五分等樣兩眼各一十五步見指明走跳得無廢氣殘疾呈驗訖申尚書兵部審驗揀填本院言難得似此之人故有是命同日詔供御輦官從本院量度合用人數於應奉下都輦官十將至長行内揀選投名實及三年五十歲已下權依次供御等樣揷兩指板過犯已滿之人揀試申尚書兵部限日下審驗充填闕額放行請給供御輦官依本院專條以五百人為額遇闕於應奉下都省内選年及四十歲已上投名實及三年十將至長行并揀無過犯五尺六寸五分等樣本院言難得應格之人故有是命同日詔應奉下都兩營輦官闕人先次招填二百人依條揀試不係河東河北陝西并沿邊化外歸明係人年二十歲依見今等樣揷一指板及依在京措置体例招收微有杖痕之人逐旋申解尚書兵部限日下審驗刺填收管依已招新人則例支破請給應奉下都兩營輦官依本院專條共以一千三百三十八人為額及依條遇闕招置揀試不係河東河北陝西并沿邊化外歸明係人外年二十歲無杖痕及三尺五寸五分已上等樣兩眼各一十五步見指明走跳得無廢氣殘疾本院呈驗揀選訖封臂解赴尚書兵部審驗刺填本院言今難得等之人故有是命四月二十八日御

輦院言下都輦官二百人依條五尺五寸五分等樣權揷板一指招刺即目行在難得年二十及上件等樣之人欲乞將降指揮將見招人降已揷一指板外更揷板一指庶幾易為招填從之十二月二十九日詔製造大輦成已降指揮於殿前司差撥巡防潛火軍兵五十人管押人在内分番晝夜巡警防護令權隸御輦院管轄若有罪犯牒本司施行仍不得別行占破差使如違依私役禁軍法科罪同日詔供御次供御下都輦官權以共一千人為額供御營二百人次供御營一百五十人下都營六百五十人先是本院言本院專條共以二千六百三十八人為額今來行在除應奉輦官并官健依已降指揮權併歸下都營外即目三營見管止有六百三十八人今來又造到大輦一乘每番差輦官九十二人五番合用四百六十人委是闕人故有是命同日詔御輦院見闕供御次供御輦官令殿前司馬步軍司於所管指揮内十將至長行内揀不係三路沿邊係人年四十歲已下不曾犯贓盜及五赤七寸五分并五赤六寸五分等樣各一十五步見指明走跳得無廢氣殘疾之人劃籍充填闕額其請給衣賜儀見今職名各從多給糧審院日下放行仍免申兵部審驗從本院改刺如有一切拘礙且依今降指揮施行以大輦成本院言闕人祗應也同日詔下都營依紹興十二年正月二十九日并四月十三日降指揮招置支破請給如有不

卷一萬六千六百六十九七

揷板及五尺五寸五分等樣之人依在京体例給與例物每名支錢五貫文令户部據合用數目逐旋入本院曆内先次批勘椿管招刺支給同日詔御輦院令翰林院差撥醫官一名每月支給合藥錢七貫文從有闕准此同日詔御輦院監官界終無遺闕與減二年磨勘在京日本院監官四員為額依治平法界終無遺闕減二年磨勘昨緣敕令所審覆本院省記條冊別無干照見得推賞不行故有是命同日詔御輦院令户部每月於本院曆内批勘池表紙五十張大歙表紙一百張小表紙二百張毛頭紙五百張朱紅一兩於左藏庫請領應副行遣造帳等使用十四年四月二十八日詔御輦院差破白直輦官如輒於數外占破或擅行差借已有斷罪條法自今後若不遵奉並許依所差人數所破請給紐贓斷罪五月四日詔御輦院下都輦官長行周明犯徒罪斷訖移降步軍司比附在京店宅務一般軍分收管今後遇有犯徒罪之人依此先是臨安府斷訖仍降作指揮下名故有是命十一月一日詔御輦院御輦官添作二百五十八人為額所闕人數從本院於次供御下都應管人内相視揀選人材堪充應奉之人填闕其次供御輦官止依舊一百五十八人為額見闕人數亦於下都輦官内相視揀選充填仍免申駕部審驗所有請給令糧審院依則例日下放行如今後闕人準此其下都見闕人數依前後已降指揮招填從本院請

也十七年四月十八日詔御輦院所管輦官忠佐至長行為係應奉人今後年及七十與將帶身分請給本營批役養老十九年四月二十七日詔御輦院專知官曹穎候專知官滿日充手分名目補填短少年月所有本人副知界滿合補進武副尉候專知官界滿依紹興五年十月十二日已降指揮補授施行其請給依舊接續批勘今後本院公吏知有短少年月之人依此本院手分押司副知官專知官四人為額遞遷至副知界合先次補進武副尉留充專知官界滿減二年磨勘依紹興五年十月十二日專降指揮條通及七年有餘出職其曹穎自入仕至將來專知官界滿出職止及五年有餘其短少年月合行補填本院言吾令曹穎作專副押司官補填即衝改立界月日及有礙以次年滿人遞遷無本人所少年係元充手分日短少故有是命二十六年三月二十七日詔御輦院見今專知官一名數減作副知以次人依此遞減憒罷人吏令本院先次出給公據候額內有闕依名次收補以裁定百司吏額也三十年正月十七日詔御輦院下都輦官減一百人令兵部比擬一般請發軍分撥排頓放停者聽兵部契勘步軍司神衛軍額請給相同可以比擬安排欲將前項所減人除願就放停人給據放停外有其餘數目令御輦院開其姓名一面移文步軍司照會收管充填上件軍分從之二十五日詔御輦院下都特減作五百八為

卷一萬六千六百六十九七

額今後不許增置招填本院供御次供御下都共以一千人為額供御二百五十八次供御一百五十八人下都六百人為額至是減之三十二年三月三日詔御輦院副知朱愿特與依已降指揮補進武副尉出職令後本院副知闕遷押司官充依舊入仕及七年有餘出補本院狀據副知朱愿狀昨於紹興二十一年十二月內試補充本院手分遞遷押司官自紹興二十三年十月一日充副知至界滿及充專知官未滿間省減吏額將愿數作副知緣愿自入仕至今實及十年有零伏見本院公吏元額四人前後並係專法及紹興五年十月十三日已降指揮通及七年有餘補進武副尉減二年磨勘依使臣法比所出職切詳元有專副二人掌管官物今來數減止愿一名掌管比之日前事務繁重已是過三年有零並無分毫闕誤故有是命孝宗紹興三十二年未改元六月十七日詔御輦院庫屋等經雨損漏并庫眼圍墻見今傾側仰兩浙轉運司日下如法修整令後每季差人赴院檢計修整施行隆興元年七月二十三日詔文思院依樣製造到平輦一乘并條衣褥事件等可赴御輦院交割施行乾道六年七月二十四日詔御輦院權以七百人為額並令招收本院契勘供御次供御下都元以九百人為額內供御二百五十人次供御一百五十人下都五百人今準前項指揮欲乞將供御以二百二十八人次供御以一百三十人下都

以三百五十八人為額九月二日臣僚言今年郊祀儀仗五輅稍備盛禮舊制禮成皇帝自端成殿備法駕御大安輦還內登門肆赦近有以大安輦費用稍多頗欲縣蕝竊惟遇三歲郊見國之鉅典豈可愛惜小費輕議更張乞將來郊祀並用五輅大安輦一如舊儀庶幾禮文全盛仰稱聖主欽崇之意從之淳熙十二年八月一日樞密院言御輦院申將來郊祀大禮本院排辦大輦逍遙平輦腰輿小輿及差撥肩輦頭冠八寶玉斝并抗打御前十閣分從物入員輦官等應奉數內大輦合前九十日教閱八寶合前六十日教閱繖扇合前四十日教習並係殿前司步軍司差到兵級與輦官相兼教習祇應務要慣熟至時應奉不致生疎今已依淳熙三年已降指揮體例每日添破食錢內輦輿下差到職掌各五百文本院副知人吏各四百文大輦下都大入員教頭大押番各三百文輦官兵級各二百文八寶繖扇下貼差到兵級營寨頗遠各人量行添破食錢一百文並就本院曆內批勘仍不理為名色次數自起教日支給住教日罷從之同日又言將來郊禮承降到大輦上新製踏道一座比之舊管踏道其樣製稍重亦合增添長闊尺寸若依舊例每番差破八人肩輦五番共差四十人祇應竊恐人力不勝今乞每番添破四人肩輦五番計添二十人共差六十人祇應并添差副都大入員一名同共管轄其添破日支食錢乞依昨本院曆內

卷一萬六千六百六十九七

已批勘過入員并輦官等則例支破從之十三年十二月九日詔御輦院減次供御輦二十八人都輦官三十人以司農少卿吴燠議減冗食下敕令所裁定故有是命

宗正寺掌奉宗廟諸陵薦享司宗室之籍丞簿以工通判寺事又有太廟后廟宮闈令各一人以內侍充後改入內內侍充　兩朝國史志宗正寺判寺事二人以宗姓兩制以上充闕則以宗姓朝官以上知丞事掌奉宗廟諸陵薦享之事司皇族之籍主簿一員以京官充宗長齋郎無掌數楷書四人府吏二人驅使官九人廟直官一人太廟后廟宮闈令三人以入內內侍充修玉牒官無定員掌修皇帝玉牒序宗派紀族屬歲撰宗室子名以進典三人楷書四人陵臺令以京朝官一員知永安縣兼令事又諸陵有副使都監以內臣充元豐改制所掌與舊畧同事具職官志　卿一人秩正四品少卿一人秩從五品丞一人秩從七品簿一人秩從八品掌凡宗室賜名立名生亡嫁娶注籍纂修三祖下宗藩慶系文字紹興十二年以修玉牒別躲玉牒所凡修纂卿少丞皆與焉詳見玉牒所　設案有二曰屬籍曰知雜吏額胥長一人胥吏一人胥佐二人楷書一人貼書二人　太祖開寶六年正月以右千牛衛將軍趙崇濟為宗正少卿凡寺官皆宗姓為之時文班闕宗姓故命崇濟　太宗淳化三年八月詔兩廟齋宮令本司常切灑掃修葺仍令御史糾察　真宗咸平二年正月從宗正寺於延祐坊　先是置於闕前廊下以地勢湫窄故從之仍建樓一

卷萬三千二百三十八

以藏宗籍　景德二年五月命太常博士趙湘殿中丞趙稹同判宗正寺　真宗以宗正職奉陵廟其任至重是歲趙安易卒帝慎擇宗姓朝臣有才望者領其事以申嚴恭之意湘時知興元稹知通州皆有治聲辟召而命之又賜三品服銀二百兩月俸皆見緡仍別賜錢十千　七月詔兩廟常令併除穢污務在嚴潔委宗正躬親提舉　十一月詔兩廟差皇城司親事官並一年一替　三年七月詔太廟殿上不得令人夜宿止只在兩廊下其宮闈令各在本廟止宿　九月宗正寺言新葬一品墳已差守墳戶每有申報望就近取河南府指揮從之　四年正月詔應諸司祠祭行事官自今不得於太廟宿齋每大祀祭用本廟室長齋郎十二人捧俎令宗正寺預先告報毋得闕事　七月詔太廟除中書門下行事許乘馬入東神門自餘並禁止如雨許乘馬入東門從者外門止　大中祥符三年三月詔宗廟新置帳設什物令宗正寺提舉收掌不得借出外　五年八月詔太廟祭前一日少府監洗滌祭器令行事官一員躬親監視　六年五月宗正寺言太廟後次北近西至后廟有屋舍不貫緊要乞差使臣相度開展寺基從之　十一月詔太廟每親行禮於祼獻前先上香其香案設於牙盤前若臣僚行禮亦設香案於牙盤前　七年八月二十三日詔御史臺不得抽宗正寺職掌　二十

卷萬三千二百三十八

七日宗正寺言太廟齋郎室長自今請於預五大饗行
事無遺闕者減一選全不赴行事者殿一選遇〔退〕不得放
選注官從之　八年二月詔宗正寺有司奉籍王牒置
他舍故得無損即日命鹽鐵副使段曄擇地營建寺初
在兆和坊至是詔從福善坊　自今判寺臣僚不得將家
屬居止又詔自今兩廟郊社如遇祭告委監察官嚴切
鈐束侯禮畢息火燭舊以無事管勾故多差老疾者為
宮闈令自今委內侍省擇幹事者代之每三年無遺闕
即與酬奬仍著為令　四月禮院言闈令係本職常有
祇應不同攝事臣僚望自今有父母喪給暇三日春秋
二日餘並一日如遇祠祭行事内侍省權差人假滿依

卷萬二千五百三十八

舊從之　九月二十三日賜宗正寺殿名曰玉牒殿堂
曰屬籍堂　十月知宗正寺趙世長言宮闈令欲與本
寺官通簽行遣公事宰臣王旦奏宗正卿是趙安仁總
領寺事恐難與内侍通簽望令仍舊帝曰不若依宮觀
例凡事令趙世長與宮闈令同狀申趙安仁據狀畫
行遣　十一月兵部侍郎兼宗正卿趙安仁言新修宗
正寺將畢請以聖祖降臨記并皇宗玉牒諸王屬籍自
玉清昭應宮移於本寺堂殿内秘藏仍以漆匣檐牀紅
羅帕幕用輦官檯舉依玉冊例差人前導其諸王屬籍
用寬衣軍人檯舉以紫羅帕幕寺官躬親迎奉從之
九年二月詔宗正寺宜令三司每月給公使錢十五千

是月出度支員外郎權知宗正寺趙世長知河陽令太
子右贊善大夫趙廓權宗正寺丞時本寺言陵廟行禮
官令大宗正卿一員少卿丞各二員主簿一員時止趙
安仁兼卿世長知寺事帝曰安仁嘗秉宰府與世長列
銜非便王旦請自今命京官兼主簿郎中已上兼丞給
舍已下兼少卿丞郎已上兼卿以為永制世長知事數
年忽令兼丞亦似無謂王嗣宗嘗言文用成坐贓死不
當使之司宗正望授外郡帝然之自是若卿闕即丞以
下行寺事而無知判之名　三月詔侍衛步軍司選剩
員兵士二十人節級二人供宗正寺巡宿三年一替
天禧元年十一月以衛尉寺卿丞趙鼎兼宗正寺主簿

卷萬二千五百三十八

鼎通判原州召還特有茲授具月給食錢廩米咸優
常數　仁宗乾興元年十一月宗正寺言入内供奉官
秦懐志自陳先差勾當后廟兼充本廟宮闈令秩滿乞
酬奬詔特與遷一資自今勾當年滿更不改轉　天聖
七年四月詔宗正寺應宮宅皇屬男年十八女年十五
令管勾宮宅所申本寺牒入内内侍省差勾當婚姻人
計會本宮宅尋訪衣冠士族非工商雜類及曾犯罪惡
之家人材年幾相當即具姓名鄉貫住止并三代御通
牒本寺本寺更切審訪詣實以聞候得旨即送入内内
侍省引見　康定元年十二月十三日同判太常寺宗
祁言太廟内神御物冊蓋牀等不用之物甚多金銀萬

餘兩歛乞析剝金銀仍以宗正寺而太廟宮闈令廨建神御庫令宗正寺就領其事從之　嘉祐三年五月詔宗正寺自今白身人娶宗室女須三代有官或父祖嘗任升朝官而告敕見存者仍名京朝官委保之其已在任者三代雖不盡官亦聽　六年十月詔知宗正寺即管勾本司公事遇祠祭許見官屬時以英宗知寺事故下此制　是月詔以太常南舊府司爲知宗正寺廨　八年正月以新修宗正寺廨爲太常寺　先是以英宗知寺事故特廨而帝固辭乃復以爲太常寺　神宗正史職官志宗正卿正四品少卿從五品丞從七品主簿從八品各一人掌修纂牒譜圖籍之事凡編年以紀帝

卷萬三千三百二十八

系而載其歷數及朝廷政令之因革者爲玉牒序同姓之親而第其五屬之戚疎者爲屬籍具其官爵功罪生死及宗婦族姓與男若女者爲譜推其所自出至於子孫而列其名位者爲宗藩慶系錄考定世次枝分派別而歸於本統者爲仙源積慶圖錄一歲圖三歲牒譜籍十歲皆修纂以進凡宗子生應授官者撰名以上司封國朝置大宗正司以統皇屬故寺長貳不專以國姓其典領職事止於如此分案二設吏六　哲宗正史職官志同神宗熙寧二年十二月二十三日詔近制皇族非祖免以下更不賜名授官只令應舉今後如遇生男女及有死亡者即令閤報逐祖下襲公爵者令各置籍纂錄

歲終上玉牒所其未出宮者仰依舊入大小學　三年六月八日詔今後應有外居皇親授下表章並閤門收接通進舊居舍屋仰宗正寺勘會本宮院兒女多屋宇少者趲那均給　元豐六年六月二十九日詔宗正寺修玉牒照用日曆所文字並稽定所書事令本所節錄其關防漏泄並依日曆所法　九月十一日詔以監察御史楊畏爲宗正寺丞仍詔宗正寺除長貳外自今更不專差國姓官蓋自有宗司以統皇族也　哲宗元祐元年正月九日宗正寺言玉牒官黃履奏自神宗皇帝登位已來玉牒屬籍類譜並未修歛乞將合編年分同熙寧十年至元豐八年三月初五日終準式編修從之

卷萬三千三百三十八

九月十六日宗正寺言既許主簿通管寺事竊恐亦合依太常寺國子監例止通管雜務其編纂圖書乞依舊例丞纂修從之　六年八月十二日監察御史安鼎言宗正寺屬籍有號宗藩慶緒錄者按慶緒二字是唐安祿山子之名今以爲皇朝本支牒譜之目其爲繆戾甚矣乞賜改易詔改名宗藩慶系錄　七年九月十四日宗正寺言本寺令宗室無服親連名非上下同者如立之與宗立之類及音同字異皆聽撰祖宗祖免已上親見依上件令文撰賜名外今來非祖免親既許本家撰名竊慮員數日增取名漸多若令依上條一一照對迴避必至拘礙訓撰不行今歛乞令太祖太宗秦王下

子孫無服親各於本祖下即依令文撰名若係別祖下無服親除所連名自合別取字外餘雖犯別祖下本字並許用所貴久遠訓撰得行又言宗室撰名自來並用兩字內取一字相連所以別源派序昭穆也昨自熙寧中立法非祖宗袒免親更不賜名授官後來逐時準大宗正司關到本家所撰名多是重疊有至數人而共一名者又或與別房尊長名諱相犯或兄弟不相連名或只取一字為名而偏傍不相連者名稱混淆難以分別昭穆之序竊恐年祀寖久流派逾遠譜籍漸無統紀除重疊共一名者昨來寺司申請已得朝旨見令改撰外所有犯別房尊長名諱兄弟不相連名并以一字為名

卷萬二千三百三十八

恐亦合改撰欲乞逐宮院將見令名犯尊長諱并字不相連及單名者並令改撰仍從本寺定取一相連字取名稍寬者聞宗正司令依倣撰名所貴稍得齊一並從之　二十七日宗正寺言玉牒宗藩慶系錄仙源積慶圖卷秩已多內宗室子有未名而卒者但曰不及名既無官爵事迹可考止欲於其父名之下總計其數注入宗室女早卒者亦如之詔可　紹聖三年五月十三日宗正寺言請太祖下有服親外其餘並連伯字太宗下子孫連季字人數未多乞依前詔止連一字用初賜不字訓名庶幾不致遷戾又宗正寺丞宗景年言請宗室賜名及非袒免親本家命名於本祖下有服親即音同

字異許用於別祖下無服親非連名即雖本字亦許用其稱祖者以宣祖之子秦王下為一祖太祖之子越王楚王各為一祖太宗之子魏王昭成太子魯陳蔡韓吳王下各為一祖其連名者隨祖宗之子而下雖兄弟數多並為一字相連庶幾分祖字稍寬不致乖戾從之

徽宗崇寧三年十月十四日宗正寺丞徐處仁言准令宗室宗婦宗女應修纂事迹歲九月上旬關大宗正司取索又仙源積慶圖每三年宗藩慶系錄每一年並於歲旦關送內閣奏聞明年合進圖冊已依關大宗正司及河南應天府敦崇院請皆立朝會從之　大觀三年三月二十一日詔宗室並依行第連名如連士字之字

卷萬二千三百三十八

之類其單名者限十日改正　政和三年正月十九日宗正寺奏訓撰宗室名之字子從公子字子從伯不字子從善公字伯字善字之子乞依公字等例許撰連名從之　六年六月十六日知鄧州京西南路安撫使許份言竊以宗正掌國屬籍而所掌祖籍凡二十有一宗室蕃衍而遷除婚姻等有司全缺關報致注鑿失實無所稽考修纂玉牒類譜宗藩慶系錄仙源積慶圖每旋行取索祖籍幾成虛文乞許令宗正寺重別取索增廣秩數編錄應有合注鑿之事內則吏部大宗正司諸宮院外則外宗正司及宗室所任州軍日下關報銷鑿稽遲者嚴立法禁詔依所奏增廣秩數仍令宗正少卿閤

丘顲措置　八月十四日宗正寺卿閭丘顲奏修纂玉牒屬籍欲自祖宗以來每朝皇子皇女及親賢　華宅各為一袟三祖下十九宮院太祖皇帝下以德惟從世令子伯師太宗皇帝下以元允宗仲士不善汝魏王下以德承克叔之公彥各依昭穆次序分位增廣袟數如有不連名及連名與別祖字行稱呼交互有礙者並限三日改正從之　七年八月十四日宗正少卿閭丘顲言為許份奏乞重別取索增廣玉牒屬籍祖譜袟數等盡一內一項宗室宗女生亡遷轉出適宗婦成禮合具三代名銜成禮月日等報寺入鑿祖簿有司多不盡時開報自來未法禁緣大宗正司西南兩外宗正司不報已有立定杖八十斷罪乞令後供報漏落官司人吏並依已立內外宗正司斷罪約束指揮施行若外任及外任宗室失申罪亦如之仍委大宗正司每月一次據宗室所檢舉行下并報本所以憑銷鑿從之　宣和四年二月二十九日宗正少卿趙子崧奏神宗哲宗兩朝帝系類譜未曾編纂乞就寺委官詔差子崧至九月成書進呈送宗正寺玉牒殿寶藏詔子崧特轉一官　五年七月十一日臣僚言宗正所以崇奉玉牒元豐董正治官處長貳不除專以丞聽寺事蓋與太常祕書號為三丞其選甚清自來率用館閣英俊以重屬籍之寄比來用人浸輕頗失本旨請今後宗正丞依太常祕書丞選

差　欽宗靖康元年五月十八日詔宗正寺丞替成資闕　高宗建炎三年四月十三日詔太常少卿一員兼宗正少卿丞簿並罷　同日詔宗正寺吏人減半　紹興二年七月二十八日太常少卿兼宗正少卿李易言本寺昨緣渡江散失玉牒祖簿等文字令相度欲乞令大宗正司西南兩京外宗正司及內東門司委自逐司取會應在州軍縣鎮寄居侍闕見任并隨司南班外官等同宗室三代生亡年月日時官爵及叔伯弟姪兒孫等并宗女出嫁夫係何官位姓名宗婦係何人家女逐一開具保明報寺本寺置籍依逐祖字號宮院編類成策如續次有生亡等事并有軍前回歸之人亦行報寺以憑書注入籍免致散漫從之　三年四月二日宗正寺言據西外宗正司申州軍縣鎮等處本司各無統攝難以取會本寺令相度欲令大宗正司兩外宗正司依元立宗支式樣關牒諸路運司移文行下諸處委本處見任宗室或見任官一員取索縣鎮州軍次第申轉運司轉運司再行保明詣實申所管宗正司驗認無偽冒差漏報本寺以憑編類修纂從之　六月二十三日知大宗正丞謝伋言宗正之掌圖牒所以分源流之遠近定世次之踈戚比年以來雖間置卿漫不省察宣和之間有乞附屬籍而非宗室者令圖是也近年以來亦有詐稱宗室而興兵者不覺也是遂慮過防必於無事之

際世系遠近當使天下明知之漢律郡國歲因計上宗室名籍令宗正有寺而無官以太常丞治望令宗正寺下州縣取索名籍編修玉牒或為宗室世系名籍遠近之序頒天下不惟有礙御賚條令竊慮若使天下明知宗支名籍服屬遠近必致浸生僞冒官司無以考證兼近日根勘僞係王緣不知服屬遠近遂至敗露禮部令勘當欲依令來所陳事理施行朝旨送禮部行下宗正寺依已降指揮候諸路取索報到編修成籍日申尚書省　九月十四日詔取索宗室生亡官爵嫁娶等事遂州專委通判一員　十二月九日詔復置宗正少卿一員　四年九月十日宗正少卿范沖言宗依條訓

永樂大典卷一萬三千四百三十八

撰宗室賜名具無重疊申吏部學士院看定諮報中書省取旨施行緣渡江之後散失譜籍無憑照據重疊欲乞自今後如遇訓名本寺撰訖從本寺行下大宗司勘會如有重疊别行改撰從之　五年五月二十六日詔宗正寺少卿依一般寺監破衣糧親事官四人　閏二月二十七日詔復置宗正寺丞一員仍除知婺州金華縣孫緯填闕以緯收得宗枝事迹諳曉編類修纂屬籍次第從宗正少卿范沖請也　四月二十六日宗正少卿范沖等言宗支文字恭合照應編類修纂共成下項一欵以仙源慶系屬籍總要為名一太祖皇帝太宗皇帝一秦王一母氏一始生一宗婦一宗女一宫院一宫

爵一壽考一賜謚如可依此修纂乞降下遵守從之　五月七日宗正少卿范沖等言本寺見遵依聖旨編類修纂仙源慶系屬籍總要有申請事件並從之　一令來將已降指揮宗正司取索報到宗室等家狀與本寺丞孫緯收到從來宗支等文字一處参照編類修纂所有應宗司未取索繳報到州軍去處欲乞朝廷嚴賜行下三京宗司依元立到式樣催督遂行取索勘驗保明報寺一合用紙劄朱紅令欲據每月合用數目從本寺直牒臨安府收買供送一本寺除職級見有二人外其舊額手分貼書楷書各四人並各减半了當今來止有知雜屬籍兩案內手分各有壹名欲於主行編修屬籍

永樂大典卷一萬三千四百三十八

案內復置手分一名於本寺守闕貼書內不候及年先次隔等便行試補填闕一次如無合格之人即於諸寺監庫務及應千官司去處踏逐指差内抽差到人候及一年若不願歸司者即與撥填入額其請給還補出職並依本寺見行條法一乞下左藏庫量行支降錢三百貫文付寺充和顧及審量食錢幷雜支使用其使不足申乞接續支降　六月十六日詔宗正寺編修到太祖皇帝慶系令先次進呈　八月二十四日宗正寺丞孫緯言修纂祖宗慶系宗室所供文字即無皇后與公主似為闕典緯欲將本家收到本朝諸書檢討編類别作一項修入慶系總要從之　十一月二日詔宗正寺編

類修纂仙源慶系屬籍總要已投進了當專一修纂官寺丞孫緯與轉一官胥長胥吏〔史〕各支絹五疋胥佐三疋貼書楷書二疋　七年七月二十四日宗正寺言太祖皇帝下希字子歆連作興字太宗皇帝下崇字子歆連作必字親賢宅居字子歆連作多字　華宅卿字子歆連作茂字魏王下夫字子歆連作時字從之　八年十二月十七日詔宗正寺編修太祖太宗秦王下仙源慶系屬籍總要令接續修纂合行事件並依已得指揮本寺少卿張綯言昨來編修太祖太宗秦王下仙源慶系屬籍總要今來已及二年有餘諸處文字漸多若不乘時接續修纂切慮歲久文書浩渺卒難考正編類費工欲將續到宗室事迹與已編修屬籍再行參合照應編纂故有是命　卷萬三千一百五十八　九年八月十五日詔令東京留守司搜訪屬籍文字繳申尚書省從封司員外郎薛嘉言請也　十年閏六月二十九日宗正少卿江公亮等言承朝廷送下搜訪到東京已經進呈宗藩慶緒錄并宗室班位宗女宗婦簿共一十五冊約二千餘板本寺再行參照得與近來取會應諸路報到事迹等各有異同及缺文差訛去處頗多委是文字浩大卒難盡行編修今欲乞依紹興五年本寺丞孫緯已編修進呈體例將太祖皇帝慶系先次進呈其太宗皇帝秦王慶系續行編修進呈兼契勘紹興五年係修寫二本一本進

入一本在寺崇奉令檢准在京日進呈玉牒條例係入內內侍省差承受官一員進呈畢迎奉安奉今來編修到亦係祖宗慶系今乞比附進呈玉牒條例更不乞差承受官外止乞令本寺官進呈訖迎奉赴寺安奉從之十一年八月十一日詔宗正寺編修太祖皇帝下仙源慶系屬籍已進呈訖少卿江公亮丞郎大受各與減磨勘二年人吏量行犒設　二十六年十二月二十日詔宗正寺復置胥佐一名守闕貼書二人額外習學貼書二人並行減罷其胥佐貼書依名次數減候有闕次第收補以裁定百司吏額也　二十八年四月詔宗正寺修纂宗藩慶系錄候將來接續進呈仙源積慶圖日一　卷萬三千一百五十八　就進呈　二十九年閏六月十六日詔宗正寺胥長滿五年通入仕及三十年依太常寺條格體例補將仕郎依條解發出職　八月二十三日詔玉牒所宰臣提舉依舊修書官一員同宗正卿丞修纂更不置檢討官三十二年閏二月二十九日宗正寺簿除不預修纂玉牒外其餘職事相兼管幹更不支破折食錢以上中興會要紹興三十二年孝宗已即位未改元十一月二十四日詔宗正寺職掌減一年出官該遇皇帝登寶位也孝宗隆興元年七月二十六日詔宗正寺併省主簿一員見任人許終滿今任已差下依省罷法從右諫議大夫王大寶等議也　八月三日宗正寺狀依指揮條

具併省吏額見管胥長一胥史一胥佐二人貼書二人楷書二人令乞從下減楷書一名依見在人且依舊將來遇闕更不還補　二年閏十一月二十七日詔宗正寺丞簿令後並依舊制以上乾道會要　玉牒所　宮闈令　陵臺令

永樂大典卷二萬二千一百三十八

宋會要　大宗正司

仁宗慶歷四年二月二十三日大宗正司請自今後皇族凡有違慢過失並從本司取勘施行從之　至和二年五月以皇子汝南郡王子右領軍衛大將軍宗師為嚴州刺史北海郡王子右監門衛大將軍宗喬為右領軍衛大將軍皆以其父領大宗正久因乾元節推恩特遷之後毋得為例令大宗正司每歲有與子減磨勘恩例乃緣其制也允讓允弼領大宗正在景祐三年七月汝南郡王即允讓扶風郡王即允弼也　嘉祐六年正月七日判大宗正事允弼言自創置本司所降宣敕劄子指揮及約束條貫甚多獨未編脩欲望差潭王宮教授周孟陽燕王宮伴讀李田與臣編條對讀裝寫乞差都監任修古監勒從之　英宗治平元年六月十三日詔夫明德以親九族正家而刑萬邦古先哲王罔不由此朕嗣守丕業率循舊章惟皇屬之敦和命宗臣而董正惟累聖承繼百年咸隆荷宗社之慶靈茂本支而蕃衍念其性本於仁厚宜廣學以勤脩顧其日益於衆多必增員而統理故外已詔於儒學各選於經師而內仍擇於親賢共司於屬籍庶乎叶贊其職並修厥官糾乃非違先以正而為率勉夫忿懥惟其善而是從式孚于休以副予意英宗既命增皇親宮院學官以謂宗室之威數倍於前而宗正司事亦煩多乃增置同知大宗正

永樂大典卷二千一百二

事一員選宗惠爲之仍降是詔九月二十五日判大宗正事允弼等言詳定到皇親聽書等賞罰規式詔依所定施行　三年四月以懷州團練使宗惠爲恩州刺史罷同知宗正事止其朝參坐女僕相告訐語不順故也是月以密州觀察使宗旦同知大宗正司事　景祐三年置熙寧三年五月併管勾睦親廣親并提舉郡縣主宅所歸大宗正司　神宗正史職官志大宗正司知及同知官各一人以宗室團練使以上充丞二人以文臣升朝官以上充掌宗室之教法政令以行藝訓道而敦睦之受其辯訴之事而糾其失微罪則先劾以聞即法例有疑不能決者同上殿取裁若宫邸因事出入日書

卷二千一百二

於籍季終類奏歲錄其存亡之數隸宗正寺記室一人典箋奏講書教授十有二人分位講教兼領小學之事自熙寧初置丞省記室講授員增給以祿而大宗正歲與子若孫推恩及十年則加褒賞由是宗子屢有中進士第者人自矜飭以勸學焉分案五設吏十有一（哲宗正史職官志同）　神宗熙寧元年二月一日以皇伯吉州團練使宗惠權同管勾大宗正司事候允弼服闋日依舊　三年二月中書門下言大宗正司請置丞二員于睦親廣親宅從之命都官員外郎張稚圭知丞事繼以光祿寺丞李德芻同知丞事五月十八日廢管勾睦親廣親并提舉郡縣主宅所歸大宗正司從知宗正丞張稚圭請也

先是宗室舉動皆爲管勾内臣所拘制稚圭始請罷之上令并罷郡縣主宅提舉六月十四日大宗正司言行省管勾睦親廣親并提舉郡縣主等宅所並令本司依例一面管勾令有合行約束及廢置八事乞指揮詔内除應諸色人并婢嫗犯杖罪以下乞從本司一面勘斷不行外餘並從之（續錄上云廢置八事不載事目）四年二月六日同知大宗正丞李德芻言欲乞自今後皇親應有内外親族吉凶幣省合出入事件編成則例更不逐旋奏知及日申本司只令勾當使臣置歷抄上赴大宗正司簽押其榜子每月類聚奏聞從之　五年七月六日詔自今宗室犯過失杖以下委宗正司劾奏二十二日知大宗正司

卷二千一百二

宗旦言宗室所投文字或違例礙條退回即生誣怨或情有可憐而例無其事或事涉違冒而理或可容乞自令有疑難事許上殿敷奏或許同見執政稟議從之　八年三月六日詔宗室換官及外居者隸大宗正司管勾五月六日詔知大宗正司官及十年取旨仍歲與一子若孫遥郡刺史以下官减二年磨勘七月二日皇伯昭信軍節度使知大宗正事宗旦降授彰化軍節度觀察留後忻州防禦使同知大宗正事宗惠降授霸州團練使坐不察世居陰謀乃有此責同知大宗正丞事宋靖國諸王宫記室參軍王璲皆坐累奪官一秩　九年五月十四日中書門下言大宗正司官候管勾及十周

年取旨勘會同知大宗正司宗惠治平元年六月差同知大宗正事至二年七月再差同知所是先管勾月日合與不合通理詔許自權同管勾年月通理仍依宗旦例展二年取旨　元豐三年八月二十六日詔判大宗正司宗旦舊例添厨食料雖有後條銜革可以見領宗正特給之他官雖等非職事同者無得援為例　五年二月十五日武昌軍節度觀察留後同知大宗正宗惠進封江夏郡王知大宗正武勝軍節度觀察留後宗晟同知大宗正十一月十八日詔大宗正司不隸六曹其丞屬聽中書省取旨差　七年六月二十七日以安化軍節度使同知大宗正事高密郡王宗晟知大宗正事

卷一千一百二

相州觀察使宗景同知大宗正事　哲宗元祐三年四月二十六日詔宗室嫁娶依舊制大宗正司勘驗　四年詔宗室越本司訴事者罪之　紹聖元年七月七日詔知大宗正司宗正司宗晟管勾實及十年合得恩澤特與回授長男吉州防禦使仲御除府州觀察使　二年八月七日三省奏事上曰皇族狃習富貴或弗能以禮法飭其下獨同判大宗正司宗景家法甚嚴兹可佳也輔臣對曰景　領宗事十餘年職事亦修聞其德性安和不以爵祿自驕可以勸率宗親上曰可加使相仍進封郡王制以宋景可特授開府儀同三司判大宗正事特封濟陰郡王　三年七月十一日禮部言乞宗室

貼司一名下脫守闕正名貼司一名

袒免親授外官人若未曾參部者並依宗室例令大宗正司管轄從之　徽宗宣和四年三月二十日尚書省言判大宗正事江夏郡王仲爰等奏本司自熙豐而來三司至六曹非相統攝於本司皆行公牒昨來吏部司封不依上條於政和五年創行請申將合取會事務不行公牒直押貼子付本司取會緣本司即非司封所隸既非所轄自當公牒取會欲望降旨令司封遵依元豐舊制施行從之舊置判大宗正事同判大宗正事知大宗正事同知大宗正事知大宗正丞事同知大宗正丞事各一員今置判大宗正事知大宗正丞各一員舊置主押官一名押司官一名前行一名後行一十二人正名貼司一十一人守闕正名貼司四人私名貼司一十人今置主押官一名押司官一名前行一名後行七名正名貼司一名掌本司事務士案係掌行南班宗室磨勘轉官襲封及緦麻袒免親嫁娶房卧錢宗室賜名授官宗女夫乞官郡縣主奏薦遺表恩澤宗室乞岳廟差遣換官降生立名等事務戶案係掌行南班宗室請受非袒免以下親降生分割財產嫁娶房卧錢并宗室出磨添破陳乞孤遺錢米并數實諸路孤遺錢米等事務儀案係掌行宗室朝參主奉祠事陳乞入道為尼及太廟五饗三獻奏告等行事差官并宗室應請量試贈官南班差藥院等事務兵案係掌行宗室差親事官兵士

卷一千一百二

省馬等事務刑案係掌行宗室陳乞敘官除落過名作過犯罪拘管鎖閉年滿放免等事務工案係掌宗室外住修造本司應雜事務　高宗建炎三年四月六日知大宗正丞孫逌言南班環衛官宗室已降指揮權於洪州置司所有宗室及本司官吏請給并居住屋宇乞依先置司江寧府已得畫一指揮施行請給乞令本路轉運司於上供錢內應副屋宇乞從本司於本州係官屋舍并寺觀內量行摽撥從之十四日知大宗正事仲琮言昨因皇帝駐蹕南京即令本司先次救率南班宗室渡江前來江寧府權行置司契勘江寧府邊江纏界遂時兵馬往來駐劄少得係官屋宇見令宗室分撥在寺舍居止緣本司所管宗室數多南班近屬伏望特令於僻靜去處如本路信州或江西路虔州權行置司令宗室往假居住若諸環衛官不當遠去闕庭即乞依已得指揮令臣選擇老成有德行者十數人留行在以奉朝請其家屬除願留自隨者外其餘並令與衆宗室於所指州居住所有宗室并本司官吏請給等並乞依昨來務司江寧府已得劄一指揮詔依令虔州置司七月三日知大宗正丞洪子陽言在京南班宗室前往東南擇寬廣州郡置司居住本司遂陳乞前來建康府當時隨逐本司南班宗室共三十餘員其餘願留京師者朝廷亦許之自此本司遂分為兩處凡行移及朝廷諸處取

卷一千一百二

會文字事干兩處者其應報多不得圓備不免遞中往復至于再三可以結絶動至經年近者數月人吏胥往來則互有不知首尾之托況今日京師糴貴百倍其他物價類皆翔湧宗室何可久留乞令在京宗室與本司依舊併而為一庶無行移往返人吏更番之弊宗室易為檢束知宗仲琮契勘若將東京本司并在彼南班宗室與行司併而為一則宗室無致散漫人吏便於行遣從之　四年六月八日大宗正司言西外宗室已到南雄州置司月支錢三千餘貫米二千餘石大宗正司移廣州未見得合支數目雖許用上供錢見並無合用錢米詔士㒰并南班官除合破使臣人從依已降指揮並減半外仍仰本路漕臣將合支請給那融應副十月十二日大宗正行司言近被旨虔州置司切慮到彼官司無邀應副道路迢遠難以旋行申請候到吉州或體訪得虔州若有瘴氣或有盜賊逼近欲乞臨時擇穩便州府遂急遷移前去其宗室并官吏等請給令本路轉運司并本州應副有旨並依先據知虔州守倅親來報虜騎已至萬安縣州民驚擾勢相逼脅慮有不測本司已往廣州置司訖其宗室并本司官吏等請給屋宇等令本路轉運司并所至州府並令應副施行從之　紹興元年十月九日中書門下省言大宗正司見在廣州西外宗正司已移司湖州南外宗正司見在泉州置司

卷一千一百二

所有行在宗子見令無官管轄詔行在權置宗正一司差趙仲蒸權行主管二十日權主管行在宗正司趙仲蒸言被旨差充上件職並不辟置官屬欲乞正差手分一名貼司二名充行遣文字從之　二年正月十四日尚書省言大宗正司在京日止係一司差近上宗室主判昨因巡幸權移廣州置司續降指揮以行在宗室無官管轄權置宗正司差官一員權主管緣一司案牘並在廣州其宗子等陳乞請受補官恩澤婚嫁等事行移取會往復留滯及有不遵條法賭博私醞搔擾官司宗子合要近上宗室充正官彈壓兼廣州見管南班宗室並係近屬理合移赴行在詔仲湜除兼判大宗正事士㒟除同知仍令仲湜將帶濮安懿王園廟官屬等士㒟并見管宗室官屬等並赴行在候到其行在宗正司官吏並罷四月十八日詔諸宗室非袒免親詐稱袒免親陳乞起支請受者論如詐欺法宗正司保明審驗不寔與同罪著為令以戶部言宗室有詐稱袒免親妄經所屬陳乞給歷放行請受故也六月二十一日知臨安府盧知原言訪聞大宗正司及南班宗室目令逐旋前來行在緣修建宅舍尚未了當全無安泊去處欲將同文館及明慶寺廊屋應副候修造了畢依舊詔從之即不得多占間數及損壞屋宇十月二十四日大宗正司言修蓋新宮乞依舊以睦親宅為名從之　四年正月十

卷一千一百二

五日檢校少保光山軍節度使同知大宗正事士㒟言大宗正司以臣敘銜在同知大宗正事令時之上緣令時於臣為兄令聯次非宜尊卑失序難以風勵宗屬竊見祖宗法大宗正司官三員如仲爰係判仲湜係知仲議係同知皆以職事相壓令臣與令時並係同知自合以臣在令時之下況頃先父仲御係節度使同知而宗粹係觀察使為知宗其宗粹係先父仲御族叔遂以尊卑相壓更不論官序乞賜改正從之仍令學士院降詔正月二十九日寧遠軍承宣使同知行在大宗正事安定郡王令時言准大宗正司牒士㒟奏乞敘銜在令時之下奉旨特依契勘在閨門之內則有長幼之序於朝廷自有官資高下之列令宗正司正當奉行條令風勵宗室若使冒處有礙官制伏乞改正詔不允二月二十六日吏部言大宗正司所乞宗室到部注擬既本司見令未有予照見得服紀自合令參部人指定宮院三代名諱會問從之十月十二日知大宗正丞胡如壎言本司前後蒙朝廷送到有罪合拘管宗子人數不少今來本司已得從便指揮若將帶隨行切慮道途難以照顧別致生事欲乞將見拘管人先次發赴而西南兩外宗正司拘收庶免疎失從之　五年六月十六日詔知大宗正丞事依宗正寺丞作職事官支破請給七月四日知大宗正事士㒟言近除安定郡王令玒同知行在大

卷一千一百二

宗正事令玒雖係觀察使於士㒟為族兄欲乞敘位在令玒下從之仍令學士院降詔九月十一日知大宗正事嗣濮王仲湜言乞將本司人吏依行在百司例支破贍家食錢糧料院狀擬準敕自今日已後官司吏敢輒稱養贍不著乞增添請受以違制論雖有請降到指揮亦仰戶部執奏不行契勘大宗正司乞支破人吏贍家食錢委有礙前項指揮詔特依宗正寺人吏等第支破贍家食錢仍免執奏　六年四月十三日禮部言非袒免宗室訓名係宗正司報宗正寺如今後宗正事參照得却有同名宗室乞令本寺分明開說重疊因依報大宗正司別行點定回報宗正寺施行從之八月三日同

卷一千一百二

知大宗正事士㒟言伏覩安定郡王令廣同知大宗正事有司循習故常以官序列士㒟於令廣之上緣士㒟視令廣為族兄若從常制實乖恩義況令時令玒亦緣官序不倫已曾陳乞令士㒟序位遂官之下欲望許令令廣序位在士㒟之上從之仍令學士院降詔獎諭　八年五月二十二日詔仲儡除知大宗正事人從除置首官外並特依仲湜體例施行　十年二月七日臣寮言伏覩近降指揮許侍從官舉所知各兩人獨於宗族未許薦拔欲望許兩宗官亦各舉所知宗室三數人以待朝廷任使詔許各薦二人　十一年四月三日光山軍承宣使同知大宗正事士樽言伏覩臣寮奏乞宗官各

舉所知宗室三數人以待朝廷任使紹興十年二月七日有旨許各薦二人士樽承乏大宗寵慮亦合依準上件指揮宗子才能之士協于公議者具名上聞以備任使庶幾仰副朝廷敦激勸之意從之九月四日同知大宗正事士㚊士樽言行司間有公事不可專決者申請往來定成留滯欲望許士㚊等自今後輪那前赴行在大宗正司稟議庶免別致生事詔遇有職事赴行在本司令奏取指揮　十二年五月六日知大宗正事權主奉濮安懿王祠事士㚊言行在睦親宅趁赴朝參南班宗室元係一十七員今止有一十三員後來雖申取指揮令士街等赴行在趁赴朝參又緣士街等並以病免

卷一千一百二

令相度欲乞據見闕員數於紹興府行司南班宗室內選擇循中規矩別無疾病可以趁朝參之人具名申取朝廷指揮仍乞令後遇有行在睦親宅趁朝之宗室事故准此施行庶免遂時奏煩從之　十三年二月二日詔令來見行正殿等禮儀其宗室正任與外官正任係閤班起居可將紹興府大宗正司正任並發赴行在令奉朝請閏四月四日詔今後宗子除依條合該賜名人外其餘並限一季本家具名一二十字經所屬陳乞申大宗正司點定為名以宗正少卿段拂等言宗室名犯重疊者多故有是詔十一月三日知大宗正事權主奉濮安懿王祠事士㚊言宗司近承准玉牒所取會宗子

宗女宗婦年甲三代等事本司遷徙以來文籍散落雖
遂旋供報往往未得圓備兼自出京之後宗子寓居四
方者其所生子孫分散仕宦兩間有未曾申明本司者
欲望下諸路轉運司令所在州縣不以寄居見任應及
請錢米宗子各具是何宮院及三代年甲兒女嫁娶誰
氏等申行在大宗正司并紹興府行司注籍照會應令
後宗子參部或赴官或經過置司處並令參見宗官仍
具腳色狀一本赴司供納不唯有以稽考亦足以見其
履歷能否如有功罪顯著之人聽具名申尚書省以備
朝廷升黜或有違戾者亦乞具犯人奏劾施行庶使人
人自重可以關防仰副陛下置司糾合之意從之　十
五年八月二十二日同知大宗正事士稱言南班宗室
卷一千一百二
在外居住人若非換官其出入並依在宮法令在外各
無門禁欲望令後外居南班宗室有犯約束取旨拘收
入宮居住如情理稍重奏裁從之　十六年二月九日
詔同知大宗正司士稱職事修舉可與減三年磨勘
十七年二月二十日詔同知大宗正司士夽職事修舉
可特轉行一官九月十七日知大宗正事權主奉濮安
懿王祠事士夽言大宗正司在東京日自有置司去處
近年以來遷徙不安只於宗官廨宇內隨宜擗截委實
窄隘丞官亦無治事之所緣本司所掌內外諸州軍宗
室宗婦宗女生亡嫁娶補官請給及諸錢米帳狀干照

等文字事體至重左近接連居民草屋寅夕不便欲望
踏逐寬廣去處修蓋或未有去處乞下臨安府相驗見
令置司處如有居民接連依倉場庫務事體除折量空
地及廨舍內蓆草屋亦乞改修瓦屋免致疎虞詔令臨
安府措置十九日詔福州觀察使士稱罷同知大宗正
事提舉江州太平興國宮職事不修累致詞訴故也
十九年九月十八日詔華州觀察使士街差同知大宗
正事令行在供職所有差破宣借兵士并請給等並依
士夽士稱已得指揮施行　二十年八月十二日詔皇
叔泉州觀察使同知大宗正事士街特授安慶軍承宣
使依前知大宗正事以磨勘應遷也十六日安德軍節
卷一千一百二
度使開府儀同三司萬壽觀使權主奉濮安懿王祠事
士夽言臣陛辭之日恭聆玉音論及行在宗官令有臣
所知廉州防禦使士籛游心藝文練習世務若蒙差填
在宗官見闕員數委之表率必能展盡所長以副識拔
詔從之　二十二年七月二十五日詔同知大宗正事
士籛應往支支賜賞賜米麥公使請給等並特依士夽
已降指揮全行支破十二月十一日詔大宗正司并紹
興府行司知宗權通以兩員為額士夽闕更不差官
二十三年閏十二月四日詔同知大宗正事士籛職事
修舉依士夽例與轉行一官　二十四年九月二十七
日禮部言萬壽觀申檢準大宗正司條遇元日寒食中

元十月朔冬至差南班官詣萬壽觀朝拜緣本觀後殿見安奉會聖宮章武殿祖宗神御合與不合朝拜尋下太常寺勘會每遇元日寒食中元十月朔冬至差南班宗室朝拜萬壽觀已有立定條法外所有萬壽觀後殿見安奉會聖宮章武殿祖宗神御其所差南班宗室亦合朝拜緣本寺自來未有該載朝儀式令隨宜修立是日令所差南班宗室先詣萬壽觀殿下兩拜訖詣香案前搢笏三上香執笏復位再兩拜訖退次詣後殿會聖宮章武殿下朝拜上香並如朝拜萬壽觀之儀從之

二十六年三月二十八日詔大宗正司不限文武如有忠義孝友文行廉謹政事剛明可以立治功可以為時

卷一千一百二

用薦之於朝以備顧問先是安定郡王令衿奏請故也

二十七年正月二十五日知大宗正丞喻樗言近降指揮宗子宗女宗婦應干恩數合請於宗司者其申陳及保明等事狀專命臣寮分門編類立為定式緣上件事理並隸本司所掌詔令敕令所同本司官編類 二十九年三月十七日安慶軍節度使同知大宗正事士錢言與親兄士街同任宗事而兄士街見係承宣使自來宗司文移以官高下列銜乞依士儀例於士街之下列銜從之 三十年四月九日詔恩平郡王璩已除判大宗正事其合行事恩數請給並依見行條令及士儀例施行九月九日安德軍節度使同知大宗正事士街

言合破内知客一員乞依同知士錢下内知客添給茶湯錢一十五貫并合破袍笏祇應伏覩同知士錢下差到殿侍充袍笏祇應見放行驛料令來已差到殿侍四人即不敢援例止乞每月各人特添給茶湯錢一十貫從之 三十一年二月二十一日詔令大宗正司選擇保明宗室二員代西南外兩司見任人先是臣寮言西南外宗置司泉福所以糾合天支訓飭同姓也比有漳州百姓黄瓊商販南番其父客死異鄉物貨並已乾没空舟來歸所有通判官司追索佑賣其舟知宗士術借名承買必有委曲小人迫切不能訴於州縣監司此所以不遠數千里銜冤抱枉投匭而赴愬比聞朝廷行下

卷一千一百二

本路提刑雖先給還其舟而前人所負倍稱之息蓋有未易償者如此則是舟必折而入於知宗之家臣恐小民無以自免乞令有司立法如兩宗司今後興販番舶並有斷罪之文并薰降每歲往泉南議事指揮亦乞寢罷況兩司知宗在任年深欲乞别選宗英往代其任故也三月六日臣寮言近詔大宗正司選擇保明宗室二員代西南外兩宗司見任人臣切謂兩外宗司本以訓飭同姓使知禮義而表率今聞貪冒不止是豈置司之本意今日南班至少昨亦盡令居内以奉朝請令雖保明二員若専於南班則不過見在十餘人以臣管見擇内外文臣宗室之廉正者況文臣宗室之除自有故事

所宜遵守不必拘於近例詔令三省選差文臣宗室一
次　孝宗紹興三十二年（未改元）十月十八日詔皇叔蘄
州防禦使士籛換用恩平郡王璩減年磨勘轉官指揮
更不施行以起居郎兼權中書舍人周必大奏南班正
任十年一轉須用實歷無回授法故也　隆興元年二
月二十七日安慶軍節度使同知大宗正事士籛奏臣
竊見方今邊埸未寧調度尚繁法行當自親近始臣契
勘生日支賜郊祀賞給最為優厚欲乞並各權行減半
書表客司宣借兵士各乞量減從之六月九日同知大
宗正事安定郡王令譮言契勘宗子宗女宗婦陳乞請
受出給料歷法令太密行移往復遷滯遂致失所合行

卷一千七百二

奏稟下項一孤遺錢米乞從本司據憑省部關牒州郡
保奏依法施行一袒免以下宗女若夫亡及休離歸宗
陳請孤遺錢米不以有無子孫特與批放一初出官人
并選人改官出給請受文歷若依元申明先關諸司審
計司驅考緣審計司於本司即非所隸難報遲緩欲乞
特免本司關會一節候本司牒到令太府寺徑行驅考
施行戶部看詳欲依本官所乞事理從之九月七日大
宗正司言依指揮條具併省吏額本司除主押官押司
官前行外於後行及正名貼司內從下各減一名從之
　二年正月二十七日令譮言本司專掌屬籍自渡江
後文字散遺修纂未備乞從本司立式繳牒諸路轉運

司行下所屬州郡取索見任寄居待闕并無官宗室宗
女宗婦依式供具家狀限半年類聚齎赴本司以憑編
類如取索違限及供報不圓并許本司申請朝廷指揮
施行從之二月一日大宗正司言太常寺報到差南班
宗室太廟行事官本司置籍輪差往往稱疾請假慮至
期誤事遇有請假欲從本司差以次官行事外依原降
指揮宣醫如見得託疾從宣醫官徑申朝廷乞賜行遣
從之　乾道五年八月十三日同知大宗正事士銖言
本司諸宮院元差宿直醫官三員近降指揮減罷止差
小方脈一員令乞依紹興府大宗正行司例更存留大
方脈一員從之　七年十月十六日詔紹興府大宗正
行司可併歸行在大宗正司其見任并已差下官屬並
依省罷法恩平郡王璩改判西外宗正事

卷一千一百二

宋會要　外宗正司

崇寧元年蔡京申請宗室既許分居兩京輔郡乞於兩
京置外宗正司擇宗室賢者管斡逐處一人仍於本州
通判職官內選二人經理丞簿凡外任宗室事下干州
縣者外宗正受理大觀三年罷政和二年復置中興南
渡後南外置司泉州西外置司福州丞係倅兼簿係僉
判兼紹興府亦有宗正司乾道七年省紹興府宗司隸
行在　紹興二年六月七日知西外宗正事士衎言西
南兩外宗司相去不遠鈐束訓導事體一同有未便者
理有商議望許兩司宗官每年一次往來商議職事從
之　隆興元年刑部言大宗正司奏犯罪宗子雙日送
西外隻日送南外本部看詳欲依乞從之

卷一千一百二

祖免疑袒免

宋會要　敦宗院

徽宗崇寧元年十一月十二日提舉講議司宰臣蔡京等言逢考神宗詔
書係其宗室事當今可行者乞付本司立法一袒免外兩世貧無官者
不賜官又不量試故熙寧詔書惟賜田土此服屬既盡而恩有不可已者
也今宗室未食祿者與夫宗女未嫁者甚衆世數既遠祿不可及乞依熙
寧詔書賜田其田並於兩京近輔沿流州軍取應未賣官田物業撥充每
州府各置宗室官莊轉差文武官各一員與逐州通判同行管幹逐縣仰
縣兼管仍差措使二員所收錢物並付係省倉庫收對每歲量入為出常
於三分內樁留一分以待水旱約服屬遠近每月量支俸料宗女量給嫁
資仍立定則列量支婚嫁喪葬之費其逐州自今後應有沒官田產物業
更不出賣並撥入官莊與管幹官并措使並增俸料若能擘畫增衍量立
賞典或致虧欠亦立罰格仍先於京西北路撥田一萬頃並從本司立法
行下一宗室舊來在宮有出入之限有不許外交之禁宮門有機察之義
令今屬外居僅通都下積日滋久殆不能容出入無禁交游不節往冒
法犯禁其貧不能給者甚於齊民無資產以仰事俯育無室廬以庇風雨
若不居之兩京散之近郡立關防機察之令或一有非意犯法則勢有不

卷一萬六千六百六十六

可已者今請非袒免親以下兩世除北京外欲分於西京南京近輔或沿
流便近居止各隨州郡大小創置屋宇仍先自西京為始每處置敦宗院
差文臣一員武臣一員管幹參酌在京宮院法禁可施行者頒下應無父
母兄弟見任將軍副使以上官者許令前去若有父母兄弟而願去或無
而不願者聽從便依外官赴任立法量破舟船接人仍乞先下大宗正司
取索願出外宗室職位及家屬數目行下西京并本路轉運司踏逐係官
舍屋如無官舍即擇寬廣去市井稍遠去處相度修蓋約人數計口給屋
量數先次蓋造一宗室今既許分兩京輔郡乞於兩京置外宗正司當擇
宗室之賢者管幹逐處各置一人仍自朝廷於本州通判職官內選差二
人兼領丞簿以主其事凡外任宗室事不干州縣者外宗正司受理干涉
外人即送所屬推治其宗正司官吏受乞財物凡有違犯並依外官法其
一宗約束及人從俸給並從本司參酌立法行下一今雖置學立師為量
試之法然所學未廣遽使出長入治必未能守法奉公而至癏官廢職伏
請依熙寧文武官試出官法再試經義中選者許令出官若再試不中者
止許在宮院使食其祿其試法從本司參定並從之三年九月二十九日
南京留守司言準外宗正司令宗室許於公使庫寄造酒今已到宗室三

百二十五人若男或女十歲已下者合與不合造酒詔五歲以下不造十五以下減半十月十四日宗正寺丞徐處仁言準令應脩纂宗室事迹每歲九月上旬關大宗正司取索宗正司報寺即無日限又河南府應天府敦宗院宗室亦合於大宗正司取索仍乞大宗正司將應干報寺條令下外宗正司照會大宗正司言應天河南府敦宗院宗室合修纂事迹乞量立限外令宗正司回報詔限至十月十三日　二十九日詔諸州縣宗室官莊租課如入户願計價納當月中等實價者聽　五年正月十七日詔兩京近置敦宗院所以親睦宗族愛養孤幼法意甚善有司督趣不厭情願致親戚睽離感傷和氣可看詳元法寬舒如文如只願居宗師即不得抑勒發遣令提舉而南京外宗正司取責兩敦宗院有無願居京師之人如有即抑依條支破盤纏人般發遣上京所屬官司抑勒者以違制論令按依此大觀元年七月二十八日詔奉義郎南京敦宗院大學教授張鐵轉一官以宗子釋褐教養有方故也二年八月二十二日詔保州皇族子孫於屬雖遠然未有仁而遺其親者也比聞皇族之孫未官者餘三十人或貧乏不能自存已令置敦宗院其六房內各擇最長年二十以上者與三班奉職二人一房及六人以上者加一人並添差監當差遣三年三月二

卷一萬六千六百六十六

十三日詔曰比置院于別都增學于宮邸廩其無祿而教養其未命者衆年于茲宗子之在別都或輕犯法吏弗能禁民以為損師儒之官殆相倍蓰而就學者寡官冗而事煩宜有裁適以法秉之應兩京敦宗院并官吏並罷在院宗室令所屬限兩月依官序差人般給驛券津置赴闕無官者依監當官例其官莊財用並令常平司拘收封椿舍屋並撥充公宇應兩京宗室到闕許就睦親廣親宅并傍近舍屋居止每員所占依自來條例應宗學并博士正錄員數及南班官與官宗室及第出身等推恩條格令編修聖政祿所限十日重加詳定以聞政和二年七月八日詔曰國家承平日久宗族蕃衍戚大服屬既遠祿廩有所不及而貧乏至或不能自存昨詔有司分食兩京為立禀稍之格申以庠序之教朕心庶幾焉日者有司將升等者削其令給祿賜者裁其數千錢石粟試而後給丁憂事故限格不與廢敦宗罷學校流寓羈旅無室廬以居失敦敘之意甚矣應宗室並依大觀三年四月以前處分其敦宗院屋宇可下所屬速令繕葺歲收田租支外有餘婚嫁喪葬月給量與增數丁憂事故不得住給訪聞應有官人以員多闕少三二年不得差遣頗致匱困朕甚憫之應該出官待次半年以上無闕注擬及停廢皆點已經一期可各隨本資序注授一處各令

之任支與請給仍與人從之半不滿十人全破更不釐務依在任法每州不得過二人願將次注授者自依舊法所在登科試中八並與添差八月十二日知西外宗正事士暕奏應兩京敦宗院宗子有文藝行實衆所共知者許外宗正官考察以聞量材錄用其或敗郡亂衆違犯禮法者乞依太宗正司以得指揮量行庭訓從之十六日士暕又奏乞應祖免親宗女無祖父母父母夫姪無子孫本官無期親以上食祿者許入敦宗院居住身分料錢外與量支錢米至再嫁比附非祖免親宗女再嫁錢數支給已上並支宗室財用詔依內再嫁許給錢一次三年正月二十三日西京外宗正司狀契勘敦宗院宗女有祖父母父母俱亡在室及聽離歸宗入見有親兄弟伯叔或親姪在敦宗院住往往不肯同居便要別作一位本司今相度乞應敦宗院宗女祖父母父母俱亡見在室及聽離并夫亡歸宗者並令於在院親兄弟伯叔或親姪位同居如在院無期服以上親可以同居即令於在院服屬稍近宗室位次鄰近別給屋二間居住有姊妹者並同居從之四年六月三日南京外宗正司奏檢承勅節文西京南京復置敦宗院其合置官屬等並依大觀三年四月以前指揮施行本司今來修葺到敦宗院舍屋共一千四百二十七間依元降朝旨分擘作一十六宮院並已了當財用司錢物已得足備到院宗子并緣婚嫁應用什物並以

卷萬六千六百六十六

豐足外有未到院宗子四十八位屋宇預行修葺並已足辦及勸誘宗子已入大小學人二百一十五員今來復置敦宗院事務委是就緒詔知南京外宗正事管勾宗室財用及博士等各特轉官宗正丞管勾敦宗院各減三年磨勘六年四月十九日西京外宗正司奏兩京敦宗院每緣省親參部赴試往往到闕散處在外違犯約束者衆乞令兩京敦宗院給公據起離除省親者在所省親處外其參部者欲權存本宮院尊長位赴試者欲特試於本宅宗學如㳂路違程不赴注籍非時出入而不經申判者即望遣還外司或殿試一次或再入學方聽擬注或依學法先入自訟齋所屬尊長本學長諭縱令在外違犯而不覺察者聽具名奏劾從之八年四月十四日詔見在兩京敦宗院宗室並依舊兩京居止如有已起離者令大宗正司疾速遣還並依崇寧法據此詔日前當有續降京師指揮令撿未獲宣和二年八月四日詔西南京敦宗院崇寧立法已備自大觀續降衝改渙失本旨廩給之厚頗踰祖免親合釐務入坐享厚祿不復注授既違先帝睦親踈等降使之從官以成就其材之意南敦宗院有田四萬四千頃房廊二萬三千六百餘間而日患不給為法之久殆不能守西南

敦宗院自今可並依崇寧舊法應續降申明衝改凡係崇寧舊法所不載者並更不施行崇寧法於公庫寄造酒及遇節嘗錢仍並罷見在院人依崇寧法不合入院者特免改正外依大宗正司條法不應支破請給或食料者據本院見請減半給之其合釐務官到院滿一年未釐務官自合赴部因滿三年不注擬者本位錢米等並住給所有財用令外宗正司管句財用官條留逐歲令用實數以十分為率更留二分寬剩餘並令逐路諸司隨用原本缺業錢物元合屬處拘收具數聽旨三年六月二十七日增置西南外敦宗院教授各一員高宗建炎元年八月一日知南外宗正事趙士㒟言近往淮甸措置就糧去處今來惟有揚州寬廣粗可安集緣本州路當衝要又所管止有三縣素號闕乏竊恐緩急難以應辦契勘揚州與潤州對岸相去止隔一水若於潤州置司安存宗室不獨淮甸財用恐尺煎亦良便詔南外宗室往鎮江府西外宗室往揚州東京宗室往江寧府二年正月九日詔西外宗室令泰州高郵軍居住趙令懬差知西外宗正事主管泰州宗子趙士從添差同知西外宗正事主管高郵軍宗子三年六月六日詔宗室女宗婦散漫無依仰州縣長貳支給錢米津發赴所屬有官人發赴吏部無官人發赴西南兩京敦宗院如州縣奉行滅裂郎

卷一萬六千六百六十六

許趙詡十二月二十日知南外宗正事原本缺言昨被旨許緩急將帶一行宗子官吏等從便避涉州郡就請錢糧今來本司已自顧海船般載宗室等移司前去泉州就錢糧所有宗室官吏請給等乞下泉州應副從之紹興元年九月十九日中書舍人胡文修等言嗣濮王仲湜乞權將南原本缺為一司裁減官吏等事今具申請畫一一南外宗正司見在泉州置司即今見受宗子一百二十二人宗女一百二十六人宗婦七十八人所生母一十三人官屬知宗令懬主受財用言韓協陸機先財用司指使賀琛孫康主受財用官并指使乞並罷主受敦宗院官等郭璜李泳只乞存留一員敦宗院指使智修靖兼監親睦庫敦宗院監門官王德一員見闕只乞差一員兼檢察宗子錢米餘一員減罷兼監親睦庫係財用司指使已罷人吏宗正司六人財用司四人敦宗院二人親睦庫子二人只乞留書吏一名副書吏一名貼司一名財用司人吏並罷敦宗院留手分一名親睦庫子留一名西外宗正司即今見受宗子九十五人宗女四十九人宗婦三十八人所生母二人官屬知宗士持主受財用官二員已差下張世才郎令來到任一員見闕主受敦宗院胡宗魋王子濟敦宗院教授侯文仲監親睦倉庫劉昇監敦宗院門路闕財用司指使曹洵張察人吏宗正司六

人敦宗院二人財用司六人敦宗院監門下軍典一名親睦倉亦撥司一名庫子二人財用司兩指使下軍典各一名若將西外宗子併入南外宗正司其西外宗正司官吏各並罷又臣僚上言各罷宗正司財用官其宗室請給係轉運司將上件錢物應副令來財用一司官吏合行減罷所有逐月檢察宗室錢米乞令敦宗院監門官兼行檢察施行監修等契勘南外宗正司見在泉州置司其原本缺見受宗子等人數本處錢糧已是贍養不給若便將西外宗正司併為一司顯見錢糧無可應副兼所受宗子等無處安泊所有南外宗正司乞減官吏等欲並依所乞外其西外宗正司舊置司屬本司官吏等欲比附南外宗正司裁減官吏等事理施行從之二年三月四日臣僚言伏覩舊制置西南外敦宗院為孤遺無官宗子曾籍敦宗院每一口月給米一碩錢二貫有出官或隨侍者申所屬離敦宗院落籍住支伏見建炎初登極大赦數內西南兩京無官宗子往往投執敦宗院所請孤遺券歷任所勘給顯是冒濫令欲乞行下諸路州郡若見任人以此冒濫者並仰截日住支候任滿日申所屬勘給户部勘當見任差遣之人自有本任合得請給其本房人口月給錢米依條自合支給從之四月二十二日兩浙轉運判官梁汝嘉言應宗室支歷並經由南西

卷一萬六千六百六十六

兩宗正司各同宗有服人兩員保明宗正司審實批上州縣方得勘支户部勘當欲下諸路州軍依已降指揮各本官尊長或無服紀宗室大使臣兩員如無大使臣即召宗室小使臣三員結除名之罪批書印紙及官告了當批上請受文歷及乞委逐州長史驗實方得批行從之閏四月二十日知南外宗正事趙令懬言敦宗院許置教授一員教導宗子昨緣前宗室士樽申明得旨已不差注此就州學教授兼領與勘本司所管宗子入數衆多比緣兵火之後全乏教導契勘西外宗正司所管宗子全少見依舊法專置教官一員今來本司人數既多往往聽從勸率務學向善欲望依西外宗正司見行舊法置敦宗院教授一員庶幾教導宗子不致失學請給人從乞依州學教授條例施行詔依西外教宗院許置教官三年五月十二日知泉州謝克家言泉州歲入素為微薄不足支用南外宗子支費尤為急闕緣本路止有提刑市舶常平司錢物各有專法不許他用其南外宗室等請受雖被旨令轉運司支撥上供銀價錢二萬貫應副自去年七月支到十一月終外自十二月至今年終尚闕錢六萬二千四百餘貫欲乞給降詔令禮部給降福建路空名度牒二百五十道專充前項支使五年閏二月二十三日詔皇叔肩州防禦使知西外宗正司士樽特與轉

正任觀察使以通判福州權西外宗正丞鄭三成言士樽然滿三年任內
無遺闕所總宗室並無犯徒以上罪乞送吏部勘當本部申正任刺史以
上轉官並係朝廷除授特有是旨三月三日詔西外敦宗院赴任宗子雖
不般家屬前去如至住所在十程之內亦便行住罷本房人口錢米如在
十程之外即計程限一月內般取如違限更不得支給錢米南外宗正司
依此七月十七日添差通判湖州趙子偁言欲乞將諸州宗室令逐州空
閑官屋如無以官地蓋造屋宇拘在一處內選差尊長一人鈐束檢察僞
冒仍差監門官一員禁止出入年未及十五歲附入州小學十五歲以上
入大學依學生月給錢米仍許依進士科舉法取應未出官者亦許入學
聽讀實及一年方許參選庶可教養成材上副陛下敦叙之意從之六年
三月二十六日南外宗正司言檢準崇寧外宗正司諸外宗正丞以本州
通判簿以職官兼領又令諸丞簿取旨差契勘本司見闕宗簿一員已牒
左朝請郎就差簽書平海軍節度判官廳公事朱岳權行主管本官委是
協力欲望朝廷正行差注兼領從之八年三月十八日鄧州觀察使士樽
言外宗正司自艱難以來遷徙不常在院宗子有失師訓數年幾有定居
即分大小學隨材教導其間稍有向學能文者未聞激勸之方欲乞應敦

卷一萬六千六百六十六

宗院宗子在學實及二年文藝卓然衆所推譽委自教授保明宗官考實
申奏朝廷乞特免文解一次即不敢比附量試之人補授官資詔令逐司
每年各舉一名十三年十二月四日禮部言臣僚乞於逐路漕臣置司所
在各置一敦宗院而因委之提舉本部措置欲令大宗正司行下諸路轉
運司委州縣取會允遇居宗室令州軍勘驗詣實如依條願歸兩外司計
程量給路費立限一月起發經過去處無故不得住過五日其未能歸司
者欲遵依紹興五年七月十七日指揮施行或無官舍即從本州措置權
於寺宇作宮院居住限一月還入應出違日限並住行支給錢米所有自
東京續到之人亦乞依此仍下刑部鏤版遍牒州縣施行從之十四年十
二月十九日詔知西外宗正事士㦷訓導宗子率循規矩俾識有司合格
者衆博叙之効備見究心可特與轉行一官十六年十一月二十四日上
諭輔臣曰南外宗正司士㴾將滿可與合得恩澤别選差替人宗官得人
則宗室皆循理不得其人則綱紀廢弛遂致侵優州縣宜在謹擇之十八
年七月五日大宗正司言據南外宗正司敦宗院都尊長趙子崞并宗子
等一百一十六人狀伏覩知南外宗正事泉州觀察使趙士㻂到任近及
一年克立恩威革去舊弊孤遺老幼各循義方子崞等竊慮朝廷别有峻

擢使宗子等有失依賴乞候令任滿日許令再任一次詔令再任二十六
年三月二十八日詔西南兩外司不限文武如有忠義孝友文行廉謹政
事剛明可以立治功可以爲時用薦之於朝以備顧問先是安定郡王令
衿奏請故也七月二日保寧軍承宣使知西外宗正事士衎言西南兩外
宗司相去不遠凡所申請及鈐束訓導宗子事體一同其間有未便於事
者理合商議欲望許兩司宗官每年一次往來商議職事從之三十年九
月十三日士衎又言西外敦宗院都尊長文之供職十年教誘同宗留心
學校前後科舉無不綴者緣本人見免文解乞將文之依本院前都尊長
左之例使郊一官有以激勵從之同日詔秉義郎主管敦宗院劉機成忠
郎監敦宗院門張深特令再任守闕進武副尉林愿留充本司點檢文字
依大宗正司格法支破請給理爲資任從知西外宗正事士衎乞依南外
宗正司例故也孝宗紹興三十二年未改元十月十三日知南外宗正事
趙子游奏檢照紹興元年九月十九日勑嗣濮王仲湜奏裁減南外宗正
司官吏數內主管敦宗院官二員監門官二員各留一員餘並罷隆興元
年七月四日南外宗正司言違限未嫁宗女乞特與展一年如限滿未嫁
依舊支錢米所有歸宗之人亦乞寬限一年出嫁庶可從容議親從之八

卷一萬六千六百六十六

月十四日詔行在及紹興府宗正司教授紹興府主管財用宗丞各減一
員從臣僚議減吏額之請也十月二十四日刑部言大宗正司奏應宗子
犯罪鏁閉依已降指揮分送西南兩外宗正司令諸路州軍勘奏犯罪宗
子得旨令本司庭訓訖鏁閉若令本處差人押赴本司卻行差人管押分
送兩外司亦恐往復經涉道路不便欲乞令後願奏州軍承降指揮到日
徑自差人管押前去雙月送西外司隻月送南外司本部看詳欲依所乞
從之乾道二年正月二十五　户部禮部言知南外宗正事趙不猷奏諸
州宗室尊長不過檢察僞冒請受至於犯法莫敢誰何欲乞將在外宗子
應有罪犯並聽本州尊長量行訓治本部勘當除宗子所犯情理深重合
取旨外餘欲依所乞施行從之二年十一月十七日皇弟少保靜江軍節
度使判大宗正事恩平郡王璩言紹興府大宗正行司昨差宗丞一員財
用一員宮教二員近裁減宗丞宮教各一員以本司財用兼充宗丞職事
竊緣主管宗室財用係專一檢察部書應南班宗室行司官吏請給係屬
本司所隸若令財用兼充宗丞職事委有妨嫌欲乞將行司宗丞職事令
宮教兼權從之七年四月十二日宰執進呈士輵薦令德可爲宗官上曰
可差知南外宗正司事虞允文奏曰行在紹興西南外置宗正司四蜀中

獨無亦是國與工曰蜀中宗子豈無不率散者西南外兩司可移其一於蜀光文奏曰容臣等討論取旨五月四日宰執進呈宗正元置司指揮光文奏曰陛下以紹興密邇行都不置宗司亦可令考元置司之由蓋紹興三年臨安未有屋宇權行分擘居住上曰紹興若無此一司宗子何所隸屬光文奏曰紹興嘗南班三二員令隸行在大宗正司可也上曰可移於蜀

卷一萬六千五百六十六

卜者書　大典卷一萬九百四十二又二萬二千八百五十六

續宋會要　玉牒

玉牒所淳熙元年十一月十一日詔差宗正寺簿樓鑰時暫點檢宋藩慶系録并真宗皇帝玉牒權以檢討爲名以真宗皇帝玉牒成書闕官點檢本寺乞差官時暫通攝故有是命。十二月十六日玉牒所上新修三祖下上五世宗藩慶系録真宗皇帝玉牒詔於龍圖閣安奉詳見修書。二年十一月六日宗正少卿程叔達言玉牒修書止以實録帝紀爲則其旁見他書者未敢廣取恐未詳盡乞下修書官屬許參考諸書修入事下國史實録院議本院請除會要聖政政要寶訓訓典條史館藏書合許參照修入外其他傳記碑刻竊恐登載未實難以照用從之。四年三月九日玉牒所上仁宗皇帝玉牒令上皇帝玉牒官吏照例推恩詳見修書。四月六日詔仁宗皇帝玉牒自天聖十年令上皇帝玉牒自乾道九年以後接續修纂。七月三十日宗正寺言乞將本殿背印親事官三人吏令皇城司選差親事官一名共作四名充玉牒殿掌管官物庫子分番宿直從之。五年十月八日玉牒所上三祖下第六世仙源類譜仁宗皇帝玉牒官吏照例推恩詳見修書。十二月十五日兼修玉牒官王希呂等言三祖下第七世以後仙源類譜并仁宗皇帝玉牒自慶曆二年以後合接續編修之。七年四月三日玉牒所上仁宗皇帝玉牒哲宗皇帝玉牒官吏照

卷二萬二千八百五十六

例推恩詳見修書〇十二年四月十五日中書舍人兼修
玉牒官王信等言玉牒殿昨承乾道八年六月内聖旨
指揮寺差内侍二員武臣一員專副二人專一掌管本
所吏不干預今來本殿去失官物若不措置差官逐時
點檢竊恐仍前循習弛慢不便竊見太廟奉安所所管
殿室法物等係太常寺每季輪差寺官點檢具有無損
失申朝廷本所欲依太常寺體例每季差本所官一員
赴殿同幹辦官點檢從之〇十三年十月九日給事中兼
修玉牒官王信等言本所恭修仁宗皇帝玉牒自皇祐
四年至嘉祐八年已成一朝并英宗皇帝一朝玉牒及
三祖下第六世宗藩慶系錄已成書未經進呈伏覩國
卷二萬二千八百五十六
史院已承指揮令冬授進四朝國史列傳乞許令本所
與國史院一就同日進呈從之繼於十一月二十一日
進呈推恩等詳見修書〇十二月九日詔玉牒所減手分
二人守門親事官二人既而以司農少卿吳燠議減冗
食下敕令所數庶幾爲詳事者不以舉員爲念俾得以
一意職業詔依令後遇斷刑少卿全年闕官其合舉改
官員數至歲終許大理卿補舉●淳熙十六年閏五月
一日詔右丞相留正提舉編修玉牒二十四日玉牒所
言恭覩今上皇帝登寳位本所合自皇帝誕聖之後編
修玉牒申請下項　一今來編修今上皇帝玉牒合書
注誕聖以後符瑞及聽讀聖德初封冠禮并納夫人及

節次加封食邑册立皇太子至登寳位應干麻制用文
與禮及辭免批荅等事跡欲乞朝廷劄下隨龍官屬等
逐一取降編類申所　一今來今上皇帝即位以後三
省樞密院并中書門下後省應經修進宣諭聖語時政
記起居注照用乞從本所依年分旋於逐處關備副
本藁草赴所抄錄照應編修　一欲從本所行下六曹
寺監等處將每遇承受應干續降聖旨指揮及改更詔
條事件等並限日下關報赴所如有差漏乞依史館已
得指揮施行從之　十一月十六日宗正少卿耿秉等
言本所恭修到至尊壽皇聖帝玉牒係自乾道九年接
續起修至淳熙九年計一十年並已成書欲候日歷進
卷二萬二千八百五十六
書日許令一就同日進呈從之　十二月三日玉牒所
言進呈至尊壽皇聖帝玉牒下項合用匣袱梵板羅紙
帕褥等乞依體式令文思院製造留中及投進重華宮
本并副本係用貢餘三省紙書寫朱紅欄界乞從本所
具數報雜買務收買合用顧工雜支等錢欲依淳熙七
年例支降二千貫乞下户部於左藏庫支供從之合進
讀第一册上五版欲乞將來恭進重華宮日用羅本進
讀其恭進本令都大主管官承受官授重華宮提舉提
點官進入玉牒羅本欲候進呈畢迎奉回玉牒殿幄次
權行安奉以俟恭進重華宮進讀畢迎奉於玉牒殿正
行奉安依例修玉牒官進讀第一册上五版今來見闕

修玉牒官欲乞就差以次官進讀皇帝恭進至尊壽皇聖帝玉牒本所編類作一十二帕合製造黃羅函封預前就委本所承受官進請御名降下封複以俟恭進其合用表文乞下學士院預期製造所有留中本依例至日令本所承受官傳進依自來進書體例閤門修定儀範合差點檢職級手分入殿起居及往回照管合用品服欲乞從本所報文思院照應昨進呈玉牒慶系體例制造起所給散施行並從之　紹熙元年三月十六日宗正少卿耿秉等言本所見編修今上皇帝玉牒會要皇后家世三代名御并始生年月日時行第及符瑞初封并節次加封年月日等事迹照應編修欲乞朝廷劄

卷二萬二千八百五十六

下本所移文本殿提舉承受官逐一取降付所從之

八月十六日玉牒所上至尊壽皇聖帝玉牒（官吏推恩許見修書）

三年四月七日吏部侍郎兼修玉牒官羅點等言本所接續修纂至尊壽皇聖帝玉牒係自淳熙十年以後至十六年二月一日將以成書欲候國史日歷所進呈聖政日許令一就同日進呈所有合行事件乞並依紹熙元年體例施行從之　十一月二日閤門言十一月十四日垂拱殿進呈至尊壽皇聖帝玉牒聖政會要從閤門修定禮儀節次如後其日皇帝御垂拱殿坐候有司排備儀鸞司於殿上東壁稍南設至尊壽皇聖帝玉牒聖政會要卓子并設拜褥訖知閤門官二員

前導簿書官二員自殿門前引玉牒聖政會要腰輿入殿分東西壁禁衛前立定（腰輿不置地）玉牒聖政會要所點檢文字以下（並執笏）隨腰輿入殿於腰輿西一行立閤門報引玉牒聖政會要所提舉官禮儀使以下并騎導官親王以下入殿於殿下分東西相向立定皇帝服靴袍出宮禁衛等并玉牒聖政會要所點檢文字以下并腰輿下人並迎駕自贊常起居（內腰輿舉官不拜止應喏）皇帝坐知閤門官以下次第常起居次舍人分引玉牒聖政會要所提舉官禮儀使并騎導官親王執政官以下并進讀官及玉牒聖政會要所官一班常起居訖（玉牒聖政會要所提舉官禮儀使執政

卷二萬二千八百五十六

官進讀官玉牒聖政會要所官并殿東階下西面立餘官並出殿）次入內官詣玉牒聖政會要腰輿前（腰輿置地）各取合進呈書匣捧升殿於殿[illegible]上東壁卓子上各置定（玉牒匣在南聖政匣在中會要匣在北）知閤門官二員前導皇帝起詣褥位東向立再拜訖前導復歸御坐次舍人撥玉牒聖政會要所提舉官禮儀使執政官并進讀官升殿於御坐東面西侍立（玉牒聖政會要所官殿下依舊立）俟入內官進御卓子玉牒所提舉官并進讀玉牒官稍前立分進讀玉牒官於御前過西壁面東立玉牒所提舉諸司官於玉牒匣前搢笏啓封開鎖訖出笏歸侍立位玉牒所承受官搢笏於匣內取冊轉

授提舉官搢笏接訖承受官出笏提舉官捧冊置御卓子上出笏皇帝起於御坐前立提舉諸司官承受官分東西相向立並搢笏揭冊訖出笏進讀玉牒官搢笏稍前取筦子揩讀（逐板揭冊揩讀並如上儀）俟進讀畢皇帝復坐進讀玉牒官置筦子於御卓子上出笏却於御前過東壁降東階下殿東壁面西立提舉官搢笏收冊復授承受官搢笏接訖提舉官出笏稍後立（承受官捧冊入匣訖出笏提舉諸司官搢笏歸匣訖出笏歸位立）次聖政所次會要所並如上儀入內官撤御卓子（捧匣下殿置腰與上）玉牒聖政會要所提舉官并執政官並降東階下殿東壁面西立舍人引玉牒聖政會要所提

卷二萬二千八百五十六

舉官禮儀使一班當殿立定各出班稱謝訖位立贊兩拜如御藥下殿宣答聽宣答訖兩拜舍人引赴東壁面西立次玉牒聖政會要所官一班當殿立定引班首出班稱謝訖歸位兩拜如傳旨謝恩兩拜訖不該賜茶官先退次引提舉諸司官并承受官以下一班當殿立兩拜訖並歸位立次引玉牒聖政會要所點檢文字以下一班如上儀如傳旨宣坐賜茶合赴坐官賜茶如儀俟賜茶訖皇帝起還宮十一月七日御史臺閤門太常寺言十一月十四日進呈至尊壽皇聖帝玉牒聖政會要所有安奉迎奉儀注今同共修定下項前期儀鸞司同臨安府於玉牒所玉牒殿設權安奉玉牒幄次又設提

舉官等並玉牒所官及文武百官幕次於玉牒所內外又於玉牒所門外設聖政會要幄次又於祕書省設權安奉聖政會要幄次又於祕書省內外設提舉官等及文武百官幕次并於垂拱殿門外設權安奉玉牒聖政會要幄次進呈前一日絕早玉牒所國史日曆所祕書省提舉官都大主管官承受官諸司官以下玉牒所官國史日曆所官祕書省官各赴逐處幕次俟儀衛儀仗樂人輦官等排立定御史臺閤門太常寺於祕書省引國史日曆所官詣權安奉聖政幄前北向立班次禮直官引提舉官詣幄前北向立班皆再拜提舉官升詣聖政香案前上香降階復位立提舉官以下皆再拜訖退

卷二萬二千八百五十六

歸幕次宿衛會要玉牒如上儀迎奉并進呈其日五更騎導等官先赴祕書省幕次并合赴祕書省儀衛儀仗輦官樂人等並排立定御史臺閤門太常寺分引宰執親王使相侍從臺諫兩省官知閤禮官國史日曆所祕書省官南班宗室詣權安奉聖政會要幄前北向立提舉官以下皆再拜訖分引提舉官各升詣聖政會要香案前上香降階復位立提舉官以下皆再拜退引提舉官升詣幄前分東西相向立次引親王使相執政侍從臺諫兩省官知閤禮官國史日曆所祕書省官南班宗室以次出分左右乘馬騎導次輦官捧舁聖政會要腰輿進行儀衛儀仗樂人作樂前引次引提舉官乘馬騎

從至玉牒所門外聖政會要腰輿權入幄次其玉牒所官行禮並如上儀訖次引騎導官並分左右乘馬騎導次玉牒腰輿進行次聖政會要腰輿進行儀衛儀仗樂人作樂前引次引提舉官並乘馬騎從入和寧門至合下馬處導從官執笏步導步從至垂拱殿門外幄次儀衛儀仗樂人等各於幄前排立以俟垂拱殿進呈畢出殿門親王使相執政使從臺諫兩省官知閤禮官玉牒所國史日曆所秘書省南班宗室合騎導官分左右執笏步導輦官擎玉牒聖政會要腰輿進行儀衛儀仗樂人作樂前引提舉官執笏步從至合下馬處下馬騎導騎從出和寧門至玉牒所提舉玉牒官并玉牒所官並

卷二萬二千八百五十六

下馬執笏導從玉牒內提舉會要官並國史日曆所秘書省及應導從官並以次騎導騎從聖政會要赴秘書省詣玉牒殿幄次權安奉訖俟儀衛儀仗樂人輦官等排立定提舉官并本所官詣玉牒殿下北向立提舉官升詣香案前上香復立提舉官以下皆再拜訖班退俟聖政會要將至秘書省門文武百官于門內立班內文臣釐務通直郎以上見任寺監主簿承務郎已上職事官武臣修武郎以上官迎拜導從官至秘書省門並下馬執笏導從詣秘閣下幄次權安奉訖權退內恭進至尊壽皇聖帝聖政會要本所官迎奉詣右文殿幄次內權安奉儀衛儀仗樂人輦官等排立定御史臺閤門

大堂寺分引親王使相執政侍從臺諫兩省官知閤門禮官國史日曆所秘書省官南班宗室詣閤下北向立次禮直官引提舉會要官詣閤下北向立詣聖政香案前上香次詣會要香案前上香復位立在位官皆再拜訖輦官擎聖政會要知閤禮官導引升閤權安奉側座俟安奉時將至引文武百官詣閤下北向立提舉會要官詣閤下香案之東西向立俟報時及秘閣正安奉聖政會要畢提舉會要官降階北向立在位官皆再拜提舉會要官詣聖政香案前上香次詣會要香案前上香降階復位立在位官皆再拜訖班退安奉至尊壽皇聖帝玉牒其日俟恭進重華宮訖內侍官捧玉牒置於

卷二萬二千八百五十六

腰輿輦官擎腰輿以次出御史臺閤門太常寺分引親王使相執政侍從臺諫兩省官知閤禮官玉牒所官南班宗室詣重華殿門外左右執笏步導儀衛儀仗樂人作樂前引提舉官執笏步從出重華宮門外並上馬騎導騎從將至玉牒所門文武百官於殿門外立班內文臣釐務通直郎已上見任寺監主簿承務郎已上職事官武臣修武郎已上迎拜導從官至玉牒所並下馬執笏導從至玉牒殿下稍南北向立禮直官引提舉官詣幄前西向立俟擎玉牒升殿入幄權安奉側座安奉時將至文武百官詣殿下北向立提舉官詣幄前西向立俟報時及正安奉玉牒畢提舉官降階北向立在官

皆再再拜提舉官升諵香乗前上香降階復位立在位
官皆再拜訖班退三年十一月二十三日玉牒所上至
尊壽皇聖帝玉牒官吏照紹熙元年體例減半推恩
慶元三年二月五日進呈神宗皇帝玉牒八十卷詳見
修書下○六年二月二十二日進呈聖安壽仁太上皇帝
玉牒四十卷詳見修書下嘉泰三年三月二十五日玉
牒所言進呈徽宗皇帝玉牒依例提舉官禮儀使詣所
觀書今來參知政事許及之參知政事袁説友並曾兼
本所修玉牒官欲乞一就請詣觀書從之　四月十七
日上徽宗皇帝玉牒一百二十卷詳見修書下四年八
月九日上今上皇帝玉牒五十卷詳見修書下開禧元

卷二萬二千八百五十六

年正月二十五日玉牒所言玉牒殿安奉祖宗玉牒官
物浩瀚全藉軍兵晝夜巡警防護近雖差撥到看管軍
兵盡皆癃老昏耄如遇不測風燭難以倚仗今來除殿
前司已承指揮差到一百二人不問遠近風燭依前赴
所守護外今措置日後如遇比近去處不測風燭令本
司更行別差軍兵二百人準備般挈防護後使從之
四月十一日宗正寺主簿常褚奏臣聞古者史氏大事
書之於策今之玉牒是也竊觀先朝修進玉牒必以后
德始末附載卷後所以重天命章母道並天地垂不朽
也恭惟憲聖慈烈皇后厚德承乾皇明儷日密輔烈祖
大業中興助決睿謨長子主鬯參定文命克授神孫陞

下嗣興實賴擁立儀刑四世揖遜三朝功烈巍巍卓冠
前古固宜大書特書不一書以隆烈祖詒示萬世粤自
紹興丁丑因進高宗玉牒僅紀世系與夫正位中闈之
事而已自後歷年事實未有登載誠爲闕典且丁丑所
進盡紹興二年以前書也乃書憲聖紹事十三年事先
期附載似非紀事之體緣已經進難以改移欲乞明詔
玉牒所自下詳稽后德亟加述纂併移前所附載於成
書之後庶幾先後有序以備思陵一朝玉牒之藏抑顯
我國家母后仁聖之盛從之互見修書下　閏八月二十
四日上欽宗皇帝玉牒二十冊憲聖慈烈皇后聖德事
迹一十冊詳見修書下嘉定四年十月一日禮部尚書

卷二萬二千八百五十六

兼修玉牒官章穎等言備數玉牒脩纂供職以來略閲
數十年間已進之書及日下將進之草其體制容有未
定所書凡例亦多舛牾蓋玉牒專書一代大事視昔遷
固實爲帝紀而元降格目內分十條若盡用遷固帝紀
之體誠爲太簡然而織以文士徹之聖聰金殿寶匱藏
於秘殿若此一切沿襲案牘之詞如書軍人口累重大
幾如書宗子濟夫爲患行孝救母等語登之簡冊似不
雅馴穎等所謂體制之未定者此也至於每年之事有
當書而不書者如嘉泰元年三月二十八日之火此大
災也而不書雪寒陰雨放房地錢此細事也而累書之
若此之類不勝其多則書不書未有定例也科舉之詔

三歲一下而或書或不書金國使命每歲三遣而或併書以名或分書而及其官若此之類不勝其多則所書之法未有定例也所謂凡之乖牾着此也今欲得稍覈案牘鄙俚之語使之成文可讀可傳定為玉牒之體制仍欲開具其事為當書其事為不當書即於逐事著成數語仍編成一冊定為玉牒之凡例如此則自此以往上下官吏遵為成式先後編集不至異同至有非常之事即俾修纂之人自立言辭鋪叙本末隨事刪潤以為成書庶幾寶藏傳之萬世不負聖朝任使之意乞明降指揮以憑修定從之六年二月二十五日禮部侍郎兼中書舍人兼修玉牒官范之柔等言本所昨承指揮編

卷二萬二千八百五十六

修宣祖皇帝以後宗派除已於淳熙五年進呈第六世仙源類譜外所有第七世仙源類譜已及三十餘年未經進呈今來編脩並已成書并今上皇帝玉牒除自誕聖即位至慶元六年已行修進外今續自嘉泰元年修至開禧元年計五年亦已成書伏覩近承指揮刊正玉牒辨誣之書繕寫附進欲乞許令本所進呈從之

此二條單注大典卷一萬九百四十

補葺。紹興二十年二月九日知臨安府宋祝相度欲將舊車輅院地步改造玉牒所及宗正寺從之以玉牒所檢討官王儼有請也。二十六年十月二十三日玉牒所言本所編會修祖宗并今上皇帝玉牒將來進呈畢依舊制合於玉牒殿安奉今來若別創建用工不少欲就本所見今廳堂地段及牆外空地令漕司改相度改建從之

宋會要　職官

修玉牒官掌帝籍玉牒及宗族親屬昭穆之序唐本宗正之職開成後始列官修玉牒官以上國朝會要紹興十二年裴得制始建以宰臣一人提舉修玉牒官一人以侍從兼凡宗正卿少而下悉與修纂分業有五設史一十人以上中興會要太宗至道初詔刑部郎中張洎駕部郎中史館修撰梁周翰同編皇屬籍未成張洎卒止周翰領其事真宗咸平初詔于宗正寺建屬籍樓又詔判修玉牒周翰及參宗正卿趙安易同領其事遂于秘閣廳編纂之四年正月修玉牒官宗正卿趙安易知制誥梁周翰上新修皇屬籍三十三卷詔宗正寺仍令接續編纂凡玉牒書以銷金花白羅紙金軸銷金紅羅褾帶腰黑漆金飾匣紅錦裹金鏁鑰屬籍諸王書以銷金白綾紙銀軸頭紅錦褾帶紅羅腰黑漆塗銀飾匣錦裹銀鏁鑰公主以下白綾紙牙軸餘如諸王大中祥符六年正月判宗正寺趙世長趙可封言有唐修玉牒官李衢等奏以聖唐玉牒與史冊並馳乞于玉牒之上特創嘉名尋詔以皇唐玉牒爲名今乞于皇屬籍之上別崇懿號詔以皇宋玉牒爲名又令屬籍別錄一本送秘閣收藏用備檢討五月趙世長又請降御製聖祖降臨記付當寺秘于玉牒樓從之六月十一日中書門下

卷二萬七千八百五十七

言宗正寺奏準制冊德妃爲皇后合編入屬籍者伏以位正六宮母儀萬國作配之禮既展于國容氏族之源必登于皇籍請依宗正寺所請降下從之　八年詔建玉牒殿屬籍堂于新寺命宗正卿趙安仁重修玉牒屬籍安仁又上仙源積慶圖詔藏寫一本藏龍圖閣十二月兼宗正卿趙安仁言宗正寺每年編修玉牒自親王已下只會問逐宮監宮使臣及管勾南供北宅所供到轉遷官封爵秩多不周備乞自今並令中書樞密院具錄除授轉官及加恩新命下寺從之　九年三月趙安仁言按有唐故事祖宗玉牒皆首載混元皇帝今乞以御製聖祖降臨記冠于列聖玉牒及別修皇朝所譜如唐天潢源派譜亦乞別製大名又請以知制誥劉筠夏竦爲宗正寺修玉牒官並從之自後皆置修玉牒官一員或二員天禧元年二月趙安仁言宗正寺所掌宗廟祠祭及編修玉牒屬籍並未有經書文籍檢閱故定除通典會要及前代親屬圖牒文字欲將本寺公用錢寫置外其國子監印本書籍乞各賜一本從之二年二月兼宗正卿趙安仁言臣修玉牒嘗詔史館據所借國史紀傳付寺抄錄即封還史館詔安仁與兼巡就史館檢合要事日抄錄真宗以國史當秘藏安仁洎迴皆兼修史官故從之仁宗天聖三年正月宗正寺言制命故中書令郭崇孫女立爲皇

后合修皇帝玉牒請以皇后事迹依例編修從之景祐元年五月十九日制誥宗正寺修玉牒官李淑言檢會前修玉牒官馮元亦兼編修會要蓋緣國史玉牒事節須要照會所以只就編修院修纂其今修玉牒官趙良規亦是就彼商量文字今乞依例施行外欲以編修院廳西閤子充修纂之所趙良規如入院日望令給食及茶湯供應從之寶元二年十月六日翰林侍讀學士李淑言奉敕修宗正寺玉牒屬籍今先次修纂成皇帝玉牒二卷皇子籍一卷具寫草進呈并悼獻太子名元祐咸平中究今錄玉牒修纂欲自此後只書諡字從之康定元年五月九日宗正寺修玉牒所言列聖玉牒欲今後一年一次貼修十年一次寫換及奏本一十二卷合送宗正寺本廟奉安冊本一十二冊欲留中備聖覽從之至和元年十一月詔宗正寺故事屬籍十年一修今雖及八年而宗支蕃衍其增修之以上國朝會要神宗熙寧元年十一月四日玉牒所上仁宗皇帝玉牒四卷英宗皇帝玉牒四卷三年六月詔玉牒所于舊三班院置局發從編修院十八日宗正寺言每歲正月一日裝寫仙源積慶圖宗藩慶緒錄各一本供進龍圖閣天章閣寶文閣祖宗袒免親更不賜名授官一依外官之法合與不合修入圖冊詔送太常禮院詳定禮官言聖王之于其族上殺下殺而止于六世所以明親疎之異也親道雖盡猶且記其源流百世不紊所以著世系之同也親疎異則恩禮不得不異世系同則圖籍不得不同二者並行而不相悖親親之義備矣禮四世緦服服之窮也五世袒免殺同姓也六世親屬竭矣庶姓別于上而戚單于下婚姻可以通乎繫之以姓而弗別綴之以食而弗殊百世而婚姻不通周道然也鄭康成注繫之弗別謂若今宗室屬籍孟康漢宗正職上名籍與禮經合又戶令皇宗祖廟雖毀其子孫皆于宗正寺附籍自外悉依百姓惟每年繫戶口帳送宗正寺此則戶令之文又與古制合也以此言之遠近之恩固宜有差降而譜牒之記不可以不存況朝廷嘗改皇族授官之制而袒免外親統宗藝爵進隨料遷遷官給俸事事優異悉不與外官疋庶同法是則屬雖疎而恩禮不絕若圖籍堙沒則無以著其所從而爲遠久之證所有祖宗非袒免親乞依舊修寫入仙源積慶圖宗藩慶緒錄其在外者委宗正寺逐年取索附籍從之哲宗元祐元年十月二十五日尚書省言承議郎宗正寺丞王畢奏宗正寺條例皇帝玉牒十年一進修玉牒官並以學士典領玉牒自熙寧中翰林學士范鎮等一進之後神宗玉牒至今未修仙源類譜自翰林學士張方平慶曆年書之後僅五十年並無成書自奉行官制分

諫宗正寺官又復累年未果成其神宗朝已上文字臣近已進呈奉安畢
今合修纂皇帝玉牒類譜等書臣以十年進書之期尚遠恐寺官因循與時
復戊曠墜請別立法宗正寺修纂等書其玉牒官每二年一具草繳進其
會問未足不得過進兩年類譜等亦二年一具草候及十年類聚修纂成
書進呈奉安如故事庶幾國朝大典永無廢墜從之二年五月二十五日
宗正寺言被旨修纂濮安懿王以下屬籍故例以宣祖皇帝之子為卷首
次卽以宗從高下為之序今若以濮王為卷首則先後不倫請以慶曆以
前見存宗室屬籍與今所修屬籍相照通計卷第應籍已進者更不重進
上于日歸逐卷增注舊籍二字及將舊籍并目改貼與見籍通計其數庶
有所分別及不奪昭穆次序將來接續更修並請依此從之元符二年正
月二十六日宗正寺丞陳覺民言乞將先帝玉牒內聖政令本寺修玉牒
官抄寫對送國史院從之徽宗崇寧三年十月三十日命刑部尚書管師
仁重修神宗皇帝玉牒及看詳哲宗皇帝玉牒大觀二年八月一日禮部
狀太常寺申奉安玉牒歸本殿令參酌禮例至日差大臣一員赴寺告遷
奉安燒香稱禮儀使差近上內侍一員充都大管勾詔禮儀使一員差太
師左僕射兼門下侍郎蔡京都大管勾一員差延福宮使建雄軍節度觀

卷二萬二千四百二十七

察留後知內侍省管勾太廟黃經臣政和二年二月八日詔神宗皇帝玉
牒局官吏可依下項提舉官何執中與男志同轉一官蔡京轉一官回授
有官有服親修纂官鄭久中蔡嶷各轉一官內鄭久中許回授有官有服
親人史照檢文字柏書等有官人各轉一官有資人各轉一資無資可轉
人及有選礙比類支賜不經進書減半選人依條施行五年三月二十九
日太師魯國公提舉修史蔡京等奏重修到哲宗皇帝玉牒已具進納乞
降付本院依神宗皇帝玉牒例于宗正寺收藏玉牒並匣別書寫封進請
寶訖擇日迎引于玉牒殿奉安詔依所奏九月十二日奉安玉牒八年九
月二十日太僕卿閭丘顗奏祖宗已來蕃衍盛大玉牒簿止是止十一秩
不能盡載今以宣祖後太祖太宗魏王分三祖編纂至政和六年太祖下
九十九秩太宗下二百六十九秩魏王下一百四十八秩乞付宗正寺從
之以上續國朝會要高宗紹興十一年十月十三日宗正寺丞鄭大受奏
膺許求宗正寺備掌之書其目有四曰皇帝玉牒曰仙源積慶圖曰宗藩
慶系錄曰宗枝屬籍頃因建炎南渡寺官失職悉聚四書于江浙而遺之
今重加修舉書成賜名仙源慶系屬籍總要合國錄屬籍三者而一之固
撫愧于昔矣獨玉牒一書未經修舉宜下民間立賞搜訪所遺逸之書俾

先朝秘冊復獲宗本仍詔有司討論舊制修纂陛下踐祚玉牒以正九族
以壯本支緬中興之盛典立萬世之宏規從之十一月二日宗正少卿江
公亮等言已降聖旨指揮下有司討論舊制修纂皇帝玉牒欲望朝廷明
降指揮下典禮有司討論施行詔令吏部宗正寺同共討論申尚書省十
二年五月九日吏部條具下項一本所合用印記欲乞就用宗正寺印記
行使一本所係修纂今上皇帝玉牒事體至重所有行移文字欲依三省
樞密院用狀申外餘並用牒如是干取索照會乞依勅令所押貼子及替
換今干人赴所照會文字應報官司並限日下回報一在京玉牒所係就
宗正寺置局今屋宇窄隘欲乞令臨安府就本寺添展挾截或別行踏逐
一祖宗以來編修皇帝玉牒並置官屬除就差宗正寺官外亦有選差侍
從兼領一員今將逐到玉牒所舊人王亨一名係是政和間曾經修書之人
見係寄理承節郎新差温台州海內巡檢見在臨安府待闕欲乞時暫差
本人權充本所照檢文字所有合破請給乞依宗正寺胥長見請給則例
支破外仍乞每月添破特支錢二十貫文並于本寺大歷內批勘候本官
闕到日發遣前去之任一在京玉牒所人吏係就差宗正寺人吏乞依舊
例一今來編修皇帝玉牒緣本寺止有少卿丞簿卽今共三員為額依祖

卷二萬二千五百二十七

宗故事合從朝廷選差官施行一乞差三省人充供檢等文字依見今史
館實錄院體例施行一乞申乞先次辟差本寺人吏外更乞就所隸曹部
量差當行人職級手分四五人相兼祗應一乞差專殿官一員充本所承
受官請降皇帝誕聖後來授官并冠禮出閤出宮節次轉官除拜差遣并皇
后生年月日納夫人年月日封冊皇后制誥并皇子賜名授官冠禮出閤
出宮節次轉官及皇女年月日下降年月日事迹并主管進呈玉牒排辦
奉安一行事務一乞差通引官專一找下取會諸官司等文字今欲招收
三兩人所有身分請給等並乞依見今敕令所通引官體例施行從之十
一年十二月二十六日詔宰臣秦檜提舉編修玉牒所就差宗正少卿丞
簿三員為額同修書官編修玉牒文字始開局也十二年六月四日試起
居舍人兼充修玉牒官楊愿等言契勘玉牒所見遵依聖旨指揮編修今
上皇帝玉牒所有合書注皇族宗枝昭穆數內所有宗正寺取會到事迹
今來圓備及恐後來別有轉官生亡理宜別行取會欲乞從本所立式下
大宗正司及西南兩京外宗正司及主管睦親宅并吳王益王府應所管
宗室並日下依式疾速取索并遞路轉運司下諸州軍及管下縣鎮將應
見任寄居待闕宗室並仰依此施行仍令逐處各勤懇委無偽冒差漏不

寔係明回報。行在官司兩外宗正司限五日，轉運司限半月。若當行官吏不照條回滯去處，及供報不依式漏落不圓，欲乞將當職官申取朝廷指揮施行，其人吏送所屬杖一百科罪，所貴有以考實。從之。七月十二日，試起居舍人兼充修玉牒官楊愿等劄子：「勘會玉牒所事干國體，最為機密。今檢準御寶令，漏泄玉牒宗枝，並依軍法。無本所依史館例，諸處投下文字及納貼子整會事節人，並于所門外計會把門人轉入。係整會文字如呼喚聽入，輒入者流三千里。凡所見聞，因而漏泄，並當軍令。欲乞朝廷依史館例給降黃榜一道，付本所張掛約束施行。」從之。二十六年八月二日，詔玉牒所點檢文字侯呂灝滿日，依舊例差宗正寺胥長吳擢充填，令後遇闕依此。胥長吳擢狀：本所開局之初，依已降指揮差玉牒所舊人王亨元係宗正寺胥長，充點檢文字。因本人自陳辭罷，續承紹興十四年五月三日指揮，正差宗正寺胥長劉侁充點檢文字。本人身故，本所節次差過本寺胥長徐士明、康昇承權，方欲申明朝廷正行差填間，遂人並皆身故。商進義校尉謝秀文、呂灝陳乞一時創行差充點檢文學，作二年一次名闕，故有是命。閏十月二十七日，玉牒所言：「與勘本所已建造玉牒殿并殿門外祖宗屬籍堂，合用金書牌額，乞以玉牒之殿、玉牒殿門各四字為名，其屬籍堂乞以祖宗屬籍之堂六字為名。依在京例，合請降御書，乞委自本所都大諸司并承受官取降製造施行。」從之。二十七年三月十八日，詔中興聖統移就玉牒殿奉安。先是未建玉牒所，權于景靈宮天興殿奉安，至是宰臣有請，從之。四月十五日，詔仙源積慶圖加修纂，以舊制三年一進也。二十九年閏六月八日，詔玉牒所過局給食錢、書添支等食錢並罷，從史官例也，中書請也。八月二十三日，詔玉牒所併入宗正寺，更不置修玉牒官、檢討官，以本寺少卿及丞同領編修事，本寺主簿更不干預。見令玉牒所手分存留兩名外，餘司封差到人及玉牒所額外吏人、三省樞密院并後宮燕供檢討、點檢、主管文字之類並罷，以給舍臺諫議減冗費也。仝日，詔玉牒所宰臣提舉依舊，修書官一員同宗正卿丞修纂，更不置檢討官。三十年十一月二十九日，詔宗正寺胥長、玉牒所點檢文字吳擢年滿，依例時暫存留祇應，不妨以次人承替，候將來進書安奉畢日罷。從本所請也。以上中興會要。紹興三十二年孝宗已即位未改元。六月二十一日，詔尚書左僕射陳康伯提舉編修玉牒。八月八日，玉牒所言：「恭遇今上皇帝登寶位，本所合自皇帝誕聖之後編修玉牒，正要百司關報狀受指揮。詔應修纂近來六曹寺監等處無過承受續降指揮及改更詔條，並限

日下開報赴所，月終各齎本處承受聖旨等赴所點對。如有隱漏，乞將當行人申取朝廷指揮施行。」從之。隆興元年正月十一日，中書舍人兼修玉牒官唐文若、宗正少卿何俌、丞徐人傑言：「本所見編修今上皇帝玉牒，附修皇后事迹，合要安穆皇后始生年月日時、行第，及應干德行、祥瑞、三代名銜、鄉貫，納夫人、初封節次、加封，并降生皇子、皇女各人生年月日時，及進冊皇后、廟年月日，追上謚號、祔廟等照用編修，乞降指揮下本所移文取會。」詔從之。二年六月二十六日，宗正少卿胡銓、丞林邵言：「玉牒所、宗正寺恭遇今上皇帝登極，并三皇子大王授封冊，事體至重，並合于祖宗仙源積慶圖內修注。並太祖下伯師字行、太宗下善汝事行、魏王下彥夫字行，昭穆世系委是番衍，亦合接續修入，候書成繕寫圖本進呈。」從之。閏十一月十六日，詔玉牒所提舉官左僕射陳康伯將來過所為拜跪有妨，特免朝拜。乾道二年正月二十四日，詔尚書右僕射湯思退提領編修玉牒。思退以久名舉辭免，故改為提領。三年三月二十日，權工部侍郎兼修玉牒官薛良朋、宗正少卿鄭聞、丞劉大辯、主簿判李燾言：「本所編修三祖下仙源積慶圖，舊例三年一次進呈，昨自紹興二十八年進呈之後，至今九年。今來本所再自宣祖皇帝恭修至今上皇帝泊皇太子、皇子、皇孫世爵，三祖下共一十八大軸，得旨許與真宗皇帝玉牒同太上皇帝聖政擇日進呈。今來聖政已進呈訖，見真宗皇帝玉牒已用銷金紙修寫裝褫裝背訖，又恭修到太宗皇帝一朝玉牒成書，欲乞敕奏一就擇日進呈。」從之。四月二十六日，閤門狀：「依已降指揮，修定五月六日進呈三祖下仙源積慶圖、太宗皇帝玉牒、真宗皇帝玉牒、哲宗皇帝寶訓，節次閤門條具進御，如二年閏九月二十九日進三朝帝紀之儀。內皇太子并提舉官禮儀使觀王執政起居訖，皇太子先退，與二年不同。」五月二十四日，修玉牒官薛良朋等言：「本所見修纂光堯壽聖太上皇帝并今上皇帝玉牒及類譜等文字外，今依元降指揮，接續修纂仁宗皇帝一朝并真宗皇帝十年已後一朝玉牒，欲乞依自來體例開局修纂。」從之。六月十四日，玉牒所言：「已進呈三祖下仙源積慶圖、太宗皇帝真宗皇帝玉牒了畢，其修書官吏各合該推恩。」得旨依乾道二年十月二十一日已載減進書推恩體例，令叅酌擬定：修書官吏各轉一官，吏減一年磨勘；及經修不經進見在供職官，並各與轉一官；在外官減二年磨勘；兩該賞人止從一高推恩；餘人等第支賜。從之。五年十二月九日，吏部侍郎兼修玉牒官陳彌作、宗正少卿胡襄、丞陸之望、主簿林同言：「本所依已降指揮，供修到光堯壽聖太上皇帝玉牒

係自紹興三年權續起修至紹興十二年並已成書留錄本所非自紹興二十七年首進之後今已及一十二年未經再進欲望敷奏許令進呈從之二十三日修玉牒官陳彌作等言昨進呈安奉光堯壽聖太上皇帝玉牒係自誕聖修至紹興二年並用銷金白羅紙書寫金鍍銀挖袱褾背今來進呈光堯壽聖太上皇帝十年玉牒合依樣製造從之六年五月四日玉牒所狀依指揮條具係有吏額見管人吏一十人并通引官二人今減罷照檢文字一人并通引官二人以一十人爲額其逐人欲乞權候進呈光堯壽聖太上皇帝玉牒畢日罷詔依各從下裁減特來見闕日依名次權填六月詔以八日御殿進呈四朝會要光堯壽聖太上皇帝玉牒儀注見四朝會要秘書省門九月詔玉牒所上光堯壽聖太上皇帝玉牒修書官吏各特一官減磨勘一年餘人等第特官減磨勘支賜有差十一月十七日詔自今後玉牒所大築並依秘書省條法指揮七年三月八日詔玉牒所于主管文字内從下減一人却從上存留通引官一人其減罷人候有闕日依舊撥填以本所通引官諸六年四月裁減指揮施行故有是命八年六月十六日詔玉牒所玉牒殿主管香火官差内侍三員武臣一員並改作幹辦玉牒所玉牒殿絶差内侍高品玉牒所主管諸司高思聰入内内侍省内侍殿頭張詠幹辦玉牒所玉牒殿恩聰等今恭酌條具合行事件下項一乞以玉牒所玉牒殿爲名所有行移合用印記乞下文思院鑄造以幹辦玉牒所印六字爲文一玉牒殿内見今安奉祖宗玉牒并仙源積慶圖應干官物乞令本所見管人吏一抄劄交割付思聰等差人專一掌管每遇旦望等乞令思聰等燒香朝拜開殿照檢官物事畢令本殿幹辦官一兩員名封鎖並掌管起鑰一玉牒殿内應干官物自來未曾專一差人掌管今來創行幹辦欲乞差專副二人内專知官一名從于校副尉内諳通報所爲差取三年爲界滿日銓選後遇闕係此内副知一名乞就差玉牒所諸司手分相兼如無有名目人上專充專知官却差白身人充一名充代副知秋應一欲乞令差到武臣每日專輪一員在所宿直所有直舍乞就用諸司官直舍移文兩浙運司差人赴所計置鋪襯一思聰等昨來充玉牒殿香火官職言合奉處支月給錢一十五貫緣本所别無所管官錢今欲乞于見請歷内批月俸數部給所差專副或白身人吏副無主定請給乞依玉牒所諸司手分見批勘則例支破内相兼只應手分妥是職事重疊乞添支錢五貫今本所支給所有行移紙札乞依見今玉牒所諸司例分雜買務支供一所有合用背印校送文字欲乞令皇城司

乞撥親事官三人祇應並年皆遇闕報本所差填所有逐入合帶宮門號乞于皇城司支請一契勘本所見今蓋破庫子儀鸞司翰林司潛火軍兵欲乞並令分番值宿一本所見管本殿官物等乞今後令本所守門親事官將出入之人並行搜檢從之九年四月二十四日權禮部尚書兼修玉牒官胡沂等言本所見恭修光堯壽聖憲天體道太上皇帝一朝玉牒并今上皇帝玉牒自誕聖後起修已及五年合將來並用鍍金銀覓腰銷金羅紙匣袱等乞下文思院製辦從之七月十五日修玉牒官胡沂等言本所見修玉牒今已恭修光堯壽聖憲天體道太上皇帝一朝成書今上皇帝自誕聖即位繼修進已得百製造羅紙等見工繕寫欲乞擇日進呈從之八月二十五日詔玉牒所進呈光堯壽聖憲天體道太上皇帝今上皇帝玉牒用九月六日進書禮儀並依乾道六年已得指揮二十八日臣僚劄子積照元豐五年進書推賞惟是領官各遷一官其餘檢討雜事官又一年已上者減磨勘三年未滿一年者減磨勘二年雜局者遞減一等參酌前後此爲中制令次玉牒會要書成所有合推賞與比之異時事體稍重欲乞係提舉官合得恩數外餘官吏乞從有司考其供職先後月日及一年以上者與轉一官未及一年者減三年磨勘稍塞僥倖之門庶知名器之重從之九月二十三日詔以修進會要玉牒係光堯壽聖憲天體道太上皇帝中興盛典可特依下項推恩修書官各特與轉一官内選人與改入官經修不經進官并内侍官各特與減三年磨勘内選人比類施行都大提舉諸司并承受主管諸司官各特與轉行一官礙止法人依條回授本所照檢文字檢書等各特與轉行一官願換支賜者依例施行三省史札房推點檢鄭錄事主書令史守當官守闕各特與減二年磨勘内守當官守闕減半點檢諸驗印房依條施行願換支賜者依例施行天文官特與減二年磨勘提舉諸司承受諸司下人吏各特與減一年磨勘守門親事官庫子兵級等各特與絹錢一次經修不經進使臣人吏特與犒設減三分之一應該今來轉官減年内未有官未有名目及未合收使人並候有官有名目日依今來指揮特作轉官資減年數目收使磨勘年限不同人依四年法比折内減年礙止法人願依條回授者聽十月四日修玉牒官胡沂言本所昨恭修真宗皇帝玉牒已進呈自誕聖至景德四年并令來修進今上皇帝玉牒自誕聖至乾道三年已行安奉了畢見修纂真宗皇帝玉牒外所有今上皇帝玉牒欲合自乾道四年以後再行接續修纂欲依自來體例開局施行從之十一月八日禮部尚書兼修玉

職官二〇之六三

牒官胡沂等言：本所依已降指揮，接續修纂真宗皇帝玉牒，今上皇帝玉牒係自乾道四年起修，逐參官司應報節略乞劄下六曹關報。應干合屬去處依應，同申仍月終齎承受聖旨簿赴所照對。其回慢及所報差漏去處，即乞依紹興元年四月指揮施行。從之。以上乾道會要

〔永樂大典卷一萬七千五百〕

光祿寺

光祿寺元豐以後 太官令法酒庫 內酒坊 御廚
大官物料庫 翰林司 牛羊司 牛羊供應所 乳
酪院 油醋庫 外物料庫併此入門餘見諸司庫務
掌供祠祭酒醴果實脯醢菹薪炭及點饌進胙以
朝官一員判寺 兩朝國史志古者其屬有大官珍羞
良醖掌醢四局令分隸御廚法酒庫古者祭祀百神則
省牲鑊濯溉三公攝祭為終獻今並以他官攝本寺但
掌供祠祭酒祭醴果實脯醢醯菹薪炭及點饌進胙之
事府史四人驅使官二人供官一十五人元豐改制具
載職官志 卷一萬三千三百三十七 太祖開寶六年十二月詔祠祭禮料香藥
等委諸司官躬親檢點置庫封掌祠日交付使臣不得
令職掌將置本舍 真宗景德二年十一月詔宗廟祭
饗神食禮料令光祿寺編牒諸司須嚴潔揀選上好物
供應其神食於御廚選差饌造委本寺點檢 大中祥
符元年三月詔光祿寺祠祭家事令逐處於神廚泥飾
編整不得逐旋般赴其齋宮神廚置鑰收掌 二年二
月詔步軍司餘剩員軍士三五人看管公宇犧牲禮料凡
祭祀果子料物於諸庫務請領其判寺官不得寄家於
寺宇內 三年五月詔光祿寺應祠祀合用脯醢爪鼈
豆醬逐旋於御廚請領 四年正月內出銀沙羅十五
枚付光祿寺置庫收掌備天地宗廟奠酒之用 十月

詔光祿寺廨所藏祠祭禮料法物令置庫收貯務要嚴
潔 神宗正史職官志光祿寺卿從四品少卿正六品
丞正八品主簿從八品太官令正九品各一人太官令
掌供膳主簿掌鈎考簿書凡供進之物頒其禁令而檢
察之祭祀牲牢酒醴薦羞及榛栗脯修魚鹽菱芡之名
數率前期戒有司辦具若奉牲告充告備及賞牲鑊濯
溉取明水明火割牲實樽彝籩豆簠簋皆太官令白卿
以時涖其事朝會宴享則察視而糾其闕失應給賜酒
食多寡以式分案五設吏十總局八 哲宗正史職官
志總局十內有大官令掌膳羞割烹之事凡供進膳羞
則辨其名物視饍食之宜而謹其水火之齊祭祀則供
明水火取毛血牲體以為鼎俎之實朝會宴享則供其
酒饍凡給賜視其品秩以為之等元祐元年罷二年復
置又有太官物料庫掌預備饍食薦羞之物以供太官
之用辨其名數而會其出入 卷一萬三千三百三十七 造法酒以待進御祠祭給
賜則歸法酒庫 哲宗正史職官志云掌以式法授酒材
視其厚薄之齊而謹其出納之政凡祭祀供五齊三酒
以實罇罍 造常酒以待餘用則歸內酒坊 哲宗正史職
官志同 供饍羞及內外饔餼則歸御廚 哲宗正史職官
志不載御廚 供酒及茶果寔則歸翰林司 哲宗正史職
官志同 繫飼牛羊則歸牛羊司 哲宗正史職官志云牛
羊司牛羊供應所掌供大中小祀之牲牷及太官宴饗

膳羞之用供造酥酪則歸乳酪院哲宗正史職官志同
供造油醯藏則歸油醋庫哲宗正史職官志同領給油
鹽米麵則歸外物料庫哲宗正史職官志云掌收儲米
鹽雜物以待膳食之須凡百司領給者取具焉神宗熙
寧三年五月二十一日制置三司條例司言諸路料買
上供而民間勞費不細河北榷場買契丹羊數萬至牛
羊司則死損及半屢更法不能止一歲公私之費共四
十餘萬棧養羊常滿三千口爲額省其費用之四從之
六月二十二日三司言勾當法酒庫陳世卿等狀每
年宮觀道場設醮合用法酒等管勾使臣申三司下本
庫支供每處差人逐旋津般往彼祇應多作弊倖偷減
移易勾收空瓶動經月餘破却功役乞下逐宮觀開坐
一年中常定齋醮及非汎道場合使酒色額數目申省
下本庫給歷令彼處上歷以瓶赴庫請領依臣僚俸酒
醴例支給如合用瓶亦具數預申省下庫支撥本處附
帳省司看詳欲除非汎道場即令本庫依舊例供送外
一年中常定道場等乞如所請從之　奉慈觀萬壽觀
後苑天章閣延福宮廣聖宮景靈宮崇先觀醴泉觀集
禧觀延祥觀建隆觀東太一宮西太一宮慶寧宮　五年
正月九日內廢物料庫入御廚從編修三司敕孫豐請
也　八年三月六日三司言勘會都茶鹽院久爲支納
事叢將茶鹽各立逐界典例分管令鹽界支罷京東西

府界蚕鹽并減出賣鹽貨移陝西鹽鈔入市易務下界
管勾但給請軍馬鹽而已別無事務虛占人吏欲乞將
茶界復爲茶庫鹽界廢罷其吏納煎造並令外物料庫
管勾從之　十年二月以內侍押班右得一管勾翰林
司　元豐二年八月二十三日太常寺言奉詔祠祭以
法酒庫內酒坊酒寔諸樽罍以代五齊三酒今法酒庫
酒曰供御曰祠祭曰常供內酒坊酒曰法糯曰糯曰常
料各三等糯酒常料酒止給諸軍吏史工技人以奉天
地宗廟社稷恐非致恭盡物之義乞止以三法酒及法
糯酒奉祠祭從之　五年六月二十七日詳定官制所
言牛羊司隸光祿寺其養牛乳牛兵匠人入牛羊司從
之　六年十月十二日光祿卿呂嘉問言光祿掌酒醴
祠祭寔尊罍相承用法酒庫三色法酒以代周禮所謂
五齊三酒恐不足以上稱陛下崇祀之意近於法酒庫
內酒坊以醞酒法式考之禮經五齊三酒今醅酒其齊
冬以二十五日春秋十五日夏十日撥醅甕而浮蟻湧
於面今謂之撥醅豈其所謂泛齊邪既接取撥醅其下
齊汁與滓相將今謂之醅芽豈其所謂醴齊邪既取醅
芽置篘其中其齊葱白色入焉今謂之帶醅酒豈其所
謂盎齊邪冬一月春秋二十日夏十日醅色變而微赤
豈其所謂緹齊邪冬三十五日春秋二十五日夏十五
日外撥開醅面上清下沉豈其所謂沉齊邪今朝廷因

事而醞造者蓋事酒也今踰歲成熟蒸醞者蓋昔酒也同天節上壽燕所供臘醅酒者皆冬醞夏成蓋清酒也此皆酒非所謂齊也是知齊者因自然之齊故稱名酒者成就而人功爲多故稱物故享神以齊養人以酒竊恐典禮如此又司尊彝曰醴齊縮酌盎齊涚酌依經傳則泛齊醴齊以事酒和之用茅縮酌其盎齊緹齊沈齊則以清酒和之不用茅縮酌如此則所用五齊不多而供具亦甚易蓋醞酒料次不一此五種者成而皆自然伏望聖斷以令之所造酒與與禮相參審或不至差謬乞自今年郊廟供奉上批嘉問論證自有理處今宗廟所實尊彝酒齊未備就且如其說用之於理無害 詔

卷萬三千三百二十七

宗元祐元年五月十二日詔罷太官令從禮部請也 六月九日光祿少卿趙令鑠言自來宮闈令當出神主祭畢升殿其光祿闕視之官亦合先行祭神之禮歎下禮部凡祠事光祿卿隨升壇殿點視陳設禮料依宮闈令先行致恭再拜然後升壇陳設從之 二年正月十五日詔復置太官令一員從光祿卿趙令鑠請也 三年詔長貳互置 十一月四日三省言在京堂除差遣累有增改而吏部闕少官多今令牛羊司吏部差倖錢依在京分數從之 紹聖三年正月二十四日詔翰林司武臣令三省選差 五月二十三日詔御膳差添監官并令入内省差使臣管勾常膳等輒開合見御膳者並加役流其諸局工匠所造御膳滋味不和及諸不如法三犯決替 徽宗崇寧二年正月七日詔置六尚局内尚醞局掌供御酒醞之事詳見殿中省 五月十四日詔已置尚食局其御廚翰林司併入太官局太官令五員見勾當御廚官夏偶王遵張太忠並改充勾當太官局黃滂改充太官令其見今光祿寺太官令亦依此改入本局惟掌祠事翰林司供御等已併入尚食局餘事合存留翰林司并見任官依舊 同日詔見今光祿寺太官令亦依此改入本局惟掌祠事 五年二月四日詔法酒外庫併歸法酒庫官吏並罷 同日詔勾當翰林司使臣一員法酒庫小使臣一員勾當太官局兼内

卷萬三千三百二十七

物料庫小使臣二員係朔置去處令本轄官司相度將職事發併如不闕事可以減罷者罷其增添到員數者並罷 大觀三年十二月五日詔罷法酒外庫官物併歸内庫 政和元年三月二十日詔牛羊司監門令後朝廷選差文武官充 六年二月二十四日監察御史王桓言祭祀牢禮之具皆掌於光祿而寺官未嘗臨視失事神之恭乞大祠以光祿卿少卿朔祭及中祠以丞簿監視宰割禮畢頒胙有故及小祠聽宮闈令或太祝奉禮攝從之 欽宗靖康元年正月四日詔六尚局並依祖宗法御廚寺會局同此詔 五月十六日詔御膳早晚尚進百餘件方今府庫殫竭朕不身先何以率天下

令後可供進六十件　十八日詔太官令並特成資闕
八月十九日詔六尚局既罷其格内歲貢品物萬數極
多尚為民害非祖宗舊法可並除之御厨寺尚食局同
此詔高宗建炎三年五月十九日詔光祿寺併歸禮部
以並罷寺監也　六月二十六日詔光祿寺舊行祠祭
排辦供應事務並歸太常寺　紹興二十三年二月十
七日詔置光祿寺丞一員以臣僚言祠祭禮料並歸市
司離擾不虔故也　六月十日詔工部鑄造光祿寺印
一面行使并差胥佐一名貼司二名具光祿寺丞請給
人從並依太府寺寺丞人吏見今請給則例支破從光
祿寺丞徐璉之請也已上中興會要　孝宗隆興元年七
月二十六日詔光祿寺併歸太常寺兼領丞一員罷從
右諫議大夫王大寶等議也　八月三日光祿寺狀見
管吏人三員胥佐一名見行批換副尉侯了日離寺貼
司二人合併歸太常寺從之

卷萬三千三百三十七

全唐文　宋會要

翰林司

翰林司在大寧門内掌供御酒茗湯果及游幸宴會内
外筵設兼掌翰林院執役者之名籍而奏其番宿句當
官四員以諸司使副使及内侍充兵校三百人藥童十
一人　淳熙元年九月四日翰林司言見排辦將來車
駕幸玉津園文武臣宴射檢照本司省記條冊無内上件
排辦事節乞依紹興十九年指揮車駕詣諸宮觀等處
對御筵宴施行從之　二年正月十二日詔翰林司每
遇祀祭供設神食支氷雪一千五百斤從太常少卿顏
度請也　四年十二月九日詔翰林司今來車駕幸茅
灘所有排辦事件並依宴射對御筵宴排辦　五年五
月十日詔翰林司自今專知官遇闕令本司副知界滿
日各特與留充專知官立界一次　九月十日詔翰林司
車駕幸秘書省對御賜酒五盞並依恭謝排辦令後準
此　十三年十二月九日詔翰林司減人兵三十八人以
司農少卿吳燠議減冗食下敕令所裁定故有是命
十四年十二月二十四日翰林司狀已降指揮正旦使
人到闕就殿東朶殿設素幄引見辭賜茶所有本司合
排辦事件一御前進茶金稜揩湯醆并宰臣賜茶金稜
揩湯醆已降指揮並改用白成銀稜一御燎子内有朱
紅漆卓杌等并使人入見拆書朱紅漆卓子並乞改用

卷一十一百二十五

黄素衣子庭園一諸色祇應人並令服著紫衫繫黄帶
子詔見辭進茶不用枇子餘依　十五年八月二十九
日詔翰林司將見闕人兵二十二人將令拍投本司子
弟刺填數額　淳熙十六年二月二日詔翰林司每日
輪差監官一員人吏二人供御人一十人赴重華宮直
應奉　紹熙元年三月二十三日詔承信郎翰林司專
知官徐稹界滿在司應奉有勞發遣歸部日特與占差
遣一次今後准此十二月十四日臣僚言欲乞今後使
人賜宴之際殿上仍舊郎官檢視具三節人從果食差
翰林司使臣一員檢點從之　二年十月二十八日進
呈翰林司何閏等養老爲鄭奏曰檢照指揮年及七十

卷二千一百二十五

二

方今養老何閏等年皆未及又給以全分上曰年雖未
及七十卻有疾病不任役使亦當聽其養老但請給與
減半今後準此　紹熙五年十一月九日詔翰林司人
兵等每月見請月糧四食米可與於御藥院人兵殘救
内支自今後按月依此施行

全唐文

宋會要

牛羊司在晉寧坊掌畜牧羔羊棧飼以給烹宰之用景
德中牛羊之孳乳者詔無得宰殺又以每歲冬首畜殺
爲賜傷生頗甚令代以八節羊又河東舊有孳生羊務
而市羊於民死者令民償之咸平六年真宗以其煩擾
罷之以京朝官諸司使副及三班三人監廣牧二指揮
千一百二十六人　真宗咸平五年十二月帝謂宰臣
曰御廚歲費羊數萬口市於陝西頗爲煩擾近年北面
榷場貿易頗多尚慮失於養牧呂蒙正言洛陽南境有
廣成川地曠遠而水草美可爲牧地命遣使視之　六

卷一千一百十九

一

年五月詔牛羊司招置軍士但年二十已上無疾少壯
堪牧放者不拘人材即與招收十一月詔廢河東孳生
羊務先是轉運司請於民處配市有死亡者令民償之
頗有勞擾乃選使乘傳取所償數體量停廢　景德元
年三月詔牛羊司廣牧指揮如闕員僚即於本指揮揀
年勞能部轄十將補副都頭即不差殿侍權管節級軍
士月給麻屨合與月糧同歷勘支　二年六月詔牛羊
司外羣送納死羊及諸處取索羊肉羊皮並須每口實
定斤重出抄申破不得止憑估羊節級懸估十月詔外
羣死羊委側近縣尉監造皮送官其頭肚五月至七月
埋瘞三月至九月量估價出賣　三年十二月詔牛羊

司畜孳乳者並放牧之與得宰殺　四年六月詔牛羊
司牧羊少失羊決罰之數一口至三口犛頭笞四十，牧
子加一等；四口至六口犛頭杖六十，七口至十口犛頭
杖七十，巡羊十將笞三十；十口至十五口犛頭杖八十，
已上牧子遞加一等，巡羊十將杖六十，負𠎝笞三十；十
五口至二十口牧子徒一年，配外州牢城，犛頭杖一百，
降充牧子，巡羊十將杖八十，降一資，負𠎝杖六十；二十
口已上牧子徒一年半，犛頭徒一年，並配遠惡州府，十
將杖一百，降二資，負𠎝杖八十，降一資，巡羊使臣奏劾
替與降等差遣　大中祥符三年四月詔牛羊司每年
棧羊三萬三千口，委監官揀少嫩者棧圈，均兼供應四
卷一千一百十九　二
月至十一月，每支百口，給棧羊五十口；十二月至三月
每支百口，給七十口　五月詔每秋棧羊入圈，每圈給三
司印歷抄上，候宰殺時每日輪一圈供殺，每年比較棧
羊須二十三斤已上，草羊四月至十一月肥，月十五斤
已上，十二月至三月瘦，月十二斤已上即殺　五年九
月詔中牟牧羊犛頭牧子所請月糧，如全帶外犛者只
支米豆二色，月給醬菜錢二百，麻鞋錢一百　十一月至
二月借皮裘一，至三月一日納官　牧羊使臣給軍士五
人當直　十二月詔中牟縣牧羊造羓，九月一日至正月
終，令津般赴京，自餘送皮剝所賣錢入官　天禧四年
六月詔牛羊司三棧圈自今只差三班使臣，不令內侍

省差人勾當　仁宗天聖八年提舉司言：「牛羊司每月
宣賜臣僚添廚月俸節料草棧羊多不一，併請領，却令
本司出給寄羊歷，逐旋請領，仍破官中草豆養餵，欲望
自今每月支賜，並限十日依色額請領出圈，出限不請，
令本司將元支文字繳送三司毁抹，更不支給。」從之
嘉祐四年六月二十九日，詔省牛羊司西北棧圈官四
員　神宗熙寧三年五月二十一日，制置三司條例司
言：「諸路科買上供羊，民間勞費不細，河北榷場買契丹
羊數萬，至牛羊司則死損及半，屢更不從止，一歲公私
之費共四十餘萬貫，乞募屠户，官預給約，以時日供羊，
人多樂從，得以充足年計，仍令牛羊司棧養羊常滿三
卷一千一百十九　三
千口爲額，省其費十之四。」從之　高宗建炎三年四月
十三日，詔乳酪院併入牛羊司　四年十一月十三日
詔牛羊司兵級權以七十人爲額，以本司見管兵級四
十六人，見闕二十四人，故有是命　同日詔牛羊司見闕
軍兵許招收一十人，填闕一次，其請給依無舊歷人兵
則例及招軍例物，止支錢五貫文，於本司收到碎肉頭
肚等錢内支給　同日牛羊司言：「本司省記條法，頭副指
揮使都頭副都頭節級爲資級，今來本司上有都頭副
都頭，其副指揮使並未曾遷補，欲副指揮使依見行條
法遷補施行，各與支破本等請給。」從之　紹興四年二
月七日，詔臨安府修蓋滁宮，遇祀昊天上帝，合用牛犢

入滌養餧　八年七月十八日詔令後牛羊司遇有備剩羊口數目令本司具的確數目本省部審驗詣實即行撥充別項使用及遇有講筵並非泛等合用羊口數内有剩數亦令本司申明省部改撥充數使用禮部言見今牛羊司宰供御膳羊每日宰羊一口供應每月依已降指揮收四十口為額内一十口充泛索使用天章閣祖宗神御每月酌獻羊以一十七口為額緣泛索羊往往不曾赴牛羊司取索宰供及神御羊亦有剩數緣不住據牛羊司申乞將上件備剩羊口數目以後充御膳并神御羊使用令所買州軍權住收買候將欲支供盡絶即却依已降指揮行下元買州軍收買應副使用

卷一千一百十九　四

申部申明朝廷等降指揮顯見紊煩故有是命　十二年八月十七日詔供進皇太后每日常膳并生料每月實計用羊九十口及節料節序添供每年實計用羊一十八口令兩浙轉運司收買赴司交納宰供所有闕少事件等依例下臨安府市令司取索從本司請也　十三年三月二十六日詔牛羊司權以九減定七十人額内將見闕人數許行招收一次合得請給並依本司祿格則例支破内月糧料錢與口食錢求從一多給十二月九日詔臨安府限一日收買羊一百口猪三十口赴牛羊司養餧準備使用其供使過猪羊從本司報臨安府限次日收買補發數足從本司請也　十五年三月

二十九日詔牛羊司許令招收兵級二十人通以九十人為額副知貼司各與添置一名内副知仍將目今頭名手分遞遷其退下手分名闕於無違礙諸司官踏逐抽差一次日後遇闕召募貼司揀試充填依條遞遷副知如界滿自到司入仕及十年以上別無贓私罪犯及無官物結繫許依條解發出職從本司請也　二十九年八月十九日詔牛羊司有不堪宰殺及有宰殺下不堪供奉羊口令監官躬親驗實牒送臨安府依市價三分減一分出賣收到錢令本府赴左藏庫送納守取朱鈔牒送本司照會　淳熙十四年八月二十七日詔牛羊司減手分一人節級一人曹司一人宰手四人庫頭

卷一千一百十九　五

二人兵士七人先是牛羊司副知一人手分二人貼司一人副指揮使一人正都頭一人副都頭一人節級四人揣子二人曹司二人秤子二人宰手一十五人承局一人門子一人牛羊承庫頭七人兵士五十三人於是司農少卿吳熙請減冗食下敕令所裁定而有是命　嘉定十四年正月二十一日禮部言牛羊司申人員張椿等日常宰供御膳及酌獻神御食料祗應委是事務繁重乞照御厨翰林儀鸞司等處支給雪寒錢詔依嘉定三年四月十六日指揮照諸州軍例減半支給

宋會要乳酪院

乳酪院隸左騏驥院，掌供御廚乳餅酪酥。舊有南北兩院，差監官。景德二年合為一，以騏驥院監官專副兼充，乳匠七人。真宗大中祥符五年五月，詔北乳酪院節級、工匠并麥饅長行依兩院例支破午齋錢，十月皂錦袍各一領。七年正月，詔自今乳酪院應管乳餅酥酪，季置計帳上三司，點勾所有監收乳汁，受造乳餅酥酪，每月輪教駿員僚一名勾當。大典卷一萬六千六百六十七

宋會要

衛尉寺　令無所掌，以朝官一員判寺事。兩朝國史志：衛尉寺判寺事一人，以郎官以上充。凡武庫、武器並歸內庫及軍器庫，以它官及內寺典領，守宮歸儀鸞司，本寺無所掌。府史二人。元豐改制，事具職官志。神宗熙寧四年十二月一日，詔衛尉寺行事京官并大禮押當祇應並撥審官東院。神宗正史職官志：衛尉寺卿從四品，少卿正六品，丞正八品，主簿從八品，各一人。掌甲械儀物之事。凡內外作坊輸兵器，則辨其名數，驗其良窳，選納以歸七庫，安置曝涼有法。若進御、頒給，則按籍而出之。供帳什物率視此驗察焉。大禮則設帷宮帳次，陳鹵

卷萬六千三百三十九

簿，宴事賓客供幕帟茵席，而祭祀朝會則及其羽儀節鉞金鼓，必具以時閱視，有敝則修於少府軍器監。歲終上計帳於兵部。分案四，設吏十，總局十有三：儲甲械，則歸內弓箭庫、南外庫、軍器五庫；哲宗正史職官志云：內弓箭庫、南外庫、軍器衣甲庫、軍器弓槍庫、軍器弩劍箭庫。掌弓帳，則歸儀鸞司；哲宗正史職官志同。貯什物，則歸軍器什物庫、宣德門什物庫；哲宗正史職官志：軍器什物庫、宣德門什物庫，掌收貯什物給用，則按籍而領之。大禮板木庫；哲宗正史職官志不載大禮板木庫。選幕吏卒以給用，則歸左右金吾街仗司、六軍儀仗司；哲宗正史職官志稱左右金吾街仗司、左右金吾仗司，掌

清道徼巡排列奉引儀仗以肅禁衛凡儀物以時修飾
選募人兵而教其遷補之事治平四年神宗已即位改
元正月八日詔都大提點軍器庫所今年所支諸處添
差巡檢下衣甲器械等內除衣甲更不支給外其餘械
器據合支分數依例支給　神宗熙寧元年八月詔減
罷都大提舉內軍器庫文臣一員　二十六日詔入內
副都知張若水提點內弓箭軍器等庫　是月樞密院
言監內弓槍庫承制楊安道入內供奉官李孝基等近
以不職降黜令提舉內軍器庫所別舉官詔令後令樞
密院差內供奉官仍委入內內侍省選定續詔樞密院
於前班內臣中選差一員　十月九日詔儀鸞司多不

卷萬三千三百三十七

整齊令提舉司舉文臣一員同共勾當卻替使臣具員
二年六月二十一日詔令都大提點內弓箭庫揀到
係修衣甲槍刀器械等重行編排內多少名件製造精
巧可以添修使用若干名件怯弱不堪添修合行變轉
各立庫眼排垜件析以聞　十一月十七日駕部郎中
宋仲容等言奉詔點檢儀鸞司見在陳設理合具申請
事件欵乞下內東門司先置內中取借官物簿令後每
有取借之物更不得令工匠以白狀請務在須門司官
吏印押關牒本司方得分付限五日內具公文給還抽
取關牒毀抹入案勾銷文簿其經久占使什物去處每
至故舊仍仰分明送還正行取借新鮮什物充使仍委

本司別置門司供借官物文簿凡有取借官物分明抄
上每遇新界交割仰將上件文簿及所借關牒與門司
文簿一處照會交割本司每月具門司月內及自前取
借未還陳設什物件析以聞降付門司照會給還詔從
之仍令儀鸞司每半年一次具取借未還名件以聞
仲容等磨勘到兩界所少官物皆蠲除之其監官等第
責罰　三年十二月二十三日三司言儀鸞司闕係氊
三千乞下河東製造工執前日提舉司言物料庫牛羊
司所寄氊毛舊以給宗室嫁娶昨一例折支錢今已委
積數萬斤皆同糞壤三司不以見在物料為之而遠勤
民力於河東可令據見在并自今所收白羊毛擀造其

卷萬三千三百三十七

褥背之類即許用黑毛代之　四年十二月一日詔衛
尉寺行事京官并大禮押當祇應並撥隔審官東院
六年正月一日中書言欵以內軍器五庫官物貯積多
在宮禁及收內降物兼自有提舉官點檢可不隸提舉
諸司庫務　二月十六日詔入使緣程到闕應館驛頓
宿位次令儀鸞帳設司不得以諸處地圖供應　七月
十三日詔置內弓箭南庫儲御前所修製軍器仍別差
官提舉　八年五月十二日都大提舉內弓箭軍器等
庫所張茂則言轄下四庫軍器不堪緣逐庫監專只以
二年為界方欵整齊各又交替乞今後軍器四庫監官
以三年為界任滿日如出納整齊排垜物色與帳籍差

互并專副界滿並許當所保明等第酬奬從之　元豐五年九月十七日詔内弓箭南内外兩庫軍器什物止供御寶帳及本庫帳母以帳供兵部衛尉寺　哲宗紹聖三年正月二十四日詔儀鸞司武臣令三省選差元符二年五月十六日兵刑部乞立儀鸞司係公人盜本司官物若知情藏買及爲隱寄典買者編配告賞法應官司差借儀鸞司人物者權同監臨事畢令人齎還從之　徽宗崇寧二年正月七日詔置六尚局尚舍局掌供御幄帟張設之事詳見殿省中　政和五年十月九日詔儀鸞司兵匠即令闕人役使可將原係本司工匠緣事降配及投換之人令兵部劄刷並行拘收赴司依舊職名收管仍自到司日權免對歷先次勘給逐等請給

七年六月八日詔金吾衛伏司依格差大使臣係武翼大夫以上不許差小使臣已差者罷　高宗建炎三年四月十三日詔衛尉寺并歸兵部

儀鸞司在拱宸門外嘉平坊掌奉乘輿親祠郊廟朝會巡幸宴饗及内庭供帳之事　大中祥符九年分儀司庫爲三一曰金銀器皿帟幕什物之第一第二等者二曰香燭帟幕什物之第三第四等者三曰氊油床椅鐵器雜物勾當官五員以京朝官諸司副使及内侍充兵校及匠二百九十一人官小一百一十四人　真宗咸平四年八月詔諸州所上閏年圖自今每兩閏一造每三次納儀鸞司即一次納職方換職方舊圖却付儀鸞司其諸路轉運司即十年一造　大中祥符七年二月詔儀鸞司今後應係諸處排當取索什物合供應者須具數上簿方得供應用訖勾收入庫鑿鑄收掌七月臣

僚言儀鸞司遺火之時屋舍連屬毁拆不逮復内庭庫務至甚擁隘如儀鸞司簾幕牀榻之類不須逼近宮殿乞速命使臣相度以聞從之　八年正月三日司言不堪什物萬五百七十八欲差使臣一員專副二人於左右掖門西廊下置庫立界受納揀選内有止是顔色故暗及有破損堪任縫補者即戲併收管遇勅葬并開慢處排當所須什物及修造處要遮圍青布等使用並令儀鸞司於揀什物庫請借供使從之十一月詔儀鸞司庫屋移出拱宸門外自令本司人員工匠官小并雜役兵士等每遇崇德長春天安會慶崇政殿等及延福宮後

苑并内中非時宴會或遇駕出將輦隨駕物色入内祗
應並許就便入拱宸門供應仍令本司供數與本門人
員點檢出入若中書樞密宣徽學士院秘閣三館筵設
供應及左藏内藏皇城司軍器庫舊酒坊等處或非時
祗應並於東華門左右掖門出入其本司監官逐日出
入内侍使臣等即依舊例於拱宸門出入諸司使副使
等於朝門出入　九年二月三司言儀鸞司管錦繡銀
泥青素帳設什物名件浩瀚供應不少自來只一司置
庫收管色類庫分交雜不得整齊今欲委本司判官與
提舉庫務朝臣使臣同計會監官將帳管什物相度分
擘各庫收掌事下鹽鐵判官嚴國祥與提舉庫務儀鸞

司相度分作三庫別立專副曹司庫子其監官工匠依
前通同管勾排當去處同共祗應從之　凡金銀器物
及第一第二等帳設什物房卧物地衣舞筵作一庫契
丹三番什物及第三第四等什物蠟燭衙香乳香作一
庫所有三番使到闕什物非時不得別用鐵器木植家
事木椅丁索氈帳亭殿竹木胎骨頭手稟木營房屋庫
油京笠作一庫初林特議分作四庫監官監稱分庫而
監主通管之稍便真宗令丁謂諭特更議悠久行之因
言不如條約愛惜官物且如道場中凡用錦繡供養勾
當使臣先自取用鋪設往往踐履因思衛紹欽勾當時
二一夕聞黄門喧鬧乃紹欽奪取錦褥盡以紫絁者代

之至如魏昭裔監厨内中小底數移換食品昭裔告之
曰食味不嘉即可為笞責當局者若食品即素定不敢
輙易也當官如此執守亦是不易　天禧元年六月三
司言儀鸞司送到副知任信為受工匠吳斌錢將所欠
釘索子虛作入庫其監官各有不躬親點檢之罪亦合
取勘緣由舉送官顯是點檢彰露欲令本司今後每出
納官物委監官躬親於庫門點檢給納見支納訖方得
書字詔自今令三司勘會如是因監官點檢發覺即與
免勘　仁宗天聖元年四月定奪所言臘燭舊例並係
儀鸞司掌管自大中祥符七年三司奏除内中取索依
舊令供外餘於三司開拆司置庫收支就差監門檢法
官勾當及差專知官庫子費用不少又儀鸞司揀出故
舊什物亦止本司收管自大中祥符七年後三司起請
專差使臣專副庫子兵士於左掖門東占射行廊為揀
什物庫受納十年止及百十事件枉費不少欲乞依舊
撥歸本司附帳收管只令準例支遣從之　五年七月
三司言將來南郊請差儀鸞司兵士五千人望依舊例
差三千二百四十七人從之　八年五月開封府言昨
勘儀鸞司工匠戴用盜貨官物乃因工匠少欠官物以
請受赴折填納故致偷盜緣本司最處重難工匠三百
餘人不分都分更牙差撥多不整齊乞下本司揀選分
都分事下三司與提舉司同定奪開奏遂請將南北兩

營分四都均人員部轄若供應差使一依舊例家同部轄北營為第一第二都南營為第三第四都兼勘會本司元額都虞候一人正副指揮使一人今定每營用指揮使副指揮使各一人都虞候更不添填却添正指揮使一人其員條十將已下並據元額分管今後請跋官物筵宴供應侵盜官物工匠官小乞杖配遠處或同情盜物及告官者並免罪量支賞錢其告捉者長行轉節級人員節級於本職上遷轉其支賞錢以犯事人家財充不足以儀鸞司頭子錢充所盜官物估直錢五千至十千長行轉節級賞錢五千人員捉獲工匠只賞錢五千所盜一千至五千告捉者不以人員長行只賞錢五千一千以下賞錢三千應窠坐久占帳設什物自來只憑工匠請往祇應今後欲具數目牒與逐處交領如要迴換亦須牒赴儀鸞司從之

神宗熙寧元年十月九日詔儀鸞司多不整齊令提舉司舉文臣一員同共勾當都替使臣一員

二年十一月十七日駕部郎中宋仲容等言奉詔點檢儀鸞司見在陳設并具合申請事件欲乞下内東門司先置内中取借官物簿今後每有取借之物更不得令工匠以白狀請領須門司官吏印押關牒本司方得分付限五日内具公文給還抽取關牒毀抹入案勾銷文簿其經久占使什物去處每至故舊仍仰分明送還正行取借新鮮什物充使仍委本司

別置門司供借官物文簿凡有取借官物分明抄上每遇新界交割仰將上件文簿及所借關牒與門司文簿一處照會交割本司每月具門司月内及自前取借未還陳設什物析以聞降付門司照會給還詔從之仍令儀鸞司每半年一次具取借未還名件以聞仲容等磨勘到兩界所少官物皆蠲除之其監官等第責罰

六年二月十六日詔人使緣程到關應館驛頓宿住次令儀鸞司帳設司不得以諸處地圖供應

高宗紹興三年七月二十日詔儀鸞司將本司慣熟手高工匠先行籍定五十人充專一應奉御前排辦如有事故之人於以次工匠内差填今後諸官司於籍定工匠數内指名抽差並不發遣止從本司差撥前去雖承降到特旨及衝改本司一切條禁具令發遣更不許執奏占留一切指揮並從本司未得發遣申取朝庭指揮本司言籍舊管人匠七百人近蒙裁減九十人為額差撥不足故特有是命

二十九年四月十三日詔儀鸞司幹辦官今後差武臣其請給理任酬賞並依本司省記條法

三十一年二月三日詔儀鸞司陳設凡有破損並申尚書省候劄下運司及臨安府方許以新易舊先是一年有至五易者故有是命

孝宗乾道元年三月五日儀鸞司言本司所管工匠舊額七百人權以三百五十人為額今闕八十餘人常日排辦及差赴德壽宮應奉國信

所闕人分布乞依條填類從之　五年二十七日詔儀鸞司官使臣滿二年特與減一年半磨勘內侍官滿三年減二年半磨勘從吏部檢坐紹興格也　十月四日詔會慶聖節使人朝見若二十一日值雨折去山樓難以絞縛裝綵赴次日上壽所有逐殿山樓並不拆去內垂拱殿山樓照應隔門高下隨宜將山樓下廈向高絞縛以顯龍門作樂兩不相妨　二年七月七日儀鸞司言本所所管人匠見闕三十餘人將來大禮竊慮闕人乞除崇奉所在并內中殿門供內儀鸞外其餘應合破儀鸞司工匠去處權住發遣候本司招填日依舊從之　十月十七日詔會慶節及日後使人見辭筵宴等所設

爐火並免供設　六年七月十九日詔儀鸞司所管人匠昨係三百五十人為額令招收數額自後遇闕日招填　淳熙二年十一月二十一日詔儀鸞司不般新油幕出外因致失火看管等人已行斷配其本司幹辦官林恕特降兩官　十四年七月七日詔儀鸞司工匠三十人以司農少卿吳燠議減冗食下敕令所裁定故有是命　慶元二年二月二十一日儀鸞司言本司所管排辦應奉慈福宮重華宮壽康宮并御前及使人到闕并崇奉去處應干排辦事務最為繁劇所管支遣官物浩瀚其專副名闕係踏逐他處之人到司並皆生踈深恐誤事今竊見本司押司官王汝翼諳練排辦事務乞

候專知官鄧良輔界滿日更不踏逐填闕止令王汝翼先次兼權鄧良輔押司官年滿日出職補受名目了日正行差填名闕兼點檢文字祇應所有立界請給酬賞等並依今來專副見行條法施行庶得應奉排辦支遣各無稽誤詔從之　三年六月二十日儀鸞司言本司舊管人匠并撥到尚舍局人匠共以七百人為額緣節次承降指揮裁減至今權以二百七十人為額即目見管二百一十五人於內見有皇城司御輦院等處差取到司充填額內工匠并本司工匠見宣借到壽康宮并御前閣子庫榮觀堂南廊庫等處共六十二人實占祇應並不趂赴本司工役外止有一百五十三人充日逐應

奉朝殿供擺坐杌張打御繖涼笠及入冬供設御爐炭火四孟朝獻及聖節并正旦使人到闕絞縛山樓釘設祇應郊祀大禮排辦事務比之遞年工役倍增委是人力不勝至期難以辦集今來工匠於二百七十人額內見闕五十五人若行招刺數額必至生踈卒難教習有誤役使兼又升降支破例物欲乞將前項見闕人數依紹興十三年所降指揮體例止於兩浙轉運司限半月下本路諸州軍保明選差諳練絞縛訂設結造綵帛手高少壯有行止家累無過犯軍兵五十五人發遣赴司並依見今職名收管仍分擘請給支歷前來比照本司合請名色從一多給施行如有一切條禁特依今來指

揮發遣赴司工役不許占留庶得排辦不致闕誤詔特於兩浙轉運司依數選差限半月發遣不許執奏　嘉定五年八月六日儀鸞司言本司拘押官物使臣專知官副知名闕並是外處人差到司供職不諳事務乞自今後遇有名闕止就差本司見在專副令來界滿轉授使臣之人充填如（在）該職未該轉授使臣且令先次兼權候授告了日正行填闕內有專副界滿遇闕未該轉補使臣人更與存留接續一次候補授使臣了日差充拘押官物使臣所事以後退下專副名闕卻差本司押司官兼權亦候年滿補授名目正行差填或值專副兩名前後界滿以次差前行相兼掌管候正差充專副遇有拘押官物使臣闕亦乞先次兼權候補授使臣了日正行差充拘押官物使臣滿日離司其兼權職事亦不添破請給如日後外人欲來承填上件名闕許令本司執奏不行逐項名闕正行差填了日所有理任請給酬賞等並依本司見行條法施行詔從之

〔卷一千三百六〕　八

職官二二之一二

宋會要

金吾街仗司有左右金吾引駕仗掌殿內宿衛車駕巡幸勤箭唱探之事及送諸道旌節度使迎受又有左右街司掌街鼓警場清道請納鼓契巡徼衙肆糾視違犯判街仗司官各一人並以將軍以上充其屬有左右仗孔目勾押引駕官都押衙勾畫都知節級四色隨稍官知箭門仗官探頭等又有兵士左右仗各五十三人左右街司有孔目表奏官兵士各百二十人　太宗淳化五年八月左神武大將軍權判左右金吾街仗魏丕以新募街司從人千餘人引對崇政殿太宗親選得五百七十人其中取身品偉者二人為等分四營營設五都都有員僚節級一如禁兵之制軍頭四點面給例物命六宅使田守信權知右街事帝以京師浩穰街司巡警先用禁軍非舊制特命左右街各置千人優以廩給使傳呼備盜至是始分營部仍令魏丕更召募以充入其數焉　至道元年八月以西京作坊副使閻承翰內殿崇班劉承蘊為左右金吾都監勾當本街事帝以京邑浩穰姦豪所萃復新募公人二千以四營處之資於總轄仍以郊禋洎皇太子仗衛至繁時趙延進魏丕皆耆年恐不辦集故特命之　真宗大中祥符三年七月右金吾街仗言請以順天門官宅充本司公廨從之　七年六月左右金吾引駕仗言文德殿隨稍堂自來衙日

〔卷一千三百六〕　一

職官二二之一三

祭饗今縁禁止燃火詔令依舊祭饗　仁宗天聖六年六月詔充右金吾街仗司孔目勾押表奏官自補正名並週周年後與勒留燃嘉祐二年二月十五日御史臺言勾當左右金吾街仗六軍儀仗司宋郁多請病假每起居横行旋請官充攝多有失儀詔今後於未有差遣諸司使副承制崇班内差諸司使攝大將軍副使承制崇班攝將軍共不得過二十人每月大將軍支食錢七千將軍五千差六軍兵士四人當直候有差遣别差人充攝　高宗紹興二年三月二十八日詔左右金吾街仗司共通立二百人為額家同差使如遇額管不足許令招刺補填先是幹辦左右金吾街仗司武畧大夫趙

卷二千二百六

二

璹等言乞左右金吾街仗司元額各八百人權各裁定作一百五十人為額内有管額不足人數許從逐司招刺補填兵部尋取到左右金吾街仗司状逐司人兵元額左右街司各五百五十人左右仗司二百五十人應副内宿唱和更籌并差赴宰執侍從官等處當直從使除累年逃亡及昨縁渡江不到人外即目左街司有七十三人仗司有三十人右街司有四十八人仗司有二十九人比之元額十分内左街仗司共有一分右街仗司共不及一分兼即目應副窠差去處合用三百八十五人見今所管人兵逐同共止有一百八十人令相度欲乞將左右街司元額各五百五十人權各裁減作一

百人左右仗司元額各二百五十人權各裁減作五十人為額故有是命　三年八月十八日詔金吾街仗左右兩司各以一百五十人為額　二十八年十月二十七日詔左右街仗兩司人兵各以一百七十五人為額　淳熙六年十二月十三日詔左金吾街仗司見闕人數令招刺補填祇應以奉本司言紹興二十六年十二月二十七日指揮權以一百七十五人為額見今闕四十五人乞行招填故有是命　十四年三月十五日詔金吾街仗司減人兵九十八人以司農少卿吳燠議減冗食下數令所裁定故有是命　紹熙三年七月八日兵部言左右金吾街仗司申準淳熙十四年十月四日

卷二千二百六

三

指揮裁減左街仗司以一百三十一人右街仗司以一百二十一人為額緣節次有逃亡事故見闕二十四人逐司所管人兵並係差充應奉内宿唱和更籌及宰執侍從臺諫給舍等官下當直合行招刺補填從之　慶元元年十二月二十七日兵部言左右金吾街仗司昨在京日各以八百人為額從紹興二十六年十月二十七日指揮權各以一百七十五人為額準淳熙十四年十月四日指揮敕令所將逐司見管人兵立為定額左司以一百三十一人為額右司以一百二十一人為額目今左司見闕九人右司見闕一十人兩司共實闕一十九人乞行招刺以招刺到日為始依例支破口食錢米

其招軍例物自來體例更不支降招填一十九人六年闕二十九人復請招刺亦許之

卷二千百六

四

接下寫

全唐文

（職）會要　太常寺

太常寺掌社稷及武成王廟諸壇齋宮習樂之事判寺官一人或二人以諸司三品以上充又有太祝奉禮郎掌奉祭祀郊社令掌坐齋郎協律郎領大樂局鼓吹等院會要　亦樂志

卷一萬三千七百三十一

全唐文

續會要

太常寺皆以禁林之長主判（皆以兩制統）而花院自有判院同判院祥符中符瑞繁縟別建禮儀院輔臣主判而知制誥爲知院｜天禧末罷知院天聖中省禮儀院而寺與禮院事舊不用兼康定元年置判寺同判寺並兼禮儀事｜元豐正名始專其職爲職事卿掌禮樂郊廟社稷壇壝陵寢之事｜元祐詔太常寺置長貳餘寺監長貳並互置｜中興併省寺監獨存太常又命太常兼中正｜紹興復｜隆興元年詔光祿寺併歸大常寺兼領丞二員罷掌社稷及武成王廟諸壇齋宮習樂之事｜

卷六千一百五十八

元祐元年呂純禮爲少卿御史論門廕得官不可任奉常於是外補（中興建炎三年詔太常少卿一員兼中宗少卿）皇祐中詔特差近上知禮官一員兼丞事御史李泌之請也職畧建炎三年省丞｜紹興二年復置以上續會要

諸太常

齋郎

全唐文

宋會要

太祖建隆四年六月詔尚書禮部所補太廟郊社齋郎自今每歲以十五人爲額其廕補人並須年貌合格試念書精熟如經覆試引驗不合元勑具本司官並當貶降乾德五年九月虞部郎中趙元拱國子監丞高延緒坐試齋郎念經不實覆試差互元拱責授倉部員外郎延緒國子監主簿雍熙二年詔尚書禮部自今補到齋郎皆旋具姓名關報宗正寺真宗大中祥符六年七月詔郊社齋郎經三次行事方得投狀注擬如欲隨父兄出外並須奏聽朝旨十二月詔新補齋郎候禮部給牒

卷七千三百二十

即赴太常寺公參（事具太常寺）七年八月權判宗正寺趙世長言自今齋郎室長每年預太廟五大享無遺闕者特放一選如一年內全不到行事者殿一選只一兩次行事者勒守本出身選仍遇郊禋不在減放之限從之天禧元年九月詔太廟齋郎令銓司依大中祥符六年七月條貫郊社齋郎指揮施行五年十一月詔自今齋郎乞改補充室長掌坐者令部部於奏狀內具投狀月日如內有丁憂者即除服制外擬投狀月日已前將兩頭零月日合爲一周年通計實理年限申奏改補并銓曹磨勘時內有丁憂者亦依此例通將服制前後零月日如及一周年與作一選施行乾興元年五月仁宗

已即位未改元吏部銓言惟格郊社齋郎補奏後五年轉掌坐改補後五年附奏年滿勅下復一選集欲望自今年滿不曾改補者此類選並依諸色違礙選人體例施行從之。仁宗天聖四年閏五月詔自今後所補室長齋郎並依例赴宗正寺公參。九月尚書禮部言太廟齋郎乞改補多違長定格年限當部即從選人施行看詳多不知格文立年限改補欲望每年終録格文下都進奏院牒諸路轉運司令告示有隨父兄在官或鄉寄居住者如補授後及長定格內年限並仰赴當部投狀改補如年及格遇恩放選赴南曹投狀更不在改補之限若未欲參選亦須依格改補庶免時有駁選其在京居

卷七千三百二十

止者即禮部告示從之。八年九月尚書禮部言臣僚奏薦骨肉補齋郎者近年多有增添年幾以就合格欲望自今並於奏狀內明言所奏人諸實年幾其進納斛㪷人亦於元陳狀內聲説從之。慶歷四年四月詔致仕官之子孫授試銜齋郎年及格者與免選除近便官。嘉祐六年十一月二十七日詔室長齋郎年及二十已上即令公參行事。以上會要

全唐文　宋會要

挽郎

乾興元年八月仁宗已即位未改元翰林學士承旨李維學士晏殊等言至道中太宗皇帝山陵時宋白梁周翰各奏姪男補充永熙陵挽郎臣維有外甥之子王球臣殊有堂弟之孫詢欲各補充永定陵挽郎從之。仁宗天聖元年正月流內銓言擬永定陵挽郎王球稱蒙恩補授赴山陵行事別無遺闕係是放選乞比齋郎例注官銓司檢詳長定格齋郎挽郎並是一類出身人欲令王球依齋郎例許於南曹投狀從之。會要

卷七千三百二十七

宋會要　禮儀院

唐制有知禮儀院禮儀使之目，自建中後惟郊祀權置禮儀使，事畢即停。
國初止以禮院掌其事。雖然，初封禪別命學士常參官七人同詳定儀注，
事畢即罷。大中祥符元年東封，又命學士待制五人與判禮院李維、孫奭、
姜嶼詳定儀注，事畢遂不廢局。汾陰聖祖降奉祀並然。真宗大中祥符六
年八月，詔以起居院詳定所為禮儀院，命兵部侍郎趙安仁、翰林學士陳
彭年同知院。初置詳定所，即命彭年領其事，以彭年修起居注，故命就起
居院為官局，長編注：詳定所自元年四月置，至六年八月庚午改名禮儀

院，徙起居院於三館。七年二月以參知政事丁謂判禮儀院，而陳彭年如
院如故。先是，趙安仁與彭年同知院，至是安仁罷領事，止命謂與彭年領
之。自是多以參知政事一員判院，以學士、丞郎、諸三品以上一員知院，揭
榜刻印，移文他局，悉以銀臺司為準，若中書樞密院、判院則移文諸司，自
宣徽院、御史臺以下皆用劄子。其後別置院於右掖門外。凡行禮皆用儀
仗法物，有不合典禮者，悉裁定制度，內外書奏中書禮房所主者，悉付之
擇三司京百司晉史以充其分又令禮部禮直官分番祇應諸司輪番
赴院祇應。急速公事皆填印紙劄子，即時行遣。時朝廷奉祠祭，凡禮儀作
一事件，纖微委曲，多所規劃。六月，詔禮儀院應行遣儀式於宣徽院行頭
子、御史臺頭行牒處，禮儀院並劄送。如不是中書樞密院大臣判，即並行公牒
庫務依舊行劄子於三司行帖處，並劄付於行牒處，亦牒。係祇應禮儀
仗祠祭司分京劄送於諸路轉運司并兩京諸州府，或行牒，或行劄子。應
千議請事於中書樞密院，即申狀如傳聖旨，或常程小事，即依閣門例寫
劄子，用印送所屬房分應干詳定儀注、仗衛、祀祭公事，合寫劄進呈者，如
屬中書，即具劄子次第，商量附中書進呈，如係抽差執儀兵士、鞍馬，屬密
院，亦依此附進，應每遇行禮通促，即逐急施行，令告報逐處，依閣門劄子

卷一萬六百五十三　二十一

例用印發遣。如行下文字，後逐處報應未備者，批送逐處重行供析，及諸
處有所申稟，亦即時點錄行遣。不及者，批與指揮，應自東封後凡行大禮
條太常禮院及詳定所逐時文字，令本禮儀院並編索一處，編錄收掌，准
備檢閱。其諸司禮儀條制事件，亦合分明編錄，應干禮儀儀仗祠祭及緣
行禮事，委逐處看詳，見今祇應儀式，如有未便事件，從本司擘劃起請申
禮儀院參議改更。應儀仗禮服緣行禮所用，敎逐處各取一事件看驗，如
有故闕不任整飾者，送三司令本案判官管勾修整。內未合典禮事件，即
別定制度。應遇皇帝升壇行禮，其升壇殿諸司祇應人衣服冠幘，令別造
一番，封鎖管係。如有制度不如法者，即便參定。應帳設什物緣行禮及壇
殿所用，令儀鸞司造撰一番，別庫封椿，常時不得雜用。應諸司各祇應手
分，每日常輪一人祇候，緩急勾喚指揮公事。應每遇行禮合升壇殿祇應
諸司職掌等，令於習儀前五日各具逐處差定人數、姓名赴禮儀院，合要
公用錢，依禮院例月給十千，應禮儀院主押人月特支錢三千，前後行二
千。其押司守闕人須入仕及三周年，即依例給食直、筆墨錢，後三周年曾
經祇應大禮無遺闕，即牒御史臺試書札，補逐處正名，敍理勞考，如功過
狀已下一次殿一年。如遇文字併多，聽於館閣楷書諸司守闕內選差抄

馮天禧元年三月樞密使王欽若言禮儀院實司容典以奉禋祀創置已來皆參知政事兼判昨者逢讀天書之際臣受詔權令管勾方當大禮不敢固辭今請別選官以總其事詔欽若兼領之　仁宗天聖元年四月樞密副使張士遜等言禮儀院占公人二十二人歲費錢千七百餘貫非泛行禮支給在外日逐行遣秖應不多詳定儀制又悉屬太常禮院管勾令請停罷所有承受宣勅行遣公案譜牒文字並付禮院乃詔罷禮儀院以知禮儀院翰林學士晏殊龍圖閣直學士馮元爲判太常禮院同判太常禮院官爲同知院太常禮院典禮所自出大中祥符又增置禮儀院以輔臣領其事至是始罷之

卷萬六千六百五十三

二十三

大晟府

國朝禮樂掌於奉常崇寧初置局議大樂樂成置府建官以司之禮樂始分爲二府在宣德門外天街之東隸禮部序列與寺監同在太常寺之次以大司樂典樂爲長貳次曰大樂令秩比丞其次曰主簿曰協律郎又有按協聲律製撰文字運譜等官以京朝官選人或白衣士人通樂律者爲之又差武臣監府門及大樂法物庫又有侍從及內省近侍官提舉所典六案曰大樂曰皷吹曰宴樂曰法物曰知雜曰掌法其所轄則鈐轄教坊所及教坊吏屬則有胥長胥史胥佐貼書掌官物者則有專知副知庫子工屬則有樂正樂師色長上工中工下工舞師云徽宗崇寧四年八月二十七日詔曰廼者得隱逸之士於草茅之賤獲英莖之器於受命之邦適時之宜以身爲度鑄鼎以起律因律以制器按協於廷八音克諧新樂宜賜名曰大晟其舊樂勿用五年九月二十日詔曰樂不作久矣朕承先志述而作之建官分屬設府庀徒以成一代之制而近者省廢併之禮官夫肄命夔典樂命伯夷典禮各分所守其大晟府名可復

舊是年二月尚書省內外冗官大晟府省廢恐亦在是月至此有復舊之詔大觀四年八月十一日詔大晟官徒糜給禁厚未適其中自今省樂令一員監官二員吏祿並視大常格宣和二年七月十六日詔大晟府近歲添置按協聲律及製撰殊為冗濫白身滿歲即補廸功郎僥倖為甚可並罷在任者依省罷法八月十五日詔罷大晟府製造所十八日尚書省言奉詔在所及諸路樂工舊制上係免行後來增破請給必為冗濫可並依舊制內在京樂工遇朝會祠事日特與支給食錢仍立定人額本府檢會舊來祠祭共四十三次令來年中祠祭及明堂頒朔布政通計八十一次并非泛應奉在外教習食錢見依本府格令外令措置到朝會祠事日特支食錢下項上中下樂工舞師各一百文色長二百文副樂正樂師共六人各三百文樂正共二人各五百文本府見管樂正六百三十五人舞師一百五十人共計七百八十五人今欲用見管七百八十五人立為定額今後便不添人其不足人已依例借教坊樂人并守闕舞師契勘破教習食錢每年都計支六千四百六十七一貫五百八十文樂正年終每名共支錢四十貫文副樂正年終每名共支錢一十貫二百文樂師年終每名共支錢三貫九百文運譜年終每名共支錢三貫九百文樂正二人每名每月料錢十貫文米麥各一碩春冬衣絹

共一十疋綿一十兩單羅公服一領夾羅公服共二領副樂正二人每名每月料錢八貫文米麥各一碩春冬衣絹共七疋綿八兩單公服一領夾公服共二領樂師四人每名每月料錢六貫文米一碩麥五斗春冬衣絹共六疋單公服一領夾公服共二領運譜并色長共四十四人每名每月料錢五貫文米一碩麥五斗春冬衣絹共四疋單羅公服一領夾羅公服共二領上工一百六十人每名每月料錢四貫文米一碩春冬衣絹二疋中工一百五十八人每名每月料錢三貫文米一碩春冬衣絹共二疋下工并舞師共四百十九人每名每月料錢二貫文米一碩春冬衣絹共二疋已上都計錢五萬四千二百八貫三百二十文檢承崇寧五年十一月勑令諸樂工教習日支食錢後稍精熟免日教遇大禮大朝會前一月大祠前半月中祠前十日小祠前五日教習各前期在家習學止赴大寺協律廳草按一日并臺官按樂一日詔教習草按樂日分並依未置府以前舊制遇依舊制合破按樂日分並特依崇寧五年十一月條支破食錢七年十二月二十二日詔罷大晟府并教樂所

宋會要

教坊

國朝凡大宴曲宴應奉車駕游幸則皆引從及賜大臣宗室筵設並用之置使一人副使二人都色長四人色長三人高班都知二人都知四人第一部十一人第二部二十四人第三部六人第四部五十四人貼部九十八人舊使至貼部止二百四人復增高班都知已下皆執色雜劇二十四人版二十人歌二人琵琶二十一人箜篌二人笙十一人箏十八人篳篥十二人笛十二人方響十一人羯鼓三人杖鼓二十九人大鼓七人五絃四人別有排樂三十九人掌撰文字一人太祖開寶八年四月二十九日教坊使衛得仁年老乞外官引後唐故事補潁郡帝謂宰相曰用伶人為刺史此亂世事爲可法耶此輩止宜於樂部中遷授乃以為太常寺太樂局令太常太平興國三年十月二十九日詔兩浙所進淮海王伶人馬國安等百餘人俾教坊肄習之馬迎恩等四十五人賜錢俶四年三月二十一日成都府傳送伶官五人令教坊肄習之七年五月二日以秦府伶官二十人隸教坊餘縱之雍熙二年八月二十四日教坊使郭守忠上言求外任帝賜以束帛因謂宰相曰朕承累朝喪亂之後所以勵精為治祈寒暑雨未嘗自便蓋恐曠事墮隳令天下安治自謂勞苦有效矣若以酒樂自娛則萬務將壅百姓何所訴哉然守忠之情亦可念也宋琪等對曰陛下求理切至未嘗游心宴樂俳優之徒無所施其技故守忠求外任以自效端拱元年八月出教坊伶官二十六人補諸州鎮將真宗咸平六年正月八日以教坊使郭守忠為鄭州團練副使以其請老遂授散秩景德三年九月六日御含元殿閱視翌日大宴百戲有竿木戲婦人立自如戲樂帝曰豈婦人所宜為遽令退去大中祥符三年十二月詔教坊優詞令使副與掌撰文字人修定六年正月詔教坊入內祗應委副使提轄不得妄有陳乞例進兒男許於使副處陳狀具所習曲調按試精通及好人材即開析體例實封於內東門以通覆驗不同使副並同嚴斷今後祗應及十五年已上藝事精通即許經使副陳狀按試責同色人連各委保聞奏候同入內祗應即別具聞奏當議改轉

或加服色使副不爲行遣許於登聞鼓院投狀凡祗應畢賜茶酒謝恩便退非喚名宣問不得近前天禧三年十二月二十三日詔自今賜契丹及高麗使御筵其樂人語詞教坊令舍人院撰閤封府衙前令直館撰以承前樂工致語未合程式也（以上國朝會要）高宗建炎二年二月二十日詔自來以內侍官二員兼鈐轄教坊蓋太平無事時故事近緣內侍官更代失於檢察仍帶前項兼領實雖廢而名尚存所有內侍鈐轄教坊名闕可減罷更不差置紹興十四年二月十日鈐轄鈞容直所言被旨條具祖宗以來置教坊典故舊有鈐轄教坊所官鈐轄二員係入內內侍省奏差本省供奉官以下充吏額點檢文字前行各一名後行三人貼司二人教坊手分貼司各二人舊額樂人四百一十六人使副三人管幹教坊公事人員一十三人內都色長二人兼管轄排樂色長都部頭各二人部頭三人副部頭一人長行四百人樂藝色目人琵琶一十五人雙韻子五絃各二人箏一十二人箜篌三人簫二十八人笙一十二人觱篥八十人笛七十人方響一十五人頭板三人拍板參軍各一十二人雜劇八十人杖頭七十人大鼓一十五人羯鼓三人製撰文字同製撰文字各一人排樂六十人內節級二人籍定應奉諸色人左右軍蹴毬等軍各五十四人左右百戲軍遇熱差一百人隊舞小兒隊舞女童如集英

殿大宴天申節尚書省齋筵上元節宣德門露臺上隊舞並前期點集揀選合用人數入教坊從之三十一年六月十二日詔教坊日下罷並令逐便（以上中興會要）

雲韶部

雲韶部者黃門樂也開寶中平嶺表擇廣州內臣之聰警者得八十人令於教坊習樂藝賜名曰簫韶部雍熙初改曰雲韶部有主樂內品三十人歌三人雜劇二十四人琵琶四人笙四人箏四人板四人方響三人觱篥八人笛七人杖頭（鼓）七人羯鼓二人大鼓二人傀儡八人每上元觀燈上巳端午觀水戲皆命作樂於宮中遇南至元正清明春秋觀社之節親王內中宴射則亦用之奏大曲十三（一曰中呂宮萬年歡二曰黃鍾宮中和樂三曰南呂宮普天獻壽此曲並太宗所製四曰正宮梁州五曰林鍾商泛清波六曰雙調大定樂七曰小石調喜新春八曰越調胡渭州九曰大石調清平樂十曰般涉調長壽仙十一曰高平調罷金鉦十二曰中呂調綠腰十三曰仙呂調綵雲歸）樂用琵琶箜篌笛方響杖鼓羯鼓大鼓拍板雜劇用傀儡（以上國朝會要）

鈞容

鈞容直者軍樂也有內侍一人或二人監領有押班二人執樂二百三十二人舊有百三十六人景德三年加歌二人雜劇四十人板十人琵琶七人笙九人箏九人觱篥四十五人笛三十五人方響十一人杖鼓三十四人大鼓八人羯鼓三人唱撰十人小樂器一人排樂四十人掌撰詞一人太平興國三年詔籍軍中之善樂者命曰引龍直每巡省遊幸親征則騎導車駕而奏樂若御樓觀燈賜酺或賞花習射觀稼則亦與

教坊同思奉欽則載第一山車端拱二年又選捧日
天武拱聖軍曉暢音律者增多其數以中使監視藩臣
以樂工上貢者亦隸之淳化三年改名鈞容直取鈞天
之義初用樂工同雲韶部大中祥符五年因鼓工溫用
之請增龜茲部如教坊其奉天書及四宮觀皆用之又
有東西班樂亦太平興國中選東西班習樂者樂器獨
用銀字觱篥小笛小笙每騎從車駕而奏樂或巡方則
夜奏於宮殿庭又及諸軍皆有善樂者每車駕親祀迴則
衣緋綠衣自青城至朱雀門列於御道之左右奏樂迎
奉其聲相屬聞十數里或軍中宴設亦奏之復有撣刀
鎗牌蕃歌等不常其數及置清衛軍選習樂者令鈞容
直教之內侍主其事其園苑賜會及館待契丹使有親
從親事樂及開封府衙前樂園苑又分用諸軍樂諸州皆有衙前樂營以上國朝會要高宗紹興九年四月二十一日上謂輔臣曰聞殿司
召募鈞容直樂工頗屬擾擾除軍中舊人存留外可更
不添募先是楊存中以鈞容班舊管四百人今止有六
十九人乞進逐旋補權以二百人為額雖已得指揮添
募後聞搔擾遂降詔止之十四年二月十四日宰執進
呈鈞容直乞推賞上曰只可與支賜仍作第一次祗應
有勞今後並依此體例庶絕後來希望三十年正月十
八日詔鈞容班可罷令殿前司比擬一般班直安排元
係諸處差到發歸元來去處內老弱病患人給據放停

九

額二百一十六人並給據逐便依揀汰効用例併行勤
支兩月請給上以中興會要乾道會要續會要無此門四夷樂太祖乾德
四年七月鎮州進伶官二十八人善習高麗部樂賜衣
物銀帶遣歸本道太宗雍熙四年帝以北戎侵軼悉軍
中習蕃歌以雜華樂詔諸道禁止之至道元年三月二
十六月定州言新羅沒蕃人二人自契丹亡歸傳送闕
下帝召見便殿皆手持大螺如五升器稱在契丹十一
年教令學吹此有凡五十輩帝令吹之聲濁意厲大率
如角問其曲云單于並賜衣服繒紩隸軍籍九月三日
西南蕃王龍漢璲遣使龍光進奉西南牂牁諸蠻來貢
方物帝召其使詢以地理風俗因令作本國歌舞一人
吹瓢笙如蚊蚋良久數十輩連袂宛轉而以足頓地為
節問其曲譯者對曰水曲詔加漢璲等官厚賜使者遣
還以上國朝會要神宗元豐六年五月二十三日召見米脂寨
所降蕃樂人四十二人奏樂於崇政殿以三班借職王
恩等六人差監在京關慢庫務門及舊城門蕃敢勇三
十六人與茶酒新班殿侍以上續國朝會要中興會要乾道會要無此門

十

會要教坊樂工兩廂設男莊部帝上為遵命參作鄉先進門立綉旗以記其籌
擊毬三籌而止乃駐馬廷中[illegible]馬再拜[illegible]群臣打毬[illegible]鼓
請王都[illegible]
[illegible]
[illegible]

按續會要元豐以後郊社令太廟令籍田令宮闈令提點管句郊廟祭器所南郊太廟祭器庫提點朝服法物庫所朝服法物庫南郊冊物庫鈐轄教坊所諸陵祠墳所併入此門餘見諸司庫務大典卷一萬九千三百六十七

郊社局

嘉祐元年十二月五日置郊社局令一員命將作監主簿石祖元爲之神宗熙寧元年十二月十二日太常寺言郊社局令張伯世言局有郊社之名而不主四郊之事按唐六典西京郊社局令各一人掌五郊社稷明堂之位然則郊社令通掌五郊之事是存典缘乞自今郊社令均當四郊壇壝之事使得巡視提舉官正其名郊兆完潔從之

太社局

熙寧三年五月詔以常禮院爲審官西院其禮院歸太常寺置籍田司太社局附太常卿一人秩正四品少卿一人秩從五品丞一人秩從七品博士一人秩正八品主簿一人秩從八品籍田令一人秩正九品太社令一人秩正九品分案有九曰禮儀掌討論大慶典禮神祠通釋加封臣僚襲封定謚檢舉忌辰曰祀祭掌大中小祠祀祭差行事官并酒齊幣帛燭禮料曰廟掌行室廟域陵寢曰太樂掌太樂教齊樂舞鼓吹警場曰法物掌給納朝祭服曰廩犧掌歲中祠祭牲牢羊豕滌室曰太醫掌臣僚陳乞醫人補充太醫助教等曰掌法曰知雜並掌本寺條制雜務吏額賞罰使臣四人禮直官二人副禮直官二人贊者八人守闕贊者八人私名贊者七人胥長一人胥史一人胥佐四人貼書一人書表司一人祠祭供官十五人祭器司供官十二人大樂禮器庫專知官二人樂正三人太廟奉安所太社局牛羊司祗候庫諸犧官司並隸焉

大樂局

大樂局令丞至守闕樂工凡三百四十一人紹興元年十二月詔大樂鼓吹兩局樂工祠祭院供官及通引官自今凡係額外守闕投各人並未得牒遷補放免行戶色役候額內有闕撥填名次後方得放免行戶及雜色役仍定樂工等名額以備欠闕時仁宗即位未改元

鼓吹局

鼓吹局令丞至守闕樂工凡百二十七人祠祭院府史郊社直官至守闕供官凡五十二人通引官六人

太醫局秦漢屬少府有令丞晉以屬宗正過江以給門下省北齊時統于太常唐太宗八局此隸其一有令丞各二人府二人史四人主藥八人藥童二十四人醫監四人醫正八人藥園師二人藥園生八人掌固四人太醫令掌諸藥療之法丞爲之二其屬有四曰醫師針師按摩師咒禁師皆有博士以教之其考試登用如國子監之法凡醫師醫正醫工療人疾病以其全多少而書之以爲考課藥園師以時種蒔收採諸藥醫博士一人助教一人醫師二十人工三百人生四十人典學二人針博士助教各一人針師十人針工二十人引生二十人按摩博士一人師四人工十六人生十五人咒禁博士一人師二人工八人宋朝于嘉祐中稍益古制而定名額　太宗淳化三年五月詔以民多疾疫令太醫局選良醫十人給錢五十千爲市藥之直分遣于京城要害處聽都人之言病者給以湯藥扶疾而至者即診視仍遣內侍一人按行之　仁宗慶歷四年三月二十五日詔國子監于翰林院選能講說醫書三五人爲醫師於武成王廟講說素問難經等文字召京城習學生徒聽學本監奏以儒者講學之地不宜令醫官講說對列竊見唐制太常寺有八局太醫隸焉有博士以教之其考試登用如國子監之法乞令太常寺會勾施行所有合借經書即令本寺移文于當監取索應付詔付太常寺施行八月二十二日太常寺言近置太醫局領屬本寺昨令權就鼓吹局講說今招到諸科生徒已八十餘人其鼓吹局三間窄隘兼遇南郊每日教樂講說不便欲乞移就武成王廟從之至和三年四月十七日同知太常禮院兼寺丞王起言乞下諸路州軍提刑轉運司各令博訪有藝醫人委可保用者約道里遠近與盤纏發令赴闕送本局校其藝能或顯有學術堪任錄用者即優與安排以廣醫道或類聚一番上聞聖朝憂人愛物之心竊慮其間妄于鄉閭雜經赴闕者其所屬處亦不得蓋庇如無即具結罪狀報聞之職官分紀宋慶歷八年以提舉太醫局所爲額九年以秀州華亭縣主簿陳應之管勾太醫局五月詔中書禮房修太醫局式候修定即移市易務賣藥所往都詳太醫局令吏不隸太常寺別置提舉一員判局選差知醫事者充是月以知制誥熊本提舉太醫局改差提舉太醫局單驤充管勾仍令修葺舊司農寺充醫學公事有司相度寺屋與修浩大乞將舊朝集院修蓋從之八月改差前秀州華亭縣主簿管勾太醫局陳應之太醫丞公事仍令後以判官充管勾選人知丞事通不得過三員或俱是丞即以官高者簽遣元祐官品令太醫丞

從七品。嘉祐五年四月二十六日，太常寺言：准詔詳定太醫局學生人數永額，勘會先試中學生新舊人共一百六十一人，請以百二十人爲額，數外有四十一人，又以經中試見在人數，今具額内及守闕人數，以闕仍乞本寺今後年十五以上方許投名充醫生，雖在局聽讀及一周年，須候額内有闕科有闕即選試收補。又自來考試惟問難經、素問、巢氏、聖惠方大義十道，今詳神農本草于醫經中最爲切用，自來多不習讀，欲乞自今後每遇考試，于問義十道中兼問本草大義三兩道。如難通他經，于本草全不通者亦不預收補，仍令本局常切講習。又眼、瘡腫、口齒、針書禁五科所習醫全少，比之大小方脈醫書頗爲僥倖，欲乞今後對義及七通已上方爲合格，其金鏃、書禁、傷折併爲一科。並從之。大方脈以四十人爲額，有三十五人，闕七人；風科以三十人爲額，有六十六人，餘三十六人補充守闕；小方脈三十人爲額，有三十八人，餘八人補充守闕；產科以四人爲額，有一人，缺三人；眼科以六人爲額，有五人，缺一人；瘡腫科以四人爲額，有八人，餘四人補充守闕；口齒咽喉科以四人爲額，有六人，餘二人補充守闕；金鏃兼書禁科以一名爲額，見有一名；金鏃兼傷折以一名爲額，有三人，餘二人補充守闕。　六年二月一日，太常寺言：知亳州李徽之乞下外州軍選試

卷萬九千七百八十　五一

醫學，救療軍民疾病。事檢會太醫局勅，應在京習醫人歇本局聽局者，許于本寺投家狀，召命官使臣或翰林醫官醫學一員保明，仍令三人已上結爲一保，候聽讀及一年，試問經義十道，内得五道者，即本寺給牒補充本局學生。兼准近條，以一百二十人爲額。今看詳，欲乞諸道州府比制太醫局例，召習醫生徒以本州軍投納家狀，召命官或醫學博士助教一員保明，亦三人已上結爲保，逐處選官會勾令醫學博士教習醫書，後及一年委官比試經義，及五道者本州給帖補充學生，與免州縣醫行祗應。大郡以十人爲額，内小方脈三人；小郡七人，内小方脈三人。仍與官屋五七間充講習學。候本州醫學博士助教有缺，即選醫業精熟、累有功效者差補。如不經官學試中者，更不得充醫學博士助教，如此只激勸外郡習學之人，稍知方學，醫療生民。從之。試格令于逐科所習醫書内共問義十道，以五道已上爲合格。其試醫生大方脈難經一部、素問一部二十四卷，小方脈難經一部、巢氏六卷、太平聖惠方一宗，共一十二卷。　英宗治平元年四月十一日，太常寺言：太醫局申，滁州進士申及甫投試國子四門助教兼太醫局丞，宿州醫學博士武泰、荊門軍醫助教侯昱並乞試國子四門助教、太醫局祗應。所有申及廟濟太醫局丞，欲委本局當押寺司体量試

合醫術精深，欲乞留太醫局丞，與申及甫同發押赴試，其侯昱亦乞候太醫正祗應。詔申及甫依所請試，武泰、侯昱並差太醫局正。七月五日，詔以國子四門助教太醫局祗應郭叔熊改試將作監主簿，不理選限，仍支賜錢五十千，遣令自便。近臣薦其善醫，遂名入太醫局，叔熊辭以母老不願在局，故恩賜遣之。以工國朝爲要　神宗正史職官志：太醫局熙寧九年置，以熊本提舉，大理寺丞單驤管勾。後詔勿隸太常寺，置提舉一、判局二，判局選知醫事者爲之。科置教授一，選翰林醫官以下與上等學生及在外良醫爲之。學生常以春試，取合格者三百人爲額。太學、律學、武學生、諸營將士疾病，輪往治之，各給印紙，書其狀，歲終稽其功緒，爲三等第補之。上等月給錢十五千，毋過二十人；中等十千，毋過三十人；下等五千，毋過五十人。失多者罰黜之，受兵校錢物者論如監臨强乞取法。三學生願與者聽，受而禁邀求者。及官制行，隸太常禮部。北宋上史職官志同，已見太常寺叙篇。神宗熙寧四年四月二十二日，置太醫丞，請給佩魚，視殿中省尚藥奉御，叙班其下，以處醫官之產科、小方脈者，不使爲尚藥奉御也。　五年七月，太常寺言：太醫局以武成王廟建武學，合徙置他處，遂相城西扁鵲廟可就置局，從之。　六年六月二十三日，詔妃生臣源等不得奏乞太醫局補注州百姓醫人等，選醫官院上簿收姓名，後試驗。　八年十二月，提舉太醫局大理寺丞單驤言：本局係朝廷新置，所有合申請事件，乞許申中書。而太常寺言：乞立提舉太醫局所爲額。並從之。　九年三月五日，以秀州華亭縣主簿陳應之管勾太醫局。　五月，詔中書禮房修太醫局式。候修定，即市易務賣藥所往彼看詳。太醫局更不隸太常寺，別置提舉一員、判局二員，其判局選差知醫事者充，從之。　十四日，詔罷熟藥庫、合藥所，其應御前諸處取索，依散藥并及所減人吏，並隸合賣藥所，本所仍改入太醫局，以光祿寺丞程公孫、三班奉職朱道濟管勾合賣太醫局藥。是月，以知制誥熊本提舉太醫局，改差提舉太醫局單驤充管勾，仍令修葺舊司農寺充醫學公宇，有司相度寺屋與修，洽大乞將舊朝集院修蓋，從之。八月二十五日，知制誥熊本言：乞改差前秀州華亭縣主簿管勾太醫局陳應之知太醫丞公事，仍乞今後以朝官充判，京官充管勾，選人知丞事，通不得過二員，或俱是丞，即以官高者發遣，從之。　九月，詔太醫局合治瘡藥三十種，遣使臣齎付安南行營總管司。　元豐元年四月二十一日，詔太醫局選醫生十人，給官局熟藥，乘驛詣曹村決河醫治見役兵夫。　三年四月二十七日，詔權御史中丞李定罷判太醫局，除放欠負以領察事

卷萬九千七百八十　六一

之同日起居舍人史館修撰陳暄提舉太醫局　五年行官制以太醫局
隸太常礼部　六年正月二十三日詔太醫局選醫生八人令四廂使臣
各轄二人凡商旅興窮獨被病者録名醫治會其全失爲賞罰法人月支
合藥錢二千從兩浙展運副使許懋請也　哲宗元祐八年四月二十六日
日詔四訪聞近日在京軍民難得醫藥令開封府体訪如委是合多病患
可措置于太醫局選差醫人就班直軍營坊巷分認地分診治本府那官
提舉合藥并日支食錢于御前寄收封樁錢內等支破候患人稀少即罷
紹聖元年四月九日詔訪聞在京軍民疾病者衆令開封府關太醫局
取熟藥錄治逐廂使臣學生並給錢有差　元符三年徽宗即位未改元
三月二十一日詔以太醫局生差醫生分詣閭巷醫治　徽宗崇寧三年
「六月二十日講議司奏熙寧九年詔旨太醫局教養生員分治三學諸
軍疾病歲終比較等第給錢令來除別置醫學教養上醫外其本局並合
興復從之　大觀元年二月六日臣僚言伏見開封府參軍曹始雖是門
蔭止有醫治嘗以罪廢官無因自進遂假方伎交結權要爲進取之計行
術宮邸以藥餌自薦竊取遺謝非士人之比不可責以廉隅令預縉紳之
列名寔未正士論恥之參軍以議法律治獄訟爲職而始見兼太醫局丞

卷萬九千七百八十

七一

緣禁興官不同望伏還詔太醫而罷其府官庶幾丞醫卜相之徒亦安分
守詔曹始罷前件差遣依舊太醫局丞　政和元年五月十二日詳定重修
勑令所言太醫局狀奉議郎太醫局正程容程乞請給序位人從比附寺
監丞体例施行戶部勘當已得朝旨依少府將作軍器都水監丞副例支
破所有立班序位欲比擬在都水監丞之下從之　八月十八日中書省
言太醫局令正丞條創置舊法並朝廷差選士人即非吏部員闕除令已
降指揮今後並朝廷差人外丞未有指揮詔太醫局丞今後朝廷差人
三年閏四月一日尚書省言檢會太醫令裴宗元乞就太醫局復置太醫
學並依大觀已行條例施行奉聖旨依外方難得醫藥在京醫學等員數
甚多並令尚書省措置契勘翰林院見今醫官至祗候七百餘員並無職
事諸路駐泊額止百餘員今立較試之法隨所試中高下分還諸路州軍
有大小遠近之殊而醫有大小方脉產眼口齒針瘡金鏃之別今以州郡
分爲八等以醫分爲八科下項三京七人大方脉二人小方脉產眼針瘡
各一人師府六人大方脉二人小方脉產眼各一人上州四人大方脉二
人小方脉產各一人中州三人大方脉二人小方脉一人下州三人大方
脉二人小方脉一人次邊二人大方脉一人小方脉一人邊二人小大方脉

各一人醫職醫工醫治吏軍民注滿比較痊安八分以上以下項醫過人
數十分爲率八以上或起死得生十人以上雖不及八分免試仍減三
年磨勘改換者聽五百人以免試仍陞注官一等三百人以上陞注
官一等願換免試者聽死失三分以上以下項醫治過人數十分爲率千
人以上展一年磨勘五百人以上展二年磨勘不滿五百人展三年磨勘
一應見在翰林院自祗候以上許就試注官于翰林院投狀牒選醫學類
「聚闕貢院較試出榜中奏于礼部注授一州書醫學不驗寔冒妄虛
僞者杖一百吏人勒停有情弊者加二等吏人編管五百里乞取者以自
盜論從之　七月二十一日詔先帝董正治官太醫局丞教授學生員額
成書具存令醫局之外復建醫學既遷元豐舊制舍選之法本末教養今
「又醫學生賜第之後盡官州縣不復責以醫術平昔考選遂成虛文在京
醫學可並罷歷醫學三舍生舊係內外學籍願入學者上內舍並特令于
見醫學舍額上降一舍外舍許通理醫學校定入學令礼部國子監限五
日條具聞奏宮吏依昔罷法合當除者副與差遣文籍田產應干錢物並
併歸國子監　八月二十五日礼部翰林醫官局言奉詔立醫官額使副
元豐舊額共肆員今自和安大夫至翰林醫官凡十四階額外總一百十

卷萬九千七百八十

八

有七人直局至祗候元豐舊額共一百四十二人今自醫効至祗候凡八
階並不立額見在職者總九百七十九人冗濫莫此之甚應額外人可特
免改正即以三十員大夫以二十員醫効至祗候以三百人並爲額外人
依已降侍詔等指揮例施行見帶遙郡人請給等并應醫官入品及依官
戶並依元豐法比附元豐法不該入品依舊戶並改正醫効以下分立員
額令礼部同翰林醫官局條畫聞奏令條畫到下項一令准指揮醫効至
祗候以三百人爲額一擬立下項人額醫効元豐額四人今以七人爲額
醫痊元豐額六人今定以十八人爲額醫愈醫證醫診係原級立階令併入
醫候至祗候額內通作二百八十三人爲額以上通醫愈八階共三百
人爲額醫効七人醫痊十八人大方脉兼風科一百五十三人小方脉二十
四人針科一十四人眼科一十六人產科一十六人瘡腫科一十四人金
鏃科三十二人口齒兼咽喉科共一十二人從之　宣和二年九月十八
日詔醫職初官兩遷便至陞朝固依僥倖濫添醫証醫愈三階欲請給恩
數一同朝官顯爲太優自今請給並依醫候條例施行　十一月四日中
書省尚書省言外州軍奏補醫職無立定人數隨場試補醫學祗候未審
合與不合依今年八月十三日指揮依待詔等指揮例候銷及額方得收

補詔外州軍奏補醫職罷　高宗建炎四年十二月十三日上曰昨日醫官已指揮令罷內宿以為妄亂干請之戒先是醫官童從善乞作診御脈祗應翰林院具到從善係瘡腫科不應格法得旨更不施行　紹興元年十一月十二日診御脈判太醫局樊彥端言近東京差到太醫局生九人歇已收會在局依祖宗舊法專一醫治殿前馬步軍三司諸軍班直遇有緩急病患依本局自來立定條法差撥逐處醫治從之　六年六月二十六日詔醫官局近收試到新補醫官及續到局人未經差遣可令本局將先會到合破駐泊去處不以輕重遠近理到局次序與差注一次　十二年十一月二十一日詔醫官局生員額並依舊制內局生請給令戶部措置量行增添中尚書省戶部尋取到糧料院狀具到太醫局局生見勘在京請給則例并依應措置量行增添錢數大方脈科風科每月各請食錢二貫文內有職事充堂長齋長司書司門齋諭各添月俸錢一貫文月內經差醫治殿前馬步三司禁衛諸班直等局生添破合藥錢三貫文不經差人勿給令歇量增添食錢二貫文通共食錢四貫文產科瘡腫科兼傷折科小方脈科鍼科灸科口齒科兼咽喉科金鏃科兼書禁科每月各食錢一貫二百文內產科瘡腫科傷折科每月內經差醫治局生添破合藥

卷一萬九千七百八十

九

錢三貫并小方脈科鍼科兼灸科咽喉科金鏃科兼書禁科月內經差醫治局生添破合藥錢二貫文今歇量行增添食錢一貫八百文通共食錢三貫文並從之　二十年十二月二十五日詔將來臣僚言試醫人并太醫局生附試可令就本局專一鍊試務要嚴革弊倖應合行事件令條具申尚書省　三十一年詔太醫局選試醫生差大方脈科風科共四員通行出題考校支破公使錢一百五十貫舊制分科差官及四破公使三百六十貫至是省之 以上中興會要　孝宗隆興元年八月十四日太醫局狀依指揮條具併省本局醫官八十八人醫生一百一人並欲減半減本局稍除無醫官外止有諸科局生大方脈科一百二十人見管三十四人風科八十人見管四十七人小方脈科二十人見管六人眼科二十人見管五人瘡腫兼傷折科一十人見管一人產科十人見管一人口齒兼咽喉科一十人見管三人鍼灸科一十人見管一人金鏃兼書禁科一十人見管一人乞將大方脈科見管人為額小方脈已下科目元額並減半從之

乾道元年二月十六日詔太醫局選試醫生并臣僚奏試醫補醫官目差大方脈科風科共四員通行出題考校支破公使錢二百五十貫校舊制分科差官及合破公使三百六十貫至是省之　三年三月十九日

詔除十四日已降指揮立額諸醫官存留外餘人並在局祗應直日太醫局及生局醫生並罷令後更不試補先是宰執進呈國用事數內一項醫官請錢甚多上曰此輩最無用亦可省減故有是命　七年十二月二十三日宰執進呈太醫局生乞附省試試補廣充文等奏曰醫人入仕之路三有試補有蔭補有薦令獨試補之法廢恐庶民習醫者無進取之望不復讀醫書且局生請給歲不過四千緡國用司省之過矣上曰然于試更不置局依舊存留醫學科可令逐舉附試　八年正月二日詔太醫局更不置局依舊存留醫學科許行赴試權令太常寺掌行具試補約束等依已降指揮　九年詔太醫局選試醫生差太方脈科或風科共四員通行出題考校支破公使錢一百五十貫舊制分科差官及合破公使錢三百六十貫元年指揮已省作三百五十貫至是又省之 以上乾道會要

淳熙五年正月七日礼部言據太常寺申醫生并生并臣僚奏試醫人附省試別試所解發所有出題考校試官每科難合差二員緣就試人數不多乞依淳熙四年指揮通差大方脈或風科共四員中書門下省行下翰林醫官局取索有出身郎及大夫以上姓名于引試前二日點差降敕令宣押入院合用經書下國子監臨安府醫院關借附試所公使錢係臨安

卷一萬九千七百八十

十

府報點檢所下所屬應副從之 以上孝宗會要　紹熙二年七月十九日詔復置太醫局 九月三日詔封樁庫地一段出賣令展運使修蓋充太醫局　八月二十三日礼部言太常寺檢照太醫局舊法下項本局官二員朝官充判京官為主管選人為丞未罷局之前止差一員數換四員于翰林醫官內差權吏額四人未罷局之前係前行一人手分一人後來權令太常寺掌行存留一人行遣局生以三百人為額裁減作一百三十一人未罷局之前八十五人銅印壹顆乞以紹熙太醫局記六字為文詔和安大夫診御脈同昭判太醫局太醫丞可于選人內選差教授翰林良醫診御脈能蒙翰林醫證李九齡高永年提舉翰林院李宗回差主管太醫局吏額依未罷局前人數局生以一百人為額餘並依　三十日詔入內侍省東頭供奉官主管太醫局鄧曉可改作提點太醫局　十月十四日礼部言太常寺看詳到太醫局申請下項一乞以提點太醫局為名鑄造印記令歇止令就用目今所領本職印許不必別行鑄造一乞差人吏三人點檢文字一名令歇令提點官遇有行移文字就用所領本職人吏兼行或止用本局人吏亦不敷關事一乞差破齋擊禁牘兵士四人乞止令于步軍司差破兵士二人一乞將太醫局應有行移申請事節並申提點官取旨施

行一乞將提點官月給職錢等依太醫局主管局官則例幫勘支破 不隸省臺曹部寺監等處令乞依國朝典故太醫局隸太常禮部遇有申請合行事件及取索供報並照應未罷局前体例施行從之 既而御史臺言近降指揮提點太醫局申請事節並申提點官取旨施行與不隸省臺曹部寺監等處取索供報令若不隸三省則將來試選醫官補授太醫助教等事亦可不由朝省徑自施行獨以不隸省台曹部寺監一事有礙成法誠不可行從之 三年二月十九日禮部言今指定到太醫局申淳熙十六年銓試待補習學醫生今來復置太醫局本局參照舊法申明朝廷乞將上件名色改作銓試中太醫局習醫生己赴紹熙元年省試內有不中之人乞從省試年分徑赴省試更不再赴銓試從之 二十四日臣僚言銓試中待補習學醫生今來已改作銓試中太醫局習學生不限人數取放並將盡取合格以此所立員額之數緣所差試官除假故避親外諸科共不過十人可以協度陰相計會今欲俟會題之時每道令出題官多供二三十件從監試官對衆抽摘依格給與且治嚴懷挾傳義代筆之禁其將來試三場亦合以第一場定去留所供墨義大義等題目做此施行其第二第三場每題亦合多供三五件抽摘出題庶幾少革冒濫之弊

卷萬九千七百八十 十二

從之 四月十二日詔今已復置太醫局從舊格法試補醫人其淳熙十五年九月十日試補醫人指揮更不施行判局以下三年爲任教授以下二年爲任如教授數內教導有方可令太醫局保明存留再任餘並依未罷局前已降指揮 二十八日禮部言太醫局申提點官不應干涉本局事務照得提點太醫局係屬承受所有每遇勘當申請并出給收使太醫助教等應干事務自來係朝廷批送禮部行下太常寺勘當行移其提點太醫局即不合干預今欲從所乞施行從之 十一月二十日詔太醫局鉄少什物令取會本局數目差人計料製造 四年九月二日詔太醫局奉安神應王善濟公每遇春秋二祭太常寺差官行事并九月九日神應王生日令臨安府支錢二百貫文充祠祭齋醮使用逐年准此 以上光宗會要 慶元元年二月二十六日詔太醫局教導生員試選醫官性命所繫豈宜苟簡見行試法帶入經方數部許就試所檢閲因此諸生都不記念其弊寖久今後並不許携帶經書入試 以太常寺有請故也 九月二十九日翰林醫候曾震言醫官補授有四色曰特補曰奏薦曰臣僚奏試曰局生銓試自局生出官者係經三場試中號爲廣場人許充試官其特補奏薦奏試紹興初間止就醫官局答默義數篇而已故不爲廣場人比年以來

既將臣僚奏試之人與局生並附貢院一体出題赴試三場合格方許出官此謂廣場可也本局循習舊例每差試官止以局生補授爲廣場人其餘不得預並殊不知向來以局生補授者歷年既久事故死亡目今止有十數輩往往可以偏曠殊非公道今乞將此年奏試會與局生一例三場赴試合格出官之人通爲廣場人數如遇有試令醫官局盡其員數備申朝廷照差以絶私弊從之 四年二月八日太常寺言慶元三年六月十九日指揮究見滲漏蠹耗合行撙節數內翰林醫官太醫局人吏學生係是數多若不量行裁減顯是虛費錢物今省併將太醫局元立局生一百人爲額今欲十分爲率減去四分以六十人爲定額從之 既而本局開具未罷局以前局生以三百人爲額至紹熙二年九月內復置局生以一百人爲額大方脉科以三十人風科以三十人小方脉科以十人産科眼科口齒兼咽喉科瘡腫兼傷折科兼灸科金鏃兼書禁科各以五人爲額目今本局見管生內局生大方脉科二十六人風科三十人請給三分減去一分每人三貫六百六十六文風科二十三人即無請給小方脉科三人産科二人眼科一人口齒兼咽喉科一人瘡腫兼傷折科二人請給三分減去一分每人二貫文已上並係額內局生之數針兼灸科金鏃兼書

卷萬九千七百八十 十三

禁科額內局生見闕令承指揮將太醫局元立局生一百人爲額減去四分以六十人立爲定額本局今欲撥大方脉科風科各以二十人小方脉科以五人産科眼科口齒咽喉科各以三人瘡腫兼傷折科針兼灸科金鏃兼書禁科各以二人已上計六十人爲額從之 嘉泰三年九月二十四日詔醫生試中日即理爲給帖月日寔及三年方試就省試 先是禮部奏太醫局局生陳天錫等狀伏覩在法諸習醫生試中局生理爲給帖日寔及三年方令附省試緣本局前政官吏一時失于稽致誤以給帖之月方擬寔展局生文帖係屬省部奏鈔書閱次第行移圖備方與給帖其試經由官司滞留或遇假故致受帖月日有不及三年之限是無罪而廢舉也至是從之 以上寧宗會要 紹熙元年正月七日翰林院言醫官局申該遇淳熙十六年二月四日覃恩令措置下項 一今來醫官該遇覃恩展官若該敕日如是解官持服并停廢或不得到局及曾用上件赦恩序復官資之人欲乞並不在今來展官之限 一醫官該遇覃恩展官如是未曾依條赴局試驗供給之人欲乞先次出給展官公據候公職參局了日改展其已降指揮放行合該展官之人如該赦日别無罰項事故並具申所屬改展施行 一照得紹興三十二年醫官能覩等該遇覃恩展官與不隔

磨勘，令來醫官所得覃恩展官未審合與不合隔磨勘。詔與不隔磨勘，餘依。

二月一日，詔醫官能家李九齡每日御前醫藥，祇應特與免今春照試官一次。以上光宗會要

宋會要　車輅院

車輅院舊不載，御輦院掌乘輿步輦供奉及宫闈車乘之事，神宗正名廢罷，故司供乘輿法物則歸車輅院。有監官三員，一員內侍，一員文臣，京朝官，一員武臣。建炎三年罷。紹興十二年因前來京車輅院人吏王道陳乞，遂詔車輅院官吏依舊例，減半差。淳熙六年五月七日，詔令歲明堂大礼添修五輅，差內侍官一員提點。八月十日，詔輅院見教習五輅、大平車，除玉輅教車見入麗正門裏教習，其餘金象革木四輅并駕士軍兵等可自十一日以職並令入麗正門裏閱習三日。嘉泰三年六月二十七日，吏部言：「乞將兵部長貳如每歲車輅院有所轄選人三員以上，許各薦舉二員，與監官監門官通行薦舉。」從之。先是，監車輅院門王琳言：「竊見淳熙七年二月二十三日舉員指揮該載在京六曹寺監長貳如所轄選人三員以上，許各舉改官二員，緣當來集議之時，本院監官監門官俱條使臣，未曾堂除通差選人，是致於指揮內止称若兵部長貳各舉車輅院官一員，送部勘當。」故有是命。開禧二年正月十七日，都省言：「前監門行車

輅院門王琳狀：車輅院官係在京日例任滿無遺闕減三年磨勘，數內監內官一員，從來方始通差選人，上件賞格監官每次替移並依已陳乞收使，獨監門官前後多是使臣注授，因循有失檢照前後指揮，任滿陳乞一例推賞。琳昨在任日已照前後已降指揮，與減磨勘以舉考及格離任半年，欲望指揮同在京局務門官例霑微賞。」從之。

宋會要　騏驥院

元豐二年七月二十一日，詔左騏驥院地狹，馬多病死，其以舊養牛院、擊鞠院、左騏驥院營、御廚營地為左騏驥院，仍取昨廢左右天廄坊屋材增修，徙左騏驥院營、御廚營於廢營。淳熙二年正月二十七日，詔左右騏驥院監官依舊堂除。七月二日，詔左右騏驥院日令將御前馬院割移居糧教駿內或有闕額，不得便行招刺，候御前馬院保明到人剌訖發遣着役。六年五月七日，樞密院奏：「左右騏驥院申本直以一百三十一人為額，見闕三十七人，乞下殿前司于拱聖驍騎指揮內將屢經至長行年四十已下以過犯大人內差撥。」詔兵部行下所屬與揀填十人。既而十五年八月五日，本院又言：「近降指揮裁減作一十一人為額，今來除出職事故及放停及揀充班直見闕四十八人。」詔許揀填二十人。十四年四月九日，詔左騏驥院減騎御馬一十人，教駿四十三人，右騏驥院減

卷一萬六千六百六十九

馬直一十人，教駿三十七人，以司農少卿吳燠議減冗食，下敕令所裁定，故有是命。紹熙二年五月九日，騎御馬左右直言：「本直人兵元額管一百三十一人，近裁減作一百一十一人，今來除出補事故年及停放并揀充班直、養老外，止見管六十四人，見闕四十七人，乞下殿前司照所闕人數於拱聖驍騎指揮內撥填。」並直詔揀填二十人。慶元二年十一月二十八日，兵部言：「左右騏驥院騎御馬左右其直元額管一百三十一人，淳熙十四年敕令所裁減作一百一十一人為額，係應奉常朝殿及車駕行幸等事，今兩直止有管四十四人，見闕六十七人。元豐令諸本直長行過闕合於殿前司拱聖驍騎指揮內將屢經至長行非三路人揀選配填。」詔令揀填三十人。

宋會要

養象所

養象所在玉津園東北，掌豢養馴象。每四月，送象於應天府寧陵縣西汴北陂放牧，九月復歸。歲令玉津園布種象食茭草十五頃。太祖乾德五年八月，有大象一自南來至京，十餘日命差許州奉化兵五百人執之，置養象所。其後有吳越、交阯、廣、韶諸州所進四十五頭。真宗天禧五年正月，玉津園養象所言：「舊管象四十六，今止三頭。望下交州取以足數。」詔知廣州陳峄規度，如有即以進來，勿須宣索。　神宗熙寧六年七月，詔須南郊教象儀制九七馴象，御札降關應天府寧陵縣，九月旦發赴京。所用轉光旗十五，銅鈔沙羅一，鼓十，乘騎人七簇，引旗鼓人三十一排，引日選馴象六在引之前，行中道，分左右，各備鞍、蓮花座、紫羅繡韉、蕉盤、鈴鑾、杏葉。六頭一人騎，四人簇引，並花腳馬巾、緋絁青纓、桃錦絡縫四袴衣、塗金鎖麻帶一，內侍押象緋衣執樋。　淳熙十六年十二月八日，宰執進呈兵部申乞收買馴象。上曰：「見設象所經從騷擾不可言，不如且已。將來郊祀不用亦可。」

永樂大典卷一萬九百四十

宋會要

羣牧司

宋會要

羣牧制置使

舊有群牧制置使，以樞密使領之。嘉祐五年八月，以權陝西轉運副使薛向專領本路監牧及買馬公事，相度原州、德順軍置買馬場，其同州沙苑監、并鳳翔府牧地句當使臣更不下羣牧司舉官，並令薛向保薦。

羣牧司置使附

護下不空

永樂大典卷一萬五千三百卅六

宋會要

舊制國馬之政皆騏驥二院監官專之咸平三年置羣
牧司領内外廐牧之政自騏驥院而下皆隸焉　羣牧
制置使　景德四年八月以兵部侍郎知樞密院事陳
堯叟兼羣牧制置使時内侍省副都知閻承翰爲都監
真宗議以堯叟充使堯叟自陳居近密之職而與承翰
聯事合選與議帝曰國馬戎事之本宜得大臣總領不

卷一千一百十九　一

可辭也自是常以樞臣領之　同羣牧制置使　不常
置曾歷中書樞密院及使相宣徽節度使爲之　羣牧
使　咸平三年九月以樞密直學士主客郎中陳堯叟
爲制置羣牧使凡内外廐牧之事皆領焉四年堯叟同
知樞密院事以禮部郎中知制誥薛映充使景德四年
復命堯叟爲羣牧制置使因以制置羣牧使爲羣牧使
大中祥符四年知制誥朱巽帶使職出知江陵府五年
巽以擅賸給驛馬被劾解使職自是不復有外任兼領
者　同羣牧使　不常置以待制以上爲之　羣牧副
使　景德三年七月以内侍省左班副都知閻承翰爲
之天禧元年十月以樞密都承旨楊崇勳爲之　羣牧

都監　大中祥符三年八月以入内内侍省副都知張
繼能爲之　羣牧判官　景德二年以著作郎王曉爲
之四年九月增置一員以太子中允田穀充後每歲更
出諸州巡防監點鞍馬　真宗咸平三年十月制置羣
牧使陳堯叟請令諸有監牧處知州知軍通判兼管内
羣牧事從之　六年四月令河北轉運使兼羣牧事
景德二年七月羣牧判官著作佐郎王曉上羣牧故事
六卷乞藏於本司以備詳閲真宗覽之嘉其詳博特允
所請仍詔奬之　四年十月羣牧制置使陳堯叟言本
司事多其常程文字請止書檢其帖牒令羣牧使副判
官印書施行從之十一月二十二日羣牧制置使請易

卷一千一百十九　二

河北諸軍牝馬三千餘匹送諸監從之　大中祥符三
年六月詔羣牧司吏不置本司提點院務坊監公事所
名目其本行公人并行遣過文案並委羣牧司指揮
五年二月羣牧制置使言本司事務煩繁望令羣牧使
已下每日巳時前就本司同商議其有兼職者許巳時
後赴他局從之仍每月賜錢五十千充公用是月羣牧
制置司言自來凡制置改更事並先下兩騏驥院監官
或坊監使臣定奪久遠便宜方與羣牧司官員商量連
書中奏令養馬務移於相家莊充牧養監坊連書奏可
施行尋聞官吏使臣翻有異論深爲未便乞自今應有
同共商量連書擘畫改革事狀於奏書時許立異議從

長施行即不得於申奏後却稱事理未當如違乞科違
制之罪從之　仁宗天聖七年二月七日詔羣牧制置
使今後不得自舉判官只候朝廷差人　景祐二年十
月十三日詔以奉國軍留後檢校太保同知樞密院事
王德用兼羣牧制置使今後只差同知樞密院樞密副
使以下充制置使制置使屢罷而復置明道二年五月
十二日嘗罷而復置寶元二年五月二十三日又罷而
復置　慶曆七年二月七日制置使王貽永言本司先
因詳定所減罷副使二員都監二員判官一員比來頗
闕官分管職事請自今以使副各一員都監判官各二
員為定制從之　皇祐元年六月以翰林侍讀學士梁

卷一千一百十九　三

適為同羣牧使羣牧使舊止一員學士彭乘已為使此
特置之　三年八月詔羣牧判官自今以朝臣歷一任
知州館職一任通判者為之即不得干託保薦及有陳
乞　至和元年七月十七日差龍圖閣直學士呂公弼
同羣牧使權添此一員後不得為例　英宗治平元年
二月二十一日樞密使張昇言以疾在假日久其羣牧
制置使即在同制置使孫抃處今抃已致仕詔差樞密
副使胡宿權領候昇參假日還之　二年三月十七日
權三司使呂公弼言乞於前任羣牧使合破兵給內權
留十人以其三任羣牧使特與款駿兵士七人不得為
例六月以樞密副使陳升之權羣牧制置使　治平四

凡上省注大典卷一千一百十九又卷一萬三千三百二十八

年六月十七日（神宗即位未改元）　詔同川沙苑監令隸陝西提
舉監牧司本監使臣亦合選舉更不屬左廂提點　九
日羣牧司言欲令河北河東陝西有都總管處各於本
路就近標撥係官草地置監一所令陝西監牧司將買
到馬約定年額牽送上京外據餘數逐旋分撥與諸路
馬監既成倫序即本路馬軍可以自辦詔遣官同逐路
帥臣度地置監羣牧司判官劉航河北屯田郎中孫球
河東監牧司判官李師錫陝西八月詔羣牧官判官自
來多是到任一年遷三司開封府判官推官今後並令
滿三年如職事修舉即與此等差遣同日上宣諭樞密
院使文彥博曰馬政未盡善羣牧使判官非其人且不

卷一千一百十九　四

久任無以成効今中書擇人充使彥博舉判官俾之久
任冀國馬蕃息以給騎兵神宗職官志羣牧司有制置
使樞密院使領之　二十七日詔羣牧判官劉航比部員
外郎崔台符編修羣牧司條貫仍將唐令并本朝故事
看詳如有合行增損刪定事件旋奏取旨　神宗熙寧
元年二月詔今後羣牧使副各置一員都監兩員並專
管勾本司吏不兼權他務仍並久任　八月羣牧司言諸
兼監牧通判並三年一更以馬死數定其課即能在任
與諸監使臣協心幹集有勞滿日應賞者委羣牧司保
明聽再任兼監牧司知州誅賞準此從之　九月十六日
司封郎中劉航為河南監牧使比部員外郎崔台符為

原文以下至与此不同宜加寄案 大典卷一千一百九十三 真注在十九日條下

河北監牧使先是樞密院言本朝初以左右騏驥院總司國
馬景德中始增置羣牧使副都監判官以領廐牧之政
使領雖重不閱粥自巡察有新使制不蓄息今欲專任責成分
置官局乃詔河北河南分置監牧使都監各一員並以三年為任以河
南河北馬監並為孳生監仍廢宜牧之地放牧在外諸
監馬分屬兩使各令久任其制置利害條具聞奏其
官廨河北於大名府河南於河中府修建從西京諸監官
吏委監牧使奏舉按劾仍不隸羣牧司專屬制置使復
又詔樞密院不領於制置使仍省羣牧都監一員神
宗實錄及朱墨本止省都監一員而五年八月羣牧司
言熙寧元年九月省副使及判官都監各一員與此不同

卷一千一百十九 五

同
二年五月羣牧判官王誨上馬政條貫行之 五
年八月十三日羣牧司言熙寧元年九月內省本司副
使及判官都監各一員後刊本司編敕更不載副使令
復差起居舍人充史館修撰兼樞密都承旨曾孝寬兼
充羣牧副使檢會舊敕使副共為一條欲乞於見行新
編敕條每使字下並添入副字施行從之十二月二十
一日詔起居舍人史館修撰兼樞密都承旨羣牧副使
曾孝寬為龍圖閣待制同為羣牧使 六年七月詔頒
南郊敎象儀制凡七馴象御禮降関應天府寧陵縣九
月旦發赴京所用轉光旗十五銅沙羅一鼓十乘騎人
七簇引旗鼓人三十一排引日選馴象六在六引之前

行中道分左右各備鞍花座紫羅繡韀蕉盤鈴鐸杏葉
絡頭一人騎四人簇並花腳烏巾緋袍青纓挑錦絡縫
四衩衣塗金雙鹿帶一內侍押象繡衣執撾 八年閏
四月五日詔沙苑監今復屬羣牧司餘北京元城等八
監並廢罷之時廢河南河北兩監牧司故有是詔 七月
十七日詔權羣牧判官祠部員外郎韓宗師改屯田員
外郎初御史蔡承禧言宗師自提舉常平入為羣牧判
官故事不改右曹恐中書官吏以宗師宰相子故私徇
取悅詔御史臺定奪而御史臺以正羣牧判官改左曹
而宗師乃權也止當改右曹為轉運判官借例依常調
但轉右曹今宗師以第二任通判資序權羣牧判官與

卷一千一百十九 六

轉運判官為一等而本房乃引正羣牧判官例改左曹
非是故命改正 八月三日詔牧養監裁減兵員其將校
委步軍司比類單分移隸兵士依廢左右天廐坊例施
行從羣牧司所請也 九年九月十七日詔今後樞密
都承旨兼羣牧使副都承旨兼羣牧副使更不兼別差
遣 十年正月十九日詔羣牧都監自今與副使互置
近已除張誠一副使宋有志宜罷其闕更不差人 九月
二十四日羣牧司言欲乞今後轄下院監使臣並自到
任月日實理三朞每一朞一次比較其公人等比較亦
令隨監官月日則自齊一如非時替移即將一年以十
分為率計零考月日紐計分數比較從之 元豐二年

三月二十二日詔權發遣羣牧判官太子中允王欽臣坐違法擅所部官罰銅十斤。九月四日上批三司認還羣牧司借支券馬糜費錢昨雖截折紬爲七萬緡而還延固吝未肯備償蓋未經他官會校故彼此時有爭辨可差太常丞吳安持限一月根磨未罷以前五年諸費用經見錢畫一與三司當職官連書以聞 三年正月二十七日羣牧司言收糜監租課等錢共一百一十六萬緡有奇詔羣牧使韓縝副使張誠一並賜銀絹各三百兩疋共賜錢五千緡令樞密院均給官吏。四月十八日詔羣牧糜監及諸軍班牧地租課積年逋欠遣太常博士路昌衡秘書丞王得臣與逐路轉運司開封府界提

點司按租地依鄉原例定租課據歲輸之物酌三年中價爲準及合納見錢付逐司爲年額若催趣違滯以擅支封樁錢法論 二月十四日三司使李承之等言三司負羣牧司券馬糜費錢百二十八萬二千七百緡自熙寧五年至元豐二年費三司芻粟錢五十一萬七千五百七十緡外合償錢七十六萬五千二百二十緡奉詔蠲其半猶負錢三十八萬二千五百六十緡詔三司限三年撥還自元豐三年後三司歲當羣牧司券馬糜費錢二十一萬三千七百八十緡除芻粟錢六萬四千六百九十緡外都計錢十四萬九千八十緡詔歲以十萬緡償羣牧司餘特除之初自熙寧五年後歲四月至八月京師諸班直諸軍馬不出牧歲費三司芻粟自五年至元豐二年爲錢五十一萬餘緡三司請取於羣牧司既命官校定而羣牧司歲罷券馬以嘉祐五年六年八年治平二年三年四年熙寧五年七年八年凡九年通計之歲省三司錢二百萬緡亦命官校定至是計所費芻粟錢物外定三司當償羣牧之數 三月二十五日詔增置羣牧都監一員。四月二十一日罷羣牧行司復置提舉買馬監牧司。六月二十四日詔河北沿邊州軍禁軍闕額米歸羣牧司封樁。五年五月一日官制行廢羣牧置使以職事歸太僕寺

添五以給騎兵下在今卷第八葉後半第二行

監牧司判官李師錫陝西監牧。○十一月十四日，環慶路經略使李肅之、鄜延路經略使路詵、陝西制置解鹽判官李師錫言：本路無係官草地，又寨遍西界，難以興置馬監。其同州沙苑監近割屬陝西監牧司，可以增添牧馬。詔陝西四路都總管司更不興置馬，仰陝西監牧司廣布善馬務令蕃息，以備逐路諸軍闕馬。又詔河東路都總管司於太原府交城縣置馬監。先是遣比部員外郎崔台符往河東路按官田，將以牧馬汾州舊牧地

三千二百頃，其中有民先佃者，給以錫豆，仍候來年春於沙苑監移牝壯五百足往本監牧養。○熙寧元年[illegible]

此下与前宜細心校寫

權河北監牧使宜接此條十九日程行

監牧使。○十九日，詔河北、河南監牧使統領外監，更不隸群牧制置使，隸樞密院。○十月四日，樞密院先奉聖旨河南河北諸監分屬監牧使，按劾吏不隸群牧司，不制置使詔令後並申樞密院。○八日，河南河北監牧使劉航、崔台符言：奉詔置廨宇河南於河中府，河北於大名府，本司都監乞就使廨同修。詔都監河南於西京，河北於北京占空閑廨宇居止，如闕，少量行添修，仍令劉航、崔台符於京官以上各舉二人，供奉官以上各舉二名充本司勾當公事。於是上晉劉航、崔台符所管地分廣大，相去遼遠，若非許令舉一二屬官與之協，則獨力往

來恐難辨事，可令於文臣京官已上、武臣供奉官已上擧二三人充本司勾當公事，丞理合入資序，使之身親監牧十數年後，歲考漸深，或授以逐州通判，或授以本司都監，委之以事權，責之以功効，庶幾共濟，早見成績。乃有是詔。二年二月二十二日，詔選差館閣校勘王存、顧臨於羣牧司檢尋祖帳舊管河南北兩監牧司所總諸監牧馬草地，令詳具逐監四至的實頃畝聞奏。五月十六日，河北監牧使崔台符諸馬監牧各有奇功工匠及有會樂藝者不少，欲乞盡揀送本州椸廂軍。從之。十月十六日，河南監牧使劉航言：自治平四年正月差衆子嶺提擧採石，同差河北封會四師創置坊監，

卷萬壬壬百三十八　辛

又陝西經畧使司勾當公事往來鄜延與西人議事，并赴行在封冊，在京押伴。竊緣河南監牧一司已成倫理，伏望詳酌，令繳特免差也。詔押伴以駕部郎中李直躬代之。四年六月一日，羣牧制置使文彥博言：羣牧之官近制不許兼領他職，今權河北監牧使周革兼本路提點刑獄，詳讞一路刑名，加之按察事務繁委，必妨馬政，乞罷兼領。從之。五年十二月二十一日，詔起居舍人、史館修撰、兼樞密都承旨、羣牧副使曾孝寬爲龍圖閣待制、同羣牧使。八年四月二十九日，詔沙苑監羣牧司餘八監及河南北兩監牧司並廢，以中書樞密院言：河南北十二監自熙寧二年至五年歲出馬千六百四

十匹，可給騎兵者二百六十四，餘止堪給馬鋪。兩監牧歲費及所占牧地約收租錢，總五十三萬九千六百三十八緡，計所得馬爲錢三萬六千四百九十六緡而已，得不補失，故廢之。以其馬配軍及以次支馬鋪，病患駒子就便出賣，價錢及租牧地利爲市易司逐年茶本，餘籍書平帳出息，以充舊馬之直。閏四月五日，詔沙苑監牧復隸羣牧司，餘北京元城等八監並廢。罷之時，廢河南河北兩監牧司，故有是詔。十六日，詔罷太原等監，依罷河南河北監牧指揮。應河東河南監牧令提擧開封府界諸縣鎮公事蔡確、河北監牧令都大提擧黃御河同主管外都水監丞程昉專切勾當。九年九月

卷萬壬壬百三十八　垂

十七日，詔自今後樞密都承旨兼羣牧使、副都承旨兼副使，更不兼別遣差。十年正月十九日，詔羣牧都監自今與副使互置。元豐二年二月二十九日，經制熙河路邊防財用司言：岷州床川、荔川、閭川寨、通遠軍熟羊寨乞置牧養十監，募兵監牧指揮，其營田乞依宮莊例募永濟卒二百人，其永濟卒通千人爲額，以給十六官莊、四營田工役，其請給並從本司自辦。從之。三年四月二十一日，罷羣牧行司，復置提擧買馬監牧司。羣牧行司未詳元置。五年七月二十四日，命鳳翔府軨轄王君萬專主管熙河新置監牧及給散蕃部馬種。六年六月一日，上批：牧馬重事，經始之際，非左右近

臣專總其政隨事奏稟付之有司來易營辦令日霧澤
陂牧馬所造法且於畿內置十監俟其就緒推廣諸路
施行可差樞密都承旨張誠一副都承旨張山甫專提
舉經度制置牧馬條畫奏稟施行依五路保甲例權不
隸尚書駕部及太僕寺有當自朝廷處分者樞密院施
行　八月十一日提舉經度制置牧馬司言已遣官往
諸路選買牝馬工京乞逐路專責監司一員提舉從之
諸路差提點刑獄官開封府界差提點官　八年八月
二十六日罷府界新置牧馬監提舉經度制置牧司崇
儀副使溫從吉降一官提舉牧馬司樞密都承旨張誠
一罰銅二十斤初樞密副都承旨曹誦言朝廷用從吉

卷一萬三千三百二十八　垂二

法置孳生馬監得駒少而死損多請委比較至是稽考
如誦言故罷之仍有是責　哲宗元祐元年十二月十
四日詔應緣內外馬事舊係羣牧司管勾者專隸太僕
寺直隸樞密院更不經由尚書省及駕部餘並依官制
六年六月九日樞密院言新復司監其所生駒數不
足以補死損之馬又多低小不應軍格令選差知馬政
大使臣二員分詣左右廂諸監詢訪利害與提舉官詳
究事狀同赴太僕寺講議聞奏從之　紹聖元年六月
二十六日右正言張商英言先朝廢河北京西等處馬
募民租佃而議養馬於[illegible]汧隴之間未及施行元祐
初收已租之田復置監牧行之九年死生羸壯不足相

補而又買馬官兵失陷殆無文書可攷太僕少卿韋制
恩舊謬悠行遣望選官合計虧羸熟講馬政以修武備
詔送太僕寺元祐事未　七月二十七日太僕寺言先
朝元豐六年於畿內置十監緣初置十監緣初置監日
馬多地少又功力不足故難孳畜首尾方及二年廢罷
令府界牧地除占佃外尚三千餘頃草苗滋茂乞依元
豐指揮於府界置孳生監從之以莊宅副使麥文昞內
殿崇班王景儉充提舉踏逐置監去處約度將來馬數
選差殿侍分定匹數專一管勾其比較賞罰合行事令
逐官條畫申太僕寺候及三年比較見得蕃息推之外
監施行　元符二年閏九月二十三日詔同州沙苑監

卷一萬三千三百二十八　垂三

依舊撥隸提舉陝西等路買馬司仍以提舉陝西等路
買馬監牧司為名　徽宗大觀三年十二月十四日詔
內外祠廟獻馬往往骨格越常皮毛異衆可立法拘收
不得支遣專充京畿孳生馬監司四年三月六日樞密
都承旨郭天信等奏准朝旨諸州納到祠廟獻馬送孳
生監養訪聞諸州見有獻到馬數不少緣等候差人多
致稽留乞今後立法應收到獻馬正限三日內起發詔
送兵部立法申樞密院本部擬修下條諸祠廟獻馬限
一日申所屬州本州三日內具毛色齒歲差人依程牽
赴提舉京畿監牧司送納從之

宋會要　洪水二監

元祐六年閏八月十八日，太僕寺言：衛州淇水監乞改為第一監，收養孳生騍馬，復置第二監，收養調習雜犬馬二千疋。並從之。

卷一萬九千四百十五

宋會要　大理寺

大理寺掌斷天下奏獄，以朝官一員或二員判寺事，一員權少卿事。國初置正、丞、評事，皆有定員。其後擇常參官兼正，京官兼丞，謂之詳斷官。詳斷舊六人，後加十二人。咸平二年，又省去兼正、丞之名，別取幕職州縣官為法直官二人，改京官即為檢法官。自餘互見審刑院及見法官門。兩朝國史志：大理寺判寺事一人，少卿一人，並以朝官以上充。凡獄訟之事，隨官司決刻，本寺不復聽訟，但掌斷天下奏獄，送審刑院詳訖，同書以上于朝。詳斷官八人，以京官充；法直官二人，以幕府州縣官充，改京官則為檢法官。府史永闕三十五人。元豐二年改制，及官制行，因之。左斷刑卿一人，秩從四品；少卿一人，秩正六品；正一人，從七品；丞二人，秩正八品；司直一人，秩正八品；評事八人，秩正八品。內卿、司直兼管右治獄事。紹興三十一年，減平事三人。右治獄少卿一人，正一人，丞二人，監門二人，內一人係內侍，一人武臣充。檢法使臣一人，都轄使臣一人，並兼武臣小使臣充。左斷刑分案有三：曰磨勘，掌批會吏部等處改官事；曰宣黃，掌宣車應干斷訖命官指揮；曰分簿，掌行分採諸案文字。設司有四：曰表奏議，掌拘催詳斷案八房斷議獄案，兼旬申月奏；曰開拆，掌收接應干投下文字；曰知雜，掌本司諸雜務事；曰法司，掌諸處批下參詳文字。又有詳斷

卷一萬三千七百四十五

業八房專掌定斷諸路申奏獄案等又有勑庫掌收管架閣文書吏額胥長一人胥史三人胥佐二十人貼書六人楷書十四人右治獄分案有四曰左右寺案掌斷訖公事案後收理追贓等曰驅磨函推官錢官物文書曰檢法掌檢斷左右推獄案并供檢應用條法曰知雜掌應干雜物之類此又有開折司表奏司左右推其左右推主鞫勘諸處送下公事又定奪等吏額前司胥史一人胥佐九人表奏司一人貼書三人左右推吏胥史二人胥佐八人般押推司四人貼書四人 宋太祖建隆二年八月以工部尚書審儀兼判大理寺事 故事臺省長官兼判公事得言判某官事如晉朝尚書左丞催杞

卷一萬三千七百三十五

兼判太常寺事是也若止言寺事則其屬丞正並可行之翰林學士竇儀兼判太常寺事儀又兼判大理寺事並新例也 太宗雍熙四年三月詔大理寺官本寺祇應公事者自今月俸並給見錢 淳化元年九月詔大理寺詳斷檢法法直官自今十月一日及端午並給時服 二年八月詔大理寺自今點檢公案內指改字涉要害即時聞奏 三年五月詔大理寺依舊輪府史二人宿直同判寺以上至法直官輪一人押宿歸司勒留官亦准府史例 七月詔大理寺職掌內日差二人於中書審刑院承案 十月詔大理寺斷官有周親已下服者依令給假積滯公案自令如在家者猶莖訖公參

開家者給假三日婚姻亦假三日小可疾病不妨看案者於所居發遣 五年四月詔南曹會問選人犯過者委大理寺疾速回報 至道三年十一月大理寺請增置寫宣黄吏十七人從之 真宗咸平二年六月詔大理寺斷官每二人連簽如失錯一等科罪 八月詔大理寺詳斷官以八人為額 五年四月詔逐日大理寺每有詳議連書奏上不能執正多所依違自今並須盡公結奏 六月詔大理寺權少卿詳斷官自今不限在職月日但本官及三年無遺闕即引對轉官 是月以兵部尚書查陶為秘書少監判大理寺代朱搏初中書以搏議法不當請用陶真宗曰比聞陶亦深文宰相言熟習法令如陶之比者甚鮮遂可之 景德二年七月詔

卷一萬三千七百三十五

大理寺應官員諸色人不得放入 大中祥符二年二月詔大理寺應御史臺開封府榜牓逮即斷奏以方春慮淹繫也 八月詔住給大理寺逐月充定公用茶自令逐月特給公用錢二百三十千二百六十千二千閏均定給本寺官吏三千四百充公用錢儀又令於本寺閣住錢內更支十千充公用 十月詔定大理寺官食錢判寺一人十五千少卿一人十二千斷官八人十千法直官二人六千 三年四月詔大理寺詳斷檢法官如供職年滿須替人到即得出寺 五年九月詔大理寺詳斷官每人差剩員一人當直 天禧二年九月詔大理寺自令後應係宣黄草檢并元案及寫錄未成文字等

或值至晚紙數稍多抄寫未畢只令逐手分納在本寺斷官處收掌須見文字道數足與不足及點檢得住滯未了文檢催促本寺手分疾速寫錄無致稽遲五年六月詔定大理寺餐錢月二百六十千均給衆官其員缺在假者留充公用從本司之請也　仁宗天聖七月九月十九日司封員外郎趙廓言臣嘗判大理寺每有急案並衆官看詳上書本斷及連簽官二員施行忽遽之際頗應漏落亡官既不書住亦恐因循欲望自今應集衆官詳斷者悉令着名若刑名失錯一例勘罰從之嘉祐六年三月詔大理寺命官有不當書罪而擬括文致者本處官吏並鞫罪以聞　七年十一月二十八日

【卷一萬三千七百三十五】

詔大理寺詳斷官再任五年滿日與理爲兩任所有許再任三年滿日與缺年缺更不施行　神宗正史職官志大理寺置卿一人少卿二人正二人推丞四人斷丞六人司直六人評事十有二人主簿二人卿掌刑獄斷讞推鞫之事凡職務分左右奏劾命官將校及大辟囚以下以疑請讞者者左斷刑則司直評事詳斷丞議而正審之若在京百司事當推治或時旨委勘及係官之物應追究者隸右治獄則丞專推鞫少卿分領其事而卿總焉凡刑獄應稟議者請尚書省即被旨推鞫及情犯重者卿同所隸官上殿奏裁若獄空或斷絕則刑部驗實以聞凡分案十有一設吏六十有九哲宗正史職官志分案十一餘同　神宗熙寧五年五月十四日大理寺官舊條詳斷官八員爲定制每二人連簽同看詳如有失錯本斷官與連簽官一等科罪勘會舊來定斷公案或不詳審及有積滯蓋是文案稍多斷官員少令來新法試中八人欲乞增置斷官二員以爲定制所有久遠不致淹留差失兼自來連簽官雖有條約並永例不同看詳文案只候本斷官斷草檢書字後雖主判與審刑院改動刑名以至奏上更不經由連簽官深屬不便乞依條詳斷官每二人同共看詳定斷文案外更於奏狀上繫銜仍同點檢所貴二人協立遞相照管文字從之　七年十一月四日檢正中書五房公事

【卷一萬三千七百三十五】

李承之言檢會刑部大理寺斷覆官元額十二員熙寧五年增置二員令又置習學公事九員三二年間皆改京官乞裁定諸司合置員數詔大理寺詳斷及習學官自今無過十四員刑部詳覆及習學官無過六員額外人數滿不補　職官志云七年置詳斷官十四詳覆習學官六與實錄數目不同今兩存之　元豐元年閏正月九日詔大理寺自今奏舉習學公事並舉曾試刑法得循兩資以上人　四月三日詔大理寺行銓院案吏與增祿仍行倉法　八月二十五日詔大理寺行習學公事廳分半分文字未滿半年勿令斷官職業候成考委官審察如任斷官等即保明依正斷官例候有闕與

差選人通理習學滿二年以上仍通計歷任成四考有
舉主二人與依兩任四考條轉合入京朝官並令別理
資任如未嘗有歷任考第即候通理習學并詳斷等官
共四年亦准此已係京朝官充習學者並依詳斷等官
理任條行之　十二月十八日中書言奏諸開封府司
錄司及左右軍巡院刑獄皆本府公事而三司諸寺監
等凡有禁繫並送三院繫囚猥多難以隔訊又盛暑疾
氣熏染多死亡官司各執所見吏屬苦於諮禀因緣留
滯動涉歲時深為未便參稽故事宜屬理官令請復置
大理獄應三司及寺監等公事除本司公人杖笞非追
究者隨處裁決餘並送大理獄結斷其應奏者并天下

卷一萬三千七百三十五

奏案並令刑部審刑院詳斷大理寺置卿一人少卿二
人丞四人專主推鞫檢法官二人餘悉罷應合行事委
本寺詳具以聞從之以權知審刑院尚書度支郎中崔
台符為右諫議大夫知大理卿事屯田郎中直史館權
發遣江淮等路發運副使蹇周輔太常博士權判都水
監楊汲為少卿丞及檢法官令舉官以聞　初上謂國
初廢大理獄非是以問孫洙洙對合旨至是命台符等
作大理寺工萬七千十七日而成作於元年十二月之
戊辰訖於二年正月之甲申以楹計凡三百六十有三
度地於馳道之西宋用臣經其制秦士禹司其役史臣
李清臣為記　二十二日詔大理寺官吏并公案等並

歸刑部其當送大理獄結斷事自來年正月後依十八
日詔施行　二年正月九日詔舊隸三司寺監承受斷
遣或送府司軍巡院禁勘公事非提點倉場司四排岸
司徒以上罪及合追究公事舊送三司者並送大理寺
從本寺請也　十七日知大理卿崔台符言乞自今大
理勘事內有情法不稱者許依三司條例斷奏事若重
密仍依審刑院三司開封府例上殿奏裁從之　十八
日詔大理寺日者修舉墜典釐正職業俾治官府獄事
前代章程湮滅歲久不可復知今所圖畫皆以義起推
論規模不少寬假必難稱辦司官吏各懷顧忌於驅遣
之際或致逡巡則稽留弊害無易前者本寺承事勘鞫

卷一萬三千七百三十五

可且依推勘院及御史臺例不從報糾察司斷訖並以
上司具犯由申中書樞密院刑房候置司及一年別取
旨其後及一年乃從詔依開封府例供報糾察司　職
官志云崔台符等言寺因待報者多詔京師具獄有繫
囚者斷奏先下　二十七日詔大理少卿資任視三司
判官丞視轉運判官又詔大理寺置幹當公事官二員
以大小使臣充　職官志云崔台符言請增置主簿一
員其年月檢未見今附此　二月十五日詔大理寺官
屬可依御史臺例禁出謁及見賓客　十六日知大理
卿崔台符言流以下罪長貳親錄問決遣其大辟罪乞
牒御史臺選差曾任親民常差官一員審問即特旨推

勘罪至大辟或命官即臨時取旨差官詔大辟罪牒御史臺差官赴糾察司審覆餘如所請後又詔報御史臺差官同糾察司就寺審覆　二十二日詔大理寺月具見禁及已決罪人數申中書省　三月八日詔大理寺長貳丞簿家屬既不在治所如遇休暇宜止各輪一員在寺餘歸休沐庶可休久人無憚倦著為令　九月十七日詔翰林學士李清臣所撰大理寺記凡朝廷修廢官事之本末小大無不該載惟台符等首被選掄考擧墜典能劃遺滯訟獄無淹囚獨不得掛名其間尚為闕漏宜送清臣增入　三年正月七日詔大理寺鞫罪人休開封府例報糾察司後大理寺乞旬具徒以上事報

卷一萬三千七百三十五

糾察司許之開封府准此仍照糾察司如察訪得雖非徒以上而出入不當許索文案點檢　四年十一月二十一日詔大理寺左聽已畫旨公案批送門下省　五年正月十二日詔自令毋以大理寺官為試官　四月七日大理卿崔台符言本寺獄空詔送史館台符減磨勘二年少卿韓晉卿楊汲一年　職官志云其後獄屢空令御史按實降勅獎諭焉　五月一日大理寺官差承務郎以上如無即差選人充正官立行守試請受法　七日詔以朝奉郎莫君陳等九人為大理寺丞宣德郎張仲穎等十二人為評事朝奉郎程嗣先等四人為司直。先是復置大理獄有詔已差卿少自餘丞及檢

法官令舉官以聞至是始差官也　七月三日詔罷大理寺官赴中書省讞案自令每歲一次就本寺以見在案盡數斷絕上中書取旨　二十一日大理寺絕斷公案官吏共賜四百千次第均給之　十月六日詔大理寺獄空吏人量與支賜自令大理卿免假日入止令治獄少卿推丞更直　六年三月六日尚書刑部舊刑官詳斷官分公案斷訖主判官論議改正注日方過詳議官覆議有差失問難並於檢尾批書送斷官具記改正上注判官審定然後判成錄奏自三司並歸大理斷官為評事司直議官為丞所斷案草不由長貳日者斷案類多差或欲乞分平事司直與正為斷司丞與長貳為

卷一萬三千七百三十五

議司凡斷公案先上正看詳當否論難改正簽印注日然後過議司覆議如有批難具記改正長貳更加審定然後判成錄奏從之　六月十三日詔大理寺刑名疑慮及情法不稱奏裁公案送定斷官看詳如非疑慮情法不稱並免收坐從本寺請也　八月二十八日尚書祠部言乞應吏部補授大理寺左斷刑官先與刑部大理寺長貳雜議可否然後注擬仍取經試得循資以上人充正闕以丞補丞闕以評事補吏部同着為令其後著令司直評事闕選尚書及侍郎左選人丞闕止選尚書左選人仍經任司直或評事係親民資任者已上二件其初改官應入知縣人亦選正闕選丞或司直評事見係

通判以上者序者以上所選仍不限見任授訖未赴即曾失入徒以上罪已決或死罪若私罪情重及贓罪或傳替後未成任各入選　七年六月三日御史蹇序辰言去年五月舉行大理寺長貳親訊獄及十日慮囚格閒長貳並不親慮問望更按實詔大理寺分析　六日御史劉拯乞大理寺開封府左右廂軍巡撫院皆置門簿凡追遂人具人數事目知在斷放並未書結絕從之　八年六月十一日尚書省言乞自令大理寺事干應斷應奏及尚書省者更不先申本曹從之十二月十五日刑部言　刑司檢法官覆州縣官小使臣等公罪杖以下按申吏部大理寺注籍則以官可以專於獄

〔卷一萬三千七百三十五〕

獄從之　哲宗元祐元年正月十日三省言大理寺右治獄近勘斷公事全少其見管官屬吏人獄級名額依舊虛糜廩祿欲左右兩推并爲一推并減官吏冗員從之　四月四日詔大理寺左斷刑架閣庫專委主簿主管其餘臺寺監有架閣處依此　十八日詔大理寺除左斷刑丞外其餘寺監簿並中書省差　五月十二日詔大理寺公案日限大事減十日中事小事各減五日

二年五月十六日刑部言大理少卿杜純請省斷官且仍舊額省評事二員以十二員爲額　三年五月二日三省言大理寺右治獄並罷請依三司舊例於戶部置推勘檢法官治在京官司應干錢穀公事從之　十

六日詔寺監省員大理寺並置長貳　四年十二月二十四日刑部言大理寺官舊條惟曾任外處官失入徒以上已決或失入死罪方不預選新條又添入任大理官又斷徒以上三人或死罪一人亦不在選限竊以大理日斷天下疑案案牘既繁不無錯誤又況容有疑於輕重之間若因問難改斷亦爲差失則人數太窄竊慮精彊諳習之人偶以礙格不得預選欲乞於條內改三人作五人改一人作二人從之　五年八月十三日大理寺言丞有闕乞於司直內通行差權從之仍於承務郎以上選差　六年五月十二日大理寺言斷案若定奪事卿少卿正應避者免簽書若俱應避者牒開封府

〔卷一萬三千七百三十五〕

差從之　閏八月十五日大理寺評事梁子奇言官員犯罪應坐舉者乞令後會問到合斷人依舊取勘定斷又犯罪者與大理寺官曾薦舉之人乞本寺丞司直評事依元祐編勑被差檢法有嫌聽回避法許自陳別差官定斷從之　十二月三日詔大理寺人吏並許依舊法斷法案次第推恩　紹聖元年七月九日御史中丞黃履言大理天下之平而斷刑之官選任尤重先皇帝振修百度初立選試之法第一等取數常艱最爲精察惟中等得入大理爲斷刑官自是文士始有預試中選者以故奏案之上皆理官躬閱斷案多所雪活舞文之吏不能移奪元祐中以大理斷刑官恩與常重故責考

任舉主而增以嘗歷刑法官與縣令優課爲奏舉法其試入優等者不得預焉欲自今專用先朝選試之法刪去嘗歷刑法官縣令優課條自非試預上選者不得爲斷刑官庶乎官得其人而職事舉矣監察御史郭知章亦乞用熙寧元豐試法詔令刑部大理寺依元豐選試推恩法立條　二年七月二十三日詔大理寺復置右治獄仍具元豐舊例添置官屬員數　二十八日詔大理寺復置右治獄官內置司直一員於左斷刑部差餘依元豐年員數差置　八月十三日試大理卿路昌衡言欲令本寺丞據數員分左右推有讞異即左移右推右移左推亦如開封府三院讞變公事改送別院若再

卷一萬三千七百三十五

有讞異即乞申朝廷差官審問或送御史臺推究更不與開封府互勘庶事得其實可革互送挾讐之弊應勘鞫公事乞不許地分探報適足生事從之　三年六月一日御史中丞黃履監察御史蔡蹈言近詔以大理寺申請自今御史臺彈察諸司違法稽積滯等人候朝廷批降大理寺從本寺牒元舉發處令責限取索送寺書斷緣本臺綱紀之地豈可代有司區區應報請應彈察諸司違慢等事依元豐舊例止從大理寺取索約法官司各安分守從之　十月十三日大理寺權少卿李廷寧言司直評事乞復用元豐選差之法從之　元符元年三月十九日大理寺言乞應大理寺開封府承受內降

公事並依旨勘斷各不得奏請移送從之　四月十四日大理寺言應奏斷公事乞依開封府專條不許諸處取索從之　徽宗崇寧四年詔大理寺官諸司輒奏辟者以違制論　五年六月七日詔大理寺獄空大理卿李孝稱大理少卿馬防各特轉一官　大觀二年正月二十四日大理寺言見禁公事並已勘斷了當即日獄空詔依崇寧五年六月三日例推恩馬防崔直躬特與轉行　七月九日臣僚言竊見大理寺決獄以其職事所當爲者較計積累以爲功勞一歲之內率當五六遷人皆指目謂之僥倖誠不可以久行宜參酌裁爲定制須其任滿考校功實量嘉遷陟庶合中道詔令後賜束帛或降勅書獎諭　政和二年七月四日詔大理卿曹

卷一萬三千七百三十五

調提舉南京鴻慶宮少卿任良弼知蔡州以言者論比來大理任用非人迎合曲法用情故也　八月二十九日刑部侍郎馬防等言熙寧有法官再任酬獎至於許其三四者豈非爲官得其人則正可久任而賞或在所不吝令雖有再任法而酌獎與初任無異而又奏舉之制以高其選所願留者十無一二而承評事蓋難其人矣欲乞申詔有司講明前後條制刑部大理事候法官任滿共擇其職事修舉人材可錄者奏舉再任增其酬獎理爲堂除大約常留一半舊人使後來者有所諮承詔依奏仍許舊就任闕陞理本資序　三年十月二十一

日尚書省言大理寺斷洋州宗永素元斷該赦外杖六
十因問難改斷處死係評事劉元長又斷德州張道素
元斷杖八十因問難改斷杖一百係評事康公裕詔各
降一官　四年五月二十六日大理寺言乞今後本寺
應抽差人吏在外妄提刑司下本處限一日發遣如敢
以事占留及違限不遣計程從本寺具因依申尚書省
取旨施行如已支破遞馬倉券前來若在路托疾令所在
州縣差人監押赴寺仍不許他司截留抽差若他司申
請到例特行截差指揮亦乞從本寺執奏卻行拘欄歸
寺祗應從之　六月五日大理寺奏乞應諸司庫務緣
公事合行追究之人並許本寺直行勾追本處限日下
卷一萬三千七百三十五
發遣如官司輒敢吝庇不發遣並科杖一百從本寺申
尚書省取旨先次勘斷庶幾百司稍知刑獄官司有所
畏詔依所至官司輒敢不即發遣以違制論　五年四
月三十日大理卿侍其傳言熙豐間本寺嘗置習學公
事四員乞復置長貳丞課程正擬同指教從之　宣和
元年二月十一日中書省言大理寺斷配軍聶青等九
人逃走劫盜徒罪不赦因問難改斷該全原所斷妄是
不當詔無斷官評事李平〔仲〕事特降一官　三年十月二
十三日臣僚言伏覩五月二十二日勅梁俊公事大理
寺引用條法不當丞評各降兩官長貳各降一官續奉
指揮連簽丞評各降一官又九月十八日勅董濈公事

大理寺違慢長貳元斷丞評各罰銅十斤昨來吏部爲
指揮內止及長貳丞評而不及正於是大理正尉遲紹
先者獨不與降罰之坐臣竊疑焉在刑統名例有四等
坐罪之法其說謂假如大理寺斷事有違即大理卿是
長官少卿及正是通判官丞是判官府史是掌典據此
則大理正又不應獨免又官制格目評事司直檢法詳
斷丞議正審少卿分領其事而卿總焉據此則大理正
又不應獨免第恐坐罪之法前日勅文偶失該載耳其
大理正尉遲紹先當時實與簽書伏望聖慈特降睿旨
依前降指揮一例降一官罰銅施行庶盡法意而於公
議爲允詔大理正尉遲紹先特降一官　六年二月三
卷一萬三千七百三十五
日大理寺言應今後斷不隸寺監合行理納官錢物之
人內都下人送諸廂外路人送元來處監理從之　七
年四月七日詔大理寺奉公不撓獄無淹留大理卿陳
迪可視待制官令中書省取索量度輕重特與推恩
十八日詔大理寺官評事以上並差試中刑法人見任
人並罷　以言者論比歲選任非人議法不中故有是
詔　十二月二十二日詔大理寺開封府承受文字自
今後依令送朝廷守舊法施行不得乞降特旨遣斷
欽宗靖康元年五月十八日詔大理正並替成次貟闕
高宗建炎三年四月十三日詔大理斷刑治獄少卿
寺正各一員斷刑寺正六員減三員治獄寺丞減二員

斷刑司直兼治獄司直其寺簿并治獄司直並罷吏人並三分減一　紹興元年二月三日詔大理評事趙公爟隨逐行在雖非試中刑法緣本寺斷刑官獨有本人候到任及一年通歷任成五考有舉官三員從長貳保明特與改合入官　以寺官改法官止係試刑法中等第二等有不改官法因本寺請特有是命　三月七日詔評事闕委本寺長貳依舊制選擇應格人赴刑部議定申朝廷差填如應格人不足即踏逐曾諳練刑法人權充　從刑部尚書胡直孺請也　七月二十二日大理寺言依已得指揮道君太上皇帝本命令檢舉設獄令乞從本寺就獄粮歷內作料次經粮審院批勘下左藏庫每料支錢二十貫收買設物使用從之

卷一萬三千七百三十五

閏四月二十六日權刑部侍郎王𧪒（衣）言大理寺官屬其堂除選人任大理寺直評事除試法官中等第二等下已有改官法外餘人未有立定改官之法今乞堂除選一人任大理寺直評事到寺供職二年通理三考有舉改官人三員與改合入官　詔令吏部限三日立法申尚書省　八月十二日詔大理正斷刑治獄丞共七員窠闕依舊堂除差人　先是寺監丞及法寺官堂除差人以呂頤浩言依舊法歸吏部注擬已而無應格之人至是吏部建請大理正丞資望甚高與時除授郎官卿少之選欲望仍舊堂除故有是詔　詳見吏部　九月二十六日詔令

大理寺選差使臣一員充監門官具姓名申尚書省仍令內侍省專差內侍官一員常切在門檢察以本寺言本寺合差監門內侍官二員專一在門守宿檢察出入今止差到一員又赴趁朝殿祗應及專宣出入自來備糧到寺委是虛文望於樞密院見管使臣內選差有行止謹愿官一員充監門官一年一替故有是命　十月五日詔大理寺使臣公吏應官司及奉使官輒指差者並從杖一百科罪仍仰本寺執奏更不發遣從本寺請也　十一月十七日大理寺言踏逐到承信郎馮熙精充監門官與內侍官互輪當日宿直幾察乞於本寺贓罰錢內支錢七貫充茶湯錢外每月別給食錢一十五貫於本寺公吏請給歷內批勘從之

卷一萬三千七百三十五

三年六月十八日詔大理寺監門使臣與內侍官一員並仰每日常切在門檢察過夜許分番宿直其內侍官與免赴趁朝殿祗應及傳宣出入之類從大理請也　七月九日詔大理寺手分獄子令本寺於外州軍差撥不得更於臨安府抽差其已遞（差）本府手分獄子候外州軍差到日對替發遣　二十二日詔大理寺見破獄子每人特令戶部每月各添支米六㪷（斛）　十一月十五日詔大理寺職級張昭亮顧琦使臣王慶並許依例不妨參部注授差遣　昭亮以成忠郎任大理寺左推職級琦以保義郎任大理寺右推職級慶以成忠郎為提事臣（使）共有陳乞故也

四年正月八日詔大理寺務要嚴密慮有聽採語言漏泄獄情其本寺許用元豐六年二月右治獄指揮條公人漏泄獄情杖一百及許用大觀開封府六曹通用勑諸左右獄內祗應人謂獄子行人壓婆醫人之類但可傳達漏泄者皆是並三人為一保如通言語漏泄者情重者杖罪五百里編管徒罪配千里牢城同保人失覺察各杖八十勒停永不收叙即經停而別投名者許人告係法仍有告獲似此之人賞錢五十貫先因瀾江散失後省記到前項節文經尚書左右司看詳以上件指揮無元降年月日全文貼說不行至是寺官有請故有是命其後視為具（虛）文無復畏憚至五月二十九日本

卷一萬三千七百三十五

寺措置如請求行用傳達獄情中乞又立一百貫以賍罰錢先次充賞亦從之

四月十日刑部言大理寺丞劉掄等狀本寺丞評事議斷刑名有差失者歲立比較法去年責罰差失寺丞孫光庭降一官評事張仲夔送遠小監當切詳祖宗以來自有比較法差失死罪至滿其數乃該比較仍須因朝廷問難改正者方理為數式因刑部改正別以名件比折及所差失死罪徒杖刑名各以其數多少遞相比連（折）以計差失死罪各有差等及在赦降前者不理為數所有比較法重者止於選人展年改官京官不得當年對減磨勘或斷絕賞給若一歲丞評事差失死罪皆滿其數不以人數盡行責罰若皆

無差失即盡無責罰令來比較法不以多數多寡刑名輕重又赦降前後每歲須要丞評事兩員被罰其罰又比舊日至重若一歲皆無差失而偶失出入笞杖刑者依近法亦須責罰丞評事兩員若皆失出入數多亦止責罰丞評事兩員以三歲論之丞三員盡當降官評事八員被責（割）者幾半況本寺職事繁重使一歲所斷皆無分毫差失止得減一年或半年磨勘依令來比較法則四歲之勞不足以賞一日之責妄於人情法意未盡都省送下刑部本寺（部）看詳昨立到比較法每歲具兩員最多者取旨責罰不以差失多寡為限顯與比較舊格法意不同理合別行修立從之

卷一萬三千七百三十五

六年五月二十六日刑部狀看詳先擬立到比較差失最多者具官職姓名上省取旨責罰等條法緣所立條內別無立定每歲差失多寡該比較之數明文謂如評事八員為額內七員別無差失不當一員稍有差失責罰亦不能逃兼等丞四員分議八員評事案狀即是寺丞所議比之評事所斷案狀倍多其差失刑名理宜分別立文令欲擬立下條諸大理寺丞評事斷議刑名每歲於次年正月行下取會差失名件比較死罪二人寺丞三人或流徒罪六人刺配同寺丞人失出者二人當一人以上執議不同巡白者非具官職姓名上尚（都）省取旨責罰右入刑部令係於刑（本）條內比較字下刪去最多者字并注文計一十

八字却添入死罪二人寺丞三人或流徒罪六人剝配同寺丞八人失出者二人當一人以上乾議不同巡白者非計三十九字衝改元修不行詔從之　十六日大理卿元袞言左斷刑等處乞破紙札戶部供在京元破紙數池表紙九千七百九十八張大表紙一萬二千張小紙一萬三千五百張黃紙五千四十九張詔依東京所破紙數減半支給仍令所屬作兩次申戶部勘支

七月六日詔大理寺評事令後依格差試中刑法等一等上人外其第二等下人令刑寺議申朝廷除授　舊法差試中刑法等二等上人充第二等下人係刑寺選議保明關吏部差注近年少有試中及格之人遂試中第三等以下人亦蒙除授故有是命　八月十四日詔大理寺左斷刑人吏依右治獄已得紹興二年十月五日指揮施行不許諸處指差雖畫降指揮亦令執奏

卷一萬二千七百五十五

十月二十一日參知政事沈與求言親兄尭求昨任湖州歸安縣主簿為本州按發不合循舊例令鄉書手家人當直等事送常州根勘已結斷訖竊慮奏案上臣忝執政恐有司觀望望付刑寺依公約法施行從之

五月九月八日詔大理寺推司如遇省臺點檢若止係行遣稽違失錯別無取受情弊及出入人罪所犯情輕許與贖罰上簿若杖以下罪非情輕合行斷決依臨安府例將當行正領人斷決外其餘違書人行下本寺

依條施行從本寺請也　十月五日著作佐郎張九成言理官欲計若干人立為定數凡天下獄案來上序其先後輪次看詳凡活幾人並減磨勘詔令刑部勘當申尚書省　七年五月五日詔大理寺丞勘吏部人吏种永和等公事行遣迂枉故作注滯其當行官吏理合懲戒少卿張滙正趙公權各特罰銅十斤丞林懿都轄張昭亮各降一官職級推司並令臨安府從杖一百科斷

十五日詔刑寺令後應議刑不同限次日稟白刑部若所斷未定則刑部長貳限兩日率法寺官赴堂稟決

中書門下省勘會元豐五年十二月十一日尚書省批下大理寺正杜紘奏訖令後本寺斷獄凡有可疑欲

卷一萬二千七百五十五

稟白者先委所議及建簽官事大者衆官斷議官各述己見共為一狀須要的確指定不得疑誤兩端然後自正以上書鑿從某議後不可從即各注所見從長定斷終不能同先以衆議納刑部約日稟白人未可斷則納尚書省約日稟決　十一月二十一日送刑部依所申施行令來刑寺凡有疑案情法未相當者不曾遵依上項指揮次第稟白與決只行問難遂致淹延刑禁故有是命　六月九日中書門下省奏勘會大理寺獄空已降詔獎諭大理寺近緣住滿公事官吏降官罰銅並與改正　八年四月二日宰執進呈　議郎周三畏右宣教郎周聿除大理寺卿上曰須仁恕老成者為之宣

政間作此官者皆覬望以成獄事深可戒也

宋會要

十二年六月二十六日臣僚上言近覩闕報大理寺丞葉庭珪除大理正庭珪前日為丞乃治獄之丞今日為正實斷刑之正斷刑職事與治獄異祖宗舊制必以試中人為之庭珪資歷頗深初無他過徒以不閑三尺於格有礙詔別與差遣　十四年九月十四日宰執進呈大理寺詞訴公事上曰此皆官吏怠慢所致可委長貳據所訴覩加審察如非其人可與沙汰又聞獄吏多非舊人只以諸州人吏充竄（疑）時更替漏泄獄情極為不便蓋理寺非州縣之比尤在詳察可委令長貳措置應入吏須久於執役不得非時更替　十月十一日宰執進呈刑部侍郎周三畏措置大理寺人吏抽差約束增添請給等事上因宣諭曰斷刑評事須是盡公人命所係豈可容心於其間可令刑部長貳常切覺察聞奏　十七年五月二十日右承議郎行大理寺丞陳良翰依令任滿日再任從之仍詔法寺斷刑官自今願再任者聽　二十年八月五日詔大理寺刑獄所在與景靈宮太一宮相近令臨安府擇空地移置如法修蓋舊基撥入景靈宮　監察御史湯允恭言今百司一新獨大理獄湫隘非便望勑有司量加修葺乃有是命　九月一日詔起造大理寺可一就於所移地段內量行蓋造吏院

卷一萬三千七百三十五

自治獄都轄至推司家屬並令就院內居住嚴其出入之禁從寺丞石邦哲請也　二十五年十一月二十四日內降手詔曰廷尉為天下平而年來法寺惟事旬白探大臣旨意輕重其罪致民無所措手足玩文弄法莫此為甚比恐尚爾任情亟罷舊吏所冀端方之士詳嚴審覆一切以法而不以心俾無冤濫副朕丁寧之諭　二十六年十月二日少卿楊揆請刊手詔置於本寺從之　二十六年正月二十八日執政進呈劉嶸何溥楊邦弼擬除大理寺官上曰理寺都無出身官正宜參用士人於是嶸除大理正溥邦弼除大理寺丞　九月二十七日上諭宰臣沈該等曰大理寺人命所繫近聞吏人多計爲受賕深為不便舊來京師最是棘寺知法不敢作過不知今日請給比京師如何若祿薄須量增其數然後可以責其守法蓋緣重祿有犯其罪不輕該等奏今日吏祿比京師曾增添上曰不然此間物貴雖已增俸未必足用可更令有司相度量增　已而戶部言欲據見請十分為率量增二分從之　十月一日大理少卿楊揆奏檢准一司勑諸刑名疑慮及情法不稱並奏裁事若重密仍許上殿乞自今後遇本司有重密公事許依前件條制上殿陳奏從之　二十七年四月二十五日詔六曹寺監正名貼司大理寺右治獄抽差正名貼司到寺及補正並及七年許比換副尉其應舉引

卷一萬三千七百三十五

六曹寺監批換去處依此。先是及三年比換，至是以爲太優，故改之。十月四日，詔：「近累有官員雪訴寃抑，多是元係大理寺勘斷，具本寺官觀望挾情，已行罷黜。所有舊吏顯有妨礙，將大理寺右治獄人吏當出職人目下解罷，與注授差遣。其已有差遣人，並限十日前去外州縣待闕。外有原係大理寺右治獄人吏已出職而在行在其他官司充役者，準此。」從刑部侍郎徐林等請也。二十九年四月六日，詔大理評事賈選等四人來吏外任，並與補外，仍自今雖係試中，必須歷任方得除授。從侍御史朱倬請也。三十年四月十八日，詔大理寺般押推司請授比承勘推司減三分之一，仍展二年

卷一萬三千七百三十五

方補副尉。少卿張運言：「本寺推司係承勘重密公事，所以優支請受，到寺三年即補副尉。內有般押推司六名，止是抄寫文字及賫已勘就案款呈押，難以一例。」故有是命。二十四日，詔大理寺治獄合置檢法使臣一員，許本寺踏逐外路州軍曾充法司出職補攝諸州助教名目人充，候到寺滿二年，依推法司人吏體例，通理入仕遷補以來至年勞補攝助教及八年以上，與補進武副尉酬賞。從少卿張運之請也。五月一日，詔刑部進擬案并大理寺奏治獄法司守分，令後遇闕，許刑部并六曹寺監正貼司以上并大理寺左斷刑法司本司貼司以上，各令所屬保明無過犯守行止之人，並依三

衙人吏係法春秋附試，候試到合格人姓名，關送所屬收補。內進擬案主事遇闕，將本案試到人依名次遷。先是，刑寺胥吏有闕，例是長貳臨期差官量試收補，或抽差填闕。至是臣僚有請，從之。七月十一日，詔大理寺官拘催贓罰錢，比附諸州知通拘收無額錢，每年催到一萬貫以上，少卿減一年磨勘，至四年止；干管庫文簿官減半年磨勘，至二年止。不及一萬貫，吏不推賞。日後措置拘收，並撥納激賞庫，別項椿管。先是，大理寺贓罰錢准紹興六年指揮，令每月起發庫送納，而積年所入無幾，率皆失陷。大理少卿張運到任不半年間，拘催贓罰錢二十萬緡，於是少卿減四年磨勘，

卷一萬三千七百三十五

干預管庫文簿官減二年磨勘，非首尾干預官以錢數紐計推賞，因有是命。紹興三十二年孝宗即位未改元。十一月二十四日，詔大理寺職事減一年出官，該遇皇帝登寶位也。孝宗隆興元年七月二十六日，詔大理寺係刑獄之地，可依令來所置員數。從右諫議大夫王大寶等議也。八月三日，大理寺狀：「依指揮條具并省吏額：左斷刑見管人吏胥長一名，胥史三人，胥佐二十人，貼書六人，楷書一十三人，令已減胥佐三人，貼書二人，楷書二人，已上共減七人。右治獄見管吏額前司胥史一名，胥佐并正貼書共十六名，令減胥佐二人，貼書一名；左右推胥史二人并胥佐貼書共十八人，令減

貼書二人已上共減五人乞候有闕日依名次補填詔依見在人且令依舊將來遇闕更不遷補 二年二月八日臣僚上言廷尉天下之平國朝以來知審刑院判大理寺各以儒臣為之所以重其選逮熙寧中始定刑法六場格式仍許進士就試元豐官制行而大理之官備自非更歷州縣諳練人情洞曉法意者未易居此竊見方今大理之官初官試中刑法多除評事自評事改秩即除寺丞繼而遷正遷郎雖卿少亦可以循次而進間以法意挍以民事或未兩盡由是推之雖試中刑法必待歷任然後除評事自評事改秩再歷外任然後除丞方為允當望詔大臣參酌立為成法使才格相當便

卷一萬三千七百三十五

於除授庶幾隸棘寺者法意人情無不通貫天下之獄舉得其平矣從之 閏十一月九日詔大理評事入八員為額 先是大理評事葉衍等言伏見評事之職檢斷天下獄案並係躬自節案親書斷語最為勞苦與其他差遣不同舊額評事十四員後來節次減作五員斷刑寺丞舊額六員又減作兩員雖各竭力盡心晝夜看詳書斷實以官數累減奏案益多檢斷不辦今來冬至詔書之後在寺合斷案狀二百餘道切慮有稽違之限乞行量復員數故有是命 十二月十二日大理寺申今年郊祀大禮依條合於受誓戒前一月除假故減元限之半起首排日斷絕本寺已申降指揮將合赴辦獄案

於今年十一月內盡行斷決了當今來郊祀大禮用獻歲上辛緣受誓戒日分在近無見在刑寺公案已入住斷條限即難以再行排日斷絕今欲將應見在寺並已斷上朝省未得指揮獄案住斷候赦依條限定斷施行從之 乾道元年五月二十四日詔法令禁姦理宜畫一比年以來旁緣出入引例為弊殊失刑政之中應今後犯罪者有司並據情理直引條法定斷更不奏裁內刑名有疑令刑部大理寺看詳指定聞奏永為常法仍行下諸路遵守施行其刑部大理寺引見用例冊令封鏁架閣更不引用仰刑部遍牒諸州大字出榜曉諭

二年六月十六日臣僚上言近日臣僚奏請近年所用

卷一萬三千七百三十五

法吏多是一時偶中科目於法意初非明習於人情又不通曉欲乞遇評事有闕許刑部長貳將銓試斷案曾中高等或曾任外任檢法官州郡刑獄官申朝廷遍行除授五月十一日奉旨依臣仰惟祖宗立法垂之萬世試中刑法官人方許踏逐入寺所以公天下之選以故大理寺左斷刑官雖有員闕不曾試中刑法之人終莫得而覬也今若將曾任州郡刑獄官便許申朝廷除授臣見怙權者或以勢得高貲者或以貨取私暱親黨容受請求紛紛籍籍莫之能遏甚非祖宗立法之意詔五月十一日所降指揮更不施行 十九日詔刑部大理寺應有州軍按發命官不曾經所司推勘體究之人亦

依監司新按命官事體並免約法施行 十一月十四日詔大理寺治獄貼書充推司一年通理正貼書年月日共七年比换斷刑胥長滿一年八箇月通入仕及二十五年許依條解發更不用下名約理從少卿劉敏求請也 十二月二日詔大理寺今後獄案到寺滿一百五十張為大案一百五十張以下為中案不滿二十張為小案斷議限並依 紹興二十一年八月十六日指揮主定日限內外路并右治獄大案斷議限三十日中案斷議限二十二日小案斷議限七日臨安府大案斷議限二十五日中案斷議限十二日小案斷議限七日以刑部狀都省白劄子理會斷案日限等送部看詳申

（卷一萬三千七百三十五）

尚書省本部下大理寺看詳據本寺專法一寺正須詳事司直為詳斷司少卿領寺丞為詳議司卿總之 一諸路奏到獄案滿二百張以上為大案斷限三十日二百張以下為中案斷限二十日議司各減半不滿十張為小案斷限七日議司三日并開封府御史臺申奏案狀如條大案斷限二十日議司減半如議中斷案限十日議司五日若小案斷限七日議司三日如斷上刑部等處再退下各減元限之半 紹興三十年十月四日尚書省劄子臨安府案狀權依開封府日限施行奉聖旨依紹興八年五月二日都省劄子大理寺獄案二百張以上為大案限四十五日二百張以下為中案限三十日不滿十張為小案限十日 欲大案權減十日并中案權減五日外其餘日限並減三分之一 紹興三十一年八月十六日勅刑部狀欲將大理寺大案更權減五日中案各權減三日奉聖旨依 乾道三年五月十一日勅刑部侍郎方滋劄子大理寺左斷刑丞受獄案檢准程限尚寬今欲擬定下項外路及右治獄大案元限三十等令減作二十日二百張以上中案元限二十二日令減作十四日二百張以下小案元限七日令減作三日十張以下臨安府大案元限二十五日令減作十六日二百張以上中案元限十二日令減作八日二百張以下小案元限十日令減作三日十張以上奉聖旨依寺官

（卷一萬三千七百三十五）

參詳白劄子陳請事理契勘本寺專發諸路奏到獄案滿二百張以上為大案斷議限四十五日二百張以下為中案斷議限三十日不滿十張為十案斷議限十日臨安府御史臺申奏案狀大案斷議限三十日中案斷議限十五日小案斷議限十日續承紹興八年五月二日并紹興三十一年八月十六日乾道二年五月十一日指揮節次裁減外見今外路及右治獄大案斷議限二十日中案斷議限十四日小案斷議限三日臨安府大案斷議限十六日中案斷議限八日小案斷議限三日緣本寺承受諸路并臨安府右治獄中奏到案狀並係斷議官躬親書斷若依乾道二年五月十一日指揮

所減日限委是大窄切慮趂辦不前卻致遲延令看詳欲依白劄子所乞事理故有是命　三年二月四日大理寺卿陳彌作言臣供職之日臨安府廂界解到犯私鹽二十斤次日推司解到欠粮綢錢人五日一限並無送納又解到殿前司軍人爭鬬公事臣為之驚駭夫天子之獄尊嚴如天乃令使按牒押到有司縣道虧損國威莫此為甚欲乞日後有涉情理巨蠹及經州縣推勘翻異者方許取旨送下其餘並照祖宗條法施行上曰極好軍人相爭送寺此是楊存中私意必是當時軍人犯罪臨安府不得理者遂為此例令除去甚上云天獄須是嚴肅卿所奏頗得體可依所奏　十七日陳彌

卷一萬三千七百三十五

作言檢准本寺勑諸流以下罪刑名疑慮及情法不稱並奏裁事若重密仍許上殿本寺雖已准前件指揮自來例須申省乞行敷奏恐致稽緩欲望遇有重密公事許依本寺專法徑乞上殿免致緩不及事從之　四年五月二日大理少卿周自强言右治獄有都轄一名通管兩推元係本寺踏逐指差今來都轄胥介年滿見行發遣赴部照對本寺兩推共管推司八名專行推鞫又有職級二名專一總轄所有都轄一名委實無用欲行減罷從之　五年正月二十八日刑部看詳臣僚所乞自今後如監司郡守委官體究公事如中勘到案狀到寺若見得體究不實即令刑寺將元體究官於案後收

坐施行如得允當即乞行下刑寺遵下施行從之　四月二十七日詔大理寺復置主簿一員以起居舍人胡元質請也　六年七月二十八日考功員外郎兼權大理少卿韓彥古言本寺專法推吏被差到寺三年通入仕及八年不曾犯贓私罪及無出入人罪與補武進副尉如推鞫慣熟謹畏得力許選流再一任三年與減六半磨勘及有官人即理合入資任竊詳立法之意欲令胥吏希覬酬賞人知顧藉今來損減酬賞並三年一替不許再留不惟有失祖宗立法之意深恐天獄推吏更易頻併不知事體愈無顧忌與其損賞不若嚴罰令後大理寺推吏酬賞理任欲乞並依祖宗舊法如於獄事

卷一萬三千七百三十五

受財不以赦降原減自首官當及不得用已斷罪名併計如犯枉法仍籍沒家財并乞立為本寺專法庶幾獄吏清肅民以不冤從之　同日韓彥古言大理寺提事使臣下家人院長多是違法存留自犯之人並出榜放散外乞依舊來畫降指揮下臨安府每季輪差使臣一員赴寺祗應所貴緩急不致闕誤從之　七年二月三日詔今後大理寺將應承受到斷案降旬休外餘并不理假故通作元限行遣仍令勑令所修立成法　三月七日詔令刑部將右治獄臨安府比元立案限並減半　刑部侍郎王柜等劄子契勘大理寺案限右治獄大案一百五十張以上三十日中案一百五十張以下二

十二日小案二十張以下七日臨安府案限依開封府法大案二十五日中案十二日小案七日近者准刑部關或批下急限約法或三兩日或半月或只令臨安府案又作急限案實緣刑部案狀下寺在路已經隔半日及付當斷評事看閱一兩遍方見犯情節付楷書節草再納評事評事草出刑名鋪引條貫却納寺丞正卿少逐處次第往回批難議定刑名却再付楷書謄錄淨本節案法狀中部緣有節次經由自非數日不能了辦如係大案紙數項目既多又非中案之比大則事干性命小則刑名差互利害非輕今來右治獄臨安府案不敢依元限欲　於元來案限減三分之一如此已是緊促

卷一萬三千七百三十五

乞將省部約法除事干急速不可稽留者取朝廷指揮外其餘急約法憑看詳乞量寬日限庶幾日力不至太促得以詳細免致差誤故有是命　四月七日詔今後諸處有合送大理寺公事並申取朝廷指揮其本寺見勘公事內有不應送寺者並移送臨安府　大理少卿崔縱劄子奏勘大理寺右治獄合專一承受內降朝旨重密公事及推究六曹寺監所轄庫務及內外諸司侵欺盜用官物及民間有冤抑事訴申朝廷許送本寺推治外其餘不應前項條法並乞免行送寺庶幾囹圄肅清事體嚴重故有是命　九年三月二十二日左諫議大夫姚憲言伏以大理號為天獄雖隸于刑部昨紹

興二十七年因臣僚有請乞刑部月輪長貳一員赴大理錄囚徒後來勅令所看詳只令取索公案點檢臣以謂凡其獄來上刑部長貳但視其長案而已不曾親慮問亦何緣知其安有冤濫獄囚果有冤抑亦何緣而伸訴是審問一節徒為文具欲望特降指揮凡大理寺禁囚每月令刑部長貳一員下寺親錄囚徒詔令刑部長貳郎官并監察御史每月通輪一員分作兩日往大理寺臨安府親錄囚徒仍具名件聞奏　六月三日臣僚劄子言廷尉乃天下持平之府也議定令莫不由之苟有缺失則姦吏得以舞文矣今內外有司州郡各有專降條法雖紹興二十三年間曾經取會因循磨滅散失

卷一萬三千七百三十五

見存無幾況取會之後經隔二十餘年逐處又有衝改續降不一自今遇有獄事施行取會或為詭隱文移往覆動涉旬月不無稽緩乞令刑部遍下諸路責令近日編類申發不許仍前滅裂候到於刑部大理寺各存一本以備擬斷從之　以上乾道會要淳熙元年六月四日臣僚言在法鞫獄錄問檢法而與罪人若于繫人有親嫌應避者自陳改差崇寧二年大理寺申請除有服親及曾經薦舉或有讎怨者許避外餘吏不避非所以別嫌遠疑欲將上項申請指揮更不施行從之　十二月二日詔大理寺推事兩使臣下量各存留守闕推事人五人準備追捕使喚遇推事人有闕依名次填補入額

從本寺請也。　三年五月七日，大理正李端友言：本寺左斷刑人吏未有禁入酒肆之文，乞依右治獄禁止。詔令勑令所立法。　十一月八日，刑部言：乞自今大理寺丞評事斷斷議刑名遇有差失，令本部置簿籍定，每歲正月比較，開具職位姓名，上都省取旨賞罰。如無差失，依條推賞；若該責罰，其當年減年磨勘更不推賞。從之。

五年十一月九日，詔：自今軍民相爭公事，除殿前、馬步軍司依已降旨送大理寺外，其餘諸司并將兵並令臨安府理斷。十年三月，復詔步軍司宣効與百姓相爭吏不送大理寺，令臨安府依條理斷。六月四月九日，詔般押諸司敗充承勘推司，並依分踏逐，即不得用職級

卷一萬三千七百三十五

以く下親戚充應。內貼書三名依舊存留，吏不撥減。推司吏不各人月添料錢三貫、米一石。　大理卿貴選言：本寺推司一十二名，內占四名充擮押推司，其承勘推司兩推各止四名，趁辦不及。乞將擮押推司四名依舊改作承勘推司，所有見役擮押推司聽其終滿，不許更行差人。又前司人吏係胥史一名、胥佐六名、貼書四名、守闕貼書四名，次第四名至胥史年滿補授出職，給與二十六年指揮，將正貼書一名、無請給守闕貼書四名減罷，合以胥史一名、胥佐六名、貼書三名為額。自今止有胥史一名、胥佐三名，闕胥佐三名，正貼書三名，緣無正貼書試胥佐，又無守闕人試正貼書，止係逐急差人承權，將

來胥佐遞趲為胥史，年滿出職之後，既無胥史繫書點檢，又無正名胥佐掌行文案，若一切差人承權，難以倚伏。乞於胥佐六名內減二名，正貼書三名內減一名，共減有請給胥佐貼書三名，却置無請給守闕貼書二名。遇胥史闕，胥佐試補；胥佐闕，正貼書試補；正貼書闕，守闕貼書試補。又推獄皆行重祿法，而月給止一十一貫五百文、米六斗，春冬並無綿絹。令乞月給錢四貫、米四斗，春冬衣絹二疋、綿五兩。故有是命。　九年二月十五日，大理卿潘謹珪言：本寺胥佐闕則貼司試補，職級闕則胥佐試補。近年多緣請託，徒有引試之名，曾無較藝之實。乞令本寺合就試補之人每歲附類試所收試，出

卷一萬三千七百三十五

題考校，將合格姓名闕報本寺，遇有闕日，依取中名次遷補。詔依見行條試補，嚴加幾察，務革前弊。　既而十年十二月十三日，勑令所删定官程宏圖言：刑部、大理寺胥史比來初無就試人，只自私名入役，及別司抽差遞趲，以至出職，未嘗曉法；而部中進擬案入吏多於寺中抽差。乞應刑部、大理寺在役與投名人吏而遇銓試，並令附試刑法，取合格者與趲一等遷補，以勸習法。仍乞禁止刑部不得於大理寺抽差人吏行案。上曰：諸司人吏皆試，大理寺如何不試？可令刑部看詳措置。

十二月十三日，詔吏部將承節郎杜文俊實歷月日內與展二年磨勘，更有似此之人依此。自今大理寺差到

推司法司胥佐滿三年無格內過犯通入仕試須實及六年與補守闕進武副尉以上中書門下省言政和都官格大理右治獄推司法司胥佐並為內外差到有出職人吏充者滿三年不曾犯私罪情重及贓罪無失出入徒以上罪通充差遣入仕試未及八年補守闕進武副尉及八年補進武副尉令來吏部奏鈔承節郎杜文俊磨勘事照得杜文俊初補及借補充係排岸司私名習學於紹興二十六年九月內大理寺抽差充本寺貼書後及一年差充推司滿三年通入仕實及四年令來引用本寺推司法滿三年通入仕未及八年補守闕武進副尉實為僥倖難以便行磨勘故有是命　十年五月十九日詔自今評事差除並依舊法　先是刑部尚書謝廓然言欲自令試中

卷一萬三千七百三十五

大法人先令經諸路憲司檢法官然後授以評事上日試法人便除評事太為僥冒從之已而大理少卿吳宗旦等言久闕評事兩員緣朝廷既按資格又選才望難乎其人今有儒林郎南安軍教授錢宇以進士擢第又應刑法已應資格雖未作檢法緣上件指揮乃是近日臣僚建請即非舊制上曰舊法如何王淮等對曰舊法試中刑法人未經外任不得除大理評事改除再歷外任方得除授遂除宇評事　十三年七月二十八日大理寺丞沈樞言今日省臺寺監百司局務各有專法昨因紹興十九年臣僚申請委刑部闕會行在應干官司前後被受立到專法抄錄全文編類成冊付之法司寺以

憑尋用自此至今幾四十年歲月寖久湮沒無傳本寺凡遇各司公吏等人有犯罪戾不過取會各司有無專一斷罪條法類多隱匿淹延不報致使有罪或得漏網乞下刑部關會省臺寺監諸百官司抄錄各法專法委官對讀取無隱漏申納刑部付下大理寺左斷刑厤幾凡遇送下勘到各司公事便可據法檢斷從之　九月四日詔大理寺左斷刑減胥佐一人楷書三人私名二人右治獄減貼書一人以司農少卿吳燠議減冗食下勑令所裁定故有是命　十月二日臣僚言伏覩淳熙五年指揮凡軍民因爭致訟徑送大理寺者每見軍民鬬訟率因醉酒或賭博聚戲至廂巡收領即解赴寺有司

卷一萬三千七百三十五

畧加對證曲直便可立判所謂齊民者隨所抵罪受杖而去若軍人則多有名目在法下班祇罪以上犯罪不論輕重必具案聞奏遂致拘繫動輒踰月方得結絕比之百姓即時釋放似於人情為甚偏乞今後每遇廂解公事有官資軍人所犯杖一百以下罪止令大理寺具事因申樞密院徑行決遣若徒罪以上方許依條奏裁從之　十二月三日詔今後得旨推勘公事內有干連人合先摘斷仰逐旋申取朝廷指揮　十四年正月二十九日朝散郎守大理少卿王溉言乞將治獄法司手分許從本寺久來專法於內外諸處踏逐精曉刑法人充應理賞施行從之　四月二十五日臣僚言祖宗成

法大理寺右治獄專一承受內降朝旨重叅公事近日
六曹寺監事無巨細雜然送寺多不取旨起於乾道七
年五月曾懷劄子稱六曹所行文字最關利害其間有
情弊合行根究事件若候申取朝廷指揮竊慮事致彰
露犯人東西乞先次送大理寺申朝廷照會自此百司
主以婚田末事驅磨細務數十為郡關留旬日更不取
旨乞令後令百司遵用祖宗成法六曹所行有關利害
犯人且送州縣寄禁候得旨續取上從之　十六年三
月四日詔廷尉天下之平日來官吏出入無時賓客日
有請囑泄漏之弊無以隔絕日後不得接見賓客雖假
日亦不得出謁如有稟白公事止申朝廷司直寺簿亦
卷一萬三千七百三十五
令就寺居止　十月五日詔大理寺官許休日出謁
十二月三日監察御史林大中言乾道七年四月聖旨
指揮令後諸處有合送大理寺公事並取朝旨指揮及
淳熙十四年四月臣僚劄子婚田末事驅磨細務不當
瀆擾天獄其六曹所行有關利害欲令取旨送寺其說
未為不當然去年有南藥局庫子張謹偷盜本局湯藥
太府寺牒解臨安府究治府司檢準在京通用令諸官
司事應推斷者送大理寺或於官物有犯者準此避將
張瑾押還近時六曹寺監庫務情弊稍多所轄之官重
於取旨欲送大理寺則礙指揮而不敢欲送臨安府及
兩屬縣則執通用令而不受臣以謂六曹寺監所轄如

職官二四之三八

有情弊各稟白具長貳酌量事理情輕重其輕者姑送府
縣其稍重者徑送大理寺其最重者取旨送寺重作施
行庶幾百司知懼姦弊戢詔遵依乾道七年四月七日
指揮其情理輕者送臨安府并兩屬縣施行　紹興〔熙〕元
年十一月二十八日中書舍人倪思等言臣僚奏凡令
天下之獄讞決論竟至大理寺而止宜於除用之制小
有更易謂如評事八員其四員既用試中刑法人則其
四員宜擇用改官歷知縣一任有政績人又臣僚奏大
理寺官宜參用儒者所差評事八員內以四員選有出
身曾任檢法滿三考有舉主無過犯人其四員仍舊差
試中刑法人並須曾歷評事兩任斷獄委無失錯然後
卷一萬三千七百三十五
序遷丞正奉旨今後有都司同共看詳臣等竊見四方
獄案來上聚於棘寺甚多若止用四員試刑法評事擬
斷卻應刀有不給照得寺官內有司直主簿各一員皆
無職事而斷絕例亦推賞今欲依舊存試刑法評事八
員外其司直主簿自今後選用有出身曾歷任人各以
兼評事繫御將見今評事八人已擬斷文字分作兩廳
與之點檢如所見無疑則於擬案內同御具申所屬或
有情誼未安則許述所見與長貳商量庶得情法兩盡
至若遷轉太速今欲非曾任司法若檢法官成資任人
雖曾試中刑法未得除授評事其已為評事者改官後
必有四考在內方許遷丞在外方許授通判如此則資

職官二四之三九

歷稍深不致大段趨蹴從之　二年正月九日臣僚大
理寺簿及司直既已令兼評事恭詣公案欲乞今後除
授大理寺簿須有出身曾作知縣之人所有司直亦必
有出身曾作縣令或司法檢法及獄官一任或試斷案
魁而經任人或通差改官已作邑人庶幾事體相稱不
失吏法之意從之　九月二十三日宰執進呈大理寺
見闕長貳留正奏斷刑卿少極難得人欲令侍從各薦
舉一二人上曰他輩號爲曉法反有失錯大抵用刑須
要原情情通法亦通法家多拘吏株公論擇人極是詔
大理寺左斷刑見闕長貳緣係掌斷諸路獄案去處事
務繁重不可時暫闕官令侍從於曾任卿監郎官內選

卷一萬三千七百三十五

差可爲斷刑長貳一二人限兩日聞奏　十月十六日
詔大理寺長貳遵依已降指揮申嚴禁止官屬非旬休
日不得出謁其外人無故輒入依法施行委御史臺常
切覺察　以監察御史何異論奏故有是命　光宗紹熙五
年七月十日詔大理寺官遇有奉使職事許令出入　以
大理少卿鄭湜言被旨充登寶位報金國使合赴都亭
驛閱習儀範等事故有是命　閏十月二十二日詔大理
寺推司抽差到寺不以在寺曾無僞勘或賂勘看定公
事並嚴作到寺五年推賞法司同其再任人與依舊法
舊法大理寺右治獄推司於內外抽差到寺滿三年
不曾犯私罪情重及贓罪無出入人徒以上罪遞入仕
公等補進武副尉未及八年遞入仕

須及六年補守闕進武副尉以臣僚有請近日獄事稀
少若與舊法一概推賞委是太濫下刑部看詳已得允
當故有是命　寧宗慶元元年十二月四日詔大理評
事舉主改官自依舊制紹熙三年馬大同奏請指揮內
刑部長貳通舉在外獄官一節更不施行　三年七月
二十七日臣僚言大理寺左斷刑天下奏案之所聚人
命死生刑名出入皆於此決一失其平是非訛舛生死
倒置寃濫可勝言哉竊見州郡勘鞫大辟公事除正犯
人外知證干連者又不知幾人自初勘以至圓結有經
涉一二年者比至奏案到寺定斷行下又須數月若係
川廣即往反動涉年歲每勘一大辟公事自始至末不

卷一萬三千七百三十五

下二三年方得斷遣今聞大理寺遇有發下獄案數日
塾併詳斷不及吏輩慮恐省部催促問難多是搜尋些
少不圓情節申乞取會便將名件銷落作已結絕之類
殊不知一經取會遠地往反又是一二年是致州郡刑
獄多有淹延盛夏隆冬飢寒疾疫囚繫者瘐死監留者
失業各民怨而傷和氣莫此爲甚竊見法寺斷獄自有
條限明降指揮令後大理寺遇有承受到獄案須管照
應條限定斷若大情未圓亦須指定中部委自郎官躬
親審究得委礙大情即立限取會若正係小節不圓於
大情別無相妨即下本寺限在三日內定斷同報其餘
圓小節從本寺一面取會續次行遣外有本寺斷上刑

部獄案其間有問難不完情節合退下寺重別看詳者
並限一日回申仍委御史臺不測取索本寺文簿點檢
若所斷獄案出違條限及不應取會而輒以小節不圓
申乞照會者並將當行人吏重斷甚者降名停勒隨所
犯輕重勘酌施行從之　四年十月三日大理司直富
琯言大理寺獄案乞令後從本寺於逐季仲月定日斷
絕從之　初琯有請下刑寺看詳云每歲分上下半年
兩次斷絕獄案并吏部舊來係春秋兩試鎖院前本寺
定日斷絕歲計四次後因吏部不曾秋試本寺亦不曾
斷絕自令每歲只係三次令琯奏請於逐季仲月立為
斷絕之制即係每歲仍舊四次斷決委得允當故從其

卷一萬三千七百三十五

請　五年五月六日詔大理評事改官人願作邑者與
堂除知縣如改官後已滿考願再留者雖至寺丞正亦
須滿考後方許授添差通判若改官未及考不曾任知
縣已任通判人須再歷差遣兩考及丞正已任知縣或
通判人方許差州郡以臣僚言乞評事改官之後必使
親民更迭注授知縣一次故有是命　嘉泰三年五月二
日臣僚言國家文武二科之外曰制科曰宏詞曰教官
應者不常間亦闕而不取至若科目有可為速化之首
爭趨競進初不深責其實已而倖入寖去又若甚略其
用而未免於取以空名者今之試刑法是也左右平之
置自漢以來號為緊官所以議獄而詳刑責任至不輕

也以是待文學法理之士而精其選焉今而歲必有試
雖立為通粗否之五等以定考校而適多粗少者取之
粗多否多者亦取之焉在其為選之精也既而入寺一
閱獄案茫如煙海始徒寺官之先進者而問津焉迨其
習熟汲汲外補視棘寺如傳舍以法律為假塗今日易
秩則明日請邑以行矣舊制任是官者率六七年官宿
其業則知所盡心矣欲乞將試中刑法人入為評事更已用舉主改秩必實歷二考方許注縣及作縣滿三考又入為評事
出送入畧亦相當評事之員不至取具臨時在位者亦
安於所職而無苟且之心循名責實不為無補從之
七月五日大理卿周珌言右治獄專以鞫治不法為職
左右兩獄所管推級十有四名專一承勘朝廷送下重

卷一萬三千七百三十五

密公事全藉諳練謹信可以倚仗之人庶免交通漏泄
之弊在職五年或八年則計其歲月推賞者副尉大則
補官立法之意蓋以責之者重故待之者優是豈可以
輕付不根之人以為僥倖之地哉舊法習內外官司踏
逐曹經推勘之人指名抽差比年以來妄意希賞之人
宛轉營求其間多是平時奔走使令之人又有曾經罪
罷亦復竄身其中其於推鞫全不諳習遇有公事束手
無能仰成他人僥倖歲滿推賞而去此何理哉欲令後
推司有闕從本寺踏逐外路州軍吏人年四十以上諳
曉推勘無過犯之人從本州及提刑司次第保明解發
前來執役其行在百司晉佐以上年及四十曾經被甚

推勘公事無過犯人亦許踏逐指差外其餘並不許抽差庶幾少革前弊不至虛費祿賞以養無用之人其有一界五年內不曾承過公事五件以上界滿更不推賞從之　既而戶部侍郎兼同詳定勑令官李諤言治獄推吏舊法三年無過與補副尉給照間展作五年續又要每名承過公事五件方得推賞緣棘寺有管推司一十二名似此則棘寺五年之內共有公事六十件方將應格比年以來刑清訟簡公事稀少吏輩為見難該推賞往往多以私計不便陳乞回州吏換不一過被抽差又多避免竊慮因此闕誤有所未便昨嘗據左右推司樓栱民等陳乞於五年上更添一二年通作六年或七

卷一萬三千七百三十五

年為滿不拘公事件數推賞使人有所希慕出職不至徒勞而無成也乞特從所乞施行詔令後推司到寺曾作六年理為界滿不拘承過公事件數照應舊法推賞內有在寺滿五年如本名下斷過公事五件即照紹熙五年十一月已降指揮推賞施行　八月十四日大理少卿張孝曾言竊見薦舉之弊亦已至矣獨棘寺選人改官之制尚存仕者以序相推至於遜避舉者知所當舉無所怵迫故凡為評事者惟知盡心職業而薦舉一事曾不以累其心近者臣僚有請欲通舉外路檢法官盡為薦員有餘而然吏部勘當偶遺有餘二字宗正寺改正故有是詔

職官二四之四四

宋會要　鴻臚寺

兩朝國史志鴻臚寺判寺事一人以朝官以上充凡四夷朝貢宴享送迎之事分隸於往來國信所都亭懷遠驛禮賓院本寺但掌祭祀朝會前資致仕蕃客進奉官僧道耆壽陪位享拜周六廟三陵公主妃主以下喪葬差官監護給其所用鹵簿文武官薨卒賻贈之事府史三人驅使官一人元豐改制事具載職官志　真宗景德四年閏五月命內殿崇班閤門祗候林文攝鴻臚卿館伴大食古城國進奉使　九月詔定諸葬賻贈體例事具詔葬賻贈　十月詔鴻臚寺凡有奏報並於通進司投下　大中祥符八年五月命供奉官閤門祗候史祐

卷一萬五千五百二十八

之稱鴻臚少卿接伴注輦國進奉人使　九月判鴻臚寺張復言請纂集大中祥符八年已後朝貢諸國繪畫其冠服采錄其風俗為大宗四夷述職圖上以表聖主之懷柔下以備史官之廣記從之　及復撰成止注輦一國而已真宗曰國朝以來四夷入貢久矣今此纂述太為滿略遂令本寺別加編錄而卒不及成　仁宗天聖九年正月十二日資政殿學士晏殊上言伏見古城龜茲沙州邛部川蠻入貢或絜家而至瞻望輿駕縱遊宮觀臣聞先朝曾有詔書凡四夷朝貢至京委館伴官詢其風俗別為圖錄茲詔廢格因循未舉望下有司按先朝故事施行從之　神宗正史職官志鴻臚寺卿從

職官二五之一

四品少御正六品丞正八品主簿從八品各一人掌賓客及凶儀之事凡諸蕃國使至則視其禮命之等授以館舍而頒其見辭宴設給賜之式於主典之官戒有司辦具有貢物則前期具數報四方館預備押當吏卒以進定崇義公封襲嵩慶懿陵廟則命官以時致享凡凶儀之節宗室以服大臣以品率辨其畏紀以詔贊臨葬送賻贈之制應中都道釋祠廟及籍帳除附之禁令皆隷屬焉分案三設吏九總都亭西驛同文館及管句所哲宗正史職官志都亭西驛掌河西蕃部同文館掌高麗使命各有管句所 禮賓院哲宗正史職官志掌回鶻吐蕃党項女真等國朝貢館設及互市譯語之事 懷遠驛哲宗正史職官志掌南蕃交州西蕃龜茲大石于闐甘沙宗哥等國〔大典〕卷萬三千三百二十八 提點寺務司哲宗正史職官志在京寺務司及提點所掌諸寺殿宇廟廡葺治之事 及建隆醴泉萬壽奉慈中太一集禧觀崇真資聖宮院提點所哲宗正史職官志中太一建隆等宮觀各置提點所掌殿宇齋宮器用儀物陳設錢幣之事 凡拾有三哲宗正史職官志所隸官司十二別出左右街僧錄司掌寺院僧尼帳籍及僧官補授之事傳法院掌譯經文餘並同前志 神宗熙寧元年二月都亭西驛所言夏國告哀人至奉詔延州及引伴使臣比常多差人編攔至驛常切覺察不得諸色人通接言語令差到巡宿人歇令盡日不歸營只在驛外至鋪照管遇夜巡警及令使臣長工在彼提舉今後準此從之 十二月十七日權發遣開封府判官專管句使院公事李孝孫言應僧尼道士女冠等合納官衣鉢錢物等並撥充寺務司送納相兼支用今後不許諸處陳乞侵奪從之 是月詔在京寺務司今後隸屬開封府只令使院判官管轄 二年正月十一日權發遣開封府判官專管句使院公事李孝孫言相國寺依舊許百姓出立課額入寺務司相兼支用委寔公私之利從之 三年五月二十九日新作來遠驛以舊馬軍都虞候公廨增葺為待蕃客之所 四年三月十九日詔廢印經院其經板付杭州令僧了然主持〔大典〕卷萬三千三百二十八 了然復因辭明年八月乃以付京顯聖寺聖壽禪院令主僧懷謹認印造流行 十二月十一日詔鴻臚寺所管式假獲葬賻贈朝拜仲享並令太常禮院行遣其押當即令四方館差人其寺差有職事臣僚兼判更不別置人吏 六年正月一日中書言欲以都亭驛隸都大提舉諸司庫務詔從之 八月三日詳定庫務利害所言禮賓院事務全少亦無支納每諸蕃進奉人至自專差官置局主領遂時販馬自押赴群牧司本院司縱有行遣寔亦文具因緣取賂以困遠人今令本院量度合用公人立為定額以增其請因事受錢者以近降河倉法坐之庶明其弊詔下三司施行 七年正月差入内

內侍省內東頭供奉官張士良兼勾當同文館　三月差賓善堂後行蘇士安相兼同文館主管官物行遣文字祗應　十一月十二日，客省言：懷遠驛有提舉汴河提岸竇翔在驛寓止，續有溪洞蠻人向仕旋等至，以一翔在即離驛，切謂朝廷館待四夷，不止於懷遠一驛，他處率無許容臣僚休舍之例，欲乞應本省所轄諸驛並不令臣僚安下。從之。　先是嘉祐中有余良肱安泊，後以為例，至是罷之。　八年閏四月十八日，詔：諸處不許指占都亭西驛三位舍屋，在驛官吏不得於見祗應行人處收買物色，占役工匠。　七月二日，詔寺務司差入內供奉官梁從政提點，今後更不屬開封府使院判官管轄，以一司不須隸兩處，從梁從政所請也。　二十三日，提點寺務司梁從政言：本司既不屬開封府使院判官管轄，即隸與不隸開封府及凡非寺務司所管出憑例，經由本司，止合從逐處主首三綱申開封府施行。詔寺務司依提舉十禪院體例施行，餘並從之。　九年四月四日，詔省罷禮賓院，監官與依併廢州縣條施行。十年十月十八日，入內內侍宗鼎臣等言：奉詔每五日一往同文館教閱招箭班殿侍，如有諸國進奉人在館，即權赴瓊林苑。本館言：近制不許指占，然時暫往就射課教閱，即非指占置局，乞自朝廷指揮。詔只於同文館教閱。　元豐元年十月三日，參知政事元絳參定傳法院新編法寶錄。　先是譯經僧日稱死，同譯僧慶詢等皆不能繼，乞罷譯場，仍詔令在院習學，續修寶元以後法寶錄，候有通達義理梵僧，依舊翻譯。　二年六月十十日，參知政事蔡確參定編修傳法院法寶錄。　三年十月九日，詳定官制所言：譯經僧官有授試光祿鴻臚卿、少卿者，今除散階已罷外，其帶試卿者，改賜譯經三藏大法師，試少卿者，改賜譯經三藏法師。詳見僧官門。

五年七月八日，詔譯經潤文並罷，自今令禮部尚書領之。廢譯經使司印。　哲宗元祐二年，詔提舉提點集禧醴泉等宮觀，除檢校官物，月押簿書外，餘並鴻臚寺專行，尋以過行幸一司，慮奉不能辦，罷之。　徽宗崇寧二年四月二十二日，講議司言：高麗貢舉方物，自過界沿路及應沿內外差官接伴管押儀衛供須賜與，及但干排辦事節，皆從管勾所檢勘依條格申所轄鴻臚寺，其本寺不以事體大小，只繫說判，無條例，皆不與奪，只謄申主客而已。欲乞今後高麗、夏國凡遇入貢，過界應干排備所須之事，並令管勾同文館所、都亭西驛所屬曹部施行，更不經由鴻臚寺。詔依元豐官制改正。　高宗建炎三年四月十三日，詔鴻臚寺併歸禮部。　紹興二十五年十月六日，詔左朝散郎朱敦儒除鴻臚少卿。是月二十三日，敦儒以臣僚言章依舊致仕，後不復置。

以上中興會要。乾道會要無此門。

客禮院

客禮院在歸德坊，掌蕃夷朝貢互市，以閤門祇候已上及三班、內侍二人
監。舊有蕃驛院，景德三年併入。又有監生料內侍二人，復有領回鶻吐蕃
党項女真南蠻蕃客通事各二人。真宗咸平元年十一月，詔蕃部進貢馬
請價錢外，所給馬絹茶每匹二斤，老弱駑馬一斤，令禮賓院每二千斤請
赴院置庫收管，當面給散。十二月，詔禮賓院買馬蕃部朝辭茶酒錢等于
祇候庫支賜。景德二年十月，詔禮賓院蕃部蠻人欲請生料者，折券則例
計數支與，取便飡食。大中祥符二年二月，詔禮賓院每蕃戎首長食畢，本

院官多不在彼條理，自今留官一員止宿。十一月，禮賓院言：回紇僧花䕶
貢奉赴闕，乞赴五臺山瞻禮。真宗曰：戎羯之人崇尚釋教，亦中國之利也，
可給資糧，聽其請。十二月，禮賓院言：西州進奉回紇使順與西南蕃人貢
櫻人鬪死，欲押赴開封府依蕃部例和斷收贖。從之。三年九月，詔禮
賓院進貢馬蕃部引到日，令翰林司賜茶酒。九年正月，集賢校理張師德
言：近奉詔館伴高麗使，所差伴宴及當直皆通上臣僚，未有定式，欲乞起
令外國人使到闕，先令有司詳酌儀式。從之。天禧三年三月，詔禮賓院今
後不得以外國人充通事。時有開封府民訟通事李宗本夏州子弟，被禮
賓院充小蕃通事，虛稱在京人，府移禮賓院，稱無條約，詔以樂果試禮賓院
原缺配海州牢城，因有是詔。五年三月，詔禮賓院自今累引鐵州軍蕃部原
缺見並上殿進呈奉目劄子，自今並令原缺門原缺。仁宗天聖八年十月，
詔禮賓院自今引見蕃部，止近上百人入見，餘于次院依例賜食酒。神宗
熙寧六年八月三日，詳定庫務利害所言：禮賓院事務全少，亦無支納。每
諸蕃進奉人至，自舉差官置局主領，遞時販馬，自有押馬群牧司、本院司
屬，縱有行遣，亦文具而鮮取給，以困遠人。今合本院並合用公人直為
定額，增其請給，因事受錢，有以近降河倉法坐之，庶絕其弊。詔下三司施
行。九年四月四日，詔省罷禮賓院，監官與依得嚴州舉條施行。

奉萬字六百六十九

十

全唐文

宋會要　寺務司

寺務司掌京城大寺殿宇廊舍補葺聽命於開封府以內侍一人提點三班一人監

全唐文

宋會要　課利司

課利司雍熙四年置掌京城諸寺邸店莊園課利之物聽命於三司以寺務司官兼掌　眞宗大中祥符六年十月詔寺務課利司掠房錢三司親事官自今後每一年一替若親事官輒敢請求占留其寺務司及三司並各勘罪嚴斷　英宗治平三年五月四日勾當府司檢校庫及點檢所許韋上寺務司收支錢物并有裁損及吏張事即詔開封府指揮寺務司施行　神宗熙寧元年十二月十七日權發遣開封府判官專管勾使院公事李孝孫言應僧尼道士女冠等合納官衣鉢錢物等並撥充寺務司令後隸屬開封府只令使院判官管轄

卷一千一百二十五

二年正月十一日權發遣開封府判官專管勾使院公事李孝孫言相國寺依舊許百姓出立課額入寺務司相兼支用委實公私之利從之　八年七月二日詔寺務司差入內供奉官梁從政提點今後更不屬開封府使院判官管轄以一司不須隸兩處從梁從政所請也七月二十三日提點寺務司梁從政言本司既不屬開封府使院判官管轄即隸與不隸開封府及尼非寺務司所管出公憑例經由本司正合從逐處主首三綱申開封府施行詔寺務司依提舉十禪院體例施行餘並從之　九年五月十四日提舉在京寺務司言大相

國寺泗州院近火發難即行撲滅緣僧院與寺庭間〔闊〕相接深爲未便乞拆僧院逼近之屋遠寺庭高築遮火墻從之

卷一千一百二十五

中興會要

同文館在延秋坊熙寧中剏置以待高麗國進奉人使舍宇二百七十八間看館執役者二十二人後減十二人神宗熙寧七年正月差入內內侍省內東頭供奉官張士良兼勾當同文館三月差資善堂從行蘇士安相兼本館主管官行遣文字祇應十年十月十八日入內內侍宋鼎臣言奉詔每五日一次往同文館教閱招箭班殿侍如有諸國進奉人在館即權赴瓊林苑本館言近制不許指占然時暫往彼就射垛教閱即非指占置局乞自朝廷指揮拓只於同文館教閱高宗建炎三年四月十三日詔主管同文館並罷紹興三年二月四日詔

卷一萬一千一百二十六

行在同文館改用法慧寺令盧知原與本路漕臣同共疾速計置應副修葺四月十五日詔同文館依舊存留先是高麗奏遣使進奉遂差官取接至是國信所申高麗進奉所牒一行到洪州洋內猛風打破舟船風信已禍恐日久不便抽差人兵官吏等並發遣歸元來去處即去審同文館所合與不合結罷故有是命

全唐文

宋會要　司農寺

司農寺掌供藉田九種及諸祀豕及蔬果明房油平糴
之事止以常恭官二人判寺事熙寧三年上以常平新
法付寺始重其任焉　兩朝國史志　司農寺判寺事
二人以兩制或朝官以上充主簿一人以選人充官制
行寺監不治外事司農寺舊制悉歸戶部右曹府史一
人驅使官四人常平案前行一人後行八人但掌藉田
九種大中小祀供豕及蔬果明房油平糴利農之事
卿一人秩從四品少卿一人秩從五品丞一人秩正八
品簿一人秩從八品設案有五並掌上中下界戶戶和

卷一萬三千七百三十九

糴場收糴米斛拘催諸州軍糴本錢銀並入糧馬料拘
催糧草綱運及排岸司事務內第五案仍兼知雜案開
拆司史額胥長一人胥史一人胥佐五人貼司三人
真宗咸平四年五月詔司農寺每歲祠祭用豬口肫胉
生肉令牛羊司別圈豢養須純黑無群計重三十斤以
下二十斤以上者充　景德三年正月詔御史知雜王
濟兼權判司農寺比部員外郎孫崇諫同權判崇諫本
官料錢支見錢每月賜添支錢七千時言事者以為古
有常平倉令請於京東西河北河東陝西江淮兩浙各
留上供錢寄付司農寺係帳三司不問出入委轉運司
每州舉幕職州縣官一人專主之價賤則加糴價貴則

減糶候及十年數有增即以元價還三司足以廣惠民
防備災沴詔三司集議請依所奏其河北河東陝西緣
邊州府更令轉運司詳可否以聞從之　仁宗嘉祐四
年二月詔以天下廣惠倉隸司農寺　英宗治平三年
六月詔司農寺置主簿一員　神宗正史職官志司農
寺卿從四品少卿正六品丞正八品主簿從八品各一
人實倉委積苑囿之事惟主簿專典簿書寺監亦如之
歲運糧至京都遣官檢視各色同前受而分納於倉廩
輸藁秸則戒所隸場閱而納之歲具封樁月具見存數
以聞給兵食則具樣進呈若因出納而受賄盜欺則取
揭其禁令聽人告雖會赦不宥有負失則計其虧數以

卷一萬三千七百三十九

報倉部凡苑囿游幸排比及薦享進御頒賜植藏之物
與造麴蘗給薪炭皆戒有司以時辦具總倉二十有四
哲宗正史職官志云總倉二十有五掌九穀廩藏之事以給官吏軍兵祿食之用凡綱運受納
及封樁支用斂以報司農草場十哲宗正史職官志云草場十有二掌京畿芻稭以給內外飼秣
四排岸司掌水運綱船送納雇直之事園苑四玉津瑞聖宜春瓊林掌種植蔬蒔以待供
進修飾亭宇以備遊幸宴設舊以常平廣惠倉隸司農寺而置提點
倉場司領中都儲積及官制行寺監不治外事遂循廩
典正其職秩分案六設吏十有八而下卸司掌受納綱運水
磨務掌水磑磨麥麴院掌造麴以供酒醞之用內柴炭庫掌儲薪炭以給宮城及宿
衛直班之賜予炭場掌儲炭以供百司隸焉神宗熙寧二年二月十六日
詔四園苑近已選差官提舉更不隸三司并提舉司仍

差權發遣三司鹽鐵判官張適宗同提舉 三月二十
六日詔今後諸處奏請擘畫常平廣惠倉錢斛並直司
農寺從本寺之請也 時有下三司關牒司農故寺司
以為言而有是旨 閏十一月十四日詔今後諸處逐
旬降雨雪更不聞奏並只於次旬內發狀申司農寺如
內有遲違者亦仰本寺催促常令齊足類聚投附準備
朝廷取索從看詳銀臺司文字所請也 三年正月二
十六日三司言提點倉場所勘會城南新置抽稅炭場
城南京西稅炭場共三場給納柴炭萬數浩瀚其監官
多差初叙班未曾歷任并高年昏昧有過犯或軍班并
押綱軍大將吏人等出職使臣致事不整齊欲乞逐場

卷一萬三千七百三十九

添差文官各一員與使臣同管自來每場合差使臣二
員乞減其一仍下審官院選差合入知縣或第二任資
序人其有舉主歷任無過犯若是軍班等出職不至年
高昏昧有舉主無過犯者亦聽仍截定年月立界交割
及比類見今諸倉界監官條例與理資任支破添給從
之 三月詔今月後四排岸司直屬三司管轄更不申
選公事趙提點倉場所從三司所請也 五月制置三
司條例司言常平新法宜付司農寺乞選官主判兼領
田役水利事乃命太子中允集賢校理呂惠卿同判司
農寺改祕書丞集賢校理先同判寺胡宗愈為兼判仍
候兩制有官可差即改差一員 六月詔司農寺具五

月中諸路所降雨澤聞奏自今後常切點檢察訪如有
旱澇特甚州軍具狀申奏 七日制置三司條例司言
開封府百姓納草兵士五千人所差數常不足蓋止以
逐年科納草數多少差撥緣輸納擁併全藉衆力挑撥
積疊方免住滯及不損壞官物欲乞刻剝裝卸兵士倉
草場剩員常以四千人為額如不足許差在京府界廂
禁軍候納及分數以次減放又請每正草場增朝臣使
臣各一員并舊為八員左右騏驥天駟監天廐等三草
場及進見監使草場各增京朝官一員同受納從之 七月十三日三司
言乞像奏舉司富東西排岸監官任滿得替並與家便
差遣詔東岸與先次指射家便差遣舊與堂除例更不

卷一萬三千七百三十九

施行其東岸右職滿舉合入親民大使臣充依文臣例
酬奬 八月三日詔司農寺置丞一人與主簿通為二
員仰本寺舉通判已下不係入川廣人充 以同判司
農寺呂惠卿奏司農寺新法兼領農田水利差役舉行
應接條目已多乞賜增置丞簿故也 二十七日詔近
令司農寺專主天下常平廣惠倉農田水利差役事今
後每歲終具下項事節聞奏如有未盡事理更增損指
揮天下常平廣惠倉見在錢斛若干數目夏秋青苗錢
散過若干數目合收若干斛斗已納若干未納若干倚
閣若干糶到諸色斛斗若干斗直若干出糶過若干都
收息錢若干賑貸過若干 天下水利興修過若干處所

役過若干人功若干兵功若干民功淤溉到田若干頃畝增到稅賦若干數目天下農田開闢到若干生荒地土增到若干稅賦天下差役更改過若干事件寬減得若干民力　九月二十五日三司詳定在京船般倉專副所由斗子書司守門人等如因倉事取受糧綱及請人錢物并應在京諸司係公之人因倉事取受專典斗級并因綱運事取受糧綱錢物並許贓不滿一百徒一年每一百加一等一千流二千里每一千加一等罪止流三千里所有共受分贓入已者併計所受坐罪仍分首從其引領過度并行用錢者於首罪下減二等已上決訖徒罪皆刺配五百里外牢城流罪皆刺配千里外

卷一萬三千七百三十九

牢城滿十千即受贓為首者刺配沙門島已上若計贓未受其取與引領過度人各減本罪一等為首者依上條刺配內合配沙門島者配廣南牢城仍許諸色人陳告犯人該徒賞錢百千流罪二百千配沙門島三百千若係公之人給賞外更轉一資其賞錢並先以官錢代支一面拘收受贓及元引領過度并行用錢人家財充填不足即與除破其元領過度及行用并受贓人亦許陳首依條免罪給賞從之　十一月制置三司條例司言都官員外郎劉昭遠等言竊見在京諸倉立界以來有百萬界與五大界兩法雖各有所便亦各不無所害其百萬界所便者木麥馬料各別立界無雜色分占廒

屋與虛增界數其不便者逐界斛斗散在諸倉官吏疲於奔走致給受不精其五大界所便者逐界倉廒附近官吏易為管勾其所不便者兼納雜色分占廒屋并虛增起界數今欲於百萬界去官吏之疲勞而取其人糧馬料之各異於五大界取倉分之附近而去其占廒增數之未便改立新五界法并舊條約束並詔三司依所定施行　十九日詔見在倉界官除朝廷擢用外不許諸處奏舉差遣　二十三日三司條例司言諸軍班所請月糧先已坐倉收糴近降指揮並支十斗慮元定價小欲自龍神衛及諸司每石等第增錢收糴從之　十二月六日詔支給軍糧並依近降指揮十斗足數卸納

卷一萬三千七百三十九

綱運亦仰兩平交量如違元量斗級並行科決每倉各置一石斛過盤量官物傾於其中比較免致高下其守諸倉斗子三百九十人今並是正身祗應逐月更不赴提舉所揉差只委下卸司依名次差撥既免虛占人數住滯綱運兼支破倉錢各得均濟如倉分輒敢虛關斛斗數目多索斗子即委下卸司點檢申本所勘斷干繫人等仍告示諸軍船及諸司如遇請糧並須隔日令逐指揮抱曆曹司赴合支倉分授下所請糧倉數目單子以憑約度抽索今後斗子人數其逐界更不得差斗子隔宿往逐營告報開倉只令合支界分預先關中殿前馬步軍司合支軍次令逐司一面差人告報開倉請領

日分　四年正月二十三日兵部員外郎兼侍御史知雜事鄧綰判司農寺　三月四日詔罷三司奏舉諸倉監門使臣止令三班院選未滿六十歲無贓罪使臣充其酬獎如奏舉例施行　四月十九日詔自今天下上雨雪狀逐月進繳以聞　六月四日詳定編修敕令所言刪定官周直孺狀竊見在京麴院自來酒户沽賣不常難及祖額累經更張未究利害推究其原在於麴數過多酒數亦因而多則價賤價賤則人户折其利爲今之法宜減其數增其價使酒有限而必售則人無耗折之苦而官額不虧矣請以一百八十萬斤爲足額遇閏年則添踏十五萬斤舊價每斤一百六十八文請增作二

（卷一萬三千七百三十九）

百文省舊法以八十五爲陌請並細計省錢使於出入舊額二百二十二萬斤約計錢三十七萬貫今額一百八十萬斤計錢三十六萬貫三年一閏十五萬斤計三萬貫又減小麥萬餘石及人工並不虧元額錢數況免賒麴户酒納收官錢任賃契書及公私費用不過每斤添至十文今用麴無餘官物無積況國初麴價二百文八十五陌太平興國六年始減五十并具到酒户情願事件令本所看詳直孺所請後更立合行條例以聞詔付麴院並依所定施行　八月四日三司言欲將京北排岸司權令京西排岸司兼行管勾所貴主轄得雜般舟船催驅卸納綱柱不敢住滯從之　十一月

二十八日司農寺言乞將諸廳賣到户絶田土錢從本司移助諸路常平糴從之　十二月十六日詔添置主簿一員令本寺舉官　五年四月二十五日中書門下言户房令欲立定應三炭場逐界監官文資使臣各一員今後並委審官東院三班院選差親民資序人充如無親民資序人許於第二任監當人內選差使臣每月添支錢十千當直剩員交侯本界納足日令提點倉場所保減一員只留守支並三年理爲一任五年以上理爲兩任其減罷人如及二年以上理一任京朝官仍與先次使臣免短使並近地差遣不及二年並與近地差遣仍理元到院月日從之　五月二十五日權三司度

（卷一萬三千七百三十九）

支副使沈起言在京三排岸司内京西京南事務甚簡只差文臣一員勾當唯東排岸司歲管糧綱般上供斛斗四百萬石及雜般綱運比之兩司最爲煩要自來舉差文武官各一員沿河勾當諸般公事尚輪一員出入近兼委斷押糧綱軍大將殿侍等杖罪以下公事則日有推鞫禁繫須藉曉文法之人乞今後京東排岸司所差武臣奏舉文臣一員同共勾當從之　七月十八日詔司農寺增置丞主簿四員仍自今輪出入按察逐州保甲　六年以司農寺所總事衆間遣屬官出視使諸路力有不給乃置勾當公事官以葉康直江衍時孝孫蔡默爲之　七年司農寺言所主行農田水利免役保

申之法而官吏推行多違法意及法措置未盡欲務諭官私人陳述官司違法從寺按察　二月勾當更置水碾磨事梅寧言所有工匠材料地步等若逐次舉申竊恐稽延難以集事乞許於將作監權指名抽差工匠并請撥材料詔將作監差人應副餘依所請　四月二十五日詔司農寺罷賖糶糶米令三司盡數轉輸河北路常平司以備賑濟　五月十五日詔司農寺主簿勾當公事官自今非有朝旨無得差出仍減四員令本寺具各存減員數以聞　九月一日詔應已興修水利宜令寺司置籍拘管如朝廷差官出外即仰申中書相度指揮所差官取索因便體訪如有不當即按聽以聞　八

《卷萬三千七百三十九》

年三月五日詔令後在京倉場所管任滿并成考合該批書印紙曆子只委提點倉場所一面勘會依條式批書　三月詔在京倉庫立界滿如勾當及二十箇月與理爲一任若不及卯與新界　剔別主界勾當　六月二十三日都提舉　司言城南并新置炭場自來受納石塘河綱　遣抽稅係提點倉場所管轄石塘河綱運　廢罷年計炭數納稅又從本司管認抽稅客炭與商稅事體一般合隸本司別無干係提點倉場所事節欲乞撥隸本司管轄監官仍令奏舉從之　九年四月十四日中書門下言廣濟河催遣輦運張士澄申準朝旨令依舊行運乞復置京北排岸司官一員

管勾從之仍令本司奏舉　二十九日詔諸在京府界倉庫所供月季年帳並於合滿後依限申省月季帳二十五日半年帳四十日年帳五十日如違限編敕倉庫申州法　六月二十四日判司農寺熊本言乞取索本寺一司敕式選官重行看詳修定詔只就本寺選屬官一員編修令熊本提舉　八月九日詔中書門下訪聞司農寺見出賣天下祠廟辱國黷神此爲甚者可速遍指揮更不施行其司農寺官吏下開封府問狀仍令自今司農寺市易司應改更條法創請事件可並進呈取進旨不得一面擬進行下　十二月四日詔自今司農寺置丞四員內丞一員通管三局餘三員并增主簿三

《卷一萬三千七百三十九》

員分管三局其勾當公事官並罷　二十六日詔自來逐年糧綱起運每五日一次具卸納到汴河糧斛數目申奏至住運日住奏自今廢罷之　十年二月二十七日詔司農寺丞及提舉常平倉官並選當歷知縣令考課優等人　四月十六日司農寺言勾當公事王覺同江南西路監司提舉司相度興國軍永興縣民每稅錢一出役錢一令減二分詔減五分　元豐元年正月十五日詔諸路州軍闕雨雪或雨雪過多委提舉司月一申中書畢令司農寺注籍　二十二日詔司農寺應常平存留一半錢穀糶糴數目每歲終類聚於次年春季點檢仍開具逐路以聞　二月二十五日詔諸城寨

堡鎮常平錢穀已給十日具數申司農寺歲終上都數
三月二十二日判司農寺蔡確言本寺典領新法事
務繁重非諸寺監之比官屬難以才選而並不別理資
任欲乞丞主簿並二年理一任別除差遣者須俟成任
遇有員闕際朝廷特差外丞選於主簿比轉運判官都
丞選於諸局丞比提點刑獄其資淺者差權與權發遣
詔候理正運判以上資序三年為一任仍令中書立法
五月二日司農寺言諸路鹽麥豐熟乞下提舉司以
積欠錢穀量直折納從之　七月十一日判司農寺蔡
確請令三局丞主簿不妨事兼刪修本寺條例從之
二十五日提點在京倉場所言在京諸倉有名額重疊

《卷一萬三千七百三十九》

者乞改易其延豐永濟廣積廣濟各第一倉依舊名外
欲以延豐第二為元豐倉永濟第二為永豐倉廣積南
倉為大盈倉廣濟倉為廣阜倉從之　九月七日詔自
今常平免役坊場等錢物諸處申奏得旨移用並送司
農寺　十一日司農寺請諸秋熟處民戶積欠常平免
役等錢穀三分以上聽重增錢折納從之　十四日司
農寺請自今以存留一半錢所糴糧斛別為一項更不
與常平舊管同法價從之　十月三日司農寺請自今
年八月降朝旨後諸路因行役法實用軍人請受比較
所代役人雇食等錢歲終具數申寺撥還從之　九日
詔司農寺令諸路提舉司應常平金帛並許變易如變

易不行絲綿從令依條變轉如市價賤即以本州逐色
元價以貴賤衮同紐計所虧不及一分並許出賣不得
抑配如出賣不售即具如何經畫申寺相度或充免充上
供錢數其餘物準此　十三日御史中丞判司農寺蔡
確言常平舊敕多已衝改免役等法案未編定今除合刪
修為敕外所定約束小者為令其名數式樣之類為式
乞以元豐司農敕令式為目從之　十二月十九日詔自
今司農寺除本寺官請受及吏人衣糧食鹽依舊三司
支給餘支本寺所管常平免役頭子蹙零等錢從判寺
蔡確請也　二年正月十四日詔司農寺市易於田水利
司封樁糧斛並兑換與河北糴便司更不許置　八月

《卷一萬三千七百三十九》

六日權發遣司農寺都丞吳雍言淮浙運歲豐稔數賤
乞借逐路積剩免役坊場錢就並河州縣鎮增糴杭米
常與別司倉儲兑換如向去價稍高兑充上供下司農
寺請如雍議先以常平所留之半并散下不盡錢充糴
本次以坊場免役餘錢坊場留半免役錢留二分從之
十九日上批局中見積司農錢可選官經制運至陝
西塞要郡封樁糴本遂命司農寺主簿李元輔往仍令
立耗折分數以聞　九月二十九日司農寺上元豐敕
令式十五卷詔行之　同日詔鬻官監場務買名錢依
舊入司農寺上元豐敕令式十五卷詔行之　同日詔
鬻官監場務買名錢依舊入司農寺　時三司言人

户買撲官監及非折酬衙前場務所增收錢並合入三司帳而司農寺以謂官鹽場務外皆是新法拘收錢不當入三司乞留以助募役兼歲入百萬緡於市易務封樁若失此錢恐不能繼爭辨久之乃從司農寺之請也 十二月二十三日詔諸路應發坊場錢百萬緡令司農寺分定逐路年額立限於內藏庫寄納 三年二月一日編司農寺敕成 四月三日詔兩浙路減罷耆户長壯丁坊正并撥逐支酬衙前度牒等錢百二十餘萬緡其變市金帛輸司農寺封樁從都丞吳雍請也 二十三日詔司農寺改更常平免役坊場等事有干大法者不得輒下相度並先奏取旨 六月五日詔司農寺

卷一萬三千七百三十九

移邊𨓜鎮城寨常平錢輸本州者聽民除步乘錢著為法 七月二十八日權發遣司農都丞吳雍言乞置局會天下役書刪除煩複支酬屬直比較輕重擬成式樣下逐路講求報應再加刪定從之 又言差官考存留者壯雇直等支酬衙前錢物計置驟之京師或移轉沿邊變易金穀詔提舉司限一季具數以聞 八月一日太常博士權發遣司農都丞吳雍言議定淮浙兩路役書減冗占千三百餘人裁省錢二十八萬四千九百餘緡會定歲用有寬剩錢一百四萬餘緡諸路役書多此類乞先自近京三兩路脩定下諸路依倣報應從之令吳雍與司農寺主判詳定 九月二十八日詔都大提

舉於田并官莊並隸司農寺 四年正月十八日詔遣司農寺主簿李元輔往蜀中經制見在司農錢變運出關至陝西沿邊要郡樁管其有起發物帛並於鳳翔府秦州等處樁管令本路提舉司拘收內有合行遷徙變轉即具措置事件及契勘折耗數目以聞 四月十八日都大提點在京倉場司言汴河糧綱歲運六百餘萬石及司農寺起發淮浙米四十餘萬石並於泗汴倉分納乞於萬盈廣衍兩倉增廒屋四百間詔遣開封府推官曾孝廉按視具圖以聞 同日詔權發遣三司度支副使兼措置河北糴便蹇周輔兼提舉江南西路廣南東路鹽事體量主行鹽事監司之不勝任者置兩局于

卷一萬三千七百三十九

司農寺 五月十九日詔成都府梓州利州路自今年常平積剩並坊場司農寺合起發錢歲自李元輔回日每季委提舉司易物帛赴陝西兩路提舉司重變轉於邊要州郡樁管 六月十一日判司農寺舒亶言司農寺前後積滯文字不惟本寺失於催舉兼諸路提舉司多是因循其提舉官已有條歲終分三等考校乞自今以提舉司承受本寺文字歲終以十分為率會計結絕件數從之 十五日又言伏見本寺除帳司外三局總十二案條丞四員主簿六員其逐局事有煩簡則官屬亦當裁減欲乞止置丞一員三局各置主簿一員餘並減罷詔從之令本寺主判官於見任官內選留或別舉

官　五年行官制寺監不治外事司農寺舊職務悉歸
户部右曹　七月二十八日詔進呈粮樣屬倉界自
令歸司農寺　六年二月二十七日都提舉汴河隄岸
司言丁字河水磨近為淺澁河開斷水口妨礙茶磨本
司相度通津門外汴河去自盟河咫尺自盟河下流入
淮於公私無害欲置水磨百般放退水入自盟河從之
七年三月五日司農少卿康正臣董說自言先提點
在京倉場首尾六年收出剩粮三十四萬石草二百五
十九萬束詔並賜紫章服　十月十一日尚書吏部言
經制吏運川陝路常平積剩錢所增息錢二百三十二
萬緡乞推恩詔李元輔遷兩官及史君俞張茂先俟改
官日各遷一官減二年磨勘劉何虞仲荀減磨勘年有
差　哲宗元祐二年三月六日詔粳米上中下麥料上
下諸界舊隸三司糶官其令户部奏辟著為令　三年
二月七日詔罷修金明池橋殿以時寒恤二徒也　五
月十六日詔司農寺置長貳　十一月四日三省言在
京堂差遣累有增改而吏部闕少官多令裁定排岸
司吏部差俸錢依在京分數從之　五年以本寺主簿
兼檢法　六年四月二十一日司農寺言請依太府寺
令官司不許抽差本寺人吏雖奏特旨及不許執奏留
亦聽執奏不發遣從之　八月復置提轄修倉所　至
紹聖元年三省言自復修倉所所修廒宇較未置以前

不甚相遠詔罷所置官屬事歸將作監　九月二十七日
户部言準敕復置水磨令踏逐到京索天源河指置修
立從之仍差右通直郎孫迥提舉　紹聖四年二月九
日司農寺言本寺事務繁多止有丞一員管勾不給其
主簿一員專管簿書檢法外別無分治事務欲乞減罷
主簿添差丞一員通管寺事令一員兼主簿職事一員
兼本寺給納從之　徽宗建中靖國元年四月十二日
户部言發運司乞真揚楚泗州排岸司今後依資次定
差准備人管押綱運若稱病患所屬官司看驗得實即
一面別差人權押其病患之人令隨元令得綱分將治
候痊安日即行交割管押所費今後不敢推免杜絕弊

卷一萬三千七百三十九

倖本部令相度欲依所申事理施行從之　崇寧五年
二月四日詔京西都水磨務監門小使臣一員係般置
去處令本轄官司相度將職事撥併如不闕事可以減
罷者罷其係增添到員數　大觀四年六月二十四日
詔委官於富國倉接字廒取到小麥樣共十四貼參比
六月七日拱聖第四指揮已請出小麥色額大段不同
蓋是合干人失於預行攪伴並不持平支遣理當懲戒
司農寺官各特降一官　政和五年八月十四日臣僚
言切見諸倉米麥一十八界合差正官三十六員今止
有一十三員而二十三員率皆權攝去年每倉又添差
監官一員到今一十七倉止有三員餘皆權攝官

諸

盡是得替待次之人緣干請而得爲時暫切祿之計其
於職事必不盡心若自今即除正官使人人盡心竭力
以本職則事可擧而弊可去矣詔米麥監官令司農寺
長貳疾速奏擧内監倉官九處令吏部速行差注　六
年閏正月二十二日權發遣兩浙路轉運副使應安道
言本路浙西諸州除杭州鎭江府已有專排岸兼管船
場公事外有常秀湖州平江府自來只是兵官兼管切
緣今來奉行直達法之初每年不下起發斛斗三十二
綱唯藉排岸官專一管幹津遣綱運并整葺舟船應副
裝發御前物色至多若令兵官兼管委是不得專一欲
乞逐州各專置排岸一員兼管船場公事仍從本司於
【卷一萬三千七百三十九】
文武臣内踏逐奏辟從之　宣和七年十二月二十一
日詔擷芳擷景園所並罷歸龍德太一宮專治所擷景
東園官吏人物並罷地歸京城所西園撥屬京城所地賜
鄭紳瓊林宜春苑並罷並依元豐官制歸所屬　欽宗
靖康元年二月六日詔比年以來京城拘收折毀居民
屋室甚衆至今無所安居應苑囿宮觀有可發與民者
三省樞密院速條具以聞　高宗建炎三年四月十三
日詔罷司農寺内本寺掌行諸倉支納諸路起到上供
糧斛諸草場交納稅草行下所屬倉界草場交納支遣
事物撥隸倉部　紹興三年十二月九日詔復置司農
寺丞二員　戶部條畫下禮部鑄造司農寺丞印仍乞以某

寺丞之印六字爲文一行發文字於本部用申狀於所
轄場務用貼一所轄庫務如點檢得有違慢事件申本
部施行一請給人從依大理寺正丞則例支破内親事
官招置一名一逐季取索所管庫務帳曆驗磨有無侵
欺失陷文狀保明申部一每丞下招置手分二名貼書
一名行遣文字請給並依宗正寺人吏支破一淮北倉
倉草料和糴場隸司農寺詔並從之　同日詔司農寺
丞每月將諸倉見在斛斗約度色額高下品定合支自
宰執已下至廂軍諸色人等月糧口食定樣供呈行下
糧料院并應辦禁中月俸節季粳米及申乞支給折變
錢數倉場給納和糴場收糴並行覷詣檢斛斗點檢及檢
【卷一萬三千七百三十九】
察稽滯違法糧斛草料綱運入門鬪隨事報寺丞催督
排岸司以下看步拘轄卸納撿察搜空曬驗濕潤估剝
虧欠　四年五月二十六日詔司農寺卿少各特復置
一員　七月二十七日詔復置司農寺倉部非併到司
農寺所行支納糧斛草料等事務并擬到手分等並依
舊歸本寺掌行祇應其餘應干合行事件令本寺遵依
舊制施行　七年七月二十五日尚書省勘會司三等
舊額職級手分共一十八人至頭名滿三年出官緣即
今裁減止一十人比舊少八人若依舊額人數年限出
職顯屬僥倖詔出職年限令敕令所重別看詳申尚書
省　敕令所看詳本寺舊額依政和五年二月六日指

二十三年宜空一格寫

揮主管官滿三年無遺闕通入仕及二十五年補承信郎昨因復置本寺見今人吏止有一十一人不及原額之數今來胥長雖已依舊年限出職理留滿展年限今欲將司農寺人吏遷補至胥長滿五年無遺闕通入仕及二十五年與補承信郎候將來事務依舊數足吏額日與依舊年限出職從之　十年十月詔司農寺復置主簿一員　二十三年六月五日詔江東西湖南北淮南路諸州軍今後起發米斛無違至下卸處差募文武官校副尉并未出官選人及不應差出官依見行酬賞指揮止各與三分內減一分　先是諸路依節次所降指揮押人已有等第推賞內除兩浙已是適中余路分舊

〔卷一萬三千七百三十九〕

立賞與稍優故有是命　十八日詔應倉庫交卸綱運折欠並即時具名色數目申解所屬見得有侵盜貿易之弊即送大理寺推治其過誤損失並押下元起綱處依法施行　先是止送排岸司監繫故有是命　二十六年十二月十九日詔司農寺胥長一名胥吏二名並依舊胥佐六人減一人貼司六人減二人私名二人並減罷（以裁定百司使額也）　孝宗隆興元年八月三日司農寺狀依指揮條具併省吏額見管胥長一名胥吏二人胥佐五人貼司四人今減貼司一人將年老胥佐焦通開落却令以次人依條試補詔見在人且令依舊制將遞闕更不遷補　二十三日詔司農寺併省主簿

一員見任人許終滿今任已差下人依省罷法從左諫議大夫王大寶等議也　二年閏十一月二十七日詔司農寺丞簿今後並依舊制　乾道三年二月十三日詔今後綱運有欠並從司農寺一面斷遣監綱如情犯深重事須推勘送大理寺反押綱官之人照應推究條法送大理寺推勘施行　三月八日司農少卿莫濟言行在省倉上中下界見管糧斛支遣米一百三十餘萬石敖屋並各盈滿見有兩浙江東起發綱運及收糴米斛則無敖眼盛貯竊見近降指揮罷大醫局契勘上件屋宇繫與省倉中界相隣兼通河步欲望撥副司農寺安頓米斛從之　八年八月二十二日詔司農寺日

〔卷一萬三千七百三十九〕

下差斛子五十人并合用斛斗於今月二十三日絶早赴豐儲倉伺候差官前去盤量　淳熙七年正月二十二日司農寺言本寺吏額一十八名今止一十一名內胥長一名胥史二名胥佐五名貼司三名乞於本寺見管貼司內陞二名推胥佐退下名闕許差人承撥從之　淳熙九年七月十九日詔差右司員外郎王公袞提領豐儲倉椿管米　既而八月三日公袞條具合行事件一事干財賦難以就用左右司印記乞下文思院鑄銅印一顆以題領豐儲倉所印七字為文一本所椿管米散在諸倉乞抽摘盤量的實數目令監官認數別廒封椿鎖閉提領官不時點檢非奉朝廷指揮不許支撥

別置赤曆提領官結押不許衮同司農寺收支經常米
數一曆收係一外州軍起到樁管米及糴到米合從司
農寺差官盤量交收訖據納到數目報本所樁管一諸
倉有樁管米處其監官監門官等遇考任滿所屬批書
外亦合於本所批書有無少欠一委官盤量米斛本所
別無所轄官屬欲於諸倉監官內差委隔倉盤量所有
盤量脚費於諸倉見管百陌錢內支破一臨安府諸門
并長安閘遇有州軍起發綱運米斛合具的實米數色
額押人姓名前來關報一本所行遣人吏欲於六曹寺
監等處踏逐指差職級一人主管文字一人貼司一人
於兩浙轉運司差撥能書算手分一人專一攢算驅磨

卷一萬三千七百三十九

並與理為在司在職月日仍各依元差來元處名次遷
補解發出官候事畢日發遣元來去處每日添破食錢
并行遣紙札等並依提領封樁庫已得指揮施行並從
之　慶元四年十月三日新權發遣泰州陳希點言竊
惟中外無事為國慮者當有從容暇豫之謀不當徇目
前迫切之計臣昨負丞農寺竊見一歲合用斛斗其數
不少除兩浙七州江東四州歲運米外其餘全仰兩浙
糴降本錢收糴軍人回糴及客人中糶米斛以為歲計
當淳熙初元州郡歲額錢共計一百六十八萬緡是時
年豐米錢楮幣方重錢無他用故不聞有迫蹙之患自
淳熙末年集議減免以寬州郡降為一百五十三萬慶

元初年復減衢州之額為一百五十一萬其間又有虛
額無錢及抵糴馬料等數其實糴米止一百四十萬餘
緡使歲得中熟州郡無欠猶可支吾近年以來乃日有
不足之慮諸倉約支不能泉月官吏惶惶每懼乏興至
於借撥樁積以救期限使窮匱闕乏之聲日聞于朝廷
是豈中外無事之時所宜有哉臣嘗迹其故致此蓋州
郡發錢雖號錢會中半而溫處台三郡水運不通盡用
楮幣通計諸郡三分中僅得一分見錢而見錢出門有
禁所糴客米並用官會支發年來弊輕折閱已甚浙西
出米之地僅得六百二三十文商旅以此細算暗增米
價是一百萬緡僅得八十萬緡之用自紹熙二年戶部

卷一萬三千七百三十九

歲於農寺借撥十萬緡前後通借已七十萬緡自慶元
改元每歲又撥二萬四千緡充趙開府供給其計七萬
二千緡雖公家之財皆為公家之用然指定之數不可
復削今乞劄下戶部應農寺錢物除糴米外今後歲借
錢十萬緡并請給錢二萬四千緡並不許借撥諸州每
歲發錢有欠及分數者乞至歲終倣戶部申明朝廷議
罰使州郡略知警畏以救失陷之弊庶幾國計猶可支
吾官吏得以任責從之　嘉定八年正月二十五日詔
司農太府寺承受使臣只從各寺踏逐戶部給帖放行
請受不理資任

提點倉草場所

在汴陽坊以閤門祗候以上二人充大中祥符中審刪置都大提舉官二員以朝官諸司使充九年省 真宗咸平五年二月詔提點草倉場官於本轄修倉指揮內差十人隨行指揮使 景德四年五月詔在京頭子錢庫令提點司兼管以勾押官充專知不須別差三司軍大將 大中祥符四年五月詔提點倉場如諸倉場送到公事罪人值夜權寄禁府司次日送三司 六年三月二日詔提點倉場所每年候東河起運一齊立粳米兩

界依例具合立倉分名額乞差京朝官使臣二人專副二人專知官即從省司下衙司定差副知令開封府依例差遣隨從監官分頭受納直至守給支遣滿底 十六日詔提點倉場所若綱運到岸諸倉驗斛斗深惡即時監綱官梢工擺曬乾壯元樣受納若有少欠欺弊即委本所勘罪科斷 五月詔倉草場監官押宿如的疾患不任事即預具公文報提點所勘會下次監官押宿如違科違制之罪若輪當押宿官過起居日權免朝參須平明方得開門所在粉壁曉示 八月六日詔諸倉斛斗每月委三司取樣定三等給粮每出納之時不得令斗子家人經紀百姓入倉貼量並須兩平量搴不

卷一萬九百四十 四六

得斛損官私仍令提點使臣覺察抽拔點檢如敢識覷送三司治罪常令入倉撥覘須飽數收貯支給者須逐敖滿底不得撥便多開敖眼如點檢見有畸零斛斗占敖妨卻即送三司進勘情罪諸色人不得於倉內經市軍糧許人糾告酬獎仰三司殿前馬步軍司曉示不得於倉內賣籌科違制之罪 十八日詔京諸倉占斗子一人草場差剩員一人於提點所祗候取索文字徼驅司勾當不得差承局節級 十二月詔太府寺給斛四百討提點倉場官火印後付諸倉附帳收管監官置歷收貯每支納旋給斛子事畢後收 七年五月詔監倉朝臣使臣自起納守支編底日委提點官具有無功過

報三司及奏方得發遣歸審官三班院　七月詔京常平倉令提點官依諸倉例鈐轄　八月詔京草場令監場使臣每日部領專副往還巡觀仍於監門置歷書押每五日一赴提點官通點押　八年正月以西上閤門使夏守贇都大提點倉草倉場先是守贇以崇儀使與閤門祇候劉承遜李居中同提點倉場至是遷秩故命並降之仍令承遜等每公事勝申守贇不得逕發　十一月詔在京倉草場如宣旨行三司使取索帳官見在數目即得實封供報自餘官員及提轄使臣取索不得供報如違當行極斷　九年六月以西上閤門使夏守贇都大提舉諸司庫務罷都大提點在京倉草場官上

卷一萬九百四十　四七

命使臣二員提點　天禧元年七月詔今後倉草場丈量官物滿底先具月日申三司於沿河諸倉未當支給界分監官內權差一員及於京東下卸司抽差兵級計會監門使臣子細搜檢如有隱藏未支官物即具數目申報勘本界監專所由之罪若搜檢得別無隱藏官物即具保明申報如搜檢鹵莽亦當勘罪先是左天廐倉院申滿底而主吏潛匿官物分而有之乃補得罪斷三司乞賜條約故有是命　仁宗天聖六年五月審刑院大理寺言權三司使范雍等言勘會近日諸界監官兩夜或四夜一次本場倉押宿至日多稱不安乞請假逐旋施行訖今來專副繳勘亦多不宿其監官無故不

宿自有違制之罪其專副不宿未有正條切緣倉場所管物浩瀚全籍監專押宿切慮今後專副輒更頭擾無故不宿乞下法司降下合斷刑名條貫寺司衆官參詳欲乞今後諸倉場專副不赴守宿亦依諸司庫務專副不宿於違制杖一百上定斷從之　七年三月三司言提點倉場所狀所管倉場庫務去處少日有給納糧草錢穀官物萬數浩瀚及四河卸納綱船乞日將領手分衙道自早至暮分頭往來照檢催驅發遣方免住滯全籍攢點得力手分行遣本司均押官年滿元舉條貫遞還歸省外所有守闕後行自來承例只於排岸司船般諸倉斛定人內抽取或招收百姓充填闕額兼抽取卸

卷一萬九百四十　四八

上件額內曹司逐處又須致重別招填名闕各是生疎人二年內方始稍諳行遣本所元額後行五人欲乞依三粮料院例於本司守仕人數內令逐手分委保在司年深諳會行遣無過犯者各一名給帖收充正名貼司如有後行名闕即於其中揀試充填闕額祇應令後更不於外處抽差者看司欲依本所擘畫擬定後行人數每人收補貼司一帖名候有後行名闕旅看司體例揀試書筭公事從之　嘉祐八年八月十二日倉場所言乞下三司等處將雜犯合配本城人配填裝卸指揮闕額人數詔三司開封府并京東京西陝西河東河北淮南轉運司將轄下雜犯合配本城罪人配填在京裝

卸指揮才候數足即止　九月詔自今提點倉草場臣寮每月詣倉點檢令依樣潔淨如稍違監官及提點臣寮坐罪諸軍班妄有退嫌不時請領及於倉場喧爭管押人從軍法從權御史中丞王疇之奏也疇奏欲前左右番長行等請糧以米與進樣不同乃不肯請自餘班直見此亦皆散去至翌日蒙詔三司支訖而朝廷兩不窮問故以謂宜為將來之防使倉場戒懼軍眾齊一以全威愛而銷驕慢不可蓋掩而已乃有是詔　英宗治平元年八月十七日三司言提點倉場薛仲孺等隔驀界分支請班直月糧有違條制詔罷仲孺等以提舉河北便糴李肅逸代之　神宗熙寧三年三月三司言都

卷一萬九百四十　四九

大提點倉場所言准條諸司庫務坊監場院倉場園苑如無杖印去處即申解赴省及合屬管轄去處內倉草場四排岸司蔡河上下等申送本所緣元不係管處轄遞處排岸司各自有杖印欲乞令直屬省處承所自來凡有公事遇在東排司寄禁一節事理具合仍舊所乞差撥兵士功役申取省司指揮施行欲依所請從之

八年三月五日詔今後在京倉場所官任滿并成考合該批書印紙歷子只委提點倉場所一面勘會依條式批書

全唐文

宋會要

四排岸司　東司在廣濟坊掌汴河東運江淮等路綱船輸納及糧運至京師分定諸倉交卸領廣濟裝卸役卒五指揮以備卸綱牽駕以京朝官二人勾當西司在順成坊領汴河上鏁以京朝官一人勾當裝卸指揮五伯二人南司在建寧坊領惠民河蔡河以京朝官一人勾當廣濟兩指揮一千人為額北司在崇慶坊建隆三年置領廣濟河以京朝官一人勾當廣濟一十五指揮元額七千五百人並在曹鄆濟等州并廣濟軍住營每年春初准催綱司差配上綱執役真宗景德四年五月

卷一千一百十四

詔京東排岸司自今糧綱到京下卸若梢工少欠應禁勘者即時點檢遞船家事交管在岸如該替者差人對曆交數仍具牒報泗州排岸　仁宗皇祐四年七月詔排岸司兵士日支三十丈其罷五日特支　神宗熙寧三年三月詔今後四排岸司直屬三司管轄更不申送公事赴提點倉場所從三司所奏也事具提點倉場所門七月十三日三司言乞條奏舉勾當東西排岸司監官任滿得替並與家便差遣詔東岸與先次指射家便差遣西岸與先次指射差遣舊與堂除例更不施行其東岸右職滿舉合入親民大使臣充依文臣例酬獎　四年八月四日三司言欲將京北排岸司權令京西排岸司就便

兼行管勾所貴主轄得雜般舟船催驅卸綱稍不敢住
滯從之　五年五月二十五日權三司度支副使沈起
言在京三排岸司內京南京西事務甚簡只差文臣一
員勾當唯東排岸司歲管糧綱般上供斛㪷四百萬石
及雜般綱運比之兩司最為煩要自來舉差文武各一
員緣河勾當諸般公事常輪一員出入近兼委斷押糧
綱軍大將殿侍等杖罪以下公事則日有推鞠禁繫須
籍曉文法之人乞今後京東排岸司所差武臣奏舉文
臣一員同共勾當從之　九年四月十三日中書門下
言廣濟河催遣輦運張士澄申准朝旨令依舊行運乞
復置京北排岸司官一員管勾從之仍令本司奏舉

卷一千一百十四

高宗建炎二年八月二日詔揚州排岸司人吏非所轄
官司等輒行追呼杖一百沿流在京排岸司依此以司
農卿黃鍔言車駕駐蹕揚州諸路起發赴行在下卸綱
運不少全藉排岸司官吏協力幹辦訪聞他司及權勢
之家以差船打河道為名妄亂追呼監繫致敗闕一司
職事乞立定斷罪刑名故也紹興三年十一月五日詔
臨安府排岸司添文官一員手分一名其闕從朝廷差
人綱運少欠本府撥散從官監追所有本司見管軍兵
內有諸處占破並仰日下拘收招填事干禁勘只就本
府刑獄施行以知府梁汝嘉請專置行在排岸司故也
四年九月二十二日詔今後綱運如作弊供申虛買

不實用情盜糶博易以他物或入水拌和損濕及納外
少欠糶填限外有礙所立分釐令排岸司並將犯人并
押綱申解大理寺根究依法施行如綱運所給日限未
滿未合申解大理寺間若有事干刑禁或杖罪以下並
依紹興三年已降指揮就臨安府施行從本司請也本
司言昨在京日諸路納到糧斛綱運少欠填納所欠一
分五釐以下並批發往元裝發州軍折會補發如少欠
一分五釐以上即排岸司依直達條法限十日監填納
如限滿填納所欠尚礙分釐申解大理寺根究致欠情
弊依本寺專法及海行條法斷罪故有是命　七年八
月二十二日詔行在建康府置文臣排岸司監官一員

卷一千一百十四

以行在排岸司為名依本府排岸司請給從行在勘給
二年為任仍許招置手分二人依行在省倉手分請給
推行倉法從戶部侍郎梁汝嘉之請也　八年七月二
十四日詔行在排岸司北[闕]在京日添置前行一名書
押文字依條遷補其請給依本司手分每月添錢三貫
文米貳㪷五勝仍招置貼司二名依南北倉攢司請給
遇職級手分有闕次第試補從監官右承務郎陳鼎之
請也　二十九年七月八日詔行在排岸司見監繫米
綱管押人并綱梢等見欠十石以下人日下蠲放三十
石以下令司農寺召責保知在出外填納　孝宗乾道
六年三月五日臣寮言行在排岸司有管下卸兵士一

百七十餘人專以諸倉卸納綱運爲名應綱運並係諸倉脚子自行卸納所謂下卸兵士正是借使諸處每遇諸倉支遣即來攙奪爭斛乘勢作弊欲乞盡行廢罷詔令步軍司拘收充填廂軍使喚如內有老疾不堪之人仰從本司開具姓名申尚書省　淳熙四年正月一日詔排岸司官依舊堂除（詳見時）十四年三月二十五日詔排岸司減罷汁一十五人廣濟兵士五人（以司農少卿吳煥議減冗食下敕令所定敕有是命）裁寧宗開禧三年七月四日臣僚言獄者人命所繫不可以私置也今農寺之排岸司亦有獄焉大率皆諸州縣之欠綱運而不納者亦有所欠甚微而禁至數月者且州縣之獄飲食季點慮囚濯溉醫藥各有其法令排岸司無獄之規法而有獄之桎梏況尋丈之地而聚百人之衆春夏之交人氣薰蒸必有死於非命者矣乞嚴禁不得擅置私獄凡有綱欠至多將合干人照條施行仍下元州縣補發其少欠者與責保立限監納如更牴頑則寄禁於赤縣照條懲戒或吏擅置私獄仰司農寺常切覺察以聞將排岸官吏重寘典憲從之

卷一千一百十四

全唐文

宋會要

下卸司　領裝卸五指揮以供具役京朝官一員監或倉界守給官兼管勾神宗熙寧三年十二月六日詔諸倉斛子三百九十人並正身祗候逐月更不赴提舉所探差只委下卸司依名次差撥既免虛占人數住滯綱運兼支破食錢各得均濟如倉分輒敢虛關斛斗數目多索斛子即委下卸司點檢申舉九年十二月二十六日詔自來逐年糧綱起運每五日一次具卸納到汴河糧斛數目申奏至住運日住奏自今廢罷之

卷一千一百十五

都麴院

都麴院在敦義坊掌造粗細一等麴給内酒坊及出鬻收直以京朝官諸司使副使或内侍二人充太宗至道三年三月詔麴院每斛麦收麴六斤四兩正數外有出剩亦須收附七月詔左右軍酒户如户下小博士脚店沽酒錢許麴院依舊例于諸廂寄留真宗咸平元年五月詔開封祥符兩縣去京五十里外村坊道店酒務並令依舊各隨縣分界至當屬不得一例停閉其郭橋遏士鎮酒務句當人等更敢放賣交引許人吏于京城

叁萬六千七百六十九

七

五十里内醞酒開沽侵占麴院課利其句當人等並科違制之罪四年十月詔麴院麴踏部役員僚依舊例不給食錢景德元年三月詔每年踏麴委麴院預奏別差高品一員與監官先將麦十石踏造對充樣候踏麴之時比驗如不緊寔專副人匠決停監官抵罪每踏麴時於逐教置牌書踏造年月新舊副監差呈職親事官二人孔門其賣麴官監官兩科平實不得對損官私如更情弊出官麴許人陳告嚴斷若賒秤者至年終與酒户姓名若干借錢若干史細帳申三司經定每旬收歷每日申三司狀每月秤麴帳或付麴院八月詔麴院自今據賒秤麴價會勘酒務家業抵當三五户連保與限本年内餘次年春麴須要錢足方秤新麴每年炒蕉作再差三司單將一人監以給到木札與監官同點檢畫料洪燒須匀赤色不得以生麦拌和以致麴不堪醞釀如祭數有剩收充速數無得侵欺仍令三司本判官至時巡覷如見麴慢勘逐施行聽閉故庫須監官躬親如不躬親許人陳告科責麴須依公均配愁碎每讀麴先分雅以牌子抽探以次支遣不得邀壓斤兩仍于排岸司差雜職一人公吏小可罪犯量情決罰三年四月詔麴院見數塵四十間充每年收麦倉別差監官二人掌鎖才畢交與本院當係四年六月詔踏造麴樣委監官看守呈三司令使劃

判官看守麴上給收充樣八月詔定磨麸麦料例功限功錢令麴院永為定制凡磨小麦四萬石用驢六百頭步磨三十盤每料磨五百碩四更勤磨未時磨絕從兵士四百二十八人十二日畢磨麦四萬碩收麸三百二十二萬七千三百九十二斤踏麴九十一萬六千六百三十五斤半又備雇百姓匠三人充作頭二十三人充拌和板頭脱蕉炒蕉六人充踏匠每年踏内酒坊法糯麴七萬四千三百四十二斤計用小麦二千一百六十五碩磨十盤三十一作收麸十四萬三百四十八斤合須鍛磨匠子八作司抽差大中祥符元年九月詔麴院踏麴乾日奏差内臣一人赴院秤取千斤別庫收掌封樣寔收出剩之數三年七月詔麴院每年給蘭席百領充鋪襯不得于酒户借撥　天聖七年五月提舉諸司庫務言點檢麴院每年造細麴使麦四萬碩本院不盡收麴數入官止以二百五十萬斤為額逐年雖收出剩又數目不等存下本院監官監轄秤量受磨麦三碩收到麩麴酌中取收少數比附顯見大有虧失麴額今欲別差官與麴院監官依舊司掌畫事理同共監權收變麴額從之十二月提舉司言欲將麴院見使麴模樣造大小薄厚一等三百三枚用火印記號以三枚分送三司提舉司付本院收掌充樣外三百枚赴作供使候造麴時先取麦三碩

叁萬六千七百六十九

八

依例令人匠對官炒煞踏造各以一碩送三司提舉司留本院收附如此立定程式至麴成日即見得都大寔收斤重萬數不致走縮侵欺易為點檢從之神宗熙寧四年六月四日詳定編修敕令式所言刪定官周直孺狀竊見在京麴院自來酒户沽賣不常難及祖額累經更張未究利害推究其原在于麴院過多酒數亦因而多多則價賤價賤則人户折其利為今之法宜減其數增其價使酒有限而必售則人無耗折之苦而官額不虧矣請以一百八十萬斤為定額遇閏年則添踏十五萬斤舊價每斤一百六十八文請增作二百文省舊法以八十五為陌請足經計省錢便于出入舊額二百二十二萬斤納錢三十七萬貫今額一百八十萬斤計錢三十六萬貫三年一閏十五萬斤計三萬貫文又減小麦萬餘碩及人功並不虧元額錢數况免賒麴酒户納少官錢備償契書及公私費用不過每斤添支十文今用麴無餘官物無積况國初麴價二百文八十五陌太平興國六年始減五十并其剩酒户情願事件令本所看詳直孺所請後更立合行條例以聞詔付麴院並依所定施行

全唐文

宋會要　太府寺

太府寺掌供祠祭香幣帨巾神位席造斗秤升尺以常參官一員判寺別置同判寺或同管勾當官一員領斗秤務監官二人以三班或內侍充　兩朝國史志太府寺判寺事一人以兩制或帶職朝官充同判寺一人以京朝官充凡財貨廩藏貿易四方貢賦百官俸秩令皆隸三司本寺但掌供祠祭香幣帨巾神位席及造斗秤升尺而已府史三人驅使官一人後行二人監斗秤務官二人以三班使臣充法物都知二人卿一人秩從四品少卿一人秩正六品丞三人秩正八品主簿一人秩

卷一萬二千七百三十三

從八品設案有七第一第二案掌批給官員請受文曆宗室孤遺錢米及諸司局所請給四糧審院隸焉第三第四案掌支買三省樞密院六部等處所須錢物雜買務雜賣場編估局打套局交引庫祇候庫隸焉第五第六案掌拘催左藏庫支納浙東等處起發入臨安府門綱運錢物逐路押綱官酬賞左藏東西庫隸焉藥案掌催促點檢雜買務收買藥材所和劑局修和湯藥應副諸局給賣和劑局雜買務藥材所隸焉又有監交案掌隨逐丞簿赴左藏庫監交看驗綱運錢物吏額胥長一人胥史二人胥佐一十七人貼司四人書狀司一人

太宗至道元年二月詔太府寺凡給諸色秤量並須監

官次第精緻較定明勒都料專監姓名或有輕重失中不合法則其本寺官并使臣等並劾以聞當重寘朝典　真宗大中祥符二年五月三司請下太府寺造一斤及五斤秤以便市肆所用從之六年十月詔太府寺今祠祭合用香並於內侍省請付行禮官十二月詔祠祭合用香令太府寺主之前一月具數牒翰林院差內侍一人與監修官修合仍勾本寺手分一人封印送寺封掌供用是月又詔太府寺給斛四百付提點倉場官火印後付諸倉　神宗正史職官志太府寺卿從四品少卿正六品丞一人丞正八品主簿從八品各二人掌財貨給納貿易之事凡貨賄輸京都者至則別而受之

卷一萬二千七百三十三

供君之用及待邊費則歸於內藏供國之用及待經費則歸於左藏應祿賜皆按法給曆令以曆從有司檢察書其名數鉤覆而後給焉供奉之物則承旨以進審奏得畫乃聽除之若須織內軍衣則前期定日遣將校部其營兵請踐月具支費之數以聞凡商賈之賦小賈即門征之大賈則輸於務貨有不售則平其價鬻於平準乘時賒貸以濟民用若質取於官則給用多寡各從其抵歲則以香茶鹽鈔募人入豆穀於邊州即京都用物有闕[闕]預報度支凡課入以盈虧定殿最行賞罰大祀晨祼則卿實幣奠玉則入陳玉帛太府舊領祠祭香幣帨巾位席造斛秤升尺而已及官名正職事　哲宗正史

職官志云所隸官司二十有四内汴河上下鏁蔡河上下鏁分四局又有交引庫掌給印出納交引錢鈔之事受財賦之入則歸左藏内藏庫　左藏庫受財賦之入以待邦國之經費供官吏軍兵廪禄賜予内藏庫掌受歲計之餘積以待邦國非常之用金玉良貨賄則歸奉宸庫（掌供奉内庭凡金玉寶良貨賄藏焉）御在賜予則歸祇候庫（掌受錢帛器皿衣服以備傳詔頒給及殿庭賜予）　蕃貢市舶香藥寶石則歸香藥庫　諸道所輸布則歸布庫（掌受諸道輸納之布辨其名器以待給用）江湖淮浙建劒茶則歸茶庫（以給翰林諸司及賞賚出鬻）　雜輸之物則歸雜物庫　致其名數以給禄賜則歸糧料院（掌以法式頒廩禄凡文武百官諸司諸軍俸料以券準給）復以法式鈎磨則歸專句司（掌當其給受之數以法式鈎磨）　商賈之賦則歸都商税務（掌京城商旅之算以輸于左藏）船栰之征則歸汴蔡河鏁時其貴賤以平百貨則歸市易上界（掌斂市之不售貨之滯於民用者乘時貿易以平百物之價）　飛錢給劵以通邊糴則歸市易下界　聽民質取以濟緩急則歸抵當所　散其積滯以藥拯病則歸熟藥所　民居官廬裁其僦直則歸店宅務（掌官屋及邸店計直出僦及修造繕完之事）　四家所利貨其不給則歸石炭場　免民行役官自和市則歸雜買務（掌和市百物凡宮禁官府所須以待供納）　作其餘帑以利公私則歸雜賣場（掌受内外帑餘之物計直以出貨或準折支用）　待凡官吏籍帳及出納刑賞之事皆隸焉　治平四年（神宗即位未改元）正月十七日三司言乞内藏庫錢三十萬緡助山陵支費從之　二月三司言乞

卷一萬一千七百三十三

銀三十萬兩準備支賜今内藏庫除依嘉祐八年所支銀外更支與銀五萬兩　九月三司言左右廂店宅務見管廊屋子合盡拆去今後更不令修蓋乞令街道司常切覺察兩廂店宅務今後不得將街坊白地出賃及復令人搭蓋廊棚屋子妨礙車馬過往如稍違犯申乞根勘從之　神宗熙寧元年二月三司言祇候庫近遺失官物官吏劾罪緣本庫每日支出物色赴軍頭司閤門等處準備對御取索支賜全藉監官得力乞減罷内臣一員從提舉司三司輪舉京朝官使臣及令入内内侍省選差曾經庫務句當内臣各一員其監門透漏亦乞下三班院差人衙替從之　七月十三日提舉在京諸司庫務王珪等言左藏庫自來匹帛與金銀錢等分庫各有專副人員等惟是監官四員通管日輪一員在金銀錢帛庫支納既更互不定則容公人等乘間生弊乞將南北兩庫添差文資一員各令監官内南庫文資一使臣二北庫文資使臣各一其新添官仍乞下三司提舉司輪舉其請給酬獎並依本庫舊例施行自今年十月立界所遣逐庫各得監官專一管句息絶欺弊監門即仍通管詔減一小使臣添文資朝臣餘並從之　十月十三日詔諸路轉運司自今三司支移上供錢帛並以聞以上批諸路歲輸内藏庫錢帛常不足咎在三司暗移用而轉運司不敢違雖已旨揮以慶曆中上供

卷一萬一千七百三十三

為永額可更嚴約束故也　十六日入內內侍省言奉宸庫珠子已鑽串結裹一十五等樣計二千三百四十三萬六千五百六十九顆詔入內內侍省候有因便勾當內臣附帶與河北沿邊安撫都監王臨就彼估價分擘與四榷場出賣或折博銀其錢糧別封樁準備買馬　十二月十三日詔內香藥庫監官專副得替收到出剩更不理為勞績但界內別無欠少及損惡官物帳籍憑由齊整未帳入省監官與先次指射合入差遣若有諸色人偷侵官物及點檢不得整齊或帳籍憑由積滯並差人交替候官物帳籍齊足監官方得與注監程差遣專副別與句當其監門使臣兩次搜獲偷盜官物與

〔卷一萬三千七百三十二〕

家便差遣三次以上與先次家便差遣如兩次透漏官物估價不及十千差人衝替若出入官物不畫時抄上及差互透漏估價十千以上不以度數並根勘以聞與降等遠地差遣又如係兩次透漏者候歸班日委三班院將衝替與降等地遠差遣比較從一重差使　二年正月十九日上宣諭曰近見內藏庫帳文具而已其財物出入全無關防先支能將珠子付榷貨務出賣徑數年不納價錢亦無拘收嘗聞太宗朝內藏財貨每千計用一牙錢記之每物所用錢異其色他人莫曉也貯於匣中置之御閣以參驗大帳中數晚年嘗出其錢以示真宗曰善保此足矣今守藏內臣皆不曉帳籍關防之

法當擇人領之即命勾當御藥院李舜舉代其不職者　三月十一日上曰近聞內藏庫奏外州有遣牙前一人專納金七錢者因言牙前傷農令制置三司條例司講求利害立法　九月三日詔令在京榷貨務封樁折斛錢內借支與在京府界縣分等收糴斛斗據糴到數充來年淮南發運司上供年額所借過錢即令發運司卻据錢數收買金銀紬帛送還本務以免歲計般輦不足也　六日制置三司條例司言乞令江淮等路發運司於六路諸雜上供錢內截留三二百萬貫令糴買上供之物其借過內藏庫錢及變轉過合係內藏庫年額物帛卻令發運司認數逐旋送納從之　二十六日上

〔卷一萬三千七百三十三〕

批內庫近年諸路所納金銀甚耗減蓋歲無入額故三司得以時有移易今若以諸路歲上供內庫金銀撥赴三司朝廷酌一中數令三司歲認送納內庫封樁如此為便其後復詔依舊悉輸內藏庫仍歲具一帳申三司拘催內庫錢帛案　二十七日詔三司旨揮諸路金銀數並納左藏庫逐年支金三百兩銀五十萬兩赴內藏庫永為年額　十月一日詔江淮發運司今後應截留內藏庫物移用即時具數關牒本庫照會是月詔江南等路提點銀坑冶司所轄金銀場冶收到金銀課利令後並依久例盡數入內藏庫委所屬州軍至次年春季起發赴庫交納及仰提點坑冶司每年據場冶申到所

收金銀細數攢寫為一帳申三司拘催內藏庫錢帛糸其拘催案據帳照勘訖翻錄下內庫庫簿抄上候年終納絕勾銷訖具狀以聞及申拘催案如過期綱運未至即申舉催促其他路分場冶不係江南等路提點坑冶司所轄者即仰本路提點刑獄司準此施行　三年三月十四日詔併在京甆器藥密兩庫入雜物庫留藥瓷庫官一員管勾雜物庫官別與合入差遣　十月二十五日三司言近乞舉權貨務監官文臣兩員使臣一員庫詔舉小使臣一員緣舊條舉大使臣勾當詔令後於大小使臣內通選奏舉　四年正月十二日出權貨務錢五十萬貫助糴陝西軍糧復以京東支與河北封樁

〔卷一萬三千六百三十三〕

紬絹三十萬疋錢十萬貫還權貨務　五月四日同勾當司錄司檢校庫吳安特言本庫檢校小兒財物月給錢歲給衣逮及長成或至罄竭非朝廷愛民本意乞將見寄金銀見錢依常平等倉例召人先入抵當請領出息以給元檢校人戶詔千貫已下並如所請施行　六月詔尚衣庫官物等併入內衣物庫仍改內衣物庫為尚衣庫吏據本庫所管御衣駕頭扇筤并應管諸般官物立便般赴內衣物庫　十一月十一日權發遣開封府推官晁端彥言雜供庫支貫浩大約九千餘貫已裁減三分之一乞下左藏庫借錢為本依古公廨錢及令檢校庫召人借錢出息卻候償剩撥還詔左藏庫支錢

七萬貫為本　十二月十一日詔太府寺所管神幣歸太常寺斛秤歸文思院　五年二月十七日三司奏準詔與內藏庫議自今撥鹽稅錢及歲別出錢六十萬赴左藏庫給用從之　同日內藏庫言勘會饒池江建等州逐年額鑄錢一百五萬貫并額外增剩錢久來並係內藏庫送納每年支撥并退錢六十萬貫并三年一次支南郊錢一百萬貫赴三司支用覷見往復欲乞下三司令後年額鑄錢一百五萬貫內支撥一十一萬六千六百六十六貫六百六十七文并饒池江建州錢監鑄到額外剩錢並赴本庫送納外餘錢并令左藏庫受納更不令本庫逐年退錢六十萬貫并每次南郊撥賞錢

〔卷一萬三千七百三十三〕

一百萬貫與三司仍乞減放兵士庫掐子節級共二十人歸左藏庫每日只輪差庫掐子三人赴庫祇應如遇諸處支納錢寶據合使人數逐旋於左藏庫計會勾喚從之　四月三日抵當所言在京人戶係屬司錄司乞令司錄司同共管勾催促本所錢從之　七月五日詔併權貨務入市易務將市易務作上界以權貨務作下界仍以東西務為名所有公人即將權貨務舊額并市易務新添人戶量行均定從提舉市易務所請也　二十三日詔給武學錢萬貫送檢校庫出息以供公用五年七月武學請收還本錢遂罷　十一月二十七日詔給國子監錢二萬貫送檢校庫出息以供公用　六年四月二十四日詔

給律學錢萬貫送檢校庫出息以供公用並從其請也　十二月十八日都水監言乞將本監錢一萬五千貫送抵當所出息供用從之　二十六日軍器監言乞將本監錢一萬九千餘貫依武學例送府司出息供用從之　二十七日詔市易司市利錢量留支用外十萬貫並抵送當所出息準備支充吏祿其抵當所令都提舉市易統轄罷勾當曹官一員卻置勾當公事二員專切檢校　七年正月七日知大名府韓絳言本路安撫司累歲封樁紬絹或致陳腐乞下轉運司用新紬絹或錢銀對易或依市易法令民入抵出息其餘經畧安撫司封樁物亦乞依此從之　七月十八日上批惠州阜民

（卷一萬三千七百三十三）

錢監治平四年置所鑄物（錢）內藏庫歲額止自前年以內藏庫歲額移撥與轉運司買銅令既有羨餘宜復歸內藏庫　十月二十六日三司使章惇乞借內藏庫錢五百萬緡令市易司選能幹之人分往四路入中算請鹽引及乘賤計置糴買詔借二百萬緡　十一月十一日詔諸河鏁鹽官年滿無違闕使臣陞一季名次選人免試家便差遣若課利增過祖額一分使臣仍減一年磨勘選人先次指射差遣過二分者使臣仍減二年磨勘選人循一資其有虧欠者依諸州課利場務法　十七日詔諸河鏁監官並舉三班使臣及選人不限資序已替在任人充如無可舉人即聞所屬準此選差有舉主

職官二七之九

十二月八日內藏庫乞令三司分二年償借過買鈔錢帛三百萬從之　八年二月十四日三司言前勾當在京雜賣場王頤乞廢罷本場及將內香藥西庫併歸雜賣場看詳內香藥西庫難以併罷外緣近準朝旨三司與市易務上界相通物貨上界已還過永豐倉廢屋倍多可以盛貯凡賣官物皆合撥入本務兩界諸處閑雜物色專有編估官員其合充官用者自今可令諸處請撥合充折支者亦合依茶布之類各就本庫務請領豈須更般赴雜賣場然後支給既置編估官（原本缺）後無復更似日前廣有積滯物色其雜賣場委實可以廢罷從之　二十四日詔布庫自常樂坊移置閶闔門外順城坊　五月省司契勘京東路淮陽軍徐州每年起發布共七萬疋上京除三千匹充軍裝外有六萬七千匹充折府界諸縣上三等人戶體量和買草魚勘會近準朝旨白馬管城韋城胙城新鄭五縣隸府界其添買草數所用布帛數多布庫自來將已前積留布數相添支使今來本庫別無準備布數年額數目支用不足乞行計度省司今將熙寧六年分支折過布數約度每年除舊數外更令要布五萬匹相添支俵人戶欵乞下京東東西路轉運司分認所轄下出產布帛州軍科買每年依數起發上京應副支用從之　二十五日都提舉市易司言乞借奉宸庫象牙犀角真珠直總二十萬緡於榷

職官二七之一〇

場交易至明年終償見錢從之　三月六日詔茶界復為茶庫　六月一日内藏庫言楚濠州運絹三千匹賣本庫歲納之數三司乞令寄納於左藏庫乞詔三司遵守條制毋下諸軍寄納上批係内庫路上供錢帛三司毋得別作名目移寄致虧年額　九月十九日内藏庫言池江州錢監自熙寧六年增鑄錢額多借給諸司歲輸不及額乞不許諸司借支遂州預具所鑄數聞報從之　二十六日詔司農寺歲支坊場錢二十萬緡都提舉市易司歲支息錢二十萬緡償内藏庫以内藏庫具元年以來諸司直借錢物以聞故也　十月十八日三司請自今廣南東路除留買銅鉛錫上供内藏庫錢外

卷一萬三千七百三十三

更於所鑄錢内發折二錢十萬緡赴内藏庫從之　二十三日復置雜賣場初三司請廢雜賣場中書戶房以為不便下三司而三司議與前異乃復置詔三司官上簿中書請出錢二百萬緡散在江淮等七路遇穀賤糴充年計外遇價貴亦許量減價糶從之　十年正月二十二日專勾司言乞下殿前馬步軍司管轄諸庫内賠逐抽差軍曹司一十人分番赴司相兼行遣抄寫文字詔令專勾司踏逐抽差軍曹司六人給與本營紙筆錢　三月八日詔自來布庫每日將鐵牌請鑰及本庫收鑰却將鐵牌於垂拱殿前窓子内進今後依在外諸庫官收掌更不於鑰匙庫請納　京師在外庫務鏁鑰並

監官監門收掌惟布庫相承於大内鑰匙庫請納至是編修内諸司勅文所以為請而罷之　元豐元年四月二十四日三司言大醫局熟藥所熙寧九年六月開局至十年六月收息錢二萬五千餘緡計倍息詔監官光祿寺丞程公孫殿直朱道濟減磨勘三年依條給賞自今二年一比較　二年六月九日權發遣三司使李承之等言文武官諸司人請受及外縣諸軍衣賜賞給先經專審司直批勘於粮料院令欲並令先赴粮料院批勘次送專審司驅磨從之合馬步軍兩院為一置兩專審司分領百官諸軍司請受　七月二十一日詔在京開封府界見封椿閤額諸軍請受可並送内藏庫別封椿

卷一萬三千七百三十三

十二月二十三日詔諸路應發坊場錢百萬緡令司農寺分定逐路年額立限於内藏庫寄納　三年三月二十四日都大提舉道洛通汴司宋用臣言近泗州置場堆垛商貨本司船承攬般載將欲至京乞以通津水門外順成倉為堆垛場從之是歲五月二十二日詔改都大提舉導洛通汴為汴河堤岸司　四年四月十九日詔茶場司條令中書別立抵當法　先是特旨令市易司罷除請官錢令民用金帛抵當公私便之故欲推廣其法也　八月七日後苑房廊所言取蔡河房廊屋并舊在騏驥院地修蓋寄囬蔡河賈人穀及堆垛六路百貨從之　十五日都大提舉汴河堤岸宋用臣言本

司沿汴及京城所房廊地並召人賦納官課紙紅花麻布酵行皆隸本所爲堆垛場令馮景拘攔賣紙及送紙行班文昌於開封府侵奪課額欲乞據本司以立逐行外餘令馮景拘攔所賣課額各辦詔八月已前已賃垛岸司及京城所房屋堆垛物在地者更不起遣餘毋得委拘攔掻擾行市　五年五月二十九日都提舉市易司賈青言市易既革去結保賒請之弊專以平準物價及金銀之類抵當誠爲良法乞推抵當法行之畿縣從之　七月二十三日詔諸門令商稅院統轄二十八日詔進呈衣樣舊屬左藏庫自今歸大府寺　十月二十六日詔給内藏庫錢百萬緡與熙河路尚書户部右曹

卷一萬三千七百三十三

錢百萬緡與鄜延路及令吴雍發陝西諸司及封樁錢三百萬緡分與環慶涇原秦鳳三路計置糧草十一月十五日新知湖州閻丘孝直言伏見在京置四抵當所計以金帛質當見錢月息一分欲望推行於諸路州縣其無市易官處就委場務官兼監以歲終得息多寡爲賞格　六年正月十九日太府寺抵當之法繞行於畿邑外邑殊未施行今欲乞許將諸路常平司市易賒借錢及寛剩錢五路各借十萬緡餘路各借五萬緡充抵當本錢從之　九月十九日詔應輸内藏庫金錢錢帛如出違本年或轉移他用論如擅支封樁錢法　十月三日詔自今幹當内藏庫内臣大使臣非朝廷差命不

奏辟差遣　十一月十六日開封府言據司録抵當免行所言熙寧十年始立年額其賞罰條約依三萬緡以上場務法自元豐元年至五年併增當立新額户部詳度欲酌中用元豐二年三萬九千七百緡爲新額從之　七年正月十九日詔奉宸庫選玉造磬從協律郎榮咨遣請也　四月十二日户部乞改市易下界依舊爲榷貨務其上界爲市易務從之　二十二日詔給鄜延路功賞左藏庫絹六萬元豐庫四萬　六月九日詔河東鄜延環慶路各發户馬二千匹河東路可就給本路鄜延路以永興軍等路環慶路以秦鳳等路其少數即以開封府界户馬如尚少内鄜延路仍以京西路坊郭

卷一萬三千七百三十三

户馬所發馬官買者給元價私買者三等上三十千中二十五千下二十千以解鹽司賣鹽錢阜財監應副市易錢先借支開封府界以左藏庫錢餘以本路錢專管句官開封府界委范峋河東范純粹秦鳳等路李察永興軍等路葉康直其買過户馬限三年　八月二十四日詔諸路提舉常平司存留一半見錢以二分爲市易抵當　八年七月二日詔諸鎮寨市易抵當並罷仍立法　哲宗元祐二年三月六日詔商稅院左藏南北庫中書省差官糧料院諸司諸軍專計司左右廂店宅務香藥庫北抵當所舊隸三司舉官其令户部奏辟著爲令　三年四月二日詔倉部審覆理欠憑由案及印發

鈔引事歸比部太府寺　五月十六日詔太府寺置長
貳餘寺監長貳丞簿　六月二十四日詔在京都商稅
院以天聖年所收歲課爲額　元祐初户部用五年併
增法立新額至是言者論之而有是詔　十一月四日
三省言在京堂除差遣累有增改而吏部闕少官乞令
裁定左藏庫商稅院中書省差　五年五月二十八日
户部言乞太府長貳每月各分巡轄下庫務一兩處點
檢簿曆官物見有無弊法改正事件申省即不得豫定
時日所點檢事卸有姦弊發露者點檢官本部奏劾詔
左藏南北庫榷貨務商稅院依此　九月二日户部言
請令大宗正司具合請主日支賜宗室及宗室女職任
卷一萬三千七百三十三
名稱并條所生月日及合給支賜條例關太府寺從之
二十五日户部言勘會請給糧料院審計司只得拖
曆批勘錢並聽太府寺旨揮仍令本寺指定依某年月
日條試合支名目則例月分姓名貫伯石斗錢數下所
屬糧審院勘驗批放如條無法式或雖有法式而事理
疑惑不能決者即申度支取決不得泛言依條施行逐
處亦不得承受已上違者徒二年仍不以赦降原減從
之　六年九月十二日詔自元祐六年每歲於內藏庫
支緡錢五十萬或以紬絹金銀相度支兑赴元豐庫樁
管補助沿邊軍須等支費　紹聖元年閏四月十二日
三省言京師疾疫詔太醫局熟藥所即其家診視給散

湯藥　五月十五日門下中書後省言左藏南北庫元
豐庫係元祐後來收入中書省差人欲復歸吏部差注
詔左藏南北庫元豐仍舊中書省差人　七月二十七日
侍御史來之邵監察御史劉拯等乞復免行錢法章惇
等奏曰行人多詣尚書省陳狀願出錢免行則民間固
使之願下開封府問行人之欲復者上曰須從民便不
願免行者勿强也又曰如寬剩錢亦何須取之朝廷安
待此以佐用耶詔差開封府司録參軍陳厚取問行人
願納錢免行即具舊條措置聞奏不得抑勒及收寬剩
毋過一分　十二月二十二日户部言開封府措置到
免行錢從之仍自明年正月一日爲始　二年八月二
卷一萬三千七百三十三
十七日詔今後指射諸司庫務吏人雖有特旨不許指
射糧句院名闕　三年四月十七日户部尚書蔡京言
香藥庫等處應出賣之物甚多欠責不售請給公據募
商人沿邊入中糧草赴户部等請從之　元符元年二
月五日户部言左右廂店宅務監官賞罰乞著爲令從
之　三月九日户部言乞令吏部選差熟藥所監官一
員從之　七月九日詔增置太府丞一員　二年二月
二日户部言河北東路提舉常平司奏乞將本路諸州
管下外鎮並依元豐舊法興置抵當從之　元符三年徽宗
即位未改元　五月十七日太府少卿貢種民言乞將户部右
曹太府寺市易案並改爲平準案所有市易務名亦合

依案名改為平準從之詳見市易上下界都提舉市易司崇寧元年八
月二十七日太府少卿鄧僅言竊見朝廷歲用金不少
每下諸路和買不免搔擾欲乞應内外拋當庫出限不
贖金更不估賣並赴元豐庫送納以備朝廷支用所有
抵當本錢如有闕少卻於内外户部右曹所隸封樁錢
内應副候金稍有餘即依舊估賣從之　十月六日户
部員外郎周彦質言熟藥所買諸色生藥令相度乞從
本所計度合要逐州軍所買藥中本部下逐處樁留上
供錢收買計置上京交納訖卻於本所錢内撥還仍委
提舉司常切催促其逐州軍遞年所收買熟藥若計置
本州土産藥材附押前來合本州計定元買價直并所

卷一萬三千七百三十三

費錢數具狀解發到所依數支還熟藥前去從之　二
年三月三日監榷貨務錢升等言朔添新法茶鹽文字
竊慮只用見使印一顆别有相妨轉見留滯令相度欲
乞下合屬去處添鑄印一顆以榷貨務茶鹽記六字為
名從之　五月九日吏部尚書何執中言太醫熟藥所
其惠甚大當推之天下凡有市易務置處外局以監官
兼領從之　十四日詔尚衣局合併尚衣庫入祗候庫
見任官併入祗候庫　是歲正月七日詔置六尚局以
尚衣庫所主事分釐為尚衣局故有是詔　十二月二
日講義司言解池未壞以前官給解鹽鈔募客人入納
粮草還以鈔鹽令解鹽未復其鈔尚循舊法給解鹽文

鈔客人齎赴京解池既無解鹽支還并河北文鈔賣與
在京交引鋪户乘時邀利賤價收買致緣邊入納艱阻
客人虧折財本浸壞鈔法合行措置乞依熙寧元豐置
買鈔所别以他物折博乞於榷貨務置買鈔所差榷貨
務監官二員别選差使臣或選人三員同共專一管勾
換易客人文鈔應客人賫到鈔並以末鹽鈔并東北一
分鹽鈔及度牒官告雜物等支換其合要吏人手分庫
子等令榷貨物那移差撥從之　三年五月七日中書
尚書省言榷貨務買鈔所自崇寧二年十二月四日奉
行新法後來至今年四月十九日終客人鋪户投下到
陝西河北文鈔換易過東南末鹽等共計錢五百一萬

卷一萬三千七百三十三

一千三百八十三貫四百一十五文詔監官並轉一官
内選人循兩資　四年六月二十三日榷貨務買鈔所
言奉旨交子並依舊法路分兼諸路通行其在京及京
畿行用等旨揮更不施行錢引依此印造諸路用錢引
四川依舊施行其已行交子漸次以錢引兑換官吏等
併歸買鈔所共為一局合用榷貨務買鈔所朱記所有
舊交子務銅朱記一面乞下少府監毁棄所有在京提
舉交子官印鑄印一十面令合改作提舉錢引之印六
字為文在京交子務交子記八字銅朱記一十面令改
作榷貨務買鈔所錢引記九字為文乞下本監改鑄降
下從之　十二月十九日詔左藏庫支收官物浩瀚非

諸庫務可比其專與專祿廪差厚從初置吏緣職役稍重致優互遞遷出職酬賞近日人吏等避見給納繁重寅緣求屬帶行本庫諸般請給及理為在司月日并滿界條遞遷出職酬獎却於營造處添給食錢攙設恩澤等充代小分軍司輕簡職役巧避繁難可速降旨揮恩在京納給官司有係額內重祿專典秤掐庫給見權抽差在諸處占使未經落籍者限旨揮到直行勾擺歸本庫務如官司輒敢占悋不即發遣及今後更有抽取並御史臺彈奏以聞　五年二月四日詔罷炭場添置受納軟炭小使臣雜買物置交易官同日詔監都茶庫選人一員監外香藥庫門小使臣一員南抵當所賣木炭小使臣一員係剏置本處令本轄寅司相度將職事撥併如不闕事可以減罷者罷其係增添到員數者罷

卷一萬三千七百三十三

同日詔在京增添抵當四所見係八所依舊併作四抵當所官吏罷　同日詔諸路抵當所可令提刑司相度戶口繁庶職事多處即存留餘令監當官兼管勾仍具狀聞奏　大觀二年七月九日臣僚言竊見推貨務算鈔以其職事所當為者較計積累以為功勞一歲之內率當五六遷人皆指目謂之僥倖誠不可以久行宜參酌裁為定制須其任滿考校功實量加遷陟庶合中道詔令後賜束帛或降勅書獎諭　三年三月十九日詔諸路會府依舊復置熟藥所仍差抵當庫監官兼管

藥材有闕即闕和劑局修合應副　四年六月三十日江南東路提舉常平司奏抵當庫出限不贖銀等承朝旨依抵當金法更不估賣赴大觀庫送納緣撿會起發金銀等更不分別高下色額窃慮因此致官吏等別有抵換乞告賞立法禁約戶部看詳今後所起發及團併處當職官吏躬親封押即當聲說係幾分金若干銀當具述山澤或雜白之類各若干匹帛即言州土長闊大尺斤重如此類有關防欲下京畿諸路提舉常平司依此詔依戶部所申　政和元年二月三日詔朝奉大夫黄仲淑管勾在京賣鈔場就推貨務置局承議郎張仲英管勾永興軍賣鈔場各以三年為任不許辭避如

卷一萬三千七百三十三

任滿推行有方別無遺闕即依推貨務元豐舊條推賞見任人別有差遣　三月一日詔諸路抵當出限不贖金銀珠子并有匹綾羅紬絹令起發赴大觀西庫送納其元當本錢却於本路諸司封樁錢內撥還　五月二日詔四川羨餘錢物依舊歸左藏庫　十一月二十日內藏庫言近年以來錢寶數少欲乞除河北川路匹帛并進奉絹依舊起發外其餘路分州軍合起年額紬絹自政和二年為始權行折變見錢起發赴庫樁管專一應奉取索從之　二年七月八日詔令後和劑局歲用藥材並先於在京官庫據見在數取撥如無及不足即前一年春季計度一歲所用之數招誘客人以出產堪

好材料令與賑前來申賣至年終買不足即據所闕數
令戶部下出產處以封樁錢和買限當年冬季以前附
綱起發到大觀庫送納牒本局據合用數取撥　二十
三日太僕寺丞李孝昌言竊見抵當所所當金銀自來
只是約秤分兩珠子亦不暇細數謂如當銀五十兩只作四十八九兩之類
出限入官赴他庫送納亦只以當時近重數為定更不
收係出剩之數卻應因緣偷盜欲乞今後抵當所出限
金銀珠子並仰當官重別點檢秤盤分兩數目其珠子
仍分大小色額收上文曆方得赴他處送納庶得關防
不致偷盜從之　三年二月十六日戶部尚書劉炳言
左藏庫錢用羅數多兩浙路係出羅路分乞令本路將

卷一萬三千七百三十三

合發夏稅細數計價比折堪好羅帛依上供條限起發
即無增虧從之　七月十五日陝西運判陳建言竊見
利州路文龍二州係緣邊州郡所管外鎮寨不少相去
州縣三二百里各有民居寨戶及商旅往還并他州縣
有外鎮相去州縣地遠致遇有疾病之人本處無醫藥
往往損失者衆乞應州縣外鎮寨有置官處並許於本
州縣取買熟藥出賣從之　四年四月十一日尚書
省言兩修合藥所五出賣藥所蓋本周官醫官救萬
民之疾苦今只以都城東壁西壁南壁北壁并商稅院
東出賣熟藥所名之甚非元創局惠民之意可令局事
不隸太醫所欲乞更兩修合藥所曰醫藥和劑局五出

賣藥所曰醫藥惠民局從之　五年正月二十三日詔
內藏庫每歲起諸路坊場錢一百萬貫文送納不如期
到庫可差左司郎官一員專一催促句銷月具揭貼進
呈仍自今來為始　六年戶部言舊左藏庫分南北兩
庫今來依國樣修建新庫係是西南東西修蓋兩庫仍
乞候了畢以東西庫為名從之　閏正月二十六日戶
部言京邑之大生齒繁衆薪炭之用民所甚急朝廷置
場出賣本以抑兼并而惠平民然畿內與京西北路歲
入之數以折計之者纔七十萬嚴冬祈寒有足慮者今
淮南與京東路提舉常平司歲用上供錢各售十五萬
以滿百萬之數從之　十月十八日開封尹王革言都

卷一萬三千七百三十三

下石炭私場之家並無停積竊慮下流官司阻節欲望
下提舉措置炭事所司今後沿流官司不得阻節邀攔
及抑勒炭船多行稽緩許客人經尚書省陳訴詔依敢
有阻節以違御筆論　宣和二年八月十七日詔比遣
官點檢榷貨務自重和元年十一月至宣和二年六月
一年之間珠子金銀匹帛錢物收支不明及違御筆支
用過見錢共踰千萬有司斂貫來上殊駭聞聽可特免
推治監官李適蹇經臣錢璞陳次收並除名勒停李適
展三期叙仍送千里外州軍編管差魏伯芻監榷貨務
日下供職　九月十八日左右司奏剗刷抄析官物并
編估局係管句結絕榷貨務殘零諸色舊鈔支等雜物

套事自宣和元年五月上旬算請五百貫計五套後來並無客人算請詔劄例抄鈔官物并編估局官吏並罷并歸推貨物管勾差文武官各一員管勾打套新法香藥并編估折鈔　三年三月三日提點内藏庫奏契勘諸路州軍應起務内藏錢物多不依條先具綱解遞報致妨注籍拘催若其管押人沿路或致疎虞本庫無由檢察乞今後諸路州軍應起發本庫錢帛寳貨並須依條先具綱解姓名數物支發月日入遞轉報提點所并本庫照合注籍庶可關防革去情弊兼恐沿路轉遞文移或致沉墜欲自支發綱運後於一月内節次三具綱解供報從之　十一月二十一日臣僚言太府寺丞須

卷一萬三千七百三十三

在元豐止有三員像至崇寧因太府少卿吴顯申明稱是添置出藥局凡有七所非有專一往來點檢之官恐無以幾察情弊置專行點檢七局寺丞一員中間朝廷嘗患冗員徒費廩祿遂行減罷繼而棲昇再申吴顯之請乃復添置如初今局廢已久其添置之官欲望減罷只令太府丞依做熙豐差官分隸點檢詔減罷依元豐法　七年四月十日中書省尚書省言京畿諸路抵當出限銀自來逐處一面鉟銷淨銀起發上京後色鉟銷只令來納庫務鉟銷淨銀檣管如此則抵當入户不許計嘱合干人將有銅錫銀盡赴官中抵當卻致虧損官本並未有約束關防詔令京畿并諸路常平司遍下所部

州軍有抵當庫官吏將限銀對元抵當錢本看驗鉟銷鋌銀依條起發如有虧損官中本息將元受抵當合干人除依條均陪外並斷杖八十今後入户到抵當銀並仰子細辨認色額高下定價取軟非理阻節不令典當者杖一百　十九日都省言講議司奏内降臣僚劄子及杭州裏外市户吴禧等狀乞納錢免行事看詳州縣行户立價定時旬價直令在任官下行買物蓋知物價低昂以防虧損貪暴之利冒法倚勢非理掻擾諸州公使庫尤甚至有少欠行人物價數千緡緡隔歲月不曾支還如金銀匹帛等行往往停閉店肆逃竄改業開封府自紹聖間復行元豐法令人户納免行錢公私便

卷一萬三千七百三十三

之今相度欲依所乞令兩浙路依杭州已降免行指揮立為永法諸路州縣依此其立定合納錢數務要輕於當行日陪費之數體做開封府見行條法立定拘催從之其後講議司條畫到下項一州縣行户自來多是備見官中掻擾無錢陪備致將鋪席停閉致有見闕行户今既罷供應合候逐行人户歸業依舊開張日依元降指揮斟中立定即不得先次審量立定行户名目出納錢數其四方商旅村户時暫將物色入市貨賣許與買人徑便交易行户不得障固如違依殭市法科罪一所立免行錢如日後復有增添户數或有銷折錢本改業不行開張人户若不隨元立定錢數紐計隨户增減恐

未得均當欲立以逐行元出錢隨戶增減如全行係十戶每戶出錢一貫十戶出錢十貫減二戶出錢八貫若增一戶出錢九貫若增及十一戶共出錢十一貫之類一州
縣行戶定時旬價直蓋欲令知物價低昂以防虧損及
折納折變破帳估贓之類自合依舊供申其歲計抛科
和買之物合本州置場比市價量添錢和買亦合遵依
見行條法一在京所收免行錢依法許收一分寬剩錢
支使令來外路係令封樁即合更收實剩錢數一令來
所納免行錢亦合依條省帑平給納法每貫收頭子錢
五文足既未有支用窠名合隨正錢封樁一令來行遣
拘催免行錢令州縣市令司戶案掌行量支食錢候推
行就緒令提刑司隨所收錢數多寡量行立定申取朝

卷一萬三千七百二十二

廷指揮施行一見任官員買飲食衣着之類不免於本
處行市收買雖名為不使時估只用市價然所買之物
或暗增斤兩或大量丈尺或純要上等之物行市既係
所部不無畏懼恐行戶依前受弊仰諸路監司廉訪使
臣常切覺察按治如違許人戶經詣尚書省越訴取旨
重行黜責一諸路除帥府及監司置司所在軍州已推
行外其餘州縣欲令提刑司一體推行仍依元降指揮
委官同本州縣知通令佐立定合納錢數保奏詔並依
內和買歲計上供等物如以貢餘及準備為名數外收
買者所剩坐贓論五月十九日詔講議司近措置免行
錢更不起發上京令逐路提點刑獄司拘收封樁每季

具數申尚書省　十二月二十一日詔已降處分州縣
行戶止令納免行錢其見任官合買物色令依在市實
直收買以寬民力訪聞州縣奉行弗虔尚用時估收買
顯見違戾可令諸路提刑司約束如違戾按劾以聞並
計贓以自盜論同日詔在京官私房錢並減二分　同
日罷都茶場依舊歸朝廷　欽宗靖康元年正月三日
詔方今軍興應內外官司局所除存留後苑作紙備道
君皇帝外其餘一切依熙豐法錢物並納左藏庫令三
省樞密院條具凡一百五處皆罷之　十八日詔罷諸
郡免行錢　三月二十三日內藏庫言本庫自太平興
國三年肇建至大中祥符四年御製御書立銘其貯積經

卷一萬三千七百三十三

費外餘財所以募士戍邊振乏周本皆有成法比年諸
路歲入坑冶金銀至為稀少檢準熙寧二年聖旨應江
南等路提點刑銅坑冶司所收金銀課利今後並依久例
盡數上供入本庫其他路場冶不係坑冶司所轄者仰
本路提點刑獄司依此施行元祐中戶部尚書李常乞
留三分充轉運司支費餘七分納內庫以此歲入漸致
虧減本庫曩曾具奏得旨依祖宗法後來有司不能体
置內府之意將合納諸路金銀作新舊坑冶分劈於木
觀東庫送納因此侵漁蠹耗及將應管金銀盡充金國
犒軍使用更無見在僅二百年收積一旦費竭誠恐緩
急有誤支用欲乞復依舊例將諸路坑冶金銀不分新

舊典廢並遵祖宗舊法赴内庫送納從之　四月十四日詔都城物價未平來者尚少入門豬羊及應干合稅物色並權更免稅一季　七月二十七日詔令後戶部太府寺長貳當職官幷本庫官吏俸錢候在京官支吏散並足方得支散從戶部尚書梅執禮之請也　高宗建炎三年四月十三日詔罷太府寺撥隸金部　紹興元年五月二十三日詔承奉郎章德守太府寺丞措置印給茶鹽鈔引　二年四月十三日詔太府寺丞措置印給茶鹽鈔引每月支破鈔紙三二百張令交引庫以料次收買應副　三年六月六日詔令後使臣校副尉等凡在諸軍下使喚過揀退發歸部並須申取朝廷發遣方許出給請受文曆令吏部於本人付身上分明批鑿係某軍揀放不堪披帶給曆已後仍令諸軍不得再行收管　先是使臣等身在軍中爲係已有差遣參部不合給曆往往告求統制統領等官一面出給公據發遣參部陳乞出給請受曆頭給曆之後本軍却行拘收依舊祗應故有是命　十一月一日詔添置太府丞丞一員　戶部條畫下禮部鑄造太府寺丞印仍乞以某寺丞之印六字爲文一行移文字於本部用狀申於所轄場務用貼一所管庫務如點檢得有違慢事件申本部施行一請給人從依本寺丞及大理寺宗正丞則例支破内親事官招置一名亠逐季取索所管庫務帳曆

審驗駈磨有無侵欺失陷文狀保明申部一每丞下招置手分二名貼書一名行遣文字請給並依宗正寺人吏支破一左藏東西庫諸軍諸司糧審院雜買務祗候庫隸太府寺丞並從之　十二月九日詔太府寺復添置丞一員　四年五月二十六日詔太府卿各特復置一員　同日太府寺言本寺舊額副尉三人係掌架閣什物庫及遇有不下司察切急速取索利害文字幷監催官物今來比舊稍簡欲乞止差破一名許從本寺踏逐有心力慣熟副尉充候差訖申部官照會所有請給乞依戶部承受副尉見請則例支破附曆批勘從之　同日太府寺言舊額准備差使使臣五員係吏部差小

卷一萬三千七百三十三

使臣充准備差使所隸庫務闕官遂急承權緣今來所管庫務比舊數少難以依舊差破今欲乞量差一員從本寺踏逐有心力可以倚仗之人以備緩急委使與支破本寺券錢附曆批勘從之　五年三月十三日詔太府寺將審會吏部公文依審覆錢法用匣實封赴郎官廳投下審訖限次日回報實封下寺如公據内開說不圓本寺未得收使從太府少卿沈昭遠之請也　七年六月三日詔太府寺卿少廳爲舉本局官充京官　先是戶部侍郎王俣言刑部長貳大理卿少已依元豐舊法許舉本部官充京官所有戶部長貳司農卿少合依例薦舉詔依至是監熟藥所孫敵能叔阮各以隸屬

太府未有薦舉明文有請從之　九年五月二十六日
太府少卿施垌等言本寺節次申陳承降旨揮差置胥
佐一十七人緣所掌事務盡干出納及勘支官中錢物
事屬永久目今本寺見役正名胥佐止及元額一半其
餘逐急差人權管係是交引庫併到印造鈔引帖司并
近新到寺之人例各不曉條法未諳行遣試補不行見
今所役人雖窮日力不勝其事多是因而逃竄今相度
欲將前項闕具昨添置併事故差出見闕胥佐從本寺
於無違礙官司踏逐抽差填闕一次支破本等請給內
填正人闕候及一年量試補正填差出闕人候正人到
日罷日後有闕依條試補所責可以責辦不致曠闕詔
卷一萬三千七百三十三
將事故人名闕依所乞施行　十月五日太府寺言契
勘六曹寺監依舊法許募私司年十六已上人選試書
劄習學不許支破請給遇正貼司闕差權及依條試補
伏覩六曹并司農寺等處近各已承降旨揮立定人數
許行名募本寺吏額合置私名三十人自復置後來未
曾立額名募伏望朝廷許本寺依司農寺等處已降
旨揮於舊額內名募私名一十人詔從之　十年十一
月詔左宣教郎鄭昌齡除太府寺主簿填復置闕所有
本官請給人從白直並依太常寺已得指揮　十一年
正月十日詔交引庫書押鈔引寺丞兩員遇合推賞各
與減磨勘二年　先是每歲收茶鹽錢一千三百萬貫

本庫監官及書押鈔引寺丞一員各減二年磨勘復置
太府寺添置寺丞一員合行分差故有是命　三月二
十九日詔太府寺丞三員既衮同分押鈔引合一體推
賞　先是寺丞二員已降旨揮遇推賞各減二年磨勘
復差承事郎王循友一員在旨揮之後故有是命
十三年五月十六日太府少卿林大聲等言本寺手分
內見闕四人并差出一名闕為見管貼書例各新入未
諳行遣次第並無可以試補之人乞行拘收舊人填闕
若見在官司之人候本寺公文到並限日下發遣充下
名收管不許影占如尚不足即于內外官司踏逐抽差
填闕一次支破見請請給內填差出名闕人候正人歸
卷一萬三千七百三十三
寺日發遣歸元來去處餘人候及一年試入正額詔除
不許拘差本寺曾經作過開落停罷及所轄庫務人外
依所乞拘收踏逐一次仍令本寺職級手分委保不係
曾經本寺作過停罷之人方得拘收填闕　十三年九
月十三日詔太府寺胥長依格應出職權降一等出官
謂如承信郎降一等補進武校尉自餘依紹興出職條
法施行若將來本寺吏額依舊即合照應舊法施行
先是尚書省據太府寺申本寺胥長宋亮年滿乞出職
後批勘會太府寺見管吏額與昔日不同送詳定一司
勅令所參酌立法尋行取索到本寺狀稱昨在京日本
寺吏額胥長等九十人紹興四年間復置本寺見管四

十一人爲須係與昔日不同本所契勘太府寺胥長出職年限合補名目大觀寺監通用陞正侍郎右選格係是照本舊法已載不須修立外所有今來見管吏額比舊例減半即與昔日不同故有是命　二十七年十二月十九日詔太府寺胥長年滿如無遺闕依司農寺胥長已得旨揮出職補官若有遺闕即降等補進武校尉所是入仕年限自依本條從刑部請也　二十九年十月二十六日詔應罷任使臣校副尉繳曆不曾批書印紙亦不將到舊曆止有給到公據開說在任所請給名色數目起支住請年月日有無侵欠已繳舊曆拘收毀抹入官之文圖係之人依本官所乞名在部有姓名本

卷己一萬三千七百三十三

等保官二員委保實係繳納在官即自行隱匿詐冒不實甘依建炎三年六月八日去失已降旨揮批書保官印紙照應先次給曆繼續移文罷任州軍如會到不曾繳納或有侵欠不該錢物即依見行條法如公據內開說不圓雖批書印紙亦有不圓更無給到公據即依節次已降旨揮並候勘會到舊曆歸着方許給曆及有批書印紙開說所請名件則例起支住請年月日有無侵欠無拘收春曆入官之文却有給到公據見得春曆歸着之人照應給曆外所是州軍不批書印紙從本寺行下究治從戶部請也　紹興三十二年十一月三十日孝宗即位未改元詔太府寺人吏職掌減一年出官　孝宗隆

興元年正月十九日都省勘會歸正官乞出料錢文曆近來並是具狀直經朝廷顯屬煩瀆無以稽考詔令戶部曉示應給曆之人並經戶部陳理本部日下取索真本付身照驗詣實指定申尚書省行下所屬出給施行　五月四日都省勘會歸正官乞給料錢文曆已降旨揮並經戶部陳理日下取索付身照驗出給令來本部執用紹興三十一年十二月二十二日旨揮將付身內無首先二字之人不行出給詔令戶部並行出給仍依已降旨揮分明曉示具狀經本部陳理施行　七月二十六日詔太府寺併省主簿一員見任人許終滿令任已差下人依省罷法從右諫議大夫王大寶等議

卷己一萬三千七百三十三

也　八月三日太府寺狀依旨揮條具併省吏額見管胥長一名胥史二人胥佐一十七人正貼書四人書狀司一名今減胥佐二人正貼司二人書狀司一名照依見在人且令依舊將來遇闕更不遷補　二年二月三十日太府少卿馮方言選人罷任繳曆不曾批書印紙亦不將到舊曆止有給到公據內稱說選人舊請在任有無侵欠其文曆已行拘收毀抹入官圓備之人許召京朝官一員依前項已降旨揮結罪批書保官印紙說先次給曆繼續取會罷任州軍如報到却與原給公據異同其保官從太府寺具因依申省部行下大理寺依前項旨揮斷罪施行其出給過文曆却行改正元給公

據不實州軍當行官吏，行下提刑司根究，依條施行。其不曾批書到拘收毀抹文曆之人，亦無給到公據，見得舊曆歸着，並依見行條法旨揮施行。從之。閏十一月二十七日，詔太府寺丞簿今後並依舊制。乾道三年三月一日，太府少卿曾﨤言：「左藏庫逐時申解州軍發到錢物，內有侵移少欠等，乞依司農寺已降旨揮，將衙校綱梢等無官少欠之人，從本寺一面斷遣，行下所屬庫分監納。如情犯深重，及押綱有官之人，照應條法送大理寺推勘施行。」從之。七月四日，中書門下言：「臣僚白劄子：訪聞榷貨務見在諸色物件，往往與曆數目不同。乞行差官從頭點數摔盤，據正數收入文曆。」詔差太府寺主簿馬希言。

卷一萬三千七百三十三

淳熙四年七月十七日，詔臨安府於和劑局西本府醋庫地段修蓋太府寺。以舊太府寺為材料庫故也。十五年六月十八日，詔敕令所官屬改充太府寺，從本寺請也。按續會要，元豐以後左藏庫、內藏庫、奉宸庫、祇候庫、香藥庫、布庫、茶庫、雜物庫、糧料院、專句司、都商稅務、汴河上下鏁、蔡河上下鏁、榷貨務、交引庫、抵當所、和劑局、惠民局、石炭場、雜買務、雜賣場諸司庫務併入此門。

都商稅院

都商稅院在義和坊，掌京城商賈廊市收筭，以京朝官、諸司使副、三班三人監同領，有攔稅數錢之名。太宗至道元年十月，詔都商稅院每客旅將雜物香藥執地頭引者不關一年上下只作有引稅二十錢無引者稅七十五錢仍毀引隨帳送勾二年二月詔商稅院收稅頭子錢五百已上一文一貫二文月終隨帳申三司真宗咸平二年九月詔官給折錢物買賣並不收稅三年十一月詔應以銀齎蕃部首領聽人糾告犯者家財盡底沒官以所犯物貲告者六年八月詔臣僚隨行銀器行李悉免稅即不得夾帶客旅銀器如違三分以一分給告者二分沒官景德三年二月詔以銀出入並每兩稅四十錢出引被行者賣馬蕃部帶銀向西前券內具數驗認施行四月詔商稅院捉到漏稅物三分抽罰一分內以半沒官半充賞大中祥符二年五月詔商稅院每季于太府寺請新秤升尺出賣具帳申三司十日一轉文歷六月詔禁城門每收稅錢即次日將歷及錢送商稅院委本監官將門歷點數批歷赴門八月詔京城買賣牛驢騾馬駱駝須當日商稅院上簿限三日納稅印契如不申官准漏稅條抽罰十二月詔商稅院每告藥新城外偷稅私宰豬羊屠戶依偷稅例斷遣追致牢救什物仍委廂巡邏察三年五月詔商稅院並依敕榜例收稅仍取腳地引首驗如無引每千收稅三倍若一千已下竹木席箔麁物只委監新城門使臣點檢就門收稅一千已上依舊于商稅院納錢官司出入隨行衣服

右　卷一萬六千六百六十九　九

非販鬻者不須收稅村民入京貨鬻百錢已下與免如以香味出城每斤稅二錢六年四月詔四紀賣馬價錢依舊令鋪戶將券照証批鑿所賣價錢報商稅院不得通同隱稅違者委本院覺察捉搦許牙人告論勘罪若偷稅物只于鋪戶處收官若有市物亦鋪戶一面認稅引券外物色鋪戶具數赴院納稅出呼納付蕃部收執其進貢駞馬請到券錢例物程賓院即時具免稅狀報仍令本院取問有無券外物錢名件報商稅院七年四月詔商稅院遞知情同情偷稅公人攔頭並許經官陳首原其罪仁宗嘉祐四年十一月诫罷在京商稅院見官人數內有續添并添額外人數

都提舉市易司在太平坊總轄內市易務初置提舉官一員亦置同提舉後多以三司戶部副使兼領神宗熙寧五年三月二十六日詔在京市易務選差監官二員

提舉官一員勾當公事官一員　熙寧六年十二月十四日詔都提舉市易司管轄在京免行所人戶許令本司受理陳訴搔擾詞狀點檢官司違犯新法從本司所乞也　九年正月二十五日詔都提舉市易司自今不得賒請錢貨與皇親及官員公人先是手詔近禁止賒法係行下幾處及從是何月日施行違者有何刑名可具奏聞至是中書奏請有是旨四月五日都提舉市易司言奉詔支撥金六千兩應安南道將物貨五十萬與淤田水利司作糴本緣所支錢物貫萬數多別別無撥還指揮今上界少闕錢本欲乞支給末鹽抄五十萬貫轉變作本從之十一月三日詔都提舉市易司

三十五

卷一千一百二十四

今日以前賒請過錢物限外送納本息已足其罰錢並與免放本息未足者更展半年足日準此諸路到日以前見欠罰錢人戶亦準此二十八日都提舉市易司言自置市易務上界所用本錢並是新法末鹽等錢及於內藏庫借撥到五百萬貫作本內五十萬貫與河北收糴斛㪷封樁外三百五十萬貫已還止有一百萬貫係未撥還及準朝旨自十年為頭年每年於息錢內撥二十萬貫赴內藏庫送納今見在本錢除官員將物貨變轉外只有四百一十六萬餘貫深慮朝廷非汎取撥乞除每年已認錢二十萬入內藏庫外乞歲終更辦積錢數即從本司別具取旨從之　熙寧三年二月十一日

同管勾秦鳳路經略機宜文字王韶言欲本路置市易司借官錢為本稍籠商賈之利即一歲之入亦不下一二十萬貫詔令將本司見管西川交子差人往彼轉易物貨赴沿邊置場與西蕃市易如合選差官王韶同管及應有經畫事件並仰轉運司從長相度施行仍件具以聞　五年三月二十八日贊善大夫三司戶部判官呂嘉問提舉在京市易務七月十四日詔在京商稅院雜賣場雜賣務並隸提舉市易務　六年十月二日詔改提舉在京市易務為都提舉市易司應諸州市易務隸焉十二月十三日詔在京免行錢如有訴未便者都提舉市易司受理以聞　七年九月九日詔詳定行戶部

三十六

卷一千一百二十四

利害所諸行應有不同者定歸一行供輸仍隸都提舉市易司十月十六日詔提舉市易司歲舉京官五員十二月二十四日都提舉市易司言市易上界積貨逼近民居煙火乞移於永豐倉已得旨授行倉屋兩河之間家為要便唯去稅務少遠今麗景門外沿城西河官柴場隸都水監乞以為河稅務場那監官一員輪直如商人貨願中官者監官就新場點檢關稅錢送商稅院從之　八年三月三日都提舉市易司言乞以諸路市易務隸本司許本司移用錢物度人物要會處分諸路監官置局隨土地所產商旅所聚與貨之滯於民者得收斂從之二十四日詔諸路市易委轉運司提舉仍置同

提舉官從提舉市易司請也二十五日詔諸路同提舉
市易官任滿更不差人並令轉運司官提舉九年正
月二十二日中書門下言都提舉市易司申杭州市易
務課息比較立定酬獎第一等同提舉官孫迪轉一官
賜錢百千第二等兼提舉權轉運司王庭老減二年磨
勘勾當公事書彥侯及三考日循一資第三等以下官
吏在京市易務次第支賞從之五月六日都提舉市易
司言本司統轄抵當官錢帳檢較庫自隸開封府若本
庫留滯差失無緣檢舉乞撥屬本司其事關開封府即
依舊隸府其餘應干事務並歸本司統轄從之十年
十月二十一日尚書司勳員外郎都提舉市易司呂嘉
問為司封員外郎直昭文館知江寧府賜錢三百千以
嘉問領市易自熙寧九年十月凡收息錢百四十一萬
餘緡故也　元豐元年三月二十三日詔諸路提舉市
易官二年一比較取裁八月十三日詔諸路提舉市易
官並依前逐年比較酬獎九月賜刑部郎中都提舉市
易王居卿紫章服十一月二十六日都提舉市易司言
本司遣官以物貨往諸路變轉乞十萬緡以上限二年
二十萬緡以上限三年內索及三分依遍年比較推恩
限滿索及八分以上與理為任過限不及立定分數者
不在酬獎理任之限仍先停支官吏請給從之　二年
正月二十六日詔[illegible]南軍節度推官彭特為秘書省著

卷一千一百二十六

三十七

作佐郎以特提舉兩浙市易司歲餘收息錢十九萬緡
特賞之　四年十二月八日都提舉市易司賈青言乞於
新舊城內外置四抵當所委官專主管罷市易上界等
處抵當以便內外民戶從之

宋會要

提舉在京諸司庫務司　以朝臣諸司使副二員提舉
自天聖後亦有二員或五員不常其數今止二員凡京
城諸司庫務場院坊作共七十四所隸提舉司内太廟
家事庫官告綾紙庫太府斛秤務少府祭器法物庫國
學賣書庫皇城冰井務軍器什物庫府司點檢所事在
本屬各有總統今錄提舉司爲首所領者列於次後置
都提舉市易司庫務事干者改隸焉　真宗景德二年
十月命龍圖閣待制戚綸宫苑使劉承珪都大提舉諸
司庫務言者以庫務百三十餘所出納多不整齊又三
司事叢無由按視故置此職凡三司計度雜練造作配
買修補變轉物色委朝官使臣往庫務與本監官取文
帳點檢仍不住經畧巡轄如三司失點管及積弊公事
並委所司制置以聞三年内如大有更改利益事特與
酬奬　三年五月詔應庫務等官非公事不得到提舉
司若有公事合與本轄官商議者勿拘　四年四月詔
上封者言京師庫務出納滯留官物不得整齊蓋監臨
弛慢致人受弊宜令三司與提舉庫務官司議條約量
庫務繁簡以置監官永爲定式有不堪其任者具狀以
聞並與改易自此考秩未滿不得差出五月又令定奪
諸司庫務公人數及諸受則例自今著爲定額　大中

祥符元年二月詔諸司庫務監官兩員已上處進令一
員押宿一員處令與監門使臣輪宿如無監門只監官
一員并雖有兩員而一員當内直或假故者即與專副
輪宿若監官廨宇在庫務内居住亦須每夜於地宿歷
其同監外居者更不輪宿　五年四月詔諸司庫務監
官如當守宿的有事故不赴者具狀以聞提舉諸司庫
務司皇城司常切覺察如有同監在本廨宇居住者即
依元年二月詔命指揮七月詔内外諸司庫務見有差
使臣權勾當處以其所任非正皆不用心兼有未合入
者權假名目動踰年歲未滿替者不唯潛啟倖門兼庫
務因兹不得整肅宜令樞密院逐取索及半年已上者
嚴降條約　七年二月詔令皇城司及在京諸司庫務
倉草場無留火燭如致延燔所犯人洎官吏悉坐斬刑
耆休者減一等廟社亦如之遇祭告則委監務約束又
詔提舉朝臣使臣自今逐日分往庫務提點職量内監
官及監門官通方幹辦或慢公不親事者密具名聞奏
典公人欺官擾人住滯文字者即時決杖應合條約更
與三司商議奏裁六月三日詔諸司庫務監官頗有畏
懦不才者令三司具名以聞先是言事者以庫務監官
多未歷事者致有侵弊故命選任仍別定條約七日詔
諸司庫務委監官躬親點檢本處帳管官物如有界界
交割到并見在數多若無支用陳損不堪供須諸般開

物或畸零事件並令件析供報提舉司相度依元詔施行仍令今後常切點檢旋具申報　八年二月詔在京諸司庫務倉場委逐處監官簡選公人有累作過犯不還之人籍名以聞其巡護兵士數少處並之閏六月詔諸司庫務金帛緡錢如有使臣傳宣取索仰依例畫時應副即不得將見在都數及將不係取索之物妄有比類供報如有違犯專副手分處死監官除名決配舊制庫務司物雖三司使不得知其總數因丁謂在三司日言凡干計度須見實數遂可其奏仍令親書取索實封收掌副使以下不得預聞今凡使臣取索支賜監專畫數供報仍羅列色類比方多少顯失條約故申戒之七月提舉庫務官藍繼宗言準詔每到庫務點檢不便事件合行條約改更並與三司同議以聞自後皆依詔施行切緣有至不便事及三司元規畫不當失於拘檢官物者吏難與三司議望許臣等上殿敷奏若常程不便事即與三司同議從之是月藍繼宗等言都監院見係提舉庫務都大提點倉場所提轄欲乞就歸一處詔只令提舉庫務司提轄　九年正月提舉諸司庫務司言諸司庫務公人先準宣屬本司管每有闕額逐旋填其所招公人自來各有元等身等尺寸數內諸色工匠須及五尺一寸已上今相度匠人止要手藝造作不須拘身等尺寸欲望所招填闕工匠不拘等様但無殘患諸

卷一千一百十八　三

會造作少壯得力者並許招收從之　天禧元年六月提舉諸司庫務夏守贇言先準宣諸司庫務係總揀占留人内犯贓者更不得轉補今詳從初起請止要戒勵公人然或有目前犯贓經斷存留收管後來改過祗應得力者若以曾犯贓罪永不轉遷不惟無以激勸兼且久占職名壓卻轉補又有避及勞務怠戀優輕避見年滿收充三司軍將卻入重難差使如此則是犯贓負罪之人翻為僥倖守分檢身之吏永不轉遷遲惟事理相殊抑亦未得均濟欲乞應曾犯贓罪得力曹司公人等如元犯只杖罪已下存留後來及三年能改過自新並與依本處年限遷遷如三年内再作贓私過犯改配重難去處從之　二年四月六日提舉諸司庫務藍繼宗言揀選諸司軍人庫子等本額四萬七千九百六十六人見舊三萬六千三百八十八人今簡選得三萬三千九百二十二人仍舊充役一千九百五十四人放停五百一十三人減衣糧之半從之　三年六月詔應在四諸司庫務見管公人并令五人為保委得守慎行止不作過非違坐繳奏若自來兇惡累犯者分析以聞今後同保人常切覺察如有兇惡難鈐轄之人許人員同保告官斷罪若遞相隱庇因事胥罣重寘之法　仁宗天聖二年十二月提舉諸司庫務劉瞌等言本司總轄錢帛日有急速公事並干條制須籍知次第人主行劉承

卷一千一百十八　四

珪提舉之日曾於額外差殿直周銳簽書點檢後只額定前行一人後行四人手分十人舊於三司定名抽差近來三司依名牒送赴司不經揀選須至到司才及三年又乞轉資出職諸事因循不能專一有所手分又係守闕後行才知次第却為在省闕人依次合當轉補亦有書劄低次公事生踈者不免抽換不任祇應今欲乞依舊額將見管人體量揀留外別定姓名抽取劄屬提舉司立額祇應並與即目請受只令勾押官候及五年無贓私過犯與奉職餘人等依例轉補更不三年一度轉資所是手分緣未有請受候三年執行公事精熟別無贓私罪特與飾料後行請受事下三司請如睳奏從

之　七年六月詔三司使副使子弟多乞監在京諸庫務雖部分不同其如文字相干上下難為點檢自今更不令勾當在京錢穀場務如不管錢穀處即許差遣　十月提舉諸司庫務司言每往逐處點檢公事將帶勾押官已下隨行祇應欲乞依入內內侍省等處例支借官馬勾押官前後行五人各一匹仍破草料詔許前行已上支與　八年六月提舉諸司庫務馬李良言京茶庫東西窰務柚稅竹木箔場三炭場牛羊司棧圈供庖務三水磨橋不係提舉欲乞依諸司例撥屬提舉司點檢從之　十月提舉諸司庫務司言每車駕行幸筵宴大禮及契丹使到闕並是庫務祇應却無提舉勘會法酒庫

近供秋宴酒千七百瓶止收空瓶四百二十見行根逐請自後從本司舉察祇應從之　十一月提舉諸司庫務司言南郊欲下三班院權差使臣才人赴司準備庫務闕官處權監從之　慶曆六年八月二十七日提舉諸司庫務司宋祁言檢會編敕委本司體量轄下監官監門使臣有通方幹辦及慢公違越人等察其能否以聞緣所轄庫務官員數多兼常有庫務行人點檢制樸驅磨等事務除本司并勾當公事張仲庸分治外其餘覆檢舍屋抄劄倒榻材植監金銀斤兩物件等綱運責勒攢造絕界分文帳等就便或揀選本轄官員不妨本職勾當即不見得逐人出身歷任功過勞績慮差管勾事

務未誠盡理欲乞應今後閤官三班院入內內侍兩省等處差到本轄庫務監官監門等候見赴職委本司行遣取索逐人出身歷任赴司管係或有差遣公事詳酌選差從之　皇祐五年九月罷提舉勾當公事官　嘉祐二年十月詔提舉諸司庫務司汰諸司人老疾不堪執役者仍自今三年一汰之　五年八月五日詔提舉司今後內侍凡有差遣於諸司庫務取索及借官物並須躬親投下文字其逐庫務亦候見使臣方得差人供赴仍於使臣當面送納違者罪在取借官物使臣及合屬庫務監官干繫專副庫級　英宗治平二年提舉諸司庫務王珪言本司與三司所部凡一百二處其額例

自嘉祐七年秋差都官郎中許遵重修迄今三年始成三司諸案看詳別無牴牾所編提舉司并三司額例計一百五冊及都冊二十五冊上進仍乞賜別立新名詔以在京諸司庫務條式爲名二十六日以尚書刑部郎中張師顔同提舉在京諸司庫務初兩浙轉運使司封員外郎韓縝上言景德中朝廷置提舉諸司庫務司以朝臣及諸司副使二員領之近年此局常用顯官詞禁清華固非奔走之任武臣內侍多是職位已高雖欲躬親體亦未便臣伏望檢尋景德中始置提舉司之意及當時所定條約俾復其舊則衆務畢舉詔添差合入職司朝臣一員同提舉故有是命

卷一千一百十八　七

治平四年四月十八日同提舉張師顔言轄下庫務各有庫眼庫經收附抄上在庫官物自來庫務爲見上件庫經開說作過不得過有給納不於日下抄轉意欲常令在庫官物不知見在實數致官司緩急無由點檢監官因循其弊最甚蓋自來亦有指定庫經條約檢會條制應收支官物晝時抄上省印收支文歷如違其干繫官吏並從違制分公私故失定斷外雖該赦書德音疏決及去官不原乞今後諸司監務所管庫經如本庫有支收不晝時抄上者並用此條內有一般官物在數庫內收貯置都庫經拘轄去處亦乞準此詔三司施行（時神宗已即位未改元）熙寧二年十一月新差知定州李肅之言臣近提舉諸司庫務所管七十三處官物浩瀚出納繁擁自張師顔同提舉方稍畏懼緣師顔獨力無暇頻到逐處點檢欲乞選差强幹朝臣曾任通判已上人兩員充提舉司勾當各分定庫務每季遍到逐處點檢候季終具別無欺弊官物季得整齊及體量監官能否與本司同以聞兼在京諸庫務監官自來審官院並差親民以上資序人近來多有臣寮陳乞初任監當人乞今後雖以恩例陳乞須是曾經一任以上方許詔從之仍差都官郎中沈衡著作佐郎張端各理本資序充提舉司勾當公事六月八日提舉諸司庫務司言奏詔勘會諸司工匠分爲三等仍於逐等分上中下其第九等七百餘人悉皆無藝詔並放停

卷一千一百十八　八

三年六月八日三司言勘會提舉諸司庫務所管七十二處所差勾當公事官只是每季點檢官物整齊其有積壓陳損官物及未便事理合係三司變轉擘畫乞指揮提舉司勾當公事官今後庫務官物有積壓陳損及公私未便事理因季點檢可以詢究除申本司外其一般事狀申三司以憑相度施行詔三司將在京諸司庫務分作四界令三司并提舉司勾當公事官每半年一次輪轉各點檢一界餘依所請施行七月十七日詔提舉司勾當公事官今後不得擅詣諸司庫務點檢及取索文字勾追公人如違仰提舉司取勘以聞先是中旨近因李肅之擘畫提舉司置局勾當公事官二

人令本司指使勾當是爲屬吏諸事須當一稟提舉官處分訪聞日近極不守職任致大事輒擅行公牒越籍申報紊亂職守有失等威可與條約故也

卷一千一百十八

九

寄菜至之地意在存併入榷貨務下

以下凡旁加、者倒置

題名一條疑注

會要文

寄菜朝野類要

提轄—左藏庫—文思院—榷貨務—雜買場謂之四轄亦爲儲財之地。建置沿革榷貨務都茶場 四朝志榷貨務掌折博斛斗金帛之屬 會要以朝官諸司使副內侍二人監太平興國中以先平嶺南及交阯諸國入貢通關市致於京師置榷易院大中祥符中併入榷貨務中興孝宗會要建炎中興又創都茶場給賣茶引隨行在所於榷貨務置場雖分兩司而提轄監官並通銜管幹建炎四年詔榷貨務都茶場依舊例左右司具提領措置並罷其都茶場仍令提轄司貨物官兼行

卷一萬一千二百三十三

提轄尋徙趙州一務場於建康又併真州一務場歸建康紹興五年詔建康鎮江兩務場只是給賣鈔引三十二年詔三省令從選差文臣充監官更不差武臣乾道六年詔依舊通差武臣 題名先是課入不立額惟視舊歲爲等差是歲始明分有定數歲總爲錢二百四十萬萬行都受藏之所爲數八十萬萬于建康者一百二十萬萬于鎮江者四十萬萬。雜買務雜賣場 會要雜買務舊曰市買司太平興國四年改至道中廢咸平中復置以京朝及三班內侍三人監掌和市百物凡宮禁官物所需以時供納雜賣場景德四年置掌受內外幣餘之物計直以待出貿或准折支用以內侍及三班

數名至止一庫六七夫注存以東西爲名下

以上三門寫時須約

二人監務亦差文武朝官　中興會要紹興六年詔雜買務雜賣場提轄官一員。左藏庫題名掌受四方財賦之入以待邦國之經費其原盖起於周職内主賦入職歲主賦出而邦布之入出則外府又主之皆其職也晉始置左右藏今番于左右藏分建東西庫以太府少卿知出納於左長慶門之東國初左藏止一庫　會要及續會要太平興國二年分爲二庫淳化三年分置左右藏各二庫四年廢右併入左政和六年修新庫以東西爲名。中興孝宗會要中興因仍東西庫各以文臣監武臣同監其東帑常絁紬之屬在焉其西金銀泉券絲纊之屬在焉紹興二十七年詔户部於轄下丞簿内

卷二萬一千二百三十三　二

選一員兼充左藏庫提轄所由始孝宗即位詔將御前椿管激賞庫撥歸左藏庫以左藏南庫爲名專一椿管應副軍期支遣於是有東西南三庫自殺尋罷南庫大抵國家用度多靡于贍兵西蜀湖廣江淮之賦類歸四總領所以均諸屯其送京者殆亡幾唯閩浙悉輸爲東西庫歲入以端計者率百四十萬以緡計者率二千萬給遣稱是而大軍居十之七宮禁百司祿賜裁予之間有非泛浩繁之費則請于朝往往出内帑封椿以補所缺監官凡五人分帑而治舊以京朝爲之而今則唯才是用故四選通得入。文思院　四朝志及會要太府興國三年置掌造金銀犀玉工巧之物金彩繪素裝鈿

覆按銷

以下刪存不鈔

飾以供輿輦冊寶法物及凡器服之用隸少府監崇寧三年詔文思院兩界監官立定文臣一員武臣一員並朝廷選差其內侍勾當官並罷。中興孝宗會要紹興三年詔少府監併歸其文思院上下界監官從工部辟差工部言所轄文思院舊分上下界監官三員內按作一員係京朝官上界造作金銀珠玉下界造作銅鐵竹木雜料欲依舊分爲上下界從之。隆興二年詔併雜物局入文思院　事要　權貨務場權貨　白居易策孫秦太府少卿制云須分權貨權萬貨輕重　唐劉晏傳云能權萬貨輕重使天下無甚貴賤而物常平　雜買賣場司市　周禮地官　京市　隋司農寺統京市令丞　三市　唐

卷二萬一千二百三十一　三

有東西南三市平均　唐六典以二物平市以三賈均平平正　周禮名相近者相遠也實相近者相邇也而平正之平準中準　和帝改平準爲中準　遷有無和利用　六典大府總京都四市平準所以遷有無和利用也　左藏庫雜珠　韓楊天文要集類要雜珠五星爲藏府在須女北御府　謝承後漢書御府内庫也又東漢記更始至長安御府帑藏武庫皆按堵如故　天積　韓楊天文要集天積者天子藏府也　治藏　胡文恭行李緯制云特陞治藏之名　禁帑　胡文恭制　京藏　後魏王顯謂楊國曰吾作太府卿庫藏充滿國曰減百官之祿又賦贓懲入京藏以此充府未足爲多　典司國帑　公是行曹佖制　受藏之府

白居易集行裴武制受藏之府國用所資不同諸司見續通典狄兼謩對唐文宗封勑問貨幣山積唐元宗召公卿百僚觀左藏庫貨幣山積高科滯莞庫四朝國史傳韓琦監左藏庫時方貴高科多徑去爲顯職琦獨滯莞庫衆以爲非宜琦處之自居天下財賦皆納唐制天下財賦皆納於左藏庫而太府四時以數聞尚書比部覆其出入　文思院工正莊子工尹左傳文公　鑒聯

發端職奉綸音典司國帑疏寵中宸蹐榮内輅掌外路之供輸富中都之儲積疏恩宸扆榮總貨泉先奉明綸榮陞要職權天下之贏不勞餘力富國中之積行有成功

卷二萬一千二百三十一

宋會要　供奉

雍熙二年八月十四日詔提領左藏南庫供進金一萬兩銀五萬兩絹一萬疋度牒五十道充將來德壽宮册寶支使　十月八日詔將來詣德壽宮行慶壽禮可令提領南庫排辦金一萬兩銀五萬兩錢一十萬貫絹一萬疋度牒五十道前期於本宮交納九年慶壽同五年七月九日詔左藏封樁庫取金二千兩供奉德壽宮六年正月同　六年正月十七日詔自淳熙六年每年添置生白大花川綾一百五十疋限八月内進納德壽宮五月七日詔左藏南庫取錢五萬貫供奉德壽宮七年四月同　七年十一月二十六日詔左藏南庫取金七千兩銀三萬兩錢一十萬貫絹一萬匹度牒五十道供奉德壽宮　八年閏三月二十八日詔左藏南庫自四月爲始每月以會子一萬七百六十九貫五百八十文供奉德壽宮　九年正月二十一日詔封樁庫取銀四萬兩供奉德壽宮　六月九日詔禮部取度牒二十道供奉太上皇后　八月二十一日詔左藏南庫以會子一十萬貫供奉德壽宮為明堂大禮故也九月十六日詔封樁庫取銀四萬兩供奉德壽宮十年正月二十六日九月十七日自後十一年至十四年並同　十一年七月二十六日詔封樁庫取會子十萬貫供奉太上皇帝使用　十二年十月二十三日詔封樁庫取會子十五

萬貫供奉太上皇帝太上皇后為郊禮故也　十一月二十三日詔封樁庫取會子五萬貫供奉太上皇帝太上皇后為郊禮畢恭謝故也　十三年四月十六日詔封樁庫取會子五萬貫供奉太上皇帝太上皇后使用　二十九日詔封樁庫支銀六萬兩赴內藏庫供納充五月一日恭請太上皇帝太上皇后使用　十二月四日詔封樁庫取會子十五萬貫供奉太上皇帝太上皇后使用　十四年三月二十九日詔封樁庫取會子十五萬貫供奉太上皇帝太上皇后使用　十一月十四日詔冬至舊例供奉錢四萬貫可日下進納德壽宮恭奉皇太后聖旨昨來有司供納大行太上皇帝生料並令住供　十九日詔除依顯仁皇后例供奉皇太后外仍依太上皇后例供奉生辰金銀過冬年寒食節例供奉外更供奉德壽宮錢一萬二千貫充官吏宿衛親從親事官軍兵等月給支用　十二月二十一日詔每遇冬年寒食節各供送德壽宮錢一萬五千貫充官吏宿衛親從親事官軍兵等節料使用　十五年八月二十五日詔封樁庫取會子十五萬貫供奉皇太后以明堂大禮故也　九月十九日詔封樁庫支銀三萬兩赴內藏庫交納供奉皇太后使用　十二月二十六日詔封樁庫取會子十五萬貫供奉皇太后使用　十六年正月二十一日詔封樁庫支銀三萬兩赴內藏庫交納供奉皇太后使用

雍熙三年置入內供奉官大中祥符二年二月宣入內內侍省供奉官改為入內內侍省內東西頭供奉官亦同此例

糧料院

寄案宋志三司使太府寺兩出糧料院蓋以元豐後隸三司并戶部而糧料院并入太府寺也徐輯不分非是今析中興以後事隸太府從宋志互見之例

高宗建炎三年七月四日，詔：行在諸軍糧料院人吏依諸司糧料院例，每月添破食錢二百文，如令後逃亡縱放一百料罷。因事逃亡仍勒停，並許人告，賞錢五十貫；首身減三等。從監官宋輝之請也。紹興元年正月十四日，詔：諸路差隨行在軍兵各許借衣，內禁軍春冬絹二匹，廂軍等絹一匹，舊有衣賜文歷人各依元請則例；新給歷之人春冬衣賜依出軍例並支一半，如一年不及元借數，即依所借則例。七月二十三日，詔：行在廂軍、禁軍綿並一等借支一十兩，新給歷

人綿亦支一半，其令內九不載支綿去處更不支給。二年七月二十三日，諸軍糧料院申：調弓箭手、民兵、義兵、係祿令並不該載於歸年例借支綿絹之人，合依例批勘。從之。九月七日，詔：今後在外積併請給不得積留于行在併請，雖有專降指揮亦令戶部執奏。十日，詔：諸司糧料院主押官一名，前行四人，後行一人，十路司四人；諸軍糧料院都主押官一名，前行四人，後行十人，路司三人，為額。令來減罷及已發罷從之人仍不得在外點縫踏歷充諸處抱歷通勘，如違從徒一年科罪，每名賞錢一百貫，以犯人家財充。十月十六日，詔：諸司、諸軍糧料院、審計司監官每遇闕官，逐急權差，每月支錢三十貫文，權不滿月，計日支給，見支食錢三百文罷。十一月十五日，詔：糧料院見占破欺前馬步軍司壓禁軍，仰步軍司差權廂軍抵替歸逐司。數閱如所差廂軍未足，將禁軍從上軍分逐旋對數抵替歸司。十二月十四日，步軍司言：本司所管廂軍別無空閑之人，切緣本司近承指揮，撥到文思院雜役等人，欲逐處各差一十人，內部諳官係一名，計四十人赴四糧審院，併歷依已降指揮抵替見占禁軍。從之。三年三月八日，詔：應行在請給文歷券旁偽造及詐冒逼請官物並犯輕者並徒三年，有官人除名勒停，送廣南編管，永不收叙；諸色人刺配廣南，許人告捕，內有官人轉兩官，無官人補進義副尉，不願補官賞支賞錢一千貫，以犯人家財充；不足，以官錢代支。其幫書經歷官司如能點檢敗獲，依此推賞。故縱者與同罪；失點檢杖一百。盜請官物數多或所犯情重者，犯人及幫書經歷官吏申奏取旨。其告捕人亦當格外優加推賞。三年八月三日，詔：糧料院人吏今後敢于諸軍詭名收係或影帶執役，並許諸色人告，賞錢三百貫，以犯事人家財充，仍令戶部先以官錢代支。其犯人並從徒一年科罪。諸軍如是糧料院人吏敢有陳乞差撥或私輒收係在軍及影帶執役，其統制統領並取旨行遣。五年八月十八日，臣僚言：切惟國家之賦祿以糧審院為關鍵，糧審之勘給以法令為承式，故幅紙之書一經過勘，主藏之吏奉行惟謹，所逃者此而已。近年以來冒請多端，蕪穢百出，雖每置于理而犯法不衰。臣嘗詢究其弊，蓋有三焉：條法散亡，指揮不一，官司無所執守，其弊一也；正名吏人權故出外而使權者書歷，其弊二也；請人當鋪違法特勘，其弊三也。今院遵用條令甚多，並無官本，欲乞官中量破紙札工食之費，委自院官通將見行條法并前後續降中請願人具謹編集成冊，次第經由太府、戶部省詳點對，用印給付遵用；其續降中請，令參照前後文意，如有牴牾疑惑，即開具指定申明戶部，本部不能決者則申明朝

卷萬六千四百九十九　三

廷可否行下仍令後有申請或續降凡日雖多逐一開說不用等字及字之類庶幾事理明白革去疑惑仔細吏不得加損毫釐于批勘之際則一弊革矣遂院晉吏正名皆有官或出職之人愛惜身計故每有違法幫勘則必推故出外以避繫書院迫日限令權人書歷批放事發之日權人竄去而正名以不曾繫書遂免建治緣此吏人與抱券者通同作弊及其事敗無從勘正今宜自朝廷諸房至戶部太府無故不得勾追院吏如有合行追呼其所直之案雖令權人時暫書歷批放依舊勒令正名繫書如有違法並須即時申首根治則二弊革矣至于抱券請人違法幫勘雖有條法若所請官物稍多或累次違犯或條從來作過之人並乞許逐院具名申法戶部備申朝廷重賜施行不以赦原則三弊革矣並從之七年十二七日詔糧審院監官仕滿改移後不滿界并已滿未罷許依南北倉監官例計日推賞從院官鮑琚等請也十二年十一月十日尚書省勘會已降指揮太平州置分差糧料院監官一員詔江彭年將勘置闕二十九年十一月二十九日詔諸司糧料院人吏依到院年月日先後名次時與撥填五人入額一次以本院有請下太府寺勘會本寺檢准紹興十四年九月二十六日指揮諸司糧料院人吏遇闕許名募貼司權充後行候及一年

卷萬六千六百六十九　四

與本院見役人竟同試補正額依條遣補至是特有是命孝宗隆興元年十一月十五日戶部言准西總領所通判池州黃尚文兼幹辦戶部分差計司職事乞依行在正官例滿半推賞若不滿任亦乞許計施行從之二年七月二日諸軍糧料院王正已言切見軍士立功獲陞轉資級報本院注籍之後往往半年方得省寺經由乞詔有司嚴立近限太府司農下諸軍糧料院置歷發放以三日為期其或違慢委自長貳覺察行罰從之乾道三年閏七月二十二日中書門下省言分差鎮江建康府諸軍糧料院鄂州戶部糧料院四川總領所分差戶部魚關糧料院已上尚書方選並注通判知縣資序人四川總領所分差利州戶部糧料院待郎左選注職官次從政修職郎次迪功郎並撥歸吏部詔令後並令堂除依行在糧料院格法差人六年十二月十八日臣寮言行在糧審院所掌頒降到條格指揮經今歲久並皆散漫別無印造條冊檢照乞行下敕令所將合用條令及前後申明指揮編類成冊付糧審院仍以一本付度支以憑參照及日後百司關報到請給指揮並仰置冊用印即時抄錄從本部不測點檢從之淳熙四年十一月十六日詔自今分差糧料院許過差為舉知縣已除指揮令吏部注通判理作堂除之人吏部尚書韓元吉言監分差鎮江

府諸軍司糧料院監分差建康府諸軍糧料院監鄂州戶部糧料院總領四川財賦軍馬錢糧所幹辦行在分差戶部利州糧料院總領四川財賦軍馬錢糧所幹辦行在分差戶部魚關糧料院窠闕舊係堂除昨淳熙二年二月八日發下吏部本部申明差注通判資序人以上人仍不破選亦不通差緣通判資序以上人自有合入通判尋差遣多不願就吳勘行在六院官止注曾歷知縣一任人今分差糧料院部注通判資序以上人吏不破選輕重不均欲將分差糧料院闕依破格通判格法出闕滿半年無本等人願就許破格注第二任知縣資序人仍不作選闕或乞依舊堂除故有是詔七年七月二十九日吏部刑部措置欲將淮東西湖廣總領所應密前分差糧料院人吏依元降指揮立定人數令總領所將逐處見役後行依行在四糧審院收補條格家同試補排定名次充役如闕人毋得以游手無根人或、就部陳狀差撥前去止令總領所名募無過犯諳曉批放之人原試充候候選補轉至頭名鄂州建康鎮江分差糧審院及十年也州江州及十五年與補守闕進義副尉出職仍並推行重祿逐處糧審院職給各一名歇于行在四糧料院正額人吏內選差兩剳熟檢批勘審敎候及二年差人抵替歸元來去處從之以臣僚言在外諸路總領所支

卷萬六千六百六十九　五

遣錢糧雖分差糧審院驅勘然糧料止是吏部注受審計院官以逐州通判兼權其人吏止于州郡指差三年一替遇有名闕初非以州郡見役人吏不諳曉幫勘既無請給又無守年限補未免乞取望將在外差糧料院官及糧審院人吏一依行在見行格法除授差補所補人吏須經總領所試驗乞申嚴重祿之法庶幾軍人免至減剋故有是請十二年十二月九日詔諸軍糧料院減兵士二人以司農少卿吳燠議減冗食下數令所裁定故有是命

太府

全唐文

宋會要 審計司

高宗建炎元年五月十一日，詔諸司專司諸軍專司專字下犯御名同音者，改作諸軍諸司審計司。 紹興元年九月十日，詔審計司主押官一員，前行二人，後行七七人，貼司三人為額，今來減罷及已後罷役之人不得在外點纏寫歷充諸處抱歷，如違徒一年，每名賞錢一百貫，以犯人家財充。十月五日，詔今後應合差破兵級人從去處，並報所隸軍馬司正行差撥填闕，若係踏逐差無舊請及諸處減罷發遣正身不到所隸軍馬司之人，並不支破請給，從諸司審計司管適可之請也。十六

卷一千一百七

日，詔審計司監官每遇闕官遂急差權，每月支錢三十貫文，權不滿月，計日支給食錢三百文。罷十一月十五日，詔審計司見占破殿前馬步軍司彈壓禁軍，仰步軍司差撥廂軍抵替歸逐司校敎閱，如所差廂軍未足，撥禁軍從上軍分逐旋對數抵替歸司（詳見糧料院門）。 三年二月七日，詔監行在諸司審計司何汝能與減二年磨勘，都主押官李祐與補守闕進義副尉，更不支給賞錢，以驗獲措改綾紙偽冒故也。八月三日，詔審計司人吏今後敢於諸軍詭名收係或影帶執役，並許諸色人告，賞錢三百貫文，以犯事人家財充，仍令戶部先以官錢代支。其犯人並從徒一年科罪，諸軍如是審計司人吏敢有

陳乞差撥或私輒收係在軍及影帶執役，其統制統領並取旨行遣。 七年十二月七日，詔審計司監官任滿合得減三年磨勘，依南北倉監官例計日推賞。 孝宗隆興元年八月十七日，詔諸司審計司狀見管吏額九人，今將貼書一名減罷，即將來名後行一名敦充貼司，係八名為額。同日，諸軍審計司狀見管人吏十人，依入仕年月先後裁減二人，其諸司糧料院所差人吏乞自今後更不差撥，詔見在人且令依舊，將來遇闕更不還補撥填。十一月十五日，戶部言淮西總領所通判池州黃尚文兼幹辦戶部分差審計司職事，乞依行在正官例減半推賞，若不滿任，亦乞計日施行。從之。 乾道六

卷一千一百七

年十二月十八日，臣寮言乞編類前後申明指揮，編類作冊付糧審院。從之（詳見糧料院門）。 淳熙十四年正月二十四日，詔諸司審計司、諸軍審計司各減兵士三人，以司農少卿吳煥減冗食，下敕令所裁定，故有是命。 慶元元年十一月十九日，戶部言幹辦諸司審計司商飛卿申乞將王津園、儀鸞司、修內司人兵工匠如遇年七十以上委的昏耄殘疾不任執役之人，方許撥出額外養老，依三衙諸軍例止支減半請給，仍乞立定額外養老人數，遇有闕方許撥出填補。本部照得養老人日後若有收使資級轉行，止依元養老日職名批放本處減半請給，或特降指揮，亦乞不許批放全分。其已養老人還

轉准此詔從之

卷一千一百七

宋會要　抵當免行所　又名抵當所

抵當免行所在府司檢校庫，舊隸府，後屬都提舉市易司。以官錢召人抵當出息。凡五案：檢校小兒錢爲一闕，封府雜供庫爲一，國子監、律、武學爲一，軍器、都水監爲一，市易務爲一，并受免行錢。　神宗熙寧四年五月四日，同勾當司録司檢校庫吴安特言：本庫檢校小兒財物，月給錢，歲給衣，逮及長成，或至罄竭，非朝廷愛民本意。乞將見寄金銀、見錢，依常平等倉例，召人先入抵當，請領出息，以給元檢校人户。詔千貫已下並如所請施行。　十一月十一日，權發遣開封府推官晁端彦言：雜供庫支費浩大歲均九千餘貫已裁減三分之一乞下左藏庫借錢爲本依古公廨錢支令檢校庫召人借錢出息却侯償剩撥還詔左藏庫支錢七萬貫爲本　五年正月十二日詔差吳安特與本府户曹遜迪專一置局管句息錢支納　四月三日抵當所言在京人户係屬司錄司乞令司錄司共管勾催促本所錢從之　七月二十二日詔給武學錢萬貫送檢校庫出息以供公用九年七月武學請收還本錢遂罷　十一月二十七日詔給國子監錢二萬貫送檢校庫出息以供公用　六年四月二十四日詔給律學錢萬貫送檢校庫出息以供公用並從其請也　十二月十八日都水監言乞將本監錢一萬五千貫送抵當所出息供用從之　二十六日軍器監言

卷一萬九百四十二

乞將本監錢一萬九千餘貫依武學例送府司出息供用從之　二十七日詔市易司市利錢量留支用外十萬貫並送抵當所出息准備支充吏祿其抵當所令都提舉市易統轄罷句當曹官一員却置句當公事兩員專切檢估　九年五月六日都提舉市易司言本司統轄抵當官錢然檢校庫自隸開封府若本庫留滯差失無緣檢舉乞撥屬本司其事關開封府即依舊隸府其餘應干事務並歸本司統轄從之續會要作抵當所附太府寺中興會要以後無此門

惠民和劑局

高宗紹興六年正月四日詔置藥局以惠行在太醫局熟藥東西南北四所爲名內將藥局一所以和劑局爲名從户部侍郎王昊之請也同日詔和劑局置監官文武各一員差京朝官或大使臣依雜賣場請熟藥所各差小使臣或選入一員除請受外月支錢一十二貫選入日支食錢二百五十文是年七月十六日朝旨和劑局熟藥所監官每月從本部于一文息錢內添支講談錢一十貫文同日詔賣到藥錢每五日一次送納藥材所所就支用藥材價錢外將見在錢納雜買務同日詔熟藥局并和劑局令臨安府差撥兵級巡防內和劑一十人賣藥局各四人同日詔熟藥四所分輪雙隻日啟閉遇啟即出賣湯藥遇閉即計筭前日一賣到錢數編排見在是年二月二十三日朝旨令後交蹴到熟藥虛稱闕絶者並從太府寺覺察從杖一百科罪同日詔和劑局般担藥至熟藥所並輪差巡防兵士令本局量破腳錢以藥息錢支給　十月四日詔每人日支五十

卷萬九千七百八十

十二

文手頭子錢內支給又三月六日朝旨和劑局令步軍司更行選差少壯兵士一十五人節給一人赴局充般担雜用每人日支食錢五十文內東所添作七十文西所一百文于本局降到料次內支給從本局請也　十月四日詔令後除本局合藥糜費外其應干官司等處錢物並罷不許應副雖奉特旨亦令户部執奏同日詔和劑局差專知官一名手分二人並熟藥庫子秤子各一名熟藥所各差專知官一名書手一名賣藥庫子三人依法召募內專知官于校副尉內踏逐其請給並依雜賣場見請則例專知官添給錢一十五貫每日食錢三百文手分料錢一十二貫每日食錢二百文書手庫子每月料錢八貫每日食錢一百八十文並推行倉法內專知官與理當重格是年十月八日朝旨和劑局專副知手分並日支食錢三百文書手二百五十文庫子秤子二百五十文熟藥所專庫書手等並依此則例並從太府寺請增添也同日詔雜買務收買藥材依雜賣場例每貫收頭子錢二十文省市例錢五文足應副腳剩錢等雜支使用置歷收支年終將剩數併入息錢所有熟藥所納錢省陌並依左藏庫條法其納到錢就支藥材價錢外餘並行椿管同日詔和劑局合用工錢每料五百貫文申太府寺降帖下雜買務支給同日詔藥局印記和劑局記

職官二七之六七

四字為文熟藥東西南北四所各以之記六字為文同日詔撰合假藥隱造貼子印記作官藥貨賣並依偽造條法同日詔熟藥所和劑局監專公吏輪留宿直遇夜民間緩急時藥不即出賣從杖一百科罪同日詔藥局作匠並不得占使如違從杖一百科罪經時乃坐許諸色人經部越訴同日詔和劑局藥材令雜買務收買仍就令太府寺准備差使臣雜買務監門機察錢物出入除本身請給外每月添支和劑局監門官日支食錢一色　二十五日詔藥局修合并辨驗藥材官令本部于醫官局并有官人及在外有名目醫流內踏逐申差其請給衣和劑局監官例添破茶湯錢八貫文如係有官人亦與理為資任九月二十五日南北所各添書手庫子各一人　九年二月五日詔和劑局熟藥所監官任滿京朝官使臣並減二年磨勘選人減一資監門官辨驗藥材官任滿諸局所專副界滿並減一年磨勘如監官監門醫官任內有礙賞罪名及專副有虧缺事件並不推賞若不滿任即比附推賞　十年三月二十三日詔熟藥所監官依編估局每月各添給錢一十貫于本部一文息錢內支給　十八年閏八月二十三日朝旨熟藥所依在京改作太平惠民局　二十一年閏四月二日詔諸路常平司行下會府州軍將熟藥所並改作太平惠民局　十

卷萬九千七百八十

二月十七日詔將太平惠民局監本藥方印頒諸路　二十六年十月二十一日詔惠民和劑局令戶部委官相驗將陳損舊藥並行毀棄以太府少卿林覺言監專畏避陪償不肯依條申請故也　十一月八日詔和劑局修合官雜買務辨驗藥材官下翰林院于近工醫官內選差保明申戶部審覆申差和劑局修合官一員雜買務辨驗藥材官一員請給人從理任酬賞並依辨驗官見行條法如或所辨驗藥材偽濫修合粗藥不如法並從省寺點檢申取朝廷指揮見任文臣候選差醫官日並罷內正官依省罷法　以上中興會要　孝宗隆興元年五月二十八日詔令戶部行下所屬將令歲合發三衙官兵暑藥日下計置津發先期差官起束伏以前到軍前樞密院差使臣一員管押去都督府差官給散其行在諸軍夏藥亦合勘量修製支散以都省言和劑局逐年所支三衙官兵夏藥二十餘萬貼軍身既已在外切慮本局循例就此支付本寨理宜措置故有是命同日詔和劑局所管藥材內有貴細物除偷出門一節已有監官親事官搜檢罪賞外其局內有間藥之類若專典作匠公吏等緣事入局輒將食用者許人告賞錢二十貫監臨不覺察同罪同日詔雜買務收買藥材并收支錢專置庫眼盛時及臨安府稅務遇有客旅販到藥材關報和劑局依

職官二七之六八

市價收買仍令和劑局約度月用數目除行在庫務并市舶務有見在名件取撥應副外緣處缺數報雜買務收買遇有藥物入門令臨安府與免收稅　乾道九年三月五日戶部言淮西總領楊倓奏契勘淮西總領所惠民局及雜賣場止是出賣藥物事物不多乞將雜賣場併令惠民局官兼管本部勘當欲依所乞令以監總領淮西江東軍馬錢粮所太平惠民局兼點行宮雜賣場稱呼所有減罷去處其已差下人並依省罷法施行從之　以上乾道會要

卷萬九千七百八十

全唐文

續會要　脩合賣藥所

宋政和四年尚書省言修合賣藥所本周官醫師救民之意今只以都城四壁并商稅院東出賣熟藥非創置惠民之意欲令局事不隸太醫

卷一千一百八

丹十八日罷裕民局

宋會要　編估局

編估局高宗紹興七年正月二十八日戶部言欲將三路發到市舶香藥雜物依舊令左藏東西庫椎貨務交納外其編估職事乞隔委左藏庫監門官一員兼其打套職事乞委本府寺丞引庫監官兼從之　九年六月四日詔打套局監官如任內職事別無曠闕不了事件依藥局監官賞格任滿京朝官使臣並與減二年磨勘選人循一資仍許計日推賞如三年為任之人若及二年以上並全給賞所編估局官係左藏庫中門官兼本門已有賞格更不推賞　二十一日詔編估局官一員專一編打三路市舶司香藥物貨并諸州軍起到無用贓罰衣服等自來納訖牒到本局官吏將帶行牙人前去就庫編揀等第色額差南綱牙人等同本司看估時值價錢訖供申尚書金部符下六府寺請寺丞一員覆估訖經申金部[illegible]振部中廳審驗了當申金部內市舶香藥物貨等連估帳符下打套局將合打套名件一一交點打套如不是打套之物符下雜賣場經行赴左藏庫交點赴場出賣其不堪支遣無用衣物等條審覆訖省部供申朝廷指揮日下依此行下打套局一面交點打套及雜賣場徑行交點出賣施行

卷一萬九千七百八十一　二

同日詔置編估官一員請給人從酬獎並依打套官例初以左藏庫中門官兼至是以戶部言事務繁劇故有是命　十一年三月八日詔將編估打套局移出左藏庫外於南倉之北置局以上中興會要　宋朝續會要無此門乾道會要于編估打套局　孝宗隆興元年八月十七日右諫議大夫王大寶等言見議併省人吏內編估局額管手分二人難以省減打套局見管人吏二人庫經司一人編估打套局門見管人吏一人各不及分數詔依見在人且令依舊將來遇闕更不還補撥填　十月三日右承值郎監編估打套局門何倬左從政郎監雜買務雜賣場門趙粹中奏元降指揮雜買務雜賣場門請給人從依左藏庫監門官編估打套局門請給人從依雜買務雜賣場監門官獨有賞典未曾陳乞亦乞依左藏庫門體例施行從之以上乾道會要　淳熙三年二月十二日詔編估打套局專知官令以副尉赴都官注擬從大理正吳旻請也詳見職掌　四年正月一日詔編估打套局官依舊堂除

國子監掌經術教授爲送之事。爾祭酒、司業則以朝官判監事。祭酒一人，秩從四品；司業一，秩正六品；丞一人，秩正八品；主簿一人，秩從八品；太學博士三人，秩從八品；學正一人，秩正九品；學錄一人，秩正九品。元豐二十六年增正錄各一人。三十一年減博士一人，正錄各一人。國子博士一人，秩從八品；正錄各一人，秩正九品。三十一年減罷武學博士一人，秩從八品；教諭一人，秩正九品。案有三：曰廚庫，掌太學錢糧及領降書籍條册；曰學案，掌文武學公私補試、上舍發解試、升補考選行藝；曰知雜，掌監學雜務等。史額：胥長一人，胥史一人，胥佐六人，貼書六人；二十六年罷胥史一人，胥佐一人，減貼書二人。　太祖建隆三年六月詔文宣王廟依儀制，令立戟十六支。是月以國子監初開讀書，賜判監左諫議大夫崔頌并監生酒果。　太宗太平興國九年六月詔國子監所解舉人自今但習勤苦，有人兄居官食祿，不在本貫鄉里居止，監司諸知行止，便可收補發解，不必附監聽讀，即不得收不係食祿之家。　雍熙三年十一月，以國子監丞、判監事兼判清州錄事參軍李覺說爲右贊善大夫、國學校勘。　四年十月詔國子監應賣書價錢，依舊置帳，本監支用，三司不得管係。至道二年八月國子監請畫三禮圖於壁，從之。明年七月畫畢，詔文宣王十哲七十二賢像並加粉飾。　三年十二月詔國子監經書外州不得私造印板。宋史太宗紀：淳化五年十一月丙寅，上幸國子監，賜直講孫奭五品服。因幸武成王廟，復幸國子監，令奭講尚書說命三篇，至事不師古以克永世匪說攸聞，上曰：斯言是言也。上意欲切勵輔臣，因嘆曰：天以良弼賚商，朕獨不得耶！遂飲從臣酒，別賜奭束帛。　真宗景德二年五月，真宗幸國子監，召從臣、學官賜坐，歷覽書庫，觀群書漆板，及匠者模刻。問祭酒邢昺曰：國初印板止及四千，今僅至十萬，經史義疏悉備，曩時儒生中能具書疏者百無一二，縱得本而力不能繕寫。今士庶家藏典籍者多矣，乃儒者遭時之幸也。真宗曰：雖國家崇尚儒術，然非四方無事，亦何以臻此。且以書庫迫隘，與殿廡相接，因命易第中隙地十步以益之。十一月，命翰林侍講學士、兩省戶部侍郎張雍，龍圖閣待制杜鎬，諸王府侍講孫奭，於京朝幕職州縣官中舉儒術該博、士行端良堪充國子監直講者十人，太子洗馬張穎等試經義于學士院，而命之，以所舉也。三年五月詔國子監學官料錢並支見錢。山堂考索：景德四年二月癸酉，就西京建太祖神御殿，置國子監、武成王廟。祥符二年四月，並令國子監眾職勤詞學經明行

卷一萬九千五百一

一

修進士諸科各十人。前詔止開封府、河南府所隸州軍，至是本監上言，故及之。

四年二月詔河南府規度地位修建國學，候成日置學官講說，并賜經書。大中祥符二年四月二十四日詔國子監學官每夜輪一員押宿。二十八日詔凡補應出身求差遣者，須先於國學聽讀二年，滿日具名牒當官院試驗，如年及二十五以上不願在監聽讀者，依數考試所業，具名以聞。五年九月十五日詔國學見印經書，降付諸路出賣，計綱讀領所有價錢，於軍資庫送納。十六日國子監請就文宣王殿北閣閣藏太宗皇帝御書，及以皇帝御製祥瑞論、勸政論、俗吏辨刻石，從之。　明年六月閣上梁，命近臣臨觀，設會，帝作七言詩賜之，又賜二帝御書、御集模本、太宗墨迹、銷金扇四，秘之閣上，詔王曾撰記。　七年四月詔步軍司選神衛剩員十人、節級一人赴國子監灑掃，不得別有占役，月給請菜錢二百文。　六月十六日以三班奉職鄭檢為襄州鄧城縣主簿、國子監說書。檢明經善誦，朝士以其名聞，試于國學而命焉。　八月詔國子監學士應子弟在監習業者，除實是開封府外，每人召京朝官二人為保識，然後收試。其保官須具印狀赴監。　天禧五年五月詔自今國子監止差官兩員主判，時三司使李士衡為其子奉禮郎丕旦求掌國學事，詔不許，因條約焉。　七月內殿承制兼管勾國子監劉崇超言：本監管經書六十六件印板，內孝經、論語、爾雅、禮記、春秋、文選、初學記、六貼、韻對、爾雅釋文等十件年深訛闕，字體不全，有妨印造。昨禮部貢院取到孝經、論語、爾雅、禮記、春秋皆李鶚所書舊本，乞差直講官重看，搞本彫造。內文選只是五臣注本，切見李善所注該博，乞令直講官校本，別雕李善注本。其初學記、六帖、韻對、爾雅釋文等四件須重寫雕印，並從之。儒學警悟：張文節公初為龍圖閣待制，求判國子監。真宗問王魏公：國子清閑，無聽事，知白豈不良於治劇，欲自使所韻？魏公對：知白清學通曉民政，但其所守素清而畏於進取，故求此書？王曰正好為十郎。於乃命以右諫議大夫、除御史中丞。上用人如此，景德、天禧間所以名臣多也。文節公以龍圖閣待制知審院，官制寮，在京司職出知青州，遷判知潁國子監，元和云初為龍圖閣待制，仍判國子監，非也。　乾興元年，仁宗即位未改元。十一月，命龍圖閣直學士馮元同判國子監。自今更不差進下京朝官。當初近臣子弟任京朝官者多求監事，至是始有釐正。山堂考索：王子國子監蕃劉畴因近臣及宿儒典領，近歲頗任貴遊子弟。元祐任名與管庫資序差，均壬辰始命馮元同判國子監，仍詔自今無得差補廕京朝官。仁宗天聖元年八月國子監言：本監書庫雖有學官及

卷一萬九千五百一

二

內臣判崇起宮尚藥院管勾文殿崇起等各有其職掌當判監請以職須業愈專監從之仍令崇起等議舉長編天聖元年冬十月癸亥增國子監進士解額二十人 三年二月國子監言準中書劄子文選六帖初學記韻對四時纂要齊民要術等印板令本監出賣令詳上件文選初學記六帖韻對並抄集小說本監不合印賣令舊板既關欲更不雕造從之 十月二十四日判國子監孫奭馮元等言近召河南縣主簿郭稹充直講郭令發遣歸任所闕直講別擇官以聞臣等知稹文學優長履行修謹欲望且令在監分經講誦詔以稹為國學說書仍詔自今於參選人內保奏不得抽差見在任官 四年九月十二日詔講學久廢執卷者不知經義蓋激勸之未至也詔判監孫奭馮元於外任京朝官中同奏舉三五人深明經義長於講說歷任無人己贓罪者具名已聞 十六日詔特來南省考試諸科舉人令貢院召到習經義長於講說及三經已上者於試官處量行試問如貫明經旨即具姓名以聞送國子監在行試驗誠有可採當與甄擢 九年詔重修國子監命內侍張懷言宋永誠典作又以禮賓院西北隅地并舍宇賜本監以廣學堂 景祐二年三月十三日天章閣待制孫祖德言竊以國子監房廊殿宇印板書籍家事不少欲乞於直講京官內

卷一萬八千五百一

三

差一員充監丞主簿公事詔於學官內差兼領仍於在監京朝官內選定以聞 五年四月二十五日判國子監鄭戩乞益講書并吏衣殿從之長編景祐元年八月甲午詔國子監進士自今以五十人為額 寶元二年十月十三日侍御史方偕言今後所舉京朝官幕職州縣官充國子監直講乞歷任中不曾犯私罪或公罪杖以下者方許保薦及就轉京朝官後須供職四年許理為一任其見教監京朝官亦乞勘會舉到監及就轉後年月施行詔自今改官後供職四年只與外任差遣從之 康定元年正月七日判國子監宋清臣言乞於開封府管內撥田五十頃充學糧本監差官給納從之 六月五日葉清臣又言今後國子監學官有闕令本監官於外任州縣幕職官內舉實有文行者充詔從之其天章閣侍講諸王府侍講諸宮教授伴讀說書自今並不得薦國子監直講之職 慶曆元年五月同管勾國子監梁適言近制本監舉人無戶籍者聽召京朝官有出身者保三人無出身者保二人令秋賦在近而遠方寒士難於求保欲請應見任并在銓幕職州縣官非技術流外及歷任無贓入並聽為保從之長編慶曆元年八月癸巳詔國子監今歲解發進士諸科各特增二十人 三年二月國子監言自今備說書官請以四人為定額及歲所試監生不

合格且留聽讀三試不中者黜之仍請立四門學以士庶子弟為生員以廣招延之路並從之 十月詔以玉清昭應宮田二十二頃賜國子監 四年二月七日詔以上清宮田園邸店賜國子監長編慶曆四年十一月戊午判國子監余靖言臣伏見先降勅命并貢舉條制國子監生徒聽讀滿五百日方許取應每十人之中與解三人其諸路州軍並各立學處置聽學本貫人並以入學所習三百日當得解人百日已上方許取應後來雖有勅命曾到學人與免聽讀內新入學者事故給假並與勘會除破其如今來並一齣以久行為以明敎與建學校所以將入耆俊秀而訓導之由是廣學宮設學田使其專心進義以思入官之術伏緣到定所賜莊園房錢等雖立有限而來者無窮若論加廩給則支費不充若因舊日擬補貫奪者限日約定數不絕不來旅寓來心間於驅役者無勤學如不如此恐以為度量舍以待有志之士去日限所以黜貧實之人豐家有產賢之藏實士得習經之便臧之意國子監太學生徒如有請解聽讀滿五百日即依先降勅命將來取解十人之中與解三人其不滿五百日者並依舊額取解應舉所有開封府及天下州軍立州學處未就請解聽讀更不限以日數所貴來士習業務學不失其所乃詔罷天下學生員

卷一萬八千五百一

四

聽讀日限十二月戊戌詔自今解發進士太學以五百人開封府以百人為數量判開封府三百三十五人國子監百六十人並第八年分為一以科額通取至是從分而太學生數多故復開講解額以益之 皇祐四年五月六日詔國子監直講今後須選通明經義德行純至有老成之器年四十以上可與胄子為模範者充此京師浮薄之輩多依附近臣薦充此職講肄之地始成虛設故有是詔 五年七月詔國子監如聞監生多以補牒質鬻於人使流寓無行之士冒試於有司其加察驗之皇祐五年七月戊子又詔開封府國子監進士自今每一百人解十五人其試官親戚令府監互相送試開應但有服親即送別頭 至和二年十二月十八日詔國子監自今學官改官後以三年為一任願留者聽之仍不理資考 嘉祐三年五月管勾國子監吳中復言舊制每遇科場即補試廣文太學館監生近詔開封府貢舉須前一年補試比至科場多就京師私買監牒易名就試及旋冒戶籍內戶貫以圖進取非所以待遠方孤寒之意請自今遇科場補試監生如故仍以四百五十人為額從之 七月詔國子監生員以四百五十人而遠方孤寒之士多在京師其更增一百五十人 四年七月以秘書省校書郎致仕孔旼為國子監直講以近臣言其素有行義而

命之　九月十九日管勾國子監范師道言本監元額學官八人見止六
人伏見應制科錢藻頃因應舉講書中等已有朝旨候一任迴與直講近
應中制科欲乞令藻帶新官赴監說書從之
宋會要
英宗治平二年七月以三班差使殿侍莊公度爲和州防禦推官充國子
監直講以宰臣韓琦言其守道甚篤文章雖奇贍逸故也　三年四月詔
今後補試監生只就六月內了當更不許舉人陳狀乞展限從國子監請
也先是元年補到監生六百人有百一十道至三年無人請領文去失二
十道勘會自來補試只於六月內了結監牒上姓名三代取保舉人來請
時旋書填給付近歲爲多在七月比畢則已鎖試院遂爲預書之乃致
有餘因緣生弊仍有是請　是月國子監直講黎錞言本監有元年所
餘監牒一百六十道無人請領蓋舉人多有占籍開封府而無意求補
聊隨衆就試或復夾帶無藝之人同在場屋故奏名之後知不請領虛名
入額檢會祥符三年本監奏稱六典學生初入學行束脩之禮於其師國
初以來但補爲生者即納束脩二千屬監司公用又言監生及第後納錢
謂之光監然實是初入學見師之禮本非光監乞令舉人補監生並各先
納錢二千方許就試如此則非實願補試必不肯至若補中更不納光監
錢從之　六月國子監言本監每月支舊書庫賣書錢充衆官食錢庫子
粮課剩員醬菜錢并編修院醫書所諫院雕造前漢所等錢共一百四十
二貫七百五十文省乞將本監官食錢庫子粮課剩員醬菜錢并印書匠
工錢係本監事即於賣書錢內支其餘公用錢並乞於左藏庫支撥所有
書庫支遣餘錢即依條每半年納左藏庫詔今後將本監賣書錢盡納左
藏庫所合支用錢並令三司勘會出給曆子下左藏庫支　神宗正史職
官志國子監祭酒從四品司業正六品丞正八品主簿從八品各一人太學
博士十有二人（博士十人舊係國子監直講元豐三年詔改爲太學博士舊額二人）正錄各五人武學博士二人律學博士正各一人博士從八品
正錄並正九品而太學錄五人武學正錄各一人選學生無視品祭酒司
業掌三學之教法政令而監之事則丞與正分經講授審覆行藝則博士
主之舉行學規以次考選則正主之糾不如規者論選士以告於正則錄
主之凡入學先驗所隸州公據歲於孟月　中則補充外舍月書行藝季
論其可選者取歲終校定具注於籍春秋補內舍間歲補上舍則命官覆
試視其校定之數參驗而叙進人若學諭直學及齋長諭闕則選校正生

充凡試以文武習業考藝以齋學規罰考行皆通取以校定陞補歲計所
隸齋生陞降多寡爲殿最加賞罰惟律學試以斷刑聽獄無校定法錄已
仕者聽肄習爲車駕幸學則官屬率諸生班迎即行在距學百步亦如之
舊有判國判官句監及直講官其程督課試率多文具熙寧初詔用經術
取士廣闢黌舍分爲二學增置生徒總二千八百人日給以食皆有賜錢
充費而判印給納書籍有官療治疾苦有醫朝廷育才於斯爲盛及元豐
中復正官名分案八設吏　哲宗正史職官志國子監祭酒司業丞主簿
各一人祭酒掌國子監太學武學律學小學之政令司業爲之貳丞參領
監事凡諸生之隸于太學者分三舍齋長諭月書其行藝于籍行謂率教
不戾規矩藝謂治經程文季終考於學諭十日考于學錄二十日考于學
正三十日考于博士又三十日考於長貳歲終取外舍生百人內舍三十
人校定奏聞以定復試視其校定之數參驗而叙進之凡私試孟月經義
仲月論季月策公試初場以經義次場以論策試上舍如省試法凡內舍
行藝與所試之等俱優爲上舍上等取旨命以官一優一平爲中留俟
殿試一優一否或俱平爲下留俟省試惟國子生不預考選凡課試升黜教
導之事長貳皆總焉車駕幸學則率官屬率諸生班迎即行在距學百步
亦如之凡釋奠于先聖先師及武成王則率官屬諸生共薦獻之禮歲計
所隸三舍生升降多寡之數以爲學官之殿最賞罰官屬太學博士十人
掌分經講授考校程文以德行道藝訓導學者學正五人掌舉行學規凡
諸生之戾規矩者待以五等之罰學錄五人掌佐學正糾不如規者職事
學錄五人掌與正錄通掌學規學諭二十人掌以所授經傳諭諸生及專
講論語孟子直學四人掌諸生之籍及幾察出入每齋置長一人掌表率
齋生凡戾規矩者糾以齋規五等之罰其在外有斷過而證驗明者亦聽
糾之不許以自首教思原免月考察生行藝著于籍諭一人掌佐齋長道
諭諸生武學博士二人學諭二人掌以兵法七書弓馬武藝訓誘學者律
學博士二人掌傳授法律及校試之事小學置職事教諭二人掌訓導及
考校責罰學掌二人掌序齒位糾不如儀者集正二人掌集諸生名氏糾
稽課不違者凡諸學生徒皆有定數元祐初置春秋博士三年罷命官正
錄止以上內舍生充選後復置命官學正二員博士兼行規矩職事添置
掌儀以糾之職學諭直學員數及律學博士一員紹聖改元復元豐學制
命官學職悉仍舊云　神宗熙寧元年正月詔官勝庠言慶曆中太學內
舍生二百員並官給日食近年每人只月支錢三百文添廚其餘自造比

舊所費緣務即今補試諸生一百五十八方撥四五十人入學足二百員其餘試中未入學者尚百餘人遠方孤寒待次多日卻歸鄉里奔馳道路今太學齋舍空閑甚多欲乞增置生員一百人作三百數況本監歲收租課足以供贍又諫官吳中言今太學生徒以二百人為限其數甚狹遠方之士逾年待次伏乞學生不限員數庶使鄉儒日盛流化天下詔中庠再參定中等欲於內舍生二百人外增一百員名外舍生逐旋補試且令入齋聽讀仍不破官中貼廚錢候內舍生有闕即將外舍生撥填如此則有廣朝廷育才之意亦不違先降學制從之　五月國子監言自來補試國學監生以六百人為額今科場三年一開竊見開封府國學各增解名三分之一四方士人以此戰集京師欲乞監生人數亦展一分以九百人為額從之　六月又言訪聞舉人欲來本監投下家狀緣條制每人用京朝官兩員委保不得過五人欲乞京許通陳流外曾歷任無贓罪選人仍乞職官令錄許保三人判司簿尉許保二人所貴舉人依限早就試補詔選納及流外出身不許保任餘並從之（職官志元豐三年詔自今奏舉太學博士先以所業進呈五年詔國子監官並承務郎以上闕即差選人充並官並行考試請奉依八年詔罷太學保任同罪法）　二年二月臣僚上言乞

令後天下州郡學舉人欲補試于國子監並充於本處投狀官司契勘合得貢舉條制及體訪無偽濫即給公憑令自赴監更不用在京保官此稍近鄉舉里選之法詔國子監按驗不虛令五人至二人遞相委保如是假冒廿勤出科場即與施行其品官之家隨侍子弟即於隨侍處依此召官委保　十二月二十四日詔三京國子監添同判一員差知州有資序人已上須精神不至昏昧堪任幹務者充以三十箇月滿替　四年七月二十八日詔國子監直講自來執政所舉或國子監及或中書選差候將來有闕於兩制臺閣所舉五路學官內考所業優者差　十月十七日中書門下言近制增廣太學益置生員除主判官外直講以十員為額每二員共講一經委中書選差或主判官奏舉以三年為任選人到監五年與轉京官或教導有方或職事不修並委主判官聞奏當議陞黜其生自外舍等以初入學生員為外舍不限員自外舍陞內舍內舍陞上舍上舍以一百員內舍以二百員為限其生員各治一經從所講之官講授主判官直講逐月考試試到優等舉業並申納中書學正學錄學諭仍於上舍人內逐經選二員充如學行卓然尤異者委主判及直講保明聞奏中書考察取旨除官其有職事者授官訖仍舊管勾候直講教授有闕次第選充其

主判直講職事生員並第增添支食錢從之　二十八日詔殿中丞宋靖國贊善大夫呂嘉問相度錫慶院建太學從御史知雜鄧綰所請也綰言國子監粗容春秋釋奠齋庖之室不足以容諸生且於太學即未嘗營建止是假錫慶院西北隅廊屋數十間逼窄湫隘又官司未嘗革治今大新學制學者聞風坌然畢集恐不足以容乞特賜錫慶院為太學故命相其地建之　是月詔國子監直講自中書門下選差及本監主判官奏舉不拘資序任滿與堂除合入差遣又到監一年通計歷任及五考即與轉官如教導有方實為士人之所歸嚮委主判官保明以聞及中書門下考察許令再任其職事不修者許令中書門下及主判官檢察取旨不候任滿差替　十一月十五日國子監言新制增廣生員其有管勾官亦籍其材幹請以著作佐郎楊完為監丞馬碕為主簿從之　二十七日管勾國子監公事常秩言取索在監直講等前後所出策論題考校諸生試卷定到優劣等第詔焦千之等五人並罷職與堂除合入差遣　十二月一日詔每年益以錢四千貫賜國子監以增置學官生員歲用不足也　五年十二月詔國子監主判官侍制已上差判餘並管勾本監公事　八年八月一日臣僚上言國子監保試只試一場一千五百餘卷學官八員詳撥出

之日只以二日考畢雖恐滯舉人而考校必須精審詔國子監今後定之日限　九年二月二日修貢舉勅式練亨甫言自來諸路舉人於開封府冒貫戶名應舉計會書鋪行用錢物以少約之亦不下六七千被告訐則抵犯刑憲終身有司雖明知偽冒終不能禁止今來國學開封府既是保試將兩處解通取舉人且皆願於國學補試應舉緣補試多不中者名不用貫戶則無處試是猶未免前日之弊也今欲遇科場除國子監三舍生外並令實通鄉貫十人為一保召保官一員委保於國子監納充監錢三千給牒應舉其錢充試院及別集賜錢等支用如此施行不唯公私皆便且使士人進身之初無偽冒犯之累稍還行實其餘風化不為無助國子自來請監牒納充監錢二千一百六十文今既與免補試貫戶煩費只令納錢三千則人情欣然極為便利從之　十一月二十五日知諫院黃履言國子監每歲賜錢一萬四千貫供贍外舍生及諸般支用切見本監有編勅經義充監三等錢共及萬貫見在欲乞并自己後收到合本監逐旋置房廊莊課候將來置及歲賜錢數則三等錢依舊拘管及充監用而歲賜錢可罷從之　十年二月十三日詔國子監上舍生自今應補中優依學實及一年無犯學規第二等已上過委主判同學官保明與免解從

上不得過三十人，內於貢舉自合免解者與免省試一次，已該免解後又在學及二周年已上別無公私過者並免省試。元豐元年正月十一日，詔國子監丞、主簿省一員。十七日，詔自今學官非公筵不得循放樂，皆從知永興軍呂公孺請也。十二月五日，建州進士虞蕃上書言：太學官不公，校試諸生陞補私驗，其赴太學常以巳入而午出。陛下日覽萬機，書筵勸講尚不數年而講畢，今講官講周禮七年纔及四卷。又言：論語、孟子道德之所在，陛下設科使參大經，今未始有講，乞今講官依講司例早入監，仍集諸生問答，間日一升堂，代職假不停說書，及非假故毋因循廢講。詔不公事委開封府根治以聞，內申請事令國子監主判官相度。　二年二月十七日，判國子監李定言：直講以傳授經術為職，乞不合管規矩事。從之。　五月二十二日，詔權御史中丞李定同根治太學獄。　七月一日，同判國子監張璪言：太學內舍上舍生中選者免解試或免禮部試，皆以直講考校，不無挾情容有私取，請自今補內舍上舍皆自朝廷差官考校。詔送詳定學制所。　八月二十二日，詔益太學生員舍為八十齋，每齋屋五間，命入內東頭供奉官宋用臣董管脩展。　二十九日，詔看詳太學條制所有國學條貫與見脩學制定為國子監一司勑式。　九月二十五日，右

卷一萬九千五百三

九

正言、知制誥張璪判將作監。上批：璪見領審官東院、國子監，朝廷方議增嚴太學規矩，非久須降，須賴主判之官以時督察，庶幾成就。東院注擬差遣拾有條例，職事頗多，宜改差璪同判將作監，令專意推行學制。　十二月十八日，御史中丞李定等言：切以取士兼察行藝，則是古者鄉里之選，蓋藝可以一日而校，行則非歷歲月不可考。今酌周官書考賓興之意，為太學三舍選察陞補之法，上國子監勑式令并學令凡百四十條。詔行之。初，太學生檀宗益上書言太學教養之策有七：一尊講官，二重正錄，三正三舍，四擇長諭，五增小學，六嚴責罰，七崇司業。上覽其言，以為可行，命定與畢仲衍、蔡京、范鏜、張璪同立法，至是上之。太學置齋舍八十齋，齋容三十人，外舍生二千，內舍生三百，上舍生百，總為二千四百。生員入學，本貫若所在州給文據，試而後入。月一私試，歲一公試，補內舍生，間歲又一試補上舍生，騰錄封彌如貢舉法，而上舍則學官不與考較。諸齋月書學生行藝，以師教不戾規矩為行，治經程文合格為藝，齋長諭、學錄、學正、直講、主判官以次考察籍記。公試外舍生入第一、第二等，參以所書行藝預籍者陞內舍；內舍生試入優、平二等，參以行藝陞上舍；上舍三等，俱優為上，一優一平為中，俱平若一優一否為下。上等命以官，中等免禮部試，下等免

試，以陞補及行藝進退計人數多寡為學官之賞罰。糾陞舍為嘉者論如違制律，不用去官赦原。學正增為五人，學錄增為十人，學長諭以學生為之。　三年正月十七日，詔改國子監直講為太學博士，每經二人。　十九日，增國子監歲賜錢萬五千緡，以國子監言歲費錢三萬七千緡，而所入纔二萬三千緡故也。　二十七日，詔國子監莊田屋租並隸逐路轉運司、開封府界提點司，依錢數認見錢歲送納監。　二月九日，詔國子監置書庫官，復置主簿，增監廚使臣各一員，增歲賜公使錢并舊為十緡，增巡宿制員并舊為二百人。並從之，以看詳學制所請也。　二十二日，詔自今奏舉太學博士，先取所業進入。　四月二十八日，詔增國子監歲賜錢六千緡，初給外舍生食，人月為錢八百五十，至是增至一千一百故也。　五月三日，編修學制所言：奉旨示勢要及國子監、太學官親屬許不以鄉貫就開封府應舉之法，臣等看詳，監以國子為名，而無國子教養之實，恐未稱朝廷建學育才之意。乞凡勢要官親戚並令入監聽讀，以二百人為額，解發毋過四十人。從之。　八月十九日，進士黃之美上直言策，其一言：太學博士有易經而講者，或兩人同講一經，而一善一否，則一人為講義而分講之，或未嘗治經則假手為講義以講之。詔中書委官立法。　四年七

卷一萬九千五百三

十

月二十七日，國子監言：學生入學，乞令同縣五人以上為保，如犯第一等罰，不覺舉者與同罪，許人告，賞錢三百。若未入學以前違礙，亦準貢舉法。從之。　五年正月十七日，太學言：生員龔鼎等五人曾經府斥，未嘗叙雪而改名補試入學，緣並不出學實歷一舉。今後並同入學者從一年。　五月一日，詔國子監官差承務郎以上，如無，即差選人，差正官立行守試請受法。　十一日，詔起居舍人蔡卞兼權國子司業。先是有詔，立縣差除嚴主判處新官未到，官局發事如太學之類，可逐差官權領，故有是命。　六年三月二十二日，上批太學博士員闕，進呈以劉榮、黃裳為太學博士。比據御集，三月二十二日，神宗改正官制，員闕多歸吏部，以謂不可盡拘增損。曾孝寬以吏部尚書對，戒飭甚峻。孝寬云：適有一事須奏稟，比有太學博士闕一人，臣以為可以與選而無恩例；一人臣以為不可為，以恩例當得，法行之。初不敢申請，故欲面稟。蓋可與選者狀元葉祖洽，乃無恩例不可占射；不可為者獲賍改官人，臣希以恩例當在祖洽之上。神宗默然，即日批付中書，太學博士並堂選。此據遊記，舊接八月十六日，乃自鄆州召孝寬為尚書，此時未也。又八月二十二日，祖洽見在國子監丞，劉銅記舊必誤，或誤指黃裳為祖洽也。　五月八日，國子司業朱服言：養士莫盛

於太學，而士鮮能知射。今武學教場隸本監，欲聽學生每遇假日習射。」從之。八月十二日，前許州胡城縣尉周諤言：「欲罷試太學博士，選於教官。教官則選試於上舍內舍及改科以來省出身進士。又乞嚴太學補試之法，士當與鄉舉者，不必補而後入。」詔中書省記姓名。七年八月二十二日，權國子司業朱服言：「天下郡縣之學皆隸本監，四方之士多出太學。將來禮部試應諸路舉人群集京師，自以不在學籍，無糾禁稽察之法，循緣舊習，浮靡寡恥，召本學生交雜，相為掩蔽，難以辨究。乞應舉人到京，試有顯過虧損行義，若博奕鬬訟、使酒不檢、過為飛語譎訕朝政，委本監檢校聞奏，比附學規殿舉。」從之。八年十月十八日，禮部言：「舉人有永停取應及殿舉未滿，未得入學者，欲令應舉入學。」從之。十二月二日，詔罷太學保任同罪法。哲宗元祐元年三月十四日，詔太學每歲公試，使司業博士主之，如春秋補試法。前此鎖院，如科場制，諫官以為言故也。四月十七日，國子監言：「太學生員犯規屏出學，情輕滿三年及告假踰限除籍者，自來並各依條補試入學。今來該登極大赦，其犯學規未得入學人，情理可矜者，取朝廷指揮，依舊入學。本條即無補試之法，欲乞為兩等：其身自犯者，仍依學令補試入學；其係與保人連坐者，更不補試。」從之。五月二

卷一萬九千五百三 十一

日，左司諫王巖叟言：「太學生乞罷一年之限，補中人並許應舉。」詔國子監立法。十二月十二日，詔試給事中兼侍講孫覺、試祕書少監顧臨、通直郎崇政殿說書程頤同國子監長貳看詳修立國子監太學條例。六月十八日，詔太學置春秋博士一員，令本監長貳奏舉。七月十日，看詳編修國子監太學條例所奏乞太學生令次科場，但元豐三年興學後在學通及一年者，許取應，內因假違限落籍生員，應歲遠其中不與還員，今欲乞將應落籍該取應之人，令召命官一員或在學生員二人保識，赴國子監出驗。從之。八月十二日，詔以鄆州處士王大臨為太學錄，以司馬光薦大臨通經術，而嘗召不起故也。二年六月二十六日，禮部國子監言：「止善齋學生虞承烈於元豐元年中嘗告論本學外補事，請特賜屏斥。」從之。七月八日，詔內外學官選年三十已上，歷任八考，從御史中丞胡宗愈請也。三年五月十六日，詔國子監置長貳，除寺監長貳並互置。七月二十六日，詔朝請郎盛僑依舊國子司業。僑自司業除楊王府侍講，國子監奏留，從太學生之請故也。四年六月十八日，詔今後太學正錄並依熙寧法，選上舍生充。上舍闕，選內舍生。其見在人候任滿日罷，已差下人別與差遣。五年十二月十八日，殿中侍御史岑象求言：「國子監生員無叩闕師資之益，學官不以訓道為己任，及關補試伺察不嚴，不無假手之弊。」詔禮部相度以聞。六年九月五日，本部言：「欲令生員遇有請益，許見長貳，召生員以所納斷課於講堂上指諭，并委博士逐月廵所隸齋考學生所業。凡私試不鎖宿，欲令不罷講說。」從之。六年九月六日，禮部言：「應補外舍附私試大義日願試詩賦者，附第二場，仍各為號，博士鎖宿自引試，日後剗限考校，千人以上限止十日，每少百人減一日，人數雖少，即不得減過五日。取文理通者為合格，長貳與考校，封彌官同驗號拆封注籍，曉示，仍申三省、禮部。」從之。十月八日，詔兗州錄事參軍鄭真鄉縣監國子監書庫，不得為印。十五日，剏獻景靈宮退，幸國子監，詣至聖文宣王殿行釋奠禮，一獻再拜。幸太學，御敦化堂，召宰臣、執政官、親王、從臣賜坐，禮部、太常寺、本監官承務郎以上侍立，承務郎以下三學生坐于東西廡。侍講吳安詩執經，國子祭酒豐稷講《尚書·無逸》終篇，復命宰臣以下至三學生坐，賜茶。國子監進書籍凡十七部軸，上命留《論語》《孟子》各一部，遂幸昭烈武成王廟酌獻，肅揖禮畢，還內。是日，賜豐稷三品服，本監官、學官等賜帛有差。先是，翰林學士范百祿轉對，請視學，故有是舉。長編：哲宗元祐七年六月癸丑，禮部狀，近準都省批狀，出舍開封府遇科場歲，多有四方舉人冒貫戶名取應，及太學生員依條須在學及一年方預就試，其間有未及一年之人，亦不免有寄貫取應之弊。檢會舊制，國子監取應舉人元於廣文館補試給牒取應，今欲復置廣文館生員，令再行看詳聞奏，廣進士解額一百人，即乞依舊外橫本府鋪科二百人，為國子生四十人，共為二百四十八解額，並發屬廣文館，廣文館生員以二千四百人為額，並聽國子監狀，太學生員上舍一百人，內舍三百人，外舍二千人，元祐五年發解滿舉人每五十人四厘二毫一忽解一人，詔依禮部所申，今後太學人并國子監生解發，並依元祐五年發解取人分數施行。

卷一萬九千五百三 十二

紹聖元年三月四日，詔今後內外學官選進士出身及經明行脩人充。九日，監察御史郭知章言：「先皇帝崇尚儒術，增廣庠序，設三舍之法，患上舍生上等中選者有取旨推恩之例，然擇之至精，俟之至久，故其得者亦難。自元豐以來十餘年間，上舍生推恩者林自一名而已。誘進激勸之法，莫善於此。元祐新令推恩之例已罷，士論惜之，宜復元豐上舍推恩之例。」詔太學合格上舍生上等推恩，免省試，每次科場不得過二人，仍附春榜人數，餘依元豐二年十二月指揮。閏四月七日，詔太學合格上舍生並依元豐二年法，內上舍上等該推恩注官者，每年不得過二人，免省者每舉不得過五人。

免解者每舉不得過二十人，仍先看試驗解額內人數，並依補中年月高下為次。其元祐法勿用，餘三舍升補等法，令禮部、國子監推行舊制。職官志：紹聖元年，又詔內外學官選進士出身及經明行修人。又詔學官並召試。國子監長貳、臺諫官、外監司皆許薦舉。二月甲午，罷廣文館解額，展科國子生四十人，發還本監。從之。　五月十三日，左司諫翟思言：「熙寧初，除諸路學官，與吏部、太學博士、正、錄，雖有明選，將除，然類令國子監長貳薦舉，考所業，致第高下，以次除授。復立試法，以蠹材實，其進士發解、省試、廷試在十五人內，太學上舍內舍職事者，並令召試。不在此例許投所業，國子監考藝，亦頗召命，雖取之甚難，然一時所得皆公議之所與。元祐以來罷去試法，時行除授。請自今除學官，依舊法召試，更不令自投所業。在內許國子監長貳、臺諫官，外則監司皆得薦舉，上副陛下教養之意。」從之。　哲宗元符元年正月三日，詔有官人許入太學充監生，於二百人額內，不得過四十人。　二月十六日，刑部言：右治獄勘到得解進士蘇天民與高茂持補太學外舍生，國子司業虞文安作遂人，自首牒送所屬。詔蘇天民、高茂各分送鄰州編管，虞文特衝替。　四月二十七日，國子監言：乞今後科場及太學公私試，將所存留三分解額均作十分，先取二禮，令格人不得過五分，次取他經。從之。　七月二十一日，中書舍人趙挺之言：考試教導之官，願踏為五經，國子監請試兩經，試卷各為字號取，俱入等者為合格。詔令後試三經，餘從之。　二年五月十七日，太學生楊昊等言：太學試經一尊元豐法度，獨解名元額未蒙舉行。詔依元豐七年例分數取人。　九月二十一日，詔太學上舍推恩，並依元豐法，所有元祐法考察試中上舍人與免文解。　元符元年七月七日，詔學官歲一試。　八月十七日，禮部、國子監言：請太學三舍生祖父母、父母在九年不歸者，許自陳給假省侍。從之。　九月十二日，詔太學三舍生今後並依元豐學制，罷行考察，依舊條推恩。從三省請也。　二年二月二日，國子司業龔原等言：太學公試除依元豐舊制差試官、監試、輪差博士五員入院外，乞朝廷差官五員同共考校。從之。　三日，禮部言：國子司業試仲等言：太學上舍生係元豐學制考察試中，依元豐者只依元祐條與免解。本部看詳：內舍生已依元豐公試，緣已是各隨新舊條制陞補，其內舍生已全用元豐學制，外舍生考察陞補，充內舍之人自合依元豐條考察及試上舍。外內舍學生已係用元豐學制自外舍考察後，知用元祐公試入等陞補作內舍者，並依舊充內舍。候補中上舍，該推恩日，只依元祐法。從之。　五月十八日，國子監言

輯：卷一萬九千五百二　廿三

應本學正、錄係奏差職官、知縣縣令人，已經陞改後差者，並依元豐舊例與理合入資序。從之。　六月十七日，右正言劉拯言：太學博士並朝廷選除，正、錄有闕，亦從試補。詔令國子監斟元豐條立法以聞。　十月二十九日，禮部言：元下國子監自來年春季仍舊季補。從之。職官志：元符二年，罷春秋博士。三年，詔辟雍置司成、司業各一員。四年，詔辟雍待四方貢士，處學之卿，太學教養上舍生在王城之內，內外既殊，高下不倫。辟雍有司成，而待郎之次，國子有祭酒、司業，列于卿少，事體未順，合行釐正，改辟雍司成為太學司成，總國子監及內外學事，凡學之事皆許專達，仍立學官竭榮。　三年，徽宗即位，未改元。三月十一日，禮部言：太學生請長假，乞依元豐四年二月二十九日指揮，除出程限。從之。　十一月二十七日，詔復置春秋博士，崇寧七年省罷。　十二月二十一日，禮部言：考功員外郎蔡居厚奏：乞太學今後四季補試外舍生只就本學考校，仍罷謄錄，依元豐舊法施行。國子監勘會元豐學令，補試外舍生係試大義一場，今比元豐法增添論一場，依太學私試，並立謄封彌、律學巡鋪、指揮監門。從之。　八月二十五日，禮部言：國子監生員乞將前舉科場後已曾在學一年後聽試見上預待闕、注官，許令作在學人取應。從之。　九月十五日，三省言：太學生自元祐改用詩賦以來，不得專意經術。又試補之際，麋視不嚴，考校之官不復精選，取人猥多，致使來補中之人無闕可陞，動淹歲月，方得入學。今既罷詩賦，專用經術，又撥開封府解額盡歸太學，其在學解額視陞所教養之士，宜當如元豐興學之初。應日前在學生並元重行補試，依元豐舊例，應係籍生員，令年冬及來春補外舍，並自朝廷差官考校。已係籍人所取不得過三分，新補不得過一分半。已係籍人經補試一次不中者，再試並依新補人例。　二十三日，詳定重修勅令所請依舊令國子監印賣編修勅格式，命官并習刑法人許置。　十月八日，詔太學上舍生並免再試，其恩例各依舊條，內舍人除元豐年陞補人免試外，餘並令再試，如再試中，即與依舊充內舍。所有公舉得解生員并元豐年補中外舍人亦並免再試。　十二月十八日，翰林學士承旨詳定國子監條制蔡京言：奉勅詳定國子監三學並外州軍學制，今修成太學勅令式二十三冊，以紹聖新修為名。詔以來年正月一日頒行。　建中靖國元年十月七日，臣僚言：伏覩熙寧、元豐中所除太學官並係朝廷高選，自元祐中除授既濫，紹聖中患之，遂復舉行學官選法，其元祐所除無出身人免內外學官者，一切罷去，而近者內外學官除授復輕，欲望見今無出身人，別與合入差

輯：卷一萬九千五百二　廿四

選一依元豐選格施行伏覩神宗皇帝重修太學嚴立選試之法考校官雖委太學博士至與隣試院官却有自朝廷選差及於內侍省差官關防嚴密自元祐中一切廢弛紹聖中置院差官痛革元祐之弊而近者因臣僚上言罷去此法至今入學補試關防之法至為苟簡欲望詳補外舍生一依元豐舊法伏覩神考元立三舍法及國子生員額各有多寡以為陞進人材之序並有意義令東國子監起請以附內舍生及國子生員闕增涉外舍生未合撥入人數及將在學年月滿參長假學生勒住不令依名次撥入却先撥年月未滿之人即非元豐所立條意乞改正施行從之

崇寧元年十月二十七日宰臣蔡京言奉詔天下皆興學貢士以三舍考選法遍行天下聽每三行貢入太學上舍試仍別為考分為三等若試中上等補充太學上舍試中等下等者補充內舍餘為外舍生仍建外學於王國之南待其歲考行藝陞之太學令具外學條件外學官屬司業一人丞一人博士十人學正五人學錄五人職事人係學生充學錄五人學諭十人直學二人齋長齋諭每齋各一人外舍生三千人太學上舍一百人內舍三百人欲候將來貢試到合格人即增上舍作二百人內舍作六百人處上舍內舍於太學處外舍於外學外學置齋一百講堂四每齋五間三十人太學自訟齋合移於外學別置諸路定到並入外學候依法考選校試合格升之太學為上舍內舍生見今太學外舍生且令依舊在太學候將來外學成日別取旨揮外學並依太學勅令格式施行從之

卷一萬九千五百二

十五

二年二月二十九日臣僚言乞詔有司每遇有剏書手詔音詞並同貢功罰罪事跡錄付進奏院本院以印本送太學并諸州軍委博士教授揭示諸生從之

三年正月九日中書舍人薛昂言竊見太學外舍生日破錢二十八文內舍又加二文米麵蔬肉薪炭料物之直盡在其中契勘朝廷歲賜錢三萬五十貫贍給生員每年支用不盡欲望特詔添給太學上舍內舍外舍月給食錢各添四百文

十一月四日韋太學遂章辟廱詔國子司業吳絪等轉官改官循資賜章服文武學生授官免省試免文解賜帛有差先是十月六日禮部太常寺參酌修定儀注皇帝詣國子監謁至聖文宣王陳設有司豫設皇帝行禮御幄於廟殿之東南向又設宰臣已下從官及禮部祠部郎中太常寺丞官本監并太學官幕次於國子監門外近東量地之宜至日太常設籩豆酒尊香燈等各於神位前如儀行事其日皇帝服靴袍乘輦將至禮祠部郎官太常本監并太學官學生迎駕起居車駕由國子監門入至御幄降輦皇帝歸御幄禮直官太常博士太常卿

立於御幄前東向禮直官通事舍人引宰臣親王開府儀同三司執政官御史臺太常寺閤門引尚書侍郎兩省侍從官殿中監以上宗室正任以上武臣觀察使以上并起居郎舍人諸廷官禮祠部郎官太常本監并太學官各入殿庭北面重行立定閤門報班齊太常卿詣御幄前俛伏跪奏太常卿臣某言請皇帝行酌獻之禮奏訖俛伏興簾捲禮直官太常博士太常卿前導皇帝出幄陞自東階詣至聖文宣王神座前太常卿奏請皇帝跪又奏上香再上香三上香侍臣執爵詣酒尊所太官令酌酒以授侍臣侍臣跪以爵進皇帝受爵三祭酒奠爵俛伏興太常卿奏再拜皇帝再拜贊者曰拜在位官皆再拜太常卿前導皇帝降自東階歸御幄簾降太常卿詣御幄前俛伏跪奏太常卿臣某言禮畢奏訖俛伏興簾捲皇帝出幄乘輦赴太學禮祠部郎官太常丞博士及本監太學官分詣殿上設坐十哲及兩廊從祀分奠如常儀幸太學所司豫於敦化堂之後設次一又設次一於堂上稍西當中南閣南向內鋪御座又設宰臣親王開府儀同三司執政官以下至殿中監及觀察使宗室正任以上並起居郎舍人講筵講書執經官禮祠部郎官太常本監并太學官坐于御座之南東西重行異位太學生座於東西兩廊供相向并北上又設宰臣以下從官次

卷一萬九千五百二

十六

於中門之外至日皇帝於文宣王廟酌獻禮畢乘輦幸太學入至敦化堂上降輦入次簾垂更衣幞頭儀襴禮直官通事舍人引與講官皆繫鞵侍立官同入就堂下北向位講書執經官學生各於堂下東西相向立候閤門報班齊皇帝出次陞御座班首奏聖躬萬福應在位皆躬身應喏訖閤門使詣御座前班首承旨臨階西向宣陞堂訖退通事舍人唱拜宰臣親王開府儀同三司執政官尚書侍郎兩省侍從官從殿中監以上及禮祠部郎中太常本學本監官重行北向再拜訖分左右陞堂各就位後少立起居郎舍人分左右侍立禮直官通事舍人引講書及執經官就北向位班首奏聖躬萬福閤門使宣陞堂舍人唱揖講書及執經官再拜訖分東兩陞堂分立於御座左右講書官在東西向執經官在東西向相對學生就北向立舍人唱拜在位者俱再拜分立於東西兩廊皆北上內侍進書案以書授執經官稍前進於案上舍人唱拜就坐宰臣以下并堂上坐位閤進閣門供進講書官講畢通事舍人曰可起群臣皆起並降階分東兩相向立執經官降階講書官於御座前致祠訖降階北向通事舍人唱拜如有宣答即再唱拜起居舍人降階並歸本班閤門使宣坐賜茶通事舍人禮直官引宰臣以下至起居郎舍人講書執經禮祠部郎官太常本

監并太學官各就北向立通事舍人喝拜宰臣以下再拜訖陞堂各立於位後學生各就北向位通事舍人喝再拜應在位官皆再拜訖各分東西廊以北為上立舍人喝各就坐上下皆就座賜茶畢禮直官通事舍人引堂上官降階就北向位通事舍人喝拜在位官俱再拜訖禮直官通事舍人引以次出學生就北向位通事舍人喝拜學生俱再拜訖退若有特旨臨時謝恩皇帝降座還次以俟皇帝服靴袍乘輿赴辟廱禮部郎官太常寺太學官並赴陪位立班其太學生並赴辟廱皇帝詣至聖文宣王殿東御幄前簾捲皇帝出幄禮直官太常博士太常卿前導皇帝陞殿詣至聖文宣王香案前太常卿奏請皇帝上香再上香三上香又奏請再拜皇帝再拜贊者曰拜在位官皆再拜訖禮直官太常博士太常卿前導皇帝臨御幄簾垂以俟皇帝幸辟廱訖還內如來儀從之　十六日宰臣蔡京等言伏覩車駕臨幸辟廱親書手詔面賜國子司業吳絪等乞下有司摸勒刊石頒賜諸路州學從之　四年七月一日詔罷三京國子監官各置司業一員　五年正月二十四日詔罷書畫筭醫學令附於國子監　大觀元年三月二十四日翰林學士薛昂言按唐六典國子監有博士助教之置國子博士四員國子正錄各二員與太學官分掌教導從之　九月十五

卷一萬九千五百二

十七

日又言乞國子太學辟廱博士共置二十員各以易詩書周禮禮記為定額國子并太學每經一員辟廱二員并選元始經登科人從之　二年五月二十日中書省據學制局狀奉御筆古之學者三年通一經至十五年則五經皆通熙寧中迪士以經術則　故止專一經今已三十餘年士益習矣思得多聞博習之才而應專門之流弊可自今學生願兼他經者聽之兼經多者計所多量立陞進之法使天下全材異能得以進焉尚書省劄付學制局修立到諸學生本經外願兼一經或二經等條奉御筆批閱所著法頗叅而難行士固有皓首終身通一經不能究者兼習五經蓋以待博識多聞之才是為難能不可立為常法應兼三經以上所在學考選校定在學一年取分數多人行之中兼有行實每路歲貢二人入太學長貳審試以聞量材按用其在學生願兼一經者聽臣等今依御筆旨揮修立兼經之制經術深妙既令兼治恐當更俟以漸今修立諸學生本經外願兼一經或二經者聽臣等看詳本經之外各兼一經則五經已有二十五色（謂如本經治易而兼詩書或用禮禮記之類）又有兼二經則其色額又多若於試卷內則見其色額之異則就試人姓名灼然可見又況州郡人少去處則私弊尤難關防今將本經與所兼經每季輪與一經就

試（謂如本經治易而兼治詩則正月試易義四月試詩義之類）則卷子內不見色額之異可以久遠通行不致私弊今修立諸私試經義以所習經及兼經輪以一經就試右並入太學辟廱諸路州學通用令臣等看詳今來兼經既係別為獎勸之制則所兼之經多少不同所應之人有無不一若試選兼經之法一槩施於州郡之學則節目既多事難齊一況州郡學校私試已閱習其文藝至貢士舉院試華別為一項逐經分場引試庶得要而易行可以經久免試論語孟子以中二經為上等一經而在十名內者為中等餘為下等別牓曉示諸內舍生兼經曾入第二等以上者聽與貢士兼經人同試諸兼經雖試中而本經不與貢士舉陞補者不在類聚比校之限右並入太學辟廱通用令貢士舉院試兼經每經十五號取合格者一號右入太學辟廱通用格諸兼經人初入州學以狀自陳別為一籍曾入第二等已上者具所中經候陞貢日教授據籍契勘例於貢狀右入諸路州學令諸兼經人曾預貢士舉院試入上中下三等者遇釋褐或殿試唱名日別作一項具名聞奏右入太學辟廱通用令御史唱名者上舍釋褐人曾與貢士舉院試兼經人上等者與陞一甲（本甲上名不及十名者仍通陞十名中等陞十名下等陞五名已上如係第一甲名即使不陞）

卷一萬九千五百二

十八

乃並與內外學官之選右入三省通用令從之　八月二十七日上批國子監印造監本書籍差舛頗多兼版缺之處筆吏書填不成文理顯行州縣錯賜外夷訛謬何以垂示御大司成專一管勾分委國子監太學辟廱官屬正錄博士書庫官分定工程首以歲月刊改校正疾速別補內大段損缺者重別雕造仍於每集板末注入令來校勘官職位姓名候一切了畢印造一監令尚書禮部覆行抽摘點檢具有無差舛保明聞奏令後新行書籍仰[illegible]淵明不得奏乞差官置局令貼改毛詩一冊降出　三年四月八日知樞密院事鄭居中等言修立到國子監太學辟廱勑令格式申明一時旨揮之冠以大觀重修為名付尚書禮部頒降從之第一卷內為國子生隨行親着及一年其吏部出官試可與免（職官志詔諸路賦舉殿試並赴殿在京學事見用）　四年二月九日禮部尚書鄭久中大司成汪澥等言大觀二年國子生校定契勘展季升補之人公試分數若不理為內舍考察緣本條與四季人通取及言外舍生公試應升補即是四季三季之人包括在內如合依辟廱就試即去年國子生校定卻行改正格易升無虛致紊亂兼被去取之人至有詞訴乞或自今復行從之　八月十二日詔博士太學五員國子五員辟廱十員率以二人共講一經及

如國子博士專掌訓導國子生隨行親生員既少職事甚簡兼國子生隨行親並處太學可就委太學博士兼領其國子博士並省併辟廱博士亦省五員以五員為定額命官正錄太學各三員辟廱各五員其學錄自有學生充職之人可大學省命官學錄一員辟廱省命官學錄二員國子命官正錄各二員令既省博士即命官正錄亦難專設可就委太學正錄兼領辟廱自有學生直學四人其命官直學可省辟廱見差巡檢使臣一員兵士一百人本以修置辟廱之時權宜設置巡察賊盜自後因之為永遠窠名專令管幹辟廱地分不唯地分狹小職事太簡兼自有城南巡檢管認地分顯屬冗占官兵其辟廱專置巡檢官兵可行省罷國子監庫官元豐紹聖間並不曾設置自崇寧二年創差一員後來辟廱援例所管事務不多可就委指使主管庫官省罷國子監公厨使臣紹聖格止二員崇寧後來養外舍於辟廱太學生員數少公厨事務顯簡於崇寧四年添置一員顯屬員冗可省後來復置官一員私試謄錄起自迺歲元豐紹聖曾所未聞太學辟廱月試可並依紹聖格施行吏不謄錄　閏八月二日尚書省言勘會吏部見行選試學官除數授係投所業見依條政試施行其試太學博士正錄係取應選人奏擬召試若令吏部逐旋奏擬召試切慮

卷一萬九千五百二

十九

迤試不及詔今吏部將應選合該召試之人一面牒示召試　二十三日詔裁減閑學長貳職事減官大司成十五員祭酒司業各八員　政和元年五月七日詔兩學博士正錄依元豐舊制選試朝廷除授　二年正月二十七日臣僚言元豐六年召試學官六十餘人而所取纔四人皆一時知名士程文具在至今人皆誦之大觀四年政和元年秋試學官大率三人取一校之元豐無慮數倍乞自今學官每十人取一從之　五月二十二日詔大司成張邦昌降兩官提舉西京嵩山崇福宮國子祭酒路瓘國子司業韋壽隆默兩仲並降兩官送吏部皆以訓導無素生徒犯法故然之　八月十一日臣僚言師儒之官比年立試選之法歸之吏部陛下旋命參以選格皆自朝廷除授獨試學官之法尚未開罷去士之由學校以進者上舍不入上五名升補不與上十名殿試不在甲科職事未嘗與選與夫公試不與上三名之類往往無復學官之選大選之如是之難而一試之僥倖通邁得之則其難易不等又曉然矣伏望罷去試選之法惠取於學校從之　三年四月三日宣義郎黃冠言今天下士自鄉而陞之縣學自縣而陞之州則通謂之選士其自稱則曰外舍生而陞之內舍則謂之俊士其自稱則曰內舍生而貢之辟廱然後謂之貢士其自稱也亦以

是世之商賈工技巫醫卜筮進士之名者固不待禁而止矣從之　閏四月四日手詔迺覽大學生私試程文詞繁理寡體格卑弱言雖多而意不逮一幅或二百言用之字凡二十有六焉文之陋於此為甚自今太學辟廱師儒校試考選自後有犯無之文理縱復合格亦居下流　五月二十四日詔太學辟廱有官學生如升補上等依有官人附貢上升二等差遣賜上舍出身文行優者取旨推恩從大司成劉嗣明請也　七月六日尚書省言檢會從事郎陳州教授李璆狀自崇寧元年補試入太學四年十一月緣父蔭補太廟齋郎大觀元年第一等升補內舍當年冬成上舍上等校定政和元年赴上舍第三人合釋褐人數承朝旨合俟殿試政和二年殿試賜第一等上舍及第伏覩學令節文諸有官貢士附試合格者上等升二等差遣及同年有官附試上等入李綱已蒙推恩了當詔李璆依李綱例與承務郎仍除國子博士　十二日臣僚上言今後應學生非實有請益而輒至師長位周而有所干請者嚴行規罰詔依奏有犯依學規第一等罰　四年四月九日詔辟廱太學按樂于庭八音克諧司成劉嗣明班序恩數可依直學士例司業以下並轉一官選人循兩資學生量與推恩仍召兩學生赴公相聽宣示　五月二十四日吏部言勘會近承

卷一萬九千五百二

二十

勅蔭補入官人在學及一年許參選本部相度欲乞除太學人合理入學月日外其在諸州軍府入學年月之人並不理從之　六月十三日尚書省言契勘諸州升貢士具奏狀並貢籍自來多隨貢士赴闕間到辟廱本學致行點檢貢狀間有不合升貢之人遂行駁退回州不唯本人道途往返勞役及有因而歸非妄亂陳訴致虧士行詔令諸州候升補上舍年限十日具應貢之人依貢狀式急遞至辟廱預先點檢若有違礙限當日入遞行下本州更不升貢　九月二十三日臣僚言伏見大觀學法職事受賂已有明禁通者大學小學教諭受賕論而州縣學校獨未及之詔太學辟雍州縣學職事人應受賂並依政和四年二月三日小學旨擇茶果酒食之類皆是　五年二月一日詔禮部尚書白時中侍郎殘崇員外郎翁彥深尚佐均大司成劉嗣明國子司業陳詢監丞高述各降三官嗣明知潁州詢送吏部以言者論其申請欲以國子兩與上舍者並依太學內舍三試之法陞選太俊得令供析故有是命　四月五日將作監陳奇言昨因繕修國子監三學竊見監門內舊有碑石刊建隆三年重修監記遂令一百五十餘年碑亭頹然與門牆殿閣例皆敝漏今修完已見次第雖已許建亭立碑緣未曾差書撰官詔差馮熙載書撰　二十四日國子

監辟廱奏臣僚言自今後士人有犯規制屏之待其改過自新於屏斥年限不復犯罪然後可復收於籍詔令國子監辟廱立法今修立下條諸學生於屏斥限內犯罪而經決而情輕及經赦會恩原者杖罪別理三年徒罪五年以犯日為始數教授當量提舉學事司驗實聽入即犯不孝不悌假名代筆緣學士請託若有私及受贓者不在當量之限從之　九月二十七日大司成馮熙載等言昨來國子監奏請長貳遇入局日分陞諸堂月諸五齋詔辟廱依此　六年七月二十一日詔以御書大成殿榜付國子監揭之仍許宰執侍從往觀　明年大司成王孝迪請摸刻入石置善閣下從之　八月八日臣僚言頃詔中外師儒之官詳論誘之方明者選之法凡程校文藝大槩以熙豐為標準體制各隨其所長務得通經篤學之士黜浮偽剽竊之文以矯除之庶得真材實能以待朝廷之用詔劄下太學國子監辟廱　十五日詔令太學辟廱提舉學事司自今有人材拔俗者不待考選校定之數具實狀以聞朕將不次用之　十二月二十二日詔有官無出身雖出身通仕登仕將仕郎校尉許入學作國子生許附貢士

七年四月十四日禮部擬修下條諸移籍入太學者為國子生隨行親應通理月日考試校定者具歲首私試不理諸州學生詔隨行入學者雖

卷一萬九千五百二

二十一

於法應移籍入太學而本年在學已及三季已上者候歲終本州校定試畢聽移從之　八月十五日臣僚言臣近以國子有官人於法首在學一年方許參選近年往往身不在學但將告假月日通理成數有失法意詔自今除月給及依令合給假外特給假仍補填　十八日新提舉河東路學事王格言伏覩崇寧初令建辟廱于郊以處貢士及外舍生立太學於國以處上內舍由州郡而貢之辟廱由辟廱而陞之太學法行之初上內舍之選本歲數外舍有校定者許留太學而無校定者出辟廱比年以來上內舍人日以增積而太學又有國子隨行親并小學生人數已多居處迫隘欲望降旨今後外舍生有無校定並居辟廱而陞補上內舍乃入太學從之　八年五月二十四日詔兩學博士正錄并諸州教授兼用元豐試法仍止試一經史部供到元豐法進士第一甲或省試十名內或府監發解五名內或太學公私試三名內或季試兩次為第一人或上舍內舍生或曾充經諭以上職事或授所業乞試並聽試入上等注博士中等下等注正錄即人多闕少願注諸州教授者聽　九月七日尚書省言近奉御筆在學諸生兼治內經道經兼莊子列子本有博士教導欲太學辟廱各差通內經莊子列子二人充博士從之　宣和元年三月十四日尚

書兵部員外郎李熙靖言臣伏見學官自正錄而上則出告辟廱命官直學給敕而已則是選任雖同而輕重頓異臣初見辟廱除命官直學國宗用音吳望許仍舊詔今後辟廱直學依正錄博士給告　大觀四年八月十二日已罷命官直學尋復置指揮檢未獲　二年八月二十五日大司成黃葆言契勘內外學因所隨親移籍學生多是體探別學人當年分數不多遂於歲終急移名籍前去昨政和七年四月十五日雖立條法縣止係不理歲首分數及非隨行親入學者三季以上校定候歲終本州校定訖聽移入國子學即未該載元係隨行親及上舍人移在應合入學之文禮部契勘元係元昨隨行親移籍入太學法施行即與違礙從之　三年二月二十日詔罷天下三舍太學以三舍考選開封府及諸路以科舉取士州縣本行三舍以前應置學官及養士去處並依元豐舊制太學生並撥填太學舊額辟廱舊額入太學者撥入額外依舊制選闕填國子生及諸內舍上等校定人願入太學者與免補試辟廱官屬並罷　三月九日國子監言太學官吏已降指揮並依元豐法吏部供到國子監未行三舍已前依元豐法合差太學博士一十員太學正五員太學錄五員見今員數太學博士七員內二員係講道經於宣和元年置太學正三員太學錄

卷一萬九千五百二

二十二

三員國子博士五員國子正二員國子錄二員除講道經博士二員見剩作額行外詔國子博士正錄改充太學博士正錄　閏五月十三日吏部言嘗取索元豐官制較今格式將如省罷而遺編斷簡字畫磨滅校序差互殆不可考詔元豐數令格式令國子監雕印頒降　四年二月二十四日國子祭酒韋壽隆言太學錄林致用等劄子有司崇飾先聖廟貌輪奐一新仰願鑾輿臨幸詔許次開上表陳請　三月一日駕幸太學是日先幸秘書省追講幸太學御製化堂命官講說延見多士賜詔并賜御製宣聖殿贊以祭酒韋壽隆為給事中司業權邦彥為左司員外郎轉一官賜章服乃幸稽徵選士二齋編親諸生書凡至熊燧之地嘉其隸業之勤憫其寒苦因命開府儀同三司梁師成總領重繕其舍是月四日壽隆言拜表稱賀十一日詔以是月二日臨幸太學國子監丞淮太學博士正錄各轉一官選人如歷任及四考與改合入官三考以下循兩資權官文額三十足國子監書庫官循兩資武學博士學諭律學博士學正轉一官選入循兩資太學公廚國子監指使各轉一官內權官支絹十足三學齋人并與太學助教不理選限太學釋褐守平郡行可等九人並與諸州教授免省試李彥稀曾標丁祉並賜上舍出身釋褐學生乱端倪為係先聖子

孫賜上舍出身，釋褐爲事人，內舍、外舍生已該免解並免省試，內舍生何希等一十八並與免解，武學免省試、侯殿試，從約與補承職郎，賜公服；上舍生合赴將來省試，就之將等五人並與免省試，內舍合赴將來省試，郭禔等六人並與免解，太學職事賜帛有差，國子監人吏有官資人各轉一官，資無資可轉依條比換支賜，諸色祗應人支賜錢一千貫文。　五年十一月十四日，國子祭酒蔣存誠等言：竊見御注沖虛至德眞經、南華眞經未蒙頒降，見係學生誦習及學諭講說，乞許行雕印頒之學校。從之。　七年十一月十三日，臣僚言：熙豐閒博士未嘗除代，近年以來到任才踰而代者已至率三人，而守一闕，若從正錄第遷則博士可免除代，與熙寧元豐無異矣。所有新除太學博士胡世將、周利建乞改除正錄，候將來陞爲博士。從之。　欽宗靖康元年二月十五日，國子司業黃哲等以太學諸生伏闕上書，章待罪，詔朝廷方開言路，通下情，士人伏闕上書乃忠義所激，學官何爲自疑，可速安職，仍曉諭諸生，使明知之。　五月十日，左諫議大夫楊時言：比者朝廷罷元祐學術之禁，不專王氏之學，六經之旨惟其說是者取之，不主於一，甚盛舉也。今太學校試在上者或主一偏之說，在下者或執一偏之見，上下說說甚非開設學校教養多士之意也。願詔有司布告中外，凡考校去取，不得專主元祐之學，亦不得專主王氏之學，或傳注，或己說，惟其說之當理而已。其有司輒敢以私好惡去取，乞重賜黜責。從之。　十八日，詔太學博士暫減資闕。

卷一萬九千五百二

宋會要

高宗建炎三年四月十三日，詔國子監併歸禮部。　紹興三年六月二十四日，詔駐蹕所在國子監復養生徒，置博士二員。　十二年十一月十二日，詔置祭酒、司業各一人。宋職官志：紹興十二年置祭酒、司業各一人。十二年太學成，增置博士、正錄，參用元祐、紹聖監學法，修立監學敕法。諸國子博士、正錄通治諸齋，學官闕從本監選舉。其後監學博士、正錄增減不常，蓋攝並置不一。至隆興以後，正錄不兼權祭酒、司業，並置從書庫官。又定國子博士一員，太學博士三員，正錄共四員，學官之制始定。淳熙四年，置監內官一員，兼管石經閣，以不理資任臣充，以後相承不改。　十三年二月二十三日，詔有司將元祐、紹聖監學法並見行條法一處參定，修立監學新法，悠久遵守，從本監請也。　五月十六日，詔國子監生不以己未出官，權以八十人爲額。先是，比部郎中林保有請，國子監勘會舊國子生二百八人爲額，內有官人不得過四十人，故有是命。　同日，詔置國子博士

正錄各一員。　六月十二日，詔春秋所試教官令歸國子監一就收試。先是，在京日本監有補試、公試、上舍發解試，其教官附逐院收試。自紹興二年復試教官，權附春秋銓試，至是司業高閌請依舊法，故有是命。　七月四日，詔復置國子監書庫官一員。　七月，詔國子博士、正錄並令通治諸齋，從司業高閌請也。　十二月十日，國子監狀：勘會已降指揮，學官闕從本監選舉有儒行衆所推舉官，申朝廷差權，候正官到即罷。今監見闕太學博士一員，乞差左迪功郎充樞密院編修官魏元若兼權國子正一員，乞差左從事郎充臨安府府學教授林大鼎兼權太學錄一員，乞差左迪功郎新差浙西安撫司準備差使陳㚳兼權。並從之。　十一日，詔國子監太學生並給綾紙監帖。知潁州熊彥詩言：竊見嘉祐、治平間太學養士，補試中選者謂之監生，人給監帖，畫以中書，右以贊詞，吉或丁寧侍之甚厚。當時士人有在此選，皆寶藏其帖，傳之子孫，以爲榮遇。迨於知饒州事周綰得其父爲監生時帖，寫以文綾，疊以監印，如告身制度，所摸石刻連祐在前，望下國子監依倣當時制度，以給諸生，以示國家待士之意。上曰：學校者人材所自出，人才須素養。太宗皇帝置二館，養天下士，至仁廟朝人才輩出，爲朝廷用。秦檜曰：國朝崇儒重道，變故以來，士人雖陷僞者往往能守節義，乃教育之効也。上曰：桂是五代之季學校不修，故當時士人多無名節。今日若不興崇學校，將來安得人才可用。郎彥詩所請宜從之。　十六年五月十六日，詔國子博士、正錄各置一員。　同日，詔國子監生有官人如習讀及一年不犯規罰，自今取解外，若公私試兩入等及赴部，許從本監保明申部，與免銓試，依格注授。如或三入第二等或一中第一等或與題選，並從本監保奏，特與比附銓試格法推恩。　同日，詔國子生免任本貫學，只令依條召京朝官二員委保，如有本貫公據，免召保官。並補試別爲考校，仍倣慶曆取解例，每十人取三人，零分計數約取，人材不足就試人計數聽闕五釐。　同日，詔國子太學生依條住學及年不犯第二等以上規罰，體徵補試取人分數發解，仍別立號。　同日，試文武職事官本宗同居五服內并異居大功以上親，僉務官文臣京官、武臣朝官以上本宗同居小功以上親，不限己未有官，並許補入學，除不隸舍，不許差充職事外，並依太學法，遇公私試聽與太學生衮同考校，若所隨親替移，聽改充太學生，仍通理年月試罰校定。並從國子司業高閌之請也。　七月十一日，詔已降旨揮太學生以一千人爲額，令年秋試額外補中之人依紹興十三年所降旨揮，許令待闕，候見闕日與參長假人對撥，至科場年

卷一萬九千五百三

許赴監，依不滿年人例取應，仍自來春住補，候科場了畢有闕日依條撥舉，先行從本監請也。　十七年十二月二十八日，詔國子監書庫官今後許禮部長貳薦舉，仍理作職田，就便從吏部請。　二十年七月九日，詔國子監書庫官徐稽仲赴國子監取解，令兩浙轉運司收試。　二十七年七月十一日，詔今後太學、武學每歲春季補試一次，於三月內鎖院過省試年分，即用四月，立為永制。　二十九年十二月二十三日，詔國子監太學正錄以四員為額，舊係四員，紹興二十六年添置二員，至是乃有是命。　三十年正月五日，詔國學進士減三年免解。在法，諸州進士得解省試下，十八年免解；國學進士及十二年免解。紹興二十八年十一月郊祀赦，諸州紹興十三年到省進士許赴紹興三十年省試，係比舊法減三年與免解，其國學進士止用舊法，至是改之。　三十一年，詔國子監書庫官減一員。紹興三十二年孝宗已即位未改元十一月二日，詔館職、學官祖宗設此儲養人材，取亦欲待方來之秀，不可定員。先是，殿中侍御史張震言國子監已減罷正錄二員、太學博士一員、書庫官一員、武學諭一員，今日復置正錄，是開冗官之源，故有是命。　孝宗隆興元年三月二十三日，詔特許闕補一次，其取到人候有闕撥填。先是，都省勘會近因臣僚上言，太學每

卷一萬九千五百二

三五

歲補試無益事實，虛令遠近之士歲歲奔走道途，欲自今舉以後應省試年分於二三月間許闕補一次，已降指揮依奏，今歲未合補試，緣赴省試下第之人已皆留此待試，詔令禮部取見有無闕額申尚書省，將與闕補一次。據國子監申，自今即無闕額，乞將學免假在假一百餘人作闕補試，有是命。　二十六日，禮部言：「太學生鄧南一等狀，恭遇登極赦書，應在籍學生與免文解一次，南一等於降赦日并科舉前實係在籍，乞依赦給據，以憑後舉選試。今據國子監申，鄧南一等五十七人，參長假日雖有違限，降赦日並係未經除籍人數，緣去年國子監以免解試詔鄧南一等依條除籍，與免文解一次。」　七月二十六日，詔國子監正錄二員併太學正錄依舊兼領，並減一員。兼書庫見任人許終滿，今任已差下人依省罷法，從右諫議大夫王大寶等議也。　同日，國子監狀依旨揮條具併省吏額，見管胥長一名、胥左五名、貼書四名，欲乞從下減貼書一名。詔依，見在人且令依舊，將來遇闕更不選補。　二年十二月四日，詔國子正錄今後正行差官，更不兼權。　乾道元年三月七日，禮部狀：「據國子監申，太學收補並係遵用舊法補試，入學即無別行撥入條法。止緣隆興元年六月內一時指揮，依士庶封事罷太學補試，以諸州解發舉人赴省試下者隨闕額

多少撥入本監，令指定當永罷補試，止撥省試下進士，即四方來曾得解士人更無可以入學之望，難以杜絕士人詞訴，欲乞遵用隆興元年三月七日旨揮，候省試了畢日闕補，仍乞以本學在籍過省人數為額，取放立為定制。」委是合得祖宗舊法，從之。　二年六月十四日，禮部言：「太學補試人數猥多，遂數喧競，欲過省試年分將當年諸州請到文解到省試下并以前曾經得解之人許行補試，仍將太學過省闕額補填取放，即不得額外別行增添名數。待補國子生，欲將有期親在朝作清要官謂太學博士館及監察御史以上許牒子弟作待補國子補試，別號考校外，加在學太學生遇有期親在朝作清要官，部改作國子生取應，仍號考校；若國子生所隨親替移，亦依此改作太學生。」從之。　四年八月九日，國子監發解所狀：「勘會已降指揮，滿年不滿年國子、太學生孤經應乞析分撥試及有避親、孤經別試所牒還太院收試之人，並依已降指揮止避所避之官，互送別位，依次考校。今來本所發解，若有似此之人，乞依前項已降指揮許行附試。」從之。　十一月十一日，國子監言：「元許見任職事官以上牒大功以上親作待補國子，赴發解試，即乾道五年國子補試，合依上項待補國子解試屬牒送施行。所有呂保替移許牒等事，一依國子發解條法施行。」從

卷一萬九千五百十二

三六

之。　五年四月二十二日，禮部言：「寧國府免解進士宋似乞放行補試，契勘宋似係是蕩邵州軍曾請畢恩免解，即係曾到省人，欲比附已前得解試下之人，令赴國子監補試一次。如有似此之人，亦乞依此收試，內有係乞補試不曾給到本府公據文與中撥之人，乞令召保，放行收試，如試中行下本州勘會，或有詐冒，亦乞駮放，殿舉施行。」從之。　六年六月二十三日，詔太學、武學生員見有闕額，特與放行，今年秋補一次，仍不以得解人為限，並依乾道二年以前指揮體例施行。其武學增作一百人為額，今後太學闕二百人，武學闕三十人，取旨試補。　七年正月九日，國子監言：「契勘紹興十三年十月二十一日已降指揮，補試中選學生取旨下所屬給降象白綾紙付監，依倣祖宗制度，賞詞書填給付。照得自復興太學補中學生與賞詞，有『復興太學』四字，今來已是與復日久，乞許令本監量別改撰賞詞書填。」從之。　三月八日，著作佐郎劉焞除國子司業、兼太子侍讀。宰臣梁克家奏曰：「劉焞久在館閣，以拘資格除郎，不得乞稍遷擢，以重官僚之選。」上曰：「郎官外更有何官可遷？」虞允文奏曰：「國子司業見闕，緣除與併省指揮，不許添與祭酒並除。」上曰：「司業乃祭酒之貳，並置何妨，可特除國子司業。」　十一月二十三日，詔國子監復置書庫官一員。　八年正月

二日，詔應國學進士不曾請舉，該單恩免解之人，後來如實得解并曾經外路請舉後來入學該單恩免解之人，並理為一免。　五月一日，國子監言：據太學正、錄所申，到正特奏名唱名長假等共二百一十七人，闕額並據湖州州學生劉讜等狀，伏覩朝廷常年省試後，放行太學補試一次，乞早賜放行。本監契勘，既太學申到闕額共二百一十七人，欲依乾道六年已降指揮，開補施行。從之。　九年六月十二日，中書門下省言：國子博士舊係一員，太學博士舊係三員，今各止一員；正、錄見共六員。詔沈揆、梁汝永並改除太學博士，其退下太學正、錄闕更不除人。　淳熙四年六月十五日，以國子監新建太上皇帝御書石經閣成，是日，監學官赴和寧門外奉迎御書。先是，御書石經之閣八字碑至國子監，參知政事李彥穎等率文武百官於監門外立班奉迎，至閣安奉。　十月三日，國子監言：乞下臨安府於本府見任不釐務使臣內踏逐一員，充本監監門兼管石經閣，并本學指使，祇應除合支請給外，日添支食錢三百文。從之。國子監舊有指使一員，係本監長貳奏舉小使臣充，後減罷。至是，本監以新建石經閣，故有此請。　十三年十二月九日，詔國子監減貼書一人，以司農少卿吳燠議減冗書食，下敕令所裁定，故有是命。　光宗紹熙四年四月二日，國子

卷一萬八千五百三

定

監補試所言：承已降指揮，本院有合避親之人，並送別院收試。若將來別試所有避親、孤經發迴大院收試之人，欲乞從自來試院體例，止避所避之官，互送別位，依公精加考校。從之。　寧宗嘉泰四年二月十三日，吏部言：國子監申長貳歲各舉書庫官一員改官，即無衙改，兼書庫官係是獨員，其舉狀別無人攙奪，緣近降指揮限年受薦。竊見六部架閣官見經部陳乞施行，今本監書庫官改官事體與架閣一同，乞本監長貳歲各舉書庫一員改官，免拘限年受薦之法。本部竊照國子監長貳歲舉書庫官一員，既是專舉，即無人攙奪，若拘近降指揮，少有應得前項指揮之人，舉員遂成虛設，乞將先次照應嘉泰三年五月二十三日指揮，施從便薦舉。從之。五見六書雜録　嘉定七年五月二日，臣僚言：國家開設學校，收拾四方寒畯之士，教育以成其材，冀為異日之用。如聞近時多事燕集，疊石起山，鑿池建閣，修飾外觀，徒務於勝為費。既廣才用，易乏。於是士之初參者率皆責以苛禮，貧無從出，未免奔走假貸，遲回數月，而未敢前，是豈國家教養之本意？竊聞淳熙初蕭之敏為祭酒，立定初參則例，編牓爐亭，頗得中制。歲月寖久，吏改任情，但欲求多，不念貧窶，因仍成風，士以為病。乞行下國子監，諮訪老成，檢尋舊例，削去後來所增之數，庶俾天下寒士纔得預選，便

可參學，以仰副浴規作成人才之意。從之。

卷一萬八千五百三

完

添在黃條下
在首頁前半第十六行

「宋會要」監學教授

宋朝置國子監直講以掌教授至道二年邢禺張雍林鎬孫奭於京朝幕[illegible]職州縣官中爲儒術該博士行端[illegible]國子監直講者十人太子洗馬張隸等試經義于學士院而命之[illegible]

廣文館

宋會要　昭文館

淳化元年八月二十五日以呂祐之等直昭文館

復校銷

宋會要

廣文館舊會要不載今附于國子監

哲宗元祐七年六月十三日都省言開封府遇科場歲多有四方舉人冒貫戶名取應及太學生員依條須在學及一年方預就試其間有未及年之人亦不免有寄貫取應之弊檢會舊制國子監取應舉人先於廣文館補試給牒取應今欲復置廣文館生員令禮部立法既而禮部修立一十九條一開封府舉人投下取應文字限試補廣文館生員鎖院前納畢違者更不在收接之限如有事故服制即日拘礙若至八月一日合該投下文字者許令家人親屬投狀召命官二員委保亦聽收接一補生員以二千四百人爲額一解額開封府一百人如投下文字不及千人以上即每十人聽收一名廣文館二百四十人以補中生員每十人發解一名一試補生員於科場歲六月五日鎖院委主司定日引試一進士願補生員者並召命官二員委保連家狀經本貫投狀勘會不礙貢舉條制保明給公據收執同家保狀試卷赴國子監投納若不在本貫者經所在移文勘會其見住處有品官係有服之親即召承務郎以上二員保實別無違礙聽免勘會亦給公據就試一進士殿限未滿及

卷一萬一千三百六

國所亦出學未及三年者並不得就補生員一試補生員三分以上為保謂非相容隱人及緦麻以上親一試補生員家保狀公據試卷限鎖院前一月納畢五日前長貳集保引驗有疾故者鎖院前投狀再引一引試生員三場第一場習經義者大經義二道論語或孟子義一道習詩賦者試律詩律賦各一首第二場並論一首第三場並子史時務策一道並取文理通者為合格一緣試補生員條所不載者並依貢舉法一給生員公據國子監候封到合格名籍依籍内姓名照家狀年甲三代書鑿給付一生員公據並注鄉貫三代年甲自補中榜出後限十日各正身付監請領違限勿給一生員假

卷一萬一千三百六　二

借買賣公據取應者杖一百許人告賞錢五十千一生員若去失公據不在别給取應之限因水火盜賊毀失者比一生員於(開)科場年七月内齎元(投)據赴國子監照驗投納家狀試卷請解其公據並行毀抹如請解不中即别聽試補一生員取原家保狀試卷國子監置簿受納點檢卷及家狀中間如不同或不依式者退換至鎖院日封送試院一生員所納家保狀卷首并卷紙之類並依國子監進士例一舉人詐冒開封府户籍取應者杖一百許人告賞錢五十貫雖已及第並行駁放保官及本屬官吏里鄰書鋪知情并與户籍令詐冒者並與同罪同保人並殿二舉一開封府舉人已於本府投下文

字更不得就補廣文館生員違者依貢舉兩處法從之

紹聖二年三月二十八日臣僚言以廣文館二百四十人解名散於逐路解額除五路外淮浙福建荊湖川廣等共一十三路計一百七十餘州軍逐處應舉人數不齊若只據人數增添即一州所添甚有過多如欲徧及即每州軍只添得一人或至兩人兼本監亦曾將外路路就試二十五人解處約量增添及將諸州軍人數比較終是未得均當竊慮施行之後多寡不均鄰路比州互相攀援今欲乞將來科場罷廣文館解額其開封府諸科解額依熙寧元豐條例存留在本州及將國子生四十人發還國子監從之

卷一萬一千三百六　三

寄案大典卷二萬一千二百三十三引四朝志同

宋會要 文思院　寄案檢輯永樂大典今會要闕少府監其官屬見此

文思院太平興國三年置掌金銀犀玉工巧之物金綵繪素裝鈿之飾以供輿輦册寶法物及凡器服之用隸少府監監官四人以京朝官諸使副内侍三班充別有監門二人亦内侍三班充領作三十二〔口〕打作棱作鈒作渡金作鍍作釘子作玉作玳瑁作銀泥作碾研作釘腰帶作生色作裝鑾作藤作拔條作樣洗作雜釘作場裏作扇子作平畫作裹劍作面花作花作犀作結條作捏塑作旋作牙作銷金作鏤金作雕木作打魚作又有額外一十作元係後苑造作所割屬曰繡作裁縫作真珠作絲鞋作琥珀作弓稍作打線作拍金作鈿金作剋絲作計匠二指揮提轄官一員通管上下界職事上界監官監門官各一員手分二人庫經司花料司門司專知官秤庫子各一名分掌事務造業承行諸官司申請造作金銀珠玉犀象玳瑁等應奉生活文字庫經司花料司承行計料諸官司造作生活帳狀及抄轉收支赤曆專知官掌收支官物攢具帳狀催趕造作生活秤子掌管秤盤收支官物庫子掌管收支見在官物門司掌管本門收支出入官物抄轉赤曆下界監官監門官各一員手分三人庫經司花料司門司專副秤庫子各一名分掌事務修造案承行諸官司申請造作綾錦漆木銅鐵生活并織造官誥度牒等生活文字庫經司花料司承行計料諸官司造作生活

卷一萬六千七百六十八

帳狀及抄轉收支赤曆專副掌管收支官物攢具帳狀催趕造作生活秤子掌管秤盤收支官物庫子掌管收支見在官物門司掌管本門收支出入官物抄轉赤曆真宗咸平三年三月詔文思院打造内中金銀器物並送内東門司看驗支納三司所造金銀令左藏庫別將一兩赴三司封記為樣每料内鑿一隻年月工匠秤子姓名色號赴三司定樣進呈交納其支賜金銀腰束帶器物類定金分釐秤比所管工匠委監官點檢無遂功課不得輒借影占違者許人陳告景德四年八月詔文思院銷鎔金銀令本院差人員工匠赴左藏庫看揀一等金銀封樣歸院監官當面看驗別無不同即銷鎔打造及置帳別貯七等金樣每内降到金銀各差行人看驗即不得支次金雜白銀每月輪不監作員僚一名在大門與使臣檢攬十一月詔文思院銷鎔所每百兩金破大耗二錢半銀破五錢大中祥符元年正月詔文思院打造銀器每百兩給木炭七秤烏梅四兩三年八月三司言文思院造硬片使及臣僚金銀帶跨䟦等自今並封定逐樣於左藏庫送納所貴止絕奸弊從之仁宗天聖三年十二月詔皇城司差親事官四人於文思院銷鎔所把門搜檢更不差本院工匠四年二月句當文思院李保懿言乞依拱宸門外西作例差識字親事官與在院人員同共監作主掌官物遇界交替内打鈒棱鑞鍍金五作各一人釘子拔條場裏劍四作共

寄案大典卷二萬一千二百三十三引四朝志同

二人生色裝鑾樣洗腰帶雜釘扇子平畫碾研藤漆小木牙玉旋棱攧黏結條錯磨鐵玳瑁花面花真珠銀渠雕木二十五作共三人及依舊例令監門使臣二人分監中大門至晚放作絕後一人止宿看都管句兩門公事七年十二月詔文思院造作金銀生活近頻有告論工匠入外料添和金銀及諸姦弊自今許人告捉如得金一兩支賞錢二千銀一兩支一阡神宗熙寧二年五月二十六日詔所造朱書篆玉冊寶并一行法物拼合於中書省寶合於門下省安置只令文思院安置廳内封鎖監官提轄照管熙寧三年詔文思院兩界監官立定文臣一員武臣一員並朝廷選差其内侍句當官並罷九年四月四日三司上言東西兩坊雜料三千餘作併入文思院委是繁重乞添差京朝官一員通管上下界每月合添食錢三千賞罰並依舊條從之高宗紹興元年七月十二日文思院奏製造明堂大禮翰林司應奉器皿太常寺排辦合用朝祭冠服竹冊祭器等及不住有抛降料次兼本院上下界併為一院并撥併到東西八作司事材場綾錦院各有造作事務繁冗又緣大禮期限逼促欲將合用物料應承受官司並限一日應副所貴易為辦集從之八月三日工部奏文思院見造明堂大禮法物除分擘官工製造外所有合行和雇錢欲乞下戶部限日下支給和雇趁限造作從之三年三月七日工部言本部所轄文思院舊係分上下

卷一萬六千七百六十八

界兩院監官各三員内文臣一員係京朝官監門官各二員其上界造作金銀珠玉下界造銅鐵竹木雜料生活昨在京日兩院相去稍遠以隔姦弊今本院更不分上下界所造金銀生活與銅鐵交雜無以檢察兼又撥併到皮場綾錦院事材場東西八作司又府監鑄印司六局共為一處事務繁冗欲乞令文思院依舊分為上下界各差監官監門官一員庶幾各認所管事務不致交雜其監官於文武臣内通差文臣差京朝官武臣差大小使臣自來係少府監辟差今來少府監已併歸工部合係本部使闕辟差從之中興會要十月十六日幹辦文思院上界于宗言本院係造金銀等生活其門闕人守把搜檢出入緣在京係步軍司差廂軍一十人每月一替欲乞依例差撥從之五年三月五日工部言據文思院下界申見承官告院牒諸色官告萬數浩瀚繫告青白絲線帶子係用織織造闕少人匠織造不前今相度乞將封贈并皇黃告除四品以上及職事官監察御史以上並用絲線帶子其餘官依空名官告料權用碧綠綾帶子充代每五十條為一料其合用工料令戶部量當支給候將來告命稀空日依舊從之五月七日工部言近承指揮措置織造官告度牒綾除已令文思院見行織造外今來諸軍功賞并官員磨改支降度牒所用綾帛浩瀚應辦不前欲乞下逐路轉運司措置織造每年共造十萬匹候及二萬匹逐旋送納仍自紹興

五年獄事為始從之六年正月七日提轄文思院上下界鄭績言伏近降敕命上自中禁下暨庶邦並不得以金為飾本院所造天寧乾龍天申聖節功德疏金鍍銀軸銷金複帕褾帶學士院取造綾羅紙及應拋降料造御爐內司應奉舊用鍍金名件祇候庫依格支賜班直行門等諸色渾間金鍍銀腰帶國書匣合鑄節度承宣觀察使以上牌印依法式合用鍍金並造隨寶册鍍金褾子合與不合依舊詔功德疏軸頭褾帶複帕改用生色外餘依舊制七年五月二十四日詔寧德皇后謚寶依禮例用金鑄造先是令文思院用玉造聖文仁惠顯孝皇帝顯肅皇后鄭氏寶二顆太常寺契勘國朝禮例諸后謚寶皆垂簾聽政用玉其不曾垂簾聽政止用金故有是詔十二年六月十四日工部言乞下皇城司依已降指揮差撥識字親事官四人充上下界監作祇應仍每季一替分番止宿隸屬本部以造作金銀庫玉䃺羅錦帛生活盡係貴細寶貨物色全藉覺察關防庶幾有以革絕姦弊從之十六年三月五日詔文思院上下界共置請納拘押官物生活官一員仍差樞密院使臣理任請給等並依本院監門官例從權工部侍郎錢時敏請也二十六年閏十月二十四日工部言據將作監申乞將文思院今後遇有造作緊切生活許令本院先次約度預借工物支用若文思院輒敢將工物過正料數預借並計贓坐罪本部今勘當依所乞事

卷一萬六千六百六十八

理施行所有過正料借支計贓坐罪一節緣自來闕借工物候正料下日出豁如有少數自合貼支如有大支數目即回納入官所乞過正料預借計贓坐罪一節即難以施行從之十二月三日工部言據文思院界申本院逐時造作諸官司應奉生活最為重害即日對工除豁所支工錢係小其手高人匠往往不肯前來就雇緣上界已免對工除豁其下界亦合一体今欲依已降指揮立定工限作分錢數與免對工除豁支破工錢庶得易為和雇手高人匠造作生活從之三十一年四月九日權工部侍郎兼侍講黃中言文思院前後所造諸百官司金銀腰帶束帶器皿之類從來止是本院造作成訂了當方赴元申請官司送納及至日後添修換造却有換易並折兩重元造官司及收掌去處並不任責賠折官物動以萬計有司無以稽考深屬未便今相度欲自後遇有諸司申請添修換造金銀腰帶束帶器皿之類並勒令文思院合干人先就所收掌官司當官折剥看驗秤製見得的實兩重然後赴院重別委官監視鈒銷造作候造作了當鐫鑿年月兩重監專作匠姓名訖責赴元申請官司當官交秤實收金銀數目方得成訂如日後添修換造稍有欠折金銀兩數即勒令元收掌官司合干人陪償庶幾盡革前弊從之十六日權工部侍郎兼侍講黃中言昨戶部措置置文思院造作諸百官司鍍金器物令監造禮物處排截屋三間委

職官二九之三

大典卷二萬一千二百三十三引中興會要書司

太府寺官一員別匀造作匠同本院監官監視鍍造今據文思院上界提轄監官王佐等言今年係明堂大禮年分應辦諸百官司添修換造生活數目至多往往多是鍍造之物兼本院監官止是獨員若赴禮物局鍍造委是實妨礙本院造作乞下戶部委官權就本院夾截作屋別行追喚作匠同共監視庶得兩不相妨大禮了畢却行依舊赴禮物局鍍造從之孝宗隆興二年六月七日詔禮物局併入文思院元差人吏並罷仍委蔡邇檢察措置先是侍御史尹穡上言禮物局歲遣使所用禮物亦有定限別置一局差官每歲間結局官吏請給酬賞費耗乞行廢罷故有是命二十六日尚書左司郎中葉顒得旨檢察措置文思院今照得兩界法式工限經隔年深比今製造大小輕重不等合行委官重行修立兩界監官廨舍難與本院隣墻兩門司人吏緣舊例遞遷本院手分是致同情乞令別募有行止人申部收補不與本院人吏遞遷並從之五年三月四日詔文武官誥身及僧道度牒並依舊式以文思院制敕六字織造複行舊法以工部侍郎姜詵言自罷文思院制敕綾用諸州雜花綾假冒犯禁者多乞依舊法故有是詔淳熙三年正月十七日詔內藏庫給藥庫下文思院專充製造官告軸頭使用先是有旨自今官告院關庫象軸頭並令工部申取朝廷指揮更不知行市及船司收買至是文思院申乞支降九年三月十日詔監文

卷一萬六千六百六十八

思院上界葉蒝放罷專庫羅茂等並決配以本院打造禮物金銀合支工錢除剋以充羹費且失覺察偷盜賴寺具獄采上故也五月二十六日工部言文思院上界近與大獄每下將作監條具措置令行革弊事件數內一項上界所管金銀珠玉庫象等官物皆繫金箱專副掌管本院雖有紹興十四年指揮許行踏逐曾經歷庫務有行止小使臣校尉一名充專知官二年為界滿無違闕二年磨勘小使臣校尉畏憚重難累年無人肯就止令手分時暫兼權致工匠等通同作弊今乞照下界例從都官權於副尉內擬差專知官一名赴院管幹所有酬賞請給等並從上界專知官已得指揮候有使臣日仍舊從之七月十三日將作監條具措置文思院革弊事件下項一兩院造作雖有作家官工掌管監官專副監視往往閑防不盡致行人匠偷盜今乞應入匠各令逐色不得非時出作及令監作親事官專一在兩院作下機察監視遇晚看驗秤盤點數見入庫訖方得放作不得於作下別立小庫寄收如有違犯察坊令監作赴省部陳告一打造器物係臨安府籍定鋪戶一十名監視鈒銷交付作匠以免夫識近緣前界作弊止差浮淺手人令欲下臨安府拘集元差鋪戶周而復始日後遇闕從本院報臨安府逐旋撥填各正身赴院有驗一作匠入作時合用金銀各支一色令鋪戶看驗色額秤盤過晚收作令鋪戶將器物再行看驗色

職官二九之四

色顈秤盤數足方得入庫同專副封鎖一兩院各用工錢乞委官同文思院官躬親監視當官支散一兩院手分近來往往令兼權專副致通同作弊乞自今並不許兼權專副其秤庫子門司手分合干人等並不許親屬在院執役及作過曾經斷勒人并私名不得入院一昨禮物局製造正旦生辰礼物人使衣帶自來係戶部牒臨安府使臣院長以下及本地分御監巡警造作執案工匠令乞照應礼物局體例每遇造作具申省監牒臨安府仍舊差撥一文思院上界打造金銀器皿自來止憑作家和雇百姓作匠承攬掌管金銀等物輒入匠遣作以致作弊今乞將合用打作作頭等令本院召募有家業及五百貫以上之充仍召臨安府元籍定有物力金銀鋪戶二名委保如有作過人令保人均陪若召募未足即令籍定前項鋪戶權行隔别承攬掌管並從之九月九日詔文思院上下界拘押官就差轉運司見差指使每月依本使臣例量與添給錢酒十二年十一月五日前將作監米安國條上文思院三事一侵欺失陷之弊起於轉料乞令自今不得轉料仍備坐隆興二年左司郎中葉顒所立限行下御史臺牒文思兩界遇有拋降造作分別緊切常程項目當日申工寨照限檢察如或留滞經牒所隸先將承行人吏斷罪違一日者杖一百違三日者勒罷俾經由應辦官司知所警懼則立限之法可以必行一舊來拋降金銀專以

卷一萬六千六百六十八

製造器皿至於給散工食則例用一色見錢故金銀出入莫非官物門頭易為関防近來所支工錢當是紐折金銀專庫工匠得以影帶出入並緣為奸乞令戶部自今文思兩界除打造器物合支金銀外雇工食錢並給一色錢會支散庶免影帶衒竊之弊一皇城司差觀從官二名充本院監作每一季一替自以與監官不相統攝動輒肴持及與合干人兵共為奸利乞自今拨差觀從官監作以除去奸盜之根本並從之十三年正月二十七日工部侍郎李昌圖言文思院昨承淳熙九年九月十六日指揮令别置金銀雇工雜物新曆抄轉自機本院雖曾别置却延仍舊謄過舊曆尾虚椿數目是致無從稽考乞令將作監取索本院應管赤曆逐一點對驅磨實管官物數目截日創新起置抄轉所是舊管文曆權行架閣庶得易為稽考從之同日工部侍郎李昌圖又言文思院省記條格門司還貼司貼司還手分手分還押司官押司官頭名滿三年補進武副尉過江以後不押司官其專知官條卻官差撥緣此手分既無可轉補門司又不得遞遷公事絶無希覬乞自門司而上次第遷補知副知以二年為界通理十七年許補進義副尉庶幾人吏有所顧藉不敢冒法從之三月十日工部言乞令文思院遇支請到料次工錢即申將作監從本監轉委丞簿同本院提轄監官監視支散於舊來循例椿留二分半工錢之内以半分給還工匠其

餘二分以頭子錢為名一分專備工匠急闕借兑一分充諸雜緣公縻費使用不許妄亂從私支破各置赤曆分明抄轉日書提轄監官月終申解將作監驅磨照對措押其工匠急闕借兑一分錢數正料到院日下撥還委本監常切檢察如於已存留三分之外别有分文減剋許工匠徑赴本部陳訴從之新除將作監何澹言文思院有所謂雜支錢者每二錢一貫椿留二百五十文在院謂之二分半錢以充諸雜縻費如搬擡腳剩補填折閲額外厨雇綴急燭設非時修整之類皆是緣公之費勢不能免乞將上件錢以半分給還工匠二分存留在院下工部勘當兩有是請閏七月二日詔文思院上下界併為一門出入以上界監門充外門監官下界監門充中門監官從工部侍郎李昌圖請也十月六日令本院上下界印併為一面以文思院印為文提轄掌之兩院門記併為一面以文思院門之記為文大門監官掌之十四年四月七日文思院言一歲合織綾一千八百匹用絲三萬五千餘兩近年止蒙戶部支到生絲一萬五千兩或二萬兩止可織綾八百餘匹每遇大典礼恩賞出給告命擁併遂行陳情用雜花綾織乞截支生絲三萬兩織造綾一千五百餘匹從之九月二十九日詔文思院上界減巡防兵士二人下界減造作工匠五人大門兵士二人先是上界專知官一人手分二人庫經司兼花料司一人秤子一人庫子一人工匠一

卷一萬六千六百六十八

十三人巡防兵士六人下界手分三人庫經司兼花料司一人門司一人秤子一人庫子一人鑄印司篆文官副篆文官各一人鑄印司工匠三人造作工匠三十三人大門兵士十人於是司農少卿吴燠請減冗食下放令所裁定而有是命紹熙三年五月二十六日提轄文思院林俊言本院舊差皇城司親事官四名守把搜檢不合使之監視打造遂致反有偷盗因而罷去見本止令臨安府廂軍守把無足倚仗工部將作監看詳差皇城司兵士四名專一搜檢兩門出入其食錢欲於兩院一分雜支錢内依史館把門親事官例支破所有見差步軍司臨安府守把廂軍欲依舊存留充兩門守把遇夜巡防從之嘉定四年七月十六日臣僚言古人設官分職有長有屬非徒以備數也今四提轄官所以稽財貨出納之權居長者不領其事為屬者專其權於已此其為弊久矣始以文思一院言之凡所製造出入監官自專而轄長若無聞焉上而日御日監止憑文移無所參驗甚非祖宗創立提轄院官之意今欲乞將見管金銀錢物令轄長照元管實數點檢應干錢物出入先經轄長判押然後同共支散凡有造作器皿提轄官不時下院點檢其提轄官不能悉心衆職亦乞嚴加責罰若是則監官得以自明轄官不為虚設自餘三劉轄未免間有此弊乞併令提轄官主其綱領從之

西內染院　在金城坊，舊曰染坊。太平興國三年分為東西二染院。咸平六年有司上言：西院水宜於染練，遂併之。掌染絲帛條線繩革紙藤之屬。以京朝官、諸司使副、內侍一人監，別以三班一人監門，領匠六百十三人。　西染色院在金城坊，掌受染色之物，以給染院之用。太平興國二年置東染色庫，三年又置西染色庫。咸平二年省東庫，以京朝官及三班二人監，兵士十七人。太宗淳化元年七月，詔染院染帛除內中取索仍舊以紅花染外，自餘並給蘇木。真宗咸平二年正月，詔每年染院端午、冬衣，十月一日、承天節、春衣五料，自今三司自二月一日後預將五料數目支付，依次出染，至八月終管足。四年七月，詔染院染物須依元定料例，染練下得增減物料，如衞究抵換，提獲及陳告得知贓驗明白者，杖配外州。　大中祥符八年三月，詔都大提舉諸司庫務司取元併染院文字看詳，及親相視見今染院及三司乞移入舊東染院利害，件析以聞。當司相度：東院舍屋數少，地位窄狹，染蓋場并工匠營房相去遙遠，損不便近。欲只就西院開水池所五五所，置斗門放水，充洗濯物帛，逐使即開斗門放閘下，栈鏁閉。本院內金水河兩岸即栽置短墻，遮護不許放入濁汙河水，逐勒本院相度，擾專典軍員兵匠衆狀稱：若開小池，置斗門放水，洗澤疋段，遇水渾

卷一萬六千六百六十八

濁，退入護龍河，旋放清水。常程染練，日一兩度換水；大段染練，日須至三度換水。約使金水河五十分中一二分，以遠委不候畜，亦無礙水顏色相犯。欄水河一道，長二十二步，深四尺，闊三尺。洗澤疋段池五所，各長二丈五尺，闊六尺，深五尺。放水深一尺五寸。退水渠一道，長五十二步，深七尺，闊四尺，內二十二步捲釜。今相度，只消闊二尺。護河墻百二十六堵，各五尺。東院地位窄狹，河水細小；西院去諸柴蒿場務遠者五里已下，日般三五轉，人匠不破功。東院則近無柴蒿場，去城西諸場務，請柴蒿約十二里至十四里，有零日般一轉。西院工匠至本院約一里已來，東院營往迴約二十八里，每日守門，去辰時方到，申時放作，前時到營。如是放晚，鎖門不及，無處安泊。又擾壞塞，計料到閘樞櫃，截河洗澤池，退水渠，并護河墻，拆掠舊金水河，約役千七百九十八工。諸作約使條磚九萬一千二百口，方磚四千口，斗門一十一座，約使金口石柱子二十二條，各長五尺，徑一尺二寸，座子石二十二段，各自方一尺五寸，厚五寸，欹柱石二十三段，各長二尺，闊一尺二寸，厚五寸，約使栢連長三十五條，栢木二條，洗歸蘿河小墻，役麥麩六十三束，已上陳諸作約計到功料。共三千七百四十五工，並從之。神宗熙寧二年十月四日，三司言：監西染院皇甫宗憲等言，窮見在京見賣清汚淅綃，每疋一千二百至四百，緣綃每疋只一千已來，顯是支賜之人皆願生帛，無肯官中處費人工材用。今後如遇支賜諸般例物衣服綵絹，如願請生帛者，即乞換支濁汚及第一等淅綃，實為官私之便。從之。

宋會要　綾錦院

綾錦院在昭慶坊。乾德四年以平蜀所得錦工二百人置內綾院。太平興國二年分東西二院，端拱元年合為一，以京朝官、諸司使副、內侍三人監，領兵匠千三十四人。太宗平西綾錦院命在京拘販織室機杼數來年各以情類宗

大中祥符六年十一月，詔綾錦院月供物料帳，除前帳如見在數舊例對外，須立項具其月日至某日織造若干數，於某庫送納，正閏計實料例，不關更錯磨在。神宗熙寧七年十月五日，詔減羅綾錦院，其匠仍隸鋪，以有闕即令本院勘會的實合要造作，得力人卻申三司均抽歸院填闕，如或非泛差遣即須乞於差出闕慢處抽那，不足方申三司權抽造作，了日發還歸本處。

宋會要　文繡院

崇寧三年三月八日，試殿中少監張康伯言：今朝廷自來與服御，至於賓客祭祀用繡，皆有定式，而有司獨無纂繡之工，每遇造作，皆委之閭巷市井婦人之手，或付之尼寺，而使取直焉。今鍛鍊織紝之事皆各有院，院各有工，而於繡獨無。欲乞置繡院一所，招刺繡工三百人，仍下諸路選擇善繡匠人以為工

卷一萬六千六百六十八

師候教習有成，優與酬獎。詔依，仍以文繡院為名。

宋會要　裁造院

裁造院舊在利仁坊，後徙延康坊，掌裁製衣服以供邦國之用。初皆給於院，在藏庫有裁造針工給裁縫之役。乾德四年始置此院，以京朝官、三班、內侍二人監，別以三班一人監門，領匠二百六十七人。真宗景德三年三月，詔罷裁造院執針女工。本院所管什物，每季作帳上三司。七月，詔諸王宮院所占工匠，宜各差往，不得替換。大中祥符三年七月，詔裁造院於步軍司抽剩員二十人巡宿，看管官物，逐祖覺察，每季一替，舊十月一界差剩員為條疊衣物者，不須別差。五年二月，詔裁造院自今應秋冬衣臥及繡造物色，本院繡造不逮，當分於奉節指揮及有繡户支工錢，令繡造，即不得抑勒差配。更不令三尼寺繡造，須驗官當面支散工錢，無致減剋。其皇城司所繡生活係內降細繡上令裁造院匠了當，即不得影占繡匠。八年閏六月，賜裁造院入蜀絡錢，先是本院言自來每三年一界，定例第賜絡錢，今已四年，乞依例給，故有是賜。仁宗天聖三年四月，詔裁造院自今以後官吏不得就本院寄請衣服段子，止將逐節界造到衣服，領段共作五限交納

全唐文

宋會要　寄業徐輯永樂大典本會要闕將作監其屬見此

提舉修内司領雄武兵士千人供皇城内宫省垣宇繕
脩之事　真宗天禧四年六月詔自今後修内司差内
侍省使臣二人入内内侍省使臣一人勾當從本省之
請也
仁宗嘉祐三年六月二十一日以入内内侍省
内侍都知史志聰副都知任守忠為都大提舉内中修
造先是修皇城儀殿西廡而三司言禁中營造多虚名
役及大費材料故命志聰等總領之九月五日以勾當
皇城司入内内侍省副都知鄧保吉文思使帶御器械
李繼和提舉東西華門已南諸處修造先是三司言道

以入内都知史志聰任守忠都大提舉内中修造而志
聰守中言内中並係宫禁所掌提舉其諸處殿庭門户
庫務城壁之類從來修葺自係皇城司管轄省司相度
大内自紫宸垂拱集英殿以北崇政殿以南連接後苑
以至延福廣聖宫龍圖天章寶文閣並接近宫省乞分
令志聰等管勾東華門以南并宣祐門東直北至拱宸
門東及右銀臺門北至廣聖宫南諸處乞令皇城司管
勾皇城司官九員應通管則不能專一乞數内專差兩
員提舉故有是命　六年閏八月六日入内副都知甘
昭吉言准勅差都大提舉内中修造勘會自來係兩員
提舉欲乞差勾當御藥院使臣一員同共提舉詔差入

内東頭供奉官勾當御藥院王世寧同提舉　英宗治
平二年九月罷皇城司提舉修造官命入内内侍省副
都知石全育入内内侍省押班李繼和都大提舉在内
修造又命同提舉諸司庫務刑部郎中張師顔督促修
内司官員　四年閏三月十四日詔差同提舉諸司庫
務張師顔專切提舉在内修造先是禁中雨水之後有
所繕治令師顔同三司户部修造判官張徽領其事至
是以葺完有緒仍專命師顔總之　神宗熙寧元年二
月詔提舉在内修造差入内押班張若水仍今後止以
一員為定制　二年閏十一月詔在内修造係宫殿門
委提舉内中修造所主領其係皇城司内宫殿門外者

或令提舉在内修造所施行　三年二月提舉在内修
造司張茂則張師顔等舉司門員外郎張仲勾當修内
内詔止令奏舉三班使臣一人充從初詔也　高宗紹
興元年十二月一日詔修内司工匠已降指揮每日添
支食錢一百文可每日更添支一百文仍自除降指揮
日起支　三年正月十二日詔修内司見造御前軍器
其掌管官物使臣人吏等並不許諸官司踏逐指差拘
留截攔應副它處如承受傳宣内降朝旨等指揮令本
司遵執更不發遣亦不回報止具奏知　十九年二月
七日詔自紹興六年臨安府每月供納内修内司添修
生活錢三千貫即今別無修造去處可自二月為始免

供　二十年正月十五日詔宣內司并潛火人兵共一千五百人可減五百人撥赴部軍司充填雇募使喚八月一日詔御前祗應將璆修內司管押造作張竦各特補授進武副尉依舊祗應以璆竦進狀各在修內司一十五年別無出職補官條法自顯仁皇后上仙宣押入殿祗應及差往攢宮修奉並無違悞應本司使臣作家甲頭並轉官資了當唯臣等二人爲係白身止給到公據收使未得欲將前項勞効并在司月日乞依修內司押司官蓋世顯年勞出職體例故有是命　孝宗隆興元年正月十七日詔殿司已在舊司置司其東華門外新司都令依舊交割付修內司　八月十三日宰執進呈

內外諸司官吏減省員數上曰內諸司兵卒頗多修內司尤甚可減三百人餘聞有闕額去處並往招填宰臣陳康伯等稱贊而退容院降指揮減罷人數仍撥下一等軍分收管乾道元年八月十二日詔皇子立爲皇太子其宮室官屬儀物制度並令有司討論以聞所有宮室下兩浙轉運司臨安府同修內司踏逐地段先次彩畫制度間架圖樣進呈訖疾速差撥人匠如法蓋造施行　三年六月十五日修內司奏契勘垂拱紫宸祥曦殿并逐殿門廊朶殿等每日聖駕經由緊切去處屬轉運司臨安府分認遇有損動臨時委官前來修整竊慮事不專一或致滅裂欲乞逐司將見管認去處專委官

撿計修整仍令取責合干人有無損動牢實罪今文狀及乞將所差官隨任交替庶有責辦不敢推避詔依如所差官任滿無疎虞與減二年磨勘　七年八月五日詔令於麗正門東東壁慢道上修蓋太子宮門一座所屬委官計料如法修蓋　八年三月十三日詔修內司自乾道元年四月至今將及七年造納過軍器一百五十三萬餘件並各精緻提舉官趙志忠特與轉景福殿使提轄官特與轉行兩官幹辦官二員各時轉行一官使臣六人各減三年磨勘　九年閏正月九日臨安府少尹莫濛言得旨後殿門係駕出門戶其屋宇低小道遶子入出妨礙詔令工部日下委官計會修內司照華院合用高低丈尺相視計料畫別修蓋　淳熙元年三月二十八日詔皇城司差撥識字黃院子八八尋充修內提轄司齎占巡視使喚遇有修造隨工匠去處闌入巡視稽察劄移名糧就本司歷內幫勘如有多病癃老不堪祗應之人依本司兵匠例與帶舊請養老日後遇闕依此差填　十一年四月二十三日詔修內司提轄兼臨安府兩浙轉運司承受張思溫降一官今後提轄修內司不得兼承受臨安府并運司職事先是思溫提轄修內司承受臨安府兩浙轉運司職事干涉因緣爲奸正月內指揮付臨安府將朱五孫玘王燁根勘爲造屋侵街有違約束逐項贓鑑數內朱五係百姓租賃李

珪房廊居住其李珪見係承節郎王烨見任忠訓郎孫玘見權左一廂都監除孫玘罰俸兩月外餘人各追賞錢三百貫仍依思恭約束以奏授思温取旨各降一官方施行之初都人皆以為中旨既而體訪悉由思温挾私報讎直以己意付之有司奉行視同内降又侵占吴山伍子胥廟基併取廟後天申節及大禮等法物庫拆毀展闢周圍為堂室園池甃砌則盜用官舡般運則私役部曲為察官所糾故有是命八月十九日詔入内内侍省合同憑由司出給合同憑由前去封椿庫取會子二萬五千貫文充修内司製造熙綱鑾子神勁弩箭一百萬隻第四料工物錢使用　十三年閏七月十三日詔修内司工匠人兵臨安府不係揀中禁軍今後遇有逃亡事故未得收填月具人數申三省樞密院　十五年九月十八日詔德壽宮雄武兵級等並撥歸修内司　十月十二日詔修蓋皇太后殿闕工役人其德壽宮先降付步軍司雄武兵級二百一十五人並依舊撥歸修内司　十六年正月二十八日詔自乾道以後創置修内司等處兼安撫司轉運司准備差遣人元非舊例可並罷今後更不差人　二月十日樞密院言提舉修内司承受鄧琬申本司額管潛火雄武七百人内事故九人外近承重華宮指揮於修内司差撥雄武兵級二百二十六人過宮祗應所有退下并事故潛火名闕共二百

三十五人已於今年二月内將德壽宮元撥到雄武兵級内充填上件名闕了當其逐人合得潛火食錢報所屬改正依例幇勘今後遇闕於見在下司不係潛火人内準此撥填施行從之

全唐文

宋會要

東西八作司 舊分兩使止一司太平興國二年分兩司景德四年併一司監官通掌天聖元年始分置官局東司在安仁坊西司在安定坊勾當官各三人以諸司使副及內侍充其八作曰泥作赤白作桐油作石作瓦作竹作甎作井作又有廣備指揮主城之事總二十一作曰大木作鋸匠作小木作皮作大爐作小爐作麻作石作甎作泥作井作赤白作桶作瓦作竹作猛火油作釘鉸作火藥作金火作青窯作窟子作二坊領雜役廣備四指揮工匠三指揮 真宗景德四年六月三司提舉司請以東西八作司街道司併為東西八作一司選差使臣勾當真宗曰工作甚衆事任非輕若此併合恐將來不濟又却改更宜令三司將逐日勾當事件相度須久遠通濟即可所奏 十月詔八作司兵士功役今後墻縫師木杴塹模並支係官動使勿令斂掠置買 大中祥符二年六月詔自今八作司凡有營造並先定地圖然後興工不得隨時改草若有不便改作者皆須奏裁 先是遣使修吳國長公主院使人互執所見屢有改易勞費頗甚帝聞之令劾罪而條約之 三年二月詔八作司見管押司官前後行曹司等自今不得抽差及劄名糧隸它處 四年八月詔八作司官揀諳會書算勾

當得事殿侍十人分擘應副監修如不足即旋於殿前司抽取若一月內修及五十間支食直錢三千只添修及五十間即支一千五百各置功課歷每日抄上赴提點修造官通抑候三年勾當無不了下三司比較磨勘甲奏與改轉酬獎 五年九月詔抽差殿侍在八作司監修勾當合給食直錢者若塡疊道路修殿宇樓臺難計功料者亦令比類支給 六年二月詔八作司製造竹作家事收到竹白竹梢每斤估錢六分令貨市充公使之費 四月詔八作司父兄子弟曾作藝者聽相承於本司射糧充工匠仍許取便同居若差出向外監修只將帶逐色作頭往彼不得更抽工匠自外抽來役兵有疾患者速差醫官治療 七年三月八作司言當司先差殿侍五十人分隸在京修造率多曠慢望委本司按罪笞責帝曰殿侍緣係諸班本司區斷事理非便自今如小有過犯取狀戒約放免若初犯情理難恕及再犯者奏裁 四月八作司言本司工匠自今應將帶出外望不定名抽取免令僥倖妨役從之 六月詔八作司指揮使差當直兵士二人負傔一人於効役雜役指揮內抽差逐季一替不得影占工匠 十月詔八作司諸處修造先差人員檢計據合銷工匠作分逐旋差那應副不得一併抽占人數 九年七月詔八作司應在京修造自八月朔悉權罷之以郊禮在近供億繁多故也 仁宗

天聖元年正月句當八作司田承說言本司所轄廣備
兵士及八作司長行内有善工藝匠人多本司監官占
充當直欲乞自今後監官當直兵士依數下步軍司於
借事六軍内差破更不得就本司轄下抽差從之二月
三司言虎翼水軍昨營房雨浸踏移高阜其舊房屋六
百五十間合拆材植磚瓦四十一萬稱準本司劄子六
十五道取射支使切緣在京修造三司並依八作檢計
到合使物料應副其八作司又將別寨名官物直撥支
使提點修造司無憑關防欲乞今後應係修造所使物
料須計料申省撥支下數請領供使其合納物色並令
入納不得直取射支使如違官吏科違制之罪從之三

卷一千一百十九　三

月詔自今應陳乞及傳宣修蓋並須下三司檢計銷
人功材料數文候見三司文字方得支付時仁宗宣諭
宫中近遂急修屋多内臣直傳宣諸處不由三司勘會
大破工料採木之處山谷漸深宜與約束勿令枉費故
有此詔五月田承說言本司修造四百三十餘處累年
不結絶監修人員請出官物破耗侵欺令點檢到殿侍
蘇玉等一十人並盜官物逃走檢會元併兩司為一之
時計有左右廂橋道提點堤河城壕街渠都大管句修
造寨坐兵士凡六處監官十六人以為冗食便以三人
代其句當監官元食錢不過三五千令五人月請錢百
千殿侍八十四人月百二十六千更有非時差三司大

將軍將使臣添給衣服若比未併合之時備見虧官太
甚每檢計提點並無新收舊管官物已支見在文帳欲
乞將東西兩司却分管句每司只差諸司使副使或閤
門祗候一員内臣一員添支錢十五千日輪一員在司
點檢文字一員諸處點檢脩蓋請到官物別置歷具日
逐提點次第同共僉押逐月具修蓋已未功課上三司
所有殿侍八十四人乞催促了當覆檢訖逐旋歸班事
下三司與提舉司定奪經久利害以聞二司言承說所
乞分為二司今若每旬只差二員亦恐管勾不逮今請
分為兩司以正陽門景龍門直南北為界每司選差監
官三員内二員諸司使副或閤門祗應一員内臣逐月

卷一千一百十九　四

添支錢十三千疾患差出即權差官每日一員在司點
檢二員出外催促逐司置歷具巡歷催促過去處抄上
簽押每月終申三司吏令比較舉行如監官弛慢信縱
拖延及致欺盜從三司申奏勘罪重寘於法又所請諸
軍營只令指揮使點檢所責監修人員畏懼不與匠人
盜官物如出軍營即殿前馬步軍司差人點檢軍營班
直吏令本軍軍廂主都虞候點檢催促令詳所請未窮
弊源只如諸軍營房一指揮各及五七百間近年凡乞
添修並以全指揮計料或小可墊漏一齊拆修雖蓋令
請應諸軍班營房廨宇損墊合行添脩先令指揮使等
躬親閱視詣實保明狀上殿前馬步軍軍頭司庫務司

庫務倉場坊院園苑舍屋等處即令本庫務監專人員
具諸實狀上提舉庫務倉場司覆驗院馬監親從親
事營院子營等處即令本處監專人員具諸實狀上群
牧皇城司應寺院宮觀除不係宮修殿院外其合官修
者即本寺綱維具諸實狀上僧道錄寺務司點檢保明
上開封府應南宮北宅即本宅勾當使臣具諸實狀上
管勾司宅所並逐處委不干礙官覆行點檢具無虛誑
狀上本司移牒三司檢修應內侍諸班院自衆逐人直
中三司令後如合係官修舍屋廨宇即令本班勾當使
臣相度具結罪狀上本屬入內內侍省內侍省再行勘
會如得諸實即牒三司檢修仍下八作司令後應檢計

卷一千一百十九　五

去處須監官躬親部押諸作點檢修蓋如有堪好者夾
帶在內即檢舉劾罪若修未久便有不堪即鞫治元監
官作匠其檢計文帳三司點檢卻有大計料者申勘奏
料罰並以違制論先是修蓋舍屋每闕在處多不牢固
今緣添差監官點檢須要牢固仍令各司將見修三五
間舍屋以所破功料須委監修相度日用功力計定功
限永為定式今後所修舍屋橋道舊係若修後一年塹
限元修都料作頭定罪止杖一百二年內減一等未滿
三年又減一等監修者又減一等如歲月未久具名聞
奏嚴斷雖差出改轉及經赦恩亦御根逐劾罪以聞令
差監官點檢催促須是盡料修蓋久遠牢壯今後應修

蓋舍屋橋道等才了書寫記號板訖如修後未五年墊
陷並以前條年分下逐年遞減一等斷遇赦不原又
舊來一司管勾故多積壓拖延今八作司每至年終將
一年印歷內應修造去處間架已未數及雖過功役有
無剩役減料狀上三司將兩司修造去處比並如剩功
有餘減理為勞績若全然曠職舉奏勘責衙替歸班降
等差遣又八作司諸處修蓋各量事差撥兵匠令後須
具已修未了及全然未修處以元檢計日月供排資次
置簿拘管赴日了當除傳宣緊急及營房外並以三司
帖到司月日依次置簿抄上結絕須一處舉手方發以
次如官吏一事有違並以違制論應公主郡縣主宅自

卷一千一百十九　六

來合係官修者如廳堂舍屋等損墊合行添修即勾當
使臣相度具結罪畫圖進呈依得旨即下入內內侍省
差內臣管勾修蓋方計間數其勾當使臣並乞依上處
不以實係斷罪候修蓋了具料例帳上三司別差內臣
點檢保明申三司又據所奏乞依舊差使臣三司軍大
將監修二十間已下只差本處人員監官監修點檢二
十間已上至一二百間差三司大將軍將二百間已上
差使臣三司檢會　淳化四年閏十月詔監修舍屋若
數不多只委監官專副計料添修　大中祥符四年九
月詔又令棟抽殿侍應副監修不足即於殿前司抽取
　九年五月詔八作司監修殿侍每人主處三五處令

每人專監一處仍從三司給與印紙歷子抄上候三年滿別無違礙官吏保明申奏第一等與班行第二等與三班差使第三等與外江押運　天禧二年正月樞密院劄子在京監修依殿侍例每月支食直錢一千五百守凍申功不支如監五十間相如食直錢三千令詳承說所定間同其二十間已上至一二百間差大將軍將監修伏緣間例數多材料不少令除將軍班在營者依舊例人員監修外更不差殿行二十間已下及泥飾甃砌只委本處監官人員管勾更不差軍大將如無監官人員即合近便監管使臣相兼管勾二十間已上至百間差三司軍大將三年一替至滿日八作司磨勘如無

卷一千一百十九　七

員闕保明申奏若三年都修五百間之上與轉一資三百間已上至五百間與第一等優輕差遣一百間已上至三百間與第二等優輕差遣若稍有過犯拖延偷減劾罪施行外送衙衙與第一等重難差遣百間已上於三班差借奏職殿直監修了日八作司磨勘無偷盜少欠不依得元限了當百間已上至三百間與免短使依例在程差遣三百間已上不計多少與免短使合入遠者與近地合入近者與家便如信縱偷減不依功科即劾罪申奏與小可邊遠差使所有軍大將食錢依殿侍例修造月支五百如一月內修及五間及支三十使臣修造月日支二年如一月修及五十間亦支四千其八

作司北營使令東八作司監官居仍於右廂內踏逐空閑廨宇充西八作司監官居所有見今監修四百五十三處三司近奏差內殿崇班李知常閤門祇候杜欽管勾提點催促立限津般退材攢造文帳上三司若是南郊大禮即令兩司共同祇應並從之遂令兩司監官各三員東司差崇儀副使田承說禮賓副使張承澄內殿崇班石惟清西司差禮賓副使李德明內殿崇班王中立閤門祇應張士寧　仁宗天聖元年九月二十一日詔近分東西八作司為兩司各定差監官三人內有疾患差出並權差監官　康定二年七月二十二日權知開封府賈昌朝言昨差內臣二人以司乘輿出入除道

卷一千一百十九　八

近胥吏掠取民錢已行科斷乞依舊止令東西八作司管勾每遇乘輿出令所差使臣即時關報八作司及左右軍巡院祇應除道從之　嘉祐七年十月三司言乞應係脩造監修官吏如要兵匠人數並須申三司乞差不得直具申奏或中中書樞密院如違所乞事理吏不施行官吏並從三司劾罪官員使臣具案以聞乞行朝典從之　英宗治平二年二月六日三司言東西八作司使臣各一員大使臣各二員內朝臣已係三司舉外大使臣不係三司舉並二年一替滿日無遺闕與指射差遣乞依朝臣例委本司保舉仍乞更不差內臣勾當從之　神宗熙寧二年三月三司言東西八作司監官

職官三〇之一五

舊六員須因霖雨添差使臣八員省司既已編排繁慢今作番次修造則以自八作司正監官六員準備專大將二十員提點修造司官二員分巡勾當上件使臣欲乞兩司各留二員餘並廢罷如後有大段修造即自臨時奏乞下三班院選差所有兩司依條帮各輪一員在司外餘各二員逐日躬親提點催督修造及諸處檢計仍今後五日一次具已未修間數投過及未了工限單狀申省以憑點檢行遣其點檢司官二員亦令逐日躬親提點催促如稍遲慢勘奏乞行朝典從之十月二日以修感慈塔都計料楊琰為茶酒班殿侍三班差使減三年磨勘充八作司指揮使初八作司度修感慈塔用

卷一千一百十九　九

工三十四萬六千八百六十玫度減十八至是畢功上以其材可用故命之　四年十一月二日詔選差諸會修造臣六員勾當東西八作司不得差兼他處職局

職官三〇之一六

全唐文

宋會要

提點修造司廳在普惠坊後徙顯仁坊掌督京城營繕及畿縣屯兵營舍修葺之事太平興國七年置淳化三年分左右廂隸東西八作司五年復析置以諸司使及內侍二人提舉　太宗淳化四年閏十月詔提點修造司自今在京監修屋舍若間數不多不須差人去處只委本處監官專副等計料添修　仁宗乾興元年四月三司言提點修造司申去年十二月諸處修造文帳省司點檢有二千六百七十八處內四百三十四處已修去供破料文帳二十一百五十四處見修造處蓋是兵

卷一千一百十八　一

匠拖延功積催促方獲辦事緣本司使臣兼提點在京諸倉場并四排岸下卸公事不得專一催促點檢欲乞特差閤門祗候及內臣共二員專管勾一司事從之至和元年九月詔比聞差官繕修京師官舍其初多廣計功料既而指羨餘以邀賞故所修不得完久自今須實計功料申三司如七年內損壞者其監修官吏工匠並劾罪以聞　英宗治平二年八月十五日命成都府路轉運使王舉元都大提舉在京修造英宗以近歲京師屋多不至堅固至是因水災當完理命選強幹之臣置局督察故自成都召舉元委之　神宗熙寧二年五月二十八日罷提點修造司所有應係修造公事並只

令三司點檢修造所管勾施行

卷一千一百十八

二

寄案：大典卷一萬七千三百七十六作二十三日

全唐文

宋會要　寄案：從輯永樂大典本會要關都水監其屬官見此

溝河司　天聖四年閤門祗候府界提點公事張君平擘畫置司，仍專差官一員與府界提點官同共管勾府界并南京宿亳等州軍溝洫河道。至寶元二年省罷，以令隨處官員令佐等與府界提點司并轉運司各認地分管勾，掌每年開淘溝河人夫兵士功料不定。熙寧九年五月十七日，詔罷開封府界溝河司，以開濬河道已成故省，專官而隸都水提舉焉。餘見排岸催綱司下

宋會要

街道司　掌治京師道路，以奉乘輿出入，向當官二員，以大使臣或三班使臣領之。卷一千一百十九 大典卷一千一百十九又卷一萬七千三百七十六　仁宗嘉祐二年十二月二十六日，管勾街道司公事冠利亨言：乞招置兵士五百人充街道司指揮功役，更不立等杖，委本司招置少壯堪充功役之人。所有請受例物，乞行支給。詔置五百人為額，立充街道指揮，例物每人支錢二千、青衫子一領，請受即依保節例支給，仍不許宣借及諸處抽差，并本司官員當直餘從之。　英宗治平三年七月九日，都水監言：除街道司事只令申監，依條例施行外，若街道并溝壕河道等事，但係千百姓合行檢量定奪去處，令監司委街道司及本監指使，并移牒開封府差曹官同共檢量定奪利害，連書申監。如百姓合有罪犯，牒送開封

府斷決若干人衆及詞末明事理乞本監鄒同判監已下一員計會開封府鄒推官同共定奪施行不得差委街道司監官管勾定奪諸般公事並不得承受行遣從之　神宗熙寧五年正月四日都水監言今勘會將作監準敕東西八作司更不管勾街道只委街道司一面管勾如本司闕人即令中都水監權下有處抽差勘會每遇車駕行幸并人使到闕自來係東西八作司各差三二百人與街道司兵士同共打併街道兼街道司自前曾於裝卸東窯務步軍司宣勅六軍差兵士同共功役今街道司闕人者詳其裝卸東窯務各有重役難差撥外乞令後只於步軍司宣勅六軍共差四百人候見本

卷一千一百十九

司文移勾抽即依所從人數差撥往彼才候了日畫時發遣詔今後如遇打併街道祇應委的闕人即得移文步軍司權暫抽差不得將小可功役妄行關牒仍下步軍司才候逐次打併街道了日立便抽欄以上宋朝會要

續會要彻部水監中興以後無此門

外乞令後只於步軍司勅六軍共差四百人候見本司文移即依所定人數差撥

宋會要　司天監

太宗太平興國六年三月召司天臺學生鄭昭晏石昌裔徐旦史序朱守吉等五人試于殿前並授司天臺主簿　八年三月命判國子監陳鄂權天臺事臺事　端拱元年九月以秋官正苗守信為太子中允判司天監以監丞丁文景為冬官正副之以判司天監太常博士馬韶為德安州應城縣令以同判監春官正楚芝蘭為蔡州遂平縣令　至道元年十一月以殿中丞同判司天監苗守信權知司天少監判監事立於本品之下十一月十八日詔司天監五官正磨勘非次至改官至殿中丞正以後只加檢校官　二年九月以直祕閣崇文院檢討杜鎬直史館判三司勾院曾致堯祕閣校理戚綸同共條貫司天臺職及諸色人先是致堯考試凡百有六人命止取五人故復命詞議優劣　真宗景德元年正月詔司天監翰林天文院職官學生諸色人自今不得出入臣庶家課算休咎傳寫細行星曆及諸般陰陽文字如違並當嚴斷許人陳告厚與酬獎其學生已下令三人為一保互相覺察同保有犯連坐之保內陳告亦與酬獎　八月詔司天監官求試親屬本業須南郊慶澤方得以聞　二年六月詔曰靈臺列職歷代選能宜設等差用伸甄別今後司天監考試合格人詳

卷一萬九千五百十四　二

比優劣賜監生及出身其曆算學所賜出身素來優異須本業該熟方應銓選宜委本監精加考較其所試通否保明以聞其所試監生及出身人候三年祇應本業增廣別無違闕則取旨所置監生仍在學生之上月給俸錢　八月三日詔司天知星與氣朔三式周易等學各專其業承前有事都令集議列名雖衆於理無益自今後皆據所習藝業同共定議仍令常勤學業務在精通　二十三日諭樞密院曰河朔屯軍處所差占候司天官訪聞每先與州縣官議奏聞事令後每有占候如合令邊臣知者即實封中報如所占不在地分合申奏者即實封以聞此外更不得別有供報　四年六月以進士祝庶幾為司天靈臺郎庶幾蘇州人累赴鄉舉不中第頗通象緯之學至是求試所習故有是命　九月司天監言殿前刻漏報時雞唱唐朝舊皆有詞朱梁以來因而廢棄今止唱和音歌望特詔別製新詞習唱自今每大禮御殿登樓入閤內宴晝改時夜改更則用之常時改刻改點則不用詔付兩制詳定學士晁迥等言按周禮有雞人之職掌惟呼旦取象司晨此有經據實可收采其所進雞唱舊詞已加詳正望付本監習用從之　十一月以益州習天文人楊皡為司天靈臺郎時巡撫使聞其藝薦之召赴司天監試曆術而命焉　大中祥符三年閏二月

司天冬官正韓顯符造銅候儀成詔顯符選學生中可教者傳授其業　九月詔司天監官丁憂仍不持服自今仰本監具名以聞　五年八月詔今後倉場庫務門令司天監差官輪次具名申中書差押衣襖者當一次差遣　七年七月詔司天學生不得更注外官其本監職官出官者不得帶陰陽天文書出外學生如陳本業陰陽星辰曆筭並不得直進文狀須經本監委判監官審詳實有藝業即具狀以聞當差官覆驗若事該天象別有異見即許實封以聞如聞封不是天象文字以違制坐之　八月詔司天監先差職官二員於鐘鼓樓下專掌漏刻時辰每月支食錢三千自今須晝夜輪一員在樓下專管時辰不得差互　天禧三年二月詔司天監具析保章政靈臺郎主簿轉官年月及自來有無過犯以聞　乾興元年仁宗已即位未改元九月司天監丞徐起等言御樓及登寶位兩次覃恩乞依京朝官例改轉詔罷之仍告示今後司天監及諸伎術官等並不得依京朝官例磨勘如階轉官蓋抑雜類而別流品也　十二月詔今後司天監五官正不得依京朝官例差監庫務見監當者候滿日差替先是中官正杜貽範丁慎言皆依京朝官例監當庫務至是罷之　天聖元年五月禮院言司天監選四季祠祭畫日先上禮儀院呈進候降指揮本

卷一萬九千五百十四

二

監再具申奏事涉繁紊自今止委本監依例選定從之　七月權判司天監宋行古言於在監子弟內揀試有行止無過犯年十七已上約四十二人逐補守闕候三年有闕補正名從之　三年九月詔司天監自今後每詳定公事須依經據不得臨時旋有移改仍取知委狀以聞時有妄陳災異互有異同者故戒之　五年三月詔司天監近日多有閒人僧道於監中出入止宿私習乾象又街市小術之人妄錄天道災祥動惑人民令開封府密切提捕嚴行止絕　景祐元年五月一日新授江南東路轉運使蔣堂言竊見司天監所置官屬所以觀習天文占候風氣今訪聞日官之輩不思慎密乞嚴行戒勵仁宗令下提舉司天監官取戒勵令後不得漏泄軍令文狀　寶元二年二月二十八日以司天監主簿元齡累言星變屢應兵寇在河東分野乞設警備因其自陳遷司天監丞　定康二年十二月二日權知司天少監判監事楊惟德以災異有中及修定萬年曆成詔除司天少監　慶曆五年六月一日詔司天監保章正至五官正自今聽十年一遷官　至和元年十二月詔司天監天文筭術官自今毋得出入臣僚之家　景德初已有此詔　二年正月以威武軍節度推官劉邦為司天監丞以判流內銓胥顯言其多挾陰陽卜術以遊權貴之門也邦累自

求免許之　嘉祐五年七月權判司天監周琮言正月一日大流星出畢昴色如火宜備胡虜後以交趾寇廣南為塡言之應詔琮本官胡虜今盜起南方即非驗自今無得妄引災福僥求恩澤　英宗治平三年五月詔司天監官自今不差監諸倉門監丞已下月俸皆給見錢常以九員給事河東等路總管及麟府軍馬二歲一代又歲差一員押賜衣襖　十月馬軍副都指揮使賈逵言請三路經畧司司天監官不得與諸色祇應人往還詔並令逐處發遣赴闕與在京差遣　十二月詔今後司天監差大兩省一員提舉仍下提舉所取索前後條貫看詳違守內有未便事即具奏請凡係占候公事各令屬官依久例自奏外其餘公事並取提舉指揮憑五官正已上許升廳參見監丞已下並令庭參　月給食錢十千合用印令鑄造又太史局舊名司天監元豐官制行改今名兩朝國史志司天監監丞主簿春官正夏官正中官正秋官正冬官正靈臺郎保章正挈壺正監及少監闕則置判監事二人以五官正以上充禮生五人曆生一人丞主簿及五官正以下皆守其職掌察天文祥異鐘鼓刻漏寫造歷書供諸壇祀祭告神名位版畫日天文院掌渾儀臺晝夜測驗辰象以白于監測驗注記二人刻擇官八人監生無定員押更十五人學生三十人鍾鼓院掌鐘鼓

卷一萬九千五百十四

三

刻漏進牌之事節級三人直官三人鷄唱三人學生三十六人　神宗正史職官志太史局掌占天文及風雲氣候祭祀時歲則擇所用日其官有令有正有春官夏官中官秋官冬官正有丞有直長有靈臺郎有保章正而選五官正以上業優考深者二人為判及同判局保章正五年直長至令十年一選惟靈臺郎試中乃遷而挈壺正無遷法其別局有天文院鐘鼓院測驗渾儀刻漏所印曆所皆主占驗曆法　熙寧二年二月提舉司天監司馬光言前代以來流星或如盃升或有光燭地或有聲如雷動人耳目者方記於文館以為災異宋朝舊制司天監天文院翰林天文院測驗渾儀所每夜專差學生數八臺立四面瞻望流星逐次以聞及閤報史館緣流星每夜有之不可勝數本不繫國家休咎雖令瞻望豈又能盡記虛費人工別無所益況測驗渾儀近置刻漏及專用渾儀考察七政以課諸曆疏密妄實無暇更瞻望流星雲氣欲乞今後流星雲氣遞狀或異及於占書有占驗者委兩天文院具休咎以聞遞狀閤報史館外其測驗渾儀所更不令瞻望流星雲氣從之　六月提舉所言乞今後應司天監官員監生學生諸色人等除有朝廷指揮或本監差遣外並不得擅入皇親宮院其皇親亦不得擅勾喚如違並當嚴斷若犯別條刑名者自從

重法從之　閏十一月十七日詔提舉所今後每歲春秋委提舉官與判監及測驗官夜於渾儀臺上指問逐人在天星宿若問十不識五以上者降充額外學生今後每遇兩天文院及渾儀所正名學生有闕先于額外監生學生內揀試點識周天星座取及八分以上最精熟者不以上名下次補充其因過犯降充在額外者若經三年以上別無過犯並許揀試其因疾患及不識天星降在額外者若經一年以上所患痊愈及習識精熟者亦許揀試若額外監生學生無可揀選許於守闕學生內依此揀試補充逐處正名學生仍候補入兩月以上祗應本局官員保明方支本處請給若自補充二處正色以後五周年以上習算天文三式經書精熟許乞試試中補充監生仍舊祗應其取經試中在天星宿者不許應天文科餘翰林天文院并鍾鼓院學生闕人並須以本監依子孫補充習曾兩犯私罪者亦不得補充若已在翰林天文院并鍾鼓院今後兩犯私罪並勒出於本監額外收管今後節級雖年限滿別無私罪充不得試中三科者並試量試一科藝業十道內及四道以上者方得轉充保章正仍在逐年本科額內不中者更候一周年已上再許就試　熙寧三年十二月詔司天監每有占候須依經具吉凶以聞如隱情不言善惡有人駁難蒙昧朝廷

卷一萬九千五百十四　四

判監已下並刻罪以聞　四年二月二十三日詔民間毋得私印造曆日令司天監選官官自印賣其所得之息均給在監官屬以近詳差本監官在京庫務及倉場監門也　元豐元年十二月二十三日提舉司天監所言先被旨意應館閣所藏及私家所有陰陽之書並錄本校定置庫收掌令編成七百一十九卷乞上殿進呈從之　三年二月十一日詔自今歲降大小曆本付川廣福建江浙荊湖路轉運司印賣不得抑配其錢歲終市輕齎物附綱送曆日所餘路聽商人指定路分賣　六月十三日詔權判司天監丁洵權同主管司天監周琮各補一子若孫充額外學生洵二十九年不磨勘琮領監事二十六年未常為子孫乞恩故皆及之　四年十一月二十八日詔翰林侍讀學士朝奉大夫知審官東院錢藻兼提舉司天監　五年六月十六日詔司天監曆算天文三式三科令丞主簿並減罷以冬官正王齊言因減罷司天監官監倉草場門故增置三令丞主簿於職事無補故也　六年七月十八日太史局保章正馮士安等言大內南景靈宮建神御殿西劃尚書省緣大內為陽宅景靈宮為陰宅依經刑在西方禍在南方福在北方德在東方二宅經犯北則報南修東則治西今犯刑禍宜急治東北則吉詔送祕書省勒太史局眾官定士安等所言

修造及私宅法既而本局官言今國家建神御殿尚書省經國體相地宜擇時日而後治功其報治法不可用詔士安各降一資　徽宗崇寧四年十二月五日太史局瞻望學生并鍾鼓院翰林天文局浮漏下學士工匠等自今後年及七十并六十歲以上眼昏腳疾之人並與帶舊請給額外養老收管　政和八年六月二十九日起居注李彌遜奏太史局天文院崇文臺渾儀所隸祕書省今後頒朔布政既建府設官則太史局等處應合擬定明堂頒朔布政府庶幾體統相成治以類舉從之　宣和二年二月二十五日中奉大夫提舉襲慶府仙源縣景靈宮太極觀魏伯芻奏聖朝建官設局陰陽經書著于太史過有選卜必有避國家拘忌之日如甲日為受氣庚日辛日乾姓乙未火墓乙丑小墓等日皆不可用非特國家至於士庶亦從五姓名推五行而避之況今禮樂法度加惠四方卑書混同華英共貫獨陰陽考卜之法未及天下致太史經書內禁忌之日訟然選用天下之地莫非王土豈容中外有別乎伏乞立法應官司考卜遇甲庚辛及乙未乙丑日（其欽恩選之日委本局開具依此添入）不許選用著于甲令緣之天下取到太史局狀契勘應本路州軍並是國家事凡用日時隨其事宜合行選擇回避皇帝年命及國音姓氏氣大小墓無妨礙

卷一萬九千五百十四　五

外其餘方可隨事選擇所宜所忌用事吉日從之　九月詔太史局測驗渾儀刻漏所合臺節級與卒伍同例自今後改作司辰　四年五月二十七日判太史局周彬奏乞今後應諸路轉運司每年收到曆日淨利錢並限次年四月一日已前依條起發上京送納盡絕如違令本路轉運司取索點檢究治施行詔違限如上供法　靖康元年七月十七日詔太史局自今後應諸處勾喚并取索事干天文文字等先具奏聞聽旨前去　閏十一月二十一日詔天文局翰林天文官係屬懸奉御前天文休咎之人並不許諸官司踏逐指名抽差雖被到不拘常制特旨等許差指揮並不發遣太史局同　高宗建炎元年五月六日詔今後如有太陽太陰五星纏度凌犯或非泛星雲氣候等所主休咎災福令太史局翰林天文局依經書實具奏聞如敢隱蔽當從軍法　二年二月二日詔天文局太史局自今後除奏報御前外並不許報諸處　六月二十六日詔翰林院天文局瞻望學生見闕頗多可於太史局等處逐急指名抽差補填見闕到局依條合得例物令行在左藏庫等處限一日支給所有逐局已取案闕御太史局卻於額外人內踏逐補填候回鑾日依舊試補　三年三月二日詔紀元曆經等文字如人戶收到并習學之家特與放罪赴行在太史局送

納當議優與推恩　行在太史局言合要紀元曆經本立成二册宣明曆
經本立成二册崇天曆經本立成二册太行曆經本立成二册大宋天文
書并目錄一十六册景祐乾象占三十册乙巳占一十册乙巳略例一十
二册古今通占三十册圖一本六壬遁甲大一一十三册天文總論一十
二册握掌占一十册風角集二册地理新書一十册四季萬年曆四册編
遺下來年庚戌歲頒賜兵氏庚曆本草降六册運氣纂一册洪範政鑒一
十三册祥異三册故有是命　四月十三日詔翰林天文局併歸太史局
五月十四日詔太史局天文官吳師顏郭中泰呂璨自今後許將帶學
生內中止宿祗備宣問天象紹興元年三月十八日詔乾象通鑑與舊書
參用差訛並依經改正太史局言準入內內侍省東頭供奉官幹辦御藥
院鄧諤付下天文官吳師顏等奏臣等承御前降到乾象通鑑一百卷謹
校勘到差訛去處略舉數事開具下項一鎮星占心本是大人有喜却作
有憂一鎮星犯房本是兵憂却作近慶一歲星占內漏南方之宿所主一
周天星座內虎賁一占一軍南門星合為奎宿度內却作婁宿度內并雜
坐星入宿度數並差一月占內大縮字却作大漏字一右旗本是九星却
作十星一二星合後漏營字二占一太尊虎賁軍門並是廣星進賢係黑

星並作赤星一晉元帝應驗王敦舉兵逼京師本是禍及忠賢却作福字
已上開具外其餘即與本局見行乾象占書所主災福頗同所定是實故
有是命　二年六月十四日詔西安進士陳元肋製造到刻漏一座已送
尚書省元肋男特令太史局量試補充額內局生依條支破請給從宰臣
呂頤浩請也　七月四日詔太史局生李繼宗宋公序趙祺為演求紀元
立成法推步氣朔七政可以頒朔特並補保章正差充太史局同知算造
三年正月二十三日詔今後曆日須管于十月上旬頒降了當仍以四本
作兩次入遞其賫到錢赴行在榷貨務送納　提點廣南東路轉運判官
章傑言國家歲頒曆日以賜群臣外暨監司郡守唯嶺外遐遠郵傳稽遲
每歲賜曆及降下曆日樣常是春深方到歲初數日莫知晦朔之辨故有
是命　七月六日詔曆日所合書天文等事令太史局依舊每月實封供
申　九月十一日詔太史局依舊每月具天文祥異實封供申中書門下
後省從起居郎曾統請也　十一月二十九日詔太史局額外學生並依
本局試補子弟舊法許召募草澤投試　十二月一日詔太史局額外學
生以十人為額舊法各以三十人為額分兩番祇應至是省之　五年閏
二月十日詔太史局重造新曆布衣陳得一支破保義郎券一道月給廚

食錢二十貫文親隨一名支破進武副尉券一道日支食錢二百文太史
局判局輪過局一名日支食錢五百文算造官每人各日支錢四百文司
辰局學生人吏每人各於見今食錢上每日貼支食錢三百文並不理為
名色次數內陳得一并親隨下戶部出給券曆并本所合用攢造曆書紙
札油炭之類并逐時聚議犒設合用雜支錢每月批勘錢一百貫文從秘
書少監朱震請也　九年五月六日詔太史局禮生乞依翰林天文局醫官
局人吏出職條法禮部勘會欲將太史局禮生補至頭名及五年通到局
及二十年與補進義副尉下與指射差遣敕令所勘詳元豐法禮生係頭
名及三年通入仕一十五年補進義副尉所纂天文醫官局係前行滿三
年通到局及十年與補進義副尉仍指射優輕差遣一次　文緣太史局與
天文局係一般官司兼天文局手分止是一名為頭局得出職太史局却
係六人為額以禮曆生遞遷至頭名方許出職雖無干焒其禮生亦令立
定出職條法故有是命　十年八月十日詔太史局額外學生依本局所
申權行收試一次候召募試補了當如日後再有闕即依自來試法　先
是太史局言本局額外學生權以十人為額紹興三年十一月二十九日

指揮並依本局試補子弟舊法召募草澤人投試自降指揮到今八年外
人憚見試法兼請受微薄無人投試今來欲權召募草澤之人曾習者於
宣明大衍崇天三經大曆內能習一經氣節一年三式者試驗六壬大經
五行法四課三傳決斷神將所主災福天文者試驗在天二十八宿及貫
閣天星如試驗得中補額外學生填舊額人數庶得不致闕誤故有是命
十二年十月十七日詔太史局額外學生通見額權以二十五人為額
仍召募草澤遵依紹興十年八月十日已降指揮再行試補一次　十一
月七日詔四院司辰請給令戶部措置增添戶部看詳令糧料院申太
史天文局鐘鼓院渾儀刻漏所見管司辰等所請不一在京舊請并昨自
車駕巡幸各入添破日支食錢二百一十文月支將家錢三貫文外令欲
將太史局額外學生每月增錢五貫文司辰局學生每月增錢四貫文陰
陽官刻漏所局學生天文局司辰太史生玉漏學生鐘鼓院局學生舊法
學生每月增錢三貫文太史局禮曆生守闕禮生每月增錢二貫文並於
見請贍家錢內増添併作一色仍自今降指揮日為始從之　同日詔太
史局額外學生人額依舊制秘書少監秦熺言額外學生熙豐舊法以五
十人為額紹興三年十一月權以十人為額分番不行故有是命　十二

月二十七日詔太史局蔭子弟依條合行附試全經仍許召募草澤遵依紹興十年八月十日已降指揮再行補試一次從本局請也　十三年二月十二日詔降賜曆日自紹興十四年為始依舊例申樞密院降宣附局入遞頒賜在外知州府軍監及監司臣僚軍興以來久不舉行至是因廣西漕臣李紹祖之請從之　十四年三月十一日詔翰林天文局瞻望天象學生依法太史局額內學生內試填其太史局添數不多可特於太史局天文院額外學生內指差填見闕權名祗應依鍾鼓院守闕權名學生例悉破請給候試補到正人發遣令後準此　二十年七月五日詔武經郎吳師顏可罷判太史局送吏部與江西監當差遣　二十七年正月九日太史局待守闕禮生三名減罷候額內有闕日依名次撥填　太史局行遣文字禮曆生三名曆生一名守闕禮生二名共六名為額至是以裁吏額故有是命　五月是日詔太史局見管額外局學生自今後遇有事故不赴及試充額內之人所有退下名闕從本局闕報所屬開落名粮更不招收試補自後止遵依敕令所修到格法以十人為定數若將來額外學生依條法有闕日即依條試補施行從本局請也　三十一年六月二十二日詔太史局官瞻視鹵莽奏暨基不見各降一官

八

卷一萬九千五百十四

紹興三十二年孝宗初即位未改元六月十三日詔太史局每人輪差主管文德殿鍾鼓院官一員司辰直官局學生內通輪二人赴德壽宮祗應　隆興元年七月十二日詔判太史局李繼宗特降一官以臣僚言近日天出變異繼宗不即奏聞故有是命　十三日詔天文局官王伯祚以天象之見不即奏聞緣臣僚奏陳方始具奏特降一官從殿中侍御史周操請也　八月十七日太史局言依指揮條具併省吏額本局天文院司辰額內瞻望局學生各十人各減二人額外局學生三十人減六人並以試補到司月日從下裁減司曆曆生六人減一人行遣文字人吏禮曆生四人即無可減從之　十月十二日詔太史局靈臺郎楊覺民祖世賢李彥通張仲誠遇事恩轉官合轉直長有礙本局試法候試補直長了日收使　乾道四年五月十三日禮部言太史局每歲箋注到曆日丞指揮下兩浙轉運司雕造訖將板送秘書省印造頒賜交趾國及內外臣僚外板即無用昨秘書省申請到將運司板送權貨務印造乞降去臣字每本立價三百文出賣專委提轄檢察不得盜印從之　十一月三日秘書少監汪大猷等言契勘近得旨令秘書省根究來立己丑歲太陰九道宿度箋注御覽詣實本省累集太史局官赴省參致各執己見互有不同伏見朝廷考定新舊曆法曾冒差單時禮部程大昌李燾同往太史局測驗備知疎密詳悉今欲兼差單時等三人就御史臺或本省同共監集局官參算單見諸實詔差單時程大昌李燾就御史臺同共集局官參算　六年二月十一日禮部言太史局昨降指揮權用乾道曆推算乾道六年庚寅歲頒賜曆日所有乾道七年辛卯歲曆日未審合用是何曆推算詔更用乾道曆推算十年八月二十六日禮部言承准指揮權用乾道曆推算乾道八年頒賜曆日所有乾道九年癸巳歲曆日未審合用是何曆書推算詔更權用乾道曆推算一年

測驗渾儀刻漏所　高宗紹興二年九月七日太史局令丁師仁等言依元降渾儀法式製造渾儀所有法要九冊見在天文局權掌欲乞關借參驗使用詔依仍限一月製造了畢　三年十二月一日詔測驗渾儀刻漏所學生以十人為額舊法以三人為額分兩番祗應至是省之　二十七年正月九日詔渾儀刻漏所手分一名緣本所係與太史局家同祗應可減罷今後更不差置以裁定吏額也　孝宗隆興元年八月十七日本所言司辰額內瞻望局學生十人乞減二人從之以減吏額故也

鍾鼓院　高宗紹興三年十二月一日詔文德殿鍾鼓院學生以十人為額舊法以三十人為額分兩番祗應至是省之十年八月十一日詔文

卷一萬九千五百十四

九

德殿鍾鼓院以二十人為額依法試驗並取如不足於太史局額外學生內依天文局法指差權名填闕祗應請給等並依天文局體例候試補到正人發遣　二十七年正月九日詔鍾鼓院手分一名緣本所係與太史局家同祗應可減罷今後更不差人以裁定吏額也　孝宗隆興元年八月十七日本院言司辰局學生二十人乞減二人從之以減吏額故也

全唐文　宋會要

殿前司掌殿前諸班諸直及步騎諸指揮之名籍及訓
練之政令國初有都點檢副都點檢之名在都指揮使
之上後不復置其屬吏之名並如侍衞司而都指揮使
都虞候三局吏人之數各有差降兩朝國史志殿前司
都指揮使副都指揮使都虞候副都虞候掌殿前諸直
及步騎諸指揮之名籍及訓練之政令國初有都點檢
副都點檢之名在都指揮使之上後不復置都指揮使
司孔目官勾押官押司官開拆官各一人前行六人後
行十八人通引官十一人都虞候司勾押官一人前行

卷一千一百三

一人後行一人通引官一人主管殿前司一貟都吏副
都吏典史副典史各一名書吏六人典書二十一人副
典書二十人抄寫四人分掌事務兵案掌諸軍班功賞
大教轉資內外轉補排連新舊行門拍試換官等事差
使磨勘案掌過茶殿侍年滿出職使人到闕差入驛殿
侍諸宫院下差抱笏殿侍并磨勘奏補逐班祇應參班
倉案關支諸軍班應干請受尚書省齋筵并使人到闕
差祗應人等騎冑案主管諸軍班教閱收支將校兵級
鞍馬闕請軍兵軍器并衣甲請納將校朱記推案勘鞫
取會追呼諸軍班諸般詞狀公事差替諸處倉場庫務
巡防兵級等收捉番驗逃走人兵法司檢引條法開拆

司收接詞狀及諸處發到文字等　太祖乾德四年六
月保寧軍節度觀察留後虎捷左右廂都虞候權侍衞
步軍司公事王繼勳爲步曲所訟付中書鞫之制授彰
國軍兩使留後罷兵權以右金吾衞使杜審瓊權知步
軍司公事　真宗景德元年十一月詔殿前侍衞司自
今孔目官已下有闕不得擅自轉及改名並奏聽朝旨
先是殿前司吏人無定制只本司增移補置至是真宗
令都指揮使高瓊等重定員數以聞故有是詔　三年
八月詔殿前侍衞馬步軍典級不得求授外職　大中
祥符四年八月二十一日詔殿前司東西班增置押班
二人十月帝宣示知樞密院王欽若等曰昨日殿前都

卷一千一百三

指揮使曹璨言本司孔目官出職其依次勾押官亦乞
一例出充班行且殿前侍衞諸司孔目官已下皆掌軍
兵之事若輒令出職事亦非便況嘗降宣命條約並令
轉至孔目官五週年年及五十以上方許出職安排樞
密院當誌之不可輒隳此制仍明諭曹璨知之　八年
六月四日詔殿前侍衞軍司如非時宣取兵士候見御
寶文字乃得交付如無即畫時奏取進止所降宣命仍
仰本官躬親收掌不得轉付所司每遇轉遷遞相交授
先是宮城遺燼之夕宣召諸軍皆即時奔赴帝諭以爲
皇族之衆非時召集宜有符驗因條約之　仁宗慶曆
元年十月詔殿前馬步司應西界人先隸軍籍者具名

以聞初夏州人韓懷亮更名福為神衛軍士樞密院處
刺探朝廷機事乃下開封府鞫狀而福自元昊所使刺
內附隸神衛軍破白豹城有勞補承局非元昊所使刺
事者詔特遷一資仍令察捕諜人之在京城者而降是
詔　五年六月二十七日詔殿前馬步軍今後所奏本
司公事除係常程依舊例轉奏外如有非泛擘畫急速
公事後殿祗候罷便令免杖子窄衣上殿若非本司公
事別陳利見即關報閤門依例上殿更不取旨　六年
五月詔殿前司自今引試武藝人文武臣僚子孫與補
班行若諸軍班即聽於軍籍就遷之　嘉祐七年五月
詔自今殿前都副指揮使唯許奏親子孫一人為閤門
祗候餘皆罷之其嘗管軍已奏子孫為閤門祗候者雖
遷至殿前止許轉一官先是步軍副都指揮使馬懷德
奏子仲良為閤門祗候御史陳經以謂濫恩不可以為
例故釐革之　神宗正史職官志殿前司侍衛馬軍司
侍衛步軍司都指揮使副都指揮使都虞候司各一人
以節度使為都指揮使而副都指揮使都虞候無定員
以刺史以上充備則通治闕則互攝掌禁衛軍之政令
隨其官名所隸而分領之訓練宿衛戍守及軍事之賞
罰皆行以法而治其獄訟若情不中法則稟奏聽旨策
統制四廂軍御便殿則入侍仗下熙寧中裁定神衛剩
員萬有千人建官置局總領以均役官制正名歸步軍

司設吏殿前司二十有八馬軍司十有八步軍司二十
有四各分案六　哲宗正史職官志殿前司掌殿前諸
班直及步騎諸指揮之名籍凡統制訓練番衛戍守遷
補賞罰皆總其政令入則侍衛殿陛出則扈從乘輿大
禮則提點編排整肅禁衛鹵簿儀仗掌宿衛之事騎軍
有殿前指揮使內殿直散員散指揮散都頭散祗候金
槍班東西班散直鈞容直及捧日以下諸軍指揮步軍
有御龍直骨朵子直弓箭直弩直及天武以下諸軍指
揮諸班有都虞候都虞候指揮使都知副都知押班御
龍諸直有四直都虞候本直各有都虞候指揮使副指
揮使都頭副都頭十將將虞候騎軍步軍有捧日天武
左右四廂都指揮使捧日天武左右廂各有都指揮使
每軍有都指揮使都虞候每指揮有指揮使副指揮使
每都有軍使副兵馬使十將將虞候承局押官各以其
職隸于殿前司侍衛親軍馬軍司掌馬軍諸指揮之名
籍凡統制訓練番衛戍守遷補賞罰皆總其政令侍衛
扈從及大禮宿衛如殿前司官所領馬軍自龍衛而下
有左右四廂都指揮使龍衛左右廂各有都指揮使每
軍有都指揮使都虞候每指揮有指揮使副指揮使每都
有軍使副兵馬使十將將虞候承局押官各以其職隸
于馬軍司侍衛親軍步軍司掌步軍諸指揮之名籍凡
統制訓練番衛戍守遷補賞罰皆總其政令侍衛扈從

及大禮宿衛如殿前司官所領步軍自神衛而下有左右四廂都指揮使神衛左右廂各有都指揮使每軍有都指揮使都虞候每指揮有指揮使副指揮使每都有都頭副都頭十將將虞候承局押官各以其職隸于步軍司其分案置吏與神宗志同　神宗熙寧三年八月十八日詔殿前馬步軍司今後大辟罪人並如開封府條例送糾察司録問　九年四月二日殿前都指揮使郝質等言往軍器監與權判監劉奉世等會議軍器上批殿前馬步軍三帥朝廷待遇禮繼二府事體至重寺監小官豈可呼召使赴期會尊卑倒植理勢不順自今止令移文定議　元豐元年十月四日左侍禁賈裕為

卷一千一百三

閤門祗候先是賈逵以經畫鄜延邊事得子裕閤門祗候後除殿前副指揮使以例乞除裕閤職詔止還一官至是逵再乞上批裕元令與閤職以逵遠經畫邊事特特推恩今逵所乞乃除殿帥恩例可依所奏其轉官宣追毀　二年正月二十一日上批侍衛步軍司所管東京司備軍借事聞自來差科無復重之別勞逸頗偏一出於主轄官受屬私意間雖有守公之人亦患無法以拒干請宜依昨詳定剩員差科例委燕達具約束條目送承旨司看詳聞奏頒降具備軍借事隸步軍司差使六月十七日上批馬軍都虞候權主管步軍司燕達自莅職以來訓齊士伍日以加進宜與一子閤門祗候

三年四月四日上批殿前侍衛馬步軍司今歲春首有緣舊例以不該移降過犯簡退諸軍有年三十五以下武藝及本軍中等以上者並許依舊名次收管仍令逐司再拍試　五年七月五日殿前司言殿侍有千二百五人自補授至今不參班乞委諸路監司取索除蕃夷歸明保人應仕本土及有專條許留本處者及年小痼疾委官司保明聽依舊外餘並發歸班仍立限從之哲宗紹聖元年二月二日詔雄州團練使張利一罷新除捧日天武四廂都指揮使以中書舍人呂希純言利一係反逆家不可使宿衛右司諫朱勃亦言利一無邊功乃罷之　十一月二十二日引進副使宋球言殿前司

卷一千一百三

舊有寬衣天武一指揮駕出禁衛圍子常日守把在內諸門熙寧中廢乞復置寬衣一指揮或於天武本軍內以一指揮為之詔禁圍合用天武人兵令殿前司選闕選填　三年五月六日詔殿前指揮使金槍弩手班龍旗直所減人額及排定班分並依元豐七年九月詔旨殿前司指揮使左右班槍手可各以五人為額并金槍留七十五人弩手班龍旗直各二十人外餘悉改充弓箭手仍以弩手班排稱東第四龍旗直為第五班並候將來轉員後施行　徽宗元符三年二月二十一日詔樞密院具曾任管軍及堪充管軍人姓名以聞　六月二十七日差樞密副都承旨曹誘權勾當馬步軍司公事

以曹誦護靈駕西行故也。政和四年六月八日，禮制局奏：「中書舍人陳邦光甲管軍爲武臣極任，今乃不入品序，止以本官爲次。」等欲望特詔有司參酌釐正。詔送禮制局。本局取到管軍臣僚稱呼等階，今定殿前都揮使在節度使之上，殿前副都指揮使在正任觀察留後之上，馬軍都指揮使、馬軍副都指揮使在正任觀察使之上，殿前都虞候、馬軍都虞候、步軍都虞候在正任防禦使之上，捧日天武四廂都指揮使、龍神衛四廂都指揮使在正任團練使之上。從之。六年三月二日，殿侍更名爲祇應元指揮，以差在臣僚宗室下及州縣指使難以當殿侍之稱，遂改以今名。今有司見行並不分別

卷一千一百三

差在諸班應奉去處並稱祇應，顯是差互不當，合申明行下，及取索誤行差互去處聞奏。殿前司供到東西班管下班殿侍祇應稱呼人數下項：一、東第一第二第三第四第五班係披帶班，見管共九百四十人，内二百八十八人差出諸軍揀塡到人，不許外注差遣，並係殿庭應奉人數，作殿侍稱呼；時暫差出，却作祇應稱呼。諸色武藝呈試及保甲等補授之人，差出外任，作披帶祇應稱呼；如在班差使，却作殿侍稱呼。一、茶酒新班、舊班并西第一第二班見管共一千一百六十七人，四十二人在班應奉朝殿祇應，並隨班分作殿侍稱呼；一千一百二十五人任諸路任使等差遣及未到班公參之人，並

隨班分作祇應稱呼。一、招箭班見管三十二人，並作殿侍稱呼。殿前司又供到樞密院政和三年二月指揮：「奉聖旨，殿侍應奉人依舊外，其非應奉人各隨班分改殿侍作祇應。」奉聖旨：「依殿前司供到狀内事理申明行下，其政和三年二月指揮更不施行。」七年七月二十三日，太尉、殿前都指揮使高俅奏：「奉御筆，恩數等並依執政言例施行。續蒙差到尚書省散祇候一十人，樞密院承引官二十一人。竊緣上祇候係朝廷差使之人，況臣見領軍政，已有人從，理實未安，欲望並免差破。」詔依所乞。高宗建炎二年七月七日，詔：「班直並不許輒經他處陳狀僥求差遣，及逃竄在諸統兵官下使喚，如違並

卷一千一百三

依軍法施行。如有差占去處，限三日發遣歸殿前司，免罪依舊收管。仍令殿前司常切遵守。」四年五月二十日，上因論行門遷轉，諭執宰曰：「此輩今挽六鈞至累石，率仰射，僅能施放，略不能及遠，誠爲無用。欲改此法，止令射親，蓋兵器之利無過弓矢。」張守曰：「弧矢之利以威天下，其法爲最古。」六月二十一日，詔：「侍衛馬步軍緣行在地氣卑濕，病患人令户部日下支錢修合湯藥調治。如給散數多，許申乞接續支降。」七月三十日，詔：「諸軍使臣、効用、軍兵，今後輒投別軍者，使臣特除名勒停，永不叙叙；効用、軍兵並依軍兵法。統制、統領、將佐容縱收留，亦重行典憲。」八月三日，神武中軍統制辛永宗言：「被旨

令神武中軍更選親兵通舊管作六百人不隸禁衛所
朱師閔李永志主管辛永宗提舉分作三番入內祗應
乞令主管官每夜輪一員於禁中直宿從之　紹興元
年十月二十二日樞密院言郭仲荀乞初除管軍恩例
吏部擬申當得閤職上曰祖宗待三衛之厚如此直柔
曰祖宗時三衛用邊功戚里班行各一人蓋有指意上
曰參用戚里固是祖宗法然窒礙處多恐不可用顧浩
等退而歎曰此宣諭可為後世法十一月十三日詔郭
仲荀建炎二年任殿前都指揮使序位在節度使之上
特與依節度使法封贈三代　二年八月十二日臣僚
言自古盛主雖用文德必有親兵專掌宿衛成王即政

卷一千一百三

周公指虎賁與常伯同戒于王欲其知恤虎賁者猶今
侍衛親軍也康王初立太保俾齊侯呂伋以虎賁百人
迎于南門呂伋者太公望子自諸侯入典親兵猶今殿
前馬步軍都帥也勳德世臣總司禁旅虎賁銳士宿衛
王公其為國家慮深遠矣本朝監觀前代命三衛分掌
親軍雖崇寧間舊規猶在及至高俅以恩得用軍政廢
弛遂以陵夷伏望深考祖宗選擇禁旅之法修明軍政
威服四方上嚴宸極詔令殿前侍衛馬步軍司同共措
置申樞密院九月六日進呈僚論周公作立政言虎賁
綴衣之士謂今日宜添置禁衛是日三省密院具三衙
及親兵人數奏稟上曰此論與朕意不同彼但見承平

儀衛之盛今殿陛侍衛人亦不少然一衛士請給可贍
三四兵朕命楊沂中治神武中軍此皆宿衛兵也卿等
可與措置增修鞍馬器械乃為先務　三年六月五日
詔三衙揔提禁旅躬赴宿衛事體尤重除舊制自合遵
守外自今後應出入並具開奏十二日步軍司言本司
人吏副典書舊法逃走及一日降下名滿百日落籍永
不收敘昨宣和年間本司一時申請歲月並許出首至
今不曾衝改近來人吏多是避怕職事繁難或因功賞
文字擁併避免逃走稍似希少却行出首緣本司並行
軍政若不別作擘畫使在司守職之人無以分別令乞
將見逃走人吏副典書許限一月經本司出首與免罪

卷一千一百三

依舊名目收管支破請給限滿不首永不收敘日後逃
走之人並依舊法施行從之八月十七日權主管殿前
司郭仲荀等言三衙管軍依舊分輪內宿別無宿止去
處欲望下修內司於南宮門裏殿門外修蓋瓦屋三間
充宿舍從之十一月四日神武中軍統制兼權殿前司
公事兼提舉宿衛親兵楊沂中言所管宿衛親兵事體
頗重近來逃走多是往諸軍下冒名顯屬紊亂軍政乞
應有軍馬去處今後如有宿衛親兵逃走到軍並不得
收留立便收捉赴本所如輒收留許從覺察申朝廷將
合干人并主兵官重賜施行詔今後班直宿衛親兵逃
走輒投別軍並依建炎四年七月已降指揮施行令尚

書刑部遍牒合屬去處　四年八月十二日樞密院言殿前司見管額外下班祗應依條合入帥司充聽候差使其上件窠闕諸路元無定額人數昨降指揮每路以四人為額本司尚有額外七十九人未有差遣詔逐路帥司各增置聽候差使四人令殿前司依條差撥通作八人為額其差注等事件並依見行條法　五年閏二月二十五日詔管軍例遇救火日免朝參十二月一日樞密院言已罷神武軍號中軍權隷殿前司詔楊沂中差權主管殿前司公事應本軍統制統領改充殿前司統制統領官餘官依此　六年正月二十七日宰執進呈邊順乞外任劄子官鼎曰祖宗舊制三衙用邊臣戚里及軍班出身各一人所以示激勸也上曰戚里未有可以當此任者然近上戚里既擢用後或有罪戾罰之則傷恩貸之則廢法故不得不謹也唐用宗室為宰相本朝宗室雖有賢才不過侍從而上乃所以安全之也　七年七月五日樞密院言殿前司所隷諸班直禁旅自祖宗以來專充扈衛事躰非輕元額三千六百餘人比年以來因出職換官并事故及將來理年出職外其所有止五百餘人比照元額闕及九分雖有宿衛親兵緣與班直禁衛各别所有諸班直衛士闕數理宜措置講畫楊沂中參酌措畫聞奏　八年四月二十八日詔令三衙管軍依舊通輪內宿內楊沂中令保明近上統

卷一千一百三

制官一員在內守宿諸班直宿衛親兵四年以控鶴六百三十人歸中宮位下泰定四年復立司秩仍正四品達魯花赤二員佩三珠虎符都指揮使二員佩三珠虎符副指揮使二員佩雙珠虎符知事一員提控案牘一員令史四人譯史通事各一人奏差二人其屬百戶所

儀從庫

卷一千一百三

全唐文

續會要

馬步軍殿前司　淳熙二年正月二十九日，詔三衙管軍人依舊堂除。十一月十五日，殿前司副都指揮使王友直言：「本司使臣張政陳乞磨勘，吏部更不牒會本司，徑自追當行人，又牒大理寺追人赴寺。乞令吏部將不閬去處牒會本司，從實回報，免行發遣。日後如有似此事件，亦乞依此施行。」從之。十二月二十五日，慶壽赦：武臣曾任三衙及都統制，歷事太上皇帝之人，轉一官。内年七十以上人，轉兩官。礙止法人依條回授。令州縣長吏致禮存問。　五年九月十日，詔臨安府轉運司：自今

卷一千一百三

後殿前司買到軍器、軍須物料、木竹、弩等，照應戶部免稅公據許買數目，即便放行。從殿帥王友直請也。　六年正月十七日，殿前副都指揮使郭　言：「四川西兵諸州寄招弃額外効用等五千二百餘人，可以訓練逐色武藝。所有合用衣甲、軍器、什物，欲於殿前司衙後置殿前司都作院一所，追集諸軍見用人匠打造。其諸軍合造軍器，亦乞併入都作院製造。」從之。十八日，步軍司言：「諸軍應管衣甲、器械、軍須什物，合補造闕少之數。緣軍器人匠係隊牌上籍定入隊，准備帶甲及輜重火頭，有礙新降指揮，未敢差撥入作。乞降旨，候年終别換隊牌，許重行團結工匠，於步軍司創立都作院，令五軍工匠

日逐趁赴入作。」從之。既而十四年九月，步帥梁師雄言：「椿辦軍器别無闕少，所創立都作院欲將都字除落，仍舊止作本司作院，應副日後續有闕用軍器，隨宜置造使用。」從之。九月五日，戶部言：「通仕郎劉三傑乞換武資，已與換成忠郎，差殿前司訓練官。緣本人係創乞從軍人，未有許支請給則例。」詔為係文資換武，特支衛官五人例券錢。二十三日，馬軍司言：「本司財賦歲收一萬六十餘貫，所有赤曆乞每月辭赴行在司驅磨印押，將曆尾支使不盡錢措置軍器。」從之。十月三日，詔使人到闕伴射官，自今於殿前、馬、步三司通輪保明選差。十二月十七日，詔三衙主帥趁赴朝參等，今來雪凍，道路登陟，

卷一千一百三

可權乘轎。　七年二月二十七日，殿前司言：「乞於諸軍額外不管事訓練官、將佐内揀有材幹人，管幹本司諸般差使，廉勤者許額外陞差。」從之。　八年三月五日，殿前司言：「本司今年春季陞加官兵一萬七百六十七人，内遊奕軍尤多。其統領官趙邦寧訓練有方，乞與推賞。」詔轉一官。四月二日，侍衛步軍都虞候岳建壽言：「本司差置軍馬司人吏，從來於諸軍隊外効用選擇其主行文字。動千軍政，而名籍各隸逐軍將隊所管，不敢盡實行移。乞立定三十四人為額，於兵帳内作本司軍馬人數，别立偏帳，其名籍更不顛軍將所管。日後有闕，却於諸軍踏逐差填。」從之。五月二十六日，詔三衙推吏與舊

司推紫人吏每歲衮同輪轉（以殿帥郭言三衙推吏並不移替有至一二十年者諸軍觀望故有是詔）十一月二十六日殿前副都指揮使郭言内外諸軍過有兵將官等窠闕往往計囑關節僥求陞差孤寒久次之人無從寸進何以激厲乞自今遇有統制統領官闕合從主帥銓量人材保明陞差外正將有闕令統制統領於副將内選擇副將有闕令統制統領正將於準備將内選擇準備將闕令統制統領正副將於訓練官内選擇訓練官闕令統制統領正副準備將於隊部隊將内選擇結罷保明解赴主帥審察可否施行詔依其馬步軍司并江上及四川諸軍依此施行十二月二十七日馬軍司言承指揮於朝廷椿管米内

卷一千一百三

取撥一萬石付殿前司五千石步軍司各委官就逐軍置場每斗只作二百七十文省出糶所有馬軍舊司亦有口累重大官兵之家乞依例支撥米五百石付本司出糶從之　九年正月二十五日殿前司言乞將中軍日後合輪差本司三隊官兵免行差撥令諸軍輪環差撥施行庶幾本軍專以防護皇城免致悞事從之（以内西邉遺火本軍闕人防護宮門省部故有是詔）二月十四日步軍司言照得諸軍部隊將押擁隊悉係一等職事其馬軍部隊將見於印紙内繫帶批書唯步軍押擁隊止作準備使喚批書乞將步軍司諸軍步軍押隊内有使臣名目之人照應殿前司體例並從本司出給隊將差帖批上印紙從之五

月六日詔下班祇應依舊撥屬殿前司（下班祇應舊隸殿前司乾道六年指揮撥隸兵部至是復撥隸馬）十一年二月二日詔殿前馬步軍司今後因病身故官兵具軍額職次姓名保明有無家累報所屬即時於大曆内開落各糧隨曆批勘請給兩月趂次旬宣限支給五月二十二日詔武翼大夫步軍司左軍統制張國珍兩經差權本司職事任責非輕别無曠弛可特轉一官十一月十七日詔隨賀金國正旦國信所馬軍行司將官軍兵二十七人並發遣歸司仍不理為差充奉使次數内將官一名特支犒設錢二十貫軍兵特支犒設錢一十貫並令户部支給（以盱眙軍言泗州報來歲正旦生辰人彼此權止一年故有是詔）十二年二十一日殿中侍御史陳

卷一千一百三

賈言國家財計之入率費於養軍然軍之隸卒伍者所得常不能以贍給而自將佐等而上之則有至數十百倍之多今以一軍論之自主帥而下曰統制曰統領曰正將曰副將曰準備將其員有定序蓋不容增其員而忝其職今諸軍額外員闕冗濫之費姑取殿步兩司言之殿司額外自統制而至準備將凡一百二十員而數内護聖步軍至添統制三員步司額外自統領而至準備將亦一十八員兩司歲支除逐官本身請俸外供給茶酒湯猶不下一十八緡養軍之須固已不貲而額外重費又復如此無惑乎財計之不裕也且以增創額外謂可儲養將才耶然諸軍或有闕員未見取之於此若

謂其人不足以與採擇則高廩厚俸自不宜輕以畀之臣嘗反覆以思不曉所謂乞軫念國計責實軍政將內外諸軍額外名色自今以往一切注差其見在冗食之人少賜甄別如有可備軍官之選則存留以俟正官有闕日補之或其人不任使令亦乞隨宜澄汰勿使渾雜無補國事從之　十三年十月八日詔殿前司每歲認納內庫坊場錢四分為率推免一分仍與放一界日後毋得再有陳乞　十二月九日詔步軍司差使業減貼司一人以司農少卿吳燠請減冗食以下數令所裁定故有是命　十四年六月七日詔馬軍行司今後不得仍前私借人馬舟船如有違戾重作施行從添差兩浙西路安撫司準備將領張師孟請也　九月十五日詔三衙

卷一千一百三

江上諸軍都統制司添差屬官並依建康府已得指揮更不差人其差下人從省罷法先是四月十二日建康都統制郭鈞等言本司添差屬官所請供給占破白直官兵等數多實難應辦詔除見任添差人令終滿令任日後更不差人至是樞密院檢坐詔旨奏聞故是有命　十五年正月二日殿前副都指揮使郭　言馬軍司及四川江上諸軍都統司屬官內皆有主管機宜文字一員唯本司未有上件差置員闕止有書寫機宜文字乞依馬軍司及四川江上諸軍帥司例差置主管機宜文字一員其見任并已差下人並改作上件稱呼繫銜所有書寫機宜文字乞用建康都統司體例辟置親屬

一次庶幾可委以心腹令掌管軍機利害文字委是兩便從之　八月十七日殿前副都指揮使郭鈞言本司潛火官兵并牙兵等人昨降指揮於策選鋒軍差定官兵八百人分作兩番使喚照得所差牙兵當時係於步軍三將摘揀到彊壯人充應今措置將見使喚潛火牙兵存留人一百人發下七百人歸策選鋒軍將隊收管趂赴教閱其闕數令神勇軍舊牙兵隊內抽摘二百人及選鋒前軍右軍遊奕軍左軍後軍差三百人共六百人分作三番使喚及於諸軍差不入隊二百人應副諸雜役使庶幾各於軍將不致妨廢教閱及　新差到牙兵支給船家錢移就本司廨舍後寨內及錢湖門外寨內

卷一千一百三

居住從之　紹熙元年十月十六日臣僚言諸軍額外員闕冗濫之費甚於州縣姑取殿步兩司言之殿司額外自統制而制準備將凡一百二十員數內護聖步軍至添統制三員步司額外自統制而至準備將亦十八員養軍之須固已不貲而額外重費又復如此乞將內外諸軍額外名色一切注差其見在冗食之人如有可備軍官之選則存留以俟正官有闕日差補或其人不任使令亦乞隨宜澄汰從之　二年六月七日詔訪聞殿步司戰馬百司官吏輒行私借乘騎顯屬違戾仰主帥日下禁止毋得狥情應副如或仍前借差具名聞奏　四年十二月十一日殿前副都指揮使郭杲言諸班直

行門長入祇候官殿打繳擊鞭年代上名等居班祖宗著令為階級次序如有侵犯當時斟量輕重照條繼罷近有祇應年滿合該出職換官之人於引見推恩授賜訖未授告命間輙敢挾念日前私恨恃賴已換官離班在外尋覓舊管合干人并上名等讎恨欺陵甚者至於毆打委是有壞紀律使見在班人觀望循習刻害非輕乞今後如有似此之人許從本司收領具録情犯申明朝廷取旨責降施行庶幾換官之人有以畏憚不致敗壞禁班紀律從之　慶元四年十一月十二日臣僚言邇年以來三衙人吏專以經營差充奉使及接送伴所引接書表司等職事蓋是軍中財賦兵帳軍器及朝廷

〈卷一千一百三〉

施行等事皆知子細往往漏泄以圖厚利至有一年之内凡遇接送使人皆在抽差之數者檢照指揮百司吏人皆可抽差何獨必欲三衙吏人使令兼閲虜使尋常所帶書表之屬例不得過三次蓋亦是關防人情察熟之弊乞劄下三衙帥臣今後不得發遣吏人往奉使所及接送伴所雖指名踏逐仰備坐今來約束指揮回報不得發遣從之　嘉泰元年十一月三日宰執進呈殿帥郭倪乞撥豐儲倉米一萬石冬至前支散口累重大官兵已得御筆依謝深甫奏殿司若欲額外俯存軍士主帥自合措置不應請於朝廷兼自來無此例今若開端後必為例上曰極是如郭倪奏陳欲將雄効及軍中

子弟招填効用有壞孝宗法度誠為難行深甫奏此一事利害極大前後帥臣專欲以此市恩不知壞國家法度陛下聖明洞知底蘊天下事一一留聖意如此天下亦不難治孝宗家法萬世當守今借撥米事冬節已近且與權借撥一萬石候來春依數糴還日後不得為例

嘉定二年二月一日樞密院言殿前司步軍司申都城火政最為急務大内與太廟三省盡在府城南隅每遇忌辰兩司管軍悉赴景靈宫行香設有風燭救排非便欲乞自今後忌辰令殿前步軍司管軍分輪一員詣景靈宫行香一員專一祇備不測庶幾緩急不致誤事從之　八年十二月十二日殿前司言準樞密院劄子

〈卷一千一百三〉

檢會知梧州鄭炎奏比年以來往往軍帥多以胥吏備數一旦遷補官未幾又躐進其姦則足以欺罔其貪則足以尅剝士卒之心不平莫不深被其害皆軍帥徇一時之顔情而不知軍旅之為重欲乞自今以往胥吏非有軍功不許徑補軍官照得三衙江上諸軍胥吏係於各軍差撥充應自後軍帥倚為腹心每遇差除即乞改撥隨行不久便與陞差職事雖有前項指揮在朝無籍可考合行措置劄付本司開具本司及諸軍統制統領將隊司等處見今充役胥吏職位姓名所請錢米等數自行下所屬令行置簿批勘却緘落兵籍日後如遇開收陞轉並仰具申樞密院本司照得差軍馬軍行司等

人專一掌行應干軍務事件從來於諸軍選擇諳曉書算行移之人充應所行一事一件動干軍政實為利害蓋緣名籍各隸逐軍將隊所管若將逐人於本司兵帳兵籍内令項批出不唯革絶妨嫌日後亦無假借差之弊仍將合得諸般請給衣粮大禮賞給其餘非泛賞給等並照大軍例支給及照逐人見請例於各軍曆内分擘別立偏帳委官幇勘按旬依宣限支請俵散遇有功賞轉資請等照應資格循例轉行其名籍更不隸軍將隊所管從便居住如有闕額許於諸軍踏逐差塡或有因事替罷之人乞存留在司别役許令遇赦奪復令開具見管人數職次請給則例　馬軍司提點文字一名見闕點檢文字元管二名見闕一名見管一名正額効用白身日請食錢三百文口食米三升大禮賞二貫文例諸案職級元管二名見闕一名見管一名正額効用白身日請食錢三百文口食米三升大禮賞二貫文例諸案吏曹案元管一十三人見闕貼司一名見管一十二人主押二人一名舊管効用白身日請食錢三百文口食米三升大禮賞二貫文例一名額外効用守闕進勇副尉日請食錢二百五十文米二升大禮賞二貫文例手分五人一名正額効用進勇副尉日請食錢三百文米三升大禮賞二貫文例一名額外効用守闕進勇副尉日請食錢二百五十文米二升大禮賞二貫文例

三名並係額外効用白身日請食錢一百文米二升五合每月折麥錢百二十文糧米三斗春冬衣絹各二疋冬加綿一十二兩大禮賞一十五貫文例貼司見管五人並額外効用白身日請食錢一百文米二升五合每月折麥錢七百二十文糧米三斗春冬衣絹各二疋冬加綿一十二兩大禮賞一十五貫文例兵馬案元管一十四人見闕貼司二人見管一十二人主押二人一名正額効用守闕進勇副尉日請食錢三百文米三升大禮賞二貫文例一名額外効用白身日請食錢一百文米二升五合每月折麥錢七百二十文糧米三斗春冬衣絹各二疋冬加綿一十二兩大禮賞一十五貫文例手分見管六人四人並正額効用白身日請食錢三百文米三升大禮賞二貫文例二人並額外効用白身日請食錢一百文米二升五合每月折麥錢七百二十文糧米三斗春冬衣絹各二疋冬加綿一十二兩大禮賞一十五貫文例貼司見管四人見闕二人一名舊管効用白身日請食錢三百文米三升大禮賞二貫文例一名額外効用守闕進勇副尉日請食錢二百五十文米二升大禮賞二貫文例二人並額外効用白身日請食錢一百文米二升五合每月折麥錢七百二十文粮米三斗春冬衣絹各二疋冬加綿一十二兩大禮賞一十五貫文例倉推案元管一十三人主押二人内一名係

權差典書孫再榮時暫管幹見闕貼司二人見管一十
人主押見管一名正額効用白身日請食錢三百文米
三升大禮賞二貫文例手分見管五人一名正額効用
進勇副尉日請錢三百文米三升大禮賞二貫文例一
名係正額効用白身日請食錢三百文米三升大禮賞
二貫文例三人並額外効用白身日請食錢一百文米
二升五合每月折麥錢七百二十文糧米三斗春冬衣
絹各二疋冬加綿一十二兩大禮賞一十五貫文例貼
司見管四人見闕二人二人並正額効用白身日請食
錢一百文米二升五合每月折麥錢七百二十文糧米
三斗春冬衣絹各二疋冬加綿一十二兩大禮賞一十

五貫文例簽遞司手分一名正額効用白身日請食錢
三百文米三升大禮賞二貫文例開拆司職級一員正
額効用守闕進勇副尉日請錢三百文米三升大禮賞
二貫文例主押二人額外効用白身日請錢一百文米
二升五合每月折麥錢七百二十文糧米三斗春冬衣
絹各二疋冬加綿一十二兩大禮賞一十五貫文例手
分見管二人並額外効用白身日請食錢一百文米二
升五合每月折麥錢七百二十文粮米三斗春冬衣絹
各二疋冬加綿一十二兩大禮賞一十五貫文例將行
司點檢文字一員額外効用守闕進勇副尉日請食錢
二百五十文米二升大禮賞二貫文例職級一員正額

効用白身日請食錢三百文米三升大禮賞二貫文例
主押二人一名正額効用白身日請食錢三百文米三
升大禮賞二貫文例中軍一名額外効用守闕進勇副
尉日請食錢二百五十文米二升大禮賞二貫文例手
分見管六人一名正額効用守闕進勇副尉日請食錢
三百文米三升大禮賞二貫文例二人並正額外効用
各日請食錢二百五十文米二升大禮賞二貫文例一
名額外効用進勇副尉日請食錢三百文米二升大禮
賞二貫文例二人並額外効用白身日請食錢一百文
米二升五合每月折麥錢七百二十文粮米三斗春冬
衣絹各二疋冬加綿一十二兩大禮賞一十五貫文例

貼司見管六人一名使臣守闕進勇副尉日請食錢四
百二十文一名額外効用攝進勇副尉日請食錢二
百五十文米二升大禮賞二貫文例四人並額外効用
白身日請食錢一百文米二升五合每月折麥錢七百二
十文粮米三斗春冬衣絹各二疋冬加綿一十二兩大
禮賞一十五貫文例所有諸軍統制統領將隊司並舊
司共一千三百七十八人於內多是進牌內籍定正帶
甲準備帶甲備差人數今來若行置旁分擘減落兵籍
竊恐人數太多欲將逐人請給仍舊各軍曆內幇勘照
依條具到事理立為定額理充見管人數其請給等各
照逐人見請則例令行置旁批勘仍仰今後不許巧作

名色陞差職事如遇陞轉開收申取朝廷指揮

卷一千一百三

宋會要　行宮禁衛所

高宗建炎四年二月一日，行宮禁衛所言入出皇城宮殿門等勑號近緣散漫已承指揮改造欲乞從本所出牓自二月五日為頭限三日令官司等處賫舊號納換出限不納其舊號更不行使如輒帶者從杖一百科罪詔依輒帶以違制科罪令後准此十二日行宮禁衛所言被旨應官司自給號記不許以黃色為號聽用他色即不得入皇城門如違並以違制論今來已改給號應官司未能遍知故有違犯欲乞刑部遍牒施行從之二十四日詔行宮禁衛所已給散勑號並不許代名借帶其借及借之者並以違制科罪許諸色人告捉每名賞錢一百貫日下於御前錢內支給　五月十七日詔行宮禁衛所使臣人吏等可住罷贍家錢特與依舊真支破每日券錢其餘官司不得援例　七月十七日行宮禁衛所言被旨禁衛所改給牌子入出皇城宮殿門令本所條具立法本所契勘應去失牌子人杖一百陪償價錢十貫即將帶牌子逃走主司官并臣僚隱瞞不即舉行杖八十去失減二等知情容庇或諸色人故爲偷盜牌子覬求賞贖並從徒一年科罪從之

宋會要　主管禁衛所

紹興元年二月三日幹辦皇城司馮益等言禁衛所昨

卷一萬九百四十五

緣闕官差皇城司官權領主管禁衛所時暫申請以行宮禁衛所爲名其所掌職事各隨事分隸主管令若以禁衛所職事併歸行宮禁衛所主管本處使臣人吏等係皇城司即不經歷自來禁衛職事所有行宮禁衛所乞改爲行在皇城司稱呼其主管禁衛所依舊欲存留主管官一員使臣一名手分二人裝界作畫人各一名外餘並減罷從之　三年正月二十一日主管禁衛所言禁衛班直等服著緋綠羅紅藍鵰背子因居民遺火燒毀詔令臨安府造緋背子三千領綠背子一千領其合用羅仰户部以絹代充　十三年五月八日兵部員外郎錢時敏言伏覩皇朝鹵簿圖記凡遇郊祀其伏內

馬步導從之人悉以禁軍諸班直捧日天武拱聖驍騎等軍充馬自頃用兵以來禁旅衛兵頗多闕額雖昨因臣僚有請欲先將神龍衛上四軍旋次招填以充扈從宿衛之數然遠今累年諸路州軍所招之數未及三分之一欲望檢舉前詔申飭有司併與神勇寧朔等軍增廣招置以補儀衛之缺設或今次大禮未能遽足其數亦乞預委殿前司選差以字圖分認儀物前期教閱務於習熟詔令殿前馬步軍司將招填到人充將來大禮使用餘依　十四年十一月四日主管禁衛所言四孟朝獻車駕至景靈宮報引陪位官入殿其禁衛正是擺拽未定班路擁遏若候禁衛排立定報引班次顯是立

卷一萬九百四十五

班遲緩欲乞令後候催班時令禁衛所使臣二人於欞星門外指撥禁衛通放班路從之　三十一年四月二十三日臣僚言車駕行幸從衛禁旅每以若干人爲一列相去若干步其當乘馬前導者悉豫上其數命有司纂繪爲圖先一月以聞別具副本報御史臺有不如令及不在圖中而輒冒至者許有司即糾之蔽而不言者令御史臺覺察請其罪詔劄與禁衛所　孝宗紹興三十二年未改元　八月十日禮部太常寺言已降詔書奉上太上皇帝太上皇后尊號所有冊寶合隨車駕經由道路於禁衛前陳列迎奉赴德壽宮行禮從之乾道六年加上尊號並同此制　隆興元年正月十五日詔禁衛所今後車駕詣

德壽宮起居，可於見窠差隨從。淳熙三年十一月二十八日，詔禁衛所將來太一宮對御本宮便門作行宮殿門，垂拱殿門法。十三年十二月九日，詔禁衛所減投送文字親事官一人，以司農少卿吳燠議減冗食，下敕令所裁定，故有是命。十五年五月十四日，詔後殿視事排立班直親從裁減一百五十人，以權禮部侍郎尤袤等言，今外朝內朝皆未臨御，竊詳後殿及延和殿地窄隘，難以排立，下禁衛所條具，故有是詔。

宋會要　差使剩員所　神衛剩員所

剩員舊隸步軍司，熙寧中專置所以拘轄差使，命提點倉庫草場沈希顏勾當，後亦命步軍司兼領。熙寧九年六月十九日，樞密院言差使剩員所係分擘典領步軍司事，合依本司例申牒諸處，緣條貫須得受戶部公文方得差撥，況兵部係屬尚書省，合用申狀。從之。八月五日，樞密院言乞在京職事官准朝旨差出勾當，其見破當直兵士剩員，願將帶前去當隨行人數者聽，仍委合屬去處候見公文照會差撥。從之。二十一日，樞密院言差使剩員所乞今後故臣僚之家所破兵士剩員，有年高病患不堪祗應之人，并申兵部乞行差換，本部依條限五日內關報牒所差司分施行，若勘會得係申兵部月日時辰後來致得走死，即行填替。二十六日，樞密院言據差使剩員所申准朝旨委取會所差兵士與剩員一處看詳，重行裁定，各立窠名，編成條式付之有司遵守施行。下項去處所管兵士剩員內有冗占人數，未得均一，今來定奪合留人數外，其餘委是冗占，合行裁減，諸處不得更執自來條例及元降指揮，却行添差，仍乞下本處照會立爲條式。從之。哲宗元祐八年十月二十九日，兵部言，左驍衛大將軍、德州防禦使、提舉亳州明道宮劉斌，前任侍衛親軍步軍都虞候、信州團練使，日依條被宣借人數，今來未有明文，乞比類施行。本部契勘，授以節度使留十五人，徐誠以刺史留八

卷一萬九百四十三

人以此約之團練使可留十人防禦使可留一十二人
觀察使兩使留後十三人從之　元符元年八月置步
軍司差使剩員所以文臣陞朝官二員管勾隸兵部
徽宗政和三年閏四月二十六日殿前都虞候姚古奏
步軍司廂軍剩員比年以來增添差使窠闕甚多致分
布不足數內當直人依格以官序占若有兼職者軍馬
司差令格備具其間又有專降指揮不理爲一處窠名
緣此侵占官司虛有文移見令廂軍剩員窠名其合使
三萬二千二百八十五人已差二萬七千四百五十九
人見闕四千八百二十六人乞將步軍司見令應差兵
士剩員窠名除宰執親王三省樞密院使相兩省知省

卷一萬九百四十二

節度使并帶御器械應差人及諸宣借并四人已下當
直人外餘並令步軍司各以十分爲率將當直人坐闕
二分并窠坐非泛人坐闕三分權住差填候向去人數
稍寬即依舊其兼職當直人並於馬軍司差餘正減罷
已上雖日後遇有專降指揮亦乞候步軍司諸窠名差
填足日三分中差一分應副所貴即目免致闕悞又奏
差使兵士剩員係分三等揀差雖有法許於本等人指
名抽差去處緣往往互相蹤逐移文繁冗除宰執親王
三省樞密院使相兩省知省節度使并帶御器械應差
人及諸宣借外餘並乞今後不許指名抽差又奏自來
官員差破兵士剩員遇有新到并替罷事故之類別無

所屬關報所有差窠止憑逐官白狀亦無印憑致步軍
司難以信驗其間或有多占之數亦無以照會乞將今
後應差破步軍司兵士剩員除宰執親王三省樞密院
使相節度使外其餘官差人於步軍司以千字文爲號
置合同歷子一道遇差人執赴步軍司照會差填如有
差移替罷事故各開具的實月日合破已占見闕人數
軍分姓名并將見占人因事發遣者各限三日申所屬
其所屬亦見一日關報步軍司無所屬者並申合屬曹
部如有違滯去處乞令有司各立條禁並從之　五年
七月三日步軍司言本司所管兵士剩員闕人差使蒙
下東京等路州縣剗刷剩員四千人至今未見差刷到

卷一萬九百四十三

一名竊緣見今諸處窠名內例皆闕人無可補填欲乞
差大使臣二員分詣逐路剗刷從之　高宗紹興四年
正月十二日詔今後應行在官等合破兵士及諸色人
從如所屬差撥不足並與依數批勘錢米等許從本官
雇募仍隨宜支給　二十七年正月二十八日兵部言
臣僚之家合破宣借人兵內有逃亡事故之人並不照
應條法依舊批勘支破錢米欲乞下諸路州軍令後每
遇封帀支仰取索付身并券歷照驗指實將見存人兵依
條支給如有逃亡事故之人仰日下依條開落如違及
冒名承代請人并幫書人吏並依詐欺法科罪詔依仍
令逐路轉運司常切覺察刑部遍牒施行　八月九日

臣僚言竊見諸路州軍所管廂禁軍皆有定額禁軍日合教閱在法不許差出比年以來軍政隳壞且如監司赴任替移例於管下州軍差撥廂軍接送廂軍不足則以禁軍填之既畢之後不發回元差州軍並各拘留在司權管謂之簽廳兵士別給口券所費不貲或借以般家屬或借以送行李或借寄居當直或借親舊私役不過斂一時之虛譽然耗蠹國用敗壞軍政莫此為甚欲望詳察付有司照見行條法下逐路監司將見權管在簽廳兵士日下盡數發歸元差去處今後監司接送據依條合破人數分下諸州差撥供接送回日即時發回逐州仍專委帥臣覺察庶幾兵無冗食官無妄費禁軍教閱之法不為虛文從之

卷一萬九百四十二

三十年正月二十一日侍衛步軍司言得旨修內司并潛火人兵共一千五百人可減五百人撥赴步軍司充填雇募使喚今欲除顧放停并發歸元來去處外將發遣到人依舊職名並撥歸本司廂備軍指揮寄營收管內將職名請給稍高人充新招宣効餘充備軍各依則例支破請給仍將前項人遇有撥填顧募不足去處逐旋輪流差撥有犯依廂軍條法斷罪施行從之　三十一年正月五日臣僚言竊惟諸郡之置禁旅本以嚴武備而扞寇盜曩時閫有邊郡更戍之役自南渡以來不聞有是事千百為群仰食公上工匠役作舊頭小兒雜厠其間為郡將者徒務收為衛兵名曰水下次供私役甚者至於有其名而無其人則有所謂虛劵者有其人而非其真則有所謂詭名者而掌兵之官又或與軍校輩利其衣糧而私有之加以諸軍揀汰養老分下諸州者每歲增添又復不已臣恐數年之後卒伍多於農夫矣今州郡之間月糧不足則取之加耗春衣不足則例皆折錢競取屬邑違官督責急於星火預借夏稅侵耗上供欲望自今後如遇均下諸州招填三衛闕額之人不得收在水下次供私役及將虛劵詭名委守臣日下根刷改正從之　孝宗乾道六年八月二十八日步軍司言殿前馬步軍司逃走首身人兵解赴承旨司等驗內有不及等仗短小人撥

卷一萬九百四十二

付臨安府充廂軍欲乞改送本司剩填左右武肅指揮內有雜犯人剩填忠靖指揮收到人合得錢米依昨臨安府先撥到本司充填顧募人則例日支食錢一百文米二升半非惟不須支破衣賜綿絹亦責差使不致闕誤從之　七年二月八日宰執進呈殿前司舊司人數虞允文奏曰趂朝參人多五十歲者惟諸處窠占皆少壯人大抵舊司人請給優厚且少壯者若悉以充雜役誠為可惜上曰然昨議殿司揀汰人別立軍分充諸處占破卻選舊司少壯人帶甲入隊此說甚善不惟汰去者有所歸而少壯人入隊教閱不虛費請給一舉而兩得也

宋會要 御營使

孝宗隆興元年六月二十二日詔浙西副總管李寶差兼御營統制官措置浙西海道二十三日御營使楊存中言已降指揮車駕候秋涼日進發金路先往江上措置營寨并點檢沿江一帶守備事務乞差御營提舉一行事務一員先次起發前去詔楊偰差充御營提舉一行事務　同日楊存中言先次起發往建康府措置營寨點檢沿江一帶守備事務合行事件乞依昨御營宿衛使前後已得指揮數內屬官乞差主管機宜文字一員幹辦公事准備差遣各二員准備使喚乞通差八員行遣文字乞差主管文字六人書寫文字四人書奏二

[卷一萬三千三百二十一]

人並許於六曹內外官司或使臣校副尉及白身人不以有無拘礙指名抽差一行官屬等請受於所至州軍批勘如在鎮江建康乞於總領所糧料院照券批勘及又乞差點檢醫藥餘食官一員請給並依准備差遣已得指揮施行並從之　同日御營提舉一行事務楊偰言乞比附參贊軍事唐文若已得指揮差屬官一員外其一行請給券食錢贍家錢借請等亦乞依唐文若已使臣人吏比唐文若更乞減三分之一不拘常制指差得指揮施行從之　二十四日詔殿前司諸軍並令撥隸御營使和義郡王楊存中使喚　七月十九日御營使楊存中言昨奉祠日除旦望起居筵宴從駕上壽外

餘並免赴今來差充御營使所有常朝起居及本職奏事乞聽許引對從之　九月二十一日詔御營使楊存中依舊宮觀其見管軍馬可撥歸殿司從其請也　十月七日詔御營使楊存中已乞解罷依舊奉祠限五日結局所有屬官元係見任兼職並令歸職任

宋會要　都統制

建炎元年六月二十六日劉光世言朝廷設一統制體
貌非輕今因諸路起兵有自稱為統制者有州縣起發
勤王人兵管押一二百人亦差充統制者有諸道都總
管及諸司妄稱便宜差充統制者今乞除行在及中都
主兵官朝廷差充統制官外餘並罷內已撥屬御營使
司等軍馬其舊稱統制者並委御營使司都統制據其
所管軍馬改為管押官或部押官之類從之　紹興十
一年四月二十七日詔韓世忠張俊岳飛已除樞密使
副其舊領宣撫等司可罷遇出師臨時取旨其宣撫等
司見今所管統制統領管將副以上並改充御前統制
統領官將副隸樞密院各帶御前字入銜有司鑄印給
付且令依舊駐劄將來調發並三省樞密院得旨施行
仍令逐司統制官等各以職次高下輪替入見委賞功
司將未了功賞疾速取旨推恩　二十三年閏十二月
十七日詔三衙管軍及御前諸軍都統制官保明逐軍
統制官供職滿十年無公私過犯之人申樞密院取旨
與轉行一官至承宣使依條回授　二十八年三月十
七日詔田師中除太尉已八年并有昨來遣發官兵奎
道等收捕猺賊楊再興功賞未曾推恩可併與轉一官
制太尉定江軍節度使鄂州駐劄御前諸軍都統制提
領營田田師中可特授開府儀同三司　二十九年閏

六月十七日詔龍神衛四廂都指揮使寧武軍承宣使
步軍司第一將統制官戚方已陞都統制可改第一將
作前軍　八月八日詔右武大夫和州防禦使殿前司
統制賈和仲改添差權發遣兩浙西路馬步軍副都總
管常州駐劄請給人從依正官仍免借減和仲以母老
乞外任故也　三十一年五月十二日鎮江府駐劄御
前水軍副統制李輔等六人令離軍別與外路總管都
監等差遣以都統制劉錡奏輔等從軍歲久累立戰功
今金瘡發動寔難從軍故也　三十二年五月十七日
詔魏勝守海州歷時暴露忠義可嘉可除山東路忠義
軍都統制依舊知海州令户部出給料錢文歷　隆興
二年三月二十七日詔應諸軍并樞密院都督府創置
副都統制可並罷只作統制官　八月五日臣僚上言
臣聞自古謂將帥國之司命社稷之存亡繫焉人主所
當注意而不可忽者也當其東拔之際若使以賄賂得
之則賢否混淆功罪倒置矣唐李騎納賂於李齊運而
得觀察使其後騎以浙西一道反梁段凝納賂於趙張
而得招討使其後凝以禁軍十萬降晉已然之明戒也
近見閤報大理寺勘到魏尚係左軍統制要帶閤職於
今年四月内問錢糧司游寔等廉取到所管衆軍口食
錢三千五百貫文買金一百兩并將自己銀一百七十
五兩託黄自得尋討閤節求帶閤職可不嚴行懲戒欲

望將魏尚重作行遣降指揮令後敢有爰財為諸將營求差遣贓滿者當以軍法從事雖權貴不引蔭從之

乾道元年二月二十日詔應内外諸軍統制將佐等除定員外並行減罷今後輙作名目增重負闕内委御史臺外委總領常切糾察按劾以聞差與被差之人並加重罰從淮西江東總領楊倓之請也　十一月十二日詔興州駐劄御前中軍統制吴挺近已自陳除落熙河路經略安撫使理宜優别可特與陞差本軍都統制填吴拱舊闕　二年正月二十六日詔鄂州防禦使帶御器械侍衛馬軍司前軍統制顧暉罷帶御器械并統制與在外差遣以主管侍衛馬軍司公事戚方奏暉叙衆慘酷治事不公難以存留在任故有是命　二月二十二日宰執進呈戚方申畨陞羌統領官孟俊充統制副將董苑充統領洪适等奏曰孟俊今年九月方及三年董苑充統領係陞二等上曰孟俊可衣差董苑陞二等恐後求援例且已之上曰立定年限省多少事亦是良法　十月十六日詔諸路御前諸軍都統制自後除總領監司郡守廳有職事許行報謁外其餘賓客並不許謁見　三年五月六日宰執進呈汪應辰奏吴璘以病呼其子援至興州今病未愈上曰萬一吴璘不起誰可以代之又謂虞允文曰卿言前任天錫可代吴璘亦是允文奏曰不職任天錫頃在山前聞諸將士多服之臣

芾奏曰聞其人已老亦是宿將上曰可召赴行在試觀其人上又曰近又召王貴張平姚志吴勝等一無可使者俟其歸朝廷宜行舉者賞罰以驚諸將使他日無敢以不才之人為統制官也　十八日宰執進呈陳天麟奏荆南都統制王宣病久近邊報不一恐緩急悞事上曰此事當如何臣芾奏曰不得已且差負琦為副都統就便同管軍俟王宣病愈却制相度上曰如此甚善便可行下　六月四日上宣諭宰臣曰吴璘病亟諸將未有可代之者昨召任天錫外聞其人已老萬一不堪何人可用且令汪應辰移制置於利州時暫節制諸軍馬朝廷却徐擇其人陳俊卿奏曰諸將極難得人且如知洋州都統制王權亦未甚愜衆論上曰朕亦知之但無其人當時且令往朕朝夕亦不放心虞允文奏曰此人淮西兩敗事如何可用誠是誠是於是有旨以吴勝為利州東路都統制王權召赴行在　閏七月一日上宣諭宰執曰朕欲令後江上諸軍各置副都統一員令熟領軍事豈惟儲他日統帥亦使王將有顧忌不敢專擅作過葉顒等奏曰甚善　六日宰執進呈戚方守鎮江御軍無法惟務掊尅侵盜入己上曰戚方朕初極委任之至加以旄鉞方所為負朕如此卿等可措置理會遣官鞫究可降指揮召赴行在方既到除提舉佑神觀軍中聞方罷莫不呼舞中外嘆仰上之英斷臣杞又奏曰

昨日得旨欲置諸軍副都統未知合差何人上曰鎮江
郭綱如何臣芾奏臣詢問得郭綱甚好又嘗問郭振亦
稱之上曰更待詢問来日呈於是翼日郭綱除鎮江副
都統制　十三日宰執進呈郭綱除鎮江軍副都統制
已供職上曰郭綱之除閭鎮江軍中甚喜葉顒等奏曰
郭綱甚應軍中素所推服　十七日三省樞密院奏勘會
已降指揮復置在外諸軍副都統制裨贊主帥商義軍
事覺察姦弊今措置約束下項一合以副都制稱呼呼
更不給印一應干本司文字與都統制連御申發一詞
發軍馬並聽都統制指揮或有違戾奏劾取旨一差撥
親隨衙兵并馬並稟都統制差撥一每月支供給錢一
百八十貫一差破日直四十人並從之　二十八日詔
武節大夫利州路駐劄御前中軍統制郭訢降授武功
大夫以供其人馬數失實也　八月八日詔鎮江府駐
劄御前右軍統制官李直與放罷以隱落本軍官錢主
帥緣究得實也　二十六日詔諸軍統制統領官子弟
不許就本軍任主兵差遣如委有材武戰功可以任事
令赴宣武司呈試兩易從虞允文之請也　四年三月
二十七日虞允文言據利州西路駐劄御前諸軍都統
制任天錫申所管軍馬比諸路最多邊面闊遠事務繁
劇止有幹辦公事一員委是闕官協濟乞依荆鄂都統
司例差置主管機宜文字一員幹辦公事一員從之

八月二十八日四方館狀進奏院繳申到外任臣僚九
月旦表內武功大夫達州刺史鎮江府駐劄御前諸軍
副都統制郭綱武功大夫建康府駐劄御前諸軍副都
統制張榮契勘逐官官職未應合上表章進奏院稱逐
官職事係比將副以上今來本館未敢繳進詔今後都
統制副都統制並與投進　十一月二十二日詔時俊
不候總領所審驗私行收刺劾用顯屬專擅可特落軍
職　十二月二十四日利州西路駐劄御前諸軍都統
制負琦劄子奏乞依建康鎮江例每軍并都統制司各
乞置酒庫一所趁辦取息專一置造軍器激犒軍馬從
之　五年三月十一日詔利州防禦使興州駐劄御前
諸軍都統制任天錫在軍侵用官錢數萬計四川宣撫
使虞允文奏劾來上可責授忠州團練副使　四月六
日四川宣撫使王炎劄子奏臣面蒙聖訓令於在外及
諸軍偏裨或小官內選擇人材將來可以管幹軍馬者
以姓名聞奏臣已恭依前路或有選擇到人乞且令帶
行新舊請給差充宣撫司準備統制統領將官准備將
各添支小券一道俟試以職事果堪任使即具姓名聞
奏從之　十月十一日王炎劄子奏臣契勘昨來川路
三都統並係隨駐劄州軍繫銜金來利州東西路已降
指揮併作一路金房開達四州分隸了當目今負琦在
興州吳拱在興元府王承祖在金州駐劄其階衙內員

琦尚帶利州西路吳拱尚帶金房開達州副都統制委是名稱未正望將川路三都統並隨駐劄州軍繫銜兼契勘員琦吳拱是用印記已係興州興元府駐劄御前諸軍都統制印不合別鑄外其金州都統制印記乞以金州駐劄御前諸軍都統制印一十二字爲文下所屬別行鑄造降下詔依奏吳拱充興元府員琦充興州並駐劄御前諸軍都統制王承祖充金州駐劄御前諸軍副都統制　六年九月十九日英州刺史差充他州駐劄御前諸軍都統制吳總内殿朝辭奏事上曰將帥難得人故文臣中擇帥將帥須先民事然後統軍　十二月十七日詔今後諸軍統兵官遇闕須管依次陞差如有人材超異仰具名申奏取旨每月請到銀並依變賣實數依散不得令合干人減尅侵盜并將見錢兑換會子仍令都統制常切約束總領所不住覺察如或違戾即時具奏從臣僚之請也　七年二月十六日詔從來師臣循習舊弊於改除之際額外多差將佐之屬以示私恩可令内外諸軍除合用員額外餘日不並罷令後除准備將以上遇有湛差依指揮令赴樞密院總領所審察其訓練官以下並須依公選差於當日具所差人職次姓名申樞密院如有違戾主帥及被差人並以違制論　六月二十一日樞密院奏勘會江上駐劄諸軍統制統領將官如遇揀汰充無

職官三二之四三

例帶外任差遣及例帶低小之人見今總領所與使臣一例衆同分撥添差諸州軍聽候使喚委無甄別未稱朝廷優恤之意理宜措置詔今後統制官與添差外路正將統領與副將正將與准備將將領與諸州軍都監小使臣與監押若係横行以上官序或歸正人仰主帥開具係明申樞密院取旨　八月四日詔諸軍統領統領揀汰罷軍内無例帶或例帶低小之人自後統制官與添差路分副都監統領官添差正將餘依乾道七年六月二十一日指揮　八年六月三日宰執進呈兼衛劄子乞將楊展除落統制官權字上曰楊展於職事之間留意可作職事修舉特與陞差　十月三日宰執進呈乞行下諸軍將統制官到訓練官並取索脚色一本繳申樞密院籍記以備照用上曰莫若作兩項降指揮遇陞差便供脚色一本其統制令供一本置籍繳申九年閏正月六日宰執進呈馬軍司陞差統領官張遇爲統制梁克家等奏曰比張遇赴都堂審察見其人衰老庸繆上曰統制言不可苟任異時大節皆於此乎選使其有謀略老固無害若老且繆則無所用　七月二十四日宰執進呈護聖步軍王世雄改除上曰此軍統制官乃儲大師之地不可不遴選其人　十月一日樞密院奏殿前司申訪聞忠毅軍額外統領蕭從仁九月二十六日將官兵四十五人騎馬帶弓箭前去盐官縣

職官三二之四四

以來打圍至今未見歸寨詔蕭從仁特降一官　淳熙元年四月七日知廣州司馬伋言本路帥司水軍以千人彈壓海道有統領一員無副將管轄舊有統轄一員窠闕久不差人其餘隊將之屬皆是強盜中選而為之實難倚托乞於本州東南第十一將正副將中令一員兼水軍副統領從之　五月六日詔秉義郎興元府駐劄御前中軍馬軍第一將正將党松年比因奏事議論可嘉特陞差興元府駐劄御前前軍統領　二年七月二十日詔諸軍應管財賦添修造造作之類專令逐軍統領一員提點出納遇文使統制判押單狀統領方得收支不許擅自關撥江上諸軍準此從殿帥王直之請也　三年二月十八日詔自今諸軍陞差兵官內統制徑行津發赴樞密院審察　十月八日詔四川諸軍同統制同統領闕並罷見任人且令依舊自今遇闕更不差填　四年二月八日詔鎮江建康府池鄂州都統司御前水軍沿海制置司武鋒軍各於所管水軍正副將內選擇大使臣以上能統衆著於海道立功之人保明一員申樞密院以備差廣州水軍統領也　二十三日詔荆鄂駐劄御前諸軍自今可作鄂州江陵府駐劄御前諸軍其都統制依舊以鄂州駐劄副都統制以江陵府駐劄繫銜以荆南府依舊為江陵府故也　四月三日詔四川諸軍自今陞差將佐可抽摘一二名赴樞密院

審察先是四川諸軍除統制官已令津發赴樞密院審察外餘官未有明降指揮上曰恐帥司去屯軍處稍遠若抽摘一二名赴樞密院審察則主帥自不敢措私意於其間故有是詔　十月十三日詔三衙江上四川諸軍統制統領官並發赴樞密院審察自將副以下聽一面陞差仍令樞密院不測取旨點摘前來審察從樞密院奏也　七年二月八日詔興元府都統制田世卿所部五軍依三衙江上諸軍例每軍差置統制官一員統領官二員餘照應陞差格法指揮　八年五月一日詔侍從官及內外待制學士以上各舉統制統領一二人具名來上賞罰照應已降指揮　初以樞密院得旨令江上四川軍中統制統領內人才少壯武藝精彊沉鷙有謀諳曉軍政若主帥擇三二人具名保明赴樞密院審察如稱所舉受進賢之賞儻或不然坐謬舉之罰若弱者依公揀汰聞奏至是故有是命　九年正月十七日詔江上都統制自今進奉會慶節馬並令發赴樞密承旨司繳進　二月二十九日殿前副都指揮使郭鈞言護聖步軍統制官十年間易者十一前後皆是除帥得此軍者自謂即日超躐不過時暫假途乞自後遇有闕帥去處乞不拘軍分除授其護聖步軍統制亦許其統領官內選差從之　十年十月十六日詔自今在外統帥初到將前政軍器對數點檢遇有損壞即時修補

毋致輕有改作枉費工料 十一年六月二十四日臣
僚言雷州水軍僅二百餘人其統領一員係經畧司辟
差窠闕今經畧司既差正統領又差副權統領又差權
副將訓練之屬官愈多而事愈不辦乞悉行減罷詔日
後不得更作名目創差權官 十二年二月二十三日
詔應除授在外駐劄御前諸軍都統制副都統制如階
官未至陞朝官者與帶陞朝官 十四年九月十五日
詔三衙江上諸軍都統制司添差屬官除見任人令終
滿日後更不差人其差下人從省罷法 建康都統制
郭鈞等言添差屬官所請供給占破白直官兵等數多
實難應辦故有是命 十一月十日殿前副都指揮使
郭鈇言兼選鋒軍見闕統制官竊見環衛官馮湛練歷
可任緣係環衛官不敢辟置乞自聖裁詔特從之 紹
興二年五月二十五日詔令後諸軍統制官名赴行在
別有除授者其闕聽候指揮 紹興五年九月十四日
主管侍衛馬軍行司公事張師顏言伏覩累降詔旨令
侍從監司選舉將帥實爲社稷之計也欲乞下諸路監
司幷管軍主帥於本路所管統制官內公共選舉有智
畧廉潔堪究將帥之人一二員具申朝廷審察如或可
采籍記姓名以備他時將帥之用如不應所舉甘坐謬
舉之罪從之 慶元三年二月十四日詔殿步司四川
諸軍兵官見依舊法陞差外其馬軍行司江上諸軍令

後統制至準備將仰照舊例格法節次指揮委主帥依
公選擇陞差不得循情有害軍政解赴總領所或不係
總領置司去處委自守臣並審覆保明申樞密院取旨
陞差內統制統領不測點摘前來審觀人材識略或試
以武藝其紹熙四年正月十七日令主帥解發三人赴
總領選擇一名指揮更不施行 嘉泰元年五月二十
八日詔淳熙十二年指揮應駐劄御前諸軍都統制副
都統制如階官未至陞朝者與帶陞朝官可自今後三
衙除未至副使者與轉副使 四年三月十四日樞密
院言三衙沿江蜀道凡十三處軍中自擁隊管隊訓練
將副以至統領統制主帥雖得專陞差之權自準備將
以下俱聽統制保舉異時擢師亦不過以統制曾爲環
列者充之是統制距主帥一級耳今承平日久非曩時
戰功之舊至有校尉爲統制者夫既非偉才驟居是職
志得意滿貪殘驕肆兵卒嗟怨正以此也乞自今統制
官闕令主帥擇統領官權其職事一年之後軍政無闕
方許申奏正差或已試無效聽別差就權或統領年限
未及軍師保明陞差除補滿年限外亦更與差權統制
一年委無過犯方得正差從之 開禧二年正月十日
臣僚言比年以來主帥無特立之操將校有不安分之
求求者應其員之足而無所致其力太監則亦不敢求
之以正員而予之以額外夫以額外爲名則不齒於正

員可也而今與正員並列不計其資格可也而今資格居上偶正員有闕則他人不敢踰乞申飭諸軍除見陞差人許令姑存外日後統制統領及自餘將校並見闕差人即不許預先以額外名目陞差從之　四月二十四日詔三衙江上四川諸軍今後遇有欲不次陞差之人須於奏狀内稱說委是才能卓赴智勇過人應得已降指揮主帥結罪保明申奏即與越格陞差殿步司走都堂審察江上四川諸軍並赴宣撫司　嘉定九年正月二十五日樞密院言勘會三衙江上諸軍統制統領將佐離軍各有立定逐路添差差遣其許浦水軍及淮東安撫司彊勇軍未有立定格法詔許浦水軍都統司照鎮江都統司淮東安撫司彊勇軍照江州都統司各立定見行離軍添差立功次數均撥逐路合入差遣施行　十年十二月九日臣僚言竊見所至都統司有計議有機宜復有幹辦公事幕府森嚴獨蜀自比歲裁減計議機宜僅存幹辦一闕推尋初意不過謂兵興以後用度窘乏徒費廩給然一經省員無與上下共議殊乏機謀之助今以江上諸戎司較之兵數孰為多寡事權孰為重輕而蜀之四戎司何為獨當於此要必幕客重而後司存重司存重而後可望其折衝於外伸威於廣也乞明詔有司仍復蜀之四都統司屬官一闕遴選碩材以重久虛之選其於今日守圉之計有補非淺詔沔

州興元府金州都統司利州副都統司各增置準備差遣一員仍令樞密院差注右選有出身經任人充　十六年九月十日樞密院言勘會興國軍駐劄御前防江水步軍官兵並以招足戰船軍器亦已整備合差置統制官一員部轄措置教練防守江面詔劉武俊特差充興國軍駐劄御前防江水軍統制兼統轄防江步軍專一任責措置訓練

事故遺留下妻口兩月日守孝錢米及孤遺養濟錢米等人舊例係逐司支破

詔依御馬院相度到事理施行

宋會要 省馬院

宋置省馬院淳熙元年四月八日詔步軍司差撥過省馬院充養馬使喚人請給依殿前馬軍司分擘體例施行三年二月八日詔管轄省馬院官委都副承旨於樞密院準備差使使喚內選差半年一替

卷一萬六千六百六十七

全唐文

宋會要 環衛

孝宗隆興二年四月二十六日上諭宰執曰環衛官欲參酌祖宗選用將帥以崇武節外建方鎮內列環尹品式備具近來環衛久不除授非所以儲材而均任也可依舊制應以材略閫堪任將帥及久勤軍事暫歸休佚之人並為環衛官更不換授止令兼領加節度使則領左右金吾衛上將軍承宣使則領左右衛上將軍之類並依著令其朝參職事俸給人從並令有司日下條具先是宰執進呈太常少卿洪适等討論到環衛官故事乞令有司同共相度湯思退奏環衛官唐時有職事本朝無職事祖宗舊制自方鎮罷皆歸環

全唐文 卷一萬五千三百五

衛上曰討論得極詳備在內則兼帶在外則不帶如今之閤職請俸據所帶之官添支正如文臣館閣平時在環衛中庶見得人材令有司條具以十員為額朝參侍殿並依御帶體例宗室不在此制仍不差戚里及非戰功人除改差主兵官合不領環衛如行在差兼職事如幹辦皇城司帶御器械之類仍許兼領若今後除授不依元降指揮並許繳駁可著為令　二十五日詔令臨安府依畫到脩蓋環衛官宅子圖本內三十間蓋二位以待正任觀察使以上二十一間蓋四位以待餘環衛官不得剗官指占　乾道二年四月一日詔環衛中郎將並郎將請給人從出職恩例並差破親事官並依將

軍已得指揮應環衛官批書印紙可並屬殿前司　三年二月二十六日執政内殿進呈環衛官元有指揮不許差戚里前日已得旨差潘木卿有礙元降指揮上曰卿等如此理會甚善　七年十一月二十一日宰執進呈右監門衛郎將鄭仁傑差遣上曰環衛官却不當帶出廣允大奏曰正如聖諭仁傑止帶閤門祗候上因宣諭武臣貼職止有兩等朕欲增廣其名他日除外任者因以寵之卿等可檢照典故具呈　八年四月十三日上諭宰執曰環衛官戚世明軍政甚脩可除右千牛衛將軍專令訓練士兵姚公贊可除右監門衛中郎將依舊殿前司前軍統領每遇宣入禁中賜酒食統領官不

全唐文　卷一萬五千三百十五　二

得而與故除之成光延可除步軍司中軍統制依舊環衛官以同赴闕之人皆以任用令以此試其事梁克家奏曰陛下待遇將帥恩意重輕曲盡如此將見人人感奮矣　七月二十七日中書門下省奏勘會環衛官係行在職任既除授在外差遣自不合於衛内依舊帶行詔令吏部申明行下淳熙二年正月二十九日詔環衛官依舊壹除　四月二十三日詔自今除中郎將令陛殿侍立三年二月二十四日詔諸環衛官正除授軍中差遣或外任者並不許衛内帶行内環衛不差戚里及非戰功人先是二年閏九月十六日詔敕令所增脩此法至是上之故有是詔已而又詔環衛官指揮内不差

非戰功人一項更不施行　四年二月二十三日詔立環衛官格節度使除左右金吾衛上將軍左右衛上將軍承宣使觀察使除諸衛上將軍防禦使刺史通侍大夫至右武大夫除諸衛大將軍武功大夫至武翼大夫除諸衛將軍正侍郎至右武郎武功郎武翼郎除中郎將宣贊舍人敦武郎已下除左右郎將　十年七月十七日吏部言武經郎閤門祗候王去惡除環衛官欲將所帶閤職除比文臣帶職在京差遣例權行除落候將來除授外任差遣日却與依舊帶行日後轉官依見行條法指揮從之　去惡既除環衛官申審閤門祗候合與不合寄職下本部看詳本部勘會敦武郎閤門祗候

全唐文　卷一萬五千三百十五　三

該磨勘轉官如係閤門見供職人轉翼郎帶行閤門宣贊舍人如不係見供職人即行除落去惡昨任秉義郎特授敦武郎閤門祗候即非磨勘轉官故有此請　十三年七月十八日詔環衛官雜壓在監察御史之上者令依條牒門客試　十五年六月十二日進呈環衛官趙廓乞依任壽書例以遥郡帶大將軍上曰近制除環衛官止論階官高下更不該載遥郡任壽吉以遥郡帶大將軍係是差誤可改正任千牛衛將軍　紹熙元年十一月二十二日宰執奏事之次上曰任安世除環衛官裴良顯瓚與外任留此闕以儲將材自今官高者除帶御器械小者除環衛官　二年正月二十二日左武

衛郎將戯雄飛言環衛官每除合破省馬一疋立為定
例房緡欲下臨安府每月將軍支三十貫中郎將二十
貫到任供職經歷考第不應於殿前司批書印紙乞就
樞密院批書每遇朝殿將軍見破宮門皇城門號各三
道如係郎將只破宮門皇城門號各一道欲乞郎將更
行添破二道從之　四月二日知樞密院葛邲奏環衛
官柰世輔任世安皆念歸不若稍令更迭上曰此輩在
軍中請受厚來此驕墮不如令更迭為是　嘉泰元年
十月十三日臣僚言恭覩孝宗皇歲在隆興特降詔旨
有曰朕仰惟祖宗選用將帥以崇武節外建方鎮內列
環尹品式備具近來環尹久不除授非所以儲才而均
全唐文　卷一萬五千三百五　四
任也可依舊制應以才畧聞堪任將帥及久勤軍事暫
歸休逸之人並為環衛官共以十員為額宗室不在此
制仍不差戚里及非戰功之人若今後除授不依元降
指揮並許繳茐仍著為令仰惟聖心留意環尹之職者
蓋以萬收廣覽使之日在左右得以周知其武才他日
選用可以得人聖謨宏遠垂訓後世可不恪意遵守比
年以來居是官者類皆庸瑣覬圖薦引不以才武為先
僥倖序進不以選擇為急充員具位指日望遷一遇將
帥之闕競萌僥冒之意如執券責償志在必得繞不滿
欲遂懷觖望不知祖宗為官擇人豈為爾輩貪得冒進
之地乎此風寖滋殆不可長乞今後除授環衛官悉遵

孝宗詔旨精加選擇不得輕授仍乞下臣此章風厲在
列各安厥次毋懷苟得之心其或有抱負奇偉可備委
寄朝廷自加旌擢若或碌無庸專事交結以覬進用有
違聖訓之人仍仰即日引退如更不遵戒敕偃然冒居
貪戀無耻臣當次第按劾乞賜重行黜罰庶幾環尹之
官莫非將帥之選從之　嘉定二年十一月二十六日
臣僚言環衛仰法將壇崇儲才望故隆興討論十員之
制謂非才任將帥久勤軍事者不在此選近年以來闒
茸無聞之人皆得厠跡其間至於緩急選將傍徨四顧
鮮克勝任徒有乏才之歎乞降旨自今環衛官專以他
處曾為兵將而有功績及名將子孫之有才略者儤更
全唐文　卷一萬五千三百五　五
有躁進之徒僥覦干請雖已頒成命亦許輔臣執奏給
舍繳駁臺諫論列不容冒濫務在必行從之

宋會要以軍設衛

龍武、羽林、神武六軍掌郊祀朝會儀仗會儀仗判司官一人以判金吾衛仗將軍兼領左右各三軍其局有排仗通直官大將軍儀仗押當催驅鷲場唱探節級探頭等諸衛自左右衛以下官名存而事廢長史以流外官任其番直官名舊有歸德懷化大將軍節將司候司階司戈後有增保定清遠奉義歸義廣化之名為六等將軍而下又增武寧安化奉華保順之名為五等大將軍又有寧遠保安保寧真將軍又有懷德奉化郎將有懷忠武安司候有保忠司階有保和保順司戈有順化安德階有鑾輿朝貢受官者充之　真宗咸平五年十一

卷一萬五十三百十八

月制加楚王元佐羽林軍上將軍餘如故　舊制左右羽林龍武神武為六軍各置統軍無上將軍之名此蓋有司誤也　天禧元年三月御史臺言常朝武官止一二人或請告則絕班欲增補之詔擇内職之疲老者充遂以莊宅使慕容德琛為右監門衛大將軍西凉左藏庫使孫正辭為右領衛將軍崇義使劉守節為右屯衛將軍東染院使韓景佑為右監門衛將軍供備庫使宋可信郭仁浦為右千牛衛將軍供奉官閤門祇候錢昺宗崇勲王玉馮處正宋援華張文德並為太子右監門率府率　英宗治平三年九月三日詔後六軍更不除上將軍　先是誤除六統軍為上將軍自是改正　哲宗

正史職官志左右金吾衛左右衛左右驍衛武衛屯衛領軍衛監門衛千牛衛上將軍左右金吾以下諸衛大將軍諸衛將軍為衛官　神宗熙寧二年四月十六日詔差攝南班官今後只樞密院降劄子差攝託閤御史臺閤門如正除南班官即中書降敕告　三年七月六日樞密院言令後攝南班有闕欲于見在院知州軍路分都監以上得替未有差遣人內從上差攝如不足即于審官西院除坐事替回合降差遣及今任有過并年未三十未合入親民差遣人外取未有差遣人定差詔令後有闕先差陝西河東任滿替回或殿親放罷前後曾有戰功路分都監至知城堡寨崇班以上如不足即

卷一萬五十三百十八

依令擬定施行　欽宗靖康元年四月五日御史中丞陳過庭言切惟祖宗時將帥建節不輕受人自崇觀以來啟僥倖之路雖胥史厮役間亦濫除坐糜國用百陪他官令陛下循名責實恭簡用以身率四海凡任節度使者人人願自貶損以從德化特重于自陳耳近因范訥有請歸環衛授以上將軍制命一頒眾皆歎忭嘗聞藝祖削平禍亂一日罷諸節度悉歸環衛而人無異議者分當然也欲望指揮所屬詳加裁度除宗室及曾有軍功人别作措置外其餘並依訥例換授施行以協天下公議詔令吏部除宗室外開具内外節度使姓名元除授因依聞奏　十七日制以少傅安撫軍節度使錢

景鑲鎮安軍節度使開府儀同三司劉崇元爲左金吾衛上將軍檢校太保保信軍節度使劉敷校校少師武成軍節度使劉敏寧德軍節度使張琳岳陽軍節度使王舜臣檢校少傅應道軍節度使朱孝孫檢校少保瀘川軍節度使錢忱並爲右金吾衛上將軍並以戊午詔書換授也

卷一萬五千三百十八

職官三三之八

宋會要　三衛

徽宗崇寧四年二月十日中書省言周官宮正掌王宮之戒令糾禁以時比宮中次舍之衆寡以待夕擊柝而比之又宮伯掌王宮之士庶子蓋王宮之内有士庶子爲衛而庶子者非王族則功臣之世賢者之類至漢以郎執戟宿衛殿中寒衣冠弟子又選近而衛焉故休戚一體上下親而内外察逮于唐遂分三衛五府其法詳密今殿庭設伏悉以禁旅而士庶子之法未能如古欲倣前世擇賢德之後勳戚之裔以侍軒陛庶幾先王宿衛之意今倣古修立三衛郎一員治一府之事秩比大中大夫三衛郎中之前文武各一員秩比朝議大夫日聽其屬直于殿陛長在左立于起居郎之前貳分左右文東武西在都承旨之後伏退治事于府博士二員秩比承議郎主簿一員秩比宣德郎博士掌教導校試親勳翊衛郎程文講書武藝親衛府郎十員秩比朝奉郎中郎十員秩比承議郎勳衛府郎十員秩比通直郎中郎十員秩比宣德郎翊衛府郎二十員秩比宣議郎中郎二十員秩比承事郎親勳翊衛文武各四十員分左右侍立官給衣帶紫羅義襴窄衫鍍金雙鹿束帶執長柄八瓣骨朵親衛郎立於殿上兩傍勳衛郎立於朵殿翊衛郎立于兩階衛士之前三衛郎依給舍中郎依少卿餘依寺丞一親衛官許后妃嬪御之家有服親

卷萬五千三百十八

職官三三之九

李疑季

及翰林學士幷管軍正任觀察使以上子孫一　勲衛官許勲臣之世賢德之後有服親應大中大夫以上及正任團練使遥郡觀察使以上一　翊衛官許卿監正任刺史遥郡團練使以上並以親兄弟子孫試充一　三衛官直退皆入府誦書各占一經一書月以私試李一公試習武藝者許赴武學一　三衛官許年十八以上人材秀整武班郎兼有材武之人親衛許承務郎以上大使臣勲衛許通選人小使臣各召六曹郎官武臣正任團練使以上二員保明文臣令大學官武臣令武學官試合格人以聞三省審差一　犯惡逆之家若編管人子孫親兄弟及上書邪等歸明篤廢疾幷歷任曾犯贓罪徒以

卷一萬五千三百十八

上及三路極邊川係人元祐姦黨五服内親屬不許保明充三衛官一　冒試者處斬若違法保任者以違制論不以赦降原減已在官者不以首原一　諸衛郎每三人已上結為一保之相覺舉雖非同保知其有犯亦同一　三衛郎知同保有犯惡逆係元祐姦黨五服内親屬若編管子孫親兄弟及上書邪等歸明極邊三路川係人而不告者處斬一　諸衛官每保夜以一員直宿有故若於令應給假者免一　文臣試衛官法公私試依此第一場本經或論孟義三道私試減一道第二場時務策一道一　武臣試衛官法公私試依此第一場七書義二道或策一道第二場弓馬依武學補試法一　三衛府令史

一員書令史二員貼書四員守闕貼書四員並依殿中省法一　試諸衛郎取成文理稍通者為合格有闕並試補臣僚不在以恩例陳乞之限一　諸衛郎三年為任任滿無遺闕三衛府保明聞奏中郎升郎翊衛郎升勲衛中郎以次遞升願充諸衛郎者召保官赴吏部投納家保狀吏部類聚及三十人以上申尚書省差官試從之

二十六日詔三衛郎為三侍衛郎　六月一日詔祖宗諸后及妃嬪之家其本宗堪充諸衛官以聞　八月十六日詔二衛博士令後並差文臣

卷一萬五千三百十八